舍我其誰：胡適

第二部
日正當中
1917-1927

江勇振　著

獻給　麗豐

夕陽無限好，片刻都珍惜

目　次

圖目次

前言

　　當前胡適研究最大的一個盲點，就是迷信只有在新資料出現的情況之下，才可能會有胡適研究的新典範出現。殊不知現有的胡適資料，已經是浩瀚到沒有一個人可以全盤掌握的地步。研究胡適要面對這浩瀚的資料，固然是一大難題。然而，要突破當前胡適研究的瓶頸、要開創出新的典範，新的觀點才是法門。資料誠然是多多益善。然而，徒有資料，而沒有新的方法和觀點，是絕對不足以窺胡適的堂奧，更遑論要為胡適畫龍點睛了。俗話說，「工欲善其事，必先利其器。」這是一句至理名言。這種對資料的迷信，套用胡適在「問題與主義」論戰裡所說的「目的熱」和「方法盲」的話來說[1]，就是「資料熱」、「觀點盲」。

　　我為什麼會說當前胡適研究的瓶頸是「資料熱」、「觀點盲」呢？試看現在汗牛充棟的胡適研究的作品，不絕大多數都是在炒冷飯嗎？所有胡適一生中關鍵性的觀點、重要性的議題，哪一個人不是跟著胡適起舞、亦步亦趨？胡適說他從小偷讀傳統白話小說，奠定了他白話文的基礎；胡適說他八、九歲的時候，就能不怕地獄裡的牛頭馬面；胡適說他十二歲到上海去上新式學堂的時候，他的防身工具之一，就是「那一點點懷疑的傾向」；胡適說他從1915年的夏天發憤盡讀杜威所有的著作，說他的《嘗試集》的命名、《先秦名學史》、《中國哲學史大綱》的寫作都是受到杜威思想的引導；胡適說「大膽的假設、小心的求證」；胡適說「杜威教我怎樣思想，赫胥黎教我怎樣懷疑」；胡適的實驗主義、自由主義、易卜生主義等等。所有這些，試問有誰去求證過？這就彷彿意味著說，只要胡適說過了就算數。

　　這種不思不想、胡適說什麼就是什麼的研究態度，無以名之，姑且稱之為：「胡適說過就算主義。」我們且看胡適在「問題與主義」的論戰裡是如何抨擊「主義熱」的缺點：「這是自欺欺人的夢話，這是中國思想界破產的鐵證，這是中國社會改良的

1　胡適，〈三論問題與主義〉，《胡適全集》，1：351。

死刑宣告。」[2] 這幾句話說得多麼的重、多麼的斬釘截鐵、多麼的一竿子打翻船。這是論戰的語言，越猛烈越讓人叫好，而且也只有那後世皆曰「溫和」的胡適說了而人不以為忤。其他人如果用如此激烈的話語來針砭社會，不被打成狂妄、偏激才怪。可是，這麼斬釘截鐵、一竿子打翻船的話，胡適說了，卻人人擊掌稱是。而且還禮讚他溫和、理性，凡事包容、不走極端、不事武斷。這原因無它，就因為他是胡適。還有，因為胡適罵的不是今天的讀者自己，而是從前的中國，以及可以用來影射的權威。言歸正傳，胡適說：「只管提出『涵蓋力大』的主義，便是目的熱；不管實行的方法如何，便是方法盲。」把這句話拿來套用在當前的胡適研究，這種只管用「胡適說過就算」主義來找資料的態度，便是「資料熱」；不管胡適說得如何？對不對？便是「觀點盲」。

這種「胡適說過就算主義」，上焉者就是照本宣科。胡適怎麼說，就跟著怎麼說。於是，所有描寫胡適的早年生活、他在上海上新學堂的經歷、他如何墮落、酒醉，到幡然醒悟而考上庚款留美的一切，也就是他《四十自述》的翻版。胡適留美的點滴、他為什麼先念農學再轉哲學、他為什麼公開演講、他的民主素養的訓練、他為什麼轉學到哥倫比亞大學去、他為什麼開始提倡白話文，所有這些種種，不外乎取材於他的《留學日記》、《四十自述‧逼上梁山》，以及他晚年所作的《口述自傳》——而且用的還都是唐德剛錯誤頗多的中譯本。然而，這種研究雖然沒有新意，至少不望文生義、強作解人。而只是把資料重新整理過，以胡適的自述作為基礎，作補充的工作。

「胡適說過就算主義」的下焉者，就是「說文解字」式地把他的觀點拿來作為臆測之資。林毓生把胡適的「大膽的假設，小心的求證」視為胡適不懂科學、犯了形式主義的謬誤、膚淺的鐵證，殊不知那根本就是19世紀許多科學、哲學家的共同看法，甚至是1965年一位諾貝爾物理學獎得主的說法。邵建批評胡適一定沒讀過洛克，所以不懂西方古典的自由主義。耿雲志看到胡適在《先秦名學史》的扉頁上說他這篇論文是「作為博士考試的一部分而被接受的」。由於他不知道論文只是取得美國博士學位的諸多條件之一，於是他就望文生義地說這句話耐人尋味，等於是胡適暗認他博士學位只有一部分通過。邵建跟羅志田看到胡適1926年歐遊時稱讚蘇聯的話，就錯以為胡適變得左傾。這類研究雖然有意對胡適的思想作詮釋、下批判。然而，由於它們所用的方法不外乎是就胡適來解胡適，用胡適自己的話作依據，而不是從杜威、赫胥黎、

2　胡適，〈多研究些問題，少談些「主義」〉，《胡適全集》，1：327。

穆勒、易卜生等人的原作裡去追溯胡適思想的來源，不是把胡適放在他所處時代的思想脈絡下來分析，他們等於是墮入了「胡適說過就算主義」而不自知。

易中天說寫書要懂得提綱挈領。這自然不錯。但是他以字數作爲準則，說作者必須要爲讀者著想，這是典型的暢銷書作者的現身說法。他批評我的《璞玉成璧》只描寫1891年到1917年，就已經寫了60萬字。他把這60萬字乘以我計劃所寫的五部，不屑地說：「整個胡適的文獻也不過2000萬字，你寫個《胡適傳》就300萬字，那我看胡適資料就好了嘛！」[3] 這句「那我看胡適資料就好了嘛！」所透露的，何止是不折不扣的「胡適說過就算主義」，而根本就是不知現代學術研究的方法爲何物！殊不知一個人如果不能突破「不識廬山眞面目，只緣身在此山中」的局限，即使他眞能去看那「也不過2000萬字」的胡適資料，他所能成就的，充其量不過是那一百年來，多少人不思不想地被胡適牽著鼻子走的老路！

更有甚者，周質平說胡適對「民主」有一個「簡明扼要」的「晚年定論」，那就是：「民主的眞意義只是一種生活的方式」，這種生活方式「就是承認人人各有其價值，人人都應該可以自由發展」。周質平引的是胡適1955年所寫的一篇手稿：〈四十年中國文藝復興運動留下的抗暴消毒力量——中國共產黨清算胡適思想的歷史意義〉[4]。

周質平這段話，就是「胡適說過就算主義」裡閉門造車的典型，渾然不知胡適一輩子有他的「儳來主義」、偷關漏稅、引而不注的壞習慣。「民主是一種生活方式」（Democracy is a way of life），這句話根本就是杜威說的。而且連周質平所引的胡適對這個「生活方式」的詮釋，都完全是杜威所說的。這是杜威從19世紀末開始就常說的一句話。別處不說，胡適心知肚明的例子，就是胡適自己也參與撰文的杜威八秩祝壽論文集，亦即1939年出版的《老百姓的哲學家》（*The Philosopher of the Common Man*）。這本祝賀杜威八秩壽辰論文集的最後一篇，就是杜威的〈創造性的民主：我們當前的任務〉（Creative Democracy—The Task Before Us）。在這篇文章裡，杜威又再一次苦口婆心地強調民主是一個道德的理想。他說：

> 民主作爲一種生活的方式，就是相信人性。相信老百姓(the Common Man)是民主理念裡一個常見的信條。這個信條不會具有任何基礎和意義，除非我們相信人性的潛能以及每一個人與生既有的能力……民主政治對人類

3　易中天，〈你不是一個人在戰鬥：36卷本《易中天中華史》的背後〉，《南方都市報》，2013年5月17日。
4　周質平，〈胡適對民主的闡釋〉，《胡適叢論》（台北：三民書局，1992），頁36。

　　平等的信念就是：不管一個人與生既有的能力如何，每一個人都有跟其他人
一樣的權利去發揮自己的才能。民主政治所信奉的領導原則是相容並蓄的、
是普及的，其信念是：只要環境對，每一個人都有能力去引領他自己的生
活，不受到他人的脅迫或強求。[5]

　　研究胡適，要能不墮入「胡適說過就算主義」，要能不閉門造車，就必須要學習
胡適所說的：要有「一點點用功的習慣，一點點懷疑的態度」。胡適在世的時候，最
喜歡勸少年朋友不要被人牽著鼻子走。他說：「被孔丘、朱熹牽著鼻子走，固然不算
高明；被馬克思、列寧、史達林牽著鼻子走，也算不得好漢。」因此，胡適喜歡教少
年朋友學一點「防身的本領」。這就是胡適要把「金針度與人」的道理。諷刺的是，
要研究胡適，還得先學一點不被胡適牽著鼻子走的防身的本領。
　　這個用「一點點用功的習慣，一點點懷疑的態度」來作為研究胡適的「防身的本
領」是什麼呢？一言以蔽之，就是要好好地、老老實實地去讀胡適所讀過的書。我們
要知道胡適所生活的時代是一個不甚講究引注的時代，而胡適一輩子又有引而不注的
壞習慣。最諷刺的是，胡適一輩子教誨年輕人寫文章的時候一定要注明完稿日期，以
省後人考據的工夫。可是，比起別人不注明完稿日期這個小疵來說，胡適援引別人的
書、文章，和觀點，而不加注腳，那才是累翻後人必須上窮碧落下黃泉，動手動腳找
出處的大愆呢！因此，要了解胡適思想的來龍去脈，就必須好好地去讀胡適所讀過的
書，方才可以知道他許多思想的來源究竟如何。而且，也方才知道胡適是儻來使用
呢？還是後現代主義意義下的挪用？還是傳統意義下的誤用，甚至是濫用？
　　誠然，要去讀盡胡適所讀過的書是不可能的。這就好像要去盡讀胡適所留下來的
資料，或者去看遍所有研究胡適的著作一樣，是會讓人興「吾生也有涯，知也無涯」
之嘆。這個難度只有真正去嘗試過的人才能領略到的。這是因為胡適所讀過的書，中
文的當然是難以盡數，英文的恐怕也至少成千。試想：光是胡適在康乃爾大學以及哥
倫比亞大學選課所讀過的書就有多少，而這還不包括他自己課外所讀的書呢！
　　然而，在「胡適說過就算主義」仍然充斥於胡適研究的情況之下，我們可以先用
戰略性地選擇閱讀影響胡適最深的一些作者的書，來作重點突破的工作。比如說，胡
適說「杜威教我怎樣思想，赫胥黎教我怎樣懷疑。」然而，到底杜威怎樣教胡適思

5　　John Dewey, "Creative Democracy—The Task Before Us," *The Collected Works of John Dewey, 1882-1953* (Electronic edition), LW14.226.

想，赫胥黎又怎樣教胡適懷疑？胡適從來就沒有清楚地交代過。他在世的時候，從來就沒有人要求胡適解釋杜威如何教他思想、赫胥黎如何教他懷疑。在他過世以後，也從來就沒有人對這句話作過質疑。「胡適說過就算主義」，莫此為甚！這就是為什麼我們研究胡適，就必須對胡適打破沙鍋問到底的原因。而要打破沙鍋問到底，絕不能像從前的作法，貪圖撿現成地從胡適自己的文字裡去找答案。那種作法除了是緣木求魚以外，等於是自己套上牛繩，讓胡適牽著鼻子走一樣。唯一的法門，就是去讀杜威與赫胥黎的著作，然後再回過頭來審視胡適自己的文字，看胡適如何挪用、誤用，和濫用杜威和赫胥黎。

有多少人說胡適是一個實驗主義者。然而，有多少人能回答說胡適是一個實驗主義者的說法，是經過了他們研究分析以後所得到的結論？還是胡云亦云、人云亦云、想當然耳的結果？胡適有關實驗主義的文字，或者可以拿來作為實驗主義的運用的文字，比比皆是。胡適到底是不是一個實驗主義者，或者究竟是什麼意義下的實驗主義者，我們都可以用這些現成的文字來作分析研究之用，不需要等新資料的出現。為什麼胡適的研究到現在為止沒有新的典範出現？「胡適說過就算主義」使然也！

沒有人懷疑胡適是一個自由主義者。然而，自由主義是一個空泛的名詞。套用胡適最喜歡說的話來形容，自由主義是一個籠統空泛的名詞。稱胡適為自由主義者，就彷彿是說胡適是一個中國人一樣，沒有什麼詮釋的意義。更有甚者，說胡適是一個自由主義者，套上了這個標籤，會讓人誤以為那已經就是答案。其致命的結果是：說胡適是一個自由主義者，本來應該只是一個研究的起點，然而卻因為看起來像是一個結論，就被不假思索地引為定論了。換句話說，用自由主義者來標籤胡適，其結果往往是把假設當作結論，那不但不能鼓勵人們去作進一步的分析與研究，而且適足以讓人畫地自限、從而阻遏了更活潑、更有創造性的分析與詮釋。杜威對這種標籤化的用語的批判就一針見血。用他批評「主義」的話來說：「這些觀念並不是為解決特定的歷史問題而提出的。它們所提供的是籠統的答案，可是又自命為具有普遍的意義，能概括所有的個別案例。它們不能幫忙我們從事探討，反而是終止了討論。」[6]

自由主義並不是一個一成不變的觀念，它是隨著時代的進展而被賦予新的意義的。18世紀的自由主義不同於19世紀的自由主義。胡適所處時代的自由主義也不同於21世紀的自由主義。隨著社會經濟的情況的變化，全球化經濟的擴展，自由主義的使

6　John Dewey, "Reconstruction as Affecting Social Philosophy," *Reconstruction in Philosophy*, MW12.188.

命也必然要與時俱進。換句話說，我們必須要問胡適是在什麼意義下的自由主義者。我們更必須要問以杜威的弟子自居的胡適，究竟是如何詮釋、挪用，或誤用杜威的自由主義？

　　同樣地，胡適那膾炙人口的〈易卜生主義〉已經是將近一個世紀以前所寫的文章了。〈易卜生主義〉不但使「娜拉」、「斯鐸曼醫生」成爲20世紀初期中國知識階級家喻戶曉的人物，而且甚至影響到近代中國對易卜生戲劇藝術的接受與了解。可是，有誰曾經好好地去讀易卜生的劇作，看看胡適所最愛徵引的《娜拉》、《國民公敵》、《群鬼》、《雁》、《社會的棟梁》，以及《我們死人再生時》到底都寫的是什麼？胡適究竟是選了易卜生戲劇的什麼部分來詮釋易卜生呢？爲什麼胡適會作那樣的選擇呢？胡適把易卜生引介進中國，誠然有功。然而，他的詮釋是否把易卜生的戲劇藝術貧瘠化了，從而局限了中國人對易卜生戲劇藝術的理解呢？

　　胡適不但是一個歸國留學生，而且他一生有二十五年是在美國度過的，超過他生命的三分之一的時光。從這個意義來說，美國等於是他的第二故鄉。這第二故鄉的意思，指的還不只是他住的時間長而已，而且是指他的心態、他的思想方式。我在《璞玉成璧》的〈前言〉裡提到有名的中日古典文學名著翻譯大家英國人韋利(Arthur Waley)。韋利說胡適雖然形體上是中國人的樣子，他根本等於就是西方人。我在本部還會提到一個美國學者，他說胡適寫起英文來，行文立論根本就是美國人的樣子。

　　我們要如何來研究一個在長相上是中國人，但在思想上是西方人，寫起英文來，行文立論根本像是美國人的胡適呢？如果我們對杜威、赫胥黎、易卜生的了解不超過胡適，或至少要能夠跟他平起平坐，我們就沒有資格研究胡適。如果我們對胡適深愛到至死不渝的美國的歷史、社會、政治，與文化不超過胡適，或至少要能夠跟他相侔，我們就沒有資格研究胡適。如果我們對胡適所讀過的重要的著作，沒有嘗試去閱讀，或至少是涉獵，我們就沒有資格研究胡適。

　　這完全不意味著我們要跟胡適比賽，看誰的學問好，更不是要證明胡適的「膚淺」。事實上，所有「胡適膚淺論」，可以休矣。所有「胡適膚淺論」都屬於一種飛去來器(boomerang)，最後擊中的都是說胡適膚淺的人自己。我們要沉潛地去讀胡適讀過的重要著作，只不過是要超越「胡適說過就算主義」，是要老老實實地爲研究胡適作準備的工作。我在《璞玉成璧》的〈前言〉裡說：

　　　在胡適出生百年後的人如果能看出胡適「膚淺」的所在，其所反映的不過
　　是學術的漸進，而不是曉曉然貶抑胡適者個人的聰明與才智；反之，在胡適

出生百年後的我們，既有坐擁群書之利，又有能坐在研究室裡，隨時手打鍵盤，上圖書館期刊網搜索、閱讀論文之便，如果不能超越胡適，則該汗顏的是自己，而不是反其道而行，津津樂道地細數胡適的「膚淺」。

同樣地，我在《舍我其誰》裡批判歷來研究胡適的錯誤，也不是在跟研究胡適的學者比學問的高下。學術的進步，端賴於學者之間的腦力激盪。學者腦力激盪的場所無它，就在學術著作裡。現代學術研究的規範為什麼有引注的規定呢？這個最低的要求，自然是規定學者必須有引必注。更重要的——而這也是學術研究所賴以進步的引擎——就是要求學者必須參考歷來研究的成果。作研究如果不徵不引、不去檢視既有的研究成果、不與其他研究者進行問難，那就只是閉門造車，彷彿自己是開天闢地第一個研究的人。這種學風不但不負責任，而且有礙於知識的積累、創新，與突破。研究者必須參引既有的學術研究成果，為什麼贊同？為什麼質疑？有什麼更好、更合理的詮釋？只有在這種腦力激盪之下，學術才可能日新月異，精益求精。

現代社會分工精細，術業有專攻。俗話說得好，隔行如隔山。不是人人都有時間、精力，與素養從事學術研究。學者得以專心從事研究、撰述、出版，端賴社會的供養、社會資源的享用。學者對社會的回饋，就是在腦力激盪所在的著作裡，注明他們的所徵、所引、所依、所違、所惺惺相惜，以及所推陳出新之所在。這不是爭勝，而是基本的學術研究的規範，更是研究者對學術與社會的責任。這絕不是在賣弄、掉書袋，而是在讓讀者知道論述的所據、其來龍去脈，以作為衡量、評判，並決定接受與否的根據。

陳毓賢在《東方早報》上為《璞玉成璧》所寫的書評裡，承認我「能用新的眼光審視胡適，替胡適研究帶來新氣象」。然而，她批評我有「走火入魔」的危險。她說：「可是寫胡適傳若存心要解構，則怕應了英語一句俗語：『你手裡握著鐵錘，就到處看到釘子。』」這是一句英文的俗諺："When you have a *hammer*, everything looks like a *nail*."這句話更傳神的翻譯是：「對手裡握著鐵錘的人來說，凡事看起來都像是該被敲平的釘子。」其實，這句話還有另一層的寓意：「手裡握者鐵錘的人，總以為那是解決萬事的法寶。」她說：「胡適的傳……若能站在前人的肩膀上把他能掌握的資料加以整合，已是傳世之作。」[7]

7　請參見陳毓賢，〈胡適生命中爭議最少的一段〉，《東方早報》，2011年6月26日B5-6版。

　　我在新出版的《星星‧月亮‧太陽——胡適的情感世界(增訂版)》的〈前言〉裡有幾段回應陳毓賢的話。我知道有些讀者認為那是一本「不登大雅之堂」的有關「個人隱私」的作品,不屑一讀。其實,研究的議題無分高下、公私,與本末,所有的議題都值得研究。研究的好壞,端賴於作者的觀點與功力。只要方法好、資料對、觀點新,則靈。點石成金,固然是煉金術的範疇。然而,學術研究,也大可以把那看似不登大雅之堂的資料,點石成金,成為灼見的依據。所謂見微知著,亦學術研究的蹊徑之一。無論如何,我把我對陳毓賢的回應放在這裡,冀望能得到被更多讀者檢視的機會。

　　陳毓賢所謂學術研究可以站在前人的肩膀上來作整合的工作云云,是孔恩(Thomas Kuhn)的「典範」(paradigm)以前的思維方式。孔恩這「典範」的觀念,胡適其實也有與它暗合的想法。胡適從整理國故的經驗裡所悟出來的道理,就是孔恩「典範」的真諦。他在1920年代初期研究《詩經》的時候,感嘆說:「二千年的『傳說』(tradition)的斤兩,何止二千斤重!不是大力漢,何如推得翻?何如打得倒?」[8]把這個胡適研究《詩經》的感嘆拿來用在胡適研究的領域,也完全適用。一個世紀以來的胡適研究的「傳說」,包括胡適自己所建構出來的「傳說」,恐怕也何止千斤重!「不是大力漢,何如推得翻?何如打得倒?」

　　從胡適的「大力漢」、孔恩的「典範」以前的思維方式來看,知識是成直線積累的。因此,新、舊「出土」的資料,可以像混凝土一樣攪拌起來,就彷彿雞鴨同鍋可以烹製出一道絕品佳肴一樣。殊不知世界上沒有什麼資料是可以「出土」而現成可用的。這又是中了那19世紀實證主義思想的餘緒而不自知。試想:連所謂「出土」的文物,都需要經過鑑定與詮釋以後才能成為「文物」,文字的資料如何能自外於鑑定與詮釋的程序呢?所有的資料都是詮釋的產物。在沒有透過詮釋而賦予意義以前,「資料」等於是不存在的。杜威說得好:那些在山上岩石裡的鐵礦石,毫無疑問地,是「粗獷的素材」。但在人類發展出技術把它們提煉成鐵以及後來的鋼以前,它們的存在對人類並不具有任何意義。在那個時候,鐵礦石跟其他岩石並沒有什麼不同,都只是岩石而已。換句話說,只有在人類發展出煉鐵技術的脈絡之下,鐵礦石才被人類賦予了新的意義[9]。

8　《胡適日記全集》,3:740。

9　John Dewey, "Introduction to Essays in Experimental Logic," *The Middle Works, 1899-1924*, 10.344-346。轉引自拙著,《舍我其誰:胡適,第一部:璞玉成璧,1891-1917》(台北:聯經出版公司,2011),頁316-317。

　　從胡適的「大力漢」、孔恩的「典範」以前的思維方式來看，「新」典範的建立者看起來不是張牙舞爪，就是無事忙。陳毓賢說我吹毛求疵、多臆斷、好抬槓，只可惜她完全沒舉證說明。在她眼中，「新」典範的建立者儼然是因為手中握著一個大鐵錘，不用白不用，於是四處找釘子敲。殊不知他們手中即使有著那麼一個大鐵錘，他們所要敲的還輪不到那些凸出來的釘子呢！那些釘子全都要重新鑄造過以後才能再用！

　　「大力漢」手中的那把鐵錘，不是要大材小用地拿來敲釘子用的，而是拿來摧枯拉朽用的。敲打釘子，等於是在那「舊」典範裡作補苴罅漏的工作。試想：如果不拿那大鐵錘來作摧枯拉朽的工作，何以能有另闢蹊徑、重起爐灶的可能？那大鐵錘揮舞起來固然看似破壞；那大鐵錘揮舞起來，看似不知感恩「前人種樹，後人乘涼」的道理。但這是新、舊「典範」交替的自然過程，就像留學時期的胡適所說的：「死亡與凋謝，跟新生與成長，同樣是有機的演進裡必要的過程。」[10] 那眼前看似張牙舞爪的新典範，不消多時，就會變成眾人皆曰是的「典範」。然後，等那長江後浪推前浪的新典範崛起以後，這也曾經「新」過的典範，又會成為被摧枯拉朽的對象。

　　胡適是一個天才。然而，說他是天才，只是一個事實的陳述，並不意味著褒或捧的意思。同樣地，即使我在本傳裡對胡適批判的地方所在多有，那也不意味著貶或抑的意思。研究胡適的目的不在褒貶胡適，更不在把胡適拿來作為針砭或借鑑之用。任何研究都必然會反映其時代的價值、思想，與氛圍。不只是意識型態，運用字遣詞都是時代的產物。這不只在意識型態經過戲劇性變化的中國是如此，即使在美國亦然。一本2010年代所寫的書，其行文立論必然迥異於1950年代所寫的書。時代如此，個別作者亦然。任何研究都必然反映了作者的立場、學識、品味，與意識型態。然而，時代的印記跟作者的立場，就好比像酒的色澤、味覺，和餘味是由葡萄的品種、產地、天候、釀酒師，和酒廠等等因素來決定的一樣，那個別的特色是就是釀酒藝術的結晶。

　　相對地，把胡適拿來作為針砭或借鑑之用，就不是在研究胡適，而只是借胡適來抒發個人的政治理念。這種「研究」，不管是影射史學也好，指桑罵槐史學也好，胡適都只是手段，而不是目的。這就好比同樣是釀酒，人家釀酒大師釀的是醇酒，他釀的則是藥酒；釀酒大師釀的酒是品嘗用的，他炮製的酒則是補腎用的。這其間分殊的

10　Hu Shih to Henry Williams, January 31, 1916,《胡適全集》，40：149-150。轉引自拙著，《舍我其誰：胡適，第一部：璞玉成璧，1891-1917》，頁405。

所在不可等閒視之：品酒者，不乾杯；釀酒大師，不釀藥酒。

在中國改革開放以後，胡適研究平添了兩個極有意味的因素：一個是翻案平反的熱切；另外一個是對政治思想牢籠的反動。由於從1950年代清算胡適鬥爭到1980年代改革開放爲止，胡適一直被打成一個負面的人物，翻案平反很自然地就成爲改革開放以後胡適研究的主流。隨著思想空間的擴大，翻案平反之風，又與對政治思想牢籠的反動合流。在翻案風的推波助瀾之下，胡適與魯迅儼然成爲對比的樣板。於是，各種光怪陸離的胡適與魯迅的對比都出籠了。例如：魯迅是酒，胡適是水；魯迅是藥，胡適是飯；魯迅是閃電，胡適是陽光；魯迅是薑湯，胡適是可樂；魯迅是黃河，胡適是長江；魯迅是把手術刀，胡適是片止痛藥；魯迅是一道溝，胡適是一座山；少不讀魯迅，老不讀胡適，等等，等等。這個對比的名單可以無窮的延伸，一直到人們的想像力用完爲止。這彷彿是說胡適與魯迅，非此即彼，兩者不能並存，或相得益彰一樣。殊不知不管是揚胡抑魯，抑或是揚魯抑胡，作爲二分法、作爲樣板，其異於從前不黑即白、不左即右的思想模式幾希？

崇拜胡適的人形容胡適爲中國現代化的先知，是完全可以理解的。然而，把他作爲未來中國的指標——所謂21世紀是胡適的世紀的說法——則是把歷史與未來混淆了。毫無疑問地，不懂得從歷史中汲取教訓的人，不愚即妄。然而，所有想像21世紀是胡適的世紀的人，都必須先牢記住胡適在「問題與主義」的論戰裡所說的話：「凡是有生命的學說，都是時代的產兒。」所有的學說「都只是一種對症下藥的藥方」[11]。生吞活剝、盲目亂抓藥，是一大忌。換句話說，胡適本人以及胡適的思想是他所處時代的產物。活在20世紀前半葉的胡適，如何可以作爲21世紀的領航人呢？這根本就跟胡適——其實是杜威——處處對人諄諄善誘的道理是背道而馳的。杜威在胡適所熟讀的《實驗邏輯論文集》裡說得再清楚也不過了：

> 所有解決、診斷具體情境的方法，從某個角度來說其實都是未完成、未解決的。每一個這種情境都是特殊的。它不只是未完成的，而且其未完成的情況也是那個具體情境所特有的。

由於每一個情境都是特殊的，每一個時代都是不同的，所謂歷史的教訓，都是經由經驗的累積與智慧的判斷的結果：

11　胡適，〈四論問題與主義〉，《胡適全集》，1：3551。

　　我們經過深思熟慮以後所作的抉擇，是建立在從前類似的情境之下所作的抉擇的基礎上的。當研究得到了結果，而且結果也驗證了結論以後，其結果就被傳承下來。類似的情境會重複出現。在某種情況之下，甲法優於乙法。可是在另一種情況之下，甲法又劣於丙法，等等，等等。成例於是產生。我們所屬的社會必須在許多方面，都有類似的經過思考過後所產生出來的成例。我們所看重的或那些有價值的成例，在日後出現了類似的情況的時候，就儼然成爲「天經地義」(facts)的標準。同樣地，從前評斷過程中一再出現的事物也變成是普世的價值。

　　然而，杜威提醒我們這個世界是日新月異的。從前適用的，今天就不見得能適用。同時，就是從前所適用的方法，我們也必須去追問其效果是否經過了嚴密的檢證：

　　我們必須了解這些價值和標準都只是待證的假設。在一方面，它們是否有用，完全要看目前的情況是否和從前相同。在今天這個進步、變化急劇的社會裡，這種可能性是大大地降低了。我們如果不懂得以古爲鑑，那笨的是我們自己。然而，我們必須要注意：習慣很容易讓我們忽略了異，而假定那根本就不存在的同，因而作了錯誤的判斷。在另一方面，成例的價值，端賴於其是否是批判性地取得的。特別重要的是，其結果是否經過嚴密的檢證。換句話說，成例的價值完全取決於它是否經過嚴格的檢驗過程。[12]

　　杜威這段話最有價值的地方，在於它所含蘊的智慧：歷史可以作爲借鑑，可是未來還是要靠我們自己去創造。如果21世紀是胡適的世紀，那就意味著中國人雖然是活在21世紀所特有的具體環境裡，卻要倒退一百年，去思那早已事過境遷的胡適之所思。事實上，胡適的思想的基調，用我在本部《日正當中》的分析來說，是維多利亞後期的思維。如果21世紀是胡適的世紀的話，那未來的中國就要回到19、20世紀之交。這是科幻小說裡的時光隧道思古的幽情，不屬於嚴肅思考中國的現在與未來的範疇。

　　胡適不求涅槃，也不盼望天堂。他從杜威那兒所學到的，就是從具體的情境去求取那一點一滴的進步。雖然實驗主義是展望未來、以未來作取向的，但那未知的「未

12　John Dewey, "The Logic of Judgments of Practice," MW8.45, 46-47.

來」從來就不是胡適措意的所在。胡適的人生哲學是好好地、努力地活在當下。我在《璞玉成璧》裡提到了他的好友丁文江的座右銘：「明天就死又何妨：只拚命做工，就像你永遠不會死一樣。」我說只有像丁文江、胡適這樣無可救藥的樂觀主義者，才能真正體會到讀書、作事要像「人可以長生不老」、品嘗人生要彷彿「人沒有明天」的真諦。只有像胡適與丁文江這樣的人，才能真正領會到布朗寧所說的「再蹶能再起、憩息以復蘇」的精神。胡適說：「不作無益事，一日是三日。人活五十年，我活百五十。」他拚命做工，一日是三日，因為他要向世人證明：「吾輩已返，爾等且拭目以待！」

※　　　　　　　※　　　　　　　※

《舍我其誰：胡適，第二部：日正當中，1917-1927》能在一年當中寫成，完全是拜休假一年之賜。我能有幸得到這一年不需要教學，而得以專心寫作的機會，一方面要感謝我任教的德堡大學（DePauw University）所提供的一學期得以休假從事研究的「費雪研究獎金」（Fisher Fellowship）；另一方面更要誠心感謝台北的陳宏正先生，在慷慨資助我寫完《璞玉成璧》以後，繼續慷慨資助，讓我得以用一年的時間全力完成《日正當中》的寫作。

我身在美國，任教大學的圖書館連一本中文書都沒有。如果不是因為「胡適檔案」已經掃描存檔，而且台北中央研究院近代史研究所曾經把它公布在網站上提供學者自由使用（可惜現在又不對外開放了），否則我研究胡適的計畫就絕對不可能進行得如此順利。在此，我要特別感謝胡適紀念館前任館長潘光哲先生的鼎力支持、現任館長雷祥麟先生立時批准我授權使用胡適照片的申請、鄭鳳凰小姐細心地幫我提調、查考檔案。中央研究院文哲所的楊貞德小姐、中央研究院近史所圖書館的崔祥蓮小姐、北京大學圖書館北京大學文庫的鄒新明先生，每次在收到我告急求援的電郵，都慷慨熱誠地幫我查找資料、掃描，不勝感激。最要感謝的，是我的妻子麗豐，謹獻上此書。

序幕

　　胡適愛北京。陳衡哲在1927年底給胡適的一封信裡說：「在我們這些朋友當中，你可以算是最愛北京的一個人了。」當時，陳衡哲跟任鴻雋搬到了北京，胡適卻從美國回來以後就住在了上海。胡適這樣跟他們捉迷藏，她調侃胡適說，一定是因為他不願意跟他們住在「你的『最文明的北京城』」裡[1]。我們不知道胡適是什麼時候開始愛上北京的。他在剛回國的時候，曾經在〈歸國雜感〉裡痛斥了北京、上海的髒亂，他說：「我在北京上海看那些小店鋪裡和窮人家裡的種種不衛生，真是一個黑暗世界。至於道路的不潔淨，瘟疫的流行，更不消說了。」[2]在新近發現的《嘗試集》第二編的初稿本裡，有胡適在1918年6月7日所寫的一篇序。他在這篇自序中，仍然說到北京的「塵土」與「齷齪」：「自從我去年秋間來北京——塵土的北京、齷齪的北京——居然也會做了一些詩。」[3]

　　胡適在1917年回國，到北京大學去任教的時候，北京究竟是什麼樣子，除了他在〈歸國雜感〉裡說它髒亂以外，胡適並沒有進一步的描述。他哥倫比亞大學的老師杜威以及其夫人在1919年訪問中國的時候，從美國人的觀點，倒是留下了一些寶貴的分析。杜威夫婦的觀感，毫無疑問地，是從美國社會當時的物質條件的標準來衡量北京的。然而，其可貴的地方就正在此處。因為它給了我們一個外來的、中國後來要花一個世紀的時光來追趕的標準來盱衡當時落後的中國。杜威在到了北京以後，這樣地描述了北京的房子：

　　　　所有北京的房子就像我們〔美國〕的柴房，直接就蓋在地上。房子裡地上的石板跟底下的土地就只有幾英寸之隔。一下大雨，院子裡就積滿了水。接

1　陳衡哲致胡適，[1927年]11月21日，《胡適遺稿及秘藏書信》，36：178-179。

2　胡適，〈歸國雜感〉，《胡適全集》，1：596。

3　陳子善，〈發現《嘗試集》第二編自序〉，《時代週報》，http://time-weekly.com/story/2012-01-12/121861.html，2012年7月16日上網。

下來，那院子就可以泥濘好幾天，甚至好幾個星期。那濕氣沿著房子裡的牆角往上滲透，可以沿著牆壁往上爬伸到兩英尺之高。我們昨天去拜訪一個中國朋友。他的家就是處於那種狀態之下，可是他彷彿視若無睹，怡然自得。他如果想在自己家裡洗個澡，他就得付水夫雙倍的價錢。可是，在忙完了煮水、打水的工作，洗了個澡以後，他還得找人一桶一桶地把用過的洗澡水拿出去處理掉。[4]

　　我們不知道杜威夫婦去拜訪的是不是胡適的家。然而，可以想像的，當時胡適住在南池子緞庫後胡同8號的房子也不會例外。這幢位在緞庫後胡同的四合院是胡適在1918年爲了接江冬秀到北京來住而租下來的。胡適在緞庫後胡同租下來的這幢四合院的房子究竟是十七間還是十八間，他自己在家信裡並沒有一致的說法。但是，對這幢四合院，他在家信裡作了簡單的描述。他對江冬秀說：「我已租了一所新屋，預備五六日內搬進去住。這屋有九間正房，五間偏房(作廚房及僕婢住房)，兩間套房。離大學也不遠(與江朝宗〔注：江冬秀家鄉江村的名人，1917年間曾任代國務總理〕住宅相隔一巷)。房租每月二十元。」[5] 他在搬進去以後給他母親的信裡說：「我已於〔三月〕卅日內搬入新寓居住。此屋很好，入校既便，出城也便。」[6]
　　這就在在證明了在不同的文化裡生活的人，看到的東西往往有所不同。有些事物在一個社會裡是不可或缺的，或者是夢寐以求的，人人都會鉅細無遺的一覽無遺；反之，有些事物，由於一個社會裡的人習以爲常，視若無睹。反而必須要等異文化的人，帶著不同的文化包袱與視野來點出。對胡適在緞庫後胡同8號的四合院，杜威夫人的描述跟胡適自己的描述就在著重點上大異其趣。杜威夫人爲她子女所作的描述如下：

　　昨天我們去看了一個朋友〔胡適？〕的家。很有意思。我會想住在一幢類似的房子裡。那房子裡沒有水，就靠水夫每天打來。這幢小房子有十八個房間，中間是座院子。這就意味著說，它有四個屋頂，從一廂到另一廂，就得走出屋外，即使寒暑表上的刻度是零下二十度，也必須如此。屋內的地都是

4　John Dewey to Dewey children, 1919.07.08（10771）, The Correspondence of John Dewey, 1871-1952. Electronic Edition, Volume 2: 1919-1939.
5　胡適致江冬秀，1918年3月27日，《胡適全集》，23：190。
6　胡適稟母親，1918年4月2日，《胡適全集》，23：191。

石板。我們並沒看所有的房間。有些窗子是紙糊的，有些則裝有玻璃。夏天的時候，他們在院子裡搭著一個用席子編成的暫時的屋頂。它比四個廂房的屋頂都要高，以便通風，而且可以用來遮蔭。[7]

無怪乎胡適是到澡堂去洗澡的。其意義顯然非凡，所以在他寫日記最勤的時候，例如1921年到1922年之間，他每次上澡堂，都會在日記裡留下記錄。四合院裡不但沒有水、沒有洗浴的設施、沒有下水道，而且廚房的位置與設施，也讓杜威夫婦瞠目結舌：

> 中國家庭裡的廚房總是離飯廳好幾個英尺以外的另一間房子裡。通常的情形是，你必須穿過露天的院子從廚房走到飯廳。由於我們到了北京以後一直沒下過雨，我不知道那傘下之湯是否會走了樣……清華學堂，那有名的用庚款來辦的學堂，是新蓋的，是美國人作主的。〔然而，〕它的廚房和餐廳相隔有四十英尺之遙。我就不描寫廚房的樣子了。但是，你只要看到那泥灶的斑駁與崩塌垂危之勢，沒有水槽，另一邊陰暗的屋子裡就一面小窗，廚子吃自己的寒酸之食，晚上就睡在一條木板上，你就會覺得那簡直是中世紀的活現。[8]

當時的北京，不只住宅的設施讓杜威夫婦覺得回到了中世紀，北京的大環境以及街道設施也讓杜威夫婦大開了眼界。杜威夫人說：

> 北京的街道我想大概是世界最寬的。我們前面這條街沿著紅色的城牆，而且還有你們在圖片上可以看到的偉岸的城門。這條路的中間鋪了柏油，柏油路面兩旁作為交通用的路更寬。謝天謝地，北京有不錯的馬，所以重負不全是人拉的。兩旁的道路，因為流量和使用的頻繁，都已經布滿了深深的坑坑洞洞。這些坑洞裡的塵土細如灰，只要有人踏上去，或者有車輾過，就立刻塵土飛揚。我們的房間朝南面對著這條馬路。整天，炎日穿透了我們的竹

7　Alice Chipman Dewey? to Dewey children, 1919.06.02 (10760), The Correspondence of John Dewey, 1871-1952. Electronic Edition, Volume 2: 1919-1939.

8　Alice Chipman Dewey? to Dewey children, 1919.06.20 (10763), The Correspondence of John Dewey, 1871-1952. Electronic Edition, Volume 2: 1919-1939.

簾，熱氣把那灰色的土灰帶進屋裡來。不管你碰觸到的是什麼東西，包括你的皮膚，都是一層灰。那是一種很奇怪的乾燥的感覺，讓你直覺地就想要找水來洗。[9]

　　北京的沙塵是有名的。這點，連最愛北京的胡適自己都承認。比如說，他在1921年夏天接受商務印書館的邀約，到上海去為商務印書館作評鑑的工作。在上海的時候，他住在汪惕予那仿如「結廬在人境」的「蜷廬」。「蜷廬」位在斜橋路1號，占地十畝。胡適形容「蜷廬」的主人「鑿池造山，栽花種竹」，「雨住了，園子變成小湖了；水中都是園亭倒影，又一個新蜷廬了！」主人寂寞的時候，「把寂寞寄在古琴的弦子上。」9月7日，在他臨行回北京以前，他寫了一首詩：〈臨行贈蜷廬主人〉。這首詩的最後四句是：「多謝主人，我去了！兩天之後，滿身又是北京的塵土了！」[10]但是，夏天是北京的雨季。北京的街道可是一下雨就成澤國。杜威在一個七月天的下午親眼目睹以後，把那景象描述給了他的子女看：

　　　這裡現在是雨季的情況，我恐怕我並沒有為你們描寫出其中的萬分之一。昨天下午，我們終於見識到了。我們屋前的這條馬路，在我們這側，成了一條一英尺半深的急流。青年會所在的那條馬路，從馬路一側的屋牆到另一側的屋牆，圍成了一個湖泊。當然，水並不深，不到六英寸深。然而，那條馬路比紐約的百老匯(Broadway)要寬得多多了，所以很是壯觀。北京有著深可站人的下水道，已經有了幾百年歷史，但還是應付不了那雨量。[11]

　　如果從紐約來的杜威夫婦為北京街道一雨就成澤國，而瞠目結舌，胡適則不然。就像杜威夫婦所說的，他已經習以為常到視若無睹的地步。比如說，胡適雖然在初到北京的時候抱怨過北京雨後的行不便。他在1918年5月11日的家信裡說：「昨日今日天雨可厭。北京最怕雨。一下雨，路便不可行了。車價貴至一倍多。」[12]然而，才幾年的時間，他已經習以為常了。1922年6月24日，當時杜威夫婦已經離開中國一年

9　Alice Chipman Dewey? to Dewey children, 1919.06.02 (10760), The Correspondence of John Dewey, 1871-1952. Electronic Edition, Volume 2: 1919-1939.
10　《胡適日記全集》，3：205、308-309。
11　John Dewey to Dewey children, 1919.07.19 (10776), The Correspondence of John Dewey, 1871-1952. Electronic Edition, Volume 2: 1919-1939.
12　胡適稟母親，1918年5月11日，《胡適全集》，23：206。

了。當晚，胡適在日記裡說：「晚間到柯樂文〔Grover Clark〕家吃飯，談宗教問題；席上多愛談論的人，如Houghton〔侯屯〕，Embree〔恩布瑞〕，Clark〔柯樂文〕，談此事各有所主張。外面大雨，街道皆被水滿了，我們更高談。」胡適興高采烈地在日記裡作了總結：

> 最後我為他們作一結束：一、不必向歷史裡去求事例來替宗教辯護，也不必向歷史裡去求事例來反對宗教。因為沒有一個大宗教在歷史上不曾立過大功、犯過大罪的。二、現在人多把「基督教」與「近代文化」混作一件事：這是不合的。即如協和醫校，分析起來，百分之九十九是近代文化，百分之一是基督教。何必混作一件事？混作一事，所以反對的人要向歷史裡去尋教會摧殘科學的事例來罵基督教了。三、宗教是一件個人的事，誰也不能干涉誰的宗教。容忍的態度最好。[13]

如果杜威夫婦把北京一雨就成澤國當成奇觀，百思不解為什麼中國人能忍受得了，而不去思解決之道，胡適則可能覺得那只是雨大水不通的結果。雖然它造成了不便，然而，說不定正由於「外面大雨，街道皆被水滿了」。塞翁失馬，焉知非福。反倒讓他們幾個「愛談論的人」，樂得乾脆拱起門來「更高談了」。

中國人的故步自封，從飲食起居上就可以彰顯出來。當時的中國在形式上已經不再能閉關自守了。外國人不但可以自由進出中國，甚至在中國還有租界。然而，中西的交流，甚至租界的存在，對中國人的影響似乎相當有限。杜威夫婦在日本訪問的時候去過一些日本人所住的西式的房子，或者加蓋的西式廂房。杜威夫人說：「所有〔日本〕的西式房子在風格上都很醜陋，但很舒適，是維多利亞中期的風格。」[14]當然，拜第一次世界大戰之賜，日本有很多發了橫財的資本家。他們不但可以高價購置骨董，而且可以蓋西式的豪宅。在經濟上落後的中國，自然無法跟日本相媲美。中國人住洋房的不是沒有，但為數不多。杜威夫婦在1920年10月到長沙去演講的時候，就住在一個耶魯大學畢業的中國醫生家裡。杜威說那個中國醫生：「英文說得比我還好。太太沒留過學，但懂足夠的英文可以跟我們寒暄。他們的住家和起居都是西式

13 《胡適日記全集》，3：646-647。
14 Alice Chipman Dewey to Dewey children, 1919.03.04 (10740), The Correspondence of John Dewey, 1871-1952. Electronic Edition, Volume 2: 1919-1939.

的，只有吃是中式的。這點我很高興。喔，那菜作得真是好。」[15]

中國雖然比日本落後，但這不能是藉口。至少，從杜威夫婦的角度來看是如此。中國的政府或富豪，是可以有樣學樣的。杜威夫婦初到中國訪問的時候，正是洛克斐勒基金會在北京建協和醫學院的時候。杜威夫婦當時因爲已經計畫留在中國一年，正愁著找不到合適的房子。眼看著洛克斐勒基金會除了協和醫學院以外，還爲協和醫學院的教授蓋了三十五棟中西合璧的房子，不禁豔羨萬分。杜威夫人說：

> 洛克斐勒基金會所蓋的房子，就是有錢能使鬼推磨的明證。在這個破敗、衰頹的首都，它們矗立於其間，就像是亮麗的紀念碑，象徵著燦爛的傳統與現代理念的結合。它們所代表的，是傳統中國建築的精粹：綠瓦，而不是黃瓦；三層樓，而不是一層樓。我不知道中國要等多久才能趕上，才能領會到他們〔洛克斐勒基金會〕的魄力。[16]

原來住在飯店的杜威夫婦，終於在1919年9月4日搬進了莫理循大街135號(135 Morrison Street)的公寓裡。這莫理循大街就是現在的王府井大街。顧名思義，莫理循大街是紀念澳大利亞新聞記者莫理循(George Ernest Morrison)。這間公寓是杜威夫婦跟狄靈夫婦(Lincoln and Mary Dearing)頂租下來的。這間公寓在二樓，有五個房間。樓下是日本旅行局(Japanese Tourist Bureau)。租金頗爲昂貴，每月美金80元，家具還不包括在內[17]。

老北京住不舒適，並不是錢的問題，而是眼光、生活品味、人生規劃的問題。胡適說：「我在北京上海看那些小店鋪裡和窮人家裡的種種不衛生，真是一個黑暗世界。」其實何只小店鋪和窮人家如此。雖然胡適留過學、住過美國，他畢竟是中國起居文化的產物。從杜威夫婦的角度看來，住在有十七間房子的四合院裡的胡適，起居、作飯、洗浴沒水可用，沒有排水系統，一雨成澤國，屋裡的牆上滲著水氣，這跟「小店鋪裡和窮人家裡的種種不衛生」，其實只有五十步笑百步的距離而已。

15　John Dewey to Dewey children, 1920.10.26 (03946), The Correspondence of John Dewey, 1871-1952. Electronic Edition, Volume 2: 1919-1939.

16　Alice Chipman Dewey? to Dewey children, 1919.07.08 (10772), The Correspondence of John Dewey, 1871-1952. Electronic Edition, Volume 2: 1919-1939.

17　Alice Chipman Dewey to Jane Dewey, 1919.08.21,23 (03568), The Correspondence of John Dewey, 1871-1952. Electronic Edition, Volume 2: 1919-1939; John Dewey to Witter Bynner, 1919.12.03 (03328), The Correspondence of John Dewey, 1871-1952. Electronic Edition, Volume 2: 1919-1939.

事實上，何只「小店鋪裡和窮人家裡」不衛生。從杜威夫婦的角度來看，就是當時的中國人誇為「東方巴黎」的上海的大酒店、大百貨公司也是不講究衛生、不考究包裝和形象的。杜威夫婦在1919年4月30日從日本坐船抵達上海。歡迎會當然是一餐接一餐。中國人待客的殷勤，特別是對洋人，到今天還是有口皆碑的。杜威夫人描寫了他們5月1日在一間餐廳的經驗：

我們的包廂全是中國式的家具。中間有一個很小的圓桌，房間一旁有幾排小凳子是給唱子坐的。這裡的唱子〔不像日本的藝妓〕是不跳舞的。這些凳子沒人坐，因為這些〔接待我們的〕年輕中國人都引以為恥，要剷除這個制度。旁邊的桌上有去了殼的杏仁兒，跟我們的不一樣，小小的，很甜。另外還有瓜子。可是因為我就是嗑不開，所以沒嘗到味道。在座所有的中國人都嗑得津津有味。來了兩位女士，她們從前在紐約留學。每一個人都殷切地說英文。桌上有一碟碟的小菜，有火腿肉；有名的皮蛋，吃起來像水煮蛋，看起來像深色的果凍；還有甜蝦等等。大家都用筷子夾著吃。但是他們堅持給爸和我各一個小碟子，用湯匙各給我們拿了那些小菜。

接下來的宴席是我們一生中僅見的。侍者一盤接著一盤地上菜。每一道菜就放在桌子的正中央，大家各自夾著吃。這麼所費不貲、精心烹製的餐點，他們卻不像日本人，一點都不考究上菜、擺飾之道。我們吃了雞、鴨、鴿、小牛肉、鴿蛋羹、魚、人工養殖的蠔(又嫩又好吃)、小蔬菜、竹筍、蝦、魚翅，以及燕窩。這燕窩本身沒味道，是放在雞湯裡煮，給點味兒；是一種清和的湯，奇貴無比，但這也就是燕窩所以是燕窩的理由所在。它是膠質的，一煮就幾乎全溶化了。我們所吃的不只是我在此處所描述的。一個身穿著其髒無比的白袍子、戴著一頂其舊無比的帽子的侍者每隔幾道菜，就給我們每個人一條噴了香水的毛巾。

甜點是小豆沙餅，裡面包了杏仁兒餡兒以及其他甜餡兒。都製作得精美，賞心悅目。只是太淡了，不合我們的口味兒。水果是香蕉、蘋果，和梨子。都切成一小片，上面叉著一根牙籤，以便我們拿起來一口吃。然後，我們又喝了魚肚湯。然後，是可口到令人不可思議的布丁。模子是米作的。裡邊兒有八種不同的餡兒，各有其象徵的意義，只可惜我是一竅不通。它們本身沒有什麼味道。吃這道布丁的方法是，他們給我們每人一個碗，裡面放了半碗稠稠的甜漿，看起來像是乳漿，其實是杏仁粉兒作的。我們把布丁先沾了這甜漿，再放

進嘴裡。其美味可口的程度，使我不禁爲之前的每一道菜感到惋惜。我要學怎麼作這種布丁。[18]

中國的飲食文化的特點是：它可以製作精美，色香味一流，只是不講究吃的品味。業者不考究食具、不琢磨上菜的技巧、不注重餐廳的擺設、不營造典雅的氣氛；食者不審餐桌禮節、不思取法他山之石、與時俱進。上焉者坐無坐相、狼吞虎嚥；下焉者饕餮吆喝、旁若無人。有關中國大眾飲食文化不講究品味的現象，杜威的大女兒艾佛琳(Evelyn)也注意到了。艾佛琳在1920年2月到了中國，跟杜威夫婦以及大妹露西(Lucy)會合。一個多月以後，艾佛琳也習慣了中國人的飲食文化。她在一封給在美國的兄弟妹以及侄女的家信裡說：

> 上星期六我吃了一餐最美味的中國菜，簡直是豐富極了。我不介意舉起筷子，直搗餐桌的中心夾我想吃的菜〔注：這違反美國的餐桌禮儀〕。有趣的是，當每一個人都用筷子去吃同一盤菜的時候，你反而不覺得那是一件多麼令人噁心的事了。每個人面前的小碟子就是餐盤。如果你沒把每一道菜吃完，那就麻煩大了。因爲接下來的每一道菜就會在你的小碟子裡跟你先前所不喜歡的菜混在一起了。幸好，每隔幾道菜，侍者就會給你換上新的碗盤。所有的吃剩的菜的餐盤，都留在桌上〔注：這也違反美國的餐桌禮儀〕。當然，大家用筷子夾菜，從大餐桌的中間舀湯來喝。你可以想像那湯汁、菜肴滴滴落落，杯盤狼藉的景象。[19]

當然，當時的中國人，不是每一個人在飲食上都不講究品味。林徽因的父親林長民就是一個美食、品味兩相考究的典型。杜威夫人在1919年6月23日的家信裡，就描述了他們去林長民家所享受到的典雅美食：

> 昨晚我們在一個中國官員〔注：林長民〕家裡吃了一餐非常精緻的晚餐。除了我和主人十四歲的女兒〔注：林徽因〕以外，所有的客人都是男的。她

18　John & Alice Chipman Dewey to Dewey children, 1919.05.01,02 (03898), The Correspondence of John Dewey, 1871-1952. Electronic Edition, Volume 2: 1919-1939.

19　Evelyn Dewey to Frederick A., Elizabeth Braley, Sabino, & Jane Dewey, 1920.04.05? (03597), The Correspondence of John Dewey, 1871-1952. Electronic Edition, Volume 2: 1919-1939.

在此間一家英語學校就讀，聰明、伶俐，說得一口漂亮的英文。像她這個年紀的中國女孩兒，看起來比我們美國的大。這個家庭有五個孩子和兩個太太〔注：其實這兩個都是妾，林徽因是當時已失寵的大妾的女兒〕。我知道昨晚為什麼讓女兒作女主人的原因。因為主人在兩個太太之間選一個來作女主人，怎麼作都會擺不平。他又不願意對我們失禮，所以乾脆兩個都不露面……

　　主人是一個民主進步黨〔注：進步黨〕的領袖，也是一個古玩收藏家。我們滿懷希望，期待他會為我們展示他的收藏。可惜他沒有。我們就看到了餐桌上精美的瓷器。他的家非常的大，在他們稱之為紫禁城的城牆後邊，就正對著那座有名的寶塔，所以極有意味。我們坐在院子裡喝咖啡。那院子後頭似乎連通著更多的院子。這連綿的院子在此地是頗尋常的，有時候多達十四個以上。每一個院子都有它牽連在一起的屋子。

　　至於晚餐本身，我忘了提那個好廚子。他是福建人，他為我們烹製了一餐最精美的中國菜，菜譜上的每道菜都附有法文的名稱。此地的菜肴是以地區來命名的。大部分的北京人都是外來的，這是所有國家的首都所應有的現象。不過，他們似乎都帶有自己的廚子，烹製他們所喜歡的家鄉菜。他們也學我們吃冰淇淋，這顯示出這個民族是能率性的（natural sense）。但主人的女兒告訴我生病的人不能吃冰淇淋，因為他們認為生病的人不應該吃冰冷的東西。[20]

　　每一個人的品味不同，對人生的規劃與要求也不同。胡適是一個在思想上極其西化的人，可是他在生活上是一個相當傳統的人。茅盾回憶他在1921年見到胡適的時候的印象。他說：「我只覺得這位大教授的服裝有點奇特。他穿的是綢長衫、西式褲、黑絲襪、黃皮鞋。當時我確實沒有見過這樣中西合璧的打扮。我想：這倒象徵了胡適之為人。」[21]茅盾會注意到胡適的皮鞋，證明他的觀察力過人。根據胡適長媳曾淑昭的回憶，胡適什麼都可以將就，就是他穿的皮鞋不能將就，非得訂做不可[22]。

20　Alice Chipman Dewey to Dewey children, 1919.06.23（10765）, The Correspondence of John Dewey, 1871-1952. Electronic Edition, Volume 2: 1919-1939.
21　茅盾，《我走過的道路》（上）（北京：人民文學出版社，1997），頁187。
22　2006年12月18日在曾淑昭夫人華盛頓府第訪問記錄。

圖1　胡適中西合璧的穿著──及其皮鞋，1922年6月30日Catherine Dreier幫胡適攝於北京中央公園(胡適紀念館授權使用)。

　　胡適回國以後，在生活起居上可以中西合璧，這是他的長處。我在本傳的第一部《璞玉成璧》裡說：「胡適在美國留學的時候，能不只推崇而且身體力行美國社會文化的行為規範；回到中國以後，又能優游自得地回歸依循中國社會文化的行為規範。這就是胡適處世圓通高明的所在。」但這不是每一個人都做得到的。比如說，他的好朋友陳衡哲回國以後，就處處顯得格格不入。胡適在1933年給韋蓮司的一封信上，還訴說了陳衡哲的不知變通。歸國留學生回國以後的不適應，他在這封信裡就先舉了韋

蓮司也認得的張彭春作例子，另一個就是陳衡哲。他說：

> 張彭春現在在夏威夷大學教書。他的妻子和孩子還沒來依親。他的家庭生
> 活並不算快樂；他似乎在外國的學術圈比在中國要適意多了。
> 陳衡哲有類似的問題：她跟歐美人(特別是女性)相處，比跟中國人相處要
> 怡然自得得多了。在中國，她不得人緣。這世界上就是有這種跟人格格不入
> 的人(misfit)。他們好高騖遠(dream wild dreams)，缺乏包容之心(broad
> sympathy)。而這包容之心就是唯一可以讓他們在這個亟需包容的惡劣的環
> 境裡覺得可以適意的法門。[23]

　　陳衡哲在美國留學的學校是位在紐約州的瓦薩(Vassar)女子學院。她回國以後，
無論如何，就是擺脫不了她對瓦薩的依戀，特別是它的秋色。她跟任鴻雋搬到南京以
後，最讓她欣喜的是南京的秋色。她在1924年10月27日給胡適的一封信裡雀躍地說：

> 北京改變，南京當然要受影響。但我們卻不曾因此辜負了秋容。昨日我們
> 出外找紅葉，居然在靈谷寺外遇見了一大山楓葉與松林。凡是Vassar所有的
> 秋色，都呈到目前來了。這是我五年來的第一樂事。可惜我不能畫，不能把
> 那個五色斑斕的秋山保存下來。此外還有松濤，也是離Vassar以後不曾聽過
> 的。叔永與我因此都頗以你為念。不知道我們何時可以去重溫一溫那個「三
> 個朋友」之夢。[24]

　　兩年以後，也就是1926年。陳衡哲依戀瓦薩之情，卻反而更加地強烈。當時胡適
在歐洲，已經知道他會有美國之行。10月4日晚，江冬秀請她去家裡吃飯。意外地，
在飯後又有了一次若見瓦薩秋色的驚豔與震撼：

> 今天承你的太太約我去吃飯。回家之時，但見滿天秋雲，滿地黃葉。猛然
> 想起：這不是十年前的Vassar秋色嗎？那時正是我們初從信上認識的時代。
> 十年前萬里外的秋色，仍舊如故，然十年來的人事可真變了。適之，我真不

23　Hu Shih to Clifford Williams, October 17, 1933，《胡適全集》，40：297。
24　陳衡哲致胡適，[1924年]10月27日，《胡適遺稿及秘藏書信》，36：148-149。

能告訴你我的感覺，尤其是在你的家中見到這樣的秋意。

　　我現在只向你要求一件事：你如能到美國去，望你於秋天到Vassar去撿幾張紅葉給我寄來，因為他們帶與我的意味，是你所夢想不到的。其次，你如能在那裡照一個小影寄給我，那也是十分歡迎的。你看了這一段，定要笑我「山的門得兒」〔注：英文sentimental的音譯〕，但我也不承認；天下惟有膚淺的情感才是「山的門得兒」，你能說我的感想是膚淺的嗎？[25]

圖2　任鴻雋、陳衡哲、胡適──「三個朋友」，1920年攝於南京「梅盦」(胡適紀念館授權使用)。

　　如果陳衡哲不承認她是一個「爲賦新詞強說愁」（sentimental）——或者用她自己的中文音譯來說，「山的門得兒」——的人，胡適當然更不會是一個「山的門得兒」的人。1923年胡適在煙霞洞養病，同時又墮入愛河，跟曹誠英過了三個月的「神仙生活」的時候，陳衡哲正在撰寫她的〈洛綺思的問題〉那篇短篇小說。他們在信上爲了這篇小說往返討論了多次，將近有一年的時間。陳衡哲在1924年2月4日的信上說：

　　還有一層。他們兩人〔注：故事主人翁瓦德和洛綺思〕的友誼，你說我的title〔題目〕是太"emphatic"〔語氣太強〕了。其實友誼盡自金堅玉潔，盡自一百分的「柏拉圖式」，而惆悵仍不妨如故。雖洛綺思已老，而情感則並不因老而減少；情感如在，惆悵便不能免。此節我以爲凡是富於情感的女子都能領會得。但你與叔永都是男子，我怎能使你們領會呢！26

　　其實問題與其說是在於性別，不如說是在於胡適。胡適既不是一個羅曼蒂克的人，也不是一個眞正希冀舉案齊眉的人，雖然我在《璞玉成璧》裡描寫說，他在留美的時候，寫過一首詩給江冬秀，遐想他倆未來「我當授君讀，君爲我具酒」的畫眉之樂。關於這點，敏感的杜威夫人就洞察到了。她在一封家信裡說：

　　胡適在回國以後就結婚了。他的妻子來自鄉村、裹過小腳。他們說現在二十歲以下的女子都已經是天足了。儘管胡適才氣縱橫，我不相信他會去教育他的妻子。27

　　杜威夫人在另一封家信裡，形容胡適是一個對家事三不管的男人。江冬秀生祖望的時候，胡適不在場。到了江冬秀要生素斐的時候，胡適連預產期是什麼時候都搞錯了。她說：

　　胡適的太太大概8月1號會生〔注：即素斐〕。他告訴我好幾次，說六月會生。那根本是不可能的〔注：胡適錯了，杜威夫人的推算比較正確，素斐是8月16日生的〕。我相信他們——我意指的是他——現在大概才剛大夢初醒

26　陳衡哲致胡適，〔1924年〕2月4日，《胡適遺稿及秘藏書信》，36：118-119。

27　Alice Chipman Dewey to Dewey children, 1919.05.03,04 (03899), The Correspondence of John Dewey, 1871-1952. Electronic Edition, Volume 2: 1919-1939.

吧。她生第一胎的時候〔祖望〕，他人不在場。但至少那時她是在娘家。我
不能作太多的臆測，但我知道他是不會讓家事，或者任何其他事務去妨礙他
的事業的。[28]

　　陳衡哲對胡適說凡是富於情感的女子都能領會情感不會因爲年老而減少。她誠然
了解胡適，所以她說：「但你與叔永都是男子，我怎能使你們領會呢！」陳衡哲對愛
的執著誠然是愈老彌堅。1931年1月，她跟胡適到上海開會，從天津往上海的火車
上，她跟胡適等人同車。胡適在日記裡記下了他們的談話：「與莎菲談，她說Love
〔愛〕是人生唯一的事；我說Love只是人生的一件事，只是人生許多活動之一而
已。她說：『這是因爲你是男子。』其實，今日許多少年人都誤在輕信Love是人生
唯一的事。」[29]說胡適不是一個羅蔓蒂克的人，信然。

　　杜威夫人對胡適的臧否也是一針見血。他是不會讓家事或任何其他事來妨礙他的
事業的。早在他留美的時候，胡適就秉持了「無後主義」。雖然他不但結了婚，而且
連生了三個孩子，但是他的哲學信念，從來就認爲妻子、孩子都是「事功」的障礙。
他在1914年9月7日的《留學日記》裡說：

　　　　吾所持「無後」之說，非欲人人不育子女也，如是則世界人類絕矣。吾欲
　　人人知後之不足重，而無後之不足憂。倍根〔培根〕曰：「有妻子者，其命
　　定矣(絕無大成就矣)。蓋妻子者，大事業之障礙也，不可以爲大惡，亦不足
　　以爲大善矣。天下最大事功爲公眾而作者，必皆出於不婚或無子之人，其人
　　雖不婚無後，然實已以社會爲妻爲子矣。」(見《婚娶與獨處論》)

又曰：

　　　　吾人行見最偉大之事功皆出於無子之人耳。其人雖不能以形體傳後，然其
　　心思精神則已傳矣。故惟無後者，乃最能傳後者也。(見《父子論》)

　　　　此是何種魄力，何種見地！吾國今日正須此種思想爲振聵發聾之計耳。吾

28　Alice Chipman Dewey to Frederick A. Dewey, 1920.07.19（03932）, The Correspondence of
　　John Dewey, 1871-1952. Electronic Edition, Volume 2: 1919-1939.
29　《胡適日記全集》，6：419。

嘗疑吾國二千年來，無論文學、哲學、科學、政治，皆無有出類拔萃之人物，其中最大原因，得毋爲「不孝有三，無後爲大」一言歟？此不無研究之價值也。[30]

圖3　江冬秀與三子女攝影(胡適紀念館授權使用)。

　　胡適好夸言「無後主義」，但他從來沒有說過「無妻主義」或獨身主義。這一點是很值得注意的。換句話說，胡適的「無後主義」不是以「無妻主義」作爲他的先決條件。即使他跟江冬秀成婚，是因爲這個婚事是他母親替他作主的，他不忍違背。就

30　《胡適日記全集》，1：488-489。

像他對韋蓮司所說的：「我有一個很好、很好的母親，我的一切都是她所賜予的。」[31]
即使他確實在新婚之後在信中告訴他的叔叔兼摯友胡祥木說：「吾之就此婚事，全爲
吾母起見，故從不曾挑剔爲難(若不爲此，吾決不就此婚，此意但可爲足下道，不足
爲外人言也)。」我們還是不能輕信他在這封信裡接著所說的話：「今既婚矣，吾力
求遷就，以博吾母歡心。吾所以極力表示閨房之愛者，亦正欲令吾母歡喜耳。」[32]就
像我在《星星・月亮・太陽：胡適的情感世界》裡說的，這封給胡祥木的信是1918年
5月2日寫的。然而，在寫這封信之前的一個半月以前，才五天以前，也就是3月17
日[33]，他有一封以胡適的風格來說，相當纏綿的信給江冬秀：

> 你爲何不寫信與我了？我心裡很怪你，快點多寫幾封信寄來吧！今夜是三
> 月十七夜，是我們結婚的第四個滿月之期，你記得麼？我不知道你此時心中
> 想什麼？你知道我此時心中想的是什麼？……
> 我昨夜到四點多鐘始睡，今天八點鐘起來，故疲倦了，要去睡了。窗外的
> 月亮正照著我，可惜你不在這裡。[34]

胡適在新婚燕爾之後，隻身北上，留下新婚的嬌娘在家鄉上莊。依依不捨的他，
寫過好幾首胡適體的豔詩給江冬秀。比如〈新婚雜詩〉第五首：

> 十幾年的相思剛才完結，
> 沒滿月的夫妻又匆匆分別。
> 昨夜燈前絮語，全不管天上月圓月缺。
> 今宵別後，便覺得這窗前明月，
> 格外清圓，格外親切！
> 你該笑我，飽嘗了作客情懷，別離滋味，
> 還逃不了這個時節！[35]

31　Hu to Edith Clifford Williams, November 2, 1914.
32　胡適致胡近仁，1918年5月2日，《胡適全集》，23：203。
33　這封信我在《星星・月亮・太陽——胡適的情感世界》裡，誤植爲1918年4月27日。見該
　　拙著，頁111-112。特此更正。
34　胡適致江冬秀，1918年4月27日，《胡適全集》，23：184。
35　胡適，〈新婚雜詩：五〉，《胡適全集》，10：79。

又如他在北上旅途中寫的〈生查子〉：

> 前度月來時，你我初相遇。
> 相對說相思，私祝常相聚。
> 今夜月重來，照我荒洲渡。
> 中夜睡醒時，獨覓船家語。[36]

換句話說，不管後來胡適跟江冬秀的關係如何，不管他後來一生中有著諸多的「星星」與「月亮」，江冬秀曾經是他「燈前絮語」、「相對說相思」、「中夜睡醒時」、「窗外的月亮正照著我，可惜你不在這裡」的相思的對象。

胡適有他的愛欲，而且有他恣縱他愛欲的高招。然而，這跟他的「無後主義」是不相衝突的。愛欲與生殖無關，後者只是「無心插柳柳成蔭」的意外。從這個角度來說，胡適的思想是相當現代的。他在生了祖望以後所寫的〈我的兒子〉，把這個「無後主義」並不需要屏除愛欲的思想表達得再清楚也不過的了：

> 我實在不要兒子，
> 兒子自己來了。
> 「無後主義」的招牌，
> 於今掛不起來了！
> 譬如樹上開花，
> 花落偶然結果，
> 那果便是你，
> 那樹便是我。
> 樹本無心結子，
> 我也無恩於你。
> 但是你既來了，
> 我不能不養你教你，
> 那是我對人道的義務，
> 並不是待你的恩誼，

36　胡適，〈生查子〉，《胡適全集》，10：414。

　　將來你長大時，
　　莫忘了我怎樣教訓兒子：
　　我要你做一個堂堂的人，
　　不要你做我的孝順兒子。[37]

圖4　胡適三子女圖，攝於1924年4月(胡適紀念館授權使用)。

　　結婚生子以後的胡適誠然有了家累。然而，就像杜威夫人所洞察的，胡適「是不會讓家事，或者任何其他事務去妨礙他的事業的」。對胡適來說，事功誠然第一。但事功與愛欲並不必然是互相矛盾的。事功與愛欲可以並行不悖，只是必須能拿捏其間的輕重緩急。就像他對陳衡哲所說的：「Love只是人生的一件事，只是人生許多活動之一而已。」1921年9月16日是中秋節。胡適在的日記裡回想他在幾年前〈四月二十五夜〉所描寫的月亮一詩：

　　多謝你殷勤好月，提起我過來哀愁，過來情思。
　　我就千思萬想，直到月落天明，也甘心願意。
　　怕明朝雲遮密天，風狂打屋，何處能尋你？[38]

37　胡適，〈我的兒子〉，《胡適全集》，10：104-105。
38　胡適，〈四月二十五夜〉，《胡適全集》，10：87。

　　然而，好不殺風景的他，從中秋之月，急轉而下，硬是要插一句按語：「行樂尚需及時，何況事功！何況學問！」[39]這就是胡適及時行樂但不忘事功的人生哲學最佳的寫照。

　　正由於胡適能及時行樂，同時又不忘事功，所以他才能在成功之餘，有他燦爛的一生。胡適從1917年返回中國以後，一躍而成為中國最具影響力的思想家。在往後的十年裡，他如日中天。他在中國文化思想界的影響力，一直持續到1930年代。就像我在《璞玉成璧》的〈前言〉裡所說的，在「20世紀前半葉的中國，能帶領一代風騷、叱咤風雲、臧否進黜人物者，除了胡適以外，沒有第二人。作為一代宗師，他訂定了當時中國史學、哲學、文學研究的議題、方法，和標準；作為白話文學的作者和評論家，他不只是推行了白話文，他根本上是規範了新文學的技巧、形式、體例，與品味；作為一個政論性雜誌的發行人、主編、撰稿者，他塑造了輿論；作為中國教育文化基金會最具影響力的董事，他透過撥款資助，讓某些特定的學科、機構，和研究人員得以出類拔萃，站在頂尖的地位。」

　　作為一個叱咤風雲的一代宗師，胡適同時又是一個處世圓通、人見人愛的社交明星。1934年的英文《中國評論》(*The China Critic*)所發表的一篇〈胡適小傳〉形容得好。這篇小傳的作者說，胡適

　　　　不需要是一個騎士，但就是有騎士的風範。在施展所有那些無關痛癢但又絕對必要的「輕聲細語」(airy nothings)的藝術上——它討人喜歡，特別討女士的喜歡——胡博士是個大師。他就是有那個本領可以讓任何人跟他在一起都感到自在。他可以對高傲的人假以辭色，讓他們飄飄然，仿如身在雲端；他也可以平等地對待笨伯，讓他們覺得自己還頗偉大的。

　　這篇小傳的作者是溫源寧，他說：胡適是一個多方面的人物。說他是哲學家、時論家、社交明星都正確。然而，單獨使用，它們都只能說明胡適的一個面相，不足以彰顯出他的多面性。他說，要概括胡適，最貼切的字眼莫過於18世紀所特有的「哲人」(*philosophes*)。他說胡適就像伏爾泰(Voltaire)、達朗貝爾(D'Alembert)〔1717-1783，法國物理學家、數學家，和天文學家〕、霍爾巴赫(Holbach)〔Baron d'Holbach, 1723-1789，「百科全書派」成員之一〕、愛爾維修(Helvetius)〔Claude

---

39　《胡適日記全集》，3：315。

Adrien Helvétius, 1715-1771，法國哲學家〕、狄德羅(Diderot)、邊沁(Jeremy Bentham)
那些「哲人」一樣，

　　他們都既有那麼一點兒入世者的氣味兒，也有那麼一點兒學者的氣息兒，
還有那麼一點兒幹才的氣象，更有那麼一點兒哲學家的韻味兒。他們對宇宙
的格局都有他們的定論；他們下筆都充滿著幹才所特有的樂觀與自信；他們
分析天地間林林總總的題材，其筆調既權威又條理分明。不管他們是對還是
錯，他們有宣揚自己的主張的勇氣。在這群「哲人」裡，胡博士絕對不是敬
陪末座的一個。而在中國，我不相信他不會是獨一無二的當代特例。[40]

40　"Unedited Biographies: Dr. Hu Shih, A Philosophe," *The China Critic*, VII.9 (March 1, 1934),
　　pp. 207-208.

第一篇
鍍金彗星，驚灩蒼穹

"You shall know the difference now that we are back again."
（吾輩已返，爾等且拭目以待！）

——《胡適日記全集》2.486(轉引自S.L. Ollard, *A Short History of the Oxford Movement*, p. 39.)

第一章
北大新星，造國之大學

　　胡氏說，廿三年前，一九三六年，他代表北大參加美國哈佛大學的三百週
年紀念。當時全世界各主要大學都有代表應邀參加。集會前一天，哈大校長
盛會招待，入席時依各校創辦年份依序進場。共有六百多人，胡氏排在五百
九十幾位，差不多排到最後。北大創辦於一八九八年，是世界各主要大學的
小弟弟。翌日紀念會中，胡氏爲六個應邀致詞的來賓之一。他說，如果以中
國古代創辦大學的年份算，最早的太學創辦於漢武帝時代，爲西元前一二四
年，迄今二千多年。那麼中國的大學代表，不但要排行第一，而且是超級的
第一。引起各國代表哄堂大笑。[1]

　　這是胡適1959年12月27日下午在台灣對「中國教育學會」等六個團體所作的一個
演講，此處所用的是胡適在日記裡所黏貼的剪報。同樣這件事，有第二個版本。那是
胡適在1936年底回到中國以後，在上海的青年會所作的演說，〈海外歸來之感想〉：

　　在〔哈佛大學成立三百週年〕紀念會中，到會的全世界學者〔五〕百三十
餘人〔注：此處「五」字顯然脫漏，哈佛認定的代表爲五百四十六人；總參
與學者爲五百八十一人〕。其中有曾受該大學學位者七十五人〔注：哈佛的
官方記錄是九人〕，本次給予學位者六十二人。講演分文學、科學二組，在
兩個會場舉行，演講時每一人提論文一篇。每日講演，在這七十五〔注：哈
佛的官方記錄是七十一〕位學者中，個個都是前輩，由大會發給每人小冊子
一本，上載每代表所代表學術機關的名次。我看到這名次排列就發生了最大
感觸。第一名埃及大學，它成立到今，已有九百多年的歷史；第二義大利大
學，也有九百多年；第三法國巴黎大學，也有九百年；第四英國牛津；第六

1　〈中國教育史的材料[剪報]〉，《胡適日記全集》，9：557。

英國劍橋。至於本人代表的北京大學，則排在四百一十九號、南開四五四號〔注：可能是手民誤植，應爲480號〕。中央研究院於民國十七年成立，不過八年的歷史，所以次序數字爲四九九。説也慚愧，我們中國已具五千多年歷史文化最早的古國，反屈居於最末的次序……

這都是老祖宗沒有遺產流傳……但諸位也不必悲觀，因爲中國名次以下，還有六位小弟弟。五〔六〕位中最出鋒頭的是普林斯頓大學附設的高等研究所〔注：501號〕。雖則次序落後，然而它能吸收高等人才，如相對論發明者愛因斯坦氏，即在該所羅致之列。於是普林斯頓漸成爲全世界數學研究的中心。麻省大學之理工研究院〔注：254號〕則由理化學家密立根(Robert Millikan)與安德遜(Carl Anderson)等任教〔注：誤。這兩位諾貝爾物理獎得主的師徒都在加州理工學院任教〕。它們成立年紀雖小，學術人才之多，幾居首位。所以我們中國固然老大。然如能急起直追、不悲觀、不自倨，將來也許有好的現象。[2]

胡適在哈佛三百週年校慶的慶典上的發言，還有第三個版本。那就是哈佛大學所出版的《哈佛大學三百週年校慶實錄》(*The Tercentenary of Harvard College: A Chronicle of the Tercentenary Year, 1935-1936*)：

胡適教授幽默地提起了波士頓一家知名百貨公司七十五週年慶的大廣告：「我生日，你收禮。」胡適博士説，同樣地，哈佛大學也是用致贈客人榮耀的方式，來慶祝它三百週年的校慶。他説他自己就是要在次日拿到禮物〔注：指榮譽博士學位〕的人之一。他説他審視與會代表的名單，讓他有著極大的感觸。那就是，歐美大學的傳統有延續性，而中國的太學則沒有。中國的太學可以追溯到西元前二世紀。到了西元二世紀，中國的太學已經有了三千個學生。可是那些太學今日何在呢？它們都消逝了。由於我們在組織、基金，以及管理上都沒有延續性，它們很容易就成爲內戰跟人事滄桑的祭品。他説，來自東方的與會代表不但要與哈佛大學同慶，而且要把他們對這個歐美傳統的價值的新體認帶回國。[3]

2　胡適，〈海外歸來之感想〉，《胡適全集》，22：514-516。
3　The Tercentenary of Harvard College: A Chronicle of the Tercentenary Year, 1935-1936 (Cambridge, Mass.: Harvard University Press, 1937), pp. 153-154.

先說哈佛大學創校三百週年的慶典。這個慶典的活動是從1935年11月7日開始。11月8日是創校者約翰‧哈佛的誕辰紀念日。這爲期十個月的慶典的高潮是在最後的三天，即1936年9月16日到18日。這高潮三天的高潮是在最後一天，也就是1936年9月18日，因爲當天是「麻州灣殖民區議會」(the General Court of the Colony of Massachusetts Bay)撥款四百英鎊設立哈佛大學的前身的三百週年。9月17日，也就是這個慶典高潮的第二天，有一個午餐會。由哈佛大學的教授作東，宴請來自全世界學界的代表。在這個午餐會上，有六位致辭的代表，分別來自於英國、法國、義大利、中國、阿根廷，和美國的明尼蘇打大學。胡適是這六位致辭代表之一，他代表的是北大、南開，與中央研究院。

在參加哈佛三百週年校慶的505個大學及學術團體裡，中國有九個：上海的聖約翰(343號)、南京的金陵大學(383號)、北平的燕京大學(392號)、北京大學(419號)、清華大學(446號)、金陵女子學院(465號)、北京協和醫院(467號)、天津南開大學(480號)，以及中央研究院(499號)。無怪乎胡適感觸良深。中國的機構，排除了胡適一向就看不起的教會大學，都在四百號之列。胡適所代表的中央研究院則幾乎殿後，後面只剩下六個[4]。

胡適在這裡所提到的排名次序有點語焉不詳。他在第二個版本裡說大會發給與會代表的小冊子上印有與會大學的排名順序。這個順序就是慶典高潮三天的第一天舉行開幕式時，代表的入場順序。與會代表在「內戰校友紀念堂」(Memorial Hall)列成六縱隊，每縱隊兩行，從1號排到505號。然後，再依次進入舉行儀式的桑德司音樂廳(Sanders Theatre)。縱隊裡的代表在跨進桑德司音樂廳北門時，就先駐足。等聽到儀式司令唱出自己機構的名字以及成立年代的時候，才走上臺，覲見校長。在跟校長握完手以後，再從另一頭走下臺，坐到指定的座位上[5]。

胡適在哈佛大學三百週年的慶典上到底說了什麼話、是怎麼說的？第一個版本是胡適在慶典二十三年以後所作的回憶。而且，那不是胡適自己寫的，他用的是剪報；第二個版本是胡適當年返國以後所作的演講；第三個版本則是哈佛大學的官方記錄。這又是胡適生涯裡另一個「羅生門」的故事。這三個版本的記載基本上大同小異。最關鍵的歧異點，是第一版所記載的，說胡適在演說裡說北大的歷史可以溯源到漢朝的太學。因此，北大在哈佛的慶典排行裡，「不但要排行第一，而且是超級的第一。引

4　The Tercentenary of Harvard College, p. 397.
5　The Tercentenary of Harvard College, pp. 98-99.

起各國代表哄堂大笑。」

　　第二版是胡適自己撰寫，第三版是哈佛的官方記錄。一般說來，這兩種資料來源錯誤的可能性比較低。當然，這必須排除刻意作假的可能。第一版是報紙的報導。我們知道報紙的記載是不可靠的。不但記者可能報導錯誤，主編也可能閉門造車地改稿。比如說，第一版的記載說：「胡氏排在五百九十幾位。」這當然是錯的。總共就只有505個大學以及學術機構的代表參加，胡適不可能排在「五百九十幾位」。當然，人的記憶也不可靠，胡適也可能口誤。值得令人玩味的是，胡適在日記裡所黏貼的剪報是《公論報》的記載。胡適是一個勤於看報的人。同一天《中央日報》也有記載，只是沒有胡適在哈佛大學「引起各國代表哄堂大笑」的那一段。胡適為什麼剪選了《公論報》而非《中央日報》，就可堪玩味了。安徽版的《胡適全集》所收的，就是《中央日報》的記載[6]。

　　我推測第一版的記載可能還是最正確的。胡適是一個深諳演講術的人。他知道演講要風趣、引人入勝的道理。正由於胡適是一個講究演講術的人，他知道演講要成功，其先決條件就是要摸清聽眾的喜好。歷來比較胡適中、英文著作的人，不是批評胡適在中國人面前談西方，在西方人面前談中國；再不然就是批評胡適在中國人面前說中國的不是，在西方人面前則稱道中國。前者，說得難聽，就是欺人不懂的意思；後者，就是在西方人面前「為宗國諱」，在中國人面前「恨其不成器」。這都是過於簡單化的批評。我們研究胡適的觀點，不管是用中文還是用英文寫的，都必須就事論事、就文論文，但這是後話。胡適演講的時候能夠因觀眾而定其宗旨並選其語氣，這是深得演講術的三昧。

　　也正由於胡適深得演講術的三昧，所以他在哈佛大學的演講，能夠說得恰到好處。參加哈佛大學三百週年校慶排名殿後，對胡適而言，可能是一個椎心刺骨的經驗。他在午餐會所作的致辭，本身就耐人尋味。表面上看來，他說得再得體也不過了。他頌揚西方大學所賴以永續的組織和制度。然而，代表北大、南開、中央研究院的他，如果說要學習，就說他自己所代表的機構或中國需要學習就好了。可是他偏偏就要一竿子把整個「東方」──包括排名從兩百到四百多號的日本的大學（例如：慶應大學，245名；東京帝大，336名；早稻田大學，355名；京都帝大，417名）──都拖帶進去墊背。更有意味的是，他一面稱讚西方，一面卻又很技巧地假借緬懷「中國大學今何在？」用他最喜歡說的「偷關漏稅」的方法，把「中國古已有之，只是子孫

　　6　胡適，〈中國教育史的資料〉，《胡適全集》，20：351-352。

不肖」的面子話給登上了檯面，硬是用「中國的太學可以追溯到西元前二世紀」這句話，神不知鬼不覺地把北大從419號的排名，撐竿跳式地把那在西元970年創校、排名第一的埃及開羅的艾資哈爾(Al-Azhar)大學都給遠遠地拋在後面。這雖不一定阿Q，但毫無疑問地，是一種心理上的補償作用。

那麼我們如何解釋第三版——《哈佛大學三百週年校慶實錄》——為什麼沒有胡適說：北大「不但要排行第一，而且是超級的第一。引起各國代表哄堂大笑」的記錄呢？這不難解釋。當天午餐會六位代表的發言記錄，有四位都是照錄，很可能是用發言者所提供的稿子。法國法蘭西學院的代表的發言記錄根本就是法文的原文。當天的發言記錄裡，只有胡適跟阿根廷的布宜諾斯艾利斯大學(University of Buenos Aires)的代表的發言是用新聞稿的方式發表的。胡適那「引起各國代表哄堂大笑」的幽哈佛大學的一默，以及幽埃及大學的一默，很可能就被《哈佛大學三百週年校慶實錄》的史官給當成即席的笑話給抹去了。

從「國無大學，乃國之恥」到北大是世界最老的「大學」

從1936年以後，是否應該把北大認祖歸宗追溯到漢朝的太學，就在胡適的心中天人交戰著。1946年3月3日，在胡適回中國就任北大校長的前夕，他寫了一封信給夏魄司儀器公司總裁，謝謝他贈送北大一部研究儀器。胡適在這封信結尾，告訴夏魄司(P.T. Sharples)先生，說他跟李國欽都把北大的英文名稱寫錯了。李國欽是夏魄司的朋友，夏魄司贈送北大儀器，就是透過李國欽的關係。胡適在信尾說：

> 「又」：我注意到你和國欽在稱呼敝校的時候，都有點小錯誤。北京在1928年改稱北平，但國立北京大學——它可以追溯到1898年中國所設立的最早的國立大學〔京師大學堂〕——保留了它原來的名字。所以，它仍然名為北平的北京大學〔注：其實哈佛大學三百年慶的官方記錄也稱北京大學為北平大學〕。[7]

值得令人玩味的是，在北京的「胡適檔案」裡有胡適手寫的這封信的草稿。同樣這句話，胡適在草稿裡說的是：「但國立北京大學——它可以追溯到西元前124年中

7　Hu to P.T. Sharples, March 3, 1946，《胡適全集》，41：541。

國所設立的最早的國立大學〔注：即太學〕——保留了它原來的名字。所以，它仍然
名爲北平的北京大學。」[8]

北大該不該認漢朝的「太學」爲祖，讓自己變成全世界最老的學府呢？胡適當了
校長以後，還是左右搖擺著。1948年12月13日，他爲紀念校慶而寫了一篇〈北京大學
五十週年〉的文章。在這篇文章裡，他先誇稱北大可以說是全世界最老的大學：

> 我曾說過，北京大學是歷代的「太學」的正式繼承者，如北大眞想用年歲
> 來壓倒人，他可以追溯「太學」起於漢武帝元朔五年(西曆紀元前124年)公
> 孫弘奏請爲博士設弟子員五十人。那是歷史上可信的「太學」的起源，到今
> 年是兩千零七十二年了。這就比世界上任何大學都年高了！

但是，胡適又接著說，北大有志氣，不願意用祖宗的餘蔭來長自己的威風：

> 但北京大學向來不願意承認是漢武帝以來的太學的繼承人，不願意賣弄那
> 兩千多年的高壽。自從我到了北大之後，我記得民國十二年(1923)北大紀念
> 二十五週年，廿七年紀念四十週年，都是承認戊戌年〔即1898年〕是創立之
> 年(北大也可以追溯到同治初年同文館的設立，那也可以把校史拉長二十多
> 年。但北大好像有個堅定的遺規，只承認戊戌年「大學堂」的設立是北大歷
> 史的開始)。這個小弟弟年紀雖不大，著實有點志氣！[9]

北大的歷史應該從西元前124年算起，還是從1898年算起，這當然不是一個值得
爭論的問題。如果我們能去追問胡適，他一定會說這只是聊備一格的笑談罷了，就彷
彿我們偶爾會去想像或希冀：「如果歷史不是那樣演變的話，現在當如何？」眞正值
得我們去追問的，是爲什麼胡適會一再地提出這個不是問題的問題？這是年輕的胡
適、特別是成爲北大的一員以前的胡適連想都不會去想的問題。換句話說，胡適變
了。

胡適變了，因爲他鍾情於北京、更鍾情於北大。他1957年6月4日在紐約所立的遺
囑，就把他1948年12月留在北平的一百零二箱的書籍與文件全都贈與北京大學。也正

8　「胡適檔案」，E109-012。
9　胡適，〈北京大學五十週年〉，《胡適全集》，20：270。

由於胡適鍾情於北大，等他成為北大的一分子以後，他對北大的看法也不免受到了這個情分的感染，而與他年輕的時候，能用「冷眼面對事實」（tough-mindedness）的態度而有微妙的不同。這其中有感性的愛護與期許，也有理性的評斷與反省；有怨懟其不成氣候的時候，也有珍惜其繫學術於不墜的貢獻。當然，這也跟人習以為常、比上不足比下有餘的惰性有關。

胡適之所以會鍾情於北大是其來有自的。他的鴻圖大志是要為中國培育出一個世界級的國之大學。從這個角度來說，他在1917年留美歸國任教北大，以及他在1946年9月出掌北大，都可以說是胡適為國、為己實現其夙願與抱負的夢寐以求的事業。他在1915年2月21日的《留學日記》裡，就大聲疾呼，說：「國無海軍，不足恥也；國無陸軍，不足恥也！國無大學、無公共藏書樓、無博物院、無美術館，乃可恥耳。我國人其洗此恥哉！」[10]這時的胡適，正處於他絕對不抵抗的和平主義的巔峰。他這時的夢想是希望在他有生之年能看到中國能有一所能與世界名校媲美的國立大學。他在2月20日的日記裡說：

> 吾他日能生見中國有一國家的大學可比此邦之哈佛，英國之劍橋、牛津，德之柏林，法之巴黎，吾死瞑目矣。嗟夫！世安可容無大學之四百萬方里四萬萬人口之大國乎！世安可容無大學之國乎！[11]

胡適立志要在中國建立一所世界一流的大學的夢想是他終生的夙願。當然，從另一個角度來說，這是他一生的夙願，正因為他一輩子都見不到這個夢想的實現。換句話說，從他在1913年初寫〈非留學篇〉，到他在1947年9月發表〈爭取學術獨立的十年計畫〉，他的夢想仍然還不能實現。〈非留學篇〉，顧名思義，就是批判中國留學政策的不當。胡適開宗明義說：「留學者，吾國之大恥也！留學者，過渡之舟楫而非敲門之磚也；留學者，廢時傷財事倍功半者也；留學者，救急之計而非久遠之圖也。」[12]他說留學只是達成再造文明的手段而已，結果在中國是本末倒置：「一國之派遣留學，當以輸入新思想為己國造新文明為目的。淺而言之，則留學之目的在於使後來學子可不必留學，而可收留學之效。是故留學之政策，必以不留學為目的。」

留學只是「救急之圖，而非久長之計」。「久長之計乃在振興國內之高等教育。

10　《胡適日記全集》，2：51。
11　《胡適日記全集》，2：50-51。
12　以下徵引〈非留學篇〉，見《胡適全集》，20：6-30。

是故當以國內高等教育爲主，而以留學爲賓；當以留學爲振興國內高等教育之預備，而不當以國內高等教育爲留學之預備。」胡適振興中國高等教育的作法，是要設立國立、省立、私立的大學與專科學院。然而，大學的設立，他強調與其多，不如精。以國立大學爲例，他說：「大學之數，不必多也，而必完備精全。今不妨以全力經營北京、北洋、南洋三大學，務使百科咸備，與於世界有名大學之列。然後以餘力增設大學於漢口、廣州諸地。日本以數十年之力經營東京、西京兩帝國大學，今皆有聲世界矣。此其明證，未嘗不可取法也。」

事實上，胡適設立國之大學的夢想，還不只僅止於大學的教育。四年的大學教育只是學問的初基。用胡適的話來說：「以四年畢業之大學生，尚未足以語高深之學問。」建設國之大學的目的既然是再造文明，他更重視研究所，或者研究院的設置。這研究所，胡適在〈非留學篇〉裡稱之爲「畢業院」，是直接從英文的"graduate school"翻譯過來的。他說：「各國於學問，其有所成就者，多由畢業院出者也。鄙意宜鼓勵此種畢業院……。美國大學畢業院有兩種學位：一爲碩士，至少需一年始可得之，一爲博士，需三年始可得之。」

胡適在〈非留學篇〉裡的根本觀點，三十五年以後，他再度在〈爭取學術獨立的十年計畫〉裡提出。他說：「今後中國的大學教育應該朝著研究院的方向發展。凡能訓練研究工作的人才的，凡有教授與研究生做獨立的科學研究的，才是眞正的大學。凡只能完成四年本科教育的，儘管有十院七、八十系，都不算是將來的最高學府。」他所謂的爭取學術獨立的十年計畫，就是「在十年之內，集中國家的最大力量，培植五個到十個成績最好的大學。使他們盡力發展他們的研究工作，使他們成爲第一流的學術中心，使他們成爲國家學術獨立的根據地」。他說：「這個十年計畫也可以分做兩個階段。第一個五年，先培植起五個大學；五年之後，再加上五個大學。」[13]

留學時候，還不是北大成員的他，動輒以國之大恥來形容無國之大學的中國，甚至以死都不能瞑目這樣重的字眼來形容他的恥辱感。然而，到了北大才四年的光景，胡適的標準已經降到了只要維持北大存在的地步。1921年6月3日，北京國立專門以上八校爲教育經費請願，在新華門被衛兵用槍柄刺刀攻擊。教育界與北京政府相持不下。胡適在7月中南下到上海爲商務印書館作評鑑的工作。到8月初，雙方仍然爲經費而僵持著。胡適在8月8日的日記裡，說明了他爲什麼主張勉力維持北大的想法：「我主張暫時容忍。我走到南方，才知道現在中國只有一個北京大學可以大有爲，棄了眞

13　胡適，〈爭取學術獨立的十年計畫〉，《胡適全集》，20：234-238。

可惜。」[14]

　　一年以後，在北大二十五週年校慶的紀念特刊裡，胡適發表了他對北大的回顧與反省的一篇文章。他表揚了北大在制度組織上的穩固，特別是教授治校理念的落實。然而他也批評北大在學術方面的貧瘠。胡適總結北大創校以來的成績說：「開風氣則有餘，創造學術則不足。」他以校慶所展出的出版品為例：「我們有了二十四個足年的存在，而至今還不曾脫離『稗販』的階級！自然科學方面姑且不論，甚至於社會科學方面也還在稗販的時期。三千年的思想、宗教、政治、法制、經濟、生活、美術⋯⋯的無盡資料，還不曾引起我們同人的興趣與努力！這不是我們的大恥辱嗎？」[15]

　　胡適雖然用了「大恥辱」這樣重的話，其實，他是不把自己包括在這大恥辱的行列裡的。他在12月17日當天校慶的演說裡，表揚了在他領導之下的整理國故的成績，說它已經作出了世界級貢獻的開始：「依據中國學術界的環境和歷史，我們不敢奢望這個時候在自然科學上有世界的貢獻。但我個人以為至少在社會科學上應該有世界的貢獻。諸位只要到那邊歷史展覽部一看，便可知道中國社會材料的豐富。我們只是三四個月工作的結果，就有這許多成績可以給社會看了。這兩部展覽，一邊是百分之九十九的稗販，一邊是整理國故的小小的起頭。看了這邊使我們慚愧，看了那邊使我們增加許多希望和勇氣。」[16]

　　又過了九年，1931年9月14日。當天，北大開學。胡適記他當天所作的演說：

> 　　北大前此只有虛名，以後全看我們能否做到一點實際。以前「大」，只是矮人國裡出頭，以後須十分努力。因會上有人曾說我們要做到學術上的獨立。我說，此事談何容易？別說理科法科，即文科中的中國學，我們此時還落人後。陳援庵〔陳垣〕先生曾對我說：「漢學正統此時在西京〔即：日本京都〕呢？還是在巴黎？」我們相對嘆氣，盼望十年之後也許可以在北京了！今日必須承認我不「大」，方可有救。[17]

更有意味的是胡適眉注：「我們費了九個月的工夫，造成一個新『北大』，九月十四日開學，五日之後就是『九一八』的一炮！日本人真是罪大惡極！」

14　《胡適日記全集》，3：268。
15　胡適，〈回顧與反省〉，《胡適全集》，20：104-105。
16　胡適，〈北京大學第二十五週年紀念日的演說〉，《胡適全集》，20：107。
17　《胡適日記全集》，6：604。

從某個角度來說，胡適從1917年開始到北大去任教，到1931年他再度回到北大，這十五年間，他覺得自己一幫人確實是略有所成的。那些成績，特別是整理國故的成績「使我們增加許多希望和勇氣。」然而，即使如此，胡適還是有他的自知之明，所以他才會說：「以前『大』，只是矮人國裡出頭，以後須十分努力。」只是，這「矮人國裡出頭」真正讓他椎心刺骨的意義，還得等他去參加了哈佛大學三百週年校慶排名墊底以後，才能真正體會出來。

德國大學理念的轉借

在許多人的心目中，北大與蔡元培之間的關係，幾乎可以說已經是到了沒有蔡元培，就沒有北大的地步。蔡元培在1916年12月26日接到黎元洪總統的任命令，成為北大的校長。他在次年1月4日坐馬車進北大。這個頗為戲劇性的開始，帶來了林林總總、不可勝數的有關北大以及蔡元培的故事。然而，這些故事裡，也有著太多的神話與傳說。這就彷彿說北大在蔡元培的領導之下，就在一夕之間脫胎換骨一樣。就舉兩個最典型的回憶。許德珩說：「蔡先生是1917年1月到北大就職的，在此以前的北大，是一座封建思想、官僚習氣十分濃厚的學府，一些有錢的學生，帶聽差、打麻將、吃花酒、捧名角，對讀書毫無興趣，教員中不少人不學無術，吃飯混日子，教課是陳陳相因，敷衍塞責。」[18]顧頡剛的回憶更是生動，他說：

> 1913年我考入北大預科時，學校像個衙門，沒有多少學術氣氛。有的老師不學無術，一心只想當官；有的教師本身就是北洋政府的官僚，學問不大，架子卻不小。那時的北大有一種壞現象：一些有錢的教師和學生，吃過晚飯後就坐洋車奔「八大胡同」(妓女集中地段)，所以妓院中稱「兩院一堂」是最好的主顧(「兩院」指參、眾兩院，「一堂」指北大，其前身為京師大學堂)。那時在學生中還流行一種壞風氣，就是「結十兄弟」。十個氣味相投的學生結拜作兄弟，畢業後大家鑽營作官，誰的官大，其他九人就到他手下當科長、當秘書，撈個一官半職，有福同享。[19]

18　許德珩，〈回憶蔡元培先生〉，轉引自陸茂清，〈蔡元培在北大籌建「進德會」〉，http://www.rmzxb.com.cn/wh/ws/t20100810_335879.htm，2012年5月29日上網。

19　顧頡剛，〈蔡元培先生與五四運動〉，轉引自陸茂清，〈蔡元培在北大籌建「進德會」〉，http://www.rmzxb.com.cn/wh/ws/t20100810_335879.htm，2012年5月29日上網。

　　就像陳平原所指出的，這種「老北大的故事」，或者說「傳說」，有理想化的成分。他說：「學風之好壞，只能相對而言。想像蔡元培掌校以前的北大師生，都是『官迷心竅』，或者整天在八大胡同冶遊，起碼不太符合實際。」[20]我們還可以加一句話說，即便「老北大」的師生個個都「官迷心竅」，這也絕對不意味著說，在蔡元培當了校長以後的北大師生，人人就都能一夕間脫胎換骨，而對「學而優則仕」的誘惑具有免疫力了。

　　當然，即使是神話與傳說，都常帶有其「眞實」的成分。蔡元培帶動北大的轉型，或者說，北大在蔡元培的領導之下，開始朝近代大學的路向邁進。從這些貢獻來說，蔡元培當然是當之無愧的。一個好校長，可以振衰起敝、轉移風氣。這是絕對毋庸置疑的。蔡元培最膾炙人口的話，是他在1919年3月18日寫給林紓的公開信裡所闡明的辦學兩大主張：「一、對於學說，仿世界各大學通例，循『思想自由』原則，取相容並包主義……。無論爲何種學派，苟其言之成理，持之有故，尙不達自然淘汰之運命者，雖彼此相反，而悉聽其自由發展。二、對於教員，以學詣爲主。在校講授，以無背於第一種之主張爲界限。其在校外之言論，悉聽自由。本校從不過問，亦不能代負責任。」[21]蔡元培這辦學的兩大主張，即使放在今天，都還是可以令人擊節讚嘆的。

　　事實上，蔡元培這兩大辦學主張之所以會讓人動容，完全是因爲其所捍衛的是思想以及學術的自由。值得注意的是，蔡元培學術自由的主張是受到德國的影響的。我們知道歐洲的大學體制，隨著歐洲的殖民擴張而傳播到世界各地。到了19世紀中期，德國的大學是全世界的楷模。後起的美國，在19世紀末葉，蔚然興起了一股留德熱。蔡元培對學術自由的捍衛，也是19世紀末心儀德國大學制度的許多美國校長及教授所禮讚的。蔡元培說：「無論爲何種學派，苟其言之成理，持之有故……。悉聽其自由發展。」這段話所體現的，就是德文所說的"Lehrfreiheit"（教學與研究的自由）。它所意指的就是教授在教學研究的自由，不受政治的干擾。而這個教學研究的自由，推展至其極致，就是爲研究而研究，不媚俗、不功利。

　　蔡元培從1907年到1911年到德國遊學。第一年在柏林學德語，後三年在萊比錫大學聽講。蔡元培的大學理念，深深地受到了他在德國遊學的烙印。比如說，他在1912年教育總長任內所手撰的〈大學令〉，其第一條就開宗明義地說：「大學以教授高深

20　陳平原，《老北大的故事》(江蘇文藝出版社，1998)，頁13。
21　蔡元培，〈致《公言報》函並答林琴南函〉，高平叔編，《蔡元培全集》(北京：中華書局，1984)第三卷(1917-1920)，頁271。

學術，養成碩學閎材，應國家需要爲宗旨。」[22]他在1917年就任北大校長的演說中也說：「大學者，研究高深學問者也。」[23]到了1918年，他在北大開學典禮上的演說仍然繼續強調：「大學爲純粹研究學問之機關，不可視爲養成資格之所，亦不可視爲販賣知識之所。」[24]在這個爲學術而學術的崇高所在，教授有教學與研究的自由，學生也有選課、學習的自由（Lernfreiheit）。教授偕同學生，不謀名利，一心一意地從事純粹學術的研究。

蔡元培所謂的純粹的學問是大學裡的文、理兩科。他說：「文、理，學也。雖亦與間接之應用，而治此者以研究眞理爲的，終身以之。所兼營者，不過教授著述之業，不出學理範圍。」與文、理之「學」相對的是「術」，即法、商、醫、工。「術」講求的是應用：「治此者雖亦可有永久研究之興趣。而及一程度，不可不服務於社會；轉以服務時之所經驗，促其術之進步。」大學教育的目的在於「學」──「基本」，而不在於「術」──「枝幹」：「鄙人以爲治學者可謂之『大學』，治術者可謂之『高等專門學校』。」[25]這是典型的19世紀德國式大學理念的表白。

蔡元培所服膺的德國式大學的理念，跟當時的中國從日本模仿過來的日本學制是格格不入的。事實上，從他在1912年短暫地出任教育總長到1917年出任北大校長，他所經歷的，是中國學制快速轉型的階段。從清末到民初，中國的教育制度所仿效的是日本的制度。用蔡元培在1922年校慶演說的話來說：北大「自開辦〔1898年〕至民元〔1912年〕……學校的制度大概是模仿日本的。」[26]而蔡元培所扮演的角色，就是在參仿德國的制度，來取代日本的制度，特別是在高等教育方面。他對日本高等教育體制的批判，可以用他在1918年給教育部的提案來說明：「我國高等教育之制，規仿日本，既設法、醫、農、工、商各科於大學，而又別設此諸科之高等專門學校。雖程度稍別淺深，而科目無多差別。同時並立，義近駢贅。」[27]

事實上，早在蔡元培在1912年出任教育總長的時候，就已經試圖取代規仿日本的

22　蔡元培，〈大學令〉，高平叔編，《蔡元培全集》第二卷(1910-1916)，頁283。
23　蔡元培，〈就任北京大學校長之演說〉，高平叔編，《蔡元培全集》第三卷(1917-1920)，頁5。
24　蔡元培，〈北大一九一八年開學式演說詞〉，高平叔編，《蔡元培全集》第三卷(1917-1920)，頁191。
25　蔡元培，〈讀周春岳《大學改制之商榷》〉，高平叔編，《蔡元培全集》第三卷(1917-1920)，頁149-150。
26　蔡元培，〈北大成立二十五週年紀念會開會詞〉，高平叔編，《蔡元培全集》第四卷(1921-1924)，頁295。
27　蔡元培，〈大學改制之事實及理由〉，高平叔編，《蔡元培全集》第三卷(1917-1920)，頁130。

體制了。他的〈大學令〉的第三條：「大學以文、理二科為主。須合於左〔下〕列各款之一，方得名為大學：一、文、理科並設者；二、文科兼法、商二科者；三、理科兼醫、農、工三科或二科、一科者。」[28]蔡元培這個「大學以文、理二科為主」的理念，在在說明了他認為大學是純粹科學研究與教學的所在。用他後來的一篇回憶來說：「我那時候有一個理想，以為文、理兩科，是農、工、醫、藥、法、商等應用科學的基礎。而這些應用科學的研究時期，仍然要歸到文理兩科來。所以文、理兩科，必須設各種的研究所；而此兩科的教員與畢業生必有若干人是終身在研究所工作，兼任教員，而不願往別種機關去的。所以完全的大學，當然各科並設，有互相關聯的便利。若無此能力，則不妨有一大學專辦文、理兩科，名為本科；而其他應用各科，可辦專科的高等學校，如德、法等國的成例，以表示學與術的區別。因為北大的校舍與經費，決沒有兼辦各種應用科學的可能，所以想把法律分出去，而編為本科大學，然沒有達到目的。」[29]

　　蔡元培的教育理念亟需重新詮釋，但不在本書所能處理的範圍[30]。歷來的分析與描述，多人人曰德國影響云云，只是不見其何如影響。我在此處只希望點出他的教育理念，是傳統中國理念與19世紀歐陸、特別是德國教育理念的結合。必須指出的是，傳統的德國教育理念在蔡元培遊歷德國的時候，其實已經在社會、經濟的發展變動之下而開始面對了挑戰而有所因應和改變[31]。無論如何，蔡元培所說的「學」與「術」，固然是傳統中國文化裡所常用的關鍵字。然而，它們在德文裡，也都個有其適切的對應詞。「學」，就是德文裡的"Wissenschaft"；「術」，就是德文裡的"Technik"。他所說的純粹研究、為研究而研究，也就是德文裡的"Wissenschaft um sich selber willen"(為學問而學問)。那以文、理為主的大學就是德國體制下的(Universität)；那被責成從事應用科學之術的「高等學校」，就是德國體制下的"Technische Hochschule"(科技大學)。

　　蔡元培的「學」、「術」分離的大學理念當然不是絕對的。他理解「學」與「術」相輔相成的道理，所以他說：「這些應用科學的研究時期，仍然要歸到文理兩

28　蔡元培，〈大學令〉，高平叔編，《蔡元培全集》第二卷(1910-1916)，頁283-284。

29　蔡元培，〈我在北京大學的經歷〉，高平叔編，《蔡元培全集》第六卷(1931-1935)，頁352。

30　林小青在她北京大學一書裡，對蔡元培所受的德國思潮的影響有精鍊的摘述。請參閱 Xiaoqing Diana Lin, *Peking University: Chinese Scholarship and Intellectuals, 1898-1937* (Albany, New York: State University of New York Press, 2005), pp. 49-54.

31　Konard Jarausch, "The Social Transformation of the University: The Case of Prussia 1865-1914," *Journal of Social History*, 12.4 (Summer, 1979), pp. 609-636.

科來。」然而，由於他深信「歐洲各國高等教育之編制，以德意志爲最善」，而德國高等教育的學制分成兩個等級：大學與科技大學(高等專門學校)，這就是他所想師法的模範：「德之專門學校，實即增設之分科大學，特不欲破大學四科之舊例，故別列一門而已。」[32]蔡元培在這裡所說的「大學四科之舊例」，指的就是傳統德國大學的四個學院：神學、法學、醫學和哲學[33]。

除了德國體制的範本以外，蔡元培還有中國現狀的考慮。在能力、財力有限的時候，他決定先專辦文、理爲主的本科大學。蔡元培這個本科大學的理念，不但是把大學作爲爲學術而學術的純粹的學術研究中心，它也是透過學術來陶冶身心的場所。這個理念的來源是洪堡(Whilhem von Humboldt, 1767-1835，柏林大學，即今天的柏林洪堡大學的創始人)[34]。事實上，蔡元培反功利、批判舊北大以求學作爲出仕的敲門磚的傳統也是受到洪堡啓發的。同時，在洪堡的理念的影響之下，蔡元培認爲知識與道德的關係是成正比的關係。他說：「尋常道德，有尋常知識之人，即能行之。其高尚者，非知識高尚之人，不能行也。」所以他的結論是：「知識所以高尚吾人之品格也。」[35]蔡元培的這個知識與道德成正比關係的理念，與其說是儒家的，不如說是洪堡的。這是因爲在儒家哲學裡，知識與道德有其矛盾和緊張的關係。而洪堡則揭櫫「修學以進德」(Bildung durch Wissenschaft)的理念。蔡元培之所以提倡「美育」，跟他所受到的洪堡這個「修己」(Bildung)的理念是息息相關的。

蔡元培這個大學「治學」、高等專門學校「治術」的理念，在他出任北大校長一年以後，在1918年1月連同其他北京高等學校向教育部提出了一個議案。其中一項，就落實了這個理念：

> 爰參合現行之大學及高等專門學校制而改編大學制如下：一、大學專設文、理二科。其法、醫、農、工、商五科，別爲獨立之大學。其名爲法科大學、醫科大學等等。其理由有二：文、理二科，專屬學理；其他各科，偏重

32　蔡元培，〈大學改制之事實及理由〉，高平叔編，《蔡元培全集》第三卷(1917-1920)，頁130。

33　Friedrich Paulsen, *The German Universities and University Study*, authorized translation by Frank Thilly and William Elwang (New York: Charles Scribner's Sons, 1906).

34　Lenore O'Boyle, "Learning for Its Own Sake: The German University as Nineteenth-Century Model," *Comparative Studies in Society and History*, 25.1 (January, 1983), pp. 3-25. 請注意，這篇論文的主旨，是在揭穿這「爲學問而學問」背後的階級、社會、政治、經濟因素。

35　蔡元培，〈中學修身教科書〉，高平叔編，《蔡元培全集》第二卷(1910-1916)，頁183。

致用，一也。文、理二科，有研究所、實驗室、圖書館、植物園、動物院等種種之設備，合爲一區，已非容易。若遍設各科，而又加以醫科之病院、工科之工場、農科之試驗場等，則範圍過大，不能各擇適宜之地點，一也。[36]

　　同年3月，教育部通過了這個議案。北大於是進行了五項學制的改革。第一，是文、理兩科的擴張。大學既然以文、理兩科爲主，文、理科系的增設自然成爲重點。由於經費的限制，北大決定在下學年度在文科增設史學門，在理科增設地質學門。第二，是爲法科從北大獨立出去成爲專科大學作準備。用北大自己的報告裡的話來說：「北京大學各科以法科爲較完備，學生人數亦最多，具有獨立的法科大學之資格。惟現在尙爲新舊章並行之時，獨立之預算案，尙未有機會可以提出，故暫從緩議，惟於暑假後先移設於預科校舍，以爲獨立之試驗。」[37]

　　事實上，不是獨立的預算案還沒有機會提出，而是北大法科生占學生總人數的半數以上。如果法科獨立出去，北大學生將被掏空一半。早期的北大，本科一直是法科一枝獨秀的天下。這當然又跟北大的文憑是進身官僚系統的敲門磚有關。比如說，1914學年度，北大的本科生的總數是423名。其中法科213名、文科103名、工科78名、理科30名。換句話說，法科學生占了北大本科生的半數。到了1917年12月，也就是胡適在北大任教的第一個學期，北大的學生總數，本科、預科一起計算在內，一共有1,761名。其中文科生418名、理科生422名、工科生80名、法科生則有841名，還是占了學生總人數的48%[38]。這80名的工科生是蔡元培上臺以後，把北大的工科併入北洋大學以後(見下段)，所剩下來的最後兩屆學生。

　　北大1918年學制改革的第三項是把商科併入法科。這也是一個暫時的措施。換句話說，在商科從北大獨立出去成爲商科大學以前，商科改爲商業學，而隸屬於法科。第四項是工科的裁廢。北大當時的工科其實只有土木工門及採礦冶金門，跟位於天津的北洋大學重疊。而北洋大學的工科：「皆用英語教授。設備儀器，延聘教員，彼此重複。而受教之學生，合兩校之工科計之，不及千人。納之一校，猶病其寡，徒糜國

36　蔡元培，〈大學改制之事實及理由〉，高平叔編，《蔡元培全集》第三卷(1917-1920)，頁130-131。
37　蔡元培，〈大學改制之事實及理由〉，高平叔編，《蔡元培全集》第三卷(1917-1920)，頁132。
38　總數應爲424，但引文如此。參見Timothy Weston, *The Power of Position: Beijing University, Intellectuals, and Chinese Political Culture, 1898-1929* (Berkeley: University of California Press, 2004), pp. 103, 272n85.

家之款，以爲增設他門之障礙而已。」[39]

在這裡，我們必須徹底推翻一個胡適在日記裡所提到的裁撤工科的陰謀論。1922年7月3日，胡適在山東濟南參加中華教育改進社第一次的年會。他在當天的日記裡，提到了他當晚聽到一些北大早期的掌故。他說蔡元培當年裁撤工科背後有權謀的因素。那就是，沈尹默和當時的理科學長夏元瑮聯合，借著廢工科之名，除去了當時的工科學長徐崇欽。胡適雖然後來在7月8日在日記裡加了一個旁注，說：「後來蔡先生說，廢工科確是他自己的成見，不是爲去胡〔仁源〕的。」[40]然而，語焉不詳。我們必須強調工科的裁撤是這個蔡元培大學理念的落實，才可以徹底地揮別這個陰謀論。

蔡元培在1918年改革北大學制的第五項是預科的改革。北大的預科是由舊制的高等學堂嬗蛻而來的。在蔡元培擔任教育總長的時候，因爲各省所立高等學堂程度不齊，所以停辦高等學堂，而於大學中自設預科者。然而，從五年所得的經驗，蔡元培發現預科的問題重重。首先，因爲預科是文、法、商三科的預備，於是所有預科的學生都必須學習三科的基礎學科。其結果是：「多費學生之時間及心力於非要之課，而重要之課，反爲所妨。」其次，預科既不隸屬文、法、商之任何一科，其課程有半獨立的性質，造成了不與本科銜接，甚至於與本科重疊的問題。最嚴重的現象，是預科第三年的課，在學生進入本科的第一年又再重複，使學生失去了學習的興趣。根據這項改革，預科減爲二年，同時又分隸屬於各科。

北大設有預科，用從今天的話來說，就是一種不得已的補救、補強的暫時措施。問題是，這幾乎是一個反客爲主的機構。北大的學生人數在1914年底有900名學生。到了1916年7月，兩年不到，已經有了1,500名學生，成長幾乎一倍。然而，這些學生總數是包括本科生和預科生。而且，預科生的人數是超過本科生的人數。到了1914年底，北大的學生人數預科生的人數仍然遠遠超過本科生。該學年度，北大的本科生有376名，而預科生則有534名[41]。一直要到1930年，北大預科才停止招生[42]。

39　蔡元培，〈大學改制之事實及理由〉，高平叔編，《蔡元培全集》第三卷(1917-1920)，頁132。

40　《胡適日記全集》，3：654。

41　Timothy Weston, *The Power of Position*, p. 272n79.

42　參見1930年4月12日《北京大學日刊》。在此謹謝北京新文化紀念館秦素銀女士幫我查證這一點。

德國、美國理念與傳統書院的嫁接：北大研究所

　　蔡元培「爲學術而學術」的理念的落實，最具體的莫過於北大各科研究所——文、理、法三科——的成立。北大文理法科研究所的成立是在1917年11月。只是，這些研究所設立的緣起及其理念，也是最爲人所漠視的[43]。漠視的原因之一，是因爲連蔡元培自己都覺得北大這個嘗試是失敗的。蔡元培在1920年9月北大開學日的演說裡指出：由於「各系分設，覺得散漫了一點，所以有幾系竟一點沒有成績。現在改組爲四大部，集中人才，加添設備，當能有點進步」[44]。蔡元培在這個演說裡所說的改組，就是北大的評議會在該年7月所通過的〈研究所簡章〉。

　　這個〈研究所簡章〉的第一條說：「研究所仿德、美兩國大學之Seminar〔研究討論班〕辦法，爲專攻一種專門知識之所。」研究所暫分四門：

　　一、國學研究所(凡研究中國文學、歷史、哲學之一種專門知識者屬之)。
　　二、外國文學研究所(凡研究德、法、英、俄及其他外國文學之一種專門
　　　　知識者屬之)。
　　三、社會科學研究所(凡研究法律、政治、經濟、外國歷史、哲學之一種
　　　　專門知識者屬之)。
　　四、自然科學研究所(凡研究物理、化學、數學、地質學之一種專門知識
　　　　者屬之)。

　　這個研究所不另設主任，也不另設課程。研究所隸屬的「四門」，「其研究課程，均列入各系內。」只有在學生有專門研究之必要時，才開設「某課研究」的名目，由教授個別指導研究。如：「康德哲學研究」、「王守仁哲學研究」、「溶液電解狀研究」、「膠體研究」、「接觸劑研究」等等。至於研究所的學員，則「三年級以上學生及畢業生均得擇習研究課」[45]。

43　有關北大研究所國學門的改組與興起，請參閱陳以愛，《中國現代學術研究機構的興起——以北大研究所國學門爲中心的探討》(江西南昌：江西教育出版社，2002)。
44　蔡元培，〈北大第二十三年開學日演說詞〉，高平叔編，《蔡元培全集》第三卷(1917-1920)，頁443。
45　蔡元培，〈公布北大〈研究所簡章〉布告〉，高平叔編，《蔡元培全集》第三卷(1917-1920)，頁439-440。

　　值得注意的是，這個〈研究所簡章〉完全沒有年限以及授予學位的規定。一年以後，北大評議會在1921年12月14日通過的〈國立北京大學研究所組織大綱〉，仍然沒有授予學位的規定。這個〈國立北京大學研究所組織大綱〉說明北大設立研究所的目的，是爲畢業生提供一個「繼續研究專門學術之所」。跟一年前所頒布的簡章一樣，凡是畢業生當中具有專門研究之志及能力者，或者高年級學生，經所長及各該系教授會特許的，都可以進這個研究所。唯一比較具體的規定有兩項。第一，這個研究所設所長一人，由北大校長兼任。研究所隸屬的四門各設主任一名，由校長指任，任期兩年。第二，這個研究所設有獎學金，獎額及名額由評議會另行訂定[46]。

　　北大在1920、1921年所陸續通過的〈研究所簡章〉和〈國立北京大學研究所組織大綱〉，意味著北大從德國學制通往美國學制的蛻變。〈研究所簡章〉的第一條說：「研究所仿德、美兩國大學之Seminar〔研究討論班〕辦法，爲專攻一種專門知識之所。」在這第一條裡，研究所仿的教學體制，是德國和美國並列，這就是一個最好的明證。當然，從某一個角度來說，這也意味著美國學制的德國化。換句話說，就是美國汲取了德國大學的研究理念以後研究型大學的崛起。

　　然而，北大這個從德國轉向美國化的進程是不完全的。沒有公開招考的程序、沒有學程、沒有年限、沒有畢業的規定、不授予學位，這是一個不曾制度化的教育嘗試。然而，如果我們逕作結論，說這是一個失敗的試驗，那就會完全忽略了北大這個研究所在中國高等教育史的一個里程碑的意義。這個里程碑的意義，就在於它一方面意味著中國大學的理念從德國制到美國制的轉型，另一方面，意味著它與中國傳統書院實踐的融合與嫁接。特別有意義的是，這個里程碑的意義不只對北大而言是如此，而且對清華大學在1925年所成立的國學研究院亦是如此。要了解這個里程碑的意義，就必須去追溯北大1920年改組研究所的來龍去脈。

　　北大研究所的成立，有其相當長遠的背景。我們記得蔡元培在1912年所頒布的〈大學令〉開宗明義的第一條是：「大學以教授高深學術，養成碩學閎材，應國家需要爲宗旨。」這個宗旨，就正是蔡元培長久求之而不可得的所在。〈大學令〉第六條：「大學爲研究學術之蘊奧，設大學院〔研究院〕。」第七條：「大學院生入院之資格，爲各科畢業生，或經試驗有同等學力者。」第十一條：「大學院生在院研究，有新發明之學理，或重要之著述，經大學評議會及該生所屬某科之教授會認爲合格

46　蔡元培，〈國立北京大學研究所組織大綱〉，高平叔編，《蔡元培全集》第四卷(1921-1924)，頁134-135。

者，得遵照學位令授以學位。」[47]

　　蔡元培一直沒有放棄他在大學設立研究院的夢想。他在1918年1月向教育部提出的議案的第二條：「大學均分爲三級：一、預科一年；二、本科三年；三、研究科二年，凡六年。」這個提案名義上是由蔡元培和其他北京高等學校校長連署提出。然而，等教育部召集所有連署的北京各大學校長、北洋大學校長，以及教育部有關司長開會討論的時候，卻有了異議。與會者：「多以預科一年爲期爲太短，又有以研究科之名爲不必設者。」教育部於是把該第二條再交付北京高等學校校務會復議。2月5日校務討論會開會議決：大學均分爲二級，預科二年、本科四年，凡六年。這個議決，由教育部於3月14日作爲指令公布遵行[48]。

　　大學普設「研究科」的理念被否決以後，蔡元培決定在北大獨立實行。1917年11月16日《北京大學日刊》的創刊號，報導了〈研究所通則〉七條。

　　甲、研究任務：研究學術、研究教學法、特別問題研究、中國舊學鉤沉、審
　　　　定譯名、譯述名著、介紹新書、徵集通訊研究員、發行雜誌、懸賞徵
　　　　文。
　　乙、擬設研究所凡九：文科——國文學、英文學、哲學；理科——數學、物
　　　　理學、化學；法科——法律學、政治學、經濟學。
　　丙、地點：法科各研究所設於法科；文理兩科之研究所暫設於二道橋之貸
　　　　屋，俟新宿舍〔注：即當時建築中的「紅樓」〕成後，於西齋〔注：即
　　　　當時的主校區——馬神廟公主府〕設之。
　　丁、研究所方法：
　　　　國文學：文字學、文學。
　　　　英文學：名家著述提要、名著研究等。
　　　　哲學：心理學、論理學、中國哲學。(心理、論理兩門爲心理學史、論
　　　　理學史、心理學實驗名著研究、譯名審定、中國舊學鉤沉等)。
　　　　理科各門：科學史名著研究、譯名審定、中國舊學鉤沉。
　　　　法科：法律門——各國法律比較、學說異同評、名著研究、譯名審定；
　　　　政治門及經濟學門——名著研究、譯名審定。

47　蔡元培，〈大學令〉，高平叔編，《蔡元培全集》第二卷(1910-1916)，頁284。
48　蔡元培，〈大學改制之事實及理由〉，高平叔編，《蔡元培全集》第三卷(1917-1920)，
　　頁131。

戊、印行《北京大學月刊》。其稿件由九門研究所分任。每門所任自三千言
　　以至七千言。候開會認定。
己、研究所教授當自擇專題，月作論文一首。或公開講演，或作《月刊》材
　　料，或別刊小冊，聽教授之便。
庚、民國十年〔注：誤排，應爲十一年，即1922年〕爲北京大學成立之二十
　　五年紀念，擬出叢書三部：一、大學各職教員著作；二、教科書；三、
　　西文名著譯本。均由各研究所預備。[49]

　　這個北大最早的研究所，具有現代研究所訓練研究生的規劃。以文科研究所爲
例，該研究所分設研究科與特別研究科。研究科等於是專題研究課：由教授訂定研究
專案、開列指定與參考書目給研究員、每週或每數週由教授講演一次，由研究員參與
討論。特別研究科是專題論文寫作：論文題目可以是由研究員自擇經由教授認可，也
可以是由教授擬定若干專題交由研究員選擇。在教授的指導下，研究員自行研究，研
究結果以論文提出。論文如果爲教授評閱後接受，可交付大學圖書館保存，或節要刊
登於《北京大學月刊》。然而，幾乎就在這個規劃才擬定了細則以後，北大就決定取
消國文和英文門的特別研究科，而把它改成「教員公同研究」[50]。我的推測是當時根
本就沒有符合撰寫論文條件的學生，於是改成教授的研究專案。此外，文科各門還有
月會的規定。教授與研究員每月開會一次，由研究員一人或二人就其論文的一部分作
報告。報告結束，由教授和各研究員自由討論[51]。
　　北大在1917年文科研究所裡，胡適是教授群裡的超級巨星。他一個人身兼所有文
科三個研究所的專題課程。哲學門兩個專題：「歐美最近哲學之趨勢」以及「中國名
學鉤沉」；英文門：「高級修辭學」；國文門：「小說」（與劉半農、周作人合開）。
當時，胡適既是哲學門的教授，也是英文門的教授兼英文門教授會主任——用他給他
康乃爾大學同學艾傑頓(William Edgerton)的話來說，是英語系的代系主任[52]。此外，
根據胡適在1917年11月21日寫給韋蓮司的信，他說他正在籌組北大的歷史研究所。成

49　〈記事：研究所通則〉，《北京大學日刊》，第1號，1917年11月16日，第二版。
50　〈各科通告：文科研究所告白〉，《北京大學日刊》，第13號，1917年11月30日，第二版。
51　〈法規：文科研究所辦事細則〉，《北京大學日刊》，第13號，1917年11月30日，第一版。
52　Bill〔William Edgerton〕to Hu, May 11, 1918,「胡適外文檔案」，E-130-002。

立以後，他將擔任歷史研究所的主任[53]。這其實只是一個若干年以後才可能實現的計畫。根據《北京大學日刊》的報導，北大從1917年度才開始招收第一屆史學門的學生。該年秋天，史學門成為文科在哲學門、國文門、英文門以外所新設的一門。第一屆一年級有39名學生、選科生一名、旁聽生三名[54]。值得指出的是，史學門一直到1919年8月改稱為史學系的時候[55]，還沒組成史學系的教授會。

這個北大所設立的第一批研究所，不能用今天的標準去衡量。首先，它沒有授予學位的規定。其次，它沒有嚴格的入學資格規定或篩選的程序。任何畢業生都可以報名成為研究員。國學門跟哲學門規定三年級以上的本科學生，只要有願意入所研究的，也可報名加入。然而，即使這個學科跟年級的規定都似乎沒有嚴格遵守。比如說，哲學門研究所第一學期的研究員裡，范文瀾是國學門的學生，劉光頤是法科的學生[56]。英文門研究所，還收了一個二年級的學生[57]。

同時，研究專題自由放任，完全沒有研究或教學上的關聯。教授先自行擇定了研究專案，然後，讓研究員從中選擇研究專題。比如說，哲學門研究所開出了十一個研究專案：希臘哲學、歐美最近哲學之趨勢、邏輯學史、中國名學鉤沉、倫理學史、近世心理學史、儒家玄學、二程學說、心理學(身心之關係)、社會哲學史以及唯心論。然而，學生可以選擇的研究專案似乎沒有限制，而且也可以互相風馬牛不相及。比如說，當時已經從北大畢業的張崧年所選擇研究的專案是：希臘哲學、歐美最近哲學之趨勢、邏輯學史、中國名學鉤沉，以及社會哲學史。又如當時在哲學門三年級就讀的馮友蘭所選的專案是：歐美最近哲學之趨勢、邏輯學史，以及中國名學鉤沉[58]。換句話說，馮友蘭在哲學門研究所跟隨胡適作兩門專題研究。

雖然北大一直要到1920年才正式在〈研究所簡章〉上使用"seminar"(研究討論課)這個名詞。然而，毫無疑問地，1917年所成立的研究所也已經受到這個德國研究方法訓練理念的影響。德國大學的在19世紀中期已經成為世界學界取經的聖地，德國大學的「研究討論課」更是世界學界所頂禮、師法的對象。以史學研究為例，史學「研究討論課」的目的，就在教授的指導之下，讓學生獨立地從專題的研究上，琢磨

53　Hu Shih to Clifford Williams, November 21, 1917，《胡適全集》，40：204。
54　〈記事：[文科]本科學生名數表〉，《北京大學日刊》，第7號，1917年11月23日，第一版。
55　〈評議會布告〉，《北京大學日刊》，第429號，1919年8月23日，第一版。
56　〈記事：哲學門研究所〉，《北京大學日刊》，第12號，1917年11月29日，第二版。
57　〈記事：文科英文門研究所教員及研究員表〉，《北京大學日刊》，第18號，1917年12月6日，第二版。
58　〈記事：哲學門研究所〉，《北京大學日刊》，第12號，1917年11月29日，第二版。

領悟出如何用正確的史學方法來從事研究。每一個學生都必須在「研究討論課」上提出其報告，接受老師和其他同學最嚴格的批評與考驗[59]。

　　北大在1917年所成立的研究所，固然由於時機不成熟而取消了撰寫論文的「特別研究科」。然而，那「研究討論課」的理想並沒有放棄。「研究科」的教學法所體現的就是這個「研究討論課」的理念：由教授訂定研究專案、開列指定與參考書目給研究員、每週或每數週由教授講演一次，由研究員參與討論。以哲學門研究所所開出的第一批研究員的名單為例，「研究討論課」的形式已經呼之欲出。「希臘哲學」有兩名研究員、「歐美最近哲學之趨勢」三名、「邏輯學史」七名、「中國名學鉤沉」八名、「倫理學史」無、「近世心理學史」五名、「儒家玄學」七名、「二程學說」七名、「心理學(身心之關係)」五名、「社會哲學史」兩名、「唯心論」無[60]。

　　然而，任何一種文化的挪用與轉借都是有選擇性的。同時，文化的挪用與轉借都必須建立在自身的文化基礎上。北大挪用德國的「研究討論課」亦是如此。我在前邊談到1917年所成立的文科研究所還有「月會」的規定。「月會」也者，傳統中國書院制度的產物也。胡適在〈書院制史略〉中解釋說：「會講式的書院，起自明朝，如無錫東林書院，每月訂有開會時間。開會之先，由書院散發請帖。開會時由山長主講一段。講畢，令學生自由討論，各抒意見，互相切磋。終以茶點散會。」[61]換句話說，北大研究所是德國、美國制度、理念與傳統中國書院實踐的融合與嫁接。我們可以在1918年2月份開始的《北京大學日刊》的〈集會一覽表〉裡，看到胡適以及其他文科研究所教授針對他們的專題專案所作的「月會」演講。理科研究所的教授在一開始的時候，還參與的「月會」的演講。然而，很快地就沒有他們的記載。法科研究所則至少到1918年6月為止，仍然參與「月會」的演講。無怪乎蔡元培會在1920年檢討說：「有幾系竟一點沒有成績。」

　　從今天「研究」的標準來看，不管是1917年初設的研究所，或者是1920年改組成立的研究所，成效都不顯著。我在前文提到蔡元培在北大二十週年校慶的演說裡，說他遊學德國的時候，遇上了德國兩所大學的隆重校慶：萊比錫大學的五百年週年校慶；以及柏林大學的一百週年校慶。蔡元培比較了這兩個慶典，說：「其間布置，大同小異，不外乎印刷品、演講會，釁演大學歷史之巡遊隊、晚餐會等而已。而時過境

59　Bonnie Smith, "Gender and the Practices of Scientific History: The Seminar and Archival Research in the Nineteenth Century," *The American Historical Review*, 100. 4 (October, 1995), pp. 1150-1176.

60　〈記事：哲學門研究所〉，《北京大學日刊》，第12號，1917年11月29日，第二版。

61　胡適，〈書院制史略〉，《胡適全集》，20：115。

遷，所遺留者，亦僅有印刷品及記述之演說詞耳。」[62]

　　蔡元培在北大的校慶提起萊比錫以及柏林大學的校慶，他是意有所指。如果萊比錫、柏林大學的校慶活動，在煙消雲散以後，只有「印刷品及記述之演說詞」能流傳下來。那麼，北大能藉以流傳的是什麼呢？他在該次演說，開門見山，就說：「本校有二十五週年紀念會之預備，擬出大叢刊三種，業已宣布於《〔北京大學〕日刊》。」這個預備，他責成北大在1917年年底所規劃成立的研究所來負責。

　　五年以後，北大研究所的成績如何呢？胡適在北大二十五週年校慶的感言裡（見本章第一節），指著校慶所展覽的出版品，批判北大還沒脫離學術「稗販」的階段。然而，我們不能犯了時代錯誤的謬誤。我在本章第二節裡，已經強調了胡適的大學理念不同於蔡元培的大學理念。蔡元培說：「大學者，研究高深學問者也。」胡適則說：「以四年畢業之大學生，尚未足以語高深之學問。」胡適的理念是20世紀的研究型大學的理念。蔡元培的大學的理念，相對而言，顯得籠統、抽象。他要北大成為一個教授偕同學生，不謀名利、為研究而研究的純粹學術的研究機構。

圖5　北大國學門《國學季刊》編委會合影。右起：陳垣、朱希祖、顧頡剛、胡適、馬衡、沈兼士、徐炳昶(胡適紀念館授權使用)。

62　蔡元培，〈北大二十週年紀念會演說詞〉，高平叔編，《蔡元培全集》第三卷(1917-1920)，頁114-115。

一個不授予學位，讓大三以上以及畢業生進所從事研究的機構，與其說是一個現代意義下的研究所，不如說是一個講學論道的書院。它毫無疑問地是一個爲學術而學術的研究機構。然而，這種理想也有其缺點。沒有爲學次第、資格考試、不授予學位，它無法成爲一個知識生產的機構。知識生產沒有制度化的結果，它就沒有傳承複製與拓展的生命力。其結果不是停滯，就是萎縮。現代意義下的研究所的成立，還必須等到南京政府成立以後。在修訂了大學法、訂定了研究所的條例以後，現代型的研究所方才在1930年代於焉產生。

美國制度的濫觴

蔡元培從1912年短暫出任教育總長，到他初到北大的改革，不可謂不多。然而，如果我們用他所服膺的德國大學的理念來衡量，他所能做到的，最多等於只是爲建設這個理念的殿堂打下了初始的地基而已。值得玩味的是，就在蔡元培出任北大校長、力圖以德國大學的理念來改造北大的同時，北大也受到美國風的影響，逐漸地開始模仿美國的大學體制。

美國在內戰以前的大學，從歐洲人的角度來看，只有歐洲高中(Gymnasium)的程度。這除了反映了美國與歐洲國家相比，畢竟是一個後起之秀以外，也反映了歐美社會的異同點。歐洲的大學是菁英制的。美國因爲沒有貴族階級，其大學的特色是民主化與平民化。這當然也反映在其大學生的程度上。然而，內戰以後的美國大學力爭上游。到了19世紀末期，美國大學已經開始崛起。美國研究型大學的崛起，深受德國的影響。在19世紀裡，留學德國的美國人高達九千人之譜[63]。

北大美國化的開始，這點在蔡元培身上也是有跡可循的。他1921年9月從歐美考察教育九個月回國以後，在北大作了一個講演。他說：「從前胡適之先生曾提出提高與普及兩語，正可藉以形容歐美大學學風的特色。大約歐洲大學是偏重提高的。但就有幾千幾萬學生，並不希望他們個個都成學者，不過給他們一種機會……美國大學最多，大學生亦最多……大學的目的，要把個個學生都養成有一種服務社會的能力……是偏重普及的。」他接著說明了歐洲大學也開始注重知識的普及，而美國大學也開始注重研究，而得出了結論說：「可見提高與普及，本是並行不悖。」[64]

63　David Phillips, "Review: The German Universities—Citadels of Freedom or Bastions of Reaction?" *Comparative Education*, 17.3 (October, 1981), p. 344.

64　蔡元培，〈在北大歡迎蔡校長考察歐美教育回國大會上的演說詞〉，高平叔編，《蔡元

我在此處說這是北大從德國制向美國制轉型的濫觴。這句話自然是相對而言的，因為不管是德制或美制，北大是不可能徹底地模仿任何一個外國制度的。就像德國的教育制度有德國的文化、政治、社會、經濟的背景，美國的教育制度也有美國自己的背景，北大亦是如此。蔡元培在1919年9月五四學潮結束、復職回校視事的演說裡說：

> 諸君都知道，德國革命以前是很專制的，但是他的大學是極端的平民主義；他的校長與各科學長，都是每年更迭一次，由教授會公舉的；他的校長，由四科學長迭任。如甲年所舉是神學科教授，乙年所舉是醫學科教授，丙年所舉是法學科教授，丁年所舉是哲學科教授，周而復始，照此遞推。

他又說：

> 我初到北京大學，就知道以前的辦法是：一切校務都由校長與學監主任、庶務主任少數人辦理，並學長也沒有與聞的。我以為不妥，所以第一步組織評議會，給多數教授的代表，議決立法方面的事；恢復學長權限，給他們分任行政方面的事。[65]

根據德意志帝國欽定的德國大學體制一書的描述，德國大學的組織如下：「大學行政長」(Curator)，由教育部派任，負責學校的行政；校長(Rector)，由教授公選，負責校務，任期一年；「評議會」(Senate)，其成員由教授選出。每一學院，也就是蔡元培所說的「四科」(因為當時德國的大學設有哲、法、醫、神四個學院)，也由教授每年推舉一個「學長」(dean)[66]。我們從德意志帝國這個大學組織法，可以看出從蔡元培在1912年頒布〈大學令〉到他出掌北大，他心中所印記的是德國的大學理念。

蔡元培說：德國的「大學是極端的平民主義。」這不會是德意志帝國所會為之頷首的一句話。這個恐懼德謨克拉西的德意志帝國的辯護者不會用「平民主義」這句話

(續)────────────
　　培全集》第四卷(1921-1924)，頁79。
65　蔡元培，〈回任北大校長在全體學生歡迎會上的演說詞〉，高平叔編，《蔡元培全集》第三卷(1917-1920)，頁341。
66　Friedrich Paulsen, The German Universities and University Study, pp. 77-79.

來形容他們的大學，他們所最沾沾自喜的是學術自由。換句話說，「大學行政長」專管行政，「校長」則領導「評議會」、「學長」治校。這彷彿是愷撒的歸愷撒，大學的歸大學——教授治校。換句話說，校長由「評議會」協助治校，大學所屬的各學院，則由「學長」偕同教授治院。然而，這個制度其實有其相當不「平民主義」的地方。以教師來說，德國大學有兩個階級：一、教授，屬公務員，由政府付其薪俸。沒有退休年限，要教多少、要怎麼教、管不管學生，都是他們的自由。二、「獨立講師」（Privatdozent）。他們是具有博士學位的候補教授，不享有薪俸。他們的收入完全靠鐘點費。例如有名的哲學家康德就當了十五年的「獨立講師」，一直要到1770年他四十六歲的時候，才拿到教授的職位。

這德意志帝國所謂的教授治校，其實只是「自治」，因為校長上面還有一個「太上皇」——「大學行政長」。教授在其專業的範圍內，固然有完全的自由來決定教學的內容和方法。然而，教育部有權因應社會或教育的需要而採取干預的措施。同時，由於教授是公務員，教育部也訂有懲處條例。這些條例裡，甚至包括政府可以懲處持有反政府立場的教授。有關德國大學「自治」的局限，可以舉一個最簡單的例子。那就是教授出缺的時候，大學可以提出三個名字由政府挑選；但政府所選的往往不在薦舉名單之內。更值得注意的是，遇到政府要在大學裡新增教授位置的時候，大學本身完全沒有薦舉人選的資格[67]。

蔡元培說他上任的時候，北大的校務是校長與學監主任、庶務主任等少數人主持的。換句話說，北大是由行政人員治校的。這就表示北大根本就沒有遵守他在1912年擔任教育總長時，所頒布的〈大學令〉第十六條的規定：「大學設評議會，以各科學長及各科教授互選若干人為會員。大學校長可以隨時齊集評議會，自為議長。」[68]蔡元培說他到了北大以後的改革，第一步是設評議會，恢復學長的權力：

　　但校長與學長，仍是少數。所以第二步組織各門教授會，由各教授與所公舉的教授會主任，分任教務。將來更要組織行政會議，把教務以外的事務，均採合議制。並要按事務性質，組織各種委員會，來研討各種事務。照此辦法，學校的內部，組織完備，無論何人來任校長，都不能任意辦事。即使照德國辦法，一年換一個校長，還成問題麼？[69]

67　Friedrich Paulsen, The German Universities and University Study, pp. 81-83.
68　蔡元培，〈大學令〉，高平叔編，《蔡元培全集》第二卷(1910-1916)，頁284-285。
69　蔡元培，〈回任北大校長在全體學生歡迎會上的演說詞〉，高平叔編，《蔡元培全集》

　　根據《北京大學日刊》的報導，蔡元培的這些改革顯然是一一實現了。除了教授
會以外，各種委員會也次第組成。比如說，就在蔡元培復職一年以後，《北京大學日
刊》就報導了八個委員會的成立：組織、預算、審計、聘任、圖書、庶務、儀器以及
出版。這些委員會的委員由蔡元培提名，由評議會通過。胡適一個人身兼三個委員
會：預算、聘任與出版[70]。

　　蔡元培在北大的第一步改革，應該是他自己的想法，因為那是他在〈大學令〉裡
所揭櫫的德國大學理念的落實。然而，他第二、第三步的改革就很難說沒有別人參與
建議了。第二步，組織教授會。胡適在1922年7月3日的日記裡，說是他提倡的[71]。值
得指出的是，雖然胡適在美國拿的學位是哲學方面的，而且雖然他在北大的時候，同
時在哲學門和英國文學門任教，他的勢力範圍顯然是在英文門。他是英國文學門的教
授會主任，可是哲學門一直到1918年1月為止還沒組成教授會，還得蔡元培出面召集
組織[72]。結果，哲學門十位教授講師裡，有六位出席。投票結果，除了陶孟和得兩票
以外，其餘出席者，包括胡適均得一票，所以陶孟和為哲學門教授會主任[73]。另外必
須指出的是，有些文章說北大的教授會是在學長制取消以後才成立的，那是錯的。教
授會的成立是在學長制時代。從教授會進一步到成立各種委員會，落實教授治校的理
念，我們有理由相信這第三步的改革，可能也是蔡元培廣納眾議的結果。

　　更有意味的是，學長制的取消，代之以教務長。胡適在日記裡說那是沈尹默的提
議。而且又提出了一個陰謀論的說法。這是一個一石兩鳥的陰謀論。第一隻鳥，是蔡
元培想去掉的理科學長夏元瑮；第二隻鳥，是蔡元培想辭去，但又不希望讓他有被辭
之名的陳獨秀。蔡元培以文理科合併的理由，廢去文、理科學長，而以教務長總理教
務[74]。有趣的是，這個用教務長來去掉陳獨秀的陰謀論，當時就已經流行了。蔡元培
在1919年3月致《神州日報》一書裡，作了說明。他說：「文理合併，不設學長，而
設一教務長以統轄教務。」他解釋說這個決定是由學長——包括陳獨秀在內——及教
授會主任會議決定的。蔡元培進一步地說明北大當時已經有了十一個教授會。每一個
教授會都推有一個主任。日後的制度將由教授會主任互推一人作為教務長[75]。

（續）————————
　　　　第三卷(1917-1920)，頁342。
70　〈評議會通告〉，《北京大學日刊》，第719號，1920年10月18日，第一、二版。
71　《胡適日記全集》，3：654。
72　〈本校布告一〉，《北京大學日刊》，第71號，1918年1月19日，第一版。
73　〈本校記事：哲學部教授會成立〉，《北京大學日刊》，第76號，1918年2月25日，第二
　　版。
74　《胡適日記全集》，3：654。
75　〈通信：蔡校長致《神州日報》記者函〉，《北京大學日刊》，第336號，1919年3月19

　　胡適在這則日記裡所說的「一石兩鳥」去掉陳獨秀的計謀有點語焉不詳。十三年以後，1935年底，他在看了湯爾和借他看的當年的日記以後，觸動了他的回憶，於是在給湯爾和的信上，把當年去掉陳獨秀的原委說清楚了。原來蔡元培在1919年3月26日晚上召開了一個會議。召開這個會議的原因就是當時「小報」的報導，說陳獨秀私行不檢，跟一些學生同狎一妓，在爭風吃醋之下，把該妓女的下體挖傷洩憤。胡適根據他的回憶對湯爾和說：「蔡先生頗不願於那時去獨秀。先生力言其私德太壞。彼時蔡先生還是進德會的提倡者，故頗為尊議所動。」從胡適的這個回憶，我們可以知道胡適本人也參加了當晚的會議。換句話說，胡適並不是不知道1919年3月26日的會議是「去陳會」。他在看了湯爾和當年的日記以後，讓他作了一個結論，認為湯爾和是中了沈尹默等人的計，用私德問題來作為攻擊北大新思潮領袖的武器[76]。

　　總之，這個學長制度的取消，蔡元培公開表示是與從前大不同。他在1920年9月北大開學典禮的演說裡說，北大在一年前所新設的組織只有評議會、教授會與教務會議。然而，「一年以來，行政會議與各種委員會均已次第成立。就中如組織委員會、聘任委員會、預算委員會、圖書委員會等，都已經辦得很有成效，與從前學長制時代大不相同。」[77]這學長制也就是蔡元培德國式大學制的一環。胡適在1922年為紀念北大二十五週年校慶所寫的〈回顧與反省〉口氣說得更重。他說：「我看這五年的北大，有兩大成績。第一是組織上的變化，從校長學長獨裁制變為『教授治校』制。」[78]

　　北大教務長制的成立是在1919年4月。胡適對這個教務長的職位是有興趣的。只是因為沈尹默幕後、幕前的詭計運作，使得他不得不表態說他「不願當選」，結果是讓馬寅初脫穎而出。他在1922年7月3日的日記還餘恨未消地提起這件往事[79]。無論如何，在北大的教務長成立以後，北大「教授治校」的體制基本上已經奠定了。各學門——1919年改稱為系——有其教授會及其主任。各學門的教授會是「教授治校」的地方層。文理科各教授會(法科附之)的主任組成教務處，設有教務長，由教授會主任公推，任期一年，可連任。這屬於文理科的最高行政機構。從北大整體校務的執行上，則有上文所提到的組織、預算、審計、聘任、出版等等委員會。全校的立法機構則為評議會。根據1920年4月1日所通過的〈評議會規則修正案〉，評議會的成員是校

(續)————————————
　　　日，第四、五版。
76　胡適致湯爾和，1935年12月23、28日，《胡適來往書信選》，中冊，頁283、290。
77　蔡元培，〈回任北大校長在全體學生歡迎會上的演說詞〉，高平叔編，《蔡元培全集》
　　　第三卷(1917-1920)，頁443。
78　胡適，〈回顧與反省〉，《胡適全集》，20：105。
79　《胡適日記全集》，3：655。

長及評議員。評議員的產生是由教授互選，其數額以教授總數的五分之一為準，評議員任期一年，可以連任[80]。在評議會之上就是校長了。這就是北大教授治校的組織結構。

如果我們比較北大和清華大學在教授治校時期的組織結構，我們可以發現兩者都是屬於代議制的。這也就是說，兩者都是由教授所選出來的「評議會」的代表來治校的。但在這個代議制的大同之中有相當關鍵性的小異。清華在評議會以外，還有一個由全校的教授、外加校長和各行政部門主任所組成的教授會[81]。清華評議會與教授會並存，雖然有疊床架屋之嫌。然而，我們可以視教授會為非常機構，對實際治校的評議會在必要時有複決、制裁的權力。相對的，北大的教授會是以系為單位的。然而，這並不表示北大的教授完全受制於代議制。這是因為北大的教授還可以透過組織、預算、審計、聘任、出版等等委員會參與校務。同時，在非常時刻，例如說，在五四運動初起，蔡元培辭職的時候，北大的評議會跟教授會就召開緊急聯席會議，議決臨時維持校務的機制[82]。

北大不只在制度上逐漸從德國型轉向美國型，在整個大學教育的理念上，北大都有美國化的嚮往。比如說，總務長蔣夢麟在1920年的開學典禮演說裡，提出了一個新構想，以便師生「可以彼此互達情愫」：

> 近來學校中都有一種通病，就是教員和學生除了課堂見面之外，毫無個人的接觸。所以弄得好像不關痛癢的樣子。這不但中國如此，就在外國也免不了。現在同諸君雖然不是個人的接觸，都也是一個大聚會的好機會。我前天曾同校長談過，打算下半年辦一個校長與學生間的星期茶話會。每星期在第一院對面新租房子的本校教職員公會內，預備一點茶點。約定二、三十位同學，同校長隨便談談，可以彼此互達情愫。[83]

當天開學典禮的演說裡，北大第一位女教授陳衡哲也作了演說。胡適在日記裡稱

80 〈本校新聞：評議會規則修正案〉，《北京大學日刊》，第582號，1920年4月15日，第二版。

81 蘇雲峰，《從清華學堂到清華大學，1922-1929：近代中國高等教育研究》（台北：中央研究院近代史研究所，1996），頁46-53。

82 〈本校布告：評議會教授會聯合會布告〉，《北京大學日刊》，第378號，1919年5月15日，第二版。

83 〈蔣夢麟總務長演說詞〉，《北京大學日刊》，第694號，1920年9月16日，第二版。

讚爲：「是日新教授皆有演說，莎菲最佳。」[84]陳衡哲的演說，跟蔣夢麟的異曲同工，是要從學術上促進師生的交流合作：

> 我願盡我的力、用極誠懇的精神，和諸位一同去求學問的眞理。我不願意看見在諸君和我的中間，有一種名義上的障礙物；我也不願諸位把我當作傳達書意的留聲機器。我願諸位知道：我到這裡來，對於諸位是負有領路的責任的。我應當盡我的力，去幫助諸位發展各人的天才的，我應當引起諸位對於學問的興趣的。我對於大學，是希望能不負蔡先生的苦心。助他製造一種新空氣——一種師生中沒有障礙的新空氣。

由於陳衡哲在北大所擔任的課程是歷史和英文，她促進師生之間學術交流合作的方法就分成兩個方面。在歷史系方面，她有三個想望：一、成立一個歷史學會；二、出版一個歷史學報；三、一個充實的圖書館。在文學方面，由於她擔任的是戲劇的課程，她建議模仿她的美國母校瓦薩大學師生所合組的「工作坊」(workshop)。這個「工作坊」結合了戲劇的創作、排演和評論三個面向。從戲劇課班上選出最好的三個劇本。由學生參與從製作布景、排演、演出、到檢討的整個過程[85]。

北大開始美國化最重要的原因，可以說是因爲北大教授的學歷背景。當留美歸國學生開始回到中國大學任教以後，他們很自然地會以美國的制度爲圭臬。歷來分析北大歷史的人，都過於著重蔡元培，而忽略了一個大學的發展絕對不是校長一個人所能勝任的。校長的眼光與領導能力絕對重要。然而，建造、發展現代的大學是一個集體的工程。如果一個大學沒有好的制度、教授與學生，那校長就是再天縱英明也是無濟於事的。如果所有大學的建設與發展都是一個集體的工程，北大更是如此。這是因爲蔡元培幾近無爲的領導特質。

蔡元培是一個無爲、知人善任的領袖人物。他說北大如果能組織完備，就是一年換一個校長都不會有任何影響。這就在在說明了他無爲而治的領導哲學。胡適在他晚年的談話錄裡說：「當年蔡先生是不管事的。」他說：「你看蔡先生時代的楊杏佛〔楊銓〕、丁在君〔丁文江〕。」[86]胡適在這裡所指的，是蔡元培擔任中央研究院院長的年代。楊銓和丁文江都是蔡元培任內用過的總幹事。然而，一個人的領袖特質是

84　《胡適日記全集》，2：754。
85　〈陳衡哲先生演說詞〉，《北京大學日刊》，第696號，1920年9月18日，第二、三版。
86　胡頌平編，《胡適之先生晚年談話錄》（台北：聯經出版公司，1984），頁50。

不變的。蔡元培後來如何領導中央研究院，完全是可以讓我們用來管窺他在那之前如何領導北京大學。胡適只比蔡元培晚一年到北大，他跟蔡元培在北大共事的幾年，正是蔡元培爲北大締造近代型大學基礎的關鍵時刻。用胡適對蔡元培領袖特質的觀察來說，蔡元培的成功，不只因爲他手下有幹才，而且更因爲他能讓他手下的幹才「獨斷獨行」。

胡適用「獨斷獨行」這四個字來形容蔡元培手下的幹才，很值得令人玩味。這可以有褒，也可以有貶的意思。從褒的角度來說，蔡元培用對了胡適所欣賞的丁文江，雖然他「不管事」，他仍然能把中央研究院辦得有聲有色。從貶的角度來說，蔡元培因爲「不管事」，所以楊銓的「獨斷獨行」，「使蔡先生受了杏佛的累不少。」換句話說，在貶抑的意義下，胡適這句「獨斷獨行」，有暗指蔡元培也有「不知人」的時候。胡適說到楊銓，有點語焉不詳。他只點到了他跟蔡元培、楊銓在1933年因爲「中國民權保障同盟」針對政治犯的分歧。然而，他顯然也想到了他對蔡元培與楊銓在國民黨北伐以後成立「大學院」時期的不滿。但這都是後話。

褒貶與否其實不重要。重點在於胡適說蔡元培「不管事」，說他讓他手下的幹才「獨斷獨行」。這就是說，蔡元培是一個眞正的領袖。胡適在1935年7月26日給羅隆基的一封信裡這樣形容蔡元培的無爲而有所爲的領袖特質：

> 蔡先生能充分信用他手下的人。每委人一事，他即付以全權，不再過問；遇有困難時，他卻挺身而負其全責；若有成功，他每嘖嘖歸功於主任的人，然而外人每歸功於他老人家。因此，人每樂爲之用，又樂爲盡力。跡近於無爲，而實則盡人之才，此是做領袖的絕大本領。[87]

胡適1940年3月6日在美國聽到了蔡元培過世的消息。他在日記裡爲蔡元培個人的蓋棺論定不高，但是對他的領袖能力又再次作了肯定：

> 到家才知道蔡孑民先生昨天死在香港，年七十三(1867-1940)。與周鯁生兄談，同嗟嘆蔡公是眞能做領袖的。他自己的學問上的成績，思想上的地位，都不算高。但他能充分用人，他用的人的成績都可算是他的成績。[88]

87　胡適致羅隆基，1935年7月26日，《胡適全集》，24：246。
88　《胡適日記全集》，8：30。

　　蔡元培「不管事」，但能知人善任。這就是胡適所說的「做領袖的絕大本領」。然而，北大的建設與發展不得不是一個集體的工程，還不只因爲蔡元培「不管事」。他還是一個有眼光但卻沒有具體實施方案的領袖。蔡元培的「相容並包」、「講授自由」、「爲學問而學問」的德國式的大學理念固然可以讓人動容。然而，這些理念要如何落實在北大，他並沒有具體的方案。換句話說，蔡元培有領袖能力、有眼光，這些都只是發展北大的必要條件，而不是其充要條件。

　　蔡元培有眼光但卻沒有執行的方案。舉例而言，蔡元培說：「所謂大學者，非僅爲多數學生按時授課，造成一畢業生之資格而已也，實以是爲共同研究學術之機關。」問題是，連蔡元培自己也很清楚，當時的北大並沒有作研究的條件和設備：「吾校實驗室、圖書館等，缺略不具；而外界學會、工場之屬，無可取資。」然而，他馬上反問：「然16、17世紀以前，歐洲學者，其所憑藉，有以逾於吾人乎？即吾國周、秦學者，其所憑藉，有以逾於吾人乎？」他的結論是：「苟吾人不以此自餒，利用此簡單之設備、短少之時間，以從事於研究，要必有幾許之新義，可以貢獻於吾國之學者，若世界之學者。」[89]有志者事竟成，誠然。問題是，現代科學研究沒有經費、沒有設備，就眞應了俗語所說的：「巧婦難爲無米之炊。」

　　在20世紀初年的蔡元培，由於環境與個人經驗的關係，還沒能眞正地認識到現代科學發展所需要的先決條件。除了有志者事竟成那種意志可以克服一切困難的信念以外，他還有後來可以居上的信念，就彷彿那是進化的邏輯一樣。他在1917年12月北大二十週年校慶的演說裡說：

　　　　憶鄙人遊學德國時，曾遇大學紀念會兩次：一、萊比錫大學之五百年紀念會〔1409年創校〕；二、柏林大學之百年紀念會〔1810年創校〕也……。抑鄙人猶有感者，進化之例，愈後而速率愈增。柏林大學之歷史，視萊比錫大學不過五分一之時間，而發達乃過之。蓋德國二十餘大學中，以教員資格（偶有例外）、學生人數及設備完密等事序之。柏林大學第一、門興〔München，今天的慕尼黑〕大學第二，而萊比錫大學第三也。柏林爲全國政治之中心、門興爲全國文學、美術之中心，故學校之發達較易也。本校二十之歷史，僅及柏林大學五分之一、萊比錫大學二十五分之一。苟能急起

_____

89　蔡元培，〈《北京大學月刊》發刊詞〉，高平叔編，《蔡元培全集》第三卷(1917-1920)，頁210。

直追，何嘗不可與爲平行之發展。[90]

　　在科技掛帥的今天，我們完全認識到科學研究是資本密集的事業。用胡適在參加哈佛大學三百週年校慶的感言來說，一個大學想要永續都需要有組織、基金和管理的基礎，更何況是想要「急起直追」，更遑論是想要「若世界之學者」，爲世界學術作出貢獻呢！沒有龐大的經費與設備，以及一流的人才，沒有任何一個國家或大學能幻想成爲國際學術的重鎮。

　　柏林大學在創校不到五十年之間，就已經位居全世界學術界的龍頭地位。用19世紀中葉一個美國仰慕者的話來形容：「自人類有文明以來，能像柏林大學如此濟濟多士的，史無前例。」[91]哥倫比亞大學的政治學巨擘步濟時(John Burgess)，1872年在柏林大學留學。他也在回憶錄裡稱柏林大學爲「全世界科學、哲學、文學的重鎮」[92]。然而，柏林大學的成功不是自然進化的結果。一如蔡元培所指出的，它有位於首都的優勢地位。柏林大學是柏林被拿破崙攻占以後，普魯士雪恥復國的產物。作爲普魯士的精神堡壘，柏林大學隨著普魯士的興起而水漲船高。從它創校開始，柏林大學就是普魯士所銳意經營的學術研究重鎮。由於政府所撥給的經費充足，柏林大學可以開出優渥的條件，網羅吸引到全國各地第一流的學者。且不論科學家，人文社會科學方面的著名學者，在哲學方面有費希特、黑格爾、哲勒(Eduard Zeller)；歷史方面有柯提爾司(Ernst Curtius)、蒙森(Theodore Mommsen)、杜勒伊森(Gustav Droysen)、特萊區克(Heinrich von Treitschke)，以及蘭克(Leopold von Ranke)等等。

　　蔡元培主持北大，有眼光但無方案，這當然有其時代的背景。然而，這很可能也跟他只有遊學、考察的經驗是有一定程度的關係的。毫無疑問地，大多數的留學生對其留學的大學的體制可能完全懵懂。他們在留學的時候所接觸的，可能就是他們自己科系的一角。所謂見樹不見林，身在廬山不知其真面目。然而，留學生跟只有遊學、考察經驗的人仍然有所分別。那種在學校選過課、考過試、上過研究討論課、寫過論文、一關關通過資格考的經驗，讓他們對留學國的大學教育及其程序，有一種無以名狀的切身的感受。那不是只有遊學、考察的人所能感同身受的。留學生在留學的時候

90　蔡元培，〈北大二十週年紀念會演說詞〉，高平叔編，《蔡元培全集》第三卷(1917-1920)，頁115。

91　Benjamin Gould, "An American University," *American Journal of Education*, 2.6 (September, 1856), p. 272.

92　John Burgess, *Reminiscences of An American Scholar* (New York: Columbia University Press, 1934), p. 122.

即使再不濟、再沒有觀察力，如果我們硬要他們在其專業範圍內規劃出一個課程大綱以及修業流程，他們是可以憑自己的經驗來應付的。那些只有遊學、考察經驗的人則不然。

從這個角度來說，本章「北大新星、造國之大學」，所分析的是一批北大新星，造國之大學的故事。而在這一批新星裡，胡適是一個異數。他是一個以睨國采風自詡的人。他不但觀察美國的政治、經濟與社會，他還投身參與活動。他對美國大學教育體制的認識與理解，在留學時代就已經不同凡響。他在美國所就讀的兩個學校，康乃爾大學和哥倫比亞大學，都是成功地結合了美國人文教育的傳統以及德國研究理念的頂尖名校。等他回國執教北大、參與北大的建設，然後再有遊歷歐美諸國的經驗以後，他的見識更加超群。胡適在〈非留學篇〉以及〈爭取學術獨立的十年計畫〉裡所揭櫫的理想是再高也不過的。他說得很清楚：「以四年畢業之大學生，尚未足以語高深之學問。」又說：「凡只能完成四年本科教育的，儘管有十院七、八十系，都不算是將來的最高學府。」胡適心目中理想的大學是學術研究的基地。這個學術研究基地，大學生的程度太低，還沒有資格與之。所以他說：「凡能訓練研究工作的人才的，凡有教授與研究生做獨立的科學研究的，才是真正的大學。」

胡適的大學理念無疑地是美國式的。這個理念就是說：大學只是通才教育，研究所才是研究高深學問的所在。這與菁英式的歐陸學制是不同的。在蔡元培的領導之下，有胡適與其他教授獻策、參與，以教授治校的形式帶動北大的轉型。然而，北大美國化的轉型注定極為有限。一方面，這跟中國繼續採行歐陸的大學體制有關。在另一方面，這也跟當時政局不穩，特別是教育經費的枯竭有極大的關係。然而，北大有北大的先天環境，迥異於美國式的大學。北大的校園及其所在的環境就在在說明了一切。

沙灘、紅樓、五方雜處的「拉丁區」

北大從一開始就迥異於英美式的大學，而略近於歐陸的大學。這一點從校園來看，就最清楚不過了。傳統英美式的大學或學院是寄宿型(residential)的學校。胡適所熟知的美國的大學體制的鼻祖自然是英國的牛津大學。牛津所隸屬的學院，其前身其實都是學生的寄宿社(boarding houses)，然後才逐漸演變成教學與生活兩相結合的中心。校園裡有講堂、教堂，還有學生宿舍。牛津如此，師承牛津的哈佛、耶魯、普林斯頓等等美國東岸的名校如此，後來散布在全美國的數百間小型的人文教育學院

(liberal arts colleges)也是如此。英國與美國的學制當然也不是完全雷同。比如說，牛津所隸屬的每一個學院，在財政、設施與教師方面都是各自獨立的。美國的大學則是由其中樞的行政作統轄的[93]。從某一個角度來說，美國研究型大學崛起以後，可以說是集合了德國式的研究大學的理念以及英國式的人文教育的學院理念。從英美式的人文教育的理念來看，大學是一個師生共同營造的陶冶身心的園地。講堂不是學生唯一學習的地方，宿舍也是學生之間互相學習切磋的所在。教授與學生不只有教學的關係，還有在生活上引領與輔導的關係。所謂「學院」(college)這個字的字義，就是一群具有相同的身分、特權、認同感，共同從事一種事業的群體。

　　相對的，歐陸的大學稟承其從中世紀以降的傳統，大學是講學的所在，不提供宿舍，學生必須自找民宿。大學的核心就是教授授課的所在。學生上課的時候聚集一堂，下課以後各奔東西。不但教授與學生之間的關係疏遠，學生彼此之間的關係也可以形同陌路。歐陸大學跟美式大學校風的異同點，我們可以用1921年一個美國教授描述巴黎的索邦大學(Sorbonne)的一篇文章來作說明：

　　　　索邦跟任何典型的美國大學──不管是私立的還是州立的──幾乎沒有相似的地方。美國大學定義下的「校園」，在索邦是不存在的。唯一最近似之處，是索邦的中庭(central courtyard)：三面環繞著教室，第四面是葬著黎塞留主教(Cardinal de Richelieu)的索邦教堂的後門。由於索邦沒有美國式的「校園」，它也就欠缺了美國學院──當然，索邦是一個大學，而不是一個學院──所特有的學生的團隊精神(esprit de corps)。學生有絕對的自由去選擇他們的課程，其結果是沒有任何兩個學生所選的課會是一樣的，也很少有學生會有機會在一個星期裡一起上兩、三個鐘頭的課。

　　　　這結果是每一堂課的面向都不一樣，沒有人會對他鄰座的課業或進度有多大的興趣。學生與教授的關係也是如此；在講堂上或課室裡，教授對坐在下面的學生究竟是張三還是李四，跟他幾乎一點也不相干。美國師生親和、同遊，使得美國大學生活增色無比的那種現象，索邦沒有，這點還需要我費舌嗎？在講堂上，或者在「研究討論課」裡，〔索邦〕教授所擺出來的姿態，是一個持論公允、追求真理樂在其中的大師。[94]

93　Mark Ryan, "Residential Colleges: A Legacy of Living & Learning Together," *Change*, 24.5 (Sep.-Oct., 1992), pp. 26-35.

94　Aaron Schaffer, "The Latin Quarter and the Sorbonne," *The Sewanee Review*, 29.2 (April, 1921),

這一段形容索邦大學的話，跟下引張中行所回憶的北大，頗有異曲同工之妙：

> 　　還有一個方面是北京大學課堂的慣例：來者不拒，去者不追。且說我剛入
> 學的時候，首先感到奇怪的是同學間的隔膜。同坐一堂，摩肩碰肘，卻很少
> 交談，甚至相視而笑的情況也很少。這由心理方面說恐怕是，都自以爲有一
> 套，因而目中無人。但這就給旁聽者創造了大方便，因爲都漠不相關，所以
> 非本班的人進來入座，就不會有人看，更不會有人盤查，常有這樣的情況，
> 一個學期，上課常常在一起，比如說十幾個人，其中哪些是選課的，哪些是
> 旁聽的，不知道；哪些是本校的，哪些不是，也不知道。這模模糊糊，有時
> 必須水落石出，就會近於笑談。比如劉半農先生開「古聲律學」的課，每次
> 上課有十幾個人，到期考才知道選課的只有我一個人。還有一次，聽說是法
> 文課，上課的每次有五六個人，到期考卻沒有一個人參加。教師當然很惱
> 火，問管註冊的，原來是只一個人選。後來退了，管註冊的人忘記登出，所以
> 便宜了旁聽的。[95]

　　北大在北大人的回憶裡——不管有多誇張——不但在鬆散的校風上類似索邦那樣
子的歐陸大學系統，而且它的大環境也有幾分相類似的地方。那些去過巴黎，或耳聞
過索邦所在的「拉丁區」的人，可能就因爲心嚮往之，而錯把北大所在的「沙灘」當
「拉丁區」起來。這個想像與投射，深深地印記在北大人——不管去過巴黎與否——
的集體想像裡，北大所在的「拉丁區」究竟如何呢？胡適在1934年12月16日的《獨立
評論》〈一三一號編輯後記〉裡有一段生動的描述：

> 　　有人說，北平的沙灘一帶，從北河沿直到地安門，可說是北平的「拉丁
> 區」。在這裡，有許多從各地來的學生。或是準備考大學；或是在北大的各
> 系「偷聽」；或是自己做點專題研究。北大的「偷聽」，是一個最有趣的制
> 度：「旁聽」是要考的，要繳費的；「偷聽」是不考的，不註冊的，不須繳
> 費的。只要講堂容得下，教員從不追究這些爲學問而來的「野」學生。往往
> 講堂上的人數，比點名冊上的人數多到一倍或兩倍以上。「偷聽」的人不限

　　　pp. 220-221.
95　張中行，〈紅樓點滴〉，陳平原、夏曉虹編，《北大舊事》(北京：三聯，1998)，頁
　　429。

於在沙灘一帶寄住的學生，其中也有北平各校的學生，但多數是那個「拉丁區」的居民。[96]

北大紅樓所在的「沙灘」被比作巴黎的「拉丁區」，這不難解釋。但在解釋這以前，先談談北大紅樓所在的地方爲什麼叫做「沙灘」？有關這點，我一直還沒看到滿意的解釋。周作人有一個簡短的解釋：「『漢花園』是景山東面的地名，即舊北京大學所在地，其門牌但有一號，只大學一家……由『漢花園』再往西南挪移幾步，那裡有一條斜街，名曰『沙灘』。」[97]原來「沙灘」是一條斜街的名字！1927年考進北大的謝興堯說：「沙灘則破大馬路一條，既無沙亦無灘。勉強的說，馬路中間的沙土，倒可以沒鞋(還不到膝)。」[98]至於「漢花園」，鄧雲鄉說：「漢花園是清代皇家內務府所掌管的皇家產業，是八百多平方丈的一塊空地。光緒末年撥給大學堂，作爲增建校舍用地。」[99]

北大位於皇城邊上，其實是值得注意的。這是因爲它可以提醒我們爲什麼官僚氣、官僚心跟早期的北大一直有著不解之緣。更值得令人省思的是，辛亥革命以後，雖然皇清不再，北大周遭的環境恐怕還是頗爲「滿清」的。就以辮子來說，到1914年，北京城裡的男子，還有將近一半頭上拖著一條辮子。即使在漢人比率較高的城區，辮子男在人口中的比率還高達39%。北京大學所在的沙灘，由於位在舊日的滿城裡，92%的男子都是辮子男[100]。

言歸正傳，這個名爲「花園」，而其實只是一個空地的「漢花園」，以及這個號稱爲「灘」，但只是馬路上的塵土深可沒鞋的「沙灘」，到了老北大懷舊情懷裡，都是美輪美奐的。1930年代到北平求學的柳存仁，對「漢花園」和「沙灘」都作了廣義和想像美的引申：

漢花園〔注：即紅樓〕的地點在東城北河沿畔。這個「花園」所包括的區域，南至大學建築外面的碎石馬路，名稱叫做花園大街。西至松公府內的北大圖書館及北大文科研究所正門。東面圍牆外是兩岸夾著細條的楊柳的寬大

96　胡適，〈一三一號編輯後記〉，《胡適全集》，22：224-225。
97　周作人，〈沙灘小集序〉，《知堂書話》(下)。
98　謝興堯，〈沙灘馬神廟——老北大回憶之一〉，陳平原、夏曉虹編，《北大舊事》，頁534。
99　鄧雲鄉，〈老北大〉，陳平原、夏曉虹編，《北大舊事》，頁546。
100　Henrietta Harrison, *China*, p. 140.

的河溝。河水是一向乾涸的，積塵滿天，和中法大學的校舍隔著「鴻溝」遙遙相對。一陣子撲面的狂風卷著黃沙吹來，能夠叫你立刻睜不開眼睛。在模糊的影像中可以使你望見金黃色的柳條映著閃爍的太陽光線飛舞。劉半農先生曾經說過，北大之有北河沿，簡直可以媲美英國劍橋大學的「劍橋」。這話大約是不錯的。聽說校內早擬設法浚通溝內的淤泥，並灌入清潔的水流。成功後預料那一定可以替大學區域添上一個值得無限留戀的好景。[101]

漢花園大街另外有一個比較更通俗一點的名字，叫做沙灘。為什麼要叫做沙灘？說起來也正是十分難解。依照北平的天氣，特別是從深秋經過了冗長的嚴冬氣候，一直到「江南草長，群鶯亂飛」的暮春為止，差不多有七個月的時候，北平都是風沙滿天的。除了石砌或柏油的馬路外，街上也總是軟騰騰的黃土泥。這大約也可以算是沙字的解釋了。至於沙灘，也許只是由於約定俗成的關係。也許在漢花園附近的幾條路，通到各個宿舍去的，都是些不很堅固的碎石或黃泥路徑罷？[102]

巴黎的「拉丁區」（Quartier latin; Latin Quarter），位在塞那河的左畔。周圍的名勝古蹟包括索邦大學、先賢祠(Panthéon)、盧森堡宮(Le palais du Luxembourg)等等。「拉丁區」，顧名思義，就是說拉丁文的地方。這原因是因為從13世紀索邦創立以後，這裡一直是學生群集的地方。拉丁文是中世紀的國際語言。據說，拉丁文一直到1793年都是「拉丁區」的「官方」語言。其地屬於今天巴黎的第五、六區，餐館、咖啡廳、酒吧、書店林立。其實「拉丁區」早就不再雜亂破敗，早在20世紀初年就已經成為一個觀光的勝地。

我在上文所徵引的那篇美國教授在1921年所發表的文章，就已經說昔日的「拉丁區」已經成為歷史的回憶：

> 「拉丁區」——那昔日巴黎的學生、藝術家、法庭書記遨遊出沒之所在——已經日漸蛻變了。它已經不再是《法庭書記公會》(Basoche)裡所描寫的「小丑同志會」(Brotherhood of Fools)喧嘩恣縱的所在。「法庭書記公會」

---

101 柳存仁，〈北大和北大人：漢花園的冷靜〉，陳平原、夏曉虹編，《北大舊事》，頁309。
102 柳存仁，〈北大和北大人：沙灘上的駱駝〉，陳平原、夏曉虹編，《北大舊事》，頁313。

那些放蕩、縱欲、舞文弄墨的「學生」、法庭(Palais de Justice)的書記，是那有「百姓之父」(father of the people)之稱的路易十二治下的巴黎的芒刺。

幸運的是，那拉丁區自古以來就特別讓人眷戀的場所仍然所在多有：河畔那一排排的書肆、那不知其數的學校，以及那些年久失修的房子，有的還在屋外掛著牌子，讓過往的路人遊客知道畫家讓‧古尚(Jean Goujon)、史家米席勒(Jules Michele)等等曾經寄居該處。然而，拉丁區已經開始擺出正派的姿態，開始日出而作、日落而息。這很快地就會完全壓倒過它傳統那迷人的魔力。聖蜜雪大道(Boul' Mich')上的老書店、老酒肆，在那些摩登店鋪以及忙碌的汽車商的傲視之下，覥覥地把它們塵灰的書架、日久用得光滑的桌子藏了起來。那些破敗的房子也開始整修，換上「最現代的設備」，以應付法國首都因為人口畸形增長所永遠不可能滿足的住房需求。[103]

胡適所說的「從北河沿直到地安門」，這個「北平的『拉丁區』」可能是在巴黎的「拉丁區」已經成為一個歷史名詞以後才形成的。1930年代初期到北大求學的朱海濤回憶說：

> 沙灘附近號稱為「中國之拉丁區」。這一帶有著許多許多的小公寓，裡面住著一些不知名的學人。這些人也許是北大的學生，也許不是。這些小公寓通常是一個不太大的四合院，院中種上點雞冠花或者牽牛花之類，甚至有時有口金魚缸，但多半是並不十分幽美的。東西南北一間間的隔得自成單位。裡面一副鋪板，一張窄窄的小書桌，兩把凳子，洗臉架，運氣好也許還有個小書架。地上鋪著大小不一的磚，牆上深一塊淡一塊，裱糊著發了黃或者竟是發黝黑的白紙。襯著那單薄、殘廢、褪色的木器，在十六支燈光〔注：燭光〕下倒也十分調和。公寓的鐘通常比學校的快半點，這樣，老闆娘夜間好早點關電門。[104]

「沙灘」是一個五方雜處之區。老北大的校園一直沒有圍牆，穿插在文、理、法

---

103 Aaron Schaffer, "The Latin Quarter and the Sorbonne," *The Sewanee Review*, 29.2 (April, 1921), p. 219.

104 朱海濤，〈北大與北大人：北大的「拉丁區」與「偷聽生」〉，陳平原、夏曉虹編，《北大舊事》，頁362。

三院間的，是大大小小的胡同，以及無數的公寓。老北大說到北大，總喜歡用「三院五齋」這四個字來概括北大的校園。「三院」是指三處教學區：「漢花園」的「紅樓」是「一院」，即後來的文、法學院；馬神廟的「公主府」是「二院」，即理學院；北河沿是「三院」，先後是譯學館、預科、法科的所在、最後是「三院男生宿舍」。「五齋」指的是五處學生宿舍：公主府「西齋」、漢花園「東齋」、五齋女生宿舍(位於「二院」與「西齋」之間的南側)、三院男生宿舍和嵩公府新學生宿舍。但這「三院五齋」指的是1935年以後的北大。

胡適在1917年到北大任教的時候，北大還在草創時期。後來作爲老北大象徵的紅樓還在建築當中呢！當時北大的主校區，還在1898年成立的京師大學堂的舊址，亦即馬神廟(四公主府)。公主府最大的正殿被利用作大講堂，又稱文科第一教室，後改爲階梯教室。公主的梳妝樓則成爲圖書館。北河沿校區是預科及法科的所在地。一直到1918年「漢花園」的紅樓落成以後，文科及法科才遷進了紅樓。理科留在馬神廟。此後，「紅樓」稱爲一院、馬神廟稱爲二院、北河沿則稱爲三院。

如果北大最早的校舍在馬神廟，則北大最早的學生宿舍也是在馬神廟就毫不足奇了。馬神廟公主府(二院)的「西齋」——第一學生寄宿舍，這是在公主府西側空地上所建造的十四排平房，是1904年建的。「紅樓」所在地的「漢花園」因爲是空地，原來是作運動場用的。1909年，在「漢花園」西南隅建造了新的學生宿舍。這就是「東齋」——第二學生寄宿舍。北河沿的「三院」的八旗先賢祠宿舍，也就是陶希聖在1915年進北大預科所住的地方，稱爲「三齋」，即當時北大的第三學生寄宿舍。後來北大還又增添了一個「四齋」，就是第四學生寄宿舍，位於「紅樓」北邊的嵩祝寺後椅子胡同[105]。

「紅樓」根據當時預科主任徐崇欽的回憶：

　　五年〔1916〕夏間，預科學生五倍於前。原有東、西齋舍、八旗先賢祠等宿舍不敷學生寄宿之用，因之校外公寓有如林立。查學生僑寓在外，漫無約束。鄙人有鑑於此，爲學風計，爲學校發達計，不辭勞瘁，奔走四月。先向英美銀行疏通借款，以冀建造大規模之宿舍；後幸得法友與法使康德商妥，得其援助，向義品公司〔注：即當時在華從事房地產生意的比利時公司 Credit Foncier d'Extreme-Orient〕借到大洋二十二萬元，建築第一院大樓爲

---

105 李向群，〈老北大校園變遷回顧〉，《北京檔案史料》，2005.1：209-228。

　　學生寄宿舍，再改造第二院及第三院西北一字樓。[106]

　　「紅樓」建於1916年，1918年落成，爲磚木結構，平面呈工字形，東西寬一百公尺，正樓南北進深十四公尺，東西兩翼樓南北進深各三十四‧三四公尺，樓高四層，有半地下室，總面積約一萬平方公尺。因爲整座建築通體用紅磚砌築，紅瓦鋪頂，因此得名。結果，這原先是要作爲學生宿舍的「紅樓」，卻在即將落成之際，被變更用途，變成了行政、教學與圖書館大樓。這當然有可能是因爲這棟西式的建築立時就成爲北京摩登的地標，用做宿舍未免可惜。可以想見的，由於早期北大建設因陋就簡，學校在教學與住宿的需要上，自然必須要作輕重緩急之權衡。

　　根據1918年3月12日《北京大學日刊》的報導：

　　　　本校因謀實事上之便利，擬將新建齋舍改作文科教室及研究所圖書館與其他各機關之用。業已呈請教育部鑑核。並因此項建築費原係借自比國儀〔義〕品公司。曾經訂立合同，本息分二十年攤還，每年二萬二千元。初議均由宿費內取償。現既改作他用，須另籌償款之法。復呈請教育部，准自七年度起，每年特別增加本校經常費二萬二千元，以資償還此款。並准本校正式列入每年預算款內以便報銷，而清界限云。現此二事，均經部令照准。[107]

　　「紅樓」既然從學生宿舍翻身成爲教學、圖書、行政大樓，那原先規劃有兩百多個房間的格局於是重新隔間，將每三個房間打通成爲一間教室。第一層爲圖書館；第二層是文、法兩科學長辦公室、後來的各系主任辦公室、各系教授會、教務處、總務處、學生會辦公室以及教室；第三、四層則均爲教室。地下室是北大的印刷廠。舉凡學校的各種講義、試卷，以及《新潮》、《每週評論》等刊物就是在這個印刷廠印刷的[108]。

　　北大貸款建造「紅樓」的目的，原來是基於學風的考量。用上引徐崇欽的話來說，這是因爲學校的寄宿舍不敷使用，以致「學生僑寓在外，漫無約束」。現在，北大把「紅樓」變更用途，學生住宿的問題自然不得解決。北大原來已經有了四個寄宿舍：按成立時間先後爲公主府的「西齋」第一寄宿舍、紅樓的「東齋」第二寄宿舍、

106　徐崇欽，〈八年回想〉，陳平原、夏曉虹編，《北大舊事》，頁33。
107　〈本校記事：新齋舍之用途〉，《北京大學日刊》，第89號，1920年3月12日，第二版。
108　李向群，〈老北大校園變遷回顧〉，《北京檔案史料》，2005.1：218-219。

北河沿的八旗先賢祠宿舍的第三寄宿舍，以及嵩祝寺後椅子胡同的「四齋」第四寄宿舍。由於學生宿舍的需求遠遠超過了這四個寄宿舍所能容納的能力，北大被迫租用民房作爲寄宿舍，這就是「五齋」與「六齋」，所住學生有一百多人。到了1918年6月，北大因爲「五齋」、「六齋」向學生所收的宿費不足負擔北大所付的租金，「賠累過多」，除了決定提高宿費以外，還決定文科在新學年度從公主府遷進「紅樓」以後，就把留下來的教室改作齋舍，以取代「五齋」、「六齋」[109]。然而，這個把「二院」的教室改爲齋舍的決定可能並沒有執行，因爲北大顯然繼續租用「五齋」和「六齋」。有關這點，最有力的證據是：1924年9月北大在學生宿舍裝設電燈，另向學生收取電燈費，可是「五齋」、「六齋」不裝。理由是：「查第四五兩宿舍均係租用民房，且並未訂有期限。爲免除裝置費之損失，電燈之舉暫行緩辦。」[110]

　　然而，由於粥少僧多，「沙灘」地區於是興起了許多學生公寓。根據京師警察廳的報告，「沙灘」地區的學舍公寓可分三種：一、是北大租民房改充的宿舍，有齋長管理，即「五齋」、「六齋」；二、學生合租的寄宿舍；三、商人自行招租學生的公寓。《北京大學日刊》上，就常刊有北大所認可的公寓的招租廣告。1920年11月《日刊》的一則招租廣告曰：「本寓開設臘庫十一號。房屋華麗，院宇整潔。棕床藤椅，西式器具。伙食極講衛生，聽差招待殷勤。願租者盍興乎來。」[111]由於需求不斷，這些公寓的數目不斷增加。根據北大齋務課1919年初的報告：「大學四周開設學員公私寓所，其數近百。」[112]到了1923年11月，齋務課說：「大學四周，公寓逾百。」[113]

　　「沙灘」區的學生公寓數目既然如此眾多，人多品雜，問題自然孳生。北大不但接獲學生賭博的報告，又有喬裝學生的竊賊。加上房租、伙食、風紀、衛生等等問題，時有糾紛，甚至訴訟的情況。京師警察廳在1915年就已經訂定了「取締學舍公寓」辦法三條。到了1918年3月，這條例增加爲五條，到了1923年，北大與警察廳所訂定的「公寓規則」已經多到十八條之多[114]。

　　這個五方雜處、胡同與大學雞犬相聞的氛圍就是北大周遭的大環境。最有意味的是，北大有一群教授提出了一個學院式「桃花源」的構想，希冀徹底地改造「沙

109〈本校布告：校長布告〉，《北京大學日刊》，第170號，1918年6月24日，第一版。
110〈總務處布告〉，《北京大學日刊》，第1525號，1924年9月23日，第一版。
111〈北大公寓〉，《北京大學日刊》，第746號，1920年11月18日，第一版。
112〈齋務課通告〉，《北京大學日刊》，第297號，1919年1月27日，第一版。
113〈齋務課致中一區王署長函〉，《北京大學日刊》，第1348號，1923年11月24日，第二版。
114 參見《北京大學日刊》，第88號，1918年3月11日；第1348號，1923年11月24日。

灘」，使它不但能夠媲美巴黎的「拉丁區」，而且不讓牛津、劍橋專美於前，要師生都披上西式的學士袍，穿梭來往校園之中，使北大成爲一個以朝服頂戴的莊嚴之姿來談學論道的殿堂。這個「學院桃花源」的構想，體現在北大的評議會在1918年1月中通過的三個提案：「組織大學俱樂部」、「劃分大學區域」，以及「制定教員學生制服」三案。提案人爲：沈尹默、劉復〔半農〕、程演生、錢玄同、周作人、王星拱、馬裕藻、劉文典、陶履恭、陳獨秀、朱希祖、朱宗萊、朱家驊〔驊〕以及陳大齊。這三個提案在在地顯示了北大一批教授希冀把北大改造成爲一個英美式大學的理想[115]。這三個提案裡，理想最高的是「劃分大學區域」這個提案。

「劃分大學區域」的辦理方法爲：

一、仿照歐美University〔大學〕及University Quarter〔大學區〕之成例，畫出一定地段爲北京大學區。區中除警察一項由官廳主持外，其餘均以大學名義主持之。

二、區中應行舉辦之事業略爲：

1. 設立醫院。

2. 鋪築道路、添設路燈，並於沿路種樹。

3. 設置警鐘及消防隊。隊員以志願學生充之。

4. 闢體育場及公園，凡區中住戶均可自由入內。

5. 設置區內互相交通之小電話機。

三、請警廳通知區內住戶，凡有房屋出賃者，應先盡大學承賃。俾本校教職員得漸次移居區內。

四、爲尊重學生人格起見，應商明警廳，凡本校學生在本區之內，或雖在區外而著有制服者，除犯重要刑事罪名外，非經本校校長許可，不得加以逮捕或拘禁。如係通常違警小失，本校校長認爲可由校中自行懲戒者，警廳亦當照準。

五、凡關於區內清潔衛生、防止流行病、整頓風化諸問題，經本校校長認爲必要者，得隨時函請警廳執行，或雙方協同辦理。

115 以下有關這三個提案的討論。請參見〈紀事：擬請(一)組織大學俱樂部；(二)劃分大學區域；(三)制定教員學生制服；案〉，《北京大學日刊》，第47號，1918年1月16日，第二版；〈紀事：擬請(一)組織大學俱樂部；(二)劃分大學區域；(三)制定教員學生制服；案(續)〉，《北京大學日刊》，第48號，1918年1月17日，第一、二版。

「沙灘」爲什麼應該劃分成一個「大學區」呢？這個提案提出了四項理由：

一、造成良好之地方，以爲他處模範。

二、使學生行動於良好之空氣中，以養成其高尚之精神。

三、使教職員學生等居住於同一區域，感情必日漸融洽，並可於課外多得切磋琢磨之益。

四、舉辦地方公益事業，以應學校及住户生活上之所必須。

如果這個「大學區」的構想可以美化、純化「沙灘」，「制定教員學生制服」的提案，目的就在把北大妝點成爲一個師生穿著西洋學士袍、頂戴著金、銀、白、黑的纓絲交相競豔的校園。其辦理的方法如下：

一、以(一)合乎大學制服之通例；(二)價廉；(三)冬夏可以通用；(四)便於不慣穿西服者，及便於年老而冬季必須穿著皮服者諸理由，應採用歐美通行之Cap and Gown〔冠與袍〕爲大學制服。

二、制服之質料爲羽紗或其他相當之織物，色尚黑(英制以顏色爲科別，今採美制，一律黑色)。

三、制服之式樣如左〔下〕所擬：

1. 帽：方頂無前簷上加絲纓。纓色校長用金色；學長及教員用銀色；畢業生用白色；本科生用黑色；預科生及補習班生無纓。

2. 衣：校長、學長、教員，袖大十八英寸開口，衣後有兜；學生袖大十二英寸合口；畢業生有兜；餘無兜。

3. 褲履等不規定。

四、職員無制服。

五、教員中有得有外國大學學位者，或用本校教員制服，或用〔其得〕學位制服，聽其自由。

六、制服著用時間：(一)除體操外各科上課時；(二)研究所集會時；(三)校中開演講會及他種集會時；(四)每日上午八時後、下午七時前行動於大學區域中時；(五)校中開紀念會、茶話會或禮式的會食時；(六)共同攝影時。此外如有必須處，由校長或學長臨時指定(英國牛津劍橋兩大學定制，每日晚餐學生均著制服。此蓋本於英人重視晚食之習慣，我國不必仿效)。

七、制服式樣議定後，應呈請教育部備案。凡非部中認爲〔定〕大學之學校，不得採用式樣相同或類似之制服。又本校教員學生，除將來改充官吏，應服公服外，其餘無論何處、無論何項交際，均以此種制服爲大禮服。

八、凡經本校斥退之學生，離校後不得著用此項制服。

至於北大師生爲什麼需要朝服頂戴，提案人列舉了如下三大理由：整齊形式；使學生有尊崇大學制服之觀念，於行檢上加以精神管束；表示本大學已進於世界個大學之列。

以上兩個提案陳義最高。「劃分大學區域」的提案試圖徹底地改善北大的整個周遭環境，使其成爲一個文化的社區；「制定教員學生制服」的提案可以說是要完全把北大牛津劍橋化。這三個提案裡，最爲可行的，可能還是「組織大學俱樂部」的提案。由於這個提案的敘述較爲冗長，我在此處就簡略摘述。這個大學俱樂部的辦理方法是：

一、由北大指定一棟房屋，讓北大的師生能夠共同從事正當的娛樂，例如：音樂、戲曲、弈碁、台彈、拋球、文虎、詩鐘、種花等等。

二、預備一個可以容納五百人以上的會場，利用假日，開演影戲、幻術等。北大可酌賣入覽券以資彌補開銷，但價格不得超過銅元十枚。北大已經存在的社團，如：技擊會、演說會，及其他聯絡感情之社團，也可以借用會場，但不得收費。

三、有關運動方面，除了原有的技擊會、球會等應該歸入本俱樂部以外，北大應當漸次添設各種其他的室內運動以及游泳等。

四、有關益智活動方面，除了原有的辯論會、文學會、閱書報社等應該歸入本俱樂部以外，北大應當漸次添設科學遊戲會、化學工藝品製造實習會、博物標本採集會、遠足寫眞會等。

五、關於學生起居生活方面，除了將校中理髮處移入俱樂部以外，當添設飲食肆、浴室成衣肆、衣履整潔修理肆。各項均招人承辦。學生銀行及消費社亦附設校內。並可商情郵局轉派一人到部經理發售郵票及掛號信、快信、匯兌等。

六、本俱樂部應當招商設立物美價廉的飲食部。

七、北大所有已經存在的社團都應當納入本俱樂部裡。

八、本俱樂部的經費，由學生每學期入學時於學費中帶收票洋一元以及職員按月納費，其不足由學校補助。

九、在俱樂部中，職教員與學生所享之權利平等。

十、以校長為部長。部中指導員由校長委任各會社之職員，由學生自行推舉。

組織這個大學俱樂部的理由如下：

一、導學生以正當之娛樂。

二、節省學生無謂之糜費。

三、教員學生可借此聯絡感情。

四、破除省界及各科各班自為風氣之習慣。

五、便利節儉之學生。

六、使校中學生所組織之原有各機關有所統一。

七、促進學生自動的辦事能力，而由學校設一總指導員以監察之。

北大教授在1918年初所提出的這三個提案，雖然經過評議會通過，結果是一個也沒實施。其中，「大學俱樂部」的構想是最切實際，而且可行性是最高的。然而，即使這個最可行的提案都無疾而終，可以想見在教育經費不足的時代，那種「巧婦難為無米之炊」困難的一斑。「大學區」以及師生每日「朝服頂戴」以談學論道的構想，誠然是用心良苦，雖然其所反映的西化的程度，以及異想天開之心理也令人莞爾。毋庸贅言，「沙灘」五方雜處、雞犬相聞依舊，一直不曾被美化成「大學區」。「朝服頂戴」的構想顯然也只是空中樓閣的理想而已。

胡適不在這三個提案的提案人名單裡。但這並不能證明胡適不贊成這些提案。胡適當時正是請婚假返鄉與江冬秀結婚的時候。我們有理由相信胡適是贊同其大旨的，雖然他不一定會同意所有的細節。有趣的是，北大的評議會在1918年1月通過了「大學區」、「制服」等提案，但顯然是通過而沒執行。一年以後，北大的評議會推定了一個六人的「制服調查會」，胡適是其中的一員。這六人調查會裡，只有陳大齊是1918年那三個提案的提案人之一。當然，其所反映的，恐怕是一年之間的人事異動。當時十四個提案人裡，離職的離職，出國的出國。蔡元培在1919年3月初召集這個

「制服調查會」開會[116]。

　　一個月以後，北大公布了「制服調查會」的決定：北大學生「全體均有制帽及徽章，而制服則以預科生爲限。去年新招各預科生夏季制服均尚未制。茲限於本月底一律制齊。至樣式與價目，已由校雜務課與大同軍衣莊商定樣式。與去年所制制服同價目，每套現洋三元二角」[117]。北大在一年以前所訂製的夏季制服是由毓大軍衣莊承辦的[118]。現在既然本科生不須穿制服，放著是浪費。「制服調查會」於是提出一個兩全其美的方法。凡是本科生有制服顏色完好無壞者，可以由雜務課寄售，以一元六角的價碼轉售與預科生[119]。

　　如果1919年4月「制服調查會」的決定執行了，則北大就只有預科生有穿著夏季制服的規定。雖然我們不知道這個夏季制服的樣式爲何，我們幾乎可以確定它不會是學士袍、「袖大十二英寸合口」的式樣，也可以確定它不會有學士方帽吊垂著一條黑色絲纓。可是，北大本科畢業生畢業的時候顯然是穿著了西式的學士袍。我們知道1919年度畢業的學生，北大的規定有冠服的式樣，規定畢業生必須到雜務課取樣本「照式制就」[120]。注意，這規定是「冠」與「服」，其西式之形可以說是呼之欲出了。

　　事實上，我們幾乎可以確定胡適所參與的這個「制服調查會」所作的決定，等於比北大在1918年那個「朝服頂戴」的南柯一夢以前的規定還要寬鬆。在那以前，北大不但有夏季制服的規定，而且還有冬季制服的規定。1917年11月29日的《北京大學日刊》刊載了庶務處主任的公告，謂根據承制學生冬季制服的廠商報告，大多數學生都還未前去領取。要學生克日憑單領取制服云云[121]。胡適所參與的這個「制服調查會」豁免了大學生穿著制服的規定。我在《舍我其誰：胡適，第一部：璞玉成璧，1891-1917》裡，描寫胡適在美國康乃爾大學當新生的時候，康乃爾大學高年級生有「整」新鮮人的各種規定，包括新生在校園時一定要戴著標誌新鮮人的小帽的規定。康乃爾的新鮮人因此還有告別新鮮人時光的「焚帽日」的活動。如果我們說胡適對「制服」過敏，恐怕不會言過其實。

116 〈本校布告：校長啓事〉，《北京大學日刊》，第325號，1919年3月6日，第一版。
117 〈校長布告〉，《北京大學日刊》，第357號，1919年4月21日，第一版。
118 〈本校布告一〉，《北京大學日刊》，第115號，1918年4月19日，第一版；〈本校布告一：庶務處布告〉，《北京大學日刊》，第142號，1918年5月21日，第一版。
119 〈校長布告〉，《北京大學日刊》，第357號，1919年4月21日，第一版。
120 〈本校布告〉，《北京大學日刊》，第363號，1919年4月28日，第一版。
121 〈庶務主任告白〉，《北京大學日刊》，第12號，1917年11月29日，第一、二版。

　　不管胡適對北大師生應否戴冠服袍的態度如何，他對「北大精神」的培養是絕對贊同的。他在1922年10月3日的評議會上提出了一個募款的議案，建議北大立即募款四十萬元，以作爲建築圖書館、大講堂，以及宿舍之用[122]。該月下旬，蔡元培在北大學生鬧廢講義費的風潮平息後復職，舉行演說。胡適也作了演說。他在演說裡提起了北大評議會通過組織募捐委員會的事。他說明了募捐的目的是在作三種建設：「一、圖書館。今之圖書館不能合用，爲人詬病久已；二、大會場。現在校中無一處足爲全校教職員學生會集之所，更無論名人講演、遊藝演劇、音樂演奏等事；三、寄宿舍。無寄宿舍即不能講校風。現在學生有住哈德門的，有住順治門，試問校風自何講起？」[123]

　　胡適留美，習於以美國寄宿型大學的學風爲榜樣。然而，他不了解中國學生「自掃門前雪」的習性根深柢固，絕對不是用宿舍的團體生活所能旦夕去改變的。陶希聖在1915年考上北大預科的旁聽生。他住的是北河沿八旗先賢祠第三寄宿舍。他說：「北大本科與預科的宿舍有一種特色。在一間大房間裡，每一同學都是利用床帳與書架，自己隔成一個小局面。」[124]這第三寄宿舍各個畫地自限的傳統，顯然是一代傳一代，歷久不息。1930年代在北大念書的朱海濤描寫得更繪形繪色：

　　　　三院那時已經調整，除了少數儲藏室外，整個畫作一年級和研究生的宿舍。指定了乙巳樓(入門正對面那建築，在網球場邊上的)給研究生，其餘工字樓等都歸一年級住。工字樓本來是課堂，一間間大大的，住上七八人至十餘人還很寬裕。每人一桌、一榻、一凳、半個書架。不過有一點很特別，屋子裡常常縱橫交錯像演話劇似的掛了許多長長短短高高低低的白布幔，將屋子隔成一小塊一小塊的單位，這表示北大人一入校就染上了個別發展的氣味了。[125]

　　「三院」原來是法科、預科的所在地。法科遷到「紅樓」、預科停辦以後，由於學生住宿房荒嚴重，北大就把一些教室改建成宿舍。「三院」的宿舍既然原來是教室，房間自然比較大，所以「住上七八人至十餘人還很寬裕」。根據另外一個描述：

122《胡適日記全集》，3：838-839。
123《胡適日記全集》，附剪報〈蔡元培復職後在北大之演說〉，3：903-904。
124 陶希聖，〈北京大學預科〉，陳平原、夏曉虹編，《北大舊事》，頁189。
125 朱海濤，〈北大與北大人：住〉，陳平原、夏曉虹編，《北大舊事》，頁372。

「學生用被單把大屋分隔成若干的小空間。高高低低，縱橫交錯的。宿舍如同一座座迷宮，而每個小天地的主人則樂此不疲。獨往獨來，互不干涉。」[126]

「三院」的第三寄宿舍如此，更早的東齋、西齋亦復如是：

> 正統典型的北大宿舍卻不是三院，而是東西齋。東齋的院子不大，房舍較小，格式很簡單，一排排或朝南，或朝北，都是一房間住兩個人。位置在一院西牆外，大門也是向西開的。房間比較小，兩個人住勉強的還算舒適。但常常仍是白被單中懸，隔成兩個轉不過身來的狹窄長間，但房主人卻以此為快。據說有同屋四年，見面只點點頭兒，一句話沒說過的。西齋在二院旁，有極深的進道，兩旁一排排的房子分作天、地、玄、黃等字形大小。房間較大，在新宿舍未完成前，是最好的房子了，也是一間兩個人。這裡隔離的工具卻是大書架子，裡面充滿了臭蟲。[127]

北大學生同寢室四年，可以老死不相往來的傳統，顯然是延續了下去。1935年在蔣夢麟校長任內，北大在嵩公府東院北面建了一座四層的宿舍。是三座連在一起呈「凹」字形一樣的建築物，供高年級以及研究生住宿。這就是北大的新四齋、第四寄宿舍。因為這座宿舍的外牆是用灰磚砌成的，所以又被稱為「灰樓」。這第四寄宿舍有220個房間，分六平方公尺、九平方公尺兩種。但都是每人一間，房間內有壁櫥、家具。每層都設有盥洗室，供應冷熱水[128]。這單人間的宿舍設計當然是顧及了個人的隱私，而且也完全符合了北大人獨來獨往、雞犬相聞、老死不相往來的傳統。然而，這也適足以把北大人畫地自限的傳統在空間上制度化起來，跟胡適以美國寄宿型大學作為圭臬，希望用學生宿舍來培養北大學風的理念完全背道而馳。

五四前夕北大教授待遇與學生概況

有關北大的教授與學生的統計數字很不完整。然而。我們還是可以從零星的一些數字看出早期北大的教授與學生的一斑。北大從1913年以後開始快速地成長。以經

126 李向群，〈老北大校園變遷回顧〉，《北京檔案史料》，2005.1：217。
127 朱海濤，〈北大與北大人：住〉，陳平原、夏曉虹編，《北大舊事》，頁373-374。
128 李向群，〈老北大校園變遷回顧〉，《北京檔案史料》，2005.1：221-223。

費來說，北大一年的經費從1913年度的30萬元增長到1916年度的45萬元[129]。學生的人數，在同一時期裡，也成長幾乎一倍。從1914年底的900名學生，增長到1,500名學生。從1917年到1919年，兩年之間，北大的學生人數又翻了一倍。根據胡適1919年12月對一個美國建築師所說的，北大有大約3,000名學生[130]。

我們在纏列出早期北大學生的人數的時候，必須指出幾個要點。第一、這些學生總數是包括本科生和預科生。到了1914年底，北大的學生人數預科生的人數仍然超過本科生。在北大該年度910名學生總數裡，本科生有376名，而預科生則有534名[131]。一直到了1916學年度，北大本科生人數才超過預科的人數。該學年度的學生總數是1,503名。其中，本科生的人數爲801名，預科則爲702名[132]。

第二、早期北大的學生總人數裡，法科占了一半。比如說，1914學年度，北大的本科生的總數是424名。其中法科213名、文科103名、工科78名、理科30名。換句話說，法科學生占了北大本科生的半數。到了1917年12月，也就是胡適在北大任教的第一個學期。北大的學生總數，本科、預科一起計算在內，一共有1,761名。其中文科生418名、理科生422名、工科生80名、法科生則有841名，還是占了學生總人數的48%[133]。

第三、就像我在《璞玉成璧》裡已經指出的，20世紀初年，因爲新式教育初起，學生年齡偏高。從1912年到1937年，中國中學生的年齡是在十二到二十歲之間，而以接近二十歲的學生的比率爲高[134]。我們可以從北大學生的平均年齡得到佐證。根據1917的統計，北大預科生的平均年齡是二十一歲有餘。其中，以法科預科生最大，二十一歲半。本科學生的平均年齡如下：文科，二十三歲四月餘；理科，二十四歲餘；工科：二十四歲十月餘；法科，二十五歲十月餘[135]。法科本科與法科預科一樣，都是平均年齡最高的一群。

第四、在20世紀初年，北大本科的學生主要來自於東南沿海幾省。以1913學年度

---

129 Timothy Weston, *The Power of Position*, p. 101。請注意，Weston徵引的數字是《國立北京大學紀念刊》第一冊，頁243上的統計資料。然而，他誤解了「厘」字的意思，把小數點錯誤地向右移了一位，因此他誤以爲北大1913年度的經費是300萬元、1916年度是450萬元，足足把當時北大的經費增加了十倍。

130 Murphy & Dana, "re National University of Peking," January 6, 1920,「胡適英文檔案」，E170-006。

131 Timothy Weston, *The Power of Position*, p. 272n79.

132 〈國立北京大學統計表〉，《北京大學日刊》，第58號，1918年1月29日，第四版。

133 Timothy Weston, *The Power of Position*, pp. 103, 272n85.

134 拙著，《舍我其誰：胡適，第一部：璞玉成璧，1891-1917》，頁68。

135 《國立北京大學廿週年紀念冊》，頁234。

為例，在423名本科學生裡，有213名，占總學生人數一半，是來自於廣東(78)、浙江(71)、江蘇(44)與福建(20)。如果再加上山東(43)與直隸(37)，幾乎就網羅了70%的學生[136]。北大的預科生則反是。根據1914年的學生名錄，在534名預科學生裡，只有189名，這也就是說，35%是來自上述的沿海六省[137]。然而，零星的統計數字常常不能讓我們一窺全豹的。比如說，1917學年度理科學生的統計就顯示沿海這六省學生占了超過半數以上。該學年度理科的本科生有105名，其中，61名，亦即58%是來自上述沿海六省；該學年度理科的預科生有312名，其中，181名，亦即58%是來自上述沿海六省[138]。

第五、20世紀初年，中國高等教育的費用相對於中等教育的費用而言是很低廉的。這低廉的理由是因為政府大幅的補貼。換句話說，大學生是由全國納稅人來補貼的。我在《璞玉成璧》裡徵引了一些資料，說明了從1920年代末期到中日戰爭爆發以前，江浙地區中學一年的學雜、膳宿費是在52到130銀元之間[139]。相對地，1917、1918年間，北大本科一年的學費是30元[140]、宿費15元、膳費24元，總共是69元。請注意，這個數字低於《北京大學廿週年紀念冊》的官方記載：膳費每月五元四角(亦即54元，以十個月計)、宿費每月二元(亦即20元，以十個月計)[141]。事實上，當時北大實收的膳宿費都少於此。膳費方面，根據1918年《北京大學日刊》的報導，是每月二元四角。宿費方面，根據1918年1月1日的《北京大學日刊》刊載的蔡元培的布告：「本校現為體恤學生起見，暫收宿費(雜費在內)每人每年共十五元。計第一學期十元，第二學期三元，第三學期二元。其暑假留宿者另徵三元，於第三學期末徵收。」[142]雖然宿費在1922年調漲為25元，學費仍然是一年30元。即使我們再加上膳費方面的調漲，以及後來所徵收的體育費1元，北大本科生一年的費用，還是遠在100元以下。

換句話說，讀北大的費用不見得比當時在江浙地區上中學要貴許多。這理由很簡單，就是因為政府——納稅人——的補貼。我們以1916學年度北大45萬元的經費除以

136 Timothy Weston, *The Power of Position*, p. 101.
137 Timothy Weston, *The Power of Position*, p. 272n80.
138 〈紀事：理科本預科各省學生人數比較表〉，《北京大學日刊》，第34號，1917年12月28日，第二版。
139 《舍我其誰：胡適，第一部：璞玉成璧，1891-1917》，頁67。
140 葉文心說北大1917年的學費是60元是錯的，其實是30元。請參見Wen-hisn Yeh, *The Alienated Academy: Culture and Politics in Republican China, 1919-1937* (Cambridge, Mass.: Harvard University Press, 1990), p. 196.
141 《國立北京大學廿週年紀念冊》，頁40。
142 〈校長布告：暫收宿費〉，《北京大學日刊》，第37號，1918年1月1日，第一版。

北大當時1,500名的學生，其所得出來的數字是300元。換句話說，北京政府花在每一個北大學生身上是300元。這等於是北大學生個人付出的一年費用的四倍以上。這是20世紀中國現代教育的一個不符合社會公平原則的特質。用我研究20世紀前半葉中國留學生的書稿裡的話來說，這就是：社會上有機會接受現代高等教育的，泰半都是社會上有錢、有權階級的子弟。而這些在社會經濟條件上已經是屬於優越階級的人，不但是政府教育經費撥給的重點，而且也常是獎學金的擁有者。獎學金與其說是獎助在經濟上應該得到幫助的好學生，實際上是錦上添花式地送給了成績優良的有錢子弟。用今天注重社會公平原則的角度來看，這等於是由整個社會的納稅人來補貼社會上最占優勢的階級[143]。

說到北大的學生，很多人都會想起1920、30年代北平所流行的一句順口溜：「北大老，師大窮，惟有清華可通融。」也有加上燕京，說「惟有燕京、清華可通融」的說法。事實上，這是後來的發展，是在大學增多、學校有教會與非教會，以及時髦與土氣的分化以後的現象。在北大還是北京獨一無二的大學的時代，北大可是洋氣十足的先鋒。有關這點，我們可以用蔡元培的批評來作佐證。這個批評所指的是北大愛說英文的時髦現象。大家都以為偏重英文是當時教會學校的變態現象，其實不然。蔡元培對北大的回憶，就充分說明了當時北大預科也是如此。

預科的起源，是蔡元培在1912年出掌教育部時候的設置。在清末新學制初成的時候，模仿日本的學制，在各省設立了高等學堂，作為大學的預備科。由於程度不齊，蔡元培於是廢止高等學堂，在大學裡設立預科。這個廢除各省高等學堂的政策，蔡元培說後來遭到胡適等人的非難。他們批評說：「因各省既不設高等學堂，就沒有一個薈萃較高學者的機關，文化不免落後。」[144]等蔡元培自己到了北大，他發現北大的預科有兩個弊病：一、變相獨立，與本科不相銜接；二、模仿當時的教會學校，偏重英語。蔡元培說：

> 我從前在教育部時，為了各省高等學堂程度不齊，故改為各大學直接的預科；不意北大的預科，因歷年校長的放任與預科學長的誤會，竟演成獨立的狀態。那時候預科中受了教會學校的影響，完全偏重英語及體育兩方面；其

143 Yung-chen Chiang, "Educating 'Pillars of State' in the 'Land of the Free': Chinese Students Educated in the United States, 1900-1932" (未刊稿), Chapter 3, "The Best and the Brightest."
144 蔡元培，〈我在北京大學的經歷〉，高平叔編，《蔡元培全集》第六卷(1931-1935)，頁349。

他科學比較的落後；畢業後若直升本科，發生困難。預科中竟自設了一個預科大學的名義，信箋上亦寫此等字樣。於是不能不加以改革，使預科直接受本科學長的管理，不再設預科學長。預科中主要的教課，均由本科教員兼任。[145]

其實，當時的北大何只是預科才偏重英文。蔡元培說他出掌北大的時候，整個北大就是一個以說英文爲光彩的地方：

自民元〔1912〕至民六〔1917〕〔注：蔡元培對早期北大歷史的分期〕：民元時，始將經科併入文科。當時署理校長的是嚴又陵〔嚴復〕先生，自兼文科學長，其他學長也都是西洋留學生。當國體初更，百事務新，大有完全棄舊之概。教員、學生在自修室、休息室等地方，私人談話也以口說西話爲漂亮。那時候，中學退在裝飾品的地位了。[146]

北大這個說英語成風的現象究竟是什麼時候開始的呢？北京大學在爲慶祝校慶三十五週年而編撰的《國立北京大學校史略》，似乎是把始作俑者指爲1912年擔任北大校長八個月的嚴復：

自〔嚴〕復來校，校中盛倡西語之風。教員室中，華語幾絕。開會計事，亦用西語。所用以英語爲多。有能作德語者，尤名貴爲眾所稱羨。法國教員鐸爾孟〔注：André d'Hormon(1881-1965)，從1906年到1955年住在中國。是北大及中法大學教授，教授法國文學，浸淫典藏中國古籍〕獨心非之，嘆爲非興國之徵。眾弗顧也。後復去職，流風不泯者猶數年。至蔡元培來，始革之。[147]

這個說法不知所據爲何。有意思的是，這跟嚴復喜歡在演講中夾雜英文的傳言是

145 蔡元培，〈我在北京大學的經歷〉，高平叔編，《蔡元培全集》第六卷(1931-1935)，頁351。
146 蔡元培，〈北大成立二十五週年紀念會開會詞〉，高平叔編，《蔡元培全集》第四卷(1921-1924)，頁296。
147 《國立北京大學校史略》(北平：北京大學，1933)，頁6；感謝北京大學圖書館特藏部的張慧麗女士幫我查出出處。

合轍的。有個傳言說：「嚴復福建人，卻能說一口道地的北京話。他登臺演講時常夾雜英語。」[148]然而，除非我們有其他證據，我們還是不能用嚴復個人在演講的時候喜歡夾雜英語，來證明那是北大「盛倡西語之風」的原因。

北大教授說英語成風，當然不會是一個人造成的。從沈尹默的回憶看來，崇洋媚外幾乎是當時一個相當普遍的現象：

　　還有一個寶貝，是當時教英文後來當預科學長的徐敬侯。他一開口就是「我們西國」如何如何。他在教務會議上都講英語，大家都跟著講。有一次，我說：「我固然不懂英語，但此時此地，到底是倫敦還是紐約？」我並且說：「以後你們如再講英語，我就不出席了。」我放了這一炮，他們略為收斂了一點。但這種情況由來已久，相習成風，一直到蔡元培先生任校長後，才有所改變。我記得一九二八年女師大風潮，楊蔭榆被趕，許壽裳去當校長，就職演說就用英語講的，聽說是練習了幾天幾夜，上臺去還是結結巴巴。好像不用英語，就不足以壓服學生。五四運動以後快十年了尚且如此，我初到北大時期那就可以想見了。[149]

徐敬侯是徐崇欽的字，他的英文名字是C.J. Zee。他是江蘇人，擁有耶魯大學的碩士學位，1912年出任北大預科的學長〔注：即主任〕。

無論如何，早期北大開教務會議用英文，或許不能只怪歸國留學生的崇洋心態。畢竟當時北大的教授裡，有將近20%是外國人。根據1914年底的記錄，北大本科部一共有53位教授。其中，10位是外國人。其餘的43位教授裡，有29位留過洋；預科部總共有38位教授。其中，外國教授7位，留過洋的中國教授有21位。據說，蔡元培到北大以後作了一連串的改革，包括規定教務會議一律說中文[150]。

外國教授上課、開會說外語，可以說是公例。他們的待遇，不消說，也是高於中國教授的。這不只在教會學校如此，北大也不例外。我們知道胡適在1917年9月初到北大的時候，他的月薪是260元。一個月以後，他的月薪調高為280元。他在家信裡，對他母親說：「此為教授最高級之薪俸。」[151]我在下一段會回過頭來說明胡適這句

148 盛巽昌、朱守芬編，《學林散葉》(上海：上海人民出版社，1997)，頁8，64條。
149 沈尹默，〈我和北大〉，劉天編，《回憶北大》(無出版地，中國世界語言出版社，2003)，頁268-269。
150 Timothy Weston, *The Power of Position*, pp. 104-105, 123.
151 胡適稟母親，(重九後一日)廿五日[1917年10月25日]，《胡適全集》，23：150。

話也許不是完全正確的。此處的重點是要勾勒出來一個事實，亦即，即使在北大，洋和尚的薪資也是遠遠超過中國的教授。根據北大法科1918學年度的《一覽表》的記載，在薪資上鶴立雞群的是胡適在1920年代初期的日記裡所常提到的畢善功。他的月薪是赫赫然的600元[152]。畢善功(Louis Bevan)，是澳大利亞的英國人，1902年到中國。清朝授予他二級頂戴、大律師、法律進士、格致舉人的頭銜。在1910年到北大以前，曾經在山西大學堂的西學齋擔任教授及總教習。

胡適對他母親說他280元的月薪是「教授最高級之薪俸。」這句話是相對的。280元確實是他那一級教授「最高級之薪俸」，但並不是正教授的薪俸。根據陳明遠的描述，1917年5月頒布的《修正大學令》，分大學教師為正教授、教授、助教授，以及講師四等。正教授從一級到六級，月薪從最高到最低分別為400元、380元、360元、340元、320元、300元；教授分本科、預科二類，也各分為六級：本科教授從最高280元到最低180元；預科教授則從最高240元到最低140元，每一等級的差別為20元；助教授分為六級，月薪從最高110元到最低50元；講師為非常設教席，視難易程度從2至5元不等[153]。我們不知道這個《修正大學令》裡所規定的教授的等級及薪俸是不是只是具文，還是確實執行了。如果確實是執行了，則胡適280元的月薪是相當於今天所說的副教授「最高級之薪俸」。

1919年，北京大學在胡適那層副教授群裡計有：

　　一級教授(月薪280元)：胡適、陳大齊、朱希祖、楊蔭慶、辜鴻銘、宋春舫、陳漢章、康寶忠、馬敘倫、蔣夢麟、陶履恭、劉師培、沈尹默、關應麟、馬寅初、黃振聲、左德敏、黃左昌、胡鈞。

　　二級教授(月薪260元)：李景忠、賀之才、陳啟修、張祖訓、朱錫齡。

　　三級教授(月薪240元)：周作人、王星拱、錢玄同、馬裕藻、朱家驊、羅惠僑、鍾觀光、沈士遠、楊昌濟。

　　四級教授(月薪220元)：吳梅、林損、倫哲如、顧兆熊、吳增勤。

　　五級教授(月薪200元)：沈兼士、陳懷、陳清文、王彥祖、柴春霖、陳瀚。

152 馬嘶，《百年冷暖：20世紀中國知識分子生活狀況》（北京：北京圖書館出版社，2003），頁16。
153 陳明遠，《文化人的經濟生活》，http://vip.book.sina.com.cn/book/chapter_38384_21463.html，2010年9月20日上網。

　　六級教授（月薪180元）：黃節、葉浩吾、包玉英、龔湘、梁敬淳。[154]

　　胡適280元的副教授「最高級之薪俸」其實真的也不賴。當然，比上永遠是不足的。作為北京大學校長的蔡元培，屬於「特任」，由國務會議議決，級別是「一級校長」，月薪為600元。換句話說，那遠來念經的洋和尚畢善功，他拿的薪水跟作為校長的蔡元培一樣地多。校長以下就是學長〔注：即院長〕。根據1917年公布的《國立大學職員任用及薪俸規程》，分為四級，一級450、二級400元、三級350元、四級300元。陳獨秀是第四級的文學科學長，所以他的月薪是300元。我到目前為止，還沒見到北大更上一級的正教授的名單。但是，當時北大有兩名兼任學長的教授可能是屬於正教授的級層：夏元瑮，兼理科學長；王健祖，兼法科學長。他們兩位所領的薪資屬第三級的學長，高於陳獨秀，月薪350元。李大釗是圖書館館長。可是，他的級別屬於最低的「五級主任」。根據1919年1月的《北大教職員薪金底冊》的記錄，他的月薪只有120元。

　　北京大學職員的月薪，我還沒見到系統的記載。1918年6月8日的《北京大學日刊》載有北大書記的薪水章程。根據這個章程，北大的書記分為甲乙兩等，乙等是試用書記。甲等書記的薪水分六級，其薪水如下：40、36、32、28、24、20元；乙等書記的薪水分三級：16、12、8元[155]。作為圖書館助理員的毛澤東的月薪只有8元[156]。等於是當時乙等試用書記最低的一級。我們把胡適280元的月薪和毛澤東8元的月薪拿來相對比，這35倍的差距，可以讓我們領略到當時教授養尊處優的一斑。

　　當時大學教授收入的豐厚，可以從留法的李書華的回憶裡得到印證。李書華是在1922年到北大教書的。他當時的月薪也是280元。他回憶說：

　　　　北京生活便宜，一個小家庭的用費，每月大洋幾十元即可維持。如每月用
　　　一百元，便是很好的生活。可以租一所四合院的房子，約有房屋二十餘間，
　　　租金每月不過二、三十元，每間房平均每月租金約大洋一元。可以雇用一個

154 陳明遠，《文化人的經濟生活》，http://vip.book.sina.com.cn/book/chapter_38384_21465. html，2010年9月20日上網。

155 〈本校記事：本校書記薪水章程〉，《北京大學日刊》，第158號，1918年6月8日，第二版。

156 陳明遠，《文化人的經濟生活》，http://vip.book.sina.com.cn/book/chapter_38384_21463. html，2010年9月20日上網；馬嘶，《百年冷暖：20世紀中國知識分子生活狀況》，頁25-26。

廚子，一個男僕或女僕，一個人力車的車夫；每日飯菜錢在一元以內，便可
吃得很好。有的教授省吃儉用，節省出錢來購置幾千元一所的房屋居住；甚
至有能自購幾所房子以備出租者。[157]

　　如果我們把北大這個小世界放在北京的大環境之下來相比，則北大教授生活的優
渥就更加不言可喻了。根據美國人甘博（Sidney Gamble）和步濟時（John Stewart
Burgess）從1918年秋天到1919年年底在北京所作的生計的調查，當時北京初等小學教
師的月薪是24元，校長36元；高等小學教師的月薪是32元，校長40元。圖書館方面，
京師圖書館在辛亥革命以後改稱北京圖書館。該圖書館員的月薪，可惜甘博和步濟時
不分等級、只列出了總數，亦即十九個館員，共計800元。如果我們取其平均數，則
為42.1元。北京兒童圖書館，圖書館員的月薪16元；中央公園圖書館館員的月薪從20
元到40元、職員12元；北京通俗圖書館館員和經理的月薪從28元到40元、實習員從10
元到12元。

　　根據甘博和步濟時的說法，在當時北京的窮人階級裡，一年只要一百元，可以養
活五口的一家[158]。從這個角度來說，雖然當時毛澤東一個月8元的薪俸只有胡適的三
十五分之一，然而已經足夠養活北京一個窮人的五口之家。由此換算，胡適一個月
280元的薪資，足夠養活當時北京五口一家的窮人三年。

　　當時大學教授待遇的優厚，何只是跟中國其他階級相比是如此，即使跟美國教授
的薪水相比，都是有過之而無不及的。根據美國聯邦教育局（Bureau of Education）的
調查，1919學年度美國助理教授的平均年薪是美金1,933元、副教授的平均年薪是美
金2,486元、正教授的平均年薪是美金2,628元[159]。胡適在北大的教授職稱實際上等於
是美國的副教授。他的月薪是280元，換算成年薪就是3,360元。比當時美國大學正教
授的平均年薪還要高。

　　換算成美金，胡適這3,360元的年薪是美國教授所望塵莫及的。1919年中國銀元
的價值，根據後來南開經濟研究所的創始人暨教授何廉的回憶，是比美金還高，略高

157 李書華，〈七年北大〉，陳平原、夏曉虹編，《北大舊事》（北京：三聯，1998），轉
　　引自「北大科學史與科學哲學論壇→科學文化論壇→民國時期北大教授的待遇」，
　　http://hpslib.phil.pku.edu.cn/bbs/simple/index.php?t177.html，2013年2月3日上網。。
158 Sidney Gamble and John Burgess, *Peking: A Social Survey* (New York: George H. Doran
　　Company, 1921), pp. 38, 133, 153-156.
159 Ralph Hurlin, "Educational Research and Statistics: The Salaries of College Teachers in 1920,"
　　School and Society, XII.305 (October 30, 1920), p. 412.

出於一比一的兌率。他說他在1919年赴美留學的時候，用800銀元換取超過800元的美金[160]。當然，何廉換錢的地方是在湖南長沙。內地的長沙跟沿海的都市匯率可能有所不同。然而，杜威1919年6月在北京換錢的經驗，也可以拿來爲這個一比一的兌率當佐證。他說他剛到中國的時候，一百美金可以換一百一十四銀元，後來降到一百一十。他說他6月13日去換錢的時候，只換到了一百零二銀元[161]。換句話說，胡適在北大的副教授一年的待遇相當於當時的美金3,300元。這個待遇將近當時美國助理教授的平均年薪的1.7倍，跟當時美國的正教授的平均待遇相比，還遙遙超過將近700美金之多。美國與中國的生活費孰高？這是毋庸待言的。如此說來，當時中國的教授眞可以說是活在天堂裡。當然，好景不常，且待下回分解。

學潮不斷，戮力繫北大於不墜

五四運動發生的時候，胡適不在北京。他當時剛好到上海去迎接到中國來訪問的杜威夫婦。1919年4月28日的《北京大學日刊》刊載了教務處的布告：「文〔科〕本科教授胡適之先生因代表大學歡迎美國杜威博士，於28日南下，請假一星期。」[162]杜威說胡適從北京到上海去接他們夫婦倆，這一趟路，花了他三十六個小時的時間[163]。當時中國交通的不便，由此可見一斑。杜威夫婦是在4月28日從日本神戶上船，30日到上海。四天以後，五四運動就發生了。杜威夫婦在5月27日抵北京。他們夫婦倆成爲波濤洶湧的學生運動的目擊者。

隨著五四運動的爆發，蔡元培辭職，北京政府舉棋不定，北大的存亡在未定之秋，方才抵達中國的杜威，立時面對了何去何從的難題。原來杜威還在日本的時候，哥倫比亞大學的中國校友——陶行知、郭秉文、胡適、蔣夢麟——已經邀請杜威到中國講學一年。雖然杜威並沒有馬上接受這個邀請，他在日本的時候，就已經寫信向哥倫比亞大學探詢請假一年的可能性。

杜威夫婦是在1919年2月9日抵達日本的。從2月25日到3月21日，杜威在日本東京

160　Franklin Ho, "The Reminiscences of Ho Lien (Franklin L. Ho)," "New York Times Oral History Program: Chinese Oral History Project, East Asian Institute of Columbia University" (Glen Rock, N.J.: Microfilming Corporation of America, 1975), p. 31.

161　John Dewey to Dewey children, 1919.06.10,17 (03910), *The Correspondence of John Dewey, 1871-1952*. Electronic Edition, Volume 2: 1919-1939.

162　〈教務處布告〉，《北京大學日刊》，第363號，1919年4月28日，第二版。

163　John & Alice Chipman Dewey to Dewey children, 1919.05.01,02 (03898), *The Correspondence of John Dewey, 1871-1952*. Electronic Edition, Volume 2: 1919-1939.

帝國大學作了八個演講。這個系列的演講，就是杜威在1920年出版的《哲學的改造》（*Reconstruction in Philosophy*）。事實上，杜威夫婦還在加州的時候，就已經計畫在五月的時候從日本到中國旅遊幾個星期的時間，然後再回到日本遊覽北海道，然後再返回美國。然而，這個計畫發生了戲劇性的轉變。3月13日下午，陶孟和與郭秉文到東京拜訪了杜威。陶孟和在當晚給胡適的信，描述了他與郭秉文拜訪杜威的情形：

> 今早到東京。午後訪Professor Dewey〔杜威教授〕於新渡戶〔即：新渡戶稻造；發音：Nitobe Inazô〕家。彼詢兄之近況。恭以教授而外，復從事於新文學譯劇等事。彼甚喜。彼極讚兄之論文。恭告以現著有《中國哲學史》，已經出版，乃根據前論文之研究更擴充之。
>
> Dewey〔杜威〕夫婦，定於五月間來華。擬先到廣東，然後到南京、北京，可在三處講演。並云擬不日復兄之信。在三處時，只需local expenses〔支付當地費用〕。至Exchange Professorship〔交換教授〕，彼亦甚贊成。惟今年恐不能在華久留，以九月間擬回美授課也。頃與郭君商好，吾兄可函詢夢麟及陶行知君，為一共同之舉動（蔣、陶已由郭君專函告之），函請Dewey來華。至辦法經費，可由三君商量。此時，彼又赴〔東京〕帝大演講。彼自謂此行專為觀賞風景，在東京只參觀女學校一處云。[164]

杜威在當天給他兒女的信裡，也記載了陶孟和跟郭秉文來訪一事：

> 今天下午，兩位中國男士來訪。他們要取道美國到歐洲去。一位是南京高等師範學院的校長〔注：即郭秉文〕，另外一位是一個教授。他們希望知道他們可以不可以跟哥倫比亞大學商量，讓我明年留在中國一年，在北大以及另外一間大學教書。媽媽很有興趣，我也差不了多少。我不置可否地說可以。這能不能成還不知道。他們顯然想跟哥大提出一個交換的計畫，讓哥大付我的薪水，而中國方面則付他們派去哥大的教授的薪水。如果哥大不讓我留職留薪，他們就會付我薪水。[165]

164 〈陶履恭教授致胡適之教授函〉，《北京大學日刊》，第343號，1919年3月27日，第六版。
165 John Dewey to Dewey children, 1919.03.13（03882），*The Correspondence of John Dewey, 1871-1952*. Electronic Edition, Volume 2: 1919-1939.

胡適給杜威的信，現已不存。但杜威的回信，由胡適譯成中文刊在《北京大學日刊》上：

> 胡適教授：我接到你的信非常歡喜。我每日總想寫信把我們想到中國來遊玩的事告訴你，所以接到你的信格外高興。我們的行程還不曾十分確定，大約五月中旬可到上海，在中國可稍住幾時。到七月或天太熱的時候，我們仍舊回日本鄉間住幾個星期，然後回美國。
>
> 我在東京帝國大學原定講演八次，已講了六次，本星期可以講完。他們要譯成日本文，所以要我把講義寫出來。因此，我竟不曾有很多遊覽風景的機會。
>
> 你問我能否在中國講演。這是很榮譽的事。又可借此遇著一些有趣的人物。我想我可以講演幾次，也許不至於我的遊歷行程有大妨礙。我想由上海到漢口，再到北京，一路有可以擔擱的地方，就下來看看。
>
> 郭秉文博士同陶履恭教授前天來看我。他們問我能否在中國住一年、作講演的事。這個意思很動聽，只要能夠兩邊大學的方面商量妥貼了，我也願意做。我覺得幾個月的旅行實在看不出什麼道理。要是能加上一年的工夫，也許我能有點觀察了。[166]

在杜威首肯之前，杜威在中國的學生已經籌劃。陶行知告訴胡適說邀請杜威，應該由「我們南北統一起來打個公司合辦」[167]。等杜威對陶孟和、郭秉文表示他有意願以後，陶行知就迫不及待地開始籌備。他告訴胡適說：「杜威先生到華接洽事宜，應由北京大學、江蘇省教育會、南京高師三個機關各舉代表一人擔任。敝校昨日已推定兄弟擔任此事。請老兄和蔡子民先生商量推舉一人，以便接洽。附上敝校所擬辦法數條，請與蔡子民、蔣夢麟、沈信卿三先生(蔣、沈二君現在北京)磋商，並請賜教。」[168]

杜威的中國學生為杜威的來訪而雀躍，杜威自己也滿懷興奮。他在給他兒女的信中說他們應該還記得胡適。他說陶孟和跟郭秉文告訴他說胡適：「方面太廣了，以至

166　〈杜威博士致胡適教授函〉，《北京大學日刊》，第344號，1919年3月28日，第五版。
167　陶行知致胡適，1919年3月12日，《胡適來往書信選》(北京：中華書局，1979)，1：29。
168　陶行知致胡適，1919年3月31日，《胡適來往書信選》，1：34。

於沒有太多的時間作哲學。不過他的中國哲學史已經付梓〔注：其實已經出版了〕。他從事文字、戲劇的改革，翻譯易卜生、莫泊桑等等。而且還是用白話而非文言寫詩的第一人。總之，他是中國新文學運動的領袖。同時也作了一個公開演講，比較中國傳統哲學家跟實驗主義。」[169]杜威在4月7日收到了北大邀請他到中國一年的邀請函。北大並且表示將用電報替杜威徵得哥大校長的同意[170]。蔡元培給哥大校長的電報云：「閣下若同意，杜威將在北大講學一年。請回電。」[171]

然而，才過幾天，杜威卻又開始擔心起來了。他在給兒女的信裡說：「東京的朋友私下提醒我們。他們說我們明年在中國，對薪水一事得格外小心。因為他們可以說得天花亂墜，但也很能賴得一乾二淨。這使得我每隔一天就想打消這件事情。」[172]最後，他們打定主意，走一步算一步。用杜威夫人的話來說，到了中國再看，並聽取美國大使的建議[173]。

杜威夫婦從日本啓程的時候，他們的計畫還只是在中國旅遊並演講六個星期[174]。胡適在5月3日寫信給蔡元培，報告說杜威夫婦在4月30日中午抵達上海。胡適、蔣夢麟、陶行知在碼頭迎接到杜威夫婦以後，就把他們送到了滄州別墅。他們先帶著杜威夫婦在上海遊覽了幾天。5月2日，胡適在江蘇省教育會演講〈實驗主義〉，算是爲杜威在5月3、4日的演講作導論的工作。接下去的安排，就是杜威在演講過後，到杭州去旅遊幾天。回到上海以後，再往南京勾留兩個星期。然後才啓程赴北京。胡適寫這封信的時候，正是五四的前夕。在暴風雨來臨的前夕，風平浪靜。胡適說哥大方面似乎還沒回電，因此請蔡元培跟教育部商酌，看是否有教育部具名再給哥大發一電報。同時，教育部的袁次長也計畫由教育部舉辦暑假期間的杜威演講會[175]。

到了中國、受到了熱烈歡迎的杜威不免動心。就在胡適寫信向蔡元培報告杜威抵

169 John Dewey to Dewey children, 1919.03.13（03882），*The Correspondence of John Dewey, 1871-1952*. Electronic Edition, Volume 2: 1919-1939.

170 John Dewey to Dewey children, 1919.04.08（03887），*The Correspondence of John Dewey, 1871-1952*. Electronic Edition, Volume 2: 1919-1939.

171 Frank D. Fackenthal to John Dewey, 1919.04.15（04067），*The Correspondence of John Dewey, 1871-1952*. Electronic Edition, Volume 2: 1919-1939.

172 John Dewey to Dewey children, 1919.04.15（03889），*The Correspondence of John Dewey, 1871-1952*. Electronic Edition, Volume 2: 1919-1939.

173 Alice Dewey to Sabino Dewey, 1919.04.15（03888），*The Correspondence of John Dewey, 1871-1952*. Electronic Edition, Volume 2: 1919-1939.

174 John Dewey to Albert C. Barnes, 1919.04.23（04083），*The Correspondence of John Dewey, 1871-1952*. Electronic Edition, Volume 2: 1919-1939.

175 〈通信：胡適教授致校長函〉，《北京大學日刊》，第372號，1919年5月8日，第三、四版。

達以及轉赴北京以前的行程的同一天，杜威自己也寫了一封信給哥大校長，用對自己、對哥大是雙贏的論點，爭取留在中國一年的計畫。他說：

> 他們〔胡適和北大的教授〕都認爲目前是中國教育和思想發展的一個關鍵時刻，如果能有一個西方——特別是美國——思想的代表坐鎮，這將會是一個千載難逢的時機。我自己也極爲珍視這個難得的機會，可以讓我了解東方的思想和情況。因此我希望哥大能接受教育部長即將提出的請求。我個人的所得也會是哥大的所得。我相信由於我人在這裡，就會爲哥大招來更多中國和日本的學生。[176]

　　然而，就在第二天，五四運動就爆發了。雖然杜威夫婦人不在那學生運動的颱風眼的北京，他們可以從報紙、從周遭的中國人身上意識到情況的非比尋常。在杜威夫婦從上海到杭州去以後，胡適就回北京去了。在上海南京地區總理接待杜威夫婦的是蔣夢麟。5月9日，杜威夫婦才剛到杭州四天，蔣夢麟就顧不得翻譯的工作，撇下杜威夫婦，緊急地趕到上海了解情況，看看接待杜威的整個計畫是否受到影響。杜威在當天給兒女的信裡說：

> 此地的作風是：學生的行爲是由校長負責的。如果政府懲處學生，他就得辭職，因爲他是該怪罪的人。他是個開明派(liberal)。如果他下臺，我想北大的事就會無疾而終了。如果開明派輸了，六月下旬在北京召開的教育會議大概也就取消了。那我們就按照先前的信所說的，回東京或日本。另外一個作法，是我們寫了前一封信以後才想出來的，那就是在中國多待兩個星期才回日本。[177]

　　蔡元培在5月8日晚辭職。當時謠言滿天飛。周策縱說北京政府要刺殺蔡元培，他資料的來源就是杜威在6月寫的一篇文章[178]。其實，杜威在5月12日的家信裡就提到

176　John Dewey to Nicholas Butler, 1919.05.03 (04068), *The Correspondence of John Dewey, 1871-1952*. Electronic Edition, Volume 2: 1919-1939.

177　John Dewey to Dewey children, 1919.05.09 (03903), *The Correspondence of John Dewey, 1871-1952*. Electronic Edition, Volume 2: 1919-1939.

178　Chow Tse-tsung, *The May Fourth Movement: Intellectual Revolution in Modern China* (Cambridge, Mass.: Harvard University Press, 1960), p. 135.

了這個謠言：「北大校長在八日晚被內閣逼辭——實際上是在刺殺的威脅之下。軍隊(其實就是土匪)進了城、包圍了北大。為了救北大，而不是他自己，他出走了。沒有人知道他去了哪裡〔注：最後去了西湖〕。」[179]

5月26日，就在杜威夫婦啓程赴北京的前一天，杜威夫人在信上告訴她大女兒說，她當天醒來的時候的想法是：當下的情況和工作條件，不可能會讓她在中國待一年。她說她先跟她透露，在該作決定的時刻到來的時候，她會拒絕。對中國人的樂天，她覺得匪夷所思：

> 今天早上，一切都在未定之數。我們還是計畫明天上北京去，雖然他們還要求爸在此地〔注：南京〕多作幾個講演。但是，我們想看的是北京的美國大使藍辛(Reinsch)，問他北京能住嗎？能作什麼？以及整個情況究竟如何等問題。這些年輕人不太了解美國人按部就班(businesss)處理事情的態度。我想他們壓根兒就沒想到我們還有家要顧、有其他事要考慮。他們慷慨地付錢，讓我們在高級飯店吃住。但我們來中國的目的並不是如此。他們昨天對我說：「如果政府食言，你們的費用我們來付。」他們說的是眞心話。但是，博文(Bowen)夫婦〔注：Arthur Bowen是金陵大學校長〕告訴我們他們自己的薪水只領到了一半。[180]

杜威夫人沒指名是誰說：「如果政府食言，你們的費用我們來付。」說這句話的人很可能就是蔣夢麟。當時在上海的蔣夢麟已經開始作了最壞的打算。他寫信告訴胡適說，他已經開始與中華職業教育社的黃炎培、沈恩孚等人商議在南方另組一個大學，把北大讓給舊派。他忿忿然地說：「十年、二十年後，大家比比優劣。」黃炎培與沈恩孚則認爲進步派還沒到敗北的地步。因此，黃炎培、沈恩孚各在蔣夢麟這句話旁加了眉批：「此亦是一句話。但弟意北方亦要占據，且逆料舊派無組織之能力也」、「此時未打敗仗，萬無退回老巢之理。」至於杜威，蔣夢麟告訴胡適說他收到了當時還在南京的杜威給他的信。杜威鼓勵他：「勿餒氣，此爲喚醒國民潛力好機會。」同時杜威也告訴蔣夢麟說哥大已經准假。由於北大的存亡還在未定之數，蔣夢

---

179 John Dewey to Dewey children, 1919.05.12（10753），*The Correspondence of John Dewey, 1871-1952.* Electronic Edition, Volume 2: 1919-1939.

180 Alice Dewey to Evelyn Dewey, 1919.05.26（03906），*The Correspondence of John Dewey, 1871-1952.* Electronic Edition, Volume 2: 1919-1939.

麟說如果北大解散，「上海同人當集萬金聘之。」[181]

　　事實上，就在杜威夫人在家信裡覺得匪夷所思，中國人都已經自顧不暇了，哪有負擔杜威薪水的能力的同一天，蔣夢麟就已經寫信告訴胡適，說杜威在華的費用已經有了著落：「杜威留中國，其俸已由〔江蘇〕省教育會擔保。任之〔黃炎培〕與弟又要做和尚募化萬餘金。將來預備在滬開演講大會。還要請他到重要地方如天津、北京、廣東、漢口去講講。省教育會要做這一件慷慨的事，你贊成麼？大學現狀給我講講，千萬千萬，我實在記念殺了〔注：記掛死了〕。」[182]

　　當時的北大正在風雨飄搖之中。蔡元培在5月8日的辭職函裡，把北大的校務交給理科學長溫宗禹代理。5月13日，北大的評議會和教授會召開了一個緊急的聯席會議，討論維持大學的方法。這個聯席會議議決由評議會以及教授會各選出三個代表來襄同溫宗禹代行校務。評議會所選出的三位代表是：法科學長王彥祖、張大椿(物理)、胡適；教授會所選出的代表是：黃右昌(法律)、俞同奎(化學)、沈尹默(國文)[183]。

　　這裡必須解釋一下為什麼蔡元培沒把校務交給北大剛選出的教務長代理，而是交給已經廢除的學長制下的理科學長溫宗禹。原來北大的教務長是在4月8日才產生的。文理科教授會主任以及政治、經濟教授會主任在當天的會議裡選出馬寅初為教務長。問題是，馬寅初才上任不到一個月以後卻又提出辭呈。他辭職的理由是因為當初開會選出他為教務長的時候，法律門的教授會主任沒有參加。而現在法律門既然加入教務處，就必須要重選才讓法律門的教授有選賢與能的權利。當時五四運動已經爆發了。蔡元培在5月8日給教授會主任公函，訂於5月10日開會商討辦法[184]。蔡元培自己的辭呈是在發出這個公函的當晚寫的。北大的教務長既然已經辭職，想來他也只好把校務委託給剛廢除的學長之一了。

　　因此，等杜威夫婦到了北京的時候，胡適已經是北大校務維持委員會裡的一員。他們夫婦倆原來躊躇著，然而，等他們見識到了他們前所未見的波濤壯闊的學生運動以後，他們又心猿意馬起來了。杜威夫人在6月4日〔注：原信上說是6月1日，誤〕的家信裡說：「我們剛看到了一兩百個女學生從貝滿女中出發到總統府去。她們要他〔注：總統〕釋放因為在街頭演講而被關起來的男學生。在中國生活很刺激，這句話

181 蔣夢麟致胡適，1919年5月22日，《胡適來往書信選》，1：47-48。
182 蔣夢麟致胡適，1919年5月26日，《胡適來往書信選》，1：50-51。
183〈本校布告：評議會教授會聯合會布告〉，《北京大學日刊》，第378號，1919年5月15日，第二版。
184〈校長致各教授會主任函〉，《北京大學日刊》，第374號，1919年5月10日，第二版。

是很公允的。我們所目擊的，是一個國家的誕生；這過程一向都是艱難的[185]。杜威也同樣是興奮莫名。他在同一天的家信裡說：「我們昨天都一致地認爲我們這一生所學到的，比不上過去這四個月所開始學到的東西。特別是過去的這個月，那就彷彿是給我們吃的東西多到連消化都來不及的地步。」[186]

6月4日早晨，就在杜威夫婦興奮地看報紙、寫家信報告女學生上街示威的時候，胡適來了。他告訴杜威夫婦說他已經從前一天晚上忙到了當天早上。他說沒有人知道教育部長是否已經辭職了。前一天晚上十一點鐘，他還在辦公室忙著。最嚴重的事情是，北大已經成爲一個監獄。軍警的帳篷已經包圍了法科，亦即北河沿的三院，並張貼了告示，說裡面所關著的是擾亂公安在街頭演講的學生[187]。1919年6月4日的《北京大學日刊》刊載了胡適等二十位教授致北大全體教職員的緊急啓示：「六月三日下午一時，本校法科被軍警圍占。教職員暨學生多人被拘在內。公議於四日下午二時在理科大講堂特開教職員緊急大會磋商辦法。」[188]

胡適告訴杜威夫婦說，當天清晨四點的時候他們終於獲准送被褥進去給被拘禁的學生，但他們還沒東西可吃。他說法科裡有水，而且可以有地上可躺，總比監獄乾淨。而且，學生也很高興他們可以在一起。杜威夫婦很興奮地在他們馬拉松式的家信裡說，當晚胡適又來了。他告訴他們說前一天下午拿到了一張通行證，進去法科探望學生的情況。他說昨天一天有一千名學生被捕。三院的法科關不下，於是開始把二院馬神廟的理科也拿來作監獄用。害得北大原來預定在理科大講堂召開的教職員緊急大會，也只好改借教堂開會。到了下午四點，那些從上午十點就已經被關進去的學生還都沒吃任何東西。胡適於是設法由北大出錢送了一車子麵包進去。

杜威夫婦還說，胡適有兩個學生甚至被打了屁股。原因是因爲他們被捕的時候，不但沒保持沉默，而且還問了一些軍警回答不出來的問題。軍警惱怒之下，就把他們抓進去打了屁股。胡適追問不出這件事是否屬實，於是決定把這件事透露給外國記者，讓他們把它渲染起來。杜威夫人說5日早上，胡適要帶他們夫婦去法科看看，她說她希望他能帶他們進去，但想來他大概不會那樣作。她說胡適忙著寫信、寫文章，

185　Alice Dewey to Dewey children, 1919.06.01,05（03907）, *The Correspondence of John Dewey, 1871-1952*. Electronic Edition, Volume 2: 1919-1939.

186　John Dewey to Dewey children, 1919.06.01（10759）, *The Correspondence of John Dewey, 1871-1952*. Electronic Edition, Volume 2: 1919-1939.

187　此段以及下兩段的描述，除了另有注明以外，是根據Alice Dewey to Dewey children, 1919.06.01,05（03907）, *The Correspondence of John Dewey, 1871-1952*. Electronic Edition, Volume 2: 1919-1939.

188　〈致本校全體教職員諸君函〉，《北京大學日刊》，第394號，1919年6月4日，第二版。

要讓外界知道真相。

　　杜威夫人所描述的6月3日到4日的發展，胡適在寫給上海《時事新報》的主編張東蓀的一封信說明得更爲透徹。而且也查明了他兩個學生被抓去打屁股的事件是子虛烏有的。這封信由張德旺找出來，公布在《胡適研究通訊》上，值得在這裡廣爲流傳：

　　東蓀先生：今天〔注：六月四日〕我借得了一張「執照」(上有京師警察廳總監的印章)，走進學生第一監獄，就是北大的法科，去看看裡面的情形。昨天捉進去的學生，實數只有一百七十六人，都被拘在法科大禮堂。昨晚段芝貴〔段祺瑞〕有令，不許外面送東西進去。後來好容易辦了許多交涉，方才送了一些被褥進去，共有三十幾個鋪蓋。一百七十多人分用，自然不夠用。今天有兩個學生病倒了。一個是法文專修館的學生，一個姓張，不知是哪一校的。昨晚大雨，天氣忽然大涼，故容易受病。病倒的人被送回去了，警察的責任總算完了。

　　今天各校繼續進行，自上午九時到我進去的時候，共捉去了八百多人。這八百多人分監各講堂，不許同昨日來的學生相見。内中有清華的學生，穿著黃色操衣，精神最好；高師和俄文專修的灰色制服也很整齊。其餘的大都沒有操衣，但是精神都還好。

　　昨天來的人聽說曾吃了兩頓飯。今天捉進來的學生，從上午十時到下午五時，還不曾有東西吃。我問警察，警察說有飯吃，但是來不及開飯。我想，這個餓死學生的罪名，本該讓段芝貴、吳炳湘、王懷慶擔任的。不過我既然看見了，實在不忍坐視，所以出來的時候，請大學裡一班教職員派人去辦一些麵包送進去。但是人太多了，不知道能辦得到嗎？

　　英國前四、五年，婦女爭參政權最激烈。有許多女子領袖，如彭克斯特夫人(Mrs. Pankhurst)等常常被捕。他們一進牢門，便不肯飲食。餓到三四天以後，警察著了慌，只好賠小心〔注：說好說歹〕請他們出去。他們出去之後，吃飽了又去鬧亂子。這種手段叫做Hunger Strike〔絕食〕。但是，這是對人道的政府說的，我們對於段芝貴一流人可不能如此做。如此做去，他們誰來睬我們呢。

　　昨天，北大法科有一位講師吳宗熹，因警察用槍桿趕學生退禮堂(即是監獄)，故和他們辯論起來。有一位兵官姓王，一個巴掌打去，鼻子牙齒都打

出血來，經人拖住方才解開。

　　昨天傳說，北大文科英文專門學生潘家珣、陳兆疇(都是頂好的學生)，因爲挺撞了王懷慶，被王懷慶送到步軍統領衙門，打了十板屁股。這種傳說，我本來不肯信。後來聽說，王懷慶就是從前在灤州兵變的時候殺害烈士白雅如的人。我們就有幾分相信了。今天我到法科訪問，方才知道這事不確。潘君我也見到。原來，他們挺撞吳王兩人是真的。不過後來他們被送到警廳監禁了一夜，今天又送回法科監獄，打屁股是假的。古人說的好：「是以君子惡居下流，天下之惡皆歸之。」有人說現政府行好事，國人一定不信；說現政府用非刑作種種罪惡，不但國人一說就信，全世界人也一定深信不疑的。

　　法科的花園中央，紮了一個大藍布帳篷。四圍都是武裝的士兵，地上一排一排的都是槍架。大門外從騎河樓口到東安門橋，共紮了二十五個黃帆布的臨時營幕，行人非有執照不能往來。

　　今天被捕的人太多了，法科竟裝不下。北京各校的學生聽說大學成了監獄，大家都要來嘗嘗這種監獄的滋味。今天各中學都出來講演了。五點鐘時，第四中學的學生三四十人被捕送來，法科已收留不下(法科連預科平日有一千學生)。那時北大理科已被軍警占領，作爲「學生第二監獄」。第四中學的學生就都被送到理科，監禁在第一教堂。後來陸續捉來的，也拘在此，到六點鐘時，已有兩百人了。理科門外也是刀槍林立，北大寄宿舍東齋的門口，也紮起營帳了。文科門口也有武裝警察把守，文科門口共紮了五個黃營帳。到了明天，大概文科一定要做「學生第三監獄」了。

　　以上所說，都是我眼見的事實。

胡適[189]

　　周策縱在他的英文巨著《五四運動》裡，說胡適有言過其實之嫌。他說《晨報》記者在6日下午去探望了學生，發現條件還不錯，而且還看見了幾百個學生在院子裡踢足球[190]。然而，周策縱的批評有三個問題。第一，他用的不是胡適這封信。他引用的是王苣章(Tsi C. Wang)1928年在紐約所出版的《中國的青年運動》(*The Youth Movement in China*)。第二，王苣章引述胡適，周策縱再引述王苣章。這第二手引述

---

189 〈北京學生受辱記——大學教授胡適之先生來函〉，《時事新報》，1919年6月8日，轉引自張德旺，〈全面介入五四愛國運動的胡適〉，《胡適研究通訊》2010年第4期(總第12期)，2010年11月25日，頁8-10。

190 Chow Tse-tsung, *The May Fourth Movement*, p. 150d.

的結果，是一層比一層更遠離胡適的原意。胡適的原信明明說：「病倒的人被送回去了，警察的責任總算完了……昨天來的人聽說曾吃了兩頓飯。今天捉進來的學生，從上午十時到下午五時，還不曾有東西吃……出來的時候，請大學裡一班教職員派人去辦一些麵包送進去。」這段描述到了王苣章書上卻變成了：「根據胡適去法科監獄的觀察，情況淒慘：生病的生病，餓的餓到幾乎要餓死的程度。他懇求老師們送麵包進去給他們吃。」等到周策縱根據王苣章的摘述再摘述，就被歸結成一句話：「監獄裡受傷和生病的人完全沒有得到看護。」

第三，周策縱徵引《晨報》記者的描述，並不足以否定胡適的描述。胡適去探望的時候是6月4日下午，當時法科成為監獄還不到一天，一切都在慌亂之中。6月5日下午，軍警已經拔營，從法科撤離。同時，教育部也命令北大立時復課。問題是，學生提出四大要求，作為離開「監獄」的先決條件：一、斥退三大賣國賊；二、保障學生的言論自由；三、允許學生出監的時候，遊街慶祝；四、政府公開向被拘禁的學生致歉。6月8日北京政府接受學生的條件，於是學生在鞭炮與歡呼聲中列隊出監。因此，《晨報》的記者在6月6日下午去「監獄」探望學生的時候，學生是「自囚」，與4日下午胡適去探望的時候「刀槍林立」的情況不可同日而語。

值得令人玩味的是，就在這個胡適為示威學生而奔波、鼎力維持北大於不墜的時候，他卻萌生了去意。杜威夫人在6月初的家信裡透露了胡適有獨善其身、遠颺隱遁美國的想法：

> 胡適想要哥大的夏德(Friedrich Hirth)〔注：即胡適在哥大留學時的漢學
> 老師，1917年退休〕退休以後空出來的位子。不是今年，是明年。他擔心這
> 種動盪的局面會阻礙他專心作學問，久而久之，他會變得生疏。從他想為中
> 國人奠定一個思想的基礎的角度來說，這算是哪門子的愛國的思想邏輯呢？[191]

這不會是杜威夫人自己的想像，因為杜威也是這麼說。杜威在8月給他在哥大哲學系的同事布希(Wendell Bush)的信裡，先是描寫了胡適在中國的影響力：

> 胡適在中國極具影響力。他所主編的雜誌〔注：《新青年》〕有五千份的

---

191 Alice Dewey to Dewey children, 1919.06.01,05 (03907), *The Correspondence of John Dewey, 1871-1952*. Electronic Edition, Volume 2: 1919-1939.

銷售量。這等於是我們的學術刊物的銷售量，但在中國這不是小數目。他跟同人所號召發起的白話文運動流波廣遠。光是這個夏天，學生就已經發刊了二三十份雜誌，都是用白話文寫的。現在已經有不少其他不是出一兩期就休刊的雜誌也使用了白話文。他的《中國哲學史》是第一本用現代方法所寫的書。

接著，杜威就從同情的了解的角度來描寫胡適所處的困境：

　　時局干擾他，使他治學不能專心，這讓他覺得很挫折；他想多作研究、多寫書。如果哥大聘他為中文教授——如果那位子還空著的話——我想他會接受，至少是去教一段時間。但我無法想像中國能夠沒有他。想來頗可悲的，有多少歸國留學生嚮往著美國的生活。然而，形勢比人強。許多事，對過客來說可以是感覺蠻新鮮的；可是，對他們來說意味就大不同了。[192]

　　誠然，杜威夫婦可以興奮地看待著五四運動，因為他們畢竟是過客。中國就是被砸爛了，不會影響到他們，他們可以一走了之。其實，連杜威自己都拿不定主意。就像杜威夫人在信中向他兒女描述的，他的主意每天都在變。前一天才說他要給哥大打電報要回他的工作，第二天卻又開始作留一年的計畫[193]。連作為過客的杜威都如此，更何況是生死注定是跟中國與共的胡適呢！

　　事實上，胡適之所以會有獨善其身、天下無道則隱之的想法，其原因是多重的。其中最重要的，就跟杜威有關。北大邀請杜威跟哥大申請留職停薪、留在中國一年。杜威答應了，哥大也批准了。問題是，五四運動爆發以後，蔡元培辭職，教育部主其事的也去了職。杜威明年的薪水誰付？胡適夾在中間，就像啞子吃黃連有苦說不出一樣。後來，還虧有范源廉出來主導，推動由私人團體來認養杜威一年。他在6月22日寫給蔡元培的信，就一古腦子地把他的怨氣都給宣洩出來了：

　　杜威博士(John Dewey)的事，最為使我難為情。我五月十二日到京，十三

192　John Dewey to Wendell T. Bush, 1919.08.01（05019），*The Correspondence of John Dewey, 1871-1952*. Electronic Edition, Volume 2: 1919-1939.
193　Alice Dewey to Dewey children, 1919.06.01,05（03907），*The Correspondence of John Dewey, 1871-1952*. Electronic Edition, Volume 2: 1919-1939.

日收到Columbia〔哥倫比亞〕大學校長Butler〔巴特勒〕先生復先生的去
電，說「杜威給假一年」。十五日又得一電，說「前電所給假是無薪俸的
假，速復」。兩電來後，一個月內，竟無人負責任可以回電；也無人負責任
計畫杜威的事。袁〔希濤〕次長去職後，更無人替我分負責任了。我覺得實
在對不起杜威夫婦，更對不起Columbia〔哥倫比亞〕大學。後來那邊又來了
一電，問何以一個月不復電。(我已用私人名義回電了。六月十七日發。)那
時范靜生先生到京，我同他商量，他極力主張用社會上私人的組織擔任杜威
的費用。後來他同尚志學會商定，擔任六千元。林宗孟一系的人，也發起了
一個「新學會」；籌款加入。我又和清華學校商量，由他們擔任了三千元。
北京一方面共認杜威〔注：共同分擔杜威的費用〕。[194]

　　胡適自己掏腰包復電。無巧不成書，胡適說後來哥大追問爲什麼不復電那一通電
報也是杜威的同事布希私人發的，而且是發給胡適的。杜威說要他的大女兒還布希發
那一通電報的費用。他說，由於整個局面亂糟糟的，他們一直以爲只是電報來往的延
誤。一直要到布希胡適那通電報到了以後，他們才知道原來北京方面一直沒告訴哥
大誰要支付杜威薪水[195]。
　　對於作爲過客的杜威而言，只要薪水有了著落，究竟是誰出的錢，一點都不重
要。他在6月17日的家信裡說：

　　北大的情況仍然極不明朗。所以他們上星期對我說，他們了解我們對這懸
宕的情況一定感到不安。如果北大的情況到秋天還不明朗，有一個私人的團
體——我不太清楚是什麼性質的——會承擔我的所有費用，並負責安排一
切。如果是這樣的話，我們會在這裡待到明年二月。二月開始往南移動，在
接下去的四個月裡，根據當時的情況，去南京、上海和廣東。[196]

　　年輕的胡適有他很「衝」的一面。他氣蔡元培一走了之，把北大的爛攤子留給他
擔。大家可以問，胡適有什麼資格說北大的攤子是他一個人擔的？蔡元培辭職的時

---

194 胡適致蔡元培，1919年6月22日，《胡適全集》，23：269-270。
195 John Dewey to Wendell T. Bush, 1919.08.01 (05019), *The Correspondence of John Dewey,
1871-1952*. Electronic Edition, Volume 2: 1919-1939.
196 John Dewey to Dewey children 1919.06.10,17 (03910), *The Correspondence of John Dewey,
1871-1952*. Electronic Edition, Volume 2: 1919-1939.

候，是把校務交給理科學長溫宗禹代理。同時，北大評議會跟教授會的緊急聯席會議，也選出了一個六人委員會來襄贊溫宗禹代理校務。胡適顯然覺得放眼望去，舍我其誰！我們固然可以說這是胡適自視過高。然而，當時流傳的謠言，也常是遙指著胡適。五四以後北京謠言滿天飛，都是匿名揭帖。事實上，北大的評議會與教授會在其所召開的緊急聯席會議，除了選出那個六人委員會以外，還禁止使用匿名揭帖，規定所有布告一律用機關名義發表，個人意見發表也一律簽名，以示負責[197]。

　　當時所流傳的一個謠言，就是說胡適覬覦北大校長的職位，試圖利用學生運動達成他的野心。杜威在家信裡描寫了這樣一個謠言：

　　　他們〔注：安福俱樂部〕用匿名揭帖攻訐所有其他的人。有一個匿名揭帖號稱有一千五百八十個學生連署，但沒附姓名。這個匿名揭帖說學生罷課的唯一目的是為了收回青島。但是，胡適及其同黨——胡適是唯一被指名道姓的人——試圖轉移這個運動的目的，就是胡適想當北大的校長。他〔胡適〕對這個謠言處之泰然，但這個揭帖到處都是，也刊登在安福俱樂部的報紙上。[198]

杜威所說的話，可以從張申府給胡適的信得到佐證：

　　　久思聚談，久而未果。又以英語說不好，杜威教授來，亦未便造次往會。比大學以內，三四宵小任意猖獗，詭謀棄舊迎新，心致為不甘。聞先生態度消極，勢必不可。即避覬覦校長之嫌，難免見疑為胡仁源所動！大凡素負聲望之人，當事勢危急之時，苟敢挺身而出，大聲急呼，未有響而無應者。拿破崙走出五委員會議時事，其例也。然則先生其圖之矣！[199]

　　胡適6月22日寫給蔡元培的信，不只對蔡元培抱怨杜威的事。他洋洋灑灑地列出了十項數落蔡元培的不是。雖然那封信現在已不全，我們知道除了杜威的部分以外，多半是跟個別的教授——包括林語堂——訂約的問題。我們從蔡元培央請蔣夢麟轉述

197 〈本校布告：評議會教授會聯合會布告〉，《北京大學日刊》，第378號，1919年5月15日，第二版。

198 John Dewey to Dewey children, 1919.06.10,17 (03910), *The Correspondence of John Dewey, 1871-1952*. Electronic Edition, Volume 2: 1919-1939.

199 張申府致胡適，1919年6月10日，《胡適來往書信選》，1：53。

給胡適的話，可以知道蔡元培覺得胡適是錯怪他了。他說：

> 他怪我的是兩件事：一、是他替我打算的五年、十年的計畫，不應忽然一
> 拋；二、是他手裡訂了五年、七年的契約同杜威的事，忽然一拋，是對他不
> 住。但弟想這是他錯怪了。第一事：哪一個人辦事，沒有幾年的計畫？但是
> 外界關係變更後，或不能不全部拋棄，或不能不作一波折，這是常有的事。
> 這一回算是我先走。萬一政府果然發布免職的令，我能爲五年、十年計畫的
> 緣故，硬著不走麼？且我也安保後來接手的人必肯按照這計畫做去麼？第二
> 事：他手裡訂的五年、七年的契約與杜威的契約，並不是他替我個人私訂
> 的，是替北京大學校長訂的。弟辭了職，有北大一日，就有履行這個契約的
> 責任。況且中國對著外國教習，是特別優待。就是北大消滅了，政府也不能
> 不有相當的對付，因爲這個學校是國立的(辛亥成例很多)。請兄便中告他
> 「不要著急」才好。[200]

　　蔡元培央請蔣夢麟先代他所作的解釋合情合理。不但如此，他親自寫信給胡適請
胡適原諒。他說胡適在信中所提到的十件事情，六件已經解決了。其他四件，他請胡
適照原約辦理，他會負完全責任。蔡元培語氣不慍不火，確實有領袖之風。他知道胡
適在「衝」的當頭，如果針鋒相對，就會造成僵局。胡適在6月22日那封信，顯然在
數落了蔡元培的十大不是以後，向蔡元培辭了職。用蔡元培在回信裡所轉述的話，胡
適說：「因任杜威君演講的譯述，將離去大學。」同樣這句話，他在寫給蔣夢麟的信
就更「衝」了：「決計不幹。」害得蔣夢麟著急地勸胡適說：「適之呀！書呆子雖要
發脾氣，他的好處是憨氣。脾氣過了，有患難來，就會把臉孔一搭，再來幹幹看。你
的爲難的地方我知道——我們大家都知道。終望你忍著痛，持冷靜的態度。」[201]蔡
元培的回答也說得恰到好處：「弟覺得很可惜！望先生一面同杜威作『教育運動』；
一面仍在大學實施教育。這是弟所最盼望的！」[202]
　　多少人詠讚胡適溫文儒雅，有著永遠讓人如沐春風的風度。殊不知這是胡適洗練
出來的。而且隨著胡適年歲的增長，越練得爐火純青。五四時期的胡適，是他最
「衝」的時候。他不只對蔡元培發過怨氣。屬國民黨、同樣留學哥倫比亞、當時任

---

200 蔣夢麟致胡適，1919年6月28日，《胡適來往書信選》，1：57。
201 蔣夢麟致胡適，1919年6月28日，《胡適來往書信選》，1：57。
202 蔡元培致胡適，1919年7月5日，《胡適來往書信選》，1：61。

《益世報》主筆的鄧家彥也被胡適「衝」過一次。原來胡適央請鄧家彥在《益世報》免費刊登杜威的演講廣告。鄧家彥在答應了以後，卻在經理說《益世報》從不免費刊登廣告的情形之下，把杜威的演講登入新聞欄。胡適生了氣，把研究系、同盟會都牽扯進來，指責鄧家彥因黨見而排斥胡適和杜威。鄧家彥反唇相稽：「若因杜威一廣告，遂牽及研究系，彥雖無似，尚不致武斷如此。兄竟以此入人於罪，憤憤然若不可解者，豈哲學家固應如是耶？不然，何所據而說我黨見太深，又何所據牽及同盟會？兄之推理，得毋逸出軌道耶？抑豈兄受研究系所託，故向弟致其攻擊耶？」[203]胡適這時的「衝」，可能也跟他當時橫掃文壇，與各派爭奪文化領導權、霸權有關。但這是第三章的主題。

結果，胡適並沒真正辭職。不管這是因為蔡元培、蔣夢麟的安撫，還是真應了蔣夢麟所說的：書呆子憨氣，脾氣發過了，還是埋頭作事。總之，蔡元培在9月20日復職。就像蔡元培所希望的，胡適除了在學校上課以外，並擔任杜威在北京演講的主要翻譯者，陪伴杜威到山西、濟南等地演講。10月下旬，教務長馬寅初因為患嚴重的失眠症請假，胡適還作了一段時間的代理教務長。

五四以前胡適就已經積極參與校務，我們在前文提到了他替蔡元培擬定了五年、七年、十年的發展計畫。現在，北洋政府試圖利用五四學潮摧毀進步勢力的陰謀失敗，北大又回到蔡元培的領導之下，胡適的心又回到了北大。胡適積極參與校務的態度，在在地表現在他對北大未來校舍、校園建設的發展計畫之上。12月下旬，胡適陪伴杜威到濟南去演講。24日，在從北京到濟南的火車上，杜威碰到了美國茂旦建築公司(Murphy & Dana Architects)的老闆茂菲(Henry Murphy)。茂菲的茂旦建築公司，承建了亞洲許多大學的建築物。在中國，他們的特色是中西合璧式的校園建築，其中最有名的包括燕京大學、復旦大學、金陵女子學院、福建協和大學，以及長沙的雅禮大學[204]。當時，茂菲有一半的時間住在紐約，一半的時間住在亞洲。可見亞洲的校舍建築是他們生意的一大宗。杜威把茂菲介紹給胡適。在火車上，茂菲讓杜威和胡適看他當時正在亞洲各地所設計的藍圖。

胡適在看了茂旦建築公司的藍圖以後，就馬上告訴茂菲，說北大亟需新蓋校舍。他說他會向蔡元培建議，就聘請茂旦建築公司承建。根據茂菲所作的他跟胡適談話的

---

203 鄧家彥致胡適，[1919年]?月25日，《胡適來往書信選》，1：78。

204 Jeffrey Cody, Building In China: Henry K. Murphy's "Adaptive Architecture," 1914-1935 (Hong Kong: The Chinese University Press, 2001).

備忘錄，北大當時有兩個不同的校舍發展方案[205]。第一個方案是治標的，也就是就地在沙灘紅樓、北河沿與馬神廟公主府擴建。根據胡適的說法，當時北大已經有三千個學生，北大的三個院已經不敷使用。

圖6　左起：蔣夢麟、蔡元培、胡適、李大釗，1920年3月14日攝於臥佛寺（胡適紀念館授權使用）。

事實上，當時北大的建設一直是零星改進的。像校舍建築這種大宗的工程，即使能幹如蔡元培者，也只好作巧婦難爲無米之炊之嘆的。當時北大克難的情形，以電燈爲例就足以說明。我在前文已經提到北大的學生宿舍一直要到1924年9月才安裝電燈。教室的情況當然好些。然而，一直到1917年12月，在紅樓蓋好以前，文科還在馬神廟公主府的時候，文科教室還沒裝電燈。該年12月1日起，北大改用冬令時間，上課時間延後半個小時。然而，其結果是沒有電燈裝設的教室就無法使用。北大只好把下午的英文課各班的教室，有的調到新建的紅樓，有的調到北河沿理科的教室[206]。

---

205 以下三段的討論，除非另有注明，是根據Henry Murphy, "re: National University of Peking: Report of H.K. Murphy's Conference with Dr. Suh Hu, Professor of Philosophy; on Train from Peking, 24ᵗʰ, December, 1919,"「胡適外文檔案」，E170-006。
206 〈各科通告：文科教務處告白〉，《北京大學日刊》，第17號，1917年12月5日，第一版。

在經費短絀的情況之下，北大要解決校舍不敷使用的問題，只有用治標的辦法，希望在一兩年內在沙灘區就地興建一兩棟大樓。其中一棟大樓，就是北大人人所夢想要有的圖書館。由於沙灘的紅樓是西式的建築，茂菲認為這一兩棟新的建築就必須採用學院哥特式（Collegiate Gothic）的風格。但是，沙灘、北河沿與馬神廟公主府終究不是理想的大學所在地。我們在前文提到了北大一些教授試圖把沙灘建設成一個「學院桃花源」的夢想。然而，那胡同阡陌的所在，跟美國型態的大學所須的格局是格格不入的。胡適說當時的北大已經有三千個學生，而北大每年還以一到兩百個學生的速率在成長。所以北大需要有一個治本的發展方案。這個治本的方案，就是把北大遷到離北京城十英里的西山。

蔡元培在1918年北大二十一週年校慶的演講裡就提到北大「擬在西山購地建築校舍」。他說這個計畫已經得到步軍統領的贊助[207]。這個計畫顯然是成功的，因為1920年4月9日的《北京大學日刊》刊載了北大總務會定議，把西山地畝以一年為期出租的決議[208]。總之，根據茂菲的備忘錄，胡適說由於財政的情況不穩定，北大在西山建校的計畫，可能一直要到1925年，甚至要到1930年，才能實現。但是，胡適要茂菲寄藍圖給他，以便他向蔡元培報告，並進一步安排茂菲與蔡元培見面。胡適甚至很樂觀地告訴茂菲，說北大很可能會在年內就請茂旦公司提出西山校園的整體規劃的構想。

在胡適的安排之下，茂菲在1920年2月底到北大跟校長蔡元培、教務長蔣夢麟、胡適等人會商了十天的時間。胡適在1920年2月25、27日兩天的「日程表」裡所記的「約Murphy〔茂菲〕君」、「與Murphy〔茂菲〕同見夢麟」、「與Murphy〔茂菲〕、Monlin〔夢麟〕會商大學計畫」等等，講的就是這件事[209]。根據茂菲所寫的備忘錄，北大的長遠計畫是搬遷到西山。等北大遷到西山以後，整個原來的北大三院就會變成預科的所在地。茂菲所作的備忘錄分長期跟短期的建設計畫。短期的治標計畫是在一年內興建兩棟建築：一棟圖書館兼行政大樓，坐落在紅樓的東北角；另一棟是體育館兼大禮堂，坐落在紅樓的西北面，應該就是嵩公府的所在地。這樣，紅樓在南，圖書館兼行政大樓在東南沿，體育館兼大禮堂在西北沿，中間的空地就是體育場了。由於紅樓是一座大型的西式建築，這兩棟新建築就必須也是西式的，以便取得調和。

207 蔡元培，〈北大二十一週年紀念會開會詞〉，高平叔編，《蔡元培全集》第三卷(1917-1920)，頁231。

208 〈本校新聞：三月二十九日午後四時第八次總務會議紀事〉，《北京大學日刊》，第577號，1919年3月29日，第二版。

209 《胡適日記全集》，2：640、642。

　　這棟圖書館兼行政大樓的規劃是三層樓，所用的材料北大希望能夠從簡。茂菲說這是因為北大預計只會使用這座樓大約十年的時間。屆時，西山的校區應該已經落成，就可以搬遷過去。即使如此，這座北大所設想的圖書館兼行政大樓規模並不算小，因為他們所設想的第二層，除了必須能容納三十萬冊(當時北大擁有十七萬冊)藏書的書庫以外，還必須有一間能容納四百個學生的一般閱覽室，以及一百個學生的期刊閱覽室。等這棟圖書館兼行政大樓落成以後，紅樓就恢復為原先所規劃的學生宿舍。

　　北大所想立即興建的體育館兼大禮堂要容納兩千人，包括迴廊上的座位。這座體育館兼大禮堂的設計是採用活動的座椅。平時沒有集會的時候，座椅全部收到地下室的儲藏室裡。空下來的場地就作為運動場地。禮堂的一邊設有可以坐大約一百個人的戲臺。這一方面可以用來作為畢業典禮的場地。另一方面，配備上了一個升降螢幕，再加上化妝室，又可以作為演戲的場所。廚房就設在地下室。這除了可以利用禮堂舉辦大型的宴席以外，地下室將附設一個可以坐得下一百個客人的教授餐廳。此外，地下室還將設有一間胡適所喜歡打的撞球間，備有四個撞球臺。另外，還設有教授的寫作間[210]。

　　茂菲之所以在北大勾留十天的原因，是因為北大幾位決策人員認為北大搬遷到西山已成定局，他們要求茂菲除了提出他對治標之策的構想以外，也為北大提供西山校園的整體規劃。當時，茂菲已經開始為燕京大學以及金陵女子學院作校園的規劃設計。因此，茂菲可以現成地把他已經付諸實際的中西合璧的建築理念貢獻給蔡元培與胡適等人。當時，北大在西山的預定校地有六十英畝。北大當時有兩千五百個學生。他們估計到了1930年北大遷到西山校園的時候，應該會有三千個學生。根據他們的設想，北大最終會有八千個學生。茂菲於是向蔡元培等人說明六十英畝的校地太小了。他說他剛為燕京大學所完成的規劃是一百英畝，學生不到三千人。如果北大最終會有八千個學生，北大就必須至少要有兩百英畝的校地。

　　茂菲說，他跟北大的幾位決策人員都同意西山校園的建築將會是中國式的。由於北大位於京城，又是國立大學，他們決定以紫禁城的建築作為範例。建築群採四合院的格局，由一連串的長方形庭院連結起來。每座建築都不得過高，不超過三層樓。由於西山山腰有一些優美的喇嘛寺，北大在西山的建築必須與之調和。茂菲說蔣夢麟將

---

210 以上三段的敘述是根據Henry Murphy, "Program of Requirements for New Buildings in Peking (City) for the National University of China," 「胡適檔案」，E420-001。

會寄給他一些喇嘛寺建築的圖片供他參考。

北大西山新校園的建設是一個龐大的計畫。茂菲的建議是仿效燕京和金陵女子學院的作法，分期進行。第一期的建設包括一些主要的建築，諸如圖書館、行政大樓、大禮堂、露天劇場、博物館、教室、實驗室、學生宿舍、食堂、醫務室、體育館、教師宿舍，以及女學生設施——宿舍、食堂、健身房，與操場。根據北大這幾位決策人員的估計，北大的女學生大概會占學生總人數的十分之一。女學生的設施，根據這個第一期的規劃，將足夠容納四百個女學生[211]。

結果，北大的建築計畫，無論是治標的短期計畫也好，還是西山的遠程目標也好，都注定是空中樓閣。五四運動以後，北京教育的經費就已經開始出現問題。北洋政府連教授的薪水都付不出了，遑論校舍的建築。歷史的發展是詭譎的。茂菲爲北大在西山的校園與校舍的構想，就是他當時正在承建的燕京大學。北大終究沒能實現在西山建校的計畫。然而，北大卻在一個完全令人意想不到的情況下擁有了茂菲所建的校舍。1952年高等院校調整，燕京大學取消，北大從沙灘區遷進了茂菲爲燕大所承建的校園與校舍。

蔡元培在1920年10月啓程前往歐洲和美國。北大的校務由蔣夢麟代理。蔡元培此行有三個目的：第一、延攬留學生；第二、聘請外國客座教授；三、向華僑募款建圖書館。蔡元培在〈北大話別會演說詞〉裡說：「本校圖書館甚不完全。蔣〔夢麟〕先生籌劃在第一院〔沙灘〕空地建築一所大圖書館。但是經費不夠，政府不能供給，只好向各方面募捐。」[212]只可惜蔡元培這個募款計畫顯然同樣是失敗的。北大的圖書館一直要到1935年，才在胡適的斡旋之下，由美國退還的庚款所成立的中華教育文化基金會的補助之下建成。但這是本傳第三部的故事。

力挽教授爲飯碗罷教之狂瀾

蔡元培到美國去向華僑募款建圖書館，胡適與之配合，也在北大發起教職員捐一個月薪水作爲建圖書館基金的運動。問題是，胡適選的時間不對。他在1921年5月3日發起這個捐薪建圖書館運動的時候，北京高等院校與中學的教職員已經半年沒領到薪

211 以上三段的敘述是根據Henry Murphy, "Program of Requirements for New Buildings at the Western Hills, Outside the City of Peking, for the National University of China,"「胡適檔案」，E420-001。
212 蔡元培，〈北大話別會演說詞〉，高平叔編，《蔡元培全集》第三卷(1917-1920)，頁451。

水了。原來，從1920年12月份起，北京政府已經發不出薪水了。我在第五章會詳細地分析為什麼胡適在北洋政府長期欠薪的情況之下，還能提出捐薪建圖書館的建議。現在，先說明胡適提出這個建議的背景。

根據胡適在日記裡的記載，由於北洋政府長期欠薪的結果，北京各高等院校從3月14日開始就已經開始教師罷教、職員罷工、學生罷課。4月下旬，北大發生了連續縱火的事件。4月24日，北大紅樓二樓洗手間裡一個木箱起火。事後發現該木箱裡有一個雞蛋殼，內有硫磺味。四天以後，先是紅樓二樓的一間教室，然後，接連著又在四樓的一間教室連續發生了起火事件。兩間教室的門窗都上了鎖。都是在講座下點了蠟燭，旁邊堆著雞毛及講義紙一堆。幸而這兩起縱火事件都被人發現而及早撲滅。胡適在日記裡說：「四層樓上撲救很不易，放火的人可謂下毒手了！」他又說，火災並沒釀成，但已經有人打電話到各報館，說北大第一院被火燒了。可見這是預謀的[213]。

5月1日，北京政府宣布了一個保障教育經費的辦法。其中，對教職員來說，猶如是久旱逢甘霖的一條，是說從前一年12月到2月份的欠薪，先撥付一個月，與本年3月份的同時並發。其餘分三期，由銀行擔保，四、五、六三個月各付一期[214]。於是，北京高校的教職員聯席會議在次日宣布取消罷教與罷工，開會決定復課的辦法。3日下午，北京各大學教職員聯席會議本來預定在北大的紅樓召開會議。由於發生了縱火的事件，會議改在美術學校召開。大會聽取罷工期間的措施以及停止罷工的事宜。會中，蔣夢麟報告了紅樓縱火的事件。並且說明了北大在這個縱火事件以後，已經由教職員組織委員會，日夜輪流守衛。

接著，胡適發表了他的演說。他首先表示教職員日夜輪流守衛不是長期之計。他反問大家：「北大圖書館何等重大！非特數十年來購藏中西書籍，為值甚巨。即論開學以來之公文案件，學生成績，關係亦屬非輕，倘一旦付之一炬，損失之大，何堪設想。」胡適接著用激將法提出一個動議，要大家捐薪作建築圖書館的基金。根據胡適在日記裡所黏貼的一份剪報的報導，胡適說：

> 此次教職員罷工運動，早已一再宣言，係維持教育，不為個人私利。本校教職員對本校有切身肺腑之關係，對於最重要之圖書館，自然同有維護之責。所以我提議：為免除北大圖書館危險起見，請今日到會諸君發起，將本

213 《胡適日記全集》，3：6-7。
214 《胡適日記全集》，3：19。

校教職員本年四月份應得薪俸，每月薪俸在六十元以上者，全數捐作圖書館建築費。每月薪俸在六十元以下者，自由捐助。此款由北大會計課分四個月攤扣，存儲銀行，作建築新圖書館之用。此議案由今日在會同人發起以後，持往各教職員傳觀，並請贊成者簽名。

根據該剪報的報導，當天在場教職員全體贊成。在討論實行的辦法的時候，馬裕藻(字幼漁)提出一個修正案。他說：「薪俸在六十元以下者只能自由捐助，未免輕視得薪較薄者之人格。」根據這個修正案，無論薪俸在六十元上下，全部捐作圖書館建築基金。這個修正案經過討論以後，得多數的贊成而通過[215]。

胡適7月在上海的時候接受了《時事新報》記者的訪問，他進一步說明了他這個捐薪作圖書館基金的想法：

北大圖書館即在新大樓〔紅樓〕之第二層〔注：如果北大當時的圖書館確實如大家所說的是在一樓，此處就是手民誤排〕。此次幾被奸人縱火燒去。故北大圖書館之建築尤爲急務。現聞蔡孑民先生與北大教授卜思〔注：J.D. Bush，1918年到1920年在北大英語系任教〕先生在美洲已開始捐款，聞已募得萬金。此次教職員若捐出一個月的收入，亦可得四萬餘元。以此兩款作基礎，加上國內的募款，一二年內當可有一個完好的大學圖書館出現。[216]

胡適這一個北大教職員捐一個月薪水作圖書館基金的運動自然是無疾而終的，因爲北洋政府食言了。胡適在5月10日的日記說：「夢麟來談。教職員事，政府第一個月即失信用，至今無錢，故竟不能解決。現在內閣動搖，教育部無人，這事更不能收束了。」[217]教育部不給薪水，教職員於是繼續罷教罷工。這惡性循環的結果，就是北洋政府乾脆明令停發薪水。5月19日國務院致函教育部，說：

京師高等專門以上各校經費，前經議定辦法，原爲維持各校克日開課，以免諸生曠誤學業。茲經國務會議決議，以該校迄未開課，所有八校教員薪費，應暫行停發，由財、交兩部查照前意，儲款以待，俟各校實行開課，再

215 《胡適日記全集》，3：24-25。
216 《胡適日記全集》，3：221。
217 《胡適日記全集》，3：32。

　　行照發。至從前積欠經費，仍照原意，分月陸續發給。其中小學校，現均照
　　常上課，其經費自應由部按期撥發，等因。[218]

　　北洋政府既然採取強硬的政策，教職員也以強硬回對。5月27日，北大的教職員
在馬神廟公主府的第一齋食堂開會。這是胡適第一次在日記裡批評教職員把飯碗以及
權力放在大局以及學生的課業之前：「開會的情形很使人不滿意。大概飯碗問題第一
重要，其次即是權力問題。有些人心裡捨不得權力，卻實在不會用權力。他們那種
『戀權』的情形真令人難過。」胡適利用這個開會的機會，提出了前瞻性的問題：
「今天我搶得幾分鐘，提出兩個議案：一、組織學術講演會；二、假使政府真用日本
借款來買我們，聯席會議應嚴詞拒絕。並布告國人。」[219]然而，即使胡適也了解到僵
局已成，「政府除非取消五月十九日的公函，我們決無轉圜的餘地。有人想此時退
讓，真是做夢！」[220]

　　僵局既成，北京高校的教職員乾脆直接到教育部討債。6月1日，有一百零八人到
教育部討債。當然是沒有結果。2日，中小學生代表到國務院向國務總理請願，結果
被禁閉在院內。3日下午，各校教職員代表先在美術學校開會，然後赴教育部請願。
請願不果，教職員就要求教育部馬次長跟他們一起前往總統府請願。在這以前，已經
有兩百多名學生到新華門總統府請願。學生代表被拒在外以後，就有一大半學生前往
教育部。這就跟前往新華門的教職員代表不期而遇。於是，兩者匯流，共同前往新華
門。而就在新華門前，馬敘倫等教職員學生遭到軍警用槍柄、刺刀毆打，導致十餘人
受傷。

　　「六三事件」發生以後，到處都是武裝的軍警。6月5日，北大教職員開會。胡適
在日記裡恥笑聯席會議裡的幾個「重要」人物，都不敢出席。他還特別點名說：「譚
仲逵〔注：譚熙鴻，校長辦公室主任，蔡元培的秘書〕躲到法國醫院去了。」[221]由
於北洋政府為「六三事件」發布長電，顛倒黑白，胡適於是又祭出了他在五四運動時
所用的法寶，亦即，用外國記者發文來給北洋政府施壓力：「將連日出來的重要函電
譯成英文，頗費工夫。這兩天的西洋文報紙，皆由我與柯樂文〔Grover，北大英語教
授，後來是《北京導報》(*Peking Leader*)主編〕供給新聞。」胡適很得意地在日記裡

218 《胡適日記全集》，3：57。
219 《胡適日記全集》，3：62。
220 《胡適日記全集》，3：63。
221 《胡適日記全集》，3：91。

黏貼了一份全國報界聯合會的通電的英譯電文。他說：「此電譯出以後，路透社等皆不敢不用我們的新聞了。」[222]

胡適對他許多北大同事失望，認爲他們是飯碗至上主義。他6月10日在西山旅館裡對蔣夢麟所說的話，就在在地表露了他對他們的不齒：

> 夢麟說：北京教育界像一個好女子。那些反對我們的，是要強姦我們；那些幫助我們的，是要和姦我們。我說：夢麟錯了。北京教育界是一個妓女，有錢就好說話，無錢免開尊口。[223]

胡適這時已經開始反對北京教育界爲了爭飯碗，不惜犧牲學生的課業的作法。6月13日，北京各校全體大罷課。胡適勸李大釗在聯席會議上發表宣言，向各校的回應致謝，但聲明不願各校以罷課爲手段。他說這是因爲犧牲太大，而收束無期。他認爲如果此議能行，效果定大於罷課。只是他懷疑北京教育界會有這點遠見[224]。

胡適不但勸李大釗在聯席會議上發言反對罷課，他還動員了杜威。6月11日，在聯席會議開會的前兩天，杜威寫了一封致北京高校教職員聯席會議的公開信。杜威首先爲自己不請自來的獻策致歉。他說他能爲自己的魯莽辯護的，就是他作爲北大的一員，關心中國教育的前途。他提醒聯席會議要小心：

> 從我私下所聽來的以及已經發布的消息，我們有理由相信政府就在等著教授們走錯棋，以便政府可以在教育失策方面扳回一城，同時也讓學生和公眾對教授失望。我們如果能事先知道敵人希望我們下什麼樣的錯棋，我們就能免於犯錯。因此，我斗膽建議：如果政府出面疏通，教授們就應該把學校的利害放在個人的委屈之前。事實上，這樣作就等於是堅持政府必須要付清所有的拖欠以及保證日後的教育經費。這樣作也等於是說明只要政府作到了這些要求，教授們就會以教育與學生的利益爲重而回到教室上課。同時要聲明的是，等學校一復課，政府就必須提出妥善的辦法賠償受傷的教授，同時立時停止懲處任何教授。如果政府失信，教授們將同仇敵愾地與馬〔敍倫〕先生以及其他受傷的同事站在統一戰線。

222 《胡適日記全集》，3：97-98。
223 《胡適日記全集》，3：106。
224 《胡適日記全集》，3：108。

　　我所建議的行動策略會產生以下的幾個結果：一、這會保有學生與公眾的同情與支持，同時，這也是對政府說教授們師心自用、糟蹋教育的最好的反駁。二、這可以保護馬先生。因爲教授們用復課來表明他們的立場以後，政府絕對不敢再動他的汗毛。三、如果政府愚笨、不義到敢不採取妥善措施的地步，則教授們大可以再採取罷教的行動。那時，教授們會有公眾的理解與積極的支持。否則公眾會對教授們失望，認爲教授們是把個人的委屈放在教育的大計之前。四、要求平反，保持了教授尊嚴。

　　我當然不是說聯席會議應該一字不改地採用我上述的辦法。我只是以之來指出一個建設性的行動策略，把再滋生出事端的責任公開地拋給政府。[225]

　　大家都說胡適反對學生運動。這種說法其實是似是而非的。胡適反對的是罷課，而不是運動。我在本傳的第一部裡已經用胡適在留學時期的所作所爲，說明這種說法的謬誤。胡適回到中國以後，固然也多次發表了反對學生罷課的言論，但是反對學生罷課與反對學生運動，這兩者不能混淆，是必須釐清的。胡適反對學生罷課，就跟他反對教師罷教，其道理是相同的。雖然當時的胡適有額外的經濟來源，他當然了解教師領不到薪水是一件必須抗議和解決的事情。但是，他的原則是罷教不是最好的手段，因爲那影響了學生的課業。正因爲如此，胡適在6月28日跟一些北大的同事談到罷教、罷工、罷課的問題的時候，他就已經提出了一個善後的辦法：

　　一、暑假中，籌辦招考事；
　　二、提早開學，約在8月中旬到下旬；
　　三、自開學至11月底爲第三學期，補完上學年〔沒上完的課〕；
　　四、自12月1日到2月底爲第一學期，3月1日到5月底爲第二學期，6月一個月加上暑期學校爲第三學期，趕完下年度；
　　五、開學後，不放假期；
　　六、如此，則下學年的課程、書籍、教員等事，尚可從容籌備，而上學年的功課也不致敷衍過去。[226]

225 John Dewey to The Teachers' Joint Council, June 11, 1921,「胡適檔案」，E176-001。
226《胡適日記全集》，3：141。

事實上，胡適反對教師罷課是他一貫的原則，是他從五四運動一開始就秉持的態度。不但如此，他一直覺得北京的教育風潮完全就是教師在爲他們的飯碗問題而鬧。他在7月7日的日記裡，記陳獨秀寫了一封長信去大罵他們北大這一幫人，說他們「爲了飯碗問題鬧了一年的風潮，如何對得起我們自己的良心！」胡適在日記裡說陳獨秀罵得句句都對。接著，他對北京教育界從五四以來的風潮作了一個回顧與反省，非常具有徵引的價值：

> 這一年半，北京學界鬧的，確是飯碗風潮。此風潮起於八年〔1919〕10月10日──國慶日。那時我在山西〔注：跟杜威到山西去演講〕，到我回來時，教職員的代表──馬敘倫等──已在進行了。到12月中，他們宣告罷課。我那時一個人出來反對罷課，質問代表雖有權與政府交涉，但無權替我們大家辭職罷課。那時夷初〔馬敘倫〕因爲我對於代表的權限提出質問，便聲明辭職不幹了。那天的大會怕飯碗打破，以大多數的表決維持代表的全權。從此以後，代表就有全權替我們辭職了。後來我就不過問這件事。
>
> 此次3月14日之罷課，是工業專門〔學校〕突然發起的。那時已止不住了，故我提出「向交通部要錢」的辦法。因爲這個辦法後來居然能成八校的共同主張，故我雖不肯做代表，終不能不暗中幫一點忙。4月30日之閣議以後，我即主張立時上課，夷初與仲達〔譚熙鴻〕一班人堅持不可，仲達因此問題幾與鐵如打架。後來就更不可收拾了。本來我們有抗議的意思，後來政府又太笨，忽有5月19日的公函〔注：即既然不復課，就停發薪水那個公函〕。因此我們又忍住不發了。「六三」以後，更糟極了。
>
> 總之，我這一年半以來，太「不好事」了。因爲太不好事，故我們竟讓馬夷初帶著大家亂跑，跑向地獄裡去！我記此一段，表示自己的懺悔。[227]

7月14日，經由范源濂出面調解，北京教育界與北洋政府達成協定，解決了延燒了四個月的教育風潮。第二天，胡適搭乘火車到上海去，爲商務印書館作評鑑的工作。胡適接受《時事新報》記者的訪問的時候，爲教育風潮而耽誤學生的課業而表示歉意：「我們這一年多以來，爲了教育經費問題，不幸荒廢了無數學子的無價光陰，

---

227 《胡適日記全集》，3：168-169。

這是我們很抱歉、很慚愧的。」[228]

　　這荒廢了學子無價的光陰的憾事，胡適終究還是無法彌補。胡適建議補足因為教育風潮所缺的課，他在北大的同事注定是不聽。他還在上海的時候，就已經在報上看到他們補課的辦法。他很不以為然地說：「他們現在拿到了六月經費。交通部以後直付教育部的辦法已通過了，故報上說決議自9月10日至10月10日為補課期。此議似無道理，一月的補課也無益。我若回去，當不加入此種敷衍辦法。」[229]

　　胡適回到北京以後，還想力圖挽回成議。他寫了一封信給蔡元培，建議按照他先前的計畫認真地補一學期的課。蔡元培個人同意，但說要提交教務會議討論。胡適說他完全沒想到等他把那封信給各系主任——教務會議的當然委員——看的時候，竟然沒有一個贊成。「他們覺得我這個意思是可笑的。」更讓他氣結的，是教務長顧孟餘給他看的考試委員會的決議：「補課完後，不舉行考試，下學年酌量考試。」下注：「此條不發。」胡適不齒地說：「好一個掩耳盜鈴的政策！」胡適說當天的教務會議讓他氣得難受[230]。

　　北洋政府教育經費一再成為軍費以及其他費用的犧牲品。這個現象一日不解決，北京教育界保飯碗的風潮一日不可解。1922年3月中，又因為教育部發不出薪水，北京高等院校的教職員聯席會議又醞釀罷課的動議。3月16日，北京高校的聯席會議又在美術學校開聯席會議。會中有人提議提前放假七天。如果政府仍發不出薪水，則提前放暑假。胡適說他首先反對。後來因為反對的人不少，此議沒通過[231]。

　　然而，處心積慮要用罷教的方式索薪的教授不死心，就在春假就要結束的時候，他們又在4月9日召開北京高校教職員聯席會議，主張延長春假。胡適說那就是以延長春假為名，實行罷課之實。胡適當然極力反對這個動議。當天，胡適正好到天津去演講。幸運的是，這次有蔡元培作主力挽狂瀾。在當天的會議上，蔡元培作了很激烈的演說，堅持不肯延長。胡適在三天以後的日記裡補述了當天他聽來的經過。他說蔡元培說：

　　　　如果教職員堅執此議，他便要辭職。但此次辭職，不是對政府，而是對教職員。聯席會議的人雖然很不滿意——因為蔡先生還說了許多很爽直的話——

228 《胡適日記全集》，3：221。
229 《胡適日記全集》，3：303。
230 《胡適日記全集》，3：333-334。
231 《胡適日記全集》，3：472。

但不能抵抗。於是昨日各校一律開課，而聯席會議的各代表一齊辭職。

　　蔡先生此舉極可使人佩服。我曾說，去年3月12日的大會，我少說了幾句話，不曾反對罷課，遂釀成三四個月的罷課。一年以來，良心上的負疚，這是最大的一件事了。此次蔡先生此舉，使我更覺得我的懊悔是不錯的。[232]

　　胡適在1922年4月當選為教務長。就在他擔任教務長的期間，北大發生了學生因為講義費而包圍會計室和校長室，導致蔡元培因憤辭職的風潮。講義在北大已經有多年的歷史。早在1917年12月，理科學長夏元瑮與化學教授陳世璋就已經提出了減發講義的議案。他們的理由有四：一、分發講義的作法，歐美各國都沒有。北大行之已久，頗有無從改革之勢；二、北大的印刷部設備簡陋，無法應付大量講義印刷的要求，積壓誤期甚至逾月；三、如果各科都使用講義，則大學與編譯印刷所有何不同，應該使用教科書；四、每年講義費省下來的錢，可以用來擴充圖書館書籍的經費。這個議案主要的用意當然是在節省學校財政的支出，因為講義是算在學費裡，學生並不需要另外付費[233]。

　　這個減發講義的案子提出以後，《北京大學日刊》刊載了一些教授的反應，他們多半是文科的教授。大多數都表示他們可以接受。而且許多教授都說他們的教科書都即將完成。因此，蔡元培在1918年2月26日的《北京大學日刊》上就發出了布告：「頃學長會議議決暑假後全校各種講義一律停發。」[234]文科學長陳獨秀更進一步地構想成立北京大學編譯會出版教科書：「停發講義已有定議。然學生所許參考及教科書不可不預為準備。凡使用外文或原文書或採錄者，希各教授會早日議定辦法。其用漢文編著者，請於5月1號前交文科辦公室，以便送北大編譯會審定出版發賣。」[235]兩個禮拜以後，北大的收發講義室升格成為出版部，隸屬於圖書館[236]。

　　然而，這個減發講義案顯然只是具文。四年以後，北大的評議會終於決定向學生收取講義費，按頁收費。1922年10月6日的《北京大學日刊》公布了收費的標準：

---

232 《胡適日記全集》，3：502。
233 〈紀事：減發講義案〉，《北京大學日刊》，第18號，1917年12月6日，第一版。
234 〈本校布告：校長布告〉，《北京大學日刊》，第77號，1918年2月26日，第一版。
235 〈文科布告：文科教員注意〉，《北京大學日刊》，第80號，1918年3月1日，第一、二版。
236 〈本校記事：本校出版部成立〉，《北京大學日刊》，第92號，1918年3月15日，第三版。

一、無論中文洋文，亦無論鉛印油印，一律每頁收費銀幣半分(一元二百分之一)；

二、特製講義券三種(半分、一分、二分)由會計課出售。學生購取講義券自銀一角起，多少聽便；

三、無論何科何系學生需用何種講義，均須按頁用講義券換取；

四、每學年終了，學生如有剩餘，可向會計課退還原價；

五、此項講義券專備學生換取單篇講義之用，不得作爲購取他項圖書之代價。[237]

這個講義收費的決定，毫無疑問地，是因爲它占了北大每年經費的一大宗。根據朱希祖等七位教授聯名寫給蔡元培的信：「本校講義印刷費，歲達一萬餘元。」反之，北大的圖書費用「爲數極微」。他們建議把徵收的「講義費，盡數撥歸圖書館支出，供買學生各種參考書之用。此種辦法，學校既可增加圖書支出，學生亦可減少買書費用。將來學校圖書充足，學生外國文程度增高，即可完全廢除講義。」蔡元培在回信裡贊成朱希祖等七位教授以徵收的講義費盡數撥給圖書館購書的建議。他說明了徵收講義費的雙重用意：「一方面爲學生恃有講義，往往有聽講時全不注意，及平時竟不用功，但於考試時急讀講義等流弊。故特令費由己出，以示限制。一方面則因購書無費，於講義未廢以前，即以所收講義費爲補助購書之款。」他同時進一步解釋爲什麼北大用講義券的方法，而不是參照其他學校的作法，每學期另向學生收取講義費。他說這是給予學生選擇。如果他們願意認眞聽講作筆記，則他們可以不用購買講義券[238]。

朱希祖等七位教授給蔡元培的信是10月16日寫的，蔡元培的回信是在17日寫的。然而，就在他們來回討論如何利用講義費來充實北大的圖書設備的當下，就正是學生醞釀拒交講義費的時候。根據蔡元培的辭職呈文的描述[239]，10月17日下午，當時胡適在山東濟南開全國教育聯合會，有數十學生群擁至會計課，對職員肆口謾罵，並加恫嚇。等蔡元培趕到以後，學生才散去。然而，次日上午，又有學生數十人群擁至校長室，要求立將講義費廢止。胡適在日記裡記說，根據他所聽來的報告，當天雖然帶

237 〈本校布告：北京大學布告〉，《北京大學日刊》，第1078號，1922年10月6日，第一版。

238 蔡元培，〈復周鯁生等函〉、〈附周鯁生等致蔡元培函〉，高平叔編，《蔡元培全集》第四卷(1921-1924)，頁268-269。

239 〈蔡校長辭職呈文〉，《北京大學日刊》，第1089號，1922年10月19日，第一版。

頭的只有幾十人，然而附和者其實有幾百人。蔡元培說雖然他苦口婆心地解釋，學生始終不受理喻，威迫狂號。蔣夢麟在《西潮》（*Tides from the West*）裡對蔡元培與暴動學生的對峙這一段描寫得極為生動。翻譯如下：

> 「你們這幫懦夫！」他慷慨激昂地喊著，把他的袖子卷到他的胳膊上，雙拳在空中飛舞。「有膽的就站出來與我決鬥。你們哪一個敢碰教授，我就先把他打倒！」
>
> 學生圍成半圓形與他對峙著。校長每前進一步，他們就後退一步，一直保持著一個安全的距離。這一位恬靜的學者，平常溫和得像一隻羔羊，剎那間變成一隻正義之獅。
>
> 鬧眾逐漸散去。他走回他的辦公室。仍然還有五十個學生在他的門外叫囂，要求取消規定……在那群最囂張的一群裡，我注意到有一個高個子。他太高了，無法躲在群眾裡。我不認得他，他不在被開除的學生名單裡。幾年以後，他已經成為一個趾高氣揚的官員，我一眼就認出他來了。他的舉止我忘不了；他的叫囂聲仍然在我的耳際轟響著。他後來成了一個圓滑的政客、搜刮無厭的貪官。他在二戰過後幾年死的時候，家財滿貫。[240]

蔣夢麟在《西潮》這段回憶裡的那個後來變成貪官污吏的高個子，自然不是胡適在日記裡所說的馮省三。馮省三在1924年就已經病故。他在鼓譟北大的講義費風潮的時候是世界語學會的幹事，是無政府主義者。他承認他當天確實是喊了：「我們到會計科把講義券燒了！」「我們打進（校長室）去，把他們圍起來，把這事解決了！」馮省三被開除以後去見了胡適，希望胡適能准他回去作旁聽生。胡適勸他好漢作到底，不要再有什麼請求了[241]。

這個講義費風潮終於平息。馮省三被開除，學生道歉挽回蔡元培。然而，學生其實是輸了面子、贏了裡子。徵收講義費的成議無疾而終。《北京大學日刊》刊載蔡元培復職的啟示的同一天，也刊載了收回徵收講義費的成命：「奉校長囑：徵收講義費事，於未經評議會議決之前，暫照上學年辦理。特此通告。」[242]

240 Chiang Monlin（蔣夢麟），*Tides from the West: A Chinese Autobiography*（New Haven: Yale University Press, 1947）, pp. 129-130.
241 《胡適日記全集》，3：883、897。
242 〈本校布告：出版部通告〉，《北京大學日刊》，第1090號，1922年10月25日，第一版。

　　俗話說：上行下效，信然。五四以來，教授可以為了飯碗連月罷教，甚至動輒以罷教恫嚇，學生當然也可以為了享有免費的午餐──免費拿講義──而包圍校長室。胡適在這個風潮落幕以後，收到了一個學生寄給他的一封信，信上附了兩首學生之間流傳的譏諷教授的歌謠，其中一首：

> 前！前！前！前！勿搖旗吶喊！
> 犧牲了多少光陰和金錢，究竟誰露臉？
> 大學大學，請願罷教是「鋪拉匪色」的秘訣。
> 話兒總說的是不錯，但誰管那一日十年，挑達城闕？[243]

　　所謂「鋪拉匪色」也者，"Professor"──教授──是也。所謂「一日十年」也者，原注說：教授罷教一日，若有三千多學生的學校，總算起來，便差不多十年了。至於「挑達城闕」，多年來大家不得其解，實際上顯然是取自《詩經》。這也就是說，是用窈窕淑女在城樓上來回徘徊，望眼欲穿地等待郎君來相會的焦思，來譬喻學生在課堂裡苦等教授來上課而不得的無奈。如果《詩經》裡的淑女還只是「一日不見，如三月兮」，北大的學生可是「一日十年，挑達〔注：徘徊〕城闕！」

　　胡適對北大有著無限的期望。北大是他的「造國之大學」的基地，而北大的學生就是他的「國之大學」的新血輪。學生「一日十年，挑達城闕」，是大學之過、教授之恥。如果胡適在1920年代以後，在面對學潮的態度上似乎越來越趨向保守，「一日十年，挑達城闕」，這句北大學生給他的當頭棒喝，就是我們所不能不拿來省思的因素。

　　1925年，北京女子師範大學校長楊蔭榆與學生之間釀起糾紛。先是楊蔭榆動用軍警，包圍學校，勒令學生離校。章士釗接著在國務會議上提請停辦女師大，並派武裝警察強行接收。8月18日，北大的評議會決議以教育總長章士釗摧殘教育以及女師大為理由，宣布與教育部脫離關係[244]。評議會的這個決議立刻遭到胡適等五位教授的反對。他們致書向評議會抗議，譴責評議會越權專斷。他們認為這種重大的議案應由全體教職員決定。其次，他們認為在那個政治與教育十分紛亂的時期，北大要與教育部脫離關係，必須是在教育部對北大「地位有直接加害行為之場合為限」[245]。

243 《胡適日記全集》，3：896。
244 〈本校布告：評議會布告〉，《北京大學日刊》，第1748號，1925年8月22日，第一版。
245 〈專件：致評議會書〉，《北京大學日刊》，第1748號，1925年8月22日，第一版。

8月28日，評議會舉行教務會議。會中提出了兩個議案。第一個議案有胡適等十二位教授連署，建議校長斟酌情形停止執行評議會8月18日的決議。第二個議案，連署人較多，有包括胡適在內的二十二位教授：「評議會凡對於政治問題，以及其他與本校無直接關係之重大問題，倘有所議決，須經評議會之二度議決，或經由評議會與教務會議聯席會議之複決，或經由教授大會之複決。」[246]

與此同時，胡適又連同十七位教授發表致全校同事的公開信：

> 我們認學校為教學的機關，不應該自己滾到政治漩渦裡去，尤不應該自己滾到黨派政爭的漩渦裡去⋯⋯
>
> 我們對於章士釗氏的許多守舊的主張是根本反對的。他的反對國語文學，他的反對新思潮，都可證明他在今日社會裡是一個開倒車、走回頭路的人。他在總長任內的許多浮誇的政策與輕躁的行為，我們也認為應當反對。但我們主張，我們盡可用個人的資格或私人團體的資格去攻擊他或反對他，不應該輕用學校機關的名義。就令學校機關不能不有所表示，亦不當輕用妨害學校進行的手段。因為學校裡大部分的教員學生究竟是做學問事業的。少數人的活動，如果牽動學校全體，便可以妨害多數人教學的機會，實際上便是剝奪他們教學的自由⋯⋯

所以我們主張：

> 一、本校應該早日脫離一般的政潮與學潮，努力向學問的路上走，為國家留一個研究學術的機關；
>
> 二、本校同人要做學校以外的活動的，應該各以個人的名義出去活動，不要牽動學校；
>
> 三、本校評議會今後應該用其大部分的精力去謀學校內部的改革，不當輕易干預其職權以外的事業。[247]

---

246 〈本校紀事：八月二十八日評議會教務會談話會〉，《北京大學日刊》，第1749號，1925年8月29日，第一版。

247 〈專件：為北大脫離教部關係事致本校同事的公函〉，《北京大學日刊》，第1749號，1925年8月29日，第一、二版。

　　支持評議會決定的教授立時出面發表爲評議會辯護的公開信，連署的人數也剛好是十七位。顧孟餘等十七位教授說北大反對章士釗，跟兩年以前反對彭允彝，同樣的都是反對無恥政客作爲教育總長。他們批評胡適等人的立場不一致。從前支持反對彭允彝，現在卻反過來以「政教分離」爲名，反對北大拒絕無恥的章士釗。他們說章士釗上任以來，誠然是爲北大籌過經費。然而，北大能相信一個無恥政客嗎？他們暗諷反對評議會決議的教授被收買了：「同人亦當爲公義而犧牲利益，維持最高學府之尊嚴。如若忽變態度，捐棄歷來所讚嘆提倡之『狂狷的精神』，而採取『有奶便是娘』主義，我們不能不爲北大羞之。」

　　然而，他們的撒手鐧，是徵引胡適爲蔡元培反對彭允彝而辭職的辯護詞，來以胡適之矛攻胡適之盾：

　　　　胡適之先生在《努力》39期說得好：「教育界攻擊彭允彝，並不是攻擊他本身，乃是攻擊他所代表的東西。第一，他代表無恥。第二，他代表政府與國會要用維持一個無恥政客來整飭學風的荒謬態度。」

他們更進一步地把胡適在公開信裡指責章士釗是開倒車、走回頭路的話語，也挪用過來作爲攻胡適之盾之用：「我們再加一句：『第三，他代表文字思想道德制度上的復古運動。』」[248]

　　顧孟餘他們說得不錯。蔡元培在1923年1月，誠然爲了北洋政府踐踏司法，二度羅織羅文幹下獄而辭職，表明他：「痛心於政治清明之無望，不忍爲同流合污之苟安，尤不忍於此種教育當局之下支持教育殘局，以招國人與天良之譴責。」胡適也誠然說了彭允彝「無恥」，以及彭允彝代表政府與國會的「荒謬」等等的話。然而，這就典型的論戰常用的策略，亦即，選擇性的使用論敵的論點，來達到以子之矛攻子之盾的目的。胡適是一個精於論戰術的人，他怎麼會看不出來。所以，在他的總反駁裡，他特別也徵引了他自己在《努力》39期那篇文章的另一段話：

　　　　北京教育界的人，自然有許多人對於蔡先生抗議的精神極端表示同情的。但同情的表示，盡可以採取個人行動的方式，不必牽動學校。如有贊成他的

<hr />

248 〈專件：爲反對章士釗事致本校同事的公函〉，《北京大學日刊》，第1749號，1925年8月29日，第二版。

不合作主義的，盡可以自行抗議而去。如有嫌他太消極的，盡可以進一步作積極的準備：個人行動也好，秘密結合也好，公開鼓吹也好，但都不必牽動學校。（此文題爲〈蔡元培與北京教育界〉；顧孟餘等十七教授致同事的公函中也曾引此文中的一段。他們似乎有意忽略了此文的主旨。）[249]

　　評議會是否逾越職權？非常事件的處理程序是否遵守？其實對論戰的雙方而言都屬於枝節的問題。問題的癥結，正是胡適在《努力》39期〈蔡元培與北京教育界〉那篇文章裡所流露出來的兩個——可能胡適自己都沒意識到的——屬於原則性的、不可妥協的論點。一個原則就是他自己在這次的論戰裡所強調出來的，亦即：個人可以採取行動，但不必牽動學校。另一個原則就是顧孟餘等教授所挪爲其用的，亦即：代表無恥、荒謬的教育總長是不能不去的。

　　這是胡適在〈蔡元培與北京教育界〉裡的矛與盾。胡適的矛說：因爲政治不清明，爲了爲文化保持其命脈，退而求其次，把愷撒的歸愷撒，把學術的歸學術；同時，個人的政治活動屬於個人的行爲，個人不應該以正義爲名，裏挾他人及其所屬的機關——用胡適這時的話來說：「剝奪他們教學的自由」[250]——去壯大其正義之師。胡適的盾：正因爲政治不清明，所以不能把愷撒的歸愷撒，否則愷撒會吞噬一切。教育界對之宣戰的與其說是教育總長，不如說是教育總長所代表的無恥與荒謬。換句話說，是正義的教育界向不義的愷撒宣戰。

　　胡適有他的矛盾。他的論敵所用的詞句，幾乎都是他自己兩年前爲蔡元培因反對彭允彝而辭職所作的辯護的詞句，包括「有奶便是娘」那句話。胡適當時譏詆「有奶便是娘」的學者、官吏、新聞家「助紂爲虐」，「比當局的壞人還多壞一點。」胡適可以讓他的論敵以子之矛攻子之盾的論點比比皆是。在這四年以前，在他提倡好人政府的時候，他說：「好人籠著手，壞人背著走……今日政治改革的第一步在於好人需要有奮鬥的精神。凡是社會上的優秀分子，應該爲自衛計，爲社會國家計，出來和惡勢力奮鬥。」[251]兩年前，在爲蔡元培作辯護的時候，他又說：「正因爲這個國家太渾濁黑暗了，正因爲這個民族太怯懦無恥不愛自由了，所以不可不有蔡先生這種正誼的呼聲，時時起來，不斷的起來，使我們反省，使我們『難爲情』，使我們『不好

249 〈專載：這回爲本校脫離教育部事抗議的始末〉，《北京大學日刊》，第1763號，1925年9月21日，第二版。
250 〈專件：爲北大脫離教部關係事致本校同事的公函〉，《北京大學日刊》，第1749號，1925年8月29日，第二版。
251 胡適，〈我們的政治主張〉，《胡適全集》，2：423。

過』。倘使這點『難爲情』、『不好過』的感覺力都沒有，那就眞成了死症了。」[252]

胡適的矛盾是不難理解的。就像他在這次的論戰裡所反問的：「北京的教育界自從民國八年〔1919〕年底發起反對傅嶽棻的運動以來，在這政爭的漩渦裡整整混了六年。成效如何？流弊如何？都是我們親見親聞的。我們不說這幾年教育界的活動全是徒勞無功。但我們到了今日不能不問：這幾年紛擾的效果，抵得過各學校所受的犧牲嗎？」[253]這個犧牲，一言以蔽之，就是罷教。就像胡適在〈蔡元培與北京教育界〉一文裡所說的：「這幾年的經驗給我們的教訓是：一切武器都可用，只有『罷課』一件武器，無損於敵人而大有害於自己，是最無用的。」[254]

然而，毫無疑問地，胡適變保守了。我在《璞玉成璧》裡，就已經分析說明保守的胚芽在胡適留美的後期已經形成了。留美中期的胡適不是這樣的。我在本傳的第一部裡，提到胡適是康乃爾大學「世界學生會」的領袖，曾經當過會長。在他留學的時候，胡適說美國的「世界學生會」的總會有兩派在角逐著。一派胡適稱之爲前進派，康乃爾的「世界學生會」屬之，主張所有的和平團體，包括主張和平的學生團體，都屬於「國際學生聯合會」的分子，「世界學生聯合會」應該與所有主張世界和平的團體合作。另一派，以伊利諾大學的「世界學生會」爲代表，是保守派，認爲世界和平屬於政治問題，而學生不應該干預政治。

1914年12月底，胡適代表康乃爾大學的「世界學生會」，到俄亥俄州的哥倫布城去開「世界學生聯合會」的年會。在26日的歡迎晚會上，胡適是五位致辭者之一。胡適演講的題目是〈我們站在分岔口上〉（At the Parting of the Way）。胡適在《留學日記》裡說他那篇講詞是在向保守派提出挑戰，是對他們所下的一份「哀的米敦書」，即最後通牒：

> 今日世界文明之基礎所以不堅牢者，以其礎石非人道也，乃獸道也。今日世界如道行之人至歧路之口，不知向左向右，而又不能不抉擇：將循舊徑而行獸道乎？抑將改途易轍而行人道也？世界如此，吾輩之世界會亦復如是，吾輩將前進耶？抑退縮耶？

---

252 胡適，〈蔡元培的「不合作主義」〉，《胡適全集》，2：593。
253 〈專件：爲北大脫離教部關係事致本校同事的公函〉，《北京大學日刊》，第1749號，1925年8月29日，第二版。
254 胡適，〈蔡元培與北京教育界〉，《胡適全集》，21：319。

胡適不但在演說裡，向反對支持和平運動、向那說學生不應該干預政治的保守派宣戰，他同時也在大會的決議案上力戰保守派。胡適是議案股(Committee on Resolutions)的主席。在會前他先開夜車寫好議案。在開會當天，他以主席的身分，用六個小時的時間力戰保守派。他說他每提一案，保守派輒起駁擊。幸而進步派占大多數，所有二十條議案皆一一通過。「八年懸案，一朝豁然。」躊躇滿志的胡適在日記裡說：「此本屆年會之大捷也。」[255]

胡適在留學中期服膺絕對不抵抗主義，力主「世界學生會」應當投入世界和平運動，甚至在美國「世界學生會」的年會上宣揚他的主張，並且以議事主席的身分力戰保守派，把他的「干預政治」的積極主張滲透到通過的議案裡。回到了中國的他，經過了五四運動以後幾年的風潮、政爭以後，胡適不但日趨保守，而且筋疲力竭。「在這政爭的漩渦裡整整混了六年。成效如何？流弊如何？」他退而希望把北大留成一片學術的淨土，作為中國社會與文化可以繫命之所在。

胡適在1920年9月北大的開學典禮演講說：

> 若有人罵北大不活動，不要管他；若有人罵北大不熱心，不要管他。但是若有人說北大的程度不高、學生的程度不好、學風不好，那才是真正的恥辱。我希望諸位要洗刷了他。[256]

如果這一段話聽起來有一點耳熟，那是因為胡適在留美的時候說過類似的話。1914年5月19日，胡適「康乃爾大學世界學生會」會長的任期結束，他在卸職演說裡，呼籲「世界會」的會員要能有特立獨行的勇氣。他說：「如果人家說你們會裡有太多不好的猶太人，太多不好的中國人，或者太多不好的美國人，則你們是該擔心。但是，如果人家告訴你們說，你們會裡有太多猶太人或黑人，就只是因為他們是猶太人或黑人，則你們應該以你們的會為傲，因為這表示這是唯一一個『屬於世界』的學生團體，接納會員不分膚色、出身、宗教，或經濟條件。同時，你們應該告訴那帶有種族偏見的朋友，說他才是我們這個會裡不該有的會員。」[257]

胡適在1920年北大的開學典禮上用他在留學時期最激進階段的語言來勉勵北大的

---

255 拙著，《舍我其誰：胡適，第一部：璞玉成璧，1891-1917》，頁444。

256 〈胡適之先生演說詞〉，《北京大學日刊》，第696號，1920年9月18日，第三版；胡適，〈提高與普及〉，《胡適全集》，20：70。

257 胡適，"Lest We Forget,"《胡適全集》，35：17-23；《舍我其誰：胡適，第一部：璞玉成璧，1891-1917》，頁537。

學生。然而，他留學時期那特立獨行、舍我其誰的銳氣已經開始鈍化。他已經不再向
社會宣戰，他已經開始從那斯鐸曼醫生所代表的「易卜生主義」撤退。但這是後話。
他鼓勵北大的學生從事高深的學術研究。所謂「普及」也者，深入民間也者，他都嗤
之以鼻，都不是他所措意的所在。他說：「我不希望北大來做那淺薄的『普及』運
動；我希望北大的同人一齊用全力向『提高』一方面去做工夫；要創造文化、學術及
思想；惟有眞提高，才能眞普及。」[258]

在1921年北大的開學典禮裡，他的菁英主義，更上了一層樓：

> 外界人說我們是學閥。我想要做學閥，必須造成像軍閥、財閥一樣的可怕
> 的、有用的勢力，能在人民的思想上發生重大的影響。如其僅僅是做門限是
> 無用的。所以一方面要做蔡校長所說有爲知識而求知識的精神，一方面又要
> 造成有實力的爲中國造歷史、爲文化開新紀元的學閥。這才是我們理想的目
> 的。[259]

就在北大處於五四多事之秋的時候，其實也正是胡適病魔纏身的階段。從1920年
秋天開始，他的身體一直不好。根據他給韋蓮司的報告，他在1920年到1921年之間病
了六個月的時間，導致他幾度停課請假。接著，1922年11月間又病了[260]。醫生最初判
斷是心臟病，後來胡適又懷疑自己是否得了糖尿病。他顯然寫信給他在美國的朋友，
所以，連韋蓮司都關切地來信問說北京是否買得到胰島素。她說如果北京沒有，她會
幫他在美國買，然後再寄到北京[261]。1922年12月29日，他住進協和醫院作了詳細的
檢查，證明不是糖尿病，1月6日出院。這時，他已經向北京大學請了一年的假。然
而，胡適這次南下時，給他帶來麻煩的卻是腳氣、腳腫。最殺風景的，特別是那一兩
年內讓他飽受折騰的痔瘡，又忽然大作。

這是胡適跟北大的關係開始日益疏遠的開始。胡適在1923年4月南下，到了上
海。5、6月間來回於杭州、上海兩地。6月底搬到煙霞洞，一直到10月初，跟曹誠英
在那裡度過了三個月的「神仙生活」。胡適告訴韋蓮司，說他在1923年12月5日回到
北京[262]。胡適在又教了一個學期的課以後，又因爲身體的問題，又在1924年秋天再

---

258 〈胡適之先生演說詞〉，《北京大學日刊》，第696號，1920年9月18日，第三版。
259 《胡適日記全集》，3：374。
260 Hu to Williams, March 12, 1923.
261 Williams to Hu, July 4, 1923.
262 Hu to Williams, January 4, 1924，《胡適全集》，40：222。

請了一年的病假。他在該年初夏的一封信裡說：「我因為醫生說我有肺病的徵象，故不能不再休息一年。如果在這一年之中，養病與著書能並行不悖，我就很安慰了。」[263]然而，休息了一個學期以後，顯然因為他的身體情況好轉，同時系裡課業的需要，胡適在1925年的春季學期又開了課。

1925年8月底，胡適從北京啟程南下。9月底，到武漢等地演講。10月到了上海。隨即浙奉戰爭爆發，在為時一個多月的戰爭裡，孫傳芳大獲全勝，控制了蘇、浙、皖、贛、閩五省，自稱五省聯軍總司令。由於戰事既影響交通，又造成危險，胡適乾脆就在上海留了下來。後來就在上海割治痔漏。他在次年春給韋蓮司的信上做了這樣的解釋：「我於去年九月離開北京，南下做巡迴的演講。十月爆發的內戰讓我回不了家，我於是決定留在上海，並割治了那糾纏了我三年半的痔漏，傷口花了幾乎一百天才癒合。」[264]這時胡適突發奇想，覺得他要專心著書，不教書了。他在11月10日寫了一封信向北大的代理校長蔣夢麟辭職，並請他把這封信刊載在《北京大學日刊》：

> 肛門之病，已三年了，給了我不少的痛苦。我頗能忍痛，又怕割治，始終不能徹底治它……這回南下，有寶隆醫院的西醫推薦一個治痔漏專家潘君，說他能治寶隆醫院割治無效的痔漏。我去診視。他說我患的是一個「漏」，不過裡面只有一根管，尚不難治。他要百五十元，包斷根不發……約三四星期可完功……我想這樣長假，是不應該的。昨天我思想一天，決計請你准我辭職，辭去教授之職。
>
> ……
>
> 前不多日，我從南京回來，車中我忽得一個感想。我想不教書了，專作著述的事。每日定一個日程要翻譯一千字，著作一千字，需時約四個鐘頭。每年以三百天計，可譯三十萬字，著三十萬字。每年可出五部書，十年可得五十部書。我的書至少有兩萬人讀，這個影響多麼大？倘使我能於十年之中介紹二十部世界名著給中國青年，這點成績，不勝於每日在講堂上給一百五十個學生製造文憑嗎？所以我決定脫離教書生活了。[265]

263 胡適致龍先生，無日期，原載1924年6月20日《晨報副鐫》，《胡適全集》，23：428。
264 Hu to Williams, April 17, 1926.
265 〈通信：胡適之先生致蔣先生函；蔣先生復函〉，《北京大學日刊》，第1808號，1925年11月18日，第一、二版。

　　這封信最值得令人玩味的地方，還不在於他想用著作譯書的方法來爲社會作貢獻的想法，因爲早在這以前，胡適已經成爲新文化運動的領袖，如日中天。他的著作是炙手可熱。這封信最值得令人玩味的，在於他對全世界侃侃而言他的肛門病。我在〈男性與自我的扮相：胡適的愛情、軀體與隱私觀〉一文裡[266]，分析胡適的公與私、隱與彰相生、相對的觀念，不但表現在他對隱私權的處理上，而且也表現在他的軀體觀上。胡適會在日記裡描述他的身體，多半是他生病的時候。然而，他描述得最仔細，而且最鍥而不捨的，不是他的心臟病或是糾纏他多年的腳氣病，而是他的痔疾。我認爲胡適對他痔疾──或者更確切地說，肛門──有偏執狂。有關胡適的肛門偏執，請看我在第五章的分析。

　　無論如何，胡適辭職的請求沒被蔣夢麟接受。但是，他在上海一住下來，就住了半年，一直到1926年5月才北返。這是胡適跟北大的關係中斷的開始。他在該年7月離開北京，經由西伯利亞到英國去開英國退還庚子賠款的會議。會後，他到美國訪問了四個月。等胡適回到上海的時候，已經是5月了。此後，胡適就一直住在上海，一直要到1931年才回到北大任教。

圖7　胡適滿34歲生日照，攝於1925年12月17日(胡適紀念館授權使用)。

266 Yung-chen Chiang, "Performing Masculinity and the Self: Love, Body, and Privacy in Hu Shi," *The Journal of Asian Studies*, 63.2 (May 2004), pp. 305-332.

　　胡適對建設北大為「國之大學」的貢獻，要他回到北大以後才重新拾起。一直到他在1925年8月離開北京為止，八年之間，他的「造國之大學」之夢並沒實現。八年的努力，北大的成就還只是他所形容的：是在「矮人國裡出頭」。事實上，胡適的「造國之大學」之夢，在他有生之年，注定是一個未竟之業。然而，在胡適留學歸國的十年之間，他最大的成就是在文壇、是在文化的戰場。所向披靡，戰無不勝。然而，在分析他在文化戰場上的斬獲以前，我們先看他如何挪用杜威和赫胥黎來讓自己如虎添翼。

第二章
杜威思想，赫胥黎懷疑

　　在許多中國人的心目中，胡適和杜威幾乎是同義詞。造成這個現象的原因當然很多。一方面，在近代中國思想史上，胡適所占有的，是一代宗師的地位。作爲一代宗師，又是杜威的弟子，胡適順理成章地就成爲杜威在中國的代言人以及詮釋者。另一方面，胡適自己也助長了人們把他與杜威等同的傾向。試問：凡是讀過胡適文章的人，誰能忘記他「赫胥黎教我怎樣懷疑。杜威先生教我怎樣思想」，那兩句極爲智性但卻又充滿感性的話？只是，杜威如何教胡適思想？胡適一輩子就從來沒有交代清楚過。更值得玩味的是，胡適如何詮釋杜威，大家也都不求甚解，而只是胡云亦云。更等而下之的，則是人云亦云。同樣地，赫胥黎如何教胡適懷疑，胡適是什麼時候開始作赫胥黎式的懷疑，胡適也從來沒解釋清楚過。更值得令人玩味的是，胡適自己沒解釋也罷了，研究者居然也不加追究。杜威到底怎樣教胡適思想？赫胥黎到底怎樣教胡適懷疑？這些問題從來就沒人好好去追問過。不求甚解，似乎是胡適研究領域的一個代名詞。

　　胡適當然不會告訴我們杜威怎樣教他思想、赫胥黎怎樣教他懷疑。說得好聽一點，那是因爲如果他說穿了，就像他說禪宗那句話一樣，不值一文錢！說得難聽一點，那是反映了胡適一生常常引而不注的壞習慣。當時，學術的規範根本就還沒有建立，更遑論要嚴格地執行了。在胡適的一生中，他太多主要的論點都是杜威的。如果要各個都加以注釋的話，不但麻煩，而且說穿了，都是稗販來的，未免難堪。於是，「杜威先生教我怎樣思想」這句話就等於是胡適爲自己的思想來源作了一個天馬行空式的總注(a global footnote)。胡適徵引杜威如此，他徵引赫胥黎也是如此，他徵引其他作者亦是如此。至於細節部分，對不起，就有勞讀者自己以及將來要爲他立傳的人去費心了。說得好聽一點，這是胡適從禪宗那裡承襲來的「不說破」的教學法。那就是「鴛鴦繡出憑君看，莫把金針度與人」的道理。研究者必須像行腳僧一樣，廣求閱歷，直到他自己憑本事找到那根金針爲止。〈易卜生主義〉可以算是一個例外。但那篇文章是他從他先前所寫的英文版翻譯、改寫過來的，所以英文學術寫作的規範還保

留了下來。胡適一生寫作常不加注腳，這就是爲什麼如果要認眞地寫胡適傳，就不得不作追蹤溯源的工作。因此，這套胡適的新傳也就不得不長篇累牘了。

　　無怪乎胡適需要對自己的思想作「杜威先生教我怎樣思想」這樣一個總注腳。他一生的思想得益於杜威最多、最深。我在《璞玉成璧》裡，已經詳細分析了他1916年的得獎論文：〈國際關係有取代武力之道否？〉。他那篇文章的立論完全根據杜威。由於那是一篇英文作品，英文有英文的寫作學術規範，胡適清清楚楚地交代了他立論的基礎。然而，胡適在中文著作裡，特別是他在報章雜誌上所發表的文章，就幾乎完全沒有引注的習慣了。雖然胡適在中文作品裡一向不加注腳，但是那挪借的足跡還是斑斑具在的。那些足跡無它，就是他所使用的關鍵字。要去追尋胡適挪借杜威的足跡，其實是最容易的。只要肯下工夫，老老實實地去勤讀杜威的著作，胡適所使用的關鍵字，就可以一一地躍然成爲足跡，讓我們在杜威的著作裡找到出處。於是，胡適所使用的關鍵字，就可以變成我們用來重建「杜威先生教我怎樣思想」的軌跡。比較困難的是胡適零星從其他西洋作家、學者那兒所挪借過來的觀點。那除了要費盡上窮碧落下黃泉，動手動腳找文章的工夫以外，還需要運氣。

　　如果「杜威先生教我怎樣思想」還有足跡可循，「赫胥黎教我怎樣懷疑」就要困難許多了。這主要的原因，是因爲在杜威方面，我們還有幾個關鍵字可以作爲索引，到杜威的著作裡去溯源。赫胥黎就不一樣了，除了「存疑主義」、「拿證據來！」以外，我們幾乎沒有其他明顯的關鍵字可以作爲我們溯源的依據。「赫胥黎教我怎樣懷疑」、「杜威先生教我怎樣思想」，這兩句膾炙人口的話是他在1930年所寫的〈介紹我自己的思想〉裡說的，剛好可以配成一對絕佳的對聯。我說：「杜威先生教我怎樣思想」，這句話等於是胡適所作的一個天馬行空的總注。其實，「赫胥黎教我怎樣懷疑」，何嘗不也是！胡適發現赫胥黎的懷疑精神是在1922年，這也就是說，是在他說赫胥黎教他怎樣懷疑這句話的八年以前。於是，「赫胥黎教我怎樣懷疑」，也就變成了他一個天馬行空式的總注。所有他在這以前、在這以後所徵引赫胥黎的地方，就跟他徵引杜威一樣，注繁不及備載，恕不一一注明了。

進入實驗主義門檻的前夕

　　胡適在1921年7月4日的日記裡說：「編《文存》第三冊〔注：第一集〕……校改了〈實驗主義〉七篇。我當初本不想把〈實驗主義〉全部抄入，現在仔細看來，這幾篇卻有存在的價值。恐怕現在英文的論實驗主義的書，如Murray的*Pragmatism*之類—

一沒有一部能比我這一本小冊子的簡要而精采。這又是『戲臺裡喝采』了！」[1] 胡適這篇讓他頗自鳴得意的〈實驗主義〉是他在1919年3月9日起，在蔡元培等人所發起主辦的「學術講演會」所作的一系列的演講。演講的地方在西城手帕胡同教育部的會場。胡適在7月1日完成了改定稿。

這不是胡適第一次在「學術講演會」作學術演講。早在這一年以前，也就是1918年3月，胡適就在「學術講演會」裡作了一系列〈墨翟哲學〉的演講。同時，他在北大的哲學門研究所所作的演講，除了「歐美最近哲學」以外，主要還是中國名學。這其實是一點都不足奇的。畢竟，胡適初到北大的時候，他所全力從事的，是把他在哥倫比亞大學的博士論文《先秦名學史》改寫成中文。終於，皇天不負苦心人。他的《中國哲學史大綱》上卷在1918年9月完稿，1919年2月由商務印書館出版。

我在《璞玉成璧》裡，說胡適在哥大的兩年還對實驗主義不甚了。我們幾乎也可以確定他在《中國哲學史大綱》上卷完稿以前，也不會有太多的時間去浸淫實驗主義。雖然我們不知道他從1918年4月開始在北大哲學門研究所所講的「歐美最近哲學」的內容。然而，我們幾乎可以確定這是他開始有系統地閱讀實驗主義的開始。從這個角度來說，〈實驗主義〉這一系列的演講，是胡適留美歸國以後第一次公開演講實驗主義。

1918年2月的《北京大學日刊》上刊載了哲學門研究所新到的英文書籍，其中，除了康德、黑格爾、休姆、笛卡兒、柏克萊等經典著作以外，也包括了杜威的《實驗邏輯論文集》、《創造的智力》，穆勒的《論自由》、《功利主義》，羅素的《哲學問題》，柏格森的《時間與自由意志》，以及詹姆士的《實驗主義》以及《激進經驗主義論文集》等等[2]。這許多新到的書籍，我們幾乎可以斷定，都是胡適所訂的。

胡適的〈實驗主義〉這一系列七篇的演講，是胡適一生的哲學翻譯寫作史上絕無僅有的一篇文獻。首先，這是胡適唯一標明徵引出處的一回，雖然他還是標明得不夠仔細。這個注明出處的作法，胡適在此之前沒有，此後也不再會有。我們要感謝胡適在這〈實驗主義〉七篇裡注明了出處。這省去了研究者必須「上窮碧落下黃泉，動手動腳找文章」的工夫，讓他們可以直接地分析這七篇文章的內容。

胡適在〈實驗主義〉七篇裡標明出處的方式有兩種。他在每節講述皮耳士(C.S. Peirce)、詹姆士(William James)、杜威的時候，都會先開列出一個著作書目。只是，

---

1 《胡適日記全集》，3：883、897。
2 〈本校布告二：哲學門研究所啟事：本所新到之書錄載如下〉，《北京大學日刊》，第71號，1918年2月19日，第三版。

他沒說明那到底是參考書目，還是徵引書目。不知道的人，光是看了那些書目，就肅然起敬了。比如說，第五篇「杜威哲學的根本觀念」。胡適在這一篇的起始，洋洋灑灑地列出了八大本杜威的著作，看得人眼花撩亂。然而，如果我們能識破他虛晃的這一招，我們就會發現他這一整節的分析，完全是取材於這八本書其中一本書裡的一章裡的零星片段，亦即，〈哲學亟需復蘇〉（The Need for A Recovery of Philosophy）——胡適翻成〈哲學的光復〉。這篇文章是了解胡適思想的關鍵，詳細的分析請見下文。

其次，胡適用括弧標明徵引頁碼或出處的作法也很特別。比如說，胡適講述皮耳士的學說，他引用的不是皮耳士，而是杜威1916年在一個哲學期刊上所發表的一篇短文：〈皮耳士的實驗主義〉（The Pragmatism of Peirce）[3]。然而，胡適只在括弧裡徵引了該期刊的名字、卷期和頁碼，沒有指明作者是杜威，也沒注明論文題目。不知者容易誤以爲該文是皮耳士所作的。最容易使人混淆的是皮耳士該節最後的注。胡適所引的，明明就是同樣那篇杜威論文。可是，只有卷數相同，期數、頁碼都錯。不細心的人，可能會以爲這是另一篇論文。這個錯誤不僅出現在〈實驗主義〉這篇文章，也同樣出現在〈五十年來之世界哲學〉裡。換句話說，這不能怪說是手民誤植。有關詹姆士的實驗主義一篇，主要是參考詹姆士的《實驗主義》一書，胡適注明了頁碼。第六篇「杜威論思想」以及第七篇「杜威的教育哲學」，注明了參考書。前者是參考了杜威的《思維術》的五章，後者則除了摘節了鄭宗海在《新教育》雜誌上所翻譯發表的〈杜威教育主義〉以外，是參考了杜威的《民主與教育》（Democracy and Education)的第二十五、二十六兩章。

胡適這七篇〈實驗主義〉第二個重要的文獻意義，除了顯示出胡適早期的直譯、意譯混用的翻譯策略以外，也是胡適一生中唯一一篇以譯介的方式所寫的哲學文章。以前沒有，以後也再不會有了。胡適是一個聰明人，他知道不管直譯、意譯，翻譯出來的文字總比不上他用自己清新、雋永的話寫出來的文章。他此後引用外文著作，就不再採用翻譯的方式，而是完全用自己最流暢的筆法改寫。於是，此後胡適所寫的文章裡的觀點，究竟是他自己的，還是他儻來挪用的，那就只好讓胡適、讀者、研究者各顯神通，看究竟是誰「道高一丈」了。

胡適爲什麼後來在輸入學理的時候會放棄譯介的方式，而改用他自己流暢的筆法

3　John Dewey, "The Pragmatism of Peirce," *The Journal of Philosophy, Psychology and Scientific Methods*, XIII.26 (Dec. 21, 1916), pp. 709-715.

來改寫呢？最重要的原因，我認爲是因爲翻譯不是胡適之所長。由於我會在第七章專門分析胡適的翻譯，我在本章就不討論胡適對詹姆士和杜威的翻譯。無論如何，不管胡適是因爲有自知之明，知道翻譯不是他的長處，還是因爲他聰明，知道翻譯不如改寫，這七篇〈實驗主義〉是胡適最後一次用直譯意譯「拉攏來作夫妻」的譯法的產物。

作爲胡適對實驗主義的理解的里程碑而言，他這七篇的〈實驗主義〉，用句、譯詞生澀粗糙，東抄西湊，讀書心得報告的痕跡斑斑具在。他在北大二十五週年校慶典禮上，批評北大在自然科學上的成績，還停留在「百分之九十九的稗販」的階段。同樣這句話，用來形容他自己這七篇〈實驗主義〉，不算言過其實。如果我們把〈實驗主義〉拿來跟他在1922年9月初寫完的〈五十年來之世界哲學〉裡的「實驗主義」一節相對比，我們就會發現他在後者所剪裁掉的，就正是那些粗糙生澀稗販的痕跡。

爲什麼我說胡適寫〈實驗主義〉這七篇文章的時候還沒跨近實驗主義的門檻呢？他描寫詹姆士的「媒婆」、「擺渡」的眞理論就是最好的明證。他說：「這種眞理論叫做『歷史的眞理論』（genetic theory of Truth）。爲什麼叫做『歷史的』呢？因爲這種眞理論注重的點在於眞理如何發生，如何得來，如何成爲公認的眞理。」他解釋說：「眞理原來是人造的，是爲了人〔而〕造的，是人造出來供人用的，是因爲他們大有用處所以才給他們『眞理』的美名。我們所謂眞理，原不過是人的一種工具。」他越寫越興奮，於是就侃侃而言他的「眞理」不好該拋棄，猶如「媒婆」不好就換人做的道理：

從前的觀念不適用了，他就不是眞理了，我們就該去找別的眞理來代他了。譬如「三綱五倫」的話，古人認爲眞理，因爲這種話在古時宗法的社會很有點用處。但是現在時勢變了，國體變了……古時的「天經地義」，現在變成廢語了。有許多守舊的人覺得這是很可惜的。其實這有什麼可惜？衣服破了，該換新的；這枝粉筆寫完了，該換一枝；這個道理不適用了，該換一個。這是平常的道理，有什麼可惜？

眞理所以成爲公認的眞理，正因爲他替我們擺過渡，做過媒。擺渡的船破了，再造一個。帆船太慢了，換上一隻汽船。這個媒婆不行，打他一頓媒拳，趕他出去，另外請一位靠得住的朋友做大媒。這便是實驗主義的眞理

論。[4]

　　無怪乎胡適喜歡「實驗主義」！原來眞理就像穿衣服一樣，「衣服破了，該換新的。」何止如此！連「三綱五倫」、傳統文化，都可以像「帆船太慢了，換上一隻汽船」一樣便當。如此說來，要改造中國文化豈不簡單？「衣服破了，該換新的」、「帆船太慢了，換上一隻汽船。」中國文化不中用了，「打他一頓媒拳，趕他出去。」我們大可「另外請一位靠得住的朋友做大媒」，把現代西方文化請進來。

　　事實上，這根本就不是實驗主義的眞理論！如果文明裡的成分可以因為「不中用了」，就「打他一頓媒拳，趕他出去，另外請一位靠得住的朋友做大媒」。那我們還需要「多研究問題，少談些主義」嗎？這種態度不就正是胡適後來所批判的「目的熱」、「方法盲」的毛病嗎？胡適後來會諄諄告誡大家，說我們一定要採取「歷史的態度」，必須了解學說有其發生的背景，西來的藥方不能在還沒研究以前，就胡亂地開給中國的病症用。我們知道胡適在眞正懂得實驗主義以後，會一再地告誡我們說進步不是空談外來進口的「主義」所能造成的，而是由研究具體的「問題」、找出對症的藥方而達成的。這就是他後來在「問題與主義」的論戰裡所苦口婆心教導大家的理論。然而，在他初詮實驗主義的時候，胡適彷彿自己還站在他後來所批判的「主義」的陣營裡。從這個意義來說，胡適一直要到撰寫〈多研究些問題，少談些「主義」〉的時候，才眞正跨進了實驗主義的門檻。

　　其實，詹姆士在他的《實驗主義》裡說得很清楚，社會的改革不可能像胡適所說的，「打他一頓媒拳」、換個「大媒」就可以解決的。他說知識的成長永遠是以點狀（spots）進行的。這些點可大可小，但從來不會是到處瀰漫的。新知識漸次成長，有一天有可能會大大地改變舊有的想法。但這些改變是漸次的。詹姆士形容人類的天性傾向於釘補、修葺，要甚於汰舊換新。他說新知識就像一滴油一樣。它可以在舊的織布上留下漬，但它同時也會被吸收它的織布給予顏色。因此，新的眞理通常是新經驗與舊眞理的結合以及交相感化的結果。不但如此，古老的思想模式，不管是如何一再地被新思潮衝擊著，很可能還是可以綿延長存的。詹姆士用一個再適切也不過的比方，來說明為什麼想要「徹底改變」，或「根本解決」等於是緣木求魚：

　　　　當你選好調子來譜曲以後，你就得用那個調子來譜完那首曲子。你可以隨

4　胡適，〈實驗主義〉，《胡適全集》，1：294-295。

心所欲地改建你的房子。但是，第一個建築師所立下來的地面圖是改不了
的。你再怎麼改，也不可能把一所哥特式（Gothic）的教堂改變成一座希臘多
立克柱式（Doric）的廟。[5]

很多人說胡適不喜歡詹姆士，是因為他的宗教情懷。其實，胡適喜歡詹姆士的地
方，正是他的宗教情懷。胡適自己就有非常濃郁的宗教情懷。對胡適而言，詹姆士的
問題在於他試圖用實驗主義來證明上帝的存在。胡適說：「詹姆士是一個宗教家的兒
子，受了宗教的訓練，所以對於宗教問題，總不免有點偏見，不能老老實實的用實驗
主義的標準來批評那些宗教的觀念是否真的……他以為這個上帝的觀念——這個有意
志、和我們人類的最高理想同一方向進行的上帝觀念——能使我們人類安心滿意，能
使我們發生樂觀，這就可以算他是真的了！這種理論，仔細看來，是很有害的。他在這
種地方未免把他的實驗主義的方法用錯了。」[6]

然而，即使詹姆士濫用實驗主義，胡適激賞他的淑世主義、激賞他的「我不入地
獄、誰入地獄」的舍我其誰的宗教情懷。這就是詹姆士的「改良主義」
（meliorism）。最有意味的是，胡適這七篇〈實驗主義〉裡，翻譯得最為信達雅、最
為動人的，就是詹姆士那段用激將法號召同志獻身改造社會的宣言：

> 假如那造化的上帝對你說：「我要造一個世界，保不定可以救援的。這個
> 世界要想做到完全無缺的地位，須靠各個分子各盡他的能力。我給你一個機
> 會，請你加入這個世界。你知道我不擔保這世界平安無事的。這個世界是一
> 種真正冒險事業，危險很多，但是也許有最後的勝利。這是真正的社會互助
> 的工作。你願意跟來嗎？你對你自己，和那些旁的工人，有那麼多的信心來
> 冒這個險嗎？」假如上帝這樣問你，這樣邀請你，你當真怕這世界不安穩竟
> 不敢去嗎？你當真寧願躲在睡夢裡不肯出頭嗎？
> ……
> 佛家的涅槃其實只不過免去了塵世的無窮冒險。那些印度教徒、那些佛教
> 徒，其實只是一班懦夫，他們怕經驗、怕生活……他們聽見了多元的淑世主
> 義，牙齒都打顫了，胸口的心也駭得冰冷了……我嗎？我是願意承認這個世

5　William James, *Pragmatism*, p. 170.
6　胡適，〈實驗主義〉，《胡適全集》，1：295-296。

　　界是真正危險的，必須要冒險的；我決不退縮，我決不說「我不幹了！」[7]

　　我們很可以了解爲什麼實驗主義對胡適有那麼大的吸引力。實驗主義不但放眼未來，而且認爲「本體」——世界——是可以用人類的意志與創造力去形塑改變的。用詹姆士的話來說：「理性主義眼中的本體是已經存在的，是恆古不變的。對實驗主義來說，本體則還在改變之中，它的完成還有待未來。」[8] 杜威則更不用說了。杜威認爲人類具有改變自然與社會環境的潛能。智力可以讓我們的行爲更加明智，這種明智的行爲不但可以改善環境也可以提升自我[9]。

　　對於一心一意想要爲中國尋找出路的胡適來說，實驗主義對未來所給與的希望，無異於是一種徹底的解放。從胡適的角度看去，實驗主義跟傳統歐洲哲學最大不同，在於它是那種放眼未來、用智慧與意志來改變世界的哲學。這種開放、創造的哲學，再加上詹姆士那種「我不入地獄，誰入地獄」的淑世主義，是一種希望的哲學，是一種未來盡其在我的哲學。無怪乎胡適在闡釋詹姆士的哲學的時候，會意氣風發地大放厥詞他那非常不實驗主義的話：「衣服破了，該換新的……帆船太慢了，換上一隻汽船……這個媒婆不行，打他一頓媒拳，趕他出去，另外請一位靠得住的朋友做大媒。」

杜威「實驗主義」：芝麻開門

　　林毓生多年來批判胡適，最喜歡說胡適所了解的杜威，是早期的杜威，說他對晚期的杜威懵懂。殊不知胡適1915年轉學到哥倫比亞大學的時候，杜威已經快滿五十六歲了。由於杜威長壽，活到九十三歲(1859-1952)，而且他又是活到老寫到老，他一生的作品可以分成三個階段。如果我們以美國杜威中心所編撰的三十七冊的《杜威全集》的分期法爲準，杜威的早期是1882年到1898年；中期是1899年到1924年；晚期是1925年到1953年(包括他過世後出版的文章)。杜威在晚年自己說他的思想裡有「永遠的黑格爾的沉澱」(permanent Hegelian deposit)[10]。如果成熟的杜威的思想裡都還有著「永遠的黑格爾的沉澱」，則早期的杜威可以說是「洋溢著新黑格爾的思想」了。由

7　胡適，〈實驗主義〉，《胡適全集》，1：299-300。

8　William James, *Pragmatism*, p. 256-257.

9　John Dewey, *Quest for Certainty*, Chapter. IX.

10　John Dewey, "From Absolutism to Experimentalism," LW5.154.

此可知，所謂胡適所了解的杜威是早期的杜威云云，其實是不知所云。杜威早期的作品，胡適大概完全沒讀過。胡適受到杜威影響最深的，是杜威中期的作品，這是我在本章討論的重點。

　　林毓生說胡適懵懂於晚期的杜威，那也是對胡適不求甚解的結果。胡適懂不懂晚期的杜威？更確切的問法是：他接受不接受晚期的杜威的思想？這有待本傳下回的分析。林毓生有所不知，杜威晚期重要的作品，不管是政治思想，還是邏輯，胡適就讀過好幾本。他或者是在日記裡記得清清楚楚，或者是在他個人的藏書裡畫了線、作了記號。例如：杜威1925年出版的《經驗與自然界》（*Experience and Nature*）；1927年出版的《公眾及其問題》（*The Public and Its Problems*）；1935年出版的《自由主義與社會舉措》（*Liberalism and Social Action*）；以及1938年出版的《邏輯：研究方法論》（*Logic: The Theory of Inquiry*）。

　　如果胡適對中期的杜威了解最深，諷刺的是，那不是拜他留學哥倫比亞大學之賜，而是靠他自己留學歸國以後發憤勤讀杜威的著作以後的所得。胡適在1919年春天在「學術講演會」演講〈實驗主義〉的時候，還沒跨入實驗主義的門檻。然而，從3月9日他開講到該年7月1日完成改訂稿的四個月之間，胡適對杜威思想的了解有了一個根本的突破。這個突破，我們比對〈實驗主義〉的初稿跟改訂稿，就可以看出其端倪。

　　在北京的「胡適檔案」裡有一份〈實驗主義〉的殘稿[11]，是用「北京大學編譯會」的稿紙寫的，應當是他在「學術講演會」講演的底稿。在這份殘稿裡，胡適提到了詹姆士的說法，說實驗主義「不過是思想的舊法子的一個新名稱。這話很不錯。這個名詞雖然是近二十年來方才通行的，其實這種學說幾千年前早就有了，不過沒有現在這樣詳細精密罷了。」所以，他說他要「加上一章引論，略說古代的實驗主義。」

　　令人值得玩味的是，胡適說要略說古代的實驗主義。然而，他說西方古代的實驗主義其實只有一段。可是，說到實驗主義的中國遠祖，他卻左徵右引、滔滔不絕了。有關西方古代的實驗主義，他所徵引的是英國哲學家西勒（F.C.S. Schiller）在其《人文主義》（*Humanism*）一書裡的觀點。西勒說希臘的詭辯哲人普羅泰戈拉（Protagoras），可以算是實驗主義的遠祖。可是胡適說他覺得西勒「一班人的解說，依我個人看來，總覺得有點牽強附會」。

11　以下四段的分析，是根據胡適，〈實驗主義〉，「胡適檔案」，122-003；《胡適全集》，8：376-380。

　　胡適說西勒牽強附會。然而，他卻沒看見他自己其實也半斤八兩。他說：「我以
為主張實驗主義最早的，應該算中國的墨子。」從墨子到這份殘稿倏然終止時所談論
的韓非子，胡適從學說的效果，來證明這些先秦諸子是實驗主義的遠祖。他用的資料
基本上是他當時已經付印了的《中國哲學史綱》上卷的資料。胡適還特別用了他們家
鄉的一句話來凸顯出為什麼韓非是實驗主義者：

　　　　我們家鄉有句俗話說：「瞎貓碰著死老鼠。」這便是韓非所說的「妄發而
　　中秋毫之末。」凡有意義的言行都有一個目的。這個目的便是預先算到的效
　　果。有這效果，便是有意義。這個目的便是試驗那種言行是非的器具。羿與
　　逢蒙所以號稱為「善射」，正因為他們每射時總有一個目的，總能回回射到
　　這個目的。瞎貓碰著死老鼠，是無意義的行為，偶然「碰著」了，但禁不起
　　實地試驗。所以聽言觀行，都該用「功用」(效果)來做試驗他。

　　從結果或功用來定義實驗主義，這是胡適在哥大的博士論文裡所犯的一個最大的
謬誤。我在《璞玉成璧》已經舉例分析胡適在《先秦名學史》附會、濫用實驗主義的
觀念。由於他謬誤地把實驗主義詮釋成「功用主義」，所以他把這個名詞濫用的程
度，已經是到了先秦的諸子各個看起來都像是實驗主義者的程度[12]。此處就不再贅
述。
　　所有這些牽強附會，胡適在7月1日所完成的改訂稿裡全都一掃而空。連他引詹姆
士說實驗主義是新瓶舊酒的話，語氣都不一樣了：

　　　　詹姆士說「實驗主義」不過是思想的幾個老法子換上了一個新名目。這話
　　固然不錯，因為古代的哲學家如中國的墨翟、韓非(看我的《中國哲學史大
　　綱》頁153至165，又197，又379至384)，如希臘的勃洛太哥拉〔普羅泰戈
　　拉〕(Protagoras)，都可說是實驗主義的遠祖。但是近世的實驗主義乃是近
　　世科學的自然產兒，根據格外堅牢，方法格外精密，並不是古代實驗主義的
　　嫡派子孫，故我們盡可老老實實的從近世實驗主義的始祖皮耳士(C.S.
　　Peirce)說起。[13]

12　《舍我其誰：胡適，第一部：璞玉成璧，1891-1917》，頁337-371。
13　胡適，〈實驗主義〉，《胡適全集》，1：283。

　　1919年是胡適對杜威的思想開竅的一年。這開竅的原因首先當然是用功。然而，更重要的是，他抓到了要點。可惜現存於「胡適檔案」裡的〈實驗主義〉是一份殘稿，只剩下了開頭的「古代的實驗主義」。因此，我們無法跟他在7月所完成的改訂稿拿來相比較，看從他在3月開講「實驗主義」到他7月改訂之間，他對實驗主義的了解有多大的變化。這四個月是一個相當重要的關鍵期。然而，「胡適檔案」裡所殘存的其他資料，已經足以讓我們來尋出胡適吸收消化杜威思想的軌跡。

　　由於胡適要準備他在「學術講演會」講「實驗主義」，他開始向兩家書店訂購參考用書。第一家是日本東京的丸善〔發音：Maruzen〕書店。胡適在1918年9月把他的《中國哲學史大綱》上卷送印。一個月以後，他一口氣就跟丸善書店訂購了十七本哲學書。丸善書店在11月5日寄出了十本。然而，有七本書缺貨，但已遵照胡適的要求向出版社訂書。這暫時缺貨的七本書裡，胡適最需要的，包括杜威的《達爾文對哲學的影響》(*The Influence of Darwin on Philosophy*)以及西勒的《人文主義》[14]。胡適一直要到1919年3月，才拿到杜威的《達爾文對哲學的影響》。這就是他在該書的扉頁上所寫的日期。胡適訂書的第二家書店是上海的伊文思圖書公司(Edward Evans & Sons)。伊文思圖書公司在3月11日跟18日，分別寄了兩批書(一共九本)給胡適。其中一本是杜威的《德國哲學與政治》(*German Philosophy and Politics*)，另外一本是詹姆士的哲學論集，還有一本是討論詹姆士哲學的書[15]。

　　我們記得他在〈實驗主義〉裡講述詹姆士的實驗主義思想的時候，雖然他的譯筆粗糙生澀，他還是老老實實地討論了詹姆士的「真理論」和「本體論」。等到他講述杜威的實驗主義哲學的時候，他就已經一古腦子地把這些哲學問題全都給拋到九霄雲外去了。我在《璞玉成璧》裡，說明了胡適在美國唯心主義的重鎮康乃爾大學念了五年的書。而把胡適從唯心主義的夢魘裡解放出來的人無他，就是杜威。有意味的是，從此之後，胡適不但是從唯心論裡解放出來，他連帶地對哲學也完全失去興趣。所有哲學所處理的基本問題——認識論、本題論、邏輯等等——他認為完全可以不了了之了。

　　如果我說胡適終於對杜威的實驗主義開了竅，則那讓他得以用來「芝麻開門」跨入杜威的實驗主義的門欄的，其實只是杜威在兩篇文章裡的幾句關鍵的話。這就是胡適聰明過人的地方，他可以在別人的著作裡抓住一些關鍵話，然後不著痕跡地把它們

14　「胡適檔案」，E485-001。
15　「胡適檔案」，E486-001。

挪用成爲像是他自己首創的新穎觀點。這兩篇文章，第一篇是〈達爾文對哲學的影響〉(The Influence of Darwin on Philosophy)，就是收在他從日本東京的丸善書店買到的那本以此篇爲名的書裡。這把胡適用來「芝麻開門」跨進杜威實驗主義門欄的鎖鑰，我會在下一節分析。胡適的第二把「芝麻開門」的鎖鑰是出現在杜威的〈哲學亟需復蘇〉(The Need for A Recovery of Philosophy)，收在杜威的《創造的智力》(*Creative Intelligence*)一書裡。這本書是胡適1917年2月在紐約買的。

先說這第二把鎖鑰。杜威在〈哲學亟需復蘇〉說了一句話，我們幾乎可以想像那一句話如何使胡適如釋重負，讓他得以向他後來稱之爲「烏煙瘴氣」的唯心論宣告獨立。胡適講述「杜威哲學的根本觀念」，開門見山就說：

> 杜威在哲學史上是一個大革命家。爲什麼呢？因爲他把歐洲近世哲學從休謨(Hume)和康德(Kant)以來的哲學根本問題一齊抹殺，一齊認爲沒有討論價值。一切理性派與經驗派的爭論，一切唯心論和唯物論的爭論，一切從康德以來的知識論，在杜威的眼裡，都是不成問題的爭論，都可「以不了了之」。[16]

胡適膽子大的地方，就在於他知道沒有人會去讀杜威的原書。他的假設是對的，因爲將近一個世紀以來，確實是沒有一個人去核對杜威的原文。杜威從來就沒有說過要：「把歐洲近世哲學從休謨(Hume)和康德(Kant)以來的哲學根本問題一齊抹殺，一齊認爲沒有討論價值。」胡適接下去所說的話還比較正確：「一切理性派與經驗派的爭論，一切唯心論和唯物論的爭論，一切從康德以來的知識論，在杜威的眼裡，都是不成問題的爭論，都可『以不了了之』。」胡適所謂的「以不了了之」，用杜威自己的話來說：「從前那些問題可能並沒被解決，但它們已經不急著要被解決。」

這兩段胡適從杜威〈哲學亟需復蘇〉裡所摘述出來的話，是追溯胡適一生哲學思想的關鍵話。所有歐洲近世哲學所討論的根本問題都可「以不了了之」！這是胡適對杜威的誤解。或者，我們可以從後現代主義的角度來理解，說這是胡適挪用杜威，「誤引」杜威的話的話來澆自己的塊壘。這是他對他在康乃爾大學五年的唯心論的反動。就像他留學時期差一點變成了基督徒以後，對基督教的反動一樣，他除了要幫自己一掃唯心論的陰霾以外，他也要幫所有的中國人都免於墮入唯心論的玄學無底洞的

---

16 胡適，〈實驗主義〉，《胡適全集》，1：300-301。

危險。

因為胡適自己有這個對唯心論反動的成見，他就「先入為主」的「誤讀」了杜威的意思。他說杜威說知識的進步有時候「不在增添，在於減少」[17]。其實，杜威說的不是「減少」，而是「改變」(alteration)[18]。我們在這一節馬上就可以體會到胡適這失之毫釐，可以造成謬以千里的後果。杜威誠然說過歐洲近世哲學所討論的問題都可「以不了了之」的話。他的原文是說：那些老問題，「我們不去解決了，而是繞過去了。那些老問題的解決是讓它們消失、蒸發。」[19]然而，杜威說得很清楚，雖然他批判傳統哲學，他並不認為我們可以把哲學的根本問題「一齊抹殺，一齊認為沒有討論價值」。杜威說「那些老問題的解決是讓它們消失、蒸發。」但他緊接著說：「符合新的研究態度與傾向的新問題取代了那些老的問題。」杜威要的，是哲學的復蘇。他從來就沒說過他要在把清洗哲學的水倒掉的時候，連哲學也一起給丟出門去。哲學有哲學的貢獻，即使它所討論的問題與當代人的實際生活脫了節：

> 在推演假(unreal)命題、在討論假(artificial)問題的過程中，有可能會產生對文化有貢獻的觀點：擴展我們的視野、鑄造出有繁衍力的觀念、刺激想像力、為事物賦予意義⋯⋯那些只因為斯賓諾沙、康德、黑格爾的系統邏輯不夠充分，就想把他們所發展出來的豐富、寬廣的觀念，都一古腦子給扔將出去的人是剛愎自用(illiberal)的人。反之，那些把哲學在文化上的貢獻，拿來證明哲學的命題正確——這兩者之間沒有一定的關聯——的人，則是思想缺乏訓練(undisciplined)。[20]

換句話說，認為從休謨和康德以來的哲學的根本問題都可以「一齊抹殺，一齊認為沒有討論價值」、以至於用那語不驚人死不休的方式，宣稱「哲學破產」、「哲學關門」的胡適，就是杜威在這一段話裡所指斥的「剛愎自用」的人。

正因為胡適是引杜威的話來澆自己的塊壘，他在討論杜威的時候，就完全不討論杜威的哲學思想。杜威雖然批判傳統哲學的本體論、認識論與形上學，他不是沒有他自己的本體論、認識論與形上學理論。事實上，就像胡適說的，杜威「受了近世生物

17　胡適，〈實驗主義〉，《胡適全集》，1：301。
18　John Dewey, "The Need for A Recovery of Philosophy," MW10.3.
19　John Dewey, "The Influence of Darwinism on Philosophy," MW4.14.
20　John Dewey, "The Need for A Recovery of Philosophy," MW10.5.

進化論的影響最大」。同時，杜威強調近世的科學方法，革命性地重新定義了所有領域的研究方法。胡適說杜威批評傳統哲學：「根本大錯誤就是不曾懂得『經驗』(experience)究竟是個什麼東西。」誠然！然而，對於杜威的「經驗」的理論、杜威的「經驗」的邏輯，胡適一點興趣都沒有。北大圖書館藏有一本杜威的《實驗邏輯論文集》(*Essays in Experimental Logic*)，是胡適1916年7月在紐約買的。這本書是杜威建立他的「經驗」的邏輯重要的一部著作。胡適這本書讀得極爲仔細，畫滿了線、作了不少的眉批。結果，反正「**一切從康德以來的知識論，在杜威的眼裡，都是不成問題的爭論，都可『以不了了之』**。」胡適也就把所有傳統哲學的問題都給一筆勾銷——不用談了。

胡適說：「從前的哲學鑽來鑽去，總跳不出『本體』、『現象』、『主觀』、『外物』等等不成問題的爭論。」現在，既然這些「不成問題的爭論」，都可「**以不了了之**」，他說：「我們就該承認哲學的範圍、方法、性質，都該有一場根本的大改革。這種改革，杜威不叫做革命，他說這是『哲學的光復』(recovery of philosophy)。他說，『哲學如果不弄那些「哲學家的問題」了，如果變成對付「人的問題」的哲學方法了，那時候便是哲學光復的日子到了。』」[21]

我們知道胡適在1920年代末期好夸言「哲學破產」、「哲學關門」。他的靈感來源，就是他在杜威這篇〈哲學亟需復蘇〉的這句話的理解。胡適的哲學破產、關門論有兩個不同的版本。一個極爲嚴屬，硬是把哲學從學術的殿堂裡給掃地出門；另一個則比較和緩，給哲學保留了一個像美國聯邦政府給印第安人所留下來的「保留區」。先說比較和緩的版本，那就是他1930年10月17日在北平協和醫學院所作的英文演講，〈哲學是什麼？〉(What Is Philosophy?)。胡適在這篇演講裡，開宗明義地爲哲學的範圍作了一個定義：

　　爲了挑撥起討論的興味，我先提出我自己對哲學所下的定義：「哲學所處理的，主要是人生以及人類行爲裡一些令人困惑的問題，尋出它們的意義，並找出一些可以讓我們拿來普遍應用的通則。」

這是非常有意味的一段話。一個在1919年「問題與主義」的論戰裡教導大家不要妄想普世皆準的通則與主義的人，十年以後，卻大談起普世皆準的通則起來。同時，

21　胡適，〈實驗主義〉，《胡適全集》，1：304。

一個在1923年「科學與人生觀」的論戰裡，已經把人生觀畫入了科學的「勢力範圍」裡的人，七年以後，卻又回過頭來把「人生觀」施捨給哲學家去處理。所有這些，我都會在將來詳細分析處理。「科學與人生觀」的論戰，請參見本部的第三章。至於哲學與人生觀的問題，胡適所說的其實是一句玩笑話，不只是言不由衷，而且還是冷嘲熱諷。他並不是真的要把「人生觀」施捨給哲學家去處理。到了1930年的時候，胡適對哲學已經到了完全不屑的地步。我們必須注意他說得很明白，他的目的是在「挑撥起討論的興味」。所以胡適會說：

> 很多人會進一步地說連人際關係與人類行為等等問題，也可以交給社會科學家——社會學家、人類學家——去處理。只是，我的職業是哲學教授，所以至少為了保住飯碗，我願意姑且把這些問題保留給哲學。

那麼，哲學究竟是什麼呢？胡適說：

> 過去的哲學不是還沒受到科學的洗禮(pre-science)，就是劣等的(bad)科學；歷史上大哲學家大都是失敗的半吊子的(unsuccessful amateurish)科學家……
>
> 哲學想要有普遍性，但它找不出必然性；科學找到了可證實的必然性，因此也找到了真正的必然性。一個理論具有了可證實的必然性以後，就變成科學知識的一部分，得享「科學定律」的殊榮。它也就不再屬於哲學的範疇，哲學家就必須拱手讓賢了。
>
> 科學征服哲學領域的方法無它，就在於它臻於至善的科學方法。可憐哲學所碩果僅存的一小片玄思的領域，也被新興的社會科學家積極地攻掠成為他們的「勢力範圍」。
>
> 哲學家想要在科學帝國主義式的侵略之下守護他日益流失的疆土，看來是沒有什麼希望的。他唯一所能作的，是在科學所施捨留給他們去處理的一小撮問題上，學習侵略者那威猛的武器；學習那觀察、分類、計量、作假設、實驗證明的方法；應用科學的精神、進化論的觀點，以及統計與比較的方法……
>
> 如果他能作到這一點，科學就會欣然地接納他的成果，頒給他一個社會科學家的文憑。那時，他就可以安心地坐在他的座椅上玄想著說：「哲學最初

是科學發展出來以前的東西，現在終於變成科學了。哲學和科學雖然名字不同，但其實是同一碼子事啊。」[22]

胡適這篇英文的〈哲學是什麼？〉主要是講給洋人聽的，所以他還客氣保留一點。在北平協和醫院演講的前一年，也就是1929年6月3日，胡適在上海的大同中學作了一個演講：〈哲學的將來〉。這篇演講的大綱，今天仍然保存著。他在這個演講裡，就嚴厲地把哲學逐出學術的門牆之外了。他在這篇演講裡，當然也提到了哲學的過去。比如說：「過去的哲學只是幼稚的、錯誤的，或失敗了的科學。」云云。然而，顧名思義，他這篇演講的重點是在「哲學的將來」。哲學的將來只有兩條路：

一、問題的更換。問題解決有兩途：

　1. 解決了。

　2. 知道不成問題，就拋棄了。

　　凡科學已解決的問題，都應承受科學的解決。

　　凡科學認為暫時不能解決的問題，都成為懸案。

　　凡科學認為成問題的問題，都應拋棄。

二、哲學的根本取消。問題可解決的，都解決了。一時不能解決的，還得靠科學實驗的幫助與證實。科學不能解決的，哲學也休想解決。即使提出解決，也不過是一個待證的假設，不足於取信現代的人。

故哲學家自然消滅，變成普通思想的一部分。在生活的各方面，自然總不免有理論家繼續出來，批評已有的理論或解釋已發現的事實，或指摘其長短得失，或溝通其衝突矛盾，或提出新的解釋，請求專家的試驗與證實。這種人都可稱為思想家，或理論家。自然科學有自然科學的理論學，這種人便是將來的哲學家。

但他們都不能自外於人類的最進步的科學知識思想，而自誇不受科學制裁的哲學家。他們的根據必須是已證實的事實、自然科學的材料或社會科學的統計調查。他們的方法必須是科學實驗的方法。

若不如此，他們就不是將來的思想家，只是過去的玄學鬼。

將來只有一種知識：科學知識。

22　Hu Shih, "What Is Philosophy?"《胡適全集》，36：458-467。

　　將來只有一種知識思想的方法：科學證實方法。

　　將來只有思想家，而無哲學家。他們的思想，已證實的便成為科學的一部分，未證實的叫做待證的假設(hypothesis)。[23]

　　胡適晚年在紐約所作的《口述自傳》裡說：「我有時稱我自己為歷史家，有時稱我自己是一個中國思想史家，但從來就沒有自稱為哲學家。」[24]這句話當然不是事實。在對他自己有利的時候，胡適有不少時候是稱自己為哲學家的，特別是在洋人面前，但這是後話。重點是，胡適後來之所以會跟哲學畫清界限，而以歷史家或思想史家來稱呼自己，這個來自於杜威的「以不了了之」的拋棄論的靈感，是我們不可不知的。胡適自從讀了杜威的「哲學復蘇論」以後瞧不起哲學，認為哲學不是科學，哲學已經破產，他一直不願意與哲學沾上邊。所以，他在晚年幾次嘗試想寫完他的哲學史的時候，都一再地強調他要寫的是「中國思想史」，而不是「中國哲學史」。

　　胡適這個「哲學破產論」的靈感來自杜威。「杜威教我如何思想。」信然！只是，如果杜威知道胡適的「哲學破產論」是從他的「哲學復蘇論」引申而來的，他一定會吹鬍子瞪眼斥責說：「瞎說！荒謬！」胡適翻譯那句杜威說「哲學復蘇」的話，其實漏掉了一個關鍵的修飾詞。杜威那句話是說：「等哲學不再是處理哲學家的問題的法術(device)，而是成為一種**由哲學家所發展出來**(cultivated by philosopher)解決人類問題的方法的時候，就是哲學復蘇之時。」[25]

　　我用黑體字所標示出來的，就是胡適所漏譯的關鍵字。換句話說，杜威強調那解決「人類問題」的方法，還是要由哲學家去思索經營出來的。我們當然可以說，胡適漏譯這個關鍵字是因為他在翻譯上有大而化之的傾向。然而，我有理由證明胡適完全是挪用杜威的話來澆自己的塊壘。就在杜威說「哲學的復蘇」這句話之前的同一個段落裡，他就強調哲學對人類前途的重要性，胡適是不可能讀漏的：

　　　哲學所提供的是眼光、想像力，與反省力。這些功能，如果沒有付諸行動，改變不了什麼，也解決不了什麼。然而，在這個複雜、變態的世界裡，沒有經過眼光、想像力，與反省力洗禮過的行動，會造成更多的混淆與衝突

23　胡適，〈哲學的將來〉，《胡適全集》，8：6-8。
24　Hu Shih, "The Reminiscences of Dr. Hu Shih," p. 49.
25　John Dewey, "The Need for A Recovery of Philosophy," MW10.46.

的可能性，要高過於解決問題的可能性。[26]

　　就正因為杜威深信哲學對人類前途的重要性，他才會苦口婆心地鼓吹「哲學的復蘇」、他才會長篇累牘地在他1919年在日本東京大學，用一系列的演講來討論《哲學的改造》(*The Reconstruction in Philosophy*)。就在杜威啓程赴日本之前，他1918年11月在加州大學柏克萊校區作了一個演講，〈哲學與民主〉(Philosophy and Democracy)。這篇文章第一次刊印出來的時候，胡適應該沒看過。有意思的是，今天在「胡適檔案」裡有一頁用打字機打出來的無頭殘稿，內容就是杜威這篇演講的片段[27]。我們不知道是誰、是什麼時候打的。在胡適人生的旅途當中，不知道他什麼時候讀到了這篇文章，不知道他的反應如何。最有意味的是，這段引文觸及到杜威對哲學重要性的看法。

　　在〈哲學與民主〉這篇文章裡，杜威說：很多人，特別是科學陣營裡的人，嘲笑哲學，說哲學是假科學。他們說在科學昌明的今天，哲學家應該自慚形穢、老實地向科學俯首稱臣。杜威說這是對哲學的誤解。而這就正是胡適的「哲學破產論」。杜威說科學或其他知識體系的目的是「求知」。相對的，哲學的性質和目的不是「求知」，而是「愛智」——「哲學」在希臘文的字根的原意。杜威說，即使連科學都不免有其產生的文化的影響，何況是哲學！哲學思想所反映的不但是它的時代，而且是其所產生的文化的性情、色彩、觀點、視野和理想。

　　　哲學所體現的並不是無色無味的思想解析，而毋寧是人類最熱切的希冀和渴望，以及他們對人生最根本的信念。哲學的源頭不是科學，也不是證實的知識，而是道德的信念。然後，是用他們所知道的最好的知識、最好的思想方法去把它呈現出來。根本來說，哲學所反映的是一種意志(will)、一種道德的定論(resolution)，認定某種生活方式是值得我們去追求的、是智者所當爲的，並希望說服大家一起去追求。

　　杜威說得再清楚也不過了：「哲學的源頭不是科學，也不是證實的知識，而是道德的信念。」這句話胡適如果讀過了，那就真是應驗了「言者諄諄，聽者藐藐」的道

26　John Dewey, "The Need for A Recovery of Philosophy," MW10.46.
27　「胡適檔案」，E490-001。

理。杜威強調「智慧」跟「知識」是不同的。他進一步地引申哲學作為「智慧」的道德意涵：

> 智慧是一個道德的名詞。就像所有的道德名詞一樣，它所指涉的不是一個已經存在——或甚至被奉為永恆或絕對——的東西。作為一個道德的觀念，它所指涉的，是一種應有的選擇、一種對某種優越的生活方式的偏愛。它所指涉的，不是已經實現了的，而是一個我們所希冀的未來——一個我們的希冀一旦成為信念，就很可能可以成真的未來。[28]

　　不管是因為胡適沒有讀懂杜威，或者他根本就是挪用杜威來澆他自己的塊壘，胡適的「哲學破產論」不是杜威的，也不是實驗主義的，而完完全全是正宗「胡字正記」的產品。杜威要的是哲學的「復蘇」，胡適把它轉借挪用的結果，變成了哲學的「關門」和「破產」。歷來把胡適的「哲學破產論」歸咎於庸俗的美國的實用主義的說法，都可以休矣。

杜威思想與〈多研究些問題，少談些「主義」〉

　　我說胡適用來「芝麻開門」進入杜威實驗主義的門檻的第二把鎖鑰，是他在杜威的〈達爾文對哲學的影響〉一文裡所讀到的一些關鍵性的觀念。要說明這一點，最好的方法莫過於看他如何在「問題與主義」的論戰裡，淋漓盡致地發揮了他神不知鬼不覺地從杜威這篇文章裡所挪用過來的觀點。

　　在中國近代的論戰史上，「問題與主義」其實是一場小型的筆墨官司。然而，就因為後來馬克思主義在中國的勝利，這個論戰就很自然地儼然成為一個馬克思主義在意識型態上的前哨戰。早在1960年，周策縱在其《五四運動史》的英文巨著裡，就以「問題與主義」的論戰作為新式知識分子陣營分裂的先聲。這原因是因為當時傳入中國的西方思潮多到令人眼花撩亂的地步：民主、科學、自由主義、實驗主義、人道主義、無政府主義、社會主義等等。輸入學理是一回事，如何把學理運用來解決當時的政治、社會、經濟問題則是另一回事。如何把學理落實到實際，就是新式知識分子陣

28　John Dewey, "The Need for A Recovery of Philosophy," MW11.44.

營分裂的主因[29]。改革開放以後的中國,由於對一言堂產生反動的心理,這個論戰自然也是一個重新詮釋的對象。羅志田所發表的一系列的文章,細膩地把「問題與主義」的論戰放在其複雜的友誼、意識型態犬牙交錯的時代背景之下,來證明所謂「分裂」之說其實是言過其實[30]。羅志田沒提到周策縱。我猜測他所評論的對象是中國的學術界與黨史界。

　　大家對這個論戰的討論與分析,說不定都已經到了彈性疲乏的地步。然而,為了重建胡適對杜威思想開竅的軌跡,這個論戰的主軸還是非再次概述一下不可。但是,我不會枝蔓。對這個論戰有興趣的讀者,可以參考其他的著作。我在概述了這個論戰的主軸以後,就會集中分析胡適如何挪用杜威。這個大概是近代中國論戰史上最迷你的小型論戰,發生在1919年7、8月間。參與論戰的人是胡適、藍公武跟李大釗。有意味的是,胡適立時地把這個論戰的史料搜集起來。他以〈問題與主義〉為總名,把李大釗、藍公武的批評放進去,再加上自己所寫的〈三論問題與主義〉、〈四論問題與主義〉,放在他在1921年出版的《胡適文存》裡。表面上看來,這是保存了史料。實際上,胡適等於是用偷關漏稅的方法,讓自己球員兼裁判,而站上了為這個論戰作總結的位置。

　　胡適在〈多研究些問題,少談些「主義」〉一文裡呼籲大家要研究問題,不要空談「主義」。研究問題,李大釗和藍公武都不反對。但是,他們都認為主義和問題有相生相濟的關係,是不應截然劃分為二的。不但如此,他們兩個人都認為主義代表理想,是少數先知先覺之士用以號召社會大眾為理想奮鬥的工具。藍公武說:

> 不論何種社會,凡是進到何種程度,文化必定漸漸化為固定性,發生停滯的現象。故必常常有少數天才有識的人,起來鼓吹新理想,促進社會的文化;這種新理想,在一般人漸漸首肯之時,即成為主義。由此主義,發生種種問題,試驗又試驗,常懸為未來的進行方針。而在舊習慣所支配的社會,自身不能發生新理想,則往往由他國輸入富於新理想的主義,開拓出一個改革的基礎來。[31]

29　Chow Tse-tsung, *The May Fourth Movement*, p. 215.
30　羅志田,〈因相近而區分:「問題與主義」之爭再認識之一〉,《近代史研究》,2005.3.1:44-82。
31　藍公武,〈問題與主義:二、附錄:藍志先先生《問題與主義》〉,《胡適全集》,1:336。

李大釗則說：

> 我覺得「問題」與「主義」，有不能十分分離的關係。因為一個社會問題
> 的解決，必須靠著社會上多數人共同的運動。那麼我們要想解決一個問題，
> 應該設法使他成了社會上多數人共同的問題。要想使一個社會問題，成了社
> 會上多數人共同的問題，應該使這社會上可以共同解決這個那個社會問題的
> 多數人，先有一個共同趨向的理想主義，作他們實驗自己生活上滿意不滿意
> 的尺度(即是一種工具)。有那共同感覺生活上不滿意的事實，才能一個一個
> 的成了社會問題，才有解決的希望。[32]

　　從前的胡適也許跟藍公武、李大釗的想法是相近的。就像胡適自己說的，他不反
對理想。事實上，他說他是「極力恭維理想」的。然而，現在胡適進入了杜威實驗主
義的門檻，他開始堅持理想必須是基於事實、根據具體問題所產生的：「我所說的理
想的作用，乃是這一種根據於具體事實和學問的創造的想像力，並不是那些抄襲現成
的抽象的口頭禪的主義。我所攻擊的，也是這種不根據事實的，不從研究問題下手的
抄襲成文的主義。」[33]
　　胡適說：所有不是針對具體事實、具體問題的理想和主義，都是「鈔襲現成的抽
象的口頭禪的主義」。這個對具體事實與問題的強調，是杜威實驗主義的精髓。我們
看胡適如何精采地從杜威的〈達爾文對哲學的影響〉一文汲取杜威的要旨。杜威說：
「哲學拒絕探討那最初之因以及那最終之果，而致力於探索那產生這種問題的具體的
價值以及具體的情況。」[34]
　　胡適說：

> 空談外來進口的「主義」，是沒有什麼用處的。一切主義都是某時某地的
> 有心人，對於那時那地的社會需要的救濟方法。我們不去實地研究我們現在
> 的社會需要，單會高談某某主義，好比醫生單記得許多湯頭歌訣，不去研究
> 病人的症候，如何能有用呢？[35]

32　李大釗，〈問題與主義：三、附錄：李大釗先生《再論問題與主義》〉，《胡適全
　　集》，1：338-339。
33　胡適，〈問題與主義：四、三論問題與主義〉，《胡適全集》，1：346、347。
34　John Dewey, "The Influence of Darwinism on Philosophy," MW4.10.
35　胡適，〈問題與主義：一、多研究些問題，少談些「主義」〉，《胡適全集》，1：

就因爲實驗主義不去追究那「最初之因以及那最終之果」，實驗主義也不去追究那至善是什麼。就正因爲天堂不會自動來到人間，我們就必須老老實實地從具體問題的研究，冀望我們能一點一滴地改革。杜威說：

> 我們從去探討具體變化後面的本體，轉移到去探討這些具體的變化如何幫助或者阻礙了我們眼前的具體的目標；從去探討那根本解決問題的知識，轉移到去探討那些解決具體的問題的具體的知識；從去探討至善爲何的問題，轉移到去探討如何讓正義與幸福在社會上一點一滴地(increments)增進——妥善處理現狀可以幫助我們實現這個目的，反之，玩忽或愚昧就會把它給毀滅或犧牲掉了。[36]

胡適把杜威的這段話運用到中國的情況，強調中國現時的需要，是實地的去研究問題，而不是高談「主義」。他說：

> 我們不去研究人力車夫的生計，卻去高談社會主義；不去研究女子如何解放、家庭制度如何救正，卻去高談公妻主義和自由戀愛；不去研究安福部如何解散，不去研究南北問題如何解決，卻去高談無政府主義；我們還要得意揚揚誇口道：「我們所談的是根本解決。」老實說罷，這是自欺欺人的夢話，這是中國思想界破產的鐵證，這是中國社會改良的死刑宣告！[37]

「這是中國思想界破產的鐵證，這是中國社會改良的死刑宣告！」胡適這兩句話說得多麼的重！多麼得斬釘截鐵！他鄙夷地說，歸根究柢，這就是因爲大家懶：

> 爲什麼談主義的人那麼多？爲什麼研究問題的人那麼少呢？這都由於一個懶字。懶的定義是避難就易。研究問題是極困難的事，高談主義是極容易的事。比如研究安福部如何解散，研究南北和議如何解決，這都是要費工夫，挖心血，收集材料，徵求意見，考察情形，還要冒險吃苦，方才可以得一種

(續)─────────────
　　325。
36　John Dewey, "The Influence of Darwinism on Philosophy," MW4.11.
37　胡適，〈問題與主義：一、多研究些問題，少談些「主義」〉，《胡適全集》，1：327。

解決的意見。又沒有成例可援，又沒有黃梨洲、柏拉圖的話可引，又沒有
《大英百科全書》可查，全憑研究考察的工夫。這豈不是難事嗎？高談「無
政府主義」便不同了。買一兩本實社《自由錄》，看一兩本西文無政府主義
的小冊子，再翻一翻《大英百科全書》，便可以高談無忌了。這豈不是極容
易的事嗎？[38]

胡適口氣重、用詞斬釘截鐵。這是因為他用的是激將法，因為他要振聾發瞶。胡
適用負面的話，強調中國人「避難就易」的懶。相對地，杜威則用正面的話，強調實
驗主義哲學因為面對具體的問題，可以使我們的思想更帶來責任感。套用中國傳統士
人所愛說的話來說，就是：「天下大事，匹夫有責」：

> 這種新的邏輯為我們的思想生活帶來責任感。把宇宙理想化、合理化的作
> 法，等於是承認我們沒有能力去控制我們周遭的具體事物。只要人類不能超
> 越這種無力感，人類就會一直把他們肩負不了的責任推諉到先驗的因素。然
> 而，只要我們有可能去研究具體的價值的情況以及思想所產生的具體的結
> 果，哲學就必須及時地成為一種能找出並解釋人生問題的方法，成為一種能
> 解決問題的方法，成為一種道德與政治上的診斷與下藥的方法。[39]

如果實驗主義是研究具體問題的方法，它就不會相信世界上有什麼先驗的、普世
皆準的理論可以現成地拿來套用。杜威在《達爾文對哲學的影響》一書裡，有一篇短
文〈真理問答〉（A Short Catechism concerning Truth）。他在該文裡有一段我們都必須
注意的話：

> 實驗主義者堅持：任何信念在證明以前，不管它有多神聖、有多崇高，都
> 只能算是教條，不能算是真理。他堅持：任何信念，在徹底、耐心地證實以
> 前，都只能算是暫定、暫用的假設和方法。[40]

38　胡適，〈問題與主義：一、多研究些問題，少談些「主義」〉，《胡適全集》，1：
　　327。
39　John Dewey, "The Influence of Darwinism on Philosophy," MW4.13.
40　John Dewey, "A Short Catechism concerning Truth," MW6.10-11.

杜威說的這一段話，如果我們覺得相當耳熟，那是因爲我們多年來已經經過第二手，從胡適那兒聽得耳熟能詳了。君不見胡適在〈三論問題與主義〉裡用原來是杜威的話來諄諄告誡我們說：

> 一切主義，一切學理，都該研究，但是只可認作一些假設的見解，不可認作天經地義的信條；只可認作參考印證的材料，不可奉爲金科玉律的宗教；只可用作啓發心思的工具，切不可用作蒙蔽聰明，停止思想的絕對眞理。[41]

如果一切主義、一切學理都只是假設，那我們應該如何研究問題呢？胡適解釋說：

> 凡是有價值的思想，都是從這個那個具體的問題下手的。先研究了問題的種種方面的種種的事實，看看究竟病在何處，這是思想的第一步工夫。然後根據於一生經驗學問，提出種種解決的方法，提出種種醫病的丹方，這是思想的第二步工夫。然後用一生的經驗學問，加上想像的能力，推想每一種假定的解決法，該有什麼樣的效果，推想這種效果是否眞能解決眼前這個困難問題。推想的結果，揀定一種假定的解決，認爲我的主張，這是思想的第三步工夫。凡是有價值的主張，都是先經過這三步工夫來的。[42]

這三個步驟，凡是讀過胡適所介紹的杜威《思維術》(*How We Think*)的思想五部曲的人，都可以理會到這是杜威思想五部曲的濃縮版。

毫無疑問地，不管我們把這個論戰視爲是溫和與激進、漸進與革命、理性與非理性陣營的對峙，都可以言之成理。最有意味的是，那意識型態最濃的詮釋，卻反而是最一針見血的，亦即，「問題與主義」的論戰是實驗主義派跟馬克思主義派的對壘。李大釗固毋庸贅言，他自己就坦言：「我是喜歡談談布爾什維克主義的。」[43]李大釗是否意識到實驗主義與馬克思主義有其必然矛盾的地方，這是另外一個問題。事實上，即使李大釗沒有這個自覺，那並不影響到這個論戰是一個意識型態的前哨戰的事

41　胡適，〈問題與主義：四、三論問題與主義〉，《胡適全集》，1：353-354。
42　胡適，〈問題與主義：一、多研究些問題，少談些「主義」〉，《胡適全集》，1：324-328。
43　李大釗，〈問題與主義：三、附錄：李大釗先生《再論問題與主義》〉，《胡適全集》，1：342。

實。

　　李大釗可能不自覺，那一向不喜歡掀底牌的胡適則旗幟異常鮮明。胡適在中國人的心目中，等於是實驗主義的同義詞。從我在這一節的分析，我們更已經精確地指出胡適的哪些立論以及哪些關鍵字是來自杜威的。更重要的是，觀察、判斷力敏銳如胡適者，他很清楚地知道馬克思主義是他的勁敵。其他，無論是保守派，還是唯心派；不管是傳統中國的，還是與西方合流的，他很清楚完全是可以摧枯拉朽的末流。胡適在他自己所編成的「問題與主義」的史料集的總結篇〈四論問題與主義〉裡，特別在分析學說的效果的時候，以馬克思主義為例，來說明學說可以造成可憂的後果：

> 但是這種學說〔注：馬克思主義〕，太偏向申明「階級的自覺心」。一方面，無形之中養成一種階級的仇視心。不但使勞動者認定資本家為不能並立的仇敵，並且使許多資本家也覺得勞動真是一種敵人。這種仇視心的結果，使社會上本來應該互助而且可以互助的兩種大勢力，成為兩座對壘的敵營，使許多建設的救濟方法成為不可能，使歷史上演出許多本不須有的慘劇。[44]

　　諷刺的是，胡適在「問題與主義」這個論戰的立論與關鍵字都是杜威的，唯獨這個資本家與勞動者「本來應該互助而且可以互助」的理論不是杜威的。在政治、社會、經濟的立場上，胡適一輩子都遠比杜威保守。我在《璞玉成璧》裡，指出胡適一生最激進的時候，就是他留美中期服膺絕對不抵抗主義的時期。等他揮別了絕對不抵抗主義，他保守主義的胚芽就已經形成了。他的資本家與勞動者「本來應該互助而且可以互助」的理論，是在他留美的時候已經成形的。那互助之道，就是他所謂的社會立法，由政府制定法律來保護勞工的權益。

　　杜威則不然。我在《璞玉成璧》裡，就已經徵引了杜威支持勞工向資本家爭取他們的權益。他說：「眼前的經濟鬥爭，只不過是人類爭自由史上最新的一章。」杜威這個立場一生堅持不渝。他在1935年出版《自由主義與社會舉措》。這本書，胡適在1939年10月17日讀完。他在當天的日記裡稱讚這本書：「真是一部最好的政治思想書。」[45]有意味的是，胡適把社會立法視為資本與勞工「合作」的萬靈丹。杜威則批評說那不但是形式主義，而且是「父母官親民式」（paternalistic）的。他在《自由主義

44　胡適，〈問題與主義：五、四論問題與主義──論輸入學理的方法〉，《胡適全集》，1：358。
45　《胡適日記全集》，1939年10月17日，7：716。

與社會舉措》裡說社會立法的價值是不應鄙視的。然而，與此同時，他也強調那只是治標而不是治本的方法：

> 它意味著決斷地與放任的自由主義畫清界限。它的重要性在教導公眾，讓大家體認到有組織的社會控制是可能的。它也幫助我們發展出了一些社會化的經濟所須有的技術。然而，如果我們沒有決心再更上一層樓，把生產力社會化，使個人的自由能讓整個經濟組織來支撐，則自由主義的理想(cause)就將會長期不能彰顯。[46]

「問題與主義」這個論戰是胡適思想邁向成熟的一個里程碑。我在本節的分析，用胡適在這個論戰裡所挪用杜威的立論以及關鍵字，來說明這個論戰是胡適跨進杜威實驗主義門檻的開始。我在前文用「一點一滴」這個詞來翻譯杜威所用的"increments"的字眼。細心的讀者會注意到「一點一滴」這個胡適一生最喜歡使用的關鍵字，在〈問題與主義〉裡一次都沒出現過。胡適那膾炙人口的一段話：「文明不是籠統造成的，是一點一滴的造成的；進化不是一晚上籠統造成的，是一點一滴的進化的。」這段話第一次出現，是他在1919年11月1日所寫成的〈新思潮的意義〉[47]。事實上，不但「一點一滴」這個詞兒，而且與其對應的「籠統」也一次都沒在〈問題與主義〉裡出現過。在〈問題與主義〉裡，對應的關鍵字是「抽象」與「具體」。從這個意義說來，〈新思潮的意義〉代表了胡適進入杜威實驗主義的門檻以後的一個新的里程碑。

從〈問題與主義〉裡「抽象」對應「具體」這兩個關鍵字，進一步地到〈新思潮的意義〉裡「籠統」對應「一點一滴」這兩個關鍵字，胡適還得經過另外一次的淬鍊。這個淬鍊就是他有幸作為杜威的翻譯，翻譯杜威在北大所作的一系列演講：〈社會哲學與政治哲學〉(Social and Political Philosophy)。

我在第一章已經描述了杜威夫婦在1919年4月30日抵達上海。他們在上海杭州勾留了將近一個月的時間以後，在5月27日抵北京。杜威的〈社會哲學與政治哲學〉是杜威在華五大演講裡最重要的一個系列，共有十六講，由胡適擔任翻譯。從1919年9月20日開講，每星期一次，時間在星期六下午四點，地點在北京大學法科大禮堂。杜

46　John Dewey, "Liberalism and Social Action," LW11.61-62.
47　胡適，〈新思潮的意義〉，《胡適全集》，1：699。

威的〈社會哲學與政治哲學〉久已被認爲是遺失了。我很幸運地，在北京近史所的「胡適檔案」發現了這系列演講裡八篇完整的殘稿，即第一、二、三、四、十、十一、十二、十六講，剛好是一半。除非有新發現，這是今天世界上所僅存的一份，連位在美國伊利諾州的「杜威研究中心」（Center for Dewey Studies）都沒有。這些原稿，都是杜威自己用他帶到中國的他女兒的打字機打出來的。原稿上有杜威手寫的訂正，還有一兩處胡適所加的中文注記，以及可能是胡適所畫的線。

杜威在〈社會哲學與政治哲學〉的第二講裡有一段話，胡適的翻譯剛好可以提供我們一個佐證，來說明胡適還正處在從〈問題與主義〉到〈新思潮的意義〉的過渡階段。有意思的是，杜威的〈社會哲學與政治哲學〉到第九講以前有兩個譯本。第一個版本是筆名「毋忘」所記錄的。現在收在《胡適全集》裡。由於我們知道剩下的七講是孫伏園記錄的，現在都收在「毋忘」的版本裡。這顯示的是，「毋忘」可能就是孫伏園。第二個版本則是胡適的好朋友高一涵作的記錄。後者比前者詳細。這可能是因爲高一涵的記錄是演講過後，由高一涵比對杜威的原稿再潤飾過的。根據胡適在1959年所作的回憶，這個翻譯的程序如下：

> 杜威每次在演講以前，總是用他自己的打字機打出講稿的大要。然而，他會把講稿的大要給譯者，讓他在演講和翻譯以前先作好研究，想好適合的中文字眼。在北京，每次演講結束以後，我們總會把杜威的講稿大要交給記錄，讓他們在出版以前比對過一次。[48]

無論如何，杜威在〈社會哲學與政治哲學〉的第二講裡所說的這段話，第一個版本「毋忘」的記錄說：

> 現在我們所講的第三派哲學，不是總攻擊，也不是總辯護，是要進步，可不是那天演〔注：自然〕的進步，是東一塊西一塊零零碎碎的進步，是零買的，不是批發的……要改造的，都是零的，不是整的……都是一件件的，不是整塊的，所以進化是零買來的。[49]

48　Hu Shih, "John Dewey in China," Charles Moore, ed., *Philosophy and Culture East and West* (Honolulu: Hawaii University Press, 1962), p. 765.
49　杜威，毋忘筆記，〈社會哲學與政治哲學〉，《胡適全集》，42：12-13。

第二個版本高一涵的記錄:

> 這種進步,不是自然的進步,也不是籠統的進步;是今天一點、明天一
> 點,從各方面、各個體進步的;是拿人力補救他、修正他、幫助他,使他一
> 步一步朝前去。所以進化是零買的,不是批發的,是雜湊的,不是整包
> 的……要知道進化不是忽然打從天上掉下來的,是零零碎碎東一塊西一塊集
> 合湊攏起來的。[50]

我說翻譯不是胡適之所長,這裡又得到一次的印證。但詳細的分析有待第六章。杜威這一段話裡有兩個胡適後來最喜歡使用的關鍵字:"wholesale"和"in detail one by one"。胡適在這裡用「批發」對應「零買」,或者「東一塊西一塊零零碎碎」來翻譯,簡直像是用翻字典查生字式的翻譯法。這兩個關鍵字,一直要等到他在〈新思潮的意義〉裡,才會翻譯成「籠統」以及「一點一滴地」。這除了意味著胡適到了寫〈新思潮的意義〉的時候,已經能夠掌握了杜威實驗主義的基本觀念以外,還充分地說明了因為翻譯不是其所長,胡適必須要擺脫了翻譯的桎梏以後,才能把他生動的文筆解放出來。

最有意味的是,等他能夠自如的詮釋杜威這個基本的實驗主義的觀點以後,他還會把他從杜威那兒所學來的關鍵字回譯成英文。比如說,他在1921年6月30日北京五大團體歡送杜威的宴席上致歡送詞。他這個歡送詞的英文稿,今天在北京的「胡適檔案」裡還可以看到幾近完整的殘稿。他在這篇英文稿裡,用"drop by drop"回過頭來翻譯他在中文裡所用的:「一點一滴地」:實驗主義「只承認那種由智力引導、每一個步驟都經過證實的,一點一滴的進步」[51]。這個胡適翻譯成「一點一滴」的詞兒,杜威用的英文通常是"step by step"或者"piecemeal"。

胡適在寫作策略上,擺脫了翻譯、採取徹底改寫的方式,這就是他聰明過人的地方。如果他用徵引或譯述的方式,他就會受制於杜威行文繞口難懂的限制,更不用說譯文最難克服的生澀彆扭的特點。胡適乾脆讓自己解放,完全擺脫他在〈實驗主義〉裡所用的譯述的方式。他順手拈來杜威的主旨與關鍵字,用他自己最生動的文筆寫

50　高一涵記,〈杜威博士講演錄:社會哲學與政治哲學(二)〉,《新青年》7卷1號,頁133。
51　胡適在杜威歡送會上的英文致辭殘稿,「胡適檔案」,E087-001:「作者不可辨識卷宗」。

出。他的〈實驗主義〉的改訂稿與〈問題與主義〉，幾乎是同一個月的產品。然而，由於寫作策略不同，前者用譯述的方式，結果是生澀彆扭；後者則完全用他自己的話語，結果是如珠落玉盤，除了清脆悅耳以外，讀來如醍醐灌頂。兩相對比，天差地別。

〈問題與主義〉奠定了胡適此後一生的寫作策略。這所造就的，是胡適留給我們的清新雋永、琅琅上口的文字。但是，它的代價是胡適完全沒有交代出處。如果我們不求甚解，就可以一概把它籠統地視爲胡適的思想。然而，如果我們想要知道胡適說「杜威先生教我怎樣思想」究竟指的是什麼，那我們就必須沉潛下來老實地去讀杜威的著作，以便尋出胡適思想的源頭。

〈問題與主義〉這一系列文章是胡適跨入杜威實驗主義門欄的開始，還有另外一個佐證。胡適在1918年初在《新青年》4卷3號上發表了〈旅京雜記〉一文。在這篇文章裡，他批評中國人好引權威來「做自己議論的護身符」。這權威在從前是五經，現在則是西洋哲學家。胡適鄙夷這種心態，斥爲「奴性的邏輯」。爲什麼是奴性的邏輯呢？因爲這些人不曉得要自己去研究中國的現狀，卻去撿西方哲學家的陳言來便宜使用。殊不知西方哲學家

> 的學說都由個人的時勢不同、才性不同、所受的教育又不同，所以他們的學說都有個性的區別，都有個性的限制，並不能施諸四海而皆準，也不能推諸萬世而不悖，更不能胡亂供給中國今日的政客作言論的根據了。我說這些話，並不是說一切學理都不配作根據。我但說：大凡一個哲學家的學說，百分之中，有幾分是守著師承的舊說；有幾分是對於前人的革命的反動；有幾分是受了時人的攻擊，有激而發的；有幾分是自己的怪僻才性的結果；有幾分是爲當時學術所限，以致眼光不遠，看得差了；有幾分是眼光太遠，當時雖不能適用，後世卻可實行的；有幾分是正對當時的弊病下的猛藥，只可施於那時代，不能行於別地別時代的。研究哲學史的人，需要把這層仔細分別出來，譬如披沙揀金，要知哪一分是沙石，哪一分是眞金；要知哪一分是個人的偏見，哪一分是一時一國的危言，哪一分是百世可傳的學理。這才是歷史的眼光，這才是研究哲學史的最大的益處。[52]

52　胡適，〈旅京雜記〉，《新青年》4卷3號。轉引自胡頌平，《胡適之先生年譜長編初稿》（台北：聯經出版公司，1984），1：304-305。

乍看之下，這彷彿是實驗主義的言論。其實不然。他說：「並不能施諸四海而皆準，也不能推諸萬世而不悖，更不能胡亂供給中國今日的政客作言論的根據了。」這段話完全符合杜威實驗主義的精神。然而，等他說到「哪一分是百世可傳的學理」的時候，他那馬腳就露出來了。在杜威實驗主義的眼光下，沒有什麼是可以「百世可傳的學理」的。

胡適所說的這一長段話，完全是他在進入杜威實驗主義門欄以前所完成的《中國哲學史大綱》上卷的〈導言〉裡所說的話。我們記得他在那篇〈導言〉裡說哲學史的目的有三：明變、求因、評判。他說：

> 哲學史有三個目的：一、明變。哲學史的第一要務，在於使學者知道古今思想沿革變遷的線索；……二、求因。哲學史的目的，不但要指出哲學思想沿革變遷的線索，還需要尋出這些沿革變遷的原因；……三、評判。既知思想的變遷和所以變遷的原因了，哲學史的責任還沒有完，還需要使學者知道各家學說的價值：這便叫做評判。[53]

我在《璞玉成璧》裡已經分析得很清楚。這不是實驗主義，而是把新康德派的溫德爾班的哲學史的觀點，用胡適自己精鍊的語言神不知鬼不覺地原封搬過來使用。甚至他在這段引文裡所說的：「這才是歷史的眼光，這才是研究哲學史的最大的益處」云云，也都是他在康乃爾大學唯心論教授的哲學史的觀點[54]。

這就是我在《璞玉成璧》裡套用杜威的話，說胡適的思想裡也有他的「黑格爾的沉澱」的意思。事實上，即使我說胡適在寫〈問題與主義〉這一系列的文章以後，他開始進入杜威實驗主義的門欄，他的「黑格爾的沉澱」始終存在。試看他的〈四論問題與主義——論輸入學理的方法〉。他寫這篇文章的時候是1919年7月，已經是他寫〈旅京雜記〉以後將近一年半的時間了。然而，我們看看他所說的輸入學理的方法：

> 一、輸入學說時應該注意那發生這種學說的時勢情形。凡是有生命的學說，都是時代的產兒，都是當時的某種不滿意的情形所發生的。這種時勢情形，乃是那學說所以出世的一個重要原因。若不懂得這種原因，便不能明白

53　胡適，〈中國哲學史大綱〉，《胡適全集》，5：196-197。
54　《舍我其誰：胡適，第一部：璞玉成璧，1891-1917》，頁345-348。

某人爲什麼要提倡某種主義。當時不滿意的時勢情形便是病症，當時發生的各種學說便是各位醫生擬的脈案和藥方。每種主義初起時，無論理想如何高超，無論是何種高遠的烏托邦(例如柏拉圖的《共和國》)，都只是一種對症下藥的藥方……

二、輸入學說時應該注意「論主」的生平事實和他所受的學術影響。「論主」兩個字，是從佛書上借來的，論主就是主張某種學說的人。例如「馬克思主義」的論主，便是馬克思。學說是時代的產兒，但是學說又還代表某人某人的心思見解……我們需要知道，凡是一種主義、一種學說，裡面有一部分是當日時勢的產兒，一部分是論主個人的特別性情家世的自然表現，一部分是論主所受古代或同時的學說影響的結果……

三、輸入學說時應該注意每種學說所已經發生的效果。上面所說的兩種條件，都只是要我們注意所以發生某種學說的因緣。懂得這兩層因緣，便懂得論主何以要提倡這種學說。但是這樣還算不得眞懂得這種主義的價值和功用。凡是主義，都是想應用的……那些已經充分實行，或是局部實行的主義，他們的價值功用，都可在他們實行時所發生的效果上分別出來。那些不曾實行的主義，雖然表面上沒有效果可說，其實也有了許多效果，也發生了許多影響，不過我們不容易看出來罷了。因爲一種主張，到了成爲主義的地步，自然在思想界、學術界，發生一種無形的影響，範圍許多人的心思，變化許多人的言論行爲，改換許多制度風俗的性質。這都是效果，並且是很重要的效果。這種效果，無論是好是壞的，都極重要，都是各種主義的意義之眞實表現。我們觀察這種效果，便可格外明白各種學說所涵的意義，便可格外明白各種學說的功用價值……這些涵義實際表現的效果，都應該有公平的研究和評判，然後能把原來的主義的價值與功用一一的表示出來。[55]

這一長段輸入學理的方法，除了用了一些實驗主義的語言來包裝以外，完全換湯不換藥，完全就是《中國哲學史大綱》〈導言〉裡所說：明變、求因與評判。更嚴重的是，胡適注定就是永遠誤解實用主義的眞諦。他一輩子就一直以爲籠統的「效果」，就是實驗主義所說的效果。他始終沒有領悟到這是詆毀實驗主義的人對實驗主

55　胡適，〈問題與主義：五、四論問題與主義——論輸入學理的方法〉，《胡適全集》，
　　1：355-358。

義的根本誤解，而且也是杜威所最痛恨的。我在《璞玉成璧》裡已經詳細分析，杜威一再強調：「實用所意指的並不是結果，而是認知的過程。」換句話說，如果結果很好，大家都該額手稱慶。但「結果」或「效果」並不是實驗主義者所措意的，他們所措意的「實用」是含蘊在認知以及檢證的過程裡[56]。

先入為主的觀念主宰人心的力量，在此又得到一個明證。胡適即使在留美的時候還不懂杜威的實驗主義，他在1919年春可是細讀了〈哲學亟需復蘇〉這一篇我稱之為讓他用以為「芝麻開門」來進入杜威實驗主義門欄的鎖鑰。杜威在這篇文章裡，又再次不厭其煩地解釋實用主義的「實用」的意涵。可是，就真的是應了俗話所說的：言者諄諄，聽者藐藐。杜威說得很清楚，實用主義所說的「效果」不是「籠統」的效果，而是「具體」的效果。他說：

> 誤解的一個來源可能是因為詹姆士說，一個籠統的觀念必須能在具體的情況下「兌現」〔它的效果〕。這個「兌現」的觀念，完全沒有提到那具體效果的廣度或深度。作為一個經驗的學說，它無法籠統談論。具體的事例必須作為例證。如果某一個觀點因為吃牛排而得到證實，另外一個則經由銀行賬戶的盈餘而得以證實，那跟理論一點關係都沒有，而是因為眼前的觀點的具體的性質，而且因為眼前存在著具體的飢餓以及交易的問題……我想在很長的一段時間裡，一定還會有很多人覺得不可思議，不了解為什麼一個哲學家需要用具體的經驗來決定實踐的深廣度，以及其所得的結果。[57]

胡適注定是進不了杜威實驗主義的堂奧。他的〈不朽──我的宗教〉的初稿是1919年8月29日完成的。那時，「問題與主義」的論戰已經結束。以我的分期來說，他當時已經跨入杜威實驗主義的門欄。不只如此，他的〈不朽──我的宗教〉的最終版本是在1921年5月寫定的。可是，他在這篇文章裡討論靈魂不滅論的時候，居然還是繼續大放厥詞夸言他的實驗主義的「效果」證明論：

> 我們只好用實驗主義(Pragmatism)的方法，看這種學說的實際效果如何，以為評判的標準。依此標準看來，信神不滅論的固然也有好人，信神滅論的

---

56 《舍我其誰：胡適，第一部：璞玉成璧，1891-1917》，頁359-360。
57 John Dewey, "The Need for A Recovery of Philosophy," MW10.44.

也未必全是壞人。即如司馬光、范縝、赫胥黎一類的人，雖不信靈魂不滅的話，何嘗沒有高尚的道德？更進一層説，有些人因爲迷信天堂、天國、地獄、末日裁判，方才修德行善。這種修行全是自私自利的，也算不得眞正道德。總而言之，靈魂滅不滅的問題，於人生行爲上實在沒有什麼重大影響；既沒有實際的影響，簡直可説是不成問題了。[58]

　　胡適在跨入杜威實驗主義的門檻以後，常喜歡徵引杜威批評傳統哲學不老實的一句話〔請參考在本節結束所徵引的杜威的一段話〕。其實，胡適在這裡所大放厥詞的實驗主義的「效果」證明論，就説明了他自己不老實的地方。胡適説：「靈魂滅不滅的問題，於人生行爲上實在沒有什麼重大影響；既沒有實際的影響，簡直可説是不成問題了。」這句話是套用詹姆士的話，只是沒注明出處。詹姆士在《實驗主義》裡説：「哲學的功用應該是去找出：如果這個或那個人間信條是對的，它對你我在人生的任何片段，究竟有什麼重大的影響？」[59]

　　我説胡適不老實，因爲詹姆士的這句話，杜威在他爲詹姆士的《實驗主義》所寫的書評裡也徵引了。杜威這篇書評，胡適還在他的〈實驗主義〉裡徵引來批判詹姆士的宗教成見，表示他是用心讀過的。杜威在這篇書評裡説得很清楚，所有觀念都是待證的假設。從這個角度來看，哲學主要的功用並不是去看這些現成的信條到底對人生有什麼重大的影響，而是去證明、釐清它們的意義，以便把它們作爲行動的綱領去改造世界。

　　不但如此，杜威甚至進一步地指出這種説法的盲點：過去的社會之所以成爲那樣的社會，很可能就正因爲——我們就以靈魂不滅的觀念爲例——它有靈魂不滅的想法。胡適批評詹姆士：「不先把上帝這個觀念的意義弄明白，卻先用到宗教經驗上去。回頭又把宗教經驗上所得的『外快』利益來冒充這個觀念本身的價值。這就是他不忠於實驗主義的所在了。」[60]胡適因爲反基督教，所以他在這一個關節點上反詹姆士。他在此處借詹姆士的矛來攻靈魂不滅論——也就是攻基督教。問題是：他明明知道杜威已經説明了這根「矛」不中用，而且使錯地方。他批評詹姆士「不忠於實驗主義」，其實，他自己也半斤八兩。

　　值得令人玩味的是，「不朽」這個觀念，胡適用英文在中國和美國在演講中不知

58　胡適，〈不朽——我的宗教〉，《胡適全集》，1：660-661。
59　William James, *Pragmatism*, p. 50.
60　胡適，〈實驗主義〉，《胡適全集》，1：297。

道演練過多少次，特別是在他擔任中國駐美大使期間。即使以出版的版本爲準，也至少有兩個英文的版本。最早的版本"Immortality as a Guiding Principle in Life"〔不朽——一個人生的準則〕是他在1920年2月間寫的[61]。《當代名人哲理》（*Living Philosophies*）〈胡適篇〉是1931年在美國出版的[62]。然而，無論是在美國的演講裡，或者在他的英文版裡，胡適完全沒提起他這個實驗主義的效果證明論。這一方面是因爲胡適非常清楚美國社會的宗教氣氛，靈魂不滅論不是可以輕易調侃的。另一方面，胡適知道實驗主義云云，只有在「外來和尙會念經」的中國社會環境裡才會有「加碼」的作用，在美國那種教師只不過是知識販賣者的社會裡，說什麼實驗主義的效果證明論云云，換來的只會是翻白眼。更不用說，胡適在美國社會套用實驗主義，就不敢這麼大言不慚了。

在發表、改寫，以及演講〈不朽——我的宗教〉時候的胡適，已經是橫掃中國思想界一顆耀眼的彗星。胡適的名氣與地位已經到了可以讓他不需要擔心被懷疑、檢證的地步。他作爲杜威的入室弟子、實驗主義在中國的代言人的地位已經底定，沒有人會挑戰他對實驗主義的了解。名氣與地位使然，讓胡適已經到了要不自負都已經很困難的地步。無怪乎他在1921年編《胡適文存》第一集，校改了〈實驗主義〉七篇的時候，會躊躇滿志地說了我在本章起始已經徵引過的這段話：「現在仔細看來，這幾篇卻有存在的價值。恐怕現在英文的論實驗主義的書，如Murray的*Pragmatism*之類——沒有一部能比我這一本小冊子的簡要而精采。」反正當時中國能了解實驗主義的人，恐怕連用屈指能數這句成語來形容都已經是太誇張了。

由於當時中國讀過杜威著作的人屈指能數還必須打折扣，胡適可以大膽地借用杜威的話拿來說成是自己的而不加注腳。最典型的例子發生在1925年5月17日下午，北大哲學系舉辦哲學系師生聯歡會的場合裡。當天，梁漱溟在致辭的時候說：

> 我記得民國七年〔1918〕哲學系同學畢業，亦曾開會。當時陳仲甫〔陳獨秀〕先生說：英文系畢業的出來找事情，介紹人可以說某君英文很好；國文系畢業的，亦可以說某君國文很好。惟獨哲學系畢業的，介紹職業時，則不能說某君哲學很好。
> 後來有一位哲學系同學，當畢業時曾寫信給我說：「畢業一到，如喪考

61　Hu Shih, "Immortality as a Guiding Principle in Life,"《胡適全集》，35：262-273。
62　Hu Shih, *Living Philosophies* (New York: Simon & Schuster, 1931), pp. 235-263;《胡適全集》，36：492-528。

姒。」

……

　　細想陳仲甫先生所說的話，似乎還不很對。我以爲英文系、國文系畢業的，都不過具有普通的學問，是範圍很大而很膚淺的。以哲學系畢業去做英文或國文教員，亦未嘗不可。不過我們不應當這樣苟且。我們當從深一層用功夫，才能替社會打開大道，使人人都可有地方去。

梁漱溟說完了以後，換胡適致辭。胡適致辭裡有一段是針對梁漱溟的：

　　梁漱溟先生引陳先生的話，說哲學系畢業的，不能說某君哲學很好。但我以爲是可以說的，因爲哲學是眼光(Philosophy is vision)。說某君哲學好，並不是說某君能背多少書。[63]

　　胡適這句「哲學是眼光」的話，是杜威說的。其出處有二。其一是杜威的〈哲學亟需復蘇〉(The Need for A Recovery of Philosophy)。杜威這本以該篇篇名爲書的著作是胡適在扉頁上說是他1917年2月在紐約買的。我在上文說明這篇文章大概是胡適1919年對實驗主義開竅那一年讀的。杜威在這篇文章裡說：

　　大家都多談哲學不是這個不是那個，而少談哲學究竟是什麼。其實，去替哲學定出綱目是不必要的，甚至是不智的。人類有許多燃眉之急與沉痾，是需要靠有素養的哲思(trained reflection)去幫忙釐清，是需要靠仔細地推展出來的假設去幫忙解決的。當人們了解哲學思考是與世事與共，而且能幫助解決問題的時候，哲學究竟是什麼的問題就迎刃而解了。哲學不能解決問題；哲學所提供的是眼光(philosophy is vision)、想像力、與思考——其本身在沒有付諸行動以前，不會改變任何東西，因此也解決不了什麼東西。然而，在我們所處的這個複雜、乖異的世界裡，任何行動如果沒有得到眼光、想像力與思考的助益，只有會使這個世界更爲混淆、更增加衝突，而不是使它更好。[64]

63　〈一九二五哲學系師生聯歡會紀事〉，《北京大學日刊》，第1700號，1925年5月22日，第一至二版。

64　John Dewey, "The Need for A Recovery of Philosophy," MW10.45-46.

第二個出處是杜威的《哲學的改造》(*Reconstruction in Philosophy*)的第一章，〈哲學概念的改變〉(Changing Conceptions of Philosophy)。這一章是胡適自己翻譯的。我在下文會說明胡適在徵得杜威的同意以後，把這第一章的篇名改爲〈正統哲學的緣起〉。杜威說：

> 傳統哲學強調它們比科學還要科學，強調哲學是必要的，因爲個別的科學無法找到那最後、最完全的眞理。有少數幾個持異議的人，像詹姆士，堅持「哲學所提供的是眼光」(philosophy is vision)，其主要的功用是在屛除人們的成見與偏見，並擴展他們對世界的視野。[65]

圖8　1925年5月17日，北大哲學系師生聯歡會合照，中排左七爲胡適(胡適紀念館授權使用)。

胡適爲什麼會這麼肆無忌憚地引而不注呢？寬恕地說，胡適可以爲自己開脫。因爲他老早就已經用「杜威教我怎樣思想」那句話，爲他一生引用杜威的地方作了一個

65　John Dewey, "Changing Conceptions of Philosophy," *Reconstruction in Philosophy*, MW12.91.

天馬行空式的總注，他大可以覺得他毋庸另行贅注。嚴厲地說，這是投機的剽竊。因為他知道上自北大哲學系的教授，下到哲學系的學生以及《北京大學日刊》的讀者，沒有一個人會知道他說的「哲學是眼光」這句話，其實是他神不知鬼不覺地從杜威那兒儳來的。

胡適在清夜自省的時候，還能夠提醒自己徒擁虛名的危險。他在1923年3月12日給韋蓮司的信上說：他的原則是要「名副其實，而不是徒擁虛名」(To live up to reputation, but never to live *on* reputation)[66]。然而，說比做容易。1927年4月10日，胡適在美國西雅圖等船回中國的時候，寫了一封信給韋蓮司，告訴她說他自己是生活在一個「侏儒的社會」裡：

> 妳恐怕永遠無法完全體會到我處境的危險。我是活在一個幾乎找不到在思想上能跟我同起同坐的人的社會——一個「侏儒的社會」！人人都盲目地崇拜著你，甚至連你的敵人也都盲目地崇拜著你。沒有一個人能規勸你，給你啓發。成敗都只靠你一個人！[67]

胡適說中國是一個「侏儒的社會」，不只是對韋蓮司說的。在那八個月以前，他人還在巴黎的時候，他就已經對他另外一個美國朋友葛內特(Lewis Gannett)說過了。葛內特是胡適留美時期和平反戰的戰友，我在《璞玉成璧》以及本部裡都提過。他在1926年8月22日從巴黎寫了一封信給葛內特。這封信是回葛內特在五個多月以前從北京寫給他的一封信。葛內特勸胡適離開上海，他說上海是一個頹廢的所在。他說胡適要攀升到巔峰，不能被頹廢的生活所拖累。胡適在回信裡承認他是鬆懈了。他說除了他前幾年身體不好以外，中國社會放眼望去盡是侏儒也是一個主要的原因：

> 生活在一個侏儒跟庸才的社會裡，能啓發自己的友伴——更不用說是領袖了——有如鳳毛麟爪，是足以讓人意氣消沉的，我甚至可以說是致命的。[68]

身處「侏儒的社會」，久而久之，胡適難免真會覺得他確實是一個巨人了。即使

66　Hu Shih to Clifford Williams, March 12, 1923，《胡適全集》，40：218。
67　Hu Shih to Clifford Williams, April 10, 1927，《胡適全集》，40：259。
68　Hu Shih to Lewis Gannett, August 22, 1926, Lewis Gannett Papers, 1900-1965 (bulk), MS Am 1888 (586), Houghton Library, Harvard University.

是杜威，相處久了，好像也不過爾爾。這是人情之常。西諺有云：「偉人在其管家眼中不過爾爾。」這其實是相對的。杜威夫婦從1919年4月30日抵達上海，到1921年8月2日離華，在中國兩年三個月的時間。我在第一章裡提到杜威夫人知道胡適有遠遁美國獨善其身的想法的時候，嗟嘆說：「這算是哪門子的愛國的思想邏輯呢？」杜威夫婦1919年11月初到東北去演講兼旅行的時候，胡適因為有事，不能為他們作翻譯。為他們作翻譯的是後來也去哥大留學的王作彥(音譯：Tso-yan Wang)。杜威在家信裡描寫王作彥比「他們平時的哲學家〔注：即胡適〕兼陪同稍微實際一點」[69]。

如果杜威夫婦對胡適稍有微言，胡適對杜威也逐漸能夠開始平視。對辯才無礙的胡適來說，替講起話來頓頓過過的杜威作翻譯，大概會讓他覺得他自己大可以起而代之。胡適在1921年7月6日杜威離華前幾天的日記說：「杜威不長於口才。每說話時，字字句句皆似用氣力想出來的。他若有演稿，尚可作有力的演說；若不先寫出，則演說時甚不能動聽。」[70]

我在《星星、月亮、太陽：胡適的情感世界》裡，列舉了他糾正韋蓮司拼錯字的例子，來說明胡適有好為人師的傾向[71]。現在胡適覺得自己已經可以跟杜威平起平坐，他又不禁那好為人師起來。1921年4月30日，胡適坐火車到天津去。他在當天的日記裡說：「車中我重讀杜威的《哲學的改造》第一章，改譯為〈正統哲學的緣起〉，似勝英文原篇名。」[72]杜威《哲學的改造》第一章的篇名是〈哲學概念的改變〉(Changing Conceptions of Philosophy)。《哲學的改造》中譯本出版的時候，胡適還加了一個注說明：「這一篇原文題為The Changing Conceptions of Philosophy，既不易譯成中文，又不很明瞭，故我曾請得杜威先生的同意，改題為〈正統哲學的起源〉。」[73]

胡適不但替杜威改篇名，他甚至為杜威批改英文。1922年4月25日，胡適在日記裡記他當天在課堂上講陸九淵的哲學方法。他說陸九淵的方法固然是對朱學的反動，卻有武斷的危險。他引了一段杜威在《實驗邏輯論文集》裡的話來作他的注腳。有趣的是，他不只是引了杜威的原文，他還替杜威改英文。改完了以後，還加了一個眉批：「此句原文稍拙，略為改動，便易懂了。」胡適的批改如下：

69　John Dewey to Dewey children, 1919.11.09 (03572), The Correspondence of John Dewey, 1871-1952. Electronic Edition, Volume 2: 1919-1939.

70　胡適，《胡適日記全集》，3：166。

71　拙著，《星星・月亮・太陽——胡適的情感世界》(台北：聯經出版公司，2007)。

72　《胡適日記全集》，3：9。

73　胡適，〈杜威著正統哲學的起原〉，《胡適遺稿及秘藏書信》，9：458。

Now it is an old story that [while] philosophers, in common with theologians and social theorists, are ~~as~~ sure that personal habits and interests shape their opponent's doctrine[,] ~~as~~ they are [equally sure] that their own beliefs are "absolutely" universal and objective in quality. Hence arises that dishonesty and insincerity characteristic of philosophic discussion. (*Essays in Experimental Logic*, p. 326)〔眾所周知，哲學家跟神學家、社會理論家都一樣，他們都認爲他們的論敵的理論是受到了個人的習慣和利益的影響，而他們自己的信念則完全具有「絕對」的普世跟客觀的價值。因此，哲學的討論常帶有不老實的色彩。《實驗邏輯論文集》，頁326〕

凡是懂英文的人，看到這一段，都一定會擊節讚嘆胡適的批改果然高明。他讓句型結構原封不動，只輕鬆更動了幾個字，讀起來就完全不拗口了。杜威的文字以難懂著稱。然而，歷史上敢提起筆來替杜威改文字的人，胡適大概是第一人。

好政府主義

好政府主義是了解胡適一生政治思想的鎖鑰。這個好政府主義是一個經過二十年的沉潛與醞釀而漸次蛻變的觀念。從留美時期開始，到1920年代初期，它已經雛形初具。到了1930年代，好政府主義又進一步地演變成爲專家政治的理念。胡適在「民主與獨裁」的論戰裡，提出那句令人瞠目結舌的「民主政治是幼稚園的政治」的話，其背後的立論基礎就是這個專家政治的理念。到了1940年代初期，這個專家政治的理念又更上了一層樓，成爲專家政治的禮讚。換句話說，胡適搖身一變，成爲一個傳教士，向美國人傳專家政治的「福音」。所有這些後來精采的故事，都有待下回分曉。

這個胡適醞釀了二十年之久，從好政府主義演變成爲專家政治的理念的歷程，胡適在1940年9月19日的日記裡作了一個說明。當天，他在賓州大學創校兩百周年慶典會議上宣讀了〈工具主義的政治概念〉（Instrumentalism as A Political Concept）。胡適對這篇論文的滿意，充分地流露在他這則日記裡爲自己「戲臺裡喝采」的話裡：

這論題是我廿年來常在心的題目，我因自己不是專研究政治思想的，所以總不敢著文發表。去年Dr. Dewey八十歲，我才作短文發表；今年改爲長文，登在*The Philosopher of the Common Man*〔《老百姓的哲學家》〕論集

裡。今回又重新寫過，費了一個月工夫，還不能滿意。但這一年的三次寫文，使我對此題較有把握，輪廓已成，破壞與建立兩面都有個樣子了。[74]

好政府主義不但是了解胡適一生政治思想的鎖鑰，由於它的肇始、醞釀，與蛻變的軌跡，斑斑具在，好政府主義也因此變成了「杜威先生教我怎樣思想」一個最理想的個案分析。更有意味的是，由於這個理念經過了二十年的醞釀與淬鍊，胡適從好政府主義演進爲專家政治的理念的歷程，就也同時爲我們提供了一個絕佳的個案，來分析胡適如何從啃讀、推敲、解析杜威，演進到篩選、挪用，甚至批改杜威。在這個從學習演進到挪用的過程中，胡適自然也汲取、挪用別人的觀點。這些也都是本書分析的對象。然而，他來自於杜威的立論基點已定，其他都是枝解。

到現在爲止，對胡適的好政府主義作過最詳盡的分析的是李建軍。他指出胡適的好政府主義有「好人」政府跟「有計畫」的政治這兩個成分。同時，他也詳細地分析了胡適好政府主義的立論基礎——工具主義的政治哲學[75]。我在本節裡要更上一層樓，除了細緻地分析胡適好政府主義形成的來龍去脈以外，還要精確地重建出胡適一點一滴地受到杜威影響的軌跡。

誠如李建軍所指出的，胡適的好政府主義有「好人」政府跟「有計畫」的政治這兩個成分。然而，胡適終於會體認到「好人」必須是附麗在「計畫」之下的。換句話說，徒有「好人」，沒有「計畫」，還是無濟於事的。更有甚者，「好人」政府的觀念，從某個層次來說，是胡適傳統道德觀念的殘存。我在《璞玉成璧》裡，已經詳細地分析了胡適從上海時期到留美初期的修身的焦慮。他那早期所服膺、所爲之而戰戰兢兢的「古之學者爲己，今之學者爲人」的戒律，可以說是他心靈裡的「傳統道德的沉澱」。

然而，從另一個層次來說，胡適這個「好人」政府的理念，完全反映了我在〈男性與自我的扮相：胡適的愛情、軀體，與隱私觀〉一文裡所闡釋的，是胡適的男性觀的體現。在胡適這個君子、騎士的男性觀的理念之下，「私」領域與「公」領域之間的界域並不是涇渭分明的，而其實是有交集的存在的。換句話說，在私德與公德交集的所在，其行爲是有共同的準則可循的。私領域裡的行爲，包括婚姻與愛情，與公領域裡的行爲，從待人接物、政治參與，到國際關係，都必須同樣地遵循理性、法治、

74 《胡適日記全集》，8：66。
75 李建軍，《學術與政治——胡適的心路歷程》（香港：新世紀出版社，2007），頁129-166。

井然有序的準則[76]。

胡適在1915年5月23日的留學日記裡，記他讀了梁啓超在《大中華》雜誌第1卷第2期上所發表的〈政治之基礎與言論家之指標〉。梁啓超在這篇文章裡感嘆中國幾乎所有政體都已經嘗試過了，可是就是沉痾不起。他認為中國所欠缺的，是現代政治的先決條件：

一、有少數能任政務官或政黨首領之人，其器量，學識，才能，譽望，皆優越而為國人所矜式。

二、有次多數能任事務官之人。分門別類，各有所長，執行一政，決無隕越。

三、有大多數能聽受政譚之人，對於政策之適否，略能了解而親切有味。

四、凡為政治運動者，皆有相當之恆產，不至借政治為衣食之資。

五、凡為政治運動者，皆有水平線以上之道德，不至擲棄其良心之主張而無所惜。

六、養成一種政治習慣，使卑污闒冗之人，不能自存於政治社會。

七、有特別勢力行動軼出常軌外者，政治家之力能抗壓矯正之。

八、政治社會以外之人，各有其相當之實力，既能為政治家之後援，亦能使之嚴憚。

梁啓超認為這些先決的條件不是可以速成的。除了埋頭從事教育以期養成以外，別無他途。他於是引孟子的話：「猶七年之病，求三年之艾。苟為不蓄，終身不得。」梁啓超深知這種「求三年之艾」馬拉松式的治本之道不是人人都能接受的。他說反對的人會說：「今之政象，岌岌不可終日，豈能持此十年樹木百年樹人之計？恐端緒未就，而國之亂且亡已見矣。」梁啓超的回答是：「雖國亡後，而社會教育猶不可以已。亡而存之，舍此無道也。」

梁啓超這篇文章，胡適在日記裡說：「其言甚與吾意相合。」[77]梁啓超對胡適早期思想形成的影響極大。梁啓超在此處所引的孟子的話，以及他所說的「十年樹木百

---

76 請參閱拙著，"Performing Masculinity and the Self: Love, Body, and Privacy in Hu Shi" *The Journal of Asian Studies*（May, 2004）, pp. 305-332；中文版請參閱江勇振，〈男性與自我的扮相：胡適的愛情、軀體與隱私觀〉，《現代中文學刊》（上海）2011年第6期（2011年12月），頁66-70。

77 《胡適日記全集》，2：119-121。

年樹人」，以及「亡而存之，舍此無道也」等等語句，跟胡適的想法何其相識！我在《璞玉成璧》裡，已經分析了梁啓超對上海時期胡適的影響。然而篇幅所限，更進一步、更詳細的分析只好有待後起之秀了[78]。

梁啓超在〈政治之基礎與言論家之指標〉這篇文章裡有一個關鍵性的論點。他說一個現代中國第一個應該具備的先決條件是要有少數能任政務官或政黨首領之人。其次，是要有次多數能任事務官之人。這「政務官」與「事務官」的分野，是了解胡適「好人」政府一個重要的起點。換句話說，胡適的「好人」是政務官，而不是事務官。這是討論胡適的「好人」論所不能忽略的一面。無論是他在留美時期，或者是他在1920年代初期所討論的「好人」政府，都必須從這個角度來探討。

胡適留美時期的好朋友，當時在哈佛大學商學院讀書、不會說中文的夏威夷華僑鄭萊(Loy Chang)，在1916年8月14日給胡適的一封信裡談到了領袖的問題。他說他記得胡適在三年前跟他說過，說中國所亟需的，是一個新的人生哲學(philosophy of life)。鄭萊說不必。他說：

> 我一直不能明白，爲什麼我們古代聖賢的教諭無法感召(inspire)我們國家的「領袖」去爲國奉獻？他們有獻身的機會，但是就從來沒有受到孔子、孟子，以及其他歷史上偉大的聖賢的感召和領導。我認爲我們古代的聖賢的精神足以引領我們的領袖。我們不需要從基督教或世界上的任何其他哲學去找靈感。我的意思是説，如果我們國家的領袖能具有傳統聖賢所教導的精神，我們就可以造就一個又強又好的國家和社會。那物質上有效率的制度，甚至是現代的組織，都是不難求的。**只要**我們國家的領袖能公忠體國、以國家公益爲先、以傳統爲榮、不屈不撓地與列強周旋、忠誠合作，其他都是枝節——組織政府、訂定財政制度、設立教育系統、發展工業、編預算、造鐵路等等。[79]

鄭萊在這封信裡，說胡適在三年前說中國亟需一個新的人生哲學。這句話很重要，因爲在這三年以前，胡適方才從他對基督教德育的力量佩服得五體投地的心裡狀態之下解脫出來的時候。詳情請參閱我《璞玉成璧》的第七章。無論如何，不管他是

78　前筆的研究，請參閱張朋園，〈胡適與梁啓超——兩代知識份子的親和與排拒〉，《近代史研究集刊》第15期(1986年12月)，頁81-108。
79　Loy Chang to Hu,「胡適檔案」，E149-007。

否同意鄭萊的觀點，認爲傳統中國的道德哲學足以成爲現代中國領袖的精神食糧，他應當是接受了鄭萊的看法，認爲領袖的養成是中國的急務。他在鄭萊給他這封信的半年多前，也就是1916年1月4日，在《留學日記》裡，摘錄了鄭萊給他的另一封信裡的話：「有些人注定是要成爲領袖。他們想得認眞(think hard)，也作得認眞(work hard)。這就是領袖的秘訣。」[80]這封英文信，可惜現在已經不存。更有意味的是，胡適自己很可能都是以未來中國的領袖自期。不但如此，胡適的這個志向很可能也是他留美時期的至交所深知的。我在《璞玉成璧》的第八章，徵引了胡適離開綺色佳轉學到哥倫比亞大學時候贈別任鴻雋的一首詩。其中有句：

> 君期我作瑪志尼(Mazzini)〔義大利獨立建國三傑之一〕，
> 我祝君爲倭斯襪(Wilhelm Ostwald)〔德國化學家〕。

這句詩道盡了一切。

不管是因爲胡適的「傳統道德的沉澱」，還是因爲他留美時期對領袖——政務官——的自期與期許，胡適一直要到1920年代初期，才會體認到「好人」必須附麗在「計畫」之下方才可行。比如說，他在1921年7月30日的日記裡，還提到他前一年在南京說過一句話：「政治的腐敗皆由於好人不肯任事，故讓壞人無忌憚的去幹。」[81]甚至到了他在1922年5月13日所寫的〈我們的政治主張〉裡，雖然「計畫」已經成爲這篇政治主張的主旨，他還是不自覺地重彈他「好人」的老調：

> 我們深信中國所以敗壞到這步田地，雖然有種種原因，但「好人自命清高」確是一個重要的原因。「好人籠著手，惡人背著走。」因此，我們深信，今日政治改革的第一步在於好人需要有奮鬥的精神。凡是社會上優秀分子，應該爲自衛計，爲社會國家計，出來和惡勢力奮鬥。

一直要到1922年10月27日，胡適才在日記裡明明白白地寫說：「『好人』政府不等於『好』政府。好政府不但要人格上的可靠，還要能力上的可以有爲。」[82]然而，「好政府不但要人格上的可靠，還要能力上的可以有爲。」這句話其實並沒能反映出

80　《胡適日記全集》，2：156。
81　《胡適日記全集》，3：233-234。
82　《胡適日記全集》，3：904。

胡適的好政府主義的眞諦。我們必須注意胡適說這句話的脈絡。胡適說這句話的時候，他並不是在討論他的好政府主義，而是在品評當時入閣的幾個朋友。其中有兩位參與了連署他那篇提倡好人出頭與「惡勢力奮鬥」的〈我們的政治主張〉：王寵惠與羅文幹。由於他們是連署人，他們入閣以後，就得了「好人內閣」的雅號。胡適這則日記說：「好政府不但要人格上的可靠，還要能力上的可以有爲。」他的下文就說明了一切：「亮疇〔王寵惠〕竟是一個無用之人；鈞任〔羅文幹〕稍勝，但也不能肩此重擔；少川〔顧維鈞〕稍鎭靜，頭腦也稍明白，但他終爲羅、王所累，不能有爲。」

個人的人格與能力只是好政府的先決條件，而不是充分條件。換句話說，徒有「人格上可靠，能力上可以有爲」的政務官，並不足以造成胡適所主張的好政府。這個好政府的充分條件是計畫。這個「計畫」的觀念的來源無他，就是杜威。其啓蒙的時間與所在是胡適留美的後期。

我在《璞玉成璧》的第六章裡，詳細地分析了胡適在1916年6月的得獎論文：〈國際關係有取代武力之道否？〉(Is There a Substitute for Force in International Relations?)。那篇論文是他參加「美國國際調解會」(American Association for International Conciliation)在1916年的徵文比賽所寫的。這篇論文是胡適從絕對不抵抗主義轉變到國際仲裁主義的里程碑。他立論的核心觀念是來自於安吉爾(Norman Angell)的國際仲裁主義，在立論上所用的概念和語言則來自於杜威。

簡短地摘述來說，胡適這篇得獎論文的論述語言是來自於杜威在1916年發表的兩篇文章：〈力量、暴力與法律〉(Force, Violence and Law)；以及〈力量與制裁〉(Force and Coercion)。這兩篇杜威的論文，胡適在1940年3月2日給杜威的信，稱之爲他的「舊愛」。杜威這兩篇文章的主旨在說明力量「所意味的，不外乎是讓我們達成目的的諸條件的總和。任何政治或法律的理論，如果因爲力量是殘暴的、不道德的，就拒絕去處理它，就會落入了感情用事、冥想的窠臼」。他說，由於天下沒有一件事情可以不用力量來完成，因此，我們沒有理由去反對任何在政治、國際、法律、經濟上借助力量來達成目的政策或行動。杜威說衡量這些政策或行動的標準，「在於這些工具在達成目的的效率及其所用的力量的多寡。」

把「經濟」與「效率」的觀念運用到政治和國際的事務上，那「好政府」，甚至是胡適在1930年所的「專家政治」的雛形也就呼之欲出了。胡適在〈國際關係有取代武力之道否？〉的結論，就是最雄辯的例證：

　　　傳統的政治手腕(statesmanship)——那種應時、循事而隨波逐流的政治手

腕——從來就沒有像今天一樣，對這個世界帶來那麼大的破壞與苦痛。人類可以用智慧與機智來策劃、管制國際關係的可能性，也從來就沒有像今天一樣的大。我們要繼續允許我們的政客得過且過(muddle through)，讓自己被「事態的自然發展」(the march of events)拽著走，然後一邊安慰自己說：「到了我們的下一代，就會是太平盛世了」嗎？

1916年夏天，就在胡適為出版而增訂、潤飾他的得獎論文的時候，他在7月20日的《留學日記》寫了一段話：

> 吾國幾十年來的政府，全無主意，全無方針，全無政策，大似船在海洋中，無有羅盤，不知方向，但能隨風漂泊。這種漂泊(drift)，最是大患。一人犯之，終身無成；一國犯之，終歸滅亡……欲免漂泊，須定方針。吾嘗以英文語人云："A bad decision is better than no decision at all."此話不知可有人說過；譯言：「打個壞主意，勝於沒主意。」今日西方人常提「功效主義」(efficiency)。其實功效主義之第一著手處便是「籌劃打算」……[83]

這一則日記裡所說的「主意」、「方針」、「政策」也者，就是胡適從他的「舊愛」——杜威那兩篇文章——所領悟出來的道理，也就是他後來的「好政府主義」以及「專家政治」思想的胚芽。事實上，胡適說：「杜威先生教我怎樣思想。」可是他從來就沒交代說杜威怎樣教他思想。我在本章以及以下幾部的分析，不但可以一步步地幫忙我們了解杜威怎樣教胡適思想，而且可以很明確地說杜威是從什麼時候開始教胡適怎樣思想。那時間就是1916年，那教胡適怎樣思想的教材就是這兩篇胡適的「舊愛」——〈力量、暴力與法律〉以及〈力量與制裁〉。

除了杜威的影響以外，還有另外一個來自西方的因素也是不可忽視的，那就是功利主義(Utilitarianism)所揭櫫的「最大多數人的最大的幸福」的原則。這是胡適在留學時期就已經接受的了。我在《璞玉成璧》的第六章裡，分析了1915年6月在康乃爾大學召開的第一屆「國際政策討論會」(Conference on International Relations)。胡適在這個討論會上所發表的論文題目是：〈強權就是公理嗎？國際關係與倫理〉(Does Might Make Right? International Relations and Ethics)。胡適在這篇論文裡用功利主義

83　《胡適日記全集》，2：368。

的原則，來作爲衡量法律、政治、外交政策的基準。換句話說，一個政策、法律、制度是好是壞，端賴其是有助於還是有礙於「最大多數人的最大的幸福」。

我們幾乎可以用一個公式來表達胡適在留美時期的好政府主義的思想胚芽：「主意」＋「方針」＋「政策」＋「最大多數人的最大的幸福」＝好政府。

如果胡適的好政府主義思想的胚芽，可以溯源到杜威1916年那兩篇分析力量的有效利用的文章，我認爲他好政府主義思想從胚芽苗長成爲幼苗也是拜杜威之賜。前者發生在胡適留美的後期，後者則發生在杜威訪華的期間。杜威在中國的兩年當中給胡適的影響極大，無怪乎胡適會說：「杜威先生教我怎樣思想。」就以好政府主義來說，就有兩個必須點出的關鍵。這兩個關鍵都跟胡適閱讀、詮釋杜威有關。第一個關鍵發生在1919年9月，也就是在他替杜威翻譯〈社會哲學與政治哲學〉演講的時候。

我在前一節已經提到杜威〈社會哲學與政治哲學〉的第二講。杜威在這個第二講裡談到第三派的哲學。這第三派的哲學，毋庸贅言，亦即實驗主義哲學。就在這個第二講裡，杜威有一段話，我認爲是了解胡適好政府主義的關鍵：

> 第三派的社會政治哲學是受到科學精神洗禮過的。它是實驗主義的、工具主義的，亦即它的目的是要成爲一種藝術、一種應用科學、一種社會工程（social engineering）。政治是一種藝術。但不是那種盲目的、習以爲常的，或者魔術式的藝術，也不是讓權謀或既得利益階級來控制的。它的理想是：爲了公眾的利益，我們要在公眾事務上引進一些比較有計畫(conscious)的管理方法。
>
> 就正因爲政治是一種藝術，政治就不能讓特殊利益或黑幕之後的利益團體所控制。政治也許可以變成一種類似工程的藝術，雖然它在程度上或數量上也許比不上工程學，但至少在質量上可以相彷彿。
>
> 築鐵路、造橋，鑿運河、建發電機，就是認識到人類需求的至上。那就是利用實際的知識來爲集體的人類的理想服務。這種知識的應用是建立在科學之上，而不是盲目、偶發、湊巧，或只是遵循傳統的。那是用有條不紊的方法去規劃、執行，把自然界導向我們所要的方向。同樣地，我們的社會政治理論也必須能讓我們用來從事社會的改造、社會的工程，同時也在應用中得到檢證。[84]

84　無作者名[John Dewey], "SPP [Social and Political Philosophy]," Lecture II, 6-7, 「胡適檔

我在前一節的分析裡，已經指出胡適的翻譯非常不精準，因為他用的是意譯的方式。不但如此，我比較杜威的講稿與胡適的翻譯，發現他幾乎完全沒遵照杜威論述的次第，而是把它完全打散，重新組合，幾乎等於是重新譯述改寫的方式。杜威的這段話，我在胡適的譯文——高一涵記錄的版本——裡，所能找到最接近的是：

> 社會科學都是應用科學，所有的學理應該可以幫助人生行為、指導人生方向，使達到人生希望的目的。這便是工具主義的態度，便是實驗的態度。社會的哲學不是純粹科學，乃是應用科學。譬如經濟學不單是說明經濟現狀就算完事，必定要從經濟現狀中找出一個方向，叫人照這方向走去，得到最大最多的幸福。譬如政治學，也不是單記載政治現狀就算完事，必定要想出醫治現狀的方法，找出修補現狀的工具，使大家得到安寧幸福才對。社會科學如經濟學政治學等都是一種技術，所以必定要社會哲學來指導他們，批評他們，告訴他們哪種是好的，哪種是壞的，這便是社會哲學和社會科學的關係……人類行為如果想不靠天、不靠運氣、不靠機會，必定要有一種科學的智慧知識來指揮引導才成。[85]

我們大概永遠不會知道胡適的翻譯跟杜威實際的講詞之間的距離有多大。杜威的講稿應當是相當接近於他實際的演講詞。這是因為杜威的講稿並不是大綱，而已經是用完整的句子作論述的論文形式。同時，杜威的講稿裡，至少有兩處有他用手寫說要濃縮的夾注。一處說：「上述幾點會在演講時濃縮。」另一處說：「會跟第六頁一起濃縮。」[86]值得一提的是，「毋忘」的記錄雖然稍微簡略，內容跟用詞，基本上跟高一涵的相同。我們比較杜威講稿的原文跟胡適的翻譯，很自然可以注意到他的翻譯非常不精準。但那是當時翻譯的模式，不能特別怪胡適。有關這點，詳細的分析有待第七章。不但如此，杜威原稿裡根本沒有「最大最多的幸福」這句功利主義的話。這完全是胡適順手拈來，既作為譯述，也作為澆自己塊壘用的。

重點是，幾個可能成為胡適好政府主義立論基礎的關鍵字，胡適都翻譯了。比如說，杜威稱新的社會政治哲學為應用科學，胡適也是這麼翻譯。又如，杜威把政治說

（續）————————————
　　案」，E087-001：「作者不可辨識卷宗」。
85　高一涵記，〈杜威博士講演錄：社會哲學與政治哲學(二)〉，《新青年》7卷1號，頁131。
86　無作者名[John Dewey], "SPP [Social and Political Philosophy]," Lecture II, pp. 4 and 7,「胡適檔案」，E087-001：「作者不可辨識卷宗」。

成是一種社會工程的藝術，胡適乾脆就把它簡單地翻成「技術」。杜威所說的「社會工程」這個關鍵字，胡適沒翻譯出來。這點我覺得不足爲奇。「社會工程」這個從英文翻譯過來名詞，我們今天已經習以爲常。可是在胡適那個時代，這個名詞如果翻成中文，恐怕沒有任何一個人能了解它的意思！

　　杜威在〈社會哲學與政治哲學〉的第十二講裡，還有一段話，完全可以作爲胡適好政府主義的理論基礎。奇怪的是，這一段話胡適沒譯出來。而且他在杜威的打字稿上，也沒畫線。這雖然奇怪，但並不完全意外。我在下一節還會舉一個例子，來說明胡適雖然在杜威原稿上的一個關鍵字下邊畫了雙線，卻仍然沒把它譯出來。難不成胡適想把那觀點留下來自己用？眼前這個例子，情況可能不同。胡適漏譯的原因，很可能是因爲杜威這一段話是緊接在他指摘自由主義的一長段。胡適很可能因爲不譯那段，而連帶地把這一段他講好政府主義的話也給忽略掉了。杜威這一段話是說：

　　　　事實上，政府是一種實現公眾利益的工具。人類有許多公共事務，其成敗的結果是大家禍福與共的。比如說，道路、通訊、學校、自來水、錢幣、土地、煤礦等等。這並不意味著說這些公共設施必須公有。然而政府的職責在確保這些公共設施是爲公眾服務，而不是爲私人牟利。這個目標雖然有道德的意涵，然而如何達成它卻是一個科學的問題。[87]

　　毫無疑問地，如果我們單就胡適在杜威第二講所譯出來的那一段話作爲例子，杜威在講稿裡對社會工程的禮讚確實要比胡適的譯文所表達的要強烈得多了。然而，胡適的譯文是一回事，他自己對杜威的理解與詮釋又是另一回事。胡適在翻譯的時候，必須要考慮到他的聽眾是否能聽懂以及將來的讀者是否能讀懂。可是，他自己就不一樣了。我認爲如果我們把杜威在〈社會哲學與政治哲學〉第二講跟第十二講的這兩段引文，作爲是胡適好政府主義的立論來源，應該是不會是太離譜的判斷。

　　如果胡適好政府主義的立論來源是在杜威的〈社會哲學與政治哲學〉的第二講，杜威在《哲學的改造》的第二章裡，又爲他提供了一個關鍵性的觀念：

　　　　柏格森指出：人類也許可以被稱爲「製造工具的動物」（Homo Faber）。

87　無作者名[John Dewey], "SPP [Social and Political Philosophy]," Lecture XII, p. 7,「胡適檔案」，E087-001：「作者不可辨識卷宗」。

他與其他動物的不同，在於他是一種製造工具的動物。這句話可以成立，因
爲人畢竟是人。但是，在人類用機械的眼光去看待自然界以前，人類用製造
工具的方法來應付、改變自然界的場合，其實都是偶發和湊巧的。如果柏格
森活在當時，他恐怕絕對不會認爲人類製造工具的能力特別到可以拿來作爲
描述他的特徵的程度。[88]

誠然，柏格森這句「人類是製造工具的動物」話，是他在《創造的演化論》
(*Creative Evolution*)裡所說的話。這本書胡適1918年冬天委託日本的丸善書店所訂購
的十七本書裡的一本。這本書胡適在1919年初收到以後，在扉頁上簽了「Suh Hu,
1919」的字樣。然而，我們都知道，書買了不一定就看。我猜測胡適是從杜威的書裡
讀到柏格森的這句話的。

杜威的《哲學的改造》是他1919年春天在日本東京大學所作的演講，1920年出
版。由於胡適1920年的日記只有簡略的「日程表」，1921年的日記又是從4月底才開
始記，我們不知道胡適是什麼時候開始讀杜威的《哲學的改造》。胡適第一次在現存
的日記裡提到杜威的這本書，是我在本章上節所引的1921年4月30日的日記：「車中
我重讀杜威的《哲學的改造》第一章。」

胡適第一次在公開場合講好政府主義是在安徽的安慶，時間是在1921年8月5日。
他在當天的日記裡說，這是他「第一次公開的談政治」。他在這篇日記裡摘述了他演
講的內容：

一、好政府主義是一種有政府主義，是反對無政府主義的；
二、好政府主義的基本觀念是一種政治的工具主義（political
instrumentalism）：
　1.「人類是造工具的動物」（柏格森）。政治的組織是人類發明的最大工
　　具；
　2. 這種工具是一種有組織、有公共目的的權力。法律制度都是這種權力
　　的表現。權力若無組織，若無共同的目標，必至於衝突，必至於互相
　　打消。政治與法律的權力，因有組織，因有公共目標，故可指引各方
　　面的能力向一個共同的趨向走去，既可免衝突，又可增進效率；

88　John Dewey, "Reconstruction in Philosophy," MW12.120.

3. 這種工具，若用得當，可發生絕大的效果，可以促進社會全體的進步；

三、「工具主義的政治觀」的引申意義：

1. 從此可得一個評判政府的標準：政府是社會用來謀最大多數的最大福利的工具，故凡能盡此職務的是好政府，不能盡此職務的是壞政府；

2. 從此可得一個民治(人民參政)的原理。工具是須時時修理的。政府是用人做成的工具，更須時時監督修理。凡憲法、公法、議會等等都是根據這個原理的；

3. 從此可得一個革命的原理：工具不良，修好他。修不好時，另換一件。政府不良，監督他，修正他；他不受監督，不受修正時，換掉他。一部分的不良，去了這部分；全部不良，拆開了，打倒了，重新改造一個；一切暗殺、反抗、革命，都根據於此；

四、好政府實行的條件：

1. 要有一個簡單明白、人人都懂的公共目標：好政府；

2. 要一班「好人」都結合起來，為這個目標做積極的奮鬥。好人不出頭，壞人背了世界走！

3. 要人人都覺悟，政治不良，什麼事都不能做。[89]

胡適在安慶所作的這篇「好政府主義」的演講有六點值得注意的地方。第一、他是有意地與無政府主義者對峙。他在兩個月以前就已經在6月18日的日記裡說：「汪叔潛(建剛)來談……我對他說的話之中，有幾句話可記。我說：現在的少年人把無政府主義看作一種時髦的東西，這是大錯的。我們現在決不可亂談無政府；我們應該談有政府主義，應談好政府主義。」[90]

第二、胡適是借用柏格森的「人類是製造工具的動物」這句話來作為「工具主義」的政治觀的注腳。人類既然懂得要把日常生活所使用的工具精益求精，為什麼反而不懂得要去把他們所發明的最大的工具——政治組織——作得更為完善。

第三、他在此處所說的：法律制度都是權力的表現。權力要有組織、共同的目標，才可既免衝突，又可增進效率云云。這完全是他在1916年得獎的論文〈國際關係

89　《胡適日記全集》，3：259-262。
90　《胡適日記全集》，3：122-123。

有取代武力之道否？〉裡的論點。這也就是說，完全是他從杜威1916年那兩篇論文裡所汲取來的論點。

第四、胡適說：「政府是社會用來謀最大多數的最大福利的工具，故凡能盡此職務的是好政府，不能盡此職務的是壞政府。」這是他從留美時期就已經服膺的功利主義的觀點。他在翻譯杜威的〈社會哲學與政治哲學〉的演講的時候，甚至還擅自寫進去，彷彿那是杜威的觀點。

第五、他所意氣飛揚地說的：「工具不良，修好他。修不好時，另換一件。政府不良，監督他，修正他；他不受監督，不受修正時，換掉他。一部分的不良，去了這部分；全部不良，拆開了，打倒了，重新改造一個。」這一段話何其耳熟！原來就是他在1919年〈實驗主義〉裡描述詹姆士的時候所說的一段話的翻版：「衣服破了，該換新的；這枝粉筆寫完了，該換一枝」；「帆船太慢了，換上一隻汽船。這個媒婆不行，打他一頓媒拳，趕他出去，另外請一位靠得住的朋友做大媒。」胡適大言不慚地說，這是他的「革命的原理」。

我在分析他1919年所寫的〈實驗主義〉那一節，已經徵引了詹姆士的例子來說明改變永遠是一點一滴地，不可能是可以「全部不良，拆開了，打倒了，重新改造一個。」詹姆士說樂曲一旦作好以後，再怎麼改也必須用原調；房子一旦蓋好了以後，再怎麼改也必須用原來的地面圖。這就是為什麼我一再地說胡適可以跨近實驗主義的門檻，可是就是永遠進不了其堂奧的原因。

第六、胡適要「好人」結合起來。因為「好人不出頭，壞人背了世界走！」這句話胡適有時候是說：「好人籠著手，惡人背著走。」這反映的還是胡適留美時期的好的政務官的理念。更有意味的是，這句話原來可能也是杜威說的。杜威在《哲學的改造》裡說了一句話：「聖人修身養性去了，彪悍的惡人乘機當道。」（〔W〕hile saints are engaged in introspection, burly sinners run the world.）[91]

胡適這個「工具主義」的「好政府主義」當然不是杜威的工具主義。王遠義錯誤地認定胡適從1919年到1954年之間所篤信的工具主義的政府觀是祖述杜威的。王遠義雖然試圖從20世紀民主與獨裁對壘的思潮的脈絡下來分析胡適，但他卻墮入了「胡適說過就算主義」的窠臼而不自知。問題的癥結在於他是以胡適來解杜威，而不是讀杜威來解杜威。首先，他以杜威1919年秋天到1920年初在北大所演講的〈社會哲學與政治哲學〉作為杜威早期的工具主義的政府觀。殊不知杜威這一系列的演講是胡適翻譯

91　John Dewey, "Reconstruction in Philosophy," MW12.192.

的，是胡適是用漏譯、誤譯、以及「偷關漏稅」的方式，用杜威來澆他自己的塊壘。王遠義說杜威晚年發展出新的工具主義的政府觀。問題是，他的根據是胡適在1940年所發表的〈工具主義的政治哲學〉("The Political Philosophy of Instrumentalism")，以及1941年所發表的〈工具主義的政治概念〉("Instrumentalism as a Political Concept")[92]。殊不知胡適1940那篇為慶祝杜威八十壽慶所寫的文章根本就誤解了杜威的意思。胡適因此還被有「杜威的護法神」之稱的杜威的大弟子胡克(Sidney Hook)所抨擊。有關〈社會哲學與政治哲學〉的翻譯及其問題，我在下節會詳細分析。至於胡適在1940、1941年對杜威的誤解與挪用，則請待我在本傳下一部的分析。

自從胡適1921年8月5日在安慶作這一次公開的演講以後，他就開始認真地宣揚他的好政府主義。8月14日，他在上海的國語專修學校講「好政府主義」。10月22日又到中國大學演講「好政府主義」。他在1922年5月13日跟蔡元培等人在《努力週報》上聯名發表的〈我們的政治主張〉，等於是他的好政府主義再一次完整的引申。〈我們的政治主張〉對好政府的政治改革提出了三個基本的要求：一、要求一個「憲政的政府」，因為這是使政治上軌道的第一步；二、要求一個「公開的政府」，因為這是打破一切黑幕的唯一武器；三、要求一種「有計畫的政治」，因為計畫是效率的源頭，一個平庸的計畫勝於無計畫的摸索。這個「好政府」在消極方面可以因為制度的建立，而防止管理的營私舞弊。在積極方面可以作到兩點：一、充分運用政治的機關為社會全體謀充分的福利；二、充分容納個人的自由，愛護個性的發展[93]。

在「有計畫的政治」這個觀念明確地提出以後，胡適「好政府主義」的雛形於焉奠定。雖然我們不知道在胡適起草的這篇聯名提出的文章裡，別人所加入的意見為何。但是，我們幾乎可以確定這篇文章的基本立論是胡適的。「有計畫的政治」這個觀念是胡適的，這完全是可以斷言的。那「充分運用政治的機關為社會全體謀充分的福利」的觀點，也不折不扣的是胡適的，也就是他所服膺的「最大多數人的最大的幸福」的功利主義的原則。

比較值得令人玩味的是胡適「好政府」的第二個積極意義：「充分容納個人的自由，愛護個性的發展。」我在下一節會進一步地分析胡適是一個民主現實主義者(realist)。這所謂民主現實主義的意思，就是民主主義下的菁英主義。用胡適的話來

92　王遠義，〈惑在哪裡——新解胡適與李大釗「問題與主義」的論辯及其歷史意義〉，《台大歷史學報》，第50期（2012年12月），頁178-191。

93　胡適等，〈我們的政治主張〉，《胡適全集》，2：422-426。

說，就是老百姓是阿斗的意思。有關這一點我在本傳第三部還會再詳細分析。從民主現實主義者的角度看來，菁英政治與「充分容納個人的自由，愛護個性的發展」可以是並行不悖的。「民可使由之」，在民主政治的脈絡下，只不過表示「民可不預與治」而卻得以「享之」。這個「民享」是大可以讓阿斗充分享受他個人的自由和個性的發展的。杜威則完全不能同意這種民主現實主義。杜威堅持民主就是生活，是人類最高的道德理想。「立己」是民主的目的，「民治」是「民享」的必經之路。有關這點初步的分析，請看下一節。

胡適的「好政府主義」成形以後，至少有兩次對美國人演練的機會，至少在第二次演練的時候，他覺得是深為人稱許的。這兩次都在1931年7、8月之交。7月31日的日記說：

> 美國人Alfred M. Bingham〔秉漢〕（Senator Bingham〔秉漢參議員〕的兒子）來談。他問現在大家都不滿意於代議政治，有何補救之法？應用何種政治代替？我說，今日蘇俄與義大利的一黨專制是一種替代方法。但也許可以用「無黨政治」來代替。無黨政治並非絕不可能。試用孫中山的五權來做討論的底子：一、考試制度應該絕對無黨，……二、監察制度也應該無黨。三、司法制度也應該無黨。四、立法機關也可以做到無黨。選舉可用職業團體推選候選人，以人才為本位，任人自由選舉。選出以後，任人依問題上主張不同而自由組合，不許作永久的政黨結合。五、如此則行政部也可以無黨了。用人已有考試，首領人才也不妨出於考試正途。況且行政諸項，向來早已有不黨的部分。如外交，如軍事，本皆超於黨派之上。何不可推廣此意？此言不是戲言。[94]

第二次在8月6日：

> 早起與祖望同往秦王〔皇〕島，八點二十分開車……與Herbert Little〔李多〕談到北戴河……Little〔李多〕是Seattle〔西雅圖〕的一個有名的少年律師，今年二十八歲……我說：樂利主義是傾向個人主義的。故此公式的原意似乎是偏重個人的自由發展與個人的享受，即此就是最大多數人的最大幸

---

94 《胡適日記全集》，6：592-593。

福。但此公式也可作更廣泛的解釋,也可以解作社會主義的。此公式的好處正在其可以因時制宜。如在今日中國,即前一說似更重要。我也同他談前天我對Bingham〔秉漢〕談的無黨政治論。他很高興,說,「你應該替這個學說立一個好名字。」我說,名字八年前就有了,叫做「好政府主義」(Eunarchism)。[95]

胡適說在八年前就已經替他的學說取好名字了。1931年的八年以前是1923年。他所指的應該是好政府主義的英文名字,因為「好政府主義」這個中文名字,至少在1921年,也就是說至少在十年前就已經有了。這個英文名字是胡適自己創的,字典裡沒有。胡適是一個中英文的素養都屬上上乘的人。不論是中文或英文,他都喜歡用巧思。比如說,他在留美時期就編過兩句英語的格言。這兩句格言都是在1916年編的。第一句是前邊已經徵引過的,那就是他在7月20日編的一句話:"A bad decision is better than no decision at all."(打個壞主意,勝於沒主意。)另一句是11月9日編的:"Expression is the best means of appropriating an impression."(捕捉感覺、印象最好的方法,是用語言文字去把它表達出來。)[96]另外一個絕佳的例子,是他在〈不朽——我的宗教〉的英文版裡,為他的「三不朽」所取的英文縮寫簡稱:「3W」,亦即,「立功」(Work)、「立德」(Worth)、「立言」(Words)[97]。

胡適自創好政府主義的英文名字的巧思,溥儀的英文老師莊士敦(Reginald Johnston)有一段頗有意思的描述:「有人問胡博士說:人家說少年中國要的是無政府主義,老中國要的是帝制主義,這是真的嗎?他的回答很有巧思:兩者都要的是好政府主義。」這個回答之所以有巧思,是因為在英文裡,這三個字的字尾都是"-archy"——"an-archy"〔無政府主義〕、"mon-archy"〔帝制主義〕、"eu-archy"〔好政府主義〕。莊士敦認為胡適創的這個字顯然是源於希臘文,"eu-"意指「好的」。因此,這個字裡的"n"是多餘的,於是他認為「好政府主義」這個英文字應該是拼成"Euarchism"[98]。

95　《胡適日記全集》,6:595-596。
96　《胡適日記全集》,2:441。請注意胡適有他自己的翻譯,與筆者不同。胡適自己在1921年7月21日所記的翻譯是:「你若想把平時所得的印象感想變成你自己的,只有表現是最有益的方法。」《胡適日記全集》,3:217。
97　Hu Shih, "Essay in *Living Philosophies*,"《胡適全集》,36:519。
98　Reginald Johnston, *Twilight in the Forbidden City* (New York: D. Appleton-Century Company, 1934), p. 265.

　　胡適的「好政府主義」裡所含蘊的「有計畫的政治」，以及「有能力、能有作為的好人」的理想，就是他政治思想成熟以後的核心。這個作為他政治思想核心的「好政府主義」，胡適在1930年代又作了進一步的引申。他在「民主與獨裁」的論戰裡揭櫫的「民主政治是幼稚園的政治」、「現代式的獨裁是研究院的政治」等等膾炙人口——或者說，讓許多人瞠目結舌——的名言，其實就是他「好政府主義」思想的邏輯延伸。有關這點，請待本傳下一部的分析。

自由主義的真諦：胡適與杜威的分野

　　大家都愛說胡適是實驗主義者，大家也都愛說胡適是自由主義者。然而，胡適究竟是什麼樣子的實驗主義者？胡適究竟是什麼樣子的自由主義者？從來就沒有人好好地去分析。這就是我所批評的：「胡適說過就算主義。」我在本章裡已經分析了胡適是一個進入了杜威門檻，但一直沒進到杜威堂奧的實驗主義者。現在，我再接下來分析胡適是一個什麼樣子的自由主義者。

　　前文已經幾次提到了杜威1919年秋天到1920年初在北大法科大禮堂所作的〈社會哲學與政治哲學〉的十六次演講。有關胡適在杜威這一系列的演講的翻譯，有關他如何把杜威的演講簡單化、籠統、大而化之，甚至黑白對峙化的問題，我會在第七章進一步的分析。我在本節將使用高一涵的記錄，來集中討論胡適從翻譯，或漏譯，來選擇性的詮釋杜威的自由主義。指出胡適的誤譯與漏譯只是俗話——包括胡適自己——所說的「破」，是第一步；我們必須更上一層樓，說明胡適為什麼會誤譯與漏譯，這才是「立」。

　　社會是由不同的利益團體與階級組成的。民主政治的基本假定是：社會上存在著不同的利益團體與階級。它們相互角力的結果，就會造成這些不同利益團體與階級的消長。換句話說，一定會有輸贏的結果。對輸的一方而言，這就意味著妥協、挫敗，甚至拱手出讓利權。民主政治的訣竅，就在於如何尋出民主的方法，來平衡、調解，並規律這些不同的利益團體與階級。對於這些觀念，胡適不是自己有接受的困難，就是他認為中國的讀者有接受的困難，因此他對杜威這些論點的翻譯，不是籠統到錯譯的地步，就是乾脆不譯。杜威在第四講裡解釋社會衝突是群與群之間的衝突，而不是傳統社會哲學所說的個人與社會的衝突。胡適的譯文如下：

　　　社會的衝突就是群與群的利益相衝突。一種人群在社會上占了特殊的獨尊

的地位，社會上已經公認他的特別勢力，可以統治一切人群，因而漸漸的把其餘的人群利益認爲個人的利益。這是什麼緣故呢？因爲占了勢力的人群把個人利益認作社會利益；所以把那沒有占勢力的人群所認爲利益當作個人的利益，說他們的主張是反對社會的。其實這些利益都是社會的利益。所以我們與其說個人同社會衝突，自由權利同法律秩序衝突；不如說一部分自由太甚，權利太大，壓制其他的部分，所以起了衝突。

　　要知道新進的一部分並不是激烈太甚，不過想對於現在的制度法律改正一點。就是對於現在的法律秩序稍稍說幾句話，也不過是想補救他、修正他罷了。惟在當時，這種主張尚沒有占勢力，所以人都把他看作個人的利益，想把他打壓下去。照這樣說來，兩方的衝突都是爲著社會的利益。[99]

　　胡適這段譯文最嚴重的錯誤在於說「占了特殊獨尊地位的人群」與「沒有占勢力的人群」所代表的，「都是社會的利益」；「兩方的衝突都是爲著社會的利益。」杜威在原稿裡說得很清楚：

　　一組人群代表了統御、詮釋法律的一群；另一組人群則是被壓抑、相對無聲的一群。前者有權威與習俗的力量作他們的後盾。就因爲他們代表了成法、成俗與紀綱，他們彷彿就代表了社會的要求、權威與威儀。那相對地被壓制的一群，只要他們願意接受現狀、遵循傳統及其誡令，他們就會被認爲是循規蹈矩的(behave socially)。然而，一旦他們振臂而起，一旦他們希望讓其它社會的利益得到更充分的表達，他們就彷彿好像一點都不懂得爲社會的理想或公益而著想。他們就只好被迫用個人的名義去宣揚他們的主張，因爲他們沒有任何被公眾所認可的社會理想可以作爲他們的後盾。

　　其結果是：自私自利的人群，只因爲他們的想法已經約定俗成、爲社會所接受、有名望，就大可以披上社會以及道德的外衣，來代表法律與秩序。反之，那些想要表達更寬廣、更公平的社會制度的人，反而被認爲是目無法紀的人，被認爲是師心自用，爲了私欲而擾亂社會的人。這種爲了矯正社會上不平等的現象——這不但影響了一大群人的利益，而且影響到群與群之間的

99　高一涵記，〈杜威博士講演錄：社會哲學與政治哲學(三)〉，《新青年》7卷2號，頁168-169。

關係——所激發出來的奮鬥，是造成人們以爲這種衝突是個人與社會的衝突的主因，也是〔傳統〕社會哲學想要判定孰優孰劣的主因。[100]

杜威的意思非常明白。社會上的利益團體與階級之間的角力，從來就是不對等的。統治的利益集團或統治階級可以借捍衛社會秩序、維護善良道德爲名，來保護他們的階級利益。而伸張社會正義的，反而常被打成是離經叛道的人。胡適的譯文最大的錯誤，不但在於他把這種團體與階級之間爲了利益而產生的角力給消弭於無形，他而且說：「兩方的衝突都是爲著社會的利益。」這句話不但完全違背了杜威的意思，而且是不知所云。試問：社會上可能會有一種那麼籠統的利益存在，可以籠統到讓不同的群體即使是互相衝突，還都是爲了它而衝突嗎？等胡適把這個群與群衝突背後的利益因素給消弭於無形以後，他所謂的：「一部分自由太甚，權利太大，壓制其他的部分，所以起了衝突」云云，也就變成了一個非常抽象的衝突。

我們或許可以爲胡適辯護，說胡適這一段譯文譯得不好，但是等到他翻譯杜威所舉出來的實例以後，他就抓到了要點了。我們可以拿來爲胡適辯解的最好的例子，就是杜威所舉的西方歷史上的政教衝突。胡適的譯文說：

> 歐洲中世紀的政教戰爭，就是一邊是教徒的利益，一邊是國民的利益……仔細看起，歷史上社會衝突，並不是一邊是個人，一邊是社會；乃是這一部分以自己利益爲中心的人群，和那一部分以自己利益爲中心的人群在那裡衝突。[101]

換句話說，胡適了解政教衝突，乃是代表政與教的兩群「以自己利益爲中心」所產生的衝突。然而，等我們讀到胡適對家庭世代衝突的譯文的時候，我們才能夠比較準確地了解他對「社會利益」的定義了：

> 家庭中一部分老的男的，占了特殊的地位，有特別的勢力，把少的女的一部分利益壓迫完了，少的女的便變爲他們的附屬品……後來時代變了，子弟

---

100 無作者名[John Dewey], "SPP [Social and Political Philosophy]," Lecture IV, 1b-2,「胡適檔案」，E087-001：「作者不可辨識卷宗」。
101 高一涵記，〈杜威博士講演錄：社會哲學與政治哲學(三)〉，《新青年》7卷2號，頁169。

們也想說話，也想自由選擇職業，自由信仰宗教，自由選擇婚姻。家庭的長老看見他們這樣要求，都以爲他們是反對家庭，也便是反對社會。他們都以爲想保持社會的利益，非保持家庭的利益不可。想保持家庭利益，非壓制子弟們的要求不可。他們哪知道子弟們的要求也是代表一種社會的利益呢？子弟們想自由做事，自由信仰，自由結婚，無非希望造成平等的社會，得自由發展的機會。不過沒有經過社會公認，所以人家都把他們當做社會的禍害……歸綜一句話：歷史上所有的種種衝突，並不是個人同社會的衝突，乃是群與群的衝突。一群已被社會公認，一群未被社會公認。這種已被社會公認的群，不肯承認未被社會公認的群所要求的也是社會的利益，所以才有衝突發生。[102]

　　如果胡適了解不同社群之間存在著一群「壓迫」另一群、把後者當成「他們的附屬品」的現象，如果胡適了解社群與社群之間的衝突是「以自己利益爲中心」的衝突，他爲什麼還能得出這樣的結論，說他們所要求的都是「社會的利益」呢？原因無它，就因爲胡適心目中的「社會的利益」是一個籠統的「社會的利益」，是一個可以層層積累，像雪球一樣，可以越滾越大，大到「最大多數人的最大的幸福」的「社會的利益」。

　　胡適這種「最大多數人的最大的幸福」的「社會的利益」觀，最淋漓盡致地表現在他在1926年所寫的〈我們對西洋文明的態度〉一文裡：

　　　近世文明不從宗教下手，而結果自成一個新宗教；不從道德入門，而結果自成一派新道德。十五、十六世紀的歐洲國家簡直都是幾個海盜的國家……然而這班海盜和海盜帶來的商人開闢了無數新地，開拓了人的眼界，抬高了人的想像力，同時又增加了歐洲的富力。工業革命接著起來，生產的方法根本改變了，生產的能力更發達了。二三百年間，物質上的享受逐漸增加，人類的同情心也逐漸擴大。這種擴大的同情心便是新宗教新道德的基礎。自己要爭自由，同時便想到別人的自由，所以不但自由須以不侵犯他人的自由爲界限，並且還進一步要要求絕大多數人的自由。自己要享受幸福，同時便想

---

102 高一涵記，〈杜威博士講演錄：社會哲學與政治哲學(三)〉，《新青年》7卷2號，頁170。

到人的幸福，所以樂利主義(Utilitarianism)的哲學家便提出「最大多數的最
大幸福」的標準來做人類社會的目的。[103]

胡適在這一段引文裡對近代西方文明的禮讚——他一生當中對近代西方文明最傾
倒的禮讚——是第八章分析的主題。與我們在此處的討論切題的，是他「最大多數人
的最大幸福」的「社會目的」、「社會的利益」的論點。這是胡適一生思想裡最具諷
刺意義的一點。一輩子一再地用杜威的話教誨大家，說文明是一點一滴地造成的，是
靠一個個的具體問題的研究與解決的胡適，到頭來用的卻是一個籠統的「最大多數人
的最大幸福」的觀念。

杜威在他的作品裡，多次對功利主義這個「最大多數人的最大幸福」的觀念作過
批評。凡是了解胡適筆下的杜威的人，都可以想像杜威會如何來批評這個「最大多數
人的最大幸福」的觀念。用胡適的話來說，杜威教導我們要去問一個「具體」的幸
福，而不是一個「籠統」的幸福。從杜威的角度來看，「最大多數人的最大幸福」等
於是一句空話，因為它沒說明任何東西。空話可以讓正反兩邊的人爭辯到口乾舌燥，
但於事體的解決毫無幫助。杜威說得再鞭辟入裡也不過了：

> 籠統的觀念可以讓正反雙方完全不需要去作觀察與研究的工作，而爭辯到
> 口乾舌燥。這些論辯沒有完全淪為空話，只是因為它們至少是有感而發的。
> 當籠統的觀念沒有辦法透過對事實的觀察、而持續地被檢證和修正的時候，
> 它等於只是一句「眾人皆曰可的話」(truism)，屬於意見的範疇。這種意見
> 的衝突只有論戰的意義，不像自然科學界的論辯，是找出問題以及從事進一
> 步的觀察研究的機會。在思想的問題及其影響這方面，我們可以相當有把握
> 地下一個斷論：意見、論戰可以當道，就是因為沒有研究的方法。研究方法
> 是找出新事實以作為共信的基礎的唯一法門。[104]

用胡適自己夫子自道的話來，這「最大多數人的最大幸福」的功利主義的原則等
於是胡適的「新宗教」。從留美的後期，胡適就已經皈依了他這個「新宗教」了。我
在《璞玉成璧》裡，提到1915年6月胡適轉學到哥倫比亞大學以前，在康乃爾大學開

---

103 胡適，〈我們對西洋文明的態度〉，《胡適全集》，3：9-10。
104 John Dewey, "Freedom and Culture," LW13.145.

了一個「國際關係討論會」。在這個會議裡，胡適應了他崇拜的安吉爾的要求，作了一個演講：〈強權就是公理嗎？國際關係與倫理〉。胡適在這個演講裡的主旨就是要用「最大多數人的最大幸福」的功利主義的原則，來作爲衡量法律或制度的標準。在胡適演講結束以後的討論裡，安吉爾就已經很委婉地批評了功利主義的觀點。他說：功利主義者的錯誤，在於假定道德就是己身利益的擴充。他同時也詰問說，這所謂的「己身的利益」指的是什麼呢[105]？

然而，言者諄諄，聽者藐藐。胡適在爲杜威翻譯的時候，仍然假借杜威來澆他自己「最大多數人的最大幸福」的功利主義的塊壘。杜威根本就沒用「最大多數人的最大幸福」的話。他就用他最喜歡說的「偷關漏稅」的方式，硬是把這句話給偷渡了進去。杜威的〈社會哲學與政治哲學〉十六講的原稿，現在只能找到八講。然而，在這八講裡的胡適的譯文裡，「最大多數人的最大幸福」這句話就出現了三次。第三次是在第十二講裡，可以不算，因爲那是杜威闡述功利主義的地方。然而其他兩次就完全是胡適用誤譯杜威的方式來澆自己的塊壘。

第一次是在第二講裡，杜威說：實驗主義的社會政治哲學的理想是：「爲了**公眾的利益**（general or public），我們要在公眾事務上引進一些比較有計畫的管理方法。」[106]這句話到了胡適的手裡，卻搖身一變地成爲：「叫人照這方向走去，得到**最大最多的幸福**。」[107]第二次是在第十講裡，杜威說：「人類爲建立民主政府所作的奮鬥，主要就是讓國家的運作是爲**公眾**（public）的利益。這也就是說，其立法與行政是以**一般的民眾**（the public at large）的利益爲依歸。」[108]胡適的譯文是：「總之政治的根本問題，是怎樣組成一個國家，能代表最普遍的**最大多數人的公共利益**。」[109]

誠然，如果我們爲胡適辯解，我們可以說即使胡適這個「最大多數人的最大幸福」的觀念是籠統的，至少，這個「最大多數人的最大幸福」的演進可以是一點一滴地、靠一個個具體問題的研究與解決來進行的。問題是，這個「最大多數人的最大幸福」是無法層層積累、像雪球一樣，越滾越大的。這是因爲「最大多數人的最大幸福」是分殊的。我的「幸福」不但可能不是你的「幸福」，而且，你的「幸福」還可

---

105 《舍我其誰：胡適，第一部：璞玉成璧，1891-1917》，頁461-464。

106 無作者名[John Dewey], "SPP [Social and Political Philosophy]," Lecture X, 8,「胡適檔案」，E087-001：「作者不可辨識卷宗」。

107 高一涵記，〈杜威博士講演錄：社會哲學與政治哲學(二)〉，《新青年》7卷1號，頁131。

108 無作者名[John Dewey], "SPP [Social and Political Philosophy]," Lecture II, 6-7,「胡適檔案」，E087-001：「作者不可辨識卷宗」。

109 孫伏園記，〈杜威博士講演錄：社會哲學與政治哲學(十)〉，《新青年》7卷4號，頁6。

能危及到我的「幸福」。更有甚者，社會、政治、經濟上有勢力的階級，還可以用他們的「幸福」來規定整個社會的「幸福」。用今天流行的話來說，那「最大多數人的最大幸福」是因為階級、種族、性別等等因素而有其極難妥協的地方。

事實上，這些話杜威早就說過了。他用的批判的語言與概念，也許沒有我們今天用後殖民主義的語言來得強烈和鮮明。然而，這完全不影響他一針見血的批判的犀利：

> 自由主義哲學的另一大謬誤，在於它假定個人是己身利益最好的決斷者，而這一個個己身利益最好的決斷者加起來的總和，就是社會的利益。殊不知現代社會是多麼的複雜、多麼的游移、多麼的多變。大多數的立法行政措施都無法以己身的利益作基礎來裁決的。大多數的人所效忠的對象，是他們所屬的群體、階級、國家和黨派。在那種情況之下，所謂的己身的利益云云，不是變成對政治漠不關心，就是用假公濟私的方式來滿足個人的私利和野心。[110]

這是杜威對那「最大多數人的最大幸福」的功利主義的批判，是他在〈社會哲學與政治哲學〉第十二講裡所說的話。但是，胡適把它給漏譯了。事實上，胡適所漏譯的不只是這一段。杜威在第十二講裡，用了三整頁的篇幅來批判19世紀以來功利主義哲學影響下的民主政治的缺失。這三整頁的批判，完全都被胡適給漏譯了。

在〈社會哲學與政治哲學〉第十二講裡，杜威講解了洛克以降的自由主義及其限制。然而，胡適只譯述了自由主義的政治哲學。其缺失的部分，胡適就讓它銷聲匿跡了。胡適在譯述完民主政治的一些基本「手續」——即制度，如：普通選舉、直接選舉、規定任職年限，以及修正選舉法等等——以後，就用很正面、意思是要大家珍惜得來不容易的歷史遺產的語氣來為這一講劃下句點：「人類知識經過多少困難，才能得到這樣一個是國家對於人民負責任、施用威權有限制的方法。所以這些手續，也是人類多少年來政治經驗的結晶！」[111]

杜威不是不珍惜這「人類多少年來政治經驗的結晶」，他要的是民主政治能更上

---

110 無作者名[John Dewey], "SPP [Social and Political Philosophy]," Lecture XII, 8，「胡適檔案」，E087-001：「作者不可辨識卷宗」。
111 孫伏園記，〈杜威博士講演錄：社會哲學與政治哲學(十二)〉，《新青年》7卷4號，頁15。

一層樓。民主政治的缺失，在於它承襲了傳統自由主義的個人主義哲學：

> 自由主義的一個大謬誤，在於它把政治組織當成是爲純粹個人福利服務的
> 機構，在於它把個人抽離出其與社會的紐帶關係，渾然忘卻了個人只有在這
> 種社會的關係裡才能得到充分的發揮。因此，功利主義會把幸福的概念化約
> 成爲快樂，而且也只注重個人人身的安全與財產的保障。等自由主義能夠體
> 會到國家是社會的工具以後，它就會發現快樂是來自於與他人的交往，同時
> 個人的發揮要遠比安全更爲重要。[112]

值得令人玩味的是，胡適所漏譯的杜威對傳統英美自由主義缺失的批判，是胡適
自己在留美時期就已經接受了的。我在《璞玉成璧》裡，還特別提到了胡適在1914年
9月9日的一則日記：

> 余又言今日西方政治學說之趨向，乃由放任主義(Laissez faire)而趣干涉
> 主義；由個人主義而趣社會主義。不觀乎取締「托拉斯」之政策乎？不觀乎
> 取締婚姻之律令乎(今之所謂傳種改良法〔eugenic laws〕，禁癲狂及有遺傳
> 病者相婚娶，又令婚嫁者須得醫士證明其無惡疾)？不觀乎禁酒之令乎(此邦
> 行禁酒令之省甚多)？不觀乎遺產稅乎？蓋西方今日已漸見十八世紀學者所
> 持任天而治(放任主義)之弊。今方力求補救，奈何吾人猶拾人唾餘，而不深
> 思明辨之也。[113]

胡適這個在留美時期就已經接受了的「干涉主義」的觀念，到了他在1926年所寫
的〈我們對西洋文明的態度〉，又冠以「新宗教」、「新道德」的美名作了更明確的
發揮：

> 〔英美〕各國的「社會立法」的發達，工廠的視察，工廠衛生的改良，兒
> 童工作與婦女工作的救濟，紅利分配制度的推行，縮短工作時間的實行，工
> 人的保險，合作制之推行，最低工資(minimum wage)的運動，失業的救

---

112 無作者名[John Dewey], "SPP [Social and Political Philosophy]," Lecture XII, 6,「胡適檔
　　案」，E087-001：「作者不可辨識卷宗」。
113 《胡適日記全集》，1：492-493。

濟，級進制的(progressive)所得稅與遺產稅的實行……[114]

這個「新宗教」、「新道德」所促成的「社會立法」，胡適在寫給徐志摩的信裡又稱之爲「逐漸擴充享受自由、享受幸福」的「新自由主義」：

> 今世的歷史指出兩個不同的方法：一是蘇俄今日的方法，由無產階級專政，不容有產階級的存在；一是避免「階級鬥爭」的方法，採用三百年來「社會化」(socializing)的傾向，逐漸擴充享受自由、享受幸福的社會。這方法，我想叫他做「新自由主義」(New Liberalism)或「自由的社會主義」(Liberal Socialism)。[115]

毫無疑問地，胡適在這裡所說的「新自由主義」還是換湯不換藥的「最大多數人的最大幸福」的功利主義的理念。那麼，我們應該如何來解釋胡適爲什麼漏譯了杜威對傳統英美自由主義的批判呢？當然，我必須先強調一點：漏譯不一定表示是有意不譯。那可能意味著胡適在翻譯杜威的〈社會哲學與政治哲學〉的時候，因爲自己還沒開竅，所以完全不知道自己其實有了遺珠之憾。比如說，我在前一節分析胡適的「好政府主義」的時候，就指出他漏譯了杜威在第十二講裡說政府是一個工具的一段話：

> 政府是一種實現公眾利益的工具。人類有許多公共事務，其成敗的結果是大家與共的。比如說，道路、通訊、學校、自來水、錢幣、土地、煤礦等等。這並不意味著說這些公共設施必須公有。然而政府的職責在確保這些公共設施是爲公眾服務，而不是爲私人牟利。這個目標雖然有道德的意涵，然而如何達成它卻是一個科學的問題。[116]

這麼一段可以讓他援引來發揮他「好政府主義」的話，胡適卻漏譯了。這個漏譯不是不譯，而是不識貨。杜威這第十二講是在1920年1月24日講的[117]。我認爲我們可以把這個漏譯拿來作爲證據，證明至少到了1920年初，好政府主義的想法還沒在胡適

---

114 胡適，〈我們對西洋文明的態度〉，《胡適全集》，3：11。
115 胡適，〈歐遊道中寄書〉，《胡適全集》，3：57。
116 無作者名[John Dewey], "SPP [Social and Political Philosophy]," Lecture XII, 7,「胡適檔案」，E087-001：「作者不可辨識卷宗」。
117 《胡適日記全集》，2：608。

的腦際生根。

　　然而，漏譯也有難解的時候。第十二講裡，有一個出乎人意料之外的漏譯。更奇特的是，那漏譯的是他在杜威的原稿上畫雙線的地方，也就是他一生最喜歡用的關鍵字之一：「歷史的方法」。用胡適的譯文來說，用研究的態度來從事社會改革「可以免掉許多無謂的衝突」。「這是完全用人的智慧，用科學的方法，來研究事實，把那些籠統把持、根本推翻的毛病都免掉了。」[118]就在這一段裡，他漏譯了杜威說的：「去追溯其原因和發現其結果，看它造成了什麼具體的制度。再看這些具體的制度造成了什麼結果？效果如何？又引生了什麼樣的改革。簡言之，就是用歷史的方法。」[119]

　　言歸正傳，我們應該如何解釋胡適爲什麼漏譯了杜威對傳統英美自由主義的批判呢？最顯而易見的理由，當然可能是因爲杜威對傳統英美自由主義的批判，也連帶著批判了胡適所服膺的「最大多數人的最大幸福」的功利主義的理念。胡適要不是都譯出來，就是乾脆都不譯。胡適顯然選擇了後者。

　　然而，我認爲還有一個更深層的理由可以用來解釋胡適的漏譯。杜威在第十二講裡講解了自由主義政治哲學的三大要義。這三大要義，胡適翻成爲：一、「國民是政府權威的來源」；二、「國家是爲社會的，不是社會爲國家的」；三、「不是人民對於國家負責任，乃是國家對於人民負責任」[120]。胡適譯到這裡就打住了。其實，杜威進一步地分析國家與社會的關係，抨擊了洛克以降的英美自由主義因爲受到個人主義哲學理念的局限，只知保障個人的權益，而沒有善盡國家保障社會大眾利益的責任。

　　胡適漏譯杜威這一段的深層因素可以分兩點來說。第一、我認爲胡適的用意是想凸顯出「人民」在民主體制裡至高無上的地位。杜威進一步地分析了社會，特別是指出社會上存在著不同階級之間的矛盾。這對胡適來說是偏離了主題。他說不定認爲杜威所批判的問題中國並沒有。而凸顯出「人民」至高無上的地位正是中國之所需。最重要的是第二點。胡適心目中的「人民」或「社會」是一個整體。這個「整體」用他發表在《新青年》的〈不朽——我的宗教〉初版裡的話來說，是一個「有機的組織」。這個有機的組織：

---

118 高一涵記，〈杜威博士講演錄：社會哲學與政治哲學(四)〉，《新青年》7卷2號，頁173。

119 無作者名[John Dewey], "SPP [Social and Political Philosophy]," Lecture IV, 12,「胡適檔案」，E087-001：「作者不可辨識卷宗」。

120 孫伏園記，〈杜威博士講演錄：社會哲學與政治哲學(十二)〉，《新青年》7卷4號，頁15。

全靠各部分各有特別的構造機能，同時又互相為用。若一部分離開獨立，那部分的生命便要大受損傷。即使能勉強存在，也須受重大的變化。最平常的例就是人的身體。人身的生命，全靠各種機能的作用。但各種機能也沒有獨立的生活，也都靠全體的生命。沒有各種機能，就沒有全體；沒有全體，也就沒有各種機能。這才叫做有機的組織。

社會的生命，無論是看縱剖面、是看橫截面，都是有機的組織……從橫截面看來，社會的生活也是有機的。個人造成社會，社會造成個人。社會的生活全靠個人分工合作的生活。但個人的生活，無論如何不同，都脫離不了社會的影響。若沒有那樣這樣的社會，決不會有這樣那樣的我和你。若沒有無數的我和你，社會也決不是這個樣子。這是橫截面的社會有機體。[121]

這個「有機的組織」的觀念，胡適後來在改寫〈不朽——我的宗教〉的時候把它改寫了。有關這一點胡適在〈跋〉裡作了說明。他說，他原文在《新青年》上發表以後，「俞頌華先生在報紙上指出我論社會是有機體一段很有語病，我覺得他的批評很有理，故九年二月間我用英文發表這篇文章時，我就把那一段完全改過了。十年五月，又改訂中文原稿。」[122]

事實上，胡適這個〈跋〉說得並不老實。如果我們比較〈不朽〉的三個版本——《新青年》版、1920年的英文版，以及《胡適文存》的中文改訂版——我們就會發現胡適唯一把社會有機論完全刪除了的，只是他1920年的英文版。《胡適文存》版的〈不朽〉只是刪除了太招搖的社會有機論的語言，那社會有機論的實質則完全保留著。我現在用《新青年》版的引文為例，刪去的部分以刪除線標明、增改處以黑字體標明，就可以一目了然了：

~~全靠各部分各有特別的構造機能，同時又互相為用。若一部分離開獨立，那部分的生命便要大受損傷。即使能勉強存在，也須受重大的變化。最平常的例就是人的身體。人身的生命，全靠各種機能的作用。但各種機能也沒有獨立的生活，也都靠全體的生命。沒有各種機能，就沒有全體；沒有全體，也就沒有各種機能。這才叫做有機的組織。~~

121 胡適，〈不朽——我的宗教〉，《新青年》6卷2號，1919年2月15日，頁100-101。
122 胡適，〈不朽——我的宗教〉，《胡適全集》，1：668。

> 社會的生命，無論是看縱剖面、是看橫截面，都是**像一種**有機的組織……
> 從橫截面看來，社會的生活也是**有機交互影響**的。個人造成社會，社會造成
> 個人。社會的生活全靠個人分工合作的生活。但個人的生活，無論如何不
> 同，都脫離不了社會的影響。若沒有那樣這樣的社會，決不會有這樣那樣的
> 我和你。若沒有無數的我和你，社會也決不是這個樣子。~~這是橫截面的社會~~
> ~~有機體~~。[123]

　　換句話說，胡適只是在文字上作了手腳，他並沒有放棄他的社會有機論。把「有
機的組織」改成「像一種有機的組織」，把「有機」改成「交互影響」。這玩的是字
面的遊戲。最諷刺的是，雖然他在改訂稿裡刪去了所有「有機」的字眼，他所徵引的
萊布尼茲（Gottfried Leibniz）的《單子論》（*Monadology*），就完全是一部社會有機論
的論述。這是典型的「欺人不識貨」的作法。反正當時的中國有多少人知道萊布尼茲
是誰呢！更諷刺的是，萊布尼茲的《單子論》所要證明的是上帝的存在！我在《璞玉
成璧》裡強調胡適在哲學上有糅雜、調和的傾向，這又是另外一個明證。

　　總之，從胡適社會有機論的角度來看社會，他是傾向於視社會為整體的。人身的
各個器官、各個機能必須靠「整體」的配合才能順暢：「各種機能也沒有獨立的生
活，也都靠全體的生命。沒有各種機能，就沒有全體；沒有全體，也就沒有各種機
能。」同樣地，社會的運行也靠個人各司其職、各盡其分：「個人造成社會，社會造
成個人。社會的生活全靠個人分工合作的生活。」問題是，這個社會有機論有其極其
保守的一面，亦即，社會上的不公，可以解釋成為社會分工的自然結果。

　　我在上文已經強調過，社會是不同利益團體與階級的角力場。其結果一定是會有
輸有贏，不可能大家都是贏家。最令人玩味的，是杜威在第四講裡提到了這個有輸有
贏的論點，只是胡適把它給漏譯了。這個漏譯特別令人玩味，因為杜威所說的這一句
話，是在一個很長的段落裡。在這一長段裡，杜威說明了用實驗主義的態度來取代傳
統的社會哲學的好處。用胡適的譯文來說，那好處就是：「革新家也不居功，也不把
自己當做社會仇敵，不過提出一種主張，叫社會上拿去試驗試驗，看到底能行不能行
罷了。」[124]然而，杜威接著說的話，胡適卻漏譯了：

---

123 胡適，〈不朽──我的宗教〉，《新青年》6卷2號，1919年2月15日，頁100-101。
124 胡適，〈不朽──我的宗教〉，《胡適全集》，1：663。

他〔實驗主義者的改革者〕所提出的假設是：如果改革可以促進整個社會的利益，即使某一個階級的利益會暫時因而受到損傷，一個階級之失，可以是整個社會之得。同時，這也算是還一些公道給那些到現在為止沒有受到社會重視、受苦受難的階級。[125]

這個漏譯絕對不是疏忽，而是有意的漏譯。因為這整個段落，胡適幾乎全部都譯了。而且他不是用他一般所用的譯述的方法，而是以胡適的標準來說相當信實的直譯。不但如此，杜威的這一長段，胡適讀得非常仔細，在原稿上畫滿了線。因此，杜威這一段話的漏譯絕對是有意的。

胡適不但不喜歡談社會上有不同的利益團體和階級，他同時相信「社會」是可以超越群體和階級的利益，而達到思想「一統」的境界的。他在杜威的第十六講裡有一段譯文：

一國的思想信仰，大致相同，固然是很好的事。但在這個變遷時代，一致的趨勢，只可說是將來逐漸發展的結果，決不能硬求一致的。何以是逐漸發展的結果呢？只要讓大家自由發揮思想，不合的逐漸淘汰，**將來自能趨於大致相同的地步**。[126]

我在杜威的原稿裡所能找到最接近胡適這段譯文的話是：

在當前這個階段的世界，想要用壓制或者用灌輸思想的方式，來求得一致的思想是不可能的。意見不同是進步的先決條件。唯一真正的和諧（unity），是以容忍為基礎，透過思想的交流所取得的。思想的自由是社會生活的高峰。只有到了那個程度，個性才能發揮得淋漓盡致。只有在思想自由的情況之下，思想與情感的交流與妥協（give and take），才可能是**充分的**（full）、**百家爭鳴的**（varied）。[127]

125 無作者名[John Dewey], "SPP [Social and Political Philosophy]," Lecture IV, 13,「胡適檔案」，E087-001：「作者不可辨識卷宗」。

126 孫伏園記，〈杜威博士講演錄：社會哲學與政治哲學（十六）〉，《新青年》8卷1號，頁19。

127 無作者名[John Dewey], "SPP [Social and Political Philosophy]," Lecture XVI, 4-5,「胡適檔案」，E087-001：「作者不可辨識卷宗」。

　　我們對比我在這兩段引文裡用黑體字標明出來的關鍵字，就可以發現兩者的分別有多大了！杜威說：「只有在思想自由的情況之下，思想與情感的交流與妥協，才可能是**充分的、百家爭鳴的**。」胡適說：「只要讓大家自由發揮思想，不合的逐漸淘汰，**將來自能趨於大致相同的地步**。」胡適在這裡所作的不但不是翻譯，而且也不是譯述，他甚至不是改寫，而根本就是自由發揮了。凡是略識杜威思想的人，都會知道杜威絕對不會說思想會有「大一統」的一天。我們與其說胡適在此處是誤譯，不如說是自己的社會有機體論的盲點在作怪。先入為主的成見之所以驚人，在這裡又再次得到一個印證。

　　當然，胡適的社會有機論還有它跟中國傳統吻合的所在。西方民主政治先假定社會是不同利益團體與階級的角力場。這與傳統中國的社會政治哲學的理想是相牴觸的。利益團體和階級，從傳統中國的社會政治哲學的角度看來，無異於結黨營私的夢魘。「私」與「公」在傳統中國社會政治哲學裡是兩個相對的概念。「私」的字義永遠是負面的，「公」的字義則永遠是正面的。只有在「化私為公」的情況之下，「私」才有「翻身」或「得救」(recuperate)的可能。從這個角度來看，胡適的社會有機論，大可以與傳統中國社會政治哲學裡「化私為公」的理想相輔相成，而使胡適相信不但社會上的各個分子能夠各盡其分地「分工合作」，而且能夠不分階級、黨派，取得「趨於大致相同」的思想信仰，讓大家同心協力地為「有機」的社會、「上下一心」的國家來奮鬥。

　　胡適與杜威自由主義的分野，這個社會有機體的盲點，就成為第一個促因。因為胡適有這個社會有機體的盲點，他無法真正體認到社會上有不同的利益團體和階級的意義究竟何在。不但如此，這不同的利益團體與階級之間的關係不是對等的，不是可以坐下來談就可以處理的，更不是訂定規則就可以解決的。弱勢的團體與階級跟那有權勢的團體和階級談判，永遠都會是輸家。連胡適自己在〈我們對西洋文明的態度〉一文裡都會說：「向資本家手裡要求公道的待遇，等於是『與虎謀皮』。」[128]這也是為什麼胡適會希望由政府出面，用「社會立法」的方法來改善勞工待遇的途徑，以至於把中產階級所已經享受了的「自由」、「幸福」等等福利逐漸「擴充」給整個社會的其他分子。這是我在《璞玉成璧》裡所強調的，是胡適從留美時期就已經服膺的理念。

　　胡適相信政府可以用其力量來「擴充」民主的內涵，杜威則不然。杜威不認為這

---

128 胡適，〈我們對西洋文明的態度〉，《胡適全集》，3：11。

種涉及到民主政治最根本的原則的問題應該交給政府去處理。這固然是因爲杜威不相信政府能夠「自動自發」地作出「民主」的決策。然而，最重要的是，這根本違反了杜威民主理念的眞諦。杜威民主理念的可貴，在於他堅持民主不只是一個政治的概念，它還是一個社會的概念，同時還更是一個道德的概念。這樣的民主概念，杜威在年輕時期就已經形成。他1888年在密西根大學教書的時候就鄭重地指出：「說民主政治只不過是一種政府的形式，就好比說一個家只不過是磚塊和混凝土的幾何組合，或者說一個教堂是一個有著長條聽講板椅、講壇，和尖頂的建築。這些答案既是正確的，因爲它們確實是如其描述；但它們也是錯誤的，因爲它們不只是如此……簡言之，民主是一個社會，亦即倫理的概念，其政治上的概念是建立在其倫理的概念之上的。民主政治是一種政府的形式，就正因爲它是一種道德和精神上的社群結合形式。」[129]

民主作爲一種倫理道德概念的意涵，就說明了爲什麼貴族政治、開明專制，甚至專家政治都是反其道而行的：「即使人人都臻於社會至善的境界，如果這不是人民自己努力的結果，這個倫理的理想並沒有眞正達成……不管這個至善有多高或有多全，如果它是外鑠的，人類是無法心滿意足的……誠然，一個人如果能在社會上找到適其所能的安身立命之所在，他就可以說是把自己發展到了極致的境界。然而，同樣重要的是(而這也是貴族政治所規避，民主政治所強調的)，去找到這個適其所能的安身立命之處的人必須是他自己。」[130]

民主不能是「外鑠」的。這句話，一言以蔽之，道盡了杜威民主理念的眞諦。對杜威來說，民主制度的意義不在於其形式，而在於其實現以後所能產生的社會、道德的實質。杜威在第十六講裡說：

　　言論自由雖然可貴，它畢竟只是手段，而不是目的。能夠把我們的想法付諸實現，知道我們的所作所爲不只是製造出物質的產品，而是能使我們的思想生活更加豐富，能使我們得到成就感，這是很重要的。這個人生的理想就體現在藝術家與科學家的工作上。畫家與實驗室的研究人員，可以完全自由地根據她自己的興趣去探索、去體現她的想法。如果他有任何極限，那就完全只是因爲他自己的無知或技術不夠成熟。她在創作或研究的過程中，又有

129 John Dewey, "The Ethics of Democracy," EW1.240.
130 John Dewey, "The Ethics of Democracy," EW1.243.

新的靈感和感覺回過頭來給她新的刺激。她從創作與研究中學到新的思想技藝。她能夠從思想上得到成長、在情感上得到豐收。與之相比，作品和成果其實只是枝節。我們這個工業社會所必須去努力的，就是去找出方法，讓社會上所有的人都能享有這些作爲少數階級的科學家和藝術家現在已經享有的精神生活。只有在這樣的情況之下，眞正自由的社會生活才算達成，眞正的社會民主才算實現。[131]

這是一個多麼令人可以爲之擊節讚嘆的理想！民主社會的極致，是每一個人——不論貧富智愚——都可以像藝術家、科學家一樣，「可以完全自由地根據她自己的興趣去探索、去體現她的想法。」

相對地，我們看胡適如何翻譯杜威這個民主的道德理念：

民治的根本觀念，便是對於教育有很大的信仰。這個信仰，便是認定大多數普通人都是可以教的。不知者可使他們知，不能者可使他們能。這是民治的根本觀念。[132]

杜威對民主作爲一個道德的理念的崇高理想，不消說，完全沒有在胡適的譯文裡表達出來。杜威的理想是「每一個人都可以像藝術家、科學家一樣，可以完全自由地根據她自己的興趣去探索、去體現她的想法。」胡適的譯文則是：「大多數普通人都是可以教的。不知者可使他們知，不能者可使他們能。」這兩者在境界上的高下，仿如天壤之別。「可以教」、「可使知」、「可使能」。這是多麼「父母官親民式」(paternalistic)的心態。

就像我在前文所強調的，杜威堅持民主不能是「外鑠」的，而必須是由每一個個人自己去追求的：

民主就意味著人格既是最先也是最終的目的……它意味著說，不管一個人是多麼的猥瑣、屛弱，他的人格不能是由別人給予他的，不管這個別人有多

---

131 無作者名[John Dewey], "SPP [Social and Political Philosophy]," Lecture XVI, 5-6, 「胡適檔案」，E087-001：「作者不可辨識卷宗」。
132 孫伏園記，〈杜威博士講演錄：社會哲學與政治哲學(十六)〉，《新青年》8卷1號，頁20。

睿智或多偉健……從這個人格論的中心點出發，民主就意味著自由、平等、博愛。這絕對不是用來煽動群眾的字眼，而是人類迄未達到的最高倫理理想的象徵；人格具有永恆的價值，它是每一個人所都具有的。[133]

我們如果用「民有」、「民治」、「民享」的觀點來作比較的詮釋，我們就可以把胡適與杜威自由主義的分野更加明顯地對比出來。對杜威來說，「民治」是「民有」與「民享」的先決條件。沒有「民治」，「民有」與「民享」是得不到保證的。因此，對杜威來說，全民參與是民主政治一個不可妥協的原則。對胡適來說，「民治」只不過是手段，「民享」才是民主制度的鵠的。用他在〈我們對西洋文明的態度〉一文裡的話來說，是西方近代文明的「新宗教」與「新道德」——那「最大多數人的最大幸福。」

胡適的菁英主義，是貫穿了他一輩子的政治思想的一個重要理路。我在《璞玉成璧》裡徵引了梅光迪在1916年回他的一封信：「欲改良社會，非由個人修其身，其道安由？足下所稱之"natural aristocrats"〔天然貴族〕，即弟之所謂humanists(人學主義家)也。此種人無論何時，只居社會中少數。不過一社會之良否，當視此種人之多寡。」[134]當然，這「天然貴族」之詞是梅光迪在回信裡的引言。我們不知道胡適在他原信中所說的為何，也不知道他使用這個名詞的脈絡。然而，這「天然貴族」的想法與胡適的基本社會哲學是合轍的。

比如說，胡適在1926年歐遊途中寫給徐志摩的信裡，談到了蘇俄的共產主義制度。胡適當時認為那是一種「政治的試驗」，而且堅持大家應該給與蘇俄「作這種政治試驗的權利」。當時反對蘇俄的「政治試驗」的言論，胡適認為只是「成見」。這些「成見」之一，就是說：「私有財產廢止之後，人類努力進步的動機就沒有了。」胡適不同意。他說：

> 無論在共產制或私產制之下，有天才的人總是要努力向上走的……至於大多數的凡民，他們的不向上、不努力、不長進，真是「富貴不能淫，威武不能屈」的！私產、共產，於他們有何分別？[135]

133　John Dewey, "The Ethics of Democracy," p. 244.
134　梅光迪致胡適，[1916年]12月28日，《胡適遺稿及秘藏書信》，33：464-465。
135　胡適，〈歐遊道中寄書〉，《胡適全集》，3：56。

這「大多數的凡民」在胡適的眼中真的很不堪，「他們的不向上、不努力、不長進」，已經到了「富貴不能淫，威武不能屈」的地步！到了1930年代的「獨裁與民主」的論戰裡，胡適乾脆就以「阿斗」來稱呼一般的老百姓了。胡適覺得不像獨裁政治下的阿斗只能畫「諾」，民主國家的阿斗在選舉的時候不但可以畫「諾」，也可以畫「No」；平時不關心政治，選舉的時候才做個「臨時的諸葛亮」[136]。

胡適在此處所說的「臨時的諸葛亮」也者，自然是從「三個臭皮匠，賽過一個諸葛亮」這句俗話轉借過來的。問題是，並不是胡適所說的話就一定是對的。胡適在此處有濫用俗話之嫌。「三個臭皮匠，賽過一個諸葛亮」這句俗話，跟「阿斗」並不是能混用的俗話。我們會說「三個臭皮匠，賽過一個諸葛亮」，可是絕對不會說「三個阿斗，賽過一個諸葛亮」。原因很簡單，因為「阿斗」是一個完全沒有用的東西。在這種約定俗成的語義之下，就是一百個「阿斗」也永遠賽不過一個諸葛亮。換句話說，「阿斗」永遠不可能做個「臨時的諸葛亮」。同時，「民主國家的阿斗在選舉的時候不但可以畫『諾』，也可以畫‘No’。」這句話即使在胡適自己的論述裡，也永遠不可能讓他們成為「臨時的諸葛亮」的。這是因為胡適認為治國是專家的事情，不是「阿斗」所能勝任的。但這是後話，請參閱本傳下一部的分析。

總之，「民享」既然是民主的目的，好人政府、專家政治既然是最科學最有效的方法，則「民治」就成為一個無關宏旨的枝節了。這也就是為什麼我會在上節分析胡適的「好政府主義」的時候會說：對胡適而言，「民可使由之」，在民主政治的脈絡下，等於是「阿斗」之民，可以不預與治而卻得以坐而「享之」。

從這個角度看來，胡適對民主的看法是接近20世紀美國民主現實主義者(democratic realists)。他們認為傳統民主政治的理想根本就是烏托邦的想法。光是以今天的社會人數龐雜的事實來說，城邦時期的雅典公民可以面對面論政的環境根本已經不存在。再加上選民不但是非理性的，他們同時對政治也缺乏興趣。補救之道，用拉斯韋爾(Harold Lasswell)的話來說，就是少數菁英必須擔起責任，毅然決然地說：「好！兄弟們！我們就一起來共商計議，找出好辦法。等我們找到以後，再設法看要如何替大眾作決定來接受。打著為公眾謀福利的旗子，不惜用盡各種曉諭、軟纏、哄騙、引誘的方法，以多數統治的形式為名，來役使這些大多數。」[137]

杜威絕對不可能接受這種民主現實主義者的論點。杜威有他對真正的民主社會的

---

136 胡適，〈答丁在君先生論民主與獨裁〉，《胡適全集》，22：232-235。

137 Harold Lasswell, *Propaganda Technique World War I* (Cambridge: MIT Press, 1971), pp. 4-5. 轉引自Robert Westbrook, *John Dewey and American Democracy*, p. 284.

憧憬、有他那人人都應該享有藝術家與科學家的發展個性的機會的理念。他在第十六講的總結裡，又再度不厭其詳地發揮他這個崇高的理想：

> **每一個**個人都是一個生活的中心；他有他的快樂與痛苦、想像與思考。這是民主的最根本的原則……如果就個人而言，民主是意味著每一個人都應該像藝術家和科學家一樣，有機會去實現他們的心智能力，那同時也意味著說，他們能夠完全自由、一無限制地跟他人交往，就像朋友一樣。政治的民主為這種交流提供了一個機制，使其可以成為可能。教育、友愛（companionship）、打破階級與家庭的界限使其可以實現。[138]

胡適的翻譯，則又重彈了他社會有機體的老調，把杜威妝點成彷彿他也是「社會共同體」的擁護者：

> 民治便是教育，便是繼續不斷的教育。出了學校，在民治社會中服務，處處都得著訓練，與在學校裡一樣。個人的見解逐漸推到全社會、全世界。結果教育收功之日，即全世界共同利害的見解成立之日，豈但一國一社會的幸福而已。
>
> 全世界共同屬害見解的養成，便是精神的解放。這個觀念很為重要。到那時候，全人類都有此共同心理。我們為民主主義奮鬥的人，亦可略為安慰。因為結果不但為了社會經濟等等的制度，還替人類的精神大大解放。[139]

「教育收功之日，即全世界共同利害的見解成立之日。」胡適對杜威的誤譯，莫此為甚！胡適會繼續錯誤地詮釋杜威，甚至當著杜威的面錯誤地詮釋杜威。同時，一直到他晚年為止，胡適也會繼續用「杜威教我怎樣思想」作為注腳的方式來挪用杜威。所有這些，欲知後情，請待下回。

138　無作者名［John Dewey］, "SPP［Social and Political Philosophy］," Lecture XVI, p. 6,「胡適檔案」，E087-001:「作者不可辨識卷宗」。

139　孫伏園記，〈杜威博士講演錄：社會哲學與政治哲學（十六）〉，《新青年》8卷1號，頁20。

「赫胥黎教我怎樣懷疑」的史前史

　　胡適一生當中最膾炙人口的話有好幾句。其中一句，就是我們在前文所分析討論的：「杜威先生教我怎樣思想。」跟這句話對稱的，是：「赫胥黎教我怎樣懷疑，教我不信任一切沒有充分證據的東西。」然而，同樣地，胡適一生中也從來沒解釋過赫胥黎「怎樣」教他懷疑。如果杜威是從1916年開始教胡適怎樣思想，赫胥黎開始教胡適怎樣懷疑則是遠在他回到中國五年以後才開始的，時間在1922年。

　　毫無疑問地，胡適第一次接觸到赫胥黎是在他到美國留學以前。他在《四十自述》裡，回憶他1906年在上海澄衷學堂的第二年接觸到了赫胥黎的《天演論》：

　　　　澄衷的教員中，我受楊千里(天驥)的影響最大……有一次，他教我們班上買吳汝綸刪節的嚴復譯本《天演論》來做讀本。這是我第一次讀《天演論》，高興的很……《天演論》出版之後，不上幾年，便風行到全國，竟做了中學生的讀物了。讀這書的人，很少能了解赫胥黎在科學史和思想史上的貢獻。他們能了解的只是那「優勝劣敗」的公式在國際政治的意義……幾年之中，這種思想像野火一樣，延燒著許多少年的心和血。[140]

　　胡適在《四十自述》這一段的回憶算是相當信實的。他把他當時所讀的《天演論》，老老實實地跟「優勝劣敗」的社會達爾文主義連在一起。這「優勝劣敗」的觀念，的確在當時是「像野火一樣，延燒著許多少年的心和血」。然而，胡適在講到他初到上海去上新學堂時所說的話就完全是誇張的無稽之談了：

　　　　我就這樣出門去了，向那不可知的人海裡去尋求我自己的教育和生活——孤零零的一個小孩子，所有的防身之具只是一個慈母的愛，一點點用功的習慣，和一點點懷疑的傾向。[141]

　　我在《璞玉成璧》裡已經指出：胡適在這裡所說的「一點點懷疑的傾向」，是四

---

140 胡適，〈四十自述〉，《胡適全集》，18：57-58。
141 胡適，〈四十自述〉，《胡適全集》，18：51。

十歲的他，倒灌回去十二歲的他的。胡適開始喜歡談「懷疑」的精神是1922年以後的
事。在一開始的時候，他提的是笛卡兒，後來最喜歡用的才是赫胥黎。胡適在留美的
時候，即使提到笛卡兒，尚且還沒有提到「懷疑」的精神。甚至在他回國以後，他的
口頭禪還只是「批評」和「研究」。換句話說，即使在胡適回國以後的四、五年間，
他還是處在他動輒祭出「拿證據來！」的利劍的「史前史」時代。十二歲時的胡適，
連笛卡兒、赫胥黎是人還是東西都不知道，更遑論什麼是證據，什麼是赫胥黎式的懷
疑了[142]。

在胡適今天所留存的日記和文章裡，他第一次提到赫胥黎的名字是他留美歸國以
後寫的〈歸國雜感〉：

> 我們學西洋文字，不單是要認得幾個洋字，會說幾句洋話。我們的目的在
> 於輸入西洋的學術思想。所以我以為中國學校教授西洋文字，應該用一種
> 「一箭射雙鵰」的方法，把「思想」和「文字」同時並教。例如教散文，與
> 其用歐文〔Washington Irving〕的《見聞雜記》〔The Sketch Book〕，或阿
> 狄生〔Joseph Addison〕的《文報選錄》〔Spectator〕，不如用赫胥黎的
> 《進化雜論》。又如教戲曲，與其教蕭士比亞〔莎士比亞〕的《威匿思商》
> 〔《威尼斯商人》〕，不如用Bernard Shaw〔蕭伯納〕的Androcles and the
> Lion〔《安卓克里司跟獅子》〕或是Galsworthy〔高爾華綏〕的Strife〔《罷
> 工》〕或Justice〔《法網》〕。又如教長篇的文字，與其教參考來〔Thomas
> MaCaulay〕的《約翰生行述》〔Life of Samuel Johnson〕，不如教彌爾〔穆
> 勒〕的《群己權界論》。[143]

胡適在〈歸國雜感〉這篇文章裡最有意味的一點，是他所提出的「一箭雙鵰」的
學習外文論：不單是要「會說幾句洋話」，還要「輸入西洋的學術思想」。這種「文
以載道」的思想，我在《璞玉成璧》裡已經引了胡適的另一句話來作了說明：「我們
注意的易卜生並不是藝術家的易卜生，乃是社會改革家的易卜生。」[144]因此，胡適
在這篇文章裡所開出來的書單，全都是他在留美時期所讀的針砭社會的書。他所列出
來的創作都屬於他在留美時期所喜歡的「社會劇」。蕭伯納的《安卓克里司跟獅

142《舍我其誰：胡適，第一部：璞玉成璧，1891-1917》，頁65-66。
143 胡適，〈歸國雜感〉，《胡適全集》，1：594-595。
144《舍我其誰：胡適，第一部：璞玉成璧，1891-1917》，頁687。

子》，是用《伊索寓言》裡的故事引申宗教迫害以及宗教心生成的社會因素。高爾華綏的《罷工》與《法網》，用解剖式的筆法刻畫出社會的冷酷與人性的複雜。《法網》很明顯的是要呼籲監獄的改革。穆勒的《群己權界論》，更毋庸贅言，是他在留美時期醉心特立獨行的個人時期最心儀的著作之一。

　　然而，俗話說形勢比人強。理想是一回事，實際是另一回事。胡適到了北大以後，雖然他馬上就成為英文門的系主任，但那並不意味著他就可以把他的教學理念完全落實到英語系的課程裡。胡適在〈歸國雜感〉裡說他寧可不取的兩本書——麥考來的《約翰生行述》與歐文的《見聞雜記》——在最初的幾年，都還是指定用書。明明胡適已經在1920年秋季致公函給預科英文教員說：由於「近年預科學生之英文成績殊不能滿人意」，英文教授會與預科課程委員會已經開會通過整頓英文預科的辦法。其中，包括講解與作文。第一年的指定讀本之一就是赫胥黎的《論文演講集》(Selected Essays and Addresses)[145]。然而，在「胡適檔案」裡，有一紙手寫的1921到1922學年度預科指定用書。赫胥黎的書並不在其列，而麥考來的《約翰生行述》倒反而是預科第二年的讀本[146]。這一張手寫的預科英文指定用書紙的筆跡不是胡適的。我們不知道這是表示英語系內部有不同的意見，還是表示胡適所推動的意見最後沒有被預科英文教員所採行。無論如何，胡適在英文系裡的改革是漸進的。比如說，在胡適所手擬的1918到1919學年度的「英文門課程」裡，歐文的《見聞雜記》是「英語學(五)：讀書、文法、作文」的指定用書。這門課根據胡適手擬的規定，收受的學生對象是：「凡預科及本科學生之須習英文者。」算是英語入門的一門課[147]。

　　胡適初進北大的時候，他所面對的並不全是中國教授。因此，阻力可能反而是來自洋教習。無論如何，胡適也頗有斬獲，連下了二城。他認為可以「一箭雙鵰」，用來教英文同時又「輸入西洋的學術思想」之用的赫胥黎和穆勒的書都列入了指定用書裡。赫胥黎的《論文》(Essays)跟穆勒的《群己權界論》，並列在「英文學(三)：英文學梗概(三)」的指定課本裡。這「英文學」的課是英文系學生必修的：「凡本科英文門學生皆須習此三科。其考入本科時程度已高，可不習(一)者，須習(二)、(三)兩科。」然而，妥協顯然還是必須的。胡適認為寧可不取的莎士比亞的《威尼斯商人》，也是「英文學(三)：英文學梗概(三)」的指定課本之一[148]。

---

145 胡適，〈英文門教授會主任致預科英文教員公函〉，《北京大學日刊》，第705號，1920
　　年9月29日，第三、四版。
146 〈十[1921]年＋十一[1922]年度用書〉，「胡適檔案」，E489-001。
147 胡適，〈英文門課程〉，「胡適檔案」，130-005。
148 胡適，〈英文門課程〉，「胡適檔案」，130-005。

胡適在「英文學(三)：英文學梗概(三)」裡指定的赫胥黎的《論文》，應該就是他在1920年給預科英文教員公函裡所指的《論文演講集》(*Selected Essays and Addresses*)。赫胥黎這本《論文演講集》是美國麥克米倫出版公司(MacMillan Company)所出版的一套《英美經典袖珍文庫》(*MacMillan's Pocket American and English Classics*)裡的一種。這套教育叢書的對象是美國的中、小學生。每本書都有特別為該書所寫的導論以及注疏。北大英語系本科以及預科的用書，有許多我推測都是選自這套叢書，例如：麥考來的《約翰生行述》、歐文的《見聞雜記》、《法蘭克林自傳》、《金銀島》、《美國史上劃時代的文獻》(*Epoch-Making Papers in U.S. History*)等等。這些書都是透過北大的消費合作社向進口書商訂購的。

赫胥黎這本《論文演講集》是1910年出版的。編者在〈前言〉裡說明了他選取赫胥黎論文與演講的標準。他說他是想要把赫胥黎所涉獵的所有範圍都呈現出來。然而，他又說赫胥黎「覺得他不得不挺身而出所參與的一些論戰，幾乎都已經不再是大家會去討論的議題了。這本書是要在課堂上使用的，舊話重提總不相宜」[149]。編者有意避開進化論跟上帝造物論的敏感話題，居然連論戰的議題都不提了。美國20世紀初年宗教勢力之強大，由此可見。編者說他選輯赫胥黎論文的目的，除了要讓學生讀赫胥黎提倡科學的論文以外，還要學生去學習、揣摩赫胥黎寫作的技巧。他說赫胥黎用字謹嚴，不渲染、不辭費；論理清晰、邏輯嚴密。

這本《論文演講集》選輯了赫胥黎的〈自敘〉(Autobiography)以及七篇文章：〈增進自然知識的好處〉(On the Advisableness of Improving Natural Knowledge)、〈人文素養的教育何處尋〉(A Liberal Education and Where to Find It)、〈一塊石灰泥土〉(On A Piece of Chalk)、〈博物學的教育價值〉(On the Educational Value of Natural History Sciences)、〈動物學研究〉(On the Study of Zoology)、〈笛卡兒的《方法論》〉(On Descartes' *Discourse*)、〈生命的物質基礎〉(On the Physical Basis of Life)。

值得注意的是，胡適「文以載道」的教學法恐怕並不是大家都能認同的，特別是得不到外國教授的認同。畢竟英語系所要教的是語言以及文學，而不是胡適所說的「輸入學理」。因此，赫胥黎以及穆勒最終還是被從英語系的課程裡剔除了。北京的「胡適檔案」裡有胡適手寫的北大英語系1921學年度的課程一覽。其中，有一、二年

---

149 Philo Buck, "Prefatory Note," *Selected Essays and Addresses of Thomas Henry Huxley* (New York: The MacMillan Company, 1910), vii.

級英語系學生必修的散文課，用的課本都不是赫胥黎的書。一年級學生必修的「散文選讀」，教授是楊蔭慶，其課程說明云：「暫定用Scott and Zeitlin's *College Readings in English Prose*〔史考特和塞特林所編的《大學英文散文讀本》〕。隨時加讀相當的散文。」二年級學生必修的「名家散文」，教授是畢善功，其課程說明云：「先讀 Manly's *English Prose*〔門立所編的《英文散文選》〕，略知英國散文之變遷大勢，然後旁及19世紀名家散文。」[150]

從此之後，北大英語系的散文課所使用的指定教科書一直是門立所編的《英文散文選》。「胡適檔案」裡有1924以及1925學年度的北大英語系的〈課程指導書〉，後者還有胡適用紅筆所作的校對。這兩個學年度的〈課程指導書〉裡，「散文」一課的指定用書都是門立的《英文散文選》[151]。換句話說，胡適好不容易把赫胥黎的論文選列入指定用書。結果只實行了一年，亦即1920學年度一年。

也許就因爲胡適「文以載道」的英語教學法遭受挫敗，他於是鼓勵北大的美國教授柴思義(Lewis Chase)特別爲中國學生編一本散文讀本。柴思義所編的《中國學生專用英文散文讀本》(*Prose Selections of English Essays for Chinese Students*)，在1922年由北京的京華教育用品公司出版，有胡適所寫的〈序言〉。柴思義在他的〈自序〉裡謝謝胡適以及幾位同事鼓勵他編這本散文讀本。他說這本讀本其實是北大的同事及其他好友的共同結晶。他要他們每一個人都開出他們所喜愛的散文，他只不過是從中作挑選集結的工作而已[152]。這本讀本裡選了兩篇赫胥黎的文章：〈人文素養的教育何處尋〉以及〈生命的物質基礎〉。這兩篇都是赫胥黎《論文演講集》裡所選的文章，我們幾乎可以假定都是胡適所推薦的。胡適爲這本書所寫的〈序言〉裡說：「柴先生……知道中國青年研究外國文學，往往偏重思想內容而不很注意文章的風格與技術。所以他這一部選本一方面很注重思想，例如Newman〔紐曼主教，胡適留美歸國幾年之間最喜歡他所說的：『吾輩已返，爾等且拭目以待』〕，Huxley〔赫胥黎〕的文章；一方面又不肯忽略文學上的風趣，如Hunt〔亨特，英國作家，1784-1859〕，Lamb〔蘭姆，編有《莎士比亞戲劇故事集》(*Tales from Shakespeare*)，即：林紓譯的《吟邊燕語》〕的文章。」[153]胡適在此處說：「中國青年研究外國文學，往往偏重

---

150 〈英文學系課程一覽表〉，「胡適檔案」，2144-003。
151 〈英文學系課程指導書〉，「胡適檔案」，2144-007。
152 Lewis Chase, "Preface," Prose Selections of English Essays for Chinese Students,「胡適檔案」，E489-001。
153 胡適，〈序言〉，Prose Selections of English Essays for Chinese Students。北京大學圖書館的鄭新明先生幫我掃描胡適這篇〈序言〉，特此致謝。

思想內容。」這純然是夫子自道。

有趣的是，由於英語系的用書都必須透過進口書商向國外訂購。柴思義這本散文讀本是北大自己出版的，算是例外。既然教科書必須進口，爲了避免缺書，英語系作了囤積的準備。北京的「胡適檔案」現在還存有一張〈英文學系存書單〉，上面有胡適的批注。這應該是1920年到1921年間的存書單。值得注意的是這份存書單裡的幾本書：杜威的《民主與教育》(*Democracy and Education*)：尚存68本、《思維術》：尚存48本、《〔實驗〕邏輯》：尚存45本、赫胥黎的《論文演講集》：尚存127本、易卜生的《鬼劇》(*Ghosts*)：尚存1本[154]。爲什麼赫胥黎的《論文演講集》會積存到127本之多？其原因可能就是因爲胡適「文以載道」的教學法挫敗，赫胥黎的《論文演講集》只用了一年就不用了。該書頓然滯銷，成爲呆貨。

赫胥黎《論文演講集》在北大英語系，從使用到廢用只有一年的時間。然而，胡適這個「文以載道」的英語教學理念的挫敗，並不是我在本節的重點。我是要利用這個故事作爲背景，來分析胡適爲什麼一直到1922年才發現赫胥黎可以教他怎樣「懷疑」。

我們記得胡適在〈歸國雜感〉裡所提到的是赫胥黎的《進化雜論》，而胡適在北大英語系所指定的是赫胥黎的《論文演講集》。胡適在〈歸國雜感〉裡所說的《進化雜論》可能就是嚴復所譯的《天演論》的擴充版，亦即，《赫胥黎合集》(*Collected Essays of Thomas Huxley*)裡的第九冊：《天演論及其它論文》(*Evolution & Ethics and Other Essays*)。《天演論及其它論文》分爲兩個部分。第一個部分是《天演論》，第二個部分是赫胥黎對「救世軍」——社會慈善團體——的創始人卜思(William Booth)及其組織的批判，是赫胥黎在1890年12月到1891年1月間，在倫敦《泰晤士報》(*The Times*)上所發表的公開信。

我們可以推論胡適留美歸國的時候，他對赫胥黎的了解主要是在他提倡進化論以及科學的方面。這一點，我們可以從他推薦給柴思義所編的《中國學生專用英文散文讀本》的兩篇文章得到進一步的佐證：赫胥黎的〈人文素養的教育何處尋〉以及〈生命的物質基礎〉。〈生命的物質基礎〉在證明所有生物歸根究柢都可以追溯到同一個來源。赫胥黎在這篇文章——演講——開宗明義就說，他用「生命的物質基礎」來翻譯「原生質」(protoplasm)這個字以及這個字所代表的觀念[155]。如果〈生命的物質基

---

154 〈英文學系存書單〉，「胡適檔案」，E489-001。

155 Thomas Huxley, "On the Physical Basis of Life," *Selected Essays and Addresses of Thomas Henry Huxley*, p. 246.

礎〉是在闡釋達爾文「物種起源」的基本概念，〈人文素養的教育何處尋〉則是在提倡科學知識的普及。赫胥黎說：「教育意味著教導大自然的法則。這大自然的法則所指的不只是物及其力，同時也指人與其行爲。我同時也意指要心甘情願地順應那些法則來處理我們的感情與意志。」他又說：「大自然本身就是一個大學。這個大學裡的優等生，因爲他們了解並遵循那些宰制著人與物的法則，所以他們能作大事、成偉業。」[156]

　　要研究一個人思想的形成與蛻變，往往該更加去注意的，不是他選了什麼，而是他漏選了什麼。胡適在赫胥黎的《論文演講集》挑選了〈人文素養的教育何處尋〉以及〈生命的物質基礎〉，卻漏掉了他在1922年以後一定會挑選的〈笛卡兒的《方法論》〉。赫胥黎這篇〈笛卡兒的《方法論》〉的全名是：〈笛卡兒的《正確使用理性尋求科學眞理的方法論》〉。它所歌頌的就是「懷疑」。用赫胥黎自己的話來說：

　　　　整本《方法論》的中心命題可以歸納如下：有一條到眞理之路，是再踏實也不過的了，不管智愚，只要順著走下去，包管走得到。有一條準則，任何人只要遵循，就一定找得到這條路，而且絕對不會走失。這條黃金律令就是：任何論點，除非其眞理是已經清楚、明確到無可懷疑的地步，就絕對不輕易地認可。〔笛卡兒〕所宣示的這個科學的第一個戒律把「懷疑」提升到了一個神聖不可侵犯的地位(consecrate)。[157]

　　胡適之所以會漏選了赫胥黎的〈笛卡兒的《方法論》〉，是因爲他當時還處在「赫胥黎教我怎樣懷疑」的史前史的階段。由於他先入爲主的觀念，胡適從留美到歸國的最初幾年之間，赫胥黎對他的意義還只是提倡進化論以及科學教育的先驅。赫胥黎作爲一個科學方法與科學精神的導師，胡適這時還沒注意到，暫時失之交臂。

　　無怪乎胡適在回國當初演講科學方法，或科學的人生觀的時候，他的演講裡完全沒有赫胥黎的影子。比如說，他在1919年3月22日講〈少年中國之精神〉：

　　　　我們既然自認爲「少年中國」，不可不有一種新方法。這種新方法，應該

156　Thomas Huxley, "A Liberal Education and Where to Find It," *Selected Essays and Addresses of Thomas Henry Huxley*, pp. 59, 61.

157　Thomas Huxley, "On Descartes' 'Discourse Touching the Method of Using One's Reason Rightly and of Seeking Scientific Truth'," *Selected Essays and Addresses of Thomas Henry Huxley*, pp. 211-212.

是科學的方法……我且略說科學方法的要點：

第一，注重事實。科學的方法是用事實作起點的，不要問孔子怎麼說，柏拉圖怎麼說，康德怎麼說；我們需要先從研究事實入手……

第二，注重假設……我們應該把每一個假設所涵的意義徹底想出，看那些意義是否可以解釋所觀察的事實？是否可以解決所遇的疑難？所以要博學，正是因爲博學方才可以有許多假設。學問只是供給我們各種假設的來源。

第三，注重證實……假設是否眞正合用？必須實地證明……一切古人今人的主張、東哲西哲的學說，若不曾經過這一層證實的工夫，只可作爲待證的假設，不配認作眞理。少年的中國，中國的少年，不可不時時刻刻保存這種科學的方法，實驗的態度。

少年中國的人生觀，依我個人看來，該有下列的幾種要素：

第一，須有批評的精神……批評的精神不是別的，就是隨時隨地都要問我爲什麼要這樣做？爲什麼不那樣做？

第二，須有冒險進取的精神……這個世界是給我們活動的大舞臺。我們既上了臺，便應該老著面皮，拚著頭皮，大著膽子，幹將起來；那些縮進後臺去靜坐的人都是懦夫，那些袖著雙手只會看戲的人，也都是懦夫；這個世界豈是給我們靜坐旁觀的嗎？那些厭惡這個世界夢想超生別的世界的人，更是懦夫，不用說了。

第三，需要有社會協進的觀念……社會是有機的組織，全體影響個人，個人影響全體，社會的活動是互助的……我們的一舉一動都和社會有關，自然不肯爲社會造惡因，自然要努力爲社會種善果，自然不致變成自私自利的野心投機家了。[158]

胡適這個〈少年中國之精神〉的演說是他思想形成上另外一個重要的里程碑、一個思想大雜燴的里程碑。我們可以在這篇演講裡，看到他從留美到歸國最初幾年思想上的印記。他作〈少年中國之精神〉的演講的時候，就正是他開始在北京的「學術講演會」演講〈實驗主義〉的時候。以我在本章爲他思想所作的分期來說，他還正處在「進入實驗主義門檻的前夕」。他在這篇演講裡所說的「注重事實」、「注重假設」、「注重證實」云云，都不是杜威的，而是來自於他在康乃爾大學唯心派的老師

---

158 胡適，〈少年中國之精神〉，《胡適全集》，21：163-169。

克雷登。我在《璞玉成璧》裡已經分析了他的「大膽的假設、小心的求證」的十字箴言是來自於克雷登[159]。他在此處所說的「所以要博學，正是因爲博學方才可以有許多假設」云云，其實就是克雷登說的話。

至於少年中國「須有冒險進取的精神」、「這個世界是給我們活動的大舞臺」，應該大膽「幹將起來」、那所謂「縮進後臺去靜坐的人」、「袖著雙手只會看戲的人」云云，完全是胡適從詹姆士那兒所汲取來的淑世主義。而那所謂的「社會是有機的組織」、「爲社會造惡因」、「爲社會種善果」云云，就是他挪用實證主義的孔德（Auguste Comte）以及唯心論，後來在〈不朽〉裡所發揮的觀點。

兩年以後，胡適仍然還是沒發現赫胥黎的「懷疑」精神。他在1921年5月18日的日記裡，記他跟反駁匱克派（Quaker）的霍進德（J.T. Hodgkin）的一句話。霍進德說：「一個人若不信上帝，若不信一個公道的天意，決不能有改良社會的熱心與毅力。」胡適反駁說：「我不信上帝，並且絕對否認他這句通則。大賢如John Stuart Mill〔穆勒〕，T.H. Huxley〔赫胥黎〕，Charles Darwin〔達爾文〕，都不信上帝，但誰敢說他們沒有熱心與毅力嗎？」[160]赫胥黎和達爾文是不是都不信上帝，這點我會在本節詳細分析。此處的重點是，胡適在這個時候仍然是著重赫胥黎在宣揚進化論上的角色。

兩個月以後，1921年7月31日，胡適在南京東南高等師範學校演講。他在當晚的日記裡說：

> 我說了一點十五分，題爲〈研究國故的方法〉，約分四段：
> 一、歷史的觀念：「一切古書皆史也。」
> 二、疑古：「寧可疑而過，不可信而過。」
> 三、系統的研究：「要從亂七八糟裡尋出個系統條理來。」
> 四、整理：「要使從前只有專門學者能讀的，現在初學亦能了解。」[161]

胡適在這篇演講裡所用的語言與觀念都完全是來自傳統。所謂的「一切古書皆史也」云云，其實就是章學誠「六經皆史」的觀念的擴大。同時，他在此處所宣揚的是「疑古」，而不是赫胥黎式的「懷疑」。

三天以後，也就是1921年8月3日，胡適在安慶演講〈科學的人生觀〉。他在日記

---

159 《舍我其誰：胡適，第一部：璞玉成璧，1891-1917》，頁310-318。
160 《胡適日記全集》，3：45。
161 《胡適日記全集》，3：234-235。

裡記了他演講的大要：

> 〈科學的人生觀〉大意主張隨時隨地用科學的態度與方法來應付人生種種
> 問題。科學方法：
> 一、消極方面：
> 1. 不武斷。
> 2. 不盲從。
> 二、積極方面：
> 1. 疑問。
> 2. 研究事實：指定疑難所在。
> 3. 提出假定的解決方法：應用學問與經驗。
> 4. 選擇適當的解決方法。
> 5. 證實：行！[162]

胡適在安慶的這個演講等於是把杜威的思維術套用在人生觀上，然後冠以「科學」的美名。特別有意味的，是他在積極方面的第五步：「證實：行！」我說特別有意味，因為這句話也是「杜威先生教我怎樣思想」來的。

1921年6月30日，北京的五個學術機構——北大、高師、女高師、新學會、尚志學會(後兩者是資助杜威在華的學術團體)——在來今雨軒為杜威夫婦跟女兒露西餞行。杜威在席中的謝詞，稱讚了中國人，無論是年輕或年長的，都很能容納新的思想。他希望中國人同時還有實行的精神。否則，有了新思想而不能實行只是徒然。他說：

> 理想方面，常常有不能解決的問題。例如有好政府然後有好教育，有好教
> 育然後有好政府。我們還是先造好政治，再讓他發現好教育呢？還是先造好
> 教育，再讓他產生好政治呢？這是循環的問題，正如先有雞呢先有雞子呢的
> 問題一樣，永遠解決不了的。要想解決，只有下手去實行。[163]

---

162 《胡適日記全集》，3：255。
163 《胡適日記全集》，3：151。

胡適在安慶講〈科學的人生觀〉裡說：「證實：行！」這句話的靈感來源，就是杜威這個臨別贈言。

八個月以後，赫胥黎的懷疑精神仍然還沒躍入胡適的眼界。胡適在1922年2月24日日記，記他上課講到程頤：「我講程頤，注重他的『致知』一方面。他的格物說，指出知為行之明燈，指出思想如源泉，愈汲則愈清，指出『學源於思』，指出『懷疑』的重要，指出格物的範圍——這都是他的特別貢獻。」[164]如果他這時已經知道了赫胥黎「懷疑」的精神，他不會不加以引申的。

三個星期以後，胡適前所不知的赫胥黎的幾個面向，赫然出現在他眼前。胡適在1922年3月15日的日記裡說：「讀《達爾文傳》(*Life and Letters of Charles Darwin*)及《赫胥黎傳》(*Life and Letters of T.H. Huxley*)中自1859到1872的部分，很感動。我愛赫胥黎的為人，他是達爾文的護法神。」[165]

胡適在1922年3月15日的日記裡說他讀了《赫胥黎傳》1859到1872的部分。這本《赫胥黎傳》分上下兩冊。上冊從赫胥黎1825年出生到1878年，一共三十三章。胡適會從第十三章1859年看起是不言而喻的，因為1859年是達爾文《物種起源》(*On the Origin of Species*)出版的一年。1872年是第二十六章，第一冊只剩下七章了。胡適在1922年4月9日日記裡記說：「下午讀《赫胥黎集》。」[166]這裡的《赫胥黎集》如果是筆誤或誤排，而其實是《赫胥黎傳》，則胡適應該在當天就讀完了《赫胥黎傳》的第一冊。當然，這也有可能不是筆誤或誤排，因為完全胡適可能由於讀了《赫胥黎傳》，而起意翻讀《赫胥黎集》。

有趣的是，赫胥黎的懷疑精神並沒有立刻地反映在胡適的演講裡。1922年3月25日，也就是他在日記裡第一次記錄他讀《赫胥黎傳》的十天以後，他在法政專門學校演說〈科學的人生觀〉。根據他在日記裡的記錄，他說：

> 科學的人生觀即是用科學的精神、態度、方法，來對付人生的問題。
> 科學的精神在於他的方法。科學的方法有五點：
> 一、特殊的，問題的，不儱侗的。
> 二、疑問的，研究的，不盲從的。
> 三、假設的，不武斷的。

164　《胡適日記全集》，3：445。
165　《胡適日記全集》，3：472。
166　《胡適日記全集》，3：499。

　　四、試驗的，不頑固的。

　　五、實行的，不是「戲論」的。

　　〔用法國科學家巴斯德(Louis Pasteur)跟德國科學家考科(Robert Koch)作例子〕……

　　科學的方法，應用到人生問題上去：

　　一、打破儱侗的「根本解決」，認清特別的、個體的問題。人生問題都是個別的，沒有儱侗的問題(例如婚姻、家庭等等)，故沒有儱侗的解決。

　　二、從研究事實下手，不要輕易信仰，需要先疑而後信。

　　三、一切原理通則，都看作假設的工具；自己的一切主張，都看作待證的假定。

　　四、用實驗的證據來試驗那提出的假設；用試驗的結果來堅固自己的信心，來消除別人的疑心與反對。

　　五、科學的思想是為解決個別問題的，已得了解決法，即須實力奉行。科學的人生觀的第一個字是「疑」，第二個字是「思想」，第三個字是「幹」！

　　此題很好，可寫出來。[167]

　　這個演講的內容，基本上跟他半年前在安慶演講〈科學的人生觀〉的內容是相同的。那從「疑」、「思想」，到「幹」的三部曲，基本上還是從杜威那兒來的。

　　一直要到1922年10月18日，胡適在山東濟南的第一中學演講〈科學的人生觀〉，他才開始把赫胥黎的名字作為「懷疑」精神的代名詞：

　　在一中講演〈科學的人生觀〉。我三年來講此題，凡五次了。至今不敢寫定。今天講的稍有不同，似勝往日。今天分兩部分：

　　一、科學的態度：1.「疑」，用Descartes〔笛卡兒〕作例；2.「疑而後信」，用Huxley〔赫胥黎〕作例。

　　二、科學的方法：1.認清疑難；2.制裁假設；3.證實。

　　事後思之，此分法還不很通俗，還不能使多數人了解。今天講演的經驗是：大家都不能不接受(一)項兩條，因為他們沒有法子可以躲避我的力量；

　　然而(二)項的三條，大多數人還不很了解，不能跟著我走。將來可將此題分
　　三段講：一、「疑！」(Descartes)〔笛卡兒〕；二、「拿證據來！」
　　(Huxley)〔赫胥黎〕；三、怎樣評判證據？[168]

　　胡適為什麼會在讀了《赫胥黎傳》六個月以後，才開始把赫胥黎的名字作為懷疑
精神的代名詞呢？我覺得這其實還是不難解釋的。我們要注意他在1922年3月15日的
日記裡說的話：「我愛赫胥黎的為人，他是達爾文的護法神。」胡適顯然在這以後著
實用功地讀了一些赫胥黎的著作。他的〈五十年來之世界哲學〉裡談赫胥黎的〈演化
論的哲學〉就是這一個時期的結晶。

「赫胥黎教我怎樣懷疑」

　　胡適在〈歸國雜感〉裡提到赫胥黎的《天演論及其它論文》。我們當然不能因此
就認定他留美的時候一定讀過赫胥黎。然而，我們至少可以說他知道赫胥黎的這本
書。我在前一節的討論裡，分析了胡適的「赫胥黎教我怎樣懷疑」的「史前史」的階
段。那麼，胡適為什麼會重新發現赫胥黎呢？我沒有直接的證據，但我推測胡適重新
發現赫胥黎是丁文江的功勞。

　　胡適跟丁文江訂交大概是在1919、1920年之間。第一次世界大戰以後，梁啓超在
張君勱、蔣百里、丁文江、徐新六等人的陪伴之下到歐洲去考察。雖然梁啓超要在
1920年3月初才回到中國，丁文江已經在1919年10月在美國作了兩個月的訪問考察以
後回到了中國。根據胡適在1956年作〈丁文江的傳記〉裡的回憶：「我認識在君和
新六好像是在他們從歐洲回來之後，我認識任公先生大概也在那個時期。任公先生是
前輩，比我大十八歲。他雖然是十分和易近人，我們總把他當作一位老輩看待。在君
和孟和都是丁亥(1887)生的，比我只大四歲；新六比我只大一歲。所以我們不久都成
了好朋友。」[169]胡適說：「在君和我們幾個老朋友在那個時期(民國八年〔1919〕到
十二年〔1923〕)」常談到清代學者、梁啓超，以及胡適自己的考據都是符合赫胥黎
所說的科學方法。他更意有所指地說：「在君和我都是最愛讀赫胥黎講科學方法的論
文。」[170]

168《胡適日記全集》，3：876-877。
169　胡適，〈丁文江的傳記〉，《胡適全集》，19：429。
170　胡適，〈丁文江的傳記〉，《胡適全集》，19：456-457。

「在君和我都是最愛讀赫胥黎講科學方法的論文。」這是胡適一生許多「不說破」的話裡面的又一個例子。我常說胡適喜歡跟未來要為他立傳的人鬥智。他在設下層層關卡的同時，又常常會跟我們眨個眼神、留下一些線索，找不找得到，就看後來者的本事。「在君和我都是最愛讀赫胥黎講科學方法的論文。」這句話就是一個線索。只是，找到謎底還是要頗費周章的。

我在上一節裡，提到胡適第一次日記裡記他讀《赫胥黎傳》，說他很受感動，是在1922年3月15日。三個星期以後，他在4月9日日記裡記說：「下午讀《赫胥黎集》。」再下一次胡適提到赫胥黎是在8月10日日記：

> 在家，動手續作〈五十年來之世界哲學〉一文。此文起於去年冬間，至今未成。今任之催稿甚急，故續作下去。平常哲學史多不注意達爾文，Höffding〔赫夫定〕的《近代哲學史》始給他一個位置，但赫胥黎竟幾乎沒有人提起。此我最不平的一點。今此文他們兩人占三千多字，也可算是為他們伸冤了。[171]

事實上，赫夫定(Harald Höffding)在《近代哲學史》(*A History of Modern Philosophy*)裡並沒有給達爾文「一個位置」。赫夫定在這本書裡提到了達爾文名字一共才三次，三次都是在討論別人的哲學思想的時候附帶地一提的。前兩次是在討論霍布斯(Thomas Hobbes)的時候。赫夫定說霍布斯「所給與倫理學與政治學的自然主義的基礎，帶起了一個運動，非常類似達爾文在19世紀所衍生的」[172]。他說霍布斯「是產生出馬爾薩斯、達爾文那種人才的特殊的英國心靈的產物。我們可以說馬爾薩斯和達爾文是承續了霍布斯的思想模式」[173]。第三次是談到達爾文的祖父，伊拉斯謨斯‧達爾文(Erasmus Darwin)的時候。赫夫定說伊拉斯謨斯‧達爾文的心理聯想的理論沿用到生物演化的理論的時候，「跟拉馬克(Jean-Baptiste Lamarck)幾年以後所提出來的物種發展的假設有幾分相似的地方。所有這一切都作為開路先鋒，牽引出那後來與達爾文的名字連結在一起的偉大的假設。」[174]

達爾文、赫胥黎再偉大，也沒有人會在哲學史裡給他們「一個位置」的。理由很

---

171 《胡適日記全集》，3：705-706。

172 Harald Höffding, *A History of Modern Philosophy* (New York: The MacMillan Company, 1900), Vol 1, p. 264.

173 Harald Höffding, A History of Modern Philosophy, p. 286.

174 Harald Höffding, A History of Modern Philosophy, p. 449.

簡單，他們不但不是哲學家，而且他們並沒有在哲學方面作過建樹。胡適為他們憤憤不平，要在〈五十年來之世界哲學〉裡替「他們伸冤」，這完全是胡適在澆自己的塊壘。有趣的是，他在此處的所作所為的靈感完全是來自杜威。我在本章前文談到胡適用來「芝麻開門」進入杜威「實驗主義」門欄的，是杜威所寫的〈達爾文對哲學的影響〉。杜威談的是達爾文「對哲學的影響」，到了胡適手上，這「影響」卻變成了哲學的「內容」。而這杜威所謂的哲學的內容，卻不外乎是「類」(species)的觀念從亞里斯多德的「不變」，轉變到達爾文以後的「變異」、「淘汰」，與「生存的競爭」。這個「思想上的大革命」，就是杜威在〈達爾文對哲學的影響〉一文的起始，以及他在《哲學的改造》的第三章〈哲學改造的科學因素〉的起始裡所申論的觀點。

　　胡適在〈五十年來之世界哲學〉裡，當然沒有注明他在此處的討論是引用杜威的。重點是，他這一節的名稱是「演化論的哲學」。杜威從「類」的觀念的轉變，進一步討論傳統哲學的局限，以及哲學的改造在於把科學的方法應用到社會政治人生之上。然而，到了胡適的手上，他從這個「類」的觀念一躍，就跳到了達爾文。然後，他又以「天地不仁，以萬物為芻狗」的觀念為基礎，從而否認這個世界是上帝所設計創造的一段話。然後，就在引了這麼一段話以後，他又一躍，而跳到了赫胥黎的「存疑主義」。胡適在「演化論的哲學」這一節，唯一可以稱得上是「哲學」的討論，是斯賓塞的哲學。胡適說：「他對於演化論的本身，不曾有多大的貢獻；他的大功勞在於把進化的原則應用到心理學、社會學、人生哲學上去。」[175]其實，胡適自己前後矛盾。赫胥黎又何嘗不是如此！赫胥黎對於演化論「本身」，也同樣是「不曾有多大的貢獻」。他的貢獻在於辯護與宣揚，所以胡適才會封他為「達爾文的護法神」；所以赫胥黎才會有這樣的綽號：「達爾文的拳師狗」(Darwin's bulldog)。

　　胡適為什麼能把根本就不是哲學家的達爾文和赫胥黎放在「演化論的哲學」裡來討論呢？這又跟我在本章討論他的「哲學破產論」有關。我在前文裡已經分析了杜威的「哲學改造論」，到了胡適的手裡變成了「哲學破產論」。哲學的過去，胡適認為是不堪回首的：「過去的哲學不是還沒受到科學的洗禮，就是劣等的科學；歷史上大哲學家大都是失敗的半吊子的科學家。」在胡適的「哲學破產論」之下，哲學也沒有將來：「將來只有一種知識：科學知識。將來只有一種知識思想的方法：科學證實方法。」

　　胡適說：「達爾文與赫胥黎在哲學方法上最重要的貢獻，在於他們的『存疑主

---

175 胡適，〈五十年來之世界哲學〉，《胡適全集》，2：362。

義』（Agnosticism）。」[176]這句話是關鍵。在胡適「哲學破產論」的觀點之下，未來的知識只有科學、只有科學方法。用我在胡適「哲學破產論」那一節所引的胡適自己的話來說：「哲學最初是科學發展出來以前的東西，現在終於變成科學了。」如果未來的哲學在科學化了以後，就變成了科學，則達爾文與赫胥黎的科學知識與科學方法，當然也就是胡適定義之下的「哲學」了。

雖然「存疑主義」這個名詞是赫胥黎在1869年鑄造出來的，當時知道這件事情的人很少。等赫胥黎自己在1889年在〈存疑主義〉一文裡提起他當年在「形上學學會」（Metaphysical Society）上鑄造這個新詞的來龍去脈時，連他在「X俱樂部」（X-Club）的好友赫斯特（T.A. Hirst）都表示他完全不知情[177]。「形上學研討會」的成員主要是牧師，是1869年成立的，也就是赫胥黎鑄造「存疑主義」這個名詞的那一年成立的。「X俱樂部」則是赫胥黎等八個好友在1864年組成的。從1864年到1893年，三十年間，成員每個月聚會一次。「X俱樂部」在英國科學專業化過程中扮演了主導、掌控的樞紐地位[178]。

赫胥黎為什麼在他鑄造了「存疑主義」這個名詞二十年以後才公開宣布這個事實呢？赫胥黎除了是一個論戰場上的老手以外，他還是一個非常能洞察世態人心的人。他很可能是因為謹慎，所以特意自己不使用這個名詞。換句話說，他不願意讓他具有爭論性的身分，負面地影響了「存疑主義」在讀者心目中所產生的聯想[179]。他為「存疑主義」建構了一個讓人肅然起敬的譜系。他在1878年詮釋休姆心目中的哲學的極限的時候，就把休姆的態度上溯到洛克，中間經過康德，然後傳承到近代的「存疑主義」（agnosticism）[180]。

不但如此，等赫胥黎在1889年公開宣布他是「存疑主義」這個名詞的鑄造者的時候，他把存疑主義一直追溯到蘇格拉底，甚至連《聖經》、「宗教改革」都拉進來了：

　　事實上，存疑主義不是一個信仰，而是一種方法。其本質就在於嚴格地執

176 胡適，〈五十年來之世界哲學〉，《胡適全集》，2：360。
177 Bernard Lightman, "Huxley and Scientific Agnosticism: The Strange History of a Failed Rhetorical Strategy," *The British Journal for the History of Science*, 35.3 (Sep., 2002), p. 271.
178 Ruth Barton, "'Huxley, Lubbock, and Half a Dozen Others': Professionals and Gentlemen in the Formation of the X Club, 1851-1864," *Isis*, 89.3 (September, 1998), pp. 410-444.
179 Bernard Lightman, "Huxley and Scientific Agnosticism: The Strange History of a Failed Rhetorical Strategy," pp. 271-289.
180 Thomas Huxley, "Hume," *Collected Essays of Thomas Huxley*, 6.70.

行一個原則。這個原則有其悠久的歷史，跟蘇格拉底一樣的古老；跟說：
「凡事查驗，信守其善者。〔〈帖撒羅尼迦前書〉，五章二十一節〕」那句
話的作者〔保羅〕一樣的古老。那是「宗教改革」的基礎。其所彰顯的不外
乎那句格言：每一個人應該能為其信仰提出理由。那是笛卡兒的大原則，是
近代科學的根本原則。積極來說：在思想上，一切以理性為依歸，完全不受
任何其他因素所左右。消極來說：在思想上，不接受任何還沒證明，或無法
證明的說法。這就是我所心目中的存疑的信念。一個人如果能夠完全不依違
這個原則，不管未來如何，他就可以坦然面對這個宇宙。[181]

「存疑主義」既然如赫胥黎所說，是一種方法，則它就適用於任何知識的範圍
了。赫胥黎說：

　　假設自然科學並不存在，這存疑的原則，讓語言學家與歷史學家來使用，
難道就不會產生完全相同的結果嗎？我們對羅馬王政時期的歷史、荷馬史詩
的真正來源，幾乎採取完全展緩判斷的態度。這不就是歷史研究、文學研究
上的存疑主義嗎？[182]

　　現在我們已經把這幾個糾結的問題釐清楚了：胡適為什麼會把達爾文和赫胥黎放
在〈五十年來之世界哲學〉裡來處理？胡適為什麼可以把赫胥黎的「存疑主義」拿來
當成方法？接著，我就可以回答：「在君和我都是最愛讀赫胥黎講科學方法的論文」
這句話所藏著的謎底是什麼了。
　　胡適在〈五十年來之世界哲學〉——後來他把這一節單獨挑出以〈演化論與存疑
主義〉發表——裡說：

　　這種存疑的態度，五十年來，影響於無數的人。當我們這五十年開幕時，
「存疑主義」還是一個新名詞；到了1888年至1889年，還有許多衛道的宗教
家作論攻擊這種破壞宗教的邪說，所以赫胥黎不能不正式答辯他們。他那年
作了四篇關於存疑主義的大文章：

---

181 Thomas Huxley, "Agnosticism," *Collected Essays of Thomas Huxley*, 5.245-246.
182 Thomas Huxley, "Agnosticism," *Collected Essays of Thomas Huxley*, 5.154.

一、〈論存疑主義〉，

二、〈再論存疑主義〉，

三、〈存疑主義與基督教〉，

四、〈關於靈異事跡的證據的價值〉。

此外，他還有許多批評基督教的文字，後來編成兩厚冊。一冊名爲《科學與希伯來傳說》，一冊名爲《科學與基督教傳說》（《赫胥黎論文》，卷四，卷五）。這些文章在當日思想界很有廓清摧陷的大功勞。[183]

乍看之下，胡適在此處所列出來的赫胥黎的文章似乎都跟方法無關。然而，如果我們去一一讀胡適所列出來的文章，我們就可以發現赫胥黎的這些文章都是聖經詮釋學的文章，都是胡適在留美時期就已經注意到的問題。用胡適在留美的時候所熟稔的名詞來說，就是高等考據學（Higher Criticism）。赫胥黎這三篇「存疑主義」文章的分析重點是《新約聖經》的〈對觀福音書〉（Synoptic Gospels），即〈馬太〉、〈馬可〉、〈路加〉三福音。

這〈對觀福音書〉是歐洲宗教史上一個惱人的問題。這是因爲〈馬太〉、〈馬可〉、〈路加〉三福音雖然有重複，甚至完全雷同的字句，然而對耶穌的生平、上十字架的時間，以及「升天」的敘述存在許多矛盾、無可圓滿調和的地方。因此，在聖經詮釋學上，有「對觀福音問題」（Synoptic Problem）的名稱。從18世紀末年開始，聖經學者放棄了調和的嘗試，另闢蹊徑。這是近代聖經詮釋學的開始[184]。

我在《璞玉成璧》裡，已經分析了胡適對高等考據學的興趣，同時也指出了這「對觀福音問題」的對基督教權威的衝擊。〈對觀福音書〉重疊與重複的問題是牽涉到這三篇福音的來源，亦即究竟它們是獨立成書的？還是其中一福音書是其他兩福音書的來源？或者，三福音書都來自同一個來源？或者是來自多重的來源？這牽涉到的不只是這三福音的史實的問題，而且還牽涉到《聖經》作爲不可懷疑、不可更改一字的「聖書」的問題[185]。

更有意味的是，我在《璞玉成璧》裡詳細地分析了青年胡適修身進德的焦慮，以及他的宗教情懷。胡適一生讀〈馬太福音〉，有好幾次都淚流滿面。我說那是胡適在

---

183 胡適，〈五十年來之世界哲學〉，《胡適全集》，2：360-361。

184 Matthew Day, "Reading the Fossils of Faith: Thomas Henry Huxley and the Evolutionary Subtext of the Synoptic Problem," *Church History*, 74.3 (Sep., 2005), pp. 534-556.

185 《舍我其誰：胡適，第一部：璞玉成璧，1891-1917》，頁367。

他的宗教情懷之下所經歷的「宗教感應」[186]。胡適所喜愛的〈聖山寶訓〉，是在〈馬太福音〉裡。留美時期的胡適還沒讀過赫胥黎這些「存疑主義」的文章，所以他當時完全不知道赫胥黎不但從「對觀福音問題」的分析出發，指出〈對觀福音書〉在有關〈聖山寶訓〉(Sermon on the Mount)、〈主禱文〉(Lord's Prayer)敘述方面的矛盾。赫胥黎最精采的分析是耶穌在加大拉(Gadarenes)，把附著在兩個人身上的鬼，趕到一群豬裡，再讓這群豬衝向山崖下，淹死在海裡的故事。耶穌在加大拉趕鬼入豬淹死的故事，是赫胥黎最喜歡拿來嘲笑基督教會教條的無稽之談。他在這三篇〈存疑主義〉的文章裡，樂此不疲地一再地鞭笞著。

赫胥黎在這三篇〈存疑主義〉裡的分析，當然不是他自己的研究，他用的是德國高等考據學的成果。赫胥黎會研究《聖經》毫不足奇。他不只是一個科學家，他更是一個典型的維多利亞文士——博學、有道德感、有社會意識。赫胥黎所要證明的，不只是一個科學家遊刃有餘，還能遊於藝、浸於史、諧於哲。他更要證明他的科學家的方法，可以完全適用在文學、歷史、哲學與宗教的研究上。

特別有意味的是，我在前文已經提起〈對觀福音書〉的來源，聖經詮釋學的學者有不同的假設。然而，赫胥黎選擇的是單一來源的說法。他認為〈馬太〉、〈馬可〉、〈路加〉三福音都是來自同一個更原始的來源。這對基督教義的衝擊自然是致命性的。因為，如果〈馬太〉、〈馬可〉、〈路加〉三福音都有其更原始的來源，則它們的作者就都不是所謂的「目擊者」，都不是耶穌基督的「神跡」的「人證」。因此，〈對觀福音書〉的敘述，也就不能作為耶穌的所言所行的「目擊記錄」，也就不能被視為是神聖不可懷疑的了。

〈對觀福音書〉不但有其更原始的共同來源，它們的成書還是一個層層積累的過程。從這個共同的原始素材來源開始，先有比較簡短素樸的〈馬可福音〉，然後才衍生出情節較為複雜、文學意味較為濃厚的〈馬太〉與〈路加〉福音。這就好像是達爾文研究物種起源、赫胥黎研究古生物學一樣，是研究那從簡單的原質、經由變異、適應而演化成為複雜的生物一樣。從這個意義來說，赫胥黎的《聖經》研究，等於是把《聖經》視為信仰的「化石」來研究[187]。這是徹底地顛覆了基督教的權威。達爾文的演化論已經顛覆了基督教上帝創造世界的理論與信仰。赫胥黎現在則顛覆到了基督教的根，把《聖經》視為信仰的「化石」來研究基督教的演化史。

---

186 《舍我其誰：胡適，第一部：璞玉成璧，1891-1917》，頁148-158、519-557。

187 Matthew Day, "Reading the Fossils of Faith: Thomas Henry Huxley and the Evolutionary Subtext of the Synoptic Problem," *Church History*, 74.3 (Sep., 2005), pp. 534-556.

毫無疑問地，赫胥黎對基督教會權威的打擊是摧毀性的。然而，赫胥黎所攻擊的，與其說是基督教，不如說是教條。赫胥黎對基督教本身並沒有反感。他說得很清楚，他所反對的不是基督教，而是神學(theology)。赫胥黎所擺出來的姿態是在替基督教作摧枯拉朽的工作，廓清所有的玄學、迷信、傳說，以建立科學的神學。他在〈再論存疑主義〉裡說：

> 我一向就鼓吹大家要讀《聖經》，要把對這本絕妙好書的研究在大眾之間廣為流傳。《聖經》的教諭要遠勝於所有教派所說的。後者就像十八個世紀以前的法利塞人一樣，亟亟要用「人的訓誡」來湮滅前者。依我的看法，那些被後來所謂的基督徒所層層積累起來的詭辯的玄學、老掉了牙的迷信，百分之九十，都可以用《聖經》的內容本身把它們給一一駁斥掉。
>
> 所有那些混進了基督教裡的毒藥，那些麻醉、惑弄了人類的毒藥，現成的解藥無它，就是從那沒被玷污的原始之泉〔注：即《聖經》〕，海量地汲取原水來沖淡那些毒藥。由於這個道理實在明顯也不過了，我在此處只不過是行使每一個人都應有的自由判斷的權利與責任。同時，我也希望鼓勵大家能步我的後塵。[188]

胡適說「赫胥黎教我怎樣懷疑。」信然！可是，胡適只說了冰山的一角。胡適沒有告訴我們的是：赫胥黎這「層層積累」的理論、赫胥黎對《聖經》裡的傳說的摧枯拉朽的工作，就是胡適自己後來的「疑古」的研究，就是胡適後來的禪宗研究的靈感與方法論的來源！

赫胥黎在〈存疑主義〉三篇裡，是用高等考據學的方法，來分析〈對觀福音書〉層層積累的形成過程，從而證明它們不是耶穌基督所言所行的「目擊」記錄。胡適在〈五十年來之世界哲學〉裡舉了赫胥黎的第四篇批評基督教的文章：〈關於靈異事跡的證據的價值〉。胡適只舉赫胥黎這篇文章，而沒有說明它的意義。其實，赫胥黎在這一篇文章裡，進一步用了「存疑主義」的精神來批判「目擊者」、「人證」的價值。「目擊者」或「人證」即使是品格高超、公正不阿，並不表示他所說的就是可信的。

赫胥黎在這篇文章裡用的例子是艾金哈特(Eginhard)。艾金哈特是9世紀的人，

188 Thomas Huxley, "Agnosticism: A Rejoinder," *Collected Essays of Thomas Huxley*, 5.268-269.

在查理曼大帝朝廷當過官，後來退隱到修道院裡當住持。赫胥黎在這篇文章裡，主要是分析艾金哈特所留下來的一篇文件。這篇文件敘述了他如何派人到羅馬去盜墓，運回了兩個基督殉教者的遺體，以及這遺體如何顯靈跡的故事。赫胥黎的目的很簡單，他所要證明的是：人人皆曰「善」的人，如果相信「靈跡」，他們就不是可信的「目擊者」和「人證」。赫胥黎說：今天，即使是最迷信的人，也只有在自然的成因無法解釋某些現象的時候，才會相信靈異（supernatural）。反之：「對艾金哈特及其友人來說，靈異是正常的。只有在所有其它原因都解釋不通的時候，他們才能接受自然的成因。」9世紀的艾金哈特是一個「善人」、是一個在其他方面而言都是可信賴的人。可是，他活在靈異的世界裡。換句話說，他再「善」、再「可信」，他都不是一個可信賴的「目擊者」和「人證」。如果連艾金哈特都如此，赫胥黎接著推論說，那更遑論那更早的《新約聖經》的作者了：如果《新約聖經》的四福音確實是馬太、馬可、路加、約翰所寫的，我們對他們的所知幾近於零[189]。換句話說，我們怎能輕信我們所知幾近於零的「目擊者」和「人證」呢？

當然，相信靈異、靈跡的人，古已有之，後繼者亦絡繹不絕。喬治·福克斯（George Fox, 1624-1691），貴格會的創始人，就是赫胥黎所用的一個近代的例子。赫胥黎總結說：

> 這個古代先知的現代版〔注：指福克斯〕沉浸於超自然主義裡，以盲目的信仰爲榮，他所說的話，諸如：「上帝這麼說」、「上帝的話語」等等，這在心態上跟哲學家等於是站在對立的一面。哲學家立足於自然主義，需索證據如狂（fanatic for evidence）。對他而言，這些上帝云云的話，不可避免地就引申出以下的幾個問題：「你怎麼知道上帝這麼說？」「你怎麼知道這是上帝作的？」他堅持任何信念都必須要有理性的基礎。對信仰科學的人而言，任何信念，如果欠缺了這個基礎，接受了它就是不道德的作爲。
>
> 對新約福音的作者——保羅、艾金哈特、福克斯亦然——而言，向他們要求提供給我們信念的理性基礎，等於是荒誕不經到褻瀆神聖的地步。[190]

---

189 Thomas Huxley, "The Value of Witness to the Miraculous," *Collected Essays of Thomas Huxley*, 5.180, 185.

190 Thomas Huxley, "The Value of Witness to the Miraculous," *Collected Essays of Thomas Huxley*, 5.190-191.

「在君和我都是最愛讀赫胥黎講科學方法的論文。」胡適和丁文江都熟讀了赫胥黎〈存疑主義〉諸文，他們都體會到那是赫胥黎把科學方法運用在《聖經》研究上的示範。無怪乎丁文江會在「科學與人生觀」的論戰裡，說：

> 所以科學的萬能，科學的普遍，科學的貫通，不在他的材料，在他的方法。安因斯坦〔愛因斯坦〕談相對論是科學、詹姆士講心理學是科學、梁任公講歷史研究法、胡適之講《紅樓夢》，也是科學。[191]

胡適在1921年底改訂了他的〈《紅樓夢》考證(改訂稿)〉。我們記得這還是在他發現赫胥黎的懷疑精神的「史前史」階段。他在這篇文章的結尾說：

> 我覺得我們做《紅樓夢》的考證，只能在這兩個問題〔「著者」和「本子」〕上著手；只能運用我們力所能搜集的材料，參考互證，然後抽出一些比較的最近情理的結論。這是考證學的方法。我在這篇文章裡，處處想撒開一切先入的成見；處處存一個搜求證據的目的；處處尊重證據，讓證據做嚮導，引我到相當的結論上去。[192]

等胡適接觸到了赫胥黎的懷疑精神以後，他就順理成章地把赫胥黎的語言套過來詮釋他的研究方法。雖然他作《紅樓夢》考證的方法，跟赫胥黎撥開層層積累研究〈對觀福音書〉的方法，風馬牛不相及。可是他還是在闡揚「杜威先生教我怎樣思想、赫胥黎教我怎樣懷疑」的〈介紹我自己的思想〉文章裡，硬是要奉赫胥黎為圭臬地說：「這不過是赫胥黎、杜威的思想方法的實際應用。我的幾十萬字的小說考證，都只是用一『些深切而著明』的實例來教人怎樣思想。」[193]

赫胥黎顯然是胡適、丁文江那一代歸國留學生所熟知的。丁文江在「科學與人生觀」的論戰裡，徵引了《赫胥黎傳》，與《方法與結果》（*Method and Results*）——《赫胥黎合集》的第一冊[194]。在論戰進入第二會合以後，他還開了參考書目。其中，有關赫胥黎的部分，除了《方法與結果》以外，他還開列了赫胥黎的《科學與教

191　丁文江，〈玄學與科學——評張君勱的《人生觀》〉，《科學與人生觀之論戰》，頁34。
192　胡適，〈《紅樓夢》考證(改訂稿)〉，《胡適全集》，1：587。
193　胡適，〈介紹我自己的思想〉，《胡適全集》，4：671。
194　丁文江，〈玄學與科學——答張君勱〉，《科學與人生觀之論戰》，頁259、261-262。

育》(*Science and Education*)——《赫胥黎合集》的第三冊[195]。

　　胡適的好友任鴻雋也參加了「科學與人生觀」的論戰。任鴻雋在他參戰的文章裡也徵引了《赫胥黎傳》。赫胥黎說：「要我相信在某時以前宇宙不曾存在，忽然有一個先在的神人，在六天中間(或者說立刻也可)就把他造成功來，也不是很難的事體。我不說凡不能的都是不真。我所提出的只是最低微而最有理的要求，要求現在所有動植物的種類由那樣創造出來的一點證據。這一點證據是我要相信覺得極不可能的說話〔注：說法〕的唯一條件。」[196]

　　《赫胥黎傳》似乎是當時許多歸國留學生的讀物。《赫胥黎傳》是赫胥黎的兒子里納(Leonard)編的，就好像《達爾文傳》是達爾文的兒子法蘭西司(Francis)編的一樣。這個英國維多利亞時期所流行的「偉人傳」的體例，是用「偉人」的來往書信爲綱的編年傳記。值得注意的是，中國新文化運動的領袖抨擊傳統中國的帝王將相「本傳」的體例。然而，這個維多利亞時期「爲賢者諱」的「偉人傳」的體例，卻是他們所師法的模範。其所反映的，就是他們能明察傳統缺失的秋毫，卻不能見西方同樣缺失的輿薪。這個維多利亞時期的「偉人傳」的體例，就是胡適的好友丁文江編輯梁啟超年譜長編的範本。丁文江在1929年7月8日給胡適的信裡說：「自從我上次寫信以後，又收到許多極好的材料。任公的信，已有二千多封！有用的至少在一半以上。只可惜他家族一定要做《年譜》，又一定要用文言。我想先做一個《長編》，敷衍供給材料的諸位，以後再好好的做一本白話的*Life and Letters*〔梁啟超傳〕。」[197]《梁任公先生年譜長編》的〈例言〉第二條說得再清楚也不過了：「本書採用英人《赫胥黎傳記》(*The Life and Letters of Thomas Henry Huxley*)體例，故內容方面多採原料，就中尤以信件材料爲主。」[198]

　　不只《赫胥黎傳》，赫胥黎對科學方法的定義，也是當時歸國留學生所喜愛徵引的。丁文江在「科學與人生觀」的論戰裡說：「科學的方法，不外將世界的事實分起類來，求他們的秩序。等到分類秩序弄明白了，再想一句最簡單明白的話來，概括這許多事實，這叫做科學公例。」[199]丁文江當然有他的盲點。作爲一個地質學家，他

195 丁文江，〈玄學與科學的討論的餘興〉，《科學與人生觀之論戰》，頁369。
196 任鴻雋，〈人生觀的科學或科學的人生觀〉，《科學與人生觀之論戰》，頁160。赫胥黎
　　這一段話的出處是Leonard Huxley, ed., *The Life and Letters of Thomas Henry Huxley* (New
　　York: D. Appleton and Company, 1901), Vol. 1, pp. 179-180.
197 丁文江致胡適，1929年7月8日，《胡適來往書信選》，1：520。
198 丁文江、趙豐田編，歐陽哲生整理，〈例言〉，《梁任公先生年譜長編》(北京：中華書
　　局，2010)，頁1。
199 丁文江，〈玄學與科學——答張君勱〉，《科學與人生觀之論戰》，頁252。

有歸納法至上的盲點。這個盲點是赫胥黎所沒有的。然而，丁文江歌頌科學，說科學給予人的不但是方法而且是素養，這就絕對跟赫胥黎的理念是合轍的：

> 科學……而且是教育同修養最好的工具。因為天天求真理，時時想破除成見，不但使學科學的人有求真理的能力，而且有愛真理的誠心。無論遇見什麼事，都能平心靜氣去分析研究，從複雜中求單簡，從紊亂中求秩序；拿論理來訓練他的意想，而意想力愈增；用經驗來指示他的直覺，而直覺力愈活。了然於宇宙生物心理種種的關係，才能夠真知道生活的樂趣。這種活潑潑地心境，只有拿望遠鏡仰察過天空的虛漠、用顯微鏡俯視過生物的幽微的人，方能參領得透徹，又豈是枯坐談禪妄言玄理的人所能夢見？諸君只要拿我所舉的科學家，如達爾文、斯賓塞、赫胥黎、詹姆士、皮爾生的人格來同什麼叔本華、尼采比一比，就知道科學教育對於人格影響的重要了。[200]

丁文江講科學或許辭費，任鴻雋就直截了當地徵引了赫胥黎對科學所下的定義。他在《科學概論》裡說：「科學是有組織的常識。」[201]無獨有偶，竺可楨也用了赫胥黎的話說：「科學無他，乃有組織之常識而已；今日我國工商業之所以失敗，正惟其缺乏常識。即國事蝟蝟，亡國之禍近在眉睫，亦正惟政府、人民缺乏常識。」[202]

最有意味的是，在胡適那群朋友裡面，祭出赫胥黎的名字最頻繁、喊得最響亮的是胡適。君不見他說：「赫胥黎教我怎樣懷疑。」然而，在他那群朋友中間，胡適也是最不能老老實實地徵引赫胥黎的一個人。他〈五十年來之世界哲學〉所徵引的不算，因為他在這篇文章裡非徵引書目不可。任鴻雋跟竺可楨所徵引的赫胥黎的定義，胡適很可能也讀過，或者聽過，只是忘了出處。1926年11月3日，胡適在英國開中英庚款會議的時候，無意間在另外一本書裡看到，他於是在當天的日記裡記下來：

"Science is, I believe, nothing but trained and organized common sense."——
Huxley, *Lay Sermons*, quoted by Sir Bertram G.A. Windle in *The Church and*

---

200 丁文江，〈玄學與科學——評張君勱的《人生觀》〉，《科學與人生觀之論戰》，頁34-35。
201 任鴻雋，〈科學智識與科學精神〉，《科學救國之夢——任鴻雋文存》(上海：上海教育科技出版社，2002)，頁352。
202 竺可楨，〈常識之重要〉，《竺可楨全集》第2卷(上海科技教育出版社，2004)，頁244。

Science.〔「科學的意義無它，不過就是有紀律、有組織的常識而已。」——赫胥黎《凡俗佈道》，溫島爵士在《教會與科學》徵引。〕[203]

　　赫胥黎這句科學的定義，出現在他1854年的〈博物學的教育價值〉一文裡。胡適是否讀過？這是一個頗為有興味的問題。我在本章討論到胡適初到北大的時候，試圖把他「文以載道」的理念落實到北大英語系的課程裡。他在「英文學(三)：英文學梗概(三)」裡的指定讀本：赫胥黎的《論文演講集》裡邊就收了這篇文章。胡適可能會指定這本書給學生看，自己卻沒讀過嗎？以胡適作事的態度來看，這幾乎是不可能的事。赫胥黎這個對科學的定義，《赫胥黎傳》也提到。不過是在第八章。我們記得胡適在1922年3月15日的日記裡說他當天讀了《赫胥黎傳》：「自1859到1872的部分，很感動。」我說胡適會從第十三章1859年看起是不言而喻的，因為1859年是達爾文《物種起源》出版的一年。赫胥黎的〈博物學的教育價值〉是在1854年發表的，因此《赫胥黎傳》提到這個演講是在第八章。如果胡適沒倒回去讀《赫胥黎傳》的前幾章，因此與這句話失之交臂，這是可以相信的。

　　不管胡適是否曾經讀過赫胥黎這句對科學的定義，不像今天的我們，可以隨時上網查引文、查出處，方便極了。在胡適的時代，只能靠勤讀與勤記。所以他1926年在溫島爵士的書裡看到了這句話，就趕緊在日記裡記了下來。到了胡適的晚年，他仍然信服赫胥黎所下的這個定義。比如說，他在1956年寫成的《丁文江的傳記》裡，就引申赫胥黎的話來作為丁文江對科學的定義的佐證：「這就是赫胥黎說的人類的常識的推理方法，也可以說是『受約束的常識的推理方法』。破除成見是約束，平心靜氣是約束；拿論理(論理本身是常識)來訓練想像力，用經驗來指導直覺，也都是約束。科學的方法不過是如此。」[204]

　　胡適1958年4月26日在台北作了〈歷史科學的方法〉的演講。他就用赫胥黎的定義作這個演講的總結：「歷史科學的方法不過是人類常識的方法，加上更嚴格的訓練，加上更謹嚴的紀律而已。」[205]只是，胡適即使活到了老，壞毛病就是改不了。他還是引而不徵，沒注明這句話是赫胥黎說的。

　　胡適的〈五十年來之世界哲學〉，或者更正確地說，他的〈演化論與存疑主義〉，是研究胡適思想絕對不能錯過的一篇文章。胡適在這篇文章裡的重點雖然名為

---

203 《胡適日記全集》，4：537。
204 胡適，〈丁文江的傳記〉，《胡適全集》，19：456-457。
205 胡適，〈歷史科學的方法〉，《胡適全集》，13：684。

「存疑主義」（agnosticism），實際上是「無神主義」。用現代所流行的翻譯其實是「改寫」（rewrite）的理論來說，胡適所謂的「存疑主義」就是一個改寫。這也就是說，胡適是挪用赫胥黎的話來澆他自己的塊壘。胡適說：「存疑主義這個名詞，是赫胥黎造出來的，直譯爲『不知主義』。孔丘說，『知之爲知之，不知爲不知，是知也。』這話確是『存疑主義』的一個好解說。」[206]

赫胥黎在描述他鑄造這個新名詞的來龍去脈的時候，已經很清楚地爲這個名詞下了一個定義。他說他在1869年參加「形上學學會」的時候，所有的會員不是這個主義者，就是那個主義者。只有他什麼主義都不是，讓他覺得好像是一隻沒有尾巴的狐狸一樣。赫胥黎在這裡借用的是《伊索寓言》裡面的一個故事。在那個故事裡，一隻狐狸從捕狐器掙脫的時候，尾巴被夾斷了。自慚形穢的牠想出了一個好主意。牠開了一個狐狸大會，建議大家都把尾巴給剪掉。毋庸贅言地，這隻狐狸的建議沒被大家接受——寓意：「不輕信另懷目的的建議。」赫胥黎用這個《伊索寓言》的故事，只是他反其道而行：

> 於是，我爲自己創造了一個貼切的名號：「不知主義者」（agnostic）。我這個名號是故意跟教會歷史上的「靈知主義者」（gnostic)打對臺。這是因爲「靈知主義者」號稱他們能知的，就正是我覺得不可知的。我搶先就在我們「形上學學會」的成員面前炫耀我這個名號，讓大家知道我跟其他狐狸一樣，也是有一條尾巴的。[207]

胡適把赫胥黎的「不可知主義」翻譯成「存疑主義」。表面上看起來，這只不過是在譯名上的琢磨與抉擇。實際上，這是一個有心的微妙的潛移(shift)。俗話說：「失之毫釐，謬以千里。」把赫胥黎的「不可知」譯成「存疑」，胡適可以把那前提潛移「毫釐」，然後「默化」出「謬」以千里之外正是他所想要的結論出來。我們來看胡適如何「潛移默化」赫胥黎的「不可知主義」：

> 靈魂不朽之說，我並不否認，也不承認。我拿不出什麼理由來信仰他，但是我也沒有法子可以否認他。[208]

---

206 胡適，〈五十年來之世界哲學〉，《胡適全集》，2：358。
207 Thomas Huxley, "Agnosticism," *Collected Essays of Thomas Huxley*, 5.239.
208 以下的引文，除非另有注明，都出自於胡適，〈五十年來之世界哲學〉，《胡適全

　　赫胥黎談到這個靈魂不朽的不可知論是在1860年9月。當時，他的四歲大的長子諾威爾(Noel)不幸傳染到猩紅熱死去。他的好朋友金司萊牧師(Charles Kingsley)寫信安慰他，談到了靈魂不朽的問題。赫胥黎雖然身受椎骨刺心的喪子之痛，他有超人的堅強之力，還能夠跟金司萊討論宗教哲學的問題。他謝謝金司萊的好意，但拒絕在他最脆弱的時候，爲了找尋心靈的寄託，而犧牲了他在爲人處世上的原則。這個原則，用胡適留美的時候最喜歡說的話來說，就是一致。赫胥黎對金司萊說：「我相信別的東西時，總要有證據；你若能給我同等的證據，我也可以相信靈魂不朽的話了。」

　　胡適於是歸結說：「這種科學的精神——嚴格的不信任一切沒有充分證據的東西——就是赫胥黎叫做『存疑主義』的。」問題出在胡適接下去說的話：「對於宗教上的種種問題持這種態度的，就叫做『存疑論者』（Agnostic）。」胡適神不知鬼不覺地把赫胥黎對宗教所持的「不可知主義」，「潛移默化」地成爲「存疑主義」，亦即「質疑主義」。驚人的是，胡適所翻譯的赫胥黎那句開宗明義的話言猶在耳：「靈魂不朽之說，我並不否認，也不承認。我拿不出什麼理由來信仰他，但是我也沒有法子可以否認他。」

　　「嚴格的不信任一切沒有充分證據的東西。」信然！然而，這並不適用於沒有證據可拿的東西。沒有辦法去證明或否認的事物，赫胥黎認爲沒有必要去浪費時間。他說：

　　　　如果有人問我月球上的生物的政治情況如何？我會說我不知道。不但是我，沒有任何其他人有辦法知道這個問題的答案。在這種情況之下，我謝絕去爲這個問題煩惱。我不認爲任何人有權利就因此派我是一個懷疑論者（sceptic）。我認爲我說我不知道，正意味著我誠實坦率。同時，那也意味著我沒那麼多時間可浪費。[209]

　　換句話說，對靈魂不朽這樣的問題，赫胥黎的態度是「不可知」，同時也「不用知」，因爲他「沒那麼多時間可浪費」。對這個問題，胡適的態度則是要求「嚴格的不信任一切沒有充分證據的東西」。用胡適套用赫胥黎最喜歡說的話來說，就是：「拿證據來！」問題是，用赫胥黎的「不可知主義」來說，這是強人所難，因爲根本就沒有證據來證明或否認靈魂不朽論。

(續)────────────────

　　集》，2：358-361。
209　Thomas Huxley, "On the Physical Basis of Life," *Collected Essays of Thomas Huxley*, 1.162.

　　胡適既然把赫胥黎的「不可知主義」潛移默化成爲：「對於宗教上的種種問題」的「存疑主義」，他於是就可以進一步在這個定義下來詮釋達爾文的「存疑主義」。他說：

　　達爾文晚年也自稱爲存疑論者，他說：「科學與基督無關，不過科學研究的習慣使人對於承認證據一層格外愼重罷了。我自己是不信有什麼『默示』（Revelation）的。」至於死後靈魂是否存在，只好各人自己從那些矛盾而且空泛的種種猜想裡去下一個判斷了。（《達爾文傳》，一，頁277。）
　　他又說：「我不能在這些深奧的問題上面貢獻一點光明。萬物緣起的奇秘是我們不能解決的。我個人只好自居於存疑論者了。」（《達爾文傳》，一，頁282。）

　　雖然胡適引達爾文這兩段話的目的，是在借達爾文的權威來支持他對上帝存在問題的質疑。然而，細心的讀者可以從達爾文自己的話讀出達爾文跟赫胥黎一樣，對上帝的問題是抱持著「不可知主義」的態度。達爾文說得很清楚：人「死後靈魂是否存在」的問題，「只好個人自己……去下一個判斷了。」還有：「萬物緣起的奇秘是我們不能解決的。」
　　胡適不但強把達爾文拉爲他的同道，他而且選擇性的徵引達爾文說的話。胡適在上文所引的達爾文的話，是達爾文的兒子法蘭西司在《達爾文傳》裡特別選列的達爾文對宗教問題所發表的意見。胡適引了頁277與頁282上對他的論證有利的話，但漏掉了達爾文在頁274上說的一句對他不利的話：

　　即使在我的看法擺盪到最極端的地步的時候，我也從來不曾是一個否認上帝存在的無神論者。我想整體說來（我越老越是如此）──雖然並不總是如此──「不可知論者」是比較正確地描述我的心態的名詞。[210]

　　胡適不但漏掉了頁274上達爾文這句對他的論證不利的話，他還漏掉了達爾文的兒子法蘭西司在頁286上反駁愛德華‧艾佛凌（Aveling）跟胡適一樣強解達爾文的「不

210 Francis Darwin, *The Life and Letters of Charles Darwin* (New York: D. Appleton and Company, 1887), Vol. 1, p. 274.

知主義」的一段話。無神論的艾佛凌在1881年訪問了達爾文以後，發表了一個小冊子，名爲《達爾文的宗教觀》(*The Religious Views of Charles Darwin*)，是「自由思想出版社」在1883年出版的。法蘭西司・達爾文說艾佛凌相當信實地表達了他對他父親宗教觀點的了解。然而，他認爲那本小冊子有誤導讀者之虞，讓讀者誤以爲他父親跟艾佛凌的宗教觀點有相當類似的地方。他最不能同意的一點就是：

> 艾佛凌博士試圖把「不可知論者」等同於「無神論者」。這也就是說，一個人雖然沒否認神的存在，只要他認爲神祇存在論的理由不夠充分，他就是一個不信神的無神論者。我父親給的答案顯示了他寧可採取溫和(unaggressive)的「不可知論者」的態度。艾佛凌博士(在第五頁上)似乎認爲儘管我父親的觀點一點都不「衝」(aggressive)，我父親跟他之間的歧異點無關宏旨。然而，依我的看法，這個歧異點，就恰恰正是我父親迥異於艾佛凌博士所屬的那一幫人的所在。[211]

胡適說：「赫胥黎是達爾文的作戰先鋒(因爲達爾文身體多病，不喜歡紛爭)。」誠然！然而，即使達爾文的「拳師狗」，從胡適的角度來看，一定也還是不夠「衝」的！事實上，連赫胥黎自己也從「不可知主義」的角度來批判無神論：

> 從純哲學的角度來看，無神論是不能成立的。神學家眼中的神存在與否的證據，我們確實是沒有。然而，嚴格的科學的推論也只能作到這裡。當我們不知的時候，我們既無法確認也無法否認。[212]

留美時候的胡適，動不動就愛講「必也一致乎！」現在，胡適爲了借赫胥黎的「存疑主義」來澆自己「無神論」的塊壘，他的「必也一致乎！」論，也就被他拋出九霄天外去了。這是胡適不老實的地方。他先「潛移」了赫胥黎的前提，然後「默化」了赫胥黎的結論。他從赫胥黎的靈魂不朽論的「不可知論」的前提，把它「潛移」變成：「嚴格的不信任一切沒有充分證據的東西。」然後，再把它「默化」成：「達爾文的武器只是他三十年中搜集來的證據，三十年搜集的科學證據，打倒了二千

211 Francis Darwin, The Life and Letters of Charles Darwin, Vol. 1, p. 286.
212 Leonard Huxley, ed., The Life and Letters of Thomas Henry Huxley, Vol. 2, p. 172.

年尊崇的宗教傳說！這一場大戰的結果──證據戰勝了傳說──遂使科學方法的精神大白於世界。」

　　赫胥黎在〈存疑主義〉三篇裡，誠然是用了高等考據學的方法，來分析〈對觀福音書〉層層積累的形成過程，證明了它們不是耶穌基督所言所行的「目擊」記錄。用胡適的話來說，誠然是「證據戰勝了傳說」。黃克武在〈胡適與赫胥黎〉一文裡，指出胡適把《赫胥黎合集》的第五冊的書名 *Science and Christian Tradition*，翻成《科學與基督教傳說》，而不是慣用的「傳統」[213]。胡適是著實地讀了赫胥黎這本書，他知道赫胥黎是在這本書裡，是用「證據戰勝了傳說」。然而，證據戰勝了基督教會的傳說，並不表示戰勝了宗教的信念。這是胡適在邏輯上作了不當的引申所得出來的結論。

　　胡適把赫胥黎的「不可知論」，譯成「存疑主義」，讓它在字義上衍生出「質疑」的意涵，然後再用偷關漏稅的方法得出「無神論」的結論。我在上文提到了艾佛凌訪問達爾文以後所寫的一個小冊子。達爾文的兒子批判艾佛凌，認為他把達爾文的「不知主義」，強解成「無神論」。胡適的作法跟艾佛凌如出一轍。他講「存疑主義」背後的真正用意，他在〈《科學與人生觀》序〉裡表白得再淋漓透徹也不過了：

　　關於存疑主義的積極的精神，在君自己也曾有明白的聲明。(答張君勱，頁21-23)「拿證據來！」一句話確然是有積極精神的。但赫胥黎等在當〔時〕用這種武器時，究竟還只是消極的防禦居多。在19世紀的英國，在那宗教的權威不曾打破的時代，明明是無神論者也不得不掛一個「存疑」的招牌。但在今日的中國，在宗教信仰向來比較自由的中國，我們如果深信現有的科學證據只能叫我們否認上帝的存在和靈魂的不滅。那麼，我們正不妨老實自居為「無神論者」。這樣的自稱並不算是武斷；因為我們的信仰是根據於證據的：等到有神論的證據充足時，我們再改信有神論，也還不遲。我們在這個時候，既不能相信那沒有充分證據的有神論、心靈不滅論、天人感應論，……又不肯積極地主張那自然主義的宇宙觀、唯物主義的人生觀，……怪不得獨秀要說「科學家站開！且讓玄學家來解疑」了。吳稚暉先生便不然。他老先生寧可冒「玄學鬼」的惡名，偏要衝到那「不可知的區域」裡去

213 黃克武，〈胡適與赫胥黎〉，《中央研究院近代史研究所集刊》第60期，2008年6月，頁65注70。

打一陣，他希望「那不可知區域裡的假設，責成玄學鬼也帶著論理色彩去假設著。」(宇宙觀及人生觀，頁9)這個態度是對的。我們信仰科學的人，正不妨做一番大規模的假設。只要我們的假設處處建築在已知的事實之上，只要我們認我們的建築不過是一種最滿意的假設，可以跟著新證據修正的——我們帶著這種科學的態度，不妨衝進那不可知的區域裡，正如姜子牙展開了杏黃旗，也不妨衝進十絕陣裡去試試。[214]

胡適不但選擇性地徵引達爾文、赫胥黎有利自己的言論來為自己的立論佐證，他也選擇性剔除掉他們對自己不利的言論。這一點我已經在上文指出了。然而，胡適所剔除的不只是達爾文、赫胥黎反對無神論的觀點，他甚至剔除了赫胥黎與自己不合的人生觀。胡適在〈五十年來之世界哲學〉——〈演化論與存疑主義〉——裡，引了赫胥黎跟金司萊牧師談靈魂不朽的信裡的一段話：

　　科學好像在教訓我：「坐在事實面前像個小孩子一樣；要願意拋棄一切先入的成見；謙卑的跟著『自然』走，無論它帶你往什麼危險地方去：若不如此，你決不會學到什麼。」自從我決心冒險實行它的教訓以來，我方才覺得心裡知足與安靜了。

赫胥黎在說：「科學好像在教訓我」，以及「坐在事實面前像個小孩子一樣」中間有一句話被胡適剔除掉了，而且沒加刪節號！讀者不去對原文，還真會被他給誆了。可是，胡適是聰明的，他老早就已經先為自己脫罪了。他在翻譯這一長段以前，已經注明是：「我們**摘譯**幾段如下。」胡適剔除的這句話是說：

　　科學好像在用最高、最猛的方式，要我去學習那崇高的真理，那真理用基督教的道理來說，就是要心甘情願地匍匐在上帝的意旨之前。[215]

胡適會剔除掉赫胥黎這句話是可以理解的，因為赫胥黎把「自然」比擬成「上帝」。可是，我們不能忘掉赫胥黎在說這句話時的心情。這封給金司萊牧師的信是

214 胡適，〈《科學與人生觀》序〉，《胡適全集》，2：204-205。
215 Leonard Huxley, ed., The Life and Letters of Thomas Henry Huxley, Vol. 1, p. 235.

1860年9月23日寫的。就在這八天以前，9月15日，赫胥黎手裡還緊抱著他死去的長子的身子。赫胥黎已經到了崩潰的邊緣。然而，他挺了過去。9月20日的日記：

> 這孩子，諾威爾(Noel)，我們的長子，我們四年來的歡欣與喜悅，被四十八個小時的猩紅熱給帶走了。上個星期我還跟他蹦蹦跳跳地玩著。上星期五一整天，他的頭、他那藍晶晶的眼珠、他那滿頭亂成一團的金髮，在枕頭上翻滾著。十五號，星期六晚上，我把他抱到我的書房裡來，把他冰冷的身體放在我寫字的地方。星期天晚上，他的媽媽和我，就在這裡，跟他作了聖別。[216]

那時，赫胥黎三十五歲。他描寫小諾威爾死去的這一段，文字簡淡、平和，但字字震顫著我們內心深處「人哀己哀」的心弦。赫胥黎能坦然接受命運，因為他對「大自然」具有像宗教一般的敬畏之心。他相信「大自然」有它的道理，渺小的我們是必須匍匐在它的跟前。他當時的人生觀，跟他在1893年六十八歲時寫的、嚴復所翻譯的《天演論》的人生觀是截然不同的，也跟胡適從留美時期就已經形成的人生觀是格格不入的。用胡適當時罵人的話來說，赫胥黎當時的觀點就是他罵人「猶拾人唾餘」的「任天而治」的觀念。我在《璞玉成璧》裡，說明了胡適留美的時候，就已經開始宣揚用「人治」來補救「天生」的不平等的社會政治哲學。我舉了胡適1914年7月28日的日記，讚揚美國在險峻的風景區，用工程技術鑿徑築橋，讓人人都能得享大自然之美的作法：「以人事之仁，補天行之不仁，不亦休乎！不亦仁乎！」他在1914年9月9日的日記裡又說：「天生群動，天生萬民，等差萬千，其強弱相傾相食，天道也。老子曰：『天地不仁』此之謂耳。人治則不然。以平等為人類進化之鵠，而合群力以赴之。」[217]

赫胥黎當時的觀點則剛好跟胡適的相反。我在上文所指出的胡適所剔除的那句話就說明了一切：赫胥黎要大家像心甘情願地匍匐在上帝的意旨之前一樣，心甘情願地匍匐在大自然的意旨之前。我們記得胡適說他「摘譯幾段」赫胥黎給金司萊牧師的信。其中一段：「……我很知道，一百人之中就有九十九人要叫我做『無神主義者』。」在胡適這個刪節號以前，赫胥黎有一段胡適所沒有翻譯出來的關鍵話：

---

216 "Thomas Huxley: Letters and Diary 1860," "The Huxley File," http://aleph0.clarku.edu/huxley/letters/60.html, accessed October 1, 2011.
217 《舍我其誰：胡適，第一部：璞玉成璧，1891-1917》，頁604-607。

　　我堅信「天道」(Divine Government)——如果我能用這個字來表達「事物
之道」(customs of matter)的話——是絕對公正的。我越發了解了別人的生
活(且不用說我自己的)，我就越發覺得惡人不會發跡，好人也不會受懲。但
是，要把這個道理說清楚，我們就必須記住我們大家往往忘掉的一個事實：
人生的賞罰完全是取決與我們是否遵循法則——大自然以及道德的法則。我
們不能妄想用遵循了道德的法則的功德，來彌補我們違反了大自然的法則的
罪愆。反之亦然。[218]

　　我們記得我在上文提到胡適在北大英文系一門課的指定用書，就是「英文學
(三)：英文學梗概(三)」所指定的赫胥黎的《論文演講集》。這本《論文演講集》選
了赫胥黎的：〈人文素養的教育何處尋〉。這篇文章胡適自然應該讀過。赫胥黎在這
篇文章裡用下棋來比擬人生。一個人要贏棋，就要懂得棋則。人活在自然界也是如
此。大自然有它的法則。人要成功，就是要學會這些法則。那些不虛心跟大自然學習
它的棋則的人，當然只有落得被「將軍！」的命運。他誰都不能怪，只能怪他自己：

　　　這是一個最粗淺的道理：我們每一個人的人生、運命與幸福，完全取決於
　　我們對人世間的遊戲規則的了解。這些規則比下棋的規則還要困難、複雜多
　　多了。這個遊戲已經有悠久的歷史了。我們每一個人，不管是男或是女，都
　　是在屬於他自己的兩人對弈的棋局裡的一員。那棋盤就是這個世界，那棋子
　　就是宇宙的萬象，而那棋局的規則就是我們所說的大自然的法則。我們的對
　　手我們看不見。我們知道他永遠是公平、公正、有耐心的。但是，我們也知
　　道其代價：他是絕對不會放過任何一步錯棋，也絕對不會容許任何細微的
　　無知。對那些下得一手好棋的人，他會用賞英才不計其費的方式，給與他最
　　高的籌碼。對那些下得一手爛棋的人，他給他們的就是「將軍！」——雖然
　　不是立時綁赴法場，但他也一點都不會對他們有任何的抱愧。
　　　我在此處所用的比喻，可能會讓一些人想起雷茲(Moritz Retzsch, 1779-
　　1857)那幅名畫：撒旦對弈圖，籌碼是人的靈魂。如果我們把那幅名畫裡那
　　個冷笑的魔鬼換上一個和藹、堅如磐石的天使，他是用愛心來下棋、寧輸不

218　Leonard Huxley, ed., The Life and Letters of Thomas Henry Huxley, Vol. 1, p. 236.

贏，我想這應該是人生的寫照。[219]

胡適當然是選擇不「摘譯」年輕的赫胥黎這個「大自然」公正、智有善報、愚有惡報的人生觀。這完全與胡適所服膺的「以人事之仁，補天行之不仁」的人生觀相牴觸。幸運的是，這是年輕時候的赫胥黎。胡適講赫胥黎的「存疑主義」的時候，他的目的是挪用赫胥黎「拿證據來！」的獅子吼，來闡揚他自己的「無神論」。

胡適的目的既然只是挪用，他自然就沒有必要對赫胥黎亦步亦趨。我們注意到胡適是翻譯了赫胥黎「大自然至上主義」的宣言：「謙卑的跟著『自然』走，無論它帶你往什麼危險地方去。」然而，在翻出了這一段話以後，胡適就拒絕再跟年輕的赫胥黎走下去了。幸運的是，年老的赫胥黎對自己的觀點作了修正。赫胥黎在1893年所發表的《演化與倫理》（*Evolution and Ethics*），光是題目就已經宣告了新意。「演化」必須用「倫理」來制衡。我們不能再「謙卑的跟著『自然』走，無論它帶你往什麼危險地方去」。於是，胡適後來可以在〈《科學與人生觀》序〉裡說：「根據於生物的科學的知識，叫人知道生物界的生存競爭的浪費與殘酷。」[220]

胡適並沒有完全曲解赫胥黎，他的所作所為完全是挪用，取其所需、摒其所惡。他挪用了年輕時候的赫胥黎的「存疑主義」，來宣揚他自己的「無神論」。然後，他再挪用暮年時候的赫胥黎的「倫理制衡演化論」，來作為他自己「以人事之仁，補天行之不仁」之論的佐證。赫胥黎對胡適的貢獻，不只在於「赫胥黎教我怎樣懷疑」，他也教胡適如何思想，只是他不加註明而已。胡適怎樣引暮年的赫胥黎的想法而不加註明，請看本部第三章「科學與人生觀的論戰」一節。

---

219 Thomas Huxley, "A Liberal Education and Where to Find It," *Collected Essays of Thomas Huxley*, 3.82-83.
220 胡適，〈《科學與人生觀》序〉，《胡適全集》，2：213。

第三章
過關斬將，爭文化霸權

> 　　你難道不知我們在北京也時時刻刻在敵人的包圍之中？你難道不知他們辦
> 共學社是在「世界叢書」之後，他們改造《改造》是有意的？他們拉出他們
> 的領袖〔注：即梁啓超〕來「講學」——講中國哲學史——是專對我們的？
> (他在清華的講義無處不是尋我的瑕疵的。他用我的書之處，從不說一聲；
> 他有可以駁我的地方，決不放過！但此事我倒很歡迎。因爲他這樣做去，於
> 我無害而且總有點進益的。)你難道不知道他們現在已收回從前主張白話詩
> 文的主張？(任公有一篇大駁白話詩的文章，尚未發表，曾把稿子給我看。
> 我逐條駁了，送還他，告訴他：「這些問題我們這三年中都討論過了，我很
> 不願他來『舊事重提』，勢必又引起我們許多無謂的筆墨官司！」他才不發
> 表了。)你難道不知延聘羅素、倭鏗等人的歷史？(我曾宣言，若倭鏗來，他
> 每有一次演說，我們當有一次駁論。)[1]

　　這封胡適在1920年底或1921年初寫給陳獨秀的信，是中國近代思想史上絕無僅有
的一篇文化霸權爭奪戰的自白書。胡適在此處所指的「敵人」是梁啓超以及他「研究
系」的弟子。無怪乎胡適會說他「時時刻刻在敵人的包圍之中」。胡適在這封信裡所
提到的梁啓超「大駁白話詩的文章」，是1920年10月中寫的。梁啓超不但寫了「大駁
白話詩的文章」，他還要接著批評胡適的《中國哲學史大綱》(上卷)。根據梁啓超
1920年10月18日寫給胡適的信：「超對於白話詩問題，稍有意見，頃正作一文，二、
三日內可成，亦欲與公上下其議論。對於公之哲學史綱，欲批評者甚多，稍間當鼓勇
致公一長函，但恐又似此文下筆不能自休耳。」[2]胡適說：「他們拉出他們的領袖來
『講學』——講中國哲學史——是專對我們的(他在清華的講義無處不是尋我的瑕疵

1　　胡適致陳獨秀，1920年末或1921年初，《胡適全集》，23：337-338。
2　　丁文江，《梁任公先生年譜長編》(台北：世界書局，1972)，下冊，頁590。

的）。」信然。梁啓超在清華演講的講題是《國學小史》，是1920年12月2日開講的，連續講了五十餘次。後來他取出了墨子部分，以《墨子學案》爲題出版[3]。梁啓超所針鋒相對的，就是胡適1918年3月開始在北京「學術講演會」裡所作的一系列〈墨翟哲學〉的演講。這一系列的演講在該年8月由北京大學學術研究會出版，題名爲《墨家哲學》。

圖9　胡適，攝於1921年(胡適紀念館授權使用)。

　　表面上看來，胡適彷彿是犯了「時時刻刻在敵人的包圍之中」的疑懼症（phobia）。其實，其所反映的是胡適強烈的自衛心、鬥志，以及他爭取文化領導霸權的野心。胡適留美歸國以後，很喜歡用「對壘」、「戰爭」等等觸目驚心的比喻，在書信中跟他美國的朋友描寫他在中國所從事的新文化運動。比如說，胡適擔任康乃爾大學的「世界學生會」會長的時候，他的好友洛克納(Louis Lochner)是全美「世界學生聯合會」的秘書。胡適回國以後，洛克納有鑑於美國新聞界對勞工運動報導不實，而集合了一些志同道合的編輯，組織了一個專門報導勞工運動新聞的組織。他在1920

　　3　方惠堅、張思敬，《清華大學志》(清華大學出版社，2001)，下冊，頁313。

年4月20日回覆胡適的一封信裡說：

> 你在信裡提到你在中國所打的仗，我非常有興趣。看來你跟我一樣，也是
> 執筆奮戰著。我們能不能從你那兒得到一些中國的消息……我衷心希望你能
> 至少給我們每週寫一個週訊，報導革命運動以及勞工階級的消息。[4]

到了1923年，新文化運動已經成功了。胡適在寫給韋蓮司的信裡，眉飛色舞地使
用「戰爭」的比喻來形容他的斬獲：

> 至於我作爲成員之一的中國文學革命，我很欣慰地說，已經是大致大功告
> 成了。我們在1917年開始推展這個運動的時候，大家預計需要十年的論辯、
> 二十年的努力才能竟功。然而，拜這一千年來許許多多無名的白話作家的默
> 默耕耘之賜，眞可說是瓜熟蒂落！才一年多一點的時間，我們就已經把反對
> 派打得潰不成軍〔注：這是韋蓮司的打字版。應該是routed（擊潰），但打成
> roused（激起）。如果這不是自謙說她常拼錯字的韋蓮司打錯了，就大概是胡
> 適一生少見的拼錯字的一次。〕五年不到，我們這個仗就已經大獲全勝了。[5]

從某個角度來說，胡適跟他的新文化運動的戰友，包括丁文江在內，都愛以中國
的赫胥黎自視。維多利亞後期的英國文化界是科學與宗教對峙的圖像，早就已經被新
的研究所推翻了[6]。然而，赫胥黎畢生所刻意經營、而且又深受其利的，就正是他揮
舞著科學的旗幟與宗教作生死鬥的圖像[7]。而這也正是胡適跟丁文江心目中的赫胥黎
的圖像。胡適在1922年初讀《達爾文傳》及《赫胥黎傳》的時候，在日記裡說：「我
愛赫胥黎的爲人，他是達爾文的護法神。」[8]胡適在此處給赫胥黎的封號還是溫和
的。在英國維多利亞時期的論戰史上，赫胥黎的化名是會讓他的論敵寒毛直豎的「達
爾文的拳師狗」（Darwin's Bulldog）。我們可以想像當胡適跟文言文的衛道者對壘，

4　Louis Lochner to Suh Hu, April 20, 1920,「胡適外文檔案」，E276-007。
5　Hu to Williams, March 12, 1923.
6　Frank Turner, Contesting Cultural Authority: Essays in Victorian Intellectual Life（New York: Cambridge University Press, 1993）.
7　Adrian Desmond, *Huxley: From Devil's Disciple to Evolution's High Priest*（Reading, Mass.: Addison-Wesley, 1997）.
8　《胡適日記全集》，3：472。

特別是當他與丁文江在「科學與人生觀論戰」裡跟被他們譏詆爲「玄學鬼」的張君勱論辯的時候，他們心目中的自己，就是那正氣凜然、意氣風發的中國的赫胥黎。

在「戰爭」的比喻，在「把反對派打得潰不成軍」、「大獲全勝」這樣的用詞的背後所隱藏的事實，就是文化霸權的爭奪戰。就像赫胥黎跟作爲傳統英國文化與社會領袖的教會與牧師爭文化領導權一樣，胡適從留美歸國以後的五、六年間，是他爲自己爭取在中國文化界領導權的衝鋒陷陣時刻。白話文學革命是他的第一場文化霸權爭奪戰。結果，連胡適自己都意想不到，那反對的傳統陣營居然儼然像是一座被蟲蟻蛀蝕鏤空的華廈一樣，三兩下就被他給摧枯拉朽地推倒了。就像他對韋蓮司所說的，「才一年多一點的時間，我們就已經把反對派打得潰不成軍。」

事實上，胡適所眞正面臨的挑戰不是來自傳統陣營。他在文化霸權爭奪戰所眞正面臨的挑戰來自兩個方面。一方面是與西方世界的保守思潮匯流的傳統。另一方面是形形色色的社會主義思潮。我在本章起始所徵引的胡適寫給陳獨秀的信就是最好的寫照：「你難道不知延聘羅素、倭鏗等人的歷史？(我曾宣言，若倭鏗來，他每有一次演說，我們當有一次駁論。)羅素與倭鏗都是梁啓超所領導主持的講學社所邀請訪華的學者。倭鏗(Rudolf Eucken, 1846-1926)，又譯歐依鏗，是德國唯心派哲學家。由於他當時年紀已大，沒有成行。講學社後來在1922年邀請了德國另一位唯心論哲學家杜里舒(Han Driesch)。梁啓超的講學社邀請唯心論的哲學家訪華，胡適顯然認爲這是有意跟他打對台，所以他才會摺下話說他一定會去打擂臺——「每有一次演說，我們當有一次駁論。」羅素在1921年7月初結束他在中國的訪問以前發表了臨別贈言，其中一個最重要的贈言，是主張中國模仿蘇聯走國家社會主義的道路。羅素的臨別贈言激怒了胡適。他特別寫了一首詩，〈一個哲學家〉來回敬他。詩中最後一句說：「我們要敬告他：這種迷夢，我們早已做夠了！」[9]

胡適說：「他們拉出他們的領袖來『講學』——講中國哲學史——是專對我們的(他在清華的講義無處不是尋我的瑕疵的)。」這句話說得彷彿他們已經到了短兵相接的地步。其實，這還只是前哨戰而已。胡適與梁啓超陣營正式對壘上陣是在1923年的「科學與人生觀論戰」。顧名思義，論戰的目的當然不是在讓眞理越辯越明，而是要打倒對方，爭取或鞏固自己的文化霸權。到了「科學與人生觀論戰」爆發時候，胡適已經取得了作爲「西方思想」在中國的代言人的地位及其詮釋權。因此，這個論戰對他的意義，是他的代言地位與詮釋權的保衛戰。爲了這個目的，他必須防止中國的

9　《胡適日記全集》，3：203。

「傳統」與西方的保守思潮匯流。用他跟丁文江在論戰裡賜給他們的論敵的尖刻的「玄學鬼」封號來說，就是在防止中國的「玄學鬼」利用西方的「玄學」來借屍還魂。從這個意義來說，「科學與人生觀論戰」是胡適在文化霸權爭奪戰上的另一個里程碑。由於當時文化界普遍地認為科學派贏了這一場論戰，胡適的文化霸業等於是更上了一層樓。

　　胡適在文言與白話之爭以及「科學與人生觀論戰」裡的文化霸權爭奪戰，是大家已經耳熟能詳的。鮮為人所知的，是他1923年1月被上海《密勒氏評論報》（*The Weekly Review*）的讀者票選為「當今中國十二大人物」中的第十二名。這份英文的週刊的讀者主要是當時住在上海的外國人。表面上看來，這票選的結果並不會影響胡適在中國的文化霸業。然而，聰明如胡適，他深知這個票選活動是不能等閒視之的。在今天的中國，洋人的加持與背書的鍍金效果，何止是幾何級數！以胡適當時在中國如日中天的名望來說，他完全沒有需要洋人的加持。然而，胡適了解，如果他能入選為當時上海最具權威的英文週刊所選出的「當今中國十二大人物」，那會助長他在西方世界的聲名。因此，他就在票選活動開始四週以後，很技巧地在他所編輯的《努力週報》上發表了一篇評論，「抗議」其選擇標準的偏頗。他批判那是外國人在票選「當今中國十二大人物」，不代表中國多數人的意見。他擬出他自己心目中的「當今中國十二大人物」。最有意味的是，他把「學者」列為第一組——他自己的名字當然不與列——暗諷這是上海灘的外國人所懵懂的。不管胡適這篇文章是否發生了暗示、催票的作用，他順利地當選為「當今中國十二大人物」的第十二名。

　　然而，即使在胡適文化霸業的巔峰，陰霾的徵兆已經開始出現。胡適要學生專心求學、先讓自己成器以後再談救國的主張。這不但與當時風起雲湧的民族主義背道而馳，而且更跟理論性、戰鬥性兩者皆強的馬克思主義相牴觸。《新青年》的分裂，以及胡適與陳獨秀的分道揚鑣，就是這個陰霾徵兆的先聲。由於胡適處在他的文化霸權的巔峰，他沒覺察到他的文化領導權已經開始遭受挑戰。在他的名望日正當中的1920年代，這些挑戰，胡適都可以斥之為膚淺、幼稚，甚或置之不理，而卻絲毫不會影響其聲望。然而，隨著局勢的惡化以及知識階級的激進化，胡適的文化霸權終究會在民族主義與馬克思主義正面的挑戰之下而趨向式微。

用入學試題宣揚新文化

　　杜威在1921年11月16日所發表的一篇文章裡說：

　　中國文化現況有一個最有意味的事實：不只是反動階級，連保守階級都沒有一個思想上的代言人。每一個思想家、每一個作家、每一個鏗鏘有力的影響都是開明派的(liberal)。由於政府的每一個部門，除了外交部以外，都是反動派與軍閥所控制的，這個事實就更有其意味了。像這樣子在政治上有控制力，在思想道德上卻委靡無力、幾乎跟不存在一樣的情況，我不知道世界上是否還找得到第二個例子。即使是傳統中國的儒家思想，第一流的楷模一個也沒有。儒家的影響當然還是很強。然而，這只是習慣使然，而不是由於思想上的影響力。我在先前的文章裡提到「文學革命」，用白話文來取代文言文的運動。這個運動的領袖告訴我說，他們原先預期至少在十年之內，他們會是眾矢之的。沒想到這個運動卻像野火一樣風起雲湧，所有年輕一代的知識階級都投入了他們的陣營。[10]

　　當時，杜威夫婦已經結束了他們在中國兩年的訪問，回到紐約了。毫無疑問地，杜威對中國文化界的觀察是透過胡適等新文化領袖的詮釋。因此，杜威說的話，在相當大的程度範圍內，等於是反映了胡適等人的觀點；不但如此，那等於反映了處於新文化運動暴風眼裡——亦即，北京——的胡適等人的觀點。然而，杜威這一段話有他的洞見，因為他一語道破了一個事實。在表面上看來，胡適當年提倡白話文學，彷彿是以卵擊石。然而，那看似銅牆鐵壁的傳統居然只是一個幻象。胡適認定必須要經過十年的論辯、二十年的努力才能戰勝的一場文化霸權爭奪戰，居然像摧枯拉朽一樣，一出師就大捷了。

　　毫無疑問地，杜威這一段話是身處於新文化運動暴風眼裡，等於是坐在第一排看戲，再清楚也不過了。我在第一章裡描述了杜威親睹了氣勢干雲的五四運動以及風起雲湧的新文化運動。那經驗對他來說是前所未有的。其實，以北京來說，即使在五四運動爆發以前，新文化運動已經如火如荼了。當時在清華讀書的林語堂在1918年4月9日給胡適的一封英文信裡，向胡適道賀。他說：

　　　　我要為這個〔白話文〕運動的成功向其領袖道賀。這個運動真的是一日千里。在清華，它掀起了極大的興趣。我可以確定地告訴你，我們圖書館裡的《新青年》由於大量讀者的翻閱，幾乎都已經要被翻碎了。一卷三號〔注：

10　John Dewey, "Public Opinion in Japan," MW13.256.

可能筆誤，《新青年》第一卷出版的時候，胡適還沒投稿〕看起來已經很破舊了。[11]

　　新文化運動之所以在北京可以如火如荼，傳統陣營之所以會像摧枯拉朽似地被推倒，原因無它，就是因為胡適等新派人物所掌握的資源及其所據有的戰略地位，根本就不是傳統陣營所能望其項背的。杜威說得好：「不只是反動階級，連保守階級都沒有一個思想上的代言人。每一個思想家、每一個作家、每一個鏗鏘有力的影響都是開明派的。」不但在思想輿論界是如此，北大亦是如此。胡適在北大據有絕對優勢的戰略地位，最好的明證，就是北大的入學考試的命題權。在五四運動前後，胡適一直是本科、預科英文試題的命題與閱卷委員會主任。我們可以說，連入學考試的命題，都是胡適推展新文化運動的一環。試想：如果入學試題考的是新文化運動所宣揚的新思想，那一心想進北大的考生還能不好好地勤讀倡導新文化運動的書刊嗎？根據1918年6月12日的《北京大學日刊》，胡適是該年7月所舉行的入學考試的「文本科及文理法預科英文科」命題及閱卷委員會的主任[12]。胡適所出的文科本科的英文題目不算特別。然而，他所出的文理法預科的英文題裡的英翻中是：

　　The only freedom which deserves the name, is that of pursuing our own good in our own way, so long as we do not attempt to deprive others of theirs, or impede their efforts to obtain it. Each is the proper guardian of his own health whether bodily, or mental and spiritual.(那唯一名副其實的自由，就是我們以自己的方式去追求的自由，只要我們這樣作不剝奪別人的自由、也不妨礙別人追求的努力。每一個人是他自己的健康——身體或者心靈——的守護者。)[13]

這段話取自於穆勒《論自由》的〈導論〉。
　　北大1919學年度入學考試，胡適又出任預科英文試題的命題委員[14]。胡適這一次

11　Lin Yü-tang[林語堂]to Hu Shih, April 9, 1918,「胡適檔案」，E272-001。
12　〈本校紀事一：本校入學試驗委員會組織業已就緒〉，《北京大學日刊》，第162號，1918年6月12日，第三版。
13　〈新生入學試驗之試題：文理法三預科英文題〉，《北京大學日刊》，第186號，1918年7月27日，第二版。
14　〈本校紀事：(甲)入學試驗委員會出題委員名錄〉，《北京大學日刊》，第419號，1919年7月12日，第三版。

的命題，無論英翻中或中翻英，都徹徹底底地是在宣揚他的政治以及新文化運動的理念。

　　英翻中："We entered this war because violations of right had occurred which touched us vitally and made the life of our own people impossible unless they were corrected and the world secured once for all against their recurrence."(我們參戰的原因，是因爲我們的權利被侵犯了。這些侵權的行爲刺中了我們的要害。除非它們能被制止、讓這個世界永遠不再受其侵害，我們國民的生活就不可能繼續。)

　　中翻英：「做文章的第一要件是要明白。爲什麼呢？因爲做文章是要使人懂得我所要說的話。做文章不要人懂得，又何必做文章呢？做文章的第二要件是要有力。這就是說，不但要使人懂得，還要使他讀了不能不受我的文章的影響。做文章的第三要件是美。我所說的『美』不是一種獨立的東西。文章又明白、又有力，那就是美。花言巧語算不得美。」[15]

　　這段中翻英的文字，毋庸贅言，是胡適藉著命題的權柄，來宣揚他「胡適體」的白話文哲學。而那段英翻中的文字，則是美國總統威爾遜1918年1月8日在國會發表的他那有名的戰後重建國際秩序的「十四點原則」(Fourteen Points)。其中有一個片語，是投考預科的學生所不可能會了解的："which touched us to the quick"(刺中了我們的要害)，胡適非常適切地把它改成了："which touched us vitally"。威爾遜是胡適留美時期的偶像。他領導美國加入第一次世界大戰，正是服膺國際仲裁主義的胡適所領首稱是的政策。

　　我認爲北大1919學年度本科入學考試的英文試題也是胡適出的。《北京大學日刊》第419號只列胡適爲預科英文試題的命題者，本科英文試題命題者的名字不在列。由於《北京大學日刊》誤排太多，我認爲英文的命題委員一定是漏印了「本」字。換句話說，英文命題委員的名字一定應該是：英文(本〔科〕預科)：胡適之。我們以題目來看，該年本科的試題應該也是出自胡適。

15　〈本校紀事：新生入學試驗之試題：乙、外國語題：預科英文試題〉，《北京大學日刊》，第421號，1919年7月23日，第一、二版。

英翻中："This simple faith of Mr. Wilson in his Fourteen Points *was* due, I believe, to the invincible abstractedness(抽象性)of *his* mind. To him railroad cars are not railroad cars, but an abstract(抽象性)thing called Transportation(交通); people are not men and women, but Humanity(人道)."(威爾遜先生對他的「十四點原則」的信仰，我認為是來自於他那過人的抽象性思維。對他而言，火車並不是火車，而是抽象的交通的概念；人不是男男女女，而是「人道」。)

中翻英：民主國家的人民應該有三種不可少的自由。第一是思想的自由，第二是言論的自由，第三是出版(publication)的自由。為什麼這三種自由都不可少呢？因為一國的進步全靠新思想的發達。若思想不自由，新思想便不能發生。若言論與出版不自由，新思想便不能傳播。[16]

這個英翻中的題目是從胡適回到中國以後還繼續訂閱的《新共和》(*New Republic*)雜誌裡的一篇文章所擷取來的。作者是瓦特・維爾(Walter Weyl)，題目是：〈先知與政治家〉(Prophet and Politician)[17]。依照胡適的慣例，他把一些他覺得累贅的修飾詞刪去了。無須贅言，不管是英翻中還是中翻英，胡適都是藉著這兩個題目來宣揚了他的政治理念。

我還沒有找到證據來證明1920年北大入學考試的英文試題是胡適出的。然而，那命題的精神絕對是「胡適體」的。該年預科的英文試題有三題，都是測驗學生分析句子的文法結構的能力。然而，那些題目所反映的，完全是胡適所宣揚的思想方法：

一、It is very difficult to get some people to be careful in doing little things. They would say: "Wait till we have something great to do. Then we can show how well we can do it." We must do the small things well before men will trust us in great things.(要某些人作小事就謹慎是很困難的。他們會說：「等到我們有大事來作，我們就可以證明我們的能力了。」我們必須能把小事作好，別人才會讓我們作大事。)

（注意）(In analysis, you may use either the diagram method or the chart

---

16 〈本校紀事：(續)招新生入學之試題：乙、外國語試題：英文試題〉，《北京大學日刊》，第430號，1919年8月25日，第二版。
17 Walter Weyl, "Prophet and Politician," *New Republic* XIX, (June 7, 1919), pp. 173-178.

method. The diagram method is preferable.)（你可以用圖解或表解法來作分析。圖解法爲佳。）

二、中翻英：你每做一件事，應該問你自己：「我爲什麼要做這件事？」你若能常常如此做，你自然不肯做那些無意思的事了。

（注：「無意思的」meaningless）

三、When you have finished the translation in 2, analyze the sentences in your own translation.（翻譯完題2以後，分析你自己的英譯的句型。）[18]

該學年度本科英文的題目，是選了《老殘遊記》第十二回裡的一段話，要學生把它翻譯成英文：

老殘站在黃河岸上看船上的人打冰。這時北風已息。但冷氣逼人，比那有風的時候還利害些。幸虧他身上穿著皮袍子，故還勉強當得起冷。

老殘抬起頭來，見那南面山上一條白光，映著月色，分外好看。那一層一層的山嶺，卻分辨不清。又有幾片白雲在裡面，所以分不出是雲是山。及至定睛看去，方才看出哪是雲、哪是山來。雖然雲是白的，山也是白的；雲有亮光，山也有亮光。只因爲月在雲上，雲在月下，所以雲的亮光從背後透過來。那山卻不然的。山的亮光由月光照到山上，被那山上的雪反射過來，所以光是兩樣了。

然只稍近的地方如此。那山望東去，越望越遠，天也是白的，山也是白的，雲也是白的，就分辨不出來。[19]

這段《老殘遊記》的引文，就是胡適在1920年10月14日寫的〈什麼是文學——答錢玄同〉裡所引的同一段話。胡適在這封信裡說：

這一段無論是何等頑固的古文家都不能不承認是「美」。美在何處呢？也只是兩個分子：第一是明白清楚；第二是明白清楚之至，故有逼人而來的影像。除了這兩個分子之外，還有什麼孤立的「美」嗎？沒有了。[20]

---

18 〈本校新聞：預科英文題〉，《北京大學日刊》，第667號，1920年7月23日，第二版。
19 〈本校新聞：本科英文題〉，《北京大學日刊》，第667號，1920年7月23日，第二版。
20 胡適，〈什麼是文學——答錢玄同〉，《胡適全集》，1：208-209。

　　北大1921學年度的入學考試，《北京大學日刊》上登載了第一、第二次預科入學
測驗的試題。別有意味的是，第二次預科的英文試題顯然不是胡適命題的，因為英翻
中、中翻英的題目都是格言[21]。然而，第一次預科入學測驗的試題，很明顯的留下了
胡適的印記。第一大題有兩題句型分析。

　　一、When any nation looks upon law as a thing which the individual may use
when it suits him and evade or defy when it does not suit him, that nation is losing
the main bulwarks of social order.(當一個國家的人民對待法律的態度是：對
我有利就順之，對我不利就避之或反之，那個國家就已經失去其社會秩序的
屏障。)

這段引文的出處是美國耶魯大學教授亞瑟・赫德里(Arthur Headley)所寫的〈公民的
政治責任〉(The Political Duties of the Citizen)，發表在《曼西雜誌》(*Munsey's
Magazine*)上[22]。

　　二、Everyone should be treated alike so far as his social position is
concerned.(每一個人在社會上都應該受到平等的對待。)

這段引文的出處是美國伊利諾大學男子學院院長湯姆斯・克拉克(Thomas Clark)，
1910年在美國教育年會上的演講[23]。

　　第二大題是中翻英。題目如下：
　　一、兒子的維新正如他父親的守舊。
　　二、人人都愛自由，我們怎樣保護自由呢？
　　三、哪國人是我們最好的朋友？

21　〈雜錄：本校本年第二次招考新生預科初試各種試題：英文試題〉，《北京大學日刊》，
　　第850號，1921年9月26日，第三版。
22　Arthur Headley, "The Political Duties of the Citizen," *Munsey's Magazine*, XXXVII.2, (May,
　　1907), p. 171.
23　Thomas Clark, "College Discipline," *Journal of Proceedings and Address of the Forty-Eighth
　　Annual Meeting* [of the National Education Association of the United States] held at Boston,
　　Mass., July 2-8, 1910, p. 561.

四、睡覺在夜半前一時比在夜半二時好的〔得〕多。

五、每日勤學一時，到了十年，就是愚人也可變為智人。

六、昨天我見了我的朋友，我沒有問他那宗事，我甚願意問了他。

第三大題裡最明顯地留下了胡適的印記的地方，是答題的說明：

Translate the following into the vulgate(白話)Chinese(用白話翻譯此段)：

Going to school to get an education is the daily business of nearly twenty millions of people in the United States, a larger number than follows any other single calling, with the possible exception of housekeeping. A billion and a quarter dollars is the estimated value of the public property used for school purposes. And more than six hundred thousand teachers are engaged in giving instruction. Why do so many people go to school? What do they hope for from their years of efforts? What is it that we who try to teach them are trying to do for them?(上學受教育是美國幾乎兩千萬人每天所作的事。這個數目大於所有其他的行業——家庭主婦可能是唯一的例外。學校設施的所費，估計是在十二億兩千五百萬美金。教師的數目超過六十萬人。為什麼那麼多人上學？他們的目的何在？我們當老師的人希望教給他們的又是什麼？)[24]

　　"Vulgate"是胡適用英文來稱呼白話文的時候所喜歡用的字眼。大寫的"Vulgate"特指的是西元4世紀末年從希臘文所翻譯過來的拉丁文《聖經》，在16世紀中期被天主教定為官定版。小寫的"vulgate"則有「引車賣漿者流用語」的意思。這個大題，胡適規定學生必須用白話文翻譯是值得注意的。北洋政府教育部在1920年下令：國民小學一二年級國文讀本，從1920年度秋季開始，一律改用國語，亦即白話文。此後，各年級課本逐年改換。胡適在〈五十年來中國之文學〉裡針對這個部令說：「教育制度是上下連接的；牽動一發，便可搖動全身。」[25]於是，胡適在北大1921學年度的入學測驗裡，就順水推舟地指定考生必須用白話文作英翻中。

　　我們知道1922年北大預科入學測驗的英文試題是胡適出的，因為他在日記裡說

24　〈本校新聞：國立北京大學預科入學試驗英文題〉，《北京大學日刊》，第837號，1921年9月9日，第一、二版。

25　胡適，〈五十年來中國之文學〉，《胡適全集》，2：339-340。

了。其中，有一段英文翻譯，胡適在7月25日的日記裡錄下了第一大題，英翻中的題目：“A man must indeed know many things which are useless to a child. Must a child learn all that the man must know? Teach a child what is useful to him as a child.”[26]

胡適在日記裡沒說這段話的出處，但《北京大學日刊》上所刊載的試題是注明了盧梭。這段話是盧梭在《愛彌爾》(Émile)裡所說的話。但胡適所引的，是杜威和他的大女兒艾佛琳(Evelyn)徵引在他們所合寫的《明日的學校》(Schools of Tomorrow)一書裡的英譯。只是，胡適又很技巧而且適切地把其中幾個修飾詞給去掉了，再加上一兩個字把文法連貫起來。杜威的原譯是：“A man must indeed know many things which seem useless to a child. Must the child learn, can he learn, all that the man must know? Try to teach a child what is of use to him as a child, and you will find that it takes all his time.”(大人確實是必須知道許多對孩童來說一點用處都沒有的知識。孩童真需要去學習所有大人都必須知道的東西嗎？要教孩童，就是要教對孩童有用的東西。)[27]

這個入學測驗的第二大題是就第一大題的英文作句型分析。第三大題是中翻英：

一、考驗是一種競爭，就同賽跑一樣。

二、賽跑只有一個人能得第一名；其餘的人難道就因此都不肯跑了嗎？

三、一千五百人同考，而大學只取三百人，其餘的人難道也就因此而不肯來考了嗎？

四、有人說考試是有害的。你想我們應該用什麼法子來代替考試？[28]

1923年北大舉行入學考試的時候，胡適正在煙霞洞過他的「神仙生活」。該年入學考試的英文試題自然不是他出的。然而，1924年本科入學考試的英文試題，又留下了胡適的印記了[29]。那一年的中翻英和英翻中都是讓考生兩題任選一題來作。

中翻英：第一選題跟1920年本科的試題相同，是摘取自上文已經徵引的《老殘遊記》第十二回裡的那一段老殘在岸邊看那月光映在山水上的夜色，

26　《胡適日記全集》，3：684。

27　John and Evelyn Dewey, *Schools of Tomorrow* (1915), MW8.212.

28　〈試題錄：本屆招考預科新生入學試驗各項題目：外國文：英文〉，《北京大學日刊》，第1067號，1922年8月5日，第三版。

29　〈試題錄：本屆本科新生入學試題：外國文：英文〉，《北京大學日刊》，第1516號，1924年8月23日，第三版。

那胡適稱讚爲明白清楚到有逼人而來的影像的話。

中翻英第二選題：「他用的兩手和一個大腦居然能做出許多器具，想出許多方法，造成一點文化。他不但馴服了許多禽獸，他還能考究宇宙間的自然法則，利用這些法則來駕馭天行，到現在他居然能叫電氣給他趕車，乙太給他送信了。他的智慧的長進就是他的能力的增加；然而智慧的長進卻又使他的胸襟擴大，想像力提高。他也曾拜物拜畜生，也曾怕神怕鬼，但他現在漸漸脫離了這種種幼稚的時期，他現在漸漸明白：空間之大只增加他對於宇宙的美感；時間之長只使他格外明瞭祖宗創業之艱難。」

英翻中第一選題：Science is, I believe, nothing but trained and organised common sense, differing from the latter only as a veteran may differ from a raw recruit: and its methods differ from those of common sense only so far as the guardsman's cut and thrust differ from the manner in which a savage wields his club. The primary power is the same in each case, and perhaps the untutored savage has the more brawny arm of the two. The real advantage lies in the point and polish of the swordsman's weapon; in the trained eye quick to spy out the weakness of the adversary; in the ready hand prompt to follow it on the instant. But, after all, the sword exercise is only the hewing and poking of the clubman developed and perfected.(科學的意義無它，不過就是有紀律、有組織的常識而已。它跟後者的不同，只不過是像老兵不同於新兵一樣。其方法與常識的方法的不同，只不過是像是衛兵的衝刺不同於原始人揮木棒。原動力相同，那沒受過訓練的原始人恐怕還更有蠻力。眞正的優勢，在於衛兵所用的劍的銳利、在於他受過訓練的眼睛知道如何去找到敵人的弱點、在於他知道在哪一刹那刺進。其實，劍術只不過是那原始人毫無章法的亂砍亂戳的改良而已。)

So, the vast results obtained by Science are won by no mystical faculties, by no mental processes, other than those which are practised by every one of us, in the humblest and meanest affairs of life. A detective policeman discovers a burglar from the marks made by his shoe, by a mental process identical with that by which Cuvier restored the extinct animals of Montmartre from fragments of their bones.(所以，科學的巨大的成就，並不是從什麼奇才異能來的，而只不過是從你和我在最平常也不過的日常生活裡所使用的腦力活動得來的。警探從

鞋印抓到小偷，那跟喬治‧居維葉從蒙馬特地區零碎的骨骸化石還原出已經絕種的古生物的作法是一樣的。）

英翻中第二選題：The most dangerous enemy of truth and freedom amongst us is the compact majority—yes, that is it! Now you know! The majority never has right on its side. Never, I say! That is one of these social lies against which an independent, intelligent man must wage war. Who is it that constitute the majority of the population in a country? Is it the clever folk, or the stupid? I don't imagine you will dispute the fact that at present the stupid people are in an absolutely overwhelming majority all the world over.　But, good Lord!—you can never pretend that it is right that the stupid folk should govern the clever ones I *(Uproar and cries.)* Oh, yes—you can shout me down, I know! But you cannot answer me.　The majority has might on its side—unfortunately; but right it has not. I am in the right—I and a few other scattered individuals. The minority is always in the right.（真理與自由最危險的敵人，就是我們當中那所謂的稠密的大多數——對！就是他們！你們現在知道了吧！大多數永遠不會站在對的一邊。永遠不會！那是一個獨立、明智的人所必須去對抗的社會謊言。一個國家裡的大多數都是些什麼人呢？是那些聰明的？還是那些笨伯？我不相信你們會否認眼前這世界上的絕大多數都是笨伯。喔！老天！我……〔聽眾喧嘩、怒吼〕喔！我知道——你們可以把我喊倒！我知道！但是，我提出的問題你們無辭以對。很不幸的，大多數有拳頭，但是它沒有真理。我——以及一小撮的個人——是對的。少數人永遠是對的。）

Such men stand, as it were, at the outposts, so far ahead that the compact majority has not yet been able to come up with them; and there they are fighting for truths that are too newly-born into the world of consciousness to have any considerable number of people on their side as yet.（這些人就好像是站在前哨一樣。他們走在太前面了，那所謂的稠密的大多數是無法趕得上的。他們所捍衛的真理對這個世界來說是太新了，沒有多少人能了解而站到他們那一邊來。）

這中翻英的第二選題，如果大家覺得似曾相識的話，那是因為作者就是胡適，是摘取自胡適在《科學與人生觀論戰》所寫的〈序〉。英翻中的兩個題目，許多讀者應

該也會有似曾相識的感覺。第一選題是摘取自赫胥黎，第二選題是摘取自易卜生的《國民公敵》的第四幕。赫胥黎這段話的出處是〈博物學的教育價值〉（On the Educational Value of Natural History Sciences）。收錄在胡適給北大預科所指定的用書——赫胥黎的《論文演講集》——裡。我在第二章裡分析了胡適後來忘了：「科學的意義無它，不過就是有紀律、有組織的常識而已。」這句話的出處。他1926年在英國的時候，在別本書裡看到作者徵引了這句話，就趕快在日記裡記了下來。

值得令人省思的問題是，這1924年的英文入學試題會不會是胡適出的呢？把赫胥黎跟易卜生所說的話放進試題裡要學生翻譯成中文，這可以想像是胡適會作的事。然而，把自己的文章整段放上去要學生翻成英文，就未免自戀過頭了。不管我們說在這個試題裡所留下來的印記是胡適的還是新文化的，我傾向於認為這個印記不是胡適自己留下來的，而是他的戰友的傑作。胡適懂得剪裁，他不會那樣大段地全引。他會刪掉不重要的詞語，再技巧地用自己所加的字眼把它們連貫起來。他懂得考生不可能會知道什麼「喬治·居維葉」，或「蒙馬特地區零碎的骨骸化石」。如果他是命題者，他會懂得把這幾個字詞刪去的。

胡適和赫胥黎、易卜生並列，出現在1924年北大入學測驗的英文試題裡。　這是一件別有意味的趣事。我傾向於相信這是胡適的追隨、傾慕者對「東海有聖人焉，西海有聖人焉」的馨香頂禮。

胡適在1924年秋天以後，因為身體不好，又請了病假。他在1925年春天開了課以後，又請了一年的假。1926年他到歐洲去。1927年5月底，胡適從美國回到中國以後就住在上海，一直到1930年底才全家搬回北平，重返北大。因此，1925年以後，胡適就不再參與北大入學測驗的命題了。

文言與白話之爭

不管胡適在輿論、教育界所占有的資源與地位有多大，那究竟是北京一隅。就像北大、清華並不代表北京一樣，北京也不代表中國的全部。我們不能因為白話文學運動成功的迅速，以及新文化運動的風起雲湧，就誤以為白話文運動以及新文化運動一開始就已經所向披靡。五四新文化運動的歷史現正在被重新詮釋之中。學者的研究日益細緻、深刻，大有讓人耳目一新之勢。就以《新青年》為例，我們現在已經可以很清楚地了解《新青年》的地位與名聲是在五四運動以後才奠定的。在這以前，借用王奇生的話來說，《新青年》只是一個「普通刊物」。根據汪原放的回憶，《新青年》

在最初只印行一千本。到五四運動以後的巔峰期，每期達到了一萬五、六千本的數量[30]，跟當時中國最老牌、最有名的《東方雜誌》相仿[31]。可是，即使到了五四運動初起的時候，根據我在第二章所引的杜威在1919年8月1日給他哥大的同事所寫的信，《新青年》仍然只不過是每期五千份[32]。

換句話說，五四運動在新文化運動上扮演了「引火」的角色。如果沒有五四運動，新文化運動是否能夠發展得如火如荼，實在是難以逆料的。根據王奇生的研究，新文化運動的步調各省不同，甚至在同一省裡，縣市的步調亦大不同。但整體來說，都是在五四運動以後才掀起的。即使湖南、四川、浙江等新文化運動比較發達的地區亦是如此。以四川的成都為例，根據吳虞的描述，1916年底《新青年》初到成都時只賣了五本。三個月後，銷數超過三十本，但此後銷數未見大的起色。一直要到五四運動爆發以後，《新青年》在成都的銷售情況才頓然改觀。1919年底，吳虞在成都銷售新書刊最有名的華陽書報流通處翻閱其售報簿，內中有兩處記錄令他訝異：一是守經堂亦買《新青年》看；二是成都縣中學一次購買《新青年》等雜誌22元。《新青年》全年定價2元。亦即，一次購買了十一本。吳虞感嘆說：「潮流所趨，可以見矣。」

同樣是四川，各縣的情況又不相同。就以三個四川作家的成長經驗為例。艾蕪的家鄉在新繁縣，距離成都只有三四十里路程。他就讀的新繁縣立高等小學，校長吳六如是吳虞的侄子。也許因為這個關係，他學校的圖書館在五四運動前就訂閱了《新青年》等刊物。沙汀的家鄉是安縣，地處川西北。一直到1921年夏天，沙汀還不知陳獨秀、胡適、魯迅是何許人也。1922年秋，沙汀入成都省立第一師範學校，才開始接觸新思潮和新文學。何其芳接觸新思潮的時間更晚。一直到1927年，在四川萬縣上中學的何其芳還不知道五四運動，當地教育界依然視白話文為異端邪說。

根據鄭超麟的回憶，福建的學生要到1920年春才開始鬧「五四運動」，開始接觸新思潮。1919年11月，剛從福建省立第九中學畢業的鄭超麟前往法國勤工儉學。在上船以前，他還「不知道五四運動有愛國以外的意義」。在船上，他第一次與「外江」學生接觸，發現那些「外江」學生流行看《新青年》等「新思潮」雜誌。在這以前，他只熟悉《禮拜六》那種鴛鴦蝴蝶派雜誌，對《新青年》一類雜誌聞所未聞。與他同

30　汪原放，《回憶亞東圖書館》（上海：學林出版社，1983），頁32。
31　王奇生，《革命與反革命：社會文化視野下的民國政治》（北京：社會科學文獻出版社，2010），網路版，http://vip.book.sina.com.cn/book/chapter_123009_78144.html，2011年11月2日上網。
32　John Dewey to Wendell T. Bush, 1919.08.01（05019），*The Correspondence of John Dewey, 1871-1952*. Electronic Edition, Volume 2: 1919-1939.

船赴法的三十多名福建學生也都是到法國以後，才開始閱讀從中國寄來的《新青年》
等雜誌。他們要在抵法半年乃至一年之後，才學會寫白話文，學會談新思潮[33]。

　　換句話說，不管是從新文化運動發展比較迅速的省份縣市，或者是從發展比較遲
緩的省份來看，新文化運動可以是澎湃的波濤，也可以只是搖曳的漣漪，但從整個中
國來說，它是要到五四運動以後才以不同的速率與強度波及到各地。試想：一直到
1927年，在四川萬縣上中學的何其芳還沒聽說過五四運動呢！其實，這個事實連身在
暴風眼裡的胡適自己也終於親身領略到了。1922年7月24日，胡適監考北大預科的入
學考試。胡適負責出的是英文的考題。當天的國文題目裡有一個作文題：〈述五四以
來青年所得的教訓〉。胡適在當天的日記裡記下他匪夷所思的感慨：

> 有一個奉天高師附中的學生問我五四運動是個什麼東西？是哪一年的事！
> 我大詫異，以爲這大概是一個特殊的例外。不料我走出第一試場(共分十五
> 個試場，凡1500人)，遇見別位監考的人，他們說竟有十幾個人不知道五四
> 運動是什麼的！有一個學生說運動是不用醫藥的衛生方法！[34]

　　無怪乎《新青年》在五四運動以前幾乎遭到了夭折的命運。1917年8月，《新青
年》出完第三卷後，因發行不廣，銷路不暢，群益書社感到實在難以爲繼，一度中止
出版。後經陳獨秀極力交涉，群益書社到該年年底才勉強應允續刊，而於1918年1月
15日復刊[35]。

　　《新青年》在五四運動以前銷路不暢，其原因就是社會反映的冷漠。這冷漠用魯
迅的觀察來說，就是他在《吶喊》的〈自序〉裡所說的「鐵屋」論。他說：「假如一
間鐵屋子，是絕無窗戶而萬難破毀的，裡面有許多熟睡的人們，不久都要悶死了。然
而是從昏睡入死滅，並不感到就死的悲哀。」就在這個時候，錢玄同來向他邀稿。魯
迅說：「他們正辦《新青年》，然而那時彷彿不特沒有人來贊同，並且也還沒有人來
反對。我想，他們許是感到寂寞了。」[36]這冷漠，用杜威的觀察來說可能更加深刻。
他說：「不只是反動階級，連保守階級都沒有一個思想上的代言人。」這句話捕捉到

33　以上三段均引自王奇生，《革命與反革命》，http://vip.book.sina.com.cn/book/
　　chapter_123009_78149.html，2011年11月2日上網。
34　《胡適日記全集》，3：682。
35　王奇生，《革命與反革命》，http://vip.book.sina.com.cn/book/chapter_123009_78139.html，
　　2011年11月2日上網。
36　魯迅，《吶喊》，〈自序〉。

了白話文學運動成功的關鍵。

　　魯迅說：「那時彷彿不特沒有人來贊同，並且也還沒有人來反對。」這句話眞是一語道破了當時社會反應的冷漠。陳獨秀在1917年1月就任北京大學文科學長以後，把《新青年》的編輯搬到了北大。然而，《新青年》就彷彿是在荒郊裡搭演講臺一樣，既沒有來捧場的，也沒有來喝倒采的。北大校園裡出現贊成與反對的聲浪都是在兩年以後的事。北大支持新文化運動的學生刊物《新潮》是在1919年1月1日創刊的，反對白話文學運動的《國故》月刊則是在1919年3月20日創刊的，而且只出了四期。

　　這個冷漠的困境，就是群益書社在1917年夏天停出《新青年》的背景。就在群益書社同意復刊以後，《新青年》的幾位核心編輯想出了一個刺激銷路的妙招。這就是由他們假造一封「守舊派」的投書，然後再回以一篇答書，用這唱雙簧的方式來把氣氛給炒熱起來。這篇假投書是錢玄同寫的，以王敬軒爲名，答書則爲劉半農所寫。這兩封搭配好的投書、答書，就以〈文學革命之反響〉爲題刊載於1918年3月4卷3號的《新青年》。

　　這個捏造投書、然後再用答書予以痛擊的作法，當然有其在道德上的問題。光是造假，這本身就很自然地會引起道德上的譴責。其次，這種「雙簧」的目的，是在醜化敵人；是用捏造的方式，讓敵人說出最荒謬、最可笑的「夫子自道」來自暴其短。換句話說，這種喬裝敵人發囈語、然後再予以痛擊的作法的道德缺失，除了醜化敵人以外，在於其所杜撰出來的「論戰」的結果是保證勝利一定是在己方。

　　「王敬軒」的投書處處是箭靶。他一開始就被妝點成爲頑固陳腐的樣子。他「自稱」在辛丑〔1901〕壬寅〔1902〕之際，因爲「有感於朝政不綱，強鄰虎視，以爲非採用西法不足以救亡」，於是赴日學習法政。但是，在他回國以後，發現「人心浮動，道德敗壞」[37]：

　　　　青年學子動輒詆毀先聖，蔑棄儒書，倡家庭革命之邪説。馴至父子淪亡，夫婦道苦。其在婦女，則一入學堂，尤喜摭拾新學之口頭禪，以賢母良妻爲不足學，以自由戀愛爲正理，以再嫁失節爲當然。甚至剪髮髻、曳革履，高視闊步，恬不知恥。

37　以下「王敬軒」的引文，見〈文學革命之反響：王敬軒君來信〉，《新青年》4卷3號，
　　1918年3月15日，頁265-268。

　　這自稱留日的「王敬軒」不但頑固陳腐，居然還是一個緬懷清室的遺老。他說：「辛亥國變以還，紀綱掃地，名教淪胥。率獸食人，人將相食。」他說《新青年》「排斥孔子、廢滅綱常之論，稍有識慮者無不髮指。」他責備《新青年》的撰稿者，說：「貴報諸子，豈尤以青年之淪於夷狄爲未足，必欲使之違禽獸不遠乎！」

　　「王敬軒」反對《新青年》採用西式的標點符號，說那是西洋的標點符號是應付西洋文字長短不齊而生的。傳統的圈點之美，則是中國文字匀整的反映：

　　　　四卷一號更以白話行文，且用種種奇形怪狀之鉤挑以代圈點……此等鉤挑想亦是效法西洋文明之一。但就此形式而論，其不逮中國圈點之美觀已不逮言。中國文字字字匀整，故可於每字之旁施以圈點。西洋文字長短不齊，於是不得不於斷句之處志以符號。

　　從中國文字的匀整，「王敬軒」進一步地引申出中國文字製作之美，以及其所含蘊的男尊女卑的深邃哲學：

　　　　居恆研究小學，知中國文字製作最精。如人字左筆爲男。男爲陽爲天，故此筆之末，尖其鋒以示其輕清上浮之意。右筆爲女。女爲陰爲地，故此筆之末，鈍其鋒以示其重濁下凝之意……字義含蘊既富，字形又至爲整齊。少至一畫，多或四五十畫。書於方寸之地，大小可以停勻。如一字不覺其扁，鸞字不覺其長。古人造字之妙，豈西人所能夢見！

　　錢玄同讓「王敬軒」口吐荒誕不經的多烘與反動之言，目的就在襯托出他對西學一竅不通。他說中國文字因爲沒有文法而靈活，所以翻譯西洋文學，就應該以中文之靈活通暢，來補西洋文字之不通與笨拙：

　　　　昔人有言：文成法立。又曰：文無定法。此中國之言文法與西人分名動、講起止、別内外之文法相較，其靈活與板滯，本不可以道裡計……若貴報四卷一號中周〔作人〕君所譯陀思之小說，則真可當不通二字之批評。某不能西文，未知陀思原文如何。若原文亦是如此不通，則其書本不足譯。必欲譯之，亦當以通順之過問，烏可一遵原文迻譯？至令斷斷續續文氣不貫，無從諷誦乎！

　　不但中國文字精美，西文望塵莫及。而且西方思想，一經像林紓、嚴復這樣的高明譯筆詮釋、推演，更可以傳統中國哲理補西學之不全。例如，用名學來譯論理學，則傳統中國的名教、名分、名節之義，都可以納入西學的邏輯裡，而補其不足：

> 　　若嚴先生者，不特能以周秦諸子之文筆達西人發明之新理，且能以中國古訓補西說之未備。如論理學譯爲名學，不特可證西人論理，即公孫龍、惠施之術。且名教、名分、名節之義，非西人論理學所有。譯以名學，則諸義皆備矣。

錢玄同刻意地描繪這個不懂西洋文字的「王敬軒」的牽強附會：

> 　　中性譯爲罔兩。假異獸之名，以明無二之義。理想國譯爲烏托邦，則烏有與寄託二義皆大顯明。其尤妙者，倚音之字亦復兼義。如名學曰邏輯。邏蓋指演繹法；輯蓋指歸納法。銀行曰板克。大板謂之業。克，勝也。板克者，言營業操勝算也。精妙如此，非他人所能及。

　　這個不懂西洋文字的「王敬軒」，強調新學必須要有舊學作爲基礎。因此，林紓與嚴復是中國當時最有資格提倡新文學的人物。最後他高談闊論「中學爲體，西學爲用。」更神奇的是，他還舉了荒謬絕倫的例子，來說明即使在醫藥方面，中國也有遠勝西方之處：

> 　　某意今之眞能倡新文學者，實推嚴幾道、林琴南兩先生……鄙人以爲能篤於舊學者，始能兼採新知。若得新忘舊，是乃蕩婦所爲……自海禁大開以還，中國固不可不講求新學。然講求可也，採用亦可也。而棄我則大不可也。況中國爲五千年文物禮義之邦，精神文明夐非西人所能企及。即物質文明，亦盡有勝於西者。以醫學而論，中醫神妙之處甚多。如最近山西之鼠疫，西人對之，束手無策。近見有戴子光君發明之治鼠疫神效湯，謂在東三省已治癒多人，功效極速，云云。又如白喉一症。前有白喉忌表抉微一書。論症擬方，皆極精當。西人則除用血清以外，則無他法。於此可見西醫之不逮中醫。惟工藝技巧彼勝於我，我則擇取焉可耳。總之，中學爲體，西學爲用，則西學無流弊。若專恃西學而蔑棄中學，則國本既隳，焉能五稔。

　　值得注意的是，劉半農的答書並沒有箭箭射向錢玄同在「王敬軒」身上所設計的所有的箭靶。最明顯的例子，就是他完全沒痛擊「王敬軒」從中國文字的勻整，引申出中國文字裡所含蘊的男尊女卑的哲學。也許由於他們所要引蛇出洞的對象是林紓，劉半農的炮火集中在林紓身上。「王敬軒」稱讚：「林先生為當代文豪，善能以唐代小說之神韻迻譯外洋小說。」劉半農分三點反駁。第一、林紓「原稿選擇得不精，往往把外國極沒有價值的著作，也譯了出來。真正的好著作，卻未嘗——或者是沒有程度——過問。」第二、「謬誤太多。把譯本和原本對照，刪的刪，改的改，『精神全失，面目皆非』。」第三、「王敬軒」說林紓「能以唐代小說之神韻迻譯外洋小說。」劉半農說這恰是他最大的病根。劉半農說：「當知譯書與著書不同，著書以本身為主體，譯書應以原本為主體，所以譯書的文筆，只能把本國文字去湊就外國文，決不能把外國文字的意義神韻硬改了來湊就本國文。」

　　劉半農當然沒放過「王敬軒」的守舊。都已經進了民國，他卻死抱著干支，說什麼「辛丑壬寅之際」，信末又落款：「戊午夏曆新正二日」〔1918年2月12日〕。這當然順理成章地成為劉半農的口實，直指其為保皇黨、復辟派，譏笑他為什麼不乾脆寫上「『宣統十年』還爽快些！」[38]

　　同樣地，錢玄同把「王敬軒」設計到連對外國的基本常識都欠缺的程度。劉半農當然也不會放過這一點。既然已經承認「某不能西文」，「王敬軒」卻又要以不知為知，放言高論「陀思之小說」。劉半農於是可以在答書裡嘲笑他說：陀思妥夫斯奇是此人的姓，而非他姓陀，也不是複姓陀思，字斯奇。照譯名習慣應把這陀思妥夫斯奇的姓完全寫出或簡作「陀氏」。更可笑的是，「王敬軒」自報出身，說他「嘗負笈扶桑就梅謙博士講習法政之學。」問題是，梅謙次郎姓梅，名謙次郎。「王敬軒」連這一點基本的日文常識都沒有，劉半農於是挖苦他說：「令業師『梅謙博士』，想或另是一人。」

　　「王敬軒」既然不懂西洋文字，卻又喜歡一知半解地好作解人，其結果就是牽強附會。「王敬軒」說嚴復所譯西書，譯名之選擇皆十分精妙，勝於《新青年》以西字嵌入華文。劉半農反駁說，西洋的邏輯與中國之名學並非一回事。嚴復的譯文犯了「削足適屨」的毛病。「王敬軒」自己不通，又牽強附會。他不知道以「邏輯」譯"logic"是取其音。他以為「邏」指「演繹法」，「輯」指「歸納法」。"Utopia"譯為

「烏托邦」也是譯音，而「王敬軒」卻將之解爲「烏有寄託」。同樣地，"bank"譯爲「板克」也是音譯，王卻以「大板謂之業」解釋，那麼任何種商店皆可稱爲「板克」，不必專指銀行。劉半農於是嘲笑「王敬軒」，說按照他的觀點，則棺材店的老闆也可以在「營業上操勝算」，那棺材店也可稱爲「板克」了。

「王敬軒」譏詆《新青年》用西式的標點，「且用種種奇形怪狀之鉤挑以代圈點」，不若中國圈點美觀。他甚至在文中密加圈點。劉半農則回敬他說：「濃圈密點，本科場惡習，而先生竟認爲美觀。」至於新式標點符號，他指出：「句讀之學，中國向來就有的；本來採用西式句讀符號，是因爲中國原有的符號不敷用，樂得把人家已造成的借來用用。」

同樣地，「王敬軒」的中國文字最精美說，劉半農也以「實用」的理由給擋將回去：「文字是一種表示思想學術的符號，是世界的公器，並沒有國籍，也決不能彼此互分界限……所以作文的時候，但求行文之便與不便，適當之與不適當。」劉半農說，中國文字極簡單，難以應付今後科學世界的種種實用。像賦、頌、箴、銘、楹聯、輓聯之類，「王敬軒」視爲「中國國粹之美者」。劉半農鄙夷說是「半錢不值」。如果把它「用來敷陳獨夫民賊的功德，或把脅肩諂笑的功夫用到死人的枯骨上去」，劉半農套用「王敬軒」的話說：「是乃蕩婦所爲。」

由於「王敬軒」是《新青年》的編輯群所設計安排好的一個箭靶，劉半農的「反駁」當然是箭箭中靶。劉半農說來頭頭是道，雄辯之餘，順便冷嘲熱諷。最後的一句話更是刻薄：「忠告先生：先生既不喜新，似乎在舊學上，功夫還缺乏一點；倘能用上十年功夫，到《新青年》出到第二十四卷的時候，再寫信來與記者談談，記者一定『刮目相看』！否則記者等就要把『不學無術，頑固胡鬧』八個字送給先生『生爲考語，死作墓銘！』」

胡適是否參與「王敬軒」這個計策的討論策劃？他對這個計策的看法如何？爲胡適辯護的人認爲他「不安」，或大不以爲然。這真是應了俗話所說的：「皇帝不急，急死太監」的說法。我們一定要把胡適刻畫成一個一無道德瑕疵的人嗎？其實，胡適真正的態度如何，我們是不得而知的。他們徵引任鴻雋的信，作爲胡適因爲「不安」，而把這個計策向任鴻雋和盤推出的證據：

> 王敬軒之信，雋不信爲僞造者。一以爲「君等無暇作此」，二則以爲爲保《新青年》信用計，亦不宜出此。莎菲〔陳衡哲〕曾云此爲對外軍略，似亦無妨。然使外間知《新青年》中之來信有僞造者，其後即有真正好信，誰復

信之？又君等文字之價值雖能如舊，而信用必且因之減省，此可爲改良文學前途危者也（雋已戒經農、莎菲勿張揚其事）。[39]

事實上，任鴻雋這封信完全不能作爲替胡適開脫的證據。理由很簡單，因爲任鴻雋的措詞所指是整個《新青年》的編輯群。君不見他說他不相信《新青年》諸君會採此下策。一來「君等無暇作此」；二來這有害《新青年》信用。如果胡適給任鴻雋的信上提到他自己不贊成此舉，任鴻雋的措詞應當會作分辨，而且也不會把胡適列入「君等無暇作此」的集合代名詞裡，來表達他驚訝的反應。

我們還可以引一個胡適調侃「王敬軒」的例子，來說明胡適對「王敬軒」一點都沒有因爲「不安」或「不以爲然」，而要亟亟與之畫清界限的反應。這是一封發表在5卷2號的《新青年》上的信。當時人在日本的朱我農託一個朋友面交胡適一封討論中文羅馬字的信。胡適在這封信裡是如此形容他收到這封信的情形以及他欣喜的心情：

> 前幾天我在教育部會場演說「新文學」。下臺之後，有一位有鬍子的少年來和我拉手。我看他好生面善，但是一時叫不出名字來。他遞給我一張名片，我方才知道他是我十年不相見的傅彥長君。心裡已極高興。他又摸出一封長信。我站著看了信後的名字，只見是我們中國公學的舊人，又是我的好朋友朱經農的哥哥——朱梅蓀。那時即使你這封信是王敬軒先生一類的大文，也是狠歡迎的！何況這樣一封thrice welcome〔無任歡迎〕的信呢！[40]

退一步來說，即使胡適在《新青年》的編輯群裡表示異議，他自己的作法跟「王敬軒」計比較起來，只不過是五十步笑百步而已。他要錢玄同等人不要因爲不同意宋春舫對戲劇的看法，就肆意謾罵他。理由是因爲《新青年》可以把他收爲己用，不要一下子就把他逐出門牆：

> 適意吾輩不當亂罵人，亂罵人實在無益於事。宋君無論如何，他總算得是一個新派人物。其人作文太粗心則有之（此乃多作日報文字之過，且少年得志太早之過），然不當把他罵出我們的大門去也，老兄以爲然否？

39　任鴻雋致胡適，1918年9月5日，《胡適來往書信選》，上冊，頁17。
40　胡適，〈通信：革新文學及改良文字〉，《新青年》5卷2號，1918年8月15日，頁176。

胡適找張厚載在《新青年》上發表文章，也是取其利用價值而已：

　　至於老兄以為若我看得起張謬子〔張厚載〕，老兄便要脫離《新青年》，也未免太生氣了。我以為這個人也受了多做日報文字和少年得意的流毒，故我頗想挽救他，使他轉為吾輩所用。若他真不可救，我也只好聽他，也決不痛罵他的。我請他寫文章，也不過是替我自己找做文的材料。我以為這種材料，無論如何，總比憑空閉戶造出一個王敬軒的材料要值得辯論些。老兄肯造王敬軒，卻不許我找張謬子做文章，未免太不公了。[41]

　　胡適這封信是2月20日寫的，「王敬軒」的「投書」是在3月發表的。換句話說，「王敬軒」這個設計，不管胡適是否與聞，他是事先就知道這件事情的。不管他私底下是否表示過異議，至少這封信在語氣上是毫無責備之意。最重要的是，胡適的作法跟錢玄同等人的作法在本質上是相同的。他請張厚載寫文章只不過是「替我自己找做文的材料」而已。其不同之處，只是一個是捏造的，一個是把真人拿來利用的。所以他埋怨說：「老兄肯造王敬軒，卻不許我找張謬子做文章，未免太不公了。」我們記得胡適1915年1月在信上告訴韋蓮司，說他到美國留學四年以來，他所服膺的是康德所提出來的道德律令，那就是說，必須把每一個人都當成目的，而不只是手段[42]。這麼說來，在道德律例上強調「必也一致乎」的胡適，其實也有他便宜行事的時候。

　　像「王敬軒」這樣的捏造事件，古已有之，於今為烈。就以當前的美國來說，每逢選舉季節，就有躍躍欲試的人。有興趣的人，只要上「谷歌」一查便可知曉。在學術、文化界，這種醜聞也偶現其蹤。重點是，我們必須體認這種在道德上有瑕疵的作法，特別是在「以小擊大」、「與傳統與強權抗衡」的情況下，總會有為其辯護者。陳衡哲認為「此為對外軍略，似亦無妨」。這是當代人現身說法的一例。周策縱以歷史家的角度說：「王敬軒」的筆調相當信實地類比了守舊派的筆調，以及他們對孔教、舊倫理、舊文學的看法。而且，這個計策是達到了它的目的。它激起了讀者的興趣，也激怒了守舊派的學者[43]。

　　周策縱的看法其實就是鄭振鐸在《中國新文學大系：五四以來文學上的論爭》的

41　胡適致錢玄同，1918年2月20日，《胡適來往書信選》，上冊，頁11-12。
42　Hu to Williams, February 1, 1915，《胡適全集》，40：39；拙著，《星星·月亮·太陽——胡適的情感世界》。
43　Chow Tse-tsung, *The May Fourth Movement*, p. 66.

〈導言〉裡所說的：「從他們打起『文學革命』的大旗以來，始終不曾遇到過一個有力的敵人們。他們『目桐城為謬種，選學為妖孽』。而所謂『桐城、選學』也者，卻始終置之不理。因之，有許多見解他們便不能發揮盡致。舊文人們的反抗言論既然竟是寂寂無聞，他們便好象是盡在空中揮拳，不能不有寂寞之感。所以王敬軒的那一封信，便是要把舊文人們的許多見解歸納在一起，而給以痛痛快快的致命的一擊的。」[44]

我們固然可以站在道德的高處來評斷「王敬軒」事件。然而，如果我們過於執著這一點，就反而是陷入了誤把「論戰」等同於「求是」的謬誤裡。我在前文已經說過，論戰的目的不是在讓「真理越辯越明」，而是要打倒對方。杜威說得好：「辯論的目的已經被視為是要在論戰裡取得勝利。」[45]陳衡哲說：「此為對外軍略，似亦無妨。」她一句話就道破了「王敬軒」事件的實質——那是《新青年》在文化霸權爭奪戰裡所用的「軍略」。

錢玄同等人捏造「王敬軒」是《新青年》在文化霸權爭奪戰裡的「軍略」，胡適要把張厚載「轉為吾輩所用」，也是他文化霸權爭奪戰下的「軍略」。只是，胡適注定是要失敗的。張厚載當時是北大法科的學生。他中學的時候是林紓的學生，在思想上是傾心於林紓的。令人玩味的是，胡適想要把他「轉為吾輩所用」。然而，張厚載顯然也是頗有心機的人。他玩的也是兩面的手法。胡適是碰上了對手了。

《北京大學日刊》在1919年3月10日刊出了胡適的來信。信中說：「這兩個星期以來，外面發生一種謠言，說文科陳學長及胡適等四人被政府干涉，驅逐出校，並有逮捕的話，並說陳學長已逃至天津。」從胡適所附上的兩封信，我們可以了解胡適知道這個謠言的傳播者就是張厚載。胡適先附上他給張厚載的信：

> 你這兩次給《神州日報》通信所說大學文科學長教員更動的事，說得很像一件真事。不知這種消息你從何處得來？我們竟不知有這麼一回事。此種全無根據的謠言，在外人尚可說。你是大學的學生，何以竟不仔細調查一番。（下略）

張厚載的回信是3月7日寫的。他解釋說：

44　鄭振鐸，〈五四以來文學上的論爭〉，《中國新文學大系導論選集》(香港：群益出版社，1961)，頁7。

45　"Foreword to Argumentation and Public Discussion," LW11.515.

　　《神州》通信所說的話，是同學方面一般的傳說。同班的陳達才君，他也告訴我這話。而且法政學校裡頭，也有許多人這麼說。我們無聊的通信，自然又要藉口於「有聞必錄」，把他寫到報上去了。但是我所最抱歉的，是當時我爲什麼不向先生處訪問眞相，然後再作通信。這實在是我的過失，要切實求先生原諒的。這些傳說，絕非我杜撰，也決不是《神州》報一家的通信有這話。前天上海老《申報》的電報裡頭，而且說「陳獨秀胡適已逐出大學」。這種荒謬絕倫的新聞，那眞不知道從何說起了？而《時事新報》的匡僧君看了《申報》這個電報，又作了一篇不平鳴。 不曉得先生可曾看見沒有？[46]

　　胡適在信中所提到的「通信」，就是張厚載在上海的《神州日報》上主持的〈半谷通信〉。張厚載的兩面手法在信中昭然若彰。他一手彷彿是在責備自己的樣子，說「爲什麼不向先生處訪問眞相」，請求胡適原諒；另一手卻又說這消息不是他杜撰的，因爲別家報社也有類似的報導。

　　沒想到劇情急轉直下。原來張厚載是睜著眼睛說謊話。胡適在次日再致《北京大學日刊》的公開信裡，就完全把它給揭露出來了：

　　昨日送登之張厚載君來信中，曾說此次大學風潮之謠言乃由法科學生陳達才君告彼者。頃陳君來言並無此事，且有張君聲明書爲證。可否請將此書亦登日刊以釋群疑？

　　張厚載承認自己說謊的聲明如下：

　　本校教員胡適、陳獨秀被政府干涉之謠傳，本屬無稽之談。當時同學紛紛言談此事。同班同學陳達才君亦以此見詢。蓋陳君亦不知此事是否確事，想舉以質疑，絕非陳君將此事報告於弟。深恐外間誤會，特將眞相宣布，以釋群疑。[47]

---

46 〈通信：胡適教授致本日刊函〉，《北京大學日刊》，第328號，1919年3月10日，第四版。
47 〈通信：胡適教授致本日刊函〉，《北京大學日刊》，第329號，1919年3月11日，第三版。

　　八天以後，《北京大學日刊》刊出了北大校長蔡元培致《神州日報》的公開信，否認張厚載在〈半谷通信〉裡有關陳獨秀辭文科學長的報導。他在信上解釋陳獨秀不是辭職，而是北大的改制。他用文、理兩科合併，改設教務長統轄教務的理由，來解釋學長制的取消。我在第一章裡已經根據胡適的日記，說明了有一個陰謀論的說法，說蔡元培想辭去陳獨秀，但又不願意讓他落得被辭之名，於是以改制之名，行除去陳獨秀之實。蔡元培這封公開信同時駁斥了〈半谷通信〉兩次刊登的報導：陳獨秀、胡適、陶孟和、劉半農被政府干涉；陳獨秀已往天津，態度消極；胡適、陶孟和、劉半農，因為蔡元培力爭始得不去職等云云[48]。

　　值得令人玩味的是，張厚載跟蔡元培也玩兩面的手法。蔡元培在1919年3月21日的《北京大學日刊》上披露了他與張厚載一來一往的信件。張厚載在致蔡元培的信裡，向他報告了林紓的小說都是由他轉寄刊登的：

> 《新申報》所登林琴南先生小說稿〔注：指〈荊生〉〕悉由鄙處轉寄。近更有〈妖夢〉一篇，攻擊陳、胡兩先生，並有牽涉先生之處。稿發後而林先生來函謂先生已乞彼為劉應秋先生文集作序，〈妖夢〉當可勿登。但稿已寄至上海，殊難中止，不日即可登出。倘有瀆犯先生之語，務乞先生歸罪於生。先生大度包容，對於林先生之遊戲筆墨，當亦不甚介意也。又林先生致先生一函，先生對之有若何感想？曾作復函否？生以為此實研究思潮變遷最有趣味之材料。務懇先生將對於此事之態度與意見賜示。不勝企禱。

蔡元培的復函說：

> 得書。知林琴南君攻擊本校教員之小說，均由兄轉寄《新申報》。在兄與林君有師生之誼，宜愛護林君。兄為本校學生，宜愛護母校。林君作此等小說，意在毀壞本校名譽。兄徇林君之意而發布之，於兄愛護母校之心，安乎？否乎？僕生平不喜作謾罵語、輕薄語，以為受者無傷，而施者實為失德。林君詈僕，僕將哀矜之不暇，而又何憾焉？惟兄反諸愛護本師之心，安乎？否乎？往者不可追，望此後注意！此復並候學祺。[49]

48　〈通信：蔡校長致《神州日報》記者函〉，《北京大學日刊》，第336號，1919年3月19日，第四、五版。

49　〈通信：蔡校長復張鐐子君書〉，《北京大學日刊》，第338號，1919年3月21日，第六

　　張厚載對蔡元培所玩的兩面手法，跟他對胡適所玩的如出一轍。他一手告訴蔡元培，說林紓影射、批判北大教授的小說是由他經手刊布的。另一手又向蔡元培致歉，說如果有「瀆犯」他的地方，就一切都該怪罪他。也許張厚載就真的像胡適所形容的，是「受了多做日報文字和少年得意的流毒」。因此，他的目的是把新聞炒得火熱。所以，他藉口說這是「研究思潮變遷最有趣味之材料」，請蔡元培「將對於此事之態度與意見賜示」。

　　張厚載自以為聰明。然而，他玩兩面手法的結果是作法自斃。先是胡適揭露了他的謊言，逼他寫信在《北京大學日刊》上公開承認他扯謊。接著，1919年3月31日的《北京大學日刊》刊載了張厚載被退學的布告：

> 學生張厚載屢次通信於京滬各報，傳播無根據之謠言，損壞本校名譽。依大學規程第六章第四十六條第一項，令其退學。此布。[50]

　　張厚載在給蔡元培的信裡所提到的〈荊生〉與〈妖夢〉，就是五四運動前夕林紓那兩篇攻擊新文化運動的有名的影射小說。林紓與新文化運動的對峙是五四新文化運動裡一個膾炙人口的故事。在重新詮釋五四新文化運動的潮流之下，林紓也是一個被重新詮釋的對象。林紓在翻譯、在清末白話文自然演進歷程中所扮演的角色受到了正面的評價。馬勇甚至把林紓歸為新文化運動的右翼[51]。從某個角度來說，林紓跟反對白話文學的梅光迪、吳宓、胡先驌是相類似的。他在〈論古文之不宜廢〉裡說：

> 文無所謂「古」也，唯其「是」。顧一言「是」，則造者愈難……嗚呼！有清往矣，論文者獨數方、姚，而攻掊之者麻起，而方、姚卒不之踣，或其文固有其「是」者存耶？方今新學始昌，即文如方、姚，亦復何濟於用？然而天下講藝術者仍留「古文」一門，凡所謂載道者皆屬空言，亦特如歐人之不廢臘丁〔拉丁文〕耳。知臘丁之不可廢，則馬、班、韓、柳亦自有其不宜廢者。吾識其理，乃不能道其所以然，此則嗜古者之痼也。[52]

（續）

版。
50 〈本校布告〉，《北京大學日刊》，第346號，1919年3月31日，第一版。
51 馬勇，〈重構五四記憶：從林紓方面進行探討〉，《安徽史學》2011年第1期，http://www.iqh.net.cn/wenhua_llqy_show.asp?column_id=9000，2011年11月9日上網。
52 林紓，〈論古文之不宜廢〉。轉引自張俊才，《林紓評傳》（中華書局，2007），http://data.book.hexun.com/chapter-777-9-4.shtml，2011年11月9日上網。

林紓認爲文言、白話都必須以豐富的學養爲基礎，而且文言是正宗、爲主，白話俚俗、爲客的論點，也都是梅光迪、吳宓、胡先驌都會贊成的。他在致蔡元培的信中說：

> 且天下唯有眞學術、眞道德，始足獨樹一幟，使人景從。若盡廢古書，行用土語記爲文字，則都下引車賣漿之徒所操之語，按之皆有文法，不類閩、廣人爲無文法之嗢啾。據此則凡京律之稗販，均可用爲教授矣。若云《水滸》、《紅樓》，皆白話之聖，並足爲教科之書，不知《水滸》中辭吻，多採岳珂之《金佗粹編》，《紅樓》亦不止爲一人手筆，作者均博極群書之人。總之，非讀破萬卷，不能爲古文，亦並不能爲白話……弟，閩人也，南蠻鴃舌，亦願習中原之語言。脱授我者以中原之語言，仍令我爲鴃舌之閩語，可乎？蓋存國粹而授《說文》可以，以《說文》爲客，以白話爲主，不可也。[53]

這段話裡另外一個驚人的論點，是林紓的「中原」沙文主義。林紓是閩人，他自認爲是「南蠻鴃舌」之人，「願習中原之語言」。他反問說：「仍令我爲鴃舌之閩語，可乎？」

然而，林紓反對新文化運動領袖，不只是因爲他們把白話文學推爲正宗。他根本認爲他們是反人倫綱紀，而乾脆以禽獸來稱呼他們：

> 乃近來尤有所謂新道德者，斥父母爲自感情欲，於己無恩。此語曾一見之隨園文中，僕方以爲擬於不倫，斥袁枚爲狂謬，不圖竟有用爲講學者！人頭畜鳴，辯不屑辯，置之可也。[54]

林紓雖然嘴裡說新文化運動的領袖是「人頭畜鳴，辯不屑辯，置之可也」。然而，這場「論戰」其實一直是箭在弦上的。林紓以新文化的大老自視，他一生所翻譯的西洋文學作品就有百餘種。對他而言，那些新文化運動的領袖都不過是乳臭未乾的後生。大老面前，豈容後生叫囂。更讓他不能忍受的是，這些自命爲新文化運動領袖的後生小子完全是假借西方文化之名、行泯滅人倫綱紀之實。林紓以翻譯過百餘種西

---

53 〈林琴南致蔡鶴卿書〉，《北京大學日刊》，第338號，1919年3月21日，第六版。
54 〈林琴南致蔡鶴卿書〉，《北京大學日刊》，第338號，1919年3月21日，第六版。

文作品的權威，宣稱即使不曾領受過孔孟之教的西方人，棄父母、滅人倫的邪說，也
是聞所未聞的：

> 外國不知孔孟，然崇仁，仗義，矢信，尚智，守禮，五常之道，未嘗悖
> 也，而又濟之以勇。弟不解西文，積十九年之筆述，成譯著一百三十三種，
> 都一千二百萬言，實未見中有違忤五常之語，何時賢乃書有此叛親蔑倫之
> 論，此其得諸西人乎？抑別有所授耶？[55]

林紓在發表了〈荊生〉與〈妖夢〉以後，在一篇小說的〈跋〉裡，以廉頗寶刀未
老的氣概自況，向那些乳臭未乾的後生挑釁，要他們策馬過來對決：

> 吾譯小說百餘種，無言棄置父母，且斥父母爲無恩之言。而此輩何以有
> 此？吾與此輩無仇，寸心天日可表。若云爭名，我名亦略爲海內所知；若云
> 爭利，則我賣文鬻畫，本可自活，與彼異途。且吾年七十，而此輩不過三
> 十。年歲懸殊，我即老悖顛狂，亦不至偏衷狹量至此。而況並無仇怨，何必
> 苦苦跟追？蓋所爭者天理，非閒氣也……昨日寓書諄勸老友蔡鶴卿，囑其向
> 此輩道意。能聽與否，則不敢知，至於將來受一場毒罵，在我意中。我老廉
> 頗頑皮慇力，尚能挽五石之弓，不汝懼也，來！來！來！[56]

《新青年》編輯群在1918年初炮製「王敬軒」引蛇出洞的計謀，在一年以後終於
奏效了。林紓以廉頗自況披甲上陣。既然是「論戰」，雙方自然無所不用其極。目的
就在擊敗對方，取得勝利。《新青年》既然刻意地醜化「王敬軒」，然後再凌虐嘲笑
他。林紓的反擊也就自然以牙還牙。用虛構的小說形式、惡毒的語言，以其人之道還
治其人。

〈荊生〉是1919年2月17、18日在《新申報》上發表的。這篇小說描寫三個留美
歸國的學生田其美(影射陳獨秀)、金心異(影射錢玄同)、狄莫(影射胡適)，到北京的
陶然亭出遊。三個人飲酒之間笑罵中國的傳統。田其美譏笑說談什麼倫理紀綱，「外
國且妻其從妹」，人家國家還不是一樣地強！狄莫笑著應和說所以必須去文字。這就

---

55 〈林琴南致蔡鶴卿書〉，《北京大學日刊》，第338號，1919年3月21日，第六版。
56 林紓，〈演歸氏二孝子跋〉，《新申報》，1919年4月2日。轉引自張俊才，《林紓評
傳》，http://data.book.hexun.com/chapter-777-9-4.shtml，2011年11月9日上網。

引來了田其美的豪語，說：「死文字安能生活學術，吾非去孔子、滅倫常不可！」兩人詰問金心異爲什麼還抱著《說文》。金心異回答說姓金的人都愛錢，那是拿來騙不識字的人用的。他的目的是要襄助兩人提倡白話。三人於是結拜，齊心打倒孔子。

忽然，一聲巨響，牆壁倒塌，壓到桌子上，把所有的杯碗都打碎了。偉丈夫荊生從牆壁破處躍入，手指三人怒吼：「汝適何言？中國四千餘年，以倫紀立國，汝何爲壞之？」他說孔子是聖之時者，如果他活在今天，也會崇尚科學。如果他的父親生病，他也一定會坐火車去探病。他呵斥三人作傷天害理的禽獸之言。接著：

> 田生尚欲抗辯，偉丈夫駢二指按其首，腦痛如被錐刺；更以足踐狄莫，狄腰痛欲斷。金生短視，丈夫取其眼鏡擲之，則怕死如蝟，泥首不已。丈夫笑曰：「爾之發狂似李贄，直人間之怪物。今日吾當以香水沐吾手足，不應觸爾背天反常禽獸之軀幹。爾可鼠竄下山，勿污吾簡。吾殺爾後，亦亡命走山澤耳。然不欲者，留爾以俟鬼誅。」[57]

〈妖夢〉就是張厚載說林紓要從撤而來不及的那篇，是1919年3月18日至22日在上海《新申報》上刊出的。顧名思義，〈妖夢〉說他的門生鄭思康作了一個怪夢，夢見一個長髯人請他往遊陰曹。長髯人告訴他說陰曹大有異事，「姑招爾觀之，俾爾悟後，亦足以曉世人。知世人之所智慧，鬼亦解之。」鄭思康不懂，請長髯人解釋。長髯人回答說：「凡不逞之徒，生而可惡，死亦不改。仍聚黨徒，張其頑焰。」說話間，他們來到一所「白話學堂」，門外大書一聯云：他們來到一座城市的廣場上，見一門上大書「白話學堂」，門外有一聯云：

> 白話通神，《紅樓夢》、《水滸》眞不可思議！
> 古文討厭，歐陽修、韓愈是什麼東西？

入第二門，見匾上大書「斃孔堂」，又一聯云：

> 禽獸眞自由，要這倫常何用？
> 仁義太壞事，須從根本打消！

57　林紓，〈荊生〉，《每週評論》，第12號，1919年3月9日，第四版。

鄭思康觀後大怒，對長髯人說：「世言有閻羅，閻羅又安在？」長髯人說：「陽間沒有政府，陰間哪得有閻羅？」

這所學校的校長是元緒(影射蔡元培)、教務長田恆(影射陳獨秀)和副教務長秦二世(影射胡適)出來相見。「田恆二目如貓頭鷹，長啄如狗；秦二世似歐西之種，深目而高鼻。」田恆跟秦二世罵孔丘是廢物，說白話是活文字。而且讚揚武則天是聖主、馮道是賢相、卓文君是賢女。元緒點頭稱讚不已。鄭思康聽得爲之氣結，憤而告辭。

鄭思康才離開走不到三里許，忽見金光一道，遠射十數里。路人都躲避，說那能吞食月亮的「羅睺羅阿修羅王」來了。只見那「羅睺羅阿修羅王」直撲白話學堂，「攫人而食，食已大下。積糞如邱，臭不可近。」鄭思康猛而驚醒。林紓作結論說：「須知月可放，而無五倫之禽獸不可放。化之爲糞，宜矣！」最後，林紓還嗟嘆說：「吾恨鄭生之夢不實。若果有啖月之羅睺羅王，吾將請其將此輩先嘗一臠也。」[58]

〈荊生〉與〈妖夢〉的出現，把新文化運動與守舊派的對壘帶到了高潮。林紓在這兩篇小說裡用字遣詞的惡毒固不待言。那「荊生」偉丈夫破牆而入，指按田其美、足踐狄莫，使田其美「腦痛如被錐刺」、狄莫「腰痛欲斷」，很快地就讓新文化運動的領袖詮釋爲林紓在鼓動軍閥介入。在這種詮釋之下，「荊生」，就被直指是安福系的徐樹錚。

林紓的「荊生」是不是徐樹錚不是問題的重點。重點在於無論是〈荊生〉還是〈妖夢〉，林紓都在想像中要置新文化運動的領袖於死地。在〈荊生〉裡，「荊生」在指按田其美、足踐狄莫、手擲金心異眼鏡以後，顧及到如果把他們給殺了，他自己便落得要「亡命走山澤」。於是，決定「留爾以俟鬼誅」。從這個角度來說，〈妖夢〉是〈荊生〉的續集。在〈妖夢〉裡，元緒、田恆、秦二世都慘死在印度教神話裡能吞食日月的「羅睺羅阿修羅王」(Rāhu Asurinda)的撲食之下。

在〈荊生〉與〈妖夢〉發表以後，新舊兩派已經到了短兵相接的地步了。刹那間，傳言四起。最具威脅的傳言，是說林紓去運動他同鄉的國會議員，在國會提出彈劾案，來彈劾教育總長和北京大學校長[59]。這個國會議員，根據《每週評論》在4月13日出版的第17號所轉錄的《晨報》的報導，是參議院的張元奇。據說張元奇見了教育總長傅增湘，要求他取締北大的新潮運動。否則將在國會提案彈劾教育總長，以及

58　林紓，〈妖夢〉，薛綏之、張俊才編，《林紓研究資料》(福州：福建人民出版社，1982)，頁83-85。
59　只眼，〈隨感錄：林紓的留聲機器〉，《每週評論》，第15號，1919年3月30日，第三版。

北大校長蔡元培[60]。

　　這個報導顯然不是空穴來風。胡適在〈五十年來中國之文學〉裡，就回憶說：「他們又想運動安福部的國會出來彈劾教育總長和北京大學校長。」[61]《蔡元培全集》裡也收錄了傅增湘與蔡元培在這段時間裡的往來信件。這兩封一來一往的信，充分地顯示了它們是在壓力下所作的自衛性的表態與讓步。傅增湘的信是3月26日寫的，其目的就在敦請蔡元培因勢利導，不要讓激進的言論導致新舊之黨爭：

> 　　自《新潮》出版，輦下耆宿，對於在事生員，不無微詞……近頃所慮，乃在因批評而起辯難，因辯難而涉意氣。倘稍逾學術範圍之外，將益啓黨派新舊之爭，此則不能不引爲隱憂耳。吾國倫理道義，人群紀綱，鑴於人心，濡於學說，閱數百千年。其間節目條教，習慣蛻衍，或不適於現代，亦屬在所不免。然而改革救正，自有其道。以積漸整理之功，行平實通利之策，斯乃爲適。凡事過於銳進，或大反乎恆情之所習，未有不立躓者。時論糾紛，喜爲抨擊。設有悠悠之辭，波及全體，尤爲演進新機之累。甚冀執事與在校諸君一揚榷之，則學子之幸也。
>
> 　　鄙意多識蓄德，事屬一貫。校內員生，類多閎達，周知海內外名物之故與群治之原。誠能朝益暮習，與時偕行，修養既充，信仰漸著，遵循軌道，發爲言論，自足以奪服群倫。若其以倉卒之議，翹於群眾，義有未安，輒以滋病，殆有未可。至於學說流裔，如長江大河，支派洄洑，無可壅閼，利而導之，疏而淪之，毋使潰溢橫決，是在經世之大君子如我公者矣。[62]

　　值得注意的是，蔡元培4月2日的回信是《新潮》的編輯之一傅斯年所代撰的。這封信寫得非常技巧。一方面，傅斯年的用詞委婉，一再向傅增湘保證北大會約束學生的言論。另一方面，這封信又指出北大並不全是激進。除了《新潮》之外，也有《國故》。最後，又重申北大相容並包的精神，是國家發展之所賴：

> 　　敝校一部分學生所組之《新潮》出版以後，又有《國故》之發行，新舊共

60　〈特別附錄：對於新舊思潮的輿論：警告守舊黨〉，《每週評論》，第17號，1919年4月13日，第一版。

61　胡適，〈五十年來中國之文學〉，《胡適全集》，2：336。

62　傅增湘致蔡元培，1919年3月26日，《蔡元培全集》第三卷(1917-1920)，頁285-286。

張，無所缺倚。在學生則隨其好尚，各尊所聞。當事之員，亦甚願百慮殊途，不拘一格以容納之。局外人每於大學內情有誤會之處。然若持《新潮》、《國故》兩相比擬，則知大學中篤念往舊，爲匡掖廢墜之計者，實亦不弱於外間者賢也。

尊示大旨謂《新潮》宜注意者二事：一則因批評而涉意氣，二則張新銳而悖舊誼。如於二者不加檢點，未必不以違背習俗之故，爲新機演進之累。明言儻論，甚幸甚幸。元培當即以此旨喻於在事諸生，囑其於詞氣持論之間，加以檢約。

據《新潮》編輯諸生言，辦此雜誌之初心，願以介紹西洋近代有益之學說爲本。批評之事，僅屬末節……《新潮》既以介紹新說爲旨，自不必專徇末節之流波。而樸實求學之學生雜誌，又爲元培對於諸生所要求者。故關於此點，自當如尊示所云，由當事諸生加之意也。

至於持論，間有殊於舊貫者，容爲外間誤會之所集。然苟能守學理範圍內之研究，爲細密平心之討論。不涉意氣之論，少爲逆俗之言，當亦有益而無弊。《新潮》持論，或有易致駭怪之處。元培自必以敬慎將事，以副盛情。

事之方始，眞相未明。展轉相傳，易滋誤解。歷日稍久，情實自見。大學相容並包之旨，實爲國學發展之資。正賴大德如公，爲之消弭局外失實之言。元培亦必勉勵諸生，爲學問之竟進，不爲逾越軌物之行也。[63]

蔡元培的回信，充分地顯示了當時形勢的險惡。在傳言滿天飛的情況之下，北大與新文化運動的領袖不作點自律的工作，不是非愚即狂。我們不知道這種自律的舉措是否是大家一起來配合的。然而，《新青年》在6卷2號的卷首以全頁的篇幅刊登聲明，說明該雜誌的言論與北大無關，這本身就是極有意味的。這篇聲明說：

《新青年》編輯部啓事：近來外面的人往往把《新青年》和北京大學混爲一談，因此發生種種無謂的謠言。現在我們特別聲明：《新青年》編輯和做文章的人雖然有幾個在大學做教員，但是這個雜誌完全是私人的組織。我們的議論完全歸我們自己負責，和北京大學毫不相干。此布。[64]

63　蔡元培(傅斯年代撰)致傅增湘，1919年4月2日，《蔡元培全集》第三卷(1917-1920)，頁284-285。
64　〈《新青年》編輯部啓事〉，《新青年》6卷2號，1919年2月15日，卷首。

　　守舊勢力是否確實試圖想用北洋政府的力量來鎮壓新文化運動？五四運動的爆發就使它成爲一個不了了之的問題了。風起雲湧的學生運動不斷癱瘓了北洋政府，它而且成爲白話文運動的觸媒。胡適在〈五十年來中國之文學〉裡說得好：「民國八年〔1919〕的學生運動與新文學運動雖是兩件事。但學生運動的影響能使白話的傳播遍於全國，這是一大關係。」胡適舉例說明：

　　　這時代，各地的學生團體裡忽然發生了無數小報紙，形式略仿《每週評論》，內容全用白話。此外又出了許多白話的新雜誌。有人估計，這一年(1919)之中，至少出了四百種白話報。內中如上海的《星期評論》、如《建設》、如《解放與改造》(現名《改造》)，如《少年中國》，都有很好的貢獻。一年以後，日報也漸漸的改了樣子了。從前日報的附張往往記載戲子妓女的新聞，現在多改登白話的論文譯著小說新詩了。北京的《晨報》副刊、上海《民國日報》的〈覺悟〉、《時事新報》的〈學燈〉，在這三年之中，可算是三個最重要的白話文的機關。時勢所趨，就使那些政客軍人辦的報也不能不尋幾個學生來包辦一個白話的附張了。民國九年〔1920〕以後，國內幾個持重的大雜誌，如《東方雜誌》、《小說日報》……也都漸漸的白話化了。[65]

　　白話文的傳播，像胡適所說的，有「一日千里」之勢。1920年，教育部頒布了一個部令，規定國民學校一、二年級的國文，從該年秋季起，一律改用國語：

　　　凡照舊制編輯之國民學校國文教科書。其供第一、第二兩學年用者，一律作廢；第三學年用書，准用至民國十年〔1921〕爲止；第四學年用書，准用至民國十一年〔1922〕爲止。[66]

　　胡適說，按照這個次序，一直要到1922年，國民學校的國文才會完全改爲白話。然而：「教育制度是上下連接的；牽動一發，便可搖動全身。」從小學，它可以牽動到師範學校。中學也有因此而受到牽動的。胡適在1923年寫〈五十年來中國之文學〉

65　胡適，〈五十年來中國之文學〉，《胡適全集》，2：338-339。
66　胡適，〈五十年來中國之文學〉，《胡適全集》，2：339。

的時候說：「民國九年、十年(1920、1921)，白話公然叫做國語了。反對的聲浪雖然不曾完全消滅，但始終沒有一種『持之有故，言之成理』的反對論。」即使《學衡》在1922年還刊出梅光迪、胡先驌的批判，胡適相當有自信地為他五年來的白話文學運動作了一個大膽的結論：「《學衡》的議論，大概是反對文學革命的尾聲了。我可以大膽地說，文學革命已過了討論的時期，反對黨已破產了。從此以後，完全是新文學的創造時期。」[67]

白話文運動成功的迅速，顯然是連胡適自己都意想不到的。我在本章起始徵引了他在1923年3月12日寫給韋蓮司的一封信。他在這封信上說：「我們在1917年開始推展這個運動的時候，大家預計需要十年的論辯、二十年的努力才能竟功。然而，拜這一千年來許許多多無名的白話作家的默默耕耘之賜，真可說是瓜熟蒂落！」胡適寫這封信給韋蓮司的前九天，他才剛寫完〈五十年來中國之文學〉。換句話說，他在信上對韋蓮司所說的話，也就是他在〈五十年來中國之文學〉的結論。

胡適說：「文學革命已過了討論的時期，反對黨已破產了。從此以後，完全是新文學的創造時期。」這句話基本上是正確的。一個世紀以來，我們固然可以持續地聽到批判白話文、標榜文言文的聲浪。然而，今天已經沒有文白的爭執。在今天提倡文言文，可以像是學習茶道、花道一樣的品味活動；也可以是一種民族、文化認同的標誌。白話文已經成為人們書寫的正宗，這是不爭的事實。

只是，白話文學運動的成功並不是像胡適對韋蓮司所說的，是瓜熟蒂落的結果。胡適所謂白話文學運動的成功，是「拜這一千年來許許多多無名的白話作家的默默耕耘之賜」。這是典型的勝利者的歷史詮釋，這也就是說，從歷史的結果回溯上去，把所有的過往的發展都歸為造成這個歷史必然的進程。用哲學的術語來說，就是「目的論」(teleological)的詮釋法。

事實上，即使白話文學的成功確實有其「水到渠成」的成分，胡適的白話文運動所遭受到的抨擊其實是相當普遍的。胡適在留美時期和梅光迪、任鴻雋等人的辯論，我在《璞玉成璧》的第八章裡已經詳細討論過了。林紓的反對，胡適是可以理解的。他最不能諒解的，是同樣留美的梅光迪、吳宓和胡先驌。這三位文化保守主義者當時都在南京的東南大學任教。最有意味的是胡適1921年7月20日的日記。當晚，北大的馬寅初在南京的都益處請他吃飯。在餐廳碰見了東南大學的校長郭秉文一群人：「寅初邀在都益處吃飯。見郭秉文、張子高、朱進、王毓祥等。郭君要我留在商務，而兼

67　胡適，〈五十年來中國之文學〉，《胡適全集》，2：342。

任東南大學事。我說：『東南大學是不能容我的。我在北京，反對我的人是舊學者與古文家，這是很在意中的事；但在南京反對我的人都是留學生，未免使人失望。』」[68]

胡適有所不知。留美並不表示一定不保守。留美學生當中，在政治、思想、社會上保守的人所在多有。反對白話文學運動的留美學生的名單遠比胡適所想像的還要長。除了梅光迪、吳宓和胡先驌以外，比較知名的，還可以加入劉伯明與汪懋祖。劉伯明是美國西北大學的博士；汪懋祖則是美國哥倫比亞大學的碩士。

事實上，不但留美與否跟支持不支持白話文運動沒有必然的關係，而且政治、思想上的激進跟保守也跟支持白話文運動與否沒有必然的關係。在這點上，在1921年加入共產黨的惲代英就是一個很好的例子。一直到五四運動的前夕，惲代英仍然反對白話文。比如說，他在1917年9月27日的日記裡說：「《新青年》倡改革文字之說。吾意中國文學認〔乃〕為一種美術。古文、駢賦、詩詞乃至八股，皆有其價值。而古文詩詞尤為表情之用。若就通俗言，則以上各文皆不合用也。故文學是文學，通俗文是通俗文。吾人今日言通俗文而痛詆文學，亦過甚也。」[69]到1918年4月27日，惲代英在致吳致覺的信裡仍然抱持著這個觀點：「新文學固便通俗，然就美的方面言，舊文學亦自有不廢的價值，即八股文字亦有不廢的價值，惟均不宜以之教授普通國民耳。」[70]最有意味的是，惲代英甚至還在1919年2月10日致函陳獨秀：「勸其溫和。」[71]

惲代英對《新青年》的態度在五四運動前後產生戲劇性的轉變。他在4月24日的日記裡寫說：「閱《新青年》，甚長益心智。」6月25日的日記中轉引好友的話說：「舊日以為《時報》與《東方雜誌》最好，現在仍作此語，有耳無目，可憐哉！」9月9日，惲代英在給王光祈的信上說：「我很喜歡看見《新青年》和《新潮》，因為他們是傳播自由、平等、博愛、互助、勞動的福音的。」[72]值得指出的是，惲代英喜歡《新青年》和《新潮》傳播自由、平等、博愛、互助、勞動的福音。我們不知道他對文言與白話的觀點是否也同樣作了戲劇上的轉變。但至少他自己在日記裡已經開始使用白話文。

林紓、保守的留美學生，以及五四以前的惲代英，在年齡、教育背景，以及性向方面是再迥異也不過了。然而，他們都有一個共同點，那就是無法苟同胡適廢古文、採白話的主張。從這個角度來說，白話文運動的成功並不是像胡適所說的，是「瓜熟

68　《胡適日記全集》，3：215。
69　《惲代英日記》(北京：中國中央黨校出版社，1981)，頁153。
70　《惲代英日記》，頁439。
71　《惲代英日記》，頁483。
72　《惲代英日記》，頁528、568、624。

蒂落」。對林紓，以及留美的梅光迪、吳宓和胡先驌，胡適的主張是他們至死都無法接受的。對他們來說，文言是維繫華夏文化的媒介，是他們作為中國士人的認同根源。廢除了文言，等於是拔了他們的根。文言文不只是當時許多讀書人性命之所寄，而且還是他們賴以傳聲之具。把文言廢了，等於是廢了他們的武功。無怪乎林紓在寫給蔡元培的另一封信裡，發誓說一定要與胡適等人周旋到底：「與公交好二十年。公遇難不變其操，弟亦至死必伸其說。彼叛聖逆論者，容之即足梗治而蠹化。拚我殘年，極力衛道。必使反舌無聲，瘈狗不吠然後已！」[73]

胡適那個年代的人要用白話文寫作，並不像胡適那句「瓜熟蒂落」所形容的那麼簡單。我在前文徵引了鄭超麟的回憶。跟鄭超麟在1919年11月同船赴法的30多名勤工儉學的福建學生，都是到法國以後，才開始閱讀從中國寄來的《新青年》等雜誌。他說他們要在抵法半年乃至一年之後，才學會寫白話文，學會談新思潮。

鄭超麟並不是特例。後來以白話散文、幽默成名的林語堂也經過了從文言轉白話的學習過程。林語堂在《新青年》所發表的第一篇文章是用文言文寫的，亦即他在1918年2月15日《新青年》4卷2號所發表的〈漢字索引制說明〉[74]。兩個月以後他在《新青年》發表了一封信，亦即4卷4號上的〈論漢字索引制及西洋文學〉[75]。這封信是用白話寫的。根據現在存在「胡適檔案」裡一封林語堂寫給胡適的英文信，我們可以知道這封發表在《新青年》的白話信，是經過胡適潤飾過的。林語堂對他這第一次寫白話文的嘗試作了如下的省思：

> 我要謝謝你幫我潤飾了我的白話，因為我知道我的白話需要經過潤飾。然而，我還是很驚訝，我第一次嘗試所寫的白話居然可以公開露面。那封信是我第一次用白話寫的。這跟我學習了多年的晦澀的文理〔注：文言〕多麼的不同啊！而我卻非常躊躇不敢把它公諸於世！〔注：「白話」、「文理」都是原信裡用中文寫的詞兒，是當時的通用語，林語堂沒附英文翻譯。〕[76]

73 林紓，〈再答蔡鶴卿書〉，《公言報》1919年3月24日，轉引自歐陽健，《林紓：福州近代的文化巨人》，http://www.zggdxs.com/Article/xlhy/jdxs/200712/ 849_3.html，2011年12月13日上網。
74 林玉堂，〈漢字索引制說明〉，《新青年》4卷2號，1918年2月15日，頁128-131。
75 林玉堂，〈通信：論漢字索引制及西洋文學〉，《新青年》4卷4號，1918年4月15日，頁366-368。
76 Lin Yü-tang[林語堂]to Hu Shih, April 9, 1918,「胡適檔案」，E272-001。

《新青年》：各自爲戰，三頭馬車

　　諷刺的是，《新青年》的編輯群雖然戰勝了林紓與保守派，他們自己的陣營卻因爲主張不一，而無法鞏固並拓展他們的文化霸權。胡適夢想中的雜誌，是一個有一致主張，也就是說，有統一戰線的雜誌。然而，這也是他一生中從來沒有實現過的一個夢想。他在1919年6月編《每週評論》的時候寫了一篇文章祝賀國民黨在上海新出的《星期評論》。在這篇文章裡，胡適說明了他夢想中的雜誌：

　　　　美國前四年有一班政論家和思想家要想用一種「思想界的組織」來做改造輿論的事業，所以邀集一班同志，創辦一個《新共和國》(*The New Republic*)。這個週報初出版的時候只銷八百三十五份，不到兩年銷到幾十萬分。現在成爲世界上一種最有勢力的雜誌。美國此次加入戰團，變更百年來的立國方針，人都承認是這個雜誌的功勞！這個雜誌的編輯部每日相見，每週會議所發的議論，議定之後，把全部認可的議論作爲「本社同人」的議論，不簽姓名，以表示這是一致的團體主張。因爲這一班學者、政論家能這樣做「有組織的宣傳事業」，能採定一致的團體主張，肯犧牲最不經濟的「人自爲戰」的笨法，所以他們能收絕大的功效。[77]

　　從《新共和國》成功塑造輿論的例子，胡適回過頭來反省《新青年》兩年來的成績：

　　　　近年《新青年》雜誌提出文學改革的問題。對於「國語文學」有一致的主張，故收效最大又最快。但是他們有幾種主張是內部先就不能一致的，所以不但不能收效，反惹起許多無謂的誤會，挑起許多本可沒有的阻力。這是我們親身經驗的事實。[78]

　　胡適的感慨是可以理解的。《新青年》由陳獨秀在1915年9月15日創刊，1918年1

77　胡適，〈歡迎我們的兄弟──《星期評論》〉，《胡適全集》，21：178。
78　胡適，〈歡迎我們的兄弟──《星期評論》〉，《胡適全集》，21：177-178。

月第四卷以後改爲同人雜誌，由陳獨秀、錢玄同、高一涵、胡適、李大釗、沈尹默六人輪流編輯。這輪流編輯的制度，跟胡適所心儀的《新共和國》編輯部「每日相見，每週會議」的作法是不可同日而語的。胡適希望《新青年》雜誌能有統一的戰線不要各自爲戰。然而，他的理念並不是《新青年》的同人所共有的。比如說，錢玄同就說：「同人做《新青年》的文章，不過是各本其良心見解，說幾句革新鏟舊的話；但是各人的大目的雖然相同，而各人所想的手段方法當然不能一致，所以彼此議論，時有異同，絕不足奇。」[79]

《新共和國》雜誌在第一次世界大戰的時候，能夠用「一致的團體主張」鼓吹輿論，使「美國此次加入戰團，變更百年來的立國方針」。《新共和國》雜誌所展現的文化霸權，就是胡適豔羨的地方。反觀《新青年》雜誌，除了「國語文學」一項有一致的主張以外，卻兀自讓一些內部的分歧分散了它的影響力。這些內部分歧的主張，「不但不能收效，反惹起許多無謂的誤會，挑起許多本可沒有的阻力。」

爲了爭奪並奠定文化霸權，胡適不希望《新青年》同人作無謂的爭論。胡適說：「有幾種主張是內部先就不能一致的。」這些「內部先就不能一致」的主張之一就是世界語（Esperanto）。世界語是柴門霍夫（L.L. Zamenhof）在1887年所創制的。他是猶太人，生活在俄國沙皇統治下的比亞韋斯托克（Białystok），今屬波蘭。世界語當時在中國頗受歡迎。胡適所服務的北京大學就設有世界語班。根據1917年11月30日《北京大學日刊》的報導，北大當時的世界語班有三百名學生[80]。《北京大學日刊》不但常有世界語的介紹與報導，而且甚至從1918年2月18日開始，到1918年6月29日爲止，該日刊是用世界語作爲其外文的刊頭。比如說，1918年2月19日星期二的《北京大學日刊》第二張的刊頭，就用世界語印爲："*Pekin-Universitato Chiutaga Gazeto*, Mardo 19, Februaro, 1918"。「報資」，用世界語印爲"Prezo"。每份銅元兩枚，用世界語印爲："1 numere: 2¢"；每月本京三角外省四角五分，用世界語印爲："1 monate: loke: 30¢; aliloke: 45¢"[81]。從1918年7月開始，《北京大學日刊》剔除了世界語的刊頭。從1920年7月1日恢復外文刊頭以後，英文成爲正宗，名爲*The University Daily*，亦即《大學日刊》，擺出的姿態就是天字第一號大學的意思。北大的世界語時代於焉告終。

北大一直對世界語有興趣，胡適則根本反對。1922年2月底，俄國盲詩人、世界

79　錢玄同，〈通信：新文學討論之問題〉，《新青年》5卷2號，1918年8月15日，頁174。
80　〈北京大學世界語班開課演講辭〉，《北京大學日刊》，第13號，1917年11月30日，第四版。
81　《北京大學日刊》，第71號，1918年2月19日，第五版。

語學者愛羅先珂(Vasili Eroshenko)到了北京。北大在3月5日請愛羅先珂演講，由於他會說英文，就由胡適擔任翻譯。胡適在當天的日記說：「今天唱了一天的戲，聽了一晚的戲。」這是因爲他當天上午替愛羅先珂作翻譯，題目是：〈世界語是什麼和有什麼？〉，下午聽梁啓超演講：〈評胡適的《哲學史大綱》〉，晚上聽俄國的輕歌劇。說到他上午的翻譯，胡適說：「我是一個不贊成世界語的人，在臺上口口聲聲的說：『我們世界語學者……』，豈不是唱戲嗎？」[82]

在《新青年》的編輯群裡，陳獨秀和錢玄同是世界語的支持者。胡適是反對者。然而，胡適始終不願意表明他的態度。明明在日記裡說他不贊成世界語，甚至在逼得必須表態的時候，還自稱他是採取「中立」的態度。這不只是對世界語如此，他對其他問題也常是如此，比如我以下會談到的中文橫排的問題。我們可以說這是胡適矯情的地方。然而，我們也許也可以用胡適自己的話來辯解，說他是希望到最後的關頭爲止，都能擺出「一致的團體主張」。

《新青年》從1917年到1919年熱烈地討論了世界語的問題。陳獨秀與錢玄同是支持者。而持反對立場的，多半是從西洋留學回來的，例如，陶孟和、胡適和朱我農。陶孟和的意見具有代表性，他說：「夫一種之言語，乃一種民族所藉以發表心理、傳達心理之具也。故一民族有一民族之言語。」他認爲世界大同與世界語是截然兩個不同的問題。「國民性不可剪除，國語不能廢棄。所謂大同者，『利益相同』(identity of interests)而已。」他說：「世界之前途，乃『不同之統一』(unity in diversity)，而非『一致之統一』(unity in uniformity)也。」從中國人的角度來看，他認爲中文完全沒有任何地位。他說所謂「世界語」者，並不是「世界」：「世界語所採用之單語，以英、法、德、義之語爲多。若瑞典、挪威半島之單語，採用極稀。若夫東洋之文字，更全不在世界語之內。吾族民數之巨，吾國文學之豐富，奈何於所謂世界語，反無絲毫之位置耶？」[83]

陶孟和反對世界語的意見，錢玄同當然覺得是「按之有故，言之成理」。然而，他也同時批評了許多反對世界語的留洋學生。他說他們反對的原因，是因爲用英文字母拼出來的文字如果變得那麼容易，他們辛苦鍍金拿回來的學位豈不就一文不值了嗎：「反對的是洋翰林。他是不喜歡用A, B, C, D組成的文字有如此容易學的一種；因爲學A, B, C, D愈難，他那讀了十年『外國八股』造成的洋翰林的身分，愈覺名

82　《胡適日記全集》，3：450。

83　陶孟和，〈通信〉，《新青年》3卷6號，1917年8月1日，頁1-4。

貴。」[84]

　　錢玄同批評「洋翰林」不願意讓世界語奪去他們在洋文上所占的優勢這句話一定
是有感而發的。不幸的是，這個感觸在《新青年》4卷4號裡，就由陶孟和的一句話——
——不管是有心與否——活生生地給觸發起來了。陶孟和批評世界語的討論在西方已經
過時：「世界語之功用，在今日文明諸邦，已過討論之時代。而吾輩今猶以寶貴之光
陰，討論此垂死之假言語。這正是中國文化思想後於歐美之一種表象。」彷彿在傷口
撒鹽一般，陶孟和又接著說：「未曾學過外國語者，不能示以外國語中之新天地
也。」[85]

　　《新青年》5卷2號的編輯是錢玄同。這一期的〈通信〉欄，是世界語正反兩方鏖
戰的一回。《新青年》編輯群裡贊成世界語的錢玄同、陳獨秀，和反對的陶孟和都發
表了意見。陶孟和在4卷4號說「未學外語者不能示以外語中的新天地」那句話，刺傷
了錢玄同的心。他說：「玄同對於這句話，慚愧得很。玄同於外國文，只略略認得幾
個日本假名，至於用A, B, C, D組合的文字，簡直沒有學過，哪裡配懂得『外國語中
之新天地』呢？除了自愧不學，臉紅一陣子，是別無他法的。」[86]

　　陶孟和也許體認到他說世界語是「垂死之假言語」有點過當，於是用白話文與文
言文來作比方。其結果是越描越黑：「白話文字為吾人日常通用之語。其發表思想，
形容事物，自勝於陳死古人所用之文字。其中之天地，視諸先賢所用之文字，境遇自
廣。故白話文字猶今之活言語，而世界語始有若錢玄同先生所稱之『謬種』之文字
也。」[87]事實上，錢玄同所譏詆的「桐城謬種」、「選學妖孽」就是「垂死之言
語」。把世界語比擬成「謬種」，等於是用錢玄同批評古文的話，來批評他所提倡的
世界語。陶孟和知道再辯下去只是意氣之爭，誰也說服不了誰。於是他聲明：「敢請
以此文為最末次之答辯。」

　　眼看著《新青年》的編輯群已經為世界語問題的辯論而冒出了火藥味，胡適趕緊
提出了停戰的宣告：

　　　　我對於「世界語」和Esperanto兩個問題，始終守中立的態度。但是現在孟
　　和先生已說是「最末次之答辯」，孫〔國璋〕先生也說是「最後之答言」

84　錢玄同，〈通信：Esperanto〉，《新青年》4卷2號，1918年2月15日，頁173。
85　陶孟和，〈通信：中國今後之文字問題〉，《新青年》4卷4號，1918年4月15日，頁
　　364、365。
86　錢玄同，〈論Esperanto〉，《新青年》5卷2號，1918年8月15日，頁182。
87　陶孟和，〈論Esperanto〉，《新青年》5卷2號，1918年8月15日，頁182。

了。我這個中立國可以出來説一句中立話：我勸還有那幾位交戰團體中的
人，也可以宣告這兩個問題的「討論終止」了。[88]

胡適當然不是「中立國」。他所要的是兩面討好。可是，一直不願意表態的胡
適，終於還是被拖下了水。這是因爲《新青年》在1918年10月15日的5卷4號上發表了
朱我農給胡適的信。這封長函，負責該期《新青年》的編輯就用〈反對Esperanto〉爲
標題刊出。胡適回覆朱我農反對世界語的信説：

> 我對於世界語和Esperanto兩個問題，雖然不曾加入《新青年》裡的討論，
> 但我心裡是很贊成陶孟和先生的議論的。此次讀了老兄的長函，我覺得增長
> 了許多見識，沒有什麼附加的意見，也沒有什麼可以駁回的説話。我且把這
> 信中最精采的幾條議論摘出來，或者可以使讀者格外注意……以上五條，我
> 非常贊成。老兄討論這個問題的根本論點只是一個歷史進化觀念。語言文字
> 的問題是不能脱離歷史進化的觀念可以討論的。我覺得老兄這幾段議論
> Esperanto不單是討論，竟可以推行到一切語言文字的問題，故特別把他們提
> 出來，請大家特別注意。[89]

胡適何止只是「心裡」贊成陶孟和的議論而已，錢玄同就乾脆在這一期的通信欄
裡把胡適的立場給抖了出來：「適之先生對於Esperanto也是不甚贊成的（此非仡必之
言，適之先生自己曾經向我説過），所以不願大家爭辯此事……但玄同還有一句話，
幾個人在《新青年》上爭辯，固可不必；而對於『世界語』及Esperanto爲學理上之討
論，仍當進行，不必諱言此問題也。」[90]
儘管胡適提出了停戰宣言，他無法控制其他編輯。就在胡適提出停戰宣言的同一
期裡，錢玄同就聲明：「同人做《新青年》的文章，不過是各本其良心見解。」世界
語的討論不但延續到1919年春天，而且用的完全是論戰的語言。錢玄同即使原諒了陶
孟和，他沒辦法原諒陶孟和所代表的英語崇拜者，特別是像陶孟和譏笑世界語是「垂
死之假言語」，又説：未曾學過外語的人，不可與言外語世界中的新天地。這樣刺傷
人心的話不可能不留下傷痕的。

88　胡適，〈論Esperanto〉，《新青年》5卷2號，1918年8月15日，頁185-186。
89　胡適，〈通信：反對Esperanto〉，《新青年》5卷4號，1918年10月15日，頁423-424。
90　錢玄同，〈通信：論Esperanto〉，《新青年》5卷2號，1918年8月15日，頁186。

　　錢玄同在5卷6號的通信欄裡就公然地反對陶孟和——包括胡適在內，因為他說胡適「心裡是很贊成陶孟和先生的議論的」——等英美派的人看法：「我決不像現在讀了幾句英文的人，便竭力罵Esperanto為『私造的文字』……以為語言文字必須是習慣的，必不許人造的，這話我是不敢苟且贊同。」[91]然而，錢玄同也體會到世界語要成功必須靠研究與推廣，口舌上的爭辯只是徒然的。只是，對英美派那咄咄逼人的口吻，他仍然不能釋然。因此，他在6卷2號的通信欄裡就 「至於有人說這是『假文字』、『這是私造的符號』，等之於『參茸戒煙丸』、或『戒煙梅花參片』。我們可以不必和他辯論。照著劉半農先生的『作揖主義』去對付他，就是最經濟的辦法。」[92]這譏詆世界語為「假文字」、「私造的符號」，無異於用嗎啡作假藥，例如「參茸戒煙丸」，或「戒煙梅花參片」云云的人就是在5卷4號的《新青年》發表反對世界語的朱我農[93]。

　　值得令人回味的是，宣布停戰的胡適卻又在6卷3號《新青年》討論世界語的最後一期，刊載了張耘一篇適足以刺傷不懂西洋文字的人。不但如此，他還加了一句看似輕打，卻可以被解釋為嘉勉的按語。張耘說：

> 美國大學得學士學位者至少須通德法二文之一，得博士學位須兼通德法二文，而於彼等所崇拜之世界語則置之不理。捨一取二，避易就難，豈非大背經濟學原理嗎？我以為今人凡輕視英法德文而極力提倡世界語者，其病因有三：曰愚、懶、妄。惟愚乃信英法德文中好書籍，世界語均有譯本；惟懶乃甘取此不通捷徑，無所得而不辭；惟妄乃堅信世界不久必大同，大同後必有大同語，而此大同語又必為今日之所謂世界語。三問題混合為一，頗足形容今日中國人思想紊亂情形。主張踏實地做建設工夫者，對於此種愚懶妄傳染病，須極力撲滅之乃可。

胡適的按語就一句話：「張君這封信有許多話未免太過。但他所說的大旨，都很有討論價值。故登在此處，供大家討論。」[94]

91　錢玄同，〈通信：羅馬字與新青年〉，《新青年》5卷6號，1918年12月15日，頁633。
92　錢玄同，〈通信：Esperanto與現代思潮〉，《新青年》6卷2號，1919年2月15日，頁237。
93　朱有昀［朱我農］，〈通信：反對Esperanto〉，《新青年》5卷4號，1918年10月15日，頁417-418。
94　張耘、胡適，〈通信：改良文學與更換文字〉，《新青年》6卷3號，1919年3月15日，頁

　　《新青年》的編輯群不但在世界語這個問題上沒有「一致的團體主張」，在中文究竟應該廢除還是拉丁化這個問題上亦復如是。錢玄同主張廢除中文，陳獨秀主張在人類社會進化到完全沒有國界以前，過渡的作法應該是廢漢文、存漢語，而把漢語拉丁化，胡適則只願意談中文拼音化，而不及於其他。比如說，錢玄同在4卷4號《新青年》的通信欄發表〈中國今後之文字問題〉。錢玄同認為漢字拼音走得還是不夠徹底，治本之法在於根本廢除中文：

　　　　新理、新事、新物，皆非吾族所固有，還是自造新名詞呢？還是老老實實寫西文原字呢？由前之說，既改拼音，則字中不復含有古義，新名詞如何造法？難道竟譯"republic"為"Kung-huo"〔共和〕，譯"ethics"為"Lun-li-hsüh"〔倫理學〕嗎？自然沒有這個道理。由後之說，既採西文原字，則科學哲學上之專門名詞，自不待言，即尋常物品，如match, lamp, ink, pen之類，自亦宜用原文，不當復云Yang-huo〔洋火〕, Yang-teng〔洋燈〕, yang-meh-shue〔洋墨水〕, yang-pih-teu〔洋筆頭〕；而dictator〔獨裁者〕, boycott〔杯葛〕之類應寫原文，亦無疑義，如此，則一文之中，用西字者必居十之七八，而「拼音之漢字」，不過幾個介連助嘆之詞，及極普通之名代動靜狀之詞而已。費了許多氣力，造成一種「拼音之漢字」，而其效用，不過如此，似乎有些不值得罷！漢字改用拼音，不過形式上之變遷，而實質上則與「固有之舊漢文」還是半斤與八兩，二五與一十的比例。

陳獨秀的過渡論是說：

　　　　當此過渡時期，惟有先廢漢文，且存漢語，而改用羅馬字母書之；新名悉用原語，無取義譯；靜狀介連助嘆及普通名代諸詞，限以今語；如此行之，雖稍費氣力，而於便用進化，視固有之漢文，不可同日而語。先生謂為「還是半斤與八兩，二五與一十的比例」，恐未必然也。至於用西文原書教授科學，本屬至順；蓋學術為人類之公有物，既無國界之可言，焉有獨立之必要？

（續）────────────
　　　335。

胡適不願意談到久遠的將來。他贊成陳獨秀廢漢文、存漢語，而改用拼音的主張。但是這拼音究竟是不是用羅馬拼音，胡適則持騎牆的立場：

> 獨秀先生所問：「僅廢中國文字乎？抑並廢中國語言乎？」實是根本的問題。獨秀先生主張「先廢漢文，且存漢語，而改用羅馬字母書之」的辦法，我極贊成。凡事有個進行次序。我以為中國將來應該有拼音的文字。但是文言中單音太多，決不能變成拼音文字。所以必須先用白話文字來代文言的文字；然後把白話的文字變成拼音的文字。至於將來中國的拼音字母是否即用羅馬字母，這另是一個問題。我是言語學的門外漢，不配說話了。[95]

胡適所謂他「極贊成」陳獨秀「廢漢文、存漢語、用拼音」主張也者，其實就是「廢文言、存白話、用拼音」的意思。只是，他所謂的「拼音」究竟是什麼形式的拼音，他不願意說清楚而已。《新青年》5卷2號刊載了朱經農給胡適的信。朱經農把當時中國文字革命的主張總括為四種，四種他都反對：

> 現在講文字革命的大約可分四種：（第一種）是「改良文言」，並「不廢止文言」；（第二種）「廢止文言」，而「改良白話」；（第三種）「保存白話」，而以羅馬文拼音代漢字；（第四種）是把「文言」、「白話」一概廢了，採用羅馬文字作為國語（這是鍾文鼇先生的主張）。

胡適在答書裡，首先就表明了他「廢文言、存白話」的主張：「來信反對第四種文字革命（把文言白話都廢了，採用羅馬字母的文字作為國語）的話，極有道理，我沒有什麼駁回的話。且讓我的朋友錢玄同先生來回答罷。」胡適自己的主張屬於朱經農所歸類的第三種。胡適為自己的立場的辯護如下：

> 文學革命（保存白話，用拼音代漢字），是將來總該辦到的。此時決不能做到。但此種主張，根本上僅可成立（趙元任君曾在前年《留美學生月報》上詳細討論，為近人說此事最精密的討論）。即如來信所說詩，絲，思，司，

95　錢玄同、陳獨秀、胡適，〈通信：中國今後之文字問題〉，《新青年》4卷4號，1918年4月15日，頁350-357。

私，師等字，在白話裡，都不成問題。爲什麼呢？因爲白話裡這些字差不多都成了複音字，如「蠶絲」、「思想」、「思量」、「司理」，「職司」、「自私」、「私下裡」、「私通」、「師傅」、「老師」，翻成拼音字，有何妨礙？又如「詩」字，雖是單音字，卻因上下文的陪襯，也不致誤聽。例如說，「你近來做詩嗎？」「我寫一首詩給你看。」這幾句話裡的「做詩」、「一首詩」，也不致聽錯的。平常人往往把語言中的字看作一個一個獨立的東西。其實這是大錯的。言語全是上下文的(contextual)，即如英文的"rite"〔儀式〕、"right"〔權利〕、"write"〔書寫〕三個同音字，從來不會聽錯，也知識因爲這個緣故。[96]

　　朱經農在這封信裡提到鍾文鼇，也就是胡適在〈逼上梁山〉裡鼎鼎大名的鍾文鼇，上海的聖約翰大學畢業，胡適留美時期清華駐華盛頓學生監督處的英文秘書。我在《璞玉成璧》裡已經分析了〈逼上梁山〉裡的這一段回憶誤導了讀者，以爲鍾文鼇的中文拉丁化的傳單，就是促使胡適倡導白話文學革命的靈感或促因。我強調鍾文鼇的中文拉丁化傳單，跟胡適後來的文學革命之間的關係是微乎其微的[97]。

　　〈逼上梁山〉是在1933年12月初脫稿，次年1月1日初次發表在《東方雜誌》上的。那是胡適爲自己在白話文學史定位的文獻。因此，他所著眼的，在歷史的定位上的意義，要多於「敘實」的意義。鍾文鼇的故事就是一個最佳的寫照。鍾文鼇的中文拉丁化的傳單不但跟胡適倡導白話文學革命的關係是微乎其微，他甚至在回國以後，在中文拉丁化的主張上，跟鍾文鼇的立場只是五十步笑百步的距離。然而，這個事實完全沒在〈逼上梁山〉裡出現。

　　胡適在〈逼上梁山〉裡說鍾文鼇在每個月寄支票給庚款生的時候，總要在信封裡夾一些他自己印製的宣傳品。其中的一個宣傳品是：「廢除漢字，取用字母。」胡適說大概是1915年有一天，他又收到一張傳單，說中國應該改用字母拼音；他說要教育普及，非得用字母不可。胡適說他一時動了氣，就寫了一封短信去罵他，說不通漢文的人，不配談改良中國文字的問題。然而，胡適就始終不願意也在〈逼上梁山〉裡告訴我們，說他後來的主張改變了。如果朱經農說的是正確的，文言、白話，鍾文鼇都要廢除。胡適則要廢除文言，然後以白話作爲中文走向拼音的過渡媒介。

96　朱經農、胡適，〈通信：新文學問題之討論〉，《新青年》5卷2號，1918年8月15日，頁163-166。

97　《舍我其誰：胡適，第一部：璞玉成璧，1891-1917》，頁615-628。

　　同樣在5卷2號裡，《新青年》刊載了當時在日本的朱我農給胡適的一封信。朱我農舉例證明中文用羅馬字母拼音絕對可行。他最能讓自己以及讓人信服的例子有兩個。一個是英國醫生Taylor。他在日本橫濱印刷了一本《內外科看護學》，是用羅馬字的廈門話寫的。朱我農說Taylor醫生把這本書念給廈門人聽，他們都能聽得懂。這位Taylor醫生就是台灣醫學史上有名的戴仁壽醫生（George Gushue-Taylor, 1883-1954）。戴仁壽醫生先在台南行醫，後來是台北的馬偕醫院的院長。他是第一位在台灣爲痲瘋病人謀福利與醫療的醫生。他的《內外科看護學》（*Lāi Gōa Kho Khàn-Hō-Hak*）是第一本台語醫學教科書[98]。朱我農所用的第二個例子，是他一個留英的廈門朋友雷文銓。他跟家人寫信用的就是羅馬字廈門話。

　　其實，何止是雷文銓的家信是用羅馬字廈門話寫的？這些例子可能不勝枚舉。我們今天可以在「胡適檔案」裡看到一封林語堂的妻子廖翠鳳在1923年5月8日用羅馬字廈門話寫的信。這封信是廖翠鳳從鼓浪嶼寄到北大，請胡適轉交給林語堂的。這整封信一個漢字也沒有，幾乎全是羅馬字廈門話。唯一不是廈門話的詞句是用英文寫的。有些是時間，如："May 4th"（五月四號），"May 6th"（五月六號）；有些是地名，如："Shanghai"（上海）。最主要的是開頭的稱呼："Dearest Tong"（最親愛的堂，但「堂」字是廈門話發音）；接近信尾的："Now goodbye dearest A Tong"（最親愛的阿堂，再見了！）；以及信上最後一句："My love and our baby's all to you"（我們的寶寶跟我給你的最真摯的愛）；以及"Yours"（愛你的）"Hong"（鳳——廈門發音）。除此之外，這整封信用的都是羅馬字的廈門話[99]。

　　無論如何，胡適讀了朱我農信中所提到的那些羅馬字成功的例子，很興奮地在他的答書裡說：

　　　　來書論羅馬字拼音的可行，讀了使我們增添許多樂觀……我四五年前也是很反對這種議論的。近二三年來，覺得中國古文雖不能拼音，但是中國的白話一定是可用字母拼出的。現在北京的注音字母傳習所已能用注音字母出

98　有關戴仁壽醫生的事蹟，請參閱朱眞一，〈從醫界看早期臺灣與歐美的交流(17)：George Gushue-Taylor(戴仁壽醫生)：生涯及對臺灣的貢獻〉，《杏林隨筆》（*Taiwan Medical Journal*），頁267-271，http://www.google.com/url?sa=t&rct=j&q=&esrc=s&source=web&cd=6&ved=0CD8QFjAF&url=http%3A%2F%2Fwww.tma.tw%2Fltk%2F97510611.pdf&ei=hSjDTobgGcTV0QH2q9D7Dg&usg=AFQjCNF2YdOnkMxtBiG501zj842TjzyHIA，2011年11月15日上網。

99　C.H. Lin to Lin Yu-tang，「胡適檔案」，E483-001。

報。各處教會所發行的《羅馬字的中國話》更不用說了。我對於這個問題略
有一點意見，現在正在收集材料，仔細研究，將來很想做一篇文字討論拼音
文字的進行規則。[100]

　　胡適這段話最清楚不過地道出了他在〈逼上梁山〉裡所沒有告訴我們的話。他
說：「來書論羅馬字拼音的可行，讀了使我們增添許多樂觀……我四五年前也是很反
對這種議論的。」換句話說，回國不到一年，胡適在中文字羅馬拼音化方面已經越來
越接近鍾文鰲的立場了。只是，這個歷史事實完全被他在後來所寫的〈逼上梁山〉裡
湮沒了。

　　《新青年》編輯群主張的不一致，甚至表現在《新青年》雜誌究竟應該直排還是
橫排的爭議上。《新青年》用標點、分段，這本身就已經是一大革新。同時，這也是
必須付出成本的。當時中國的印刷廠並沒有標點符號的鉛字。出版《新青年》的群益
書社的老闆陳子壽，特地和太平洋印刷所的張秉文商量，用外文的標點符號來做底
子，刻成了中文標點符號的銅模[101]。當然，這個標點符號的銅模是直排的。

　　《新青年》編輯群裡最早倡議中文自左至右橫寫、橫排的，可能是錢玄同。他在
《新青年》3卷3號的通信欄裡給陳獨秀的信裡就用人體工學的理由提出這個主張：

　　　　我固絕對主張漢文須改用左行橫迤，如西文寫法也。人目係左右相並，而
　　　非上下重。試立室中，橫視左右，甚為省力。若縱視上下，則一仰一俯，頗
　　　為費力。以此例彼，知看橫行較易於直行。且右手寫字，必自左至右。故無論
　　　漢文西文，一字筆勢，罕有自右至左者。然則漢文右行，其法實拙。若從西文
　　　寫法，自左至右，橫迤而出，則無一不便。[102]

　　由於陳獨秀在回信裡表示同意錢玄同的看法，錢玄同打鐵趁熱，就在《新青年》
3卷6號再次提出這個問題：「我以前所說，要把右行直下的漢文改用左行橫迤。先生
回答道，『極以為然。』現在我想，這個意思先生既然贊成，何妨把《新青年》從第
四卷第一號起，就改用橫式？」[103]

100 胡適，〈通信：革新文學與改良文字〉，《新青年》5卷2號，1918年8月15日，頁177。
101 汪原放，《回憶亞東圖書館》，頁32。
102 錢玄同，〈通信〉，《新青年》3卷3號，1917年5月1日，頁17。此信印寫於5月15日，當
　　是誤植。
103 錢玄同，〈通信〉，《新青年》3卷6號，1917年8月1日，頁5。

　　然而，這個中文橫排的主張《新青年》注定沒有實施。原因之一，就是胡適不贊成。朱我農在《新青年》5卷2號那封討論漢字羅馬字化的來信裡，也問了胡適爲什麼《新青年》不改採橫排的問題。胡適回答說：

　　《新青年》用橫行，從前錢玄同先生也提議過。現在所以不能實行者，因爲這個究竟還是一個小節的問題。即如先生所說直行的兩種不便：第一「可免墨水污袖」，自是小節；第二「可以安放句讀符號」。固是重要，但直行也並不是絕對的不使用符號。先生所見《新青年》裡的符號錯誤，乃是排印的人沒有句讀知識之故。《科學》雜誌是用橫排的，也有無數符號的錯誤。我個人的意思，以爲我們似乎應該練習直行文字的符號句讀，以便句讀直行的舊書。除了科學書與西洋歷史地理等書不能不用橫行，其餘的中文書報盡可用直行。先生以爲如何？[104]

　　這種表面上看起來好像沒有異議，而其實是反對的答覆，是成名以後的胡適典型的答覆方式。這跟他其實反對世界語，可是在世界語的討論裡卻擺出一副旁觀者的姿態，說自己是「中立國」的作法，有異曲同工之妙。胡適這種兩面討好戰略用至其極，就是甚至到了已經被逼表態的時候，還是不願意明說他的立場。例如，在他被逼到必須對世界語表態的時候，他明明反對，卻只願意說他「心裡是很贊成」反對世界語的陶孟和的議論。在中文橫排這個問題上，胡適不但仍然作似是而非的議論，甚至稱之爲「小節」，儼然是可以擱置不論的意思。然而，錢玄同就是不吃這一套。在討論世界語的時候，他乾脆就把胡適的立場給揭穿了，說胡適不贊成世界語，所以也不喜歡大家「爭辯此事」。在討論中文橫排的時候，錢玄同又再次把胡適反對的立場給抖了出來：

　　中國字改用橫行書寫之說，我以爲朱〔我農〕先生所舉的兩個理由，甚爲重要〔注：亦即「可免墨水污袖」、「可以安放句讀符號」〕。還有一層，即今後之書籍，必有百分之九十九，其中須嵌入西洋文字。科學及西洋文學書籍，自不待言。即講中國學問，亦免不了要用西洋的方法。既用西洋的方法，自然要嵌入西洋的名詞文句：如適之先生新近在北京大學中編纂之《中

國哲學史大綱》內中嵌入的西洋字就頗不少。若漢文用直行，則遇到此等地方，寫者看者均須將書本橫搬直搬，多少麻煩，多少不便啊！至於適之先生所謂「應該練習直行文字的句讀符號，以便句讀直行的舊書。」這一層，我覺得與改不改橫行是沒有關係的。適之先生所說的「句讀舊書」，不知還是重刻舊書要加句讀的呢？還是自己看沒有句讀的舊書時用筆去句讀他呢？若是重刻舊書，則舊書既可加句讀，何以不可改橫行？如其自己看舊書時要去句讀他，此實爲個人之事。以此爲不改橫行的理由，似乎不甚充足……惟《新青年》尚未改用橫行的緣故，實因同人意見對於這個問題尚未能一致。將來或者有一日改用，亦未可知。朱先生之提議，在玄同個人，則絕對贊同此說也。[105]

　　錢玄同這一段話除了把胡適反對中文橫排的遁詞完全暴露出來以外，他的最後一句話也點出了「同人意見尚未能一致」的原因。這個同人意見尚未能一致的癥結之一，就在於主將胡適反對，也就昭然若揭了。

　　《新青年》爲什麼終究沒有走向橫排的另外一個因素顯然是財政上的。我們能知道這一點，還是要拜錢玄同1918年11月26日的一封信之賜：

　　獨秀、半農、適之、尹默、孟和諸兄鈞鑑：上月獨秀兄提出《新青年》從六卷起改用橫行的話，我極端贊成。今見群益來信說：「這麼一改，印刷工資得加多幾及一倍。」照此看來，大約改用橫行的辦法，一時或未能實行。我個人的意思，總希望慢慢的可以達到改橫行的目的。[106]

《新青年》的分裂：與共產主義交鋒的第一回合

　　從某個角度來說，胡適說得完全正確，中文橫寫、橫排的問題是「小節」。何只如此，世界語、中文拉丁字母化等問題也等於是「小節」。這是因爲這些問題的辯論即使造成了《新青年》編輯群內部的不快，終究不至於導致分裂。《新青年》分裂的

105 錢玄同，〈通信：革新文學及改良文字〉，《新青年》5卷2號，1918年8月15日，頁178。
106 轉引自楊天石《哲人與文士》（北京：中國人民大學出版社，2011），http://qz.qq.com/1069730839/blog?uin=1069730839&vin=0&blogid=1306458462，2011年11月14日上網。

故事，最富戲劇性的，也最為人所知的，就是陳獨秀與胡適分裂，把《新青年》轉化成為共產黨周邊刊物的一段。

胡適在1935年底對陳獨秀走向共產主義作了一個既誇張、又幼稚，而且也簡化了歷史的結論。當時他因為看了湯爾和借他看的日記，觸動了的回憶，想起了陳獨秀因為私德不檢而被辭掉北大文科學長職位的往事。我在第一章已經提到了這件事的來龍去脈。為了不讓陳獨秀背上被辭的名聲，北大用的方法是以教務長制來取代學長制。這樣子，陳獨秀的去職，就彷彿是因為改制的結果。這個決定是在1919年3月26日晚的會議上作出來的。胡適把《新青年》的分裂、陳獨秀的左傾、中國共產黨的創立，以及中國思想界的左傾，都歸罪於這個不幸的決定：

> 獨秀因此離去北大，以後中國共產黨的創立及後來國中思想的左傾，《新青年》的分化，北大自由主義的變弱，皆起於此夜之會。獨秀在北大，頗受我與孟和(英美派)的影響，故不致十分左傾。獨秀離開北大之後，漸漸脫離自由主義者的立場，就更左傾了。[107]

胡適晚年在紐約所作的《口述自傳》裡，就說得合理多了。他說在五四運動以後，由於所有的政黨都體認到學生的力量，於是都想影響並得到學生的支持。其結果是幾乎每一個人都染了政治熱(politically-minded)。胡適提到了陳獨秀在1919年6月11日晚上在北京「新世界」遊樂場散發傳單被捕入獄的經過。這個回憶有意味的地方，是胡適在唐德剛根據錄音所打出來的初稿的修訂。當晚胡適跟陳獨秀、高一涵在「新世界」喝茶。唐德剛的打字稿是說：

> 在五四運動的時候，陳獨秀被逮捕。他在北京「新世界」遊樂場散發他自己所寫的傳單的時候被逮個正著。那天是1919年6月11日。他跟我，還有也是安徽同鄉的高一涵在一起喝茶。我們把他所寫的傳單分放在桌子上。

胡適校改的時候，把這個打字稿的整段幾乎都全部畫掉了，重新手寫了新的一段：

---

107 胡適致湯爾和，1935年12月23日，《胡適來往書信選》，中冊，頁281-282。

陳獨秀在1919年6月11日被捕。他在散發他自己所寫、自己花錢印製的傳
單的時候被逮個正著。他散發傳單的地方是北京南城的「新世界」遊樂場，
也就是陳先生、高一涵先生、我三個安徽老鄉一起喝茶的地方。陳先生從口袋
裡拿出來傳單，開始把它們分放在許多茶座上。[108]

　　這些傳單究竟是像初稿所說的，是陳獨秀、胡適、高一涵一起發放在茶座上的？
還是像胡適後來手寫修正的，是陳獨秀自己去發放的？是胡適修正他自己的回憶？還
是修正唐德剛的誤記？可惜唐德剛已經過世，我已無法跟他求證了。胡適接著說，坐
了不久以後，他就跟高一涵回家了。他說他是一直到半夜才接到電話知道陳獨秀被捕
入獄。

　　總之，陳獨秀在被關了八十三天以後，被保釋出來。次年2月，他代替胡適去武
漢演講。他回來以後，警察上門找他，說報紙報導他在武昌散播「無政府共產主
義」，並且說他在保釋期間沒有報備，擅自離京是違反保釋的規定。陳獨秀知道警察
會再回來找他麻煩。他於是就三十六計走為上。為了怕被跟梢，他跟李大釗走迂迴的
路線。先往東走，到李大釗的家鄉樂亭縣，再往西折向天津，然後再從天津往上海。
胡適的結論是：

　　　這是陳獨秀先生與他的北大一群分道揚鑣的開始。因為他沒有工作，我們
　　就讓他編輯《新青年》。那是他唯一的工作。就在上海，陳獨秀跟他在政治
　　上的朋友──未來的共產黨創始人──產生聯繫。就這樣，從第七卷開始，
　　作為中國文藝復興、文學革命的雜誌的《新青年》，就逐漸地變成一個共產
　　黨的機關報。在北大的我們就這麼地把雜誌給拱手讓出了……所有這些，就
　　說明了我〔在本節起始〕所告訴你的：從中國文藝復興運動的角度來看，這
　　個我們知其不可為而為之地(foolishly)想把它保持成為一個純粹的文學、思
　　想、文化的運動，就是被五四運動不幸地給中止了。[109]

　　唐德剛在《胡適口述自傳》的注釋裡，說他在1950年代幫忙胡適作口述史的時
候，就直言反對胡適把五四運動當成是新文化運動的「政治干擾」的說法。他對胡適

108　Hu Shih, "Dr. Hu Shih's Personal Reminiscences," pp. 189-190.
109　Hu Shih, "Dr. Hu Shih's Personal Reminiscences," p. 193.

說：一個新文化運動的後果，必然是一個新的政治運動[110]。唐德剛有所不知，胡適在年輕的時候跟他的想法完全相同。事實上，在國共合作、國民黨北伐的初期，胡適自動自發、興高采烈地在英國、美國宣傳新文化運動已經進入了有組織的政治運動階段。詳情請見本部第八章的分析。換句話說，那所謂的五四運動中止了，或者用唐德剛的翻譯來說，干擾了中國文藝復興運動的說法，是胡適在政治、意識型態上向右靠攏以後的新說法。

言歸正傳。胡適說《新青年》「從第七卷開始，作為中國文藝復興、文學革命的雜誌的《新青年》，就逐漸地變成一個共產黨的機關報。」這句話裡的「逐漸地」是關鍵字，因為那是漸次形成的。至於胡適說：「在北大的我們就這麼地把雜誌給拱手讓出了。」這句話就有誇張之嫌了。在上海的陳獨秀對群益書社營利的態度不滿，想要招股本開一間叫做「興文社」的書局來發行《新青年》。從1920年4月底到5月，陳獨秀接連寫了五封信給胡適以及北京的《新青年》編輯群。他除了把招股的想法告訴胡適等人以外，也一再寫信要大家寫稿[111]。只是，北京方面反應冷淡。陳獨秀在經費以及稿源兩相欠缺的情況之下，真有巧婦難為無米之炊之嘆。《新青年》7卷6號「勞動節紀念號」在5月1日出版以後，一直要到9月1日才出版了8卷1號。

《新青年》8卷1號的出版的背後有許多當時的人都不會知道的事實。首先，陳獨秀在1920年2月12日到上海以後，很快地就與共產黨人聯繫上了。5月，上海的「馬克思主義研究會」成立。根據陳望道的回憶：「這是一個秘密的組織，沒有綱領，會員入會也沒有成文的手續，參加者有：陳獨秀、沈雁冰、李達、李漢俊、陳望道、邵力子等，先由陳獨秀負責。」7月。上海共產主義小組成立，發起人是陳獨秀、李漢俊、李達、陳望道、沈玄廬、俞秀松、施存統。就在這時，共產國際東方局派代表維經斯基（Grigori Voitinsky）到北京與李大釗聯繫。經李大釗介紹，維氏南下到上海與陳獨秀諸人會面。《新青年》從1920年秋天開始接受共產國際的資助。

另外一個當時的人不會知道的事實是8卷1號的封面設計的意義。這個封面正中繪製了一個地球，從東西兩半球上伸出兩隻強勁有力的手緊緊相握。茅盾回憶說，這個設計「暗示中國革命人民與十月革命後的蘇維埃俄羅斯必須緊緊團結，也暗示全世界無產階級團結起來的意思」。這等於宣告《新青年》是共產主義刊物。石川禎浩指出

---

110 胡適，〈胡適口述自傳〉，《胡適全集》，注釋1，18：365。
111 以下討論《新青年》的分裂，除非另有徵引，是根據歐陽哲生，〈《新青年》編輯演變之歷史考辨——以1920-1921年同人書信為中心的探討〉，《歷史研究》，2009年3期，頁82-104。

那個圖案是1901年創立、1972年解散的「美國社會黨」（Socialist Party of America）的黨徽[112]。這完全正確。我們今天還可以在「谷歌」上找到「美國社會黨」的介紹。這個圓形的黨徽，上半圓端寫著：「社會黨」，下半圓端寫著《馬克思主義宣言》裡的：「全世界無產階級團結起來」（Workers of the World Unite）那句話。除了8卷2號羅素專號的封面是羅素頭像以外，《新青年》從8卷1號到9卷結束，封面一直是使用這個圖案。當然，《新青年》封面上所印的圖把這些英文裡原有的字樣都拿掉了。

　　《新青年》的左傾，北京的編輯群當然很快地就感覺到了。事實上，在7卷6號「勞動節紀念號」出版以後，陳獨秀就致信北京的編輯群，提出三大問題，請大家答覆：一、是否接續出版？二、倘續出，對發行部初次所定合同已滿期，有無應與交涉的事？三、編輯人問題：1. 由在京諸人輪流擔任；2. 由在京一人擔任；3. 由弟在滬擔任。由於沒有信件留存，我們不知道北京方面的答覆如何。1920年12月，陳獨秀接受陳炯明的邀請，到廣州擔任廣東省教育委員會長。12月16日晚，就在他在離開上海之前，陳獨秀再次寫信給胡適、高一涵：

　　　　《新青年》編輯部事有陳望道君可負責，發行部事有蘇新甫君可負責。《新青年》色彩過於鮮明，弟近亦不以為然。陳望道君亦主張稍改內容，以後仍以趨重哲學文學為是。但如此辦法，非北京同人多做文章不可。近幾冊內容稍稍與前不同，京中同人來文不多，也是一個重大的原因，請二兄切實向京中同人催寄文章。

　　胡適大約在12月底所寫的回覆，提出了三個辦法。他還把這封信讓其他幾位北京的編輯群看過。這三個辦法如下：

　　　　《新青年》「色彩過於鮮明」，兄言「近亦不以為然」。但此是已成之事實，今雖有意抹淡，似亦非易事。北京同人抹淡的工夫決趕不上上海同人染濃的手段之神速。現在想來，只有三個辦法：一、聽《新青年》流為一種有特別色彩之雜誌，而另創一個哲學文學的雜誌。篇幅不求多，而材料必求精。我秋間久有此意，因病不能作計畫，故不曾對朋友說。二、若要《新青

---

112 〈從上海發起組到中共「一大」(16)〉，《三聯生活週刊》，網路版，http://www.
lifeweek.com.cn/2011/0627/33768_16.shtml，2012年6月3日上網。

年》「改變內容」，非恢復我們「不談政治」的戒約，不能做到。但此時上海同人似不便做此一著。兄似更不便，因為不願示人以弱。但北京同人正不妨如此宣言。故我主張趁兄離滬的機會，將《新青年》編輯的事，自九卷一號移到北京來。由北京同人於九卷一號內發表一個新宣言，略根據七卷一號的宣言，而注重學術思想藝文的改造，聲明不談政治。孟和說，《新青年》既被郵局停寄，何不暫時停辦，此是第三辦法。

陳獨秀不反對胡適在北京另辦一個哲學文學雜誌的想法。然而，對於「不談政治」，或者把《新青年》移回北京去辦理則堅決反對。他在1921年1月9日給北京編輯群的回信說：

適之先生來信所說關於《新青年》辦法，茲答覆如下：

第三條辦法，孟和先生言之甚易。此次《新青年》續出，弟為之太難；且官廳禁寄，吾輩仍有他法寄出，與之奮鬥(銷數並不減少)。自己停刊，不知孟和先生主張如此辦法的理由何在？閱適之先生的信，北京同人主張停刊的並沒有多少人，此層可不成問題。

第二條辦法，弟雖在滬，卻不是死了。弟在世一日，絕對不贊成第二條辦法，因為我們不是無政府黨人，便沒有理由宣言可以不談政治。

第一條辦法，諸君盡可為之。此事於《新青年》無關，更不必商之於弟。若以為別辦一雜誌便無力再為《新青年》做文章，此層亦請諸君自決。弟甚希望諸君中仍有幾位能繼續為《新青年》做點文章，因為反對弟個人，便牽連到《新青年》雜誌，似乎不大好。

由於胡適說陳獨秀因為他的建議而大動肝氣，他於是在1921年1月22日向北京的編輯群提出了一個修正案：

第一、原函的第三條「停辦」辦法，我本已聲明不用，可不必談。

第二、第二條辦法，豫才兄與啟明兄皆主張不必聲明不談政治，孟和兄亦有此意。我於第二次與獨秀信中曾補敘入。此條含兩層：一、移回北京，二、移回北京而宣言不談政治。獨秀對於後者似太生氣。我很願意取消「宣言不談政治」之說，單提出「移回北京編輯」一法……

第三、獨秀對於第一辦法——另辦一雜誌——也有一層大誤解。他以為這個提議是反對他個人。我並不反對他個人，亦不反對《新青年》。不過我認為今日有一個文學哲學的雜誌的必要。今《新青年》差不多成了 *Soviet Russia*〔注：《蘇維埃俄羅斯》是蘇聯新聞局在紐約出的週刊〕的漢譯本，故我想另創一個專關學術藝文的雜誌。今獨秀既如此生氣，並且認為反對他個人的表示。我很願意取消此議，專提出「移回北京編輯」一個辦法……

眼看著胡適跟陳獨秀幾近於撕破臉、《新青年》頻臨分裂，李大釗建議胡適留下轉圜的餘地：

我對於《新青年》事，總不贊成分裂。商議好了出兩種亦可，同出一種亦可。若是分裂而搶一個名稱，若是與《新青年》有關的人都爭起來，豈不同時出十幾個《新青年》，豈不是一場大笑話！我覺得你和仲甫都不是一定要搶《新青年》這個名稱，還是主義及主張有點不同的緣故。如果主張相同，在哪裡辦，哪一個人辦，成不了什麼問題。但是我覺得你們兩人都有點固執。仲甫一定要拿去廣東，你一定要拿來北京，都覺得太拘了一點。總之，我的意思不拘《新青年》在哪裡辦，或是停辦，總該和和氣氣商量才是。而且兄和仲甫的朋友交情豈可因此而大傷？《新青年》如演起南北對峙的劇來，豈不是要惹起旁人的笑死？此點願兄細想一想。我不是說仲甫應該主張在粵辦，你不應該主張在京辦。不過仲甫的性情我們都該諒解他的——他的性情很固執——總之我很願意你等他的回信再決定辦法。如果你們還是各立於兩極端，我想我們只有兩個辦法：一個辦法就是大家公決勸你們二位(恐怕勸也無效)都犧牲了《新青年》三個字吧！停辦了吧！一個辦法就是聽你們兩位一南一北分立《新青年》，我們都不好加入哪一方。這種結果都是宣告了《新青年》破產。我個人的主張雖與仲甫的主張相近，但我決不贊成你們這樣爭《新青年》，因為《新青年》如果是你的或是他的，我們都可以不管。如果大家都與他有點關係，我們也不應該坐視你們傷了感情……

錢玄同在1月29日回覆信胡適的殘信則贊成分裂。他說《新青年》的成立是自由的結合，現在意見既然不合，自然應該自由分家：

與其彼此隱忍遷就的合併，還是分裂的好。要是移到北京來，大家感動〔情〕都不傷，自然不移；要是比分裂更傷，還是不移而另辦爲宜。至於孟和兄停辦之說，我無論如何，是絕對不贊成的；而且以爲是我們不應該說的。因爲《新青年》的結合，完全是彼此思想投契的結合，不是辦公司的結合。所以思想不投契了，盡可宣告退席，不可要求別人不辦。換言之，即《新青年》若全體變爲《蘇維埃俄羅斯》的漢譯本，甚至於說這是陳獨秀、陳望道、李漢俊、袁振英等幾個人的私產，我們也只可說陳獨秀等辦了一個「勞農化」的雜誌，叫做《新青年》，我們和他全不相干而已，斷斷不能要求他們停辦。

1921年2月上旬，《新青年》編輯部在法租界被搜查，並被勒令停辦。2月15日，陳獨秀分別致信胡適和周作人、魯迅，通報《新青年》將移廣州出版。他在給胡適的信上贊成胡適另外別辦一報。我們不知道胡適對陳獨秀把《新青年》移往廣州出版的態度如何。然而，顯然胡適仍然堅持要把《新青年》移回北京。有關這點，可以從周作人在2月下旬連寫給李大釗的兩封信來作爲佐證。周作人表明了他贊成《新青年》分裂。《新青年》就交給陳獨秀，胡適則應該自己另起爐灶。他25日的信說：

來信敬悉。《新青年》我看只有任其分裂。仲甫移到廣東去辦，適之另發起乙種雜誌，此外實在沒有法子了。仲甫如仍擬略加改革，加重文藝哲學，我以力之所及，自然仍當寄稿。適之的雜誌，我也很是贊成，但可以不必用《新青年》之名。《新青年》的分裂雖然已是不可掩的事實，但如發表出去（即正式的分成廣東、北京兩個《新青年》），未免爲舊派所笑。請便中轉告適之。

周作人27日的信說：

來信敬悉。關於《新青年》的事，我贊成所說第二種辦法。寄稿一事，我當以力量所及，兩邊同樣的幫忙。我本贊成適之另辦一種注重哲學文學的雜誌，但名稱大可不必用《新青年》，因爲：
一、如說因內容不同，所以分爲京粵兩個。但著作的人如仍是大多數相同，內容便未必十分不同，別人看了當然覺得這分辦沒有必要。（如仲甫將

來專用《新青年》去做宣傳機關，那時我們的文章他也用不著了；但他現在仍要北京同人幫他，那其內容仍然還不必限於宣傳可做了。）

二、仲甫說過《新青年》絕對爲「洋大人」所不容，在京也未必見容於「華大人」，這實才是至理名言。我看「華大人」對於《新青年》的惡感，已經深極了。無論內容如何改變，他未必能辨別，見了這個名稱當然不肯輕易放過。這並不是我神經過敏的話，前年的《每週評論》便是一個實例。

所以我希望適之能夠改變意見，採用第二種辦法。但北京同人如多數主張用《新青年》的名稱，我也不反對。

陳獨秀在1921年7月在中國共產黨第一次全國代表大會上被選爲書記。8月，他辭去廣東省教育委員會長的職位，9月到上海從事共產黨的工作。《新青年》9卷5號在該年9月出版。10月初，陳獨秀被法租界巡捕逮捕。《新青年》也跟著停刊。《新青年》在1922年7月出版9卷6號以後終於休刊。《新青年》在1923年6月15日以季刊的形式復刊，由瞿秋白主編。然而，它已經成爲中國共產黨的黨刊，而已非昔日胡適、陳獨秀及其他編輯群的刊物。

胡適、李大釗、陳獨秀這幾位《新青年》領袖令人敬佩的地方，在於他們能夠主張不同、卻不影響其友情。胡適和李大釗在1919年「問題與主義」的論戰裡有過短暫的交鋒；胡適和陳獨秀爭辦《新青年》，用錢玄同寫給周作人、魯迅信上的話來說，是已經到了：「初不料陳、胡二公已到短兵相接的時候！」然而，他們都能夠繼續保持朋友之義，甚至在朋友落難的時候出面相助。李大釗在《新青年》分裂的節骨眼上，仍然能夠心平氣和地作最後的斡旋。

胡適跟陳獨秀的朋友之義更令人心儀。1921年10月陳獨秀在上海法租界被捕的時候，胡適跟蔡元培等人透過不同的管道設法營救。兩人此後雖然在意識型態上相形漸遠，然而相互關懷之請不變。陳獨秀在1925年2月5日的一封信就溫馨得令人心動：「久不通信了，聽孟翁說你問我果已北上否，我現在回答你，我如果到京，無論怎樣秘密，爲有不去看適之的道理。」

然而，無可否認的，《新青年》的分裂，意味著胡適文化霸權爭奪戰的戰線已經開始變化。如果他先前在文言與白話的文化霸權爭奪戰是西方與傳統的對峙，現在則是轉到西方思潮與西方思潮的對峙。這個中國知識分子各自以西方的思潮作爲武器來從事論戰的開始，就是胡適與李大釗在1919年所展開的「問題與主義」的論戰。

我在本部的第二章裡分析了「問題與主義」的論戰。我不但把那個論戰作爲胡適

終於對杜威的實驗主義開竅、跨入杜威的實驗主義門檻的里程碑，而且也把它視為新式知識分子陣營分裂的先聲。更重要的是，我認為觀察敏銳的胡適，在1919年的時候就已經很清楚地知道馬克思主義將是他的勁敵。其它各派，無論是保守派，還是唯心派；不管是傳統中國的，還是與西方合流的，都屬於摧枯拉朽的末流。這也是為什麼胡適在他自己所編成的「問題與主義」的史料集的總結篇〈四論問題與主義〉裡，在分析學說的效果的時候，會特別以馬克思主義為例，來說明學說可以造成可憂的後果，亦即，階級的仇恨。

　　有趣的是，胡適晚年在紐約作他的口述史的時候，也專門闢了一節來回憶「問題與主義」的論戰。他用的標題赫然就是：「具體的問題與抽象的主義：我與馬克思主義者第一次的交鋒」（Concrete Problems v. Abstract Isms: My First Clash with the Marxists）。從某個角度來說，胡適在口述史裡提起這個論戰，就是他對1950年代中期中國批判胡適運動的一個回應。也許因為胡適是在對中國「胡適批判」作回應，他在口述史裡說：那年7月「我第一次討論政治的行動，就是發表〈多研究些問題，少談些「主義」〉，來批評當時人對無政府主義、社會主義，或布爾什維克主義盲目和奴隸式的崇拜的危險。」[113]

　　事實上，胡適說「問題與主義」的論戰是他與馬克思主義者「第一次的交鋒」並不是一個正確的說法。當時的李大釗還不懂共產國際所使用的社會分析的術語和概念。他唯一使用的是經濟史觀以及階級鬥爭論。從這個角度來看，那只是一個前哨戰而已。胡適與馬克思主義者第一次交鋒，是他1922年9月8日發表的〈聯省自治與軍閥割據——答陳獨秀〉，以及他在該年10月1日發表的〈國際的中國〉。這兩篇前後相隔不到一個月的文章是姐妹篇，一前一後批判了中國共產黨對當時中國社會分析雛形初具的兩大結論，亦即，中國是半封建、半殖民地的社會。

　　觀察力敏銳的胡適深切了解，他知道他文化霸業的維持，端賴於他是否能夠擊敗來自西方的另一個思潮的挑戰。文言白話之爭已成過去。他原以為那會是持久的殊死戰。結果卻是一場勢不均、力不等的戰爭。對手沒有組織、沒有一流的領袖，根本等於是一場摧枯拉朽的鬧劇。眼看著他的文化霸業方才奠定，卻禍起蕭牆。胡適可能完全沒有想到，他昨日的戰友，會變成了他為了維護他的文化霸業所必須主動出擊的第一個對象。

　　〈聯省自治與軍閥割據——答陳獨秀〉，顧名思義，是胡適對陳獨秀的反駁。它

113　Hu Shih, "Dr. Hu Shih's Personal Reminiscences," p. 199.

所反駁的是陳獨秀所寫的〈對於現在中國政治問題的我見〉，胡適把它轉載在《努力週報》上並刊出他的批判。陳獨秀這篇〈對於現在中國政治問題的我見〉，其實反映了中國共產黨第二次全國代表大會在七月所通過的〈宣言〉。他說人類歷史上的階級鬥爭是經過兩大進程：「第一次是資產階級對於封建之爭鬥，第二次是無產階級對於資產階級之爭鬥。」這是革命兩階段論的說法。這革命兩階段論，用在中國當時的情況來說：

> 這第一段民主主義的爭鬥，乃是對內完全傾覆封建軍閥得著和平與自由，對外促成中國真正的獨立。這種和平、自由與獨立，不但能給中國資產階級以充分發展的機會，而且在產業不發達的國家，也只有這種和平、自由與獨立，是解放無產階級使他們由幼稚而到強壯的唯一道路。

由於「傾覆封建的軍閥，建設民主政治的全國統一政府」是第一個階段革命的目標，陳獨秀自然要批判當時甚囂塵上的「聯省自治」論：

> 現在有一派人主張聯省自治為解決時局的辦法，這種主張是未曾研究中國政治糾紛之根源在哪裡。中國政治糾紛之根源，是因為封建式的大小軍閥各霸一方，把持兵權、財權、政權。法律輿論都歸無效，實業、教育一概停頓，並不是因為中央權大地方權小的問題。此時全國兵馬財政大權都操在各省督軍總司令手裡，連國有的鐵路、鹽稅他們都要瓜分了。若再要擴大地方權，不知還要擴大到什麼地步？說到地方自治自然是民主政治的原則，我們本不反對。但是要曉得地方自治是重在城鎮鄉的自治，地方自治團體擴大到中國各省這樣大的範圍，已經不是簡單的地方自治問題，乃是採用聯邦制，屬於國家組織問題了。[114]

由於陳獨秀批評主張聯省自治的人，「是未曾研究中國政治糾紛之根源在哪裡」，胡適於是也談起他的中國歷史觀起來。他說：

> 自從秦始皇以來，二千多年的歷史確然呈現一種「合久必分，分久必合」

---

114 陳獨秀，〈對於現在中國政治問題的我見〉，《胡適全集》，2：483-489。

的大勢。這一千多年歷史的教訓是：中國太大了，不適於單一制的政治組織。所以中央的統治力一衰，全國立刻「分」了：直到大家打得筋疲力盡，都厭亂了，然後又「合」起來。

不但歷史上的態勢是如此，胡適認為一部中國近代史是走向各省獨立的趨勢：

> 六十年來，中央的權限一天天的縮小，地方的自覺一天天的增加；到了辛亥革命軍起，「省的獨立」遂成一件歷史的事實。當袁世凱的時代，這個現狀的意義已有人看出了，所以有民國二、三、四年間的「聯邦論」。「聯邦論」已起，而袁世凱還想做他的統一的迷夢。第一步是「袁家將」的分布各省；然而軍閥分封之後，仍舊不能減除各省獨立的趨勢。袁氏誤解病源，以為皇帝的名號可以維繫那崩散的局面，故第二步才是帝制的運動。故從歷史上看來，軍閥的封建與帝制的運動都是武力統一的迷夢的結果。為強求統一而封建軍閥。

胡適不但認為「聯省自治」是打倒軍閥的唯一利器，他甚至宣稱凡是反抗這個旗幟的注定會失敗。他說：

> 我們可以大膽說：打倒軍閥割據的第一步是建設在省自治上面的聯邦的統一國家。凡反抗這個旗幟的，沒有不失敗的。[115]

這一段時間，是胡適夢想把北京當費城，憧憬美國費城制憲的故事能在北京重演的階段。他在《努力》上發表的〈一個平庸的提議——解決目前時局的計畫〉的政治部分，就是費城制憲會議的夢想北京版：

> 我的計畫是：一、由北京政府速即召集一個各省會議。
> （甲）名稱：如政府不愛「聯省會議」之名，盡可叫他做「全國會議」，或「統一會議」。
> （乙）組織：每省派會員四人（省議會舉一人，省教育會與省商會各舉一

---

115 胡適，〈聯省自治與軍閥割據——答陳獨秀〉，《胡適全集》，2：477-483。

人，省政府派一人)。中央政府派三人。國會舉三人。 主席得由政府任命
(以免紛爭)。

(丙)地點：我主張在北京，因爲北京雖在北京政府勢力之下，然而比上海
確實自由多了，文明多了。

(丁)權限：這個會議得討論並議決關於下列各項問題：

a. 裁兵與軍隊的安插；b. 財政；c. 國憲制定後統一事宜；d. 省自治的進行
計畫；e. 交通事業的發展計畫。

這五項問題，沒有一項和國會的權限衝突的。國會不應該吃醋，政府也不
應該因怕國會吃醋而不敢舉行。況且此次政府召集的財政會議，豈不也是一
種各省會議嗎？既可以召集財政會議，何以不可以召集各省會議？況且我可
以斷定那單討論財政的會議是無效的。

二、由北京政府公開的調解奉直的私鬥，消除那逼人而來的大戰禍……[116]

所謂「書生之見」，信然。胡適在1922年10月《努力》的〈這一週〉還充滿信心
地說：「在今日的唯一正當而且便利的方法是從速召集一個各省會議，聚各省的全權
代表於一堂，大家把袖子裡把戲都攤出來，公開的討論究竟我們爲什麼不能統一，公
開的議決一個實現統一的辦法。」[117]四個月以後，1923年2月《努力》的〈這一週：
這個國會配制憲嗎？〉一文裡，胡適等於爲自己回答了這個問題。他稱那些議員爲
「無恥政客」，說他們不是「稟承那些割據的軍閥的意旨」，就是「代表壟斷式的財
閥說話」。他的結論是：要希望這些議員制定憲法來救濟政治罪惡，等於是「與虎謀
皮」。他們即使制定出一個憲法，也「不過添一張廢紙」[118]。用他在《努力》停刊
以後給高一涵等四位朋友的話來說：「此時談政治已到了『向壁』的地步。」[119]這
眞是應了陳獨秀批評他的話：「他們果眞是爲了省自治才擁兵割據嗎？他們寧肯拋棄
軍權不肯拋棄省自治嗎？先生這種公平交易的估價，恐怕軍閥聽了要大笑不已。」[120]

爲了增加北大師生對美國聯邦制度的了解，或許也希望能得到「遠來和尙」的加
持，胡適特別請了當時到北京來訪問的美國政治學教授加納(James W. Garner)到北大

---

116 胡適，〈一個平庸的提議——解決目前時局的計畫〉，《胡適全集》，2：496-498。
117 胡適，〈這一週〉，《胡適全集》，2：566-567。
118 胡適，〈這一週：這個國會配制憲嗎？〉，《胡適全集》，2：597-598。
119 胡適，〈與一涵等四位的信〉，《胡適全集》，2：513。
120 [陳]獨秀，〈聯省自治與中國政象〉，《嚮導週報》第1期，1922年9月13日，頁2-3。

演講，而且「勸他講『聯邦制度』」[121]。可惜，他對加納教授的講演不滿意。他在日記裡說：「下午到Prof. Garner〔加納教授〕住處，談了一會，陪他到大學，請他講演『聯邦制度的得失』，我爲他翻譯。他講的話淺近極了，毫無精理警句。」[122]

胡適對加納教授的演講失望。他說：「他講的話淺近極了，毫無精理警句。」可能是因爲他覺得加納教授對聯邦制度的分析、對中國適合與否的問題都溫溫吞吞，甚至指出了許多實施上的問題，對胡適「聯省自治」的主張一點加持的作用都沒有。加納教授這篇演講《北京大學日刊》刊載了，名稱是：〈從美國的歷史經驗上論聯邦制度的得失〉。加納教授說實施聯邦制度要有幾個不可或缺的條件：一、各省一定要願意犧牲一部分自主權來讓與中央；二、人民必須要有自治的能力；三、由於聯邦制是雙重的，有中央跟各省，權限的衝突一定不可免，所以一定要有一個能受理、解釋、評斷這些衝突的機關。在美國就是聯邦最高法院。聯邦制度的缺點也就在於此。因爲又有中央，又有各省，重複、衝突的地方在所難免。他說，在美國以後採取聯邦制度的國家，如德國、奧地利，以及加拿大，就沒有了美國制度的問題，因爲它們把許多權力都劃歸中央。最後，加納教授說他認爲中國比較適合聯邦制，因爲中國地大，各地的情況不太相同，風俗習慣也不太一致。只是，他不知道中國是否有他在前邊所說的實施聯邦制度所不可或缺的條件[123]。加納教授有所不知。胡適希望他作的是去讚頌聯邦制度，而不是去斤斤計較歷史國情的不同，以及實施上的困難。

胡適認爲美國的聯邦制適用於中國。這是因爲他認爲中國從秦統一以後，封建制度就已經從中國消失。但是，取而代之的中央集權制度又無法眞正的實行統治。他在《努力》上批判康洪章等四十幾個「留學美國各大學學生」的〈制憲芻議〉：

> 最可怪的是他們把郡縣代表統一，又把封建和聯邦看作一樣，所以他們說主張聯邦制的人是「強效聯邦，恢復封建時代的二重統治權」。他們難道眞不知道這二千年來中國久已成了「天高皇帝遠」的狀況？他們難道眞不知道這二千年來中國久已變成「統治權的重數愈多，統一的程度愈淺」的狀況？那表面上的統一，所以能維持下去，全靠一種習慣的專制權威；一旦那專制權威一倒，紙老虎便戳穿了。[124]

---

121 《胡適日記全集》，3：794。
122 《胡適日記全集》，3：823。
123 〈講演錄：從美國的歷史經驗上論聯邦制度的得失〉，《北京大學日刊》，第1076號，1922年10月3日，第三版；第1077號，1922年10月4日，第二、三版。
124 胡適，〈這一週〉，《胡適全集》，2：581。

　　換句話說，胡適主張「聯省自治」，就是因爲他認爲中國在歷史上空有中央集權之名，而有地方分治之實。因此，他覺得美國的聯邦制度對中國來說，正是對症下藥，正可以因勢利導，來藉以解決中國分崩離析的政局。用他在這一篇〈這一週〉裡的話來說：「聯邦論之起，只是一種承認事實上的危機而施救濟的方法。」

　　我有理由相信胡適作這個錯把北京當費城的夢已經有一段時間了，絕不是1922年間的事。證據是杜威的一篇文章：〈中國的聯邦制〉(Federalism in China)。這篇文章是杜威夫婦離開中國兩個多月以後發表的，時間是1921年10月12日。這篇文章很明顯地反映了胡適的觀點。杜威說：

　　　　封建制度早在兩千年前就已經結束了。而從那以後，中國從來就沒有過一個可用的中央政府制度。這兩千年來，那前仆後繼的專制帝國所賴以生存的方法，就是不管事以及宗教式的「天威」(religious aura)。現在那「天威」已經一去不復返了。民國以來的歷史，沒有一件不是證明了下述的事實：沒有任何一個遙遠的政治中心有能力去管理中國遼闊不一的疆域、三四億的人口、眾多的語言、不便的交通、家族制度與祖先崇拜所孳生的地方觀念。中國社會的基礎，是那被習俗所凝固了的地方結社的網絡關係。[125]

　　這個「被習俗所凝固了的地方結社的網絡關係」，一直到他的晚年，不管是用中文還是用英文，胡適都喜歡用「天高皇帝遠」這句話，來形容中國自由主義的傳統。同樣這個網絡關係，馬克思主義者詮釋爲「封建」。意識型態驚人的地方，就在它決定了我們分析事物的角度。

　　如果胡適的〈聯省自治與軍閥割據——答陳獨秀〉，批判的是中國共產黨說中國社會是半封建的分析，他的〈國際的中國〉所批判的就是中國是半殖民地的定論。胡適這篇文章一開始就提到〈中國共產黨第二次全國代表大會宣言〉。他說這篇宣言裡「有許多很幼稚的，很奇怪的議論」。他舉出來作爲「幼稚」、「奇怪」的議論，是帝國主義，包括美國，利用軍閥作爲傀儡的分析。他說：「我們稍知道美國的歷史和國情的，可以斷定美國決不會有這種奇怪的政策。」[126]胡適親美，而且是越老越親。但這是後話。胡適故意徵引〈中國共產黨第二次全國代表大會宣言〉這一段他認爲讀

125　John Dewey, "Federalism in China," MW13.152.
126　胡適，〈國際的中國〉，《胡適全集》，2：491。

者都會同意他，說是中國共產黨「瞎說的國際形勢論」的話。其實，他所真正要批判的，是這篇〈宣言〉前半段的主旨，亦即，「國際帝國主義宰割下之中國」：

> 歐美資本主義的發展，多半是靠掠取非洲和亞洲做大市場和大掠奪場。在最近一世紀內，資本主義侵略的積累，造成二十世紀血染遍了的世界資本主義巨大骨幹；那些資本帝國主義者由競爭掠奪而出於戰爭，把他們自己造成的骨幹從根本上加以損毀；損毀之後，又想用原法鞏固而且擴大資本主義的建築物。同時他們新的損毀事業又正在準備進行中——這種循環式的趨勢，是近代資本主義發展進程中的必然現象。[127]

　　由於〈國際的中國〉一文牽涉到胡適對帝國主義的看法，必須放在第八章裡來詳細分析。此處的重點是，胡適認為中國共產黨的中國是半殖民地的定論，不但是懵懂於國際的形勢，而且是本末倒置，不知解決內政是避免外侮的先決條件。用胡適在1930年代所用的話來說：帝國主義只能去侵害那被五鬼——貧窮、疾病、愚昧、貪污、擾亂——纏身的中國，而不能去侵害那無鬼不入的美國和日本[128]。總之，他在〈國際的中國〉裡說：

> 我們並不想替外國的「資本帝國主義者」作辯護，不過我們實在看不過這種瞎說的國際形勢論。我們要知道：外國投資者的希望中國和平與統一，實在不下於中國人民的希望和平與統一……老實說，現在中國已沒有很大的國際侵略的危險了……所以我們現在盡可以不必去做那怕國際侵略的噩夢。最要緊的是同心協力的把自己的國家弄上政治的軌道上去。
>
> ……
>
> 政治紛亂的時候，全國陷入無政府的時候，或者政權在武人奸人的手裡的時候，人民只覺得租界與東交民巷是福地，外幣是金不換的貨幣，總稅務司〔管控中國海關的英國總管〕是神人，海關郵政權在外人手裡是中國的幸事！……所以我們很懇摯的奉勸我們的朋友們努力向民主主義的一個簡單目標上做去，不必在這個時候牽扯到什麼國際帝國主義的問題。政治的改造是

---

127 徵引自 http://news.xinhuanet.com/ziliao/2003-01/19/content_695991.htm，2011年11月20日上網。

128 胡適，〈我們走那條路〉，《胡適全集》，4：458。

抵抗帝國侵略主義的先決問題。[129]

中國共產黨對當時中國是半封建、半殖民地的社會分析，胡適等於是從一開始就徹底地反對了。

中國今日的十二個大人物

以維護胡適聲名爲己任的人，往往不能接受任何指出胡適有好名傾向的說法，即使是遙指或暗示都不行。比如說，胡適哥大博士學位的問題，陳毓賢就以胡適不在乎學位，亦即，不好名作爲假定。她說：「他可能和同時的陳寅恪一樣，不太在乎學位，自信有眞材實料便行。」[130]殊不知胡適即使好名，那一點都不會減損他作爲20世紀中國思想領袖的一毫。而且，這種斤斤計較，非把「好名」從胡適的形象中剔除的作法，根本就誤解了胡適。胡適自己完全不否認他「好名」，他對他的美國女友韋蓮司說得很清楚：他的原則是要「名副其實，而不是徒擁虛名(To live up to reputation, but never to live *on* reputation)」[131]。

我們從「胡適檔案」裡的幾封信，可以知道胡適「假」博士的爭議在他回國的當初就已經開始了。早在1919年9月7日，當時還在美國留學的朱經農就已經向胡適馳書示警了：

今有一件無味的事體不得不告訴你。近來一班與足下素不相識的留美學生，聽了一位與足下「昔爲好友，今爲讎仇」的先生的胡說，大有「一犬吠形，百犬吠聲」的神氣，說「老胡冒充博士」、說「老胡口試沒有"Pass"〔通過〕」、說「老胡這樣那樣」。我想「博士」不「博士」本沒有關係，只是「冒充」這兩字決不能承受的。我本不應該把這無聊的話傳給你聽，使你心中不快。但因「明槍易躲，暗箭難防」，這種謠言甚爲可惡，所以以直言奉告，我兄也應該設法「自衛」才是。凡是足下的朋友，自然無人相信這種說法。但是，足下的朋友不多，現在「口眾我寡」，辯不勝辯，只有請你

---

129 胡適，〈國際的中國〉，《胡適全集》，2：491-495。
130 陳毓賢，〈胡適生命中爭議最少的一段〉，《東方早報》，2011年6月26日B5-6版。
131 Hu to Williams, March 12, 1923.

把論文趕緊印出，謠言就沒有傳布的方法了。[132]

我們不知道胡適的回信說了什麼。但是，一年以後，朱經農又寫信請胡適趕快把學位的問題解決：「你的博士論文應當設法刊布，此間對於這件事，鬧的謠言不少，我真聽厭了。請你早早刊布罷。」[133]我們都知道胡適是在1917年考他的博士口試，但是他的博士學位是一直到1927年才拿到的。胡適當了十年的「假」博士，一直是一個聚訟紛紜的問題。聚訟雙方的論點以及使用的語言，也往往依循著愛胡適、與反胡適的立場而鮮明異常。就像我在《璞玉成璧》裡所指出的，如果胡適的論文沒有問題，他為什麼一直要等到1926年12月底，他人都已經在英國，而且就要啟程赴美的前夕，才會打電報要亞東圖書館寄一百本他那早在1922年就已經出版的論文給哥大呢？

胡適不但一直要等到1926年12月底才打電報給亞東圖書館寄一百本他的博士論文給哥大，在這之前，他而且還有機會出英國版，可是卻被他給推卻掉了。「胡適檔案」裡存有一封趙元任在1924年給胡適的英文信，說英國一家知名的學術出版公司已經透過徐志摩傳話，希望胡適同意讓他們發行英國版的《先秦名學史》。奇怪的是，胡適一直保持沉默。因此，他們請趙元任再度爭取胡適同意：

> 我不記得我是否已經寫信告訴你奧格頓(C.K. Ogden)〔注：語言學家、哲學家、英國有名的出版公司路特立奇・凱根保羅(Routledge Kegan Paul)的編輯〕的想法。他建議在英國出版你的《先秦哲學史》〔注：書名趙元任是用中文寫的，只是《名學史》誤寫成了《哲學史》〕……他說他已經得到你的出版社〔注：亞東圖書館〕的同意，在英國重新出版你的書。他建議由他自己動手來潤飾你的用字遣詞以適合英國讀者的行文習慣。他要請羅素看一看牽涉到近代形式邏輯的地方。然後，再由我核對人名，全部都用韋氏(Wade)拼音統一化。你唯一需要作的，就是打個電報說「好！」然後，就是等著拿版稅了。他已經請徐志摩徵得你的同意，只是覺得很奇怪你為什麼一直不回覆。所以他要我再問你一次。你覺得如何呢？[134]

我們不知道胡適是否作了回覆。也不知道他如果作了回覆，其答案到底是肯定的

132 朱經農致胡適，1919年9月7日，《胡適來往書信選》，上冊，頁66。
133 朱經農致胡適，1920年8月9日，《胡適來往書信選》，上冊，頁111。
134 Y.R. [Chao] to Hu Shih, October 12, 1924,「胡適外文檔案」，E151-001。

還是否定的。然而，可以確定的是，英國的路特立奇・凱根保羅出版公司終究還是沒出版胡適的《先秦名學史》。他的《先秦名學史》反正都已經在1922年出版了。好壞與否？符不符合杜威的觀點與否？反正生米也都已經煮成熟飯了。可是胡適似乎躊躇著。這件事，胡適的反應實屬躑躅。出版社的契約都已經送上門來了，胡適卻置之不理。到底是因為胡適自己覺得英國版仍不宜遽出呢？還是因為路特立奇・凱根保羅出版公司最後打了退堂鼓呢？除非有新的資料出現，此事暫時成謎。由於我在《璞玉成璧》裡已經舉例分析說明他的博士論文根本不符合杜威的觀點，而且也已經詳細分析了胡適十年遲的博士學位的原委，在此不再多贅。

胡適當了十年的「假」博士，這是否違反了他自己對韋蓮司所說的原則：「名副其實，而不是徒擁虛名。」當然，這所謂「名副其實」也者，也不是完全不能「通融」的。胡適在康乃爾大學的時候，他的美國同學給他的綽號就是「博士」(“Doc.”)。換句話說，胡適在大學時代就已經被封為「博士」了。可以說，胡適在不是「博士」以前已經是半個博士了。他在哥倫比亞大學考完博士資格考以後，就是「準」博士了。從「半」博士，到「準」博士，再到「假」博士，其間隔幾希矣。愛護胡適的人甚至可以說胡適已經是有了博士之「實」，只是「實」至「名」還未歸而已。

其實，這些都不重要。重點是，胡適不能不好名。一個要爭奪、鞏固、擴張他的文化霸權的人，想要不好名都不行。這是因為「名聲」就是他的文化資本。沒有這個資本，不要說文化霸權，他會連巴結文化霸權的門兒都沒有。從這個角度來說，胡適如果好名，胡適如果硬著頭皮冒充了十年的「假」博士，他可以無奈地說：為了文化霸業，「予不得已也！」

不管胡適是不是為了文化霸業而不得不好名，而且也不得不求名，他處理「中國今日的十二大人物」票選活動的高明手法，就可以令人嘆為觀止了。這個1922年年底開始的「中國今日的十二大人物」(Who Are the Twelve Greatest Living Chinese)的票選活動，胡適在〈誰是中國今日的十二大人物？〉一文裡作了介紹[135]：

> 上海的《密勒氏評論報》(The Weekly Review)現在舉行一種投票，徵求讀者選舉「中國今日的十二大人物」。這種選舉，定於明年1月1日截止；但每週的結果，在那報上發表的，已有四次了。

---

135 胡適，〈誰是中國今日的十二大人物？〉，《胡適全集》，21：306-309。

11月4日的結果是：

1. 王寵惠　　2. 孫文　　3. 顧維鈞　4. 吳佩孚　5. 馮玉祥

6. 張謇　　　7. 蔡元培　8. 閻錫山　9. 王正廷　10. 陳炯明

11. 余日章　12. 顏惠慶

11月11日的次第和票數如下：

1. 孫文 331票　　　　2. 顧維鈞 323票　　　3. 馮玉祥 313票

4. 王寵惠 313票　　　5. 吳佩孚 286票　　　6. 蔡元培 246票

7. 張謇 239票　　　　8. 閻錫山 227票　　　9. 余日章 187票

10. 王正廷 185票　　 11. 黎元洪 149票　　 12. 陳炯明 145票

　　胡適在這篇文章裡沒告訴讀者：他自己在11月11日的票選結果是第十三名，得到138票，只比第十二名的陳炯明少7票[136]。事實上，胡適還曾經一度擠入「十二大人物」之列。胡適說這個票選活動的結果已經發表過四次了。這不正確，其實已經發表過五次了：10月14日、10月21日、10月28日、11月4日，以及11月11日。但10月14日是第一週票選的結果，票數太少，沒什麼代表性。第一週得票最高的是王寵惠，10票，第二高票是孫文，8票，胡適則得2票[137]。

　　值得指出的是，從第二週開始，這前十二名的名單已經開始成形了。到了胡適所列出來的11月11日的票選結果為止，被擠出「十二大人物」之列的只有兩位：穆藕初與聶雲台。這兩位在10月21日的榜單裡，都在「十二大人物」之列[138]。胡適自己則從10月21日的第二十二名，竄升到10月28日的榜單的第十二名[139]。然而，11月4日、11月11日的榜單，胡適都列十三名[140]。就那幾票之差，暫時痛失「十二大人物」的名銜。

　　胡適的〈誰是中國今日的十二大人物？〉就在這個節骨眼上，發表在1922年11月19日的《努力》週報上。胡適在列出了11月4日、11月11日的榜單以後，就以相當不屑的筆調寫說：

---

136 "Who Are the Twelve Greatest Living Chinese," *The Weekly Review*, November 11, 1922, p. 382.

137 "Who Are the Twelve Greatest Living Chinese," *The Weekly Review*, October 14, 1922, p. 228.

138 "Who Are the Twelve Greatest Living Chinese," *The Weekly Review*, October 21, 1922, p. 261.

139 "Who Are the Twelve Greatest Living Chinese," *The Weekly Review*, October 28, 1922, p. 310.

140 "Who Are the Twelve Greatest Living Chinese," *The Weekly Review*, November 4, 1922, p. 346; "Who Are the Twelve Greatest Living Chinese," *The Weekly Review*, November 11, 1922, p. 382.

　　這種報是英文的週報，行銷於寓居中國的美國人和其他英語人士的居多，故這種投票只可以表示這一派人的傾向，本不值得什麼嚴重的注意。辦理這次選舉的人，似乎亦不很知道中國的情形；如10月28日的報上，章行嚴有一票，而章士釗另有四票；11月11日的報上，章炳麟有十九票，而章太炎另有五十四票：他們竟不知道這四個姓章的，原來只是兩個人！

　　然而，胡適才說：「本不值得什麼嚴重的注意。」卻馬上筆鋒一轉，認為有抗議、糾正的必要：

　　　　但上海的一種有勢力的英文報上竟因此大發其議論，說這一次投票的結果，是英美留學生占過半數，而且基督教徒占過半數，可見英美教育和基督教的影響之佳和勢力之大了。這種論調便不能不引起我們的抗議了。

　　胡適的言外之意不言而喻：這英文的《密勒氏評論報》是給上海的洋人看的，「故這種投票只可以表示這一派人的傾向。」只是，現在這批洋人居然搞起票選「中國今日的十二個大人物」的活動。客居上海的洋人，中國的國情一知半解，連章行嚴就是章士釗、章炳麟就是章太炎都不知道，居然就越廚代庖地選起「中國今日的十二個大人物」！不但如此，他們還根據自己的偏見，說什麼從這個票選結果，「可見英美教育和基督教的影響之佳和勢力之大了！」真是此可忍？孰不可忍呢？
　　胡適接著就很技巧地說：

　　　　我們因此試問自己：誰是中國今日的十二個大人物？我們也擬一張名單，請大家看看。我們不能說我們的意見比那三百多人的意見更能代表中國多數人的意見：我們至少可以說我們的意見似乎更公平一點。我們舉的十二個人是：
　　　　第一組，學者三人：章炳麟(太炎)、羅振玉(叔蘊)、王國維(靜庵)；
　　　　第二組，影響近二十年的全國青年思想的人四人：康有為(長素)、梁啓超(任公)、蔡元培(孑民)、陳獨秀(仲甫)；
　　　　第三組，影響雖限於較小的區域，而收效很大的，二人：吳敬恆(稚暉)、張謇(季直)；
　　　　第四組，在近二十年的政治史上有很大的勢力的，三人：孫文(中山)、段

祺瑞(芝泉)、吳佩孚(子玉)。

第一組的三人，社會上只知道章太炎而很少知羅、王兩位的；故《密勒氏評論報》的投票，章先生得七十三票，羅先生只得四票，而王先生一票也沒有。其實章先生的創造時代似乎已過去了，而羅、王兩位先生還在努力的時代。他們兩位在歷史學上和考古學上的貢獻，已漸漸的得世界學者的承認了。

第二組的人是不須介紹的。但我們看《密勒氏評論報》上的選舉結果。康有為只三十二票，比梅蘭芳只多十票，而比宋漢章還少五票，未免有點不平。康先生近年來雖然老悖了，但他在中國思想史上的位置是不能抹殺的。梁任公在《密勒報》上得的票數(105)，只比轟雲台多一票，這也不能使人心服。

第三組的兩人，張季直之外，我們不舉閻錫山而舉吳稚暉，這一點自然要引起一些人的疑問。吳先生是最早有世界眼光的；他一生的大成績在於提倡留學。他先勸無錫人留學，勸常州人留學，勸江蘇人留學，現在還在那裡勸中國人留學。無錫在人才上、在實業上，所以成為中國的第一個縣份，追溯回去，不能不算他為首功。東西洋留學生今日能有點成績和聲望的，內中有許多人都受過他的影響或幫助。他至今日還是一個窮書生；他在法國辦勤工儉學的事，很受許多人(包括我在內)的責怪。但我們試問，今日可有第二個人敢去或肯去幹這件「掮末梢」的事？吳稚暉的成績是看不見的，是無名的，但是終久存在的；閻百川在山西的成績是看得見的，然而究竟是有限的。所以我們不得不捨閻而舉吳了。

第四組的三人，也不用特別介紹。我們只要指出，段芝泉雖然失敗了，但他在歷史上的位置究竟在黎宋卿一群人之上；我們不願用成敗來論人，自然不能不把他列入十二人之數了。

胡適這篇文章高明的地方，在於他技巧的暗示。他先暗示中國人的「我們」來對比《密勒氏評論報》的外國人的「他們」。「不很知道中國的情形」的「他們」辦了這個選舉，讓「我們」也來擬一張名單。表面上，他自謙地表示「我們」的意見不一定有代表性。然而，他的用字遣詞就恰恰是有意要在讀者心中植入剛好相反的結論：「我們不能說我們的意見比那三百多人的意見更能代表中國多數人的意見。」他高明的所在，就在讓讀者自己下結論說：「三百多人」的意見怎麼能代表「中國多數人」

的意見呢！在讀者自己都已經作了這樣一個結論以後，他再順水推舟地加上一句：
「我們至少可以說我們的意見似乎更公平一點。」

　　胡適作完了通盤的暗示以後，又在他所擬的四組名單裡作了很技巧的安排。第一
組是學者，第二組是影響近二十年的全國青年思想的人。胡適雖然很自謙地沒有把自
己的名字放在推薦名單裡，那暗示的作用是不言而喻的。試想：「十二大人物」如果
要推薦學者，以及影響全國青年思想的人，聲名如日中天的他，豈不是就呼之欲出了
嗎！

　　胡適的焦急不是沒有理由的。雖然他在10月28日的榜單列第十二名。然而，在11
月4日、11月11日的榜單裡，他已經連續兩週列名十三。雖然投票要到12月31日才以
郵戳爲憑截止，他大意不得。特別讓他憂心的，可能是《密勒氏評論報》在11月11日
榜單前所作的初步統計分析。

　　這個初步的統計分析是根據四所中學學生的投票結果。這四所中學，三所是教會
學校：蘇州的東吳大學附中（Soochow Academy），上海的中西女塾（McTyeire
School），安慶的聖保羅中學（St. Paul's School）。最有意味的是第四所：華童公學
（Shanghai Public School for Chinese）。華童公學是上海租界的工部局爲中國人所設立
的第一所學校，也就是胡適留美以前最困頓時期所教的學校。他酒醉打巡捕醒醒牢房
的故事，就是發生在他認爲是「朽木不可雕也」的華童公學教書的時候。

　　這四所中學生票選的結果，胡適的名字居然只在其中一所出現。東吳大學附中學
生所選出來的前二十四名，胡適居然不與列。中西女塾學生所選出來的前二十名裡，
有一年以後賄選議員當選總統的曹錕，而胡適居然也不與列。華童公學的前二十三
名，胡適仍然不與列。唯一可能讓胡適稍感欣慰的是，他列名於聖保羅中學學生所選
的前十九名的第十三名。然而，即使如此，他還是輸給名列第五的張作霖[141]！胡適
的焦慮是可想而知的。如果連在最可能受到他影響的青年學生裡，他都無法進身「十
二大人物」之列，則其餘更是不用冀望了。

　　《密勒氏評論報》在11月11日所刊登出來的這四所中學學生投票的統計分析，等
於是戳破了胡適睜著眼睛說的謊話。胡適看了11月11日票選的結果——他列名十三，
僅次於名列「十二大人物」驥尾的陳炯明，他也讀了當日的統計分析，知道有不小數
目的中國學生參與票選活動，可是他仍然可以睜著眼睛撒謊，說：「這種報是英文的

---

141 "Who Are the Twelve Greatest Living Chinese," *The Weekly Review*, November 11, 1922, p.
382.

週報，行銷於寓居中國的美國人和其他英語人士的居多，故這種投票只可以表示這一派人的傾向。」胡適很請清楚，讀《努力》週報的人不會去讀《密勒氏評論報》，而讀《密勒氏評論報》的人大概也看不懂《努力》。所以，他的謊言不可能被人拆穿。為什麼胡適會扯謊呢？因為他要當「中國今日的十二個大人物」。

針對當代中國思想界第一人胡適的批評，《密勒氏評論報》的編輯當然不能等閒視之。《密勒氏評論報》在1922年12月2日沒指名地回答了胡適的質疑。《密勒氏評論報》的編輯承認把被推選的人的名與號誤當成兩個不同的人，這種錯誤難免。他說從投票開始，已經有三十幾張票，因為名與號的混淆，其實是重複地投給十二個不同的人。這些重複的票已經被作廢了。然而，錯誤仍然難免。因此，編輯懇請讀者務必隨時指正。

《密勒氏評論報》都已經在11月11日所刊出的中國學生票選統計分析，胡適卻還是執意要說這次的投票，是代表「寓居中國的美國人和其他英語人士」的傾向。《密勒氏評論報》於是在12月2日發表一篇更為詳細的統計分析。這篇文章仍然沒指出胡適的名字，但其主旨是在說：胡適錯了。該文用統計資料證明這次的票選活動絕對不是洋人的玩意兒，而是由中國人踴躍參與的：

> 根據我們對最先收到的七百張選票的分析，我們可以得到的訊息如下：這七百張選票裡，只有十二張是外國人投的，至少選票上是這樣注明的。剩下來的688張選票都是中國人或中國學生投的。在這688張選票裡，一半多一點是教師或學生投的，其餘的則注明是中國人。
>
> 這七百張選票裡會有那麼多學生與教師的原因，是因為票選活動的編輯把選票寄給一些有名的學校的校長，請他們在高年級班上分發，讓教師和學生填上他們心目中的「十二大人物」。另外還有相當大數目寄來的選票，信封上印著的是中國的銀行、商行，以及政府機構，例如海關、鐵路，以及郵局等等，證明他們都是具有練達的判斷力的人。
>
> 以城市來說，選票數目最多的自然是上海。北京次之、南京第三、蘇州第四、天津第五、開封第六、長沙第七、福州第八、鄭州第九、漢口第十……
>
> 除此之外，還有一些選票是住在澳大利亞、印度、新加坡，和日本的中國人寄來的。這七百個投票人裡的十二個外國人分別住在福清、杭州、北京、

上海、濟南、天津、梧州。¹⁴²

　　《密勒氏評論報》這個「中國今日的十二個大人物」的選票分中文、英文印在報上，讓讀者填好以後，剪下寄回。這個選票上列了十二欄，從一到十二，讓人依心想的名次填寫這十二大人物的名字。然後，再由投票者在「投票者爲外國人、中國人、中國學生」的項下勾選。從11月11日開始，《密勒氏評論報》每期除了列出被選者及其票數以外，並用顯眼的框框列出了前十二名的名單。

　　胡適初次進身「十二大人物」的榜單——第十二名——是在10月28日。雖然他在11月4日、11月11日的榜單裡滑落到第十三名。然而，從11月18日開始，一直到票選活動結束，胡適都列名十二。《密勒氏評論報》在1923年1月6日公布了「中國今日的十二個大人物」的正榜跟副榜，各十二名¹⁴³：

《密勒氏評論報》「中國今日的十二個大人物」

正　榜			副　榜		
排　名	姓　名	票　數	排　名	姓　名	票　數
1	孫中山	1315	13	顏惠慶	513
2	馮玉祥	1217	14	梁啓超	474
3	顧維鈞	1211	15	陳炯明	378
4	王寵惠	1117	16	段祺瑞	356
5	吳佩孚	8[9]95	17	章太炎	328
6	蔡元培	969	18	施肇基	278
7	王正廷	925	19	聶雲台	252
8	張　謇	915	20	李烈鈞	237
9	閻錫山	724	21	唐紹儀	222
10	余日章	703	22	郭秉文	181
11	黎元洪	671	23	黃炎培	178
12	胡　適	613	24	康有爲	155

　　不管胡適在《努力》上所發表的文章是否發生了暗示、催票的作用——他在《努

---

142 "The Twelve Greatest," *The Weekly Review*, December 2, 1922, pp. 2-3.
143 "The Twelve Greatest Living Chinese," *The Weekly Review*, January 6, 1923, p. 224.

力》那篇文章是11月19日刊出的——他是順利地當選為「中國今日的十二個大人物」
的第十二名。從今天的民意調查的角度看去，《密勒氏評論報》的這個「中國今日的
十二個大人物」的票選活動當然是不夠精確的。然而，對胡適來說，他被選上「十二
大人物」的價值超於一切。以他當時在中國的聲名來說，他已經不需要洋人的加持。
然而，這不但對他在中國的聲名有相得益彰的效果，而且又能夠成為他闖蕩西方世界
的文化資本。

圖10　胡適，攝於1923年(胡適紀念館授權使用)。

　　胡適獲選為「中國今日的十二個大人物」，是他相當躊躇滿志的一件事。他在
1923年3月12日寫給韋蓮司的一封長信裡，就特別提出來告訴韋蓮司。他先跟韋蓮司
詳細地報告了他回國幾年來輝煌的成績：回國五年，他所寫所發表的文字已經超過了
五十萬字，討論的主要是有關文學、哲學，以及社會方面的問題。《中國哲學史》第
一冊已經在三年內印了八版；詩集已經賣出了一萬五千冊，第五版正在付印中；《胡
適文存》已經在1921年底集成四冊出版，一年內就賣了一萬套；《努力週報》，胡適
暱稱為自己的「小寵兒」(little pet son)，已經出版到了第四十三期，每期的銷售量達
八千份。胡適說，他成功的速度與幅度完全是他所想像不到的：

　　成功這樣容易，這是我從來沒有面對過的最危險的敵人。那就好像是我一覺起來，發現自己已經成爲全國最受歡迎的領袖一樣。今年一月，上海一個週刊舉辦了一個活動，由公眾投票推舉「中國最偉大的十二個人物」。我是這十二位當中的一個。很少人能了解一個事實：謝絕名氣要遠比對付敵手還要困難得多！我非常深切地意識到，像我這樣年齡的人，驟然享有如此過當的名氣是很危險的。因此，我的原則是要「名副其實，而不是徒擁虛名」(To live up to reputation, but never to live on reputation)。好友！妳不了解，弄得我工作過度，以至於讓病倒，其始作俑者**並不是**我的敵人，而是我的朋友和追隨者！

　　胡適在這封信裡說出了好幾句不可爲外人道也的話。他對韋蓮司說：「好友！妳不了解，弄得我工作過度，以至於讓病倒，其始作俑者**並不是**我的敵人，而是我的朋友和追隨者！」他的「朋友與追隨者」如果知道胡適說他們是讓他工作過度、以至於病倒的「始作俑者」，不知道該作如何的想法呢！在《密勒氏評論報》選舉「中國今日的十二個大人物」活動開始的時候，在他在榜單邊緣浮沉的時候，他忿忿然地說：「這種報是英文的週報，行銷於寓居中國的美國人和其他英語人士的居多，故這種投票只可以表示這一派人的傾向。」一面說：「本不值得什麼嚴重的注意。」另一面又說：「不能不引起我們的抗議。」然而，等他順利地獲選爲「中國今日的十二個大人物」以後，他就把它儻來作他的文化資本了。

　　胡適自己很清楚他這封信，等於是在對韋蓮司歷數他回國以後的成就。他於是在信尾爲自己作了辯護：

　　以上所寫的，不過是要讓妳知道我這五年來作了些什麼。聽起來也許很虛榮(vain)〔注：周質平譯爲「空洞」，誤[144]〕，聽起來也許有點自滿(self-conceited)。但我相信妳一定是能包涵我的。[145]

　　胡適在1926年到英國去開英國歸還庚款的會議。他在1927年1月11日到了紐約。3月初胡適回到母校康乃爾大學作凱旋歸來的訪問與演說。《康乃爾校友通訊》

---

144 周質平，《不思量自難忘——胡適給韋蓮司的信》(台北：聯經出版公司，1991)，頁144。
145 Hu to Williams, March 12, 1923.

(*Cornell Alumni News*)在1927年3月3日以〈中國名人造訪〉(Noted Chinese Coming)為題，介紹了這名功成名就的校友。其中一段說：

> 他目前是北京大學的哲學教授，以及英語系主任。就像但丁與彼特拉克(Petrach)帶動了西方的文藝復興，他把中國從其「中古世紀」帶進了現代的思潮。他被選為當今中國最偉大的人物之一。[146]

康乃爾大學會知道胡適是「中國今日的十二個大人物」，這只有可能是胡適自己提供的消息，或者是胡適透過紐約的「華美協進會」(China Institute in America)提供的。「華美協進會」當時的會長是郭秉文，他協調經理胡適1927年訪美的一切事務。然而，我更相信這個消息是胡適自己提供的。證據如下：

1927年3月27日《紐約時報》的星期週刊發表了一篇介紹胡適的專文，〈胡適：少年中國年輕的先知〉(Hu Shih: Young Prophet of Young China)。這篇文章是胡適留美主張和平主義時期的戰友葛內特(Lewis Gannett)寫的。這篇專文一開始就這麼介紹胡適：

> 1917年，一個二十五歲的中國男孩兒完成了他在美國七年的教育回到了中國。1919年，上海的《密勒氏評論報》向讀者作調查，要他們選出「中國今日的十二個大人物。」才回到中國兩年的胡適，被選為這十二個人裡的一名。[147]

葛內特說《密勒氏評論報》「中國今日的十二個大人物」的票選活動是1919年。這自然是錯的。胡適告訴他這件事，但是葛內特把時間給搞錯了。這篇專文顯然是葛內特在紐約訪問胡適的專稿。1927年3月11日，當時胡適正在賓州訪問。葛內特打了一封電報給胡適：「《〔紐約〕時報》週一前要我交你的介紹。該寄到何處讓你審閱呢？」[148]很顯然地，胡適沒有機會把這篇訪問稿批閱一次，因此，沒把時間的錯誤給糾正過來。

---

146 "Noted Chinese Coming," *Cornell Alumni News*, VOL. XXIX, No. 22 (March 3, 1927), p. 265.
147 Lewis Gannett, "Hu Shih: Young Prophet of Young China," *The New York Times*, March 27, 1927, p. SM10.
148 Lewis Gannett to Hu Shih, telegram, March 11, 1927, Lewis Gannett Papers, II. bMS Am 1888.1, deposited at the Houghton Library, Harvard College Library.

　　無論如何，即使這個消息不是胡適自己提供的，而是「華美協進會」提供的，甚至，即使這個消息是康乃爾大學校友會以及葛內特自己去找出來的，重點是，《密勒氏評論報》「中國今日的十二個大人物」的票選結果已經變成了胡適1927年訪美時候的文化資本。

科學與人生觀論戰

　　在重新詮釋五四的學術潮流之下，已經產生了許多非常有新意的研究成果。除了我在上文所舉出的一些例子以外，另外一個值得舉出的是：那彷彿是作為「德先生」和「賽先生」化身的《新青年》，在其整個出版歷史裡，其實沒刊出幾篇有關民主與科學的文章。王奇生說，專門討論「民主」的文章只有三篇，而涉及「科學」的文章也不過五六篇。王奇生用「科學」與「民主」當成關鍵字來檢索《新青年》資料庫，「科學」出現了1907次、「賽先生」6次、「賽因斯」2次；「民主」260次、「德謨克拉西」(包括「德莫克拉西」、「德先生」)205次，「民治」70次、「民權」30次、「平民主義」3次。以總字數超過541萬字的《新青年》來說，「科學」與「民主」出現的頻率可謂極低。

　　作為近代中國「德先生」和「賽先生」的代言人，《新青年》對民主與科學如此不甚著墨，乍看之下似乎不可解。然而，王奇生說得很對：「自晚清以來，民主(民權、立憲、共和)與科學等觀念，經過國人的反覆倡導(各個時期的側重點不盡相同)，到五四時期已成為知識界的主流話語。」[149]用今天所流行的術語來說，「民主」與「科學」已經成為常識(common sense)、約定俗成(Habitus)、天經地義(Doxa)。在這種情形之下，「民主」與「科學」就好像從前的「忠君」與「愛國」一類的概念一樣，是用來訴諸、援引用的，而不是論證、闡釋的對象。然而，就像「忠君」、「愛國」那些天經地義的觀念也會受到質疑一樣，「民主」、「科學」也有被質疑的時候。不是不到，只是時候未到。

　　20世紀初年，「科學」在中國「天經地義」、「至高無上」的地位，胡適在《科學與人生觀論戰序》裡說得再生動也不過了：

---

149 王奇生，《革命與反革命：社會文化視野下的民國政治》(北京：社會科學文獻出版社，2010)，網路版，http://vip.book.sina.com.cn/book/chapter_123009_78152.html，2011年11月24日上網。

　　這三十年來，有一個名詞在國內幾乎做到了無上尊嚴的地位；無論懂與不懂的人，無論守舊和維新的人，都不敢公然對他表示輕視或戲侮的態度。那名詞就是「科學」。這樣幾乎全國一致的崇信，究竟有無價值，那是另一問題。我們至少可以說，自從中國講變法維新以來，沒有一個自命為新人物的人敢公然誹謗「科學」的，直到民國八九年間〔1919、1920〕梁任公先生發表他的《歐遊心影錄》，科學方才在中國文字裡正式受了「破產」的宣告。[150]

　　梁啟超發表《歐遊心影錄》，宣布科學破產，對胡適而言，是他文化霸權腹背受敵的時候。從意識型態的左面，馬克思主義派向他挑戰；從意識型態的右面，東西保守主義的合流向他挑釁。從這個角度來說，「科學與人生觀論戰」是他左右開弓、兩面出擊的一場論戰。然而，更有意味的是，在「科學與人生觀論戰」這場論戰裡，胡適與當時已經信奉馬克思主義的陳獨秀，先合作夾殺那代表東西保守主義合流的梁啟超及其弟子，最後再回過頭來決鬥。

　　胡適是「科學與人生觀論戰」最大的贏家。亞東出版社所出的《科學與人生觀》由胡適與陳獨秀分別作〈序〉，就等於是讓勝利者來作總結。「科學與人生觀論戰」既然沒有裁判，宣稱胡適所代表的科學派勝利，自然很容易受到偏頗的指摘。然而，科學派的勝利，要拜科學主義征服了當時的中國知識分子之賜。胡適形容科學至尊無上的地位：「無論懂與不懂的人，無論守舊和維新的人，都不敢公然對他表示輕視或戲侮的態度。」這句話可以在後來成為新儒家運動的兩位健將身上得到印證。

　　徐復觀說：「憶余年少時在滬購一書曰《人生觀之論戰》，於京滬車中急讀一過，內容多不甚了了。惟知有一派人士，斥〔張〕君勱、〔張〕東蓀兩位先生為『玄學鬼』；玄學鬼即係反科學、反民主、罪在不赦。自此，『玄學鬼』三字，深入腦際。有人提及二張之姓名者，輒生不快之感。」[151]年輕時候的唐君毅亦然。他說：「時愚尚在中學讀書，唯已粗知好學。嘗取諸先生〔注：張君勱〕之所論而盡讀之。顧愚當時於君勱先生等所倡之意志自由及直覺理性之言，皆不解其義，而自立論加以非議。後於凡玄言之及於超現象以上之本體，而似違日常經驗及科學知識者，皆所不喜。故愚後習哲學，亦喜西方經驗主義與新實在論之言者，幾達十年之久。」[152]

---

150 以下徵引胡適在這篇序裡的話，請參見胡適，〈科學與人生觀論戰序〉，《胡適全集》，2：195-223。
151 徐復觀，〈中國知識分子精神之回向──壽張君勱先生〉，《張君勱先生七十壽慶紀念論文集》，頁49。
152 唐君毅，〈經濟意識與道德理性〉，《張君勱先生七十壽慶紀念論文集》，頁52。

　　回到「科學與人生觀的論戰」的背景。從當下以及胡適當事人的角度看來，梁啓超及其弟子對他文化霸權的挑戰似乎是更具有直接的威脅。這是因爲從許多方面來看，梁啓超及其弟子也是立意鞏固並擴張其文化霸權。更重要的是，梁啓超及其弟子鞏固及擴張其文化霸權的模式跟胡適的幾乎完全相同。胡適從1917年回國以後，他建立文化霸權的基礎自然是北大。除此之外，他有《新青年》以及他從1920年開始所主編的「世界叢書」。這套「世界叢書」的構想者是蔣夢麟，時在1917年10月。他在跟商務印書館商議以後，決定出版介紹西方知識的叢書。蔣夢麟邀請胡適負責「世界叢書」的哲學門。這個構想，後來幾經轉變，變成了胡適主持的叢書。胡適在1920年的日記裡有幾處記他與商務印書館的高夢旦談「世界叢書」的記錄。根據1920年3月26日的《北京大學日刊》所刊登的胡適手訂的《世界叢書條例》：「本叢書的目的在於輸入世界文明史上有重要關係的學術思想，先從譯書下手。若某項學術無適當的書可譯，則延聘專門學者另編專書。」[153]

　　然而，商務印書館的文化出版事業顯然是多管齊下的。它聘請胡適主持「世界叢書」的同時，也聘請了梁啓超支持文化事業。1920年春間，高夢旦又與梁啓超擬定「共學社」的編譯計畫以及資金問題。這個編譯計畫，跟胡適的「世界叢書」的主旨完全雷同。用商務印書館老闆張菊生信裡徵引梁啓超的話來說，就是：「擬集同志數人，譯輯新書，鑄造全國青年之思想。」[154]

　　我在本章起始徵引了胡適在1920年底或1921年初寫給陳獨秀的信。他在信中以敵視的眼光提起「共學社」：

　　　　你難道不知我們在北京也時時刻刻在敵人的包圍之中？你難道不知他們辦
　　　　共學社是在「世界叢書」之後，他們改造《改造》是有意的？他們拉出他們
　　　　的領袖來「講學」——講中國哲學史——是專對我們的？

　　其實，商務印書館支持梁啓超的文化事業何只是「共學社」？在這以前還有尚志學會。事實上，梁啓超的「尚志學會」與「共學社」的成績以數目而言，是超過了胡適的「世界叢書」。據《商務印書館圖書目錄》(1897-1949)之〈總類〉所收錄的，「世界叢書」共出版24種，其中譯著19種。「尚志學會叢書」共41種，其中譯著37

153 耿雲志，〈新文化運動：建立中國與世界文化密接關係的努力〉，《學術研究》2008年第2期，http://www.modernculture.com.cn/list.asp?id=398，2011年11月25日上網。
154 丁文江，《梁任公先生年譜長編初稿》，下冊，頁576。

種；「共學社叢書」共出了42種，其中譯著37種[155]。

從文化霸業的角度來說，胡適在梁啓超眼中其實只是一個後生毛頭。當時，梁啓超及其弟子所能掌握文化資源完全不是胡適所能項背的。我在第一章提到了杜威到了中國以後，北大邀請他留在北大客座一年。結果在五四運動爆發以後，北大自身難保。杜威在中國的薪水究竟誰付？完全沒有著落。胡適收到了哥倫比亞大學的急電，說：「前電所給假是無薪俸的假，速復。」胡適在走投無路之餘，還是靠梁啓超一系出面解圍的：「那時范靜生先生到京，我同他商量，他極力主張用社會上私人的組織擔任杜威的費用。後來他同尚志學會商定，擔任六千元。林宗孟一系的人，也發起了一個『新學會』；籌款加入。我又和清華學校商量，由他們擔任了三千元。北京一方面共認杜威。」[156]

從輸入新知這個角度看來，商務印書館同時出版「尚志學會叢書」、「共學社叢書」以及「世界叢書」似乎應該是多多益善，而且是並行不悖的。然而，從胡適的角度來說，那是危及到他的文化霸業的。所以，他才會在上引那封給陳獨秀的信裡說：「你難道不知延聘羅素、倭鏗等人的歷史？（我曾宣言，若倭鏗來，他每有一次演說，我們當有一次駁論。）」換句話說，從胡適的角度來說，西方的新知，只有他所傳播的那一家才是正確的，其他字號的都是「邪說」，都是必須駁斥的。

胡適自己並沒有參加1923年的「科學與人生觀論戰」。因為論戰期間，他正和曹誠英在杭州的煙霞洞過他「神仙的生活」。用他自己的話來說：

> 在這回空前的思想界大筆戰的戰場上，我要算一個逃兵了……我來南方以後，一病就費去了六個月的時間。在病中我只做了一篇很不莊重的〈孫行者與張君勱〉，此外竟不曾加入一拳一腳，豈不成了一個逃兵了？

然而，讀了論戰的文章以後，胡適說他不禁「心癢手癢」起來，於是寫了一篇長達一萬字的〈序〉。胡適在這篇〈序〉裡的寫作策略非常高明。他擒賊擒王，一開始就直搗梁啓超。他說三十年來，沒有一個自命為新人物的人敢公然誹謗「科學」，一直到梁啓超發表他的《歐遊心影錄》，科學方才在中國文字裡正式受了「破產」的宣告。

---

155 《商務印書館圖書目錄》(1897-1949)，轉引自耿雲志，〈新文化運動：建立中國與世界文化密接關係的努力〉。
156 胡適致蔡元培，1919年6月22日，《胡適全集》，23：269-270。

　　語鋒一轉，胡適就指責「梁先生摭拾了一些玄學家誣衊科學人生觀的話頭；卻便加上了『科學破產』的惡名。」語鋒再轉，梁啓超科學破產的「宣告」就變成了「謠言」了：「然而謠言這件東西，就同野火一樣，是易放而難收的。」這句話細心的讀者如果覺得眼熟，那是杜威在胡適所畫線熟讀的《實驗邏輯論文集》裡所說的話[157]。這「謠言」之所以特別危險，是因爲：「梁先生的聲望，梁先生那枝『筆鋒常帶情感』的健筆，都能使他的讀者容易感受他的言論的影響。何況國中還有張君勱先生一流人，打著柏格森、倭鏗、歐立克……的旗號，繼續起來替梁先生推波助瀾呢？」

　　胡適這篇〈序〉最觸目驚心的地方，在於他所營造的「戰爭」的氣氛。胡適一開始就把敵人打爲「玄學鬼」：「我們要知道，歐洲的科學已到了根深柢固的地位，不怕玄學鬼來攻擊了。」「玄學鬼」都已經主動出擊了，科學派能不出來應戰嗎：

　　　　中國人的人生觀還不曾和科學行見面禮呢！我們當這個時候，正苦科學的提倡不夠，正苦科學的教育不發達，正苦科學的勢力還不能掃除那迷漫全國的烏煙瘴氣──不料還有名流學者出來高唱「歐洲科學破產」的喊聲，出來把歐洲文化破產的罪名歸到科學身上，出來菲薄科學，歷數科學家的人生觀的罪狀，不要科學在人生觀上發生影響！信仰科學的人看了這種現狀，能不發愁嗎？能不大聲疾呼出來替科學辯護嗎？

他責怪科學派在應戰的時候太過怯懦，不懂得對「玄學鬼」迎頭予以痛擊：

　　　　我還要再進一步說：擁護科學的先生們，你們雖要想規避那「科學的人生觀是什麼」的討論，你們終於免不了的。因爲他們早已正式對科學的人生觀宣戰了。梁任公先生的「科學萬能之夢」，早已明白攻擊那「純物質的，純機械的人生觀」了。他早已把歐洲大戰禍的責任加到那「科學家的新心理學」上去了。張君勱先生在〈再論人生觀與科學〉裡，也很籠統地攻擊「機械主義」了。他早已說「關於人生之解釋與內心之修養，當然以唯心派之言爲長」了。科學家究竟何去何從？這時候正是科學家表明態度的時候了。

胡適認爲科學派應該人人學習吳稚暉在〈一個新信仰的宇宙觀及人生觀〉的作戰

157　John Dewey, "An Added Note as to the 'Practical' in *Essays in Experimental Logic*," MW10.366.

的態度。那就是，老實不客氣地直搗「玄學鬼」的黃龍：

> 吳稚暉先生的〈一個新信仰的宇宙觀及人生觀〉已經給我們做下一個好榜
> 樣。在這篇《科學與人生觀》的〈起講〉裡，我們應該積極地提出什麼叫做
> 「科學的人生觀」，應該提出我們所謂「科學的人生觀」，好教將來的討論
> 有個具體的爭點……等到那「科學的人生觀」的具體內容拿出來時，戰線上
> 的組合也許要起一個大大的變化。我的朋友朱經農先生是信仰科學「前程
> 不可限量」的，然而他定不能承認無神論是科學的人生觀。我的朋友林宰平先
> 生是反對科學包辦人生觀的，然而我想他一定可以很明白地否認上帝的存
> 在。到了那個具體討論的時期，我們才可以說是眞正開戰。那時的反對，才
> 是眞正反對。那時的贊成，才是眞正贊成。那時的勝利，才是眞正勝利。

只有到科學派每一個人都能夠學習吳稚暉，徹底地否認上帝的存在、靈魂的不
滅、愛情的玄妙的時候，全面戰爭才能展開：

> 他一筆勾銷了上帝，抹殺了靈魂，戳穿了「人爲萬物之靈」的玄秘。這才
> 是眞正的挑戰。我們要看那些信仰上帝的人們出來替上帝向吳老先生作戰。
> 我們要看那些信仰靈魂的人出來替靈魂向吳老先生作戰。我們要看那些信仰
> 人生的神秘的人們出來向這「兩手動物演戲」的人生觀作戰。我們要看那些
> 認愛情爲玄秘的人們出來向這「全是生理作用，並無絲毫微妙」的愛情觀作
> 戰。這樣的討論，才是切題的、具體的討論。這才是眞正開火。

等科學派與「玄學鬼」決死戰的全面戰爭到臨的一天，也就將是科學派大獲全勝
的一天。那種勝利，胡適相信，就像是達爾文與他的拳師狗赫胥黎戰勝了宗教一樣：

> 反對科學的先生們！你們以後的作戰，請向吳稚暉的「新信仰的宇宙觀及
> 人生觀」作戰。擁護科學的先生們！你們以後的作戰，請先研究吳稚暉的
> 「新信仰的宇宙觀及人生觀」：完全贊成他的，請準備替他辯護，像赫胥黎
> 替達爾文辯護一樣；不能完全贊成他的，請提出修正案，像後來的生物學者
> 修正達爾文主義一樣。

　　胡適會用「戰爭」作比喻，會用達爾文以及爲他辯護的赫胥黎自況並不是偶然的。這是一種跨文化的模仿、挪用，與想像。我在本章起首已經指出：維多利亞後期的英國文化界是科學與宗教對峙的圖像，早就已經被新的研究所推翻了。然而，赫胥黎畢生所刻意經營、而且又深受其利的，就正是他揮舞著科學的旗幟與宗教作生死鬥的圖像。赫胥黎深信他自己是「過五關斬六將」。他早在1860年所寫達爾文的《物種原始》的書評裡，就已經用相當血腥的文字形容說：

> 在每一個科學誕生的搖籃旁邊，躺著的都是被斬殺了的神學家；他們就像是被〔希臘神話裡的〕赫拉克勒斯(Hercules)絞殺了的蛇一樣。歷史擺得再明顯也不過了，任何時候，科學和道統交鋒，只要是坦蕩蕩地、沒有小動作的，那敗下陣來的，一定是後者。即使不是一命嗚呼，也一定血肉模糊；即使不是被斬決，也一定是遍體鱗傷。[158]

　　在胡適與丁文江的想像裡，「科學與人生觀論戰」，是他們在中國重打赫胥黎19世紀在英國所打的戰爭。胡適在1924年1月4日的信裡，意氣風發地告訴韋蓮司說：

> 我們在這兒重新過著赫胥黎以及克利福德(W.K. Clifford, 1845-1879)從前所過的日子。「給我證據，我才會相信。」這是我和我的朋友重新揭起的戰鬥口號。[159]

　　赫胥黎的「懷疑」、「拿證據來」，大家在胡適的「赫胥黎教我怎樣懷疑」的諄諄善誘下都已經很熟悉了。克利福德在〈信仰的倫理〉（The Ethics of Belief）一文裡，也立下了一個金科玉律：「證據不足而卻去相信是錯的；即使在某些情況之下，去懷疑、去調查會顯得有些傲慢，但輕信惡於傲慢。」[160]

　　丁文江是「科學與人生觀論戰」的主角，他在論戰裡更是想像著他是在中國打赫胥黎的仗。他的〈玄學與科學：評張君勱的〈人生觀〉〉一文就是最好的例子。他在這篇文章裡，開門見山就說：「玄學眞是個無賴鬼——在歐洲鬼混了二千多年。到近

---

158 Thomas Huxley, "Review of The Origin of Species," *Collected Essays of Thomas Huxley*, II.52.

159 Hu to Clifford Williams, January 4, 1924,《胡適全集》，40：225。

160 W.K. Clifford, "The Ethics of Belief"（網路版），http://www.infidels.org/library/historical/w_k_clifford/ethics_of_belief.html，2011年11月27日上網。

來漸漸沒有地方混飯吃，忽然裝起假幌子，掛起新招牌，大搖大擺的跑到中國來招搖撞騙。」他在這一篇文章裡的兩個小節的標題，更充分地顯示了他把「科學與人生觀」的論戰等同於赫胥黎跟神學論戰的中國版：「科學與玄學戰爭的歷史」以及「中外合璧式的玄學及其流毒」[161]。

胡適在「科學與人生觀論戰」，不只是跨文化作他「舜何人也，予何人也，有爲者亦若是」的赫胥黎想像，他而且作了跨文化的模仿與挪用。胡適的〈《科學與人生觀論戰》序〉是一篇研究跨文化的模仿與挪用重要的文獻。我在第二章裡說：赫胥黎對胡適的貢獻，不只在於「赫胥黎教我怎樣懷疑」，他也教胡適如何思想，只是他不加注明而已。胡適的這一篇〈《科學與人生觀論戰》序〉就是最好的證據。

胡適在這篇序文裡要科學派以吳稚暉爲榜樣，明確地說明他們的「科學的人生觀」爲何，以作爲未來的討論「具體的爭點」。他在他「這篇《科學與人生觀》的〈起講〉裡」，提出了他自己的「科學的人生觀」的十大要旨。胡適在他用英文所發表的《當代名人哲理》(*Living Philosophies*)〈胡適篇〉以及〈我的信念及其演化〉(My Credo and Its Evolution)裡，既挑釁又自傲地說，他這十大要旨，住在中國又恨他的外國傳教士嗤之以鼻地貶稱爲：「胡適的『十誡』(Decalogue)。」[162]這「胡適的『十誡』」裡，泰半都可以在赫胥黎的文章裡找到來源。其中，有四「誡」都可以在赫胥黎的〈增進自然知識的好處〉(On the Advisableness of Improving Natural Knowledge)一文裡找到其「祖宗」。

我在第二章提起胡適在1917年初到北大的時候，推動把赫胥黎的《論文演講集》(*Selected Essays and Addresses*)作爲英語系第一年的指定讀本之一。〈增進自然知識的好處〉就是這本《論文演講集》所選的一篇。赫胥黎在1866年所發表的這篇文章，目的是在消弭人們對科學發展會使人變得玩物喪志、只要物質不要精神的疑慮。他說自然知識的增長不但不會戕害傳統的道德，甚至可以引生出新的精神價值，爲新道德的建立立下基石。赫胥黎小心翼翼，用的語言非常和緩，極力迎合，甚至引用相當虔誠的宗教語言：

　　我們現在可以來看看在人類進步到這個階段的時候，自然知識的增進如何

161　丁文江，〈玄學與科學：評張君勱的〈人生觀〉〉，《科學與人生觀之論戰》，頁15-44。

162　Hu Shih, "Essay in *Living Philosophies*," 《胡適全集》，36：524; and "My Credo and Its Evolution," 《胡適全集》，37：196。

影響了他們的人生觀。同時也可以看看那開始要把自然知識精益求精的人類，他們的目的不外乎是要去「為上帝增榮耀，為人類爭福祉」〔注：培根的話〕。[163]

赫胥黎的結論，與胡適的「科學的人生觀」有許多雷同之所在。胡適的「科學的人生觀」的第一誡是：「根據於天文學和物理學的知識，叫人知道空間的無窮之大。」用赫胥黎的話來說：「天文學家讓我們知道空間的無限大，以及宇宙存在的永恆。」[164]

胡適的第二誡：「根據於地質學及古生物學的知識，叫人知道時間的無窮之長。」用赫胥黎的話來說：「就像天文學家發現那無窮的時間在太陽系的形成所留下來痕跡，生物學家從古生物生命型態所遺留下來的記錄，發現其與人類的經驗相比也是無窮的。」[165]

胡適的第三誡：「根據於一切科學，叫人知道宇宙及其中萬物的運行變遷皆是自然的——自己如此的——正用不著什麼超自然的主宰或造物者。」用赫胥黎的話來說：「物理和化學自然知識的追求者，發現他們的研究——從無限小到無限大的事物——都具有不可依違的確切的模式與次第。」[166]我們可以注意到胡適在此處又是用赫胥黎來澆他自己無神論的塊壘。赫胥黎只舉物理與化學的例子。然而，胡適把它擴充到「宇宙及其中萬物的運行變遷」。而且還特別強調：是「自己如此的——正用不著什麼超自然的主宰或造物者。」

胡適的第四誡是：「根據於生物的科學的知識，叫人知道生物界的生存競爭的浪費與殘酷——因此，叫人更可以明白那『有好生之德』的主宰的假設是不能成立的。」要分析他這第四誡比較複雜。他這第四誡的靈感來源是赫胥黎的《演化與倫理》，同時也是他自己從留美時期就已經形成的理念。更有意味的是，胡適這個攀附赫胥黎的第四誡的觀點居然還是杜威所批判的對象。所以我必須在下文另外詳細分析。

---

163 Thomas Huxley, "On the Advisableness of Improving Natural Knowledge," *Collected Essays of Thomas Huxley*, I.34.

164 Thomas Huxley, "On the Advisableness of Improving Natural Knowledge," *Collected Essays of Thomas Huxley*, I.37.

165 Thomas Huxley, "On the Advisableness of Improving Natural Knowledge," *Collected Essays of Thomas Huxley*, I.37-38.

166 Thomas Huxley, "On the Advisableness of Improving Natural Knowledge," *Collected Essays of Thomas Huxley*, I.37.

　　胡適的第五誡：「根據於生物學，生理學，心理學的知識，叫人知道人不過是動物的一種，他和別種動物只有程度的差異，並無種類的區別。」用赫胥黎的話來說：「就像天文學家發現地球不是宇宙的中心，而只不過是其中不尋常的一小顆粒，博物學家發現人類也不是生物的中心，而只不過是無限的變種的生物型態裡的一種。」[167]

　　胡適的第六誡：「根據於生物的科學及人類學，人種學，社會學的知識，叫人知道生物及人類社會演進的歷史和演進的原因。」第八誡：「根據於生物學及社會學的知識，叫人知道道德禮教是變遷的，而變遷的原因都是可以用科學方法尋求出來的。」這兩誡都符合胡適從留美時期就已經楬櫫的「歷史的方法」，或者，用他在《中國古代哲學史》〈導言〉的話來說，是：「明變」跟「求因」。值得一提的是，第八誡裡說是「根據生物學及社會學的知識」，在他英文版的《當代名人哲理》〈胡適篇〉以及〈我的信念及其演化〉裡，他都比較正確地改成：「根據生物學及歷史學的知識。」[168]

　　胡適的第七誡：「根據於生物的及心理的科學，叫人知道一切心理的現象都是有因的。」從現在的角度來看，這可以說是常識。然而，在「科學與人生觀論戰」裡，這牽涉到了「自由意志」與「因果律」之爭。毫不足奇的，這也是赫胥黎在19世紀的論戰裡所牽涉到的問題。赫胥黎在另一篇文章裡對這個問題作了回答。赫胥黎的回答不見得一定是胡適第七誡的靈感來源，但是可以作為參考：「人類是有意識的機器人。如果說我們有自由意志——這個被濫用的名詞——那唯一能說得通的意思，是說我們在很多方面能作我們想作的事情。然而，我們只不過是那無數的因果鏈所綿延結合起來生命體的一部分而已。」[169]

　　胡適的第九誡：「根據於新的物理化學的知識，叫人知道物質不是死的，是活的；不是靜的，是動的。」這也同樣是針對所謂玄學派「精神」與「物質」的分野而提出的。這第九誡用赫胥黎在〈增進自然知識的好處〉一文裡的論點，就是物質與能量不滅定律[170]。

　　胡適的第十誡：「根據於生物學及社會學的知識，叫人知道個人——『小我』—

167 Thomas Huxley, "On the Advisableness of Improving Natural Knowledge," *Collected Essays of Thomas Huxley*, I.37.
168 Hu Shih, "Essay in *Living Philosophies*,"《胡適全集》，36：525; and "My Credo and Its Evolution,"《胡適全集》，37：198。
169 Thomas Huxley, "On the Hypothesis that Animals Are Automata, and Its History," *Collected Essays of Thomas Huxley*, I.244.
170 Thomas Huxley, "On the Advisableness of Improving Natural Knowledge," *Collected Essays of Thomas Huxley*, I.36-37.

—是要死滅的，而人類——『大我』——是不死的，不朽的；叫人知道『爲全種萬世而生活』就是宗教，就是最高的宗教；而那些替個人謀死後的『天堂』、『淨土』的宗教，乃是自私自利的宗教。這第十誡的來源當然是胡適在1919年寫的那篇膾炙人口的〈不朽——我的宗教〉。〈不朽——我的宗教〉是胡適糅雜、挪用最爲淋漓盡致的一篇。「小我」、「大我」的理念來自相信上帝存在的形上哲學家萊布尼茲。而他抨擊「那些替個人謀死後的『天堂』、『淨土』的宗教，乃是自私自利的宗教。」這個「淑世主義」的觀點是來自於實用主義的詹姆士。

回到胡適的第四誡：「根據於生物的科學的知識，叫人知道生物界的生存競爭的浪費與殘酷——因此，叫人更可以明白那『有好生之德』的主宰的假設是不能成立的。」這第四誡完全合轍於胡適從留美時期就已經形成的社會哲學。我在第二章裡已經分析了胡適在1922年，也就是在「科學與人生觀論戰」一年以前，所寫的〈演化論與存疑主義〉。我說胡適在那篇文章裡挪用了年輕時候的赫胥黎的「存疑主義」，來宣揚他自己的「無神論」。我說他完全曲解了年輕時候的赫胥黎認爲「大自然」公正、智有善報、愚有惡報的人生觀。他在那篇文章裡，完全不提年輕時候的赫胥黎要大家像匍匐在上帝的意旨之前一樣，心甘情願地匍匐在大自然的意旨之前的說法。

赫胥黎這種心甘情願地匍匐在大自然的意旨之前的想法，到了他暮年的時候丕變。赫胥黎一生兩次遭遇喪子女之痛。第一次是1860年，他四歲大的長子諾威爾死於猩紅熱。赫胥黎說要心甘情願地匍匐在大自然的意旨之前那句話，就是在那個巨大的創痛之際所說的。赫胥黎的堅強、赫胥黎當時對大自然律則的信念之強由此可見。然而，赫胥黎最疼愛、藝術上最有天分的二十八歲的女兒瑪麗恩（Marian）在1887年死的時候，那打擊就完全不同了。當時，赫胥黎六十二歲。那個打擊讓赫胥黎根本地修正了他從前認爲大自然公正、智有善報、愚有惡報的人生觀。這根本的改變，就表現他在1893年所發表的《演化與倫理》（*Evolution and Ethics*）。這也就是嚴復所翻譯的《天演論》。

赫胥黎的《演化與倫理》的主旨是：

> 生存競爭總是傾向於把那些比較無法適應其生存環境的分子淘汰掉。最強、最傲的總是去踐踏較弱的分子。越是原始的文明，這種天道（cosmic process）對社會演化的影響就越大。社會的進步，就意味著要步步爲營，用人道（ethical process）來制衡並取代天道。其目的不在於讓那些碰巧最能適應既有環境者生存，而是在於讓那些最有倫理意識者（ethically the best）生存。

不要冷酷的自大，我們要自制；不要去推擠、踐踏競爭者，我們要求每一個人不只要尊重、而且要去幫助他人；其目標與其說是適者生存，不如說是讓最多的人都能成爲適者而生存……

讓我們徹底地覺悟，人道的進步，不再模仿天道，更不是去逃避它，而是去與它搏鬥。[171]

這種人道與天道的搏鬥，赫胥黎在1894年爲《演化與倫理》所寫的〈緒論〉(Prolegomenon)裡，用「花園」作爲比喻作了一個非常生動的分析。他用他自己四年來所精心照顧的小花園作爲例子：

三四年來，由於人力的介入，這一小塊土地已經不再處於我在上文所指的大自然的狀態之下。這一塊地有圍牆與外界隔離。在保護區裡，原有的植物都被去除盡淨。取代的是引進來的稀有植物。換句話說，就是把這塊地變成了一個花園。眼前，這塊人工建立起來的區域，與圍牆外在大自然狀態之下的地完全不同。園內茂盛地生長的樹、灌木、芳草，有些原來是生長在地球遙遠的地區的大自然狀態之下的植物。而且，園裡的好幾種蔬菜、水果，和花朵，如果不是因爲花園裡所特有的環境，是永遠不可能在這裡看見的。因此，它們既是溫室的產品，也是人工藝術的結晶。

這種由人類在大自然的狀態之下所另創出來的「藝術的狀態」，是必須一直倚賴著人類去維持的。試想：一旦我們把園丁撤了，大自然的力量就沒有人用心地去阻擋或去中和了。試想其結果會如何？那圍牆會傾倒、那花園的門會朽壞；各種四腳、兩腳的動物會入侵，踐踏、吃掉那些有用、美麗的植物；鳥兒、昆蟲、枯萎素、黴菌會大快朵頤；當地的植物的種子會被風以及其他媒介物帶進這個花園裡。由於它們土生土長，久已適應了當地的環境，這些討厭的當地的雜草，就會很快地把它們奇花異草的對手趕盡殺絕。一兩個世紀以後，除了牆壁、住家、溫室的地基以外，不會有什麼東西會遺留下來的。這些遺址所證明的，是大自然的力量在大自然的狀態之下是萬夫莫敵的；園藝家用他的藝術所建立起來的成果，對大自然而言，只不過是暫時的

---

171 Thomas Huxley, "Evolution and Ethics," *Collected Essays of Thomas Huxley*, IX.81-83.

障礙物而已。[172]

赫胥黎在《演化與倫理》裡所楬櫫的以倫理來制衡演化的理念，就是胡適從留美時期就已經形成的「以人事之仁，補天行之不仁」的觀念。從這個角度來說，胡適在〈《科學與人生觀論戰序》〉裡的第四誠的前半「誠」，完全符合赫胥黎在《演化與倫理》的主旨：「根據於生物的科學的知識，叫人知道生物界的生存競爭的浪費與殘酷。」只是，他接下去的後半「誠」：「因此，叫人更可以明白那『有好生之德』的主宰的假設是不能成立的。」這又是胡適用赫胥黎的「大自然的力量在大自然的狀態之下是萬夫莫敵的」的觀點，來澆他自己「無神論」的塊壘。

胡適在他這第四誠所說的：「生物界的生存競爭的浪費與殘酷。」這句話可能是一直到他進入晚年以前所服膺的。「胡適檔案」裡有一短殘文，大概是他在1920年代後期寫的。他在這篇殘文裡更進一步地解釋了「人道」與「天道」的勢不兩立：

> 自然是個無情的妖魔。我們的智力若能制服自然，伊就是我們的婢僕助
> 手；我們若無力制服伊，伊就是我們的仇敵。[173]

胡適有所不知，他這個引晚年的赫胥黎爲同道的「人道」與「天道」勢不兩立的說法，卻正是杜威所批判的。1897年，當年三十八歲，在芝加哥大學教書的杜威作了一個公開的演講：〈演化與倫理〉（Evolution and Ethics），用的就是赫胥黎的書名。顧名思義，就是打赫胥黎的擂臺。當時赫胥黎已經過世兩年了；他死於1895年。

杜威批判赫胥黎「天道」與「人道」的對峙是一種錯誤的二分法。他說赫胥黎的「花園譬喻」非常生動。然而，所有的譬喻都是兩面刃，作譬喻的人可以得出一個結論，旁人也可以得出一個相當不同的結論。他說：

> 這個譬喻讓人領悟到：實際上並不存在著所謂人類與他整個生存環境的衝
> 突，而毋寧是相對於其他環境，人類把一部分的環境作了改變。人類並不是
> 與大自然的狀態在作對抗。他是利用這個狀態下的某一個部分，以便於控制
> 另一個部分……園丁所引進來的植物，他所想栽培的蔬菜與水果，誠然對這

---

172 Thomas Huxley, "Evolution and Ethics: Prolegomena," *Collected Essays of Thomas Huxley*, IX.9-10.
173 胡適殘稿，「胡適檔案」，267-001。

部分的環境來說是外來的。然而，它們對人類的整個環境來說並不是外來的。他把它們引進來，然後又很巧思地用這塊土地原來所不熟悉的陽光和水分等等新條件來栽培它們。然而，這些條件都是大自然常用的方法。[174]

杜威說，當我們從這個角度來重新審視赫胥黎的「花園譬喻」的時候，我們所看到的景象就跟赫胥黎所看到的完全不同了：

> 我們所看到的不再是花園與園丁之間的衝突；不再是大自然的力量與那倚賴人類的意識與努力去維持的藝術的力量之間的衝突。我們所看到的，是從更寬廣、整體的環境去理解一個特定的小環境；從整體來看部分。人類用聰明才智與努力去介入，並不是對抗，而是去尋出這個〔部分與整體之間的〕環節。[175]

從杜威的角度看來，赫胥黎除了犯了二分法的謬誤以外，還在於未能了解所謂的「適者生存」的「適」是與時俱進，隨著時代的不同而有不同的意義。我們記得胡適一輩子諄諄善誘大家要研究具體的問題，不要夢想那能解釋千秋萬世的籠統、抽象的主義。這就是杜威的意思。換句話說，石器時代的「適者」不會是農業社會的「適者」；同樣地，農業社會的「適者」也不會是工業社會裡的「適者」。杜威說，大家所犯的錯誤，就是老愛用早就已經不存在的環境來定義「適者」：

> 動物當中的適者，不是人類當中的適者。這不只是因為動物沒有道德觀念，而人類有，而是因為生活的條件已經改變，而且因為我們必須用這些條件來定義「適者」。現今的環境是一個社會的環境。所謂的「適者」的意涵，必須要牽涉到社會的適應。同時，我們今天生活的環境一直在變化、進步當中。每一個人的「適」與「不適」，都必須從整體來衡量，包括未來可能產生的變化。我們不能只用今天的情況來衡量，因為今天的情況到了明天可能就不存在了。一個人如果只是今天的「適者」，他就不是一個能生存的「適者」，因為他一定會被淘汰。[176]

---

174 John Dewey, "Evolution and Ethics," EW5.37-38.
175 John Dewey, "Evolution and Ethics," EW5.38.
176 John Dewey, "Evolution and Ethics," EW5.41.

赫胥黎不只是籠統、抽象地定義「適者」，忽略了所謂的「適者」是必須在具體的社會環境之下來定義。他而且也籠統、抽象地界定了「生存競爭」的意涵。首先，杜威指出：所謂的「生存競爭」，是在特定的環境之下的競爭：「生存競爭的性質本身是一直在變化的。這並不是因為有別的東西來取代它，更不是因為有別的東西在跟它對抗，而是因為生活的環境在變化，因此生活的模式也必須跟著改變。」

赫胥黎傾向於把「生存競爭」解釋成是一種自私的行為。生存競爭是一種弱肉強食的行為，而必須用道德去制衡。杜威說，這是一種謬誤的詮釋。生存欲、生存的激力是本能，端賴我們如何去駕馭它：

> 這些激力(promptings)，甚至是「老虎與猿猴」的激力，都只是激力而已，無所謂善與惡；它們既不是罪惡，也不是聖德。它們是行為——包括好的與不好的——的基礎與原料。引導向某個方向，它們可以是好的；引導向另一個方向去，它們可以是不好的。一個人如果認為他的動物本能本身就是不可救藥的惡，渾然不顧他可以用他的聰明才智去馭使它，從邏輯上來說，他只有一條路可走，那就是去尋求涅槃。[177]

杜威說我們應該去作的，不是去壓抑這些動物的激力，也不是去取代它們。而是去把它們重組、調適，以便讓它們能在當今社會的環境裡表現。赫胥黎說天道與人道。其實，兩者的道理是相同的。杜威說人類異於動物：

> 動物的本能，在人類是有意識的衝動(impulse)。動物有自然產生變異的傾向。在人類，這則是有意識的未雨綢繆的結果。動物會去作下意識的調適與求生存，用的是摸索的方法直到目的達成。人類用的則是有意識的研究與實驗。

杜威說赫胥黎所謂的天道與人道，其實是糅合在同一個過程裡的：

> 我相信精神生活能得到其最確切、最充分的保證，如果我們了解正義的律則與條件，其實就含蘊在宇宙的運行裡；人類在從事有意識的競爭、在疑

---

177 John Dewey, "Evolution and Ethics," EW5.43.

慮、迷惑、失敗、渴望、成功的時候，那激勵、鼓舞他的力量也就是大自然發展的力量；在人類道義的競爭裡，他並不是孤零零一個人在那兒奮鬥，而是無數肩負著宇宙運行大任的一分子。[178]

很多人都說杜威的文章生澀、難讀。這是事實。然而，杜威有他風趣、令人莞爾的文字風采。比如說，他揶揄赫胥黎把生存競爭與為人類福祉的競爭(struggle for happiness)劃分為兩種不同的競爭的二分法：

> 如果一匹狼的生存競爭只不過是求其不死，我想羊兒們會很樂意妥協，把自己貢獻給它當食物，甚至偶爾還會另外奉上一兩碗羊肉燉湯。事實上，狼所要作的，是像一匹狼。它所想要的，不只是活著，而是活著像一匹狼一樣。沒有一個人可以為自己在歹活、跟快樂地活著之間畫一條線。也沒有任何一個人可以替另外一個人畫這一條線。[179]

杜威批判赫胥黎「天道」、「人道」二分法的謬誤，這是熟悉杜威哲學的人都可以領會的。他對赫胥黎天道殘酷，必須用人道來制衡的理論的批判，更是熟悉胡適的人所能領會的。我們記得胡適一生對人諄諄善誘，要大家不要被籠統抽象的名詞所迷惑，要大家去研究具體的問題、找出具體的解決方法。這就是杜威對赫胥黎——也就是對胡適——用籠統抽象的名詞把「天道」與「人道」對峙、不知道應該具體地去研究什麼時候、什麼條件之下的「天道」與「人道」的批判。胡適的第八誡：「根據於生物學及社會學的知識，叫人知道道德禮教是變遷的，而變遷的原因都是可以用科學方法尋求出來的。」胡適這個第八誡就彷彿像是可以當成他自備的照妖鏡一樣，照出了他第四誡不符合杜威的方法。只是，當時身在論戰當中的胡適沒能跳出來看清楚而已。

胡適為什麼在演化與倫理這個論題上遵循了教他怎樣懷疑的赫胥黎，而不是教他怎樣思想的杜威？我認為這不是選擇性挪用的問題，而是胡適根本沒讀過杜威這篇文章。杜威這篇文章發表在1898年的《一元論者》(Monist)哲學雜誌上。由於這份雜誌只有在大圖書館裡找得著，很多人都沒讀過。因此，美國的《科學月刊》(The

---

178　John Dewey, "Evolution and Ethics," EW5.53.
179　John Dewey, "Evolution and Ethics," EW5.45.

Scientific Monthly）在1954年特別重刊了這篇文章以饗讀者[180]。這篇文章是早期的杜威的作品。從這一篇文章來看，杜威的哲學思想有它相當大的連貫性。林毓生動輒喜歡說胡適只了解早期的杜威、不了解晚期的杜威。其實杜威一生的思想有相當大的連貫性。光是這個例子就可以證明林毓生是錯的。

〈《科學與人生觀論戰》序〉是記錄胡適一生思想演變的軌跡一篇重要的文獻。這是胡適一生在哲學思想上最激進的階段，是他一生中唯一公開用「唯物論」這個名詞來稱呼他的人生觀以及歷史觀的階段。胡適1923年12月19日的一則日記是很少人注意的，因為它跟胡適給人的印象不符：

> 此次北大二十五週年紀念的紀念刊，有黃日葵的〈在中國近代思想史演進中的北大〉一篇。中有一段，說……最近又有「足以支配一時代的大分化在北大孕育出來了」。一派是梁漱溟，一派是胡適之；前者是徹頭徹尾的國粹的人生觀，後者是歐化的人生觀；前者是唯心論者，後者是唯物論者；前者是眷戀玄學的，後者崇拜科學的。
>
> 這種旁觀的觀察——也可以說是身歷其境、身受其影響的人的觀察——是很有趣的。我在這兩個大分化裡，可惜都只有從容慢步。一方面不能有獨秀那樣狠幹，一方面又沒有梁漱溟那樣蠻幹！所以我是很慚愧的。[181]

曾幾何時，那一輩子自稱為實驗主義者的胡適變成了一個唯物論者！胡適對黃日葵給他的唯物論者的標籤，似乎頗有頷首稱是的意味。事實上，胡適這個所謂的唯物論是一個特殊定義下的「唯物論」。胡適在〈《科學與人生觀論戰》序〉裡說：

> 我們在這個時候，既不能相信那沒有充分證據的有神論、心靈不滅論、天人感應論，……又不肯積極地主張那自然主義的宇宙觀、唯物的人生觀，……怪不得獨秀要說「科學家站開！且讓玄學家來解疑」了。

胡適又在〈《科學與人生觀論戰》序〉後所附的〈答陳獨秀先生〉裡說：

180　John Dewey, "Evolution and Ethics," *The Scientific Monthly* (February 1954).
181《胡適日記全集》，4：205-206。

一、獨秀說的是一種「歷史觀」，而我們討論的是「人生觀」。人生觀是一個人對於宇宙萬物和人類的見解；歷史觀是「解釋歷史」的一種見解，是一個人對於歷史的見解。歷史觀只是人生觀的一部分。二、唯物的人生觀是用物質的觀念來解釋宇宙萬物及心理現象。唯物的歷史觀是用「客觀的物質原因」來說明歷史。（狹義的唯物史觀則用經濟的原因來說明歷史。）

說明了以上兩層，然後我可以回答獨秀了。我們信不信唯物史觀，全靠「客觀的物質原因」一個名詞怎樣解說。關於這一點，我覺得獨秀自己也不曾說的十分明白。獨秀在這篇序裡曾說，「心即是物質之一種表現」（序頁10）。那麼「客觀的物質原因」似乎應包括一切「心的」原因了——即是智識、思想、言論、教育等事。這樣解釋起來，獨秀的歷史觀就成了「只有客觀的原因（包括經濟組織、知識、思想等等）可以變動社會，可以解釋歷史，可以支配人生觀。」這就是禿頭的歷史觀，用不著戴有色采的帽子了。這種歷史觀，我和丁在君都可以贊成的。

然而獨秀終是一個不徹底的唯物論。他一面說「心即是物之一種表現」，一面又把「物質的」一個字解成「經濟的」……歐洲大戰之有經濟的原因，那是稍有世界知識的人都承認的……不過我們治史學的人，知道歷史事實的原因往往是多方面的。所以我們雖然極端歡迎「經濟史觀」來做一種重要的史學工具，同時我們也不能不承認思想知識等事也都是「客觀的原因」，也可以「變動社會，解釋歷史，支配人生觀」。所以我個人至今還只能說，「唯物（經濟）史觀至多只能解釋大部分的問題」，獨秀希望我「百尺竿頭更進一步」（序頁2），可惜我不能進這一步了。[182]

這幾段引文如果不加詮釋分析，可以是讓人暈頭轉向的。這原因是因為胡適在此處所用的「唯物」有他特殊的定義，跟一般定義下的「唯物」是不同的。胡適稱讚吳稚暉的「唯物的人生觀」。這唯物的人生觀，胡適說「是用物質的觀念來解釋宇宙萬物及心理現象。」這物質的觀念既然包括了心理現象，就包括了胡適在此處所說的「心的」原因，亦即，「智識、思想、言論、教育」等等。換句話說，胡適在此處認為宇宙萬物，包括人類的政治、社會、經濟制度，乃至於哲學、美術都是可以用物質的觀念來解釋的。

這是相當徹底的唯物論！只是，這並不是因爲胡適突然間皈依了馬克思主義。胡適這個「唯物論」的來源還是赫胥黎。我在前文提到了胡適把赫胥黎的《論文演講集》作爲英語系第一年的指定讀本之一。這本《論文演講集》選了一篇〈生命的物質基礎〉（On the Physical Basis of Life）。赫胥黎在這篇文章裡說：如果「原生質」（protoplasm）是所有的生命——從低等的菌類、有孔蟲（foraminafer）、到所有的動物——的基礎，則以19世紀的眼光來看，其驚世駭俗的結論是呼之欲出了。赫胥黎說：

> 我們承認了這一點以後，在邏輯上，我們就無法不接著承認所有的人生重要的行爲，也同樣可以被視爲是這原生質所呈現出來的分子的運動的結果。如果這種說法是正確的，則我現在所表達的思想，以及你們對我的想法的反應，也都是這作爲我們所有其他人生重要行爲的生命基礎的原生質的分子變化的表現。[183]

「原生質」是一切人類的思想行爲的根本基礎。這就是胡適的「唯物的人生觀」的靈感來源。在〈《科學與人生觀論戰》序〉裡，胡適把「人生觀」、「歷史觀」、「唯物史觀」作了一體系的分析。「唯物的人生觀」位在這個譜系的至高究極點，涵蓋一切。用胡適自己的話來說：「人生觀是一個人對於宇宙萬物和人類的見解。」

涵蓋在「唯物的人生觀」之下的，是「唯物的歷史觀」。用胡適的話來說：「歷史觀是『解釋歷史』的一種見解，是一個人對於歷史的見解。歷史觀只是人生觀的一部分。」從唯物的人生觀出發，胡適自然很邏輯地服膺了唯物的歷史觀。他說：「獨秀在這篇序裡曾說，『心即是物質之一種表現』（序頁10）。那麼『客觀的物質原因』似乎應包括一切『心的』原因了——即是智識、思想、言論、教育等事。這樣解釋起來，獨秀的歷史觀就成了『只有客觀的原因（包括經濟組織、知識、思想等等）可以變動社會，可以解釋歷史，可以支配人生觀。』這就是禿頭的歷史觀，用不著戴有色采的帽子了。這種歷史觀，我和丁在君都可以贊成的。」

最後，涵蓋在「唯物的歷史觀」之下的，才是胡適所說的「狹義的唯物史觀」，亦即，用經濟的原因來說明歷史。我們必須注意，這跟傳統「唯物論」是不同的。胡適這個「唯物論」的體系可以圖示如下：

183　Thomas Huxley, "On the Physical Basis of Life," *Collected Essays of Thomas Huxley*, I.154.

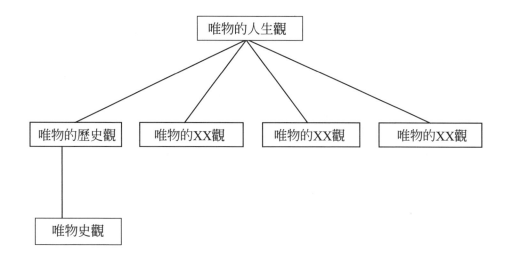

　　這「禿頭的歷史觀」一詞如果不加解釋，簡直可以說是不知所云。我認為這又是胡適從英文裡假借過來的。中英文俱佳、又好用雙關語的胡適，在此處是用只有知交才可能不以為忤的雙關語來跟陳獨秀論戰。陳獨秀當時已經微禿，「禿頭」(bald)在英文裡還有「素樸」、「衝」的意思。「素樸」，也就是像我們說「陽春麵」、「陽春車」的「陽春」的意思。胡適在這裡的意思是說，如果陳獨秀能把「心的」原因，也包括進「客觀的原因」──亦即，胡適從赫胥黎那兒所挪用來的以「原生質」作為基礎的「唯物的歷史觀」──裡，則這種「陽春式的」、陳獨秀式的「禿頭」史觀是他跟丁文江可以贊成的。

　　胡適跟陳獨秀這個「不足為外人道也的笑話」(inside joke)，參與論戰的人有多少了解它的意思，我們不知道。後來的人，多不解其義。即使援引了「禿頭」之詞，也閃爍其詞。至於陳獨秀本人，他顯然懂它的意思。他究竟是不是過後問了胡適「禿頭」之意才了解的，我們就不得而知了。有趣的是，陳獨秀自己後來也使用了這個胡適從英文裡所儻來的「禿頭」用語。他在1932年10月1日所寫的〈論國民會議口號〉裡說：

　　　　不贊成「第三次中國革命一開始就是社會主義的革命」這種說法的〔劉〕仁靜同志，他當然又會把「國民會議」、「民族獨立」和「土地革命」這些明明白白的民主任務，看做是社會主義的任務。仁靜同志大概會有第三種說法，即二者都只是「禿頭的」民主主義，而沒有階級性的分歧。仁靜同志雖

　　然沒有這樣明白的說法，在我的認識中，他確是常常討厭在民主主義上加用
「資產階級的」這個形容詞……[184]

　　「禿頭」，在英文裡也有「衝」的意思。「衝」也可能是胡適在此處用「禿頭」
這個雙關語地意思。我們記得他在〈《科學與人生觀論戰》序〉裡，說赫胥黎「明明
是無神論者也不得不掛一個『存疑』的招牌」。他又批評論戰裡的科學派不敢老實不
客氣地揭櫫他們的科學的人生觀。他稱讚吳稚暉，說只有他敢打起他那「純物質、純
機械的人生觀」的旗子，衝將進去那赫胥黎「存疑」、科學派跟著說「不可知的區
域」裡，「正如姜子牙展開了杏黃旗，也不妨衝進十絕陣裡去試試。」這就是胡適所
謂的「陽春式」、「衝」的「禿頭」史觀。
　　有意味的是，胡適在「禿頭的歷史觀」後面的一句話：「用不著戴有色采的帽子
了」，也是一句雙關語。這也就是說，如果陳獨秀能夠把「心的」原因也加入「物
質」的原因裡，則這種用胡適式的「唯物論」來詮釋的陳獨秀的「禿頭」唯物史觀，
當然也就沒有意識型態的色彩，所以也就「用不著戴有色彩的帽子了。」
　　我們看了這個胡適「唯物論」的圖示，就可以很清楚地了解爲什麼胡適會說：
「然而獨秀終是一個不徹底的唯物論。他一面說『心即是物之一種表現』，一面又把
『物質的』一個字解成『經濟的』。」胡適所謂的「徹底的」唯物論，就是赫胥黎在
〈生命的物質基礎〉裡所說的，宇宙、萬物，以及人類所有的行爲，包括思想，都是
作爲所有生命基礎的原生質的分子變化的表現。馬克思主義的經濟史觀既然把思想、
知識等因素排除在「客觀的原因」以外，自然就被胡適視爲是「不徹底的唯物論」，
是「狹義的唯物史觀」。所以，胡適才會說：「唯物(經濟)史觀至多只能解釋大部分
的問題」，獨秀希望我「百尺竿頭更進一步」(序頁2)，可惜我不能進這一步了。
　　陳獨秀不知道胡適這個「唯物論」或「唯物史觀」是從赫胥黎那兒挪用、假借過
來的，跟馬克思主義定義下的「唯物論」完全風馬牛不相及。胡適揶揄陳獨秀，說他
是一個「不徹底的唯物論者」。這句話弄得陳獨秀丈二金剛摸不著頭腦。所以，他只
好又苦口婆心地對胡適解釋：

　　世界上無論如何徹底的唯物論者，斷不能不承認有心的現象，即精神現象

184 陳獨秀，〈論國民會議口號〉，《中文馬克思主義文庫》，http://www.marxists.org/
chinese/chenduxiu/marxist.org-chinese-chen-19321001.htm，2011年12月4日上網。

這種事實(我不知適之所想像之徹底的唯物論是怎樣？)；唯物史觀的哲學者也並不是不重視思想、文化、宗教、道德、教育等心的現象之存在，惟只承認他們都是經濟的基礎上面之建築物，而非基礎之本身。[185]

他又說：

思想、知識、言論、教育，自然都是社會進步的重要工具。然不能說他們可以變動社會、解釋歷史、支配人生觀，和經濟立在同等地位。我們並不抹殺知識、思想、言論、教育，但我們只把他當做經濟的兒子，不像適之把他當做經濟的弟兄。[186]

由於陳獨秀不了解胡適的「原生質」的「唯物論」的靈感來源，他從傳統哲學的分類法來看，認爲胡適還是停留在「心」、「物」二元論的窠臼。所以，他才會說：

適之贊成所謂禿頭的歷史觀，除經濟組織外，「似乎應該包括一切『心的』原因——即是知識、思想、言論、教育等事。」「心的」原因，這句話如何在適之口中說出來！離開了物質一元論，科學便瀕於破產。適之頗尊崇科學，如何對心與物平等看待！！適之果堅持物的原因外，尚有心的原因——即知識、思想、言論、教育，也可以變動社會，也可以解釋歷史，也可以支配人生觀——像這樣明白主張心物二元論，張君勱必然大搖大擺的來向適之拱手道謝！！！[187]

陳獨秀有所不知，這時候的胡適不是心物二元論者。這時候的胡適是「唯物論者」。只是，他這個「唯物論」從赫胥黎那兒挪用、假借過來的，與陳獨秀或者我們一般所了解的唯物論根本是兩碼子事兒。

胡適在1923年寫〈《科學與人生觀論戰》序〉的時候，教他怎樣思想的人是赫胥黎。他這時完全把杜威給忘了。最有意味的例子是他挪揄陳獨秀的另外一段話：

---

185 陳獨秀，〈科學與人生觀論戰序，附錄三、答適之〉，《胡適全集》，2：227。
186 陳獨秀，〈科學與人生觀論戰序，附錄三、答適之〉，《胡適全集》，2：230。
187 陳獨秀，〈科學與人生觀論戰序，附錄三、答適之〉，《胡適全集》，2：230。

　　其實獨秀也只承認「經濟史觀至多只能解釋大部分的問題」。他若不相信思想、知識、言論、教育，也可以「變動社會，解釋歷史，支配人生觀」。那麼，他盡可以袖手坐待經濟組織的變更就完了，又何必辛辛苦苦地努力做宣傳的事業，謀思想的革新呢？[188]

　　胡適完全忘了。杜威有一段話在此處完全適用。而且，杜威說得更徹底、更能直搗唯物論的弱點。我在本部其他章裡，有好幾次提到了杜威訪問中國的時候，從1919年底到1920年初在北大作了一系列十六講的〈社會哲學與政治哲學〉。杜威在第一講有一段話，剛好揶揄唯物主義者的這一點，胡適完全是可以借用來揶揄陳獨秀的。只是，由於當時胡適用意譯的方式翻譯，翻得又不夠精準，所以這一段話，胡適的中譯稿完全走了樣，完全見不到杜威批評的要點。胡適的譯文說：

　　　照他們的眼光看來，英德兩國開戰並不是理想的衝突。說理想衝突都是假的，都是拿出好名詞欺騙小百姓的。德國資本家軍閥派要想利用德國的小百姓，故意提出幾個哄人的名詞，如「文化」、「法律」、「服從」等，來號召一般人民。協約國方面也提出什麼「自由」、「正義」、「人道」等好聽的名字，叫許多人民替他們送死。這都是資本家和軍閥派作偽騙人的手段。揀幾個動聽的名詞，做他們保全自己物質上利益的工具，哪裡真有什麼理想的衝突呢？[189]

杜威在講稿裡說的是：

　　　唯物論者說理論、理想都是統治階級用來愚弄百姓的。殊不知他們說這句話等於是作了極大的讓步，因為這等於是承認人們是受到理想的影響的。而且，理想、觀念可以激起人們勇往直前、不顧自身的安危。一邊〔注：德奧同盟國〕的口號是「文化岌岌可危」(Kultur in danger)，另一邊〔注：英法協約國〕的口號是「自由岌岌可危」(liberty in danger)。如果他們無法讓極大多數人去相信這些口號，這〔第一次世界〕大戰就不可能打得下去。這最

188 胡適，〈科學與人生觀論戰序，附錄二、答陳獨秀先生〉，《胡適全集》，2：225。
189 高一涵記，〈杜威博士講演錄：社會哲學與政治哲學(一)〉，《新青年》7卷1號，頁124。

多只能證明說〔注：從唯物論者的角度〕：觀念可以是那麼的有效和有力，在危機時刻，那少數階級只有在利用大多數人民對理想的渴望與信仰的情況之下，才能去遂行自己的經濟利益。[190]

杜威說，唯物論者有所不知，如果他們說：「理論、理想都是統治階級用來愚弄百姓的」，這不等於承認了「理論與理想」是可以影響人們的行為嗎？換句話說，唯物論者對唯心論者作了那麼大的讓步而不自知。如果當時胡適的譯文能作到精準的地步的話，他是大可以把杜威這個說法祭出來將陳獨秀一軍的。

胡適在寫〈《科學與人生觀論戰》序〉前一個月，也寫了一篇他回顧《努力》週報以及觀察這個論戰的文章。他說：

自從四十八期(4月15日)丁文江先生發表〈玄學與科學〉的文章以後，不但《努力》走上了一個新方向，國內的思想界也就從沉悶裡振作起精神來，大家加入這個「科學與人生」的討論。這一場大戰的戰線的延長，參戰武士人數之多，戰爭的曠日持久，可算是中國和西方文化接觸以後三十年中的第一場大戰。現在這場思想戰爭的破壞事業似乎已稍稍過去了。[191]

這個「觀察」十足是一個戰勝者的口吻，所以胡適會說：「現在這場思想戰爭的破壞事業似乎已稍稍過去了。」一個月以後，胡適寫〈《科學與人生觀論戰》序〉，也是戰勝者的口氣：「總而言之，我們以後的作戰計畫是宣傳我們的新信仰、是宣傳我們的新人生觀。」而這個新的科學的人生觀的「輪廓」，就是胡適在這篇〈序〉最後所縷列的「胡適的『十誡』」。這是典型的凱旋者的「新政詔示」。

這場「科學與人生觀論戰」最特別的地方，在於這是一場胡適與陳獨秀聯手攻擊共同最大的敵人，然而再分兵相向的論戰。這大概可以說是史無前例，後無來者。胡適與陳獨秀在他們分別為「科學與人生觀論戰」所寫的〈序〉裡，除了攻擊他們共同的敵人「玄學」以外，還必須分出火力向對方開炮。不只如此，兩人在寫完了〈序〉以後，還有〈序〉後所附的一來一往的信，作為彼此向對方招安的最後努力。胡適在「科學與人生觀」這場文化領導權爭霸戰得勝的意義，在於他在先前已經擊敗了代表

---

190 無作者名[John Dewey], "SPP [Social and Political Philosophy]," Lecture I, 6-7,「胡適檔案」，E087-001：「作者不可辨識卷宗」。
191 胡適，〈一年半的回顧〉，《胡適全集》，2：509。

文言的傳統派，現在又進一步地擊敗了東西保守主義合流的嘗試。從這個角度來說，胡適的文化霸權，可以說是在「科學與人生觀論戰」之際到了巔峰。然而，就在這個巔峰時刻，來自於馬克思主義的挑戰已然成為他揮之不去的陰影。

第四章
個人社會，政治與國家

　　歷來大家對胡適的誤解，其主要的根源在懵懂於他一些思想的基調。這些思想的基調，包括胡適對個人、社會、政治，與國家的看法。同時，由於胡適對個人、社會、政治，與國家的觀點，又隨著他人生不同的階段而有所改變。因此，我們非但必須要能掌握住他在人生不同階段裡所產生的思想，我們還必須去追尋他這些思想的基調在不同的階段變化、位移的軌跡，否則我們對胡適的思想就會有重大的誤解。

　　胡適的〈易卜生主義〉是一篇非常有意味的文件。從胡適寫作這篇文章的寓意來說，其論旨是再清楚也不過的，亦即特立獨行的個人與壓抑異己的社會之間的衝突。這種個人與社會對立的說法，完全是落入了杜威一生所批判的二分法的窠臼。值得令人玩味的是，這個個人與社會對立的二分法，還是杜威訪問中國的時候，在胡適替他翻譯的〈社會哲學與政治哲學〉十六講裡開宗明義所批判的一講。胡適的中文版的〈易卜生主義〉是在1918年寫成的。換句話說，也就是在杜威1919年在北京作〈社會哲學與政治哲學〉講演之前所寫的。然而，胡適〈易卜生主義〉的改訂稿是在1921年完成的。我們如果想要了解為什麼胡適在幫杜威作翻譯，批判了個人與社會二分法的謬誤以後，還會在〈易卜生主義〉的改訂稿裡繼續楬櫫個人與社會的二元對立，就必須了解胡適這篇文章產生的思想背景及其理論基礎。

　　然而，胡適寫作〈易卜生主義〉的思想背景、立論的基礎，以及其立論與杜威實驗主義的衝突，就恰恰正是歷來研究胡適的學者所不加措意的。胡適的〈易卜生主義〉是他一生思想成長軌跡裡一篇重要的文獻。它是胡適留美時代服膺世界主義、不爭主義時期的產物。不了解這個思想背景的脈絡，我們對胡適的〈易卜生主義〉就不能夠有正確的了解。同時，寫作〈易卜生主義〉時期的胡適，就正是他處於個人主義思想巔峰的胡適，他對易卜生戲劇的興趣，完全只著眼於個人與社會的衝突與矛盾。其結果是，胡適的〈易卜生主義〉把易卜生的戲劇藝術完全給貧瘠化了。易卜生劇作裡的人物，幾乎都變成了平面的樣板人物。不是正面的，就是反面的。殊不知易卜生劇作裡的人物都有極其錯綜複雜的心理深度。易卜生的劇作一般都有一個錯綜複雜的

三角關係，而且常常都牽涉到男主角因爲金錢而移情別娶。更有意味的是，儘管易卜生本人否認他對女性主義有任何的興趣或關切，女性主義爲易卜生的戲劇藝術提供了一個最爲光鮮亮麗的詮釋的視角。而所有這些，都是胡適偏頗的〈易卜生主義〉裡所沒有交代的。

　　胡適在〈易卜生主義〉裡楬櫫的不但是特立獨行與社會對峙的個人主義，而且也是孟子所說的「獨善其身」主義——用他在〈易卜生主義〉裡所說的話來說，就是「先救出自己」主義。然而，就在胡適寫作中文版的〈易卜生主義〉以後不到兩年的時間，他又寫了一篇〈非個人主義的新生活〉。在〈非個人主義的新生活〉裡，胡適藉著批判日本的新村運動，批判了孟子「獨善其身」主義的謬誤。胡適在此處的矛盾，或者說，胡適在此處的轉變，只能從他思想發展的脈絡下來理解。一方面，〈易卜生主義〉裡所流露出來的思想，是他在留美後期已經揮別的思想。另一方面，他在〈非個人主義的新生活〉所展現的，是他受到詹姆士所感召的淑世主義的精神，是他社會有機體理論的反映，也是他回國以後認眞讀了杜威實驗主義以後的新體驗。

　　如果〈易卜生主義〉與〈非個人主義的新生活〉之間存在著矛盾與修正，它們之間也存在著胡適思想裡糅雜挪用的特色。胡適在留美時代世界主義、不爭主義的巔峰，稱讚拒絕服兵役、拒絕上戰場當炮灰爲「義舉」、爲「空谷足音」。然而，等胡適在留美後期轉而服膺國際仲裁主義以後，他轉而批判「良心的非攻者」（Conscientious objectors）。他暗諷他們跟白居易詩歌裡私自折臂成殘以逃避兵役者都是一丘之貉。更有意味的是胡適糅雜挪用、合用就好的傾向。他在1925年所寫的〈愛國運動與求學〉裡，居然把易卜生的個人主義詮釋成爲到國家主義的康莊大道。

　　胡適在留學歸國的時候，立下了「二十年不談政治」的戒約。這個戒約是違反了他回國之前的志向的。他整裝回國之前雄心萬丈的大志是束書「治國」，把學問文章留待「盛世」到來之後再吟哦把玩。回國以後的他，因爲腐敗的政治而讓他立下了「二十年不談政治」的戒約。然而，也是腐敗的政治讓他打破了「二十年不談政治」的戒約。胡適打破了他不談政治的戒約以後，最膾炙人口的立論是「好政府主義」。這是我在第二章杜威怎樣教他思想裡已經分析了的主題。胡適打破了他不談政治的戒約以後，「好政府主義」是他在《努力》週報上談政治的「體」，而聯邦制度——或「聯省自治」——是他談政治之「用」。

　　諷刺的是，腐敗的政治讓胡適在五年之內就打破了他「二十年不談政治」的戒約。而腐敗的政治也在一年半之間又使《努力》週報停刊。胡適又再度立誓要在思想文學上爲中國的政治建立一個鞏固的基礎。從表面上看來，胡適又走回到了「二十

不談政治」的原點。事實上，這時的胡適已經不是1917年剛從美國留學歸國時的胡適。在《努力》週報停刊以後一年半的時間裡，胡適在到底是另外發行《努力月刊》，還是復刊《努力》週報這兩個理念之間徘徊著。胡適已經不只是一個學者，他已經是一個政論家。這也就是說，他已經是一個知識分子。套用今天流行到近乎濫用的名詞來說，他已經是一個公共知識分子(public intellectual)。其實，胡適不只是一個公共知識分子，他根本就是20世紀中國獨一無二的公共知識分子(*the* public intellectual)。

　　胡適已經走上了談政治的不歸路。而這個不歸路，不管從胡適的個性或興趣來說，都是讓他能如魚得水、樂在其中的。所不同的是，走上談政治不歸路的胡適，再也不需要再去使用那心理分析學上的「合理化」(rationalization)的辯護機制，來為自己辯護，說他是被「激」出來的，或是被「逼」出來的，是不得已的。《努力》週報以後的胡適，已經打過了杜威給他的談政治不須找藉口的免疫針。套用他在〈後努力歌〉裡的話來說，「好政府」、「好社會」，何者為先？「好教育」、「好政治」，又是何者為先？這連環結是無解的。唯一的解決方法是學習從前齊國王后解玉連環的秘訣：「她提起金椎，一椎捶碎了。」

> 我的朋友們，
> 你也有一個金椎，
> 叫做「努力」，又叫做「幹」！
> 你沒有下手處嗎？
> 從下手處下手！
> 「幹」的一聲，連環解了！

易卜生主義

　　胡適那膾炙人口的〈易卜生主義〉是這樣開頭的：

> 易卜生最後所作的《我們死人再生時》(*When We Dead Awaken*)一本戲裡面有一段話，很可表出易卜生所作文學的根本方法。這本戲的主人翁，是一個美術家，費了全副精神，雕成一副像，名為「復活日」。這位美術家自己說他這副雕像的歷史道：

　　我那時年紀還輕，不懂的世事。我以為這〈復活日〉應該是一個極精緻、極美的少女像，不帶著一毫人世的經驗。平空地醒來，自然光明莊嚴，沒有什麼過惡可除……但是我後來那幾年，懂得些世事了，才知道這「復活日」不是這樣簡單的，原來是狠複雜的……我眼裡所見的人情世故，都到我理想中來，我不能不把這些現狀包括進去。我只好把這像的座子放大了，放寬了。

　　我在那座子上雕了一片曲折爆裂的地面。從那地的裂縫裡，鑽出來無數模糊不分明、人身獸面的男男女女。這都是我在世間親自見過的男男女女(二幕)。

　　這是「易卜生主義」的根本方法。那不帶一毫人世罪惡的少女像，是指那盲目的理想派文學。那無數模糊不分明，人身獸面的男男女女，是指寫實派的文學。易卜生早年和晚年的著作雖不能全說是寫實主義，但我們看他極盛時期的著作，盡可以說，易卜生的文學，易卜生的人生觀，只是一個寫實主義，1882年，他有一封信給一個朋友，信中說道：

　　我做書的目的，要使讀者人人心中都覺得他所讀的全是實事(《尺牘》第159)。[1]

　　胡適這段引文最驚人的地方是斷章取義。易卜生誠然有他寫實主義的階段，易卜生誠然是寫實主義的大師。然而，寫實主義不能道盡易卜生的戲劇藝術。這段胡適稱之為「『易卜生主義』的根本方法」——寫實主義——的話，是故事裡的雕塑大師魯貝克(Arnold Rubek)對他從前的模特兒伊蕊娜(Irene)所作的懺悔的開頭話。魯貝克和伊蕊娜這段對話的場景是在小溪旁。魯貝克坐在一顆石頭上。說著、說著，伊蕊娜繞到魯貝克背後，就坐在魯貝克後面的一顆石頭上。那〈復活日〉(The Resurrection Day)的雕像，原先是以伊蕊娜為模特兒所雕塑出來的「一個極精緻、極美的少女像」。現在卻變成了「人身獸面的男男女女」群像。伊蕊娜氣憤得都已經拔出了她藏在胸前的匕首。

　　伊蕊娜：〔低聲沙啞地〕這是你自己找死。〔眼看著就要下手〕
　　魯貝克教授：〔轉身抬頭看她〕找死？

1　　胡適，〈易卜生主義〉，《胡適全集》，1：599-600。

伊蕊娜：〔倉促地藏起匕首，痛苦掙扎地說著〕我的整個靈魂——你跟我——我們……我們……我們……還有我們的孩子，都化身在那尊雕像裡。

魯貝克教授：〔急切地，摘下他的帽子，擦著他眉間的汗珠〕是的。但請讓我解釋我是如何把自己也放在這個雕像群裡。在前邊、在噴水池旁——就好比在這裡——坐著一個被罪惡感壓得喘不過氣來的男人。他整個人還沒完全從那地面的裂縫裡掙脫出來。我說他是爲了賠掉了的生命在作懺悔。他坐在那兒，讓手指頭在噴湧的水裡洗滌著。他知道他永遠無法洗淨他的罪惡。這個領悟齧咬、折磨著他的內心。千秋萬世，他都不可能獲得自由與新生。他會永遠地被禁錮在他的地獄裡。[2]

《我們死人再生時》描寫的，是魯貝克跟伊蕊娜多年後重逢的故事。伊蕊娜在魯貝克用她作爲模特兒完成那美麗的〈復活日〉的雕像以後，就突然間離開、消失了。伊蕊娜從魯貝克的世界消失了以後，他創作的靈感也隨之消失了。這四年來，魯貝克娶了年輕的瑪亞(Maia)。他們住在華廈裡，湖邊還有別墅。但他倆一點都不快樂。故事開始的時候，瑪亞跟魯貝克在一個溫泉區度假。有一天，在閒談中，瑪亞說魯貝克從前是如何廢寢忘食地沉溺在工作室裡。然而，自從他完成了〈復活日〉的傑作以後，他彷彿就對人生失去了興趣。

魯貝克教授：當我完成我這個傑作的時候〔用他的手畫了一個激昂的動作〕——「復活日」確實是一個傑作！或者說，它最初是。不！它還是一個傑作。它必須、必須是一個傑作。

瑪亞：〔震驚地瞪著他〕什麼！魯貝克！這整個世界都知道那是一個傑作。

魯貝克教授：〔憎惡地〕這整個世界知道個什麼！懂個什麼！

瑪亞：至少，他們可以看出點什麼的。

魯貝克教授：哼！看出那根本就沒有的東西，看出那完全就不是我所想的東西。哼！他們可以看得如癡如醉！〔對自己咆哮〕爲大家、爲這整個世界作到死，結果我換到了什麼？[3]

2　Henrik Ibsen, *When We Dead Awaken*, Act 2, 417-418.
3　Henrik Ibsen, *When We Dead Awaken*, Act 1, 336-337.

在另外一天的談話裡，瑪亞跟魯貝克的話題又回到了藝術。

> 魯貝克教授：〔又嚴肅起來〕什麼藝術家的天職啊！使命啊！那些話對我
> 來說已經變成徹底地空虛、空洞、一無意義。
> 瑪亞：那你要的是什麼？
> 魯貝克教授：生命。
> 瑪亞：生命？
> 魯貝克教授：是的。去享受那陽光下、那絢麗中的生命，比起整天到晚窩
> 在那冷冰冰、潮濕的洞裡捏弄那泥土和石塊，難道不是更值得百倍嗎？[4]

就在瑪亞和魯貝克度假的地方，伊蕊娜像幽靈一樣地出現了。說她像幽靈一樣，
因為，用她自己的話來說，她已經死了過去了。他們重逢以後的一段對話就道盡了一
切：

> 伊蕊娜：可是你忘了那最珍貴的禮物。
> 魯貝克：最珍貴的？什麼禮物呢？
> 伊蕊娜：我給了你我年輕、躍動的靈魂。我給了你那個禮物以後，我自己
> 內心就變得空無一物──失去了我的靈魂。〔對他瞪視著〕阿諾，那就是我
> 的死因。[5]

伊蕊娜已經死去了，因為她發現年輕時候的魯貝克只是把她當成工具，以便完成
他的「傑作」──她稱這個「傑作」為她和魯貝克的「孩子」。她作為一個活生生的
人，有她的生命、有她的愛、有她的夢想。這些，他完全視而不見。

> 伊蕊娜：〔溫柔地看著他〕你記得起來你對我說的那個字嗎──在你用完
> 了──用完了我、用完了我們的孩子以後？〔她對他點著頭〕你能記起來那
> 個字嗎，阿諾？
> 魯貝克教授：〔不解地望著她〕我說了什麼話嗎？妳記得的是什麼？

4　Henrik Ibsen, *When We Dead Awaken*, Act 2, 396.
5　Henrik Ibsen, *When We Dead Awaken*, Act 1, 379.

　　伊蕊娜：是的。你說了。難道你不記得了嗎？

　　魯貝克教授：〔搖著頭〕我不能說我記得。至少，我此刻是如此。

　　伊蕊娜：你溫馨地握住了我的雙手。我滿懷企盼、呼吸幾乎都要停止了地等著你的話。你說：「伊蕊娜，我從心底向妳道謝。這是我人生裡一段無價的插曲（episode）。」

　　魯貝克教授：〔狐疑地看著她〕我說了「插曲」那個字嗎？那不是一個我慣用的字眼。

　　伊蕊娜：你是說「插曲」。

　　魯貝克教授：〔強作歡顏〕嗯！到頭來那確實是一個插曲。

　　伊蕊娜：〔斷然地〕你說了那個字以後，我就離你而去了。[6]

　　在這一段對話以前，魯貝克已經告訴伊蕊娜，說伊蕊娜離開他以後，他只是在虛耗他的人生。

　　伊蕊娜：〔突然間激動起來〕那就是我所要的！我就是要你永遠無法再創作——在你創作了我們那唯一的孩子以後。

　　魯貝克教授：這是因爲妳嫉妒嗎？

　　伊蕊娜：〔冷冷地〕我認爲那是恨。

　　魯貝克教授：恨？妳恨我？

　　伊蕊娜：〔又再度激動起來〕對！我恨你——我恨那輕忽地利用了一個熱騰騰的身軀、一個年輕的生命、把她的靈魂掏空的藝術家——因爲你需要她來完成你的作品。[7]

　　《我們死人再生時》是一部懺悔錄，是魯貝克贏得了全世界，卻賠去了他的人生與愛情的悲劇。不管這部易卜生的封山之作是否有自傳的成分，它不是一部寫實的作品——這剛好跟胡適在〈易卜生主義〉裡的立論相反。易卜生作品的英譯權威威廉・亞確（William Archer）在這部劇本的〈導言〉裡說得很清楚。而且這篇〈導言〉是胡適一定讀過的：

6　Henrik Ibsen, *When We Dead Awaken*, Act 2, 420-421.

7　Henrik Ibsen, *When We Dead Awaken*, Act 2, 410.

我們就以魯貝克的雕像及其變成雕像群的歷史發展作爲例子。從雕塑藝術來說，這種發展完全是匪夷所思的不可能。這種設想，已經是完全脫離了實際的範疇，而進入了不可知的第四度空間。這完全背棄了易卜生一再強調的根本原則——亦即，如果我們在他的作品裡存在著任何象徵，那都完全是碰巧的，而且完全是附屬於他所刻畫的人生的眞實與實際之下。[8]

　　易卜生爲什麼會在《我們死人再生時》裡背棄了他寫實主義的根本原則呢？亞確認爲這是因爲易卜生的腦筋已經開始退化。亞確的這個論點並不是所有研究易卜生的學者所同意的。然而，這部易卜生的封山之作不是寫實主義的作品，大概是所有學者都能同意的。可是，爲什麼胡適卻以魯貝克用象徵的意義來描述他的雕像群的故事，來作爲易卜生寫實主義的「夫子自道」呢？我認爲原因很簡單。那「人身獸面的男男女女」，就是胡適所要借用來「寫實」地凸顯出這是一個男盜女娼、齷齪腐敗的社會的形象。

　　如果胡適斷章取義地挪用了《我們死人再生時》，他則是完全曲解了《雁》(*The Wild Duck*)的故事。胡適說：

> 社會最大的罪惡莫過於摧折個人的個性，不使他自由發展。那本《雁》戲所寫的只是一件摧殘個人才性的慘劇。那戲寫一個人少年時本極有高尚的志氣，後來被一個惡人害得破家蕩產，不能度日。那惡人又把他自己通姦有孕的下等女子配給他做妻子。從此家累日重一日，他的志氣便日低一日。到了後來，他墮落深了，竟變成一個懶人懦夫，天天受那下賤婦人和兩個無賴的恭維，他洋洋得意的覺得這種生活狠可以終身了。所以那本戲借一個雁做比喻：那雁在半閣上關得久了，他從前那種高飛遠舉的志氣全都消滅了，居然把人家的半閣做他的極樂國了！

　　胡適所說的這個「少年時本極有高尚的志氣」的人叫做亞馬(Hailmar)。胡適顯然是用那隻養在半閣裡的「雁」，來象徵「少有大志、長大潦倒」的亞馬。問題是，亞馬從來就不曾「極有高尚的志氣」。每一個讀過《雁》這部劇本的讀者，都可以很清楚地領會到，爲什麼每一個研究易卜生的學者，都說他是一個一無是處、懶惰、沒

8　William Archer, "Introduction," *When We Dead Awaken*, xxvii-xxviii.

志氣、自怨自艾、戔戔於博取同情、喜歡被捧然後就翹起尾巴的人。那被「惡人害得破家蕩產」的也不是亞馬，而是亞馬的父親。這個「惡人」害了亞馬的父親，因爲他把盜採官林的罪名全栽在亞馬的父親身上，讓他頂罪坐了牢。

這個「惡人」害亞馬的父親「破家」，但他並沒有讓亞馬「蕩產，不能度日」。相反地，這個「惡人」爲了贖罪，私下出錢讓亞馬去學攝影，並出資幫他開了一家照相館。胡適說：「那惡人又把他自己通姦有孕的下等女子配給他做妻子。」這句話也完全反映了胡適男性中心的性別觀。這胡適眼中的「下等女子」、「下賤婦人」的妻子叫吉娜(Gina)。吉娜原來是這個「惡人」家裡的女僕。她並沒有跟這個「惡人」「通姦」。事情是發生在她被辭退了以後。吉娜還在這「惡人」家裡幫傭的時候，這「惡人」就一直性騷擾她。弄得「惡人」病重的妻子也開始疑心起來，於是百般刁難，甚至對她打罵加交。吉娜因此自己辭掉了工作。可是「惡人」還是不放過她，追到她家裡去。當時「惡人」的妻子已經死了，他是一個鰥夫。用吉娜在亞馬追問下所回答的話來說：「他不讓我有一日的安寧，不到手他就是不罷休。」[9] 至於孩子是「惡人」的還是亞馬的，吉娜說她自己也不清楚[10]。

吉娜是性騷擾的受害者。她是《雁》劇裡最可愛的一個角色，也是亞馬家庭裡的磐石。吉娜雖然因爲沒受過教育，不識字，出口白字連連，她卻是一個最顧家、最稱職的家庭主婦、兼二房東、兼照相館真正的主人。她不但把家打點得井然有條，樓下又招租房客。名義上，亞馬是照相館的主人，吉娜跟女兒荷薇(Hedvig)只是幫忙修照片。實際上，亞馬以他需要冥想他那不世的發明爲藉口，成天無所事事，有人來照相，照相師其實也是吉娜。

《雁》劇所描寫的，完全不是胡適所說的：「一件摧殘個人才性的慘劇。」《雁》誠然是一個慘劇，但它的「慘」在於「惡人」的兒子貴格(Gregers)患了使命感症候群的病，想要幫助每一個人都能冷眼正視事實，然後以事實或眞理爲基礎來過生活。貴格從他父親在遠處的礦區回到鎮上。他恨他「惡人」的父親，也憐憫亞馬生活在謊言中而不自知。因此他搬進亞馬家作房客，把吉娜的過去一五一十地告訴亞馬，也誘導荷薇，說她如果要證明她對她父親完全奉獻的愛，就必須願意犧牲掉她最珍貴的東西——那隻養在半閣裡的「雁」是她的寵物。貴格建議荷薇先從犧牲她的寵物開始，來證明她對她父親的愛。悲劇是，亞馬是一個不中用的男人。他知道真相以

9　Henrik Ibsen, *The Wild Duck*, Act 4, 327.
10　Henrik Ibsen, *The Wild Duck*, Act 4, 355.

後，除了質問吉娜、對荷薇咆哮說她不是他的女兒以外，就只懂得怒氣沖沖出去爛醉一夜以後，然後又回到家裡當起他的老爺來。可憐的荷薇，拿起了他祖父、父親的手槍，溜進去了半閣。她狠不了心開槍打死那隻雁。最後，她就用自己作爲她對她父親完全奉獻的愛的證明，對準自己的心臟開了一槍。

胡適對亞馬跟吉娜的詮釋是完全錯誤的。然而，他對《雁》的象徵意義的解釋則不能說完全是他個人的妄解。我們不知道他是否參考了珍妮特・李(Jennette Lee)在1907年出版的《易卜生的秘密》(*The Ibsen Secret*)。珍妮特・李認爲「雁」象徵著荷薇、亞馬一家，以及整個生活在習俗與謊言之中的社會。她認爲貴格就是易卜生的化身。她說雖然易卜生知道他永遠不會成功，但他執意要說實話，即使聽他話的人不了解他，會把事情搞得更糟。她說：「《雁》是易卜生對他所處時代——其弱點、污染、懦弱、盲目——的蓋棺論定。」[11]

胡適把「雁」當成是一件摧殘亞馬個人才性的慘劇的象徵，這跟珍妮特・李把「雁」當成是亞馬一家，以及「整個生活在習俗與謊言之中的社會」的象徵是異曲同工的。必須指出的是，胡適跟珍妮特・李的這個論點，幾乎是所有研究易卜生的學者所不會同意的。特別是，如果貴格真是易卜生的化身的話，《雁》就是易卜生的自我批判。換句話說，社會不會因爲貴格把謊言揭穿了，就會人人「以事實或眞理爲基礎來過生活」。相反地，貴格雖然揭穿了謊言，但是，他並沒有爲亞馬一家帶來獲得了眞理以後的救贖與解放。我們幾乎可以說亞馬寧願活在謊言裡。最悲劇最悲慘的結局是：荷薇聽了貴格的話而殞命，成爲貴格使命感症候群下的犧牲品。

胡適爲什麼對《雁》作出如此不爲絕大多數研究者所接受的詮釋呢？這答案跟胡適爲什麼會斷章取義《我們死人再生時》，截取劇中的片段來作他的寫實主義佐證的答案是一樣的。胡適在〈易卜生主義〉裡所要闡釋的，是社會的專制、虛僞、腐敗，以及它對個人無情的控制、壓迫，與洗腦。由於這是胡適的主旨，〈易卜生主義〉所描寫的，主要是個人對社會的掙扎、妥協，與反抗。因此，〈易卜生主義〉著墨最多的是《娜拉》(*A Doll's House*)、《群鬼》(*Ghosts*)，與《國民公敵》(*An Enemy of the People*)。

胡適把《娜拉》描寫成家庭——社會的縮影——壓迫、奴役個人的故事。胡適用《娜拉》的故事來形容家庭的齷齪：

11　Jennettee Lee, *The Ibsen Secret: A Key to the Prose Dramas of Henrik Ibsen* (New York: G.P. Putnam's Sons, 1907), p. 145.

　　易卜生所寫的家庭，是極不堪的。家庭裡面，有四種大惡德：一是自私自利；二是倚賴性、奴隸性；三是假道德，裝腔作戲；四是懦怯沒有膽子。做丈夫的便是自私自利的代表。他要快樂、要安逸，還要體面。所以他要娶一個妻子。正如《娜拉》戲中的郝爾茂，他覺得同他妻子有愛情是很好玩的。他叫他的妻子做「小寶貝」、「小鳥兒」、「小松鼠兒」、「我的最親愛的」等等肉麻名字。他給他妻子一點錢去買糖吃、買粉搽、買好衣服穿。他要他妻子穿得好看，打扮的標致。做妻子的完全是一個奴隸。她丈夫喜歡什麼，她也該喜歡什麼，她自己是不許有什麼選擇的。她的責任在於使丈夫歡喜。她自己不用有思想，她丈夫會替他思想。她自己不過是他丈夫的玩意兒，很像叫化子的猴子，專替他變把戲，引人開心的(所以《娜拉》又名《玩物之家》)。

　　郝爾茂(Helmer)有所不知，他的「小鳥兒」、「小松鼠兒」的娜拉，幾年前在他生病的時候救了他的命：

　　　　《娜拉》戲內的娜拉，因為要救她丈夫的生命，所以冒她父親的名字，簽了借據去借錢。後來事體鬧穿了，她丈夫不但不肯替娜拉分擔冒名的干係，還要痛罵她帶累他自己的名譽。後來和平了結了，沒有危險了，她丈夫又裝出大度的樣子，說不追究她的錯處了。他得意揚揚的說道：「一個男人赦了他妻子的過犯是很暢快的事！」(《娜拉》三幕)

　　看清楚了她先生的真面目以後，娜拉決定要離家去尋找自己。胡適說：

　　　　《娜拉》戲裡，寫娜拉拋了丈夫兒女飄然而去，也只為要「救出自己」。那戲中說：
　　　　郝爾茂：……妳就是這樣拋棄妳的最神聖的責任嗎？
　　　　娜拉：你以為我的最神聖的責任是什麼？
　　　　郝：還等我說嗎？可不是妳對於妳的丈夫和妳的兒女的責任嗎？
　　　　娜：我還有別的責任同這些一樣的神聖。
　　　　郝：沒有的。妳且說，那些責任是什麼？
　　　　娜：是我對於我自己的責任。

　　郝：最要緊的，妳是一個妻子，又是一個母親。

　　娜：這種話我現在不相信了。我相信，第一，我是一個人，正同你一樣——無論如何，我務必努力做一個人。(三幕)[12]

　　娜拉在劇終把大門砰然一聲帶上離家出走的故事，是《娜拉》一劇裡最扣人心弦的高潮。從我們今天女性解放已經被視為理所當然的角度看回去，娜拉如果不出走，觀眾肯定會喝倒采。然而，在易卜生寫作《娜拉》的時代，那是驚世駭俗、震驚全歐洲的一幕。《娜拉》1880年2月6日在德國首次公演的時候，由於害怕觀眾不能接受，易卜生又不願意讓別人任意竄改他的劇本，因此，他自己寫了一個娜拉沒有出走的結局。這個易卜生為德文版所寫的結局如下：

　　娜拉：……那要在我們能夠從我倆的生活裡去創建一個真正的婚姻才可以。別了！〔才起步〕

　　郝爾茂：那妳就走妳的吧！〔一把抓住她的手臂〕但在妳走以前，妳必須再看妳的孩子最後一眼！

　　娜拉：讓我走！我不要看他們！我作不到！

　　郝爾茂：〔把她拖到舞臺左邊的門〕妳就是得看他們。〔把門打開，輕聲地說著〕看！他們睡得多甜、多無憂無慮啊！明天，等他們醒來叫媽媽的時候，他們就會是——沒有媽媽的孩子。

　　娜拉：〔全身戰抖著〕沒有媽媽的孩子……！

　　郝爾茂：就像妳從前小的時候一樣。

　　娜拉：沒有媽媽的孩子！〔她跟自己掙扎著，手上的行李袋滑落到地，她說〕喔！這等於殺了我一樣(sin against myself)，可是我不能離開他們。〔她倚著門半癱倒下來〕

　　郝爾茂：〔雀躍、但輕聲地說著〕喔！娜拉！

　　〔幕落〕

　　易卜生在1880年2月17日給丹麥一家報紙的公開信裡忿忿然地寫說：

12　胡適，〈易卜生主義〉，《胡適全集》，1：601、613。

用我自己對我〔德文版〕的譯者的話來說，這樣的改變對我的劇本，是一椿「野蠻的暴行」。這樣的結局完全違背了我的想法，我希望不會有太多的德國劇院會採用它。[13]

然而，娜拉在劇終出走真的是易卜生的初衷嗎？我在2012年參加第十三屆國際易卜生會議的時候，在6月19日的一個會場的討論時段裡，聽到了奧斯陸大學愛司翠・賽色（Astrid Sæther）教授的一個新發現。賽色教授說她2011年8月跟她的研究助理在「挪威國家圖書館」調閱易卜生的《娜拉》的手稿的時候，館員告訴她們說：易卜生《娜拉》手稿的最後一頁是用膠水黏上去的。同時，「挪威國家圖書館」在易卜生的來往信件檔裡發現了一頁從紙張、字跡、色澤來判斷，應該是那被抽掉的最後的一頁。根據這個新發現的最原始稿，娜拉雖然走了出去，但在她打開大門以前，就癱坐在門前的矮凳上。如果這真是原始版的話，後來易卜生用挪威文出版的娜拉出走的結局就是第二版。賽色教授說，我們現在能看到娜拉出走的結局，端賴易卜生夫人蘇珊娜（Suzannah）之賜。這是因為蘇珊娜告訴易卜生說，如果《娜拉》的結局，娜拉不出走，那她蘇珊娜就要出走了。賽色教授在2012年7月17日給我的電子郵件裡，說這是易卜生兩位曾孫告訴她的故事。

如果不是因為蘇珊娜・易卜生堅持「娜拉不出走，就是我出走」，我們今天所讀到的《娜拉》就是一個跟社會妥協的娜拉。這麼說來，易卜生有什麼理由抱怨說他自己所寫的德文版的結局是「一椿『野蠻的暴行』」呢？而且還不只是一次抱怨呢！這其實並不難解釋。易卜生是一個非常注意票房記錄以及劇本銷售數字的人。娜拉出走所引發的爭議，使《娜拉》一劇爆紅。其結果讓易卜生自己都覺得那是一個理所當然的結局。同時，那也是一種心理的防衛機制。用佛洛伊德的「反動機制」（reaction formation）的觀念來說，那種看似義憤填膺、義正辭嚴的舉措，其所掩藏的就是易卜生自己內心潛藏的希冀。越是他自己所壓抑的，就越是他所義憤填膺去譴責的。

在胡適的〈易卜生主義〉裡，個人與社會對峙的故事，最膾炙人口的，莫若《國民公敵》裡的主人翁斯鐸曼醫生（Dr. Stockmann）。胡適說：

易卜生有一本戲叫做《國民公敵》……這本戲的主人翁斯鐸曼醫生，從前

13　"The Alternative Ending of *A Doll's House*," http://www.ibsen.net/index.gan?id=11111794，2012年6月26日上網。

發現本地的水可以造成幾處衛生浴池。本地的人聽了他的話，覺得有利可圖，便集了資本，造了幾處衛生浴池。後來四方的人聞了浴池之名，紛紛來這裡避暑養病。來的人多了，本地的商業市面便漸漸發達興旺，斯鐸曼醫生便做了浴池的官醫。後來洗浴的人之中忽然發生一種流行病症。經這位醫生仔細考察，知道這病症是從浴池的水裡來的。他便裝了一瓶水寄與大學的化學師請他化驗。化驗出來，才知道浴池的水管安得太低了。上流的污穢，停積在浴池裡，發生一種傳染病的微生物，極有害於公眾衛生。斯鐸曼醫生得了這種科學證據，便做了一篇切切實實的報告書，請浴池的董事會把浴池的水管重行改造，以免妨礙衛生。不料改造浴池需要花費許多錢，又要把浴池閉歇一兩年。浴池一閉歇，本地的商務便要受許多損失。所以，本地的人全體用死力反對斯鐸曼醫生的提議。他們寧可聽那些來避暑養病的人受毒病死，不情願受這種金錢的損失。所以他們用大多數的專制威權，壓制這位說老實話的醫生，不許他開口。他做了報告，本地的報館都不肯登載；他要自己印刷，印刷局也不肯替他印；他要開會演說，全城的人都不把空屋借他做會場。後來好容易找到了一所會場，開了一個公民會議。會場上的人不但不聽他的老實話，還把他趕下臺去。由全體一致表決，宣告斯鐸曼醫生從此是國民的公敵。他逃出會場，把褲子都撕破了，還被眾人趕到他家，用石頭擲他，把窗戶都打碎了。到了明天，本地政府革了他的官醫；本地商民發了傳單不許人請他看病；他的房東請他趕快搬出屋去；他的女兒在學堂教書，也被校長辭退了。這就是「特立獨行」的好結果！這就是大多數懲罰少數「搗亂分子」的辣手段！[14]

我們現在所能看到的〈易卜生主義〉是胡適在1918年寫的中文版。根據胡適自己的回憶：「〈易卜生主義〉一篇寫得最早，最初的英文稿是民國三年〔1914〕在康乃爾大學哲學會宣讀的，中文稿是民國七年〔1918〕寫的。」[15]我們知道胡適在世的時候，手頭一直存有這篇英文稿。比如說，他在1931年1月15日的日記裡說：「到英美煙公司，把十六年前做的〈易卜生主義〉英文原稿交A.T. Henckendorff〔亨肯朵夫〕帶給他的夫人看。」[16]同月18日的日記：「在A.T. Henckendorff家吃飯，與他們夫婦

14　胡適，〈易卜生主義〉，《胡適全集》，1：609-610。
15　胡適，〈介紹我自己的思想〉，《胡適全集》，4：662。
16　《胡適日記全集》，6：439。

暢談。其夫人最表同情於我的〈易卜生主義〉一文。」[17]又，同月23日的日記：「在
〔沈〕崑三家吃飯。他說：Mr. A.T. Henckendorff說挪威公使要把我的〈易卜生主
義〉打二份，送入Ibseniana〔易卜生彙輯〕中去。我說可以。」[18]

　　我兩年多來追尋胡適這篇英文的〈易卜生主義〉的努力，很遺憾地只好以暫時的
失敗，畫下了一個休止符。胡適這篇英文的〈易卜生主義〉，北京近代史研究所的
「胡適檔案」、康乃爾大學的檔案館、挪威的「易卜生中心」都沒有。我原先還把最
後的希望放在挪威的國家檔案館，希望挪威公使把胡適的〈易卜生主義〉交給了外交
部。遺憾的是，這個希望最後還是落空了。為了找尋胡適這篇文章，我特別參加了
2012年6月下旬在挪威的特倫索(Tromsø)所舉辦第十三屆國際易卜生會議。我原先的
計畫是在會議結束以後到奧斯陸的挪威國家檔案館找這篇文章。只是，令人失望的消
息在我出發以前就收到了。2012年5月15日，挪威國家檔案館回函告訴我他們也沒有
胡適的這篇論文。在挪威的時候，我也去了收藏了易卜生檔案的挪威國家圖書館。只
是，我的希望還是落空了。我現在最後的希望，是透過在這次會議所認識的幾位挪威
的易卜生學者幫我再作最後搜尋的努力。

　　在胡適1914年的英文版的〈易卜生主義〉出現以前，我們無法確定他1918年的中
文版與1914年的英文版差別有多大。我在《舍我其誰：胡適，第一部：璞玉成璧，
1891-1917》裡，說胡適1914年的〈易卜生主義〉英文稿遺失之所以特別可惜，是因
為我們不能用他在1918年所寫的中文稿來還原他四年前所寫的英文稿的觀點。這主要
是因為這四年之間，是胡適思想變化的一個關鍵期。他在1914年寫〈易卜生主義〉的
時候，還沒有接觸到實驗主義。我在第一部裡分析了胡適寫《先秦名學史》的時候，
對杜威實驗主義有諸多附會、誤解的地方。然而，我認為回到中國以後的胡適，因為
下了工夫，開始對實驗主義有比較深刻的了解。他在撰寫〈易卜生主義〉的中文稿之
前，又至少重溫了易卜生的《國民公敵》。

　　現在，胡適這篇1914年的英文版的〈易卜生主義〉確定是找不到了。我們只有他
的中文版可以作為依據。然而，我推測胡適1918年所寫的〈易卜生主義〉基本上保持
了他1914年英文版的主旨。至少，我認為他對易卜生寫實主義的描述與分析大致是保
持了原貌。如果我這個推測是正確的，則我們想要正確地分析胡適的〈易卜生主
義〉，就必須先了解胡適在1914年寫那篇英文稿的時候的思想背景與脈絡。首先，我

17　《胡適日記全集》，6：448。
18　《胡適日記全集》，6：469。

們必須了解〈易卜生主義〉並不是胡適思想成熟以後的作品。它只是胡適心路歷程上的一個里程碑，其所代表的思想主旨，是他在短短幾年之間就會超越、揚棄的。

胡適1914年寫〈易卜生主義〉的時候還沒滿二十三歲。當時，他是康乃爾大學哲學研究所一年級的學生。我在《璞玉成璧》的第八章裡，推測了胡適接觸到易卜生的來龍去脈。我認為易卜生的劇本不是他在課堂上所讀的，而是他自己在課外拾起來讀的。胡適第一次接觸到易卜生，可能是在1912年春天。當時，康乃爾大學的「理學會」請閃族語言的教授須密(N. Schmidt)作了兩次有關易卜生的倫理的演講。1912年到1914年，這正好是胡適從一個以愛國為基礎的世界公民，一變而成為一個超越國界的世界公民；然後再從世界公民，再一變而成為一個絕對的不爭主義者的階段。

我們如果不了解胡適這個從國家主義走向世界主義思想轉變的過程，我們就會根本地誤解他〈易卜生主義〉的思想背景。林毓生的誤解就是一個最好的例子。林毓生說：「易卜生的『為我主義』源自他的『無政府主義』的思想背景。」他在注釋裡說：「胡先生在〈易卜生主義〉中說：『易卜生的純粹無政府主義，後來漸漸地改變了。』這是與事實有出入的。」[19]林毓生接著說：胡適

> 在沒有交代清楚這些複雜的西方思想的流派與背景之前，一開始便以極端的個人主義──「真實純粹的為我主義」──來說明他提倡的個人主義的意義，自然難免要在中國造成許多思想上的混淆……卻以提倡易卜生在西方思想脈絡中發展出來具有強烈無政府主義色彩的「為我主義」，來說明他所強調的個人獨立的觀點……但，提倡易卜生的「真實純粹的為我主義」無形中夾帶進來「無政府主義」的思想成分，而且很容易發展成──或滑落到──自私自利的思想，這就不能不說與胡適思想中的機械成分或推演過當有關。[20]

林毓生會有所謂的胡適對易卜生的了解「與事實有出入」、所謂「胡適思想中的機械成分或推演過當」云云，都是因為他不了解胡適寫作〈易卜生主義〉的思想背景。胡適從易卜生那兒所汲取過來的不是無政府主義，而是他認為易卜生所服膺的世界主義。事實上，胡適的〈易卜生主義〉有意味的地方，就正在於他在這篇文章裡留下了他世界主義的足跡。胡適說：

19　林毓生，〈漫談胡適思想及其它──兼論胡著〈易卜生主義〉的含混性〉，《政治秩序與多元社會》(台北：聯經出版公司，1989)，頁227。
20　林毓生，〈漫談胡適思想及其它──兼論胡著〈易卜生主義〉的含混性〉，頁228-229。

易卜生起初完全是一個主張無政府主義的人。當普法之戰(1870年到1871年)時，他的無政府主義最爲激烈。1871年，他有信與一個朋友道：

個人絕無做國民的需要。不但如此，國家簡直是個人的大害。請看普魯士的國力，不是犧牲了個人的個性去買來的嗎？**國民都成了酒館裡跑堂的了，**自然個個都是好兵了。

易卜生這一段話，特別是我用黑體字標明出來的地方，胡適譯錯了。正確的翻譯如下：「個人完全沒有必要成爲國民。相反地，國家是個人的災難。普魯士的國力是用什麼代價換來的？把個人與政治與疆域的概念結合的代價是什麼？跑堂是最好的士兵。」[21]

胡適說：「易卜生的純粹無政府主義，後來漸漸的改變了。」他說原因是：

他親自看見巴黎「市民政府」(Commune)的完全失敗(1871)，便把他主張無政府主義的熱心減了許多(《尺牘》第81)。到了1884年，他寫信給他的朋友說，他在本國若有機會，定要把國中無權的人民聯合成一個大政黨，主張極力推廣選舉權，提高婦女的地位，改良國家教育，要使脫除一切中古陋習(《尺牘》第78)。這就不是無政府的口氣了，但是他終究不曾加入政黨。他以爲加入政黨是狠下流的事(《尺牘》第158)。他最恨那班政客，他以爲「那班政客所力爭的，全是表面上的權利，全是胡鬧。最要緊的是人心的大革命」(《尺牘》第77)。

胡適說：「易卜生從來不主張狹義的國家主義，從來不是狹義的愛國者。」1888年，他寫信給一個朋友說道：

知識思想略爲發達的人，對於舊式的國家觀念，總不滿意。我們不能以爲有了我們所屬的政治團體便足夠了。據我看來，國家觀念不久就要消滅了，將來定有人種觀念起來代他。即以我個人而論，我已經過這種變化。我起初覺得我是那〔挪〕威國人，後來變成斯堪丁納維亞人(那威與瑞典總名斯堪

21　Henrik Ibsen to George Brandes, February 17, 1871, *The Correspondence of Henrik Ibsen*, tr. and ed., Mary Morison (London: Hodder and Stoughton, 1905), pp. 208-209.

丁納維亞），我現在已成了條頓人了(Teutonism)(《尺牘》第106〔注：誤，應爲《尺牘》第206〕)。

這是1888年的話。我想易卜生晚年臨死的時候(1906)一定已進到世界主義的地步了。

胡適說：「我想易卜生晚年臨死的時候(1906)一定已進到世界主義的地步了。」這是一個當時狂熱地服膺世界主義、求知若狂、思想卻尚未成熟的年輕學子想當然耳所說的話。易卜生雖然說：「國家觀念不久就要消滅了」，但是他說得很清楚，將來要取代國家觀念的是胡適所說的「人種觀念」，亦即種族意識 (racial consciousness)[22]。胡適很可能把易卜生的「人種觀念」錯誤地詮釋爲「人類的觀念」。因此，他才會那麼樂觀地說易卜生在臨死之前，「一定已進到世界主義的地步了」。

胡適把易卜生的話翻成「我現在已成了條頓人了」 (I have arrived at Teutonism)。這句話更準確的翻譯是：「我現在已經服膺了條頓主義了。」它有條頓人至上的種族主義的意味。換句話說，即使我們姑且接受胡適的演繹，說易卜生在晚年可能已經從條頓主義進一步地走到了「世界主義」，這個「世界主義」是一種不包括亞洲、非洲在內的西方的「世界主義」。這是時代使然，不足爲奇。

不但如此，易卜生在劇作裡就有歧視中國人的對話，亦即，中國人是醜陋的代名詞。比如說，在《娜拉》的第三幕裡，娜拉的先生郝爾茂勸林頓太太(Mrs. Linden)不要作針織，而應該作刺繡。林頓太太問他理由。

郝爾茂：因爲那〔刺繡〕看起來漂亮多了。妳瞧！妳左手拿著刺繡，右手用長而從容的弧度運馭著妳手中的針。妳說對不對？

林頓太太：我想你說得有道理。

郝爾茂：但針織的樣子看起來就很醜陋。妳瞧！妳的手臂緊挨著身子，織針往上往下地挑動著——那看起來就有中國人的臭味兒。[23]

我在《璞玉成璧》裡，提到留美時期的胡適對種族歧視很能有嫉惡如仇知心。他

22　Henrik Ibsen to George Brandes, October 30, 1888, *The Correspondence of Henrik Ibsen,* tr. and ed., Mary Morison, p. 420.

23　Henrik Ibsen, *A Doll's House*, Act 3, 122-123.

對當時美國社會對黑人、猶太人的歧視，很能作出推己及人、同仇敵愾的同情心。可是，在種族歧視指向中國人的時候，他的觸角卻彷彿多眠了一般。我們現在在〈易卜生主義〉裡又找到了另外一個例證。

胡適的〈易卜生主義〉從發表到現在已經快要一個世紀了。可是，至今沒有一個完整、系統的分析。胡適在這篇文章裡所用來闡述他的「易卜生主義」的劇本其實只有六齣：《娜拉》、《群鬼》、《國民公敵》、《社會的棟梁》、《雁》，以及《海上夫人》。然而，居然沒有任何研究胡適的學者願意花一點心思去讀易卜生的原劇，看胡適究竟如何挪用易卜生！

到目前為止，分析胡適的〈易卜生主義〉最有見地的，是張書克的〈胡適和約翰‧密爾的《論自由》〉。張書克一針見血地指出了胡適的〈易卜生主義〉和穆勒《論自由》的關係。用張書克的話來說：「胡適撰寫〈易卜生主義〉，提倡個性主義，提倡『健全的個人主義』，易卜生的劇作是一個重要資源，但密爾〔穆勒〕《論自由》的影響同樣不容忽視。」[24]

張書克注意到胡適在留學日記裡，提到個性的獨立與自由的時候，常常是把易卜生與穆勒並舉。比如說，胡適在1914年10月20日的日記裡，就是以穆勒在《論自由》裡的話來形容韋蓮司特立獨行的個性。他形容韋蓮司：「其人極能思想，讀書甚多，高潔幾近狂狷，雖生富家而不事服飾；一日自剪其髮，僅留二三寸，其母與姐腹非之而無如何也，其狂如此，余戲謂之曰：『昔約翰彌爾(John Stuart Mill)有言，「今人鮮敢為狂狷之行者，此真今世之隱患也。」(吾所謂狂狷乃英文之eccentricity)狂乃美德，非病也。』女士謂：『若有意為狂，其狂亦不足取。』余亦謂然。」[25]在這裡，胡適是用「狂狷」來翻譯穆勒在《論自由》裡所說的"eccentricity"(特立獨行)。

更有意味的，是胡適在11月3日的日記裡所揭櫫的「不容忍」論。這則日記有它的緣由。11月1日上午，胡適為韋蓮司說明了中國人的「容忍」觀。過後，他把中西的「容忍」觀作了如下的比較：

> 韋蓮司女士語余曰：「若吾人所持見解與家人父母所持見解扞格不入，則吾人當容忍遷就以求相安乎？抑將各行其是，雖至於決裂破壞而拂恤乎？」此問題乃人生第一重要問題，非一言所能盡，余細思之，可得二種解決：

24　張書克，〈胡適和約翰‧密爾的《論自由》〉，《胡適研究通訊》2011年第1期，頁28-29。
25　胡適，《胡適日記全集》，1：517-518。

余東方人也，則先言東方人之見解。昔毛義有母在，受征辟，捧檄而喜。其喜也，爲母故也。母卒，即棄官去。義本不欲仕，乃爲母屈耳。此東方人之見解也。吾名之曰：「爲人的容忍」(altruistic toleration)。推此意也，則父母所信仰(宗教之類)，子女雖不以爲然，而有時或不忍拂愛之者之意，則容忍遷就，甘心爲愛我者屈可也。父母老矣，一旦遽失其所信仰，如失其所依歸，其痛苦何可勝算？人至暮年，不易改其見解，不如吾輩少年人之可以新信仰易舊信仰也。其容忍也，出於體恤愛我者之心理，故曰「爲人的容忍」。

次請言西方近世之說。其說曰：「凡百責任，以對一己之責任爲最先。對一己不可不誠。吾所謂是，則是之，則篤信而力行之，不可爲人屈。眞理一而已，不容調和遷就，何可爲他人之故而強信所不信，強行所不欲行乎？」此「不容忍」之說也。其所根據，亦並非自私之心，實亦爲人者也。蓋人類進化，全賴個人之自蓋。思想之進化，則有獨立思想者之功也。政治之進化，則維新革命者之功也。若人人爲他人之故而自遏其思想言行之獨立自由，則人類萬無進化之日矣。(彌爾之《群己權界論》倡此說最力。伊卜生〔易卜生〕之名劇《玩物之家》〔《娜拉》〕亦寫此意也。)吾於家庭之事，則從東方人；於社會國家政治之見解，則從西方人。[26]

　　胡適11月3日的這則日記，是他在前一天給韋蓮司的中文版。胡適在這封英文信裡說：

我們昨天早上談到「容忍」的時候，我只提出了我早年教育裡所反映出來的東方人的看法。我當時沒時間提出現代西方的看法。我現在想把後者的看法寫下來。但先讓我簡述一下東方人的看法。

東方人的看法可以稱之爲「爲人的容忍」，亦即，爲了顧慮或尊重他所愛和愛他的人所作的容忍。如果我們驟然摧毀所有那些我們認爲已經僵死、可是**他們**仍然秉持的理想，那會對他們造成極大的痛苦。我們還年輕，思想富有創造力。但他們已經過了**可塑**的階段，已經無法接受**我們**的新偶像來取代他們舊有的。就是因爲這種顧慮，我們在**不至於太有害於**我們自己個性與人

26　胡適，《胡適日記全集》，1：528-529。

格發展的範圍內，**自願地**去容忍他們的信仰和觀念。這不是懦弱，也不是虛偽，而是爲他、是愛。

當我說「在不至於太有害於我們自己個性與人格發展的範圍內」的時候，我實際上已經是從東方人的看法，過渡到西方人的看法了。

根據我的了解，西方人的態度是這樣的：我們**對自己的責任**，超乎一切。我們必須忠於自己。我們必須自己獨立思考，一定不能去遏制自己的個性與人格。我們有幸能用新的觀點看見眞理的人，一定要堅持我們所接受的眞理。我們絕對不能妥協，因爲我們的理想——眞理——是不容妥協的。

這個觀點在易卜生的《娜拉》那本劇本裡表白得最爲透徹。如果妳想讀的話，請給我電話，我可以把我的書借給妳。

這種態度絕對不是自我中心的。不！**爲社會的福祉著想**，最好的方法就是讓個人有最大的自由去把自我發揮到極致。人類的進步，就端賴每一個人都能毅然決然地堅持他所信仰的眞與善，不以「現有秩序」爲滿足。換句話說，社會之所以能有進步，該歸功的是激進者和叛逆分子。

這種觀點，說得最好的，是穆勒在他那篇不朽的傑作《論自由》。如果妳有興趣的話，我可以把我那本借給妳。[27]

1915年1月，胡適又跟韋蓮司談到了易卜生的劇作。那就是我在《璞玉成璧》裡所描述的一齣宗教史上獨一無二的顛覆性的告解儀式——由無神論的胡適扮演「神父」，爲節克生牧師(Rev. Henry Jackson)作懺悔的告解。胡適在這封信裡爲韋蓮司描寫他如何爲節克生牧師作告解：

他現在已經決定離開教會。不久以後，他就要把他對基督教和教會的看法公諸於世。他想要作一個自由的人，自由地去說和寫他所相信的眞理。他要在七月以後搬來綺色佳住。我讀了一段約翰·墨理(John Morley)在《論妥協》(*On Compromise*)〔韋蓮司在兩個月以前推薦給胡適讀的書〕的話，即「世人的微笑值多少呢？而爲了贏得它〔我們得犧牲我們的道德勇氣；還有那世人的皺眉又值多少呢？而我們對它的恐懼居然遠勝於眞理的萎縮以及我們內心靈魂之光的漸行漸熄。頁197。〕」開頭的那句話。他很喜歡這段

27　Hu to Clifford Williams, November 2, 1914,《胡適全集》，頁4-5。

話。他說他需要像這樣的書來作他的道德良藥。所以，我就把我「這本我送給我自己的生日禮物」〔即墨理的《論妥協》〕借給他。我同時也借給他易卜生的《國民公敵》。[28]

值得指出的是，目前「胡適檔案」裡所存的這封信不是胡適的原稿，而是韋蓮司的打字稿。更有意味的是，這封信有兩份韋蓮司在不同時期用打字機所打出來的打字謄稿：一份在北京的「胡適檔案」裡；另一份在台北的胡適紀念館的「胡適檔案」裡。胡適紀念館的版本是韋蓮司在1960年交給胡適帶回台北的。北京的「胡適檔案」的版本，則是韋蓮司在1933年打好寄到北平給胡適的。北京的版本，我在《星星・月亮・太陽——胡適的情感世界》裡已經交代過了，是胡適1933年到綺色佳與韋蓮司成為靈肉之交之行以後另外的收穫。我們不知道是胡適要求的，還是韋蓮司自發的，韋蓮司開始用打字機把胡適留學時期給她的信打下來，再分批寄到北平給他。1949年後，由於胡適倉促離開北平，而留在北京[29]。

在韋蓮司1933年的打字版裡，雖然她把冠詞的"An"誤打成了"The"，但這本易卜生的劇本的名字她是打對的，亦即，《國民公敵》(*The*〔*An*〕*Enemy of the People*)[30]。等到韋蓮司在1960年左右再次用打字機謄打胡適留美時期給她的信的時候，伊人已然遲暮。七十五歲的她，目已不聰。她把"Enemy"〔敵人〕看成了"Evening"〔晚間〕。於是在她的打字謄稿裡，她把易卜生的這齣劇本的名字誤打成《國民之夜》(*The Evening of the People*)。令人意想不到的是，周質平彷彿是不知道易卜生有一本《國民公敵》之作似的，居然辨識不出來《國民之夜》是《國民公敵》的打字之誤，於是就盲人瞎馬地把這句話翻成：「易卜生的《人民的夜晚》」[31]。讀者使用周質平翻譯胡適與韋蓮司的來往信件必須核對原文，因為他誤譯、妄解、誤拼英文原文，以及遇難就以刪節號漏譯之處所在多有[32]。

言歸正傳，胡適在1914年11月3日這則日記裡所作的「不容忍」論，以及他11月2日給韋蓮司的這封信，都是歷來研究胡適的人所該措意而失於措意的所在。許多人都

28　Hu Shih to Clifford Williams, January 25, 1915,《胡適全集》，40：34-35。

29　江勇振，《星星・月亮・太陽——胡適的情感世界》，頁281-284；「增訂版」，頁246-257。

30　Hu to Clifford Williams, January 25, 1915, Williams transcription,「胡適檔案」，E118：「姓氏不明者來信卷宗」。

31　周質平，《不思量自難忘——胡適給韋蓮司的信》。

32　有興趣的讀者可以對比我在《星星・月亮・太陽——胡適的情感世界》裡的翻譯。

人云亦云地說胡適是一個一生都提倡「容忍」的人。殊不知胡適一生對「容忍」的態度數變。胡適在這則1914年的日記裡說得再清楚也不過了：「吾於家庭之事，則從東方人；於社會國家政治之見解，則從西方人。」換句話說，胡適留美的時候，在「社會國家政治之見解」方面，絕對拒絕「爲他人之故而自遏其思想言行之獨立自由」。胡適當時所服膺的，是「雖千萬人，吾往矣！」的特立獨行的哲學。從這個意義來說，〈易卜生主義〉，是胡適留美時期——以《國民公敵》裡的斯鐸曼醫生爲典型——的「不容忍」論的寫照。

胡適的「不容忍」論，似乎在他回國以前攀升到了最高點。他在1917年4月13日給韋蓮司的一封長信，淋漓盡致地發揮了他的「不容忍」論：

> 我一直覺得我兩個星期以前對妳母親所說的話是相當不寬厚的〔注：因爲胡適在前段談的是基督教，所以可能又是跟基督教有關。我在《星星・月亮・太陽——胡適的情感世界》描述了胡適常跟韋蓮司的母親抬槓基督教〕。我欠妳一聲道歉。我接觸過許多中國學生，他們的腦筋對某些問題是完全封閉的。愛國的責任就是其中一個問題。對其他問題，他們可以商量。但對這所謂的天經地義的問題，他們是完全聽不進任何批評的。我細想其原因，我深信這是因爲他們從來就不曾批判地去審視他們的信仰的立論基礎。長年生活在虛假以及權威的膜拜之下，剝奪了他們批判的能力。
>
> 我因此得出了一個結論：這個世界之所以保守，是因爲它沒有經常受到震撼。這種震撼是社會上激進的思想家可以，而且是**必須**給與的。思想封閉的人之所以會如此，有些是因爲他們從來就沒有機會被震撼過；有些則是因爲那些可以，也應該讓他們被震撼的人，決定不讓他們吃這個苦。結果受苦的是我們。
>
> 這個結論使我對妳我所常討論的「思想上的責任」（intellectual responsibility）有了一個新的看法。妳一定記得妳曾經寄給我一段康多塞（Condorcet）的話。意思是說，我們應該不要讓我們所愛的人承受到直言可能帶來的痛苦。我現在認爲這種妥協是不必要的，而且根本是**不道德的**！思想上誠實，必須從家裡開始作起。我們怎能硬下心腸，不讓我們所愛的人知道我們認爲對他人有益的想法呢？
>
> 我回國的時間越來越近，這個想法就對我越來越眞實。我於是下定決心要對所有親朋直言。當然，在公開的場合直言是毋庸贅言的。我們必須**願意**把

思想上的痛苦加諸別人身上。我記得我自己就受到震撼，因爲連孔子都教導我們說，孝順之道，在於「事父母，幾諫。」

　　這是我第一次把這種想法筆之於書。妳有時間的時候，請給我意見。[33]

　　許多人都愛說胡適一輩子崇尚「容忍」之說。事實上，留美歸國時候的胡適，是立意要像《國民公敵》裡的斯鐸曼醫生，爲了要跟社會的保守搏鬥，爲了要秉持他在「思想上的責任」與「思想上誠實」，他下定決心要直言、要「把思想上的痛苦加諸別人身上」。

　　胡適在1914年前後討論個人與社會的關係的時候，常是把易卜生與穆勒並舉。這個事實，張書克注意到了。他說：

　　　大體上可以説，在〈易卜生主義〉一文中，胡適借助了易卜生的文學作品和易卜生塑造的文學形象，表達的卻是19世紀維多利亞時代個人主義、自由主義的思想，其中當然也包括了約翰‧密爾《論自由》的基本思想。〈易卜生主義〉中的許多人物和故事出自易卜生筆下，但文章的理論底色，卻有著密爾《論自由》的痕跡。[34]

　　張書克接著用穆勒在《論自由》裡的話，來闡明胡適在〈易卜生主義〉裡的論旨：

　　　在密爾看來，社會的暴虐、社會對個人的專制、社會對個性的壓迫是當時英國極爲可怕的情況，比政治壓制更甚，因爲人們有更少的逃避方法，因爲社會暴虐透入生活細節更深的多，因爲社會暴虐奴役到人們靈魂本身。密爾認識到，當社會成爲暴君時，也就是説，當社會作爲集體而凌駕於構成社會的個別個人時，社會的肆虐手段是很多的，它可以是立法、行政，乃至是司法的手段，但通常則表現爲相對不那麼明顯、從而未能引起人們警惕的手段，比如社會輿論、得勢感想〔注：原文是"prevailing feeling"，較能達意的翻譯是：民情〕、公眾意見下的道德壓力，等等。這些肆虐手段的主要目

的，是要把社會自己的觀念和行事當作行為準則來強加給任何個人，並束縛人的個性的發展，甚至阻止人們個性的形成，從而迫使一切人都按照社會的模型來剪裁自己。簡單一句話，社會的暴虐就是要把人們都變成沒有個性的人。[35]

胡適的〈易卜生主義〉再次地證明了我在《璞玉成璧》裡所強調的，亦即，胡適在吸取思想的態度上，有濃厚的糅雜、挪用的傾向。他在〈易卜生主義〉裡把穆勒和易卜生的思想糅雜在一起是完全合理的。因為穆勒在《論自由》裡所譴責的多數的暴力，完全跟易卜生的《國民公敵》是若合符節的。然而，值得令人玩味的是，胡適可能不知道易卜生非常討厭穆勒。根據易卜生的朋友、丹麥的文學批評家白蘭戴（Georg Brandes）的回憶：

> 如果我的記憶不錯的話，他討厭穆勒討論女性的問題，他而且也不喜歡穆勒的文風。穆勒坦承說他的很多想法、最好的想法都是他妻子的。這點，從易卜生強烈的個人主義觀點看來，特別覺得荒謬絕倫。易卜生鄙夷地說：「試想：如果你在讀黑格爾或克勞澤（Karl Krause）〔德國哲學家〕的書，心中卻納悶著，不知道你究竟是在讀黑格爾先生或黑格爾太太，或者是克勞澤先生或克勞澤太太的想法！」[36]

易卜生在此處恥笑穆勒的地方，是穆勒在他的《自傳》裡所說的一段話。穆勒說他的《論自由》是他跟他已逝的妻子荷蕊特・泰勒（Harriet Taylor）合作的結晶。穆勒說《論自由》每一句話都經過他倆反覆的討論。因此，雖然《論自由》在出版前沒能得到他的妻子參與最後的潤飾工作，這本書遠勝於他自己以前以及以後所寫的任何一本書。不只文字是如此，穆勒說連書中的思想都是如此。他說：「那本書所表達的整個思想模式都完全是她的。但由於我整個人也浸潤在其中，那些想法很自然地是我們所共有的。然而，我之所以能夠浸潤於其間，泰半都是她之所賜。」[37]

35 張書克，〈胡適和約翰・密爾的《論自由》〉，《胡適研究通訊》2011年第1期，頁29-30。

36 Georg Brandes, *Henrik Ibsen, Björnstjerne Björnson: Critical Studies* （London: William Heinemann, 1899）, pp. 76-77.

37 John Stuart Mill, "Chapter VII: General View of the Remainder of My Life," *Autobiography* （The Project Gutenberg EBook of Autobiography, by John Stuart Mill）, accessed December 23,

易卜生瞧不起穆勒已經是到了非理性的地步。他對白蘭戴說：

> 我必須坦承我完全無法想像穆勒所走的方向會有什麼進展或未來。我完全無法了解你會想去翻譯這本書〔注：丹麥文版的穆勒的《功利主義》，1872年出版〕，這本有著西塞羅(Cicero)、塞內卡(Seneca)那種聖賢臭味的市儈氣(Philistinism)的書。我深信你自己可以用翻譯這本書一半的時間，寫一本比它好十倍的書。你不相信穆勒說他所有的想法都是得自於他的妻子，我想你也未免對他太不公道了(gross injustice)〔亦即：穆勒所有的想法確實像他自己說的，都是得自於他的妻子〕。[38]

在胡適筆下，易卜生的戲劇藝術不外乎是個人與社會的矛盾與對峙。這完全是胡適借易卜生來澆自己的塊壘。這就意味著說，早在後現代主義的挪用的觀念出現以前，胡適的所作所為就已經完全是屬於後現代主義挪用的範疇了。然而，也正由於胡適執著於強調個人與社會之間的矛盾與對峙，胡適的〈易卜生主義〉雖然在一方面促進了易卜生在中國的傳播，在另一方面，它也同時局限了中國人對易卜生戲劇藝術的認識。胡適對易卜生的興趣，根本就不在於他的戲劇藝術，而是在於假借他在戲劇裡所表達的思想來從事社會改革。胡適1919年3月在《新青年》所發表的〈論譯戲劇——答T.F.C.〉裡說得再清楚也不過了：

> 來書所說對於譯劇的懷疑，我以為盡可不必顧慮。第一、我們譯戲劇的宗旨本在於排演。我們也知道此時還不配排演《娜拉》一類的新劇。第二、我們的宗旨在於借戲劇輸入這些戲劇裡的思想。足下試看我們那本〈易卜生專號〉，便知道我們注意的易卜生並不是藝術家的易卜生，乃是社會改革家的易卜生。[39]

胡適這種「以文載道」、宣揚「社會改革家的易卜生」的作法，局限了20世紀前半葉中國人對易卜生的了解。從胡適自己的《終身大事》開始，到1920年代此起彼出的「娜拉」式的離家出走的獨幕劇，像歐陽予倩的《潑婦》、郭沫若的《卓文君》、

（續）
2011.
38　Henrik Ibsen to Georg Brandes, April 30, 1873, *The Correspondence of Henrik Ibsen*, p. 205.
39　胡適，〈論譯戲劇——答T.F.C.〉，《胡適全集》，12：31。

余上沅的《兵變》、谷劍塵的《冷飯》，都是「娜拉熱」、娜拉旋風影響下的產物[40]。用劇作家熊佛西在1931年的話來說：「我們知道易卜生，因爲他鼓吹婦女解放。我們認識易卜生，因爲他主張社會改造。我們同情易卜生，因爲他反對社會一切的因襲腐化虛僞狡詐。我們仰慕他，因爲他提倡個人主義。」他在介紹了當時中國人所比較了解的「社會改革家的易卜生」以後，慨嘆地說：

> 以上所論都是關於社會改造家或哲學家的易卜生。我們現在要討論戲劇家的易卜生。戲劇家的他似未十分到中國。雖然時下中國的劇作家或有人受他的影響，但是易卜生的劇本在中國似未正式登過台，所以大多數的民眾還沒有得著機會瞻仰他的戲劇。[41]

另外一位劇作家余上沅批判地更爲嚴厲。他在1928年發表在《新月》上的〈伊卜生的藝術〉裡說：

> 拿功利和效用的眼光去看藝術品，那是對藝術沒有相當品味的表徵……越接近人生的藝術，它受誤解的機會就越多。因此往往以描寫人生、批評人生爲內容的戲劇，遂不知不覺的引誘了多少人去鑽那支功利和效用的牛角。近代大戲劇家伊卜生，便是這樣遭受厄運的一個。[42]

由於胡適把個人與社會對峙，易卜生細膩、盤根錯節的戲劇藝術在他的筆下，因此也就變得貧瘠已極。胡適筆下的易卜生是一個黑白分明的易卜生。他把《社會的棟梁》裡的主人翁"Bernick"的名字譯成字面本身就是負面的「褒匿」，就是一個最好的例證。易卜生劇作裡多面複雜的人物，到了胡適筆下，也常變成了樣板的人物。比如說，胡適在指稱《雁》裡的富商沃立(Werle)，也就是貴格的父親的時候，他乾脆就以「惡人」稱之。其實，沃立是一個相當複雜的人物。他雖然嫁禍亞馬的父親，讓他替自己頂罪；他雖然性騷擾吉娜，以至於硬把她給弄上了手。在易卜生的筆下，他還是一個良知未泯的人。他不但出錢讓亞馬去學照相、出資讓他開照相館，而且在亞

40　Chengzhou He[何成洲], *Henrik Ibsen and Modern Chinese Drama* (Oslo, Norway: Unipub forlag, 2004), pp. 143-157.
41　熊佛西，〈社會改造家的易卜生與戲劇家的易卜生〉，《佛西論劇》(上海，1931)，頁115、117。
42　余上沅，〈伊卜生的藝術〉，《新月》1卷3期(1928年5月10日)，頁1-2。

馬的父親出獄以後，還用讓他作抄寫員的名義付給他超額的薪水。到了劇終之前，也就是他的兒子貴格要把亞馬從謊言中拯救出來，結果造成了荷薇之死的慘劇以前，沃立還寫了一封信給荷薇。沃立在這封信裡附上了一個契結書。這契結書說亞馬的父親每個月可以領一百塊挪威錢(crowns)。等他死了以後，這一百塊錢就接著由荷薇領一輩子[43]。

易卜生的劇本都有很錯綜複雜的三角關係。男性通常都是為了金錢而背叛他們心愛的人，而另娶一個有錢的女性。女性所扮演的角色通常都是含辛茹苦的犧牲者。就以《社會的棟梁》為例，胡適說褒匿：「是一個極壞的偽君子；他犯了一樁姦情，卻讓他兄弟受這惡名，還要誣賴他兄弟偷了錢跑脫了。不但如此，他還雇了一隻爛脫底的船送他兄弟出海，指望把他兄弟和一船的人都沉死在海底，可以滅口。」[44]

胡適這段話語焉不詳，容易引起誤解。《社會的棟梁》裡的幾個核心的主人翁都是一家人：褒匿、褒匿的妻子貝蒂(Betty)、貝蒂的弟弟約翰(Johan)、貝蒂的同母異父的姊姊羅娜(Lona)、褒匿的妹妹瑪莎(Martha)，和黛娜(Dina)。褒匿是市上的大富，擁有一個船廠。他在跟貝蒂結婚以前，不但跟羅娜已經私定了終身，而且還跟一個有夫之婦的演員有一段關係。事情被發現以後，約翰替褒匿頂罪。結果褒匿也沒娶羅娜。他娶了繼承了姑媽大筆遺產的貝蒂。過後，約翰跟羅娜移民去了美國。黛娜是那名演員的女兒。演員困頓死後，褒匿把黛娜收容到他家裡領養。

褒匿為了錢財，捨棄了他所愛而且已經私定了終身的羅娜。在〈易卜生主義〉裡，胡適卻因為他一心只要凸顯出個人與社會的對峙，以及社會的偽善，對這完全不置一詞。在這點上，胡適不是一向都是如此的。1916年威爾遜競選連任，很多美國人不願意投他的票。他們的理由是，威爾遜總統在元配過世不到一年以後就再婚。胡適批評這種思想是狹陋的清教徒主義。威爾遜不應該被鄙夷，那什麼樣的人才應該被鄙夷呢？胡適說：「如休棄貧賤之妻，而娶富貴之女以求倖進，此關於私德亦關於公德者也，國人鄙之可也。」[45]褒匿就是這麼一個「國人鄙之可也」的「惡人」，可是胡適在〈易卜生主義〉裡居然對這點完全不置一詞。原因無它，他不想分散讀者的注意力。他的重點在於凸顯出個人與社會的對峙，以及社會的偽善。

瑪莎是典型的易卜生戲劇裡含辛茹苦、無怨無艾的犧牲者。她暗戀約翰，苦等了約翰十五年。等約翰從美國回來以後，她發現約翰越發英姿煥發，她自己則已經被歲

43　Henrik Ibsen, *The Wild Duck*, Act IV, 348-353.
44　胡適，〈易卜生主義〉，《胡適全集》，1：606。
45　《胡適日記全集》，1：444-445。

月以及對她哥哥褒匡家庭的奉獻而枯萎了。當她發現約翰愛上了褒匡領養在他家的黛娜，黛娜也愛上了約翰，想跟他回美國的時候，她立刻就成全了他們，鼓勵黛娜跟約翰到美國去。一直要等到約翰與黛娜已經上了郵輪以後，瑪莎才對羅娜透露她多年來對約翰的暗戀與苦戀。

褒匡的可惡不只是讓約翰替他頂罪。褒匡繼承他母親的事業的時候，發現公司已經破產了。為了不讓風聲走漏以至於引債主上門，褒匡就乾脆一不做二不休，誣賴說約翰捲走了公司的資金潛逃美國。現在，眼看著「惡名昭彰」的約翰要帶黛娜去美國結婚，鬧得滿城風雨。羅娜要求褒匡說出實話，洗清約翰的罪名，以成全他和黛娜的美事。褒匡當時正在籌謀一個很大的獨占性的鐵道建設計畫。他如果講出了實話，就會面臨信譽破產的問題。情急之下，他使出了一個毒計。約翰跟羅娜從美國搭回挪威的那艘船的船底已經爛了。他明知那艘船不可能在幾天內修好，卻命令他船廠的工頭限期完成，並開具檢驗合格的證明。沒想到約翰另有打算。他不放心讓黛娜搭乘那艘破船，而改訂了另一艘郵輪。更萬萬想不到的是，褒匡自己的兒子為了想跟約翰到美國去，卻自己偷渡上了那艘破船。褒匡知道了以後，整個人幾乎崩潰。幸好《社會的棟梁》是以喜劇、以大團圓收場。褒匡的妻子識破了兒子的偷渡計畫，追上船去把他給找了回來。那艘破船也在船廠工頭果斷的決定不開具檢驗合格的證明的情形之下而停駛。

胡適在〈易卜生主義〉裡說：褒匡「謀害他兄弟的那一天，本城的公民，聚了幾千人，排起隊來、打著旗、奏著軍樂，上他的門來表示社會的敬意，高聲喊道：『褒匡萬歲！社會的棟梁褒匡萬歲！』」胡適的按語是：「這就是道德！」胡適說得好像褒匡的兄弟被他謀害死了。而且胡適沒告訴讀者的是，褒匡在這「幾千人」聚攏到他家前來喊萬歲的大會裡，終於在兒子安然返家以後良心發現，對大眾說了實話，一五一十地招認了他的罪狀。不但如此，在幕落之前，褒匡把貝蒂、羅娜、瑪莎圍在他身邊，對她們說她們才是社會的棟梁。

> 褒匡：我們——我們都有著漫長、嚴肅的工作在等著我們，特別是我。我們不怕！緊挨著我吧，列位善良忠心的女性！我領悟到了這點：各位女性！妳們才真正是社會的棟梁。
>
> 羅娜：妹夫，你這就說錯了。〔把她的手緊緊地放在他的肩膀上〕不對！

　　不對！眞理與自由的精神——這才是社會的棟梁。[46]

　　女性在易卜生的戲劇裡所扮演的角色是非常有意味的。在《社會的棟梁》裡，瑪莎是易卜生早期的劇本裡含辛茹苦、無怨無艾的犧牲者的典型。羅娜則是易卜生劇作裡堅強的女性的典範。《國民公敵》裡的主人翁斯鐸曼醫生在胡適筆下是一個特立獨行、爲眞理奮鬥「雖千萬人吾往矣！」的大丈夫。然而，易卜生在劇本裡處處提醒我們：斯鐸曼醫生從來就不是一個人孤獨地面對著社會。他的家人一直是他最忠實、勇敢的支持者。最有意味的是劇終幕落前那一景：

　　　　莫頓〔斯鐸曼醫生的次子〕：等我們長大成爲自由、有高尚情操的人以後，我們作什麼呢？
　　　　斯鐸曼醫生：孩子們！就把惡狼趕到西塞去！〔長子艾立夫面帶懷疑的神色〕；莫頓則跳著叫：「萬歲！」
　　　　斯鐸曼太太：湯姆斯！那惡狼不把你給趕走就好了。
　　　　斯鐸曼醫生：妳發神經了嗎，克翠娜！哼！把我給趕走！不要忘了，我現在是全城第一硬漢！
　　　　斯鐸曼太太：第一硬漢——在眼下的狀況？
　　　　斯鐸曼醫生：是的，我敢這麼說：我現在是天下第一硬漢。
　　　　莫頓：眞是太痛快了！
　　　　斯鐸曼醫生〔低下聲說〕：輕聲點！你現在還不能說。可是，我有一個大發現。
　　　　斯鐸曼太太：什麼？又一個發現？
　　　　斯鐸曼醫生：當然！〔他把大家聚攏到他身旁，咬著耳朵(confidentially)告訴他們〕我的發現是：天下第一硬漢，就是那最孤獨的人。
　　　　斯鐸曼太太〔搖著頭笑著說〕：喔！我親愛的湯姆斯！——
　　　　佩特拉〔斯鐸曼醫生的女兒〕：喔！爸爸！[47]

　　這就是易卜生藝術高明的所在。他所描繪的人物是多面向、複雜、充滿矛盾的。

46　Henrik Ibsen, *Pillars of Society*, Act 4, 409.
47　Henrik Ibsen, *An Enemy of the People*, Act 5, 187-188.

那宣稱自己是「天下第一硬漢」、宣稱「天下第一硬漢，就是那最孤獨的人」的斯鐸曼醫生，說這句話的時候是「咬著耳朵」說的。而且，這自詡爲「最孤獨」的「天下第一硬漢」，簇擁在他身邊的，是跟他生死禍福與共的妻子、是爲了父親被學校辭退而仍然昂首笑傲天下的女兒，還有那不准別人譏詆父親而跟別的孩子打架的兩個兒子。

在胡適的筆下，斯鐸曼醫生像是一個一點瑕疵都沒有的巨人。他彷彿就是易卜生的化身一樣。然而，藝術家的易卜生所刻畫出來的人物是有血有肉、複雜多面的。斯鐸曼醫生也是個凡人，不是非黑即白的樣板人物。不但如此，易卜生所塑造的斯鐸曼醫生是一個好大放厥詞、自以爲是的人。易卜生在給他丹麥的出版商朋友的信上說：「斯鐸曼醫生跟我氣味相投。我們想法很相近。可是這位醫生腦筋比我糊塗些。」[48]

同樣地，易卜生的《群鬼》也遠比胡適在〈易卜生主義〉裡所描述的要複雜得多了。胡適說：

> 那《群鬼》戲裡的阿爾文夫人沒有娜拉的膽子，又要顧面子，所以被她的牧師朋友一勸，就勸回頭了。還是回家，去盡她的「天職」，守她的「婦道」。她丈夫仍舊做那種淫蕩的行爲。阿爾文夫人只好犧牲自己的人格，盡力把他羈縻在家。後來生下一個兒子，他母親恐怕他在家，學了他父親的壞榜樣，所以到了七歲便把他送到巴黎去。她一面又要哄她丈夫在家，一面要在外邊替她丈夫修名譽，一面要騙她兒子說他父親是怎樣一個正人君子。這種情形，過了十九個足年，她丈夫才死。死後，他妻子還要替他裝面子，花了許多錢，造了一所孤兒院，作她亡夫的遺愛。孤兒院造成了，她把兒子喚回來參預孤兒院落成的慶典。誰知她兒子從胎裡就得了他父親的花柳病的遺毒，變成一種腦腐症。到家沒幾天，那孤兒院也被火燒了。他兒子的遺傳病發作，腦子壞了，就成了瘋人了。這是沒有膽子、又要顧面子的結局。這就是腐敗家庭的下場！[49]

事實上，《群鬼》也有一個三角的關係。阿爾文夫人不是像胡適所說的，沒有膽子。沒有膽子是那胡適所說的「牧師朋友」曼德司（Manders）。曼德司不但沒有膽

48　Henrik Ibsen to Frederik Hegel, September 9, 1882, *The Correspondence of Henrik Ibsen*, p. 359.
49　胡適，〈易卜生主義〉，《胡適全集》，1：602-603。

子，他而且罪惡地把阿爾文夫人推回到她的煉獄裡去。阿爾文夫人結婚不到一年，就受不了她先生的淫行，而離家出走，跑去找自己在心裡也暗戀著她的曼德司牧師。

　　阿爾文夫人：你錯了，我親愛的牧師。是你讓我開始思考的。我要衷心地感謝你。
　　曼德司：是我！
　　阿爾文夫人：對。就在你強迫我讓自己屈服在你所謂的責任義務的枷鎖之下，當你把那些我整個靈魂都覺得噁心、抗拒的東西，讚頌為正確、得體的時候。從那個時候開始，我就審視著你的教條的接縫所在。我原先只想挑出一個線頭。沒想到我才挑出一個，整件都脫了線。我方才了解原來那整件是機織的。
　　曼德司：〔輕輕，帶著感情地〕那難道就是我畢生最痛苦的掙扎的結果？
　　阿爾文夫人：你不如說它是你一生最可悲的敗仗。
　　曼德司：海倫〔阿爾文夫人的名字〕！那是我一生中最大的勝仗——克服了我自己。
　　阿爾文夫人：那是對我倆所犯的罪行。
　　曼德司：當妳迷失，哭著跑來找我，對我說：「我來了，讓我作你的人(Take me)！」的時候，我命令妳：「女人！回到妳男人的身邊！」那是罪嗎？
　　阿爾文夫人：我認為是。[50]

　　胡適說：阿爾文「死後，他妻子還要替他裝面子，花了許多錢，造了一所孤兒院，作她亡夫的遺愛。」胡適這句話錯得離譜，完全抹殺了阿爾文夫人用那像鋼鐵一樣的意志，試圖把她自己以及她的兒子跟阿爾文一刀兩斷撇清的努力。阿爾文夫人花了十年的時間積攢了足夠的金錢，在她先生死亡十週年舉行紀念他的孤兒院的落成典禮。

　　曼德司：妳為這個人造了一個紀念〔孤兒院〕？
　　阿爾文夫人：那是怨憤的心(evil conscience)。

50　Henrik Ibsen, *Ghosts*, Act 2, 226-227.

　　曼德司：怨憤的——？那是什麼意思？

　　阿爾文夫人：我總覺得事實終有一天是會浮出來的，會讓人知道的。這孤兒院就是要把所有的傳言都壓下去，消弭一切的疑竇。

　　曼德司：阿爾文夫人，這一點妳確實是作到了。

　　阿爾文夫人：此外，我還有一個理由。我發誓奧斯沃〔她兒子〕不會從他父親那兒得到一分錢的傳承。

　　曼德司：這麼說，阿爾文的財產——？

　　阿爾文夫人：對。我建造這孤兒院的費用，是我一年一年積累起來的——我精確地計算過——就是當年阿爾文上尉那個「金龜婿」的所值。

　　曼德司：我聽不懂。

　　阿爾文夫人：那就是我的聘金。我不要那筆錢遺傳到奧斯沃手裡。我的兒子將會擁有的錢——那每一分、每一毫——都將是我給他的。[51]

　　這句話真是可以驚天地、泣鬼神。這胡適形容為「沒有膽子、又要顧面子」的阿爾文夫人，其實才是最孤獨的「天下第一硬漢／女」。她舉目無親、欲告無門。雖然她被迫屈服在那社會所謂的責任義務的枷鎖之下，但她的整個靈魂都覺得噁心、抗拒著。最令她絕望的是，這個枷鎖是她所愛，而且也愛著她的曼德司牧師所強加在她身上的。她所選擇的抗拒的方式不是，也不可能是《國民公敵》裡的斯鐸曼醫生式的。那是女性在社會上的性別地位使然。斯鐸曼醫生是男性，他大可以去展現他那大丈夫「雖千萬人吾往矣」的氣概。作為一個生活在19世紀的女性，離開了她的先生，阿爾文夫人就會被社會所唾棄。然而，她把屈辱與血淚往肚裡吞的忍辱負重，並不只是為了控訴。她立誓要把阿爾文上尉的孽障從根斬除。她用與阿爾文上尉娶她的聘金等值的錢去蓋一所孤兒院，除了是要用公益來勾銷阿爾文在世時的淫行以外，也等於是替阿爾文對這個世界贖罪。但最重要的是，她要她的兒子傳承那完全屬於她的財產。她終於還是失敗了，因為她的兒子遺傳到他父親的梅毒。這是一齣悲劇，一齣最孤獨的天下第一硬女跟這個虛偽、無情的社會搏鬥卻功敗垂成的悲劇。

　　然而，胡適對易卜生劇作裡的愛情故事一點興趣都沒有，因為那跟他所要闡明的個人與社會的對峙的主旨完全無關。胡適在《留學日記》裡，唯一一次提到他讀易卜生的劇作是《海妲傳》（*Hedda Gabler*），而且非常喜歡。他在1914年8月9日的日記裡

51　Henrik Ibsen, *Ghosts*, Act 1, 210-211.

說:「昨日讀易卜生名劇《海姐傳》(*Hedda Gabler*),極喜之。此書非問題劇也,但寫生耳。海姐為世界文學中第一女蜮,其可畏之手段,較之蕭氏之麥克伯妃(*Lady Macbeth*)但有過之無不及也。」[52]然而,胡適在〈易卜生主義〉裡隻字不提《海姐傳》。這並不難理解,因為《海姐傳》主要是一個愛情的三角關係,完全無益於他所亟亟想闡明的個人與社會的對峙的主旨。

這則日記最有意味的地方,是胡適明明說《海姐傳》是一齣「寫生」劇。然而,易卜生對海姐性格的「寫生」,胡適一點興趣也沒有。海姐錯綜複雜的心理及其變化、她與兩個男人之間的三角關係,甚至還有第三個男人對她有染指之心。對所有這些,胡適一點分析的興趣都沒有。他單單一句:「海姐為世界文學中第一女蜮,其可畏之手段,較之蕭氏之麥克伯妃(*Lady Macbeth*)但有過之無不及也。」就交代過去了。彷彿海姐完全只是一個負面的人物,封給她「第一女蜮」的稱號,就描寫了她。

同樣有意味的,是胡適筆下的《海上夫人》(*The Lady from the Sea*)裡的哀梨妲(Ellida)。胡適說:「她天天想跟人到海外去過那海闊天空的生活。她丈夫越不許她自由,她偏越想自由。」[53]至於為什麼哀梨妲會對「那人」——易卜生劇本裡的"Stranger"(怪客)——以及對海洋有著那麼錯綜複雜的情緒,所有這些,都不是胡適措意的所在。這齣盤根錯節的劇本,在胡適的筆下,就被他化約成哀梨妲追求她個人的自由與責任的故事:

> 易卜生又有一本戲,叫做《海上夫人》(*The Lady from the Sea*),裡面寫一個女子哀梨妲少年時嫁給人家做後母,他丈夫和前妻的兩個女兒看她年紀輕,不讓她管家務,只叫她過安閒日子。哀梨妲在家覺得做這種不自由的妻子、不負責任的後母,是極沒趣的事。[54]

一直要等到哀梨妲的先生萬格醫生(Dr. Wangel)宣布他願意終止他跟哀梨妲的關係,讓哀梨妲可以完全自由地決定她的行止以後,「哀梨妲有了自己,又自己負責任了,忽然大變了,也不想那海上的生活了,決意不跟人走了。」

如果娜拉必須要用出走的方式才能找到她自己、去努力作一個人,哀梨妲則因為萬格醫生讓她自己決定行止,使她終於能夠找到她自己、去努力作一個人,而終於決

---

52 《胡適日記全集》,1:438。
53 胡適,〈易卜生主義〉,《胡適全集》,1:615。
54 胡適,〈易卜生主義〉,《胡適全集》,1:614-615。

定要留下來。這兩齣戲都有極其錯綜複雜、動人心弦的劇情。然而，在胡適的筆下，它們都同樣地被化約成為個人與社會之間黑與白的對峙。

胡適更驚人的化約與挪用是易卜生的《羅斯馬莊》（*Rosmersholm*）。胡適說：

> 《羅斯馬莊》（*Rosmersholm*）戲裡面的主人翁羅斯馬本是一個牧師，他的思想改變了，遂不信教了。他那時想加入本地的自由黨，不料黨中的領袖卻不許羅斯馬宣告他脫離教會的事。為什麼呢？因為他們黨裡很少信教的人，故想借羅斯馬的名譽來號召那些信教的人家。可見宗教的興旺，並不是因為宗教真有興旺的價值，不過是因為宗教有可以利用的好處罷了。如今的「基督教青年會」竟開明的用種種物質上的便利來做招攬會員的釣餌，所以有些人住青年會的洋房，洗青年會的雨浴〔淋浴〕，到了晚上仍舊去「白相堂子」，仍舊去「逛胡同」，仍舊去打麻雀、撲克。這也是宗教興旺的一種原因了！[55]

這就根本是胡適借《羅斯馬莊》來澆他自己反基督教的塊壘了。我們知道胡適在留美的初期幾乎信了基督教，後來他覺得受騙，於是產生了反動的心理。這個《羅斯馬莊》裡的羅斯馬、他新喪的妻子，以及洛蓓卡（Rebecca）之間錯綜複雜的三角關係，他不感興趣是完全可以理解的。然而，明明是自由黨想利用羅斯馬的基督徒的身分，來號召人入黨。換句話說，是政治利用宗教的伎倆，而宗教是受害者，可是胡適卻硬是要把這筆帳算在基督教的頭上！明明是參加「基督教青年會」的中國人，利用青年會，去住它的洋房、去用它的淋浴設備，然後「到了晚上仍舊去『白相堂子』，仍舊去『逛胡同』，仍舊去打麻雀、撲克！」明明是「基督教青年會」被利用了。可是，卻硬是被胡適拿來罵青年會。這真的是欲加其罪何患無辭！

剔除掉了易卜生劇作裡那些愛情的三角關係、那些刻骨銘心的愛與背叛，易卜生的藝術就變得蒼白貧瘠已極。胡適說：

> 社會對於那班服從社會命令、維持陳舊迷信、傳播腐敗思想的人，一個一個的都有重賞。有的發財了，有的升官了，有的享大名譽了。這些人有了錢，有了勢，有了名譽，遂像老虎長了翅膀，更可橫行無忌了，更可借著

55　胡適，〈易卜生主義〉，《胡適全集》，1：605。

「公益」的名譽去騙人錢財，害人生命，做種種無法無天的行爲。易卜生的
《社會的棟梁》和《博克曼》(*John Gabriel Borkman*)兩本戲的主人翁都是
這種人物。[56]

　　胡適一句話就把易卜生的《博克曼》這麼輕描淡寫地帶過。殊不知《博克曼》也
是一齣三角戀愛的悲劇。博克曼在他的發財夢上賭輸了。他因爲挪用公款之罪而坐了
八年的監。出獄以後，他像一隻受傷的大熊一樣自囚在閣樓上。樓下住著憎恨著他、
與他不相往來的妻子。然而，博克曼所輸掉的不只是他自己，他還輸掉了他生命中的
愛。原來，跟《社會的棟梁》裡的褒匿一樣，博克曼爲了金錢而捨棄了愛。博克曼原
來所愛的是他妻子的孿生妹妹艾莉(Ella)。但因爲一個有錢人喜歡艾莉，就以讓他放
棄艾莉爲條件，換取公司董事的職位。毋庸贅言的，艾莉選擇了終生獨身。《博克
曼》裡有一段艾莉與博克曼的對話：

　　艾莉：那麼多年以前，你拋棄了我，跟另外一個人結婚！
　　博克曼：妳說我拋棄了妳！妳一定很清楚那是爲了更高的目的——那些目
的讓我不得不那樣作。沒有他的幫助，我會一事無成。
　　艾莉〔強力控制著自己〕：所以，你爲了更高的目的而拋棄了我。
　　博克曼：沒有他的幫助，我爬不上去。他的條件是要我以妳來交換。
　　艾莉：你就這樣作了交換。銀貨兩訖——連討價還價都沒。
　　博克曼：我沒有選擇的餘地。我不是去征服就是要失敗。
　　艾莉〔望著他，顫抖地說〕：你能真心說，我當時對你來說是世界上最寶
貝的東西嗎？
　　博克曼：不但是當時，而且是以後——很久、很久以後還是。
　　艾莉：可是你還是把我交換出去了。用你的愛跟另外一個人作交換。用我
的愛去買一個董事的職位。
　　博克曼〔傷感地低下頭〕：艾莉！是那無可逃避的需要驅使著我那樣作。
　　艾莉〔從沙發上站起來，激動得顫抖著〕：你是個罪犯！
　　博克曼〔被激怒，但控制了自己〕：那個標籤我聽過。
　　艾莉：喔！你不要以爲我所指的是你犯的法！你是怎麼去挪用那些單據、

56　胡適，〈易卜生主義〉，《胡適全集》，1：608。

股票，或那些什麼的——你以為我在乎那些嗎！那天崩下來的時候，我是可以站在你身旁挺你的。

博克曼〔激動地〕：然後呢？艾莉！

艾莉：相信我，我是會心甘情願地與你共甘苦的。那恥辱、那毀滅，那所有的一切，我是可以幫助你去承受的。

博克曼：妳有那樣的意志——與毅力嗎？

艾莉：意志與毅力我都有。因為我當時並不知道你所犯的滔天大罪。

博克曼：什麼罪？妳在說什麼？

艾莉：我說的是那無可饒恕的罪。

博克曼〔瞪著她〕：妳瘋了。

艾莉〔走向他〕：你是一個謀殺犯！你犯了一個滔天大罪！

博克曼〔向鋼琴那兒退後〕：妳語無倫次了，艾莉！

艾莉：你謀殺了我的愛。〔越走越近〕你了解我的意思嗎？《聖經》裡說有一種難以名狀的罪是不可饒恕的。我從前不了解什麼罪可以是如此，我現在了解了。人世間那罪大惡極、最不可饒恕的罪，是去謀殺了一個人靈魂裡的愛。[57]

博克曼謀殺了艾莉的愛，也毀了他所娶的艾莉孿生的姊姊。同樣地，《社會的棟梁》的褒匿也「謀殺」了兩個姊妹的「愛」。他先謀殺了羅娜對他的愛，然後謀殺了跟他結婚的貝蒂對他的愛。他犯的是二度謀殺了兩個女性對他的「愛」的罪。褒匿甩掉了他所愛的羅娜，跟繼承了姑媽一大筆遺產的貝蒂結婚，我在上文已經交代過了。在《社會的棟梁》裡的第二幕，褒匿跟羅娜有一段對話：

羅娜：……可是等貝蒂回來的時候，年輕、漂亮、人人為之傾倒。當她繼承了我們姑母的財產，而我一分文也沒有的時候——

褒匿：對，這就是問題的癥結，羅娜。我現在要讓妳知道真相。我那時並不愛貝蒂。我跟妳解除婚約，並不是因為我移情別戀。那完全是因為錢。我被迫那樣作，我必須要有錢。

羅娜：你說得這麼直接！

57　Henrik Ibsen, *John Gabriel Borkman*, Act II, 243-246.

褒匿：是的，妳聽我解釋。

羅娜：可是你當時寫信告訴我，說你對貝蒂愛得不能自拔。你要我發慈悲，你求我爲了貝蒂，不要公開你我之間的一切。

褒匿：我不得不那樣作，我告訴妳。

羅娜：老天可以爲鑑！我一點都不後悔我當時完全忘了我自己。

褒匿：讓我一清二楚地告訴妳我當時的情況。妳記得我母親當時是公司的總裁。可是她一點企業經營的本領都沒有。他們把我緊急地從巴黎召回來。事情緊迫，我必須作挽救的工作。我發現什麼呢？我發現——妳必須謹守這個秘密——公司瀕臨破產。是的，這個有著三代歷史的大公司正瀕臨破產的厄運。作爲一個兒子，一個獨子，我能不去找出法子來拯救它嗎？

羅娜：所以，你就犧牲了一個女子去救了褒匿公司。

褒匿：妳知道貝蒂愛著我。

羅娜：那我呢？

褒匿：相信我，羅娜，妳跟我在一起不會快樂的。

羅娜：所以，你是爲了我的幸福而背叛了我嗎？

褒匿：妳以爲我是自私才那樣作嗎？如果我當時只是我自己一個人，我是可以笑傲地捲土重來的。但是，妳不了解一個大企業之主，一旦繼承了他家族的企業，就變成了它的一部分，他有無比的重任。妳知道有數百，不，有數千的人的福祉都維繫在他身上？妳難道不能設想如果褒匿公司垮臺，妳我所屬的整個社區就將遭遇到的大難？

羅娜：這麼説來，你十五年來生活在謊言之中，也是爲了這個社區？

褒匿：謊言？

羅娜：你婚前以及婚姻中的謊言，貝蒂知道多少？

褒匿：妳想我會毫無目的地去説出事實來傷害她嗎？

羅娜：毫無目的？好！好！你是一個企業家。你理應了解目的的意義。聽我説，卡斯頓〔褒匿的名字〕，我也要一清二楚地説出實情。告訴我。你眞正快樂嗎？

褒匿：妳意指我的家庭生活？

羅娜：當然。

褒匿：我很快樂。喔，妳的犧牲並沒有白費。我可以眞心地説我一年比一年快樂。貝蒂很好，幾年之間，她就學會了如何依順著我的特性而去改變她

的個性——

　　羅娜：嗯！

　　褒匿：當然，一開始的時候，她對愛還充滿著浪漫的想望；我們的關係必須逐漸地轉化成一種恬淡的夥伴關係，這一點，她開始的時候完全無法接受。

　　羅娜：但是她現在已相當能接受了？

　　褒匿：完完全全地！妳可以想像，跟我朝夕相處對她有成熟的影響。每一個人都必須學習調整他們的伴侶的要求，如果他們想要在他們所處的社會裡充分地履行他們的責任的話。貝蒂自己也逐漸地體認到這一點。這也是為什麼我們的家庭是社會的楷模的原因。[58]

　　換句話說，褒匿不但「謀殺」了羅娜對他的愛，他而且也在婚後，「謀殺」了他為了錢而娶為妻的貝蒂對他的愛。

　　即使是胡適在〈易卜生主義〉裡著墨最多的《娜拉》，他也因為所處時代背景的局限，而未能看出郝爾茂跟娜拉之間角色對調的關係。表面上看來，郝爾茂是一家之主，娜拉是他的「小鳥兒」、「小松鼠」。然而，就像瓊恩‧田伯頓(Joan Templeton)所指出的，易卜生把他們夫婦倆在性別上所扮演的角色是剛好對調過來。那被豢養在家、撒嬌的娜拉，其實扮演著「男性」的保護者的角色。她借了錢讓郝爾茂養好了身體。反之，那看似「男子大丈夫」的郝爾茂卻只著意於家庭的布置、調教娜拉怎麼跳快速旋轉舞(tarantella)——他所著意的完全女性的「家內」角色。而且，等放高利貸的惡人要挾他們的時候，郝爾茂整個人都崩潰下來[59]。

　　相對的，那「小鳥兒」、「小松鼠」的娜拉，為了擔心郝爾茂會為她而承擔一切罪名，下定決心要去尋死，讓自己的死來把事情一了百了——換句話說，娜拉仍然扮演著她保護郝爾茂、天塌下來有她擔當的「大丈夫」的角色。胡適說郝爾茂在危險過後，洋洋得意地對娜拉說：「一個男人赦了他妻子的過犯是很暢快的事！」胡適沒有再進一步引申。郝爾茂不只懦弱、無恥、假男子氣、不懂得察言觀色。等娜拉都已經徹底地看穿了他，他居然還拍著胸膛對娜拉說：「妳可以放心了。我有寬廣的翅膀來翼護著妳……我會把妳當成是我把妳從鷹爪之下救出來的鴿子一樣地卵翼著妳。」

58　Henrik Ibsen, *Pillars of Society*, Act II, 314-318.
59　Joan Templeton, *Ibsen's Women* (Cambridge: Cambridge University Press, 1997), p. 140.

當然，所有研究易卜生的人都知道，易卜生在晚年的時候，親口否認他的劇作有任何女性主義的意旨。1898年5月26日，挪威的「婦權協會」(Norwegian Society for Women's Rights)爲他舉辦了一個宴會。他在這個宴席上語驚四座地說：

> 我不是婦權聯盟的會員。我寫作從來就沒有任何宣傳的意圖。大家可能不會同意。但與其說我是一個社會哲學家，不如說我是一個詩人。我感謝大家舉酒向我致敬，但我必須否認我有任何爲婦權運動出力的想法。我甚至不很清楚婦權究竟是什麼。對我而言，這似乎是人權的問題。如果妳們仔細地讀我的作品，妳們就會體認到這一點。把婦女的問題解決，這當然也有其連帶的益處，但那從來就不是我的用意。我的工作是去描寫人。[60]

易卜生這段話是研究易卜生的學者所不予採信的。我們甚至可以說，研究易卜生的學者認爲他說這段話的時候，是言不由衷的。即使我們接受易卜生說法，說女性的問題從來就不是他著眼的所在，我們還是可以說，女性主義的觀點爲我們提供了更貼切、鮮明、敏銳的角度去詮釋易卜生的劇作。事實上，我們甚至可以說，沒有女性主義的觀點，易卜生的許多劇作就會大失其光澤與震撼力。

儘管胡適對易卜生的興趣，但他在美國留學的時候卻一直就沒機會看到易卜生的戲劇在舞臺上演出。1910年4月6日，康乃爾大學的戲劇社在紐約州的紐瓦克市的高中演出了易卜生的《國民公敵》[61]。但這是在胡適到康乃爾大學以前的事。1911年11月28日的《康乃爾太陽日報》報導康乃爾大學的戲劇社在遴選易卜生《娜拉》第一幕的角色，預備在12月18日演出[62]。然而，《康乃爾太陽日報》過後就一直沒有《娜拉》演出的報導。根據胡適在日記裡的記錄，他是一直要到1926年才在英國第一次看到易卜生的戲劇在舞臺上演出。他在1926年8月13日的日記說：

> 晚飯後，Johnston〔莊士敦，溥儀的英文老師〕請Y〔etts〕〔葉茲〕與我同去看戲。演的是Ibsen's *Pillars of Society*〔易卜生的《社會的棟梁》〕，主演者爲Sybil Arundale，她演Lona Hessel〔羅娜〕，自然極了，神氣極

60　轉引自Michael Meyer, *Ibsen: A Biography* (New York: Doubleday & Company, 1971), pp. 774-775.

61　"Student Actors Do Well," *Cornell Daily Sun*, XXX.132, April 7, 1910, p. 1.

62　"Dramatic Club Will Perform Two Plays Soon," *Cornell Daily Sun*, XXXII.56, November 28, 1911, p. 1.

好。主角 Bernick〔褒匿〕演者為 Charles Carson；也很不壞。Hilmar Tonnesen〔亞馬·鄧尼生，褒匿太太的堂兄弟〕(Michael Hogan)也不壞。此為我第一次看演 Ibsen〔易卜生〕，我很高興。[63]

胡適留美時候，在他世界主義、絕對不抵抗主義的巔峰，他所措意的就是個人的自由，個人不受國家、社會桎梏的自由。他在1915年5月21日日記裡說：

> 人皆知美為自由之國，而俄為不自由之國，而不知美為最不愛自由之國，而俄為最愛自由之國也。美之人已得自由，故其人安之若素，不復知自由代價之貴矣。俄之人惟未得自由，而欲求得之，不惜殺身流血，放斥囚拘以求之，其愛自由而寶貴之也，不亦宜乎？吾友舒母君(P.B. Schumm)告余曰：伊卜生送其子之俄國受學。或謂之曰：「盍令往美乎？美自由之國也。」伊卜生曰：「然。俄，愛自由之國也。」狄泊特女士〔Barbara Vital De Porte〕亦持此說。[64]

胡適一輩子自誡也誡人不要以耳代目。可是，他也有不遵守這個戒律的時候。這則日記就是一個最好的例證。易卜生並沒有送他的獨生子西格(Sigurd)到俄國去受教育。西格·易卜生是在德國和羅馬受教育的。他1882年在羅馬拿到法律博士學位。

邵建看到胡適在《留學日記》裡說美國人不及俄國人愛自由，馬上就動了他的肝火。他說胡適不通，說胡適的這個說法，「應該被判為假命題。」[65]他不知道這其實是胡適耳食易卜生的謬論。易卜生說俄國人比美國人愛自由的謬論，根據白蘭戴的回憶，易卜生是這麼推論出來的：

> 另外一次，大概是在1874年，易卜生竭力地稱讚俄國。他笑著說：「真是一個燦爛的國家！看他們那赫赫驚人的壓制！」
> 「你說的意思是什麼呢？」
> 「試想！那會激生出多麼轟轟烈烈的對自由的熱愛！當今世界，俄國是碩

63　《胡適日記全集》，4：342。
64　《胡適日記全集》，2：118。
65　邵建，《瞧，這人：日記、書信、年譜中的胡適(1891-1927)》(桂林：廣西師範大學出版社，2007)，頁163-166。

果僅存的幾個國家，它的人民仍然熱愛自由，願意為自由而犧牲。這是為什麼俄國的詩歌和文學會占有那麼崇高的地位的原因。我們要記得他們有像屠格涅夫那樣的作家。在畫家裡，他們也有像屠格涅夫那樣才華的人，只是我不知道他們的名字而已。但是，我在維也納看過他們的作品。」

「如果這些美事都是壓迫的結果，」我回答說：「我們是應該去讚美它的。但是，那皮鞭呢？你也讚美它嗎？假如你是俄國人的話，你的小兒子，」我手指著他那已半長成人的兒子說：「他也該受那皮鞭的鞭笞嗎？」易卜生坐著，沉默了半晌。然後，他用一種難以捉摸的表情笑著說：「他不該受皮鞭的鞭笞；他應該是手拿著皮鞭的鞭笞者。」整個易卜生就是這種幽默的虛虛實實(humorous subterfuge)。在他的作品裡，他就是持續不斷地用皮鞭鞭笞著他那一整個世代的讀者。毫無疑問地，他所希望的是，總有一天，風水會輪流轉，那皮鞭會落在俄國的壓迫者身上。[66]

白蘭戴的回憶沒錯，因為易卜生自己在1972年4月4日給白蘭戴的信裡還是這麼說：「思想與精神的自由在專制政治之下最能孳生。最好的證明是〔法國革命以前的〕法國，後來是德國，現在是俄國。」[67]

邵建說胡適——易卜生——的說法是個「假命題」不是沒有道理的。因為易卜生只是抽象地在談一個他自己不需要去等同身受的問題。說到他的兒子如果是俄國人，是否也該受那皮鞭的鞭笞，易卜生的回答說明了一切：「他不該受皮鞭的鞭笞；他應該是手拿著皮鞭的鞭笞者。」白蘭戴說這是易卜生的幽默的虛虛實實。他太寬恕易卜生了。

在我們找到胡適〈易卜生主義〉的英文版以前，我們無法知道他1918年的中文版有多少是他受到杜威實驗主義影響後的結果。然而，我認為我們有足夠的證據來說明他1914年的英文版的〈易卜生主義〉已經是一個胡適體的糅雜挪用的成品。胡適在1914年所寫的英文版的〈易卜生主義〉，譚國根跟何成洲都認為是受到蕭伯納(Bernard Shaw)影響的，亦即，受到蕭伯納在1891年初版、1913年增訂版的《易卜生主義的真諦》(The Quintessence of Ibsenism)的影響[68]。何成洲沒有舉證說明，譚國根

66　Georg Brandes, Henrik Ibsen, Björnstjerne Björnson: Critical Studies, p. 57.

67　Henrik Ibsen to George Brandes, April 4, 1972, The Correspondence of Henrik Ibsen, tr. and ed., Mary Morison, p. 233.

68　Kwok-kan Tam, "Ibsen in China: Reception and Influence," Ph.D. Dissertation, University of Illinois, 1982, p. 45; Chengzhou He, Henrik Ibsen and Modern Chinese Drama, p. 19.

則指出胡適說：「世間有一種最通行的迷信，叫做『服從多數的迷信』，人都以爲多數人的公論總是不錯的。」他說這很明顯的就是承襲蕭伯納在《易卜生主義眞諦》裡的論點。蕭伯納說：多數人對新思想的看法總是錯的，這是一個科學的事實[69]。譚國根又說胡適對娜拉選擇離家出走、《群鬼》裡的阿爾文夫人選擇留下來的詮釋也是承襲蕭伯納的。譚國根這兩個推測都很合理，雖然蕭伯納對阿爾文夫人的抉擇的詮釋要遠比胡適的複雜而且同情多了。

事實上，要尋找胡適可能受到蕭伯納影響的地方，並不是一件難事。然而，要證明胡適確實是受到蕭伯納的影響就不是那麼容易的了。這是因爲蕭伯納的分析只舉其大略，而且有些其實是顯而易見的，例如，胡適所說的「服從多數的迷信」，根本就是《國民公敵》的主旨。如果我們要找胡適可能承襲蕭伯納的地方，那簡直是俯拾皆是。更能讓人信服的，是胡適詮釋娜拉跟《海上夫人》裡的哀梨妲的相似點時所說的話。這一長段話，雖然我在前邊已經引過一段，但爲了分析的方便，必須再徵引一次：

> 《海上夫人》……寫一個女子哀梨妲少年時嫁給人家做後母，他丈夫和前妻的兩個女兒看她年紀輕，不讓她管家務，只叫她過安閒日子。哀梨妲在家覺得做這種不自由的妻子、不負責任的後母，是極沒趣的事。因此她天天想跟人到海外去過那海闊天空的生活。她丈夫越不許她自由，她偏越想自由。後來她丈夫知道留她不住，只得許她自由出去。她丈夫說道：
> 丈夫：……我現在立刻和妳毀約。現在可以有完全自由揀定妳自己的路子……現在妳可以自己決定，妳有完全的自由，妳自己擔干係。
> 哀梨妲：完全自由！還要自己擔干係！還擔干係咧！有這麼一來，樣樣事都不同了。
> 　哀梨妲有了自己，又自己負責任了，忽然大變了，也不想那海上的生活了，決意不跟人走了(《海上夫人》第五幕)。這是爲什麼呢？因爲世間只有奴隸的生活是不能自由選擇的，是不用擔干係的。個人若沒有自由權，又不負責任，便和做奴隸一樣。所以無論怎樣好玩，無論怎樣高興，到底沒有眞正樂趣，到底不能發展個人的人格。[70]

69　Kwok-kan Tam, "Ibsen in China: Reception and Influence," p. 45; Bernard Shaw, *The Quintessence of Ibsenism* (New York: Brentano's, 1913), p. 105.

70　胡適，〈易卜生主義〉，《胡適全集》，1：614-615。

我們且看看胡適這一個詮釋，跟蕭伯納分析《海上夫人》的神似：

　　一個在海岸邊長大的年輕女性嫁給了一個德高望重的鰥夫醫生。他鍾愛
她，把她豢養在家裡，什麼事也不作，就成天作著白日夢，周圍的人也都這
麼看待著她。甚至家事也是讓前妻所生的女兒作的。她毫無責任、牽掛與煩
惱。換句話說，她是一個懶散、無事可做、根本就是家裡一個奢侈的擺飾。
一個男人如果想到他會被這麼對待，一定會覺得此可忍、孰不可忍。然而，
他卻可以不假思索地把一個美得跟瓷器般的女性當成像是一幅美畫一樣來看
待。這海上夫人覺得她的人生欠缺了什麼東西……

　　最後，一個水手出現了。他說她是他的妻子，因爲許多年前，他們用把戒
指丟進海裡的儀式結了婚……女子告訴她的先生，說她必須跟這個水手走。
醫生當然反對，說爲了她自己好，他不能讓她作這麼一件瘋狂的事。她回答
說他只有用把她囚禁起來的方法才能防止她出走。她問醫生說他如果只能用
囚禁的方法來擁有她的身體，可是她的心是在別人身上，他又有什麼所得
呢？……水手公開宣揚說她一定會跟他走的。那心急如焚的醫生問說他難道
要用搶的方式把她帶走嗎？水手說不，除非是她自願跟他走，否則他不要
她……她也回應說她必須有選擇的自由……最後，心情沉重的醫生終於不再
彈他對她的責任云云的老調，而讓她自己爲自己的行爲負責任。就在她覺得
自己是一個自由、能負責任的女性的一刻，她所有幼稚的冥想剎那間消逝。
那水手對她而言，只是一個她已經不再縈心的舊識；而醫生對她的關愛產生
了影響。簡言之，她拒絕了水手，把料理家事的責任從繼女手中取回，從此
再也不去夢囈那背棄了海洋以後的悲哀了。[71]

　　其實，何只是易卜生個別的戲劇的詮釋，胡適是襲用蕭伯納的觀點，即使是他對
易卜生寫實主義的詮釋，胡適也留下了承襲蕭伯納的痕跡。例如，胡適在〈易卜生主
義〉起始把「寫實主義」拿來跟「理想主義」作對比，他說：「那不帶一毫人世罪惡
的少女像，是指那盲目的理想派文學。那無數模糊不分明，人身獸面的男男女女，是
指寫實派的文學。」又如他說：

71　Bernard Shaw, *The Quintessence of Ibsenism*, pp. 122-124.

人生的大病根，在於不肯睜開眼睛來看世間的眞實現狀。明明是男盜女娼的社會，我們偏說是聖賢禮義之邦；明明是髒官、污官的政治，我們偏要歌功頌德；明明是不可救藥的大病，我們偏說一點病都沒有！卻不知道：若要病好，須先認有病；若要政治好，須先認現今的政治實在不好；若要改良社會，須先知道現今的社會實在是男盜女娼的社會！易卜生的長處，只在他肯說老實話，只在他能把社會種種腐敗齷齪的實在情形寫出來叫大家仔細看。[72]

胡適這「不肯睜開眼睛來看世間的眞實現狀」的說法，神似蕭伯納在《易卜生主義的眞諦》裡對「理想主義者」的「面具」的恥笑：

每一個面具都需要英雄去把它摘下來……面具就是他〔理想主義者〕所謂的「理想」；他會說如果人沒有理想，人生將伊於胡底？於是，他就自甘爲一個理想主義者。一直到有那麼一天，等他敢把面具摘下來去正視那猙獰的眞面目的時候，那就是他愈來愈敢作爲一個寫實主義者的時候。然而，並不是每一個人都是勇敢的。那最令人震懼的一刻，就是在那比一般人膽大的寫實主義者，舉起他的手要把其他人都還死命地戴著的面具摘下來的那一刻。[73]

然而，就像我所一再強調的，胡適是一個糅雜挪用的大家，從他年輕的時候就是如此，他的〈易卜生主義〉亦是如此。他誠然承襲了蕭伯納在《易卜生主義的眞諦》裡的許多觀點。但是，他也有不承襲的時候。比如說，就像我在前文已經指出的，他對《雁》的詮釋，很可能是承襲珍妮特‧李在1907年出版的《易卜生的秘密》裡的詮釋。珍妮特‧李認爲「雁」象徵著荷薇、亞馬一家，以及整個生活在習俗與謊言之中的社會。胡適看不起《雁》劇裡的女主角吉娜，稱她是一個「下等女子」、「下賤婦人」。很明顯的，在此處胡適不取蕭伯納的詮釋。在蕭伯納的眼中，吉娜雖然沒受過多少教育，她卻是這個劇本裡最能夠看清事實、任勞任怨、克盡其職的人[74]。

如果我們一定要在胡適1918年的中文版的〈易卜生主義〉裡找他是否有受到杜威影響的產物，我們可能不會失望，因爲他在文中說世界上沒有「施諸四海而皆準、推之百世而不悖」的眞理：

72　胡適，〈易卜生主義〉，《胡適全集》，1：600。
73　Bernard Shaw, *The Quintessence of Ibsenism*, pp. 21-22.
74　Bernard Shaw, *The Quintessence of Ibsenism*, pp. 109-110.

　　社會、國家是時刻變遷的，所以不能指定那一種方法是救世的良藥。十年前用補藥，十年後或者須用泄藥了；十年前用涼藥，十年後或者須用熱藥了。況且各地的社會、國家都不相同，適用於日本的藥，未必完全適用於中國；適用於德國的藥，未必適用於美國。只有康有爲那種「聖人」，還想用他們的「戊戌政策」來救戊午的中國；只有辜鴻銘那班怪物，還想用二千年前的「尊王大義」來施行於20世紀的中國。易卜生是聰明人，他知道世上沒有「包醫百病」的仙方，也沒有「施諸四海而皆準、推之百世而不悖」的眞理。因此他對於社會的種種罪惡污穢，只開脈案，只說病狀，卻不肯下藥。但他雖不肯下藥，卻到處告訴我們一個保衛社會健康的衛生良法。他彷彿說道：「人的身體全靠血裡面，有無量數的白血輪時時刻刻與人身的病菌開戰。把一切病菌撲滅乾淨，方才可使身體健全、精神充足，社會、國家的健康也全靠社會中有許多永不知足、永不滿意、時刻與罪惡分子、齷齪分子宣戰的白血輪，方才有改良進步的希望。我們若要保衛社會的健康，需要使社會裡時時刻刻有斯鐸曼醫生一般的白血輪分子。但使社會常有這種白血輪精神，社會決沒有不改良進步的道理。」[75]

　　事實上，即使這一長段看似杜威實驗主義的觀點，也非常有可能還是蕭伯納的。換句話說，這還是胡適受到杜威影響以前的產物。蕭伯納在《易卜生主義的眞諦》裡有一段神似的話：

　　易卜生所堅持的是，這世界上沒有什麼金科玉律存在。要衡量任何行爲，都必須以其對人生的影響爲基準，而不是它是否合乎任何規定與理想。由於人生是人類意志的實現，而人類的意志又是與時俱進、今日所適用的絕對不會是在昨日的條件下所適用的，他必須一再地訴諸那基督新教所楬櫫的個人判斷的權力，來重新衡量行爲以及所有的制度，包括所謂的基督教會。
　　我必須在此處打住。但我還有一句話，要提醒那些認爲我忘了把易卜生主義化約成爲一個公式(formula)的人，那就是，易卜生主義的眞諦，就是世界上沒有公式這種東西存在。[76]

75　胡適，〈易卜生主義〉，《胡適全集》，1：616。
76　Bernard Shaw, The Quintessence of Ibsenism, p. 196.

其實，就在這一長段看似已經受到了杜威影響的宏篇大論裡，我們也可以看出胡適即使在1918年，他還是還沒進入實驗主義的堂奧。而1918年已經是在他在美國完成了他所謂的受到杜威思想影響之下所寫的博士論文一年以後。這就完全引印證了我在本部第二章裡所說的，胡適要在回國一年以後，特別是在1919年讀了杜威的兩篇論文以後，方才跨越過了杜威實驗主義的門檻。誠然，胡適那時已經知道了杜威所強調的，世界上沒有「施諸四海而皆準、推之百世而不悖」的真理。然而，在他在1918年寫〈易卜生主義〉的時候，胡適仍然執著於個人與社會的對峙。因此，他把斯鐸曼醫生視爲社會的白血輪，要社會常有像斯鐸曼醫生這樣的白血輪，以便使社會不斷改進。他完全不了解這種個人與社會對峙的看法，完全犯了杜威所一向批判的二分法。

如果胡適在1918年寫〈易卜生主義〉的時候，還不知道他把個人與社會對峙，完全不符合杜威實驗主義的精神，等他在1919年年底在北大幫杜威翻譯他所作的〈社會哲學與政治哲學〉演講的時候，他就應該知道自己的錯誤了。杜威在〈社會哲學與政治哲學〉的第四講裡，批判了傳統社會哲學把個人與社會對峙的謬誤。他說：

　　我在前一講裡所提出的觀點是：社會問題理論背後的實際問題，是在於某一群人在社會、家庭、宗教、經濟、政治，或任何個人所熟悉的社群裡有著太膨脹的利益。這種某一群人膨脹的利益使得群體或階級之間產生衝突；它導致了摩擦、爭議、鬥爭、分裂、混淆、爭端，與疑慮。那被壓制的一方的志趣（human interest）、那未能獲得機會表達、滿足的本能〔注：原稿打成“in stricts”，應是“instincts”〕，終會抬頭，要求有施展的權利。而這些志趣與本能不是抽象的，而是附麗於特定的群體或個人身上。

　　沒有所謂的科學與宗教的鬥爭，也沒有所謂的教會與國家的鬥爭。然而，有具體的群體與群體之間的鬥爭。這也就是說，那些透過教會擁有掌控權的群體，與那些想要作研究和發明，或試圖要促進世俗的福祉，或試圖取得政治權利，可是卻被壓制或阻擋的男女之間的鬥爭。

　　然而，這不是社會理論陳述社會問題的發生、起源，和性質的通常方法。社會理論通常都說社會與個人的衝突嚴重，所以必須要去找出能夠讓雙方和諧或調整的方法。而社會哲學就是要去裁奪究竟是社會還是個人是最重要的，或者如何去調解雙方的要求的理論——例如，個人自由與社會控制、自由與權威、權利與法律的矛盾，等等。我們在今天的這一講裡要討論兩個問題。第一、爲什麼社會哲學會那麼執著於一個錯誤的觀念呢？第二、這兩種

不同的陳述和研究社會問題的方法，有什麼實際的異同點嗎？這個異同點是不是只是學術與思辨上的不同？

一組人群代表了統御、詮釋法律的一群；另一組人群則是被壓抑、相對無聲的一群。前者有權威與習俗的力量作他們的後盾。就因爲他們代表了成法、成俗，與紀綱，他們彷彿就代表了社會的要求、權威，與威儀。那相對地被壓制的一群，只要他們願意接受現狀、遵循傳統及其誡令，他們就會被認爲是循規蹈矩的(behave socially)。然而，一旦他們振臂而起，一旦他們希望讓其他社會的利益得到更充分的表達，他們就彷彿好像一點都不懂得爲社會的理想或公益而著想。他們就只好被迫用個人的名義去宣揚他們的主張，因爲他們沒有任何被公眾所認可的社會理想可以作爲他們的後盾。

其結果是：自私自利的人群，只因爲他們的想法已經約定俗成、爲社會所接受、有名望，就大可以披上社會以及道德外衣，來代表法律與秩序。反之，那些想要表達更寬廣、更公平的社會制度的人，反而被認爲是目無法紀的人，被認爲是師心自用，爲了私欲而擾亂社會的人。這種爲了矯正社會上不平等的現象——這不但影響了一大群人的利益，而且影響到群與群之間的關係——所激發出來的奮鬥，是造成人們以爲這種衝突是個人與社會的衝突的主因，也是〔傳統〕社會哲學想要判定孰優孰劣的主因。[77]

這是典型的杜威式的論述。這也就是說，世界上沒有所謂的抽象的個人與社會、科學與宗教、教會與國家之間的鬥爭，只有具體的群體與群體之間因爲利益不同而產生的鬥爭。就以《國民公敵》爲例，斯鐸曼醫生並不是抽象地與社會在搏鬥，他是在與地方既得利益團體搏鬥。斯鐸曼醫生發現了當地浴池水管安裝設計錯誤而導致污水進入浴池。因此，這個以理療聞名的整個城市的浴池，其實都是病菌池。

斯鐸曼醫生要把這個檢驗報告公布。但首先反對他的，就是斯鐸曼醫生的哥哥彼得。彼得是當地的市長、警長，又是浴池委員會的主席。他告訴斯鐸曼醫生說，重新安裝水管要花費二、三十萬挪威錢，而且整個城市的浴池必須歇業兩年。斯鐸曼醫生的報告剛出來的時候，當地的報紙《人民先驅》(People's Messenger)的主編還信誓旦旦地告訴斯鐸曼醫生，說報紙是社會的良知。同樣地，等中產階級大眾的代表知道

77　無作者名[John Dewey], "SPP [Social and Political Philosophy]," Lecture IV, 1-2, 「胡適檔案」，E087-001：「作者不可辨識卷宗」。

這個事實以後，他告訴斯鐸曼醫生，說社會上的大多數會像眾志成城一樣，作斯鐸曼醫生的後盾，為眞理而奮鬥。只是，這所謂中產階級的大眾，一旦聽說重新安裝水管就必須加稅的時候，就「眾志成城」地反過來反對斯鐸曼醫生。而那所謂的社會的良知的《人民先驅》的主編，一旦聽說那眾志成城的中產階級的大眾可能就不訂他的報紙，也就馬上打了退堂鼓，不肯登載斯鐸曼醫生的檢驗報告了。

故事的高潮是該城的公民大會。我們記得胡適在〈易卜生主義〉裡是說：斯鐸曼醫生「要開會演說，全城的人都不把空屋借他做會場。後來好容易找到了一所會場，開了一個公民會議」。事實上，不是斯鐸曼醫生自己要借會場作演說，而是該城要開一個公民大會來鬥爭他。

無論如何，就在這個公民大會裡，所有在場公民，除了一個醉漢正反兩票都投，等於是廢票以外，一致決議斯鐸曼醫生是「國民公敵」。群眾從公民大會追打他到家，把他家的玻璃都用石頭給砸破了。那最後的一幕，就是斯鐸曼醫生，在妻子、女兒、兩個兒子的簇擁之下，站在舞臺上，咬著耳朵悄悄地告訴他們說：天下第一硬漢，就是那最孤獨的人。

〈易卜生主義〉是胡適留美時期秉持不爭主義巔峰的作品。它是胡適心路歷程上的一個里程碑。其所代表的思想主旨，反映了他在絕對不抵抗主義時期的想法。等他從絕對不抵抗主義過渡到國際仲裁主義以後，他在〈易卜生主義〉裡所揭櫫的思想也就被他超越、揚棄了。

胡適在〈易卜生主義〉裡有一段關鍵性的話。他說：

> 易卜生生平卻也有一種完全積極的主張。他主張個人需要充分發展自己的個性。他有一封信給他的朋友白蘭戴說道：
> 我所最期望於你的，是一種眞正純粹的為我主義。要使你有時覺得天下只有關於我的事最要緊，其餘的都算不得什麼……你要想有益於社會，最好的法子莫如把你自己這塊材料鑄造成器……有的時候我眞覺得全世界都像海上撞沉了船，最要緊的還是救出自己(《尺牘》第84)。
> 最可笑的是有些人明知世界「陸沉」，卻要跟著「陸沉」，跟著墮落，不肯「救出自己」！卻不知道社會是個人組成的，多救出一個人便是多備下一個再造新社會的分子。所以孟軻說「窮則獨善其身」，這便是易卜生所說「救出自己」的意思。這種「為我主義」，其實是最有價值的利人主義。所以易卜生說：「你要想有益於社會，最妙的法子莫如把你自己這塊材料鑄造

成器。」[78]

胡適在此處所楬櫫的「爲我主義」完全違反了他後來一生所提倡的淑世主義。原因無它，因爲那篇文章是他在留美時期不爭主義高峰所寫的。當時第一次世界大戰剛剛爆發。就像斯鐸曼醫生呼籲大家要正視公共浴池污染的問題一樣，胡適所扮演的角色，是要去呼籲大家不要被爲國捐軀的宣傳所惑、更不要被仇恨之心所蔽。胡適的使命是要去感化、拯救社會裡的娜拉、哀梨姐，讓她們成爲烘焙出新社會的酵母、洗滌社會的白血球。所以他呼籲大家先要把自己鑄造成器。

在這整段話裡，只有一句關鍵話是胡適可以終其一生拿來勸勉讀者的，亦即：「你要想有益於社會，最好的法子莫如把你自己這塊材料鑄造成器。」所有其餘的關鍵話，都是胡適很快地就揚棄了的話。比如說：「最可笑的是有些人明知世界『陸沉』，卻要跟著『陸沉』，跟著墮落，不肯『救出自己』。」

胡適在1927年訪問美國的時候，他留美時期的和平主義的戰友葛內特(Lewis Gannett)，得到《紐約時報》的派令，要他作一篇胡適的專訪。在這篇專訪裡，葛內特提起胡適留美的時候所告訴他的一句石破天驚的話。葛內特說，胡適說那句話的背景是有關他與江冬秀媒妁之言的婚姻。他說胡適告訴他說：

> 如果我們要領導，我們就必須匍匐於傳統。我們屬於一個過渡的世代，我們必須爲我們的父母和下一代犧牲。除非我們想失去所有的影響力，我們就必須聽從父母之命，跟他們所替我們所選、我們前所未見的女子結婚。我們必須爲了我們的下一代，去創造一個比較快樂、健康的社會。那就是我們的補償、我們的慰藉。[79]

這句「我們必須匍匐於傳統」、「必須爲我們的父母和下一代犧牲」的話，就是要「陸沉」的意思。就像周明之所指出的，在胡適有關婚姻──希望與牢籠──的作品裡，所有的女主角最終都獲得「自由」，不管是用「出走」私奔的方式，還是以死作爲解脫。相對的，婚姻對男性來說卻永遠是一個死牢(death trap)。這是因爲「他們

78　胡適，〈易卜生主義〉，《胡適全集》，1：612-613。
79　Lewis Gannet, "Young Prophet of Young China," *The New York Times Magazine*, March 27, 1927, p. 10.

沒有選擇單身的自由，也不能狠下心來用私奔、離婚，或遺棄的方式來了之。」[80]換句話說，男性在媒妁之言的婚姻裡的運命就是只有「陸沉」；就是「爲了我們的下一代，去創造一個比較快樂、健康的社會。那就是我們的補償、我們的慰藉」。

我在〈男性與自我的扮相：胡適的愛情、軀體與隱私觀〉裡，把周明之的說法作了進一步的分析。我說，對周明之來說，這是典型的佛洛伊德式的過度補償機制（overcompensation）與投射（projection），雖然周明之並沒用這些字眼。然而，我認爲這一切所顯示的，不外乎是胡適君子、騎士之風的男性的扮相。男女因應命運的方式，是因其性別而有別的。女性如果覺得她的婚姻不理想，她大可以找出口逃生。然而，像胡適這樣的一個君子、騎士，他的命運就必須是與他的婚姻與共。如果他那艘婚姻之船沉了，他也就必須像船長一樣，與之共沉海底。這是因爲胡適是男性，而那是男性的責任去引領一個最好的世界，以便女性和孩童們都能被「愛之養之」[81]。

胡適在〈易卜生主義〉又說：「孟軻說『窮則獨善其身』，這便是易卜生所說『救出自己』的意思。這種『爲我主義』，其實是最有價值的利人主義。」這種「救出自己」的「爲我主義」，這種胡適用孟子的話來說的「窮則獨善其身」主義，就正是我在下一節所要分析的〈非個人主義的新生活〉所批判的對象。

胡適中文版的〈易卜生主義〉是1918年5月16日寫成、1921年4月26日改稿的。〈非個人主義的新生活〉則是1920年1月26日寫的。爲什麼他在1921年改稿完成的〈易卜生主義〉裡還在楬櫫孟子「窮則獨善其身」的主義，而在一年前所寫的〈非個人主義的新生活〉卻已經開始批判起這個孟子的「救出自己」的主義呢？我認爲原因無他，就是因爲這是一篇譯作。胡適翻譯甚至潤飾了自己的舊作，卻忘了這篇舊作裡的基本論旨已經跟自己新的看法相牴觸了。

非個人主義的新生活

胡適的〈非個人主義的新生活〉，根據他在〈序〉裡所指出的，是爲了批判當時甚囂塵上的新村運動。日本的新村運動的創始人是作家武者小路実篤（1885-1976，日文發音：Mushanokōji Saneatsu）。他在1918年在九州的宮崎縣成立了日向新村。1939

80　Min-chih Chou, Hu Shih and Intellectual Choice in Modern China, p. 76.
81　江勇振，〈男性與自我的扮相：胡適的愛情、軀體與隱私觀〉，《現代中文學刊》（上海）2011年第6期（2011年12月），頁66；英文版，請參見Yung-chen Chiang, "Performing Masculinity and the Self: Love, Body, and Privacy in Hu Shi," *The Journal of Asian Studies*, 63.2 (May 2004), p. 328.

年，因爲當地政府決定建築一個水壩，日向村會被淹沒，於是他們搬到了本島埼玉縣的毛呂山〔現名毛呂山町〕。毛呂山町的新村今天仍然存在，占地約十公頃。到2007年爲止，仍然有二十個左右的成員。年齡多半在七十歲以上，只有幾位在四十以下。毛呂山町的新村一直要到1956年方才達成自給自足的目標。在那以前，新村的財政多靠武者小路実篤的版稅的支持。今天，毛呂山町新村的成員栽培茶、香菇、有機稻米、蔬菜、水果，但主要的收入來源是其孵蛋場[82]。

日向新村是日本大正時期諸多烏托邦主義運動的產物之一。武者小路実篤的靈感來源是托爾斯泰。他跟托爾斯泰一樣，同樣是從貴族的背景，來批判階級的社會。根據日向新村的理想，每一個成員每天爲新村義務工作六個鐘頭，其餘的時間則各自自由地去追求他們在藝術、文學等等方面的眞善美，以達到成己的目的。成員沒有薪水，但有零用錢。2007年的零用錢數目是每個月35,000日幣。成員所有日常所需的費用，從衣食住行到醫療費用，都由新村的公款支付。新村的成員分爲兩個大類：一爲「村內會員」；一爲「村外會員」。「村外會員」，顧名思義，不住在新村裡，但須繳會費來幫忙支持新村。

日向新村是一個烏托邦的實驗。新村裡沒有金錢的流通與買賣。他們視勞力爲神聖。雖然生活極爲貧苦，許多成員從事了藝術的創作。日向新村不但有工作室，而且還有名爲曠野社的出版社，印行出版雜誌跟書籍。武者小路実篤甚至還買了兩個法國名雕塑家羅丹(Rodin)的雕塑，以作爲日向新村對藝術的執著與奉獻的象徵。

武者小路実篤對日向新村的理想，可以用下述幾點來表述：

一、以自我作爲出發點，來創造一個可以讓自我的潛力充分發揮的社會。以滿足個人，並進而滿足整個人類的作法來追求愛、善、美，與快樂。

二、重現勞力的尊嚴與神聖，並認識自己的天職以發揮個人在工作上的潛力。

三、建立一個理想社會，廢除金錢，崇尚公社的生活方式，特別是爲了經濟與公社的理念之下的公社食堂。

四、以在社會裡的勞動(耕種、出版)來達成經濟上的自給自足。

82　以下有關武者小路実篤及其新村的描述，是根據Angela Yui的兩篇論文："Atarashikimura: The Intellectual and Literary Contexts of a Taishō Utopian Village," *Japan Review*, 2008, 20:203-230; and "From Utopia to Empire: Atarashikimura and *A Personal View of the Greater East Asia War* (1942)," *Utopian Studies*, 19.2 (2008): 213-232.

　　五、在不同的人之間建立和諧的社會。

　　日向新村雖然有共產主義思想的成分，它實際上是一個反共產主義的實驗。武者小路實篤不但厭惡，而且也藐視所有日本左翼以及無政府主義的運動。他特別厭惡他們所採行的暴力手段。

　　諷刺的是，武者小路實篤的自我是一種菁英主義的自我。或者，用他自己的話來說，是一種貴族主義的自我。他認為人類是生而不平等的。只有那少數天生的貴族才是那統治領導大眾的領袖。他說：「那些居於大眾之上，能夠憐憫、愛護、領導他們的人，就是真正的天生的貴族。」他在1911年所寫的一首詩〈自我與他人〉裡云：

> 我厭惡
> 人家用施諸他人
> 的標準來衡量我的行為；
> 即使我的所作所為與他人相似，
> 那只是表面上看來如此而已，
> 我不是他們。

　　更具有諷刺意義的是，武者小路實篤這種貴族主義的自我觀，後來跟日本帝國主義合流。他1918年謳歌日向新村的一首詩云：

> 新村的使命
> 從現在開始必須更加充分地去開展。
> 朋友們！現在是加緊馬力的時候了
> 比從前更要加緊。
> 加緊！
> 我也在加緊！
> 我們要把新村
> 跟這個可怕的時代
> 轉化成為那釀造幸福時代的發酵麵糰。

　　他在1942年發表了一個小冊子，名為〈大東亞戰爭之我觀〉。他讚揚日本所發動

大東亞戰爭，是爲了日本、爲了所有的亞洲人，與英美帝國主義所作的一場的聖戰。
他曉諭亞洲人說：

> 這不只是爲了日本——
> 亞洲人！
> 這也是爲了你們。

對日本人，他聲嘶力竭地鼓舞他們的使命感：

> 我們絕對不能輸！
> 無論如何，我們一定要勝利！
> 爲了天皇、爲了日本、爲了東亞的人民、爲了整個亞洲，爲了
> 全人類——
> 我們一定要勝利！

　　武者小路実篤1918年歌頌日向新村的語言，跟他在1942年歌頌日本帝國主義的語言，表面上看來雷同。然而，其所反映的精神如日夜之別。前者是烏托邦的語言，後者則已經淪爲日本帝國主義御用宣傳的語言。

　　武者小路実篤的日向新村，在中國最重要的仰慕者是周作人。周作人不但訂閱了《新村》雜誌，他還是日向新村的「村外會員」。周作人在1919年下半年就捐了三十金圓。這個數目是日向新村「村外會員」一年會費——「一口」，即五十錢，亦即半金圓——的六十倍，也等於是當時日向新村每個月預算的12%[83]。武者小路実篤在收到了周作人訂閱《新村》雜誌的訂單以後，還特別寫了一首詩，其前半段云：

> 周姓支那人，
> 從中國訂閱《新村》雜誌。
> 這讓我等雀躍已極。
> 支那人啊！

83　董炳月，〈周作人與《新村》雜誌〉，《中國現代文學研究叢刊》1998年第2期，
　　http://www.literature.org.cn/article.aspx?id=2454，2011年12月31日上網。

在支那建立新村支部吧！
讓我們以村爲基地前進。
像兄弟一樣，互相幫助。[84]

　　周作人在1919年訪問日向新村以後，武者小路実篤寫了一首詩，名爲〈給一位支那的弟兄〉，其中一段云：

不管你來自何方
即使我們的國家不和
只要我們是朋友，一切都會圓滿的。
讓我們一起努力，互相幫助
爲了人類。[85]

　　這段詩句我是從英譯轉譯過來的。同樣這一段，周作人從日文譯成：

無論何處國家與國家的感情雖不好，
人與人的同類間的感情是可以好的。
我們彼此爲了人間〔注：日文人類之意〕，互相幫助而做事罷。[86]

　　周作人在《新青年》以及《新潮》上發表了幾篇推崇武者小路実篤及其新村運動的文章。前者如：〈日本的新村〉、〈新村的精神〉；後者如：〈訪日本新村記〉。1920年2月，周作人甚至在他北京的自宅成立了日向新村的北京支部。根據他在《新青年》上所刊登的〈新村北京支部啓事〉：「本支部已於本年〔1920〕年2月成立。由周作人君主持一切。凡有關於新村的各種事務，均請直接通信接洽。又如有欲往日向，實地考察村中情形者，本支部極願介紹，並代辦旅行的手續。支部地址及會面日

84　伊藤公博，「2008年の三水會：第17回：武者小路と周作人の中日友好」，http://www.hone-kenko.org/sansuikai/sansui_17.html，2011年12月30日上網。
85　轉引自Angela Yui, "From Utopia to Empire: Atarashikimura and *A Personal View of the Greater East Asia War* (1942)," *Utopian Studies*, 19.2 (2008): 225.
86　武者小路実篤，〈與支部未知的友人：譯者附記〉，《新青年》7卷3號，1920年2月1日，頁49。

期如下：北京西直門八道灣十一號周作人宅。每星期五及星期日下午一時至五時。」[87]

　　周作人對新村的倡導，引來了許多原來就已經對社會改造有興趣的年輕人的注意。其中，毛澤東和惲代英就是最典型的例子。毛澤東和惲代英都自己已經開始對新的鄉村建設產生興趣。比如說，惲代英早在1917年10月已經在武昌成立互助社；1919年11月，他還計畫在鄉村成立「各盡所能、各取所需」的新生活的團體[88]。毛澤東亦然。他在1918年春天就已經想在湖南嶽麓山建立一個半工半讀、平等友愛的新村。1919年4月7日，他在北京的時候，還去拜訪了周作人。回到湖南以後，毛澤東還草擬了一個建立新村的計畫。希望經由「創造新學校，實行新教育，讓學生們在農村半工半讀；再由這些新學生，創造新家庭，把若干個新家庭合在一起，就可創造一種新社會。」[89]

　　胡適的〈非個人主義的新生活〉，顧名思義，就是反對日向新村所代表的「個人主義的新生活」。胡適借杜威1920年1月2日晚在天津青年會講演「真的與假的個人主義」作為引子，說：

> 　　假的個人主義——就是為我主義(egoism)，他的性質是自私自利：只顧自己的利益，不管群眾的利益。
> 　　真的個人主義——就是個性主義(individuality)，他的特性有兩種：一是獨立思想，不肯把別人的耳朵當耳朵，不肯把別人的眼睛當眼睛，不肯把別人的腦力當自己的腦力；二是個人對於自己思想信仰的結果要負完全責任，不怕權威，不怕監禁殺身，只認得真理，不認得個人的利害。[90]

　　胡適說日向新村所代表的是他稱之為第三種的「個人主義」。因為它「很受人崇敬的，是格外危險的」。這第三種的「個人主義」，他用孟子「獨善其身」的話來稱呼它，稱它為：

87　〈新村北京支部啓事〉，《新青年》7卷4號，1920年3月1日，目次前廣告。

88　郭聖福，〈惲代英與五四時期的無政府主義思潮〉，http://china5000.vocy.cn/ydy/plyj_6.htm，2012年1月1日上網。

89　金沖及，〈周作人、新村、毛澤東〉，http://www.sowerclub.com/ViewTopic.php?id=706，2012年1月1日上網。

90　以下徵引的引文，是根據胡適，〈非個人主義的新生活〉，《胡適全集》，1：707-717。

獨善的個人主義。他的共同性質是：不滿意於現社會，卻又無可如何，只想跳出這個社會去尋一種超出現社會的理想生活。這個定義含有兩部分：一、承認這個現社會是沒有法子挽救的了；二、要想在現社會之外另尋一種獨善的理想生活。

胡適說這種「獨善的個人主義」古已有之，於今為烈。可以大略分為四種：

一、宗教家的極樂國。如佛家的淨土，猶太人的伊丁園〔伊甸園〕，別種宗教的天堂、天國，都屬於這一派。這種理想的緣起，都由於對現社會不滿意。因為厭惡現社會，故懸想那些無量壽、無量光的淨土；不識不知，完全天趣的伊丁園；只有快樂，毫無痛苦的天國。這種極樂國裡所沒有的，都是他們所厭恨的；所有的，都是他們所夢想而不能得到的。

二、神仙生活。神仙的生活也是一種懸想的超出現社會的生活。人世有疾病痛苦，神仙無病長生；人世愚昧無知，神仙能知過去未來；人生不自由，神仙乘雲遨遊，來去自由。

三、山林隱逸的生活。前兩種是完全出世的；他們的理想生活是懸想的渺茫的出世生活。山林隱逸的生活雖然不是完全出世的，也是不滿意於現社會的表示。他們不滿意於當時的社會政治，卻又無能為力，只得隱姓埋名，逃出這個惡濁社會去做他們自己理想中的生活。他們不能「得君行道」，故對於功名利祿，表示藐視的態度；他們痛恨富貴的人驕奢淫佚，故說富貴如同天上的浮雲，如同腳下的破草鞋。他們痛恨社會上有許多不耕而食、不勞而得的「吃白階級」，故自己耕田鋤地，自食其力。他們厭惡這污濁的社會，故實行他們理想中梅妻鶴子，漁蓑釣艇的潔淨生活。

四、近代的新村生活。近代的新村運動，如十九世紀法國、美國的理想農村，如現在日本日向的新村，照我的見解看起來，實在同山林隱逸的生活是根本相同的。那不同的地方，自然也有。山林隱逸是沒有組織的，新村是有組織的；這是一種不同。隱遁的生活是同世事完全隔絕的，故有「不知有漢，遑論魏晉」的理想；現在的新村的人能有賞玩Rodin〔羅丹〕同Cézanne〔塞尚〕的幸福，還能在村外著書出報：這又是一種不同。但是這兩種不同都是時代造成的，是偶然的，不是根本的區別。從根本性質上看來，新村的運動都是對於現社會不滿意的表示。即如日向的新村，他們對於現在「少數

人在多數人的不幸上，築起自己的幸福」的社會制度，表示不滿意，自然是公認的事實。

胡適為什麼反對新村運動呢？他有四大理由。第一、「因為這種生活是避世的，是避開現社會的。這就是讓步。這便不是奮鬥。我們自然不應該提倡『暴力』，但是非暴力的奮鬥是不可少的。」第二、孟子錯了。胡適說：

> 在古代，這種獨善主義還有存在的理由；在現代，我們就不該崇拜他了。古代的人不知道個人有多大的勢力，故孟軻說：「窮則獨善其身，達則兼善天下。」古人總想，改良社會是「達」了以後的事業──是得君行道以後的事業；故承認個人──窮的個人──只能做獨善的事業，不配做兼善的事業。古人錯了。現在我們承認個人有許多事業可做。人人都是一個無冠的帝王，個人都可以做一些改良社會的事。去年的「五四運動」和「六三運動」，何嘗是「得君行道」的人做出來的？知道個人可以做事，知道有組織的個人更可以作事，便可以知道這種個人主義的獨善生活是不值得模仿的了。

第三個理由：

> 他們所信仰的「泛勞動主義」是很不經濟的。他們主張：「一個人生存上必要的衣食住，論理應該用自己的力去得來，不該要別人代負這責任。」這話從消極一方面看──從反對那「遊民貴族」的方面看──自然是有理的。但是從他們的積極實行方面看，他們要「人人盡勞動的義務，製造這生活的資料」──就是衣食住的資料──這便是「矯枉過正」了。人人要盡製造衣食住的資料的義務，就是人人要加入這生活的奮鬥……現在文化進步的趨勢，是要使人類漸漸減輕生活的奮鬥至最低度，使人類能多分一些精力出來，做增加生活意味的事業。新村的生活使人人都要盡「製造衣食住的資料」的義務，根本上否認分功進化的道理，增加生活的奮鬥，是很不經濟的。

第四個理由：

　　這種獨善的個人主義的根本觀念就是周〔作人〕先生說的「改造社會，還要從改造個人做起。」我對於這個觀念，根本上不能承認。這個觀念的根本錯誤在於把「改造個人」與「改造社會」分作兩截；在於把個人看作一個可以提到社會外去改造的東西。要知道個人是社會上種種勢力的結果。我們吃的飯、穿的衣服、說的話、呼吸的空氣、寫的字、有的思想……沒有一件不是社會的。我曾有幾句詩，說：「……此身非吾有：一半屬父母，一半屬朋友。」當時我以為把一半的我歸功社會，總算很慷慨了。後來我才知道這點算學做錯了！父母給我的真是極少的一部分。其餘各種極重要的部分，如思想、信仰、知識、技術、習慣……等等，大都是社會給我的。我穿線襪的法子是一個徽州同鄉教我的；我穿皮鞋打的結能不散開，是一個美國女朋友教我的。這兩件極細碎的例，很可以說明這個「我」是社會上無數勢力所造成的。社會上的「良好分子」並不是生成的，也不是個人修鍊成的——都是因為造成他們的種種勢力裡面，良好的勢力比不良的勢力多些。反過來，不良的勢力比良好的勢力多，結果便是「惡劣分子」了。古代的社會哲學和政治哲學只為要妄想憑空改造個人，故主張正心、誠意、獨善其身的辦法，這種辦法其實是沒有辦法，因為沒有下手的地方。近代的人生哲學漸漸變了，漸漸打破了這種迷夢，漸漸覺悟：改造社會的下手方法在於改良那些造成社會的種種勢力——制度、習慣、思想、教育，等等。那些勢力改良了，人也改良了。

　　胡適反對新村運動的理由，可以分兩方面來分析。一方面，我們必須要從他超越了「易卜生主義」以後的思想脈絡來了解。他在〈易卜生主義〉裡所揭櫫的那種孟子「窮則獨善其身」、「救出自己」的「為我主義」，這已經是回國以後的胡適所揚棄了的。他現在所服膺的，是他從中國與美國的哲學傳統裡所汲取的精神。從中國方面，是孔子那種「知其不可為而為之」的氣概。從美國方面，是詹姆士的「淑世主義」的精神。

　　我在第二章裡已經分析了胡適激賞詹姆士的淑世主義、激賞他的「我不入地獄、誰入地獄」的舍我其誰的宗教情懷。相對於佛家的淨土、猶太人的伊甸園，胡適寧願激賞詹姆士能面對他自己所假設的上帝給他的挑戰——大家各盡其力，把這個世界做到完全無缺的挑戰。他完全認同詹姆士所說的：「佛家的涅槃其實只不過免去了塵世的無窮冒險。那些印度教徒、那些佛教徒，其實只是一班懦夫，他們怕經驗、怕生

活……他們聽見了多元的淑世主義，牙齒都打顫了，胸口的心也駭得冰冷了……我嗎？我是願意承認這個世界是真正危險的，必須要冒險的；我決不退縮，我決不說『我不幹了！』」

我們看胡適在〈非個人主義的新生活〉的結尾裡說得多麼的雄辯、多麼的感人、多麼的慷慨激昂、多麼的詹姆士：

> 可愛的男女少年！我們的舊村裡可做的事業多得很哪！村上的鴉片煙燈還有多少？村上的嗎啡針害死了多少人？村上纏腳的女子還有多少？村上的學堂成個什麼樣子？村上的紳士今年賣選票得了多少錢？村上的神廟香火還是怎麼興旺？村上的醫生斷送了幾百條人命？村上的煤礦工人每日只拿到五個銅子，你知道嗎？村上多少女工被貧窮逼去賣淫，你知道嗎？村上的工廠沒有避火的鐵梯，昨天火起，燒死了一百多人，你知道嗎？村上的童養媳婦被婆婆打斷了一條腿，村上的紳士逼他的女兒餓死做烈女，你知道嗎？
>
> 有志求新生活的男女少年！我們有什麼權利，丟開這許多的事業去做那避世的新村生活！我們放著這個惡濁的舊村，有什麼面孔，有什麼良心，去尋那「和平幸福」的新村生活！

在另一方面，胡適反對新村運動的「泛勞動主義」，就是因為他所服膺的社會有機體論及其所含蘊的社會分工論。這也就是為什麼胡適會說：「新村的生活使人人都要盡『製造衣食住的資料』的義務，根本上否認分功進化的道理，增加生活的奮鬥，是很不經濟的。」我在第二章裡分析了他在1919年所寫的〈不朽——我的宗教〉。他在〈不朽〉裡用人身來比擬社會：「人身的生命，全靠各種機能的作用。但各種機能也沒有獨立的生活，也都靠全體的生命。沒有各種機能，就沒有全體；沒有全體，也就沒有各種機能。這才叫做有機的組織。」社會有機體也是如此，組成社會的個人各有其機能，必須各有所司：「從橫截面看來，社會的生活也是有機的。個人造成社會，社會造成個人。社會的生活全靠個人分工合作的生活。但個人的生活，無論如何不同，都脫離不了社會的影響。若沒有那樣這樣的社會，決不會有這樣那樣的我和你。」

胡適反對新村運動的第四個理由：「這種獨善的個人主義的根本觀念就是周〔作人〕先生說的『改造社會，還要從改造個人做起。』我對於這個觀念，根本上不能承認。這個觀念的根本錯誤在於把『改造個人』與『改造社會』分作兩截。」表面上看

來，胡適似乎是師承了杜威對二分法的批判，其實不然。

我們記得胡適在〈易卜生主義〉裡，用的是把個人與社會對峙的二分法。我在上節分析胡適的〈易卜生主義〉的時候，已經指出了杜威1919年在北大的〈社會哲學與政治哲學〉的第四講。在這第四講裡，杜威抨擊傳統社會哲學把個人與社會對峙的謬誤。杜威說得很清楚，沒有什麼所謂的個人與社會的對峙與鬥爭，只有具體的群體與群體之間為了具體的利益的衝突而產生的鬥爭。斯鐸曼醫生並不是特意要抽象、籠統地特立獨行，社會也不是特意要抽象、籠統地去戕害特立獨行的斯鐸曼醫生。斯鐸曼醫生在公民大會裡被劃為「國民公敵」，完全是因為他執意要揭發市上的浴池是病菌池，而威脅到了該市作為浴池理療聖地的唯一收入來源。這完全印證了杜威所說的：「沒有什麼所謂的個人與社會的對峙與鬥爭，只有具體的群體與群體之間為了具體的利益的衝突而產生的鬥爭」的道理。

然而，這真說明了人如果不開竅，就一定是言者諄諄，聽者藐藐。〈易卜生主義〉是1918年5月16日寫成、1921年4月26日改稿的。〈非個人主義的新生活〉是1920年1月26日寫成的。這也就是說，〈易卜生主義〉的改訂稿也好，〈非個人主義的新生活〉也好，都是在胡適替杜威作〈社會哲學與政治哲學〉翻譯以後的作品。然而，胡適在〈非個人主義的新生活〉裡說：「個人是社會上種種勢力的結果。」換句話說，仍然還是不脫他個人與社會對峙、搏鬥的窠臼。胡適說良好的社會勢力造成良好的個人；反之，不良的社會勢力造成惡劣的個人。殊不知從杜威——甚至從喜歡諄諄教導我們實驗主義精神的胡適——看來，沒有什麼籠統的「良好」或「不良」的社會，也沒有什麼籠統的「良好」或「惡劣」的個人。所謂的「良好」與「惡劣」，都必須從具體的事例來作具體的分析。

然而，即使胡適在1920年寫〈非個人主義的新生活〉的時候，仍然還沒能了解杜威所批判的個人與社會的二分法，仍然還不能跳脫他個人與社會對峙、搏鬥的窠臼，他在該文裡已經掌握到了一些杜威實驗主義的精神。我們且來看看胡適反獨善的個人主義的「非個人主義的新生活」的綱領：

> 我所主張的「非個人主義的」新生活……是一種「社會的新生活」；是站在這個現社會裡奮鬥的生活；是霸占住這個社會來改造這個社會的新生活。
>
> 他的根本觀念有三條：
>
> 一、社會是種種勢力造成的，改造社會需要改造社會的種種勢力。這種改造一定是零碎的改造——一點一滴的改造，一尺一步的改造。無論你的志願

如何宏大，理想如何徹底，計畫如何偉大，你總不能籠統的改造，你總不能
不做這種「得寸進寸，得尺進尺」的工夫。所以我說：社會的改造是這種制
度那種制度的改造，是這種思想那種思想的改造，是這個家庭那個家庭的改
造，是這個學堂那個學堂的改造。

二、因爲要做一點一滴的改造，故有志做改造事業的人必須要時時刻刻存
研究的態度，做切實的調查，下精細的考慮，提出大膽的假設，尋出實驗的
證明。這種新生活是研究的生活，是隨時隨地解決具體問題的生活。具體的
問題多解決了一個，便是社會的改造進了那麼多一步。做這種生活的人要睜
開眼睛，公開心胸；要手足靈敏，耳目聰明，心思活潑；要歡迎事實，要不
怕事實；要愛問題，要不怕問題的逼人！

三、這種生活是要奮鬥的。那避世的獨善主義是與人無忤，與世無爭的，
故不必奮鬥。這種「淑世」的新生活，到處翻出不中聽的事實，到處提出不
中聽的問題，自然是很討人厭的，是一定要招起反對的。反對就是興趣的表
示，就是注意的表示。我們對於反對的舊勢力，應該作正當的奮鬥，不可退
縮。我們的方針是：奮鬥的結果，要使社會的舊勢力不能不讓我們；切不可
先就偃旗息鼓退出現社會去，把這個社會雙手讓給舊勢力。換句話說，應該
使舊社會變成新社會，使舊村變爲新村，使舊生活變爲新生活。

胡適在這篇〈非個人主義的新生活〉所楬櫫的幾個綱領，都是杜威所能頷首稱是
的：一點一滴的改造、做切實的調查、下精細的考慮、提出大膽的假設、尋出實驗
的證明。這是杜威1919年到1920年在北大所作的〈社會哲學與政治哲學〉一系列十六
講裡所論述的觀點。

胡適反對新村運動所代表的獨善其身的主義，他也反對新村運動所代表的泛勞動
主義，他更反對新村運動所代表的烏托邦主義。這一點在在地反映在胡適對1919年以
後在北京、上海等地所曇花一現的「工讀互助團」運動的批判。

北京的「工讀互助團」是在1919年3月成立的。胡適與蔡元培、李大釗、陳獨
秀、周作人等十七人是發起人。其宗旨是：「本互助的精神，實行半工半讀。」
「工讀互助團」在《新青年》上所發表的募款啓事說：

做工的窮人沒有力量讀書、受教育，這不是民智發達上一種缺憾嗎？讀書
的人不能做工，教育越發達，沒有職業的流氓越多，這不是教育界一種危機

嗎？……同人等因此種種理由，特組織「工讀互助團」，來幫助北京的青年，實行半工半讀主義，庶幾可以達教育和職業合一的理想。[91]

這「半工半讀」的理念，跟胡適在1918年初在北大所發起成立的「成美學會」的理念可以是契合的。〈成美學會緣起〉可能就是胡適手撰的：

> 天之生人，貧富安患常失於均。均之之法，是在以富濟貧、以安救患已耳。然消極的慈善事業，其利益止於個人。不如積極的集資助學。其利益之所及，直接在於個人，間接及於一社會、一國家，遠且及於世界。
>
> 矧在今日國家之需才孔亟，社會之造就宜宏。所可憾者，天地生材，美質難得。苟有之矣，使其或以財用不足，遂莫由研究高深學術，致不克蔚為國才，則非第其一個人之不幸，實亦社會國家之大不幸，可惜孰甚焉。
>
> 嘗考中外歷史，在我邦，則夙有「上品無寒門，下品無世族」之誚；在他邦，則有於凡受大學教育出而任事者，謂其在社會自成為一階級，幾擬於少數之貴族。夫以高等教育之重要，實為一國命脈所矣。乃唯富者得以席豐履厚、獨占機會。其有敏而好學家境貧窮者，輒抱向隅之嘆。而其結果則足以減少人才之數，並促生階級之感。
>
> 某等怵於斯弊，思所以袪除之，爰有斯會之創。唯冀合群策群力，以共成之。社會前途幸甚，國家前途幸甚。[92]

這「成美學會」的宗旨，根本是胡適在留學時期就已經形成的以人力補天道之不足的理念。從「成美」到「半工半讀」完全是一個邏輯的引申。然而，「工讀互助團」對「工讀」的理念，從一開始就和胡適的理念相牴觸。胡適根據他對北京的工讀互助團開始兩個月的觀察，在1920年4月寫出了〈工讀主義試行的觀察〉一文，作出了如下的批評：

> 但是我近來觀察北京工讀互助團的試驗，很有幾種感想。現在我且說我觀察的兩件事實：

---

91 〈工讀互助團募款啟事〉，《新青年》7卷2號，1920年1月1日，頁185。
92 〈成美學會緣起〉，《北京大學日刊》，第76號，1918年2月25日，第二版。

一、工作的時間太多——每人七時以上，十時以下——只有工作的時間，沒有做學問的機會。

二、做的工作，大都是粗笨的、簡單的、機械的，不能引起做工的人的精神上的反應。只有做工的苦趣，沒有工讀的樂趣。[93]

問題的癥結，胡適認為是出在對「工讀」這個概念的濫用。他所要批判的，是要大家不要用工讀作招牌，去作提倡新社會、新生活的運動。胡適說：

> 我也是北京發起人之一，但我是見慣半工半讀的學生的生活的，覺得「工讀主義」乃是極平平無奇的東西，用不著掛什麼金字招牌。我當初對於這種計畫很表示贊成，因為中國學生向來瞧不起工作，社會上也瞧不起作工的人……簡單說來，我當初贊成這種有組織的工作，是因為我希望有了組織可使工讀容易實行。我希望用組織來幫助那極平常的工讀主義，並不希望用這種組織來產生另外一種新生活新組織。

從胡適的角度來看，「工讀互助團」根本就不是他理解中的「工讀」。換句話說，根本就不是他在美國社會裡所觀察到的學生半工半讀的「工讀」，而是以「工讀」為名、從事烏托邦社會生活的「實驗」：

> 我為什麼說這段話呢？因為我覺得現有許多人把工讀主義看作一種高超的新生活。北京互助團的捐啟上還只說「幫助北京的青年實行半工半讀主義，庶幾可以達教育和職業合一的理想」。上海互助團的捐啟便老實說：「使上海一般有新思想的青年男女可以解除舊社會舊家庭種種經濟上意志上的束縛，而另外產生一種新生活新組織出來。」新生活和新組織也許都是很應該提倡的東西，但是我很誠懇的希望我的朋友們不要借「工讀主義」來提倡新生活新組織。工讀主義只不過是靠自己的工作去換一點教育經費，是一件極平常的事——美國至少有幾萬人做這事——算不得什麼「了不得」的新生活。提倡工讀主義的人和實行工讀主義的人，都只該研究怎樣才可以做到

93　以下的徵引文，請參閱，胡適，〈工讀主義試行的觀察〉，《胡適全集》，1：701-706。

「靠自己的工作去換一點教育經費」的方法，不必去理會別的問題和別的主義。現在提倡和實行工讀主義的人先就存一種新生活的計畫，卻不注意怎樣做到半工半讀的方法。即如北京的互助團至今還不能解決「工讀」兩個字；但他們對於家庭、婚姻、男女、財產等等絕大問題，都早已有了武斷的解決，都早已定為成文的戒約了！

胡適批判「工讀互助團」不忠於「工讀」的原意。他強調要「工讀」，就老老實實地去「工讀」。不要掛羊頭賣狗肉地去作什麼新生活、新社會的運動：

　　北京工讀互助團的計畫的根本大錯就在不忠於「工讀」兩個字。發起人之中，有幾個人的目的並不注重工讀，他們的眼光射在「新生活」和「新組織」上。因此只做了一個「工」的計畫，不曾做「讀」的計畫。開辦以後也只做到了「工」的一小方面，不能顧全「讀」的方面。[94]

如果北京「工讀互助團」要真正地從事「工讀」，胡適的忠告是：

　　我以為提倡工讀主義的人，與其先替團員規定公產互助的章程，不如早點替他們計畫怎樣才可以做自修學問的方法。自修的條件很不容易：一、參考的書籍雜誌；二、肯盡義務的學者導師；三、私家或公家圖書館的優待介紹；四、便於自修的居住(北京互助團的公開生活是不適於自修的)；五、要求良好學校的旁聽權。此外還有一個絕對不可少的條件：謀生的工作每日決不可過四小時。如不能做到這些條件，如不能使團員有自修求學的工夫。那麼，叫他泛勞動主義也罷，叫他新組織也罷，請不要亂掛「工讀主義」的招牌！

個人與國家

胡適在〈介紹我自己的思想〉裡有一句常常被人激賞、徵引的話：

94　胡適，〈工讀主義試行的觀察〉，《胡適全集》，1：702。

現在有人對你們說：「犧牲你們個人的自由，去求國家的自由！」我對你
們說：「爭你們個人的自由，便是爲國家爭自由！爭你們自己的人格，便是
爲國家爭人格！自由平等的國家不是一群奴才建造起來的。」[95]

這段話是胡適在1930年11月底離開上海回北大任教前爲出版《胡適文選》而寫
的。「犧牲你們個人的自由，去求國家的自由！」這句話所代表的，毫無疑問地是國
家至上主義。胡適對它嗤之以鼻，完全正確。然而，諷刺的是，胡適所貢獻給青年朋
友的，其實也是半斤八兩，五十步笑百步：「爭你們個人的自由，便是爲國家爭自
由！爭你們自己的人格，便是爲國家爭人格！」殊不知個人的自由跟國家的自由，個
人的人格跟國家的人格，根本就是風馬牛不相及的兩碼事。而且，所謂「國家的自
由」、「國家的人格」云云，完全是不通的字眼。胡適會把「個人的自由」、「人格
的自由」與所謂「國家的自由」、「國家的人格」相提並論，他背離他留美時期所服
膺的世界主義，其間的距離已經是不能以道裡可計的了。

我在《璞玉成璧》裡，分析了胡適在留美時期思想的蛻變。我追蹤了他思想形成
的軌跡，從他在上海求學時期所形成的狹隘的民族主義者，變成一個以愛國爲基礎的
世界公民；再一變而成爲一個超越國界的世界公民；從世界公民，他再變成一個絕對
的不爭主義者；最後，再變成一個國際仲裁主義者。我更進一步地強調說，等胡適變
成一個國際仲裁主義者的時候，他政治思想裡的保守胚芽於焉形成。

羅志田在〈胡適世界主義思想中的民族主義關懷〉說：胡適「思想的出發點和歸
宿實際都是民族主義。」[96]這個誤解是因爲他不了解胡適政治思想在留美時期形成的
軌跡。胡適在留美時期從保守到激進、再從激進回到保守的弧線，我在《璞玉成璧》
裡已經勾勒出其輪廓，現在可以點睛了。胡適在進入世界公民、絕對不爭主義以前，
換句話說，也就是他還處在以愛國爲基礎的世界主義的時期，他看到了一幅法國軍人
上前線之前與妻吻別的照片。他在1914年10月7日的日記裡記載了他對這張照片的詮
釋：這個軍人「爲國而戰、死而無憾」。胡適感動得想要賦詩紀念，苦於不成：

此法國征人與其婦接吻爲別之圖。欲作一詩題之，而心苦不能成文。杜工
部《兵車行》但寫征人之苦。其時所謂戰事，皆開邊拓地，所謂「侵略政

95　胡適，〈介紹我自己的思想〉，《胡適全集》，4：663。
96　羅志田，〈胡適世界主義思想中的民族主義關懷〉，《近代史研究》1996年1期，頁
　　217。

策」，詩人非之，是也。至於執干戈以衛國，孔子猶亟許之。杜工部但寫戰
之一面，而不及其可嘉許之一面，失之偏矣。杜詩《後出塞》之第一章寫從
軍樂。而其詞曰：「男兒生世間，及壯當封侯」，其志鄙矣。要而言之，兵
者，兇器，不得已而用之。用之而有名、用之而得其道，則當嘉許之。用之
而不得其道，好戰以逞，以陵弱欺寡，以攻城略地，則罪戾也。此圖但寫征
人離別之慘，而其人自信以救國而戰，雖死無憾，此意不可沒也。

　　胡適這則日記，有他在兩個星期以後，亦即，10月20日的「自懺」附記。當時，
他已經進入了世界主義、絕對不爭主義的前夕：

　　國家思想惟列國對峙時乃有之。孔子之國家思想，乃春秋時代之產兒。正
　　如今人之國家思想，乃今日戰國之產兒。老杜生盛唐之世，本無他國之可言。
　　其無國家之觀念，不足責也。記中有過詞，誌之以自懺。[97]

　　胡適不但自懺了他對杜甫的誤解，他甚至把杜甫的〈兵車行〉翻譯成英文，以
"The Song of the Conscript"為題，發表在1914年12月份的英文《留美學生月報》(*The
Chinese Students' Monthly*)上。這首英譯詩有編者序，也許是胡適自己提供的，因為
胡適是當時《留美學生月報》的〈國內消息欄〉(Home News)的主編：

　　杜甫，中國最偉大的詩人之一，寫了許多描寫戰爭慘狀的詩。其中，〈石
　　壕吏〉、〈無家別〉、〈新婚別〉，以及以下這一首都是每一個喜愛唐詩的
　　人所耳熟能詳的。跟杜甫所有其他描寫戰爭的詩相比，〈兵車行〉似乎是更
　　具有普世的感染性(universal appeal)。本翻譯基本上用的是直譯，盡量保持
　　了原詩的哀戚(pathos)與堅毅(strength)之情。本譯詩的分節是依照原詩韻腳
　　的變異。本詩有另一個譯本，是查理士‧巴德(Charles Budd)所翻譯的《中
　　國詩歌》(*Chinese Poems*)，以四句一節，共分二十四節。雖然每節合韻，
　　但不忠於原文〔注：譯名為："Conscripts Leaving for the Frontier"，頁110-
　　114〕(牛津大學1912年出版)——編按。

97　《胡適日記全集》，1：511-512。

杜甫〈兵車行〉

車轔轔，馬蕭蕭，行人弓箭各在腰，
爺娘妻子走相送，塵埃不見咸陽橋。
牽衣頓足攔道哭，哭聲直上干雲霄。

道旁過者問行人，行人但云點行頻。
或從十五北防河，便至四十西營田。
去時里正與裹頭，歸來頭白還戍邊。
邊庭流血成海水，武皇開邊意未已。
君不聞漢家山東二百州，千村萬落生荊杞。

縱有健婦把鋤犁，禾生隴畝無東西。
況復秦兵耐苦戰，被驅不異犬與雞。

長者雖有問，役夫敢申恨？
且如今年冬，未休關西卒。
縣官急索租，租稅從何出。
信知生男惡，反是生女好。
生女猶得嫁比鄰，生男埋沒隨百草。
君不見青海頭，古來白骨無人收。
新鬼煩冤舊鬼哭，天陰雨濕聲啾啾。

胡適〈兵車行〉的英譯文如下：

The Song of the Conscript

Chariots roll;
Horses neigh;
Bows and arrows on the soldiers' belts!
Hither run the fathers, mothers, wives and children!
Behind the rising dust that blinds the Hsiang-yang Bridge!

Seizing the uniforms, stamping the ground in sorrow,
They send forth wailing cries that pierce the clouds!

"What means all this?" ask I, a passer-by.
"Too many expeditions!" comes a voice.
"Since my fifteenth year, I have served my country,
Guarding the river and settling the west.
The constable, when I first went, turbaned my youthful head;
And now with hairs grey I must again hie to the frontiers!

"To the frontiers!—where blood flows in streams!—
Ah! The Emperor's ambition is never satisfied!
See you not, sir, that in the regions east of the Mountains,
There thistles and thorns grow in the village streets?

"Though our good wives are left to sow and plough,
How can they till all these many fields?
And because we Chins could hardship well endure,
We, dog-like, are driven about the more!

"Though you have, sir, inquired of us,
How dare we tell all our sorrows?
Take this last winter, if you please,
When the Guards were not recalled,
Urgently were the taxes demanded—,
But whence could the taxes come?

"Oh, a misfortune it is to bring forth sons—
Have more daughters, rather!
A daughter may be wed into a neighboring home,
But sons fight and die for evermore!

"Have you not seen, sir,

The bones that have been piled up there

In that desert land since unknown antiquity?

There, in rainy days and dark eves,

New ghosts sigh and old ghosts wail!"[98]

　　杜甫在〈兵車行〉裡所描述的戰爭殃民的慘狀，胡適非常感人地在譯文裡表達了出來。他一定非常高興他反戰的思想「德不孤，必有鄰。」他在1915年2月6日的日記裡說：

　　　　二月份《世紀雜誌》(*The Century*)載有短劇一篇，名〈戰時新婦〉(War Brides by Marion Craig Wentworth)〔瑪麗安‧溫沃絲〕。甚足動人，戰〔爭起〕後文學界之佳作也。[99]

　　胡適非常喜愛〈戰時新婦〉。他在2月13日到紐約開「剷除軍國主義大學聯盟」的大會以後跟韋蓮司見面的時候，顯然跟她談到了這個獨幕劇。他在14日搭夜車回綺色佳，16日他就隨信附寄了一份〈戰時新婦〉給韋蓮司[100]。

　　〈戰時新婦〉是一個反戰的獨幕劇。其背景是第一次世界大戰歐洲某國的一個農村[101]。幕啓的時候，正是應召上前線的小夥子在政府的號召鼓勵之下，各自在上戰場以前找年輕少女結婚。愛蜜麗(Amelia)的三個兄弟——法蘭子(Franz)、艾密爾(Emil)、奧圖(Otto)——都已經上了戰場了。眼看著，小弟阿諾(Arno)也即將應召上前線。老大法蘭子已經結婚，妻子的名字叫荷薇(Hedwig)，懷有六個月的身孕。愛蜜麗雖然想上戰場當護士，她卻遭遇強大的壓力，包括來自於她的母親，要她也立時也作一個「戰時新婦」。整個村子裡，只有曾經在城裡的工廠工作過的荷薇，仍然保持清醒。她四處告訴年輕的女子不要受騙，不要輕易地作「戰時新婦」，生下沒有爹

98　Tu Fu, tr., Suh Hu, "The Song of the Conscript," *The Chinese Students' Monthly*, X.3 (December, 1914), pp. 139-140. 在此特別感謝中央研究院文哲所的楊貞德幫我找到胡適這首英譯詩的出處。

99　《胡適日記全集》，2：32。

100　Hu to Williams, February 17, 1915，《胡適全集》，40：54。

101　以下有關〈戰時新婦〉的描述，請參見Marion Wentworth, "War Brides," *The Century,* 89.4 (February, 1915), pp. 527-544.

的孩子去當未來戰爭的炮灰。

就在愛蜜麗在赫夫曼(Hoffman)少尉糾纏要她當他的「戰時新婦」的時候，荷薇出了面。荷薇質問赫夫曼少尉，說憑什麼愛蜜麗需要去當一個陌生人的「戰時新婦」？赫夫曼說，士兵守土衛國，命喪沙場的機率極高。爲了保證他們能留下種子以繼續報國，年輕女性就應該踴躍地成爲「戰時新婦」。荷薇義正辭嚴地反駁了他：

> 我説——那是爲帝國繁殖軍人、補貨。〔激憤地説〕那是爲了什麼？那是當下一代的大炮的炮灰。喔！這根本就是對女性的侮辱！你們褻瀆了婚姻的神聖！〔她激動地在屋裡繞著走〕我們女性就永遠不能從塵土裡站起來嗎？你們從來就沒問過我們是否要打這場戰爭。但是，你們要我們種地、采薪、擔下擔子、作苦、作奴隸、等待、忍受煎熬、失去一切、繼續去懷男孩兒——多多益善——去送死！如果你們要我們繁殖男孩兒，爲什麼不就讓我們來決定他們的未來？問我們是否要他們——我們的命根——去送死？

荷薇的言辭已經受到注意。赫茨(Hertz)上尉到她們家裡來警告，說如果荷薇不住口，她就將會因叛國而入獄。荷薇說要她沉默可以，交換的條件是男人必須承諾永遠不再有戰爭。就在這時候，小弟阿諾也收到了徵兵令，立時要開赴戰場。這就意味著說，老婦人的四個兒子在一個月內全被徵召入伍。悲劇是，小兒子才行經家門開赴戰場，家裡就得到戰地消息，說阿諾的三個哥哥已經全部戰死。

荷薇在得知她心愛的先生戰死的消息以後，她極力壓抑她的哀傷，告訴身旁的一個婦人不要再爲戰爭機器製造孩子。赫茨上尉在震怒之餘，說他要立即逮捕荷薇下獄。這時，老夫人告訴赫茨上尉，說荷薇已經懷孕了。赫茨上尉遲疑過後，說他還是必須逮捕荷薇，因爲她是一個煽動犯。荷薇要赫茨上尉等她寫一封信給皇帝。寫完以後，她拿起她婆婆爲孩子所織的小衣物，向婆婆和愛蜜麗致謝。她把婆婆爲那未來的孩子所織的小毛線襪抵在嘴唇，走進她的臥室。進門前，她隨手把櫃子裡的手槍拎到手裡。在進門的一刹那，她要赫茨上尉大聲地念出她寫給皇帝的信：「一直到你保證不會再有戰爭以前，我拒絕生孩子。」赫茨上尉才念完，就聽見臥室裡一聲槍響。

胡適激賞〈戰時新婦〉，韋蓮司則不然。她在2月22日的信裡，老實不客氣地作出了如下的批評：

> 我帶著興味讀著〈戰時新婦〉，可是發現那興味持續不久。如果把它拿來

作爲説明爲什麼大多數社會主義論述，甚至婦女參政權論述都是敗筆的示
範，我想它是成功的。然而，如果這不是其用意，如果其寓意是別有所指，
則它根本就沒有説服力。首先，這個劇本裡最英勇的 (heroic) 角色不是女主
角，而是那母親。其次，説戰爭把先生，以及她含辛茹苦生養的兒子給**掠走
了**，完全沒有顧及到她是肩負著養育孩子以及承受戰爭的苦痛最深的人，這
種説法就人性最崇高的一面而言，是一點吸引力也沒有的。

斤斤地計較代價未免太小家子氣了 (silly)──任何值得我們爲其付出的事
物都有其代價。我相信我們一定會覺得：一個崇高的女性，一定會以肩負值
得爲其付出的事物的重擔爲榮。而且，沒有一個人能**擁有**另外一個人，即使
那個人是她的孩子。我們需要的，是那值得去活的**生命**。如果**她相信**爲了達
到那個目的，**戰爭是必要的**，她就必須轟轟烈烈地 (gloriously) 用最快的速
度獻上她的兒子；如果她認爲和平才是其途徑，她就必須以其作爲理由，亦
即，以生命最充分的發揮，或者「值得去活的生命」作爲其訴求的理由。這
個劇本的主調似乎定得太低、太注重自己了 (self-considering)（太物質了？），
以至於它太沒有説服力了──特別是對軍國主義者而言，以他們對英雄主義
(heroism) 的了解，他們對這種主調一定是無動於衷的。我想，也理應如
此。[102]

韋蓮司的批判，胡適究竟作何感想？他是否作了反駁？可惜我們不知道。然而，
必須指出的是，胡適在他世界公民、不爭主義時期的巔峰，也同時是他反戰思想的最
高峰。在他反戰思想的高峰，他認爲拒絕從軍是一件值得稱頌的義舉。我在《璞玉成
璧》裡提到了他「國際學生聯合會」的德國朋友墨茨 (John Mez)。胡適在康乃爾大學
時期所活躍於其中的「世界學生會」，在1913年加入了「國際學生聯合會」。該年
「國際學生聯合會」所選出來的會長就是墨茨。1914年第一次世界大戰爆發以後，墨
茨因爲拒絕從軍當炮灰，遁入荷蘭轉道赴美。胡適在1914年12月6日的日記裡，形容
墨茨凜然拒絕從軍是一種理想家的義舉，猶如「空谷之足音」：

歐洲戰事之起，博士在比利時，不欲犧牲其主義而從軍。遂間關走荷蘭，
由荷至美。今自紐約來遊，相見甚歡。博士乃理想家 (idealist)，能執其所謂

102　Williams to Hu, February 22, [1915].

「是」者，不爲流俗所移。今天下大患，在於理想家之寥寥。今見博士，如
聞鳳鳴，如聞空谷之足音，喜何可言！博士之不從軍，非不愛國也。其愛國
之心，不如其愛主義之心之切也；其愛德國也，不如其愛人道之篤也。此其
所以爲理想家歟？[103]

　　胡適在世界公民、不爭主義時期的巔峰，覺得他已經超脫了國家的藩籬。他在
1914年11月25日的日記裡記下的幾則「大同主義之先哲名言」就是最好的明證：

　　亞里斯梯帕司（Aristippus）〔西元前約435-356，蘇格拉底的學生〕說：
「智者的國家就是世界」；
　　戴歐吉尼斯（Diogenes）〔西元前約404-323，犬儒派哲學家〕：「人問他
是哪國人，他回答說：『我是世界公民』」；
　　「蘇格拉底說他不是雅典人，也不是希臘人，而是世界公民」；
　　培恩（Thomas Paine）〔1737-1809，《人權》（*Rights of Man*）作者〕說：
「我的國家是世界，我的宗教是行善。」
　　葛里森（William Lloyd Garrison）說：「世界是我的國家，人類是我的同
胞。」[104]

　　到了1916年7月14日，胡適聽說英國的哲學家羅素因爲鼓吹人民有因爲反戰而拒
絕服兵役的權利，而被劍橋大學革職。雖然胡適當時已經放棄了不抵抗主義，而轉向
仲裁主義了。然而，他在當天的日記裡仍然還能爲羅素辯護：

　　英國哲學家羅素（Bertrand Russell）參加「反對強迫兵役會」（No-
Conscription Fellowship），作文演說，鼓吹良心上的自由。法庭判他有違反
「祖國防衛法」之罪，罰金。康橋大學〔劍橋大學〕前日革去他的名字及數
學原理教職。「嗚呼！愛國，天下幾許罪惡假汝之名以行！」〔趙〕元任來
書論此事，云："What insanity cannot war lead to! The days of Bruno are
always with us without eternal vigilance. Passed in one form, they come in

103 《胡適日記全集》，1：555-556。
104 《胡適日記全集》，1：553。

another." (有什麼蠢事是戰爭不能造成的！我們必須夙夜匪懈，否則布魯諾
(Bruno)〔注：Giordano Bruno, 1548-1600；義大利哲學家，反對太陽繞地球
說，被綁在火刑柱上火刑〕的年代會陰魂不散的。才把舊的給拱走了，它又
會化身而回。)[105]

　　然而，胡適是越變越保守。美國在1917年4月6日對德宣戰。該月底，美國國會通
過徵兵法案。胡適一反他從前稱讚墨茨拒絕從軍當炮灰是「空谷足音」之義舉，而反
過來批評不願從軍者是不能犧牲小我、完成大我的「逃兵」。他在1917年5月6日的日
記裡，暗諷他們跟中國古代折臂成殘以逃避兵役者都是一丘之貉：

　　四月廿八日，美國議會通過「選擇的徵兵制」(Selective Draft)。此亦強
迫兵制之一種也。
　　自此以來，吾與吾友之非攻者談，每及此事，輒有論難。諸友中如Paul
Schumm〔舒母〕, Bill Edgerton〔艾傑頓〕, Elmer Beller〔貝勒〕, Charles
Duncan〔鄧肯，韋蓮司前男朋友〕皆不願從軍。昨與貝勒(Beller)君談。君
言已決意不應徵調，雖受囚拘而不悔。吾勸其勿如此，不從軍可也，然亦可
作他事自效，徒與政府抵抗未嘗不可，然於一己所主張實無裨益。
　　吾今日所主張已全脫消極的平和主義。吾惟贊成國際的聯合，以為平和之
後援。故不反對美國之加入〔第一次世界大戰〕，亦不反對中國之加入也。
　　然吾對於此種「良心的非攻者」(Conscientious objectors)，但有敬愛之
心，初無鄙薄之意；但惜其不能從國際組合的一方面觀此邦之加入戰團耳。
　　因念白香山〔居易〕〈新豐老人折臂歌〉：
　　無何天寶大徵兵，戶有三丁點一丁。
　　……
　　是時翁年二十四，兵部牒中有名字。
　　夜深不敢使人知，偷將大石椎折臂。
　　向之寧折臂而不當兵者，與今之寧受囚拘而不願從軍者，正同一境地也。[106]

105 《胡適日記全集》，2：366。
106 《胡適日記全集》，2：511-512。

胡適在留美後期思想漸趨保守。然而，這跟歷來大家以訛傳訛說胡適對政治不感興趣完全是不相干的兩回事。保守無關乎對政治感不感興趣，而只意味著說，對政治議題所取的意識型態傾向。我在本部以及本傳接下去的幾部裡都會繼續釐清這個問題。歷來大家對胡適的誤解，都基因於他對學生運動的批判。

毫無疑問地，胡適認為學生的責任是在讀書。這是他從留學時期就已經有了的立場。我在《璞玉成璧》，以及〈男性與自我的扮相：胡適的愛情、軀體與隱私觀〉裡，已經分析說胡適所反對的，不是政治參與，而是參與政治的方式。胡適所堅持的是：學生運動必須是由理性與秩序來領導的。這就是為什麼胡適1921年在安慶的第一師範演講，就立下了他的理想的罷課行動綱領：用個人運動代群眾運動、用秘密組織代鋒頭主義、用代表制來代群眾運動，且須用輪任法，代表每月改選五分之二，以均勞逸，且可多練人才[107]。就正因為狂熱與暴力是胡適厭惡群眾運動的所在，他才會要用代表制把參與的人數減到最低，以避免他們產生團隊精神[108]。

胡適和蔣夢麟在五四運動以後，曾經聯合發表過一篇名為〈我們對於學生的希望〉的文章。他們承認學生運動「是變態的社會裡一種不可免的現象」。他們說：

> 現在有許多人說學生不應該干預政治，其實並不是學生自己要這樣幹，這都是社會和政府硬逼出來。如果社會國家的行為沒有受學生干涉糾正的必要，如果學生能享受安心求學的幸福而不受外界的強烈的刺激和良心上的督責，他們又何必甘心拋了寶貴的光陰，冒著生命的危險，來做這種學生運動呢？

然而，他們也同時強調這種為運動而罷課的行為——拋棄學業、荒廢光陰——是一種社會資源的浪費：

> 這種運動是非常的事，是變態的社會裡不得已的事。但是它又是很不經濟的不幸事。因為是不得已，故它的發生是可以原諒的。因為是很不經濟的不幸事，故這種運動是暫時不得已的救急辦法，卻不可長期存在的……單靠用罷課作武器，是最不經濟的方法，是下下策。屢用不已，是學生運動破產的

107《胡適日記全集》，3：256。
108 江勇振，〈男性與自我的扮相：胡適的愛情、軀體與隱私觀〉，《現代中文學刊》（上海）2011年第6期（2011年12月），頁62。

表現！

胡適跟蔣夢麟在這篇文章裡苦口婆心地要學生不要停留在喊口號的階段，而要從事學術以及與實地社會改良有關的活動。他們說：

> 現在那些「同胞快醒，國要亡了」、「殺賣國賊」、「愛國是人生的義務」等等空話的講演，是不能持久的，說了兩三遍就沒有用了。我們希望學生注重科學常識的講演。改良風俗的講演。破除迷信的講演。[109]

胡適跟蔣夢麟要學生從事學術與實地社會改良的演說云云，其實也同樣顯得空洞。問題的癥結在於要如何說服學生？胡適回國的當初，就苦於沒能找到適切又具有說服力的說法來表達讀書與救國之間的關聯。胡適在1921年5月9日就約略領略到話不投機半句多的滋味：

> 今日為民國四年〔1915〕中國政府收受日本限期通牒之第六週年，人亦叫他做「國恥紀念日」。前日我答應了清華的學生今日去演講……四時半。我講演「廢止國恥紀念的提議」。我主張廢止的理由是：
> 一、機械的紀念全無意思。
> 二、四年五月九日之屈服不是紀念，五九以來可以紀念的國恥多著呢！如：1. 五年〔1916〕的帝制；2. 六年的三大政變；3. 七年的無數日本借款；4. 安福的國會與政府；5. 外交的失敗。
> 三、紀念過去使我們忘記現在。
> 四、對外的紀念不如對內的努力。
> 這篇演說似乎不大受歡迎，但這是我第一次在演說臺上談政治。[110]

可是，胡適還是沒有領悟到問題的癥結所在。1921年10月4日，他作了一首〈雙十節的鬼歌〉，用為辛亥革命捐軀的鬼魂的口吻來鄙夷那口號、形式的慶祝方式：

---

109 胡適、蔣夢麟，〈我們對於學生的希望〉，《胡適全集》，21：220、221、226。
110《胡適日記全集》，3：29-30。

今天因上海幾家報館要我做「雙十節」的文章，我沒有工夫，故做了一首詩：

〈雙十節的鬼歌〉

十年了，

他們又來紀念了！

他們借我們，

出一張紅報，

做幾篇文章；

放一天例假，

發表一批勳章：

這就是我們的紀念了！

要臉嗎？

這難道是革命的紀念嗎？

我們那時候，

威權也不怕，

生命也不顧；

監獄作家鄉，

炸彈底下來去：

我們肯受這種無恥的紀念嗎？

別討厭了，

可以換個法子紀念了！

大家合起來，

趕掉這群狼，

推翻這鳥政府；

起一個新革命，

造一個好政府：

那才是雙十節的紀念了！[111]

---

111 《胡適日記全集》，3：369-371。

一直要到1925年8月底，胡適才終於找到了如何把讀書與救國連結在一起的竅門。他在〈愛國運動與求學〉一文裡說：

> 　　帝國主義不是赤手空拳打得倒的：「英日強盜」也不是幾千萬人的喊聲咒得死的。救國是一件頂大的事業：排隊遊街，高喊著「打倒英日強盜」，算不得救國事業；甚至於砍下手指寫血書，甚至於蹈海投江，殺身殉國，都算不得救國的事業。救國的事業需要有各色各樣的人才；真正的救國的預備在於把自己造成一個有用的人才。
> 　　易卜生說的好：真正的個人主義在於把你自己這塊材料鑄造成個東西。他又說：有時候我覺得這個世界就好像大海上翻了船，最要緊的是救出我自己。在這個高唱國家主義的時期，我們要很誠懇的指出：易卜生說的「真正的個人主義」正是到國家主義的唯一大路。救國須從救出你自己下手！

胡適找到了如何連結讀書與救國的竅門。然而，他所賠進去的是浮士德與魔鬼式的交易。他把他在寫〈易卜生主義〉時，所描寫的世界主義的易卜生的特立獨行作為祭品，把它廉價地變賣成為「正是到國家主義的唯一大路」。

為了讓年輕的讀者信服，胡適又祭出了兩個西海的聖人來助陣。如果有人受不住那來自力圖拯救「國家的紛擾」的愛國運動的刺激與引誘，胡適說那不妨就跟歌德學習：

> 　　德國大文豪葛德〔歌德〕(Goethe)在他的年譜裡(英譯本頁189)曾說，他每遇著國家政治上有大紛擾的時候，他便用心去研究一種絕不關係時局的學問，使他的心思不致受外界的擾亂。所以拿破崙的兵威逼迫德國最屬害的時期裡，葛德天天用功研究中國的文物。又當利俾瑟〔萊比錫〕之戰的那一天葛德正關著門，做他的名著*Essex*〔注：《艾塞公爵》〕的「尾聲」。

胡適這個歌德的故事有兩點值得注意的地方。第一，這個故事是胡適在留美秉持世界主義、不爭主義時期所讀到的。當時韋蓮司有上前線服務的想法。胡適在1914年11月6日給韋蓮司的信，就是用歌德這個故事來勸阻她[112]。他在〈愛國運動與求學〉的行文幾乎就是那封信的中譯版。歌德這個故事另外一個值得注意的地方，是胡適的

112　Hu to Williams, November 6, 1914,《胡適全集》，40：7。

類比根本失之於不當。歌德閉門著書時的1813年的「萊比錫大戰」，是俄國、普魯士、奧地利、瑞典聯軍打敗拿破崙的一個關鍵戰役，是拿破崙帝國潰敗的先聲，是普魯士復國的解放戰爭的開始。當時年已六旬的歌德不關心國事，這是後來許多德國學者爭議的議題。然而，這不是此處的重點。胡適比擬不倫不類的所在，是歌德在萊比錫戰役的時候，用胡適的話來說，可以鎮靜，因為普魯士的復國在望。反觀中國，當時中國的國事則是每下愈況。

另外一個胡適引來為他助陣的西海聖人是費希特：

> 德國大哲學家費希特(Fichte)是近代國家主義的一個創始者。然而他當普魯士被拿破崙踐破之後的第二年(1807)回到柏林，便著手計畫一個新的大學——即今日之柏林大學。那時候，柏林還在敵國駐兵的掌握裡。費希特在柏林繼續講學，在很危險的環境裡發表他的《告德意志民族》(Reden an die deutsche nation)。往往在他講學的堂上聽得見敵人駐兵操演回來的笳聲。他這一套講演——《告德意志民族》——忠告德國人不要灰心喪志，不要驚惶失措；他說，德意志民族是不會亡國的；這個民族有一種天賦的使命，就是要在世間建立一個精神的文明——德意志的文明。他說：這個民族的國家是不會亡的。
>
> 後來費希特計畫的柏林大學變成了世界的一個最有名的學府；他那部《告德意志民族》不但變成了德意志帝國建國的一個動力，並且成了十九世紀全世界的國家主義的一種經典。[113]

從留美中期的世界主義、不爭主義、〈易卜生主義〉，到1925年〈愛國運動與求學〉裡徵引國家主義的費希特，胡適在思想上的倒退真是不可以道里計。費希特在《告德意志民族》裡說：

> 國家一旦採行了我們所建議的全國普及教育以後，從新的一代的年輕人經過了這個教育系統以後，就可以完全不需要另設軍隊，因為它已經有了一個歷史上前所未有的軍隊。每一個人的體能都受到了完全的訓練，而且完全知曉如何運用，都能夠吃苦耐勞；他的心智在直觀的訓練下，能隨時警覺、沉

---

113 胡適，〈愛國運動與求學〉，《胡適全集》，3：819-824。

著；他的心中流露著的，是他對他所屬的里鄰、省份，與國家的愛，那種會把所有他自私的本能都剷除淨盡的愛。國家不管什麼時候徵召他們去打仗，他們都會是萬夫莫敵的。[114]

曾幾何時，那要大家不要跟著世界一起「陸沉」、「墮落」，要懂得「救出自己」的胡適，卻要大家模仿國家主義的費希特，只知有國、一無個性地去充當國家「萬夫莫敵」馬前卒！

就像我在《璞玉成璧》裡所強調的，胡適的思想體系有糅雜挪用、合用就好的特色。他在〈愛國運動與求學〉一文裡，可以把易卜生和費希特變成親家，把易卜生的個人主義變成到費希特式的國家主義的康莊大道。這固然是一個令人匪夷所思的和稀泥、亂點鴛鴦譜！然而，胡適一向就是如此。他在〈愛國運動與求學〉一文裡的論點，其實就是他在留美時期秉持不爭主義巔峰所寫的〈莫讓愛國沖昏頭：告留美同學書〉(A Plea for Patriotic Sanity: An Open Letter to All Chinese Students)的中文版。這封發表在《留美學生月報》上的投書，呼籲留學生不要因為日本的二十一條，而被愛國的衝動沖昏了頭。

我在《璞玉成璧》裡已經分析了胡適態度不變的經過。他在〈莫讓愛國沖昏頭：告留美同學書〉裡，要大家不要學習比利時在第一次世界大戰時以卵擊石去抵抗德國的政策。他甚至揚言，說「任何要中國去蹈比利時覆轍的人，都是中華民族的罪人。」然而，在胡適回國以後，在他1918年11月16日，在慶祝第一次世界大戰協約國勝利的演講大會所作的〈武力解決與解決武力〉的演說裡，他卻作了一百八十度的轉彎，稱讚比利時犧牲自己、給予英法準備應戰的功績：

> 如這一次大戰開始時，德國要通過比國去攻法國。比國是極小的國。若是不回手，就讓德國通過。那時德國立刻就打到巴黎，英國法國多來不及防備，德國早就完全大勝了。幸而比國抵住一陣子，英法的兵隊，方才有預備的工夫。

胡適對比利時在第一次世界大戰的評價先後不同，其主要反映的，是他自己從世

---

114 Johann Fichte, *Addresses to the German Nation*, tr., R.H. Jones and G.H. Turnbull (Chicago and London: The Open Court Publishing Company, 1922), pp. 190-191.

界主義、不爭主義，轉變到保守的國際仲裁主義。然而，胡適沒有改變的一點，是他要大家鎮靜、好好求學、臥薪嘗膽的呼籲。他在〈莫讓愛國沖昏頭：告留美同學書〉裡，對大家說：

> 我們不要被新聞所報導的鼎鼎沸沸沖昏了頭，而忘卻了我們嚴肅的使命。我們必須要嚴肅、心如止水、堅定不移地求學。我們必須要臥薪嘗膽，以求振興祖國——如果它能安然渡過這個危機的話。當然，我深信它一定能夠；而即令祖國這次不幸而覆亡，我們也要讓它從死裡復活！

胡適深信只要中國有人，中國即使亡國，也可以再從死裡復生。他的第二封投書——〈何謂愛國理性？：再致留美同學〉（What Is Patriotic Sanity?: Second Open Letter to All Chinese Students）——不知爲什麼沒在《留美學生月報》上發表。然而，我在《璞玉成璧》裡摘述了它的大意。胡適呼籲大家不要徒然於涕泗橫流，而應該化悲憤爲力量，各個期許作爲中國的費希特（Fichte）、馬志尼（Mazzini）、加富爾（Cavour）、格拉司東（Gladstone）、珍・亞當絲（Jane Addams）、布克・華盛頓（Booker T. Washington），或愛迪生（Thomas Edison）[115]。

胡適在這第二封未發表的投書裡開出來一張他要留美學生所學習模仿的名單。其中，國家主義的費希特的名字就赫然在列。而那時的胡適，正處於他世界主義、不爭主義的巔峰！胡適糅雜挪用的習性早已如此。

儘管胡適自己認爲他已經爲讀書與救國之間的關聯找到了一個顛撲不破的眞理，當時的中國學生在「覆巢之下無完卵」的信念之下，就是聽不進胡適的諄諄善誘。比如說，胡適在1926年7月在北大所作的一個演講裡說：「去年八月的時候，我發表了一篇文章，說到救國與讀書的〔注：應該就是上引的〈愛國運動與求學〉〕，當時就有很多人攻擊我。」[116]換句話說，歌德也好，費希特也好，學生就是聽不進去。

胡適在1925年8月底離開了北京，先到了武漢等地演講，然後在10月到了上海。由於浙奉戰爭爆發，交通切斷，胡適就乾脆在上海住下醫他的痔瘡。這一住就住了半年。在上海醫病療養期間，胡適終於在書本上找到了一個比費希特更理想的人物，可以用來闡述他讀書與救國的連結。這個人就是法國的路易・巴斯德（Louis Pasteur）：

---

115 江勇振，《舍我其誰：胡適，第一部：璞玉成璧，1891-1917》，頁446-451、487。
116 胡適，〈學術救國〉，《胡適全集》，20：141。

這本書是巴士特〔巴斯德〕(Pasteur)的傳，是我在上海病中看的，有些地方我看了我竟哭了……

巴氏是1870年普法戰爭時的人。法國打敗了。德國的兵開到巴黎把皇帝捉了，城也占了，訂城下之盟賠款五萬萬。這賠款比我們的庚子賠款還要多五分之一。又割亞爾薩斯、羅林兩省地方與德國。你們看當時的文學，如像莫泊桑他們的著作，就可看出法國當時幾乎亡國的慘象與悲哀。巴氏在這時業已很有名了。看見法人受種種虐待，向來打戰沒有被毀過科學院，這回都被毀了。他十分憤激，把德國波恩大學(Bonn)所給他的博士文憑都退還了德國。他並且作文章說：「法蘭西為什麼會打敗仗呢？那是由於法國沒有人才。為什麼法國沒有人才呢？那是由於法國科學不行。」以前法國同德國所以未打敗仗者，是由於那瓦西爾(Lavoisier)一般科學家，有種種的發明足資應用。後來那瓦西爾他們被革命軍殺死了，孟勒爾(Moner)〔注：待查〕將被殺之日，說：「我的職務是在管理造槍，我只管槍之好壞，其他一概不問。」要科學幫助革命，革命才能成功。而這次法國竟打不勝一新造而未統一之德國，完全由於科學不進步，但二十年後，英人謂巴士特一人試驗之成績，足以還五萬萬賠款而有餘。

　　……

此人是我們的模範，這是救國。我們要知道既然在大學內作大學生，所作何事？希望我們的同學朋友注意，我們的責任是在研究學術以貢獻於國家社會。沒有科學，打戰、革命都是不行的。[117]

　　胡適在上海養病中所讀的這本書，就是巴斯德的女婿巴勒立—拉德(René Ballery-Radot)所寫的《巴斯德傳》(*The Life of Pasteur*)。英譯本是1924年出版的[118]。我們今天還可以在北京大學胡適的藏書裡看到這本書。胡適在扉頁上用中文題記：「《百年紀念本巴斯特傳》，胡適」，書末並注記：「Dec. 11, 1925〔1925年12月11日〕，病中讀完。Hu Shih.」

　　等到胡適在1932年6月寫〈贈與今年的大學畢業生〉一文的時候，他只用一小段說到費希特：

---

117 胡適，〈學術救國〉，《胡適全集》，20：141-145。
118 René Ballery-Radot, *The Life of Pasteur*, tr., Mrs. R.L. Devonshire (New York: Doubleday, Page & Company, 1924).

　　當拿破崙的軍隊征服普魯士占據柏林的時候，有一位窮教授叫做菲希特〔費希特〕(Fichte)的，天天在講堂上勸他的國人要有信心，要信仰他們的民族是有世界的特殊使命的，是必定要復興的。菲希特死的時候(1814)，誰也不能預料德意志統一帝國何時可以實現。然而不滿五十年，新的統一的德意志帝國居然實現了。

然而，胡適用了一整段的篇幅來談科學救國的巴斯德：

　　法國被普魯士打敗之後，割了兩省地，賠了五十萬萬佛郎的賠款。這時候有一位刻苦的科學家巴斯德(Pasteur)終日埋頭在他的試驗室裡做他的化學試驗和微菌學研究。他是一個最愛國的人，然而他深信只有科學可以救國。他用一生的精力證明了三個科學問題：一、每一種發酵作用都是由於一種微菌的發展；二、每一種傳染病都是由於一種微菌在生物體中的發展；三、傳染病的微菌，在特殊的培養之下，可以減輕毒力，使它從病菌變成防病的藥苗。這三個問題，在表面上似乎都和救國大事業沒有多大的關係。然而從第一個問題的證明，巴斯德定出做醋釀酒的新法，使全國的酒醋業每年減除極大的損失。從第二個問題的證明，巴斯德教全國的蠶絲業怎樣選種防病，教全國的畜牧農家怎樣防止牛羊瘟疫，又教全世界的醫學界怎樣注重消毒以減除外科手術的死亡率。從第三個問題的證明，巴斯德發明了牲畜的脾熱瘟的療治藥苗，每年替法國農家減除了二千萬佛郎的大損失；又發明了瘋狗咬毒的治療法，救濟了無數的生命。所以英國的科學家赫胥黎(Huxley)在皇家學會裡稱頌巴斯德的功績道：「法國給了德國五十萬萬佛郎的賠款，巴斯德先生一個人研究科學的成績足夠還清這一筆賠款了。」[119]

　　我在《璞玉成璧》裡提到了胡適在康乃爾大學念哲學的時候，最喜歡說的一句口頭禪：「必也一致乎！」這是他當時批判雙重標準的行為與政策，以及混沌不清的思想與人們所用的利器。令人回味的是，從胡適留美的後期開始，「必也一致乎！」似乎就從胡適的字典裡消失了。自從他轉學到哥倫比亞大學以後，胡適自己唯心主義、實證主義、實驗主義交相糅雜挪用的程度已經到了思想體系上不可一致的程度。他回

---

119 胡適，〈贈與今年的大學畢業生〉，《胡適全集》，4：546-552。

國以後，在糅雜挪用方面變本加厲，可以右手在〈易卜生主義〉裡稱頌孟子式的「特立獨行」的「獨善的個人主義」，左手在〈非個人主義的新生活〉裡揭櫫反孟子「獨善其身」的「淑世的個人主義」，甚至於在〈愛國運動與求學〉裡，可以把費希特和易卜生送作堆，說「易卜生說的『眞正的個人主義』正是到國家主義的唯一大路。」

糅雜挪用是一回事，混淆濫用是另一回事。把個人主義與國家主義認親家，把易卜生的「眞正的個人主義」當作手段，把國家主義當成目的，如果易卜生地下有知，恐怕眞要翻上好幾轉。

二十年不談政治

我在《璞玉成璧》裡已經澄清了歷來所謂胡適對政治不感興趣的誤解。胡適在〈我的歧路〉裡說得再清楚也不過了：

> 我是一個注意政治的人。當我在大學時，政治經濟的功課占了我三分之一的時間。當一九一二至一九一六年，我一面爲中國的民主辯護，一面注意世界的政治。我那時是世界學生會的會員、國際政策會的會員、聯校非兵會的幹事。一九一五年，我爲了討論中日交涉的問題，幾乎成爲眾矢之的。一九一六年，我的國際非攻論文曾得最高獎金。[120]

歷來研究胡適的人不但誤解了胡適對政治的興趣，而且對他回國以後立下了二十年不談政治的誓言的來龍去脈不甚了了。在胡適一輩子所說的幾句膾炙人口的話裡，「二十年不談政治的決心」是其中的一句話。這句話也是他在〈我的歧路〉裡所說的：

> 一九一七年七月我回國時，船到橫濱，便聽見張勳復辟的消息；到了上海，看了出版界的孤陋，教育界的沉寂，我才知道張勳的復辟乃是極自然的現象，我方才打定二十年不談政治的決心，要想在思想文藝上替中國政治建築一個革新的基礎。[121]

---

120 胡適，〈我的歧路〉，《胡適全集》，2：466-467。
121 胡適，〈我的歧路〉，《胡適全集》，2：467。

　　胡適自己的「夫子自道」自然是任何研究胡適的人所必須引爲第一的證據。然而，胡適在說「二十年不談政治」這句話的前後文，以及他所加的限定詞語，都是歷來研究胡適的人所忽略的。胡適是一個用字遣詞謹嚴的人，他所用的每一個字詞都是我們必須措意的。我們要注意胡適在「不談政治」之前是用了一整串的修飾、限定詞：「到了上海，**看了**出版界的孤陋，教育界的沉寂，我**方才**知道張勳的復辟乃是極自然的現象，我**方才打定二十年不談政治的決心**。」我在此處用黑體字所標示出來的字詞、特別是「**方才打定二十年不談政治的決心**」，在在地顯示了胡適是在回國以後，在張勳復辟的衝擊之下，看到了出版、教育界的孤陋與沉寂，方才決定二十年不談政治。

　　我在《璞玉成璧》裡徵引了胡適跟任鴻雋贈答的詩句，說明了胡適留美時期的志向是當中國的馬志尼——義大利建國三傑之一。胡適在1915年8月從康乃爾大學轉學到哥倫比亞大學的時候，任鴻雋給他的贈別詩有句云：

> 今日復贈君，我言將何似？
> 不期君以古，古人不足伍。
> 不期君今人，今人何足倫？
> 丈夫志遠大，豈屑眼前名？
> 一讀盧(騷)馬(志尼)書，千載氣崢嶸。

胡適回贈的詩的起始則云：

> 君期我作瑪志尼(Mazzini)，
> 我祝君爲倭斯襪(Wilhelm Ostwald)〔德國化學家〕。[122]

　　任鴻雋不是胡適的好友裡唯一認爲胡適是志在政治、志在治國的人。胡適在《留學日記》最後一則〈歸國記〉裡，錄了一首楊銓寫給他的〈再送適之〉：

> 遙淚送君去，故園寇正深。
> 共和已三死，造化獨何心？

---

122 江勇振，《舍我其誰：胡適，第一部：璞玉成璧，1891-1917》，頁625-626。

> 腐鼠持旌節，飢鳥滿樹林。
> 歸人工治國，何以慰呻吟？[123]

　　楊銓稱讚胡適「工治國」。胡適自己也以詩明志。他在1917年6月回國以前，寫了一首贈別詩給任鴻雋、楊銓，和梅光迪。這首詩提到他從康乃爾大學的農學院轉系改學文學政治以後的想法。有句云：

> 從此改所業，講學復議政。
> 故國方新造，紛爭久未定；
> 學以濟時艱，要與時相應。
> 文章盛世事，豈今所當問？[124]

　　這段詩句裡最值得注意的兩句是：「學以濟時艱」以及「文章盛世事，豈今所當問？」這也就是說，學問是用來作爲「濟時」用的，文章則是盛世到來以後才所「當問」的事業。換句話說，留美歸國時的胡適根本是要從事「治國」的大業。學問文章則是要等到國家強盛起來以後，才應該拾起來的「盛世」之下的閒情逸致。胡適在〈我的歧路〉裡說：「我方才打定二十年不談政治的決心，要想在思想文藝上替中國政治建築一個革新的基礎。」其所反映的是，他回國以後因爲政治形勢使然，而不得不把「盛世」的事業調到「亂世」來作「革新的基礎」。
　　胡適在《留學日記》最後一則〈歸國記〉裡，還有一段讓人可以琢磨的一段話：

> 　　吾數月以來，但安排歸去後之建設事業，以爲破壞事業已粗粗就緒，可不須吾與聞矣。何意日來國中警電紛至，南北之分爭已成事實。時勢似不許我歸來作建設事。倪嗣沖在安徽或竟使我不得歸里。北京爲 猖亂武人所據，或竟使我不能北上。此一擾亂乃使我盡擲棄吾數月來之籌劃，思之悵然。[125]

　　可惜我們不知道胡適那「數月來之籌劃」是什麼。然而，我們幾乎可以想像他所籌劃的，就是跟楊銓在贈別詩裡所說的「治國」是有關的。我作這樣推測絕對不是無

123　《胡適日記全集》，2：533。
124　《胡適日記全集》，2：517。
125　《胡適日記全集》，2：520。

稽之談。胡適所搭乘的郵輪在1917年7月5日駛入日本的橫濱港。7月1日發生的張勳復辟，胡適這才知道。他在〈歸國記〉裡斷言復辟必定失敗。他憂心的是其造成分裂的後果，語氣完全是「治國」者之憂：

> 復辟之無成，固可斷言。所可慮的，今日之武人派名爲反對帝政復辟，實爲禍亂根苗。此時之穩健派似欲利用武人派之反對復辟者以除張勳一派，暫時或有較大的聯合，他日終將決裂。如此禍亂因仍，坐失建設之機會，世界將不能待我矣。[126]

胡適在7日從神戶給韋蓮司的短信說：「國內來的消息糟透了。」胡適在10日船抵上海的時候，段祺瑞的「討逆軍」已經圍城。他在當天給韋蓮司的信上說：

> 那短命的帝制〔注：請注意，周質平把它誤注爲袁世凱的洪憲帝制，其實是「張勳復辟」[127]〕已經無疾而終了——就存在一個星期〔注：其實是十二天，7月12日壽終正寢〕。但整個國家給搞亂了。幾乎整個國會的議員現在都在上海。我明天應該有機會跟其中幾個領袖見面，看看他們**有什麼想法**。整個國家已經分裂成不同的陣營。此次的復辟只是這個現在正在上演的劇本裡最不重要的一幕！進一步的紛爭以及重大的決斷，如果不是馬上就會發生，也將是在不久的未來。我個人是希望它越早來越好。有關這點，以後再談。
> 我會在旅館住幾天，然後，再回家幾天。我現在在等多幾位北京來的朋友，跟他們談談大學的事。
> 整個來說，我回國以前本來就已經沒有抱很大的期望。所以我對我的國家和人民的失望不會太大。[128]

胡適初返國門的時候，顯然仍然亟亟於他的「治國」之念，所以他會對韋蓮司說，他次日要跟因爲復辟而落難到上海的幾位國會議員談話，以便了解他們的想法。可是，胡適爲什麼後來破了他「二十年不談政治」的戒呢？胡適自己的解釋其實

126《胡適日記全集》，2：535。
127 周質平，《不思量自難忘——胡適給韋蓮司的信》，頁131。
128 Hu to Clifford Williams, July 10, 1917,《胡適全集》，40：198-199。

也因爲時代的不同而有所不同。大體上說來，胡適自己的解釋就有兩個不同的版本。第一個版本就是他在〈我的歧路〉裡所說的話。在這個版本裡，他說那激起他發憤要談政治的決心，與其說是當時腐敗黑暗的政局，毋寧說是當時「新」知識分子的「主義熱」：

> 　　直到一九一九年六月中，獨秀被捕，我接辦《每週評論》，方才有不能不談政治的感覺。那時正當安福部極盛的時代，上海的分贓和會還不曾散夥。然而國內的「新」分子閉口不談具體的政治問題，卻高談什麼無政府主義與馬克思主義。我看不過了，忍不住了——因爲我是一個實驗主義的信徒——於是發憤要想談政治。我在《每週評論》第三十一號裡提出我的政論的導言，叫做〈多研究些問題，少談些主義！〉（《文存》卷二，頁147以下）。

胡適接著說：

> 　　《每週評論》是一九一九年八月三十日被封的。這兩年零八個月之中，忙與病使我不能分出工夫來做輿論的事業。我心裡也覺得我的哲學文學事業格外重要，實在捨不得丟了我的舊戀來巴結我的新歡。況且幾年不談政治的人，實在不容易提起一股高興來作政論的文章，心裡總想國內有人起來幹這種事業，何必要我來加一忙呢？
> 　　然而我等候了兩年零八個月，中國的輿論界仍然使我大失望。一班「新」分子天天高談基爾特社會主義與馬克思社會主義，高談「階級戰爭」與「贏餘價值」；內政腐敗到了極處，他們好像都不曾看見。他們索性把「社論」、「時評」都取消了，拿那馬克思——克洛泡特金——愛羅先珂的附張來做擋箭牌，掩眼法！
> 　　外交的失敗，他們確然也還談談，因爲罵日本是不犯禁的；然而華盛頓會議中，英美調停，由中日兩國代表開議，國內的報紙就加上一個「直接交涉」的名目。直接交涉是他們反對過的，現在這個莫名其妙的東西又叫做「直接交涉」了，所以他們不能不極力反對。然而他們爭的是什麼呢？怎樣才可以達到目的呢？是不是要日本無條件的屈服呢？外交問題是不是可以不交涉而解決呢？這些問題就很少人過問了。
> 　　我等候兩年零八個月，實在忍不住了。我現在出來談政治，雖是國內的腐

敗政治激出來的，其實大部分是這幾年的「高談主義而不研究問題」的「新興論界」把我激出來的……[129]

胡適說他之所以破了二十年不談政治的戒，出來談政治，是因為「忍不住了」，受不了那「高談主義而不研究問題」的「新興論界」。這句話當然是可信的。然而，這是典型的心理分析學上所說的合理化(rationalization)的辯護機制。胡適這篇〈我的歧路〉是他回覆並附錄梅光迪、孫伏廬、常乃德、王伯秋，與傅斯稜等人的來信的總題。他特別為了孫伏廬、常乃德對他開始「談政治」兩個極端不同的反應，而在〈我的歧路〉裡寫了一篇〈我的自述〉。換句話說，這是他替自己破了二十年不談政治的戒，而出來談政治作辯護。與此同時，這也是他一石二鳥的論述策略：在批判「腐敗政治」的同時，也連帶地刮了「新興論界」一頓鬍子。

毫無疑問地，胡適是受不了興論界「不研究問題」的態度。就像他批評興論界對華盛頓會議的批判：他們反對「直接交涉」。胡適反問：「然而他們爭的是什麼呢？怎樣才可以達到目的呢？是不是要日本無條件的屈服呢？外交問題是不是可以不交涉而解決呢？」然而，我們有證據說明政治的腐敗才是讓他「忍受不住了」，因而「出來談政治」的真正原因。

〈我的自述〉是1922年6月16日所寫的。胡適在5月27日回覆王伯秋與傅斯稜的信裡說：

> 我們這幾年所以不談政治，和許多不談政治的人略有不同：我們當日不談政治，正是要想從思想文藝方面替中國政治建築一個非政治的基礎。現在我們雖然因時勢的需要，不能不談政治問題，但我們本來的主張是仍舊不當拋棄的，我們仍舊要兼顧到思想與文藝方面的。

這還是我所說的合理化的辯護機制。然而，他接下去所說的話就透露了玄機：

> 我們至今還認定思想文藝的重要。現在國中最大的病根並不是軍閥與惡官僚，乃是懶惰的心理。淺薄的思想，靠天吃飯的迷信，隔岸觀火的態度。這些東西是我們的真仇敵。他們是政治的祖宗父母。我們現在因為他們的小孫

129 胡適，〈我的歧路〉，《胡適全集》，2：467-469。

子──惡政治──太壞了，忍不住先打擊他。但我們決不可忘記這二千年來思想文藝造成的惡果。打倒今日之惡政治，固然要大家努力，然而打倒惡政治的祖宗父母──二千年思想文藝的群鬼，更要大家努力。[130]

圖11　胡適，攝於1922年(胡適紀念館授權使用)。

　　換句話說，雖然中國人的病根、真仇敵是「懶惰的心理。淺薄的思想，靠天吃飯的迷信，隔岸觀火的態度。」然而，由於「他們的小孫子──惡政治──太壞了」，他還是只有「忍不住先打擊他。」

　　胡適這句「小孫子──惡政治──太壞了，忍不住先打擊他。」就是他為什麼破戒談政治的第二個版本的先聲。他在1923年3月12日給韋蓮司的信，也說明了他完全是「忍不住」而談政治的簡單事實：

　　　在五年漫長的歲月裡，我故意不去觸碰政治的議題。但是，我最後還是忍不住了。我於是在去年五月開始發行這個小週刊〔即《努力》〕，主要討論的是政治的問題，但並不排除文學和哲學的文章。[131]

<hr />

130 胡適，〈答伯秋與傅斯稜兩先生〉，《胡適全集》，2：475-476。
131 Hu to Williams, March 12, 1923,《胡適全集》，40：216-217。

到了胡適在1956年寫的《丁文江的傳記》的時候，都已經是將近半個世紀以前的往事。所有的合理化的辯護，所有過往的意識型態、意氣之爭，都已經是過往的雲煙。因此，胡適也就老老實實地說明了他爲什麼破戒談政治的原因：

> 我們一班朋友都不滿意於當時的政治——民九〔1920〕以前的安福部政治，民九安福部崩潰以後所謂「直奉合作時期」的政治，以及民十一〔1922〕奉軍敗退出關以後曹錕、吳佩孚控制下的政治——這是不用細說的。在君常往來於瀋陽、北京、天津之間，他深知張作霖一系的軍隊和將校的情形，他特別憂慮在民九「直皖戰爭」之後，將來必有奉系軍人控制北京政府的一日。他生怕在那個局勢之下中國政治必然會變成更無法紀、更腐敗、更黑暗。這是他時常警告一班朋友的議論。他常責備我們不應該放棄干預政治的責任。他特別責備我在《新青年》雜誌時期主張「二十年不幹政治，二十年不談政治」的話。他說：「你的主張是一種妄想。你們的文學革命、思想改革、文化建設，都禁不起腐敗政治的摧殘。良好的政治是一切和平的社會改善的必要條件。」[132]

胡適在事過境遷的三十年後，終於老實地用丁文江的話來承認說：「良好的政治是一切和平的社會改善的必要條件。」其實，胡適自己在《努力》發刊四個月以後，就已經作出了同樣的結論。比如說，他在1922年9月17日所發表的〈假使我們做了今日的國務總理〉一文裡，已經作出了政治改革是一切改革之母的結論：

> 大家都說，目前第一件要事是財政。其實那是錯的。政治不能解決，財政決不能解決；你要辦新稅，各省不睬你；你要大借款，大家要反對；你要節省政費，裁了一千個冗員，還禁不起山海關附近的一炮！[133]

到了1923年3月初，胡適又在《努力》的〈這一週〉裡作出了同樣的結論。上海總商會在3月初作出決議，決定不用罷工罷市的方法，來爭取他們對改革政治的三個訴求：裁兵、制憲、理財。胡適說這種制度性的改革，不是罷工罷市那種「放假式」

---

132 胡適，〈丁文江的傳記〉，《胡適全集》，19：434。
133 胡適，〈假使我們做了今日的國務總理〉，《胡適全集》，21：295。

的示威運動所可以奏效的，而是必須「倚靠實際的組織和不斷的運動的」。他說：

> 我們對於全國的商界，不希望他們用一兩天的罷市來敷衍幾個大問題，只
> 希望他們早日覺悟政治不良是近年實業不振和商業衰敗的大原因。早日覺悟
> 內政不清明是商界、實業界受種種外侮侵凌逼迫的原因。我們希望他們從書
> 面的表示，進一步為實際的組織，再進一步為實力的政治活動。134

什麼叫做「為實際的組織」、「為實力的政治活動」呢？這就又回到了歷來大家
對胡適的政治態度的誤解。胡適是一個對政治很有興趣的人。他所反對的是非理性的
政治活動。所謂的「非理性」，就是暴力、衝撞、喧囂的政治活動。對胡適而言，那
是「目的熱、方法盲」；是莽撞、浪費、沒有章法的表現。1922年10月8日，蔡元培
為了裁兵運動，在北大召開的一個大會。胡適在當天的日記裡記說：

> 十時，蔡先生為裁兵大會事，在第三院召集一個大會，我也有演說。後日
> 北京各界舉行裁兵的示威遊行，發起人之中有林長民等，故人多存觀望。我
> 演說中大意說大家不必怕人利用。下午，應蔡先生之請，把上午的演說寫出
> 付印。135

胡適所寫出來的這篇演說的題目是：〈我們為什麼應該加入雙十節的國民裁兵大
會？〉發表在《北京大學日刊》上。對胡適的政治態度不求甚解的人，這篇文章應該
能有振聾發瞶的作用，所以我就全篇錄下：

> 我們往往不很注意那種有秩序、有組織的國民「示威遊行」，以為那有什
> 麼用處！其實不然。那種「示威遊行」，有兩個絕大用處：一是「示威」，
> 二是「宣傳」。
> 「示威」的遊行，英文叫做demonstration；幾何學上的證明也叫做
> demonstration。幾千幾萬人，為了一個主張，結隊出來遊行，是要證明這個
> 主張的背後至少有這麼多人的贊助，所以叫做「示威」。示威只是表示這個

---

134 胡適，〈這一週：59，上海罷市的取消〉，《胡適全集》，2：599-600。
135 《胡適日記全集》，3：843。

主張背後至少有這麼多的勢力。

「宣傳」的方法很多，但紙上的文章，口頭的演說，究竟有限，不能及到那廣大的不讀書不聽演說的人民。現在採用向來迎神賽會的方法，作示威的遊行，隨地發傳單、遍地是旗幟。隊伍的遊行、樂隊的輔助，都可以引起多數人民的注意。這種直接的宣傳，比什麼方法都更有功效。

我要告訴諸位一件故事。1915年10月23日，我在紐約城，看見那一年的「婦女選舉權運動大遊行」。與遊者□□〔注：印刷不清楚〕四萬餘人。我同張奚若先生站在第五大馬路看。他們走了三個鐘頭，還不曾走完。有許多白髮的女子，拿著大旗，在那大風裡，和大風奮鬥。有許多男女大學教授，也在這裡面。最感動人的是女教員另成一隊，人數竟在五千以上，也有許多很老的。我們的朋友杜威先生夫婦，那時都在遊行隊裡。有一家報紙造成一條新聞，讓杜威先生手裡拿著一面大旗，旗上大書：「男子都有選舉權了，我們為什麼可沒有？」看的人都大笑。然而杜威先生自己卻不覺得。我當日不曾看見那面旗子。恐怕是故意開他玩笑罷。但這種莊嚴有秩序的遊行，確實可以感動人。我和張君看見那些白髮婦人在大風裡撐持的情形，幾乎掉下眼淚來了。「示威」的方面，自不消說。「宣傳」的功效，能使許多反對的報紙不能不承認婦女的組織能力，不能不承認他們裡面大有人才在。1915年紐約邦的公民投票，仍舊否決了婦女選舉。但不上幾年，全國婦女究竟得到選舉權了。

今天我不用說裁兵的重要了。在座的人，都明白這個運動的不可少，正無須我來多嘴。我要對諸位說兩點：

第一、明天(九日)總統府請我們去遊三海。我們得了三千多人的名額。那邊要學生排了隊，教職員押隊，一齊進去。我們的學生和教職員都不願意。後來總統府的禮官答應了，許我們陸續去。諸位！排隊去遊園，確是殺風景的事；但是我很盼望雙十節的國民裁兵運動大遊行裡，諸位都排隊加入，做一個空前的國人的示威遊行。十月九日，盡可以避免排隊；十月十日，大家一齊來排隊，愈多愈好。

第二、前天有人來對我說：「裁並運動假若單是蔡孑民、胡適之幾個人，我們一定可以加入。但可惜此外還有些別人，所以我們不敢加入了。」這話就是說，有人怕我們受人利用，怕我們上當，所以不願意加入了。諸位同事同學當中，定有許多人作此感想的。我要正告諸位，這種大運動不是三五個

人能包辦的。裁兵的問題是沒有黨派的區別的。在這個裁兵大運動裡，什麼人都可以加入，因爲什麼人都應該加入。況且我們爲什麼要怕人利用？如果我們能利用一切黨派的人才去做到裁兵，那是好的；如果一切黨派能利用我和你來作到裁兵，那也是好的。你們如果眞不願被人利用，不妨大膽出來自己加入運動去做一個「主張」。怕人利用是無用的。我們若一舉一動都怕人利用，我們只好在家睡覺罷。什麼事都幹不成。因爲提倡白話也可以被人利用去作下流的小說；提倡自動的教育也可以被人利用去主張廢止考試；提倡好人干預政治，也可以被那班官迷的人利用去提他們做辯護。現在我們若因怕人利用而不加入裁兵運動，那就眞是因怕噎就不敢吃飯了。1919年5月4日的學生運動，安福部也說是某黨派利用學生來做的。然而事實自是事實，歷史自有公評──我們不要怕！[136]

聯省自治

　　胡適破了他「二十年不談政治」的戒約，就創辦了《努力》週報。胡適在《努力》所揭櫫的「好政府主義」的主張、這個「好政府主義」中的杜威思想的影響等等，我都已經在第二章裡分析過了。有關《努力》的政治理念及其幻滅，胡適在停刊以後所寫的〈一年半的回顧〉交代得最爲清楚。他說：

　　　《努力》第一期出版的時候(五月七日)，正當奉直戰爭的時期。付印的時候，我們還以爲那一次的戰爭至少有一兩個月之久，所以我們請宗淹〔注：丁文江〕先生擔任軍事的調查和戰事的記敍。不料《努力》第一期出版時，奉軍大敗的消息已證實了，戰事的結束似乎不遠了。當日北方的政局驟然呈一大變態。橫行關內的奉軍，正在紛紛退出關去；安福的國會早已消沉了；安福的總統也快要倒了；新新國會似乎沒有召集的希望了。
　　　那時在北方的優秀分子都希望政治有比較清明的機會，〈我們的政治主張〉也就於5月14日發表出來。在那篇宣言裡，我們提出「好政府」三個字作爲「現在政治改革的最低限度的要求」。我們並且加上三條子目：一、憲

136 〈演說：我們爲什麼應該加入雙十節的國民裁兵大會？──胡適〉，《北京大學日刊》，第1080號，1922年10月9日，第二至三版。

政的政府；二、公開的政府；三、有計畫的政治。[137]

　　這篇回顧最值得注意的地方，在於胡適說張作霖在直奉戰爭潰敗出關的結果，「安福的國會早已消沉了；安福的總統也快要倒了；新新國會似乎沒有召集的希望了。那時在北方的優秀分子都希望政治有比較清明的機會。」於是胡適等十六人，打鐵趁熱地發表了〈我們的政治主張〉。在這篇〈我們的政治主張〉裡，胡適等人對當時的政治問題提出六項提議：

　　　一、南北早日正式開和平會議。
　　　二、用「恢復六年解散的國會」等項爲議和的條件。
　　　三、裁兵。
　　　四、裁官。實行「考試任官」的制度。
　　　五、改良選舉制度。
　　　六、公開的、有計畫的財政。[138]

　　在這六項提議裡，「南北早日正式開和平會議」是首項。胡適等人了解解決當時中國南北統一的問題，是解決所有其他問題的鎖鑰。第二項：「用『恢復六年〔1917〕解散的國會』等項爲議和的條件。」在1917年張勳復辟失敗，段祺瑞上臺取消舊國會，擬議選舉新國會。孫中山南下廣州，號召舊國會議員，從事「護法運動」。這第二項提議的用意，就是要釜底抽薪，讓南北找到一個共同的基礎來從事和平的談判。

　　這篇〈我們的政治主張〉雖然是用連署的方式發表的，但實際上是胡適寫的，立論主張也是胡適的。他在1922年5月11日的日記裡說得再清楚也不過了：

　　　做一篇〈我們的主張〉，是第一次做政論，很覺得吃力。這本是想專爲《努力》做的。後來我想此文頗可用爲一個公開的宣言，故半夜脫稿時，打電話與守常商議，定明日在蔡先生家會議，邀幾個「好人」加入。知行首先贊成，並擔保王伯秋亦可加入。此文中注重和會爲下手的第一步。這個意思是我

137　胡適，〈一年半的回顧〉，《胡適全集》，2：504。
138　胡適，〈一年半的回顧〉，《胡適全集》，2：505。

今天再三考慮所得，自信這是最切實的主張。[139]

和平會議的主張既定，這就變成了胡適論述的主軸。胡適在《努力》6月中所寫的〈這一週〉裡說：

> 徐世昌走了，黎元洪來了。我們不愛談什麼法統，也並不存什麼「喁喁望治」的心思。我們對於這個新政府，只有下列的最低限度的要求：
> 一、我們希望這個政府自認為一個「事實上」(de facto)的臨時政府；他的最大任務是用公開的態度、和平的手段，做到南北的統一。
> 二、我們對於這次在北京自行集會的舊國會，只希望他自居於臨時的國會。缺額不得遞補，不得取消在廣州的議員名額，免得增加統一的障礙。
> 總之，南北不統一，什麼事都不能辦：軍事不能終了、兵也不能裁、財政也不能整理、教育休想發達、實業也休想安寧。南北不統一，政治決不能上軌道。[140]

胡適在同一週的〈這一週〉專欄裡，進一步地舉例說明了他所謂的「計畫政治」如何落實在當時現實的政治上：

> 又如統一，也不是打幾個電報給孫文、伍廷芳就夠了的。也應該早日做一個計畫，至少應該注重下列各點：
> 一、南方政府的問題：是不是應該承認他為事實上的一個臨時南政府？
> 二、和會問題：和會是無論如何不能免的。叫他做「統一會議」也好、「南北和會」也好、「聯省會議」也好。如何組織？如何產生？有何權限？這都是不能不早日計畫的。
> 三、統一的條件：統一的條件的中心必是承認聯邦式的統一國家，這是無可疑的。但聯邦式的國家全不是現在這種軍閥割據式的國家。怎樣才能是這種軍閥割據式的國家變成一個真正統一的聯邦國家呢？省與中央，制度上應該怎樣劃分呢？現在事實上應該怎樣收束呢？軍隊怎樣處置呢？財政怎樣統

---

139 《胡適日記全集》，3：568-569。
140 胡適，〈這一週：2〉，《胡適全集》，2：516。

一呢？這都是不能不籌劃的。至於非常國會遞補的議員的安置法、非常國會
通過與取消的法令的去留等等，雖是較小的問題，但也是應該計畫到的。[141]

當時的中國是一個分裂的國家的事實，胡適認爲是必須老實承認的。1921年美國
要召開「華盛頓會議」。其目的除了是要化解日本的興起對美國所造成的威脅以外，
也要解決巴黎和會把山東交與日本、中國因此拒簽凡爾賽和約的懸案。當時國際所承
認的中國政府是北洋政府。可是，孫中山所領導的廣州政府堅持它才是合法的政府。
中國代表團究竟應該由誰來派遣，就成爲一個爭議的問題。該年8月，胡適人在上海
爲商務印書館作評鑑的工作。上海的十大團體當時正在討論中國派代表的問題。胡適
寫了一封信提出了他的兩個辦法：

　　一、要求南北兩政府各舉代表的半數，會於上海，公推一個主席。如必須
奇數的代表團，則主席選出之後，另公推一個代表，由兩政府共同委任他。
　　二、或要求兩政府各派十人，會於上海，公推若干人爲出席於太平洋會議
的代表。

胡適在他的日記裡，進一步地說明了他提出這兩個建議的理由：

　　這兩個辦法都承認中國有兩個政府。其實兩個政府是事實上不可諱的，也
是不必諱的。外人不明眞相，故有此糾紛，生此波折。欲解決此糾紛，沒有
別法，只有由我們國民老老實實的承認中國現在有兩個政府。又何必還要蒙
住耳朵吃海蜇呢？[142]

有關胡適聯省自治的理念，我已經在第三章裡討論他與陳獨秀的論辯裡作了分
析。在本節裡，我要從胡適談政治的角度來作分析。聯邦式的統一國家的理念，或者
說，聯省自治，是中國在1920年代初期湧現的一個運動。楬櫫聯省自治理念或口號的
人，意識型態、動機各自不同，從梁啓超、章太炎、毛澤東，到軍閥，所在皆有。胡
適也是聯省自治的擁護者。所不同的是，由於理念的細節不同，他不輕易與其他擁護

141 胡適，〈這一週：9，政治與計畫〉，《胡適全集》，2：524-525。
142《胡適日記全集》，3：286-287。

聯省自治的人結黨。比如說，早在1920年8月27日，胡適就在日記裡記載了他拒絕與研究系的梁啓超等人聯名發表聯省自治的意見：

> 梁伯強家飯。有梁任公、藍志先、蔣百里、蔡〔元培〕、蔣〔夢麟〕、陶〔孟和〕等。任公談主張憲法三大綱：一、認各省各地有權自定自治憲章；二、採用「創制」、「免官」等制；三、財政問題。他很想我們加入發表，我婉辭謝之。[143]

胡適在1921年9月21日的日記裡，又記載了他拒絕研究系要他參與從事聯省自治的邀請：「遇著藍公武先生。他要我加入他們的『聯省自治』運動。我不肯加入。我雖現在不主張放棄政治，但我不能玩這種政客的政治活動。」[144]

「政客」這句話，充分地說明了胡適爲什麼拒絕與研究系合作的理由。此外，胡適雖然一直沒有說明他拒絕與梁啓超及其研究系合作的理由，我們可以推測他的「聯省自治」的想法有別於研究系的「聯省自治」的想法。梁啓超的「聯省自治」觀，根據他1920年在《解放與改造》的〈發刊詞〉裡的一條：「同人確信國家之組織，全以地方爲基礎，故主張中央權限，當減到對外維持統一之必要點爲止。」[145]這是美國建國之初的邦聯制度的精神。而美國的邦聯制度就正是胡適所反對的。胡適在1922年6月27日的日記裡說：

> 下午，借顧少川家開第二次茶話會，到者多於前一次，討論頗有條理。後有李石曾、王雪廷提出一個商榷書，提倡一個「邦聯制」(confederation)，名爲「分治的統一」，實則嚴格的分裂。我起來痛駁他。因爲王君自說是略仿美國最初八年的邦聯制，故我說，不去採用美國這一百三十年的聯邦制，而去學那最初八年試驗失敗的邦聯制，是爲倒行逆施！是日加入討論的人，沒有一人贊成他們這個意見的。[146]

胡適不但反對邦聯制，他同時也反對聯省制憲的主張。參與起草湖南省憲的李劍

143 《胡適日記全集》，2：739。
144 《胡適日記全集》，3：318。
145 梁啓超，《解放與改造》〈發刊詞〉，http://www.millionbook.net/mj/l/liangqichao/000/054.htm，2012年2月15日上網。
146 《胡適日記全集》，3：649-650。

農在《努力》第十一、十二期發表了〈民國統一問題〉一文。胡適在1922年7月下旬的〈這一週〉專欄裡摘述了兩段李劍農的主旨：

> 對於這篇文章第一段的大意(第十一期)：「欲廢督必先裁兵；欲裁兵必先統一；欲統一必先確定聯邦制」，我們是贊成的。第二段(第十二期)的大意說：「這種聯省憲法的草案，須先由聯省會議議定，提交國會，依合法的形式通過」；「由各省選出相當的代表，趕緊開聯省會議，把聯省憲法的大綱議定，交國會通過。」我們對於這一段意思，不能完全贊同。

胡適反對聯省制憲的理由，可以分為法理與實際兩端。在法理方面，他認為制憲之權屬國會。在實際的困難方面，他的理由有兩個。一是國會已然存在的事實：

> 照現在的情形看來，這個制定聯邦憲法草案的會議，至多只能得南方幾省的贊同；而國會制憲卻是沒有一省敢反對的。我們為什麼要撇開這個很少反對的國會制憲，而另外去尋一個起草的聯省會議呢？

第二個實際的困難是各省治安不靖的事實：

> 現在各省的治安情形，很不一致。南北都有內亂很激烈的省份，也都有兵匪遍地的省份。劍農所主張的聯省制憲會議，在一年半年之內，恐怕不容易產生。

胡適說他了解李劍農擔心國會議員會「稟承北洋正統的思想去制憲」。可是，他反問李劍農說：「難道他不怕聯省會議的代表稟承『割據諸侯』的意旨去起草嗎？」胡適很樂觀地說：

> 據我們看來，北洋正統的思想，只稍有南派的議員多數出席，再加上輿論的監督，便可以打破了。倒還是那督軍代表的聯省會議，很容易陷入「一人一義，十人十義」的狀況，不容易對付……所以我們主張直截了當的責成國會從速制定省自治的制度，劃分中央與地方的權限，作為各省後來制定省憲的概括標準。如果國會放棄他的責任，不能於短時期內制定憲法，那時我們

再採取別種革命的舉動，也不爲遲。[147]

胡適主張國會制憲，也表現在他對湖南省議會代表的建議。他在7月29日的日記裡說：

> 湖南省議會代表蕭埜、王克家來談。他們臨行時，曾受省議會的戒約。最重要的是：「先制省憲，後制國憲。」我告訴他們我不能贊成這個意思。我並勸他們把湖南省憲中關於中央與地方的權限的部分抽出來，化成一種原則。然後要求將來制憲時至少也要承認這麼多的省自治權。他們老實說，爲戒約所限，他們不能如此做。[148]

胡適不但用文字宣揚聯省自治的理念，他同時希望從美國歷史爲聯邦制度尋找他山之石來作依傍。我在第三章裡，已經提到他在1922年9月26日，請美國政治學者James W. Garner〔加納〕到北大去講演「聯邦制度的得失」。可惜，胡適覺得「他講的話淺近極了，毫無精理警句」。胡適當時對聯省自治的理念相當執著。加納教授的講演，他覺得不好。美國來的訪問教授如果持相反的看法，他就會鄙之爲武斷。比如說，他在1921年6月25日的日記裡說：

> 晚八時，我與孟和在公園請美國社會學會會長Professor James Quayle Dealey〔狄雷〕先生吃飯。狄雷先生曾在上海講演三個月，甚有熱誠，但亦不免武斷。他很不贊成現在中國的分權的趨勢。他說中國今日所需的是一個「國家的有力政府」。他很責備我們留學生不作領袖的人才，不能作有力的運動。[149]

然而，胡適的「聯邦式的統一」的理念注定是要失敗的。他在《努力》裡向北京與廣東對峙的政府獻策。無奈事實的發展從一開始就完全像胡適後來所領悟的：「原來全不是那麼一回事！」[150]北京的舊國會議員在6月中談話會裡，除了議決開會的日

---

147 胡適，〈這一週：20〉，《胡適全集》，2：536-537。
148 《胡適日記全集》，3：691。
149 《胡適日記全集》，3：138。
150 胡適，〈這一週：63，解嘲〉，《胡適全集》，2：606-607。

期以外，並且決議：「屆期如不足兩院人數，即依法遞補。」[151]然而，對胡適而言，對他所主張的南北和平運動最大的變數，是來自廣東，亦即1922年6月16日陳炯明的兵變——胡適稱讚它爲「陳炯明的革命」。胡適在〈這一週〉專欄裡對這個事件的解釋如下：

> 本週最大的政治變化是廣東的革命與浙江的獨立。孫文與陳炯明的衝突是一種主張上的衝突。陳氏主張廣東自治，造成一個模範的新廣東；孫氏主張用廣東作根據，做到統一的中華民國。這兩個主張都是可以成立的。但孫氏使他的主張迷了他的眼光，不惜倒行逆施以求達他的目的。於是有八年〔1919〕聯安福部的政策，於是有十一年〔1922〕聯張作霖的政策。遠處失了全國的人心，近處失了廣東的人心。孫氏還要依靠海軍，用炮擊廣州城的話來威嚇廣州的人民，遂不能免這一次的失敗。[152]

胡適擁陳炯明、貶孫中山，原因是因爲孫中山用武力統一中國的主張，「迷了他的眼光，不惜倒行逆施以求達他的目的。」由於胡適認爲孫中山用武力統一中國的主張是一種迷夢，是胡適主張用聯邦的制度和平統一中國的阻礙，他完全不能理解爲什麼國民黨在上海的機關報《國民日報》會用「悖主」、「叛逆」、「犯上」這樣舊道德的字眼來撻伐陳炯明。他在〈這一週〉的專欄裡反駁說：

> 陳炯明一派這一次推翻孫文在廣東的勢力，這本是一種革命。然而有許多孫派的人，極力攻擊陳炯明，說他「悖主」、說他「叛逆」、說他「犯上」。我們試問：在一個共和的國家裡，什麼叫做悖主？什麼叫做犯上？至於叛逆，究竟怎樣的行爲是革命？怎樣的行爲是叛逆？……我們並不是替陳炯明辯護。陳派的軍人這一次趕走孫文的行爲，也許有可以攻擊的地方。但我們反對那些人抬出「悖主」、「犯上」、「叛逆」等等舊道德的死屍來做攻擊陳炯明的武器。[153]

胡適這番「舊道德的死屍」的短評，不消說，當然是激怒了國民黨的機關報。胡

---

151 胡適，〈這一週：4〉，《胡適全集》，2：517。
152 胡適，〈這一週：10〉，《胡適全集》，2：517。
153 胡適，〈這一週：21〉，《胡適全集》，2：538-539。

適自己在1922年8月中〈這一週〉的專欄裡說，他那一段短評，「已惹起了《國民日報》一個月的攻擊了。」[154]然而，胡適對推動中國聯邦制的信念不減。由於孫中山跟吳佩孚都反對「聯省自治」，胡適就老實不客氣地，把他們聯在一起批判：

> 我們對於孫、吳二氏的忠告是：
> 只有「省自治」可以作收回各省軍權的代價。
> 只有「省自治」可以執行「分權於民」〔注：吳佩孚語，見其「東電」[155]〕和「發展縣自治」〔注：孫中山語〕的政策。
> 只有「聯邦式的統一」可以打破現在的割據局面。
> 只有公開的各省代表會議可以解決現今的時局。
> 只有公開的會議可以代替那終久必失敗的武力統一。

胡適還特別給了孫中山一個忠告：

> 對於孫氏，我們還有一個忠告：
> 他對於陳炯明的復仇念頭，未免太小器了。孫氏是愛國愛廣東的人，不應該為了舊怨而再圖廣東的糜爛。此次廣州之變，曲直不全歸於一方，而是非應俟之公論。此後孫氏只應該以在野的地位督促廣東的善後，監督陳炯明的設施，許他整頓廣東，以為自贖的條件，那才是大政治家的行為。若悻悻怒罵，不惜犧牲一省的人民以圖報復，那就不是我們期望於他的了。[156]

胡適在陳炯明事件上對孫中山的批判，完全不是周質平的詮釋。周質平在〈胡適論辛亥革命與孫中山〉一文裡說：

> 孫中山在胡適筆下絕不是一個神聖不可侵犯的「總理」或「國父」。相反的，胡適往往有意的藉著對孫中山思想的分析和評論來彰顯言論自由的實質意義。批評孫中山，在胡適看來，是對國民黨言論自由尺度極限的挑戰。1922年6月25日，胡適在《努力週報》上發表他對陳炯明事件的評論。他不

---

154 胡適，〈這一週：31〉，《胡適全集》，2：553。
155 胡適，〈這一週：28，吳佩孚與聯省自治〉，《胡適全集》，2：549-551。
156 胡適，〈這一週：33〉，《胡適全集》，2：559。

用「叛變」二字來描述陳炯明，而是用「廣東的革命」一詞來說明整個事件的經過……對孫中山……他說……他……「不惜倒行逆施以求達到他的目的。」這是很嚴厲的指責了。

周質平說：

> 胡適的結論是反對「抬出舊道德的死屍來做攻擊陳炯明的武器」。胡適努力地不讓孫中山「神化」。這也就是要讓新文化運動中所倡導的自由、民主、平等的思想在實際的政治上體現出來。[157]

周質平之所以會作出這樣與歷史不符的結論，就是因為他完全沒有歷史的概念。他寫〈胡適論辛亥革命與孫中山〉，可以從辛亥革命時期寫到1940年代，而完全懵懂胡適在這三十年間對孫中山、國民黨的看法的一變再變。那不但彷彿說胡適的思想是三十年如死水一潭，而且也彷彿說中國歷史在原地踏步一樣。孫中山被稱為「國父」，最開始是在1925年他病逝以後的幾個輓聯給他的稱號。全國通令尊稱他為「國父」，則是在1940年國民黨中常委決議通令全國以後的事。在孫中山還沒當上「國父」的1922年，就把他說成是神聖不可侵犯的「國父」云云，這是最初級的歷史的謬誤，最容易犯、但也最容易被識破。

周質平說：「胡適努力地不讓孫中山『神化』。」殊不知胡適在陳炯明事件批判孫中山的時候，孫中山的「神化」根本就還沒開始！至於說：「要讓新文化運動中所倡導的自由、民主、平等的思想在實際的政治上體現出來。」這句話則更是離譜！國民黨當時不但根本就還沒開始統治中國，而且還僻處廣東一隅，孫中山甚至還因為陳炯明的「革命」而逃離廣州避居上海。所謂要讓「自由、民主、平等的思想在實際的政治上體現出來」云云，犯的完全是一個歷史的謬誤，錯把1922年困頓的國民黨，看成是定都南京以後意圖施行思想統治的國民黨。

胡適批判孫中山的原因，根本就是因為孫中山執意要用武力統一中國，違反了胡適所服膺的「聯邦式的統一」之道。胡適對孫中山以及國民黨的態度會在三年之後，亦即國民黨北伐時期，作了一百八十度的轉變，從批判變成刮目相看；然後，又在一

---

157 周質平，〈胡適論辛亥革命與孫中山〉，《現代中文學刊》2011年6號(2011年12月)，頁18。

年之後，再作了一百八十度的轉變，從支持再轉為批判。接著，又從批判逐漸向右
轉，漸次與國民黨作妥協。這錯綜複雜的來龍去脈，我會在本部的〈幕間小結〉開始
點出。然而，詳細的分析有待於第三部。

　　一直到1923年10月，胡適寫〈一年半的回顧〉的時候，他還是繼續撻伐孫中山，
仍然指責他是阻礙南北統一的罪人之一。胡適解釋說：

　　　　去年〔1922〕五六兩個月真是政局的一大關鍵。吳佩孚召集舊國會，本是
　　想取消南方「護法」的旗幟。五月裡孫文發表宣言，對北方將領要求裁軍隊
　　為工兵。他的態度已很明顯，很有和平解決的表示了。不幸六月中廣州發生
　　孫、陳之爭，陳炯明推翻了孫文的勢力，孫氏倉皇出走。這件事在當日確然
　　是孫陳兩人主張不同、性情不同，久不相容的結果。當日大家的評論雖不一
　　致，然而在當時就是最恨陳炯明的人，也不信陳氏的行為是服從北方的指
　　使。但事後看來，當日孫陳的決裂確是一大不幸的事。一來因為孫文失去勢
　　力，更引起北方武人的武力統一的野心。二來因為孫、陳兩人決裂後，陳氏
　　怕孫派的報復，竟公然與直系軍人聯絡。三來因為孫氏要報仇，竟至糜爛了
　　廣東，至於今日。[158]

　　我在第三章分析胡適與陳獨秀對聯省自治的辯論裡，已經指出胡適錯把北京當美
國制憲的費城的美夢了。胡適雖然自己都承認所有的改革都「禁不起山海關附近的一
炮！」他卻迷信輿論的力量。他幻想用輿論的力量去「督促」、「監督」、「評判」，
與「鼓吹」。比如我已經在上文引了他說的：「北洋正統的思想，只稍有南派的議員多
數出席，再加上輿論的監督，便可以打破了。」又比如他說：「我們還要盼望全國的
輿論界一致督促中央早日召集一個各省會議。」[159]

　　諷刺的是，胡適自己也很清楚那所謂的「輿論界」，很多人根本就是被北京政府
所收買的「豬仔」。他在1922年6月下旬的〈這一週〉專欄裡說：

　　　　此次高恩洪在交通部的整頓，我們認為大致是合宜的。高氏做的最痛快的
　　兩件事，一是二十三日是廢止各鐵路貨捐，一件是取消各報館的津貼。報館

---

158 胡適，〈一年半的回顧〉，《胡適全集》，2：505-506。
159 胡適，〈這一週：41〉，《胡適全集》，2：565。

的津貼是十年來中國輿論界的一大污點。他的害處比那摧殘言論自由的法令
還要大無數倍。摧殘自由的法令至多不過是把輿論當作仇敵來看待，而津貼
與收買竟是把報館當作娼妓與豬狗了！北京一處的報館和通訊社的津貼，竟
有十二萬五千元之多。這真是駭人聽聞的事！[160]

圖12　胡適，攝於1924年(胡適紀念館授權使用)。

　　如果報館津貼「把報館當作娼妓與豬狗」，報館的主編、記者也就是豬仔！如果
報館已經變成豬仔館，則胡適所寄望的輿論界也已經成為豬仔界。那這個世界還有什
麼希望可言呢！胡適自己雖然沒這麼說，他對當時中國政客的批判，推論至其邏輯的
結論，其實就等於是說：這是個豬仔世界！胡適在1923年2月初所寫的〈這一週〉專
欄裡說：

　　　自從袁世凱以來，政府專用金錢來收買政客，十年的工夫，遂使豬仔遍於
　　國中，而「志士」一個名詞竟久已不見經傳了！新文化、學生運動、安那其
　　〔注：無政府主義〕、社會主義，共產主義……無一不可作豬仔之敲門磚！

---

160 胡適，〈這一週：13〉，《胡適全集》，2：529。

今天談安那其，明天不妨捧小政客；今天談共產主義，明天不妨作教育次長！大家生在這個豬仔世界之中，久而不聞豬臊氣味，也就以爲「豬仔」是人生本分，而賣身拜壽眞不足爲奇了！

在這個豬仔世界裡，民眾固不用談起，組織也不可靠，還應該先提倡蔡〔元培〕先生這種抗議的精神，提倡「不降志，不辱身」的精神，提倡那爲要做人而有所不爲的犧牲精神。先要人不肯做豬仔，然後可以打破這個豬仔的政治！[161]

《努力》停刊與復刊的難產

胡適破了他自己二十年不談政治的戒。然而，才談了一年半的政治，他轉了一圈，又回到了原點。根據胡適自己的自述，由於政治的局面越來越壞，他作時評、政論文章的興致大減。1923年3月他在《努力》上只寫了兩篇時評：〈武力統一之夢〉與〈解嘲〉。他說：「此後我就不多做時評了。」[162] 胡適在4月21日離開北京南下，最後到了杭州的煙霞洞「養病」。對他離開北京的理由，他的說法很奇特：「至四月中，政府已到了末路，毫不像個政府了，已沒有和我們作對的能力，故我於四月二十一日出京。」[163] 事實是，胡適等人已沒有和政府作對的能力。

胡適說他出京的時候，就已經想把《努力》停了。只是因爲丁文江等人反對，所以就請高一涵代爲編輯，而由上海的同人分任稿子[164]。然而，《努力》在豬仔世界已經沒有奮鬥的價值。那西諺所說的壓跨駱駝的最後一根草，就是曹錕用每張選票5000大洋賄賂國會議員當選「豬仔總統」的新聞。胡適在1923年10月2日離開煙霞洞。他在自述裡說：

五日到上海。六日早起即得北京國會選出曹錕作大總統的消息。反動的政治已達到了最高峰，我們談政治的熱心此時實在提不起來了。七日與努力社同人議決把《努力》停辦。[165]

---

161 胡適，〈這一週：57，蔡元培是消極嗎？〉，《胡適全集》，2：596。
162 《胡適日記全集》，4：277。
163 《胡適日記全集》，4：277。
164 《胡適日記全集》，4：278。
165 《胡適日記全集》，4：278。

胡適在10月9日寫給高一涵等四位朋友的信裡，作了進一步的解釋：

> 停辦之事，原非我的本意。但此時談政治已到「向壁」的地步，若攻擊人，則至多不過於全國惡罵之中，加上一罵，有何趣味？若撇開人而談問題和主張——如全國會議，息兵，憲法之類——則勢必引起外人的誤解，而為盜賊上條陳也不是我們愛幹的事！展轉尋思，只有暫時停辦而另謀換一方向傻力的辦法。[166]

胡適在這裡所說的「另謀換一方向傻力」也者，其實也就是他在「二十年不談政治」裡的那句老話：「在思想文藝上替中國政治建築一個革新的基礎。」他在給高一涵等四位朋友的信裡，藉著為中國20世紀初年的三個雜誌在歷史上定位，而為《努力》的復刊定下了未來的方向：

> 二十五年來，只有三個雜誌可代表三個時代，可以說是創造了三個新時代：一是《時務報》；一是《新民叢報》；一是《新青年》。而《民報》與《甲寅》還算不上。
>
> 《新青年》的使命在於文學革命與思想革命。這個使命不幸中斷了，直到今日。倘使《新青年》繼續至今，六年不斷的作文學思想革命的事業，影響定然不小了。
>
> 我想，我們今後的事業，在於擴充《努力》，使他直接《新青年》三年未竟的使命，再下二十年不絕的努力，在思想文藝上給中國政治建築一個可靠的基礎。[167]

「再下二十年不絕的努力，在思想文藝上給中國政治建築一個可靠的基礎。」換句話說，胡適彷彿又回到了他六年前說「二十年不談政治」的原點。將來要復刊的新《努力》與舊《努力》，胡適認為其間是有連續性的。他在〈一年半的回顧〉裡說：

> 雖然將來的新《努力》已決定多做思想文學上的事業，但我們深信沒有不

---

166 胡適，〈與一涵等四位的信〉，《胡適全集》，2：513。
167 胡適，〈與一涵等四位的信〉，《胡適全集》，2：513。

在政治史上發生影響的文化(《努力》第七期)。我們的新《努力》和這一年
半的《努力》在精神上是繼續連貫的，只是材料和方法稍有不同罷了。[168]

胡適在這裡所說的「繼續連貫」性，指的是他從1923年3月以後對政治局面絕
望，「不多做時評了」以後的《努力》：

> 從此以後，《努力》的同人漸漸地朝著一個新的方向去努力。那個新的方
> 向便是思想的革新。自從四十八期(4月15日)丁文江先生發表〈玄學與科
> 學〉的文章以後，不但《努力》走上了一個新方向，國內的思想界也就從沉
> 悶裡振作起精神來，大家加入這個「科學與人生」的討論。這一場大戰的戰
> 線的延長，參戰武士人數之多，戰爭的曠日持久，可算是中國和西方文化接
> 觸以後三十年中的第一場大戰。[169]

《努力》注定沒有復刊。沒復刊，這本身不希奇。希奇的是，這復刊的努力居然
持續了將近兩年。胡適在1923年10月7日的日記裡記說：「《努力》暫停，俟改組為
半月刊或月刊時繼續出版。」[170]由於胡適的聲望炙手可熱，亞東圖書館和商務印書
館都覬覦《努力》這塊大餅。雙方力爭不讓，弄得胡適兩方為難。亞東的汪孟鄒是同
鄉，又已經出了胡適好幾本暢銷書。然而，商務是中國赫赫天字第一號的出版社。胡
適已經決定把《努力》交給商務印書館。他在10月16日晚勸汪孟鄒要有自知之明而放
棄。他在日記裡記：「今夜我勸亞東不必爭。亞東此時在出版界已漸漸到了第三位。
只因所做事業不與商務、中華衝突，故他們不和他爭。此時亞東公然與商務爭此報，
即使我們給了他，也不是亞東之福，因為亞東從此要遭忌了。孟鄒終不肯讓。」[171]
　　胡適雖然在日記裡說他半夜回到旅館，為這件事情躊躇得不能睡。然而，他主意
其實已經打定了。第二天，王雲五來找胡適。胡適當天的日記說明了一切：

> 雲五先生來，作長談。他說，昨日商務的總務處會議，決計要爭《努力》
> 去辦，無論什麼條件都可遵依。從前梁任公辦《大中華》，給中華書局搶去

168 胡適，〈一年半的回顧〉，《胡適全集》，2：504-511。
169 胡適，〈一年半的回顧〉，《胡適全集》，2：509。
170《胡適日記全集》，4：115。
171《胡適日記全集》，4：125。

了，我們至今引爲憾事。故此次決不讓亞東拿去辦。我預料亞東是爭不過商務的，只好提出幾個條件：

一、本社保留四頁廣告，得以兩頁贈與亞東；

二、認亞東爲分發行所，得代定《努力》；

三、我的文章可保留版權，不受稿費，以後可自由在別處彙出單本集子。

雲五都答應了。[172]

眼看著《努力月刊》復刊在望。1923年12月28日，王雲五把合約寄到北京給胡適。商務所給的條件果然優渥。《努力》出版以後，商務固然會按期付編輯費。然而，因爲顧及到「籌備期內有預先收買文稿之必要，當然可以不待出版，按月預支幾個月。」王雲五在信中告訴胡適：「你想從哪一月開始付款，也請示知。」[173]根據胡適給高一涵信中的說明，這個優渥的編輯費的計算方式如下：

商務承辦的雜誌本無擔任編輯費的先例。但對一切雜誌皆有「銷數滿二千部後，其二千部以外銷出之數，發行人應以版稅二成交付著作人」的規定。《努力月刊》因有《〔努力〕週刊》八千份的底子，故商務肯以六千部的銷數作爲計算的基礎，決定即以此項預支的版稅作爲編輯費。[174]

這以六千部、二成版稅爲基準所計算出來的編輯費，胡適估計是每年有五千四百元，亦即，每月四百五十元。換句話說，就是《努力月刊》每期所預定的售價是3.75角。

只是，《努力月刊》的出版，居然變成了只聽雷聲轟隆，雨卻下不來的膠著狀況。這最重要的原因可能是胡適自己的問題。他自從離開他跟曹誠英在煙霞洞的「神仙生活」以後，一直振作不起來。他1924年的日記現在只存有1月的日記。其中，有他在1月15日寫的〈煩悶〉一詩。他在詩裡說：「從來不曾這樣沒興致。」用他在日記裡形容自己的話來說：「煩悶的很，什麼事也不能做」、「這十五日來，煩悶之至，什麼事也不能做」、「懶病又似回來了，終日沒有做事」、「煩悶之至」[175]。

其次，胡適自己的健康情形也不好。用他自己在〈1924年的年譜〉裡的話來說：

172《胡適日記全集》，4：125-126。
173 王雲五致胡適，1923年12月28日，《胡適來往書信選》，1：224。
174 胡適致高一涵，1924年9月8日，《胡適來往書信選》，1：261。
175《胡適日記全集》，4：228、247、249、254。

「身體的健康仍沒有恢復。上半年醫生說我有肺病的象徵。」這也是為什麼胡適在1924年暑假後又告假養病的原因[176]。另外，他的女兒素斐1924年在醫院住了半年；最初是肺炎，後又轉成肺結核與脊骨炎。最後，終於在1925年7月底過世。住在他家的二哥的長子思聰，一向病弱，在1924年3月初死於由寄生蟲傳染的「黑熱病」（Kala-azar）。

胡適精神的不振是他的好朋友都知道的事。丁文江在1924年1月4日的信上說：「興致不好，不能工作，乃是當然的事。不過我勸你著實看破一點。我近來因為家族裡面這種事經過多了，把生死的問題看得稀淡，倒也罷了。」[177]任鴻雋也在該月25日的信上說：「昨天得到你廿二的快信，知道你近來興致很不好。你家裡病人那樣的多，遠處的朋友聽了，都要替你擔憂。但我們很希望交春以後，病者可以和時序一同得一個轉機，也很希望你自己不要太煩悶了。」[178]

剛跟商務簽完約的時候，胡適還彷彿有打鐵趁熱的想法，把第一期的截稿日期定在1924年1月底。等任鴻雋焦急地要趕稿的時候，才聽說《努力月刊》第一期出版的時間已經展期到5月[179]。其實，胡適連稿紙都已經印製好了。唐鉞在2月1日就寫信告訴胡適說他收到了三百張《努力月刊》的稿紙了[180]。

然而，《努力月刊》似乎從一開始就有難產之虞。其中，稿源是一個癥結問題。事實上，《努力》在週報時期就已經有了稿源的問題。當時稿源的問題沒有出現，只是因為《努力》週報根本就是胡適自己在那裡唱獨腳戲。丁文江在1923年4月2日的信裡就說：「看見這一期的《努力》，覺得你又在那裡包辦。」[181]有趣的是，胡適在丁文江數落他以前的三個星期前，就自己已經躊躇滿志地跟韋蓮司說《努力》幾乎全是他自己包辦的：

> 我一定要跟妳說說我這個「小寵兒」(little pet son)——《努力》。這五年來，我發表的文字已經超過了五十萬字，主要是有關文學、哲學，以及社會方面的問題。在這五年漫長的歲月裡，我故意不去觸碰政治的議題。但是，我最後還是忍不住了。我於是在去年五月開始發行這個小週報，主要討論的

176《胡適日記全集》，4：291。
177 丁文江致胡適，1924年1月4日，《胡適來往書信選》，1：228。
178 任鴻雋致胡適，1924年1月25日，《胡適來往書信選》，1：232。
179 任鴻雋致胡適，1924年1月25日，《胡適來往書信選》，1：232。
180 唐鉞致胡適，1924年2月1日，《胡適來往書信選》，1：236。
181 丁文江致胡適，1923年4月2日，《胡適來往書信選》，1：191。

是政治的問題，但並不排除文學和哲學的文章。這個週報相當成功。上星期
天已經出版到了第四十三期，每期的銷售量達八千份。這個週報大致上全是
我自己寫的。[182]

　　等胡適在4月21日離開北京，把《努力》的編輯交給高一涵以後，那獨腳一走，
戲就唱不下去了。高一涵在5月30日的信裡已經開始告急：「下一期文稿還缺乏數
欄。或者叔永、經農諸君已寄文來在半途了。」[183]到了7月15日，高一涵已經拉起警
報來了：

　　《努力》的稿子近來很覺得困難。上海方面分期擔任的人，有一半不曾按
　　期寄稿。北京方面徐志摩又時常出京。在君也許久沒有文字交來了。近來時
　　常打饑荒。而且洛聲又回去了。我的能力又不夠，弄得這個報近來很沒有精
　　采。想必你自己看到也有這樣的感想吧。你要在上海，或有信到上海，還要
　　催促他們，好教他們打起精神的幹，才好。[184]

　　《努力》既然在週報時期就已經有稿源的問題，只是因爲胡適的包辦隱而不現。
現在胡適自己煩悶到什麼事都沒興致的程度，《努力月刊》的稿源問題就立時呈現出
來了。也許是因爲稿源的問題，胡適12月底才跟商務簽了出版合約，就馬上轉過來跟
商務試探把《努力月刊》跟《東方雜誌》合併的想法。當時在商務任編輯的朱經農在
1924年1月24日的回信裡，認爲合併將會是雙輸，會是可惜。他同時爲胡適在稿源方
面畫了策：

　　《努力》與《東方》各有特性，倘合併，其結果非《東方》《努力》化，
　　即《努力》《東方》化，均覺可惜。弟意《努力》應獨立試辦一年。如稿不
　　夠，明年再作合併計。目前可不提。就《努力》論，關於政法之稿件，有一
　　涵、慰慈等擔任(現在不是白盡義務)；經濟之稿，有振飛、唐有壬等擔任；
　　文學之稿，有志摩、陳通伯等擔任(莎菲過於矜持，不敢預計其必有稿來)；
　　其他社會科學，有兄、叔永、擘黃、孟和(孟和來滬，當可求其作文)和我擔

182　Hu to Williams, March 12, 1923.
183　高一涵致胡適，1923年5月30日，《胡適來往書信選》，1：208-209。
184　高一涵致胡適，1923年7月15日，《胡適來往書信選》，1：203。

任。《讀書雜誌》有顧剛、劉叔雅等擔任。有這樣多的人，不能辦一月刊，
乃可羞事。不過以後當設法使精力集中耳。倘每人每年能做長文六篇(外加
短文及投稿)作「基本」文稿，當可使月刊出版也。[185]

　　胡適的意興闌珊、身體狀況、女兒侄兒病重，再加上稿源枯竭，使得《努力月
刊》有呼之不出之難。甚至，連核心撰稿群都弄不清楚預計出刊的確切時間。任鴻雋
在1924年1月聽說是展期到5月。可是丁文江在3月底收到胡適的信，才知道那是誤
傳。可是他說由於忙碌，他自己的文章最早只能在4月初交卷[186]。然而，稿源枯竭決
定了一切。陳衡哲在4月13日的信裡建議胡適說：「《努力》如無三期的儲稿，總以
遲出爲是。所以徐振飛的提議，我們都贊成。」[187]根據任鴻雋在兩天以後寫給胡適
的信，徐振飛建議再延期至7月出版[188]。

　　然而，7月到了，《努力月刊》還是只見樓梯響。最令人意想不到的是，胡適居
然滋生起把《努力週報》復刊的念頭。胡適自己在9月9日致北京《晨報副刊》的信，
就說明得最爲清楚不過了：

　　　《努力》月刊的第一期稿子確是編好了幾個月了。但因爲我的病的緣故，
　　一班朋友都不願我擔任此事。第一期出版不難，而難乎爲繼。我們決定請一
　　位張奚若先生回國來專任政治方面的議論，兼做編輯的事。而我退居「小卒
　　子」的地位，幫著出點汗，努力社的朋友並且湊了旅費寄去給張先生。但張
　　先生因爲新婚的關係，至今還捨不得回國。
　　　我個人的主張是《努力》應該繼續出版。
　　　今日政治方面需要一個獨立政治的輿論機關，那是不消説的了。即從思想
　　方面看來，一邊是復古的混沌思想，一邊是頌揚拳匪的混沌思想，都有徹底
　　批評的必要。近日拳匪的鬼運大亨通。六年前作〈克林德碑〉那篇痛罵拳匪
　　的大文(《獨秀文存》卷一，頁343至360)的作者，現在也大出力頌揚拳匪了
　　(〈政治生活〉十五)！這種現象使我感覺《努力》眞有急急出版的必要。
　　　雖有事實上的種種困難，我可以敬告愛《努力》的朋友們：《努力》終要

185 朱經農致胡適，1924年1月24日，《胡適來往書信選》，1：232。
186 丁文江致胡適，1924年3月底，《胡適來往書信選》，1：244。
187 陳衡哲致胡適，1924年4月13日，《胡適來往書信選》，1：246。
188 任鴻雋致胡適，1924年4月15日，《胡適來往書信選》，1：248。

繼續出來的，現在不過是遲早的問題。

　　《努力》的二次出來，是月刊呢？還是擴大的週刊呢？這個問題也要等張先生回來再決定。他主張辦週刊。我們也嫌月刊太慢。也許將來的新《努力》還是一種週刊。

　　……

　　至於衣萍先生提出的假設，我慚愧不敢當。人家也許疑心我作文敏捷。其實我是很遲鈍的。人也許疑心我臉皮厚，其實我是很害羞的。遲鈍和害羞是我的著作出版比較遲緩的原因。我的出版物大部分是被外界的壓力「榨」出來的。若不是我病了，政治和思想界的混沌早已把《努力》又榨出來了。[189]

　　胡適這封公開信最重要的地方，還不在於《努力》究竟是以週刊的形式復刊，還是以月刊的方式重新問世。然而，我們先說《努力》注定是不會復刊這件事。胡適跟他的幾個朋友反覆地談來談去，一直等於是在原地踏步。不但如此，商務雖然爭到了出版《努力》的出版權，那純粹是商業的算計。等胡適想談政治的意念浮現，商務就馬上打了退堂鼓。1924年12月9日，朱經農乾脆明說如果《努力》要談政治，商務就只好敬謝不敏：

　　關於《努力》的事，我和雲五、振飛都商量過。他們覺得如果仍然辦週刊，還是先照舊日小規模進行，免得經濟上發生困難……

　　《〔努力〕週刊》與商務的關係，最好仍是代定、代售。因為我們的《週刊》當然要批評政治。商務為了營業的關係，不能得罪人。我們獨立辦理，說話便於措詞一些。[190]

　　一直到1925年1月，那預定要出任新《努力》的編輯的張奚若，仍然寫信問胡適，究竟《努力》是否有經濟能力獨立辦理[191]。此後，《努力》出版與否，就銷聲匿跡了。

　　胡適寫給《晨報副刊》這封信最重要的地方，在於它透露了胡適那一向就有的「忍不住」、容易被政治、被輿論界「激出來」談政治的傾向和興趣。我們記得曹錕

的賄選，使胡適覺得談政治已經到了「向壁」的絕境，因此他決定把《努力》暫時停刊。他當時說：「我們今後的事業，在於擴充《努力》，使他直接《新青年》三年前未竟的使命，再下二十年不絕的努力，在思想文藝上給中國政治建築一個可靠的基礎。」為了不讓《努力》的讀者失望，他還特別強調在思想文學事業上的努力，可以在政治上造成影響：「雖然將來的新《努力》已決定多做思想文學上的事業，但我們深信沒有不在政治史上發生影響的文化。我們的新《努力》和這一年半的《努力》在精神上是繼續連貫的，只是材料和方法稍有不同罷了。」

然而，一年不到，胡適在這封給《晨報》的公開信又鄭重地說明政治、思想，兩者他都要談。胡適聲明：政治和思想界的混沌，又要把《努力》「榨」出來了。朱經農特別為了胡適這個思想、政治雙管齊下的聲明提出勸戒，他在12月9日的信裡，勸胡適不要重蹈覆轍：

> 由叔永處轉到你的長信。我們看了，得悉北京政變實況〔注：第二次直奉戰爭後，馮玉祥的政變〕。此後政局尚不能樂觀。多一次政變，則多露幾個人的醜態。舊時偶像逐漸打倒，將來或可無一存留。亦未始不是一件好事。
>
> 此時奉軍將士乘戰勝餘威，或將以「馬上得天下」之精神治天下。我輩若於此時高談政治，恐無效力，而蹈上次覆轍。《努力》若出版，似仍以談學術為宜。不知兄意云何？《努力》仍出週刊，遠方投稿恐失實效。亦農〔注：張奚若〕至今未到，兄一人支持，不嫌費力否？[192]

表面上看起來，胡適好像是顛三倒四。1917年回國以後，立下了「二十年不談政治」的戒約。可是，才忍了五年，就忍不住而出來談政治。談了一年半的政治以後，被腐敗到極點的政治逼到了「向壁」的程度，又說要回去從思想文學上，去為中國的政治建立一個穩固的基礎。然而，才這麼說著，他又宣稱中國需要有一個獨立的輿論機關，說政治與思想界的混沌，又要形成一種壓力，硬是要「榨」出他「徹底的批判」。

其實，胡適已經走上了政治、政論的不歸路。他那「二十年不談政治」的戒約，本來就違反了他的個性與興趣。那精靈一旦出了寶瓶，就已經不能再受到收束。胡適是一個學者，但他也是一個政論家。我在本章起始說，用今天流行到幾近濫用的名詞

---

192 朱經農致胡適，1924年10月14日，《胡適來往書信選》，1：268。

來形容，胡適是一個「公共知識分子」（a public intellectual）。其實，他不只是一個公共知識分子，他根本就是當時中國獨一無二的公共知識分子(*the* public intellectual)。

　　胡適走上政治、政論的不歸路，他是有其自知的。他不但自知，而且已經有他立論的基礎。他在1922年5月25日所寫的〈後努力歌〉，就是胡適的「論政頌」：

　　　　「沒有好社會，那有好政府？」
　　　　「沒有好政府，那有好社會？」
　　　　這一套連環，如何解得開呢？

　　　　「教育不良，那有好政治？」
　　　　「政治不良，那能有教育？」
　　　　這一套連環，如何解得開呢？

　　　　「不先破壞，如何建設？」
　　　　「沒有建設，如何破壞？」
　　　　這一套連環，又如何解得開呢？

　　　　當年齊國有個君王后，
　　　　她不肯解一套玉連環，
　　　　她提起金椎，一椎捶碎了。

　　　　我的朋友們，
　　　　你也有一個金椎，
　　　　叫做「努力」，又叫做「幹」！

　　　　你沒有下手處嗎？
　　　　從下手處下手！
　　　　「幹」的一聲，連環解了！[193]

193　胡適，〈後努力歌〉，《胡適全集》，10：269-270。

　　胡適〈後努力歌〉的靈感來源是杜威。我在第二章裡已經詳細地分析了這個「捶打玉連環」、「幹！」的思想靈感來源。簡言之，1921年6月30日，北京的五個學術機構——北大、高師、女高師、新學會、尚志學會——在來今雨軒爲杜威夫婦跟女兒露西餞行。杜威在席中的謝詞，稱讚了中國人很能容納新的思想。他希望中國人同時還有實行的精神。否則，有了新思想而不能實行只是徒然。他說：

　　　　理想方面，常常有不能解決的問題。例如有好政府然後有好教育，有好教育然後有好政府。我們還是先造好政治，再讓他發現好教育呢？還是先造好教育，再讓他產生好政治呢？這是循環的問題，正如先有雞呢先有雞子呢的問題一樣，永遠解決不了的。要想解決，只有下手去實行。[194]

　　胡適在日記裡黏貼了《晨報》記者孫伏園的記錄以後，對杜威的這段臨別贈言作了一個按語：

　　　　杜威先生注意實行的精神。這是他的臨別贈言，我們應該紀念。我從前解惠施「連環可解也」一句，曾引齊君王后用槌打碎玉連環的故事，來說這種永永無法解決的問題只有一個實際的解決法，即是這個道理。[195]

---

194 《胡適日記全集》，3：151。
195 《胡適日記全集》，3：152。

第二篇
學問事功，夙夜匪懈

不作無益事，一日是三日。
人活五十年，我活百五十。

〔寫給〕內田先生　　　　　　　　　　　　　　　　胡適

第五章
事功第一，行樂要及時

> 「五十一本日記，寫出先生性情；還替那個時代，留下片面寫生。」
> ——胡適，〈病中讀《越縵堂日記》戲題〉

1921、1922年之間，胡適在教課、研究之餘，閱讀李慈銘的《越縵堂日記》。胡適自己說閱讀《越縵堂日記》，是讓他「重提起做日記的興趣的一個重要原因」[1]。我在篇首所錄下的這句他在1922年所做的〈病中讀《越縵堂日記》戲題〉的一首六言詩，就在在地說明了他把自己的日記當成珍貴史料的看法。我們替胡適立傳的人，必須要領會到胡適留下四百萬字的日記，就是要替他那個時代「留下片面寫生」的用意。因此，我們就更要立意「寫出先生性情」。

胡適是一個歸國留學生。這是我們要了解胡適必須具有的首要體認。歸國留學生是一個特殊階級，運氣好的，彷彿天之驕子。這在從前如此，現在還是如此。杜威觀察力敏銳，他到中國還不到一個月，就已經注意到這一點。他在1919年5月23日的家信裡說：「把出過國跟沒出過國的人拿來相比，是一件很有意思的事。我指的是學生和老師。沒出過國的，簡直是到處碰壁（helpless）。出過國的，即使只到過日本，門路就多得多了。」[2]

杜威對留學生是天之驕子的觀察，可以從陶希聖的親身經歷得到驗證。陶希聖1922年從北京大學畢業。他在安慶教了一年半的書以後，進入了上海的商務印書館的編譯所裡工作。陶希聖在一篇〈桌子的故事〉裡，回憶了如何可以從辦公桌的大小，來管窺土洋學歷出身的高下：

1　《胡適日記全集》，3：5。
2　John Dewey? to Dewey children, 1919.05.23（10758）, The Correspondence of John Dewey, 1871-1952. Electronic edition, Volume 2: 1919-1939.

　　在國內學生與留學生的比較與競爭之中,國內學生嘗到的苦味,我自己是一個過來人。今天試將自己的一段經歷,告訴大家。這故事稍嫌小氣,並無愧怍。民國十一年,我從北京大學法科畢業。初次的工作是安徽省立法政專門學校專任教員。我教了一年半的書,離開安慶。由於曾劼勳先生的推介,進上海商務印書館編譯所。所長是王雲五先生,法制經濟部主任是李伯嘉先生。王、李兩位都不是留學生出身。

　　當時編譯所,另加一個百科辭典編譯部,編譯人員不下三百人,每人的薪資是由編譯所直接條告,互不相知。但有一顯明的象徵可以說明每一人的待遇。我是國內大學畢業而有教書經歷的,月薪八十元,坐的是三尺長尺半寬的小桌子,加一硬板凳。桌上的墨水是工友用開水壺式的大壺向一個小磁盂注入的。

　　若是日本明治大學一類學校畢業回國的人,月薪是一百二十元,桌子長到三尺半,寬到二尺,也是硬板凳。如果是日本帝國大學畢業回國者,月薪可到一百五十元,桌子長到四尺,寬到二尺半,藤椅子。桌上有水晶紅藍墨水瓶,另加一個木架子,內分五槅,可以分類存稿。

　　若是歐美一般大學畢業回國的留學生,月薪可至二百元,桌椅同於日本帝國大學的留學生。如果是英國牛津、劍橋,美國耶魯、哈佛,而回國後有大學教授經歷,那就是各部主任,月薪二百五十元,在待遇上是頂了天。桌子上有拉上拉下的蓋,除自己坐藤椅之外,還有一個便凳子,預備來接洽工作的人坐。[3]

　　北大優厚的待遇,我在第一章已經交代過了。然而。胡適在1920年代能過他優裕的生活,靠的並不是北大的待遇。五四運動以後,北京教育經費毫無著落,教授寅吃卯糧。胡適作為20世紀版稅收入第一人的身分,容許他能在眾人皆窮的情況之下,過著他天之驕子的生活。胡適的食衣住行,除了最能用來描述他天之驕子的生活以外,也能讓我們了解他的性情。更重要的是,他在食衣住行方面所留下來的鉅細靡遺的資料,也提供了寶貴的線索,來讓我們重建他男性唱和圈的空間構造。

　　作為歸國留學生這個特權階級裡的天之驕子,胡適特別的地方,在於他能不知

3　陶希聖,〈桌子的故事〉,《潮流與點滴》(北京:中國大百科全書出版社,2009),頁82-83。

足、要自己能更上一層樓。他在北大的教學生活，是一個可以作爲人人應該奉爲楷模的「教學相長」、「教學」與「著述」相長的典範。1921年9月25日，胡適去參加中國科學社的一個活動。他在當晚的日記裡有一段警言：「科學社的社員，除了地質學一門之外，實在沒有什麼貢獻。大多數的人竟可說是全無長進。不長進的原因大概是由於歸國以後即不研究特別的問題。做學問的人若沒有特別研究的問題，就可以說是死了，中止了。」[4] 這是胡適勵己勵人的話。胡適不但教學認眞，他同時也藉著備課，孜孜地爲自己完成他那《中國哲學史》的大業而作準備。爲了作他研究中國中古哲學史的準備，他甚至還跟其他北大的學生一起學習梵文。

很多人都不假思索地引用胡適自謙的「夫子自道」，說他「文思遲鈍」，寫文章如牛步。其實，胡適寫文章的速度絕對超過常人。他所謂的「遲鈍」，指的主要是寫作前的準備工作，以及某些文章裡的關鍵段落。胡適是一個寫家——寫作的大家、方家。他的文字不只是明白曉暢，還是要讓人家去咀嚼、品味的。不知者只是自己的無知，知音則懂得擊節讚賞。

作爲一個知識人，胡適的長處在於他不是一個只知讀書、不知娛樂的人。更值得令人激賞的是，他更懂得推己及人的道理，希望社會上所有的大眾都能夠享受到健康的娛樂。然而，胡適畢竟是他的時代的產物。他的男性中心的性別觀制約了他對女性、對愛情的看法。更有意味的是胡適的軀體觀。他在日記、書信、報章，甚至在給他的情人——韋蓮司——的信裡，能侃侃而言、毫不害臊、一無禁忌地談論他的痔瘡，這除了反映了那是一個對軀體隱私的暴露不甚禁忌的時代以外，也顯露出他是一個有肛門偏執傾向的人。

待遇世界第一，版稅中國第一

我在描述胡適在北大優渥的生活以前，必須先表揚並討論一下吳元康在2009年第5期的《安徽史學》上所發表的〈五四時期胡適自費資助林語堂留學考〉[5]。顧名思義，吳元康這篇文章的目的在於考證歷來傳言胡適自掏腰包資助林語堂留學的美談。他用「胡適檔案」裡的書信，糾正了歷來以訛傳訛的傳說。這個胡適美談的大要如下：胡適在1920年自掏腰包，以1,500或2,000的美金資助了當時在美國留學的林語

4　《胡適日記全集》，3：326。
5　吳元康，〈五四時期胡適自費資助林語堂留學考〉，《安徽史學》2009年第5期，頁72-80。

堂。這個傳聞的始作俑者就是林語堂自己。他在〈我最難忘的人物──胡適博士〉一文裡回憶說：

> 1920年，我獲得官費到哈佛大學研究。那時胡適是北大文學院院長〔注：誤。當時北大還沒設院長。胡適當時是英語系主任。〕我答應他回國後在北大英文系教書。不料到了美國，官費沒按時匯來，我陷入困境。打電報告急，結果收到了2000美元，使我得以順利完成學業。回北平後，我向北大校長蔣夢麟面謝匯錢事。蔣先生問道：「什麼2000塊錢？」原來解救了我困苦的是胡適。那筆在當時近乎天文數字的錢是他從自己腰包裡掏出來的。他從未對外提起這件事，這就是他的典型作風。[6]

　　吳元康細細地梳理了史料，證明了這個由林語堂始作俑的故事，純粹只是一個胡適型的美談，而不是真有其事。林語堂在留學期間總共收到北大匯給他的三年的獎學金，每年美金480元，總計共1,440元，外加回國川資100英鎊。所有這些都有林語堂寫給北大會計處的收條。林語堂留美的時候，正好碰上五四運動以及其後蔡元培辭職，群龍無首的階段。再加上後來教育部拖欠經費，弄得烏煙瘴氣一團。林語堂不是一個單獨的例子。我在第一章裡已經提到了連杜威在中國的薪水都不知道是要誰付的尷尬情況。

　　以林語堂留學期間所收到的三期的480美金來說，每一期都是拖欠的。只有第一次是由胡適先墊付300美金的。吳元康的考證梳理得非常清楚。第一年的北大的獎學金，在林語堂告急的電報來到以後，由胡適在1920年1月10日自掏腰包，電匯300美金給林語堂。北大終於在2月5日發給了胡適林語堂第一年的獎學金。胡適慷慨、為人成功的地方是，他沒從這筆獎學金裡扣除他代墊的300美金，而是把這480美金全數匯給了林語堂。這讓拮据的林語堂感激萬分。胡適這筆300美金的墊款，林語堂一直要等到1920年12月8日，才寫信告訴胡適，說請他從他第二年的獎學金裡扣除180美金還給胡適。換句話說，尚欠胡適120美金。林語堂第二年的獎學金終於在1921年1月發下。胡適於是電匯300美金給林語堂。由於180美金是還給胡適的，所以林語堂在給北京大學的收條上，是注明收到了480美金。林語堂第三年的學費津貼是在1922年5月10日收

6　林語堂，〈我最難忘的人物──胡適博士〉，《讀者文摘》，1974年10月號，轉引自吳元康，〈五四時期胡適自費資助林語堂留學考〉，頁73注3。

到的。該月31日，林語堂又收到了回國川資100英鎊。1923年3月30日，林語堂在回國的郵輪上寫給胡適的信上說：「此次因爲我們兩人搭三等艙省了許多錢。前欠先生120美金之額現已備有，待堂到北時立刻親自奉還。久欠此款，深自抱歉。」

胡適是否曾經自掏腰包資助林語堂呢？要解答這個問題其實易如反掌。《胡適遺稿及秘藏書信》早已出版。「胡適檔案」就在北京。今天台北的「胡適紀念館」甚至還有掃描本公布在網站上，處處拜託大家上網利用。大家只要上網一查胡適與林語堂的來往信件，這件人人都擊節讚嘆的「美談」是否屬實，不就可以迎刃而解了嗎？吳元康已經從「胡適檔案」裡的信件證明了胡適自掏腰包墊付給林語堂，就只一次，在1920年1月10日，總計美金300元。而且林語堂在留學的時候就已經還了180元美金了。餘款他在回國以後也奉還了。

所謂胡適自掏腰包寄給林語堂2,000美元，連北大自己都不知道的「美談」，理應從此可以休矣。誰知不然。吳元康的文章是在2009年發表的。周質平在2010年第8期的《魯迅研究月刊》上發表了〈胡適與林語堂〉一文。他在文中又大段地徵引了林語堂在〈我最難忘的人物──胡適博士〉裡的美談。又說林太乙也在《林語堂傳》裡幾次談起這件事。而吳元康根據「胡適檔案」的書信所得出來的研究結論，周質平卻把它放到注釋裡，語帶輕蔑、一筆帶過地說：

> 2009年第5期《安徽史學》上發表了一篇吳元康〈五四時期胡適自費資助林語堂留學考〉，試圖證明2000元是林語堂誤記，實際數字遠低於此數。錢數多少實非此事之關鍵，林語堂終身不忘胡適之義助，才是重點。[7]

這個胡適自掏腰包，匯寄了2,000美金給林語堂的「美談」，現在吳元康已經用「胡適檔案」裡的書信，證明了這是子虛烏有的事。只是，周質平就是不採用。他偏要徵引了林語堂錯誤的回憶，再一次地稗販這個「美談」。接著，他又引了頌揚這個胡適美談的人都一定會徵引的林太乙的《林語堂傳》，說林太乙在傳中，「也幾次提及此事。」於是他就作出了一個「四不像」的結論說：「林語堂在國外期間，獎學金遲遲不來，而妻子廖翠鳳又開刀住院，經濟陷入困境。再由胡適作保向北大支借兩千元，度過他生活上的困境。」[8] 周質平這個結論「四不像」，因爲引文明明是說胡適

7　周質平，〈胡適與林語堂〉，《魯迅研究月刊》2010年第8期，頁61-81。
8　周質平，〈胡適與林語堂〉，《魯迅研究月刊》2010年第8期，頁63。

自掏腰包匯給林語堂2,000美元，結論卻變成了：「由胡適作保向北大支借兩千元。」引文跟結論牛頭不對馬嘴，根本不知所云。

　　周質平所謂的「由胡適作保向北大支借兩千元」，是他徵引林太乙的說法，只是他沒有說明罷了。問題是，林太乙的說法根本就是錯的。林太乙說因為清華的津貼被取消了，林語堂走投無路，請胡適擔保，向北大預支薪水。事實上，林語堂在出國前，就已經由胡適代表北大跟他約定好。由北大預聘林語堂為教授，但先給他三年的獎學金出國留學，一年480美金。林語堂留學用的錢不是他跟北大的借支，而是獎學金。我們甚至可以引「胡適檔案」裡所留存的林語堂自己寫給胡適的英文信來佐證。林語堂在1922年2月13日從德國萊比錫寫給胡適的信裡說：「我的**獎學金**已經拖欠了半年以上了。我已經接連〔給北大〕打了兩個電報，也寫了至少一打以上的信。」(My scholarship is more than half a year in arrears and I have sent two successive telegrams and at least one dozen letters.)[9]

　　林太乙所謂的清華的津貼，其實是林語堂額外的補助。當時清華除了派遣清華畢業的學生留美以外，還有津貼生。林語堂就是一個津貼生。換句話說，林語堂第一年除了北大480美金的獎學金以外，還有清華的半額津貼。怎奈拿了一年清華的津貼以後，清華通知林語堂，說他的津貼與規章不合而停止。所以，林語堂才會在1920年11月8日寫信給蔣夢麟，以美國生活昂貴，北大獎學金不足為理由，要求北大把他的獎學金從每個月40美金調高為60美金，也就是從每年480美金調高為720美金[10]。林語堂希望北大能調高他獎學金，以彌補他所失去的清華津貼。然而，當時的北大因為教育部拖欠，一貧如洗，林語堂的請求當然沒有獲准。

　　周質平明明已經讀了吳元康扎實的研究論文。可是，他還是把它打入注腳的冷宮。而且，還不屑地說：「錢數多少實非此事之關鍵，林語堂終身不忘胡適之義助，才是重點。」殊不知如果這件「義助」根本就是虛構的，那還有什麼「重點」可言呢？套用胡適喜歡的范縝的那句話來說，「形者神之質」，如果這個所謂胡適自掏腰包匯寄林語堂2,000美金的「形」根本從來就是不存在的，那還有什麼「神」——「重點」——可言呢？根據史料扎實研究出來的研究成果，周質平不要，寧可人云亦云地去歌頌那子虛烏有的胡適「傳奇」。套用胡適愛用的另外一句話來說：「嘆為觀

9　Yü-t'ang Lin to Hu, February 13, 1922, 中央研究院近代史研究所，「胡適檔案」，HS-JDSHSE-0272-005。

10　林語堂致蔣夢麟，1920年11月8日，中央研究院近代史研究所，「胡適檔案」，HS-JDSHSC-1415-013。

止！」

　　這些人根本不是在研究歷史。他們是在重複朗誦一個好聽的故事、一個美談，即使這個「美談」根本就是虛構的。周質平的一句話，就道破了他把吳元康研究的結果放在注腳裡，而把虛構的「美談」長篇累牘地放在正文裡的用意。他說：這個故事，最可以看出「胡適的氣度」。這就是他們「研究」胡適的方法。他們所在乎的，是某個胡適的故事聽起來是不是好聽？聽起來是不是能讓人嘖嘖稱奇？聽起來是不是合乎他們心目中的胡適的形象、氣度與風格？如果真相剛好跟他們所想聽、愛聽的故事不合，則叱之為非關鍵，鄙之為不是重點，充軍發配到注腳的邊疆裡去。反正，有多少讀者會去讀注腳呢！

　　吳元康證明了胡適自己掏腰包資助林語堂只是一個美談而非事實。但是，他為了戳破這個美談而強調胡適當時生活拮据，則卻在戳破了一個美談之餘，造就了另一個傳說。為了幫忙證明當時的胡適不可能有經濟的能力資助林語堂那「近乎天文數字」的款項，吳元康徵引了胡適的日記以及當時人的一些說法，來說明胡適當時的生活絕非如此寬裕，而其實是頗為拮据的。吳元康說胡適280元的月薪並不為多。他以胡適筆下的「四川隻手打倒孔家店的老英雄」吳虞為例。他說吳虞在1921年到北大任教之前，他的堂弟吳君毅致信對他說：「月薪至少一月二百元……兄到北大，將地步站穩後，再可向別校兼終點。一二年內，政局稍定，教育經費有餘，便可將家眷遷出。以兄之節儉，即令人多，二百五十元，可勉強敷衍矣。」

　　問題是，吳君毅在給吳虞出點子的時候，已經是1920年底。當時北京的教育經費已經出現問題，所以吳君毅在當年11月25日月薪數額還未談妥的信裡說：「束脩大致為一百五十元，多則二百元。假定北京教育不即時破產，以現在財政狀況之下，將來薪水恐亦不能按時給發。予如借此出遊，未嘗不可。如帶家眷，則恐不能維持生活也。」換句話說，吳虞到北大任教的時候，北大的風光已經不再。但北大風光不再的原因，並不是因為其待遇不高，而是因為北京政府欠薪。

　　我在第一章分析北大教授群的待遇的時候，已經強調了在五四運動以前北大教授生活優渥的情形。胡適進北大的月薪是280元。由於薪水的高低是相對的，必須跟整個社會來相比，才能有一個通盤的概念。所以我在第一章裡，就根據美國社會學家甘博和步濟時在1918、1919年在北京的社會調查，說在當時北京的窮人階級裡，一年只要100元，可以養活五口的一家。從這個角度來說，雖然當時毛澤東一個月8元的薪俸只有胡適的三十五分之一，然而已經足夠養活北京一個窮人的五口之家。由此換算，胡適一個月280元的薪資，足夠養活當時北京五口一家的窮人三年。

　　同時，我也指出當時北大教授待遇，即使是跟美國教授的薪水相比，都是有過之而無不及的。根據美國聯邦教育局的調查，1919學年度美國助理教授的平均年薪是美金1,933元、副教授的平均年薪是美金2,486元、正教授的平均年薪是美金2,628元。胡適在北大的教授職稱實際上等於是美國的副教授。他的月薪是280元，換算成年薪就是3,360元。以當時銀元與美金差不多一比一的兌率換算成美金，胡適這3,360元的年薪相當於當時的美金3,300元。是美國教授所望塵莫及的。換句話說，胡適在北大一年的待遇，將近當時美國助理教授的平均年薪的1.7倍，跟當時美國的正教授的平均待遇相比，還遙遙超過將近700美金之多。

　　胡適在北大的生活起居安逸，是處處可以找到明證的。他在1917年9月10日到北大報到。由於第一個月的薪水還沒領到，暫時先住在學校的宿舍裡。他在9月30日的家信裡向他母親報告說：「適現尚暫居大學教員宿舍內，居此可不出房錢。飯錢每月九元，每餐兩碟菜、一碗湯。飯米頗不如南方之佳，但尚可吃得耳。適意俟拿到錢時，將移出校外居住，擬與友人六安高一涵君〔同住〕。」他在寫這封家信的時候，顯然已經和高一涵看好了地方。所以他在同信裡描寫新居「甚僻靜，可以無外擾。」更理想的是，花費不多：「彼處房錢不過六元，每人僅出三元耳。合他種開銷算起來，也不過每月四五十元之譜。」[11]換句話說，胡適每個月的生活費只占他薪水的16%。扣掉所有的生活費，胡適每個月可以存下230元。用我在本節起首的北京生活費用統計來作比較，胡適每個月所存下來的薪水，可以養活北京窮苦人家兩年四個月。

　　胡適跟高一涵搬進去的新居，就是他1918年1月在《新青年》雜誌上所發表的〈一念〉那首詩的跋裡所提到的竹竿巷：「今年在北京，住在竹竿巷。有一天忽然由竹竿巷想到竹竿尖。竹竿尖乃是吾家村後的一座最高山的名字。因此便做了這首詩。」[12]

　　一個月以後，胡適的月薪就調高為280元。這個薪資，即使需要維持胡適一家大家庭的生活，都還綽綽有餘。所以，胡適在家信裡很貼心地告訴他母親說：「適初入大學便得此數，不為不多矣。他日能兼任他處之事，所得或尚可增加。即僅有此數亦盡夠養吾兄弟全家。從此吾家分而再合，更成一家，豈非大好事乎！」[13]

　　當時物價的低廉、胡適薪資的優厚，也可以從他辦婚事的花費上略見一斑。他在

11　胡適稟母親，1917年9月30日，《胡適全集》，23：144-145。
12　胡明編注，《胡適詩存》(北京：人民文學出版社，1993)，頁174。
13　胡適稟母親，(重九後一日)廿五日[1917年10月25日]，《胡適全集》，23：150-151。

11月26日的家信裡，向他母親報告他所備辦的款項，並強調不收中國社會裡具有互助性質的賀禮：「款子明日即匯二百元，由上海轉。想可於十日半月間匯到。兒歸時當另帶些款子來，想共得三、四百元足矣……籌備之事，亦不甚多。里中無有大轎，不知他村或江村有之否？吾鄉無好酒，可到績溪縣挑些酒來。縣中之『甲酒』甚不惡也。親友送賀禮，一概不收，惟可收賀聯耳。」[14]試想，一個半月的薪資就足夠辦一個婚禮。這除了是因為鄉間物價低廉以外，更是拜他優厚的薪資之賜。

北京大學教授養尊處優的生活。可惜好景不常。到了1920年代初期，就已經風華不再。五四運動以後，北洋政府開始拖欠教育經費。到了1921年3月，北京教育界已經有三個月沒領到薪水了。在三個月的請願、交涉毫無結果的情況之下，北京大學等國立專門以上八校，聯合中小學校代表及學生，在6月3日到總統府請願。不幸遭到衛兵用槍柄攻擊，導致十餘人受傷。此後，用示威來作為索薪的手段就變成了一個模式。就像蔣夢麟在《西潮》（*Tides from the West*）裡所說的：教授「通常兩三個月才拿到半個月的薪水。他們如果示威，通常就可以從教育部擠出半個月到一個月的薪水。」[15]

問題是，這拖欠薪水的現象不是暫時的，而是一年一年地持續下去。根據《魯迅日記》，他1920年1月至9月的薪水收入總共是2,640元，平均每月220元，拖欠三個月的薪水900元；1921年的薪水收入2,490元，平均每月207元7角，拖欠半年多的薪水；1922年的日記缺失，僅存斷片，據許壽裳摘錄手抄本，除補發去年下半年的薪水外，尚拖欠本年三個半月的薪水[16]。1923年12月到北大研究所國學門擔任助教的顧頡剛寫得更是心酸。我們看他1925年日記的記載，他那區區100元的月薪不但可以拖欠到半年以上，而且那千呼萬喚始到來的欠薪，還是分次吐出的：

　　1月：22元（6月17號取）
　　　　70元（6月25號取）
　　　　8元（7月16號取）
　　2月：100元（6月24號取）
　　3月：32元（7月16號取）

14　胡適稟母親，1917年11月26日，《胡適全集》，23：158-159。
15　Chiang Molin, *Tides from the West: A Chinese Autobiography* (New Haven: Yale University Press, 1947), p. 134.
16　陳明遠，《文化人的經濟生活》，http://vip.book.sina.com.cn/book/chapter_38384_21466.html，2010年9月20日上網。

40元(8月10號取)

28元(9月9號取)

4月：37元(9月9號取)

63元(10月2號取)

5月：37元(10月2號取)

35元(11月12號取)

28元(12月2號取)

6月：37元(12月2號取)

15元(12月21號取)

12元(〔1926年〕1月8號取)

20元(〔1926年〕1月20號取)

16元(〔1926年〕1月30號取)

7月：58元(〔1926年〕1月30號取)

26元(〔1926年〕2月2號取)

16元(〔1926年〕2月12號取)

8月：64元(〔1926年〕2月12號取)

15元(〔1926年〕3月29號取)

13元(〔1926年〕5月12號取)

8元(〔1926年〕5月17號取)

9月：19元(〔1926年〕5月17號取)

55元(〔1926年〕6月14號取)

〔尚欠26元〕[17]

　　薪水拖欠到這步田地，無怪乎顧頡剛債臺高築。他在1926年5月17日給胡適的信中開出了一個負債單：「欠家七百元，欠適之先生二百廿元，欠學校二百五十元，欠同鄉友人四百六十元，欠儲蓄會三百廿元。右共一千九百五十元。除欠學校可用薪水作抵外，實欠一千七百元。」[18]走投無路之餘，顧頡剛開口向胡適借貸。他在6月6日的日記寫到他悲從中來的一哭：「近日手頭乾涸已極，後日須付房金。沒有法子，只

17　馬嘶，《百年冷暖：20世紀中國知識分子生活狀況》，頁51。

18　顧頡剛致胡適，1926年5月17日，《胡適遺稿及秘藏書信》，42：316。

得向適之先生開口借錢，承借六十元。予感極。自想予家非無錢，父大人亦非不肯寄錢。但我竟以種種牽阻，終不能向家中取錢，翻有賴於師友之濟助，思之悲憤。回家後哭了一場。」[19]

胡適在北大的經濟情況如何？他在日記裡很少提起。我們可以假定胡適很少提起，就表示那不是困擾著他的問題。當然，也有可能胡適本來就是一個對金錢可以淡然處之的人。比如說，他1922年5月31日的日記，談到當天端午節，學校欠薪已經超過四個月。當天一早，四五家書店的夥計就排坐在門房裡等著收取六百多元的書債，他只借到了三百元，卻一副神色自若、了無窘狀的樣子：

> 今天是舊端午節，放假一天。連日書店討債的人很多。學校四個半月不得錢了。節前本說有兩個月錢可發。昨日下午，蔡先生與周子廙〔周自齊〕都還說有一個月錢。今天竟分文無著。我近來買的書不少，竟欠書債至六百多元。昨天向文伯〔王徵〕處借了三百元。今天早晨我還沒有起來，已有四五家書店夥計坐在門房裡等候了。三百元一早都發完了。[20]

胡適如果不是不缺錢用，就是不在乎舉債。他不但不斷買書，而且還多租了一套四合院。他在1920年5月22日搬到鐘鼓寺14號的四合院。兩年以後，他把隔壁15號的四合院也給租了下來。鐘鼓寺15號的這個四合院有十幾間房間，加上原來14號的15間半，胡適現在有了三十個房間供他徜徉。他在1922年7月15日的日記裡說：「新租得隔壁（鐘鼓寺15號）房間十幾間。打通臥室之門便是一家；房屋稍多，可以多添幾個書架了。今日移居。」[21]

胡適加租鐘鼓寺15號的四合院是在7月15日。而他在大約一個半月以後，也就是8月28日的日記裡說：「窘極了。寫信到上海叫亞東寄了一百元來。今天向銀行取出，為思永〔胡適三哥的兒子〕、澤涵〔江冬秀堂弟〕學費。」[22]這就說明了胡適所賴以生活的經濟來源並不是北大的薪資，而是他的版稅和稿酬。有關這點，我們從胡適在1919年3月3日寫給韋蓮司的信裡就已經可以看出端倪了。他說：

19　轉引自馬嘶，《百年冷暖：20世紀中國知識分子生活狀況》，頁52。
20　《胡適日記全集》，3：601。
21　《胡適日記全集》，3：669。
22　《胡適日記全集》，3：734。

　　至於我的「正業」，我用白話文所寫的《中國哲學史》本月就要發售。我去年夏天出版的小書《墨家哲學》，第一版在四個月內就已經售罄。舉國嗷嗷待哺，只是我苦於沒有時間寫佳作來餵哺他們。這真印證了〔《聖經》所說的〕：「年豐可期，只差人手不足。」[23]

　　胡適是靠版稅和稿酬維持他優渥的生活方式，這在他1923年3月12日給韋蓮司的信說明得更爲清楚：

　　我的詩集〔即《嘗試集》〕已經賣了15,000冊了。第五版正在付印中。我的論文(1912-1921)〔即《胡適文存》第一集〕已經結集成冊，以四卷在1921年12月出版。一年內就賣出了10,000冊了。我的書的版稅讓我有餘錢買書作研究，因爲我的大學的薪水相當低。〔我回國後的〕頭兩年，因爲結婚和母喪，我欠了一些債。[24]

　　胡適說他因爲結婚和母喪而欠債。這句話有欠老實。然而，我們也可以爲他辯護，說那是他從1923年北洋政府已經欠薪多年的背景下的牢騷話。胡適這句話不老實的地方可以分兩點來說。第一、我在上文已經說明胡適在北大的副教授一年的待遇相當於當時的美金3,300元，是當時美國助理教授的平均年薪的1.7倍，甚至比當時美國正教授的平均年薪超過700美金之多。

　　其次，以胡適當時優厚的月薪來說，他會因爲結婚和母喪而負債的可能性是微乎其微的。我在上文根據胡適給他母親的家信，說明他辦婚禮的花費只須動用他一個半月的薪水。辦理喪事的花費他沒說，然而應當不至於與他婚事的花費相差太遠。胡適辦這兩件婚喪大事的時候，欠薪的現象還沒開始。胡適結婚是在1917年12月，辦他母親的喪事是在1918年12月，而北洋政府是在五四運動前後才開始拖欠教育經費的。

　　五四運動前後，北洋政府軍費的支出占總預算的42%，教育經費只占1%。北大一年的經費只有800,000元[25]。欠薪的端倪在1919年7月首次形諸文字。原來欠薪從該年6月就已經發生了。7月12日的《北京大學日刊》刊登了一則〈會計課啓事〉：

23　Hu Shih to Clifford Williams, March 3, 1919，《胡適全集》，40：211。
24　Hu Shih to Clifford Williams, March 12, 1923，《胡適全集》，40：218-219。
25　Timothy Weston, *The Power of Position*, p. 216.

敬啓者：本校六月分第一期經費於七月五日領到教育部發七月十四日期票
兩張。屆期如能將現票一齊去處，則教職員諸君六月上半月薪水即可照發。
否則恐須稍緩。僅此布聞，順頌日祉。[26]

　　由於北洋政府長年欠薪，北大的教授只有紛紛南下，另求生路。舉個例來說，華
僑陳嘉庚所創辦的廈門大學，就在1926年一口氣禮聘到了一批從北大與北京來的教授
與學者，如林語堂、魯迅、孫伏園、顧頡剛、張星烺、沈兼士與羅常培等等。胡適不
同於其他北大教授的地方，在於他有豐厚的版稅和稿酬的收入。我們從胡適在1928年
12月15日的日記裡所附的上海亞東圖書館給胡適的一張版稅與稿費清單來看，就可以
知道胡適在版稅上的收入大概是20世紀前半葉中國文人之冠：

(一)版稅(十七年〔1928年〕11月底止)

《胡適文存》初集十一版共印43,000冊　　2.20元×15%版稅＝14,190元
《胡適文存》二集五版共印18,000冊　　　2.40元×15%版稅＝ 6,480元
《嘗試集》三版共印12,000冊　　　　　　0.30元×15%版稅＝ 　540元
《嘗試集》四～十版共印20,000冊　　　　0.45元×15%版稅＝ 1,350元
《短篇小說》初版印2,000冊　　　　　　 0.40元×15%版稅＝ 　120元
又二～十一版共印38,000冊　　　　　　　0.30元×10%版稅＝ 1,140元
以上共　　　　　　　　　　　　　　　　　　　　　　　　23,820元
應除未售書版稅共　　　　　　　　　　　　　　　　　　　759.39元
　　　　　　　　　　　　　　　小計：　　　　　　　　23,060.61元
(二)酬勞
〈紅樓夢考證〉〔稿費〕　　　　　　　　　　　　　　　　 300元
十二年〔1923年〕五月至十七年〔1928年〕四月(每月一百元) 6,000元
附袁希淵交來　　　　　　　　　　　　　　　　　　　　　　20元
　　　　　　　　　　　　　　　小計：　　　　　　　　　 6,320元
(一)+(二)　　　　　　　　　　 共計：　　　　　　　　29,380.61元
付過(十六年〔1927年〕底止)　　　　　　　　　　　　　24,237.04元
又付(十七年〔1928年〕11月底止)　　　　　　　　　　　2,901.47元

26　〈會計課啓事〉，《北京大學日刊》，1919年7月12日，第一版。

共付：　　　　　　 27,138.52元

兩筆尚存：　　　　　 2,242元[27]

　　亞東圖書館給胡適的這份清單，在「酬勞」項下有兩點需要說明。第一、〈紅樓夢考證〉三百元的稿費，是付給胡適爲亞東圖書館所出版的《紅樓夢》所寫的序。第二、清單裡所說的：「十二年〔1923年〕五月至十七年〔1928年〕四月(每月一百元)」其所指的是亞東圖書館的老闆汪孟鄒從1923年開始每個月奉贈胡適一百元的月費。汪孟鄒在1923年4月28日的日記條下記著：「下午到館，晚請適之於都益處。旋同至館中談商一切，告以每月送他一百元：一是報他已往助我們的勞績；一是託他以後介紹並審查各稿云云。」[28]

　　這份清單，版稅方面是一清二楚，可以不需要多作解釋。我除了要點出亞東給胡適幾乎全是15%的版稅以外，唯一需要注解的地方，是那幾本書的出版年月。《短篇小說》，亦即胡適的翻譯小說集，是1919年出版的；《嘗試集》是1920年出版的；《胡適文存》初集是1921年出版的；《胡適文存》二集是1924年出版的。胡適的書泰半暢銷。試想，到這份清單所結算的1928年11月爲止，《短篇小說》在九年之間已經印了十一版、《嘗試集》八年間印了十版、《胡適文存》初集在七年間印了十一版、《胡適文存》二集在四年間印了五版。印刷的數量從兩萬冊到四萬冊。其中，以《嘗試集》爲例，根據汪原放的統計，到1953年亞東結束爲止，該書的總印數爲47,000冊[29]。

　　這些數字所顯示的是，胡適是一個暢銷的作家。根據中華書局創辦人陸費逵在1932年的估計，當時中國所出版的書，「多則銷二三萬部，少則銷一二千部。」陸費逵說，胡適版稅收入，有些年份可達二三千元之數目[30]。這句話大致不錯。從亞東圖書館給胡適的這份版稅稿酬的清單來看，胡適在1920年代的版稅稿酬收入，光是以亞東所付給他的來計算，平均是一年3,300元，幾乎等於是他在北大一年的教授薪資。

　　而這還只是指亞東圖書館而已。他的《中國哲學史大綱》在1919年2月由商務印書館出版以後，兩個月內就再版了。根據他在1923年3月12日給韋蓮司的信所說的，

27　《胡適日記全集》，5：475-476。

28　汪原放，《回憶亞東圖書館》，頁68。

29　汪原放，《回憶亞東圖書館》，頁53。

30　陸費逵，〈六十年來中國之出版業與印刷業〉，《申報月刊》，第一期第一號1932年7月，頁17。中央研究院近代史研究所圖書館的崔蓮祥小姐幫我查到本件的卷期頁數，特此致謝。

《中國哲學史大綱》在三年之內，就發行了八版[31]。兩個月以後，胡適又收到商務印書館的來信，說《中國哲學史大綱》第九版三千本已經付印[32]。即使第九版的印刷數量並不是每版的印刷數量，這九版加起來，應該還是有兩萬本的數量。以每本售價2.2元爲單位，再比照亞東圖書館給胡適15%的版稅來計算，胡適光是《中國哲學史大綱》，到1923年的第九版售盡爲止，就有6,600元的版稅收入。此外，胡適還有他在報章雜誌上發表文章所得的稿酬。

食衣住行

胡適在北京優渥的生活，初期靠的是北大的收入。五四運動過後政府開始拖欠薪水以後，他所靠的是他那20世紀前半葉中國版稅收入第一人的來源。到1928年底爲止，他在亞東圖書館累積了近三萬元的版稅和稿酬；到1923年爲止，他從商務印書館所印行的《中國哲學史大綱》，也有了6,600元的版稅收入。這些，還不包括他在報章雜誌上所發表的文章。無怪乎在教育部開始欠薪以後，其他教授必須以罷課的方式索薪，爲三餐愁慮，而胡適卻可以房子越租越大、越好。

胡適初到北大的時候，先是住在教員宿舍裡。很快地，他就跟高一涵搬到了竹竿巷，住到了1918年3月底。那時，胡適爲了接已經和他成了婚的江冬秀來北京和他同住，於是開始找房子。他在3月11日的家信裡，向他母親報告他去看過的兩個四合院的房子：

> 今天下課後，出去尋房屋，尋了兩處，一處約有十七間，價錢太貴了，房子又太舊了，故不曾和他還價。一處有房十間，都還新，似乎還合用。我問他價錢，他開口要了二十五元一月，大約廿一、二元可以租下。明天再去問問看。若讓至二十元，我便租了。現住的房子太壞了，太不緊密了，所以要搬家。[33]

兩天以後，胡適給江冬秀信，告訴她說房子已經訂好了：「今天我已看定了一所

31　Hu Shih to Clifford Williams, March 12, 1923，《胡適全集》，40：218。
32　《胡適日記全集》，4：42。
33　胡適稟母親，1918年3月11日，《胡適全集》，23：181。

房子，共有十七間，地方離大學很近。我已付了定錢，大概二十日內可以搬進去。」[34]
兩個禮拜以後，胡適在給江冬秀的信裡，更進一步地描寫了這個四合院的格局：「我
已租了一所新屋，預備五六日內搬進去住。這屋有九間正房，五間偏房(作廚房和僕
婢住房)，兩間套房。離大學也不遠(與江朝宗〔注：江冬秀家鄉江村的名人，1917年
間曾任代國務總理〕住宅相隔一巷)。房租每月二十元。」[35]這兩封信裡所描述的間數
不符——前者十七間，後者十六間——可能是筆誤。無論如何，胡適在3月30日搬進
去住。這就是位在南池子緞庫後胡同8號的一個四合院。

值得在這裡一提的是，很多人錯把胡適對這個位在南池子緞庫後胡同8號的四合
院的描述，拿來描述他後來在鐘鼓寺14號的四合院。事實上，胡適1918年3月30日搬
進去住的是南池子緞庫後胡同8號的四合院。當時，他和高一涵一起搬進去住。江冬
秀是在該年6月11日才從績溪到北京和他團圓。胡適在南池子緞庫後胡同8號一共住了
兩年兩個月。

南池子緞庫後胡同8號這個四合院，江澤涵在回憶裡也作了描述。江澤涵是江冬
秀的堂弟，後來留學哈佛大學，是有名的數學家。江澤涵是在1919年1月底由胡適帶
到北京去升學的。1918年11月，胡適母親過世，胡適和江冬秀回家奔喪。江冬秀當時
懷著胡祖望，已經懷胎六個月了。於是在喪事辦完以後，江冬秀就留在上莊待產。江
澤涵對南池子緞庫後胡同8號的描寫是這樣子的：

> 是一個小四合院。他〔胡適〕有臥室、書房，和客廳。我和思聰〔胡適三
> 哥的兒子〕同住南屋。他雇一個廚子名叫閻海，一名女工王媽。因當時冬秀
> 不在北京，所以胡適自己管家。我還記得胡適說，他管理那個家的伙食很簡
> 單。只要每天付給閻海一元錢買菜、每兩天一元錢買米、每三天一元錢買
> 麵，供給五個人的伙食就行了。他還雇了一名拉人力車的包車夫。[36]

菜錢一天一元，米錢兩天一元，麵錢三天一元。換句話說，五個人一個月的伙食
費只要55元。

等他們在1920年5月22日搬到鐘鼓寺14號去的時候，高一涵又跟他們一起搬去。

34　胡適致江冬秀，1918年3月13日，《胡適全集》，23：182。
35　胡適致江冬秀，1918年3月27日，《胡適全集》，23：190。
36　江澤涵，〈回憶胡適的幾件事〉，顏振吾編，《胡適研究叢錄》(北京：三聯，1989)，
　　頁6。

當時胡祖望已經滿週歲了，江冬秀所懷的素斐也即將臨盆。高一涵一直要到1921年9月20日才從他們家中搬出，在同一條巷子的7號和他們比鄰而居。

胡適在鐘鼓寺14號的這個四合院的格局如何，可惜我們沒有胡適自己的描述。根據1924年從績溪旺川到北京去的石原皋——江冬秀給他綽號叫「石頭」——的回憶：「房子不大，一進門為門房。兩側為廂房。正房居後，旁有耳房。廚房很小，廁所更狹。庭院也不寬大，栽有一、二棵小樹，數盆夾竹桃。正房為寢室和書房，兩廂為客房及會客室。男傭人住在門房，女傭人住在耳房。」[37]胡適當時的鐘鼓寺14號，現在的編號是鐘鼓寺17號。王之鴻根據北京東城房屋檔案的記錄，對這個四合院作了以下的描述：

> 該院共有房屋15間半，建築面積為300餘平方米。有南房4間半，正房3間，東、西廂房各3間；另有東廂房北側平頂東房1間和正房東側平頂北耳房1間；正房3間是當年鐘鼓寺的大殿，舉架高大，前出廊子，灰筒瓦屋面。[38]

胡適在1923年12月初從煙霞洞的「神仙生活」回到北京以後，身體一直就沒有完全康復。醫生說他有肺病的徵象，需要修養。因此，在教了一個學期的課以後，胡適又在1924年秋天再請了一年的病假。然而，在休息了一個學期以後，顯然因為身體情況好轉，同時系裡課業的需要，胡適在1925年的春季學期又開了課。

接著，胡適又在1925學年度請假一年。根據1925年6月13日《北京大學日刊》的報導，胡適告假一年是要到歐洲去[39]。我們不知道這次告假是不是留職停薪。根據胡適在1918年給韋蓮司的信，1924年他休假[40]。但是，胡適幾年來已經請了好幾次病假，包括：1921年1月到3月、過完煙霞洞生活以後的1923年秋季班，以及上述的1924年的秋季班。所以，我推測北大教授休假制度裡的一年他已經被病假給用掉了。在開始的時候，我認為胡適的計畫是要去巴黎和倫敦看敦煌的卷子，以作為他撰寫《中國哲學史》中冊的準備。丁文江在1925年4月3日就透露了出洋充電是胡適自己的主意。他說：

37　石原皋，《閒話胡適》（合肥：安徽人民出版社，1990），頁92。

38　王之鴻，〈鐘鼓胡同17號——胡適寓所〉，http://www.bjdch.gov.cn/n5687274/n5723305/n5738269/6598772.html，2010年9月8日上網。

39　〈哲學系同學公鑑〉，《北京大學日刊》，第1719號，1925年6月13日，第一版。

40　Hu Shih to Cifford Williams, February 19, 1918.

　　老實對你說，出洋的主意是你自己出的。你屢次對我說在北京不能工作，
要想出洋去走走。這一次在上海，夢旦聽說就大爲贊成。他說爲工作起見，
最好到日本，因爲可以有中國書看；可以趁此把你的《哲學史》作了出
來……

　　　　……

　　你最好還是著你的書。我們想你出洋，正是要想你工作。你若果然能工
作，我們何必攆你走呢？你的朋友雖然也愛你的人，然而我個人尤其愛你的
工作。這一年來你好像是一隻不生奶的瘦牛，所以我要給你找一塊新的草
地，希望你擠出一點奶來，並無旁的惡意。[41]

　　然而，到了5月下旬胡適就從丁文江的來信裡，知道他已經被外交部內定爲英國
退回庚款的推薦名單裡[42]。這就意味著他必須要到英國去開庚款的會議。於是，公私
兩便的情況於焉形成。

　　胡適在1925年8月底從北京啓程南下。9月底，到武漢等地演講。10月到了上海。
隨即浙奉戰爭爆發，在爲時一個多月的戰爭裡，孫傳芳大獲全勝，控制了蘇、浙、
皖、贛、閩五省，自稱五省聯軍總司令。由於戰事既影響交通，又造成危險，胡適乾
脆就在上海留了下來。後來就在上海割治痔漏。就像我在第一章結尾已經說明了的，
胡適在1925年11月甚至寫信給北大代理校長蔣夢麟辭職。他說他在南方調理痔漏太
久，不但「請假過久似非相宜」。而且，更重要的是，他不想教書了，想專作著述並
從事翻譯的事業。這個辭呈沒被蔣夢麟接受。胡適在上海一住下來，就住了半年，一
直到次年5月才北返。其間，他在上海、杭州、南京、漢口等地，跟英國庚款委員會
的代表開了幾次會，並參觀了幾個城市。

　　胡適回到北京以後，就把家從鐘鼓寺14號，搬到陟山門大街6號。我們不知道他
搬家確切的時間。他1926年6月10日給錢玄同的信上說：「我搬在陟山門大街6號，在
景山的西面；電話仍是東、2429。」[43]從口氣上看來，他當時才剛搬了家。這陟山門
大街6號的四合院房子原來是林長民的。林長民在1925年11月30日在郭松齡反張作霖
的時候，被奉軍襲擊，中彈而死。胡適顯然就是把這個房子租了下來。

41　丁文江致胡適，1925年4月3日，《胡適來往書信選》，上冊，頁324。
42　丁文江致胡適，無日期[1925年5月下旬]；1925年5月30日，《胡適來往書信選》，上
　　冊，頁332-334。
43　胡適致錢玄同，1926年6月10日，《胡適全集》，23：488。

　　胡適自己在陟山門大街6號其實住沒多久。他7月17日，就離開北京，坐火車經由西伯利亞到歐洲去了。在歐洲、美國勾留了九個月以後，胡適在1927年5月20日返抵上海。回國以後，胡適就把北京的家搬到了上海，住在靜安寺極司斐爾路49號A（今萬航渡路）。

　　說到胡適在陟山門大街6號的家，還有一個不爲人所知，或者，至少是以訛傳訛的故事。很多人都說凌叔華在胡適到歐洲去的時候，在胡適陟山門大街的家借了間樓來住，喜歡從那兒望那夕陽輝映下北海的白塔，都把它當成一個美談來說。渾然不知凌叔華這個詩情畫意的寫意，是建立在江冬秀的痛苦之上的享受。換句話說，就硬是強借來的。凌叔華在1926年10月28日給胡適的信上，輕描淡寫地說：

> 您猜得到這信是哪裡寫的嗎？就在府上寫的……
> 　　我們從南方回來，我抱病了一個來月。後來好了。找房子搬，都不合適。起先想租你們隔壁。後來聽說租出去了。不得已只好把通伯住舊的房子粉刷了一下搬進去。因爲房間太少，我的書畫、零碎東西擺不下，就來同您的夫人商議借我間空房子。承她美意，竟將小樓借我了。我足足費了一個禮拜工夫，把這小樓收拾起來。簾子燈罩、桌椅、掛鏡等等，實在費了些工夫。這算是我的暫時Studio〔畫室〕。每日閒庭寂寂的時候，望著屹立的白塔被夕陽渲染的澹逸情境，就想到這房子遠出的主人來。[44]

　　就在凌叔華寫這封信給胡適的兩個禮拜以前，江冬秀已經忍無可忍地寫了一封信，把事實的眞相告訴了胡適：

> 　　我告訴你一事。通伯、叔華他們一定要向我租樓房。我告訴他們我那邊四間上房還他們。我這邊房子不能租苦處。他們一定要借用。我說只多幾個月，勉強可以。適之回來，一定要用了，他們也要借。成之〔注：胡適堂弟〕很有點不高興。把他同石先生動到西邊小屋裡。也不怪他們呢？他問我：汝琪〔注：馮汝騏，胡適表弟〕他們回來住什麼地方？他有朋友客來，一點玩的屋子都沒有。故我託慰慈去回他們，不能借。他們兩位今天叫人來

44　凌叔華致胡適，1926年10月28日，「胡適檔案」，HS-JDSHSC-1627-005。在此特別要謝謝姚榮松、林麗月夫婦幫忙辨識出「閒庭寂寂」。

糊房子了。有這樣的人！不故〔顧〕人家同意不同意。糊〔胡〕鬧！我託丁太太告訴他，只能借三四個月……

　　通伯夫婦一定要寫信與你商量借長久，請你千萬不要答應他們。我們實在沒有富如房間了。只有一個樓房。答他們總之的不便當。你就說不行，完了。[45]

　　令人匪夷所思的是，凌叔華在強借胡適的樓房以後，居然就打算鵲巢鳩占，長期住了下去。她在信上告訴胡適說，等他回國以後，如果需要房間，盡可去用她在隔壁爲她母親租下來的房子。那樓就讓給她了：

　　我本來打算在此借居半年，明年你回來時一定用房子，我搬到海淀濤家花園去。但是前幾天聽說這隔壁的房子又空下來。家母亦打算搬家，所以我又有了希望可以住長了些這小樓了。我想替母親租下隔壁房子。那邊房間很多。就是你回京，我也許可以不必搬了吧！搬一回眞麻煩！那邊房子，到那時候你府上要用那一廳都可以的，因爲只有母親一人住。[46]

　　言歸正傳。胡適在陟山門大街6號的家是什麼樣子，可惜我們不知道。石原皋比較鐘鼓寺14號跟陟山門大街6號這兩個四合院，作了這樣的描述：

　　鐘鼓寺的房子是尋常老百姓家，陟山門的房子卻是官僚政客的公館了。房子寬敞很多了，院子也大，氣派也兩樣了，有長廊，廚房中有機井。林家原有的家具陳設及皮沙發等，出了頂費全部買過來了。[47]

　　如果不加解釋的話，大家可能無法理解爲什麼石原皋會說：「陟山門的房子卻是官僚政客的公館了。」我在前文提到，就在1926年胡適搬家前後，顧頡剛因爲學校欠薪，債臺高築到一千七百元之譜。6月6日當天，他不得已向胡適借了六十元。心裡越想越難過，「回家後哭了一場。」胡適在這當下，可以從「尋常老百姓」所住的鐘鼓寺，搬到「官僚政客的公館」的陟山門大街去。這完全是拜他是20世紀前半葉中國版

45　江冬秀致胡適，1926年10月14日，「胡適檔案」，HS-JDSHSC-0662-005。
46　凌叔華致胡適，1926年10月28日，「胡適檔案」，HS-JDSHSC-1627-005。
47　石原皋，《閒話胡適》，頁92。

稅收入第一人之所賜。

我們唯一不知道的是，等胡適從「尋常老百姓」所住的鐘鼓寺，搬到「官僚政客的公館」的陟山門大街去以後，他新租的房子是否有浴室的設備。我們從羅爾綱的回憶裡，知道胡適在1930年代所住的米糧庫4號有浴室的設備。我在本傳本部的〈序幕〉裡，提到杜威夫婦對北京四合院的觀察。杜威夫婦在剛到了北京以後，去一個朋友家裡參觀了他的房子。這個朋友我認為就是胡適，而他的房子就是緞庫後胡同8號的四合院。杜威夫人在家信裡說：「昨天我們去看了一個朋友的家。很有意思。我會想住在一間類似的房子裡。那房子裡沒有水，就靠水夫每天打來的。這間小房子有十八個房間，中間是座院子。」

杜威夫人說她「會想住在一間類似的房子裡」。這應該只是一時的衝動。四合院最令他們不能習慣的地方是沒有浴室的設備。四合院沒有浴室的設備是很容易想像的，因為當時根本就沒有自來水。沒有自來水，家裡用的水就必須是由水夫打的。水夫打水已經夠不方便了。但是，沒有下水道的設施，用完了水，如果不想把它倒在院子裡讓它到處流竄，唯一的辦法就是讓水夫把那廢水再給打出去了。這就是美國人杜威直接的反應，他說：「我們昨天去拜訪一個中國朋友……他如果想在自己家裡洗個澡，他就得付水夫雙倍的價錢。可是，在忙完了煮水、打水的工作，洗了個澡以後，他還得找人一桶一桶地把用過的洗澡水拿出去處理掉。」

杜威的想法，是中國人如果要在家裡洗澡，就必須再雇水夫把洗澡水打出屋外去。中國人的解決方法是上澡堂。上澡堂是件大事，所以胡適通常都會在日記裡記下來。從胡適這些上澡堂的記錄看來，他不是一個常洗澡的人。平均看起來，半個月到一個月一次。他現存的1919年的日記是從11月12日開始記起的，一直到11月29日，才有洗浴的記錄[48]。下一次上澡堂是12月15日[49]。接下來就是1920年1月20日[50]。接著就是兩個月的乾旱，一直到3月10日才又有上澡堂的記錄[51]。然後他破記錄，兩個星期不到，他就在3月22日又上了澡堂[52]。一個月以後，4月24日胡適又去洗浴[53]。接下去的兩次相隔較近：5月10日和6月5日[54]。6月14日以後，胡適日記中斷了兩個多月。

48　《胡適日記全集》，2：567。
49　《胡適日記全集》，2：579。
50　《胡適日記全集》，2：604。
51　《胡適日記全集》，2：654。
52　《胡適日記全集》，2：666。
53　《胡適日記全集》，2：691。
54　《胡適日記全集》，2：707、729。

8月27日到9月17日的日記，只有8月31日洗浴的一次記錄[55]。

胡適在1921年4月27日又拾起日記以後，一直要到5月14日才再有洗浴的記錄[56]。兩個月以後，6月29日，胡適說：「到生平園洗浴。」[57]接著，7月12日：「與一涵同去洗浴，浴後同至大欲社打球。」[58]胡適在7月15日離開北京到上海去幫商務印書館作評鑑的工作。7月30日，他在日記裡說：「到惠中旅館訪季融五（通）（常熟人），把行篋寄在他處，同去洗浴。」[59]

胡適在9月7日上午坐火車離開上海，8日半夜以後抵達北京。18日洗浴[60]。11月14日以後，日記中斷，一直到1922年2月4日以後再恢復。2月15日，胡適傷到足後跟。幾天以後，因為包紮太緊。睡了一覺以後放開以後，居然無法走路。3月18日：「因足傷，久不洗浴，今日洗浴，也是一件快事。」[61]再下一次的記錄是5月27日：「出城買帽子、剪髮、洗浴。」[62]

胡適在1921年到1922年之間的日記是他一生中日記記得最為詳盡的兩年。然而，他很有可能詳於學術思想方面，而輕於日常生活起居的記錄。與之相對的，他1919年到1920年間是表格式的「日程與日記」，只有三欄可記事。最左一欄是時間。一天分12格，從早上八點到晚上十點。第二欄是「預算」欄，第三欄是「實行」欄。如果預算實行了，打勾即可，否則可在「實行」欄另行作注。「日程與日記」適合記錄日常起居的瑣事，詳細的日記可能反而疏於此。因此，洗浴的記錄在1921年以後，完全可能有漏記的所在。這可以解釋他在5月27日洗浴的記錄以後，下一次的記錄時四個月以後，9月13日：「出城洗浴、買物。」[63]

重點是，胡適不常洗澡。即使在大熱，甚至汗濕全身以後，他仍然沒有讓自己「洗」而快之的記錄。比如說，1922年6月12日：「熱極，下午四時至一百度，八時還到九十度。」[64]可見中國當時是用華氏計溫度。13日又：「熱極。」理應是上澡堂的好日子，可是完全不見記錄。7月初，胡適到山東濟南開會，天氣熱極。九日回到

55　《胡適日記全集》，2：743。
56　《胡適日記全集》，3：39。
57　《胡適日記全集》，3：142。
58　《胡適日記全集》，3：195。
59　《胡適日記全集》，3：233。
60　《胡適日記全集》，3：316。
61　《胡適日記全集》，3：473。
62　《胡適日記全集》，3：596。
63　《胡適日記全集》，3：770。
64　《胡適日記全集》，3：623。

北京以後，「又是大熱，到京後恰趕上北京最熱的幾天。」[65]可還是沒上澡堂的跡象。8月初，他到天津南開去教了一個星期的暑期班。8月4日：「下午上課。熱極了，一身衣服都濕了。晚七時半，到天津學生同志會，講演『女子問題』，又濕了一身衣服。」[66]次日：「熱極，終夜只睡了一點鐘。」[67]可他還是不洗澡。

當然，回到杜威夫人對四合院沒有自來水以及沒有下水道設施的觀察，亦即，北京人如果要在家裡洗澡，就必須雇水夫打水、煮水，再雇水夫把用過的洗澡水打出屋外去的大麻煩。如果胡適家裡有自來水以及下水道的設施，他是否會常洗澡呢？這答案不見得一定會是否定的。我們必須記得，胡適不常洗澡並不等於說他不喜歡洗澡。1926年7月下旬，胡適坐火車橫貫西伯利亞，7月29日抵莫斯科。他在當天的日記裡說：「十日不得洗浴，苦不堪言。到今早連洗臉水都沒有了！一到旅館，即尋浴室。洗了一個熱水浴，用冷水收場，痛快之至。」[68]關鍵在於是否有洗浴的設施。比如說，他1922年7月初到山東濟南開中華教育改進社第一次年會，遇到大熱的天氣。剛好所住的石泰岩旅館有浴室的設備，他得以天天有冷水澡可洗[69]。

在飲食方面，江冬秀給他綽號叫他「石頭」的石原皋回憶說：

> 胡適大力提倡全盤西化，他的飲食是否西化呢？不！他不但沒有西化，而且徽州化。他在家中，不喝咖啡，更不喝可可，只喝綠茶；喝茶也不講究，一般的龍井。他年輕時在上海，喜歡喝酒，有一次喝得大醉，幾乎醉死。在北京時，他平常不喝酒，遇到請客稍喝數杯。喝的是北京的二鍋頭，沒有茅臺，更沒有外國的白蘭地和威士卡。至於吃哩，沒有牛奶，也沒有奶油。伙食是家常便飯，一般化，尤其是家鄉化。[70]

石原皋說胡適的飲食習慣完全徽州化。這句話是很合理、可信的，但同時也是誇張的。這句話合理可信，因為人的飲食習慣口味，一般說來都是從小養成的。我們記得胡適留美初期對美國的食物還不習慣。他在現存的第一封家信，也就是1911年1月30日的信裡說：

65　《胡適日記全集》，3：668。
66　《胡適日記全集》，3：699。
67　《胡適日記全集》，3：700。
68　《胡適日記全集》，4：332。
69　《胡適日記全集》，3：668。
70　石原皋，《閑話胡適》，頁93-94。

美國烹調之法殊不佳，各種肉食，皆枯淡無味，中國人皆不喜食之。兒所喜食者，爲一種麵包，中夾雞蛋，或雞蛋火腿〔即三明治〕，既省事，又省錢，又合口味。有時有烤牛肉，亦極佳，惟不常有耳。兒所居之屋，房東是一老嫗，其夫爲南美洲人。南美洲地本產米，故土人皆吃飯。其烹肉燒飯之法，頗與中國相同。十一月中，主婦用一女廚子，亦是南美洲人，遂爲同居之房客設食。同居者，有中國人七人，皆久不嘗中國飯菜之味，今得日日吃飯食肉，其快意可想。兒亦極喜，以爲從此不致食膻酪飲矣。不意主婦忽得大病，臥床數日，遂致死去。死後其所用之廚子亦去。如是此種中國風味之飲食，又不可得矣。此一事實，頗有趣味。吾母聞之，亦必爲之大笑不已也。[71]

胡適在1923年7月14日在給他二哥的一封信裡，提到了他們家鄉的一句話：「爪籬撈飯。」[72]胡適績溪的後輩胡成業解釋說：「我們徽州山區，過去農夫上山下田，早飯都是『煮弱撓飯』，男的吃乾飯，女的吃稀粥。」[73]這個男人早餐吃飯的習慣，留學回國以後的胡適仍然保持著。胡適新婚以後回到北京。2月中，因爲跟他一起住在竹竿巷的高一涵離開了，他們早餐改吃飯。胡適很滿意地在家信裡告訴母親：「今早七點起來，編了一些講義，吃了四個生雞子〔雞蛋〕，又吃了一碗半飯。高先生走了之後，我們早晨不吃粥了，改爲吃飯。我實在不喜歡吃粥。」[74]

然而，人的飲食習慣會隨著生活環境而改變的。石原皋說胡適不喝牛奶和咖啡，顯然是不正確的。終其一生，胡適在美國生活了差不多四分之一世紀的時間，他的飲食習慣不可能不受其影響。1918年2月26日，胡適到北大英文教授威而孫(Earl Wilson)家裡晚餐。他在家信裡向他母親報告了當晚的菜單：一盤湯、一塊炸魚加洋山芋、一碟切成小塊的水果和生菜、一杯冰乳(冰淇淋)、一杯咖啡。他特別向他母親解釋冰乳是什麼：「『冰乳』又名『冰忌廉』，最好吃。他們告訴我說，他家每隔一天便吃冰乳。我問他們是否買的。他們說是自己做的。我對他們說，等我的家眷來了，要請威而孫夫人教她做冰乳。威而孫一口答應了。」[75]

美國飲食習慣的影響，最絕妙地反映在胡適中西合璧的早餐。1928年初，當時胡

71　胡適稟母親，辛亥元旦(1911年1月30日)，《胡適全集》，23：28-29。
72　《胡適日記全集》，4：159。
73　胡成業，《胡適外傳》(第四集)(績溪：徽州學研究會，2010)，頁44。
74　胡適稟母親，1918年2月17日，《胡適全集》，23：169。
75　胡適稟母親，1918年2月26日，《胡適全集》，23：175。

適住在上海英租界的極司斐爾路(今萬航渡路)49號A。蘇雪林在一個星期天上午去訪問胡適。蘇雪林的訪問稿說：

> 僕人送上一杯咖啡調的牛乳和一盤切開的烤麵餅，先生說我今天起身遲了，所以到此刻才用早點。我是徽州人，用的也是徽州點心，請你們不要見笑，我還願意將這東西介紹給你們呢；這烤麵餅是麵做的，餡子是香椿、蘿蔔乾，不易徽壞的材料，這是我們徽州人的「國寶」。我們徽州人在商業上的成功，都要歸功於這「國寶」。
>
> ……
>
> 先生拈起一片麵餅對我們說道：我們徽州是多山的地方，大凡山國的出產都是微薄的，不足供居民生活的需要，於是居民不得不冒險到外邊求謀生之道了。我們徽州人的習慣，一家若有兩個或三個以上的男孩，把一個留在家裡耕種田地。其餘的孩子，到了十三歲，便打發出門學生意。出門時不要帶多少川資，只用幾尺藍老布做成一個袋，兩端縫合，中間開一個口，每袋一端，裝進五個這樣的「國寶」，就算是孩子長途的糧食了。〔這個藍布做的裌褲，胡適在那篇〈四十自述〉的殘稿裡說叫做「信馬」，顯然是徽州話。[76]〕好在這「國寶」的餡子都是乾材料，過上十天八天也是不要緊的。到了宿店的時候，一點火，袋裡掏出一個「國寶」，在火上烘烤一會，吃下去就算一頓飯。至於宿費，每夜只需大錢二十一文，由徽州走到杭州，二百文川資，綽有餘裕。徽州人窮得不能聊生的時候，有句安慰自己的口號，說是「不要慌，十天到餘杭！」[77]

胡適早餐喝牛奶可能已經成為習慣。即使在留學歸國以後沒有繼續，還是很有可能在中國慢慢又恢復的。如果他在1928年的時候，已經有早餐喝牛奶的習慣，往後的日子更是可能。特別是他從1937年再去美國以後，一住就住到了1946年。胡適在1950年7月11日在紐約有一則相當有意思的記錄：「今天我們偶然發現這張〈牛奶款收據〉。冬秀想不起這張破紙如何飛來海外。大概是包小物來的。」──「北京大學農學院羅道莊農牧場牛奶款收據。今收到胡校長先生自10月1日至31日止，牛奶一磅31

76　胡適，〈四十自述殘稿六件〉，《胡適遺稿及秘藏書信》(安徽合肥：黃山書社，1994)，5：497。
77　雪林女士，〈與胡適之先生的談話〉，引自，《胡適日記全集》，5：19-20。

瓶，合7440.00元。35〔1946〕年10月31日。」[78]換句話說，這是胡適在1946年回到北大當校長以後，十月間一天一瓶的牛奶的帳單收據。

胡適的早餐是否西化？這其實是一個相對的問題，而且也是一個角度的問題。我在《星星・月亮・太陽──胡適的情感世界》裡提到了胡適一顆虛擬實景的「星星」白莎・何桑(Bertha Hosang)。我在該書裡描寫了加拿大華僑的白莎，跟他的先生加州大學政治學教授馬如榮以及三個孩子都是胡適迷。1940年3月28日，胡適到加州大學參加校慶，並接受名譽法學博士的學位。當天一早，馬如榮去旅館接胡適到他家吃早餐。白莎在過後給胡適的英文信裡說：「說到早餐，你已經變得太美國化了。還沒吃飯，就先大口、大口地灌下了幾口冰水。我可不會去稱讚這個標準的美國習慣，那對你的胃不好！」[79]

胡適離開了美國以後，早餐可能就不會再還沒吃東西以前，就「大口、大口地灌下了幾口冰水」了。根據台北的「胡適紀念館」的胡適故居的展覽資料，胡適晚年的早餐同樣是中西合璧：「一碗稀飯，一片麵包，一碟菜，一杯橘子水，一杯咖啡。」[80]看來，胡適是喝咖啡的，即使那是他晚年才有的習慣。根據胡頌平在1960年11月1日的記錄：

> 飯後，我們就用志維早上買來的一個咖啡壺來煎咖啡喝。這是最新式的咖啡壺，能夠自動停電，又能保暖。一壺可煎八杯。胡頌平說：「這樣一壺煎起來放在此地，先生夜深時也可以隨時服用，倒很方便。」先生說：「不，有客人時可吃。平時不用它，要避免咖啡的引誘力。」[81]

至於胡適早餐喝的橘子汁，則是現擠的，不像現在的人是從冰箱裡拿出來的。所以，白莎可以不需要嬌嗔胡適太美國化，「大口、大口地灌下幾口冰」橘子汁。根據王志維的回憶：「早餐中的橘子水是現擠的，買新鮮橘子來擠。有時好橘子用兩三個即可擠一杯。有時橘子不好又貴，五、六個擠不出一杯。」[82]

在日常飲食方面，胡適喜歡徽州菜是想當然耳的事。梁實秋寫過一篇〈胡適先生

78　《胡適日記全集》，8：502。
79　《星星・月亮・太陽──胡適的情感世界》。
80　「中研院近史所胡適紀念館胡適故居展示說明牌」。
81　胡頌平編著，《胡適之先生晚年談話錄》，頁81。
82　〈王志維先生訪問記錄〉，未刊稿。

二三事〉[83]。其中，有許多精采的片段：

> 　　上海的徽州人特多，號稱徽幫，其勢力一度不在寧幫之下。四馬路一帶就
> 有好幾家徽州館子。民國十七八年〔1928、1929，其時胡適住上海〕間，有
> 一天，胡先生特別高興，請努生、光旦和我到一家徽州館吃午飯。上海的徽
> 州館相當守舊，已經不能和新興的廣東館、四川館相比，但是胡先生要我們
> 去嘗嘗他的家鄉風味。我們一進門，老闆一眼望到胡先生，便從櫃檯後面站
> 起來笑臉相迎，滿口的徽州話，我們一點也聽不懂。等我們扶著欄杆上樓的
> 時候，老闆對著後面廚房大吼一聲。我們落座之後，胡先生問我們是否聽懂
> 了方才那一聲大吼的意義。我們當然不懂，胡先生說：「他是在喊：『績溪
> 老倌，多加油啊！』」原來績溪是個窮地方，難得吃油大，多加油即是特別
> 優待老鄉之意。果然，那一餐的油不在少。有兩個菜給我的印象特別深。一
> 個是划水魚，即紅燒青魚尾，鮮嫩無比；一個是生炒蝴蝶麵，即什錦炒生麵
> 片，非常別致。缺點是味太鹹，油太大。

有一次胡適在家裡請客。梁實秋描寫了江冬秀的廚藝：

> 　　胡先生住上海極司斐爾路的時候，有一回請《新月》一些朋友到他家裡吃
> 飯。菜是胡太太親自做的──徽州著名的「一品鍋」。一只大鐵鍋，口徑差
> 不多有一呎，熱騰騰的端了上桌，裡面還在滾沸。一層雞、一層鴨、一層
> 肉、點綴著一些蛋皮餃，緊底下是蘿蔔白菜。胡先生詳細介紹這一品鍋，告
> 訴我們這是徽州人家待客的上品，酒菜、飯菜、湯，都在其中矣。對於胡太
> 太的烹調的本領，他是讚不絕口的。他認為另有一樣食品也是非胡太太不辦
> 的，那就是蛋炒飯──飯裡看不見蛋而蛋味十足。我雖沒有品嘗過，可是我
> 早就知道其作法是把飯放在攪好的蛋裡拌勻後再下鍋炒。

這徽州鍋的詳細，還得聽石原皋娓娓道來：

83　梁實秋，〈胡適先生二三事〉，《自由談》第23卷第11期，http://new.060s.com/article/
2010/09/20/214399.htm，2012年3月2日上網。

他〔胡適〕一生最愛吃徽州鍋。所謂徽州鍋，並不是徽州人普遍食用的，乃是我們績溪縣嶺北鄉的居民最常見的食物。凡是遇著節日、請客、婚姻喜慶，一般都是吃鍋。它的作法是：炊具是用大號鐵鍋，材料是豬肉、雞、蛋、蔬菜、豆腐、海蝦米等。最豐富的「鍋」有七層：最底一層是蔬菜，最好的是用冬筍，次之是筍衣，或用蘿蔔，或用冬瓜，或用乾豆角，視季節而易；稍上一層是豬肉，肉係半肥半瘦，每一斤豬肉只切八至十塊，成長方形；再上一層為豆腐包，係用油豆腐果，內中裝有餡子；第四層為蛋餃子；第五層為紅燒雞塊；第六層為油煎豆腐；第七層為碧綠菠菜或其他蔬菜。初用猛火燒，稍後即用溫火燒。好吃與否，專靠火候的功夫。經常將鍋中的原汁湯澆淋數次。大約要三、四小時，才燒得出味道來。豬肉燒得像東坡肉一樣，入口即化。食時逐層吃，逐層撥開。胡適每到南京、上海，同鄉請他吃飯時，他指定要吃徽州鍋。[84]

在抽煙、喝酒方面，胡適的故事就複雜有趣多了。我在本傳第一部已經描述了胡適留學以前，在上海有過他自稱為荒唐的一段日子。他與友朋們喝酒、賭博、看戲、逛青樓，以至於有一天因為酒醉毆打警察被捕入獄。他那一夜的牢獄經驗，除了刺激了他的羞恥之心，使他發憤讀書考取了庚款留美以外，還使他很自然地就能接受禁酒的理念。由於他自己已經戒酒，他很快地就變成美國「基督婦女禁酒同盟」(Woman's Christian Temperance Union)的支持者。他在留美時期又接觸到了的美國進步主義時期的進德運動，以及19世紀易卜生(Henrik Ibsen)、赫僕特滿(Gerhardt Hauptmann)，以及白里而(Eugène Brieux)的「問題劇」。這些種種使胡適接受到新的克己的道德制約。

雖然胡適在回國以後又恢復了喝酒的習慣，他在留美時期始終作到了滴酒不沾。他在留美的時候也以不該恣縱的理由而作到了不打牌[85]。只是，他回國以後又開始打了牌。他留美的時候唯一屢戒不成的就是香煙。這一方面反映了美國當時沒有什麼禁煙的運動。另一方面，這也反映了煙草與男性氣概不可分割的一面。這一點，可以從當時美國校園裡男性喜歡舉辦「煙集」("smoker")的作法。另外一個原因，當然是因為煙草是會讓人上癮的。胡適一生一再地想戒煙，可是從來就沒成功過。

84　石原皋，《閒話胡適》，頁94-95。
85　《胡適日記全集》，1：177。

有關胡適抽煙的習慣，石原皋說：「胡適的飲食都是鄉土化，可是他吸紙煙是洋化了。他吸的紙煙都是舶來品，如聽裝的白錫包，聽裝的大炮臺等。煙癮不大，要吸好的紙煙。」[86] 白錫包(Capstan)、大炮臺(Famous Castles)都是英國惠而斯公司(W.D. & H.O. Wills)出品的。

胡適留學歸國以後，又喝起酒來。這顯示他能夠從容自適地來回於兩個不同文化的規約機制。這除了證明了文化有驚人規約個人行為的力量以外，也同時顯示了胡適在處世方面能把握大處、不拘末微的圓通高明的所在。就以喝酒為例，像胡適這樣一位知名的思想界領袖，一定是所有飯局、集會所爭相邀請的對象。在這種場合裡，喝酒一定是不可免的。

石原皋說胡適：「平常不喝酒，遇到請客稍喝數杯。」這可能是事實，因為有些人喝酒一定要有酒伴。江冬秀既然不喝酒，胡適在家吃飯的時候顯然就沒有酒伴了。然而，胡適可以獨飲、悶飲。我在《星星・月亮・太陽——胡適的情感世界》裡描述了徐志摩在1925年去歐洲的時候，託胡適照顧陸小曼。在該年6月間，陸小曼寫了三封英文信給胡適，現在還存在「胡適檔案」裡。其中，有一封勸胡適別再喝了：

> 熱得很，什麼事都做不了。只希望你很快地能來看我。別太認真，人生苦短，及時行樂吧。最重要的，我求求你為了你自己，不要再喝了，就答應我這一件事，好嗎？你為什麼不寫信給我呢？我還在等著呢！而且你也還沒給我電話。我今天不出去了，也許會接到你的電話。明天再給你寫信。[87]

陸小曼寫這封信的時候，正是胡適和江冬秀為了他跟曹誠英的戀情弄得關係最為緊張的時候。在這段時間裡，胡適不但單獨悶飲，他甚至可以跟江冬秀賭氣互相牛飲。我在《星星・月亮・太陽》裡提到江冬秀的大姊江潤生大概是在該年7月寫給胡適的信。她說：

> 今晚接到二十九日你給我的信，讀悉之下，我都知道了。我已經也有一信與我妹妹，內容是說我們思念她，接她南來住些時，並帶比方意思，規勸她來說及你們口角事，恐她又與你饒擾。這炎熱天氣你們倆生氣喝上二十碗

86　石原皋，《閒話胡適》，頁95。
87　《星星・月亮・太陽——胡適的情感世界》。

酒，未免有害於衛生，至於身體關係尤大，大凡夏令天氣，人的肺葉是開著的，你喝這許多酒如何受得住。[88]

然而，胡適顯然是一個愛喝酒的人。梁實秋回憶說：

> 胡先生酒量不大，但很喜歡喝酒。有一次他的朋友結婚，請他證婚，這是他最喜歡做的事。筵席只預備了兩桌，禮畢入席，每桌備酒一壺，不到一巡而壺告罄。胡先生大呼添酒，侍者表示爲難。主人連忙解釋，說新娘是 Temperance League(節酒會)的會員。胡先生從懷裡掏出現洋一元交付侍者，他說：「不干新郎新娘的事，這是我們幾個朋友今天高興，要再喝幾杯。趕快拿酒來。」主人無可奈何，只好添酒。

梁實秋又說，1931年他在青島教書的時候，胡適要把他挖角到北大。他在該年6月21日給梁實秋的信上說：「你來了，我陪你喝十碗好酒！」

胡適顯然不但喜歡喝酒，他還常有喝到爛醉的習慣。大約也就是在這個胡適心情最爲低潮的時候，丁文江規勸了胡適。胡適顯然還寫了信跟丁文江致謝，讓丁文江高興得立即回信說：

> 今天早上接到你的信，歡喜得了不得。吾兄眞可說是勇於改過的了。不瞞你說，前天晚上看見兄吃得那樣大醉，心裡很不自在。〔你自己的〕〈朋友篇〉的詩裡面不說麼？「少年恨污俗，反與污俗偶。」現在我只望兄「從此謝諸友，立身重抖擻。」就是中國前途的幸福了……[89]

胡適在1925年8月底離開北京南下時，曾把明朝人張夢晉的一首詩譯成英文。他聽到這首詩的情景、這首詩的內容，以及他自己說這首詩可代表中國的頹廢派，等於是他這段期間心情的寫照。這首詩是在一個飯局裡，汪麓園醉後背誦給他聽的：

> 隱隱江城玉漏催，勸君且盡掌中杯。

---

88 《星星・月亮・太陽──胡適的情感世界》。
89 丁文江致胡適，[1925年?]6月18日，「胡適檔案」，HS-JDSHSC-0711-011。

高樓明月笙歌夜，此是人間第幾回？

　　由於胡適在夜車上不能眠，就按英國詩人費茲傑羅（Edward Fitzgerald）譯11世紀波斯詩人歐瑪（Omar Khayyam）的格律，把這首詩譯成英文。歐瑪是數學家，也是天文學家。他的詩的特色就是「今朝有酒今朝醉」。胡適把張夢晉的詩譯成："The waterlock is moving on unseen, / O friends, let us all drain these bowls of wine! / How often in life can we have nights like this? / When the moon's so full, and singing so fine!"[90]

　　然而，胡適嗜酒以至於爛醉的習性不改。一直到1930年，丁文江仍然不忘規勸胡適。他在1930年11月中，連續寫了兩封信勸胡適戒酒，讓胡適感動地說：「在君來兩信，勸我戒酒，良言可感。」當時正是胡適舉家要從上海遷回北平的時候。丁文江9日的信裡說：

　　我以後看見莎斐。她給我說你臨走幾天，天天晚上鬧胃痛，很替你擔心。第二天看見寄梅，說給〔和〕你在天津同住，似乎沒有胃病。我事體近來大忙，就沒有立刻寫信給你。但是屈指你將要離開上海了。在這兩個星期中，送行的一定很多，唯恐怕你又要喝酒。特地寫兩句給你，勸你不要拼命——一個人的身體不值得為幾口黃湯犧牲了的，尤其不值得拿身體來敷衍人。

第二封信是11月12日寫的：

　　前天的信想不久可以收到了。今晚看《宛陵集》，其中有題云〈樊推官勸予止酒〉，特抄寄給你看看：
　　少年好飲酒，飲酒人少過。
　　今既齒髮衰，好飲飲不多。
　　每飲輒嘔泄，安得六腑和？
　　朝醒頭不舉，屋室如盤渦。
　　取樂反得病，衛生理則那！
　　予欲以此止，但畏人譏訶。
　　樊子亦能勸，苦口無所阿。

90　《星星‧月亮‧太陽——胡適的情感世界》。

乃知止爲是，不止將何如？

勸你不要「畏人譏訶」，毅然止酒。[91]

　　丁文江勸胡適要能「毅然止酒」。我們不知道江冬秀是否讀了丁文江的這封信，而給了她一個絕妙的好主意。有趣的是，一個月以後就是胡適用中國算法四十歲的生日。胡適一群愛喝酒的朋友知道江冬秀不喜歡胡適喝酒。但是，他們不相信江冬秀會狠心到不讓胡適在四十大壽的時候好好地享受那美酒。他們想出了一個妙計，先由魏建功作文，再由錢玄用毛筆在一張優質的高麗紙上寫了一篇〈胡適之壽酒米糧庫〉壽辭——當時胡適住米糧庫4號。他們在壽辭裡寫進這幾句話：「好比鄉下老太婆念佛持齋，逢了喜慶，親友來給他開了齋，好飽餐肉味一樣。」沒想到道高一尺，魔高一丈。江冬秀料事如神，早就有備而來。錢玄同在日記裡說：「胡夫人贈以戒指與適之，刻『止酒』二字。吃得半中晦時，他受戒了。我過去看看，被胡夫人推爲『證戒人』。」[92]那位把胡適比爲念佛持齋的老太婆，要他開戒，讓他跟哥兒們好好喝幾杯壽酒的起鬨人，在酒都還沒開封，就被抓去當「止酒戒」的「證戒人」，江冬秀眞的是「魔高一尺，道高一丈」！

　　我在本傳的第一部就已經說了，這枚「止酒」的戒指當然沒能阻止胡適繼續喝酒。然而，每當他不想喝的時候，就可以把它祭出來作爲擋箭牌。比如說，1931年1月27日他人在青島大學訪問。作主人的一群因爲鬱悶，大喝大醉，胡適於是祭出了他的「止酒」戒指，居然可以滴口不沾：「到順興樓吃飯。青大諸友多感寂寞，無事可消遣，便多喝酒。連日在順興樓，他們都喝很多的酒。今午吃酒尤不宜，故醉倒了李錦璋、鄧仲純、陳季超三人，錦璋甚至跪在地上不起來。我的戒酒戒指到了青島才有大用處，居然可以一點不喝。」[93]

　　像胡適這樣知名的學術、思想界的領袖，自然是飯局連連。光是胡適在1920年到1922年之間的日記裡所提起的北京的餐廳就超過二十家以上，諸如：便宜坊、杏花春、瑞記、桃李園、慶元春、浣花春、東方飯店、第一春、北京飯店、梁園、南味齋、東興樓、春華樓、陶園、東華飯店、明湖春、六國飯店、雨花春、南園飯莊、廣和居、大陸飯店、濟南春、六味齋，扶桑館、擷英菜館，以及西火車站。其中，他最

常去的是東興樓、來今雨軒和長美軒。東興樓是當時有名的「八大樓」之一。來今雨軒和長美軒位在中央公園(今天的中山公園)裡。北京飯店、六國飯店，則多半是胡適去會見洋人的地方。

圖13　自左至右：胡默青、高一涵、傅立魚、清水泰次、余裴山、曹勝之、胡適、橋川時雄，1924年12月5日，攝於北京東興樓(胡適紀念館授權使用)。

　　在北京上餐館，即使是上所謂的北京館子，也不見得是北京菜。就像胡適在家信中告訴他母親的：「在北京吃北京菜，都是假的，都是山東人造的。」[94]胡適所去的這二十幾家餐館作的都是什麼菜？我所知有限。可以確定的是，東興樓、明湖春，都是山東菜，擷英菜館和「西火車站」都是西餐廳。「西火車站」指的是「京漢路食堂」，即前門西站所設的西餐館[95]。扶桑館，顧名思義，是日本餐館。春華樓則是江浙菜。

　　梁實秋說：「胡先生交遊廣，應酬多，幾乎天天有人邀飲，家裡可以無需開伙。徐志摩風趣的說：『我最羨慕我們胡大哥的腸胃，天天酬酢，腸胃居然吃得消！』」

94　胡適稟母親，1918年3月11日，《胡適全集》，23：181。

95　逯耀東，〈胡適逛公園〉，《胡適與當代史學家》(台北：東大圖書公司，1998)，頁57、59。

其實，何只是徐志摩驚羨「胡大哥」的腸胃。英國的謝福芸女爵(Lady Dorothea Hosie, 1885-1959)也同樣覺得不可思議。謝福芸的父親是蘇慧廉(William Edward Soothill, A1861-1935)。他原來是英國衛理公會(Methodist)在中國的傳教士，後來擔任牛津大學的中文教授。謝福芸在她所著的《一個中國女士及其同代諸人的肖像》(*Portrait of A Chinese Lady and Certain of Her Contemporaries*)裡，有一段描寫胡適對付「天天酬酢」的秘訣。更難得的是，謝福芸還讓江冬秀在對話中有了一席之地：

> 我在北京見了他〔胡適〕的妻子，一個慈藹、主婦型的袖珍女子。她恐怕會覺得他那才華洋溢的先生是需要費神照料的(a handful)。中國社會加諸其傑出人才身上的要求是緊迫盯人的(exigent)。「教授」可以在一個晚上有六個飯局。推辭掉任何一個飯局都是非常不禮貌的，我們甚至可以說，是一個侮辱。
>
> ……
>
> 「但你不可能一個晚上吃六個晚餐吧！你可憐的消化系統！」我直率地說。
>
> 「當然不可能！」他〔胡適〕回答說：「我就用筷子在飯碗裡小吃一口，然後，就去下一個飯局。人家邀你去飯局的真正用意是談話。我會待一會兒、聊一聊。即使如此，這對消化還是不好。我妻子說我有個牛胃。我想她是對的。」
>
> 「那不是人過的日子(dreadful)！」她〔江冬秀〕向我保證：我相信她說的話。「他從這連環的飯局回到家以後，總是累塌了。因為在每個飯局裡，他都必須能侃侃而談。回到家以後，他又要寫文章到凌晨三點。他說那是唯一電話鈴不響的時候。」[96]

說到胡適的連環宴，胡適自己在1922年9月4日的日記就是一個小寫照：「與蔡先生同到擷英菜館，劉式南(彥)邀吃飯。未及上席，我們就走了。到東興樓，陳達材(彥儒)邀吃飯。」[97]謝福芸是帶著同情的口吻來描寫胡適的連環宴。可是，那1929年

96　Lady Dorothea Hosie, *Portrait of A Chinese Lady and Certain of Her Contemporaries* (New York: William Morrow and Company, 1930), p. 222.

97　《胡適日記全集》，3：752。

圖14　胡適與江冬秀，攝於1925年7月18日(胡適紀念館授權使用)。

到中國來從事共產國際工作的史沫特萊(Agnes Smedley)就不同了。我在《星星‧月亮‧太陽——胡適的情感世界(增訂版)》裡，提到史沫特萊說她跟胡適也有不尋常的關係。她形容胡適是一個性欲極其旺盛的人，是一個超級風流的男人。她還誇口說如果她要的話，她可以把胡適「搞得家庭破碎」。因爲意識型態上的差距，史沫特萊跟胡適的關係很快地就惡化了。她在1930年1月31日給胡適的一封信，最精采，也最尖刻的是最後一段，值得在此處再整段徵引一次：

　　我聽說你最近往來的都是王公、貴婦和勞什子的一堆社會上的垃圾(lords and baronesses and other riff-raff)。我想這大概是你充當中國的聖人所必須付出的代價之一。感謝上帝，我不是聖人。我知道你最近才對女性聽眾作過演說，想來必定是要提高她們的知識吧！我拜讀了講稿，可以想像那些女士們

一定各個引頸高望著你，想你多麼的偉大！這一定讓你喜孜孜的。可是，我
一點都不那麼覺得。我告訴你！如果你逼人太甚，有一天我會寫文章證明你
並不像大家所想像的那樣。爲了中國，我有一天會這樣做。我注意到你們這
個時代的聖人成天吃喝。吃喝會影響體型，體型會影響腦袋；腦滿腸肥的聖
人對中國一點用處也沒有。請注意！喔！宴席不斷的聖人請注意！我一點都
不覺得你是一個聖人。我在此處用這個字眼是嘲諷的意思。你的聖氣一點都
感動不了我。我把你留在我這裡的上衣穿起來，發現那頸圈是超大號的〔嘲
諷胡適有大頭症，亦即：超級自大〕。[98]

　　我們對胡適的「住」和「食」知道得相當多。可是，有關他的「衣」和「行」我
們就所知有限了。關於胡適的衣著方面，石原皋回憶說胡適歡喜穿中服。其實更正確
的說法，應該是說胡適的穿著是中西合璧式的。這個「胡適體」的中西合璧穿著，可
以用茅盾回憶他在1921年見到胡適的時候的印象來說明：「我只覺得這位大教授的服
裝有點奇特。他穿的是綢長衫、西式褲、黑絲襪、黃皮鞋。當時我確實沒有見過這樣
中西合璧的打扮。我想：這倒象徵了胡適之爲人。」[99]石原皋說胡適在國內不愛穿西
裝，中山裝更不用談。出國時才穿西裝。衣服的料子都是一般的棉布、絲綢、呢絨、
皮毛等。他沒有一件珍貴的衣服，例如貂皮一類。胡適爲什麼喜歡穿中服呢？石原皋
說因爲舒適方便。穿西裝，夏天則覺熱，冬天則覺冷，春秋二季則緊繃在身上，起坐
行動都不舒服。他這般講實用，也是習慣吧。他說胡適夏天戴巴拿馬草帽，其他季節
則戴呢帽。除天熱外，他外出時都圍一條毛線圍領巾，以防感冒[100]。
　　在「行」一方面，石原皋說胡適住在鐘鼓寺和陟山門時是自備人力車，雇人拉。
可惜，他沒多告訴我們一點兒。石原皋說胡適在鐘鼓寺和陟山門時期是「自備人力
車」，這句話是關鍵。我們記得胡適是在1920年5月22日搬到鐘鼓寺14號去的，他搬
到陟山門大街6號則是1926年5月下旬到6月初之間的事。在鐘鼓寺之前，胡適住在南
池子緞庫後胡同8號，是他在1918年3月30日搬進去住的。這緞庫後胡同，江冬秀的堂
弟江澤涵住過。江澤涵是胡適在1919年1月底帶到北京去升學的。我在上文提到了江
澤涵對緞庫後胡同8號的描述。他說當時胡適除了雇了一個廚子名叫閻海、一名女工
王媽以外，「還雇了一名拉人力車的包車夫。」換句話說，胡適在五四運動前後，就

98《星星‧月亮‧太陽──胡適的情感世界》，「增訂版」，頁177-178。
99 茅盾，《我走過的道路》（上），頁187。
100 石原皋，《閒話胡適》，頁95。

已經雇了一個「包車夫」。等他經濟更寬裕了以後，他就「自備人力車」了。

我這個推論，有一個佐證。「胡適檔案」裡有一篇〈我的車和我的車夫〉，我認為是胡適以小說體裁，用自己的車夫為例，所刻畫出來的北京下層社會的個案。他寫在1920年代初期曾經幫他拉過車的「王二」，以及「王二」幫他拉過的人力車。〈我的車和我的車夫〉寫得幽默、俏皮，在挖苦「王二」的同時，也揶揄了自己。他描寫「王二」愛裝門面，喜歡拉花稍的車子。因此，去租車行挑了一部很好看的車子：「車槓橫軸上有琺瑯的圖案畫。」一般的人力車的月租費是八元，「王二」挑回來的這輛車足足貴了一塊錢。半年以後，胡適聽說闊綽的「唐先生」要到美國去，他的人力車出讓，只要45元。一輛新車要值一百二十塊錢。胡適說自己「雖是一個窮書生，卻有點闊脾氣」。他推想闊綽的「唐先生」的車一定標致，於是就把它買了下來。哪裡知道這車進門的時候是「抬」進來的。原來車壞了，拉不了。胡適還花了二十多塊錢，把它「洗澡」大大地翻修了。

胡適說：「王二是我三年前的車夫。前年我的太太因為他懶，不肯擦車，不肯掃地，叫他走了。後來我又叫他回來。不久，他得了比我家更好的事，就告假走了。現在的車夫，當日就是他的替工。」話說那輛從「唐先生」那兒頂來的二手車。那車子洗過澡了以後雖然還不難看，只是：「一個月它總要出好幾回岔子。有一天，上午修好，下午又炸了。還有一次，我上朝陽門外義園裡去看一個朋友的新墳。回頭時，剛離開墳地，車輪上的皮帶就炸了。我走了足足十多里路，方才叫著車子。」一直到「前年夏天，我在南方住了一個多月。我的太太代我領到一個半月的欠薪，遂給我定打了一部新車。我回來見了，自然也高興。然而那位愛裝門面的王二仍舊不大高興——也許是因為新車的車槓頭上仍舊沒有琺瑯的圖案畫。」[101]

胡適這篇〈我的車和我的車夫〉，我推測是在1923年寫的。「前年夏天，我在南方住了一個多月。」指的就是1921年7月中到9月初到上海替商務印書館作評鑑工作的時候。如果這個推測正確，胡適一開始的時候是在車行租車；「王二」是胡適在1920年所雇的「包車夫」；半年以後，胡適跟「唐先生」買了那部「抬」進家門的舊車；最後，1921年夏天，江冬秀用北大付給胡適一個半月的欠薪買了一輛新的人力車。

胡適有自己的人力車夫這件事實，也可以從他自己的日記裡得到佐證。1922年6月25日：「與任光們在廣和居吃飯。因唐擘黃今日四點出京，我們先去打球，預備到車站去送他。兩點時，文伯路過球場，看見我們的車夫，進來說擘黃在大森里妓家。

---

101 胡適，〈我的車和我的車夫〉，《胡適全集》，10：552-555。

我們就同去看他。大森里是新關的堂子，已成立一年(？)，所以我今天也去看看。」[102]
換句話說，胡適的車夫他的朋友都認得。

胡適在1930年代在北京的時候，在「行」的方面從人力車升級到汽車。他在1933年底買了一輛汽車。12月29日的日記：「新買汽車(Ford V8 *De Luxe*)〔福特V型八缸引擎，豪華型〕今天到家。計價美金壹千零九十元，合銀幣三二四五元，其中有乙千八百元是竹垚生君代我轉借的，月息六厘。」[103]

必須指出的是，胡適在這則日記裡所附的福特汽車的英文資料，《胡適日記》的編者辨識錯誤。應該是"Ford V8 De Luxe"〔豪華型〕，卻把它錯誤地打成"Ford V8 De Luce"。智效民不知這是拼錯的字，就望文生義，因為"luce"可以是指長大了的魚，比如說："pike"(梭子魚或譯狗魚)，於是就把它翻成「福特V8狗魚牌」汽車[104]。

「胡適檔案」裡有胡適買這輛汽車的收據。這輛福特汽車是由美豐洋行(American Chinese Company)代理進口的。胡適在1933年2月19日，由竹垚生先墊付了一百美金的定金。12月29日，也就是胡適在當天的日記裡說「新買汽車，今天到家」那天，胡適付清了990美金的尾款。美豐洋行為胡適所作的訂單裡，注明了胡適所買的是豪華級都鐸型的轎車(*Deluxe* Tudor Sedan)。這款車非常拉風，有興趣的讀者可以上YouTube看它那標緻的模樣。胡適買的這款車豪華級的售價是1,090美金，普通級便宜70美金，售價為1,020美金[105]。胡適買的這款車在2010年的價格相當於美金18,000元。

胡適這輛豪華級都鐸型的福特轎車，彷彿就像是他當時所住的米糧庫4號所引頸以待的嬌客一般。因為米糧庫4號這一座大洋樓進門庭院的左邊就有一個汽車間。為了這輛轎車，胡適還特別雇了一個司機。

胡適男性唱和圈的空間構造

我在〈男性與自我的扮相：胡適的愛情、軀體與隱私觀〉一文裡提出了一個觀點。我說胡適在自敘、自傳方面的所作所為，是承襲了中國文人「知識男性的自我觀」悠久的傳統。他在自傳的書寫和保存方面所下的功夫，等於是他在「知識男性的

---

102 《胡適日記全集》，3：647。
103 《胡適日記全集》，6：739。
104 智效民，〈了解民國社會的一份珍貴史料──讀胡適〈我的車和我的車夫〉〉，《胡適研究通訊》2008年第1期(總第1期)，頁7。
105 「美豐洋行收據」，「胡適外文檔案」，E489-001。

唱和圈」裡的耕耘。在他的一生當中，除了兩位女性——陳衡哲和韋蓮司(Edith Clifford Williams)——以在思想上與胡適平起平坐的身分，躋身進入他的唱和圈以外，他這個唱和圈，基本上是一個男性的世界[106]。這個「知識男性的唱和圈」(the site of masculine pleasure and exchange)的名詞是崔芙・柏絡頓(Trev Broughton)所鑄造的[107]。她所研究分析的是英國的雷司立・史帝分爵士(Sir Leslie Stephen)。史帝分是《大英名人字典》(*Dictionary of National Biography*)的第一任主編，也是有名的英國文學家維吉尼亞・吳爾芙(Virginia Woolf)的父親。這個「知識男性的唱和圈」的觀念雖然是我向崔芙・柏絡頓那兒挪借過來的。然而，不管是從其精神、實踐，甚至從用詞上來說，它可以說是完全捕捉住了傳統中國士人以詩文來唱和的傳統[108]。

胡適這個知識男性的唱和圈有其男女有別的空間的面向。其實，連胡適家居生活的空間都是男女有別的。雖然他一輩子都沒置產，但他一向住的都是相當大的四合院。他1918年所租的最小，也有十七間；他1948年共產黨進城以前所放棄的四合院最大，是今天中國社會科學院近代史研究所在東廠胡同的所在地[109]。就像維多利亞以及北美殖民時期的宅邸，讓男主人能夠在他的城堡裡劃分出男女、公私有別的空間一樣[110]，胡適在他四合院的宅邸裡，也有他公私有別的空間。他真的是他自家城堡裡的主人，因為即使他是在跟江冬秀講話，他都習慣稱呼他們的家為「我家」[111]。

曾經在胡適家裡住過的石原皋這樣描述胡適的書房：

> 胡適住在鐘鼓寺、陟山門、米糧庫〔注：胡適1930年代在北京的住處〕三
> 處住所的書房。這幾處的書房基本上是一樣，大小稍有不同。房內有一張很
> 大的寫字臺，一兩個書櫥，一張旋椅，幾張小椅，四壁空空如也，沒有懸掛

---

106 江勇振，〈男性與自我的扮相：胡適的愛情、軀體與隱私觀〉，《現代中文學刊》(上海)2011年第6期(2011年12月)，頁66；英文版，請參見Yung-chen Chiang, "Performing Masculinity and the Self: Love, Body, and Privacy in Hu Shi," *The Journal of Asian Studies*, 63.2 (May 2004), p. 328.

107 Trev Broughton, Men of Letters, Writing Lives: Masculinity and Literary Auto/Biography in the Late Victorian Period (Routledge, 1999), p. 21.

108 比如說，余英時就用唱和這個觀念來描述胡適與楊聯陞之間的來往關係。參見余英時，〈論學談詩二十年——序〉，胡適紀念館編，《胡適楊聯陞往來書札》(台北：聯經出版公司，1998)。

109 胡適致江冬秀，1918年3月13日，《胡適全集》，23：182；石原皋，《閒話胡適》，頁92-93。

110 Jessica Kross, "Mansions, Men, Women, and the Creation of Multiple Publics in Eighteenth - Century British North America." *Journal of Social History*, 33 (1999.2): 385-408.

111 胡適致江冬秀，《胡適全集》，23：493、564、569。

字畫。書桌上自然有文房四寶，有白錫包或大炮臺紙煙一聽、紙煙灰缸一
隻、火柴一盒、記事檯曆一本。此外，滿桌都是書籍，看起來很紊亂。桌上
的書籍，任何人都不去動它。稍微一移動，他就要費心去找了。傭人只將桌
子上面的灰塵拂去。他在書房中看書、寫作時，我們都不進去打擾他。江冬
秀愛打牌，打牌場所也遠離書房，使打牌的聲音傳不到書房那裡。書桌的抽
屜，沒有上鎖。稿件和需要保存的書信，一部分放在抽屜內，另一部分則保
存起來。[112]

　　換句話說，胡適的書房遠離妻小、僕傭的喧囂，據說是他消磨一天最多時間的地
方[113]。書房是胡適看書、沉思、寫作、處理來往信件、寫日記，以及編輯刊物的所
在。就像維多利亞以及北美殖民時期的宅邸裡的書房，胡適的書房是他男性的世界，
是他的沉思的世界(vita contemplativa)。
　　書房是胡適男性的世界。他有他特有的經營方式。胡適具有「相機式的記憶力」
(photographic memory)。根據石原皋的回憶：

　　　胡適的藏書沒有登記，沒有編目，也沒有鈐記。大多數圖書在書架上陳
　　列，少數的放置在書櫥中，什麼書放在什麼地方，他都記得清清楚楚，隨手
　　可以取到。在北京居住期間，胡適曾先後四次搬家。每次搬家都是事先記下
　　書的位置，然後裝入木箱。搬入新居後，再將編號的木箱依次打開，按原樣
　　把書放好。[114]

　　這個不用編目，「什麼書放在什麼地方，他都記得清清楚楚，隨手可以取到」的
「相機式的記憶力」，胡適自己的翻譯是：「視覺的心。」石原皋的回憶正確，胡適
晚年自己對胡頌平說：

　　　我現在老了，記憶力差了。我以前在中國公學當校長的時候，人在上海，
　　書在北平，有一位在鐵路局工作的族弟代我管理的。我要什麼書，寫信告訴
　　他這部書放在書房右手第三個書架第四格裡，是藍封面的，叫什麼書名。我

112　石原皋，《閒話胡適》，頁92。
113　石原皋，《閒話胡適》，頁101。
114　石原皋，《閒話胡適》，頁99。

的族弟就照我信上說的話，立刻拿到寄來給我。我看了的書，還是左邊的一頁上，還是右邊的一頁上，我可以記得。這個叫做「視覺的心」。[115]

圖15　書房裡的胡適，大約攝於初到北大執教時期(胡適紀念館授權使用)。

胡頌平以爲這「相機式的記憶力」就是「過目成誦」或「過目不忘」。胡適告訴他，兩者是不同的。

雖然胡適幾乎完全不在家宴客，他的家在週日是對外開放的。胡適在1934年1月7日記裡說：

> 今天來客甚少。我五年來，每星期日上午九點到十二點，爲公開見客時期，無論什麼客都見。冬秀戲稱爲「胡適之做禮拜！」有時候一個早晨見二、三十個客。今天只有三位。[116]

115　胡頌平，《胡適之先生晚年談話錄》，頁238-239。
116《胡適日記全集》，7：10。

　　「胡適之做禮拜」這個善制，胡適在1934年這則日記裡說已經行之有五年的歷史了。然而，我們可以說他其實已經行之有年。從他現存的1919、1920年的《日程與日記》來看，他那時還沒開始「做禮拜」。在開始的時候，他的「禮拜」可能是在星期六。比如說，1921年5月21日星期六的日記說：「今天上午來客最多，幾乎沒有坐處。」[117]從語氣來判斷，這儼然已經成爲制度了。該年9月，胡適在離開了北京將近兩個月的時間、從上海幫商務印書館作評鑑的工作回來以後，由於他星期六有課，他會客的時間就改成了禮拜天，名副其實地成爲「做禮拜」了。9月18日的日記說：「來客甚多，甚可厭。」[118]此後的星期日的日記，就多有來客的記載。就舉幾則比較具有代表性的日記爲例。9月25日：「有許多客來。」[119]10月2日：「早起，忽有所感，作一詩，未成而客來。」[120] 1922年2月12日：「今日本想做文章，不料客來不絕，竟未作一個字。」[121]5月14日：「上午，會客至十二點半。」[122]6月11日：「上午，來客不絕。」[123]8月27日：「上午沒有人來，是星期日很少有的事。」[124]10月1日：「吳又陵、潘力山來談。五六個學生來談……女學生蔣圭貞來。」[125]10月22日：「許多客來。」[126]11月5日：「會客。」[127]不管有意還是無意，「胡適之做禮拜」於焉成型。

　　胡適週日的訪客固然偶爾會有女性。蔣圭貞就是一個例子，1930年代我在《星星·月亮·太陽：胡適的情感世界》裡所提到的徐芳，又是另外一個好的例子。蔣圭貞後來成爲江冬秀堂弟、數學家江澤涵的妻子。然而，這些是例外。胡適的客廳跟他的書房一樣，基本是他男性世界的延伸。

　　如果連胡適家居生活的空間都是男女有別的，書房與客廳是他男性世界的延伸。那麼，胡適在家庭以外的生活，從學校到他所進出的公共場所都是男性的世界，這就不足爲奇了。由於中國並沒有類似哈貝馬斯(Jürgen Habermas)所描述的那種紳士會所

---

117 《胡適日記全集》，3：55。
118 《胡適日記全集》，3：316。
119 《胡適日記全集》，3：326。
120 《胡適日記全集》，3：362。
121 《胡適日記全集》，3：430。
122 《胡適日記全集》，3：570。
123 《胡適日記全集》，3：620。
124 《胡適日記全集》，3：734。
125 《胡適日記全集》，3：837。
126 《胡適日記全集》，3：897。
127 《胡適日記全集》，3：919。

或咖啡館的公共領域[128]，北京的高級餐館、公園就等於是胡適所處的時代的公共領域了。

胡適的飯局的成員都是男性，少數的特例多半是以太太的身分參加，而且也多半是受過西式教育的女性。任鴻雋的太太陳衡哲就是一個最典型的例子。當胡適及其朋友——不管是作東還是作客——與外國朋友夫婦聚餐的時候，他們多半都是不攜伴而單獨出席的。胡適去這些餐廳顯然都是自己去的。

例外當然不是沒有，但希奇到胡適自己都會在日記裡注明。例如，1920年2月6日：「與冬秀至杜威先生家吃飯。」[129]4月23日胡適請新婚的鄭鐵如夫婦晚餐[130]。9月14日：「邀一涵、叔永、莎菲在公園吃飯。」[131]1921年6月26日，杜威夫婦在即將離開中國以前，宴請了胡適夫婦：「夜間，杜威先生一家在北京飯店的屋頂花園請我們夫婦吃飯。同座的有陶〔孟和〕、蔣〔夢麟〕、丁〔文江〕諸位。」[132]6月28日：「與孟和到公園吃飯，陶夫人和他的妹子沈女士也來了。」[133]7月5日，再六天杜威一家就要回美國了，胡適帶江冬秀跟胡祖望去辭行：「看杜威先生，與冬秀、祖兒同在他家吃中飯。」[134]

在胡適所經常出入的男性公共領域裡，最有意味的莫過於公園了。在他1920年到1922年的日記裡，他上公園的次數簡直是到了不勝枚舉的地步。逯耀東的〈胡適逛公園〉已經作了一個非常完整的梳理[135]。我在此處要從胡適男性唱和圈的空間結構，來重新詮釋胡適上公園的意義。

公園的基本概念固然是東西皆有的，而且都有古老的歷史。以中國來說，園林的文化可以追溯到漢朝。只是，園林文化隨著時代的不同而有所變化。園林在歷史上有「退隱」的象徵，是與「出仕」相對的概念。東晉的陶淵明的〈歸田園居〉就是古典的寫照：

---

128 Steve Dillon, "Victorian Interior," MLQ: Modern Language Quarterly 62.2 (June, 2001), pp. 83-115; Jürgen Habermas, *The Structural Transformation of the Public Sphere: An Inquiry into a Category of Bourgeois Society* (Cambridge, Mass.: MIT Press, 1991), pp. 32-33.
129 《胡適日記全集》，2：621。
130 《胡適日記全集》，2：690。
131 《胡適日記全集》，2：757。
132 《胡適日記全集》，3：138-139。
133 《胡適日記全集》，3：142。
134 《胡適日記全集》，3：162。
135 逯耀東，〈胡適逛公園〉，《胡適與當代史學家》，頁37-63。

　　　少無適俗韻，性本愛丘山。

　　　誤落塵網中，一去三十年。

　　　羈鳥戀舊林，池魚思故淵。

　　　開荒南野際，守拙歸園田。

　　　方宅十餘畝，草屋八九間。

　　　榆柳蔭後簷，桃李羅堂前。

　　　曖曖遠人村，依依墟里煙。

　　　狗吠深巷中，雞鳴桑樹顛。

　　　戶庭無塵雜，虛室有餘閒。

　　　久在樊籠裡，復得返自然

　　到了明代的晚期，園林文化已經成爲富商與士紳階級炫耀式的消費文化。私家園林是紳商展示他們的身分、財富與品味的體現，是園主與地方士紳社交，共享他那絕妙、精緻的花園以及盛宴、美酒與戲臺的所在[136]。值得注意的是，這個明代晚期以來的園林文化，根本就是男性酬唱的園地。相對於男性酬唱所在的園林文化，《牡丹亭》與《西廂記》裡所歌頌的「後花園」，就是女性的世界了。

　　現代的公園不然，它是都會裡的公共場所，是市民在喧囂的都會生活中，得以在花草樹木、庭園水榭徘徊休憩的所在。現代型的公園是舶來品。「公園」一詞是經由日本的漢譯再轉傳入中國的。中國第一個公園是上海在1868年對洋人開放的外灘公園，後稱爲黃浦公園。這個外灘公園，就是那懸有所謂的「中國人與狗不准入內」的英文告示的公園。羅伯・畢克司(Robert Bickers)與華志建(Jeffrey Wasserstrom)已經很清楚地證明了，中國人與狗不准入園的規定是一個帝國主義創傷下的產物，屬於一種現代「天方夜譚」(urban legend)。中國人不准入園與狗不准入園其實是列在不同的條文裡，詳情請見第八章的分析[137]。值得注意的是，中國人不准入園，可是帶洋人小孩的阿媽可以入園。這是帝國主義之下的租界的別有意味的一個階級顛倒的奇觀。總之，上海的外灘公園一直要到1928年才開放給有能力買門票進去的中國人。

　　在20世紀初期，公園很快地就變成了一個中國改革人士心目中的現代化的指標。

---

136 Joanna F. Handlin Smith, "Gardens in Ch'i Piao-chia's Social World: Wealth and Values in Late-Ming Kiangnan," *The Journal of Asian Studies*, 51.1 (Feb., 1992), pp. 55-81.

137 Robert A. Bickers and Jeffrey N. Wasserstrom, "Shanghai's 'Dogs and Chinese Not Admitted' Sign: Legend, History and Contemporary Symbol," *The China Quarterly*, No. 142 (Jun., 1995), pp. 444-466.

一個現代都市沒有公園，就變成了落後的恥辱的象徵。於是公園開始在中國沿海的都會出現。公園在近代中國扮演著多重的腳色。它除了提供市民遊樂休憩的場所以外，還兼有提供體育、教育、商業、文化、社會、政治等等的功能。除了是作爲舉辦大型的政治、體育，以及各式各類的「啓蒙」活動的場所以外，公園裡都設有大小不等的陳列所、圖書館、照相館、餐館、茶座、遊樂場，甚至小型的動物園等等[138]。

北京的第一個名副其實的公園是「中央公園」，後來改稱爲「中山公園」，是利用原來「社稷壇」地點，是在1914年10月10日開放的。北京第二個開放的公園是「城南公園」。「城南公園」在先農壇，1915年以市民公園爲名開放，1917年定名爲「城南公園」。北京第三個公園是「天壇公園」，是在1918年1月1日開放的。「北海」成爲公園的歷史頗爲波折，有所謂「五次提議，十年始成」的說法。「北海公園」是一直要到1925年8月1日才開放的。位在「地壇」的「京兆公園」在1925年8月2日開放。那有「最後的皇家園林」之稱的「頤和園」雖然早在1913年4月開始就已經有「憑照參觀」開放給達官顯耀、特權階級的作法，而且從1914年5月開始已經開始售門票供人參觀，實際上以國家公園的名義開園，是一直要到1928年國民政府接收以後的事[139]。

胡適在1920年到1922年的日記裡記載他去公園的次數不勝枚舉。然而，大多時候只說他去公園，並沒說他去哪一個公園。這原因很簡單，因爲「中央公園」不但離胡適家比較近，而且顧名思義，那是北京的第一公園。那也就是說，彷彿好像是不讓紐約的「中央公園」（Central Park）專美於前一樣，北京也有其「中央公園」。「中央公園」，文人雅士好稱爲「稷園」，是從「社稷壇」轉來的。

胡適在這幾年間的日記裡只提過一次他去「城南公園」，1922年9月3日：

> 鄧芝園來談，……談教育經費事，說明天可發一個月，政府還可派人去慰問教職員（爲交通部事）。他要我同去找蔡先生。蔡先生帶了兒女到先農壇玩去了，我們借教育部的汽車，追蹤到先農壇，尋著了蔡先生，談了許久。我與芝園又去遊覽一周。我久已不到此地了（病後曾同一涵、夢麟來過一次）又到城南公園一遊。此地自重開以來，我還不曾來過。[140]

138 Mingzheng Shi, "From Imperial Gardens to Public Parks: The Transformation of Urban Space in Early Twentieth-Century Beijing," *Modern China*, 24.3 (Jul., 1998), pp. 219-254.
139 以下有關北京的公園與「中央公園」的描述，除非另有徵引，是根據王煒、閏虹，《老北京公園開放記》（北京：學苑出版社，2008）。
140 《胡適日記全集》，3：744。

可見先農壇胡適到那時爲止只去過兩次。「城南公園」則是他的第一次。

此外，胡適在這一段期間的日記裡提起「北海」兩次。1921年6月27日：「看昨晚到的Mr. & Mrs. H.M. Murphy〔注：茂菲，即第一章所提到的美國茂旦建築公司老闆，燕京大學校園的建築師〕。吃了一會茶。他們邀我同去玩北海。這是我第一次玩北海。」[141]1922年9月19日：「下午，與冬秀、祖兒去遊北海。」[142]然而，當時「北海」還沒正式開放成爲公園。

胡適去的「中央公園」是一個什麼樣子的公園呢？「中央公園」的核心是原來的社稷壇，就在紫禁城的西南隅。由於社稷壇的門朝東，都在端門之內。而當時的天安門內仍然禁止交通。於是就在天安門外西側的皇城城牆緊鄰長安街之處開闢了南門，作爲園門。「中央公園」在1914年10月10日開放當天，根據公園二十五週年紀念刊的記載：「五色旗交叉於門，黑衣警衛滿布於內，各要路豎立消防隊布棚。男女遊園者數以萬計。」

中山公園的門票小洋一角，亦即十個銅錢，折合銀元爲0.074元[143]。一次購買30張2元，個人四個月遊覽證6元，一年期的遊覽證則爲12元。這對胡適月薪280銀元的人來說，固然便宜。對一般小康階級而言，也不是太大的負擔。門票在1927年提高爲20個銅錢，折合銀元爲0.53元。然而，中山公園的遊人顯然持續上升。我手頭沒有中央公園早期的遊園人數統計。根據1933年的統計，該年度中山公園售出的遊覽券總計達429,143張。其分月統計如下[144]：

表5.1　中央公園1933年度遊覽券出售分月統計表

一月份	5,904	七月份	67,630
二月份	9,441	八月份	52,537
三月份	22,906	九月份	34,245
四月份	82,204	十月份	24,807
五月份	74,513	十一月份	10,060
六月份	37,018	十二月份	7,878

中山公園4、5月份的遊客暴增，因爲那是賞花的季節。中山公園4、5月的芍藥與牡丹有名。

141 《胡適日記全集》，3：139。
142 《胡適日記全集》，3：787。
143 鍾少華，〈從皇家禁地到北京的第一座公園〉，《北京文史資料》第57輯，頁230。
144 王煒、閻虹，《老北京公園開放記》，頁173。

在開園之初，「中山公園」其實沒什麼看頭，只有五色土壇和拜殿。因此，除了週六、週日以及特令開放的時間以外，平日並不開放。公園的建設，實際上是開園以後才逐年進行的。1914年，從熱河行宮運來了44匹鹿，建棚放養在園內。一直到了第二年，「中央公園」方才略具現代公園的規模。總計蓋了「唐花塢」，是一個賞花的溫室、照相館、格言亭、「春明樓」、「長美軒」和「來今雨軒」等茶座與餐館，以及「行健會」體育場。1916年，挖河堆山，建成了「水榭」、展覽所，以及圖書閱覽室。在往後的幾年，「中央公園」裡的茶座餐館，除了「春明樓」、「長美軒」和「來今雨軒」以外，又增加了「柏斯馨」。根據謝興堯在1936年所寫的回憶：

> 中山公園的茶座，雖共有五六處之多，但最熱鬧為人所注意的，則是園中間大路兩旁的三家——春明館、長美軒、柏斯馨……這三家雖都是茶鋪，他們的特點和性質，則彼此大大不同，……簡單的說：「春明館」是比較舊式的，「長美軒」是新舊參半的，「柏斯馨」則純粹摩登化的。所以有人說：這三個茶館，是代表三個時代，即上古(春明館)、中古(長美軒)、現代(柏斯馨)……這三家中，「春明館」與「柏斯馨」，在地理上和性質上，確乎是兩極端，「長美軒」位於中間，可謂是中和派，他的雇主多半是中年人或知識階級……[145]

這是1936年的「中山公園」的寫照。在胡適常去的1920年到1922年之間，「春明館」顯然叫做「春明樓」，而「柏斯馨」則還沒開張呢！最有趣的是回憶的歷史性。它所捕捉的是當下的回憶——不管正確與否、選擇性如何——把它移前或移後，就容易造成時代的謬誤。比如說，謝興堯在這篇回憶裡說他在公園的茶座裡所看到的人物，多到他常想作一篇〈中山公園茶座人物志〉的地步。他說：「不過這個公園裡很少見胡適之、周啓明兩位的蹤跡。而北海公園間或可以看見他們。這當然是北海的景物比較自然而偉大的原故。」

謝興堯在1930年代在中山公園「很少見到胡適的蹤跡」。這一點，胡適在1930年代的日記裡幾乎沒有去公園的記載似乎可以作一個佐證。然而，日記沒記，並不表示他沒去。胡適1921年到1922年之間記日記之勤與其詳盡的程度，是他一生所記日記之

---

145 謝興堯，〈中山公園的茶座〉，《燕京風土錄》(上海：上海文化出版社，1985)，頁 506-512。

最。與之相比，他在1930年代的日記就簡略得多了。我們知道胡適在1930年11月底從上海搬回北京去住以後，還去了幾次「中央公園」。比如說，他在1931年3月19日的日記裡說：「與冬秀到中央公園走了一轉，同吃飯。她有三年多不到此地了。」[146]

至於胡適是否在搬回北平以後改去了「北海公園」呢？因爲他日記沒記載，我們就不得而知了。謝興堯說：「北海的景物比較自然而偉大。」這句話也許就是胡適可以完全同意的。1930年10月，胡適從上海去北平開「協和醫院」的會。他趁這個機會爲搬回北平覓房。10月7日，去看了米糧庫4號的房子，非常喜歡，說「頗願居此」。當晚，他跟任鴻雋、陳衡哲去北海晚餐並賞月：

> 到北海仿膳等叔永、莎菲。看月亮起來，清光逼人，南方只有西湖偶有此種氣象……飯後在湖邊賞月。久坐後，我們三人緩步出北海前門，登瓊島上的白塔，天無纖雲，使人神往。[147]

胡適這次來北平是坐船上來的。所以他回上海，還是到天津坐船。10月25日，他在日記上說：「與叔永、莎菲去公園吃午飯。飯後四時前上車，四時二十分開車。」[148]此處的公園，當然又是「中央公園」了。這是因爲出了公園，往南奔，就是前門火車站了。有趣的是，「中央公園」在1928年爲了紀念孫中山而改稱爲「中山公園」。可是，胡適在搬回到北平以後，在1931年的日記裡仍然稱之爲「中央公園」。

胡適到「中央公園」，進了在長安街的南門以後，經過東西分開的曲折的長廊，往西走就到了「水榭」。「水榭」與賞花的溫室「唐花塢」隔水對望，再往下就是西南角的假山了。「水榭」，胡適在日記裡提過兩次。第一次是1921年9月15日：「作《〔張實齋〕年譜》，至夜八時。見月色撩人，就獨自去遊公園。進園後，遇一涵、慰慈、文伯、淮鍾，同到水榭後石角上，喝茶高談。」[149]第二次是同年10月24日：「四時，到水榭，赴中國公學同學會。」[150]

在中央公園喝茶，當然不只是在「水榭」。值得注意的是，胡適除了兩次提起他去「水榭」以外，都只說他去公園喝茶，而沒指名是哪裡。胡適去中央公園喝茶跟一般人不同。他不是去休閒的，也不是去品茶的。他是去會友、談事、唱和的。他在

---

146 《胡適日記全集》，6：532。
147 《胡適日記全集》，6：297。
148 《胡適日記全集》，6：349。
149 《胡適日記全集》，3：315。
150 《胡適日記全集》，3：380。

1922年9月2日的日記裡說得很清楚：「『打茶圍』——坐在妓女房裡，嗑瓜子、吸香煙、談極不相干的天——於我的性情最不相近。在公園裡閒坐喝茶，於我也不相宜。」[151]

圖16　為「求真學社」演講，1926年7月1日攝於北京中央公園的「水榭」（胡適紀念館授權使用）。

不管胡適到中央公園喝茶是不是都去「水榭」，他不是去閒聊、喝茶的。1920年8月30日：「梁任公兄弟約，公園，議Russell〔羅素〕事。〔午〕飯後與夢麟、伯強在公園吃茶，談甚久。」[152]1921年6月29日：「到生平園洗浴……三時許，到公園。杜威先生夫婦今日邀了一班朋友吃茶，我替他們定座，故到那裡幫他們一點忙。」[153]1922年4月30日：「下午，與知行到公園吃茶。」[154]1922年8月29日：「邀鋼先生和雷興(F. Lessing)先生到公園吃茶。」[155]

151 《胡適日記全集》，3：741。
152 《胡適日記全集》，2：742。
153 《胡適日記全集》，3：143。
154 《胡適日記全集》，3：550。
155 《胡適日記全集》，3：735。

謝興堯在回憶裡所說的「長美軒」，胡適倒是提過好幾次，但都是去吃飯的。比如說，1920年5月13日：「長美軒，請虞裳。」[156]同年6月7日：「長美軒，請孫洪芬。」[157]1921年7月13日：「今天下午七時，在長美軒吃飯，夢麟也來。」[158]1922年6月30日：「Miss Catherine S. Dreier〔杜萊爾小姐〕（即前記的美國畫家）工於美術的照相。她要替我照相。我約她今天上午在公園照相，即在長美軒吃飯。」[159]胡適到中央公園吃飯的次數，要遠比他去那兒喝茶的次數還多。他有時候是自己去吃，但大多數時候是跟朋友去的。一般說來，他都沒指名他去的餐廳是哪一家。「長美軒」是茶座，也是餐館。中央公園裡還有一家更有名的「來今雨軒」。

「來今雨軒」在中央公園入口過了東長廊以後，是「中央公園」最好的一家茶座和餐館。它的大廳南北有窗，四周有廊，廊前有鐵罩棚。夏天鐵罩棚前搭有蘆席天棚。旁邊都是枝椏老態的百年古槐樹[160]。當時許多重要的餐宴都是在「來今雨軒」舉行的。比如說，1919年10月20日是杜威六十歲生日。北大與教育部、尚志學會、新學會，在當晚七時在來今雨軒舉行餐會幫杜威祝壽[161]。「尚志學會」與「新學會」之所以會參與這個祝壽會的原因，就是我在第一章所分析的。五四運動以後，北大、教育部在學潮、政潮洶湧之下，無法支付杜威在中國講學的薪水。結果是由梁啓超所組的「新學會」出面「認養」杜威，而擺平那尷尬的局面的。

等杜威一家在1921年7月初回美國以前，北京的五大團體——北大、男高師、女高師、尚志學會、新學會——在6月30日爲他們一家人所舉行的餞行餐會也是在來今雨軒舉行的[162]。更令人啼笑皆非的，是中國哥倫比亞大學同學會在7月1日在來今雨軒爲杜威一家人餞行的鬧劇：「今天哥倫比亞大學同學會在來今雨軒給杜威先生一家餞行，竟鬧出爭主席的笑話來！天下總有這種在針孔裡打筋斗的人，眞是可笑！」[163]

北京的外國人在1919年所組成的「文友會」的固定集會演講的地點也是來今雨軒。1921年5月27日：「七點，文友會在來今雨軒開會，到者二十七人，鋼男爵(Alexander von Stäel-Holstein)演說『佛陀傳說中的歷史的部分』(What Is Historical in

156《胡適日記全集》，2：710。
157《胡適日記全集》，3：731。
158《胡適日記全集》，3：196。
159《胡適日記全集》，3：650-651。
160 逯耀東，〈胡適逛公園〉，《胡適與當代史學家》，頁41。
161〈本校紀事：本校與他三團體爲杜威博士祝壽記〉，《北京大學日刊》，第466號，1919年10月22日，第二版。
162《胡適日記全集》，3：144。
163《胡適日記全集》，3：157。

the Buddha Legend）。鋼先生是俄國第一流學者，專治印度史與佛教史。」[164]1922年6月28日：「七時，到公園，赴文友會。」[165]同年11月17日：「晚上文友會在中央公園開本年第二次會，我演說〈中國小說發達史〉。」[166]

　　胡適到公園去的另外一個主要的目的是去打球。胡適在1920年到1922年之間跟公園相關的日記裡，記他去公園打球的次數可能是為數最多的，多過於會友與酬酢。胡適在中央公園打球的所在，是在公園裡的「行健會」。進入園門走過那向西的曲折的長廊是去「水榭」、「長美軒」的方向。走那向東的曲折長廊就可以去「行健會」跟「來今雨軒」了。「行健會」是北京第一個「公共講習體育之地」，「凡是交納會費，被接納為會員者，可持證參加打球、下棋、投壺、射箭等體育活動。」「行健會」在1915年開放以後，入會者就立時有百餘人。會員大多是「社會間中、上層人士，如銀行、銀號、鐵路、郵政以及政府等方面人員」[167]。「行健會」不但是體育的場所，它甚至可以作為集會的地點。比如說，胡適1919年11月24日的日記：「〔去〕行健會為科學社事，到者十人。」[168]

　　當然，從胡適日記的記載，我們可以知道當時北京打球的地方不只有「行健會」一處。比如說，1921年5月23日：「夜與原放、一涵出城到第一樓打球。」[169]又同年7月12日：「與一涵同去洗浴，浴後同至大欲社打球。」[170]然而，毫無疑問地，胡適最常去打球的地方就是中央公園裡的「行健會」。最有代表性的日記，如：

　　　1920年9月14日：「五點：我邀一涵、叔永、莎菲在公園吃飯。六點：飯後恐家中女客未散，故去打了一盤球，略覺倦。歸後半夜果醒來，覺腳背有風氣，當是勞動之故。」[171]

　　　1921年5月16日：「顏任光先生來，我們同去公園。談了一會，天下雨了。我們到行健會躲雨，遇著楊景蘇先生。景蘇與我打球，打到七點半。與

164 《胡適日記全集》，3：62。
165 《胡適日記全集》，3：650。
166 《胡適日記全集》，3：923。
167 戴海斌，〈中央公園與民初北京社會〉，《北京社會科學》2005年第2號，頁45-53、121。
168 《胡適日記全集》，3：562。
169 《胡適日記全集》，3：58。
170 《胡適日記全集》，3：195。
171 《胡適日記全集》，2：757。

顏、楊同去吃飯。飯後，景蘇又與我打球，十時半歸。」[172]

　　1921年6月2日：「下午，傷風較好，與一涵到公園走走。遇著文伯、慰慈、鐵如，遂同吃飯。飯後打球一盤。」[173]

　　1921年6月24日：「下午，與二哥到公園，遇著景蘇、梁和鈞，同吃飯。飯後與景蘇、和鈞、王兼善同打球。」[174]

　　1921年6月28日：「與孟和到公園吃飯，陶夫人和他的妹子沈女士也來了。飯後大雨，我們同到行健會打球避雨。到夜深才歸去。」[175]

　　1921年11月12日：「玩公園。晚赴夢旦邀吃飯。飯後與一涵再到公園打球。」[176]

　　1922年6月7日：「七時，到銀行公會，赴哥倫比亞大學同學歡迎顧少川的會餐。十時，與文伯遊公園，打球一點種。」[177]

　　有趣的是，胡適在日記裡記他打球的次數不勝枚舉。然而，他打的到底是什麼球？他卻只有一次點出：1922年2月7日：「晚間嚴敬齋(莊)約我吃晚飯，飯後與文伯打檯球兩盤，居然勝了他。」[178]原來胡適打的是「檯球」，又稱「撞球」。

　　胡適在1920年到1922年間出入中央公園如此頻繁，其所反映的意義何在呢？從它在1933年售出四十三萬張遊覽證的數目來看，中央公園毫無疑問地，已經是一個大眾的公園。然而，作為一個大眾的公園，並不必然是一個在性別開放方面沒有禁忌與制約的公園。比如說，北京的「萬牲園」(動物園)在1907年開放的時候，還顧慮到男女大防的問題。因此，一、三、五、日對男性開放，二、四、六對女性開放。同一個時期在天津開放的植物園、保定的蓮花池公園，也有同樣的男女錯開的入園規定。當然，等「中央公園」在1914年開放的時候，已經沒有這種男女有別的入園日期的規定了。只是，西風、西法、西制可以快速引進，民風、民俗的改變不可能是同步的。一直到1921年，羅素發現中國男女大防的問題仍然困擾著年輕人。他在該年2月的一封信裡說：

172　《胡適日記全集》，3：41。
173　《胡適日記全集》，3：75-76。
174　《胡適日記全集》，3：136。
175　《胡適日記全集》，3：142。
176　《胡適日記全集》，3：393。
177　《胡適日記全集》，3：615。
178　《胡適日記全集》，3：428。

　　我在這兒的學生很可愛、有趣。我們在四合院裡開了幾次派對(parties)：
我們放鞭炮、我們唱、我們跳、我們玩瞎子捉迷藏——男女學生一起玩。在
一般中國人的生活裡，女性是不能跟男性在一起的，除非他是親戚。但我們
就是不甩它，所以贏得了青年人的感激。[179]

　　羅素可以提供他的四合院，讓中國的男女學生有一個社交的場合。然而，公園是
在眾目睽睽下的公共場所。我們可以想像胡適在1920年代初期到中央公園去的時候，
男女大防的禁忌與矜持仍然制約著這個公共的休憩空間。在胡適現存的書信裡，他第
一次記載他上中央公園是在1918年6月20日的家信。那時，江冬秀已經到北京跟他團
圓了。他告訴他母親說：「昨日有一位朋友蔣夢麟先生從上海來，我約他在中央公園
吃晚飯。」[180]三個禮拜以後，他提起他跟江冬秀到中央公園去。在7月13日的家信
裡，他說：「昨天晚上，我與冬秀同走中央公園，遇見了兩家朋友的家眷。同坐了一
會，又向公園裡走了一遍，到了十點鐘，方才回家。」[181]

　　胡適在1918年7月13日帶江冬秀去逛中央公園。我們可以從這件小事來見微知
著。顯然當時攜眷遊公園已經是常見的事。胡適帶江冬秀到中央公園去，就碰到了兩
家。中央公園開園的時候就已經開始發售的遊覽證裡，有一種是「家族用遊覽證」，
一年的費用是大洋24元，每次以十人為限。不管有多少人購買「家族用遊覽證」，其
存在的事實說明了公園已經成為家庭休憩的所在。然而，把胡適及其朋友攜眷逛公
園，以及公園發售「家族用遊覽證」這個事實作反向的思考來看，我們也可以說女性
逛公園仍然是有限制的。不像胡適或者其他男性，可以作為個人單獨進出公園，而不
怕遭到驚異、猜疑、責難的眼光。相對的，我們很難想像當時的女性可以作為個人單
獨進出公園。她們要不就是要作為「家眷」，要不就必須成群結隊。

　　胡適會帶他新婚——或者說新婚後分離了半年——的妻子去逛公園，這是很自然
的事。只是，這是蜜月期間的胡適。即使不是那一百零一次，雖不中亦不遠矣。更何
況江冬秀一到北京就懷孕了，十個月以後，胡祖望就出生了。1920年以後，胡適的日
記裡，就不再有同江冬秀去公園的記錄了。換句話說，公園從一開始就不是胡適帶
「家眷」去休憩的場所，而是他男性唱和圈的所在。

179 Bertrand Russell to Elizabeth Russell, 16 February 1921, Nicholas Griffin, ed., *The Selected Letters of Bertrand Russell: The Public Years, 1914-1970* (London and New York: Routledge, 2001), p. 224.
180 胡適稟母親，1918年6月20日，《胡適全集》，23：213。
181 胡適稟母親，1918年7月13日，《胡適全集》，23：217。

不但如此，公園從一開始，也是胡適私密男性空間的所在；是他獨酌、獨行、獨樂、獨詠、沉思的世界。胡適在這幾年日記裡不勝枚舉的公園記錄，不知有多少次，其實是他自己單獨去而巧遇友朋的。最明顯的例子，例如：

> 1921年9月15日：「作《〔章實齋〕年譜》，至夜八時。見月色撩人，就獨自去遊公園。進園後，遇一涵、慰慈、文伯、淮鍾，同到水榭後石角上，喝茶高談。」[182]
>
> 1921年9月18日：「洗浴。自浴堂打電話到蔡孑民先生家中……獨自到公園吃飯。回家後作《實齋年譜》。」[183]
>
> 1922年7月11日：「大熱。晚間燈下不能做事，到公園玩了兩三點鐘。」[184]

胡適喜歡上公園，幾乎已經是到了成癮的地步。幾天不去，彷彿就渾身不是滋味。1921年4月29日：「下午，與章洛聲到公園走走。我有七日不到公園了。遇著新聞界中人陳匪石、王小隱等。」[185]1921年5月2日，胡適中午才從天津回到北京：「下午遊公園。遇鐵如(鄭壽仁)、文伯(王徵)、慰慈(張祖訓)、夢麟諸位……我自公園回來，已九點半了。」[186]1922年8月10日：「飯後與馬寅初同到公園，我自七月十四日遊公園，至今四星期了。」[187]言之不勝唏噓。原來他先是去協和醫院割直腸膿腫，然後，又到天津的南開教了一個禮拜的課，回來以後，又受到痔瘡的折磨。

無論如何，胡適到公園去，除了是去享受屬於他自己的內心的世界以外，也是去會友、辦事、酬酢與打球。這也就是說，胡適是去他男性的公共領域會友、辦事與酬酢。試問：還有什麼團體能比「行健會」這種男性的運動俱樂部更能體現出男性社交圈(homosociality)的典型？從這個角度來說，公園是胡適的男性唱和圈的延伸。說它是傳統男性酬唱的園林文化藉著現代公園而接枝還魂，固無不可。然而，更貼切地說：公園這個現代西方輸入的新空間概念為提供了胡適更寬廣的男性唱和圈。

---

182 《胡適日記全集》，3：315。
183 《胡適日記全集》，3：316。
184 《胡適日記全集》，3：664。
185 《胡適日記全集》，3：8。
186 《胡適日記全集》，3：19、20。
187 《胡適日記全集》，3：706。

圖17　1922年6月30日Catherine Dreier幫胡適攝於北京中央公園（胡適紀念館授權使用）。

教學相長

　　在討論分析胡適在北大的教學以前，我先要改正我在《璞玉成璧》的第八章裡的一個錯誤。這個錯誤是關於胡適在北大的第一年——1917學年度——所開的確切的課程名目。我在寫《璞玉成璧》的時候，是將信將疑地列下了胡適第一年在北大所開的課程。當時，我舉出了三個不同的版本：曹伯言[188]、歐陽哲生[189]，以及胡適自己的說法[190]。曹伯言跟歐陽哲生都是根據《北京大學日刊》的記載臚列出來的，只是第一學期的課程名目稍有些許出入而已。胡適自己的說法，則是寫在他1917年11月21日寫給韋蓮司的信。

　　先說曹伯言跟歐陽哲生的版本。根據曹伯言，胡適在1917學年度第一學期的課程如下：「中國哲學」、「中國哲學史」、「英國文學」與「英譯亞洲文學名著」；第二學期的課則為：「中國哲學史」、「西洋哲學史」、「英詩」以及「英譯歐洲文學名著」[191]。根據歐陽哲生，胡適在1917學年度第一學期所開的課是：「英國文學」、「英譯亞洲文學」、「歐洲文學史」以及「中國名學鈎沉」；第二學期的課則

188　曹伯言等編，《胡適年譜》（合肥：安徽教育出版社，無年月），頁122、125。
189　歐陽哲生，〈胡適與北京大學〉，《新文化的傳統——五四人物與思想研究》（廣州：廣東人民出版社，2004），頁294注3。
190　Hu Shih to Clifford Williams, November 21, 1917，《胡適全集》，40：204。
191　轉引自曹伯言等編，《胡適年譜》，頁122、125。

是：「中國哲學史大綱」、「西洋哲學史大綱」、「英詩」以及「英譯歐洲文學名著」[192]。

我當初看曹伯言跟歐陽哲生所臚列出來的課程的時候，就覺得其中一門課的名稱可能有誤。「英譯亞洲文學名著」不太可能會是20世紀初年所開的一門課程。那應該是「英譯歐洲文學名著」才對。理由很簡單：首先，胡適不可能會開亞洲文學的課程，他沒有那方面的素養。其次，20世紀初年不可能會有適合「英譯亞洲文學名著」教學的書籍。等我後來好好地看了《北京大學日刊》，以及比對過北大英語系的課程以後，方才領悟到那根本就是手民誤植！換句話說，所謂的「英譯亞洲文學名著」，根本就應該是「英譯歐洲文學名著」。等我後來在《北京大學日刊》上看到1917年12月底所公布的〈文科大學現行科目修正案〉以後[193]，我的懷疑於是得到了證明。

歐陽哲生說胡適第一學期在北大所開的「中國名學鉤沉」。其實那是我在本部第一章裡所說明的，那是他在北大1917年成立的北大研究所的哲學門裡所開的一門課。這個設有文、理、法三科的研究所，用我在第一章的話來形容，是一個沒有公開招考的程序、沒有學程、沒有年限、沒有畢業的規定、不授予學位，不曾制度化的教育嘗試。它的失敗當然是不足爲奇的。胡適在北大研究所成立的時候，是教授群裡的超級巨星。他一個人身兼所有文科三個研究所的專題課程。哲學門兩個專題：「歐美最近哲學之趨勢」以及「中國名學鉤沉」；英文門：高級修辭學；國文門：小說(與劉半農、周作人合開)。當時在哲學門三年級就讀的馮友蘭，就跟胡適選習了「歐美最近哲學之趨勢」以及「中國名學鉤沉」[194]。

至於胡適1917年11月21日寫給韋蓮司的信，我就完全找不到任何證據來佐證了。胡適在這封信裡，說他在北大開的課是：「中國哲學」、「英譯歐洲文學名著」、「英詩」、「中國歷史研究法」。他還說他也正在籌組北大的歷史研究所，成立以後，他將擔任歷史研究所的主任[195]。胡適說他開「中國歷史研究法」的課程，他應該是不會亂說的。北大1917年所修訂的課程表裡也確實有這門課。

更有意味的則是一個新的發現。在我比較有系統地翻閱了《北京大學日刊》以後，我領悟到一個我從來沒聽人談起過的北大的學制的問題。這也就是說，胡適初到

---

192 歐陽哲生，〈胡適與北京大學〉，《新文化的傳統——五四人物與思想研究》，頁294注3。

193 〈紀事：文科大學現行科目修正案〉，《北京大學日刊》，第35號，1917年12月29日，第一至二版。

194 〈記事：哲學門研究所〉，《北京大學日刊》，第12號，1917年11月29日，第二版。

195 Hu Shih to Clifford Williams, November 21, 1917，《胡適全集》，40：204。

北大時候，北大的一學年有三學期。第一學期，從九月到十二月；第二學期，從正月到三月；第二學期與第三學期之間有幾天的春假；第三學期春假過完以後開始，從四月至六月。這個學制很像許多美國大學所採用的「學季」（quarter）制度，就是一年有三個學期，加上暑期班。唯一的差別是北大沒有暑期班，一年只有三個學期。北大當時的制度也很像日本的學制。主要不同的地方，是日本的學制，四月至六月是第一個學期。由於當時北大的第一個學期的時間比其他兩學期長，學費因此也比較高。比如說，1918學年度第一學期本科的學費是12元，其他兩個學期則各為9元。換句話說，當時北大本科一年的學費是30元，分三期繳付[196]。

當時北大一年有三個學期的制度，可以從胡適的一則日記得到佐證。1921學年度的第三學期由於教授索薪不成而罷課掉了。胡適在6月28日的日記裡提出了一個善後的辦法來補課：

一、暑假中籌辦招考事。

二、提早開學，約在八月中旬到下旬。

三、自開學至十一月底，為第三學期，補完上學年。

四、自十二月一日到二月底為第一學期；三月一日到五月底為第二學期；六月一個月加上暑假學校為第三學期，趕完下學年。

五、開學後，不放假期。

六、如此，則下學年度的課程、書籍、教員等事，尚可從容籌備，而上學年的功課也不致敷衍過去。[197]

胡適敬業的精神促使他去提出這個善後的補課辦法。結果，等他人在上海幫商務印書館作評鑑工作的時候，北大卻議決了用一個月的時間，亦即9月10日到10月10日補一學期的課。從胡適1921年6月28日這則日記，以及北大硬是用一個月的時間來補前一學年第三學期的課的事實，我們可以知道北大當時是採行一學年三學期的制度。我推測北大改成一學年兩學期的制度是國民黨定都南京以後所規定的新學制。

幸運的是，在本部付梓的前夕，我到了台北，有圖書館利用之便，居然讓我找到了這個從一年三學期制轉折成為兩學期制的軌跡的證據。根據1912年9月3日教育部所

196〈本校紀事：招生辦法已經評議會修改〉，《北京大學日刊》，第130號，1918年5月7日，第二至三版。

197《胡適日記全集》，3：141。

頒布的〈學校學年學期及休業日期規程令〉：「第二條：一學年分爲三學期。元月一日起至三月三十一日爲一學期。四月一日起至七月三十一日爲一學期。八月一日起至十二月三十一日爲一學期。」把一年三學期制改爲一年兩學期制的法令，則是國民政府教育部在1929年6月21日所公布的〈學校學年學期休假日期規程〉：「第二條：一學年分爲二學期，以八月一日至一月三十一日爲第一學期，以二月一日至七月三十一日爲第二學期。」[198]

　　我根據《北京大學日刊》的記載、胡適的日記，並參照了北大《哲學系課程一覽》[199]，整理出胡適從1917到1925學年度在北大所開的課程。爲了達到一目了然的效果，我特別製作了表5.2。這個表格當然不是完全的，特別是1921學年度的第二、三學期，以及1924學年度第二學期。不像他在那前幾年的日記會記下他上的課的名稱。他在1922年的日記，常常只記「上課」，而沒有說明上什麼課。只有上「中國哲學史」以及「近世中國哲學」的時候，因爲那是他的興趣所在，而在「上課」之後，加幾句話說上課的內容。希望將來的研究者能夠在這個基礎上整理出胡適在這幾年之間所開的所有課程。

表5.2　胡適1917到1925學年度在北大所開課程

	第一學期	第二學期	第三學期
1917學年度	中國哲學史 英譯歐洲文學名著 英文學(英詩？)	中國哲學史 西洋哲學史 英詩 英譯歐洲文學名著	中國哲學史 西洋哲學史 英詩 英譯歐洲文學名著
1918學年度	中國哲學史 西洋哲學史 戲劇(三)	中國哲學史 西洋哲學史 戲劇(三)	中國哲學史 西洋哲學史 戲劇(三)
1919學年度	中國哲學史 西洋哲學史 論理學 英詩	中國哲學史 西洋哲學史 論理學 英詩	中國哲學史 西洋哲學史 論理學 英美現代詩
1920學年度	中國哲學史 西洋哲學史	中國哲學史 西洋哲學史	西洋哲學史[a] 中國哲學史

---

198 〈學校學年學期休假日期規程〉，轉引自《北京大學史料》第二卷，第一分冊，1912-1937，頁227。

199 《哲學系課程一覽》(無日期)[1922學年度]，「胡適紀念館」，HS-JDSHSC-0380-004。

	英詩	英詩	論理學 英詩
1921學年度	中國哲學史 中國近世哲學 杜威著作選讀[b] 英文演説 古印度宗教史[c]	中國哲學史 中國近世哲學 杜威著作選讀[b] 古印度宗教史[c]	中國哲學史 中國近世哲學
1922學年度	中國哲學史 近世中國哲學 論理學 英文作文 杜威著作選讀[b] 短篇小説 寫實主義與自然主義	休假[d]	休假
1923學年度	休假	請病假	中國哲學史 中國近世哲學 清代思想史
1924學年度	請病假	英漢對譯[e] 中國近世哲學	中國近世哲學 中國哲學史 清代思想史
1925學年度	請假	請假	請假赴歐

a 因為教授罷教，該學期在1921年9月8日至10月10日補課。
b 是英語系「英文作文」名目下的課。
c 幫鋼和泰(Alexander von Staël-Holstein)男爵在課堂上作翻譯。
d 北大教授有教五年休假一年的制度。蔡元培原來不准胡適休假一年。然而，胡適病得嚴重。最後還是准他從1922年12月17日起休假一年。
e 徐志摩請假，胡適代他上的課。該學期的兩門課，是北大應教學需要，商請養病中的胡適特授的。

表5.2提供了我們許多非常有意義的線索，讓我們去重建胡適在北大授課的諸多面向。胡適在北大所開的課程，第一年是哲學與文學各半。這是一個值得令人玩味的事實。英國文學雖然是胡適在康乃爾大學的主修之一，那畢竟是大學部的課程。毫無疑問地，以胡適在美國大學所學，以及他自己在課外的自習，包括他自己用英文所從事的創作，他是絕對有足夠的資格來教中國大學生的英文的。然而，所謂「術業有專攻」，文學畢竟不是胡適的專業。有趣的是，一直到胡適在1925年離開北大為止，他一直是北大的英語系主任。反之，哲學是專業的他，在那一段時間裡，就從來沒當上

哲學系的主任。1918年2月，哲學部教授會成立。系裡的六位教授開會投票，除了陶孟和得兩票以外，其餘包括胡適在內的教授都各只得一票。陶孟和於是當選爲主任[200]。1921年9月系主任選舉，陶孟和、胡適、蔣夢麟都各得一票，校長加陶孟和一票，於是陶孟和又當選爲系主任[201]。到了1924年系主任改選的時候，陳大齊得了七票當選爲系主任。而胡適居然還是只得一票[202]。

其實，即使在英語系裡，除了胡適所扮演的角色也逐年改變以外，他所開的課程也隨著他興趣的轉變而有所改變。「英譯歐洲文學名著」，他只教了一年，也就是他在北大的第一年。「英文演說」，他至少跟楊蔭慶在1921學年度的第一學期合開過一次[203]。「英詩」，胡適教了三年：1917、1919、1920學年度。根據北大1921學年度的《英文學系課程一覽》，胡適在「英詩」班上所用的書有兩本：「用Manly's *English Poetry*，略述四百年詩之沿革。於近二十年之新詩運動，則用Monroe and Henderson之*New Poetry*。」[204]

胡適在這本《英文學系課程一覽》所說的Manly's *English Poetry*，是美國芝加哥大學英文系主任John Matthews Manly(門立)所編的。書名就是*English Poetry (1170-1892)*(英詩，1170-1892)，是1907年出版的。全書不包括索引，就有563頁之厚。Monroe and Henderson 之 *New Poetry* 是 Harriet Monroe(哈莉特‧孟錄)和 Alice Henderson(愛麗絲‧安德森)所合編的*The New Poetry: An Anthology*(新詩選集)，是1917年出版的。

然而，我們不能假定胡適每次教「英詩」都是這種歷史性的鳥瞰。北大1924學年度的《英文學系課程指導書》裡載有胡適名下的「詩(二)」一課。根據其簡介，該課程：「讀19世紀大家專集。第三四年生選修。」[205]換句話說，在「英詩」的名下，胡適在這幾年所教的「英詩」，可能在其所含括的時代以及教授的內容並不是每次都相同的。

---

200 〈本校紀事：哲學部教授會成立〉，《北京大學日刊》，第76號，1918年2月25日，第二版。

201 〈校長通告〉，《北京大學日刊》，第848號，1921年9月23日，第一版。

202 〈校長布告〉，《北京大學日刊》，第1639號，1924年3月6日，第一版。

203 〈英文學系課程一覽〉，十年至十一年度，頁5，「胡適紀念館」，HS-JDSHSC-2144-003。

204 〈英文學系課程一覽〉，十年至十一年度，頁3，「胡適紀念館」，HS-JDSHSC-2144-003。

205 〈英文學系課程指導書〉，十三年至十四年度，頁6，「胡適紀念館」，HS-JDSHSC-2144-006。

　　此外，胡適在1918學年度教了一整年的「戲劇」。我們不知道胡適當年在「戲劇」班上所教的戲劇，以及所用的書是什麼。根據北大1920學年度的《英文學系學生指導書》，胡適所教的「英文學(三)戲劇」的課程簡介如下：「此科可名為『英國戲劇史料一斑』。學者於前二年已略知近代戲劇之大概。故此科注重Elizabethan(伊利莎白，16世紀下半葉)及Restoration(復辟，17世紀下半葉)兩個時代之戲劇。用書為：Shakespeare(莎士比亞): *Hamlet*(哈姆雷特), *Othello*(奧塞羅), *King Lear*(里爾王); *Minor Elizabethan Drama*, Vol. 1(伊利莎白時期次要戲劇，第一冊); *A Book of Restoration Plays*(復辟時期戲劇)。」[206]胡適在這個課程簡介裡所提到的最後這兩本書可能都是英國「人人叢書」(Everyman's Library)出版的。

　　胡適教「戲劇」只在1918年教了一年，「英詩」教到了1920年。雖然1924年英語系的課程表上還印有胡適教授「英詩」的課，因為胡適在1925年秋天以後就請假、出國、然後留居在上海，胡適教授在北大英文課程的經歷到此告了一段落。從專業化的意義來說，胡適在英語系玩票的生涯結束，也意味著北大英語系在專業化上更上了一層樓。到了1924學年度，「小說(一)」的教授是陳源、「小說(二)」是柯勞文(Grover Clark)、「戲劇(一)」是郁達夫、「戲劇(二)」是陳源、「詩(一)」是柴思義(Lewis Chase)。此外還有柯勞文夫人、老牌的畢善功(Louis Bevan)、胡適的好友徐志摩、以及英語系的新血溫源寧和林語堂[207]。

　　更重要的是，胡適自己的興趣也早已經轉變了。胡適在1922年秋天教「英文作文」的課。「胡適檔案」裡有一份胡適手寫的「英文學系」的課程表，其中，「作文(三)」是胡適教的，其課程簡介曰：「第三年生必修。第四年生可選。此科意在使學生試作文學的文字。先從翻譯中國文學小品入手，間及韻文，以次漸作自己創作的文字。」[208]胡適在這個課程簡介裡的英文習作的門徑，簡直就是他留美時期習作英詩的「夫子自道」。

　　更有意味的，是胡適在1922年秋天所開的另外兩門課：「短篇小說」和「寫實主義與自然主義」。這兩門課完全體現了胡適的文學理念。先說短篇小說，胡適在〈短篇小說〉裡說：

---

206 〈英文學系學生指導書〉，九年至十年度，頁3，「胡適紀念館」，HS-JDSHSC-2144-002。
207 〈英文學系課程指導書〉，十三年至十四年度，「胡適紀念館」，HS-JDSHSC-2144-006。
208 胡適手寫，〈英文學系〉(無年月)，頁4。「胡適紀念館」，HS-JDSHSC-2144-005。

　　最近世界文學的趨勢，都是由長趨短，由繁多趨簡要……小說一方面，自十九世紀中段以來，最通行的是「短篇小說」。所以我們簡直可以說，「寫情短詩」，「獨幕戲」，「短篇小說」三項，代表世界文學最近的趨向。這種趨向的原因，不止一種：一、世界的生活競爭一天忙似一天，時間越寶貴了，文學也不能不講究「經濟」。若不經濟，只配給那些吃了飯沒事做的老爺太太們看，不配給那些在社會上做事的人看了。二、文學自身的進步，與文學的「經濟」有密切關係。斯賓塞說，論文章的方法，千言萬語，只是「經濟」一件事。文學越進步，自然越講求「經濟」的方法。有此兩種原因，所以世界的文學都趨向這三種「最經濟的」體裁。[209]

如果我們用胡適這種褊狹的文學理念來衡量，則可以長達五幕的易卜生的戲劇也顯然太不「經濟」、而該被淘汰了。

　　如果短篇小說是胡適理想的體裁，寫實主義就是胡適理想的文學技巧。他在1921年6月3日的日記裡說得最為直接：「戲劇所以進步，最大的原因是由於19世紀中歐洲文學受了寫實主義的洗禮。到了今日，雖有神秘的象徵戲如梅特林(Maeterlinck)的名劇，也不能不帶寫實主義的色彩，也不能不用寫實主義做底子。現在的妄人以為寫實主義已成過去，以為今日的新文學應談『新浪漫主義』了！這種懶人真不可救藥！」[210]

　　「寫實主義與自然主義」這門課，根據北大1922年〈英文學系指導書〉的課程簡介：「選讀Flaubert(福樓拜)，Zola(左拉)，Maupassant(莫泊桑)，Butler(巴特勒)，Hardy(哈代)諸家之作品，隨時討論其技術與主張。第一學期讀Flaubert's *Madame Bovary*(包法利夫人)，Maupassant's *Une vie*(一個婦人的一生)(皆在Modern Library叢書中，商務京館代售)。第三四年生選修。」[211]

　　根據北大1922年〈英文學系指導書〉的課程簡介，「短篇小說」：「研究Maupassant(莫泊桑)，Chekov(契訶夫)，Tolstoi(托爾斯泰)，Balzac(巴爾扎克)，Kipling(吉卜林)，O'Henry(奧亨利)諸家的短篇小說，討論其技術。習此科者，除讀書討論外，亦須試著短篇小說，以為練習。第三四年生選習。」[212]根據胡適自己用紅筆所訂正的1925學年度的〈英文學系課程指導書〉，胡適所開的「小說(三)」：

209 胡適，〈短篇小說〉，《胡適全集》，1：135-136。
210《胡適日記全集》，3：77。
211〈專件：英文學系指導書〉，《北京大學日刊》，第1078號，1922年10月6日，第三版。
212〈專件：英文學系指導書〉，《北京大學日刊》，第1078號，1922年10月6日，第三版。

「選讀五、六十篇短篇小說，研究短篇小說的技術。本系第三四年生選修。」[213]

　　胡適是一個讀書用功、教書認真的人。同時他也是一個懂得教學相長的人。他在教「短篇小說」之餘，也技癢把一些他所喜歡的短篇小說翻成中文。我們從他所翻譯的《短篇小說》第一集所收的各篇所翻譯的日期，就可以知道他從留美時期就開始著手從事短篇小說的翻譯。《短篇小說》第一集有十一篇。其中，六篇是他還在美國當學生時候的譯作：都德的〈最後一課〉、〈柏林之圍〉；吉卜林的〈百愁門〉；泰來夏甫(Teleshov)的〈決鬥〉；莫泊桑的〈梅呂哀〉、〈二漁夫〉。其他的五篇是胡適初回國的兩年之間翻譯的：莫泊桑的〈殺父母的兒子〉；契訶夫的〈一件美術品〉；史特林堡(Strindberg)的〈愛情與麵包〉；卡德奴勿(Castelnuovo)的〈一封未寄的信〉；以及高爾基的〈她的情人〉。胡適在1922年秋天教「寫實主義與自然主義」。他在這門課裡要學生讀莫泊桑的《一個婦人的一生》(*Une vie*)。這本小說，胡適自己是在1920年5月6日晚上讀的。他在當天的「日程表」的「實行」欄裡記：「六點到七點：看Maupassant's *Une Vie*；十點：看*Une Vie*，至一時完。此書甚好。」[214]

　　從教學相長的角度來看，胡適在英語系開課教「短篇小說」與「寫實主義與自然主義」，是「學」而後「教」的實例。就像他在《短篇小說》第一集的〈譯者自序〉裡所說的：「我是極想提倡短篇小說的一個人。可惜我不能創作，只能介紹幾篇名著給後來的新文人作參考的資料。」[215]胡適的《短篇小說》第二集，更是他教學相長的好例子。《短篇小說》第二集收了六篇。其中的一半，亦即三篇，都是「教」而後「譯」的產物：莫理孫(Morrison)的〈樓梯上〉是1923年3月10日譯成的；契訶夫的〈洛斯奇爾的提琴〉是他在煙霞洞「養病」——跟曹誠英過「神仙生活」——的時候所譯的。契訶夫的〈苦惱〉是他從煙霞洞回到北京以後譯成的，時間在1923年12月13日。

　　哲學是胡適的專業。表5.2所臚列的胡適在北大哲學系所開的課程，是最值得我們注意的。胡適第一年在北大所開的課程是哲學與文學各半。往後的幾年，哲學占了他所開課程的四分之三，唯一的例外是1922年度第一學期，亦即他1920年代在北大所教的最後一個學期。該學期他開的課程剛好又是哲學與文學各半。

　　更值得我們注意的是，胡適在北大哲學系所授的課程逐漸縮小範圍，以至於他變成了專授中國哲學史的教授。胡適最後一次教「西洋哲學史」是在1920學年度。換句

213〈英文學系課程指導書〉，十四年至十五年度，頁6。HS-JDSHSC-2144-007。
214《胡適日記全集》，2：703。
215 胡適，〈短篇小說第一集：譯者自序〉，《胡適全集》，42：300。

話說，胡適在北大只教了四年的「西洋哲學史」。根據北大哲學系1922學年度所定的「哲學系課程一覽」，「西洋哲學史」是由留法的徐旭生教授[216]。兩年以後，北大哲學系的「西洋哲學史」改由獲得英國牛津大學博士學位剛回國的張頤教授。張頤除了「西洋哲學」以外，還教授「康德哲學」。徐旭生自己則教授「法國哲學」、「笛卡兒、斯賓諾莎哲學」，以及「笛卡兒研究」[217]。

換句話說，胡適所在的北大哲學系已經變得越來越專業化。胡適雖然在美國學的是哲學，但那是大學部程度的哲學。他的博士學位寫的又是《先秦名學史》。從專業化的角度來說，胡適不再教授「西洋哲學史」，就跟他不再教授「英詩」、「西洋戲劇」一樣，是北大進步的表徵。

北大既然先有徐旭生，然後又有張頤教授「西洋哲學史」，從1921學年度開始，胡適在北大哲學系教授的科目就集中在「中國哲學史」與「中國近世哲學」。從1923學年度的第三學期開始，胡適加授「清代思想史」。這門「清代思想史」，他在1924學年度的第三學期，也就是他在北大的最後一學期，他又教授了一次。無論是從北大哲學系或者從胡適自己的角度來看，胡適的課程安排都是兩全其美的。對北大而言，那是善用胡適的專長；對胡適而言，那是藉教學相長之利來準備寫他的《中國哲學史》中、下篇。

有意味的是，胡適在不教「西洋哲學史」以後，卻又在英語系的「英文作文」名下開了一門哲學的課，亦即「杜威著作選讀」。他在1921年10月27日的日記說：「上課，英文作文，新設一科為『杜威著作選讀』。我初限此班不得過三十人，乃今日第一次上課竟有六十餘人之多。可惜去年杜威先生在此時我因病不能設此一科。」[218]11月1日的日記又說：「下午，『杜威著作選讀』科。此班學生似肯讀書，所問似皆中肯。故我也很高興。」[219]

胡適沒說他讓學生看的杜威著作究竟是哪一本。然而，他在第二學期第二次教這門課時的兩則日記，說明了他這年用的書是杜威的《思維術》(*How We Think*)。1922年2月7日：「下午講*How We Think*第十四講。」[220]2月14日：「下午，杜威的*How We Think*完。」[221]等到胡適在1922年第一學期再度開這門課時，他改用了杜威的《哲

---

216 〈專件：哲學系課程一覽〉，《北京大學日刊》，第1080號，1922年10月9日，第三版。
217 〈本校布告〉，《北京大學日刊》，第1525號，1924年9月23日，第二至四版。
218 《胡適日記全集》，3：383。
219 《胡適日記全集》，3：386。
220 《胡適日記全集》，3：427。
221 《胡適日記全集》，3：432-433。

學的改造》。我們之所以能知道胡適用這本書的原因，是因為1922年10月14日的《北京大學日刊》刊登的一份註冊部的通告：「英文哲學選讀用書：J. Dewey, *Reconstruction in Philosophy*〔杜威，哲學的改造〕，先已去信天津伊文思書館訂購。何時能到尚未得回信。但學課不能久曠。擬自下星期起即開始授課。望同學諸君設法從同學之間借用此書上課為要。」[222]

　　五四運動以後胡適聲名有如旭日東升，無怪乎選他的課的學生總是很多。他在1922年10月23日的日記說：「第一次上課——短篇小說。我只預備三十人一班。現在竟有七十人至多，幾乎無法教授。」[223] 1920年夏天，胡適到南京的南京高等師範學校——也就是後來的東南大學、國民政府時期的中央大學——教暑期班。他講授了兩門課：「中國古代哲學史」和「白話文法」[224]。胡適在1920年9月11日，北大開學典禮上的演說說：「我暑假裡在南京高等師範的暑期學校裡講演，聽講的有七八百人，算是最時髦的教員了！這些學員是從十七省來的，故我常常願意同他們談天。」[225] 雖然胡適說的是他在暑期學校裡「講演」，然而，從他說：「我常常願意同他們談天」這句話看來，他說的是課堂上的情景。只是，我們不知道這七八百人是不是兩班加起來的數目。無論如何，這種慕名而來選修胡適課的現象一直持續到1930年代。

　　胡適是一個認真的老師。西洋哲學史雖然不是他的專門，他會認真地備課，絕不誤人子弟。他在1919年到1920年的「日程與日記」裡，常有他在上課前一天備課的記錄。他經常備課到半夜：

　　　　1919年11月27日：〔晚上十點〕看Plato〔柏拉圖〕

　　　　1919年11月28日：〔上〕西哲史：Plato

　　　　1919年11月30日：預算要「預備論理學」，結果「打牌」

　　　　1919年12月1日：預算要預備論理學；「實行」欄打勾，從九點到十點

　　　　1919年12月2日：〔上〕論理學：〔講〕分類，名

　　　　1919年12月4日：預算「預備Plato」，「實行」欄打勾，從九點到「一時半」

222 〈註冊部布告〉，《北京大學日刊》，第1085號，1922年10月14日，第一版。
223 《胡適日記全集》，3：898。
224 〈專件：南京高等師範學校暑期學校一覽〉，《北京大學日刊》，第629號，1920年6月9日，第二至四版。
225 〈開學演說錄：胡適之先生演說詞〉，《北京大學日刊》，第696號，1920年9月18日，第三版。

　　1919年12月5日：〔上〕西哲史：Plato完

　　1919年12月8日：預算從七點到十點「預備Logic」，結果從七點到九點半「大會」、九點半到十點「打球」

　　1919年12月9日：〔上〕論理：〔講〕名—辭

　　1920年1月15日：〔晚上九點到十點〕預備哲學史Aristotle〔亞里斯多德〕

　　1920年1月16日：〔上〕西哲史：Aristotle

　　1920年1月19日：〔晚上九點〕預備Logic〔邏輯〕

　　1920年1月20日：〔上〕論理〔講〕Induction I〔歸納法I〕

　　1920年1月22日：預算從七點到九點預備Aristotle，結果朋友來訪，改成十點準備

　　1920年1月23日：〔上〕西哲史：Aristotle：〔講〕一、方法論；二、第一哲學；三、物理、四、Ethics〔倫理學〕

　　1920年3月4日：從十點預備西哲史至三時

　　1920年3月5日：〔上〕西哲史：經院哲學(完)下次講Renaissance〔文藝復興〕

　　1920年3月15日：〔晚上八點〕預備功課：Logic〔邏輯〕

　　1920年3月16日：〔上〕Logic: Probability〔邏輯：概率〕

　　1920年3月22日：從十點預備Logic〔邏輯〕至二時半

　　1920年3月23日：〔上〕Logic：史學as an example〔用史學作例子〕

　　其實，胡適何只是教「西洋哲學史」的時候不怠慢。即使是「中國哲學史」的題目，只要他還不熟悉，他會徹底地作好準備才去上課。這不只是因為胡適是一個認真的老師，而且還因為他當時有把他的《中國哲學史》中、下兩卷一氣呵成寫完的大志。他在1921年1月18日給他的族叔——他從小一起長大的讀書夥伴——胡近仁的信上說：「《哲學史》中、下卷大概夏間可成。」[226]

　　事實上，胡適以教學相長的方式，孜孜於從事他的《中國哲學史》的續卷的工程，這件事他是不吝於向外人表白的。他在1925年初的時候，一定是把這件事在信上告訴了蔡元培。因此，蔡元培在回信裡說：「知貴體漸康復，於授課外兼從事中國哲學史長編，甚慰，甚慰……承示北大當確定方針，純從研究學問方面進行，弟極端贊

---

226 胡適致胡近仁，1921年1月18日，《胡適全集》，23：340。

同。八月中旬准啟行回國。」[227]

　　這個作長編以為寫《中國哲學史》續卷的準備的作法，胡適自己在1925年1月25日起稿、但從未完成的〈一九二四年的年譜〉裡也作了說明：

> 擬作的書有幾種，皆未成。第一為《禪宗史稿》，乃《哲學史》的禪宗一部的長編。此書將來一定續成，大概有點價值。第二為《清代思想史》，為大學講義；明年如再講一次，可以寫定。[228]

　　甚至到了胡適的晚年，眼看著他的《中國哲學史》已經不可能完卷，他仍然對胡頌平解釋他的〈淮南王書〉就是他為寫《中國哲學史》中古篇所作的「長編」：

> 這本小書是我十九年〔1930〕在上海寫的〈中國中古思想史長編〉的第五章。長編的意思就是放開手去整理原料，放開手去試寫專題研究。不受字數的限制，不問篇幅的短長。長編是寫通史的準備工作。就是說，通史必須建築在許多「專題研究」的基礎之上。[229]

　　事實上，1920年代的胡適似乎胸有成竹，認為他的《中國哲學史》全編的完成是指日可待。我們從表5.2所臚列出來的課程，知道胡適從1923學年度的第三學期開始加授了「清代思想史」。這門「清代思想史」的意義非凡。「胡適檔案」裡現存有〈清代思想史〉一篇手稿。在這篇手稿的起首，胡適就說：「這是我的《中國哲學史》的最後一部分。」[230]換句話說，到了1923學年度結束以後，胡適已經在教學相長的過程中，從「中國哲學史」（特別是中古部分）、「中國近世哲學」、「清代思想史」的教材上初步地整理出長編的材料，以供給他完成他《中國哲學史》的名山大業。可惜，生病、煙霞洞的神仙生活，以及往後三十年的種種讓他分心的政治、學術、外交、客居、流亡，與「星星月亮」的因緣，終於使他遭受到「壯志未酬」的運命。

　　無論如何，胡適教學、「教」、「著」相長最典型的例子，就是他在1920年春天，用了兩個月的時間來準備他在「中國哲學史」課裡所要講的王充：

---

227 蔡元培致胡適，1925年5月13日，《胡適往來書信選》，2：329。
228 《胡適日記全集》，4：292。
229 胡頌平，《胡適之先生晚年談話錄》，頁234。
230 胡適，〈清代思想史〉，《胡適全集》，8：191。

　　1920年3月5日：「看《論衡》，用《太平御覽》試校一點」

　　1920年3月11日：預算看《論衡》，結果沒實行

　　1920年3月28日：從下午一點到兩點讀《論衡》；四點：「看書搜集材料」

　　1920年4月15日：下午兩點到五點：「整理《論衡》材料」；晚上九點：「〔整理〕王充材料」

　　1920年4月16日：從下午三點至半夜一時半「作王充章」

　　1920年4月18日：預算下午一點和晚上八點預備王充，結果沒實行

　　1920年4月20日：「論理學」停上；「〔作〕〈王充〉」

　　1920年4月21日：晚上八點：「〈王充〉章未完」

　　1920年4月25日：下午兩點到五點：「作〈王充〉」

　　1920年4月26日：從下午兩點到五點作〈王充〉

　　1920年4月27日：從九點到十一點作〈王充〉

　　1920年4月28日：十點寫「〔作〕〈王充〉」

　　1920年4月29日：下午五點：「〔作〕〈王充〉」

　　1920年5月4日：從下午一點到三點：「作〈王充〉完」；從晚上九點到十點看《後漢書》；預備哲學史第八章

　　1920年5月5日：晚上八點：「看《後漢書》」

　　1920年5月7日：胡適在6日送杜威一家人到天津。7日上午九點坐火車回北京，車中看《後漢書》廿卷；中午抵北京。從下午一點到晚上十點：「看《後漢書》完」

　　1920年5月19日：上中哲史，講〈王充〉完

　　胡適會花這麼大的精力與時間來準備「王充」，因為這關係到他寫《中國哲學史》中卷的大業。由於1921年到1922年間的日記是胡適一生中記得最為詳盡的兩年，其所留下來的胡適教學相長的痕跡也是最為顯著的。1921學年度的第一學期是胡適第一次教授「中國近世哲學」。根據胡適在1922學年度北大《哲學系課程一覽》裡的課程說明，「中國近世哲學」的講授大綱如下[231]：

---

231 《哲學系課程一覽》，(無日期)[1922學年度]，頁3-4，「胡適紀念館」，HS-JDSHSC-0380-004。

1. 近世哲學之政治社會的背景

2. 由道士至道學

3. 方法論的時期

4. 二程學派

5. 同時的佛家

6. 朱熹

7. 陸九淵

8. 永嘉學派

9. 朱學之發展

10. 朱學之一尊

11. 朱學之反動：一、陳獻章

12. 朱學之反動：二、王守仁

13. 王學之「左翼」

14. 宋明理學之反動：一、實用學派

15. 宋明理學之反動：二、樸學

16. 樸學之精神與方法

17. 所謂「漢學」

18. 新「宋學」

19. 「今文學」

20. 回顧與希望

　　10月21日，胡適在課堂上講第一章：「近世哲學之政治社會的背景」。當天的日記裡，他記他：「讀《范仲淹集》，甚有所得。」[232]他所記下的主要是有關當時的米價。第二天22日的日記記他讀《宋史記事本末》，從司馬光所云可以佐證昨天的日記。他又：「讀《王安石集》，摘其中要論。王安石為當時一大怪物，魄力之雄厚，二千年中無第二人。」[233]

　　胡適讀王安石，因為那是他接下去要講的課題。10月25日：「上課，近世哲學講背景(二)：王安石的變法。」[234]在這一天以後的日記，基本上就是胡適備課與講課

232 《胡適日記全集》，3：377。
233 《胡適日記全集》，3：377。
234 《胡適日記全集》，3：380。

的記錄：

10月31日：「讀李覯(泰伯)的《直講集》。李覯在北宋是一個極重要的思想家。而《宋元學案》不爲他立傳，只把他附在范仲淹的學案內，可謂冤枉(黃宗羲原本無學案，全祖望擬立《盱江學案》，後不知何故又並入《高平學案》)。當日大江以南，李覯乃是一個大師，禪門大師如契嵩之流皆很注意他的言論。今讀他的集子，更可以知道他的思想最有條理，最有精采，最可代表江西學派的精神。故我把他提出來，特別注重。」

11月1日：「上課，近世哲學講思想的背景，始提出李覯的名字。我疑心王安石曾受李覯的影響，因爲他們兩人的思想真有點相同。」

11月2日：「我疑心王安石的思想與李覯有關係，但無證據。」今日在《宋史》《李覯傳》裡提他的門人鄧潤甫在王安石變法時代奏上李覯的遺著，「可見李覯的學說在新法一派人的眼裡確是同調。」同時，又發現李覯集裡有可以與前記米價互參證的資料。

11月7日：「續記李覯的學說。」

11月10日：「續記李覯的學說。」

11月14日：「補〈記李覯的學說〉完。此稿起於本月三日，前後凡十日——中間時有停頓——始成功，約一萬字。總算我爲他打了一個不平。」

胡適1921年的日記從11月14日以後缺，1922年2月4日又開始。這新一學期的日記，仍處處留下「中國近世哲學」備課與上課的痕跡。到他1922年2月份的日記時，胡適已經講到「中國近世哲學」的第四章：二程學派：

2月7日：「上課，『近世哲學』講程顥。用他的『天理』觀念作綱領，頗能貫通一切。」

2月14日：「上課，講程顥完，開始講程頤。」

2月17日：「上課，講程頤。」

2月24日：「上課，講程頤完。我講程頤，注重他的『致知』一方面。他的格物說，指出知爲行之明燈，指出思想如源泉，愈汲則愈清，指出『學原於思』，指出『懷疑』的重要，指出格物的範圍——這都是他的特別貢獻。宋代的哲學到此方才成爲獨立的學派。但這一方面被程門的弟子忽略過了，

大家只想尋一條捷徑。直到朱熹，方才直接程頤，發揮光大他的格物說。」

2月28日：「上課，講謝良佐〔注：程頤弟子〕。」

3月3日：「上課，講楊時〔注：程頤弟子〕。」

3月4日：「讀《宋元學案》卷36至39。」

3月5日：「讀《宋元學案》卷40——〈張九成學案〉。張九成說：『仁即是覺，覺即是心。』這是承程頤、謝良佐來的。他是宗杲的好朋友，故他老實提出『覺』字，更不諱禪宗的影響了。」

3月7日：「講尹焞、張九成。」

3月10日：「講張九成。」

3月14日：「上課，講羅從彥……我曾說程頤的格物說，乃是宋學的一大貢獻，乃是漢學的真淵源；而程門弟子無一人能傳其說者；他們都想走捷徑。直到李侗始回到程頤的格物說，至朱熹方才發揮光大此說。我今天讀朱熹的《大學或問》，得一絕好的印證……」

3月16日：「夜讀王懋竑《朱子年譜》。此書確是好書，清朝學者用謹密的方法治學史，應該有好成績。可惜不多見這一類的書。」

3月17日：「講李侗。」

3月20日：「讀《朱子年譜》……」

3月21日：「上課，講朱子。」

3月31日：「上課，講朱子的方法。」

北大4月初春假。春假過後，第三學期開始。

4月18日：「上課，講張栻〔注：與朱熹齊名〕。」

4月21日：「講陸九淵。」

4月25日：「講陸九淵的哲學方法。大旨說他這種方法固是對朱學的反動，卻實有趨向武斷主義的危險……」

5月2日：「上課，讀〔講〕浙學〔注：永嘉學派〕。」

5月5日：「上課，講陳亮〔注：永康學派〕。」

5月9日：「上課，講葉適。永嘉一派最富歷史的觀念。葉適最後死，成就尤大。」

5月10日：「上課，講評判精神的發展。」

6月2日：「上課，講葉適完。」

6月7日：「上課。自今日起，早七時增講近世哲學一時，每週共五時。今天講楊簡完。楊簡的哲學最有系統，遠勝陸九淵。我的講法分段如下：一、他的『一元的唯心論──泛心論(pan-psychism)』；二、涵義一：矯正那些戰戰兢兢的正心操心之說；三、涵義二：反理智主義：去智與故，無思無爲。」

6月9日：「七時上課，講宋元之間學派與政治的關係。」

6月12日：「上課，講薛瑄〔注：明代程朱學派理學家〕。」

6月13日：「上課，講吳與弼、胡居仁。胡居仁是朱學的正宗。」

6月16日：「上課，講陳獻章。」

6月20日：「上課，講陽明學派。」

6月21日：「上課，講王學。」

6月22日：「上課，近代哲學講泰州(王艮)與東林(顧憲成、高攀龍)兩派，作一結束……今年講近代哲學，頗有所得。但時間稍短，不能講完清代，是一個缺點。這是因爲我在第一學期太注重政治的背景，故時間不夠用了。」

　　胡適在「中國近世哲學」這門課教學相長的成果，毋庸贅言，除了幫他變成了一個完整的教材，也讓他知道以後不能再花太多時間講政治的背景以外，同時也爲他的《中國哲學史》下卷的「長編」累積了更多的資料。雖然他的《中國哲學史》的中下卷終究還是沒寫出來，他在備課期間所寫的〈記李覯的學說──一個不曾得君行道的王安石〉後來收錄在《胡適文存》第二集裡。

　　胡適本來在1922學年度還有一學年的時間，來再度演練他的「中國哲學史」以及「中國近世哲學」的。可惜，才開學一個月，他就病倒了。他那學期的課等於就「因」疾而終了。到了1922年，胡適已經在北大教滿五年了，照章他可以休假一年。然而，蔡元培不願意放胡適這個主力教授。胡適在該年3月27日的日記裡說：「子民先生不准我明年告假一年。」[235]結果，眼看著他愛將的身體似乎都已經到了一蹶不起的地步，蔡元培只好讓胡適從該年12月17日起休假一年。

　　胡適不只在「中國近世哲學」這門課得到了教學、教著相長的益處，他在1921學

---

235 《胡適日記全集》，3：484。

年度的第三學期教授「中國哲學史」中古段的時候，也同樣地得了其利：

　　3月21日：「讀《漢書〈郊祀志〉》。此書真是絕好史料。我讀此書已第四遍了。」

　　3月28日：「讀〈郊祀志〉。」〔意外地幫胡適解決了《墨子》〈貴義篇〉裡的「遷」字解〕。

　　3月29日：「上課，講新儒教。新儒教是儒、墨、方士的摻合物。〈郊祀志〉可代表它的背景、〈五行志〉可代表它的神學、董仲舒可代表它的哲學。」

　　3月30日：「讀康有為的《春秋董氏學》。這書乃是把《春秋繁露》分類編纂的，條理頗好……我以為董仲舒受墨家影響，有兩個證據：一、天志(天人感應之說)論；二、兼愛兼利之說。」

　　4月19日：「上課，講今文家的新儒教。」

　　4月21日：「上課，講古文家的新儒教。」

　　4月22日：「上課，講今文家的新儒教與古文家的新儒教的區別，大旨有一要點：前者重在災異；後者重在符讖。」

　　4月26日：「上課，用《周禮》來講古文家的新儒教。」

　　4月28日：「上課，講王莽的社會主義的政策。我們向來太冤枉王莽了。我近來仔細研究〈王莽傳〉及〈食貨志〉及《周禮》，才知道王莽一班人確是社會主義者……胡適臚列了許多他所抄下來的史料。」

　　4月29日：「記王莽的社會主義的設施。」

　　5月3日：「上課，講王充。」〔注意：有了他兩年前所作的筆記與文章，胡適這一次講課不需要再準備了。〕

　　5月5日：「上課，講王充。」

　　5月7日：「夜間作〈新儒教的成立〉一文。」

　　5月8日：「夜作〈新儒教的成立〉，未完。此文分段如下：一、釋『新儒教』；二、古宗教與墨教；三、各地的『民族的宗教』；四、政治的背景；五、董仲舒——今文家的新儒教；六、劉向與他的同時人；七、劉歆與王莽——古文家的新儒教。」

從這一天以後到這學期結束，胡適的日記裡沒有其他有關「中國哲學史」備課的

讀書札記。然而，他這學期教這門課的教著相長的成果是頗豐碩的。他的〈王莽──一千九百年前的一個社會主義者〉是在四個月以後，亦即9月3日寫成的，收在《胡適文存》第二集裡。後來，胡適又添加了材料，還把它翻成了英文在1928年發表，題目是：〈王莽──十九個世紀以前的社會主義皇帝〉(Wang Mang, the Socialist Emperor of Nineteen Centuries Ago)[236]。

　　胡適教學、教著相長還有一個更令人肅然起敬的例子，那就是他爲研究中古時期佛教在中國傳播所作的準備。作爲一個嚴肅、認眞的學者，胡適最令人敬佩的地方，就是他那求本究元的精神。他這個求本究元的精神最淋漓盡致地表現在他爲研究佛教所作的準備工作。首先，他在1920年努力地學習了梵文。

　　北大在1919年秋天成立了梵文班。根據該年10月14日《北京大學日刊》的報導：「本校擬設梵文班，每人每月納學費現洋二元。願學者望速向文科教務處報名。俟報名人數及額後開課。日期另行通告。」[237]十天以後，10月25日的《北京大學日刊》接著報導：「梵文班教習雷興先生現定於下星期三(29日)午後五時在文科第二十六教室與報名學梵文諸君會商一切。屆時務望齊集爲要。」[238]

　　這位雷興先生胡適在日記裡多次提到。1919年12月18日：「下午四點到五點：到筆管胡同7號見Lessing〔雷興〕。」[239]1920年5月31日：「晚上八點：Lessing請吃飯。」[240]6月13日：「Lessing家飯，會晤Wilhelm〔Richard Wilhelm，注：尉禮賢，德國漢學家〕。」[241]1922年8月29日：「邀鋼〔和泰〕先生和雷興(F. Lessing)先生到公園吃茶。偶談學術上個人才性的不同。尉禮賢對於中國學術，有一種心悅誠服的熱誠，故能十分奮勇，譯出十幾部古書，風行德國。鋼、雷和我都太多批評的態度與歷史的眼光，故不能有這種盲目的熱誠。然而我們三人也自有我們的奮勇處。馬寅初邀吃午飯，飯後與文伯到公園談話。」[242]1922年9月1日：「到鋼先生家吃飯，與他和雷興先生和在君談。」[243]

---

236 "Wang Mang, the Socialist Emperor of Nineteen Centuries Ago,"《胡適全集》，36：356-375。

237 〈本校布告：本校設梵文班通告〉，《北京大學日刊》，第460號，1919年10月14日，第一版。

238 〈本校布告〉，《北京大學日刊》，第469號，1919年10月25日，第一版。

239 《胡適日記全集》，2：582。

240 《胡適日記全集》，2：724。

241 《胡適日記全集》，2：737。

242 《胡適日記全集》，3：735。

243 《胡適日記全集》，3：740。

雷興的全名叫做"Ferdinand Lessing"，是德國人。雷興有學語言的天分，他會蒙文、藏文、梵文、中文和俄文。他是德國有名的語言學家繆勒(F.W.K. Müller)的學生。雷興在1907年到中國作研究。這一待，就待了十七年。雷興在中國所作的工作就是研究與教書。1925年，雷興回到德國，寫成他的博士論文，開始教書。1927年，他繼他的老師繆勒成爲柏林民族學博物館(Museum für Völkerkunde)的館長。1930年代初，雷興參與瑞典考古探查家斯文・赫定(Sven Hedin)的探查團到蒙古探查。1935年，雷興接受美國加州大學柏克萊校區的邀請，出掌該校的東方語言系[244]。

胡適在日後的日記裡還提到過雷興。比如說，1931年2月12日：「到齊如山家吃茶，會見Dr. Lessing〔雷興〕& Dr. Schierlitz〔音譯：許立茲，Ernst Schierlitz，1930年代北平輔仁大學《華裔學志期刊》(*Monumenta Serica*)編輯之一〕及梅蘭芳。Lessing說『茉莉』出於梵文manika(?)。他問劇本角色有『末尼』，與『摩尼』有無關係？我們都不能答。」[245] 1938年2月16日：「下午，馬〔如榮〕君來接我去Berkeley〔柏克萊校區〕，到Dr. Lessing〔雷興〕家吃飯。」[246] 1938年5月4日：「Dr. F.D. Lessing〔雷興〕來談。他今夜上船回德國。他聽說我已辭了Univ. of California〔加州大學〕之聘，甚失望。他力勸我再考慮此事。」[247] 胡適說雷興很失望他辭去了加州大學的聘約。他指的就是我在《星星・月亮・太陽——胡適的情感世界》裡所描述的，胡適辭去了加州大學以4,000美金的待遇聘他去教一學期書的事[248]。這則日記是在胡適受命出任中國駐美大使之前三個月。

根據1920年1月21日的《北京大學日刊》的報導：「梵文班授課鐘點改爲每週一、三、五，下午準六時至七時半上課。本星期起實行講義隨堂發給。」[249] 這個時間跟胡適在「日程」裡所說的下午四點不符。不知道是否上課的時間後來又作了調整。總之，胡適在1920年的「日程」裡有好幾處認眞學習梵文的記載：

> 2月2日：「下午四點到五點：梵文。」
>
> 2月8日：「上午十一點到下午一點：習梵文。」

244 P.A. Boodberg Y.R. Chao M.C. Rogers, "Ferdinand Diedrich Lessing, Oriental Languages: Berkeley," California Digital Library, http://texts.cdlib.org/view?docId=hb0580022s&doc.view=frames&chunk.id=div00016&toc.depth=1&toc.id=，2012年3月11日上網。
245 《胡適日記全集》，6：490。
246 《胡適日記全集》，7：484-485。
247 《胡適日記全集》，7：537。
248 《星星・月亮・太陽——胡適的情感世界》。
249 〈本校布告〉，《北京大學日刊》，第520號，1920年1月21日，第一版。

　　2月9日：「中午十二點：讀梵文；四點：梵文，因C.T.S.〔待查〕事，未
上課。」

　　2月16日：「四點：〔上〕梵文。」

　　2月22日：「晚上十點：預備梵文。」

　　2月23日：「五點：〔上〕梵文。」

　　3月1日：「四點：〔上〕梵文。」

　　3月8日：「四點：〔上〕梵文。」

　　3月21日：「晚上十點：〔習〕梵文。」

　　3月22日：「四點：〔上〕梵文。」

　　從那以後，胡適的日記就再沒有學習梵文的記錄。也許因為時間、精力，以及本
末的考量，胡適後來就沒有繼續學習梵文了。我們知道北大後來繼續教授梵文。我們
不知道雷興教梵文教了多久，因為根據1920年10月27日《北京大學日刊》的報導，當
時教授梵文的教授已經是鋼和泰了：「梵文教員鋼先生因我們學梵文的時間，多與他
項外國語衝突，定於今日(禮拜三)下午四時至六時在45教室開會決定時間。」[250]
1921年秋天開始，北大的梵文班分初級跟高級兩班。高級班由鋼和泰教授，初級班由
鋼和泰的助手黃樹因教授[251]。這位黃樹因先生胡適在1923年說他不幸早夭[252]。

　　胡適除了學習梵文以外，顯然也開始讀印度哲學的書：

　　1920年1月31日：「四點：看印度哲學。」

　　2月1日：「五點：看印度哲學。」

　　2月6日：「晚上七點以後：看印度哲學。」

　　2月7日：「五點到十點：看梁漱溟的《唯識述義》。」

　　2月13日：「晚上十點：看印度哲學。」

　　2月25日：「上午十一點：翻看《佛教大辭典》。這是文伯替我買的。昨
天寄到。」

　　2月28日：「晚上十點：佛學。」

250 〈學梵文的同學注意〉，《北京大學日刊》，第727號，1920年10月27日，第一版。
251 〈本校布告：註冊部布告〉，《北京大學日刊》，第898號，1921年11月22日，第一版。
252 《胡適日記全集》，4：98。

可惜我們不知道胡適所看的印度哲學以及佛學的書是什麼。然而，我們知道他看了梁漱溟的《唯識述義》，並且買了一本《佛教大辭典》。這在在顯示了一個想要踏踏實實地研究佛教史，以便著手寫他的《中國哲學史》中卷的嚴謹學者的風範。

胡適在1920年初學習印度佛教史的種種努力，最重要的是他跟鋼和泰男爵（Alexander von Stäel-Holstein）的交往和合作。鋼和泰，胡適在日記裡以鋼先生、鋼男爵稱之。胡適在日記裡稱道他是「俄國第一流學者，專治印度史與佛教史。」[253]鋼和泰實際上是愛沙尼亞（Esthonia）的貴族。愛沙尼亞在沙俄時期屬俄國。他在德國拿到梵文的博士學位以後，先在俄國外交部「亞洲局」的「印度部」工作[254]。1909年，他出任聖彼得堡大學的梵文教授。在聖彼得堡大學期間，鋼和泰研究中國的記載，特別是玄奘的《大唐西域記》，如何幫助了考古學家在敦煌、吐魯番，以及中亞發現佛教的遺址。1916年鋼和泰到北京去研究藏文與蒙文的史料。次年，俄國革命爆發。此後，他人就流亡在中國。鋼和泰在北大教梵文，並開「古印度宗教史」的課。1921年9月，鋼和泰告訴胡適說如果北大能給他一個「東方言語學部」的名義，他就可以以之為名，跟巴黎、倫敦、柏林的東方研究機構索取書報學刊。9月25日胡適寫信向蔡元培建議北大成立一個空殼的系：「此事須我們給他一個『東方言語學部』的名義，只須印一種信封，上刻〔以下〕字樣，就行了」[255]：

〔英文〕
The National University of Peking

Department of Indian and　　　　Baron von Stäel Holstein
Central Asian Philology
〔中文〕
北京大學

東方言語學部　　　　　　　鋼和泰

1928學年度，鋼和泰接受剛成立的哈佛燕京社的邀請，以訪問學人的身分到哈佛大學客座一年。回到中國以後，鋼和泰接受燕京大學的聘請，到燕京擔任中亞語言學

253 《胡適日記全集》，3：62。
254 以下有關鋼和泰生平，是根據"Alexander von Stäel-Holstein"，哈佛大學東亞語言系的略傳，http://harvardealc.org/about/BP_Baron.htm，2012年3月11日上網。
255 《胡適日記全集》，3：332。

教授，並出任由哈佛燕京社資助的「中印學社」(Sino-Indian Institute)的主任。他1937年死於北京。

圖18　左起Elmhirst、胡適、Tagore(泰戈爾)、Alexander von Staël-Holstein(鋼和泰)、Garreau(胡適紀念館授權使用)。

　　胡適第一次在日記裡提到鋼和泰是在1920年6月8日。當天，他在北大第二院第一講堂幫鋼先生的「玄奘與近代之史學研究」的講演作翻譯[256]。這篇刊載在《北京大學日刊》裡的演講，說的正是玄奘的《大唐西域記》如何幫助了考古學家在中亞發現佛教的遺址[257]。胡適佩服鋼和泰在語言學上的功力。他在1921年9月22日的日記裡說：「鋼先生近治《寶積經》的一部分，用四種中文譯本與梵文本及藏文本對勘。用力至勤，極可佩服。」[258]

　　1921學年度第一學期，鋼和泰在北大開了一門「古印度宗教史」的課。胡適在10月10日當天答應幫他在課堂上作翻譯[259]。就舉幾則日記為例：

256　《胡適日記全集》，2：732；〈特別演講廣告〉，《北京大學日刊》，第626號，1920年6月5日，第一版。
257　〈演講錄：玄奘與近代之史學研究〉，《北京大學日刊》，第637號，1920年6月18日，第三至四版；〈演講錄：玄奘與近代之史學研究(續)〉，《北京大學日刊》，第638號，1920年6月19日，第四版。
258　《胡適日記全集》，3：319。
259　《胡適日記全集》，3：374。

10月23日：「讀鋼先生的古印度史講義稿。」

10月24日：「下午，爲鋼男爵譯述二時。」

10月31日：「上課。爲鋼先生譯述二時。鋼先生因爲我肯替他翻譯，故他很高興。此次的講義皆重新寫過。我也得許多益處。」

1921年度的第二學期他們又繼續合作。再舉幾則日記爲例：

1922年2月6日：「爲鋼和泰先生譯『印度古宗教史』兩點鐘。」

2月13日：「上課，爲鋼先生譯『古印度宗教史』二時。今天講完吠陀的宗教，共講了三個月，我自己也得益不淺。」

3月20日：「上課，鋼先生說巴利(Pali)《佛藏》與大乘經藏不同之點，甚可注意。」

鋼和泰對胡適的幫助，不只在於啓發胡適對佛教史的思考。他還提供了胡適閱讀印度佛教史的書籍。1922年5月9日：「鋼先生來談。他說，北京飯店到了一批書，需二百六十元左右。他無錢購買，很可惜的。我看了他的單子，答應替他設法。下午一時，到公園會見在君與文伯，向文伯借了一百塊錢，到北京飯店，付了一百元的現款，把這些書都買下來了。」[260]

勤學、用功、能一直拓展他思想視野的胡適，在買到這批書以後，馬上就讀了其中法誇爾(J.N. Farquhar)所著的《印度宗教文獻綱要》(*An Outline of the Religious Literature of India*)。他在5月10日的日記裡說：「此書極簡要，附的書目尤有用。」[261] 6月15日的日記最爲重要：

讀Farquhar's *Outine of Rel. Lit. in〔of〕India*，仍未完。此書甚好，其中論《法華經》一節甚有理。我前年認〈五百弟子受記品〉以下爲後人增入的，遂不大注意他們。Farquhar指出21至26爲第三世紀增入的。但他又指此諸篇可見：一、陀羅尼(咒)之信仰。二、觀世音之信仰。三、極端的修行，如焚指焚身(〈藥王品〉)之信仰。此皆我所不曾看出的。[262]

260 《胡適日記全集》，3：562。
261 《胡適日記全集》，3：563。
262 《胡適日記全集》，3：623-624。

　　胡適所引的這一段，在法誇爾書中的頁157到158[263]。胡適現買現用，在兩天以後「中國哲學史」的課堂上就講述起來了。6月17日日記：「上課，講大乘的墮落方面。」[264]

　　樓宇烈在1980年代有計畫地搜集了胡適所藏禪籍中的題記、眉批。他在他所發表的〈胡適讀禪籍題記、眉批選〉裡，錄下了胡適在《妙法蓮華經》裡的題記和眉批。樓宇烈說：

> 　　胡適在本書目錄第二頁上的眉批說：「此下六篇是後加入的」(指卷六〈如來力品第二十一〉至卷七〈陀羅尼品第二十六〉)，其根據來自Farquhar的《印度宗教文獻概論》一書。胡適此書封面上第二則題記的日期是民國十一年(1922)，六月十四日。[265]

　　換句話說，胡適在讀了法誇爾的書以後，6月14日在《妙法蓮華經》目錄第二頁上作了眉批。次日，又在日記裡作了引申。

　　胡適不但在課堂上講大乘的墮落，他以後一輩子講到佛教對中國的影響的時候，特別是用英文發表的文字與演講裡，「焚指焚身」一直是他大加撻伐、叱之為「以夷變夏」(un-Chinese)的重點。

遊刃有餘的寫家

　　很多人都說胡適寫文章不快。這又是被胡適牽著鼻子走而不自知的結果。胡適一生中有好幾次說自己寫文章慢。有趣的是，他年紀越大，越愛說他自己寫文章慢。他年輕的時候並不是如此。先從年紀大了他的「夫子自道」說起。胡適在1933年6月28日的日記裡說：「寫講演，頗感甚緩慢。我寫文字本不快，寫英文尤不快。」[266]寫這則日記的時候，胡適在太平洋往美國去的郵輪上。他正在寫他當年要在芝加哥大學

263　J.N. Farquhar, *An Outline of the Religious Literature of India* (Oxford University Press, 1920), pp. 157-158.

264　《胡適日記全集》，3：638。

265　樓宇烈編錄，〈胡適讀禪籍題記、眉批選〉，http://www.phil.pku.edu.cn/personal/lyl/lunwen%5C%E8%83%A1%E9%80%82%E8%AF%BB%E7%A6%85%E9%9B%86%E9%A2%98%E8%AE%B0%E3%80%81%E7%9C%89%E6%89%B9%E9%80%89.html，2012年3月11日上網。

266　《胡適日記全集》，6：710。

所作的演講。

胡適在1939年8月8日的日記說得更爲透徹：

> 我寫文字，無論是中文英文，都很遲鈍。人家見我著作在三百萬字以上，總以爲我的文思敏銳，下筆千字。其實我的長處正在於「文思遲鈍」，我從不作一篇不用氣力的文字。
>
> 我覺得最容易寫的文字是考據的文字。例如我寫《辨僞舉例》，一點鐘可寫一千字，比抄手還更快。但這是因爲搜集證據，整理判斷的工夫，都早已做了，故坐下來寫，毫不費力。即如《醒世姻緣》的考證，寫時不大費力，但材料的收集，費了我五年多的時間！
>
> 〈《科學與人生觀》序〉的最後一節（paragraph）〔注："paragraph"」是胡適自己附加的英文字，應該是「段」的意思〕費了我一個整天！今年在醫院裡，爲 *Living Philosophies: Ten Years Later* 〔《當代名人哲理：十年後回顧》〕寫短文，約一千五百字，凡十天才寫成。[267]

這則日記是關鍵。〈《科學與人生觀》序〉的最後一個段落費了一整天的時間；《當代名人哲理：十年後回顧》才一千五百字，十天才寫成。乍看之下，這彷彿是龜速，彷彿證明了胡適寫文章確實是慢。其實不然。胡適寫文章不是不快，而是在於他「從不作一篇不用氣力的文字」。換句話說，胡適的慢不是在「寫」，而是在寫以前的構思與準備。胡適說得很清楚：他寫考據的文字，「一點鐘可寫一千字，比抄手還更快。」原因無它，「這是因爲搜集證據，整理判斷的工夫，都早已做了，故坐下來寫，毫不費力。」

胡適一個鐘頭可以寫一千字！還說胡適寫文章慢。看看誰有斗膽，敢跟他比賽！

更重要的是，這反映了胡適是一個能花心思、肯琢磨的寫家——寫作的大家、方家。他寫〈《科學與人生觀》序〉的最後一個段落費了一整天的時間，寫《當代名人哲理：十年後回顧》才一千五百字，十天才寫成。原因無他，胡適除了懂得文字是要讓人家去咀嚼、品味的以外，他是一個懂得「攻心爲上」的人。文章明白曉暢只是最低的要求。寫文章要人看得懂只是第一關。文章要能人接受，是第二關。文章要能讓人看得心悅誠服，才是方家。

---

267 《胡適日記全集》，7：685-686。

那些動輒說胡適的文字「平淡無奇」、「像白開水，沒有什麼文學價值可言」的人，只是暴露出自己的有眼無珠。丁文江是一個深諳中英文字之道的人。他在1923年4月2日給胡適的信裡，勸戒胡適批判梁漱溟的《東西文化及其哲學》裡用「荒謬」、「不通」的話有欠斟酌。然而，他也同時能品嘗出胡適駕馭文字的藝術。他說：「你批評梁漱溟的文章很好。我沒有他的原書在身邊，不能比較。但是就文章論，是極好的──許多地方有irony〔諷喻〕，這是你文章技術的長處。」[268]胡適在同一天回給梁漱溟的信裡，就恰恰用了同樣的話語來回應了梁漱溟說他「語近刻薄、頗失雅度」的原因：

> 至於刻薄之教，則深中適作文之病。然亦非有意爲刻薄也。適每謂吾國散文中最缺乏詼諧風味，而最多板板面孔說規矩話。因此，適作文往往喜歡在極莊重的題目上說兩句滑稽話，有時不覺流爲輕薄，有時流爲刻薄。在辯論之文中，雖有時亦因此而增加效力，然亦往往因此挑起反感。如此文自信對先生毫無惡意，而筆鋒所至，竟蹈刻薄之習，至惹起先生「嫌怨」之疑，敢不自省乎？[269]

丁文江能看得出胡適文字裡的奧妙。這就是有鑑賞力、能惺惺相惜。

關於胡適寫文章的章法，汪原放有一段非常精采的回憶。他說他看過亞東圖書館老闆汪孟鄒的日記。汪孟鄒在1923年11月21日和12月9日的日記裡，提到了胡適和陳獨秀分別在亞東圖書館的編輯所爲《科學與人生觀》寫序。11月21日說的顯然是胡適，因爲胡適在12月初回到北京。汪原放說他記得汪孟鄒說過他們兩個人截然不同的寫作習慣：

> 他們都眞有功夫。適之寫的時候，要找不少的書，先擺好再寫。仲翁不同，只要紙、筆，又不查書、看書，只管寫下去就是了。兩個都眞有功夫哩。[270]

汪孟鄒一句話點出了胡適寫文章的章法：「要找不少的書，先擺好再寫。」只

---

268 丁文江致胡適，1923年4月2日，《胡適來往書信選》，1：192。
269 胡適，〈答[梁漱溟]書〉，《胡適全集》，2：256-257。
270 汪原放，《回憶亞東圖書館》，頁87。

是，這找好書、擺好再寫，說起來容易，作起來難。胡適拖了六七年「擺好再寫」的
〈《醒世姻緣傳》考證〉就是一個極端的例子。這六七年的等待，考驗的是胡適的沉
潛與耐力，以及汪孟鄒能不凡事利爲先的長處，胡適自己在這篇考證的前言裡說得最
爲生動：

> 亞東圖書館標點重印的《醒世姻緣》，已排好六七年了；他們把清樣本留
> 在我家中，年年催我做序。我因爲不曾考出這書的作者「西周生」是誰，所
> 以六七年不能動手做這篇序。我很高興，這幾年之中，材料漸漸增添，到今
> 天我居然可以放膽解答《醒世姻緣》的作者是誰的一個難題了。這個難題的
> 解答，經過了幾年的波折，其中有大膽的假設，有耐心的搜求證據，終於得
> 著我們認爲滿意的證實。[271]

如果〈《醒世姻緣傳》考證〉是一個極端的等找好書、擺好再寫的例子，胡適在
1922年底寫〈吳敬梓年譜〉就屬於一個典型的例子。胡適寫〈吳敬梓年譜〉準備了兩
年的時間。他在1920年爲汪原放所標點的《儒林外史》寫了一篇〈吳敬梓傳〉。那是
該年4月8日寫的。他在1920年找到了吳敬梓的《文木山房集》。後來又找到了吳敬梓
的詩集。但那還不夠。1921年，11月13日，他北大歷史系的同事朱希祖借給他一部
《金椶亭詩抄》，凡十八卷。中有二詩可以幫他考有關吳敬梓的事實[272]。到了1922
年10月28日，胡適覺得資料齊備了：「晚上回家，把關於吳敬梓的材料理出來，預備
作傳。」[273]次日的日記：

> 費了半天的工夫，居然把吳敬梓的高祖以下四代找出來了。　《全椒縣
> 誌》我初看頗不得要領。後用《文木山房集》中方嶟一序及《移家賦》作線
> 索，先尋出吳國對，以次尋出他的弟兄四個進士，又尋出吳沛。他的父親吳
> 霖起最不易找，到晚上才從《志》內選舉表上尋出。若非《移家賦》注明說
> 他做過贛榆教諭，我就無法可想了。夜間動手做〈吳敬梓年譜〉，成一半
> 了。[274]

---

271 胡適，〈《醒世姻緣傳》考證〉，《胡適全集》，4：353。
272 《胡適日記全集》，3：394。
273 《胡適日記全集》，3：905。
274 《胡適日記全集》，3：905-906。

　　11月1日晚，胡適續作〈吳敬梓年譜〉。再過一天，11月2日：「繼續作〈吳敬梓年譜〉，完。此譜共五十五頁，約一萬六七千字，三日作成，頗能滿意。」[275]其實胡適何只是「頗能滿意」而已，他在發表在《胡適文存》裡的〈吳敬梓年譜〉的〈前言〉裡說：「我覺得這是我生平很高興的一件事了。」[276]這就是胡適寫文章的章法：「要找不少的書，先擺好再寫。」三天寫一萬六七千字，平均一天五千六百字。這而且是在上課、開會、看電影之餘的產物！凡是有寫過一些東西的經驗的人，都可以了然這根本就是動如兔脫！

　　這篇〈吳敬梓年譜〉還有一個尾聲。寫完了年譜的第二天3日晚上：

　　　夜歸已十一時。翻看昨天的〈吳敬梓年譜〉想起昨天一涵同我談起吳國龍在〈貳臣傳〉的事，因試檢《耆獻類徵》，檢得吳國對的墓誌，是陳廷敬作的。內中說吳國對有三子，長吳旦；孫幾人，長霖起，是旦的兒子。我非常高興。我在星期日，把吳敬梓的高祖吳沛、曾祖吳國對、父霖起都尋出來了，只有祖父不能考定。今天考定吳旦是霖起的父親，又考得高祖以上的兩代。這一件是今年最得意的一件事。因此，我修改從〈年譜〉，增加一部分。明天可寄出了。[277]

　　當然，考據的文章寫得快的原因，是因為有許多引文的關係。胡適邊寫邊引，自然快到「比抄手還快」的地步。然而，胡適寫作的速度絕對不慢。他在1923年春有一句說他作文、譯書的速度的話。那句話說得最符合實際：「我自己作文，一點鐘平均可寫八九百字；譯書每點鐘平均只能寫四百多字。」[278]

　　胡適寫文章不只不慢，而且他能夠趕文章。1921年7月10日，杜威在第二天就要離開中國了。《晨報》非要他寫一篇文章不可。胡適在當晚的日記裡說：

　　　杜威先生明日要走了。我本想鄭重做一篇文章送他的行。連日太忙，遂不能如願。今晚九時，孫伏園打電話來，說羅素先生明日下午行，《晨報》已請趙元任做一篇送行的文；杜威明日上午行，我不可不作一篇送行的文。時

---

275 《胡適日記全集》，3：913。
276 胡適，〈吳敬梓年譜〉，《胡適全集》，2：615。
277 《胡適日記全集》，3：918。
278 胡適，〈譯書〉，《胡適全集》，20：437。

間已迫，我匆匆拿了上月三十日的演說辭的一部分，湊成了一篇短文。送到
時，已半夜了。[279]

　　胡適說上月三十日的演說辭，這指的是他6月30日在北京五大團體在中央公園來
今雨軒給杜威一家人餞行會上所作的英文演說。寫成中文，還是需要翻譯的過程的。
　　即使胡適寫文章的速度平常，他過人之處在於他是一個能一心數用、遊刃有餘的
人。舉個最典型的例子來說。我在上節提到他在1921年11月寫的〈記李覯的學說〉。
他在11月14日寫完這篇文章的當天在日記裡說：「此稿起於本月三日，前後凡十日—
—中間時有停頓——始成功，約一萬字。」我們來看看他這十天裡還作了哪些事情。
　　首先，從表5.2，我們知道胡適1921學年度的第一學期教四門課：「中國哲學
史」、「中國近世哲學」、「杜威著作選讀」、「英文演說」。同時，他還幫忙鋼和
泰在他「古印度宗教史」的課堂上作翻譯。從我們在上一節的分析，我們知道在教
學、教著相長的精神之下，他孜孜地備課，一方面也是為完成他的《中國哲學史》的
大業作準備。換句話說，上課、備課已經花去他大半的時間。
　　其次，除了上課、備課以外，胡適還同時校改、補定其他文章。比如說，11月4
日：

　　　　校正〈〔墨經〕小取篇新詁〉、校改〈清代學者治學方法〉，補作第八章。
　　此篇作於民國八年〔1919〕之夏間，共成四章。去年補作五、六兩章，後又
　　補作第七章。至今始匆匆補作一章，作一個結束。原意尚擬加以批評，今因
　　《文存》待印，不及補作，僅能如此結束，殊不能滿意。但此篇亦是一篇很
　　好的方法論，見解與作法都有一點長處，故尚可存。[280]

　　胡適除了校正〈小取篇新詁〉，以及校改並補作〈清代學者治學方法〉以外，他
還改作〈《紅樓夢》考證〉。11月11日：「改作〈《紅樓夢》考證〉，未完。」[281]12
日：「作〈《紅樓夢》考證〉，完。此次共改了七八千字，兩日而畢。」[282]
　　第三，胡適還作了三個演說。11月5日：「到礪群學校演說〈什麼是哲學〉。晚

279　《胡適日記全集》，3：190-191。
280　《胡適日記全集》，3：387。
281　《胡適日記全集》，3：391。
282　《胡適日記全集》，3：393。

到北城基督教學生事業聯合會演說〈青年與社會〉。前者頗有精義，後者全是泛話。」[283] 11月12日：「下午，到國語講習所參與開學禮。我演說〈國語運動的歷史〉，略同在上海的講演。」[284]

第四，胡適還有看戲、打牌、飯局、證婚等等社交活動。11月5日：「今天我同孟和、任光請夢旦與拔可吃飯。」[285] 11月6日：「午時，國語統一籌備會邀吃飯……午後，與胡煦卿及章洛聲同去看新修的績溪會館義園……到慰慈家，有文伯及岳霖在此打牌。我替文伯打了幾圈。晚上與他們同到真光去看俄國戲班的遊戲的歌劇。」[286] 11月11日：「午時，到燕壽堂為學生潘德霖作證婚人。」[287]

胡適在作學問方面有一個很好的態度，用他自己的話來說，就是只求「空前」，不望「絕後」。這句話是他在1921年寫給梁啟超的信裡所說的話：

> 我常說，我們著書作事，但求「空前」，不妄想「絕後」。但近年頗中清代學者的毒。每得一題，不敢輕易下筆。將來當力求改之。要以不十分對不住讀者的期望為標準。[288]

其實，世界上沒有「絕後」的著作。這就是孔恩(Thomas Kuhn)所論述的「典範」(paradigm)的意義。所有能被學界所接受的研究，都是在既有的「典範」之下進行的。胡適所謂的「空前」，用孔恩的觀念來說，就是新「典範」的建立。它不可能「絕後」的原因，就正是因為「江山代有人才出」，新起的「典範」會再「各領風騷數百年」。

胡適的《中國哲學史》注定是以上卷為終。然而，這就正是印證了胡適自己要「空前」、不「絕後」的信念。早在1927年，胡適自己就已經為他的《中國哲學史》作了一個蓋棺論定，亦即，他是新典範的開山者：

> 我自信，中國治哲學史，我是開山的人。這一件事要算是中國一件大幸事。這一部書的功用能使中國哲學史變色。以後無論國內國外研究這一門學

---

283 《胡適日記全集》，3：388。
284 《胡適日記全集》，3：393。
285 《胡適日記全集》，3：388。
286 《胡適日記全集》，3：389。
287 《胡適日記全集》，3：391。
288 胡適致梁啟超，1921年5月3日，《胡適全集》，23：364。

問的人，都躲不了這一部書的影響。凡不能用這種方法和態度的，我可以斷言，休想站得住。[289]

「寧可起早工作，戲不可不看」

1921年9月16日是中秋節。胡適是一個喜歡賞月的人。在前一個晚上，他跟好幾個朋友到中央公園的水榭喝茶。胡適在日記裡說當晚：「月色甚好！念明天是中秋，不知有此好月否？」[290]結果，讓胡適失望的是，中秋節當晚：「是日果陰晦，夜中無月。」他在日記裡想到他前年有詩云：

> 多謝你殷勤好月，提起我過來哀怨，過來情思。
> 我就千思萬想，直到月落天明，也甘心願意。
> 怕明朝雲密遮天，風狂打屋，何處能尋你？

胡適在錄下了這首前年寫的詩以後，又加了一個按語：「行樂尚須及時，何況事功！何況學問！」[291]

「何況事功！何況學問！」誠然！對胡適而言，「事功」與「學問」第一。我在〈序幕〉裡提到杜威夫人所洞察的胡適。她說胡適：「是不會讓家事，或者任何其他事務去妨礙他的事業的。」然而，我們不能忘記，胡適在錄下這首詩的按語裡，也同時說了：「行樂尚須及時。」

胡適不是一個禁欲主義者。事實上，胡適有一個相當平衡的人生觀。他懂得人生需要調劑。儘管愛慕胡適的「星星」Zing-shan在1934年調侃胡適是一個「只知工作、不知娛樂」的人[292]。這句話是從西方諺語：「只知工作、不知娛樂，索然無味」（All work and no play makes Jack a dull boy）來的。然而，胡適絕對不是「只知工作、不知娛樂」，更不是一個「索然無味」的人。

胡適有他的娛樂。我在上文引了胡適在1922年9月2日的日記裡所說的話：「我的天性是不能以無事為休息的。換一件好玩的事，便是休息。打球打牌，都是我的玩意

---

289 胡適，〈整理國故與「打鬼」〉，《胡適全集》，3：147。
290《胡適日記全集》，3：315。
291《胡適日記全集》，3：315。
292《星星‧月亮‧太陽——胡適的情感世界》。

兒。」所以，在那幾年間，胡適休息的「玩意兒」是上公園、打球，和打牌。

　　胡適不只上公園、打球，和打牌，他也去看戲。中國戲、外國戲，他都看。1921年5月29日：「三點，到同樂園看戲。」[293] 6月10日：「夜間，畢善功先生請我看戲。北京新到一個英國戲班，名Waring Co.〔華靈戲班〕，有四天的戲。今天演的是小仲馬的《方便的結婚》(*A Marriage of Convenience*)〔注：比較傳神的翻譯是：別有目的的婚姻〕，寫法國十八世紀中葉的風俗，頗使人發笑。有幾個人做得不壞。我自從八年〔1919〕除夕去看過一回英國戲，一半年沒有看外國戲了。」[294] 6月11日：「夜與原放、一涵去看戲，仍是Waring Co.。」[295] 1922年2月16日：「畢善功先生邀我去看北京美術會會員演戲。」[296]

　　胡適的優點在於他能推己及人。更能令人激賞的，是他知道健康的娛樂必須推廣到社會上的任何一個階層。1921年8月23日，當時，胡適在上海幫商務印書館作評鑑的工作。他在當天的日記裡記：

> 我與〔鄭〕鐵如、〔朱〕覺卿同去遊大世界。大世界遊人至少有四五千人，確是我不曾想到的。昨日我到先施樂園，見裡面看戲和看影戲的都是男女雜坐，不分貧富老少，短衣的人尤多(先施入門只須一角)，我頗感動，曾對任光說：這真是平民的娛樂場！今晚見大世界的遊人這樣多，也有這種感想。這種遊戲場確能供應一種平民的需要。[297]

　　胡適這種娛樂無貴賤、人人都應享有的哲學，最淋漓盡致地表現他在1925年5月17日，北大哲學系舉辦的哲學系師生聯歡會的致辭裡。梁漱溟在致辭結尾的時候告誡學生要自奉儉約，不要看電影聽戲。他說：「還有一句話要說的。就是替社會做事，享受總要薄一點才對。我從未走進真光電影場，從未看過梅蘭芳的戲。總覺得到那些地方是甚可恥。」

　　胡適在輪到他致辭的時候，就表示他不同意梁漱溟的看法。他說：

> 至於梁先生勸我們自奉儉約，是對的。不過他對於應有的娛樂覺為恥辱，

293　《胡適日記全集》，3：63。
294　《胡適日記全集》，3：106-107。
295　《胡適日記全集》，3：107。
296　《胡適日記全集》，3：435。
297　《胡適日記全集》，3：291。

> 我以爲只能以之爲立己之道，以之立人則不可。試看吳稚暉先生是自奉甚儉約，可是他希望社會設備極臻完美；希望大家都能坐汽車，家家都能裝一無線電的聽聲機、聽很好的音樂。我亦希望諸位同學以後大家都大闊特闊。社會娛樂場所愈多愈好，能使窮人都能看戲才好。梁先生的態度所以如此，也可說是不看戲、不到娛樂場所的緣故。我們寧可起早一點作工，戲卻不可不看。[298]

　　社會上不但應該「娛樂場所愈多愈好，能使窮人都能看戲才好。」一個政府更不應該盲目地、自以爲是地，以移風易俗爲名，剝奪老百姓享受、遵循傳統所沿襲下來的習俗和熱鬧。他在1930年1月30日的日記裡說：

> 今日是舊曆元旦(庚午)。舊曆是政府廢止的了，但昨晚終夜爆竹聲不絕，難道只是租界內的中國人慶祝舊曆年嗎？凡新政府的成立，第一要著是提倡民間正當的娛樂，使人民忘卻過渡期中的苦痛，而覺著生活的快樂。待到令行禁止的時期，然後徐徐改革，則功效自大。今日的政府無恩惠到民間，而偏要用全力剝奪民間的新年娛樂。令不能行而禁不能止，則政府的法令更受人輕視了。[299]

　　周質平喜歡說胡適是一個沒有藝術細胞的人，笑他不懂韋蓮司的畫，還不懂裝懂，故弄玄虛[300]。我在《星星・月亮・太陽——胡適的情感世界》裡，已經用胡適和韋蓮司來往的信件，證明了韋蓮司讀了胡適的詮釋以後欣喜若狂，她把胡適視爲知音，認爲他眞的是少數看懂了她的畫的人[301]。

　　周質平忘了胡適是一個詩人。胡適不但是中文白話詩的鼻祖，而且他寫的英詩——就以我在《璞玉成璧》裡所舉的爲例——試問有幾個中國人能望其項背？多少人喜歡胡云亦云地說胡適「提倡有心，創作無力」！殊不知那只是胡適的一個謙辭。我們如果錯把他的謙辭當成他的夫子自道，就難免不愚即妄之譏。用胡適在日記與文章裡常用來形容自己的一句話來說，他喜歡爲自己在「戲臺裡喝采」。胡適對自己新詩的

---

298 〈一九二五哲學系師生聯歡會紀事〉，《北京大學日刊》，第1700號，1925年5月22日，第二版。
299 《胡適日記全集》，6：47-48。
300 周質平，《胡適與韋蓮司：深情五十年》(台北：聯經出版公司，1998)，頁47-49。
301 《星星・月亮・太陽——胡適的情感世界》。

創作與鑑賞力是自視極高的。他在〈《嘗試集》再版自序〉就有一段典型的「戲臺裡喝采」的話：

> 〈關不住了〉一首是我的「新詩」成立的紀元。〈應該〉一首，用一個人的「獨語」(monologue)寫三個人的境地，是一種創體；古詩中只有〈上山採蘼蕪〉略像這個體裁。以前的〈你莫忘記〉也是一個人的「獨語」，但沒有〈應該〉那樣曲折的心理情境。自此以後，〈威權〉、〈樂觀〉、〈上山〉、〈週歲〉、〈一顆遭劫的星〉，都極自由、極自然，可算是我自己的「新詩」進化的最高一步。

不管胡適自視有多高，他誠然不是以詩聞名。然而，這是題外話。我在此處的重點是：世界上沒有一個上乘的詩人是沒有藝術細胞、藝術品味、藝術鑑賞力的人。藝術的種類誠然不同，技巧、工具，以及表現的方式也各不相同。然而，那作為一切藝術的基礎的品味、感受力、鑑賞力，是可以轉移的。詩人敏銳的觀察力、感受力、與鑑賞力，是可以讓他去學習鑑賞其他類型的藝術的基礎。就好像留學時期的胡適，努力、用心的結果，使他能看懂韋蓮司的畫一樣。

事實上，儘管胡適喜歡自謙說他不懂藝術，他其實更喜歡不經意地流露出他對自己鑑賞畫作能力的自信。比如說，1929年4月20日，他和幾位朋友去看全國美術展覽會。他在當天日記裡說：

> 費了五個鐘頭，尚不及看中國畫部。西洋畫部，很有進步的表示，殊可喜。參考品部，日本人送來的八十多幅之中，很有佳作。其最佳者，有：寺內萬志郎的〔的〕〈鏡〉、和田英作的〔的〕〈チューリップの花〉〔請注意：這「チューリップ」的片假名，是英文「鬱金香」的拼音。胡適在手稿裡雖然漏了「ユー」的長音記號，但《胡適日記》的編者則把「チ」與「ユ」誤為漢字的「千」與「工」〕、滿谷國四郎的〔的〕〈女〉。東鄉青兒的〔的〕〈庭さき〉〔〈花園〉〕。請注意：胡適原稿正確，《胡適日記》編者誤拼〕。

對音樂，胡適也曾經自謙說他「不懂此道」。然而，不懂此道，並不等於是不懂得欣賞。教堂莊嚴清幽的音樂，能夠啓迪人昇華、天人合一之心，就正是因為音樂之

美，足以牽動「不懂此道」之人的心弦。他在1931年11月13日的日記裡說：「與在君同赴General Crozier〔克婁傑將軍〕的晚餐。飯後同聽Heifetz〔海菲茲，20世紀中小提琴泰斗〕的提琴獨奏。此君在今日可算是最偉大的提琴家，我今天聽他奏琴，雖不懂此道，也極傾倒。」[302]

正因爲胡適有藝術的細胞，正因爲他有藝術的品味，所以他才會用那種恨鐵不成鋼的心情，來批判他的社會不重視藝術、缺欠藝術教育、不講究藝術的薰陶，以至於整個社會都是藝術盲。1930年1月30日：

> 下午Baroness de Pidol〔畢杜爾男爵夫人〕請吃茶，會見英國今日大戲劇家Noël Coward〔諾威爾・考倭德〕。慚愧的很，我不但沒有看過他的戲，並且沒有讀過他的戲。同吃茶的客人有Mrs. Chester Fritz〔費立茲夫人〕，也是很有學問的人。他們談歐美的音樂戲劇，我竟毫不知道，慚愧的很。我們真是個沒有文化的國家，音樂美術全沒有。我們士大夫階級受的美術教育、具的美術知識，遠不如歐美國家的一個七八歲的小孩子。[303]

胡適在此處日記裡所提到的畢杜爾男爵夫人，我在《星星・月亮・太陽——胡適的情感世界(增訂版)》裡提到了。她是盧森堡鋼鐵商駐滬代表畢杜爾男爵的夫人。1930年，她跟南京政府的政治顧問英國的懷德爵士(Sir Frederick Whyte)發生了戀情。不幸，後來在眾人啓動「營救」懷德爵士的行動計畫之下，顯然讓懷德爵士把畢杜爾男爵夫人給甩掉了。她於是在1931年1月自殺身死[304]。

女性與愛情

1931年1月5日，胡適在開往上海的火車上，跟陳衡哲談到了愛情：「與莎菲談，她說Love是人生唯一的事；我說Love只是人生的一件事，只是人生許多活動之一而已。她說：『這是因爲你是男子。』其實，今日許多少年人都誤在輕信Love是人生唯一的事。」[305]

---

302 《胡適日記全集》，6：618。
303 《胡適日記全集》，6：52-53。
304 《星星・月亮・太陽——胡適的情感世界》，「增訂版」，頁132-133。
305 《胡適日記全集》，6：419。

　　事實上，胡適何只是認為「Love只是人生的一件事，只是人生許多活動之一而已。」他在〈《科學與人生觀》序〉歌頌吳稚暉那個「『漆黑一團』的宇宙觀和『純物質的純機械的人生觀』」裡，就已經舉牌向那些喜歡說愛情玄秘的人公開挑戰了。他說：「我們要看那些認愛情為玄秘的人們出來向這『全是生理作用，並無絲毫微妙』的愛情觀作戰。」[306]

　　對於一個把「事功」與「學問」放在人生第一位的人來說，胡適會說：「Love只是人生的一件事，只是人生許多活動之一而已。」這完全是一點都不奇怪的事。君不見他根本認為愛情「全是生理作用，並無絲毫微妙」。胡適與陳衡哲對愛情是否至上與否的辯論，其關鍵不在於對胡適而言，愛情是排在「事功」與「學問」之後，也不在於他說愛情只是人生許多活動之一而已。其關鍵在於陳衡哲對胡適所說的那句話：「這是因為你是男子。」

　　我在《星星・月亮・太陽──胡適的情感世界(增訂版)》裡提到了20世紀中國人最喜歡拿來謳歌自由的話：「生命誠可貴，愛情價更高，若為自由故，兩者皆可拋。」我說，如果我們把它拿來套用形容胡適的愛情哲學，那就是：「愛情誠可貴，家庭價更高，若為事業故，兩者皆可拋。」[307]

　　陳衡哲一句話點出了胡適在性別上的盲點。在中國近代史上，胡適毫無疑問地，是鼓吹女性的解放，提倡女性的教育、獨立與平等的先鋒。他對傳統中國小腳文化、「餓死事小、失節事大」的吃人道德的抨擊，他對現代社會雙重標準的貞操觀的批判。所有這些，都說明了他是近代中國進步男性的表率。

　　然而，茱蒂司・衛爾特(Judith Wilt)提醒我們：「一個人會批判社會上性別的不平等、男性的偏見與不負責任，並不意味著說他就是一個女性主義者。」[308]胡適一生的許多面向，就是他在性別上的盲點的寫照。他在家庭裡是一家之主固不待言。他一生裡的「繁星」和三個「月亮」，更是這個盲點的明證。我在本章所分析的他的男性唱和圈的空間構造，則徹徹底底地說明了一個「會批判社會上性別的不平等、男性的偏見與不負責任」的人，卻可以同時是一個怡然自得地徜徉於男性唱和圈裡而不以為異的人。

　　男女在智性上是不平等的，這是胡適在留美時期就已經得到的結論。連在女性得

---

306 胡適，〈科學與人生觀論戰序〉，《胡適全集》，2：208-209。

307《星星・月亮・太陽──胡適的情感世界》，「增訂版」，頁133。

308 Judith Wilt, "Recent Studies in the Nineteenth Century." *Studies in English Literature, 1500-1900* Nineteenth Century 35.4 (Autumn, 1995), p. 810.

以享有高等教育的美國都是如此，遑論女性教育落後的中國了。我在本傳的第一部
《璞玉成璧》裡，已經徵引了胡適在1914年的一則日記，也就是他跟康乃爾大學一個
房友的談話，表達了他對女性、擇伴和婚姻的看法：

> 意中人(the ideal woman)終不可遽得，久之終不得不勉強遷就
> (compromise)而求其次也。先生謂此邦女子智識程度殊不甚高，即以大學女
> 生而論，其真能有高尚智識，談辨時能啓發心思者，真不可多得。若以「智
> 識平等」為求耦之準則，則吾人終身鰥居無疑矣。實則擇婦之道，除智識
> 外，尚有多數問題，如身體之健康，容貌之不陋惡，性行之不乖戾，皆不可
> 不注意，未可獨重智識一方面也。智識上之伴侶，不可得之家庭，猶可得之
> 於友朋。此吾所以不反對吾之婚事也。以吾所見此間人士家庭，其真能夫婦
> 智識相匹者，雖大學名教師中亦不可多得。友輩中擇耦，恆不喜其所謂「博
> 士派」(Ph.D. type)之女子，以其學問太多也。此則為免矯枉過直。其「博
> 士派」之女子，大抵年皆稍長，然亦未嘗不可為良妻賢母耳。[309]

這則日記，從表面上看來，彷彿胡適在尋找心靈的伴侶方面是把妻子放在朋友之
前，但實際的次序其實可能剛好是相反的。我認為即使胡適娶的妻子不是江冬秀，他
知識上的伴侶主要還會是他的朋友，而不是他的妻子。胡適很少對外人談到他的家庭
生活。然而，他在1926年在巴黎的時候，在給他留美時期和平主義的戰友葛內特
(Lewis Gannett)的一封信，卻不經意地透露了他埋怨的意思。葛內特在1926年初到中
國去採訪的時候，在上海跟胡適見了面。他要胡適離開上海，說胡適在那兒是在浪費
他的生命。胡適承認他是沒有他在1917年回國時的奮發。他說原因很多，除了身體不
好以外，「天天在家裡受氣更是讓人一點兒也提不起勁兒來」(And constant irritation
at home, too, was not altogether inspiring)[310]。

由於胡適受到了美國19世紀「純美的女性」崇拜(cult of true womanhood)的影
響，他認為女性應有其特有的溫婉、柔順與純潔美德。他在1914年6月8日的日記裡就
勉勵自己：「宜利用此時機，與有教育之女子交際，得其陶冶之益，減吾孤冷之性，

---

309 《胡適日記全集》，1：552。
310 Hu Shih to Lewis Gannett, August 22, 1926, Lewis Gannett Papers, 1900-1965 (bulk), MS Am
　　1888 (586), Houghton Library, Harvard University.

庶吾未全漓之天眞，猶有古井作波之一日。」[311]

　　儘管胡適會使用「純美的女性」的陳詞套語來形容女性，諷刺的是，「女性」也同時是他用來作比喻、形容沒人要，既勢利又沒種，或咬舌撞牆式的人或作法。我在〈男性與自我的扮相：胡適的愛情、軀體與隱私觀〉一文裡，有一長段相關的分析。由於那篇文章原來是用英文寫的，中譯版又發表在學術期刊裡，讀到的人可能不多，特別再把它嵌入此處[312]。胡適在1921年5月20日的日記裡，記下了他和丁文江在北京飯店和威廉・克婁傑(William Crozier)將軍的一段話：

> Crozier責怪我們知識階級的人何以不鼓吹輿論，使政府不能不利用新銀行團來築造鐵路。我們把現在的情形告訴他，並說，政府決不肯向銀行團借這種於他們無利益的款，即使政府肯做，國民也要反對。現在銀行團若希望政府來提議，我們可以斷定銀行團決無事可做，譬如待嫁女子，無人求婚，終必作「老女」以死。我又說，新銀行團若不求作「老女」，只有一條路：須先使中國資本家組織鐵路公司，向銀行團借款，承認他們的條件，如公共監督用途之類。若無這樣一個有信用的求婚者，銀行團必不能免「終身老女」的命運。[313]

　　同年6月，北京各大學代表因政府積欠教育經費請願，被衛兵刺傷。幾天以後，他和蔣夢麟有這麼一段對話：

> 夢麟說：北京的教育界像一個好女子；那些反對我們的，是要強姦我們；那些幫助我們的，是要和姦我們。我說，夢麟錯了，北京教育界是一個妓女，有錢就好說話，無錢免開尊口。[314]

當胡適聽說受傷的北大教授馬敘倫在醫院裡絕食的時候，他說：

---

311 《胡適日記全集》，1：330。
312 〈男性與自我的扮相：胡適的愛情、軀體與隱私觀〉，《現代中文學刊》(上海) 2011年第6期(2011年12月)，頁65-66；英文版，請參見Yung-chen Chiang, "Performing Masculinity and the Self: Love, Body, and Privacy in Hu Shi," *The Journal of Asian Studies*, 63.2 (May 2004), pp. 326-328.
313 《胡適日記全集》，3：55。
314 《胡適日記全集》，3：106。

其實這是無益之舉。當英國婦女參政運動實行示威時，英國政府也用嚴厲手段對付他們，逮捕多人入獄，入獄之女子多實行絕粒，謂之Hunger Strike〔絕食〕，政府大窘。大戰之後，各國政府作慣了殺人的事業，竟不怕這種婦人的把戲了，故去年愛爾蘭革命領袖有絕粒而竟死於獄中者，英國政府亦因此少減其嚴厲手段。何況對中國這種強盜政府呢？[315]

胡適會把「女性」作為沒人要，既勢利又沒種，或咬舌撞牆式的人或作法的比喻，其所反映的並不只是一個單純的套用俗話的問題。在這些傳神妙喻的背後所層層積累的，是一些幾乎天經地義的對女性的看法。胡適在1914年6月20日的日記裡，記他第一次參觀美國的婚禮。他敘述到牧師帶領新郎朗誦他的誓詞的時候，他說：「牧師以環加女指。已，令新郎誓曰：『余某某今娶此女為妻，誓愛之養之(to love and cherish)』。」[316]胡適把"to cherish"翻成「養之」，絕對不會是一個單純的翻譯失當的問題。我們可以理解他是以「養之」來和「愛之」對稱。同時，我們也可以想像在中國、美國這兩個同樣地認定男人的責任在養家，而女人的天職在持家的經濟、文化體系裡成長、受教育、從事男性的扮相的胡適，會用「養之」來翻譯新郎對新娘的誓詞。更重要的，是新郎對新娘「愛之養之」，在在體現了胡適的男性的扮相的理想，亦即，男性對女性應有的騎士、君子之風。可惜胡適在敘述新娘朗誦她的誓詞的時候，並沒有重複這一段誓詞，他只說新娘的誓詞，「其詞略同上」。我們因此不知道胡適會用哪一個字，來翻譯新娘對新郎所說的"to cherish"；然而，根據我們對胡適的男性的扮相的討論和分析，我們幾乎不可能想像他會用「養之」這個字眼。

女性不但應該是被有君子、騎士之風的男性「養之」的對象，她們還注定要被生理的缺陷所局限。1920年陳衡哲學成歸國。同年，她成為北京大學第一位女教授，並和任鴻雋結婚。陳衡哲任教北大不久，就因為懷孕而辭職。1921年9月，胡適去探望產後的陳衡哲，他在日記裡寫著：

去看莎菲，見著她的女兒，名荷兒。莎菲因孕後不能上課，他很覺得羞愧，產後曾作一詩，辭意甚哀。莎菲婚後不久即以孕輟學，確使許多人失望。此後推薦女子入大學教書，自更困難了。當時我也怕此一層，故我贈他

315 《胡適日記全集》，3：107-108。
316 《胡適日記全集》，1：341。

們的賀聯爲「無後爲大，著書最佳」八個字。但此事自是天然的一種缺陷，
愧悔是無益的。[317]

胡適會把女性會懷孕的事實看成是「天然的一種缺陷」，自然是相當令人驚異的
論斷。然而，我們有理由相信胡適認爲女性的缺陷，不只在於會懷孕，而且還及於心
智，也就是說，在心智上比男性差。1922年4月19日，他在北大替美國節育運動專家
山格(Margaret Sanger)夫人作翻譯。當晚，他在日記裡說：

　　下午，山格夫人(Mrs. Sanger)在大學講演「生育裁制」，我替她譯述，聽
　　者約二千人，她的演說力甚好。女子演說甚少他這樣的有條理層次。[318]

由於女性的智力理應比男性差，胡適每遇見像山格夫人這樣談話有條理層次的女
性都驚異不止，彷彿她們不是女性一般。1930年3月1日：「索克思約晚餐，客爲Mr.
& Mrs. Field〔費而特先生夫人〕，此二人皆年輕，皆出於巨富之家，而都是好學深
思的人。其夫人是大富豪Vanderbilt〔范德比爾特，美國鐵路大王〕的小姐，年不過
廿三，而思想透闢可驚。她的談話最像我的朋友Edith Clifford Williams〔韋蓮司〕。
中國女子中未見其比。」[319]

胡適用他那寬廣、仁慈的男性觀，來對女性不幸被她的心理、生理與智力所局限
表達他同情的時候，他的態度是居高臨下的(condescension)。然而，在近代中國，他
同時又是鼓吹女性的解放、平等與教育的第一人。這就在在印證了我在前文所引的茱
蒂司‧衛爾特提醒我們的那句話：「一個人會批判社會上性別的不平等、男性的偏見
與不負責任，並不意味著說他就是一個女性主義者。」我們絕對不能只從表面來看胡
適的性別論述。

當然，儘管女性因爲心理、生理以及智性上的「缺陷」，胡適還是需要有女朋友
的。1918年1月，胡適在結了婚以後單獨回到北京。他在北京寂寞，因此希望他母親
答應，讓江冬秀早一點到北京去跟他團圓。雖然胡適的母親開始的時候猶豫，胡適仍
然再三地要求。他在4月6日給他母親的信裡說：

---

317 《胡適日記全集》，3：310-311。
318 《胡適日記全集》，3：523。
319 《胡適日記全集》，6：126。

我在外國慣了，回國後沒有女朋友可談，覺得好像社會上缺了一種重要的
分子。在北京幾個月，只認得章行嚴先生的夫人吳弱男女士。吳夫人是安徽
大詩人吳君遂(北山樓主人)先生的女兒，曾在英國住了六年，很有學問。故
我常去和她談談。[320]

胡適當時在北京所認識的女性朋友，都是在同事、朋友圈裡的太太、未婚妻，或
女朋友，比如說，他在4月6日那封家信裡所提到的陶孟和未來的太太沈性仁、北京高
等師範的丁太太，以及他北大同事顧教授的未婚妻沈教授。他在一個月以後的家信又
再次提起吳弱男：

昨日在家寫了一天講義。下午去看章行嚴先生的夫人吳弱男女士，談了三
點鐘。這位夫人是中國女子中很難得的人物。她在英國留學了六年，很讀了
些書，卻又極能治家。現有三個孩子，都極可愛。[321]

吳弱男「很讀了些書，卻又極能治家。」這句話是關鍵。胡適從這些「名花有
主」的女性身上所希望得到的，不是「真能有高尚智識，談辨時能啟發心思」；他所
希望得到的，是他在「外國慣了」的，那美國19世紀「純美的女性」形象下的溫婉、
柔順與純潔美德。這種「純美的女性」的典型，我在〈女性、母性、與生物界通律：
《婦女雜誌》的前半期，1915-1925〉（Womanhood, Motherhood, and Biology: The
Early Phases of *The Ladies' Journal*, 1915-1925）一文裡用胡適的朋友、同樣留美的胡彬
夏的描述作了如下的分析：

在美國土生土長、白人、中上階級、婦女俱樂部的成員，既可以把家裡整
理得井井有條、一塵不染，又能遊刃有餘地熱心公益。她在〈20世紀之新女
子〉裡所描寫的三個美國婦女，都是超人型的家庭主婦，其中，兩位是專職
的家庭主婦，公益事業只是她們嗜好。三位都受過大學教育、溫婉，而且都
能輕鬆俐落地扮演多重的角色：先生的賢內助；孩子的母親、老師和朋友；
社會的熱心公益分子。[322]

---

320 胡適稟母親，1918年4月6日，《胡適全集》，23：194。
321 胡適稟母親，1918年5月17日，《胡適全集》，23：208。
322 胡彬夏，〈二十世紀之新女子〉，《婦女雜誌》2卷1號(January 1916)，頁1-13；拙著，

　　胡適有求於中國版的「純美的女性」的地方，用上引他1914年6月8日的日記裡的話來說，就是要：「與有教育之女子交際，得其陶冶之益。」然而，這只是陶冶而已，完全不影響胡適的唱和圈全然是男性的事實。有意味的是，我們在這以後就再也沒聽胡適提過需要女性的陶冶了。從1923年胡適跟曹誠英在煙霞洞度過他的「神仙生活」以後，女性在胡適的生命裡所扮演的角色，彷彿是從陶冶轉換成調劑了。

　　女性在胡適的生命裡扮演的調劑的角色，這跟胡適的性別觀是息息相關的。就以我在《星星‧月亮‧太陽——胡適的情感世界》裡分析的幾位「月亮」和「星星」為例，胡適跟他們的關係只要失去了「調劑」的意義，就是他們的關係中止或變質的開始。曹誠英、徐芳如此，韋蓮司亦復如此。他對1935年從北大畢業的徐芳的處理方式就是一個典型的例子。等他發現徐芳把他的調劑當真，他就趕緊寫了〈無心肝的月亮〉那首詩給徐芳，要她「可憐」他「跳不出他的軌道」，要徐芳學習他「無牽無掛多麼好」的瀟灑。等中日戰爭爆發胡適到了美國以後，他已經是決定不理徐芳了。他在1938年3月5日的日記，是用極其生分的語氣來說徐芳：「寫一信與舟生〔即徐芳〕，勸她從危難裡尋著自己的前途，恐此人不中說也。」曾幾何時，那讓他吻著「媚眼」來調劑的徐芳卻變成「此人」了！

　　質言之，調劑，胡適要；相思債，他付不起。這也是為什麼胡適到了美國以後的「星星」都是白人的原因。這是因為她們可以給他及時的慰藉，而又可以讓他有免於相思債的自由。在這一點上，韋蓮司就是一個最值得令人省思的例子。他們在1933年成為身心合一的戀人以後，他們之間的關係就漸行漸遠了。空間的阻隔固然是一個最不可克服的障礙。然而，我認為對胡適而言，韋蓮司是一個讓他「伺候費心」（high maitenance）的情人，老愛跟他談一些人生、愛情、理想等等無解的問題。同時，韋蓮司又是一個對自己、對胡適，無論是在思想上或是在感情上都要誠實、追根究柢去剖析的人。胡適年輕時候，動輒要人「必也一致乎」。可是，等到他年紀漸長，要的只是調劑的他，這未免太沉重了。韋蓮司有所不知，廉頗老矣！胡適早在寫給徐芳的另一首詩〈扔了？〉裡已經討饒了：「兩鬢疏疏白髮，擔不了相思新債。」

　　在胡適所有的「星星」裡，特別護士哈德門太太是跟他在一起最久的一顆，從1938年12月他心臟病住院而認識，一直到他1962年過世為止，一共二十四年。在這二十四年裡，最讓哈德門太太緬懷的，就是她稱之為她的「黃金歲月」的八年，也就是

（續）────────────────
　　“Womanhood, Motherhood, and Biology: The Early Phases of *The Ladies' Journal*, 1915-1925,” *Gender & History*, 18.3 (November 2006), p. 527.

從他們認識到1946年胡適回中國就任北大校長為止。在胡適一生的情人裡，哈德門太太是最能大膽跟胡適調情的一位。她用「心肝」、「寶貝」、「寵物」等暱稱來稱呼胡適；她稱許胡適為情聖，愛他愛得不能釋手；用最為大膽、露骨的文字，來表達她對胡適的情欲。

在情欲的滿足上，晚年的胡適從他跟哈德門太太的關係上深得其中三昧。1961年7月20日得知他從前北大的老同事蔣夢麟要跟徐賢樂結婚。胡適反對蔣夢麟續弦。他認為蔣夢麟「已經七十歲了，娶個年輕的太太，難免不當寡婦。如感一個人生活孤寂，不妨找個年齡稍大的特別護士，陪他住在一起，何必續弦自找麻煩。」[323]這真的不只是夫子自道，而且還是秘笈傳授。

然而，胡適的調劑，是建立在他的「月亮」和「星星」的痛苦之上，即使白人亦然。表面上看來，哈德門太太似乎對他是無所企求，他們似乎是彼此各取所需。然而，感情不是那麼簡單的一個東西，可以收放自如。男女的不同，不但在於社會對他們的規約(discipline)、要求，甚至獎懲都不同，而且在於他們對愛的憧憬、要求，與反應也不同。「找個年齡稍大的特別護士，陪他住在一起」，是一個徹徹底底的男性中心主義的思維方式，是一個完完全全的物化女性的教戰手冊。

胡適不是不知道，即使他是視而不見：「年齡稍大的特別護士，陪他住在一起」的哈德門太太也有著一顆心，而且她是帶著一顆破碎的心離開他的。等江冬秀在1950年6月到紐約跟胡適團圓的時候，她只得搬出她跟胡適同居的公寓。事實上，她從來就無法接受胡適已經離開了她生命的事實。1955年底，由於她瀕臨崩潰的邊緣，她於是到紐澤西州大西洋城(Atlantic City)去度了一個星期的假。一天晚上，她獨自去餐廳吃飯，結果：「晚餐時，這兒有一個風琴大師演奏。昨晚我去的時候，他正在演奏〈人們會說我們是一對〉(People Will Say We're in Love)、〈夜以繼日〉(Night & Day)、〈只有妳〉(You Alone)，都是我們喜歡的老歌！我聽得哭了，於是趕緊離開。」離開大西洋城的前幾天，她還寫信告訴胡適：「回到公寓以後會給你電話。然後我就必須出去買點隔天早餐要吃的東西。我希望能在星期二看成醫生，星期三回去工作。最重要的，是我希望能盡早看到我的『心肝』。」

胡適處理他跟哈德門太太之間的關係，最淋漓盡致地表現在他男性氣概的扮相。我在本傳的第一部《璞玉成璧》裡已經闡明了胡適這個男性氣概的扮相。我說：胡適

323 胡國台訪問、郭瑋瑋記錄，《劉真先生訪問記錄》(台北：中央研究院近代史研究所，1993)，頁259。

在「私」領域與「公」領域之間的界域並不是涇渭分明的，而其實是有交集的存在的。私領域裡的行為，包括婚姻與愛情，與公領域裡的行為，從待人接物、政治參與，到國際關係，都必須遵循同樣一個行為的準則，那就是：理性、法治、井然有序。這理性、法治、井然有序的準則，就是胡適男性扮相的寫照。

哈德門太太愛胡適愛到不可釋手的地步。作為一個特別護士，她知道她對胡適挑情會加快他的心跳，但不至於致命：

> 你已經成為我迫切的需要——不只是在情欲上。在情欲上，我想要你的強度是與日俱增，已經強烈到我身體的每一個部位都飢渴地向你呼喚的地步。我自詡我在你面前的表現，在在證明了我所說的一點都不誇張。聽我說這些可能有礙你的「健康」，可是你已經無處可逃，我要享用你，享用到我心滿意足的地步。你可以看得出來，我是不按牌理出牌的，誰說女人不該用文字或行為來表達她的情欲！這個遊戲規則可不是為我設的。
>
> 有你貼近我的心，真是美麗極了！在你溫柔的擁抱裡與你結為一體！光是去想、去回憶，我就已經都快要昏過去了。你知道你是一個能勾魂攝魄、讓人難以忘懷的情人。
>
> 你不覺得我真是一個乖女孩，很懂得克制我寫信給你的數量跟內容嗎？可是，你可要當心喔！物極必反！
>
> 我要你非常、非常、一直、一直地想念著我——「夜以繼日」("night and day")〔注：就是她跟胡適都喜歡的一個曲子〕。晚安，我愛！我多希望我能握著你美妙的手，纏繞著你美妙的三圍睡去。親我！親遍我的頸項 (napefully)！

即使胡適私下喜歡哈德門太太挑情，他必須顧及到他的公共形象。哈德門太太「不按牌理出牌」，必須繩之以他理性、法治、井然有序的準則。胡適的撒手鐧是「禁口」與「禁足」。「禁足」的作法，是胡適在1943年10月，從他們所同居的4G的公寓搬到5H。所以，哈德門太太才會在一封信裡說：「雖然我心裡想得很，我星期三以前就不過來了。不過如果可以，我就會過來。這個禁令我完全不贊同，但是我知道這是你的意思。」

胡適的「禁口」令最令人莞爾，也最令人省思的結果之一，就是哈德門太太開始使用的另一個化名。哈德門在1943年的幾封信裡，稱自己為「禮拜五」。在他倆的關

係裡，胡適是「魯賓遜」，哈德門則是「禮拜五」。魯賓遜和「禮拜五」都是《魯賓遜漂流記》(*Robinson Crusoe*)裡的人物。魯賓遜是因為船觸礁而受困荒島的白人，「禮拜五」則是魯賓遜在荒島上碰到，收留下來的「野蠻人」。哈德門戲稱自己為「禮拜五」，是因為「禮拜五」在故事開始的時候不會說英文，等於是一個啞巴。哈德門在1943年的好幾封信裡都署名「禮拜五」。最有意味的是，她在一封信裡的署名是：「啞口禮拜五」(Inarticulate Friday)。作為白人的哈德門太太跟那被美國人歧視的中國人的胡適，在種族高下的地位完全被顛覆了。

　　胡適會對哈德門太太祭出他的「禁足」、「禁口」之令，這完全是他那理性、井然有序的「君子」的扮相的寫照。胡適一生的情人，各個不同，各有各的個性。韋蓮司為胡適而謹言慎行。她連胡適身後的名聲、形象尚且要去為他顧全，更何況他在世的時候呢！她無處不配合，甚至可以說是增益胡適「君子」的扮相。試想：韋蓮司在1936年知道曹誠英其實是胡適的情人以後，她能夠不對曹誠英說破，而且「愛屋及烏」把曹誠英接到家裡來住。她不但照顧了曹誠英，而且不對她點破自己與胡適的情人關係，在曹誠英的心目中保全了胡適「君子」的形象。胡適的中國情人雖然在這點上比不上韋蓮司，但他們都懂得配合胡適。曹誠英固然剛烈、熱情，年輕的徐芳固然愛胡適愛得亂了方寸，她們畢竟都是傳統中國性別文化裡的產物。她們都知道她們的身分，能守分寸，不敢逾矩。最重要的，是她們懂得必須小心翼翼，絕對不敢搞砸了胡適的形象。

　　胡適自己要女性來作他的調劑，但是，他不准女性以其人之道來還治其人。他對陸小曼的處置就是一個最典型的例子。我在《星星‧月亮‧太陽──胡適的情感世界》裡把陸小曼也當作胡適曾經的一顆「星星」。我說1925年春夏之間，當徐志摩到歐洲去，把陸小曼交給胡適照顧的時候，他與陸小曼玩了一個幾近致命誘惑(fatal attraction)的遊戲。我在「胡適檔案」裡發現了三封陸小曼以「眉娘」(Mignon)為名寫給胡適的三封英文信。在這三封信裡，她稱胡適為「我最親親的朋友」，自己在一封信的結尾署名「你永遠的玫瑰(Rose)兼眉娘」，"Rose"的字母裡的"o"還畫作心的形狀。幾天沒看到胡適，她說：「你真的不再來了嗎？我希望不是，因為我知道我是不會依你的。」胡適感了冒，她嬌嗔地對他說：「你看看，你不聽話的結果就是這樣！親愛的，你現在知道了吧？……等你好了以後，我要好好地教訓你，如果你再一次不聽話，你就等著瞧！你這個淘氣的人！我會處罰你，讓你嘗嘗滋味。」

　　徐志摩在《愛眉小札》裡，透露出胡適對陸小曼開始不滿，他在日記裡對陸小曼說：「眉，『先生』說妳意志不堅強。」這是胡適與陸小曼疏遠的開始。徐志摩與陸

小曼在1926年8月結婚。1931年11月，徐志摩墜機而亡。胡適從凌叔華那兒取得了徐志摩的日記以後，自己手抄了其中的一部分。胡適在1932年6月出版的《獨立評論》第三號裡刊載了〈志摩日記的一頁〉，是徐志摩1925年12月的日記。文後，胡適加了一句按語：「志摩的日記殘稿，是他和眉結婚前在北京的日記。文字最可愛，所以我鈔了一份。」[324]

〈志摩日記的一頁〉是1932年6月出版的。然而，胡適抄完徐志摩的日記是在1931年12月30日。鄒新明在胡適的藏書裡，找到了比《獨立評論》那句按語更完整的一句：「志摩的日記殘稿，是他和眉結婚前在北京的日記，文字最可愛，我讀了不忍放手，所以手鈔一份。他死後四十一日——十二月三十日——即是記此日記後整整六年。適之。句讀是我加的。」[325]

圖19　徐志摩贈胡適小照(胡適紀念館授權使用)。

胡適為什麼說〈志摩日記的一頁〉：「文字最可愛，我讀了不忍放手？」就錄下其中幾段我也覺得「最可愛」的珠璣：

---

324 「胡適檔案」，267-1-125。

325 鄒新明，〈新詩與深情——胡適藏書所見胡適與徐志摩交往點滴(胡適藏書整理札記之一)〉，《胡適研究通訊》2010年第2期(總第10期)，頁35。

　　蠟梅當已吐黃，紅梅亦蚤結蕊。眉亦自道好花，尤昵梅。奈何屋具太俗
豔，即邀冷香客來，慮不俳適。想想一枝疏影、一彎寒月、一領清溪、一條
板凳，意境何嘗不遠妙？然眉兒怕冷，寧躲繡花被中熏蘇入夢也！

　　並坐壁爐前，火光照面，談去春顏色，來春消息。戶外有木葉飛脫作響。
坐墊殊軟細，肌息尤醉人。眉不願此否？

　　眉，你我幾時到山中做神仙去？

　　只有戀愛專制，從沒有戀愛自由，專制不一定是壞事。自由像是一件腰身
做太肥了的大褂。我願意穿瘦的，不問時宜。

　　翊唐開口便問文章做得怎樣了。文章原不必用字來砌。一凝睇、一含嗔、
一紅臉、一滾淚、一親吻、一相偎，有真和諧，就有真文章。不必貪多，做
得這一篇文章，就有交代。

　　總得接近泥土。將來即不能扛著鋤頭耕田，至少也得拿一把鐵鍬試種白薯
芋芨荸薺之類。眉，我替你定做一把分量輕，把手便的，何如？[326]

「胡適檔案」裡還留存有一份更有意味的遺稿，是胡適手抄的陸小曼的日記三
段：

　　Mou, I am cold. My mouth feel〔s〕so dry. I want some moisture. I want a
warm clasp. I want to lie on your bosom, and give〔you〕a hot kiss. Oh, Mou,
my own, I am so thirsty! I am longing for you. Yet I have to wait〔for〕5 more
days.正月廿日(1926)(摩！我冷。我嘴巴很乾。我需要滋潤。我需要熱乎乎
的擁抱。我要死在你的懷裡，給你一個熱吻。喔，摩，我的摩！我很渴！我
要你。可是我還需要再等五天。正月廿日，1926)〔注：英文裡的訂正是胡
適加的。〕

　　我想將來便不能讓我一人在家，你想呢！冷天便〔更？〕不行……多冷
呀……不行……摩，你懂得麼？小龍冬天最怕冷。你快回來，我有不少話說
呢。正月十六(1926)

　　方才又看了一遍你的日記，愈看愈愛，愛！記著，將來我死後，要方

326 徐志摩，〈愛眉小札〉，《徐志摩未刊日記》，虞坤林整理(北京：北京圖書館出版社，
　　2003)，頁238-239。

〔放〕在我棺材裡伴我，讓我做了鬼也可以常常看，比《金剛經》也許可貴得多。正月十七(1926)

胡適加了一個按語：「我鈔志摩日記後，又摘鈔小曼日記三段，以見contrast〔對比〕！」H.S. Dec. 30, 1931(胡適，1931年12月30日)[327]

圖20　陸小曼贈胡適小照(胡適紀念館授權使用)。

究竟有什麼「對比」，是胡適要大家來看的？胡適沒點出。但我認為是徐志摩的清麗、脫俗與昇華，對比著陸小曼的肉欲與自私。徐志摩想到的是美、是真、是品味、是大自然、是脫凡俗作神仙、是那真善美自然流露可以傳世的文字；相對的，陸小曼所能想到的，除了自己的需要以外，還是自己的需要，除了自己肉欲的需要以外，還是自己的肉欲需要。從胡適的角度看來，更褻瀆神聖的，是陸小曼像胡適所憎惡的佛教徒迷信地濫用《金剛經》的作法一樣，想要把徐志摩的日記獨吞，「放在我棺材裡伴我，讓我做了鬼也可以常常看。」用我在剖析胡適的男性的扮相的話來說，這對比是徐志摩的理性、法治與井然有序，對比著陸小曼的非理性、「不堅強」與狂亂無序。

徐志摩給陸小曼的情書裡充滿情欲的文字也是俯拾皆是。然而，重點是，從胡適的角度看來，徐志摩的愛是那種昇華的愛。不只如此，徐志摩的愛不是自私的，不是貪圖自己肉欲的滿足的，而是企求他與陸小曼靈肉合一，甚至是羅密歐、茱麗葉情死

---

327 「胡適檔案」，267-1-125。

式的靈肉合一：

> 眉！你得引我的思想往更高更大更美處走；假如有一天我思想墮落或是
> 衰敗時就是你的羞恥，記著了，眉！[328]

> 我要你的性靈，我要你身體完全的愛我，我也要你的性靈完全的化入我
> 的，我要的是你的絕對的全部——因為我獻給你的也是絕對的全部，那才當
> 得起一個愛字。[329]

> 也許我是太癡了。人間絕對的事情本是少有的。All or nothing〔不是全
> 部，就寧可不要〕到如今還是我做人的標準。[330]

> 羅米烏〔羅密歐〕愛玖麗德〔茱麗葉〕，願為她死，世上再沒有第二個女
> 子能動他的心；玖麗德〔茱麗葉〕愛羅米烏〔羅密歐〕，願為他死，世上再
> 沒有第二個男子能占她一點子的情。他們那戀愛之所以不朽，又高尚、又
> 美，就在這裡。他們倆死的時候彼此都是無遺憾的。因為死成全了他們的戀
> 愛到最完全最圓滿的程度，所以這"Die upon a kiss"是真鍾情人理想的結
> 局，再不要別的。[331]

"Die upon a kiss"——吻而後死——是莎士比亞的《奧賽羅》(Othello)最後一幕
的臺詞。嚴格來說，引用並不是恰當的。因為奧賽羅誤會他的妻子不貞而把她在床上
悶死。奧賽羅後來發現他誤會了他的妻子。「吻而後死」是他刺死自己，倒到床上壓
在他死去的妻子身上的時候，說：「我在殺妳之前吻了妳：我別無他法；／我現在殺
了我自己，吻而後死。」

徐志摩所追求的是「真鍾情人理想的結局」。如果那結局必須是以「情死」來表
白的話，那也是他所追求的最聖潔、最高尚、最美的表現。這羅密歐、茱麗葉式的
「情死」模式是胡適所謳歌的。他在1930年8月1日的日記裡說：

> 辦《日本研究》的陳長素、陳彬和來談。他們問我對於日本民族的意見。
> 我說，這個民族有許多別人及不到的美德，故能一躍而到現在的地位：一、

328　徐志摩，〈愛眉小札〉，《徐志摩未刊日記》，頁195。
329　徐志摩，〈愛眉小札〉，《徐志摩未刊日記》，頁191。
330　徐志摩，〈愛眉小札〉，《徐志摩未刊日記》，頁195。
331　徐志摩，〈愛眉小札〉，《徐志摩未刊日記》，頁181-182。

好潔淨；二、愛美；三、輕死、要死的美；四、肯學人的長處。此四項美
德，世界民族沒有能比上日本人的。[332]

　　1931年3月交通部圖書室的一對職員唐型與白悲塵在上海月宮旅社情死。他們用
假名留下了遺書。北平的報紙公布了他們的遺書。但是不了解那遺書是一首詩。胡適
在4月15日的日記裡，說他和徐志摩一看，就認出那是一首詩：

> 這世間的戀愛是這般的苦惱，
> 　　我倆的身體同爲此而焚燒。
> 同情於我倆的朋友們，
> 　　請不必爲我倆悲傷。
> 死是戀愛的先鋒，
> 　　悲苦才是戀愛的眞諦。
> 我倆含笑祝你們健康，
> 　　讓附上我倆的靈魂，敬與你們握別。
>
> 　　　　　　　　　　　　　馬玉孫、卞覺非絕筆
> 　　　　　　　　　　　　　二十年三月六日十二時一刻

　　上月北平報紙記此事時，不曾把這首遺詩分行排，又不說是詩，只說是遺
書。但我和志摩見了，都說這是一首詩。今天見上海一個雜誌上登出來，果
然是一首詩。近年的戀愛事件，只有這件事可算是像樣的情死。他們的死
是有重大的影響的。這種影響不會壞，因爲這裡面有眞情。[333]

　　胡適對情死似乎一度曾經有過偏執狂——雖然不是那種他自己會去身體力行的偏
執狂。1927年他剛回國的時候，甚至還語不驚人死不休地提倡過「情死強國論」。我
在《星星・月亮・太陽——胡適的情感世界》裡，提到胡適與曹誠英訂情之夜是在
1923年7月28日(陰曆六月十五日)的月圓之夜。第二天清晨，他和曹誠英、任白濤上
西湖南高峰看日出。爲了紀念這個日子，同時也爲將來爲他立傳的人埋下一個「此地

---

332 《胡適日記全集》，6：217-218。
333 《胡適日記全集》，6：554-555。

有銀三百兩」的線索，胡適特別在7月31日寫下了〈南高峰看日出〉一首詩[334]。值得
令人玩味的是，胡適居然還能一度把「情死」演繹成「強國」的基礎。在西湖目睹過
胡適的「神仙生活」的任白濤，在1927年5月23夜從西湖寫給胡適的信裡說：

> 你的「情死強國論」，我很鄭重地介紹到去冬出版的《近代戀愛名論》的
> 卷頭上了。關於這一點，我更希望你能夠著實提倡一下子。（注：我去年把
> 日本著名的情死大家有島武郎〔發音：Arishima Takeo，1922年與波多野秋
> 子(Hatano Akiko)一起自縊情死〕的《愛是在奪的》〔《愛是恣意奪取
> 的》，根據劉立善的譯名〕一書譯了。這部書就某意義上說，算是提倡情死
> 的。關於這書的出版，你必是贊成的。）（注之注：有島著作集第十一輯：
> 〈惜みなく愛は奪う〉〔發音：Oshiminaku ai wa ubo'u〕——假若你能夠實
> 行一下子，那我也是當然贊同的。因爲我看你同她……但……)[335]

諷刺的是，謳歌「情死」、說「這種影響不會壞」的胡適，是絕對不會自己去身
體力行的。任白濤對胡適說：「假若你能夠實行一下子，那我也是當然贊同的。」他
如果不是「爲賦新詞強說愁」，就眞的在這一點上，是「知胡適莫若任白濤」了——
君不見他說：「因爲我看你同她……但……」
　　對於一個在公私領域都要求自己、要求別人要以「理性、法治、井然有序」爲準
則的人，「情死」的謳歌，只是他的「詩興」曇花一現的刹那。胡適更有他老練的一
面。他悼徐志摩的話，也是他的戀愛箴言：「他的失敗是因爲他的信仰太單純了，而
這個現實世界太複雜了。」
　　更諷刺的是，徐志摩因爲愛胡適、信胡適，而錯把胡適一時的「詩興」當成他的
「哲學」。他在1928年4、5月間的一則日記說：

> 適之遊廬山三日，作日記數萬言。這一個「勤」字亦自不易。他說看了江
> 西內地，得一感想：女性的醜簡直不是個人樣，尤其是金蓮三寸。男性造
> 孽，眞是無從說起。此後須有一大改變才有新機：要從一把女性當牛馬的文
> 化轉成一男性自願爲女性作牛馬的文化。適之說男人應盡力賺出錢來爲女人

334《星星‧月亮‧太陽——胡適的情感世界》。請注意：在該書裡，任白濤作任百濤。
335 任白濤致胡適，1927年5月23夜，《胡適遺稿及秘藏書信》，26：159。請注意：《胡適
　　來往書信選》，1：435漏掉了「注之注」。

打扮。我說這話太革命性了。[336]

　　「這話太革命性了。」真的嗎？那要以「理性、法治、井然有序」的準則來律己、律人的胡適，會真的：「要從一把女性當牛馬的文化轉成一男性自願為女性作牛馬的文化」、「男人應盡力賺出錢來為女人打扮」！徐志摩又被胡適的「詩興」與「戲言」誑了！

圖21　曹誠英贈江冬秀小照(胡適紀念館授權使用)。

　　就像胡適寫給徐芳的〈無心肝的月亮〉那首詩所說的，他有他的軌道，他要徐芳可憐他跳不出他的軌道。其實，他眼中的女性何嘗沒有他給她們的「軌道」？他不願意跳出他的軌道，他也不准他生命中的女性「越軌」。「胡適檔案」裡存留著一首他在煙霞洞過他的「神仙生活」的時候，寫的〈金鐘花〉。

　　　〈金鐘花〉
　　　別嫌他寄生的生活，
　　　別嫌他晚開易謝。
　　　我們登山爬巔，
　　　不曾見著一支花。

336　徐志摩，〈眉軒瑣語〉，《徐志摩未刊日記》，頁227。這則日記訂為1927年3月18日是錯誤的。胡適遊廬山是在1928年4月初。

好容易佩聲尋找了他——
摘來供在几上——
纖支上垂著黃的花，
在風中搖擺，
也使我們寂寞的心兒快活！[337]

那「金鐘花」，就是曹誠英。她生性是「寄生」。是要「摘來供在几上」、「使我們寂寞的心兒快活！」

身體、生病、肛門偏執

胡適萬萬沒想到他還不滿二十九歲的時候，身體居然就垮了下來了。他第一次在日記裡提起去看醫生是在1920年5月13日：「停課，請謝恩增先生診察。」[338]由於他這一年所記的日記是屬於簡略的「日程與日記」，他完全沒有說明他的症狀為何。這位謝恩增醫生，可能就是胡頌平在《胡適之先生晚年談話錄》裡所誤記的「徐教授」。胡頌平錄胡適在1960年2月16日的談話：

> 那時協和〔醫院〕有一位教授姓徐的，時常翻譯教會裡有關醫學的書籍。他以餘力替人看病，不掛牌子。人家看過病，送他一張支票或幾瓶酒，他也收下的。他看了我的病，疑是心臟的活門不太靈活，可能出血不止就會送命的。他通知朱經農的哥哥朱我農，要他來告訴我，不可大意。他還帶來一本醫學的書，書裡夾了紙條，從第幾章到第幾章，都是和我的病有關的。[339]

對比胡適的日記，這胡頌平筆下的「徐教授」，毫無問題，就是謝恩增。1920年8月31日：「大學授學位與〔Paul〕Painlevé〔班樂衛，法國數學家〕& Joubin〔儒班〕，我作招待員。腳上風氣很利害，站了三個鐘頭，竟不能走路了。」[340]9月1日：「看謝恩增先生。謝君說我的『風氣』是由於積勞致心臟有病，須靜臥幾天。」[341]

---

337 「胡適檔案」，268-1-77。
338 《胡適日記全集》，2：710。
339 胡頌平，《胡適之先生晚年談話錄》，頁47-48。
340 《胡適日記全集》，2：743。
341 《胡適日記全集》，2：744。

胡適在家養了幾天的病以後，耐不住又出去了。結果，又病倒了。9月9日：「今天又病了。往訪謝醫士，請他診察。他怪我這幾天不該出門勞心。我又要在家關兩天了。」[342] 9月11日：「歸來時得朱我農來信，轉述謝醫師的話：『你患的是心臟病——僧帽瓣閉鎖不全(日本名)，三扁門漏隙(中國譯名)〔注：英文名為：Mitral Incompetence〕——我曉得這個病是不能治的。雖不是急性病，二三十年之內或無以外事；但必須靜養，切不可勞力過度。煙酒和其他刺激物，絕不相宜。我望你以後務必早眠和多睡，不要太用功。』」[343]

這一下胡適就不敢掉以輕心了。他在9月12日訂下了一個養病的日程：「十時睡，七時起。下午睡半時至一時；著書：每日二小時；看書：每日一小時。」[344] 9月13日：「再訪謝醫士，診察後，他說我服的digitalis已有功效，再服四日藥，可以不服藥了，以後須專事靜養。」[345]

然而，胡適的病情顯然並沒有好轉。他在1920年到1921年之間病了六個月，導致他幾次停課。1920年9月底，才開學他就請了一個月的病假[346]。後來，又續請了病假一個月[347]。到了第二學期，他仍然斷斷續續地請了病假。一直到1921年初，胡適的病情仍然沒有好轉。因此，一個外國友人在1921年2月15日給他的信上還說：「我希望你一切都好。上次見到你的時候，你正要去醫院看醫生。」[348]

很顯然，胡適1921年的病最後是讓中醫陸仲安醫好的，或者，至少是暫時醫好的。證據是胡適該年5月24日的日記：「送四件衣料去謝陸仲安醫生(此君即治癒我的病的醫生)。」[349] 從這以後，胡適就非常相信陸仲安。比如說，6月18日：「出城訪陸仲安醫士，為江子儁嬸問病狀。」[350] 1930年8月中，胡適以為他得了盲腸炎。西洋醫生檢驗的結果，發現他腸裡有導致痢疾的微生菌。然而，即使是盲腸炎、痢疾，胡適還是去看了陸仲安。他在8月21日的日記裡說：「李石曾說陸仲安曾治癒立光宇的法國夫人的盲腸炎。我本想，如果我這次真是患盲腸炎，很可以試試他的方子。但西醫已證明不是盲腸炎了，故我不曾去看他。他已知道我的病了，說要來看我。我今天

342 《胡適日記全集》，2：752。
343 《胡適日記全集》，2：754。
344 《胡適日記全集》，2：755。
345 《胡適日記全集》，2：756。
346 〈註冊部通告〉，《北京大學日刊》，第704號，1920年9月28日，第二版。
347 〈註冊部通告〉，《北京大學日刊》，第756號，1920年11月29日，第二版。
348 O.E. Hooley to Hu Shih, February 15, 1921,「胡適英文檔案」，E230-006。
349 《胡適日記全集》，3：59。
350 《胡適日記全集》，3：122。

去看他，告訴他不是盲腸炎，而是有痢疾的微生物。他說：『我治痢疾最靈。』便給我開了一方。」[351] 9月12日，胡適發燒頭痛，請上海寶隆醫院的醫生黃鍾來診視。黃醫生說他不能斷定是瘧疾還是傷寒，必須驗血才能確定。胡適說他在床上躺了九天。朱仰高醫生驗血的結果，說白血球少了一半，像是傷寒。「五六日之後，另請陸仲安先生來診看。他說是秋瘟，用涼藥，頗有功效……21日始起床，22日始下樓。」[352]

胡頌平在《胡適之先生晚年談話錄》裡，記胡適晚年不相信西洋參對心臟有益。1961年3月6日一則：

> 上月廿五夜先生住院之後，有人送來中醫治心臟病的單方及長生方，藥方裡需要西洋參的。今天胡頌平向先生提起。先生當然要他謝謝人家的好意。接著說：「過去的醫生不知道心臟是一部機器，是一個發電機。他們說西洋參可以強心；沒有這麼一回事。古代的所謂參，是指陝西的黨參。你知道西洋參是什麼？這種西洋參在紐約附近是用來餵豬的。西洋人以為用這種東西來餵豬，豬會長得特別肥。後來發現中國人把它當藥吃，才推銷到中國來。到現在還不到一百年吧！[353]

事實上，年輕時候、醫生說他心臟不強的胡適自己也是相信西洋參的。1920年6月7日，當時還在美國留學的陳衡哲給他的一封信就是最好的明證：「至於你所要的人參，我買了差不多六磅中等參。我跟你就各分一半。」[354] 不只西洋參，其他中藥他也相信。1921年初，胡適因為久病不癒，急切之下，用陸仲安的方子用重藥。高夢旦聽了胡適說以後，極為不安，立刻要胡適慎重。他在1月22日給胡適的信裡說：

> 1月16日手書已收到。尊體因工作又有不適，甚為念念。此等病其來源甚遠，斷非旦夕可癒，尤不宜用峻劑，以求速效。鄙見仍以有經驗之西醫詳為診治，並多多休息，俟完全復元之後，再行辦事。每日黃著十兩，是否適宜？仍須斟酌。弟不敢謂中國無方藥，但有奇效者必有一部分之危險，不如科學的治療為穩妥，願乞思之。[355]

---

351 《胡適日記全集》，6：233。
352 《胡適日記全集》，6：282-283。
353 胡頌平，《胡適之先生晚年談話錄》，頁137-138。
354 S.H.C. [陳衡哲]to Hu Shih, June 7, 1920,「胡適英文檔案」，E169-009。
355 高夢旦致胡適，1921年1月22日，《胡適遺稿及秘藏書信》，37：273。

　　高夢旦這封信很重要。我們都知道胡適晚年多次鄭重地否認他年輕的時候曾經讓陸仲安治好糖尿病或腎臟炎的傳聞。高夢旦這封信，讓我們領悟到胡適如何在嚴格說來不算說謊的情況之下，很技巧地否認了陸仲安曾經幫他治癒重病。他在1958年4月12日復余序洋的信裡說：

　　　　你看見一本醫書上說，我曾患糖尿病，經陸仲安醫好，其藥方爲黃蓍四兩……等等。我也曾見此說，也收到朋友此信，問我同樣的問題。其實我一生從沒有得過糖尿病，當然沒有陸仲安治癒我的糖尿病的事。陸仲安是一位頗讀古醫方的中醫，我同他頗相熟。曾見他治癒朋友的急性腎臟炎。藥方中用黃蓍四兩，黨參三兩，于朮八錢(慢性腎臟炎，則西醫也能治療)。但我從沒有聽見陸君說他有治糖尿病的方子。造此謠言的中醫，從不問我一聲，也不問陸仲安，竟筆之於書，此事眞使我憤怒！[356]

他在1961年8月3日回覆沈謙志的信則說：

　　　　急性腎臟炎，我的朋友中有人患過，或用西法，或用中藥，均得治癒。慢性腎臟炎，友人中患者，如牛惠生、如俞鳳賓，皆是有名的西醫，皆無法治療。雖有人傳說中醫有方治此病，又有人傳說我曾患慢性腎臟炎，爲中醫治好——其實都不足信。大概慢性腎臟炎至今似尚未有特效藥。在三十多年前，我曾有小病，有一位學西醫的朋友，疑是慢性腎臟炎，後來始知此友的診斷不確。如果我患的眞是此病，我不會有三四十年的活動能力了。我並未患過此病。[357]

　　胡適曾經得過糖尿病、腎臟炎的傳聞確實是流傳極廣的。比如說，他患了糖尿病的傳聞甚至傳到了美國。我在《星星‧月亮‧太陽——胡適的情感世界》裡，還描述了連韋蓮司都聽說了。她焦急地想從美國把當時剛成功合成用以控制糖尿病的胰島素寄給胡適[358]。然而，胡適晚年的這些信都只交代了一半的事實，亦即，當時醫生疑心他患了糖尿病或腎臟炎的診斷都是不正確的。但是，陸仲安曾經治癒——或至少是

356　胡適致余序洋，1958年4月12日，《胡適全集》，26：153。
357　胡適致沈謙志，1961年8月3日，《胡適全集》，26：665。
358　江勇振，《星星‧月亮‧太陽——胡適的情感世界》。

當時讓他以爲治癒了——的另一半的事實，他就完全沒有交代了。他在1920年底大病期間，每天吃了讓高夢旦咋舌的十兩黃蓍，就是陸仲安開的。胡適自己在1921年3月30日所寫的〈題《陸仲安秋室研經圖》〉裡說：

> 我自去年秋間得病，我的朋友學西醫的，或說是心臟病，或說是腎臟炎，他們用的藥，雖也有點功效，總不能完全治好。後來幸得馬幼漁先生介紹我給陸仲安先生診看。陸先生有時也曾用過黃蓍十兩，黨參六兩，許多人看了，搖頭吐舌，但我的病現在竟好了。[359]

　　不管胡適當時患的究竟是心臟病或是腎臟炎，或者是事後所證明的——兩者皆不是——就像他當時所說的，雖然陸仲安下藥之重，「但我的病現在竟好了。」換句話說，胡適說得不錯，陸仲安從來就不曾醫好過他的糖尿病或腎臟炎，因爲他從來就沒患過這兩個病。然而，胡適在1961年說：「在三十多年前，我曾有小病，有一位學西醫的朋友，疑是慢性腎臟炎，後來始知此友的診斷不確」云云也者，就未免有點不夠厚道，不知感恩了。他1920、1921年間六個月的病不是「小病」，在當時確實是讓他惶恐驚心的。因此，他才會在上引5月24日的日記裡記：「送四件衣料去謝陸仲安醫生(此君即治癒我的病的醫生)。」

　　當然，我們必須注意，中醫所說的「腎」要比西醫所說的寬泛得多了。比如說，中醫所說的「腎虧」，完全不是西醫所能認可的。20世紀初年的中醫所說的「腎炎」，跟胡適晚年否認他曾經患過的「腎臟炎」，可能根本就不是同一回事。

　　言歸正傳，胡適以爲他的病已經讓陸仲安醫好了。其實不然。1921年6月22日：「忽然病了。頭眩，不想吃飯。口渴，但沒有熱。終日如此。吃了許多果子鹽，瀉了幾次。終日不能做事。楊景蘇來，談了甚久。談多了，立起來時，覺得眼前發黑。」[360]10月25日：「昨夜不能睡，今早左腳踝略腫，觸之甚痛，大似去年起病時的樣子。我很擔心。故下午去尋謝恩增大夫診視；他詳詳細細地給我診察一次；小便無蛋白質，體重未減，只有心臟略現變態。他勸我節勞靜養，並給我開了一個健心的藥方。我這五十天太勞了，應該早睡爲第一要事。」[361]

359 胡適，〈題《陸仲安秋室研經圖》〉，轉引自胡頌平編，《胡適之先生年譜長編初稿》，2：437。
360 《胡適日記全集》，3：134。
361 《胡適日記全集》，3：380-381。

　　結果，由於症狀似乎沒有再發，胡適似乎又掉以輕心了。一直要到1922年4月23日才又現警訊：「運動會教職員的半英里賽跑，我也參加。跑到最後半圈（共兩圈半），我竟跑不動了。到將近終點時，我踏著一塊石頭，便跌倒了……回到司令臺上，有人遞一杯茶給我，我喝了一口，忽覺得眼前發黑，似將昏暈。」[362]

　　然而，等老病再回來的時候，胡適就知道它的厲害了。1922年10月26日：「病了，不曾上課。」[363]11月15日：「病來了！十五夜覺左腳痠痛。理書時竟不能久站。細看痛處在左腳踝骨裡面，面上有點腫。睡時又覺兩腿筋肉內痠痛。腳腫大像我前年起病時狀況，故頗有點怕。」[364]11月16日：「因腳腫，告假一天。」[365]11月17日：「昨夜醒時口乾，小便加多，也很像前年病中情狀。出城訪陸仲安，請他給我開一個方子。」[366]11月22日：「上課。出城診病，換一方。檢藥後，回家吃飯，已兩點鐘了。飯後上論理學課。」[367]

　　此後胡適的日記就中斷了四個月，因為胡適忙著跟病魔纏鬥著。11月30日，北大的註冊組先是公布胡適請病假三天[368]。12月12日，又公布胡適續請病假一個星期[369]。12月22日，北大註冊組公布胡適的課程除了已經安排好代課的以外，將另行公布辦法[370]。胡適在12月17日北大校慶典禮上發言的時候，簡略地描述了他的症狀：「每夜兩點鐘以後便不能安睡。稍微做一點事，腰背便疼痛，不能支持。據中西醫生的診斷，都說是因為過於勞苦所致。現在我已向校中告假一年，假期即從今天起，到明年秋天開學時回校。」[371]

　　胡適在12月29日住進協和醫院作了詳細的檢查。醫生證明他患的不是糖尿病。他在1923年1月6日出院。4月21日，胡適啓程南下。當晚他到了天津，在丁文江家過夜。次日，繼續南下到了上海。5、6月間，他兩次到了杭州。6月8日，他又回到杭州的時候，有一天往遊煙霞洞，不管是因為他發現那兒僻靜，方便與曹誠英出雙入對，不必擔心旅館裡的眾目睽睽，還是因為他「因愛其地風景好，房屋也清潔」，就跟管

362 《胡適日記全集》，3：532。
363 《胡適日記全集》，3：904。
364 《胡適日記全集》，3：922。
365 《胡適日記全集》，3：922。
366 《胡適日記全集》，3：922-923。
367 《胡適日記全集》，3：928。
368 〈註冊部布告〉，《北京大學日刊》，第1121號，1922年11月30日，第一版。
369 〈註冊部布告〉，《北京大學日刊》，第1131號，1922年12月12日，第一至二版。
370 〈本校布告〉，《北京大學日刊》，第1137號，1922年12月22日，第一版。
371 〈教務長胡適之先生的演說〉，《北京大學日刊》，第1138號，1922年12月23日，第二版。

洞的金復三居士談好價錢，於6月23日搬進去住，一直到10月4日，與曹誠英共度了三個月的「神仙生活」。

胡適這次南下時，給他帶來麻煩的卻是腳氣、腳腫。最殺風景的，特別是那一兩年內讓他飽受折騰的痔瘡，又忽然大作。他5月18日給韋蓮司的信裡說，「在這整個月南遊途中（從4月21日到現在），我的身體一直不好。從我一到的那一天開始，我就被我的腳腫折磨著。緊接著，我長了兩顆名為"ischio rectal abscess"（坐骨直腸膿瘍）的痔瘡膿包。膿包現已破，但仍然折磨著我。」[372]事實上，從他跟曹誠英等人遊西湖，一直到9月中，他跟曹誠英在煙霞洞一起過「神仙生活」的時候，他一直都被痔瘡折磨著。

胡適在日記裡第一次提到痔瘡是在1922年7月14日：

> 到濟南之日，我就覺得肛門左邊起一硬塊，有點痛苦。後來在石泰岩旅館天天有冷水澡洗，也就漸漸不覺得怎樣了。回京之日，又是大熱。到京後恰趕上北京最熱的幾天。於是肛門上這個東西又利害起來了。今天早上，還只有一個桂圓大……散會後，在君、文伯、慰慈、孟和、叔衡、聘臣、景陽邀同往公園。那時我覺肛門更腫，不能坐了。但大家都高興，我不便向隅，就一齊到公園吃飯。吃飯之時，真是如坐針氈。吃完飯匆匆回家，面已失色。肛門的腫，大於早晨三倍，痛得很利害。晚間不能得醫生，江潤生姐勸用生南星、生大黃、冰片三項搗碎，用醋塗上，希望少解痛苦。[373]

在折騰幾天以後，胡適在7月16日到協和醫院去看了謝元醫生。在這前一天，陸仲安來診視，說是痔瘡。但謝元醫生說不是痔瘡，而是"ischio rectal abscess"，亦即他在信上告訴韋蓮司的「坐骨直腸膿瘍」。當天，謝醫生就幫他用局部麻醉的方式割除了[374]。沒想到傷口才結疤，問題又出現。8月7日：「昨天割口方才結疤，但昨天肛門正中又覺脹，摸上去有一小塊硬的。不知是否新起一個腫毒。」[375]

幸好，痔瘡給與胡適七個月喘息的空檔。就像我引他給韋蓮司的信所說的，他在1923年4月21日離開北京以後就先是一直被腳腫的問題折磨著。他在給張君勱的信上

372　Hu to Williams, May 18, 1923.
373《胡適日記全集》，3：668。
374《胡適日記全集》，3：672。
375《胡適日記全集》，3：702。

說：「南下二十天，無一日不病；在西湖四日，有兩日竟不能走路。」[376]沒想到腳腫的問題才稍好，痔瘡卻又開始作怪了。

5月4日晚上：「我就病了。去年七月間的ischio rectal abscess復發。半日之間，已大如手指的一節。」5月21日：「兩次請黃鍾醫生診看。牛醫生長於外科，他的診斷似乎不很詳細。黃醫生很仔細，他說肛門之膿腫，與肺臟有關。(此與牛醫生之言相同)我的心與肺皆不能說是有病，但皆不甚強。小便中，兩君均驗過，無有蛋白，亦無有糖。是日黃君給我兩種藥：一種強心，一種治肺。」

5月25日：「訪黃鍾醫生。兩個膿腫都收口了。第三個又快起來。我想服多秀寄來之中藥方，孟鄒們不許我服，把方也搶去了。」[377]5月28日：「因大便艱難，故打電話請希呂把多秀寄來的中藥方撮來一試；此方大部分是瀉藥，如黃連黃芩之類。下午希呂、昌之把煎好的藥送來。我吃了，也不覺得怎樣，只覺肚內稍有點攪動。」[378]5月29日：「第三個膿腫也破了，出膿不很多。」[379]5月31日：「昨日大便又不通了。我把希呂撮來的重要又吃了一劑。今早大瀉一遍，瀉下的都似淤積，臭不可當。第三個創口更退腫了。」[380]6月1日：「第三個腫處似好了，然而第四個又起了！這不是新的，乃是第二個的舊創口，尚不甚痛……下午，第二個腫處又脫了。出膿不少，故不很痛苦。」[381]

最殺風景的是，在他的「神仙生活」當中，痔瘡還是不放過他。9月14日：「肛門之患處，前日破又出膿。洛聲死之前，曾寄一種外痔藥給我，我沒用他。現在他死了，我很想試一試。這回創發時，我就用此藥調茶油敷上。後來作癢，我又調醋敷上。口雖收了，今天他竟作膿了。腫得很大，坐時很有點痛苦，不知是否藥的作用。」[382]9月16日：「肛門膿腫今天破了，出膿血很多，頗覺輕鬆。我仍用洛聲的藥敷上。與珮聲下山。」[383]

痔瘡的問題似乎如影隨形地跟著胡適從煙霞洞回到了北京。他在1923年12月22日發表在《北京大學日刊》上的公開信說：

---

376 胡適致張君勱，1923年5月，《胡適全集》，23：403。
377 《胡適日記全集》，3：52。
378 《胡適日記全集》，3：53。
379 《胡適日記全集》，3：54。
380 《胡適日記全集》，3：55。
381 《胡適日記全集》，3：57。
382 《胡適日記全集》，3：93。
383 《胡適日記全集》，3：93。

　　現在肛門的痔瘤每月還要發二三次。每坐在案頭在二小時以上，背脊便痠痛。醫生勸我再休養幾時……此時我也只好續假，至我一年假滿時爲止。爲學生計，我想做兩個綱目，每段落各有詳細書目，印出交給選習我兩科的學生，使他們先行自己看書。我另出許多研究題目，要他們於第一學期中自己研究，作爲報告，你們以爲如何？[384]

　　胡適的痔瘡的問題，一直要到1925年底才徹底解決。他在1926年春給韋蓮司的信上做了這樣的解釋：「我於去年九月離開北京，南下做巡迴的演講。十月爆發的內戰讓我回不了家，我於是決定留在上海，並割治了那糾纏了我三年半的痔漏，傷口花了幾乎一百天才癒合。」[385]根據胡適1961年12月26日對胡頌平的描述：

　　下午先生談起過去有一個痔漏，在北平協和醫院開過刀，以後還是常發的。那年在北平，李石曾們和我鬧，所以出來講演了。這年年底我在上海，到寶隆醫院去看痔漏。寶隆醫院是德國派的西醫，那位醫生名叫黃鍾。他告訴我：「這種痔漏，寶隆開刀之後會復發。就是在北平協和醫院開刀後再來寶隆醫的，總不能斷根。不過上海有位潘念祖，他有家傳的痔漏秘方，差不多在我醫院開刀之後再去請他看的，全看好了。潘念祖是吃雅片的，上午不看病，下午才門診，晚上才出診。」我去的時候，果然有許多人候診。潘念祖也知道我的名字。他對我說：「如果胡先生有空的話，我可以包醫，需要一百天。」那時我正生氣，就向北大請假幾個月，留在上海看病了。果然不到一百天，完全醫好了。到今年有36年之久，從沒復發過……那時的包醫費，好像是一百五十塊銀元。[386]

　　胡適會在日記裡描述他的身體，多半是他生病的時候。然而，最令人值得玩味的是，他描述得最仔細，而且最鍥而不捨的，不是他的心臟病或是糾纏他多年的腳氣病，而是他的痔疾。我們要了解胡適對他的痔疾——或者更確切地說，肛門——的偏執，就必須先把它放在他所處的時代的脈絡裡，一個對自我，或軀體的暴露不甚禁忌的時代脈絡裡。

384 〈通信：胡適之教授來函〉，《北京大學日刊》，第1314號，1923年12月22日，第一版。
385 Hu Shih to Clifford Williams, April 17, 1926.
386 胡頌平，《胡適之先生晚年談話錄》，頁274。

20世紀初年的中國知識分子是否對軀體的暴露不甚介意，這當然是一個必須從當時人所寫的日記、年譜、自傳入手去系統研究的問題。然而，即使只是粗疏地俯瞰，就已經可以讓人若有所得。比如說，胡適的好友語言學家趙元任(1892-1982)在他的英文自傳裡提到他青春期自慰的習慣——他用的字眼是 "adolescence self-indulgences"(青春期的恣縱)和 "self-abuses"(手淫)[387]。郁達夫(1896-1945)在日記裡寫他狎妓，並與妓女一起吸鴉片已經是相當特別了[388]。然而，最奇特坦然的恐怕還是吳宓(1894-1978)。

吳宓有名，是因為他離婚後因單戀而狂追毛彥文(1898年生)。即使後來毛彥文與熊希齡結婚，以及熊希齡病逝以後，他還是不能忘情。在這裡必須指出的是，吳宓雖然還纏著毛彥文，但是，他並沒有像沈衛威所說的，在熊希齡過世以後，想用霸王硬上弓的方式逼毛彥文和他結婚[389]。吳宓在日記裡說得很清楚，他說幫他設計「先在港製西服，自飾為美觀年少。秘密到滬……晤面後……即可擁抱，甚至毆打撕鬧，利誘威逼。強彥即刻與宓結婚」這個計畫的人，是剛從英國愛丁堡大學留學回來，後來在北大任教的吳仲賢。吳宓自己說：「宓按仲賢之策甚善，然不合於宓之性情才力，恐宓不能實行。」[390]

然而，言傳還遠不如吳宓自己在日記裡所作的描述。吳宓的日記所顯露的，不但是他對女人的情癡，而且是他對女體的偏執。比如說，他瘋他的學生"K"〔即：高棣華〕。在他1936年到1937年間的日記裡，他每次都詳細地記"K"來宿舍找他的時候所穿的衣服。他寫"K"「豐腴」、「豐豔」、「潤腴」；他更記下她來的時候偶爾「不襪」、「裸足」、「裸脛」、「裸腿」；或者偶爾"K"來的時候，他自己正沐浴完畢，或正披著浴衣[391]。

吳宓對女體的迷戀或偏執，還有他潛意識裡的虐待狂的傾向；或者，用佛洛伊德的「反動機制」(reaction formation)的觀念來說，是用看似義憤填膺、義正辭嚴的舉措，來取代或隱藏他自己所壓抑下來的虐待狂的衝動[392]。他在他晚年所作的《吳宓

---

387 Yuen Ren Chao, Yuen Ren Chao's Autobiography: First 30 Years, 1892-1921, in Vol.2, Life with Chaos: The Autobiography of A Chinese Family (Ithaca, N.Y.: Spoken Language Services, Inc., 1975), pp. 59, 68.

388 郁達夫，《郁達夫日記集》(杭州：浙江文藝出版社，1986)，頁66。

389 沈衛威，《情僧苦行：吳宓傳》(北京：東方出版社，2000)，頁164。

390 吳宓，《吳宓日記》(北京：三聯書店，1998)，第七冊，頁26-27。

391 《吳宓日記》(北京：三聯書店，1998-99)，第六冊，第一頁開始，多頁。

392 「反動機制」是一種產生出焦慮的一種衝動、思緒和感覺。然而，在意識的層面它是用剛好相反的一種形象表現出來。請參閱Robert Nye, *Three Psychologies: Perspectives from*

自編年譜》裡，有一段描寫他十一歲的時候，他的祖母虐懲比他大三歲的婢女翠屏的
故事。翠屏「貌甚美秀，性亦聰敏」。吳宓祖母作六十歲壽宴的當天，由於吳宓口渴
要喝水，翠屏水上得太慢，而且吳宓嫌水太燙，他祖母大怒。立刻把水碗從吳宓手中
奪過，把碗向翠屏的頭上擲去。同時，她命翠屏在院中鋪一張蘆席，坐在上面待命。
等他祖母匆匆食畢，女客辭去以後，他祖母

> 即往蘆席上坐，喝命翠屏將全身衣服脫光（旋經楊妗婆、姑母等再三請
> 求，使留短褲），楊太淑人用盡氣力，打擊翠屏，並擰（撕、扭）其肌肉。翠
> 屏大聲呼痛，髮披，血流，氣喘，汗出。——久久，氣竭，聲嘶。393

　　吳宓在此處所用的語言令人聯想到的是性高潮到來、激情亢奮之後的虛脫。其結
果是：那原本是體罰的行為，微妙地轉化成虐待狂的行為。表面上看來，吳宓是在譴
責他祖母「性情反常之表現」。然而，其背後所呼之欲出的，是一種觀看著一個赤裸
的女體被凌虐那種曖昧的虐待狂的快感。
　　吳宓在窺視女體，以及在滿足他那被壓抑的凌虐女體的虐待狂——即使是旁觀者
式的虐待狂——的時候，他還不太敢大放肆。然而，當對象是母騾的時候，吳宓的描
述可以說是到了肆無忌憚的地步。他在他的《吳宓自編年譜》裡娓娓地描寫他幼年、
青春期的時候，對母騾的戀癖。他從小就愛觀察騾馬，特別是母騾；他陶醉地、鉅細
靡遺地描繪他幼年時與之廝磨的母騾的性器官：「宓與騾馬狎，注意其動作（宓幼時之
男女性知識，全得之於騾馬）。」他十五歲那年暑假乘騾車返家，半路上休息的時候，
只有他一個人在車上，連車夫也不在。吳宓已經觀察那匹青栗色的母騾許久，於是他

> 撫摩騾之臀股，心殊愛之。騾用力，以其緊硬之尾骨與肌掩覆肛門。宓用
> 左手握騾尾之中段，向上擎起，得窺見騾之陰部，自肛門下至尿孔，陰毛盛
> 長，諦視甚詳。394

　　他還仔細的觀察母騾、公騾排尿的姿勢。他說母騾排尿時「恆含羞，畏人窺看，
故在鬧市、稠人中，雖停車久佇立，亦隱忍不溲。」又說母騾在排尿時「必須止步，

（續）——————————————————————————

Freud, Skinner, and Rogers (Pacific Grove, Calif.: Brooks/Cole Publishing, 1996).

393 吳宓，《吳宓自編年譜》（北京：三聯書店，1995），頁28。

394 吳宓，《吳宓自編年譜》，頁80。

立定，又須人爲寬其鞦帶，提之向上，俾牝騾能兩股大分開且低臀至45°，方可向下直溲出。」母騾頻尿、又「見水則思溲」。吳宓感嘆車夫之不仁、不智，常在母騾需止步而溲時，「痛鞭而怒責之。」[395]

在吳宓的筆下，母騾彷如赤裸的女體，是被窺視、被鞭笞、被旅途上車騾店的客騾「欺凌、瀆擾」的對象[396]。在他筆下，這些母騾「委屈、顛倒」，「及費力，恆大喘、汗流、且多出糞。」[397]吳宓對母騾的糞水作了極細膩的觀察，他在1950年1、2月間，一口氣寫了六十幾首用七律爲體裁的〈憫騾詩〉，現僅五首留存。其中每首都描寫了他對母騾排泄的觀察。例如，第三首：

> 已過長衢土轍安，汗流身熱胃腸乾。漸搏玉液成濃塊，更煉金丹作巨丸。
> 節節竹環蛇出洞，高高金座珠堆盤。頻看尾舉連排泄，妙齡食量可驚嘆。

吳宓對母騾糞水的偏執，已經可以歸列爲精神分析學上所說的「戀糞癖」（coprophilia）和「戀尿癖」（urophilia）。

這現存的五首詩裡，有一首所描述的是1910年，他十六歲時，一件讓他四十年以後還難忘的母騾驚豔的往事。當時新年剛過，吳宓與表兄弟分坐兩輛騾車回家。其中一車的「美騾」因右輪陷入石縫中，幾乎傾倒。母騾知道自己闖了大禍，騾夫的鞭笞即將加身。驚惶失措之下，母騾肛門的括約肌失控。騾尾上舉，大量糞水噴射出來，噴在大表兄的錦袍上。

> 大禍臨身懼犯幹，直前力曳豈容嘽。黃流下瀉陰唇閉，翠點翻飛股露溥。
> 誰取柔巾拭妙處，更因磨擺染鞦鞶。錦袍污損惟欣笑，回首方知主厚寬。

那凌虐母騾的莽漢固然是車夫。然而，如果不是因爲車夫的淫威，使得母騾無時無刻不處在「大禍臨身懼犯幹」的畏懼心理之下，動輒股分尾舉，那穿著「錦袍」、「厚寬」之主如何能得有窺視「黃流下瀉」、「翠點翻飛」，意淫「誰取柔巾拭妙處」的快感呢！

吳宓筆下的母騾，就像那可憐的婢女翠屏所代表的所有的赤裸、無助的女體，是

---

395 吳宓，《吳宓自編年譜》，頁70-71。
396 吳宓，《吳宓自編年譜》，頁56。
397 吳宓，《吳宓自編年譜》，頁60。

被車夫鞭笞、被騾店的公騾性侵犯的對象。雖然他多處描寫載重、拖曳的母騾和公騾。然而，在他筆下，被車夫蠻橫地鞭笞、落淚、以至於折磨得筋疲力盡的都是母騾。於是，母騾等於是吳宓意淫之下的赤裸的女體——「此騾亦美女子身」[398]——是被男性窺淫、性虐待的受害者。他對母騾的窺視、對其私處栩栩如生的描繪，乃至於對之意淫與愛撫，是一種取代。傳統的廟堂文學，不可能容許對女體及其私處作如此肆無忌憚的窺視、描繪與意淫；然而，施之於母騾，譏之為怪僻，甚至變態可也，卻可堂而皇之、顛覆地躋身於廟堂文學裡。吳宓對母騾的情癡，看似變態，其實是一種掩飾。換句話說，吳宓其實是用母騾為晃，而肆意地去滿足他對赤裸裸的女體及其私處的窺伺、意淫，以及施以性虐待的快感。

　　與上文提到的三個人相比，胡適在軀體暴露的方面要算是最保守的了。他連趙元任點到為止的暴露都不願為，更何況是郁達夫或吳宓那種暴露狂了。然而，與胡適對他戀情的隱私守口如瓶的矜持相比，他在軀體的暴露方面就顯得放鬆多了。比如說，他的留學日記在出版的時候，刪去了十條左右。但是，值得注意的是，他並沒有刪去他夢遺的一條。他1911年，2月20日的日記寫著：「連日似太忙碌，昨夜遺精，頗以為患。今日訪Dr. Wright，詢之，醫云無害也。余因請其遍察臟腑，云皆如恆，心始釋然。」[399]在他後來的日記或書信裡，他偶爾也會記下了他其他的病狀。比如說，「頸上長小核」、「左腳踝略腫」。他也會作切片式精確地報導的。又如，他晚年寫給楊聯陞的信裡的粉瘤手術：「我背上左上角生了一個粉瘤，已有十年的歷史……在台大醫院請高天成先生根治，挖出了7.7cmx7.7cm一塊肉，可以說是除根了。」[400]

　　胡適會在他的日記和書信裡記載他的身體狀況，這可以說是他像李慈銘一樣，要「寫出先生性情」。同時，我也認為胡適會作出像「挖出了7.7cmx7.7cm一塊肉」那樣切片式精確的報導，是因為他要科學的、信實的寫下人與事發生、發展的經過。最值得令人玩味的是胡適對他的痔疾詳盡的報導。在1922、1923年之間，胡適在他的日記裡，詳細地記載了他的痔疾。他報導「北京協和醫院」的大夫所做的診斷和手術；他描寫他的膿腫的大小、數目、部位；如何發生、發膿、腫脹、出血的經過；他的糞便的形狀、惡臭；以及他所看過的大夫、敷或吃的中藥[401]。

　　胡適不只在日記裡寫他的痔疾。最令人震驚的，是他居然會一五一十地也都說給

398　吳宓，《吳宓自編年譜》，頁56。
399　《胡適日記全集》，1：121。
400　胡適紀念館編，《論學談詩二十年：胡適楊聯陞往來書札》，頁372。
401　記載的日記條目不勝枚舉，請參閱《胡適日記全集》，3：668-702；4：41-58、92-93。

韋蓮司聽。他跟韋蓮司的友誼和戀情是一個精采的故事，不是本文的篇幅所能道盡的[402]。他們在1920年代很少通信，稀疏到了一年只有一、兩封的程度。他倆的關係一直要到了1930年代初期才發展成爲戀人的關係。然而，胡適卻能夠把一般人可能說不出口的毛病毫不保留地說給她聽。他在1923年5月18日給韋蓮司的信裡，告訴她說他「有兩顆名爲"ischio rectal abscess"〔肛門膿腫〕的膿包。膿包現已破，仍然折磨著我。」[403]1926年，他的肛門膿腫演變成肛門瘻管，即肛門腺到皮膚之間長出了膿腫發出來的瘻管。他寫信告訴韋蓮司，說他「剛作了一個手術，把那糾纏了他三年半的肛門瘻管給割除了。」[404]

　　由於胡適的日記和來往信件都屬於公開的領域，他能如此毫不害臊地談論他的痔疾等於是一種暴露狂。一個最最謹守自己隱私的人，卻又能如此毫不遮攔地暴露自己。這個矛盾的理由無它，就在於那是一個對軀體的暴露不甚禁忌的時代。這也就是說，胡適這種暴露狂是扮相式的，亦即，他只不過是一而再、再而三的演練、重複那社會上約定俗成的行爲模式。作爲一個名人，胡適的一舉一動都在眾目睽睽之下，包括他生的病。不管是不是他自己主動透露的，他的病情是眾所周知的。1930年，當郁達夫爲痔疾所苦的時候，還特別寫信給胡適，請胡適告訴他他看的醫生的地址[405]。姑不論郁達夫知道胡適得過痔疾，是胡適親口告訴他的——胡適1923年到杭州煙霞洞養病之前曾見過郁達夫——還是他聽來的，其所反映的事實是，胡適的痔疾不但是廣爲人所知，也不是他所諱言的。

　　胡適不只是好談他肛門的毛病，他根本是對他的肛門有偏執狂。我們如果只念他的〈南中日記〉，我們就不會知道他除了痔疾以外，還深受腳腫之累。他在這個日記裡，只有一、兩次輕描淡寫的提起他腳腫的情形。與之相對，他在〈南中日記〉、〈山中日記〉裡，詳細地記載了他和痔疾奮鬥的經過。事實上，在他給韋蓮司，告訴她他的痔疾的同一封信裡，他說：「在這整個月(從四月二十一日到現在)南遊途中，我的身體一直不好。從我一到的那一天開始，我就被我的腳腫折磨著。」[406]

　　我們應該如何來分析胡適對他的肛門的偏執呢？現在胡適檔案開放了，我們有機會利用它所提供的大量的資料來從事心理分析。他對他三歲時所失去的父親戀物癖式的崇拜、他對他母親的愛與罪惡感——或者其實是佛洛伊德所說的「反應機制」，亦

402 有關胡適與韋蓮司的戀情，請參閱拙著，《星星・月亮・太陽——胡適的情感世界》。
403 胡適致韋蓮司，1923年5月18日，《胡適全集》，40：220。
404 胡適致韋蓮司，1926年4月17日信，《胡適全集》，40：228。
405 郁達夫，《郁達夫日記集》，頁256。
406 胡適致韋蓮司，1923年5月18日，《胡適全集》，40：220。

即反叛與怨懟的潛藏心理假借愛與罪惡感的保護色來呈現——以及他跟江冬秀由媒妁之言所訂定的婚姻的天長地久，這些都在在地是典型的心理分析的上好題材。他的肛門偏執也更是典型的佛洛伊德的題材。在本文裡，我要採取一個稍稍不同的分析策略。我不要用傳統的佛洛伊德式的分析，而是要試圖探討胡適的肛門偏執跟他的寫作焦慮之間的關係。

佛洛伊德是從壓抑的角度來分析寫作的焦慮。根據他的說法，寫作的焦慮產生的緣由，是因為寫作的器官——即手指——被過度賦予性欲的象徵。佛洛伊德用男女交媾來作比喻：「當寫作的動作——墨汁從筆管裡流泄到白紙上——被賦予男女交媾的意涵的時候……寫作……就被打住了，因為它形同於進行一個禁忌的性行為。」[407]

由於肛門並不是寫作的器官，肛門似乎應該不是一個會引起神經性寫作焦慮的所在。然而，佛洛伊德對肛門與金錢之間的關係的論述，為我們提供了一個管道，來分析肛門與神經病理之間的關係。佛洛伊德的理論把黃金和糞便、金錢與排便這兩個看似毫無關係的東西和行為連結在一起[408]。毫無疑問地，佛洛伊德在此處所建立起來的關係，是肛門型的人具有有條不紊、節儉、固執的性格特色。然而，我們可以引申佛洛伊德把肛門視為性區（erogenous zone）的理論，藉以發展一種身體（somatic）經濟學[409]。於是，忍便就意味著儲存、節儉、積攢；而排便意味著花錢、賣出，甚或是損失。與本文主旨最為攸關的是：排便的行為，可以被我們的下意識詮釋為損失或盈利——亦即，生產以及創作[410]。

這種與創作攸關的肛門身體經濟學，會因為本能、矛盾，以及「反應機制」等等因素而浮動。我認為我們如果不但把身體視為一個被本身就不穩定的語言系統所形塑的場域，而且也是一個被語言所挪用的場域，一個「作為文字的接受、再生產、再現的肉身脈絡（corporeal matrix）的出入口（openings）」的場域，我們就可以想像一種創作的焦慮，那是來自於「所有身體的機能——排便、排尿、精液、月經、聲門音、舌音——都混然成為一個混沌、低迷的匯流（undifferentiated and abject flux）。」[411]因

407 Sigmund Freud, "Inhibitions, Symptoms and Anxiety," *The Standard Edition of the Complete Psychological Works of Sigmund Freud*, translated and edited by James Strachey, et. al. (London: The Hogarth Press, 1959), 20:90.

408 Sigmund Freud, "Inhibitions, Symptoms and Anxiety," The Standard Edition of the Complete Psychological Works of Sigmund Freud, 9:167-175.

409 Ernest Bornemann, "Introduction: On the Psychoanalysis of Money," *The Psychoanalysis of Money*, edited by Ernest Bornemann (New York: Urizen Books, 1976), pp. 31-44.

410 Ernest Bornemann, "Introduction: On the Psychoanalysis of Money," p. 41.

411 Calvin Thomas, *Male Matters: Masculinity, Anxiety, and the Male Body on the Line* (Urbana and

此，朱麗婭‧克莉斯蒂娃(Julia Kristeva)會說：「我把我自己排出來、吐出來；我在說我立己的同時也沮(abject)己。」[412]拉岡(Jacques Lacan)說得更有意味。他說：「那白紙的暈眩……對某人來說，就好像是阻擋所有走向他者之路的障礙物。如果他那排山倒海似的思緒，碰到了白紙卻倏然終止，那是因為在他看來，那張白紙根本就是一張廁所紙。」[413]

我們有證據說胡適是屬於肛門性格的人。他鉅細靡遺地搜集、孜孜不倦地保存他的自傳檔案，特別是保留別人所給他的信件，這些都是典型的特徵。他規劃每天作息的偏執，在在地表現他為自己所設計的日程表上。這個日程表從早上八點到晚上十點，以一個小時為單位。每一個小時又畫有兩欄：一欄是「預算」欄；另一欄為「實行」欄。從1919年到1920年，將近一年的時間裡，他每天都恆心地在「預算」欄裡填寫他的計畫，如果實行了，他就會在「實行」欄裡打勾[414]。同樣有意味的，是他為克己所下的工夫。比較有揣測性質的，是我對他的寫作焦慮的假定。然而，我有理由相信胡適一生未能免於寫作的焦慮。大家都知道，《中國哲學史》中下卷，他始終未能完成，那失敗的陰影他一直未能擺脫。最有意味的是，他寫作的焦慮最強烈的時候，就正是他對他的肛門最有偏執狂的時候。

1921年，商務印書館希望他能辭去北大，而去商務辦編輯部。雖然他相信他如果主持商務，他所能造成的影響力會超過他在北大教書，但他還是不假思索地就拒絕了。他的理由很簡單：「我是三十歲的人，我還有我自己的事業要做；我自己至少應該再作十年、二十年的自己的事業。」[415]他所謂的自己的事業為何？他在1922年2月23日的日記就提供了答案：

> 哥倫比亞大學校長門羅邀請我教授兩科，一為中國哲學，一為中國文學。年俸美金四千元。此事頗費躊躇。我已決記明年不教書，以全年著書。若去美國，《哲學史》中下卷必不能成，至多能作一部英文的《古代哲學史》罷了。擬辭不去。[416]

(續)————————————
　　　Chicago: University of Illinois Press, 1996), pp. 29-30, 32.
412 Calvin Thomas, *Male Matters*, p. 33; Julia Kristeva, *Powers of Horror: An Essay on Abjection*, translated by Leon S. Roudiez (New York: Columbia University Press, 1982), p. 3.
413 Calvin Thomas, *Male Matters*, p. 33; Jacques Lacan, *The Four Fundamental Concepts of Psychoanalysis*, translated by Alan Sheridan (New York: Norton, 1978), pp. 268-69.
414 《胡適日記全集》，2：549-760。
415 《胡適日記全集》，3：4。
416 《胡適日記全集》，3：445。

　　胡適是否在1923年找到時間寫他的哲學史，他在日記裡沒說——當然沒有，因為那就是他跟曹誠英在煙霞洞度過三個月的「神仙生活」的一年。他在日記裡守口如瓶，完全不願意透露他跟曹誠英的戀情。然而，他卻一無保留地暴露出他對肛門的偏執。

第六章
哲學佛教，歷史與文學

　　傳統中國的學術體系，在西方文明的衝擊之下，已經在20世紀初年開始全面崩潰。中國人不只必須鑄造新的名詞來吸收從西方引進的新學科，而且還必須從西方引進新觀念與新名詞來重新詮釋傳統中國的學術。這個以西方為師的學術重組過程，從20世紀開始，已經過了一個世紀，到今天卻仍然方興未艾。那已經有了一個世紀的歷史的留學運動，像滾雪球一樣，越滾越大，越滾越澎湃，就是一個最好的佐證。

　　第二次世界大戰以後，美國的漢學界勃興，儼然已居西方漢學執牛耳之席。從國際學術分工體系的角度來看，今天美國的漢學界所占有的是中心地位，中國反而是位居邊陲。中國人不但到美國去念漢學，美國的漢學研究的成果而且也已經被大量地翻譯成中文。更有甚者，連美國大學中國歷史的教科書，都被出版社競相翻譯成中文，以經典名著的包裝、以暢銷書的架式推銷給閱讀的大眾。中國人研讀洋人研究中國歷史、文化、經濟與社會的著作，這是學術研究上的常態。所謂他山之石，可以攻錯。中國人自己用西方的名詞與觀念來認識、詮釋中國的歷史、文化、經濟與社會，這是西方學術宰制之下的國際學術分工體系的事實，形勢使然，由不得人。只有在中國人自己力爭上游，取得學術研究經費、議題與方法的操控權以後，方才有扭轉的可能。然而，中國的出版界與閱讀大眾競相供奉美國大學的中國歷史教科書為經典，則是反其道而行。那就是自居國際學術分工的邊陲地位，聞：「嗟！來食！」卻施施然引為榮寵的表現。

　　從這個21世紀處於國際學術分工體系邊陲的角度回看胡適，恐怕只會讓人大興「古已有之、於今為烈」之嘆而已。我們如果能夠從這個「古已有之、於今為烈」的角度去分析胡適，則胡適套用西方的觀念來強解先秦諸子，跟今天許多人的作法相比，其實只是小巫見大巫而已。所以，任何人要指斥胡適，都必須先反躬自省，看自己是不是犯了比胡適為烈的毛病。然而，即使「古已有之，於今為烈」，我們還是必須冷眼看胡適這個「以西解中」的老祖宗，是如何挪用西方的觀念與名詞來詮釋傳統中國的學術。這不但是一種「知識考古學」，而且可以作為反躬自省之資。

　　胡適的《先秦名學史》以及《中國哲學史大綱》（上卷），是中國第一部有意識地以西方的學術語言來詮釋中國的著作。別有意味的是，蔡元培對這一點不但不以爲異，而且認爲是一個優點。這也就是說，蔡元培認爲用西方的學術語言來詮釋中國的哲學是必要與必然的。胡適自己更是從來就不諱言他在這方面的優勢。換句話說，以西解中的必要與必然，是當時的共識。

　　問題是，胡適不只是假借和挪用，他還肆意地誤用與濫用。他的《先秦名學史》以及《中國哲學史大綱》（上卷）號稱是實驗主義指導之下的作品，可是卻糅雜著新康德派、新黑格爾派、唯心論的觀點。更嚴重的是，他還誤解實驗主義，而且妄作牽強附會的詮釋。即使在胡適回國開始認眞地閱讀了杜威的著作以後，他挪用、誤用、濫用西方名詞與概念的習性不改，甚至可以說是到了變本加厲的地步。從今天流行的後現代主義的角度來看，挪用是常態。然而，這中間有一個重要的區別。後現代主義的挪用，套用胡適挪用杜威的話來說，是「有意識的」。更有甚者，不但是「有意識的」，而且還是不依傍任何一個宗派，也不理會宗派之間的區別的。胡適則是在處處以「實驗主義者」自居，時時以打倒「玄學鬼」爲職志的姿態之下來肆行他的挪用、誤用與濫用。

　　胡適的挪用不是後現代主義式的挪用，而是誤用與濫用。最佳的證據是胡適終於在1925年一度套用杜威在《哲學的改造》裡的觀念來詮釋中國的哲學。杜威的《哲學的改造》是在1920年出版的。胡適自己至少在1921年春就已經開始閱讀並翻譯《哲學的改造》。然而，胡適一直要到1925年，在北大的哲學研究會的一個演講裡，才第一次——而且大概也是最後一次——套用杜威在《哲學的改造》裡的概念來詮釋中國的哲學。

　　胡適在寫《中國哲學史大綱》（上卷）的時候，相信中國古代的哲學在秦以後倏然「中道消滅」。他著實花了好幾年的時間與努力，想要去研究這個「中道消滅」的原因。一直到1930年左右，他才了然古代哲學並沒有「中道消滅」，而「只是被混合了、攪和了」。胡適這個中國古代哲學「中道消滅」的假設，表面上看起來，似乎跟他的「中國文藝復興」的觀念是息息相關的。這是因爲西方歷史上的「文藝復興」，就是重新發現希臘羅馬的古典。然而，胡適挪用「文藝復興」的觀念來詮釋中國思想史，其意義不在「古典」的發現，而在於取其「再生」的意義。

　　「中國文藝復興」運動，在胡適的定義之下既然是「再生」的運動，它自然可以一而再、再而三地在歷史上發生。然而，胡適一輩子對「中國文藝復興」的定義不是一成不變的。他在《中國哲學大綱》（上卷）裡所提出的是「一期說」，亦即清朝漢學

運動就是「中國的文藝復興」。到了1923年，這個一期說已經演變成「四期說」。他把「中國文藝復興」的第一期追溯到宋朝。到了1933年他到芝加哥大學演講的時候，「中國文藝復興」一度變成了「五期說」。那第一期已經被胡適追溯到唐朝。然而，這1933年芝加哥大學的演講是一個特例。胡適從1920到1950年代對「中國文藝復興」的詮釋基本上採取的是「四期說」。最最意外的是，就在他過世一年半以前，在他1960年在美國西雅圖的華盛頓大學的一個演講裡，胡適卻又提出了一個「中國文藝復興」「一期多面」的新說。

胡適研究佛教史，特別是禪宗史，是爲了要完成他《中國哲學史》中卷的寫作計畫。必須強調的是，胡適研究的不是佛教或禪宗，而是佛教史和禪宗史。這個宗教史的研究，胡適的靈感是來自於西方基督教的研究。胡適在留美的時候，他所最愛津津樂道的就是「高等考據學」。所謂「高等考據學」者，《聖經》研究也。值得注意的是，那位胡適自謂教他怎樣懷疑的赫胥黎，就是一個《聖經》研究的高手。胡適在寫〈演化論與存疑主義〉一文時，他所徵引的赫胥黎〈論存疑主義〉等一組文字，就是赫胥黎把《聖經》視爲信仰的「化石」來研究基督教的演化史的傑作。

胡適研究禪宗的歷史是經過了多年的努力的。他從留美回國以後，就開始沉潛作準備的工作。表面上看來，他1926年會到巴黎和倫敦去看敦煌的卷子是順道而去的，因爲他當時是到倫敦去開英國退還庚款的會議。然而，即使他是順道而去，他會著實地像禪定一樣坐在巴黎的「國家圖書館」和倫敦的「大英博物館」看敦煌的卷子，什麼地方都不去，絕對不是偶然的，而是他老早就計畫好的。就像他在離開巴黎前的日記裡所說：「在巴黎住了卅四天，遊覽的地方甚少，瑞士竟去不成。然在圖書館做了十幾天的工作，看了五十多卷寫本，尋得不少絕可寶貴的史料，總算不虛此一行。」[1]胡適是有備而去的。他能在巴黎發現人所不知的神會的語錄絕不是偶然的。那是他多年努力的結果。胡適說：「要怎麼收穫，先那麼栽。」信然！

胡適的哲學思想，一個世紀以來，大家都跟著胡云亦云，以及人云亦云地說是實驗主義，以至於它彷彿已經變成眞理一樣，從來就沒有人去質疑過。其實什麼實驗主義云云，根本就是「胡適說過就算主義」。這個「胡適說過就算主義」最好的例證，就是胡適的史學方法。君不見胡適從來就不需要說明他的史學方法是什麼。他只要說他的《紅樓夢》考證是「赫胥黎、杜威方法的實際運用」[2]，大家就擊掌稱是，說他

1　《胡適日記全集》，4：373。
2　胡適，〈介紹我自己的思想〉，《胡適全集》，4：671。

的史學方法確實是實驗主義的。其實，如果胡適的哲學思想是實驗主義其表、實證主義其實，則他的史學方法也是實證主義的就毫不足奇了。事實上，胡適留美時期所接受的史學方法的教育，完全是在他轉學到哥倫比亞大學以前就已經完成了的。換句話說，胡適的史學思想與方法，完全沒有受到杜威實驗主義的洗禮。

胡適在康乃爾大學的歷史老師布爾(George Burr)雖然是新康德派的唯心論者，但他的史學方法是實證主義的。我在《璞玉成璧》裡已經指出胡適對西方考據學的認識，是來自於布爾教授。由於布爾教授屬於「文藝復興」博學型、述而不作的學者，他一生沒有著作。我們因此無從去尋找胡適受到他影響的蹤跡。幸運的是，胡適在《中國哲學史大綱》(上卷)的〈導言〉裡列出了一個參考書目。在這個參考書目裡，胡適舉出了郎格盧瓦(Charles-Victor Langlois)、塞諾博(Charles Seignobos)所合寫的《史學導論》(*Introduction to Historical Studies*)。這本代表了19世紀後期實證主義思維的《史學導論》，是一本到第二次世界大戰爲止美國大學歷史系通用的史學方法的教科書。舉凡胡適一生所服膺的史學思想與方法，都可以在這本書裡找到根源。

胡適的《紅樓夢》考證，帶動了中國20世紀初年的一場「紅學」革命。從胡適在1921年發表他的〈《紅樓夢》考證〉以後，《紅樓夢》是曹雪芹的自傳小說的觀點，就一掃當時所有的「索隱」論，而成爲「紅學」的新「典範」。胡適愛說他《紅樓夢》的考證方法，只不過是「赫胥黎、杜威方法的實際運用」。這又是胡適用實驗主義的語言，來表達他的實證主義的實質的慣技。事實上，赫胥黎的「懷疑」與他的方法，就是不折不扣的實證主義。胡適在《紅樓夢》的考證上能作出劃時代的貢獻，跟他所謂的實驗主義的方法云云一點關係都沒有。他在《紅樓夢》考證上的斬獲，完全是拜考證學方法——而且是傳統中國的考證學——之賜。

如果胡適在《紅樓夢》的考證上所使用的利器，既不是杜威的，也不是赫胥黎的，而是徹徹底底傳統中國的考證學，他對《紅樓夢》的文學價值的評價，則完全是西方的。不但是西方的，而且是傳統西方的。更確切地說，是西方在「文藝復興」重新發現亞里斯多德以降的文學理論。從這個角度來說，胡適完全是以西方作爲中心、作爲尺度，來衡量《紅樓夢》的文學價值。更有意味的是，即使在美國，文學理論也隨著時代而變化，特別是20世紀的美國文學理論界。然而，胡適自始至終，都停留在他留學時代所學到的文學理論，一輩子都以亞里斯多德以降的文學理論來評價《紅樓夢》。

借西洋哲學詮釋中國哲學

胡適的《中國哲學史大綱》上卷，在20世紀初年獨領風騷、締造了中國哲學史的新典範。諷刺的是，這個新典範的形成，完全是借西方哲學的他山之石所攻錯的。這個當時中國學術界的困境，蔡元培在爲《中國哲學史大綱》所寫的〈序〉，就一語道破了：

> 我們今日要編中國古代哲學史，有兩層難處。第一是材料問題。周秦的書，眞的同僞的混在一處。就是眞的，其中錯簡錯字又是很多。若沒有做過清朝人叫做「漢學」的一步功夫，所搜的材料必多錯誤。第二是形式問題。中國古代學術從沒有編成系統的記載。《莊子》的〈天下篇〉，《漢書·藝文志》的〈六藝略〉、〈諸子略〉，均是平行的記述。我們要編成系統，古人的著作沒有可依傍的，不能不依傍西洋人的哲學史。所以非研究過西洋哲學史的人不能構成適當的形式。
>
> 現在治過「漢學」的人雖還不少，但總是沒有治過西洋哲學史的。留學西洋的學生，治哲學的，本沒有幾人。這幾人中能兼治「漢學」的更少了。適之先生出生於世傳「漢學」的績溪胡氏，稟有漢學的遺傳性。雖自幼進新式的學校，還能自修「漢學」至今不輟。又在美國留學的時候，兼治文學、哲學，於西洋哲學史是很有心得的。所以編中國古代哲學史的難處，一到先生手裡就比較的容易多了。[3]

蔡元培說胡適「出生於世傳『漢學』的績溪胡氏」。這個錯誤已經廣爲人所知了。然而，他說研究中國哲學史必須要有西學的素養，則是到今天還是適用的。胡適自己一直就以他有西洋哲學的教育背景爲榮。他在哥倫比亞大學的博士論文《先秦名學史》有一篇〈自序〉，是他1917年6月學成歸國時在橫渡太平洋回國的郵輪上所寫的。他說由於這是一個歷史的研究，它所面對的第一個問題就是史料。他說西方的讀者無法想像他在寫這篇論文的時候，必須先推翻那有千鈞之重的傳統。他的原則是：不經證明爲眞，任何書或任何章句，都不在採用之列。其次，是校勘和詮釋的問題。

3　蔡元培，〈胡適《中國古代哲學史》序〉，《胡適全集》，5：191。

有幸的是，他有兩百多年來中國考證學家在訓詁上所得的成果，可以作爲他的借助。至於詮釋，他則幸而學過了歐洲哲學史：

　　這種研究最重要而且最困難的部分就是哲學系統的詮釋與建立——或者應該說重建。然而，在這方面我比從前〔中國〕的注疏家以及評論家要幸運得多了。這是因爲我從學習西方哲學史得到了許多有用的啓發。只有跟我背景相似的人，這也就是說，只有具有比較研究的經驗，例如，從事比較語言學研究的人，才可能真正了解西方哲學，對我在詮釋古代中國哲學系統的這個工作上，其幫助有多大。[4]

　　在這篇〈自序〉裡，胡適說他的《先秦名學史》有幾個前人所未發明的新的詮釋。他只舉了兩個例子。第一是他從邏輯的角度來解釋《易經》。其次，就是他對《墨經》32到37章的詮釋[5]。

　　由於《先秦名學史》是用英文寫的，胡適在〈自序〉並沒有多作引申。幸運的是，「胡適檔案」裡，有一篇他初到北京大學所寫的〈《中國古代哲學講義》提要：凡例四則〉。這一篇講義的提要可能是他在1917、1918年間寫的。他在這篇提要裡，一五一十地說明了他如何借西風來解先秦諸子：

　　西洋哲學史，可以爲我們研究中國哲學史時作比較參證之用。我治中國哲學史，得益於西洋哲學史最多。如今且略舉幾條例爲證。

　　一、我研究《易經》多年，終覺漢儒以來的注解總不能滿意。後來忽然想到《易經》的「象」和柏拉圖的「意象」(Ideas)(陳百年〔大齊〕先生譯爲觀念)有些相同。後來再讀《易經》，便覺得「易者象也」一句真是全書的關鍵。從此便稍稍能懂得這部書了。

　　二、墨子的〈經上下〉、〈經說上下〉、〈大取〉、〈小取〉這幾篇〔注：亦即他在《先秦名學史》〈自序〉裡所說的：「《墨經》32到37章」〕，從來沒人懂得。後來有人懂得西洋的形學、光學、力學了，才知道

4　Hu Shih, "The Development of the Logic Method in Ancient China,"《胡適全集》，35：298-300。

5　Hu Shih, "Preface," The Development of the Logical Method in Ancient China，《胡適全集》，35：300。

這裡面有形學、光學、力學的道理。後來章太炎先生用印度哲學來解〈墨辯〉，所得更多了。後來我又用西洋名學來解這幾篇，便覺得這幾篇更易懂了。

三、我解《莊子‧天下篇》所記惠施的學說，以爲那時代的學者知道地是圓的，又是能旋轉成晝夜的。那時我還不敢自信，恐怕穿鑿附會得太過分了。後來看見西洋哲學史家也說希臘古代的哲學家也有人知道地是圓的，又能旋轉成晝夜的。我得了這種印證，膽子便大了。

四、公孫龍和〈經下〉所說「一尺之棰，日取其半，萬世不竭」，及「鏃矢之疾，而有不行不止之時」諸條，全然和希臘古代的嵇諾(Zeno)(陳〔大齊〕譯「柔諾」)〔注：現通譯爲「芝諾」〕所說相同。大可互相印證。

五、《列子》、《莊子》書中所說生物進化的議論，非略懂得近世的生物學說，決不容易了解。

六、《莊子》的〈齊物論〉章太炎用印度哲學去解他，我用西洋哲學去解他，這都是比較的研究法的用處。

爲什麼西洋哲學史可以和中國哲學史互相印證、互相發明呢？這都因爲人同此心、心同此理。所以人類到了一種大略相同的時代境地，便會生出一種大略相同的理想。這便是世界大同的一種證據。正如陸象山說的：千百世之上，有聖人出焉，此心同也，此理同也；千百世之下有聖人出焉，此心同也，此理同也。東海、西海、南海、北海有聖人出焉，此心同也，此理同也。

我爲什麼可以判斷這篇〈《中國古代哲學講義》提要：凡例四則〉可能是胡適在1917、1918年間寫的呢？這是因爲他在這篇提要裡有一段關於「奴性邏輯」的討論。胡適說：

研究西洋哲學史還有一層大用處：還可以救正今日中國思想界和言論界的「奴性邏輯」。什麼叫做奴性的邏輯呢？例如甲引「婦人，伏於人也」，以爲男女不當平等；乙又引「妻者，齊也」，以爲男女應當平等。這便是奴性的邏輯。如今的人往往拿西洋的學說，來做自己的議論的護身符。例如你引霍布士來駁我，我便引盧騷來駁你；甲引哈蒲浩來辯護自由主義，乙便引海智爾來辯護君主政體，丙又引柏拉圖來辯護賢人政治。卻不知道霍布士有霍

布士的時勢，盧騷有盧騷的時勢，哈蒲浩、海智爾、柏拉圖又各有他們不同的境遇時代。因爲他們所處的時勢、境遇、社會各不相同，所以他們懷抱的救世方法，便也各不相同。

不去實地研究中國的現狀應該用甚麼救濟方法，卻去引那些西洋學者的陳言來辯護自己的偏見，這已是大錯了。至於引那些合我脾胃的西洋哲人，來駁那些不合我脾胃的西洋哲人，全不管這些哲人和那些哲人是否可以相提並論，是否於中國今日的問題有可以引證的理由——這不是「奴性的邏輯」嗎？要救正這種奴性邏輯，須多習西洋哲學史。懂得西洋哲學史，然後知道柏拉圖、盧騷、霍布士、海智爾……的學說，都由個人的時勢不同、才性不同、所受的教育又不同，所以他們的學說都有個性的區別、都有個性的限制，並不能施諸四海而皆準，也不能推諸萬世而不悖，更不能胡亂供給中國今日的政客作言論的根據了。

我這段話，並不是說一切學理都不配作根據。我但說大凡一個哲學家的學說，百分之中，有幾分是守著師承的舊說；有幾分是對於前人的革命反動；有幾分是受了時人的攻擊，有激而發的；有幾分是自己的怪僻才性的結果；有幾分是爲當時的學術所限，以致眼光不遠，看得差了；有幾分是眼光太遠，當時雖不能適用，後世卻可實行的；有幾分是針對當時的弊病下的猛藥，只可施於那時代，不能行於別地別時代的。研究哲學史的人需要把這幾層仔細分別出來。譬如披沙揀金，要知哪一分是沙石，哪一分是眞金；要知哪一分是個人的偏見，哪一分是一時一國的危言，哪一分是百世可傳的學理。這才是歷史的眼光；這才是研究哲學史最大的益處。[6]

這「奴性邏輯」一段，是胡適1918年3月在《新青年》4卷3號上發表的〈旅京雜記〉一文裡的一段[7]。有趣的是，胡適說他「奴性邏輯」這一段是「我近作《西洋哲學史大綱》的〈導言〉」內中的一段。然而，「胡適檔案」裡鉛印的《西洋哲學史大綱》，〈導言〉部分注明是「暫闕」。而這一段「奴性邏輯」卻出現在胡適手寫的〈《中國古代哲學講義》提要：凡例四則〉裡。

言歸正傳，胡適用西洋哲學以及現代的觀念來詮釋先秦諸子的哲學，這誠然可以

6　胡適，〈《中國古代哲學講義》提要：凡例四則〉，《胡適全集》，7：258-262。
7　胡適，〈旅京雜記〉，《新青年》4卷3號，1918年3月15日，頁252-254。

得有新解的好處。一如胡適自己所說的，公孫龍和〈經下〉所說的「一尺之棰，日取其半，萬世不竭」，以及「鏃矢之疾，而有不行不止之時」都可以和古希臘芝諾的說法相互輝映。「一尺之棰，日取其半，萬世不竭」以及墨子〈經下〉類似的話語，用胡適在《中國哲學史大綱》裡的解釋來說：「這都是說中分一線，又中分剩下的一半，又中分的一半……如此做去，終不能分完。」[8]「鏃矢之疾，而有不行不止之時。」胡適解釋說：「說飛箭『不止』，是容易懂得的。如何可說他『不行』呢？今假定箭射過百步需時三秒鐘。可見他每過一點，需時三秒之幾分之幾。既然每過一點必需時若干，可見他每過一點必停止若干時。」又：「從箭的『勢』看去，箭是『不止』的；從『形』看去，箭是『不行』的。」[9]

　　然而，胡適穿鑿附會的妄解也是所在多有的。胡適在此處說：「《列子》、《莊子》書中所說生物進化的議論，非略懂得近世的生物學說，決不容易了解。」我在《璞玉成璧》裡，已經指出胡適的妄解。他引《莊子・寓言篇》裡說：「萬物皆種也，以不同形相禪。始卒若環，莫知其倫。是謂天均。」他大膽地說：「『萬物皆種也，以不同形相禪』，此十一個字竟是一篇《物種由來》。」胡適這個妄解，章太炎在《中國哲學史大綱》剛出版的時候就已經為他指出了。章太炎說：「不說萬物『同』種，卻說萬物『皆』種。明是彼此更互為種。所以下邊說『始卒若環，莫知其倫』。這就是華嚴『無盡緣起』的道理。」胡適自己在1958年在紐約寫的〈《中國古代哲學史》台北版自記〉裡坦承：「這真是一個年輕人的謬妄議論，真是侮辱了《物種由來》那部不朽的大著作了！」[10]

　　同樣穿鑿附會地，胡適說：「我解《莊子・天下篇》所記惠施的學說，以為那時代的學者知道地是圓的，又是能旋轉成晝夜的。」胡適的根據是：

　　　　當時的學者，不但知道地是動的，並且知道地是圓的。如《周髀算經》
　　　　（此是晚周的書，不是周初的書）說：「日運行處極北，北方日中，南方夜
　　　　半。日在極東，東方日中，西方夜半。日在極南，南方日中，北方夜半。日
　　　　在極西，西方日中，東方夜半。」這雖說日動而地不動，但似含有地圓的道
　　　　理。又如《大戴禮記・天員篇》（此篇不是曾子的書，當是秦漢人造出來的）
　　　　辯「天圓地方」之說，說：「如誠天圓而地方，則是四角之不揜也。」這分

<hr>

8　胡適，〈中國古代哲學史〉，《胡適全集》，5：394-395。
9　胡適，〈中國古代哲學史〉，《胡適全集》，5：395。
10　《舍我其誰：胡適，第一部：璞玉成璧，1891-1917》，頁365-367。

　　　　明是說地圓的。[11]

　　胡適明明在此段的結論說：「這雖說日動而地不動，但似含有地圓的道理。」然而，他卻在引言裡說：「當時的學者，不但知道地是動的，並且知道地是圓的。」其實，胡適自己心虛。他在〈《中國古代哲學講義》提要：凡例四則〉裡說：「那時我還不敢自信，恐怕穿鑿附會得太過分了。後來看見西洋哲學史家也說希臘古代的哲學家也有人知道地是圓的，又能旋轉成晝夜的。我得了這種印證，膽子便大了。」殊不知即使古希臘有人知道地是圓的，這並不能證明先秦諸子也可以知道地是圓的。這個基本道理，學過邏輯的胡適是不會不知道的。他只是說來壯膽而已罷了。

挪用、誤用、濫用杜威以及西洋名詞

　　「胡適檔案」裡有胡適手寫的〈中國哲學史大綱卷中：中古哲學史〉的講義殘稿。我們可以判斷這是胡適初到北大的時候所寫的，因為他所用的稿紙邊上還印著「北京大學講義稿　　　　科　　門　　用」的字樣。北京大學是在1919年廢門改系的。即使胡適是用舊稿紙來寫講義，這也不可能會晚於1919年太多。胡適在這份〈中國哲學史大綱卷中：中古哲學史〉的講義殘稿裡有一段話，幾乎可以說是他的「夫子自道」。我們幾乎可以把它拿來描寫胡適寫《先秦名學史》和《中國哲學史大綱》上卷糅雜挪用、調和折衷的特性：

　　　　讀者須知「集大成」三個字，不過是「折衷派」的別名。看得起他，就說
　　　　是「集大成」；看不起他，就說是「折衷派」。[12]

　　我在《璞玉成璧》裡，已經分析了胡適在哥倫比亞大學所寫的博士論文《先秦名學史》，以及他的《中國哲學史大綱》（上卷）是糅雜挪用、調和折衷的產物。他在《中國哲學史大綱》的〈導言〉裡所說的哲學史的目的——明變、求因、評判——是從新康德派的溫德爾班(Wilhelm Windelband)的《哲學史》的〈導言〉裡所儳來用的。他的「歷史的眼光」，亦即他用哲學史來理解哲學的方法、他的「大膽的假設、

11　胡適，〈中國古代哲學史〉，《胡適全集》，5：387-388。
12　胡適，〈中國哲學史大綱卷中：中古哲學史〉（講義稿），《胡適全集》，5：726。

小心的求證」、他批判王陽明「格竹」失敗的原因，都是從他康乃爾大學新黑格爾派唯心論的老師克雷登(James Creighton)那兒學來的。他的考證史學的訓練則是來自他康乃爾大學唯心派史學教授布爾(George Burr)。

　　新康德派、新黑格爾派、唯心論的觀點充斥於胡適的《先秦名學史》以及《中國哲學史大綱》(上卷)裡。然而，這還不是最致命的。最致命的，是他對實驗主義誤解連連，而且還牽強附會。我在《璞玉成璧》裡詳細地分析了他誤解「實用主義」，誤解到甚至用譏詆「實用主義」的人的定義來界定「實用主義」的地步。我分析了他不了解杜威對傳統邏輯的批判，也舉例分析了胡適濫用「實用主義」以至於先秦諸子個個看起來都像是「實用主義者」或「實驗主義者」的地步[13]。

　　唐德剛認為胡適在哥倫比亞大學的博士論文的口試沒通過。我在《璞玉成璧》裡說我們雖然沒有證據說他口試沒通過。然而，唐德剛的推測可能是最正確的。他的博士論文糅雜挪用互相衝突的哲學理論，甚至錯解、妄解、穿鑿附會杜威的實驗主義。這樣的論文如果可以通過，只有杜威通融、放水才有可能。

　　等胡適回到中國以後，他仍然不改他錯解、妄解、穿鑿附會的習性。首先，他動輒套用西方現代名詞來詮釋先秦諸子的習性更加變本加厲。他對孟子詮釋就是一個最好的例子。他在1919年2月出版的《中國哲學史大綱》(上卷)第十篇第二章講孟子的時候已經穿鑿附會濫用西洋名詞了。他說孟子說人的不善，是由於「不能盡其才」的結果。「人不能盡其才」的原因有三。其中之一，就是由於外力的影響。他引《孟子·告子篇》的一段：

> 富歲子弟多賴，凶歲子弟多暴，非天之降才爾殊也，其所以陷溺其心者然也。今夫麰麥，播種而耕之，其地同，樹之時又同，浡然而生，至於日至之時，皆熟矣。雖有不同，則地有肥磽，雨露之養，人事之不齊也。

　　胡適明明說這是「由於外力的影響」，亦即，環境的影響。然而，胡適居然可以引申說這是生物進化論的寫照：「這種議論，認定外界境遇對於個人的影響，和當時的生物進化論(見第九篇〔注：亦即胡適妄解莊子道出了《物種由來》理論的所在〕)頗相符合[14]。

13　以上兩段的分析，請參見《舍我其誰：胡適，第一部：璞玉成璧，1891-1917》，頁302-371。
14　胡適，〈中國古代哲學史〉，《胡適全集》，5：442。

胡適不但說孟子的思想裡有生物進化論的影子，他而且還是一個樂利主義者
(Utilitarian)。然而，在說明孟子如何是一個樂利主義者之前，我們必須先打個岔
子。胡適得到孟子是一個樂利主義者的結論，中間還經過了另外一個濫用西洋名詞的
過程。這個名詞的濫用，出現在他對孔孟政治哲學的根本不同的分析：

> 孟子的政治哲學與孔子的政治哲學有一個根本不同之處。孔子講政治的中
> 心學說是「政者，正也」，他的目的只要「正名」、「正己」、「正人」，
> 以至於「君君、臣臣、父父、子子」的理想的郅治。孟子生在孔子之後一百
> 多年，受了楊墨兩家的影響(凡攻擊某派最力的人，便是受那派影響最大的
> 人。孟子功楊墨最力，其實他受楊墨影響最大。荀子攻擊辯者，其實他得辯
> 者的影響很大。宋儒攻擊佛家。其實若沒有佛家，又哪有宋儒？)故不但尊
> 重個人，尊重百姓過於君主(這是老子、楊朱一派的影響。有這種無形的影
> 響，故孟子的性善論遂趨於極端，遂成為「萬物皆備於我」的個人主義)；
> 還要使百姓享受樂利(這是墨家的影響，孟子自不覺得)。孟子論政治不用孔
> 子的「正」字，卻用墨子的「利」字。但他有不肯公然用「利」字，故用
> 「仁政」兩字。

胡適說孟子骨子裡其實是在「曰利」，只是「不肯公然用『利』字」。這還真是
一個曠古新論！胡適在這段引文括弧裡的注，是絕對不能忽視的：「凡攻擊某派最力
的人，便是受那派影響最大的人。」這個說法不是沒有它的道理。然而，胡適在此處
所作的是一個極端的推論，那彷彿是意味著說：孟子其實是一個藏在櫃子裡的墨子的
「同志」。孟子到處義正辭嚴地說：「何必曰利！」結果，胡適說他只不過是用「仁
政」這個字眼來包裝他的「利」的哲學。胡適說孟子的「利」字的政治哲學，不同於
孔子「正」字的政治哲學：

> 若用西方政治學說的名詞，我們可以說孔子的，是「爸爸政策」
> (Paternalism或譯父性政策)；孟子的，是「媽媽政策」(Maternalism或譯母
> 性政策)。爸爸政策要人正經規矩，要人有道德；媽媽政策要人快活安樂，
> 要人享受幸福。故孟子所說如：「五畝之宅，樹之以桑，五十者可以衣帛
> 矣。雞豚狗彘之畜，無失其時，七十者可以食肉也。」這一類「衣帛食肉」
> 的政治，簡直就是媽媽的政治。這是孔子、孟子不同之處(孔子有時也說富

民，孟子有時也説格君心。但這都不是他們最注意的)。後人不知道這個區別代表一百多年儒家政治學説的進化，所以爸爸媽媽的分不清楚：一面説仁民愛物，一面又只知道正心誠意。這就是沒有歷史觀念的大害了。[15]

　　這就是濫用外來名詞。如果我們把這段話翻成英文，給不懂中國歷史與哲學，但對美國歷史有一定程度了解的美國人讀，他們會有兩個直接的反應。第一、「媽媽主義」——或者用胡適的另外一個翻譯，「母性政策」(Maternalism)——是專指針對母親與女性的社會政策。胡適在此處把它泛指爲「要人快活安樂，要人享受幸福」的政策是名詞的濫用。第二、胡適把「爸爸政策」和「媽媽政策」剛好弄反了。這些美國人會把孔子「要人正經規矩、要人有道德」放在「媽媽政策」之下；而把孟子「要人快活安樂、要人享受幸福」放在「爸爸政策」之下。爲什麼説在美國的歷史背景脈絡之下，「要人正經規矩、要人有道德」反而應該是放在「媽媽政策」的範疇之下呢？這是因爲在美國19世紀末、20世紀初年「進步主義時期」(Progressive era)，沒有投票權的婦女用「媽媽主義」，亦即，用女性溫婉、關愛、奉獻、無私的母性本能，去從事改善社會，並使政治清明的運動。這道德提升的運動是「媽媽主義」的貢獻。反之，用政府的力量、用社會政策「要人快活安樂、要人享受幸福」，則是「爸爸主義」，因爲政府就像扮演「爸爸」的角色一樣，去照顧社會上沒有辦法照顧自己——注意，不只是母親和孩童——的分子。

　　「爸爸主義」(paternalism)，不容易翻譯。今天常見的翻譯有：「家長作風」、「家長統治」、「溫和的專制主義」，與「父愛主義」等等。然而，無論其著重點是在「專制」或「父愛」，它所指的是一種宰制和從屬的權力關係。當然，這種不平等的權力關係並不完全是壓制、剝削的。其中，還存在著施與、互惠的關係。換句話説，「爸爸主義」之所以得以成功，就是因爲軟硬兼施、威嚇利誘並行的。因此，胡適在此處所分別的孔子的「爸爸政策」和孟子的「媽媽政策」，其實是根本就是同一回事兒，而且其實根本就都是「爸爸政策」。這是因爲胡適在此處所用的「爸爸政策」，如果我們用傳統中國的政治語言來翻譯，是「父母官」、「牧民」、「親民」的意思。在這種意義之下，胡適所謂的「爸爸主義」等於是一個概括性的名詞，它涵蓋了胡適所謂的「媽媽主義」。換句話説，那既是「爸爸主義」也是「媽媽主義」。

　　胡適爲什麼會濫用「媽媽主義」這個外來語呢？我認爲這跟他留學時期在美國的

15　胡適，〈中國古代哲學史〉，《胡適全集》，5：447-448。

所見所聞是有關的。胡適是一個以覘國采風自詡的人。就像他在1916年11月9日的《留學日記》裡所說的：「余每居一地，輒視其地之政治社會事業如吾鄉吾邑之政治社會事業。」[16]他留美時期熱中參與美國政治、社會、文化的運動，我在《璞玉成璧》裡已經詳細分析過了。胡適留美的時候正值美國「進步主義時期」的高峰。他在美國所親聞目睹「進步主義」政策的制定與實施，可能就是他挪用「媽媽主義」這個名詞的靈感來源。

1911年，伊利諾州是美國第一個制定「單身母親育兒津貼」(mothers' aid; mothers' pension)的一州。在四年之內，美國有二十八州都制定了這個法律。到了1920年代，全美國所有的州都制定實施了這個法律。1912年，美國聯邦政府通過法案，在「勞工部」裡設立了「兒童局」(the Children's Bureau)。其職責就在保障母親與兒童的健康。1912年，麻省是全美第一個制定了最低工資法律的州。同一年，當時胡適所崇拜的老羅斯福脫離「共和黨」另組「進步黨」(the Progressive Party)競選總統。他的黨綱裡就倡議成立一個全國性的社會保險體系，來保障公民不會因為生病、失業，或年老而無以為生。也同樣是在1912年，路易斯安那州是全美第一州在其衛生局設立兒童衛生部的一州。1921年，當時胡適已經回國了，美國國會通過了謝柏—陶納法案(the Sheppard-Towner Act)，由聯邦政府提供各州經費，以確保孕婦與嬰兒的健康與衛生[17]。可惜，謝柏—陶納法案在1929年因為國會停止撥款而壽終正寢。

由於美國在20世紀初年所制定的社會政策，泰半是針對婦女與兒童，美國有名的歷史社會學家瑟塔·司考克頗(Theda Skocpol)於是用「母性主義」來描述當時的美國社會政策的特質。雖然司考克頗的觀點不是所有的學者所同意的[18]，她的論點，可以用來支持我說胡適的「媽媽政策」的靈感來源，是他留美時期「覘國采風」閱讀這些保障婦女與嬰兒的社會政策的新聞的所得。

然而，更驚人的穿鑿附會，就是胡適在上述那段引文接著所說的：他把孟子的「利」字的哲學——「仁政」——詮釋成為一個追求「最大多數最大幸福」的「樂利主義」。他說：

16　《胡適日記全集》，2：438-439。

17　"History: Chronology," Social Security Online, http://www.ssa.gov/history/1900.html，2012年4月20日上網。

18　Linda Gordon, "Gender, State and Society: A Debate with Theda Skocpol," in Nikki Keddie, ed., *Debating Gender, Debating Sexuality* (New York: New York University Press, 1996), pp. 129-146.

　　孟子的政治學說含有樂利主義的意味，這是萬無可諱的。但他同時又極力把「義利」兩字分得很嚴。他初見梁惠王，一開口便駁倒他的「利」字；他見宋牼，也勸他莫用「利」字來勸秦楚兩國停戰。細看這兩章，可見孟子所攻擊的「利」字只是自私自利的利。大概當時的君主官吏都是營私牟利的居多。這種爲利主義，與利民主義絕相反對。故孟子說：「今之事君者曰：『我能爲君辟土地，充府庫。』今之所謂良臣，古之所謂民賊也！」（〈告子〉）「庖有肥肉，廄有肥馬，民有飢色，野有餓莩：此率獸而食人也。」（〈梁惠王〉）。孟子所攻擊的「利」，只是這種利。他所主張的「仁義」，只是最大多數的最大樂利……所以孟子反對「利」的理由，還只是因爲這種「利」究竟不是眞利。[19]

　　年輕的胡適，好套用、濫用外來名詞。這一點都不奇怪。奇怪的是，一百年來，沒有任何一個學者對胡適的穿鑿附會提出質疑。按照胡適的說法，那「何必曰利」的孟子，是一個追求「最大多數最大幸福」的樂「利」主義者。他所反對的只是那些「率獸食人」的自私自「利」。

　　然而，眞正驚人的地方，是胡適即使在回了國、開始認眞地閱讀了杜威的著作以後，他仍然繼續在課堂上誤解濫用杜威的實驗主義。我在《璞玉成璧》裡，指出胡適在《先秦名學史》濫用實用主義這個名詞，已經是到了先秦諸子個個看來都是實驗主義者的程度。然而，不管他是不是在哥倫比亞大學考博士論文口試的時候遭受了「滑鐵盧」，到了他在1919年2月出版的《中國哲學史大綱》（上卷）裡，他把所有使用實用主義的地方，幾乎全都改成了「應用主義」。「實驗主義」在全書裡只出現了一次，在第八篇〈別墨〉第二章〈《墨辯》論知識〉的時候。然而，即使如此，他還在「實驗主義」後加了括弧，注明他所說的「實驗主義」是「應用主義」的意思[20]。同樣地，他在該書分析孟子的時候，他至少只說孟子是一個樂利主義者，而沒給孟子所反對的墨子套用任何穿鑿附會的名詞。

　　然而，在「胡適檔案」裡所存的〈中國哲學史大綱卷上〉（講義稿）就不同了。這篇講義稿我判斷最遲也是在1919年所寫的，因爲他所用的稿紙邊上也印著「北京大學講義稿　　　　　　科　　　門　　　用」的字樣。在這個胡適手寫的〈中國哲學史大綱卷

19　胡適，〈中國古代哲學史〉，《胡適全集》，5：447-449。
20　胡適，〈中國古代哲學史〉，《胡適全集》，5：360。

上〉的講義稿的細目裡,第六章墨子的第十三節的節名是「實驗主義」[21]。換句話說,胡適雖然在出版的《中國哲學史大綱》裡,不敢再稱呼墨子爲「實用主義者」或「實驗主義者」,在課堂上他又公然地用「實驗主義」來稱呼他的哲學。不但如此,他在第十篇講到孟子的「義利之辯」的時候,又用「實驗主義」來說明墨家的「利」的哲學。同時,也等於說孟子是一個「實驗主義者」。他說:

> 上章說《大學》裡面已把義利兩字分得極嚴。到了孟子,更把這個分別看得重要了。大概墨家的實驗主義在那時代已大有影響,更加那時各國連年征戰,所爲只是一個利字,所以孟子極力想推翻這種爲利思想。[22]

這眞是一段「千古中西奇文」!胡適已經說墨子是一個「實驗主義者」。他在分析墨子的「兼愛」與「非攻」的思想的時候,又稱讚墨子是一個「樂利主義者」:「可見墨子說的『利』不是自私自利的『利』,是『最大多數的最大幸福。』」[23]換句話說,墨子既是一個「實驗主義者」,也是一個「樂利主義者」。至於孟子,胡適已經說他是一個「樂利主義者」了。可是,現在胡適又說到了孟子的時代:「大概墨家的實驗主義在那時代已大有影響。」這麼說來,孟子不但是一個「樂利主義者」,也是以一個「實驗主義者」。這些近代西洋哲學的名詞,胡適可以像帽子一樣隨便拿來送給先秦諸子。實在令人嘆爲觀止。他渾然不顧、不知杜威對「樂利主義」的批判,而那麼輕易地把它們送作堆、變親家。

胡適的問題,在於他根本沒意識到他前後矛盾。他一面說根據墨子的說法,說能應「用」的便是「善」的;「善」的便是能應「用」的。他說這便是墨子的「應用主義」。而應用主義又可叫做「實利主義」[24]。胡適又說:墨子最大的流弊在於把「用」字、「利」字解得太狹了[25]。然而,在另一方面,在他解釋爲什麼墨家在戰國末期卻倏然從顯學的地位式微的時候,他卻又說其原因之一,是因爲墨家,像惠施、公孫龍子,他們的詭辯都太微妙、太不能應用了。他令人目瞪口呆的結論是:

> 墨學的始祖墨翟立說的根本在於實際的應用。如今別家也用「功用」爲標

21 胡適,〈中國哲學史大綱卷上〉(講義稿),《胡適全集》,5:544。
22 胡適,〈中國哲學史大綱卷上〉(講義稿),《胡適全集》,5:705。
23 胡適,〈中國古代哲學史〉,《胡適全集》,5:337。
24 胡適,〈中國古代哲學史〉,《胡適全集》,5:325。
25 胡適,〈中國古代哲學史〉,《胡適全集》,5:331。

準，來攻擊墨學的後輩，可謂「以其人之道還治其人之身」了。這不但可見
墨學滅亡的一大原因，又可見狹義的功用主義的流弊了。

我們記得「功用主義」是胡適在《中國哲學史大綱》裡用來取代「實驗主義」的
名詞。如果我們把「實驗主義」在這段引文裡還原，則墨學滅亡的一大原因，是因為
到了戰國末期，那攻擊墨家的所有「別家」也都變成了「實驗主義者」了。因此，他
們就用墨家「實驗主義」的「功用論」，來「以其人之道還治其人之身」。胡適這段
引文令人目瞪口呆的所在，是因為它意味著說，戰國末期的「顯學」無它，「實驗主
義」也！

胡適一定認為他自己是言之成理的。墨子及其「同志」孟子，都是「實驗主義」
的「樂利主義者」。他們所批判的是自私自利的「利」。後來的陋儒自己不察，渾然
忘卻了儒家「最大多數的最大幸福」的「仁政」哲學。他說孟子說：

> 今之事君者曰：「我能為君辟土地，充府庫。」今之所謂良臣，古之所謂
> 民賊也。君不鄉道，不志於仁，而求富之，是富桀也。

接著，胡適又重複地說明孟子是一個樂利主義者。他說孟子所反對的，只是自私
自利的「利」。後來的儒者不懂孟子的意思，於是越走越極端了。我在前邊徵引了他
在《中國哲學史大綱》裡的一段。現在徵引他在〈講義稿〉裡類似的一段：

> 所以孟子見梁惠王，一開口便駁倒他的「利」字；又如孟子見宋牼，也勸
> 他莫要用「利」字來勸秦楚兩國。細看這兩章的議論，只是同一樣的理由。
> 孟子只怕言「利」的結果，必至於「上下交征利」，必至於「君臣父子兄弟
> 終去仁義懷利以相接。」其實孟子談政治又何嘗不言利。他所說的「省刑
> 罰、薄稅斂」；「五畝之宅，樹之以桑……雞豚狗彘之畜，無失其時……百
> 畝之田，毋奪其時」；「使有菽粟如水火」……哪一件不是「利」？到了後
> 世的儒者，便說「正其誼不謀其利，明其道不計其功」，那真是變本加屬
> 了。26

---

26 胡適，〈中國哲學史大綱卷上〉（講義稿），《胡適全集》，5：705。

胡適對「實用主義」持續的誤解是最驚人的所在。這是因為杜威在胡適曾經認眞讀過的《實驗邏輯論文集》裡，有一篇短文，特別強調了實用主義的「實用」，並非那些好譏詆實用主義者口中的「實用」。杜威的這段話，我在《璞玉成璧》裡已經徵引過。然而，它值得我們再次領略。杜威慨嘆著說：

> 傳言，一經說開，要阻止其傳布就沒有那麼容易。對工具主義邏輯的種種誤解裡，最讓人擺脫不了的，就是說知識不過是達成實用目的的方法而已；或者說，知識是滿足實用需要的方法……我要在此再作一次強調：「實用」一詞所指的，只不過是一個規則，那就是：所有的思想、所有的反思，都必須用**結果**來定其意義或測其效果。這個結果的性質爲何，實用主義並不置喙：它可以是在美學或道德方面，可以是政治上的，也可以是在宗教上的。[27]

套用杜威的觀點來詮釋中國哲學

胡適描寫他受到杜威實驗主義的影響有一句膾炙人口的話：

> 我在1915年的暑假中，發憤盡讀杜威先生的著作……從此以後，實驗主義成了我的生活和思想的一個嚮導，成了我自己的哲學基礎……我寫《先秦名學史》、《中國哲學史》，都是受那一派思想的指導。[28]

這句話是胡適1936年寫在他的《留學日記》〈自序〉裡的話。一個一生教誨大家要有歷史眼光、一個一生到處勸人要寫自傳、要爲後代留下史料的人，卻爲自己的心路歷程留下不實的記錄。我在《璞玉成璧》裡，已經詳細地說明了胡適的《先秦名學史》和《中國哲學史大綱》(上卷)諸多不符合杜威實驗主義的地方。在本節裡，我要反其道而行，分析胡適如何開始套用杜威的哲學的觀點來詮釋中國哲學。套用胡適自己喜歡說的話，我在《璞玉成璧》裡所作的是「破」——「破」胡適對杜威的曲解與妄解；在本節裡所作的則是「立」——「立」胡適終於套用杜威的觀點來詮釋中國哲學。

27　John Dewey, "An Added Note as to the 'Practical' in *Essays in Experimental Logic*," MW10.366.
28　《胡適日記全集》，1：110。

胡適在《中國哲學史大綱》（上卷）裡，有兩段話說明了哲學的起源：

> 有些人〔注：亞里斯多德〕說：哲學起於人類驚疑之念，以為人類目睹宇宙間萬物的變化生滅，驚嘆疑怪，要想尋出一個滿意的解釋，故產生哲學。這話未必盡然。人類的驚疑心可以產生迷信與宗教，但未必能產生哲學。人類見日月運行、雷電風雨，自然生驚疑心。但他一轉念，便說日有日神、月有月神；雷有雷公、電有電母；天有天帝、病有病魔；於是他的驚疑心，便有了滿意的解釋，用不著哲學思想了。
>
> 即如希臘古代的宇宙論，又何嘗是驚疑的結果？那時代歐、亞、非三洲古國，如埃及、巴比倫、猶太等國的宗教觀念和科學思想，與希臘古代的神話宗教相接觸，自然起一番衝突，故發生「宇宙萬物的本源究竟是什麼」的問題。並不是泰爾史(Thales)的驚奇心忽然劈空提出這個哲學問題的。
>
> 在中國的一方面，最初的哲學思想，全是當時社會政治的現狀所喚起的反動。社會的階級秩序已破壞混亂了，政治的組織不但不能救補維持，並且呈現同樣的腐敗紛亂。當時的有心人，目睹這種現狀，要想尋一個補救的方法，於是有老子的政治思想。但是老子若單有一種革命的政治學說，也還算不得根本上的解決，也還算不得哲學。老子觀察政治社會的狀態，從根本上著想，要求一個根本的解決，遂為中國哲學的始祖。[29]

他又說：

> 大凡一種學說，決不是劈空從天上掉下來的……我們如果能仔細研究，定可尋出那種學說有許多前因，有許多後果……這個前因，所含不止一事。第一是那時代政治社會的狀態。第二是那時代的思想潮流。[30]

胡適在《先秦名學史》裡分析老子的哲學的時候也說：

> 簡言之，那時的哲學就是在尋找一個能平天下，能夠了解並改善它的方

29　胡適，〈中國古代哲學史〉，《胡適全集》，5：238-239。
30　胡適，〈中國哲學史大綱〉，《胡適全集》，5：221、228。

法。對這個我稱之爲「道」的尋求，就是所有中國哲學家——我相信就是所有西方的大哲學家也一樣——的核心問題。[31]

　　胡適這一段「哲學起源論」完全不符杜威的理論。我在《璞玉成璧》裡已經指出，胡適對哲學的起源、哲學史的目的，以及方法論的部分論述等等，全部都是根據溫德爾班。有關哲學的起源，溫德爾班在《哲學史》的〈導言〉裡是這樣說的：「希臘哲學的發展，是發生在幼稚的宗教與倫理瓦解的過程中。這不但使人類的天職和任務究竟爲何這些問題，越發變成科學研究的重要課題，而且也使生活準則的教導變成了要務，以至於成爲哲學或科學的主要內容。」他又說：「哲學的問題和材料，以及其解決問題的方法，是來自於其所屬時代的思想潮流以及社會的需要。」[32]

　　在回國幾年之間，胡適對哲學的起源以及他對哲學史的認識，完全沒有得益於杜威。他在1917、1918年間寫的〈《中國古代哲學講義》提要：凡例四則〉裡，仍然侃侃而言：「研究西洋哲學史是研究西洋哲學思想最妙的方法。」[33]完全還是他從他康乃爾大學唯心論的哲學老師克雷登教授那兒學來的觀點。

　　最驚人的所在是，即使胡適在留美的時候還懵懂於杜威的哲學起源論。他回國幾年勤讀了杜威的作品以後，應該是能夠逐漸領悟才對。結果不然。杜威的《哲學的改造》(*The Reconstruction in Philosophy*)是1920年出版的。在現存的日記裡，胡適第一次提到《哲學的改造》是在1921年4月30日：「八點，上火車，去天津……車中我重讀杜威的《哲學的改造》第一章，改譯爲〈正統哲學的緣起〉似勝英文原篇名。」[34]這說明了胡適在這以前已經讀過《哲學的改造》了，即使不是全書，至少他是已經讀過第一章了。然而，他卻彷彿渾然懵懂於杜威在第一章裡談論哲學的起源的大旨一樣。

　　胡適不只至少在1921年初已經讀了杜威的《哲學的改造》，他甚至開始用《哲學的改造》的大旨四處演講。1921年5月6日的日記：「七時半，到高等師範演說，他們給我的題目是：〈哲學與人生的關係，及研究的方法〉。我的講演略採杜威先生《哲學改造》第一篇的大意。」[35]

31　Hu Shih, "The Development of the Logic Method in Ancient China,"《胡適全集》，35：345。

32　Wilhelm Windelband, *A History of Philosophy*, pp. 2, 13.

33　胡適，〈《中國古代哲學講義》提要：凡例四則〉，《胡適全集》，7：260。

34　《胡適日記全集》，3：9。

35　《胡適日記全集》，3：27。

　　胡適不唯讀了《哲學的改造》、用《哲學的改造》的大旨去作演講，他並且開始翻譯《哲學的改造》的第一章。胡適第一次在日記裡提起他翻譯這本書是他1921年5月12日的日記：「譯杜威先生的《哲學改造》（Dewey, *Reconstruction in Philosophy*）兩頁。」[36]次日的日記：「上午，譯杜威《哲學改造》兩頁。」[37]6月17日記：「譯《哲學改造》三頁。」[38]然而，顯然到了1923年底，他還沒譯完第一章。他在該年12月24日的日記裡說：「補譯《哲學的改造》。譯書眞不容易。此書頁21有一句云：They〔the philosopies〕have insisted that they were more scientific than the sciences——that, indeed, philosophy was necessary because after all the special sciences fail in attaining final and complete truth.〔（用胡適自己最後定稿的翻譯：）這些正統哲學都以爲自己比科學還要『更科學的』——都以爲：因爲各種科學始終不能得到最後的完全眞理，所以不能不請教於哲學。〕本節中所談的都是論『必然不可易的眞理』，故我隨手譯necessary爲『必然的』。偶復看一遍，始知其誤，此句並不難，而尙有此誤〔注：可惜胡適沒記下他原先的譯筆，所以我們不知道他原來誤譯的句子爲何。〕！」[39]

　　然而，所有這些閱讀與翻譯，完全都沒有改變胡適對哲學起源的看法。1921年7月15日，胡適南下到上海去爲商務印書館作評鑑的工作。23日，胡適到商務印書館開辦的國語講習所作演講：「九時，到國語講習所演說，題爲〈中國哲學的線索〉，大旨說哲學的內部線索就是哲學方法的變遷。」[40]胡適在這篇〈中國哲學的線索〉的演講裡說：

> 　　我平日喜歡做歷史的研究，所以今天講演的題目，是〈中國哲學的線索〉。這個線索可分兩層講。一時代政治社會狀態變遷之後，發生了種種弊端，則哲學思想也就自然發生，自然變遷，以求改良社會上、政治上種種弊端。所謂時勢生思潮，這是外的線索。外的線索是很不容易找出來的。內的線索，是一種方法——哲學方法，外國名叫邏輯Logic……外的線索只管變，而內的線索變來變去，終是逃不出一定的路徑的。

在這個演講的結論，胡適還是總結他「思想因應環境而生」的理論：

36　《胡適日記全集》，3：34。
37　《胡適日記全集》，3：34。
38　《胡適日記全集》，3：119。
39　《胡適日記全集》，4：209。
40　《胡適日記全集》，3：223。

思想必依環境而發生。環境變遷了，思想一定要變遷。無論什麼方法，倘不能適應新的要求，便有一種新方法發生，或是調和以前的種種方法，來適應新的要求。找出方法的變遷，則可得思想的線索，思想是承前啓後，有一定線索，不是東奔西走，全無紀律的。[41]

　　我們不知道胡適對杜威《哲學的改造》第一章的大旨是什麼時候開竅的。在我們找到其他的演講或文稿以前，他1925年5月17日上午十點在北大第二院大禮堂對北大哲學研究會所作的演講：〈從歷史上看哲學是什麼？〉就是一個里程碑。這篇演講有一個已經發表的記錄，也就是《胡適全集》第7卷所收錄的。那是明宵的記錄，1925年5月31日發表在《國聞週報》第2卷第20期上。這個記錄的缺點是它只是一個大意。明宵在出版的〈附言〉裡作了說明：

　　　這個題目，是胡先生五月十七日在北大第二院爲哲學研究會講的。當場記錄的人很多。但是胡先生說他的原稿不久要正式發表，所以至今在報上沒有看見一篇筆記出現。然而，這個演講代表適之先生最近的思想，又非常重要。特先將我的筆記刊登於此，以餉閱者。此篇只算是筆述大意，脫誤之處一定很多。尚望胡先生和當日聽講諸君的指正。[42]

　　很幸運地的是，「胡適檔案」裡存有一篇殘稿，現收錄在《胡適全集》第8卷，名爲：〈杜威的「正統哲學」觀念與中國哲學史〉。這篇殘稿是錄自《胡適遺稿及秘藏書信》第9冊，注明了該題目是由編者所擬，寫作年代不詳云云。我從內容來判斷，這篇殘稿就是胡適〈從歷史上看哲學是什麼？〉的演講稿。我爲什麼可以判斷這篇殘稿就是胡適〈從歷史上看哲學是什麼？〉的演講稿呢？首先是內證。如果我們把明宵所記錄的〈從歷史上看哲學是什麼？〉，跟〈杜威的「正統哲學」觀念與中國哲學史〉拿來作比較，我們就可以發現兩者的內容在大旨上是相同的。毫無疑問地，〈從歷史上看哲學是什麼？〉要簡略多了。這是因爲明宵只是：「筆述大意」而已。〈杜威的「正統哲學」觀念與中國哲學史〉則詳盡多了，因爲那畢竟是胡適自己的手稿。

<hr/>

41　胡適，〈中國哲學的線索〉，《胡適全集》，7：466-471。
42　胡適，〈從歷史上看哲學是什麼？〉，記錄明宵〈附言〉，《胡適全集》，7：500。

　　〈杜威的「正統哲學」觀念與中國哲學史〉是胡適〈從歷史上看哲學是什麼？〉演講的殘稿。我的第二個證據是外證，也就是這篇手稿拼湊起來的方式。這篇殘稿是用黏貼的鉛印的文字與手寫的部分組合在一起的。胡適所黏貼的鉛印文字，我判斷是從《晨報》上剪貼下來的。那些鉛印的文字排列的尺寸，就是當時報紙欄目的尺寸。同時，這些鉛印的文字，就是胡適所翻譯的杜威的《哲學的改造》第一章〈正統哲學的起源〉，是1925年2月間在《晨報》副刊上連載的。換句話說，胡適5月17日在北大演講〈從歷史上看哲學是什麼？〉，他在他的演講稿裡，就把他2月間在《晨報》上的翻譯，現成地剪貼下來利用了。

　　我說〈杜威的「正統哲學」觀念與中國哲學史〉，就是胡適為〈從歷史上看哲學是什麼？〉這篇演講所寫的手稿。我最有力的證據還是一個內證，那就是胡適在這篇手稿裡開門見山的一段話，請注意我用黑體字標示出來的部分：

> 　　**我的先生杜威博士在他的《哲學的改造》的第一篇——〈正統哲學的起源〉——裡，曾發表他用那「尋流溯流的歷史方法」來觀察哲學的結果。他那篇文章(《晨報》附刊一月份至二月份)也可以說是〈從歷史上論哲學是什麼？〉。他的主張是一種革命的見解，從前人都不敢說的。我對於他的見解，根本上大體贊成。所以今天的演講差不多可說是引申杜威先生的見解。**杜威先生引證的是歐洲哲學史。如果這個見解只能用於歐洲哲學史，而不能用於中國哲學史——那麼，這個見解還不能成立。我今天的講演是要看看他的見解可否用中國哲學史料來證實。如果中國哲學史料也可以證實他的主張，這種見解就添了一種有力的根據了。[43]

　　我說這一段話是胡適演講開門見山所說的話。然而，在〈杜威的「正統哲學」觀念與中國哲學史〉這篇文章裡，它出現的所在，幾乎已經是到了文章的結尾。這所顯示出來的問題是，〈杜威的「正統哲學」觀念與中國哲學史〉這篇文章錯簡的問題非常嚴重。由於胡適的手稿沒有標頁碼，《胡適遺稿及秘藏書信》與《胡適全集》的編者在排定這篇殘稿頁片的次第的時候，一再判斷錯誤，以至於不但身首異處，而且五臟六腑易位，根本不忍卒讀。

　　〈杜威的「正統哲學」觀念與中國哲學史〉應該被正名為〈從歷史上看哲學是什

43　胡適，〈杜威的「正統哲學」觀念與中國哲學史〉，《胡適全集》，8：372。

麼？〉。諷刺的是，這個編者所代擬的不正確的題名，卻很正確地說明了這篇演講的內容。這篇演講稿百分之六十以上的篇幅，都是整段、整段地從杜威的《哲學的改造》的第一章〈正統哲學的起源〉裡摘下來的。如果我們用《胡適全集》第42卷所收錄的胡適所譯的〈正統哲學的起源〉作底本，該文所占的篇幅是從頁657到頁674[44]。胡適在演講手稿裡所摘下來的段落，是從頁661到頁674，幾乎等於是全文照錄了。

胡適在這篇手寫的演講稿裡說：「今天的演講差不多可說是引申杜威先生的見解。」在明宵的記錄裡，他則更進一步地說，他是根據杜威的觀點，修正了他在《中國哲學史大綱》裡的說法：

> 這個題目很重要。從人類歷史上看哲學是什麼，一方面要修正我在《中國哲學史》上卷裡所下哲學的定義，一方面要指示給學哲學的人一條大的方向，引起大家研究的興味。[45]

胡適原先在《中國哲學史大綱》裡，對哲學的起源所下的定義是思想是因應環境而生的。哲學的起源在於為混亂的政治、社會秩序尋找出改善、補救之道。用他在《先秦名學史》裡分析老子哲學時所下的定義來說：「就是在尋找一個能平天下，能夠了解並改善它的方法。對這個我稱之為『道』的尋求，就是所有中國哲學家——我相信就是所有西方的大哲學家也一樣——的核心問題。」

然而，現在胡適改用杜威的定義了。用明宵的記錄來說：

> 杜威先生的意思，以為哲學的來源，是人類最初的歷史傳說、跳舞、詩歌、迷信等等幻想的材料，經過兩個時期才成為哲學。

這個定義，胡適自己在演講稿裡說得含混多了。而且他也沒承認說他修正了自己原先的定義：

> 哲學不是從智識的材料裡發源出來的，是從一些社會的、情感的材料裡產生出來的。但這種原始的材料，至少必須經過兩個時期，然後成為哲學。[46]

44　杜威著，胡適譯，〈正統哲學的起源〉，《胡適全集》，42：657-674。
45　胡適，〈從歷史上看哲學是什麼？〉，《胡適全集》，7：500。
46　胡適，〈杜威的「正統哲學」觀念與中國哲學史〉，《胡適全集》，8：372-373。

　　這兩個時期究竟是什麼呢？由於胡適自己的解釋是長篇累牘地摘下杜威在〈正統哲學的起源〉的論述，我在此處就引用明宵汲取大意的記錄：

　　一、整齊統一的時期。傳說神話變成了歷史；跳舞、詩歌變成了藝術；迷信變成了宗教。個人的想像與暗示，跟了一定法式走，無意識的習慣與有意識的褒貶，合成一種共同的風尚，造成了種種制度儀節。

　　二、衝突調和的時期。人類漸漸進步，經驗多了，事實的知識分量增加範圍擴大。於是幻想的禮俗及迷信傳統的學說，與實證的人生日用的常識起了衝突，因而批評的調和的哲學發生。例如希臘哲人（Sophists）之勃興，便是西洋哲學的起源。Sophists對於一切懷疑、一切破壞。當時一般人頗發生反感，斥哲人爲詭辯、爲似是而非。Sophist一字，至今成了惡名。有人覺得哲人過於激烈，應將傳統的東西保存一部分，如Socrates〔蘇格拉底〕輩。但社會仍嫌他過激，法庭宣告他的死刑。後來經過柏拉圖、亞里斯多德等的調和變化，將舊信仰洗刷一番。加上些論理學、心理學等等，如衛道護法的工具，於是成了西洋的正統哲學。[47]

　　胡適在用杜威的文字來敘述了傳統西方哲學的起源以後，他接著又用杜威的文字來指出傳統西方哲學的三個性質——也就是說，西方哲學的起源。同樣地，我在此處引用的主文是用明宵的記錄：

　　一、調和新舊思想，替舊思想、舊信仰辯護。帶一點不老實的樣子。〔注：胡適的手稿語氣類似，用的是他翻譯杜威的譯文：「所以哲學就顯出不老實的樣子了；這種不誠實固然完全不是哲學的本意，然而正因爲主持哲學的人不自覺，所以更有害了。」〕

　　二、產生辯證的方法，造成論理的系統，其目的在護法衛道。〔注：胡適的譯文是：「因爲要替那向來全靠感情契合和社會尊崇的東西作合理的辯護，所以不能不充分利用辯證的工具。他要替本身不合理的東西作辯護，沒有法子，只好倚靠論理的法式了。」〕

　　三、主張二元的世界觀。一個是經驗世界；一個是超經驗的世界。在現實

47　胡適，〈從歷史上看哲學是什麼？〉，《胡適全集》，7：500-501。

世界裡不能活動的，盡可以在理想世界裡玩把戲。[48]

　　胡適的這個變化是非同小可的。我們試看他1921年7月23日，到商務印書館開辦的國語講習所講〈中國哲學的線索〉的時候，還侃侃而談地說：「哲學的內部線索就是哲學方法的變遷。」而且說：「內的線索，是一種方法——哲學方法，外國名叫邏輯Logic……外的線索只管變，而內的線索變來變去，終是逃不出一定的路徑的。」現在，胡適改套用了杜威在《哲學的改造》裡的說法，哲學思想內在的線索——哲學方法，邏輯——於是就變成了「要替本身不合理的東西作辯護，沒有法子」的「辯證的工具」了。

　　胡適在敘述了杜威批判傳統西方哲學的性質以後，他就問說：「現在要看杜威先生說的那三種重要性質〔中國〕是否也有。」

　　一、調和與辯護。
　　儒家的調和：「執無鬼而學祭祀」；「慎終追遠，民德歸厚」；「祭如在，祭神如神在」；「如在其上，如在其左右」。
　　墨家的辯護：「尊天、明鬼」。
　　新儒教的調和：以天人之際災異感應為主，造成一種「尊天愛人」的宗教，而排斥其他非禮的祠祀。
　　理學的調和：1.新的哲學而必依據古的經典為根據；2.自然主義而不敢顯然排斥天地鬼神；3.容納了太極圖、《河圖》、《洛書》、先天象數之學。如朱子明知《易》為卜筮之書，如燭籠然，多添一根骨子，便多障了一路光明。然而，他捨不得象數圖書之學；4.已走上了格物致知的純粹理智的大路，而捨不得那主靜、主敬的神秘性的宗教態度。程：涵養須用敬，進學則在致知；朱：窮理以致其知，反躬以踐其實，居敬者所以成始成終也。
　　二、論理與系統：
　　儒家的正名論、墨家的名學、新儒教的方法與系統(《五行志》的系統整齊可驚)、理學的倫理系統及抽象的定義：1.《大學》的方法論；2.抽象的定義(如《北溪字義》等)。
　　三、二元的世界：

48　胡適，〈從歷史上看哲學是什麼？〉，《胡適全集》，7：501。

　　古儒家之分義與利、道與器；墨家之分天人(上同於天)；新儒教之分天人
之際(感應)；理學之分理與氣、形上與形下、天理與人欲(學者須是革盡人
欲，復盡天理——朱〔熹〕)。

　　胡適說，不只是杜威所批判的西方傳統哲學的三種性質適用於中國，連杜威的哲
學的起源論也完全適用於中國。由於這篇文章太重要了，而且《胡適全集》裡的這篇
文章又錯簡，所以胡適這一長段的論述非得全部徵引不可：

　　我們用這種歷史眼光來研究中國哲學，不能不佩服杜威先生的見解的深
刻。依我個人這幾年的思考，杜威的正統哲學起源論竟可以完全適用於中國
哲學史。

　　我們也可以說：中國的正統哲學也是有使命的。他的使命是要給傳統的舊
信仰作辯護，要從那些已經動搖了的舊信仰之中，提出一些精華來，加上理
性化的作用，組成哲學系統。他的來源也是那些已經整統了的古代經典；他
的動機也是舊信仰與新知識的衝突與調和。

　　中國的正統哲學，人人都知道是儒家哲學。但仔細說來，卻不如此簡單。
依時代的次序，中國的正統哲學是：

　　第一時期的「顯學」，儒與墨；第二時期的「儒教」；第三時期的宋明理
學。這三個時期的正統哲學都可用杜威的歷史見解來說明。

　　中國的哲學的原料是太古傳下來的詩歌(《詩》)、卜筮(《易》)、習俗禮
儀(《禮》)，和歷史的傳說(《書》)。這些東西都是很古的遺產，在二千五
百年前早已經過了一番整統組織的工夫，早已成了中國民族的共同的生活標
準了，早已成了經典了。我們試看《春秋》時代的君卿大夫朝會相見時的賦
詩，便知《三百篇》早成了經典；看他們有大事必卜筮，便知《周易》早成
了經典；看他們時時講究容貌儀節的細緻，便知《儀禮》早成了經典；看他
們重視史官及儒墨兩家的引《書》，便知《尚書》早成了經典。這一番整齊
統一的事業是正統哲學產生的第一步。

　　到了前六世紀，老子、鄧析一班人出來，批評舊制度與舊信仰，這是衝突
的時期。讀史的人往往忽略了這個衝突。其實老子攻擊當時的政治和文化，
他的態度很激烈。他的自然主義的天道觀，對於《尚書》、《詩經》裡的尊
天事鬼的宗教竟是痛下了一種致命的攻擊。鄧析也主張「天之於人無厚」，

與老子「天地不仁」之意相同。他攻擊當日的政治，教人訴訟，並且創作刑書，後來竟遭殺身之禍。這個衝突是很厲害的。孟子說那個時代是個邪說暴行的時代，也可互證。

衝突既起，調和論也就起來了。有心人眼見舊信仰的動搖，同時又承認那些批評家與破壞派也有相當的理由，於是有調和的思想出來。孔子便是這一派的代表。他似乎承認了自然主義的天道觀，他的後輩竟公然不信天鬼了(據墨家說)。然而他對於那傳統的宗教、禮儀、經典，總有點捨不得的完全拋棄。他總想從知識和教育的方面下手來做救時的功夫。所以老子倡無名、孔子倡正名；老子倡無知、絕聖、棄智，他倡學而不厭、誨人不倦；老子倡天地不仁，他倡敬鬼神而遠之；老子倡無治，他倡爲政以德。這是第一派的調和論。

但是調和的蘇格拉底終不免於受公眾的死刑，調和的孔子也終不免於周遊不遇、畏於匡、厄於陳蔡。孔子的調和論不免太接近新派的思想了，還有過激派的嫌疑。於是有更保守的第二派的調和論出來。這一派的代表是墨子。

墨子是公然替傳統的舊信仰作辯護的。他提倡尊天、明鬼，明明地給那舊宗教作辯護。他反對自然主義的天道論，所以他反對命定論。他的天是一個有意志的上帝，能賞善罰惡。天的意志是要人兼愛非攻。愛人之身如己之身，愛人之國如己之國。這種替舊信仰辯護的論調本是容易動聽的，加之墨子的人格非常可愛，墨教刻苦爲人的精神非常可敬，所以在短時期之中，墨家竟風行中國。

在那已經懷疑的時代，那尊天明鬼的宗教是不容易辯護的。所以墨家不能不發達一種辯證的方法。墨家的名學是衛道的工具。我們試看墨子〈明鬼〉、〈非命〉諸篇便可見了。

墨家在古代不是偏鋒的學派，其實是一個很大的正統學派。所以韓非在前三世紀說儒墨兩派都是當時的「顯學」。這兩派「顯學」都是起於一種調和的動機的。儒家是折衷於新舊之間，而稍傾向於自然主義。墨家是老實不客氣地替傳統的宗教作辯護，而用辯證的方法來作衛道的武器。這是第一個時期的正統哲學的起源。

秦始皇統一中國，大政治家李斯明白主張「別黑白而定一尊」的重要。不但「一法度、衡石、丈尺；車同軌、書同文字」，還要禁絕那些「道古以害今，飾虛言以亂實」的異學。這是第二次整統齊一的大政策。

但第一個帝國不久就崩壞了。第二個帝國起來。周秦以來的各種「地方的」宗教迷信都聚集於長安。長安置祠官女巫，有梁巫、晉巫、秦巫、荊巫、河巫、南山巫等等，各有專門的祠祀。幾十年之間，竟成了一個烏煙瘴氣的迷信世界(看〈封禪書〉及〈郊祀志〉)。民間的地方迷信逐漸整統組合，竟成了國教了。

但周末的自然主義的哲學又起來搗亂了。自然主義吸收了各種學派的精華，組成了一個偉大的折衷學派，名爲道家。道家以自然的天道爲主，對於那迷信的傳統宗教是反對的。當時文帝的皇后竇氏是一個大政治家，她在文帝時眼見方士新垣平等的欺詐破案，所以深惡那些儒冠的方士。她信仰道家的哲學，並且督責景帝及諸竇「不得不讀老子，尊其術」(〈外戚傳〉上)。景帝在位十六年，「祠官各以歲時祠如故，無有所興」(〈封禪書〉)。這是司馬遷的大書特書，是竇太后尊崇道家言的大功效。後來武帝即位，一班方士又來弄鬼。儒生趙綰、王臧等抬出一位八十多歲的老申公來，立明堂、議封禪，要借此推翻竇太皇太后一家的專政。竇太后知道了，打聽得趙綰、王臧奸利的事，請他們下獄，他們都自殺。丞相太尉皆免職。這可見當日儒道的衝突的激烈了(看《史記‧田蚡傳》、《漢書‧田蚡傳》、《史記》、《漢書‧儒林傳》、〈封禪書〉、〈郊祀志〉。此案的材料散見諸傳，須參互看)。竇太后當國二十多年，沒有新興的祠祀。直到她死的明年，武帝便絀黃、老、刑、名百家之言，延文學儒者數百人。又明年，武帝便親到雍去郊見五畤了(〈郊祀志〉、〈儒林傳〉)。從此以後，神君太一紛紛祠祀，李少君、欒大也紛紛得寵，武帝一朝遂成爲歷史上最迷信的時期了。新的儒教就在這時期裡產生。[49]

在明宵的記錄裡，胡適說他〈從歷史上看哲學是什麼？〉這篇演講的重要性之一，在於「要修正我在《中國哲學史》上卷裡所下哲學的定義」。事實上，胡適何只是「修正」了他所下的「哲學」的定義，他完全是根本地改變了他對哲學以及中國哲學史詮釋的主軸。

我們把胡適這篇〈從歷史上看哲學是什麼？〉的手稿，拿來對照他的《中國哲學史大綱》(上卷)。就可以體認到理論驚人的決定力量。在《中國哲學史大綱》裡，胡

---

49 胡適，〈杜威的「正統哲學」觀念與中國哲學史〉，《胡適全集》，8：370-375。

適相信哲學的起源是爲了應付政治、社會的需要，是爲了要求那治國平天下之「道」而產生的。這個論點決定了他對先秦哲學史的詮釋。現在胡適一旦改採杜威在《哲學的改造》裡論點，先秦諸子就丕然變色，各個變成了各依其思想和習性而扮演出批判、調和，或爲現狀辯護的角色。資料沒變，只是理論變了，結論就完全不同了。

最具戲劇性的變色的故事，是胡適原來所推崇的墨家名學。胡適原先研究先秦諸子的目的，在於從中國哲學的傳統裡找出中國本土既有的科學方法的傳統。他在《先秦名學史》的〈導言：邏輯與哲學〉裡說得非常清楚。他說他寫《先秦名學史》的目的，是要從先秦諸子的方法學裡，去找那可以與近代西方哲學契合的沃壤，以便讓近代西方哲學的思辨、研究方法，和工具得以在中國生根。爲什麼胡適要從先秦諸子的方法學裡去尋找那可以與近代西方哲學契合的沃壤呢？這是因爲接受新文化的方式，最好是「有機的吸收，而不是斷然的取代」。這最好的方法，是「去尋找可以用來有機地與近代歐美的思想系統連結起來的傳統思想」。如果能這樣作，「我們就可以在新、舊內在融合的新基礎上去建立我們的新科學與新哲學。」

問題是，儒家思想沒有這個能與近代西方思想作互相輝映的資格。胡適認爲「儒家早已雖生猶死了……儒家早已僵死了。我深信中國哲學的未來在於掙脫儒家道德、唯理主義的枷鎖。」幸好中國還有其他先秦的諸子可用：

> 我相信非儒家諸子學說的再興是絕對必要的，因爲只有在這些學派裡，我們才能找得到適合的土壤來移植西方哲學與科學的精華，特別是方法學。他們所強調的是經驗，而不是教條、不是唯理主義；他們所面面顧到的圓熟的方法學；他們用歷史與演化的眼光來檢視眞理與道德的作法，所有這些我認爲是近代西方哲學最重要的貢獻，都可以在西元前第五到第三世紀那些偉大的非儒家諸子當中找到遙遠但圓熟的先聲。因此，我認爲新中國有責任借助近代西方哲學，來研究那些久被遺忘了的傳統學說。等那一天到來，等我們能用近代哲學的方法來重新詮釋古代的中國哲學，等我們能用中國本土的傳統來詮釋近代哲學的時候，中國的哲學家、哲學工作者，才可能眞正地優游於那些用來從事思辨與研究的新方法與新工具。[50]

50　Hu Shih, "The Development of the Logic Method in Ancient China,"《胡適全集》，35：314。

胡適在《中國哲學史大綱》上卷第八篇分析「別墨」的時候，更大大地稱讚了墨家名學的兩大長處和在中國哲學史上的四大貢獻。他說：「依我看來，墨家的名學在世界的名學史上，應該占一個重要的位置。」墨家名學的第一個長處是：

> 墨家名學雖然不重法式〔(formal)，即形式〕，卻能把推論的一切根本觀念，如「故」的觀念、「法」的觀念、「類」的觀念、「辯」的方法，都說得很明白透切。有學理的基本，卻沒有法式的累贅。

墨家名學的第二個長處：

> 印度希臘的名學多偏重演繹，墨家的名學卻能把演繹歸納一樣看重。〈小取篇〉說「推」一段及論歸納的四種謬誤一段，近世名學書也不過如此說法。墨家因深知歸納法的用處，故有「同異之辯」，故能成一科學的學派。

至於墨家名學在中國哲學史上的四大貢獻。第一貢獻：

> 儒家的正名論，老子、楊朱的無名論，都是極端派。「別墨」於兩種極端派之間，別尋出一種執中的名學。他們不問名是否有實，實是否有名。他們單提出名與實在名學上的作用。故說：「所謂，實也；所以謂，名也。」實只是「主詞」(subject)，名只是「表詞」(predicable)，都只有名學上的作用，不成為「本體學」〔ontology，現通譯為「本體論」〕……的問題了。

第二貢獻：

> 墨家的名學方法，不但可為論辯之用，實有科學的精神，可算得「科學的方法」。試看〈墨辯〉所記各種科學的議論，可以想見這種科學的方法應用。

第三貢獻：

> 墨家論知識，注重經驗，注重推論。看〈墨辯〉中論光學和力學的諸條，

可見墨家學者真能作許多實地試驗。這是真正科學的精神。

第四貢獻：

墨家名學論「法」的觀念，上承儒家「象」的觀念，下開法家「法」的觀念。[51]

不管胡適在此處如何穿鑿附會、如何不符合杜威對傳統形式邏輯的批判，他的主旨在於把墨家的「科學方法」作為沃壤，來與西方近代科學作接枝之用。我們記得胡適在1921年7月23日在商務印書館的國語講習所演講〈中國哲學的線索〉。他說要追索哲學思想，可分外在與內在的線索。外在的變化是因應政治社會的變遷而提出解決的方法，所以變數大，不容易追索。內在的變化則不然，內在的線索不外乎是哲學的方法，即邏輯，「內的線索變來變去，終是逃不出一定的路徑的。」換句話說，方法是哲學的內在邏輯，有它自己發展的「路徑」，是獨立於政治社會的變化的。

現在，在胡適1925年5月17日對北大哲學研究會所作的〈從歷史上看哲學是什麼？〉的演講裡，胡適把他前此對哲學、對中國哲學史的詮釋從根本上推翻了。現在，胡適套用杜威的「正統哲學的起源」來分析中國哲學。原來他在《先秦名學史》以及《中國哲學史大綱》上卷裡所說《詩經》所反映的，是對上古政治社會的批判；《易經》是孔子的名學。現在，《詩經》、《易經》都變色了。《詩》作為詩歌、《易》作為卜筮、《禮》作為習俗禮儀、《書》作為歷史的傳說，都是太古傳下來的遺產、經典，「在二千五百年前早已經過了一番整統組織的工夫，早已成了中國民族的共同的生活標準了。」換句話說，它們都是哲學的「材料」。都要經過先秦諸子的「衝突」與「調和」的階段以後，才成為「哲學」。

更徹底被推翻的，是那胡適在《先秦名學史》以及《中國哲學史大綱》上卷裡所刻意經營的名學。原先，那先秦的名學是中國上古哲學的內在理路，是獨立於外在的政治社會環境的。現在，這些名學的方法，卻淪為「調和新舊思想，替舊思想、舊信仰辯護。帶一點不老實的樣子」；是「產生辯證的方法，造成論理的系統，其目的在護法衛道」。

連那原先在《先秦名學史》以及《中國哲學史大綱》上卷裡，被胡適捧為中國上

51　胡適，〈中國古代哲學史〉，《胡適全集》，5：382-384。

古「科學方法」、「科學精神」的典範的墨家現在全都中箭下馬：「在那已經懷疑的時代，那尊天明鬼的宗教是不容易辯護的。所以墨家不能不發達一種辯證的方法。墨家的名學是衛道的工具。我們試看墨子〈明鬼〉、〈非命〉諸篇便可見了。」

我們追尋胡適研究哲學史的軌跡，從他《先秦名學史》、《中國哲學史大綱》上卷，到他1925年所作的〈從歷史上看哲學是什麼？〉演講。胡適說這是「修正」，而且只是他對哲學的定義的修正。如果「修正」可以包涵「推翻」的意思的話，則胡適的所謂「修正」之說，當然是可以成立的。然而，更有值得令人玩味的是，這也意味著說，胡適在思想上有他擺盪，而且一面倒的特性。他寫《先秦名學史》以及《中國哲學史大綱》上卷的時候，一味地要證明中國上古的名學，一味地要證明先秦諸子的實驗主義和樂利主義。等到他作〈從歷史上看哲學是什麼？〉的演講以及寫那篇講稿的時候，他卻又全盤地推翻了他先前的論點，一味地套用杜威〈正統哲學的起源〉裡的論點來詮釋中國的哲學。

諷刺的是，即使在套用了杜威的〈正統哲學的起源〉來詮釋哲學的發展以後，胡適似乎還是沒有完全領略到杜威的旨意。根據明宵的記錄，胡適在〈從歷史上看哲學是什麼？〉的演講的結論裡說：

> 我所以講這個題目，是要使大家知道，無論以中國歷史或西洋歷史上看，哲學是新舊思想衝突的結果。而我們研究哲學，是要教哲學當成應付衝突的機關。現在梁漱溟、梁任公、張君勱諸人所提倡的哲學，完全遷就歷史的事實，是中古時代八百年所遺留的傳統思想，宗教態度，以為這便是東方文明。殊不知西洋中古時代也有與中國同樣的情形，注重內心生活，並非中國特有的，所以我們要認清楚哲學是什麼？研究哲學的職務在哪裡？才能尋出一條大道。這是我們研究哲學的人應有的覺悟。[52]

胡適說：「我們研究哲學，是要教哲學當成應付衝突的機關。」這句話也是杜威在〈正統哲學的起源〉裡所說的。用胡適自己的譯文來說：「如果我們承認：哲學起於社會上種種不同的目標的衝突，起於傳統的制度和不相容的新趨勢的衝突。那麼，我們應該可以明白，將來的哲學的任務是要能使人明瞭它那個時代的社會衝突和精神

---

[52] 胡適，〈從歷史上看哲學是什麼？〉，《胡適全集》，7：500-504。

上的衝突。哲學的目的是要盡力做成一個應付這些衝突的機關。」[53]

如果胡適真正能夠領會杜威在〈正統哲學的起源〉裡所苦口婆心闡釋的旨意，他就不會說：「現在梁漱溟、梁任公、張君勱諸人所提倡的哲學，完全遷就歷史的事實，是中古時代八百年所遺留的傳統思想，宗教態度，以為這便是東方文明。」他應該記得根據杜威的說法，而且根據他自己在〈從歷史上看哲學是什麼？〉裡的摘述，哲學是衝突與調和的產物。如果「梁漱溟、梁任公、張君勱諸人所提倡的哲學，完全遷就歷史的事實，是中古時代八百年所遺留的傳統思想，宗教態度。」那不外乎是調和、衛道的一派。相對的，胡適自己也不外乎是批判、過激的一派。

胡適沒把自己跟梁漱溟、梁任公、張君勱諸人一起放在同一個時代的精神與價值的衝突裡。這也許因為胡適是「不識廬山真面目，只緣身在此山中」。更有可能的是因為胡適把自己自外於這個衝突，彷彿他自己是從一個超然的哲學的制高點來觀察梁漱溟、梁任公、張君勱那一班人。

胡適套用杜威〈正統哲學的起源〉的觀點來詮釋中國哲學史。我們不知道他這樣的作法堅持了多久。然而，我們可以確定的是，他1958年在台北寫〈台北版自記〉的時候又回到了他寫《先秦名學史》以及《中國哲學史大綱》(上卷)的原點。他說：

我現在讓臺灣商務印書館把我這本四十年前的舊書重印出來。這是因為這本書雖然有不少缺點，究竟還有他自身的特別立場、特別方法，也許還可以補充這四十年中出來的幾部中國哲學史的看法。

我這本書的特別立場是要抓住每一位哲人或每一個學派的「名學方法」(邏輯方法，即是知識思考的方法)，認為這是哲學史的中心問題。我在第八篇裡曾說：

古代本沒有什麼「名家」。無論哪一家的哲學，都有一種為學的方法。這個方法，便是這一家的名學。所以老子要無名、孔子要正名，墨子說言有三表……這都是各家的「名學」。所以沒有什麼「名家」。

這個看法，我認為根本不錯。試看近世思想史上，程、朱、陸、王的爭論，豈不是一個名學方法的爭論？朱晦庵把「格物」解作「即物而窮其理」，王陽明把「格物」解作「致吾心之良知於事事物物」。這豈不是兩種根本不同的名學方法的爭論嗎？南宋的朱陸之爭，當時已認作「尊德性」與

53　杜威著，胡適譯，〈正統哲學的起源〉，《胡適全集》，42：674。

「道問學」兩條路子的不同——那也是一個方法上的爭執。兩宋以來，「格物」兩個字就有幾十種不同的解釋，其實多數也還是方法上的不同。

　　所以我這本哲學史在這個基本立場上，在當時頗有開山的作用。可惜後來寫中國哲學史的人，很少人能夠充分了解這個看法。[54]

　　胡適說：「我在1915年的暑假中，發憤盡讀杜威先生的著作……從此以後，實驗主義成了我的生活和思想的一個嚮導，成了我自己的哲學基礎……我寫《先秦名學史》、《中國哲學史》，都是受那一派思想的指導。」這段話真是誤盡了研究胡適的蒼生。他的《先秦名學史》、《中國哲學史》從來就不是受杜威一派思想的指導。從寫作、出版的時候就不是如此。即使他1925年在演講和寫作〈從歷史上看哲學是什麼？〉的時候，曾經一度彷彿「迷途知返」，拾起師門的法式，依樣畫葫蘆地打了一套拳。結果，那證明他只是一時興起，花拳繡腿，擺個架式而已。

　　在許多重要的觀點上，胡適一生所走的軌跡是一個圓圈，最後還是回到原點。他留美寫《先秦名學史》、回國初年寫《中國哲學史大綱》上卷的時候，說「名學」是思想的方法，各家有各家的方法，是哲學史的中心課題。他1925年寫〈從歷史上看哲學是什麼？〉的時候，根據杜威〈正統哲學的起源〉裡的觀點，一度把「名學」視為「護法衛道」用的「辯證工具」。先秦的孔、墨如此，理學的程、朱亦復如是。到了他晚年寫《中國哲學史大綱》〈台北版自記〉的時候，他又回到了原點，說「名學」是哲學史的中心問題，說近世思想史上，程、朱、陸、王的爭論，都是名學方法的爭論。

「古代哲學的中絕」與中國的「文藝復興」

> 　　我在十二年前(1918)曾相信中國古代哲學到了秦以後忽然中道消滅了，所以我那時曾費了多大力氣去研究「古代哲學消滅的真原因」。（看《古代哲學史》的末章）我後來漸漸明白了。古代的思想並沒有中道消滅的事，只是被混合了、攪和了；色彩稍稍改變了、招牌換了。其實都一一存在，都在那些大規模的混合物裡。[55]

54　胡適，〈《中國古代哲學史》台北版自記〉，《胡適全集》，5：535-536。
55　胡適，〈第七章儒教〉（殘稿），「胡適檔案」，92-005。

　　這段話是胡適1930年3月中旬在〈第七章儒教〉殘稿裡所寫的，現藏於「胡適檔案」。年輕的胡適「相信中國古代哲學到了秦以後忽然中道消滅了。」這句話他在《先秦名學史》以及《中國哲學史大綱》裡都說了。作為一本博士論文，《先秦名學史》奇特的地方是沒有〈結論〉，而只有〈尾聲〉(Epilogue)。它的第四篇第五章〈法律的邏輯〉的結尾，等於就是結論。在這一章的結尾胡適說：

　　　　我們可以在韓非的實驗主義——它祖述墨子的實驗主義和荀子的人文主義——裡找到中國哲學最燦爛的時代崩潰的原因。這個原因，我已經說過很多次了，就是他們都把「功用」定義得太過狹隘了。韓非、荀子，甚至墨子，對那些無法立竿見影的功用，都太不能見容了。這種精神最充分地表現在韓非身上。

　　胡適接著徵引了韓非在〈五蠹〉裡一長段反對好高騖遠，追求「微妙之言」、「上知之論」，而不及於「治世」之急務的論述。胡適說韓非會有這樣狹隘的功用論是可以理解的。在戰國末期，韓是一個弱國，年年敗在秦兵的攻擊之下。胡適說：

　　　　這是一個真正愛國的政治家想要拯救他的國家，不讓它受辱與滅亡的言論。不幸的是，他的國家沒能聽從他要追求務實(consistency)與效力的呼籲。彷彿歷史的命運在作弄一樣，他的呼籲卻被他的敵國，那後來成為大秦帝國的始皇帝所採用。韓非為一個傾頹的國家所作的獻策，後來被秦始皇與他鐵腕的丞相李斯——荀子的弟子、韓非的同窗——雷厲風行地採行。沉迷在史無前例的霸業裡，同時又不能接受那個思想蓬勃的時代所特有的批判的精神，李斯和始皇帝貫徹了韓非所說的：「今所治之政，民間之事，夫婦所明知者不用，而慕上知之論，則其於治，反矣。」因此：「微妙之言，非民務也。」其結果就是西元前213年的焚書坑儒。[56]

　　這真是一個千古奇論。胡適會用實用主義的論敵對實用主義的誤解來把墨子、荀子、韓非都定義為實用主義者已經是非常驚人的了。但更匪夷所思的，是他把中國古

56　Hu Shih, "The Development of the Logic Method in Ancient China,"《胡適全集》，35：601-606。

代哲學中絕的原因，歸罪於他們狹義的實用主義。我們可以想像杜威看胡適這本博士論文時瞠目結舌的反應。我在前文已經徵引了杜威的文章，來說明了杜威對所有對實用主義的誤解裡，最不能忍受的就是用「結果」或「效果」來界定實用主義的「實用」。而這就正是胡適用來界定先秦哲學、以至於先秦諸子各個都看起來像是實用主義者的樣子。胡適對實用主義這個名詞的誤用與濫用，對杜威來說，已經是離經叛道了。然而，胡適還要更上一層樓，在他所謂的受了杜威實驗主義一派思想指導之下所寫的博士論文裡，說狹義的實用主義是造成中國古代哲學「中道消滅」的原因，這對杜威來說，真可謂：「此可忍，孰不可忍了。」

　　胡適在1917年寫完《先秦名學史》回國。他1918年9月，《中國哲學史大綱》上卷竣稿。在一年之間，胡適從中國古代哲學之中絕是實用主義造成的一元論，轉變成為多元論。在《先秦名學史》的〈尾聲〉裡，胡適徵引了司馬遷《史記‧秦始皇本紀》所記載的西元前213年，李斯以「五帝不相復，三代不相襲」的論點舌戰群儒，謂「今天下已定，法令出一；百姓當家則力農，士則學習法令辟禁」，終於贏得秦始皇下令焚書的故事。在《中國哲學史大綱》上卷裡，胡適同樣地提出了秦始皇的焚書坑儒的故事。然而，他強調把傳統學術，或傳統哲學的中絕，歸罪於焚書坑儒是只見其表的淺見：

　　　　本章所述，乃係中國古代哲學忽然中道消滅的歷史。平常的人都把古學中絕的罪歸到秦始皇焚書坑儒兩件事。其實這兩件事雖有幾分關係，但都不是古代哲學消滅的真原因。

古代哲學消滅的真正的原因，他現在說有四個：

　　　　現今且問：中國古代哲學的中道斷絕究竟是為了什麼緣故呢？依我的愚見看來，約有四種真原因：一、是懷疑主義的名學；二、是狹義的功用主義；三、是專制的一尊主義；四、是方士派的迷信。

先說懷疑主義的名學。

　　胡適說：「中國古代的哲學莫盛於『別墨』時代。」他說我們可以從〈墨辯〉看出當時科學方法的造詣。他甚至認為：「這一支學派，若繼續研究下去，有人繼長增高，應該可以發生很高深的科學和一種『科學的哲學』。」然而，這一支學派發展不

久，就受到了一次根本的打擊，亦即莊子的反動。莊子以爲天下本沒有一定的是非，「彼出於是，是亦因彼。」「是亦彼也，彼亦是也。」因此他便走入極端的懷疑主義，以爲人生有限而知識無窮，用有限的人生去求無窮的眞理，乃是最愚的事。有了這種態度，當然就不會信仰知識。再加上老子傳下來的「使民無知無欲」的學說，自然更容易養成一種對於知識學問的消極態度。胡適說，從莊子以後，中國的名學簡直毫無進步。名學是哲學的方法。方法不進步，哲學科學自然就不會進步。所以胡適說中國古代哲學中絕的第一個眞原因，就是莊子的〈齊物論〉。

其次是狹義的功用主學。我們注意到胡適所用的名詞已經是一變再變了。從一開始的實用主義一變爲應用主義，現在再一變而爲功用主義。胡適說墨子的應用主義原來是要用能改良人生的行爲來作爲理論的取捨。後來科學漸漸發達，學理的研究越來越高深，於是有堅白同異的研究，有時間空間的研究。這些問題，在平常人眼裡，覺得是最沒用實用的詭辯。所以後來發生的功用主義，一方面是要挽救懷疑哲學的消極態度，一方面竟是攻擊當時的科學家與哲學家。胡適說墨家的應用主義，到了荀子的時候，已經變成了狹義的功用主義。到了韓非又更加褊狹了，把「功用」兩字，解作富國強兵立刻見效的功用。胡適的結論是：

> 科學與哲學雖然都是應用的，但科學家與哲學家卻需要能夠超出眼前的速效小利，方才能夠從根本上著力，打下高深學問的基礎，預備將來更大更廣的應用。若哲學界有了一種短見的功用主義，學術思想自然不會有進步，正用不著焚書坑儒的摧殘手段了。所以我說古代哲學中絕的第二個眞原因，便是荀子、韓非一派的狹義的功用主義。

第三是專制的一尊主義。專制的一尊主義是科學的封門政策，是哲學的自殺政策。胡適說哲學的發達全靠「異端」群起，百川競流。一到了「別黑白而定一尊」的時候，一家專制，罷黜百家；名爲「尊」這一家就少了四圍的敵手與批評家，就如同刀子少了磨刀石，不久就要鏽了，不久就要鈍了。古代哲學中絕的第三個眞正的原因是荀子、韓非、李斯一系的專制的一尊主義。

最後，就是方士派迷信的盛行。胡適說中國古代哲學的一大特色是幾乎完全沒有神話的迷信。然而，中國古代自有它通行的宗教。例如：一個有意志能賞善罰惡的天帝；祭天地日月山川之類的迷信；以及鬼神的迷信。到了戰國時代，又興起了煉仙藥求長生的迷信。胡適說可怪的是，戰國時代哲學科學正盛，爲什麼竟會有仙人的迷信

以及求長生仙藥的迷信呢？胡適認爲原因有三。一、中國本部成熟的文化吸收了四境新民族的神話；二、航海的發達，引進了海上三神山等神話；三、兵禍連年、民不聊生所引發的厭世與出世的思想。胡適的結論說：

> 古代的哲學，消極一方面，受了懷疑主義的打擊，受了狹義功用主義的摧殘，又受了一尊主義的壓制；積極一方面，又受了這十幾年最時髦的方士宗教的同化，古代哲學從此遂眞死了！所以我說，哲學滅亡的第四個眞原因，不在焚書，不在坑儒，乃是方士的迷信。[57]

不管是該歸罪於《先秦名學史》裡所說的狹義的「實用主義」，還是該歸罪於《中國哲學史大綱》上卷所臚列的四大原因，年輕的胡適認爲中國古代的哲學在秦始皇統一中國以後倏然「中道消滅了」。

胡適的先秦哲學滅亡論是建立在一個迷信淹沒了理性的假定之上。「胡適檔案」裡有一篇〈新儒教之成立〉的手稿。這篇手稿的重要性，在於它修正了胡適在《中國哲學史大綱》上卷裡有關中國古代思想世界的描述。在《中國哲學史大綱》上卷裡，胡適把中國古代描繪成一個理性主義的世界，所以他才會覺得不可思議地說：「最可怪的是，戰國時代哲學科學正盛之時，何以竟有仙人的迷信同求長生仙藥的迷信？」他把它怪罪於：一、中國本部成熟的文化吸收了四境新民族的神話；二、航海的發達，引進了海上三神山等神話；三、兵禍連年、民不聊生所引發的厭世與出世的思想。在〈新儒教之成立〉這篇手稿裡，胡適作了修正。他把中國古代的思想世界描繪成兩個互別苗頭的世界，亦即大、小兩個傳統互相搏鬥、互爲消長的世界。那大傳統的世界是由理性主義的哲學家爲代表；那小傳統的世界則是被迷信所瀰漫的民間社會。

〈新儒教之成立〉這篇手稿，《胡適遺稿及秘藏書信》以及《胡適全集》的編輯都沒判定寫作日期。根據胡適的日記，這是他在1922年5月7、8日開始寫的[58]。這是胡適當時在教授「中國哲學史」的中古篇時候所寫的，只是寫了不到一半。我在第五章敘述胡適教學相長的時候已經詳細徵引了他的日記，此處不再贅述。

總之，根據胡適在這篇手稿裡的分析，中國古代的宗教「是把『天』看作一個有

57　胡適，〈中國古代哲學史〉，《胡適全集》，5：520-532。
58　《胡適日記全集》，3：560-562。

意志知識、能作威造福的主宰。」他說《詩經》、《春秋左氏傳》裡記載了許多宗教迷信，可以用來互證。這種宗教的迷信，到了先秦諸子的手裡就受到了批判：

> 這種古代的宗教觀念，到了西曆紀元前第六世紀的哲人手裡，便不能免很嚴厲的批評了。老子便是一個重要的代表……自從老子的自然主義出世以後，思想界起一個很大變化。自然主義的嫡派，如莊子、「列子」、《淮南子》、王充……不消說了。孔子的一派也難逃自然主義的影響……
>
> 古代哲學極盛的時代，紀元前600至230——從老子到韓非，可以算是古代宗教觀念衰落的時代。那有意識感情的上帝，差不多完全被這四百年的思想家趕出思想界之外去了。但是這四百年之中，卻有一個重要的例外，就是墨家的宗教。墨子的哲學是常識的哲學，他的宗教也是當時民間的宗教。墨家的長處和短處都在這裡。墨教信鬼，又信一個有意志的天。

先秦諸子的自然主義雖然幾乎把中國古代的宗教迷信從思想界驅趕出去，這些胡適稱之為「民族的迷信」的信仰是瀰漫於民間。胡適說我們常常都誤把先秦諸子的思想作為戰國時代文化的體現，那是大錯特錯的：

> 我們對於戰國時代的文化，往往有一種謬誤的見解，往往容易把他看得太高了。我們現在所有關於這幾百年的史料，大都是哲學文學的作品，大都是當時的「智識階級」傳下來的史料。至於當時的民間的生活，當時各種民族的信仰、風俗、習慣、生活，我們幾乎完全不知道。因此，我們往往容易推想戰國時代的文化是很高的，那時代的民族是很有思想的，是很少幼稚的迷信的。這個見解是大錯的(西洋人對於希臘，也有同樣的錯覺)。要曉得老子、莊子、荀子等人只能代表當日社會的極小部分。他們不能代表當日的社會，正如章炳麟、蔡元培、陳獨秀不能代表今日的「同善社」、「悟善社」、喇嘛教徒、佛教徒、道士教徒。到了秦漢統一中國之後，各方的種族都打成了一片，各民族的幼稚迷信都聚在一個國家裡，有了比較，就容易惹起學者的注意。《史記》的〈封禪書〉、《漢書》的〈郊祀志〉，這兩卷書供給我們許多極有趣的社會學的史料，使我們知道戰國晚年到西漢初年的種種「民族的迷信」。

所以，胡適給想要研究先秦哲學爲什麼會「中道消滅」的人的忠告是：

> 第一、要丟開老子、孔子、莊子、荀子等等哲學家的高尚思想；第二、要丟開儒教、墨教的比較地經過一番「理性化」的宗教；第三、要知道秦漢的統一帝國把東南西北各民族的幼稚迷信都混合起來，給與國家的承認與保障，各成爲「國教」的一部分；第四、要知道漢朝的天子、外戚、功臣都來自民間——酒徒的天子、狗屠的功臣，還有許多賣唱賣藝的婦女做皇后皇太后的；他們的幼稚迷信也有影響「國教」的勢力。漢朝的新儒教的產生決不能逃避這種幼稚的環境的渲染。[59]

然而，即使如此，在1922年5月，胡適寫〈新儒教之成立〉手稿的時候，他還是相信中國古代哲學是中道被消滅的。到了1923年3月28日胡適寫評梁漱溟的《東西文化及其哲學》的時候，他的古代哲學消滅論仍然主宰著他的觀點。他說：「思想的方法不是一朝一夕可以完備的。往往積了千萬年的經驗，到了一個成人時期，又被外來的阻力摧折毀壞了，重複陷入幼稚的時期。」胡適說：印度如此，

> 中國方面也是如此。自上古以至東周，銖積寸累的結果，使戰國時代呈現一個燦爛的哲學科學的時期。這個時代的學派之中，如墨家的成績，梁先生也不能不認爲是「西洋適例」（頁174）。然而久長的戰禍，第一個統一帝國的摧殘，第二個統一帝國的兵禍與專制，遂又使這個成熟的時期的思想方法逐漸退化，陷入讖緯符命的黑暗時代。[60]

甚至到了1925年5月17日，胡適在北大的哲學研究會演講〈從歷史上看哲學是什麼？〉，也就是他套用杜威在《哲學的改造》裡的西方正統哲學的起源的觀念來詮釋中國哲學的時候，胡適還是相信中國的「民族的迷信」淹沒了先秦的哲學思想。一如我在上文所徵引的，他說在西漢帝國起來以後，「周秦以來的各種『地方的』宗教迷信都聚集於長安……幾十年之間，竟成了一個烏煙瘴氣的迷信世界（看〈封禪書〉及〈郊祀志〉）。民間的地方迷信逐漸整統組合，竟成了國教了。」又，竇太后死後，

59　胡適，〈新儒教之成立〉，《胡適全集》，8：308-324。
60　胡適，〈讀梁漱溟先生的《東西文化及其哲學》〉，《胡適全集》，2：252。

武帝及位，「絀黃、老、刑、名百家之言，延文學儒者數百人。又明年，武帝便親到雍去郊見五時了(〈郊祀志〉、〈儒林傳〉)。從此以後，神君太一紛紛祠祀，李少君、欒大也紛紛得寵，武帝一朝遂成爲歷史上最迷信的時期了。新的儒教就在這時期裡產生。」

胡適究竟是什麼時候才領悟出中國古代哲學從來就不曾「中道消滅」呢？用胡適自己1930年3月在〈第七章儒教〉的殘稿裡的話來說：「我後來漸漸明白了。古代的思想並沒有中道消滅的事，只是被混合了、攪和了；色彩稍稍改變了、招牌換了。其實都一一存在，都在那些大規模的混合物裡。」由於胡適語焉不詳，我們無法明確地推斷一個時間。我們只能說到1930年初他開始寫《中國中古思想史》的時候，他已經放棄了他從前的中國古代哲學「中道消滅」論，而改採「被混合了、攪和了」的看法。

胡適說他是「漸漸明白……古代的思想並沒有中道消滅的事，只是被混合了、攪和了。」這句話其實是別有意味的。我推測胡適「漸漸明白」的原始點是在1922年，而那爲胡適埋下種子讓他「漸漸明白」的人就是梁啓超。1922年3月4日、5日連續兩天，北大的哲學社請梁啓超演講〈評胡適的《哲學史大綱》〉，地點在三院——即預科——的大禮堂。這是打擂臺打到自家門上來了。胡適非常不高興，他在3月5日的日記裡抱怨說：

> 這是他不通人情世故的表示，本可以不去睬他。但同事張競生〔注：即「性學大師」〕教授今天勸我去到會——因爲他連講兩天——我仔細一想，就到會了，索性自己去介紹他。他講了兩點多鐘。講完了我又說了幾句話閉會。這也是平常的事。但在大眾的心裡，竟是一齣合串好戲了。

胡適在當天閉會的演說，有一段話是與本節的討論息息相關的。根據胡適在日記裡記載：

> 我閉會的演説，先謝他的批評，次說中國哲學史正在草創時期，觀點不嫌多。次用西洋哲學史上Plato〔柏拉圖〕爲例，説述學之不容易。次舉他的幾點貢獻：如古代哲學衰亡的原因(除我的四個之外)；一爲秦漢之際思想由

奔湍變爲大湖泊；一爲平原民族性愛中庸而厭極端。[61]

　　胡適說梁啓超當天給他的批評的兩大貢獻之一：「秦漢之際思想由奔湍變爲大湖泊。」這豈不就是他後來那個「被混合了、攪和了」的看法的靈感來源嗎？梁啓超這段批評或建議是這樣說的：

　　　凡當民族混化、社會劇變時代，思想界當然像萬流競湧、怒湍賓士。到這種局勢完全經過了，社會狀況由川湍變成大湖泊。當然是水波不興，一拭如鏡。戰國和秦漢的嬗變，正是如此。思想界發揚蹈厲了幾百年，有點疲倦了，自然移到休息時代。[62]

　　胡適沒有在當下頓悟，這是完全可以理解的。連梁啓超自己都沒領悟到他「川湍變成大湖泊」的譬喻所含蘊的意義。梁啓超在演講裡是贊同胡適古代哲學中絕的看法的。他是在胡適的古代哲學中絕的四大原因以外，又添加了兩個。當時的胡適只一味地往古代哲學中絕的死胡同裡鑽。雖然他覺得梁啓超說「秦漢之際思想由奔湍變爲大湖泊」的說法是一個貢獻，他其實是不解其義的。一直要到他從古代哲學中絕的死胡同裡鑽出來以後，他才可能領悟出「川湍變成大湖泊」的譬喻豈不就意指「混合、攪和」嗎！

　　從胡適的「古代哲學中絕」論出發，「文藝復興」幾乎彷彿就是一個呼之欲出的觀念一樣了。正由於「古代哲學中絕」，所以會要有「古學的復興」，就像歐洲歷史上從14到17世紀的「文藝復興」（Renaissance）一樣。事實上，這就是20世紀初年，一些中國知識分子用義大利的「文藝復興」的觀念來理解「古學復興」的意義。比如說，章太炎在1906年說：「追論姬漢之舊章，尋繹東夏之成事，乃適見犬羊殊族，非我親暱。彼義大利之中興，以文學復古爲之前導；漢學亦然，其於種族，固有益無損。」不但如此，「文藝復興」以及「古學復興」而且變成了國家民族復興的前提。黃節在1905年的〈國粹學報敘〉中說：「昔者歐洲十字軍東征，弛貴族之權，削封建之制，載吾東方之文物以歸；於時義大利文學復興，達泰氏〔注：但丁〕以國文著述，而歐洲教育遂進文明。昔者日本維新，歸藩覆幕，舉國風靡，於時歐化主義浩浩

61　《胡適日記全集》，3：450-451。
62　梁啓超，〈評胡適之《中國哲學史大綱》〉，《飲冰室文集》（上海：中華書局，1936），13：67。

滔天，三宅雄次郎、志賀重昂等，撰雜誌，倡國粹保全，而日本主義卒以成立。嗚呼！學界之關係於國界也如是哉！」

從「古學復興」到把「古學復興」與中國的「復興」連結在一起，這只不過是邏輯的下一步而已。所以，鄧實會在1905年說：「土耳其毀滅羅馬圖籍，猶之嬴秦氏之焚書也；舊宗教之束縛、貴族封建之壓制，猶之漢武之罷黜百家也。嗚呼，西學入華，宿儒瞠目，而考其實際，多與諸子相符。於是而周秦學派遂興，吹秦灰之已死，揚祖國之耿光……15世紀爲歐洲古學復興之世，而20世紀則爲亞洲古學復興之世。」[63]

然而，這些20世紀初年中國人對「文藝復興」、「古學復興」，以及「中國復興」的推論都不是胡適措意的所在。對胡適來說，中國古代哲學的中絕，並不意味著古學必須復興。中國古代哲學的中絕，用他在《先秦名學史》裡的說法，是因爲狹義的實用主義造成的；用他在《中國哲學史大綱》上卷的說法，是因爲懷疑主義的名學、狹義的功用主義、專制的一尊主義，以及方士派的迷信造成的。在討論古代哲學本質的時候，這四大原因裡的最後的兩個，亦即，專制的一尊主義以及方士派的迷信應該除去，因爲它們不是古代哲學的成分。我們綜合《先秦名學史》與《中國哲學史大綱》上卷的說法，則中國古代哲學中絕的內部原因，是狹義的實用主義以及懷疑主義的名學。如果中國古代哲學中絕，一半的原因是那哲學本身出了問題，則任何想要從「古學復興」來達成「文藝復興」的作法根本就是緣木求魚。

胡適在《先秦名學史》的〈導言：邏輯與哲學〉裡說得很清楚：

> 我認爲新中國有責任借助近代西方哲學，來研究那些久被遺忘了的傳統學說。等那一天到來，等我們能用近代哲學的方法來重新詮釋古代的中國哲學，等我們能用中國本土的傳統來詮釋近代哲學的時候，中國的哲學家、哲學工作者，才可能眞正地優游於那些用來從事思辨與研究的新方法與新工具。

胡適強調他寫《先秦名學史》的目的，並不是要去「復興」這些被遺忘了的先秦非儒家的學說。相反地，他要中國人覺悟：雖然他們的祖先有一些與近代科學符合符節的想法，他們終究未能發展出近代的科學，而是讓西方人著了先鞭。他說他寫《先

63　以上兩段是根據羅志田，〈中國的文藝復興之夢：從清季的「古學復興」到民國的「新潮」〉，《漢學研究》（台北）20卷1期，2002年6月，http://www.aisixiang.com/data/13048.html，2012年4月29日上網。

秦名學史》完全是出於教導啓發(pedagogical)的用意：

> 我有一個非常強烈的想望，要我的同胞了解西方的這些〔科學〕方法並不
> 是全然跟中國人的心靈格格不入的(alien)。相反地，西方的科學方法可以用
> 來收復中國哲學裡許多〔因爲不解而〕失去了的寶藏。更重要的是，我希望
> 透過這個比較的研究，能讓中國研究哲學的人用更近代、更完善的方法來批
> 判〔中國〕這些先驅的理論和方法，並且體認到古代中國人雖然有所發現，
> 但他們並沒有發展出西方近代學者所得出的巨大成就。舉個例來說，古代中
> 國人所提出來的自然與社會的演化論，並沒有走到像達爾文的演化論那樣影
> 響了近代思潮的地步。[64]

胡適第一次提到「文藝復興」是在1917年6月所寫的《留學日記：歸國記》裡。
他當時正坐火車橫貫北美大陸，要到加拿大的溫哥華搭乘郵輪回國：

> 車上讀薛謝兒女士(Edith Sichel)之《再生時代》(*Renaissance*)。「再生時
> 代」者，歐史十五、十六兩世紀之總稱，舊譯「文藝復興時代」。吾謂文藝
> 復興不足以盡之，不如直譯原意也。書中述歐洲各國國語之興起，皆足供吾
> 人之參考。[65]

事實上，就像周剛所指出的，胡適所謂的「歐洲各國的國語」，只是薛謝兒這本
書裡所談的一小部分而已[66]。然而，薛謝兒這一小部分，就是胡適在〈歸國記〉裡所
記的全部。毫無疑問地，這是選擇性的引用。而胡適這個選擇性的引用也正是大家所
熟悉的。然而，周剛以及所有歷來引用胡適在〈歸國記〉這一段話的學者，都忽略了
胡適另外一句關鍵的話。那就是：「吾謂文藝復興不足以盡之，不如直譯原意也。」
這也就是說，胡適認爲「文藝復興」這個譯名不足以道盡「再生時代」的意思。換句
話說，對胡適而言，「文藝復興」不只意指文藝的復興，而更意味著思想的「再
生」。如果我們忽略了這一點，我們對胡適的「中國文藝復興」的概念就不會有一個

64　Hu Shih, "The Development of the Logic Method in Ancient China," 《胡適全集》，35：317-
318。
65　《胡適日記全集》，2：527。
66　Gang Zhou, "The Chinese Renaissance: A Transcultural Reading," *PMLA*, 120.3 (2005), p. 785.

完整、正確的了解。

　　胡適早期對「文藝復興」或「再生時代」並沒有作過詳盡的定義。他第一次為他套用西方「文藝復興」的觀念來詮釋中國史作辯護，是在1923年他用英文所寫的〈中國的文藝復興時代〉（The Chinese Renaissance）：

　　　　詮釋歐洲史上的文藝復興時代的理論很多。有的說歐洲文藝復興最大的成就，是發現這個世界、發現人。有的則說文藝復興最佳的寫照，是一個反抗權威以及具有批判精神的時代。所有這些特徵都可以適用於我們現在所通稱的中國的文藝復興，而且運用來詮釋中國歷史是極為正確的。[67]

　　胡適顯然寧願用「再生時代」來翻譯"Renaissance"。然而，「文藝復興」已經變成了約定俗成、家喻戶曉的譯名，即使名重如山的胡適也無力扭轉乾坤。為什麼胡適會偏愛「再生時代」這個譯名呢？他在1929年左右所寫的〈再生時代〉的手稿裡就說明了一切。〈再生時代〉，《胡適遺稿及秘藏書信》與《胡適全集》的編者把它係為1934年。我根據胡適寫這篇文章用的是「新月稿紙」，判斷它是1929年左右的手稿。胡適在這篇手稿裡為「再生時代」作了如下的定義：

　　　　再生時代（The Renaissance，以下省稱R.）只是一個過渡時代，從中古過渡近世。R.只是中古的最後一期。所以名為「文藝復興」者，只因為古文藝之復興在此時期為最重大的一種活動。希臘、羅馬文藝的重發現，使人精神振作，堅強時人解放的趨向，使人自信其心思才智，使人感覺人心古今相去不遠，使近人的文藝作品有所比較印證，提倡研究的態度、批評的精神，摧破了中古正統思想造成的狹陋的束縛圈套。出世的人生觀變成入世的；情感與理智替代了「信心」〔「信仰」〕的權威；天堂的希望抵不住人世的幸福的追求；人權要代神權而起了。[68]

　　胡適1935年1月12日在廣西梧州中山紀念堂所作的〈中國再生時期〉，解釋得更為詳盡：

67　Hu Shih, "The Chinese Renaissance,"《胡適全集》，35：632。
68　胡適，〈再生時代〉，《胡適全集》，13：171。

什麼叫「再生時期」呢？……人類集團的生活和國家民族的文化之演進，雖也是由少壯而衰老而死亡。但是在衰老時期如果注射了「返老還童」針，使獲得了新的血脈，那麼一朝煥發新的精神，從老態龍鍾轉變而振作有為。於是，國族的各方面都表現了新的活動。這個時期，歷史家稱為「再生時期」。

我們一讀西歐的近代史，就知道西歐在中古時代曾經有過八百年到一千年的黑暗時代(Dark Age)。那時，歐洲一切的文明俱已荒廢，民族達於「衰老」的極度。但是到了黑暗時代的末期，因為獲得了新的刺激，灌輸了新的血液，於是老大頹廢的歐洲民族，到了十四、十五世紀便發生新的運動，返老還童，死裡復活，成為歐西近幾百年一切文明發揚光大的基礎，這便是「文藝復興」(Renaissance)時代。我國向來翻譯為「文藝復興」，實在有些欠當，應該是叫復蘇或再生時期。[69]

了解了胡適對「文藝復興」所作的「再生」的定義，我們就能夠正確地了解胡適一生對「中國文藝復興」的基本詮釋了。胡適在《中國哲學史大綱》上卷〈導言〉裡說：

綜觀清代學術變遷的大勢，可稱為古學昌明的時代。自從有了那些漢學家考據、校勘、訓詁的工夫，那些經書子書，方才勉強可以讀得。這個時代，有點像歐洲的「再生時代」(再生時代西名Renaissance，舊譯文藝復興時代)。歐洲到了「再生時代」，昌明古希臘的文學哲學，故能推翻中古「經院哲學」(舊譯繁瑣哲學，極不通。原文為Scholasticism，今譯原文)的勢力，產出近世的歐洲文化。我們中國到了這個古學昌明的時代，不但有古書可讀，又恰當西洋學術思想輸入的時代，有西洋的新舊學說可供我們的參考研究。我們今日的學術思想，有這兩大源頭：一方面是漢學家傳給我們的古書；一方面是西洋的新舊學說。這兩大潮流匯合以後，中國若不能產生一種中國的新哲學，那就真是辜負了這個好機會了。[70]

69　胡適，〈中國再生時期〉，《胡適全集》，13：179-180。
70　胡適，〈中國古代哲學史〉，《胡適全集》，5：201。

最有意味的，是胡適1922年2月15日的日記：

> 夜赴「文友會」，會員Philippe de Vargas〔王克私〕讀一文論Some Aspects of the Chinese Renaissance〔〈中國的文藝復興〉〕；我也加入討論。在君說Chinese Renaissance一個名詞應如梁任公所說，只限於清代的漢學；不當包括近年的文學革命運動。我反對此說，頗助原著者。[71]

丁文江說「中國的文藝復興」應該像梁啓超所說的，「只限於清代的漢學。」這也就是說，是胡適所說的從「文藝」或「復古」的角度來定義「文藝復興」。梁啓超在《清代學術概論》裡說：

> 「清代思潮」果何物耶？簡單言之：則對於宋明理學之一大反動，而以「復古」爲其職志者也。其動機及其內容，皆與歐洲之「文藝復興」絕相類。而歐洲當「文藝復興期」經過以後所發生之新影響，則我國今日正見端焉。[72]

丁文江、梁啓超與胡適分野的關鍵，在於丁文江和梁啓超把西方的「文藝復興」作爲一個歷史上獨一無二的事件。即使他們把西方的「文藝復興」作爲譬喻，拿來類比清代的漢學，他們也同樣認爲這種文化轉借的類比也只能限於一個獨一無二的事件。胡適則不然。一如我在本傳的分析所指出的，胡適在名詞的借用上，一直就有濫用的傾向。他的作法類似今天的後現代主義者的挪用，完全可以不顧其原先的脈絡，而且可以無限的挪用。

胡適對梁啓超大不以爲然的地方，還有那好爭勝的一面。梁啓超把清代的漢學比擬爲「中國的文藝復興」，是在1902年他寫〈中國學術思想變遷之大勢〉的時候。問題是，第八篇論「清代學術」並沒發表。胡適認爲梁啓超在《清代學術概論》裡把清代的漢學拱爲「中國的文藝復興」完全是「東施效顰」：「任公編集時……獨刪去〈中國學術思想變遷之大勢〉之第八章。近來因爲我們把漢學抬出來，他就也引他那已刪之文來自誇了！」[73]

71　《胡適日記全集》，3：433。
72　梁啓超，《清代學術概論》(台北：啓業書局，1972)，頁6。
73　《胡適日記全集》，3：434。

胡適忿忿然說梁啓超「東施效顰」補回來那幾段捧清代漢學的話如下：

> 此二百餘年間，總可命爲中國之「文藝復興時代」。特其興也，漸而非頓耳。然固儼然若一有機體之發達，至今日而蒝蒝郁郁，有方春之氣焉……
>
> 有清學者，以實事求是爲學鵠，饒有科學的精神，而更輔以分業的組織。
>
> 有清二百餘年之學術，實取前此二千餘年之學術，倒卷而繹演之；如剝春筍，愈剝而愈近裡；如啖甘蔗，愈啖而愈有味。[74]

一如我在上文所徵引的，胡適第一次把西方的「文藝復興」挪用來類比清代的漢學是在《中國哲學史大綱》上卷的〈導言〉裡。他的《中國哲學史大綱》上卷是在1918年9月竣稿的。當時新文化運動還在方興未艾的階段。等到他在1919年11月寫完他的〈新思潮的意義〉的時候，新文化運動在五四運動推波助瀾之下，已經是波濤洶湧了。胡適在〈新思潮的意義〉裡說：

> 新思潮的根本意義只是一種新態度。這種新態度可叫做「評判的態度」……尼采説現今時代是一個「重新估定一切價值」（Transvaluation of all values）的時代。「重新估定一切價值」八個字便是評判的態度的最好解釋……新思潮的精神是一種評判的態度。新思潮的手段是研究問題與輸入學理。新思潮的將來趨勢，依我個人的私見看來，應該是注重研究人生社會的切要問題，應該於研究問題之中做介紹學理的事業。新思潮對於舊文化的態度，在消極一方面是反對盲從，是反對調和；在積極一方面，是用科學的方法來做整理的工夫。新思潮的唯一目的是什麼呢？是再造文明。[75]

「新思潮的唯一目的」既然是「再造文明」，「再生時期」的意義既然像是對那衰老的文化注射一「返老還童」針一樣，則胡適會把新文化運動作爲中國「文藝復興」的一期也就不足爲奇了。奇特的是，胡適不挪用則已，他一開始挪用，就發現中國歷史處處布滿了打了「返老還童」針的痕跡。換句話說，「文藝復興」發源地的西方，只發生過一次「文藝復興」，而轉借這個觀念來形容的中國則有多次的「文藝復

74　梁啓超，《清代學術概論：自序》，頁2。
75　胡適，〈新思潮的意義〉，《胡適全集》，1：691-700。

興」。更令人嘆為觀止的是，在胡適的一輩子，中國的「文藝復興」究竟發生了幾次？是在什麼時候？其性質如何？居然有好幾個不同的版本。從1918年9月竣稿的《中國哲學史大綱》上卷的一期說開始，胡適一跳，就跳到了四期說。他在1923年4月3日的日記裡說：

> 用英文作一文，述〈中國的文藝復興時代〉(The Chinese Renaissance)。此題甚不易作，因斷代不易也。友人和蘭〔注：荷蘭〕國Ph. de Vargas〔王克私〕先生曾作長文"Some Elements in the Chinese Renaissance"〔〈中國的文藝復興〉〕，載去年四月～六月之*The New China Review*〔《新中國評論》〕。此文雖得我的幫助，實不甚佳。
>
> 我以為中國「文藝復興時期」當自宋起。宋人大膽的疑古，小心的考證，實在是一種新的精神。程頤提倡格物致知，張載提倡善疑，皆前古所不敢道。這種精神，至朱熹而大成。不幸後來朱學一尊，向之從疑古以求得光明的學者，後來皆被推崇到一個無人敢疑的高位！一線生機，幾乎因此斷絕。薛瑄說：「自考亭以還，斯道已大明，無煩著作，直須躬行耳。」故朱熹本可以作中國的培根、笛卡兒，而不幸竟成了中國的聖湯姆(St. Thomas Aquinas)！〔聖湯瑪斯‧亞奎那──天主教神學家；注：以亞奎那為譬喻，形容朱熹變成了道統的代言人。〕
>
> 王學之興，是第二期。那時的戲曲小說，「山人」、「才子」，皆可代表一種新精神與新趨勢。肉體的生活之尊嚴，是這個時期的一點特別色彩。在哲學方面，泰州一派提倡保身，也正是絕好代表。
>
> 清學之興，是第三期。此不消詳說了。中間太平天國之亂，幾乎又把這條線完全割斷。黑暗之氣，至清末而極盛，竟至瀰漫全國。
>
> 近幾年之新運動，才是第四期。[76]

值得注意的是，胡適在這則日記裡的摘要，跟他實際在〈中國的文藝復興時代〉裡所寫的並不盡相符。他在日記裡的中國文藝復興四期說，到了〈中國的文藝復興時代〉裡，被他濃縮成三期說。這需要作一點釐清的工作。由於胡適在這篇英文論文裡的論述是先從明代講起，再回去說宋朝，然而再跳下去講清朝，說不定連胡適自己都

76　《胡適日記全集》，4：33-34。

給搞糊塗了。

　　胡適這篇英文論文裡所論列的中國文藝復興的第一期是很清楚的，也就是以朱熹、歐陽修、司馬光、程頤、張載等為代表的宋朝的「文藝復興」。宋朝所以被胡適訂為中國文藝復興的第一期，是因為：「那可以溯源到中古佛教與道教思辨思想的近代中國哲學，終於把這個臍帶切斷，宣告獨立。」[77]

　　比較有問題的，是胡適在日記裡的所說的中國文藝復興的第二期：王學之興。胡適是喜程朱、惡陸王的。他在日記裡說這第二期的特色是：「王學之興」、「肉體的生活之尊嚴」，以及「泰州一派提倡保身」。意外的是，胡適在〈中國的文藝復興時代〉裡，除了在導言裡帶著相當鄙夷的口氣一筆帶過《思凡》與《牡丹亭》以外，他對「肉體的生活之尊嚴」以及「泰州一派提倡保身」完全不置一詞。事實上，明代戲曲小說裡對肉體生活的描述，曾經是胡適所鄙夷的。我們試看他在1921年5月29日日記裡的說法：

　　　　《牡丹亭》一書，我平生最不愛讀。今天第一次看《遊園驚夢》，頗覺湯氏此兩齣戲最可代表明代的才子佳人的文學。《遊園》極寫女子懷春。《驚夢》寫夢中男女相會時，花神放出「千紅萬紫」，使他們「夢兒中有十分歡忭」。這可說是一種"glorification of sexual love"〔性愛的禮讚〕。這種寫法，雖是很粗淺的象徵主義，但那個時代的「愛情見解」，實不過如此。[78]

　　當然，人的看法是會改變的。胡適在1921年的日記裡，貶抑湯顯祖的「愛情見解」只不過是對「性愛的禮讚」。這並不能妨礙他兩年以後，反過來稱讚那是「肉體的生活之尊嚴」。只是，這「肉體的生活之尊嚴」到了〈中國的文藝復興時代〉裡，仍然還是被胡適說得相當不堪。胡適在該文裡說，許多住在北京的西洋人可能都看過梅蘭芳所演的《思凡》。他說《思凡》所象徵的是一個新時代對人生的覺醒。他說許多喜歡梅蘭芳的外國人一定也看過《牡丹亭》。他說戲中的男女在夢中相會、相愛的時候，花神為他們散花，也為他們的交會而歡舞：

　　　　這種對肉體的禮讚是這些戲曲寫作時代(十六、七世紀)的寫照。在當時的

77　Hu Shih, "The Chinese Renaissance,"《胡適全集》，35：636。
78　《胡適日記全集》，3：64。

　　小說與戲曲裡，我們可以看到許多相似的對今生今世的歡愉與愛情的描寫。
偶爾寫得還很優雅，但多半都相當醜陋不堪(grotesque)。[79]

　　值得令人回味的是，不管胡適後來是否能夠接受明代戲曲小說對肉體的禮讚，他
到了1930年代中期仍然會繼續把它拿來作爲中國文藝復興分期的指標。相對的，「王
學之興」後來就被他拋棄了。胡適在寫〈中國的文藝復興時代〉的時候，顯然還拿不
定主意。因此，雖然「肉體的禮讚」和「王學之興」他都提出來說了，但他對兩者的
態度都是溫溫吞吞的。其結果是兩者彷彿只是他介紹明末東林與復社運動的楔子。

　　胡適說近三百年來中國的文藝復興主要是一個解放與批判的時代。在政治上，這
個解放與批判的精神體現在東林與復社的運動。然而，東林與復社的運動終究挽救不
了衰頹的明朝。胡適說：

　　　　這個中國士大夫初創的組織，無力對付那全國四起的盜匪以及阻擋那生氣
　　　盎然的入侵的滿族。然而，他們先是力抗。然後，在一個世代以後，試圖在
　　　新朝裡贏得政治的權力。一直要到好幾波最爲殘酷的迫害以後，這個代表了
　　　那個時代的政治反抗運動(insurgency)才逐漸平息。那時代的新精神只好在
　　　極爲不同的管道裡得到抒發。

　　政治改革和反清復明的運動既然都相繼失敗，胡適於是說：「這個時代的精神最
佳的表現在於思想和學術上。」他說朱熹對儒家經典的注疏宰制了中國思想界四百
年。朱熹的宇宙和道德論述是當時的正統哲學。讀了這一段話以後，讀者一定預期胡
適會像他在日記裡所說的提起「王學之興」。出人意料之外的是，胡適在日記裡所侃
侃而談的「王學之興」，到了〈中國的文藝復興時代〉裡，居然只流於揭竿不成、轉
而從事地下顛覆的一個暗流而已：

　　　　十六世紀初是出現了反抗的王陽明的新哲學，一個對朱熹的反動。然而，
　　　這些反抗者還必須隱形地躲在朱熹的門下。王陽明甚至覺得他必須要寫一本
　　　新的朱熹哲學〔注：即《朱子晚年定論》〕。他在該書裡扭曲事實，目的在

79　Hu Shih, "The Chinese Renaissance,"《胡適全集》，35：632-633。

讓人家覺得他的新哲學與朱熹「晚年」（mature）的定論是完全合轍的！[80]

如果明代的戲曲小說對肉體的禮讚的描寫多半相當醜陋不堪，在政治運動上又失敗，而王學對程朱的反動又只流於地下的顛覆，則胡適在日記裡所謂的明代的「文藝復興」根本就無所附麗了。所以，我認爲胡適在日記裡的四期說，到了〈中國的文藝復興時代〉只剩下了三期，明代被胡適給濃縮掉了。不但如此，中國文藝復興的第三期，亦即清代，幾乎是一個馬拉松式一直延續到20世紀初年的文藝復興期。最有力的證據在於胡適自己的文字。有關宋學從懷疑、批判、到成爲道統的經過，胡適是如此形容的：

> 不幸的是，那些試圖透過懷疑、批判去發現眞理的偉大的思想家，很快地就因爲官方的欽定以及大眾的崇拜，而成爲不可懷疑的正統！權威又再度取代了自由獨立的思想。那批判的時代終於以盲從程朱之學而結束。
>
> 因此，當中國的文藝復興的第二期開始的時候，其特徵主要是反宋學。第一波是攻擊宋儒的宇宙與哲學假定。宋儒的宇宙觀是從中古的道教與佛教假借過來的，因此根本就不是儒家的。同時，他們的道德哲學與心理學極度受到道教與佛教的污染。這第一波反宋學的攻擊幾乎可以說是全勝。這些打了勝仗的英雄是毛奇齡、黃宗羲、胡渭。

「到了十八世紀，第二波反宋學的攻擊更加的凌厲。這時，宋學的各個方面都被認爲是不科學、太主觀了。」在語言學方面，胡適列舉了陳弟、顧炎武、戴震、段玉裁、錢大昕、孔廣森、王念孫，以及章炳麟。在考訂學方面，胡適則列舉了閻若璩、姚際恆、崔述。更奇特的是，胡適又加入了18世紀下半葉以降到康有爲的「今文學家」[81]。

胡適說：「當中國的文藝復興的第二期開始的時候，其特徵主要是反宋學。」然而，胡適所列舉出來的那第一波的英雄都已經是清朝的人。換句話說，明代已經在不知不覺中被胡適給濃縮掉了。當然，這文藝復興的第二期的特徵既然是「反宋學」，我們可以把它解釋成這是包括「王學之興」。然而，即使如此，我們還是只能解決

---

80 Hu Shih, "The Chinese Renaissance,"《胡適全集》，35：635-636。
81 Hu Shih, "The Chinese Renaissance,"《胡適全集》，35：633-641。

「王學之興」的問題。至於胡適在日記裡所說的「肉體的生活之尊嚴」，以及「泰州一派提倡保身」，就都因為沒有立足之所在而被擠掉了。

毋庸贅言，新文化運動當然就是就是中國文藝復興的最近一期。按照胡適在日記裡的摘要，就是第四期；按照他在〈中國的文藝復興時代〉一文的敘述，則為第三期。毫無疑問地，這最近的一期是胡適這篇文章的主旨。如果我們把胡適敘述新文化運動的背景也加在一起，它所占的篇幅超過全文的一半。

胡適在1923年用英文所寫的〈中國的文藝復興時代〉，是他一生當中所寫的文章裡最含混的一篇。他在日記裡所說的一句話：「此題甚不易作，因斷代不易也。」這完全反映了他在這篇文章裡舉棋不定的態度。他那時還沒拿定主意，到底中國歷史上的文藝復興是三期還是四期？如果是三期，則明代對程朱之學的反動就只不過是清代漢學的先聲。如果是四期，則明代那一期的標誌究竟是「王學之興」還是「肉體的禮讚」？如果胡適的〈中國的文藝復興時代〉(The Chinese Renaissance)奇特的地方在於其含混、首鼠兩端，三年以後，也就是他1926年在英國所作的演講〈中國的文藝復興時代〉(The Renaissance in China)，則奇特於它是胡適右傾激進時期泛政治化的產物。請注意，他這兩篇文章的題目雖然翻成中文完全相同，英文原題則略有不同。

胡適有他右傾激進、法西斯蒂的階段，這是我在第八章分析的主題之一。胡適1926年到英國去開英國退還庚款的會議的時候，在英國各地作了巡迴演講。11月9日，他在「皇家國際事務研究所」(Royal Institute of International Affairs)演講〈中國的文藝復興〉(The Renaissance in China)。胡適這篇演講不追溯歷史，完全著眼於他所領導的新文化運動。他說：

> 我今晚的題目是〈中國的文藝復興〉。講這個題目也許有點虛榮，特別是因為我個人參與了這個新的運動。文藝復興當然通常是用來特指西方歷史上一個偉大的運動，一個引領近代歐洲誕生的運動。同樣這個名詞也被用來稱呼過去十年來中國在思想和行動上深遠的變化。為了說明方便起見，我要借用這個名詞來向各位介紹這個運動所象徵的意義。

胡適說「中國的文藝復興運動」代表了中國現代化過程中最新的一個階段。他把中國的近代化分為三期。第一期是器械期，即自強運動。第二期是政治改革期。這政治改革期又可以用一齣失敗的四幕劇來描寫：第一幕是戊戌變法；第二幕是戊戌變法以後的反動到庚子拳亂；第三幕是清末立憲；第四幕是辛亥革命。接著，就是中國近

代化的第三期，亦即，中國的文藝復興。

「中國的文藝復興」的第一個階段是文學革命。胡適如此形容這第一個階段的「中國的文藝復興」：

> 它所意味的是一個新的階段、一個新的生活。它並不是完全與傳統斷裂，而屬於一個歷史性的發展。它是把我們傳統已經擁有的所有有價值的成分都有意識地表現出來。然而，它的方法與靈感則都是現代的。因此，它給與大家的是一個嶄新、生氣盎然的觀念。

這第一個階段的文藝復興從白話文出發，漸次地影響到其他思想、社會與政治的層面。胡適用他在〈新思潮的意義〉裡徵引尼采的話來說：

> 這整個運動，用尼采的話來說，可以說是重新估定一切價值的運動。這是一個天翻地覆的運動，是一個用新的標準來嘗試、評斷、批判、懷疑、重估所有舊事物的運動。沒有什麼是太崇高或太卑微的，所有一切都要經過這個重新估定價值的過程。婚姻、納妾、鰥寡、儒教、基督教，沒有什麼是太神聖而不能去批判的。對我們來說，這是一個懷疑、批判、抗議的時代。

胡適說這個作為文藝復興的新文化運動後來分裂成為兩個陣營：一個是二十年不談政治的陣營；另外一個比較沒有耐心的陣營則主張文化與政治兩者必須並進。胡適說他自己雖然屬於不談政治的陣營，他早已打破了那個戒律了。但是，這個分野仍然存在。一派注重文學、哲學與新的人生觀；另外一派則捲入政治，甚至成為政黨的領袖。

接著，胡適就提到了五四運動。他說五四運動是一個學生自動自發的愛國運動，是任何不正常的社會裡會發生的正常的事件。在中國與歐洲歷史上都可以找到先例。最重要的是，作為文藝復興的五四運動可以再細分為三個階段。第一個階段是自動自發完全沒有組織的階段。第二個階段從1920、1921年開始，中國的政黨開始發現了學生的力量，於是開始吸收學生進入它們的報章雜誌裡。同時，中國政黨開始進入大專院校成立了黨組織。第三個階段則是拜蘇聯與第三國際的影響之賜，中國人終於開始有了嚴密、紀律的組織。

胡適對蘇聯的黨組織的豔羨，對黨、政、軍一體的禮讚，必須要放在第八章的脈

絡下來分析。我在此處所要強調的重點是，胡適把國民黨的蘇聯化——黨政軍一體，黨作爲軍政的靈魂——作爲中國文藝復興的最新、最令他雀躍欣喜的階段。他說：

> 中國的文藝復興運動現在已經擺回到政治的那一端了，這也許是不可避免的。政治上的混亂已然無可忍受，連外國和少年中國都已經覺得不能再坐視。我們從前不談政治也許是錯的。也許新的政治運動的時機並不像我們從前所想的還沒成熟。眼前的局勢顯示這個新的政治革命在國民黨的領導之下，將會及早成功。辛亥革命以後任其恣縱的舊勢力已經逐漸自我消耗殆盡，它對這有組織、有朝氣的政治理想優勢的新力量，已經不再能構成阻力。作爲一個無私、無黨的自由主義者，我敬祝他們成功，無任歡迎。[82]

　　雖然胡適1926年在英國演講「中國的文藝復興時代」的時候，只是專門針對新文化運動，對胡適而言，「文藝復興」是中國歷史上一再發生的現象，已經成爲他的定見。唯一的問題是中國歷史到了20世紀爲止，究竟已經有了幾次的「文藝復興」？胡適對這個問題的答案，似乎隨著時間的演進而越來越多。在他在1918年9月竣稿的《中國哲學史大綱》上卷裡，中國歷史上有過一次的「文藝復興」，亦即清朝的漢學。到了1923年他寫〈中國的文藝復興時代〉的時候，中國歷史上已經有了三次或四次的「文藝復興」：宋朝的程朱等諸儒、明代「王學之興」或對「肉體的禮讚」、清朝的漢學，以及新文化運動。不管他那篇文章的論述多麼含混、分期又是極端的紊亂，這是一個四期說。

　　有趣的是，隨著時間的演進，胡適在中國歷史上尋覓「文藝復興」的觸角會回溯著歷史節節上升。他的四期說注定要演變成五期說，把唐朝也加了進去。然而，在我分析胡適的五期說以前，我先要說一段胡適在1920年代的「貶唐」論。胡適在1921年7月3日的日記裡，提到他在英國領事館參贊哈丁(H.M. Harding)家的一個晚宴。當晚參與這個晚宴的還有蔣夢麟、陶孟和、丁文江、在中國教書多年的畢善功(Louis Bevan)，以及劍橋大學的教授鮑爾小姐(Power)。他們當晚談的話題很多：

> 後來談到一個大問題上：「中國這幾千年來何以退步到這個樣子？」我與在君都主張，這兩千年來，中國的進步實在很多，退步很少。這句話自然駭

82　Hu Shih, "The Renaissance in China," 《胡適全集》，35：156-180。

壞了哈丁、畢善功一班人。哈丁說，難道唐朝的文化比不過後來嗎？我說，自然。唐朝的詩一變而爲宋詞，再變而爲元明的曲，是進步。即以詩論，宋朝的大家實在不讓唐朝的大家。南宋的陸、楊、范一派的自然詩，唐朝確沒有。文更不消說了。唐人做文章，只有韓、柳可算是通的。餘人如皇甫湜、孫樵等還夠不上一個通字！至於思想，唐代除了一兩個出色的和尚之外，竟尋不出幾個第一流思想家。至於學問，唐人的經學遠不如宋，更不用比清朝了。在君說，「別的且不說，只看印刷術一事，便可見唐遠不如宋。」此話極是。[83]

　　一年以後，1922年5月19日，胡適乾脆用英文在北京的協和醫院作了一個演講，以〈中國究竟進步了沒有？〉爲題，著實地把唐朝從大家都捧上天的位置硬是給拉到地下來。他在當天的日記裡寫道：

夜八時半，在協和醫學院大禮堂講演，聽者多在京之外國人，也有中國學生。此文大意如下：

一、唐的文化太受史家過譽了(西洋尤甚)，其實並不甚高。唐代沒有印板書(中唐以後始有小部雜書的刻印，但大部書的刻板始於五代)，很少學校，沒有學問，沒有哲學。

二、唐以後的文化，太受史家誣衊了。所以人都覺得唐以後中國沒有進化。我試舉若干例：

A. 刻板書——活字板、木活字、銅字、鉛字等。

B. 棉布機。

C. 瓷器。

D. 學校。宋仁宗(1044)以後以至明清之「書院」、「精舍」。

E. 學術。宋之經學、哲學；明之哲學；清之學術眞足以壓倒千古。

F. 文學。韻文；詞—曲—戲劇；散文；小說。

即此諸例，已很可證明這一千年中中國的進化了。此文爲駁Wells〔威爾斯〕的《世界史綱》而作，可算是一篇重要的文字。[84]

83　《胡適日記全集》，3：160-161。
84　《胡適日記全集》，3：581-582。

　　胡適為什麼要駁威爾斯呢？原來威爾斯在1919年所初版的《世界史綱》裡有一段話：

　　　　中國的文明到了西元第七世紀的時候已經到了頂端，其最輝煌的時代就是唐朝。雖然中國的文明持續地慢慢傳播到安南、柬埔寨、暹羅、西藏、尼泊爾、朝鮮、蒙古和滿洲。但從那以後，除了這種在地理上的傳播以外，它在一千年間就沒有什麼值得記載的了。[85]

　　胡適這個「貶唐」論可以從兩點來說明。第一、胡適一向很討厭「瞎說」的漢學家。已故的哈佛大學的楊聯陞教授在世的時候，常愛說他所扮演的角色是「學術界的警察」，亦即，在讓西方的漢學家能知道戒懼，不敢「瞎說」。用跟胡適是師友之間的楊聯陞的話來形容，胡適所扮演的角色也就是「學術界的警察」。第二、胡適要打破的，就是18、19世紀以來，許多西方人動輒說中國停滯、僵化的觀點。換句話說，胡適在1920年代的「貶唐」論與其說是「貶唐」，不如說是在「貶」中國「幾千年來沒有進步」的謬論。

　　〈中國究竟進步了沒有？〉是胡適1922年在北京協和醫院所作的演講。1926年11月11日，他在英國的劍橋大學又演練了一次，題目是：〈中國在最近一千年都沒有進步嗎？〉（Has China Remained Stationary during the Last Thousand Years?）。胡適在當天的日記裡說當天的：「聽者很多，有坐地上者。」[86]同樣這個演講，胡適次日在「倫敦東方研究學院」（London School of Oriental Studies）〔「倫敦大學亞非學院」的前身〕再演講了一次。胡適在日記裡表示訝異，說與前一天熱烈的反應大不相同：「今日的聽眾與昨日大不相同，殊不如昨日之成功。此殊可怪。」[87]

　　可惜今天在《胡適全集》所收的這篇〈中國在最近一千年都沒有進步嗎？〉不是胡適自己所寫的講稿，而是別人所作的記錄。然而，從這篇記錄來看，這個演講的內容基本上是「貶唐」論跟「文藝復興」論的結合。胡適在引述了前引那一段威爾斯在《世界史綱》裡的話以後，就開宗明義地說：

85　H.G. Wells, *The Outline of History*, Third Edition（New York: The MacMillan Company, 1921），p. 561.

86　《胡適日記全集》，4：542。

87　《胡適日記全集》，4：543。

　　中國在過去一千年從來就沒有停滯過，而且唐朝也從來就不是中國最輝煌的時代。歷史家常被唐朝文化的亮麗弄得睜不開眼睛(dazzled)，因為跟唐朝以前450年的分裂與外族征服來相對比，那些成就看起來當然亮麗。然而，如果我們仔細地研究整個中國的文化史，我們就可以深信西元七世紀的唐朝文明從來就不是最輝煌的頂點，而只不過是接下來的幾個世紀持續的進步的開始。

　　第一、第七世紀沒有印板書。刻板書在第九世紀才開始。大批的印行要到第十世紀。泥活字一直要到第十一世紀才發明的，金屬活字則更晚。唐初手寫卷帙的時代，跟這些印刷技術發明以後對文明的影響是不可同日而語的。

　　甚至那眾所推崇的唐代的藝術也只是一個粗糙的開始，跟宋朝與晚明的藝術根本不能相比。即使我們欣賞唐代繪畫所表現出來的宗教精神與工巧，我們不得不承認後來的繪畫，特別是那詩意盎然、理想派的畫家的山水畫，要遠勝於唐代的畫家。

　　在文學的領域，唐代是出現了一些真正偉大的詩人和散文大家。然而，唐代沒有史詩、戲劇、小說。這些都是後來才出現的。第一批偉大的戲曲是在第十三世紀出現的，小說則是在第十六、七世紀。那些逐漸產生的大量的通俗文學，例如曲、戲劇、中篇小說、小說等等，是近代中國文明史上最重要與最有興味的篇章。

　　胡適說第7世紀以後最重要的發展是在宗教與哲學方面。在宗教方面，胡適所舉的例子是禪，特別是第7世紀末南宗的創始人慧能。第9世紀以後，禪學大師已經開始敢說逢佛殺佛、說十二大部經是一堆揩糞紙的話。到了第10、11世紀，禪宗已經擺脫了所有源自於印度的儀式、形式與經文的傳統，而認為「頓悟」之道就存乎諸己。然而，胡適說禪宗所求仍在個人的解放，那不是中國的。中國式的宗教在於解決人生、社會與國家的問題。在學術方面，胡適說唐朝根本就沒有第一流的學術與思想。唐朝最有名的韓愈與李翱只是平庸的思想家。在經過了四個世紀的禪宗的薰陶以後，終於成功地帶來了一個在哲學思辨上光輝的時代。

　　接著，胡適雖然沒有套用「文藝復興」這個字眼，但從內容來看，他所說的就是中國歷史上──20世紀不算──的三次「文藝復興」：

　　第一個哲學時代是以朱熹(卒於1200年)一派取得至上的地位結束的。朱學

雖然承認靜坐與冥想的價值，但傾向於強調格物致知的重要性。第二個哲學時代(1500年至1700年)是王陽明(卒於1528年)學派的秘教色彩(esotericism)的復興。其唯心哲學在中國日本都有很大的影響。朱學與王學雖然都反佛教，但並沒有能完全從那中古時代所流傳下來——使新儒家哲學裡的理性主義的傾向不能完全開展——的「宗教」觀念之下解脫出來。然而，新的時代在第十七世紀開始了。第十七、八世紀的思想界領袖，擺脫了他們認爲是臆斷、徒勞無功的宋明的哲學思辨，而採用純粹客觀的方法來尋求眞理。[88]

毋庸贅言地，胡適在此處所謂的「採用純粹客觀的方法來尋求眞理」也者，就是清代的漢學。由於〈中國在最近一千年都沒有進步嗎？〉講的是歷史，胡適自然沒有提及新文化運動。換句話說，如果我們把新文化運動計入，胡適在作這篇演講的時候，他的中國「文藝復興」論仍然是四期說，唐朝不與焉。

到了1930年代，胡適終於走出了他的「貶唐」論。1933年6月19日清晨，胡適從上海搭船第三次赴美。他此行有兩個目的：第一，他接受芝加哥大學的邀請，去該校作「哈斯可講座」(Haskell Lectures)的演講，一共講了六次。這個系列的演講叫做〈中國的文化態勢〉(Cultural Trends in China)。演講的時間從7月12日到24日。胡適此行的第二個目的，是參加8月在加拿大班福(Banff)所舉辦「太平洋學會」(Institute of Pacific Relations)的年會。胡適在芝加哥的演講一完，就立刻把演講稿寄給韋蓮司。韋蓮司花了一個多月的時間仔細地幫胡適看過，她告訴胡適說：「我非常用心地看過，因爲我知道你是花了很大的氣力的。」[89]韋蓮司把胡適的稿子連同她的意見在9月底寄給胡適。胡適收到以後，參酌了韋蓮司的意見，把整個稿子再潤飾一過，並重新分節[90]。次年，芝加哥大學把這六次的演講集成一本書出版，遵照胡適的意思，以《中國的文藝復興》(*The Chinese Renaissance*)爲書名。胡適在出版的序言裡，特地感謝了韋蓮司所做的潤飾與建議。

就在《中國的文藝復興》裡，胡適第一次把唐朝加入，提出了他中國「文藝復興」的五期說：

88　Hu Shih, "Has China Remained Stationary during the Last Thousand Years?"《胡適全集》，36：132-137。
89　Clifford Williams to Hu shih, September 26, 1933.
90　Hu shih to Clifford Williams, September 30, 1933.

　　歷史上有好幾次「中國的文藝復興」。唐代大詩人出現、古文運動的興起，以及禪宗的發展——亦即中國對印度佛教的「宗教改革」——這些代表了中國第一次的文藝復興。十一世紀的改革運動，以及漸次取代了中世紀宗教的新儒家哲學，這些發生在宋代的重要發展是第二次的文藝復興。十三世紀所興起的戲曲、其後出現的小說，及其對愛情和生命的禮讚是第三次的文藝復興。十七世紀對宋明理學的反動、近三百年來所發展出來的經學研究、其語言學與歷史的研究方法、其對證據的重視，凡此種種是第四次的文藝復興。

　　這些歷史上的幾次運動，都各自完成了它們的任務，給與古老的文明週期性的再生的活力。這些運動雖然都值得用「文藝復興」來稱之，但它們都有一個共同的缺點，亦即它們對自己所扮演的歷史使命都缺乏自覺。既欠缺有意識的努力，也欠缺明確的詮釋。它們都是歷史傾向自然的發展的結果。因此它們只是模糊、不自覺地與傳統搏鬥著，很容易就被傳統保守的力量所瓦解或掃蕩。欠缺自覺的成分，這些新的運動只是自然演進的過程，而無法成為革命的成果。它們可以帶來新的模式，可是永遠無法完全推翻傳統，永遠都是和傳統共存共生的。

然而，中國第五次的文藝復興就迥然不同了：

　　這二十年來的文藝復興運動與所有先前的運動不同的地方，就在於它是一個充分自覺、深思熟慮(studied)的運動。其領袖知道他們要的是什麼，他們知道他們必須破壞才可能得到他們所要的。他們要一個新的語言、新的文學、新的人生觀、社會觀，以及新的學術。他們要一個新的語言。這不只是因為那是一個有效的大眾教育的工具，而且是因為那是為新中國產生文學的一個有效的工具。他們要一個用有血有肉的老百姓所用的活的語言來書寫的文學，要一個能表達出一個成長中的國家的真正的感覺、思想、靈感與想望的文學。他們要為大眾灌輸一個新的人生觀，以便於把他們從傳統的桎梏中解放出來，讓他們能如魚得水一般地生活在新世界、新文明裡。他們要一種新的學術，以便於讓大家不但能理解過去的文化遺產，而且能積極地參與現代科學的研究工作。這就是中國文藝復興的使命。

　　值得注意的是，胡適雖然在1933年6月所作的「哈斯可講座」裡，提出了他中國「文藝復興」的五期說，然而，他在那兩年以前的另外一篇英文論文裡卻又回到了中國「文藝復興」一期說的理論。這篇論文是胡適為1931年在上海召開的第四屆「太平洋協會」(Institute of Pacific Relations)的兩年一度的年會所提出的論文：〈中國歷史上的宗教與哲學〉(Religion and Philosophy in Chinese History)。在這篇論文裡，胡適把中國的思想史劃分成為三期：第一期是中國本土思想(Sinitic)時期，從遠古到西元第四世紀；第二期是佛教時期，從西元300年到1100年；第三期是中國文藝復興時期，從西元第11世紀理學的興起，一直到胡適寫該篇論文的「今天」，亦即1931年[91]。

　　更值得注意的是，在這篇論文裡，胡適第一次像20世紀初年的中國知識分子一樣，從「古學復興」的角度來詮釋中國的「文藝復興」。他說：

　　　幾個世紀以來佛教與禪宗的思辨哲學的薰陶，給與了宋朝的學者一種漢朝素樸的儒家所不具有的思想上的灼見(insight)。宋朝的哲學家回頭去看先秦儒家與其後的儒家的經典。他們看出了許多漢朝的學派所沒看到的新的意義與觀點。就好像歐洲文藝復興的學者重新發現了一個中世紀所前所未見的新的希臘和新的羅馬一樣，他們也發現了一個新的〔中國的〕古典。[92]

　　胡適在1931年所提出的這個中國「文藝復興」一期說，可以說就是他的定論。因為除了他一度在1933年的「哈斯可講座」裡所提出的五期說以外，這注定是要成為他到晚年為止所一再提出的論點。比如說，1940年4月10日，胡適在「美國藝術與科學學院」(American Academy of Arts and Sciences)在波士頓所召開的年會裡，宣讀了〈17世紀中國的哲學造反派〉(Some Philosophical Rebels of Seventeenth-Century China)。在這篇演講裡，胡適把中國的思想史分成了三期：第一期從西元前600年到西元250年，是本土思想期，是老子、孔子、墨子、孟子、莊子及其他大思想家的時代；第二期從西元200年到1100年，是佛教與印度化的思想期，是中國的中世紀，是中國的人文思想被印度瘋狂(fanatic)的宗教淹沒的時代；第三期從西元1100年到1900年，是中國的近代史，是思想文化復興，是有意識地反佛教、復興佛教進入中國以前的本土思想文化的時代。這「文藝復興」時代又可細分為兩個階段：第一個階段從西

91　Hu Shih, "Religion and Philosophy in Chinese History,"《胡適全集》，36：561。
92　Hu Shih, "Religion and Philosophy in Chinese History,"《胡適全集》，36：601-602。

元1100年到1600年，是理學的時代；第二個階段從1600年到1900年，是反理學的時代[93]。

胡適這個「中國文藝復興」一期說是一個曠古奇論，它實際上已經把「文藝復興」的概念濫用到完全失去了它詮釋的價值。如果我們接受胡適的詮釋，則中國的「文藝復興」已經不再是歷史上的幾個階段，而已經變成了中國中世紀以降的歷史特徵。換句話說，中國是世界史上唯一一個「文藝復興」持續了一千兩百年，而且在胡適在世的時候仍然繼續在「文藝復興」的國家。

從1940年以後，二十年間，胡適一直把西元1100年到1900年作爲中國的近代史、中國的「文化復興」和「文藝復興」時代。比如說，他1942年5月12日在美國華盛頓所作的演講〈中國歷史上思想自由的奮鬥〉（The Struggle for Intellectual Freedom in Historic China）裡，就乾脆把西元1100年到1900年通稱爲「理學時代」，不再細分爲「理學」與「反理學」的階段，而只強調最後的三百年間，對自由的奮鬥轉向了建設性的科學學術研究方面，亦即「漢學」[94]。

值得令人回味的是，胡適在思想史的分期上，有他不嚴謹、不一致的時候。比如說，他1945年4月10日在美國哈佛大學神學院演講〈中國思想裡的不朽的觀念〉（The Concept of Immortality in Chinese Thought）的時候，他把中國思想史分成兩期：第一期、本土思想時代，從西元前1300年到西元200年；第二期、印度化期，從西元200年到19世紀[95]。他渾然忘卻了他一向是把印度化期的下限訂在西元1100年。

一直到1955年1月31日胡適在紐約市演講〈中國哲學〉（Chinese Philosophy）的時候，他仍然把中國的哲學史分成三期：第一期、本土思想時期，從西元前600年到西元200年；第二期、印度化時期，從西元200年到1000年；第三期、文藝復興期，從西元1000年到1900年，是一個有意識地推翻佛教、復興佛教以前的中國思想與文化的運動[96]。

到了胡適在1958年跟唐德剛在紐約的哥倫比亞大學作口述史的時候，胡適仍然持這個中國思想三期論的劃分法。第一期從西元前1000年到西元200年，是中國本土思想時期。第二期從西元200年開始，是漢帝國的崩壞、蠻夷的入侵、以至於佛教的征

93　Hu Shih, "Some Philosophical Rebels of Seventeenth-Century China,"《胡適全集》，37：660-661。
94　Hu Shih, "The Struggle for Intellectual Freedom in Historic China,"《胡適全集》，38：603-608。
95　Hu Shih, "The Concept of Immortality in Chinese Thought,"《胡適全集》，39：156-157。
96　Hu Shih, "Chinese Philosophy,"《胡適全集》，39：501-502。

服中國，是中國的中世紀。第三期，從西元1000年開始到胡適口中所說的今天，亦即1958年，是近代期，或者說，是「中國的文藝復興」。胡適說他可以把唐朝包括在近代期裡。但是，他認為唐朝雖然出了一些反佛教的詩人，基本上屬於中國的中世紀。他說他還是認為這個「中國文藝復興」應該是從11世紀的范仲淹算起。理學所倡導的「涵養須用敬，進學在致知」就是近代中國的道德教育和方法學。胡適認為朱熹可以算是一個科學家。他是以新精神與新方法來治經的先導。從這個角度來說，胡適認為中國近三百年的學術史其實不能全說是反朱熹或者反宋學，而毋寧說是朱熹的精神的延續[97]。

　　然而，就在胡適過世前一年半以前，胡適卻提出了一個新說，把他「中國文藝復興」一期說，進一步地詮釋成為一期多面的運動。1960年7月「中美學術合作會議」(Sino-American Conference on Intellectual Cooperation)在美國華盛頓州西雅圖的華盛頓州立大學召開。10日是會議的第一天，胡適作了一個主題演講，題目為：〈中國的傳統與將來〉(The Chinese Tradition and the Future)。胡適在這篇演講裡，把中國傳統的演進分成六期。第一期是「古中國的宗教時代」(the Sinitic age of antiquity)，亦即商周；第二期是先秦諸子；第三期是秦漢帝國；第四期是佛教征服時期；第五期是反佛運動，包括唐武宗對佛教的迫害以及禪宗的興起；第六期則是胡適所謂的「中國文藝復興時代」。

　　胡適強調說：他所說的「中國文藝復興時代」(the Age of Chinese Renaissances)裡的「文藝復興」用的是複數的說法。這也就是說，「中國文藝復興時代」是一個多重的「文藝復興」的時代。他說中國歷史上的「文藝復興」或「再生」有三個不同的面向：文學、哲學與學術的復興。其所涵蓋的時間是從西元第8世紀到20世紀。換句話說，不像西方的「文藝復興」只是兩三百年的一個歷史階段而已，中國的這些「文藝復興」，以從唐朝開始的文學的「文藝復興」為例，則是從西元8世紀延續到20世紀、綿延了一千兩百年，到了胡適在1960年演講的時候仍然持續著的一個歷史大業：

　　　　中國的文學的文藝復興是從西元第八、第九世紀熱切地開始，一直持續到今天。唐朝的大詩人——八世紀的李白、杜甫，九世紀的白居易——開闢了中國詩的新紀元。韓愈(卒於824年)成功地復興了古文，使它在八百年間成為散文寫作的一個相當有效的工具。

97　"Dr. Hu Shih's Personal Reminiscences," pp. 274-286.

　　除了詩以及胡適從前鄙夷為平庸的韓愈以外，這個延續了一千兩百年的從唐朝開始的「文藝復興」還包括了第8、9世紀禪宗和向所開始使用的語錄，12世紀新儒家模仿採用的語錄、以及民間的白話故事、戲曲和歌謠。隨著印刷術的發明，特別是活字印刷的發明，這些通俗的故事和小說就成為其後幾個世紀裡的暢銷書。胡適說：「這些小說和故事就是把白話文標準化的因素。它們是白話文的老師和推廣者。如果不是因為這些偉大的故事和小說，現代的白話文藝復興是不可能在幾年之間就成功的。」

　　中國的哲學的「文藝復興」，則比文學的「文藝復興」晚了幾個世紀才開始，是在11、12世紀成熟，從而產生了新儒家的各派。胡適解釋說：

> 　　新儒家是一個有意識地要把佛教傳入以前中國固有的文化復興起來，以取代中世紀的佛教與道教的運動。其目的在於恢復、並重新詮釋孔子、孟子的政治哲學，用以取代佛教那種自私、反社會、出世的哲學。有些禪宗的和尚說儒家的思想太簡單、太平淡了，它無法吸引一流的人才。因此，新儒家的任務，在於把佛教傳入以前的入世的中國思想變的跟佛教或禪宗一樣的有興味。新儒家成功地創造出一個入世、理性的新儒學，有宇宙論、知識論，和道德與政治哲學。
>
> 　　新儒家之所以會產生不同的派別，是因為他們的知識論不同。這就使那個時期的思想有趣多了。隨著時間的進展，新儒家各派成功地吸引了第一流的人才，他們不再簇擁到佛寺裡去拜禪宗大師為師。當第一流的人才不再對佛教有興趣以後，佛教也就逐漸地銷聲匿跡，淪落到到連它死都沒有人為之哀悼的地步。

　　胡適說：「中國『文藝復興』的第三個面向可以稱之為在科學方法——考證學方法——的刺激之下所產生的『學術的復興』。」胡適徵引了《中庸》裡的「無徵則不信」那句話。他說雖然佛教的迷信讓中世紀的中國人一時忘卻了這個精神，印刷術發達以後，中國學者開始能有書籍來作對比參證的工作。他說在印刷術普及以後的兩三百年之間，考證學「無徵則不信」的精神與方法已經抬頭了。這個考證學的創始人之一是朱熹，是中國歷史上最偉大的新儒家。胡適說「考證學」或「考據學」的方法是在17世紀有意識地發展出來的。從1600年到1900年，可以稱之為考證學時代[98]。

98　Hu Shih, "The Chinese Tradition and the Future,"《胡適全集》，39：644-657。

　　胡適這篇1960年寫的〈中國的傳統與將來〉是他1940年以後對中國「文藝復興」的詮釋最後、最詳細的引申。然而，它與胡適在1920、1930年代的詮釋大異其趣。第一、這比他「一期說」的奇論更爲離奇。可以說是前無古人，後無來者。中國近代史，亦即，中國的「文藝復興」從西元第八世紀開始，長達一千兩百年已經是不尋常的了。專就中國近代史的分期論來說，胡適這個觀點有近似日本學者內藤湖南說中國近世史始於唐宋之際的說法。然而，最奇特的是，這個中國「文藝復興」時代的不同面向的起訖點居然還各自迥異。文學的「文藝復興」是從第8、9世紀一直持續到胡適所說的「今天」——亦即1960年；哲學的「文藝復興」是從11、12世紀到16世紀——從程朱到王陽明；學術的「文藝復興」則是從1600年到1900年。

　　雖然從本傳的描述與分析裡，我們已經熟悉了胡適挪用、濫用西方觀念的習性。然而，胡適對「文藝復興」這個概念的挪用與濫用已經到了令人嘆爲觀止的地步。胡適從前的四期說、五期說、然後再回到一期說等等，已經是奇特到連西方的「文藝復興」學者都會已經不認識這個名詞的地步。他晚年這個一期、多面向、各面向的起訖點不同、其中一個面向還仍然處於進行式的這種詮釋，則一定是可以讓「文藝復興」的學者瞠目結舌。

　　第二、這三個面向的「文藝復興」，除了文學的「文藝復興」似乎是長期自然的演進以外，胡適說哲學與學術的「文藝復興」都是「有意識」的運動。這完全不同於他先前的論點。我們記得胡適在1920、1930年代談論他的中國「文藝復興」論的時候，不管是四期說還是五期說，他都要強調新文化運動迥異於中國歷史上的幾次「文藝復興」不同，是一個「有意識」、有自覺性、深思熟慮的運動。相對的，從前的「文藝復興」都有一個共同的缺點，亦即，都不是有意識的，都是順著歷史自然的發展而產生的。因此，都不可能造成革命性的改變。

　　第三、胡適在1920、1930年代的中國「文藝復興」觀，迥異於20世紀初年中國知識分子的「文藝復興」觀。後者強調的是「古學復興」，而胡適強調則是「再生」的意義。然而，在1931年，以及從1940年以後，胡適卻一反他從前的立場，開始強調中國固有文化的復興。

　　第四、胡適這篇〈中國的傳統與將來〉最特殊的地方，就是在他對五四新文化運動完全沒有著墨。在所有胡適先前談論中國的「文藝復興」的文章裡，新文化運動都是他大書特書的重點。在這篇演講裡，胡適說他不需要贅言：「中國最新階段的努力，特別是民國時期批判性地研究自己的文明、並從更基本的方面，例如，文字、文學、思想、與教育方面爲自己的文化傳統提出了改革的努力。」他說他不贅言的理由

很簡單：「你我都是這個最近的努力與事件的目擊者。中國代表團裡輩分高的團員還曾經是那些運動的參與者。」[99]事實上，胡適晚年對五四新文化運動的看法改變了。同時，胡適也很清楚在台灣的國民黨對五四新文化運動更是充滿了怨憤與敵意。雖然他作這篇演講是在美國，而且是用英文說的，他知道他的一言一行都是在眾目睽睽之下。但所有這些都是後話，請待下回分曉。

　　總之，儘管胡適一度相信中國古代哲學中道中絕。然而，這個看法跟他的中國「文藝復興」的觀念從來就是不相干的。這是因為胡適的「文藝復興」的概念從1920到1930年代完全迥異於20世紀初年中國知識分子把「文藝復興」界定為「古學復興」的概念。對胡適而言，「文藝復興」是「再生」的意思。因此，在胡適挪用的定義之下，「文藝復興」不是一個一次性的特殊歷史事件，而是一個可以一再重複發生的返老還童、死而復生的再生現象。所以他才會有中國的「文藝復興」的四期、五期說。然而，胡適一生對中國的「文藝復興」的看法並不是一成不變的。他在1923、1926年持的是四期說，1931年變成了一期說。可是到了1933年，又推演成五期說。然後至少從1940年開始，他又翻轉回去，不但強調中國的「文藝復興」是中國固有文化的復興，而且闡揚一期說。最最奇特的，是他1960年的新說，把這一期說推演成為一期多面、起訖點各異的說法。

用他山之石，功禪宗史

　　胡適的禪宗史研究，無論就方法或靈感而言，都是來自於西方。他1953年6月16日給他的好友朱經農的兒子朱文長的一封信，就提供了一個最好的線索：

　　　你雖然是虔誠的基督徒，但我猜想你沒有用你的史學方法來研究過這部《新約》，特別是這一百多年來西方基督教學人已很有成績的「四福音問題」與「三福音(the Synoptic Gospels)問題」。如果我的猜想不太錯，我很盼望你在這方面用點功夫。試讀牛津的B.H. Streeter's〔史崔特〕*The Four Gospels*〔《四福音書》〕做起點，然後讀Harnach〔哈納克，Adolf von Harnach, 1851-1930〕, Baur〔鮑爾，Ferdinand Baur, 1792-1860〕諸人的書。必須研究過「三福音」的同異，然後可以明白「三福音」如何先後造成，哪

99　Hu Shih, "The Chinese Tradition and the Future,"《胡適全集》，39：659。

一部分是三書共同的，哪一部分是馬太獨有的，哪一部分是路加獨有的。明白了這大致同源的「三福音」，然後可以明白「第四福音」是很晚出的，是另一環境，另一空氣裡的新作品，故其中的事跡與言論思想往往與前三福音相差異。

　　……

　　「三福音」裡的耶穌言語，比較可以信爲出於一種或兩三種先後同時人的記載。其中所記事跡與「奇蹟」，即使來源甚巨，大都須用批評的眼光去選擇，不可以爲出於聖典，即無可疑。[100]

　　胡適給朱文長這封信最重要的一點，就是〈對觀福音書〉（Synoptic Gospels）〔按：即〈馬太〉、〈馬可〉、〈路加〉三福音〕的研究。這〈對觀福音書〉的研究所要探討的，是這三篇福音來源的問題，亦即究竟它們是獨立成書的？還是其中一福音書是其他兩福音書的來源？或者，三福音書都來自同一個來源？或者是來自多重的來源？胡適在此處所指史崔特的《四福音書》與先前的研究不一樣的地方，在於他提出了一個「四個來源」的理論。〈對觀福音書〉研究是西方《聖經》研究的一部分，也就是胡適在留美時期所常常津津樂道的「高等考據學」（Higher Criticism）。所謂「高等」也者，以其研究《聖經》的作者、年代、組織結構，以別於研究《聖經》字句的「初等考據學」（Lower Criticism）。簡言之，「高等考據學」，就是把《聖經》視爲文學作品，而用嚴格的文學與歷史研究法來分析。

　　我在《璞玉成璧》裡已經分析了胡適在留美時期涉獵「高等考據學」的經過。其中，最值得在此處再提的有幾點。胡適在康乃爾大學的時候，選了布爾（George Burr）教授所開的兩門歷史研究法的課：1914年的春天的「歷史71：歷史的輔助科學」以及1914年的秋天的「歷史75：史學方法」。有考據癖的胡適除了可能在課堂上接觸到「高等考據學」以外，我們知道他甚至在1916年12月26日的日記裡，摘譯了1911年第11版的《大英百科全書》裡的〈校勘學〉一條。1916年6月，胡適到俄亥俄州的克里夫蘭開「國際關係討論會」的時候，順道去綺色佳八天，住在韋蓮司家。在綺色佳的時候，胡適特別去拜訪了布爾教授。胡適在7月5日追記的《留學日記》裡，記下了他跟布爾教授談到歷史考據學。布爾教授除了講解西方校勘學的意義給胡適聽

100　胡適致朱文長，1953年6月16日，《胡適全集》，25：524。

以外，還建議胡適讀三本書。其中，有兩本就跟《聖經》的研究有關[101]。

　　然而，就像胡適在1934年所說的，他當時其實並沒有真正領悟到布爾教授的意思：

> 　　十八年前，我回到綺色佳去看我的先生白爾〔布爾〕（George Lincoln Burr）教授，談起中國校勘學的成績，他靜靜的聽。聽完了，他說，「胡先生，你不要忘了我們歐洲的文藝復興時代有一個最重要的運動，就是古寫本的搜求(the search for manuscripts)。沒有古本，一切校勘考訂都談不到。」我當時少年不更事，不能充分了解他老人家的意思。我在這二十年中，也做校勘的工夫，但都是「活校」居多，夠不上科學的校勘。近六七年中，我才漸漸明白校勘學的真方法被王念孫、段玉裁諸大師的絕世聰明迷誤了，才漸漸明白校勘學必須建築在古善本的基礎之上。陳垣先生用元刻本來校補《元典章》董康刻本，校出訛誤一萬二千條，缺文一百餘頁。這是最明顯的例子，所以我發憤為他寫這篇長序，重新指出校勘學的方法真意。這也是我自己糾謬之作，用志吾過而已。[102]

　　胡適不只在美國留學的時候認真地學習了「高等考據學」。等他回國以後，特別是他在1922年開始接觸到赫胥黎以後，他更從赫胥黎的作品裡，目睹那教他如何懷疑的大師展現其「高等考據學」的功力。我在本部第二章裡分析胡適介紹赫胥黎的存疑主義的時候，特別提出了他所寫的〈演化論與存疑主義〉一文。胡適在那篇文章裡列舉了赫胥黎的四篇論文。其中的三篇：〈論存疑主義〉、〈再論存疑主義〉、〈存疑主義與基督教〉，就是赫胥黎用「高等考據學」的方法來分析〈對觀福音書〉的傑作。

　　〈對觀福音書〉的來源，聖經詮釋學的學者有不同的假設。胡適在給朱文長的信裡所提到的史崔特所提出的是「四個來源」的理論。然而，就像我在第二章裡所分析的，赫胥黎選擇的是單一來源的說法。不但如此，赫胥黎而且認為〈對觀福音書〉成書還是經過一個層層積累的過程。從這個共同的原始素材來源開始，先有比較簡短素樸的〈馬可福音〉，然後才衍生出情節較為複雜、文學意味較為濃厚的〈馬太福音〉

---

101 《舍我其誰：胡適，第一部：璞玉成璧，1891-1917》，頁324。
102 《胡適日記全集》，7：156-157。

與〈路加福音〉。這就好像是達爾文研究物種起源、赫胥黎研究古生物學一樣，是研究那從單簡的原質、經由變異、適應而演化成爲複雜的生物一樣。從這個意義來說，赫胥黎的《聖經》研究，等於是把《聖經》視爲信仰的「化石」來研究[103]。這就是把《聖經》視爲信仰的「化石」來研究基督教的演化史。

這就是胡適研究禪宗史的方法。我們看胡適1935年在北京師範大學所作的演講裡，說明研究禪宗必須屛除宗教的態度、用歷史的眼光，而且必須力求古本：

> 凡是在中國或日本研究禪學的，無論是信仰禪宗，或是信仰整個的佛教，對於禪學，大都用一種新的宗教的態度去研究。只是相信，毫不懷疑，這是第一個缺點。其次是缺乏歷史的眼光，以爲研究禪學，不必注意它的歷史，這是第二個缺點。第三就是材料問題。禪宗本是佛教一小宗，後來附庸蔚爲大國，竟替代了中國整個的佛教。不過中國現在所有關於禪宗的材料，大都是宋代以後的。其實禪宗最發達的時候，卻當西元7世紀之末到11世紀——約從唐武則天到北宋將亡的時候。這四百年中間，材料最重要，可是也最難找。正統派的人，竟往往拿他們自己的眼光來擅改禪宗的歷史。我十幾年前研究禪宗，只能得到宋以後的材料，唐代和唐以前的很難得到。我想：要得到唐以前的材料，只有兩種方法：一、從日本廟寺中去找，因爲日本還保存著一部分唐代禪學。二、從敦煌石室寫本中去找，因爲三十年前所發現的敦煌石室裡，有自晉到北宋佛教最盛時代的佛經古寫本。現在這些古寫本，世界上有三個地方保存著：一部分在北平圖書館，一部分在巴黎圖書館，一部分在倫敦博物館。在北平圖書館的，都是不重要的東西，是人家不要的東西。重要的東西還是在倫敦和巴黎兩處。從前的人，對於材料的搜集，都不注意，這是第三個缺點。[104]

赫胥黎的〈對觀福音書〉層層積累說，胡適在《六祖壇經》裡也找到了一個相映成趣的案例。雖然這篇文章寫於1934年，與前引文同樣超出本部所涵蓋的時段，然而，這並不減其說明的意義：

---

103 Matthew Day, "Reading the Fossils of Faith: Thomas Henry Huxley and the Evolutionary Subtext of the Synoptic Problem," *Church History*, 74.3 (Sep., 2005), pp. 534-556.
104 胡適，〈中國禪學的發展〉，《胡適全集》，9：233。

今試表《壇經》各本的字數，作一個比較：

一、敦煌本　12,000字

二、惠昕本　14,000字

三、明藏本　21,000字

這可見惠昕加了不過二千字，而明藏本比敦煌本竟增加九千字了。這個比較表雖是約略的計算，已可見禪宗和尚妄改古書的大膽真可令人駭怪了。[105]

這個宗教故事層層積累說，胡適在1927年寫〈菩提達摩考〉的時候就已經提出了。胡適所引的例子是菩提達摩見梁武帝的故事。在7世紀道宣的《續高僧傳》、與8世紀淨覺的《楞伽師資記》裡，都沒有達摩見梁武帝的記載。然而，在9世紀初日本僧人帶回國的佛書裡，已經有了這個故事。到了宋代，這個達摩見梁武帝的故事變得更為複雜、奧妙。胡適說，歷史的眼光是透視出這個層層積累現象的法眼：

今試舉達摩見梁武帝的傳說作一個例，表示一個故事的演變的痕跡……這一件故事的演變可以表示菩提達摩的傳說如何逐漸加詳，逐漸由唐初的樸素的史蹟變成宋代的荒誕的神話。傳說如同滾雪球，越滾越大，其實禁不住史學方法的日光，一照便銷溶淨盡了。[106]

胡適用歷史的方法來研究佛教。這自然不是虔信佛教的人所能同意的。他1920年6月9日的日記，記他當天下午在北大的「佛學研究會」演說〈研究佛學的方法〉：「他們很不以為然。他們說佛法是無方分〔注：指空間〕無時分〔注：指時間〕的！哈哈！」[107]

胡適研究佛學的方法為何呢？除了來自於西方、像赫胥黎所示範的「高等考據學」以外，就是扎扎實實地下基本的工夫。我在第五章裡分析了胡適在1920年的時候，跟北大的學生一起努力地學習梵文。他同時也開始閱讀印度哲學的書。1921學年度第一學期，他還幫鋼和泰男爵在他「古印度宗教史」的課上作翻譯。此外，胡適還認真地讀了西洋人研究佛教的基本著作，包括我在第五章已經提到了的法誇爾(J.N. Farquhar)所著的《印度宗教文獻綱要》(*An Outline of the Religious Literature of*

---

105 胡適，〈《壇經》考之二〉，《胡適全集》，4：336。

106 胡適，〈菩提達摩考〉，《胡適全集》，3：328。

107《胡適日記全集》，2：733。

India)。

　　江燦騰認爲胡適在1926年到巴黎和倫敦去看敦煌的卷子以前對禪宗的認識相當有限。他說胡適能在幾天之內就發現神會的材料是一件啓人疑竇的事：

> 　　雖然胡適在1925年1月，已發表其第一篇禪學研究論文〈從譯本裡研究佛教的禪法〉。但此文其實只是根據《坐禪三昧經》的經文，來理解古代印度的「禪法」而已，其全文並未涉及禪宗史的任何重要問題。但是，何以接著的下一年(1926)，他會到巴黎國立圖書館和倫敦大英博物館去查敦煌的禪宗的資料？並且因而發現了他生平學術最重大收穫之一的神會資料？難道說，只是一件意外的收穫嗎？

　　江燦騰認爲胡適去巴黎、倫敦以前對禪宗所知甚少、「水準不高。」可是他卻能在看到敦煌無名的卷子的時候，就馬上斷然地判定那是神會的。這種「跳躍式」的突破，江燦騰覺得未免太不可思議了。他認爲即使是學術的天才，也是不可能發生的[108]。

　　江燦騰所提出來的問題，歸根究柢是一樁引用而不加引注的公案，雖然江燦騰一直克制自己，不願意這麼明白地指控胡適。這也就是說，胡適是否在1926年到巴黎與倫敦去看敦煌的卷子以前，就已經看過日本禪學者忽滑谷快天(1867-1934，日文發音：Nukariya Kaiten)所著的《禪學思想史》？江燦騰懷疑的理由有三：第一、胡適去巴黎與倫敦之前沒有任何跟神會有關的論著；第二、胡適在看了敦煌的卷子以後，才開始在論著裡徵引忽滑谷快天所著的《禪學思想史》；第三也是最啓人疑竇的，是胡適要家人從北京寄忽滑谷快天的《禪學思想史》到倫敦給他。1926年9月25日日記：「到使館，收到家中寄來的《禪學思想史》。略一翻閱，可以與巴黎所見參看……回寓後看《禪學思想史》，頗有所得。」[109]

　　忽滑谷快天的《禪學思想史》是1923年出版的。胡適要家人把該書從北京寄到倫敦給他。這證明了胡適在這以前已經批閱過該書，知道那本書對他看敦煌的卷子有參考的價值。值得注意的是，胡適在9月25日收到家裡寄來的忽滑谷快天的《禪學思想史》的時候，他人已經到了倫敦了。在這之前，他已經發現了神會的語錄了。換句話

---

108 江燦騰，〈薪火相傳：胡適初期禪學史研究的最新動態及其作爲跨世紀現代性宗教學術研究典範的傳承史(1925-2011)再確認〉，發表於台北中央研究院近代史研究所舉辦，「胡適與自由主義：紀念胡適先生120歲誕辰國際學術研討會」，2011年12月16、17日，抽印本頁8-11。
109《胡適日記全集》，4：476。

說，胡適在巴黎的時候，完全是靠自己的功力去發現神會的語錄。忽滑谷快天的《禪學思想史》完全是用作參考而已。然而，正因爲胡適只需要用它拿來作爲參考，就更意味著說他在這之前已經批閱過了。

胡適1926年9月27日的日記就有點不打自招的意味：「忽滑谷快天的《禪學思想史》不很高明，但頗有好材料。」[110]更值得令人回味的是，忽滑谷快天的《禪學思想史》不是胡適唯一手頭需要有的參考書。10月2日日記：「昨天買了一部Farquhar's *An Outline of the Religious Literature of India*〔法誇爾所著的《印度宗教文獻綱要》〕。此書我家中本有。因須參考故重買一部。今夜翻看幾處，頗有所見。」[111]當時胡適已經到了倫敦，在「大英博物館」看敦煌的卷子。法誇爾的書是英文寫的，倫敦就買得到。忽滑谷快天的《禪學思想史》則不然。兩者都是胡適在北京的時候已經讀過，而現在又需要參考的書。

胡適一向就有徵而不引的壞習慣，這我們在本傳裡已經屢見不鮮了。這是胡適不老實的地方，而且這次也不是他的首犯。胡適去巴黎與倫敦以前一定是已經看過忽滑谷快天的《禪學思想史》。江燦騰的這個推論是正確的。事實上，胡適晚年終於承認了。他在1951年9月7日的日記是經典的「胡適體」，表面上看起來是要爲後世留下傳記材料，而其實是要爲自己徵而不引的過愆脫罪：「我在1926年曾讀日本忽滑谷快天（Nukariya Kaiten）〔注：胡適手寫的日文羅馬拼音正確，《胡適日記全集》編者辨識錯誤，誤把Nukariya拼成Nukwriya。〕的《中國禪學史》上下兩冊。此書現已不可得，姑記之。」[112]然而，江燦騰雖然推論胡適之前已經讀過忽滑谷快天的《禪學思想史》，但他卻同時作出胡適對神會的理解有限的錯誤的結論。這原因何在呢？那就是因爲江燦騰只留心胡適出版的作品，而忽略了胡適未出版的筆記和手稿。

就像江燦騰所指出的，胡適去巴黎與倫敦看敦煌的卷子以前只發表過〈從譯本裡研究佛教的禪法〉一篇。然而，胡適到那時候爲止，已經潛心研讀、搜集禪宗的資料有八年的歷史了。胡適1927年1月28日在紐約所記的日記說：「今晚寫講演，到三點多鐘。上床後，看《拾遺錄》一卷。此時我看禪宗書，差不多沒有什麼疑義了。八年的工夫，乃能得此結果。此殊可喜。」[113]從這則日記推算回去，胡適開始潛心研讀佛學或禪宗的歷史，是在1918、1919年間。這也就是說，在他1920年學習梵文以前就

---

110 《胡適日記全集》，4：478。
111 《胡適日記全集》，4：486。
112 《胡適日記全集》，8：599。
113 《胡適日記全集》，4：628。

開始了。

　　雖然胡適有關禪宗的論文都是在1928年以後才陸續發表的，他從1924年已經開始作禪宗的讀書雜記以及寫〈禪宗史草稿〉。特別有意味的是，胡適說禪宗的歷史傳說如同滾雪球一樣，越滾越大，但禪宗和尚的作僞難逃歷史家的法眼。可是，胡適開始寫〈禪宗史草稿〉究竟是何時，他自己卻也是越晚越往前推。他1930年1月6日寫〈跋《頓悟無生般若頌》〉時說：

> 　　我在民國十四年〔1925〕作《禪宗史》稿本，便注意神會的事跡。但當時所得神會遺著，只有一篇顯宗記。我當時對此篇很懷疑，因爲記中已有「西天二十八祖」之說。而我當時不信二十八祖之說起於神會之時，故我不信此記是神會所作……但我現在的主張稍稍改變了。我現在主張二十八祖之說成立雖甚晚，而起來卻在神會生時，也許即是神會所倡。[114]

　　胡適在此處說1925年而不是1924年是可以解釋的。因爲他開始寫禪宗史料長編雖然是在1924年，但寫到神會已經是1925年的事。這可以在他在〈禪宗史草稿：九、神會〉一節後所寫的竣稿日期：「1925年3月4夜」得到佐證[115]。

　　胡適在1930年4月1日所作的〈《神會和尚遺集》序〉裡所說的是正確的：

> 　　民國十三年〔1924〕，我試作《中國禪學史稿》，寫到了慧能，我已很懷疑了；寫到了神會，我不能不擱筆了。我在《宋高僧傳》裡發現了神會和北宗奮鬥的記載，又在宗密的書裡發現了貞元十二年敕立神會爲第七祖的記載，便決心要搜求關於神會的史料。但中國和日本所保存的禪宗材料不夠滿足我的希望。我當時因此得一感想：今日所存禪宗材料，至少有百分之八九十是北宋和尚道原、贊寧、契嵩以後的材料，往往經過種種妄改和僞造的手續故不可深信。我們若要作一部禪宗的信史，必須先搜求唐朝的原料，必不可輕信五代以後改造過的材料。[116]

　　然而，到了胡適1934年12月在日記裡寫他〈1934年的回憶〉的時候，胡適把時間

---

114 胡適，〈跋《頓悟無生般若頌》〉，《胡適全集》，9：205-206。
115 胡適，〈禪宗史草稿〉，《胡適全集》，9：56。
116 胡適，〈《神會和尚遺集》序〉，《胡適全集》，9：210。

錯誤地往前多推了一年：「我在民國十二三年〔1923、1924〕寫《禪宗史》初稿，曾考證《壇經》的各部分的眞僞。」[117]

我們之所以知道胡適是從1924年開始寫禪宗史稿，完全是拜「胡適檔案」之賜。「胡適檔案」裡留下了胡適手寫的殘稿一片：

> 禪宗的史料甚繁重，不容易理出一個頭緒來。今年我一時高興，發願整理禪宗的史料，作爲禪宗史。每日整理一部分，用讀書雜記的體裁寫下來，作爲長編的稿本。將來寫定哲學史時，當另行寫定。胡適。1924、3、12。[118]

胡適在這殘稿一片裡所說的「用讀書雜記的體裁寫下來」的禪宗史料，我們可以在「胡適檔案」裡所殘存的〈胡適的讀書雜記〉得到佐證。這篇〈胡適的讀書雜記〉的手稿有雜記三篇，分別是3月11日、3月17日、4月3日所記的。然而，最重要的是他從該年2月所開始寫的〈禪宗史草稿〉，詳見下文。

江燦騰懷疑胡適到巴黎、倫敦去看敦煌的卷子以前，一定就已經參考過忽滑谷快天的《禪學思想史》。所以他應該已經知道神會，而且也已經知道禪宗分南北兩宗的爭執；所以他在看敦煌的卷子的時候，才能很快地就判定他所看到的無名的語錄是神會的。胡適去巴黎、倫敦以前就已經參考過忽滑谷快天的《禪學思想史》。這一點大概可以不用置疑。然而，胡適去巴黎、倫敦以前就已經知道神會以及禪宗分南北兩宗的爭執，這也可以從胡適手寫的禪宗史料長編裡找到證據。換句話說，江燦騰說胡適此時對禪宗的了解「水準不高」是不正確的。

現在收錄在《胡適遺稿及秘藏書信》或《胡適全集》裡的〈禪宗史草稿〉，是胡適在1924年到1929年之間所寫的。換句話說，就是他到巴黎、倫敦看敦煌的卷子之前與之後所寫的手稿。在數量上來說，去看敦煌的卷子之前所寫的要遠多於之後。去看敦煌的卷子以前所用的稿紙，由於影印的效果不好，必須去「胡適檔案」看原件才能判定。然而，影印清楚的部分，可以看得出來在稿紙的左下角印有「胡適的稿紙」。胡適1927年初回到上海以後所用的稿紙顯然不是自印的。1929年的手稿，左下角都印有「新月稿紙」的字樣。

我們讀胡適的〈禪宗史草稿〉，就可以知道胡適去巴黎、倫敦看敦煌的卷子以

---

117 《胡適日記全集》，7：157。
118 胡適，〈殘稿〉，「胡適檔案」，115-002。

前，他對禪宗的歷史以及神會的了解已經「水準」很高了。比如說，他的〈禪宗史草稿：一、印度二十八祖〉，是1924年2月初稿，1925年3月改稿。他在這篇手稿裡說：

> 禪宗本是一種中國特有的宗派；在歷史上看來，禪宗代表中國佛教史上的一個大革命，種子固然還是從原始佛教裡得來的，而革命的人物完全是中國人。但革命黨是不能不受排斥摧殘的，所以往往有「托古改制」的必要。這是禪宗「印度二十八祖」說所以起來的原因。首倡印度諸祖之說的，不知是誰。我們只知道盛唐、中唐之間已有此說。但印度究竟有幾世，達摩傳自何人？這兩個問題都還沒有完全一致的說法。[119]

又：

> 二十八世之說，謂師子與達摩之間尚有三代祖師……此說全無根據，全出於捏造。捏造的人是誰呢？我們猜想是慧能的大弟子神會。[120]

胡適對禪宗在中國佛教史上的「革命」的意義，以及神會在這個革命裡所扮演的角色的認識在這時已經奠定了。比如說，他在1924年2月28日寫〈禪宗史草稿：三、慧可〉條裡，已經指出在二祖慧可的時代：「此宗為革命的宗派，故在當時頗受攻擊。」[121]

有關禪宗南北的爭執，胡適在1925年3月5日寫成的〈禪宗史草稿：八、神秀〉條裡已經說了：「時慧能在南方，世號南宗；神秀在北方，世號北宗……此可見八世紀的禪宗還是北宗的漸教。」[122]

至於神會，胡適更是已經在1925年3月4夜寫成的〈禪宗史草稿：九、神會〉條裡說了：

> 大概神會在當日為推行南宗的一員急先鋒。他進行太驟，排斥北宗太過，致有盧奕的彈奏，均部的放逐。幸戰禍忽起，神會得乘時立功，恢復已失的

---

119 胡適，〈禪宗史草稿〉，《胡適全集》，9：7。
120 胡適，〈禪宗史草稿〉，《胡適全集》，9：10。
121 胡適，〈禪宗史草稿〉，《胡適全集》，9：26。
122 胡適，〈禪宗史草稿〉，《胡適全集》，9：47、48。

地位，南宗也借他的勢力得逐漸發展……以上的材料採自《宋高僧傳》……
這書頗能徵集原料，原料雖未必都可靠，總比後人杜撰的假史料好的多多。
即如神會的一篇傳，寫他傳教之功，寫他是一個能組織的宗教政客，可算是
一種很好的史料。我們再看《景德傳燈錄》──1004-1007年吳僧道原所
編──神會一傳，只三百三十五字，機緣話頭便占了一大半。其中多是後人
添造的假話……禪宗書往往把後世機緣話頭倒裝到古先師傳記裡去。《傳燈
錄》裡，印度諸祖多有機緣話頭。這是顯然的偽造。但盛唐諸先師傳記裡的
話頭，便很少人能知是偽造的了。其實機緣問答的風氣起來很晚，不可誣賴
古人。我們所以借神會一傳，給讀禪宗史者下一種警告。[123]

　　此外，胡適的〈禪學古史考〉雖然是1928年7月竣稿，首先在《新月》上發表，
後來收在1930年9月出版的《胡適文存》第三集裡。然而，〈禪學古史考〉的起草，
顯然是他1926年到巴黎、倫敦看敦煌卷子以前就已經開始了。根據胡適1928年8月1日
的日記(注意黑體字)：「昨夜作完〈禪學古史考〉一篇，討論《付法藏傳》以前的禪
學史料。**此稿作於幾年前**。近日修改放大，交《新月》發表。」[124]

　　我舉出這些例子，目的在說明胡適去巴黎、倫敦看敦煌的卷子以前，已經對禪宗
發展的歷史有了相當程度的了解。然而，好借他山之石來攻玉的胡適，就是難改其牽
強附會的習性。比如說，他從1924年開始寫、到1925年3月4日寫成的〈禪宗史草稿：
七、慧能〉條裡說：「我以為神會的〈顯宗記〉大概是《壇經》的一個來源……《壇
經》……〈付囑品〉大概是用神會的〈六葉圖〉等雜編起來的。這七品大概是采摭
〈顯宗記〉〈六葉圖〉一類的記載而成的。《壇經》有極幼稚的部分，如後三品；也
有很高明的部分，如〈懺悔品〉……最精彩的〈懺悔品〉，讀起來竟像《新約》中耶
穌的〈山上的說法〉……「若修此行，是自歸依。凡夫不會，從日至夜，受三歸戒。
若言歸依佛，佛在何處？若不見佛，憑何所歸？言卻成妄。善知識，各自觀察，莫錯
用心。經文分明言自歸依佛，不言歸依他佛。自佛不歸。無所依處。」此與耶穌〈山
上說法〉中所謂「天國在你心裡」的教訓，同一是當頭猛喝，向裡提撕[125]。

　　胡適在此處所說的〈山上說法〉，就是〈聖山寶訓〉(Sermon on the Mount)，是
《新約聖經》裡最重要的一段，也是胡適一生幾次為之落淚、最讓他感動的一段。胡

---

123 胡適，〈禪宗史草稿〉，《胡適全集》，9：55-57。
124《胡適日記全集》，5：293。
125 胡適，〈禪宗史草稿〉，《胡適全集》，9：38、39、43-44。

適借《聖經》之他山之石來攻禪宗之義，於此可見其一斑。然而，其更凸顯出來的，是胡適牽強附會的壞習慣。如果〈聖山寶訓〉跟《壇經》裡的〈懺悔品〉有什麼相像的地方，就只有兩者講道的地點都是在山上。〈聖山寶訓〉的起首說：「當他〔耶穌〕看見眾人的時候，他就走上山上。他坐了下來。等門徒都聚集在他身旁的時候，他就開始布道。」[126]〈懺悔品〉的起首則說：「時，大師見廣韶洎四方士庶，駢集山中聽法，於是升座告眾曰。」[127]

除了這「山上說法」在地形環境上的神似以外，〈聖山寶訓〉與〈懺悔品〉所各自代表的，完全是風馬牛不相及的兩個宗教傳統。當然，所有宗教都是講求倫理道德的。耶穌不但要大家遵守律法，而且要大家打從心裡不動邪念，嚴苛到他說如果右眼對一個女性起了淫心，就把那右眼挖出來丟掉的地步。同樣地，〈懺悔品〉要大家「無非、無惡、無嫉妒、無貪瞋、無劫害。」然而，去找出這種所有宗教都具有的最大公分母，並無助於我們對個別宗教的認識。套用胡適的話來說，那就彷彿說中國人「看起來竟像」美國人，有五官、軀幹和四肢！然而，這對我們了解中國人和美國人的異同有什麼幫助呢？

胡適說〈聖山寶訓〉裡有「所謂『天國在你心裡』的教訓」。這個「天國在你心裡」的教訓，用來形容〈懺悔品〉也許還算適切，因為這就是〈懺悔品〉所講的道理：「自度自戒」、「各個自度。邪來正度，迷來悟度，愚來智度，惡來善度。如是度者，名為真度」、「今既自悟，各須歸依自心三寶。內調心性，外敬他人，是自歸依也」、「向者三身法，在自性中，世人總有。為自心迷，不見內性。外覓三身如來，不見自身中有三身佛。汝等聽說，令汝等於自身中見自性有三身佛。此三身佛，從自性生，不從外得」、「自心歸依自性，是歸依真佛」。

〈聖山寶訓〉則不然。即使耶穌教誨大家要不虛偽、要能愛人、要有智慧、要能辯是非，甚至教誨大家要能愛敵人、要能「人批其右頰，再以左頰就之」。然而，〈懺悔品〉裡所謂「自度自戒」、「此三身佛，從自性生，不從外得」、「自心歸依自性，是歸依真佛」的道理，從基督教的角度來看，絕對是異端邪說的。〈聖山寶訓〉要信徒一切聽命於天父、「積財寶在天」。其所意味的是一個不可妥協的原則，亦即，信徒必須匍匐在上帝的跟前以贏得上帝的歡心。

---

126 "Matthew," 5.1-2, *The New English Bible: The New Testament* (New York: Oxford University Press, 1971), p. 6.

127 《六祖大師法寶壇經》，〈懺悔品〉第六，http://www.daode.org/rdbook/lztj/06.htm，2012年5月14日上網。

　　無論如何，從以上所引的〈禪宗史草稿〉這些筆記來看，胡適到巴黎和倫敦去看敦煌的卷子的時候，對禪宗的歷史已經有了相當的認識。從這個角度來說，胡適訴說他自己早期研究禪宗的心路歷程是可以相信的。胡適在這方面的「夫子自道」，最典型的是他在1932年用英文所發表的〈中國禪宗發展史〉(Development of Zen Buddhism in China)：

> 　　我在過去幾年之間試圖要找出這個故事〔注：禪宗的傳承〕的材料，並考證其可信度。從一開始我就很懷疑。首先，因為我發現這個故事所根據的材料都是後來的；沒有一件是在西元一千年以前的，亦即，菩提達摩來華以後的五百年，慧能(卒於713年)以後的三百年。這些材料跟西元七世紀以前的歷史材料根本就湊不攏。
>
> 　　其次，那禪宗西天二十八祖的世系有好幾個不同的說法。唐朝傳到日本而現在仍保存在日本的世系名單，跟西元1062年(宋仁宗嘉祐七年)奉敕入藏——這是迄今在中國被接受的世系——的名單不符。最後，讓我困擾著的，是這個簡單的禪宗起源和發展的故事，不能清楚地交代中國佛教發展的歷史，以及禪宗在佛教演化史裡的地位。
>
> 　　如果禪宗只是菩提達摩在西元六世紀初年傳到中國的一個宗派，則我們如何解釋道宣(卒於667年)的《續高僧傳》裡已經列有133名——包括菩提達摩和慧可——禪師？這表明了在西元七世紀中葉，菩提達摩跟慧可只是當時禪宗運動裡的一個宗派而已。因此，如果我們要了解禪宗的真歷史，我們就必須去了解菩提達摩只不過是其中的一部分的整個禪宗的運動。[128]

　　換句話說，胡適之所以會去巴黎、倫敦讀敦煌的卷子，是因為他要去尋找宋朝以前的歷史材料。江燦騰說胡適當時對禪宗史的了解「水準不高」是不正確的。胡適在巴黎能夠一下子就判斷他所看到的那些無名稿是神會的，就是因為他長期浸淫於其中的結果。江燦騰引胡適在〈《神會和尚遺集》序〉裡所說的話：「民國十三年，我試作《中國禪學史稿》，寫到了慧能，我已很懷疑了；寫到了神會，我不能不擱筆了。」他的按語是說：「由於胡適的這份草稿內容如何，誰也沒見過，所以無法了解

128　Hu Shih, "Development of Zen Buddhism in China,"《胡適全集》，36：642-643。

他是如何探討的。」[129]殊不知這份草稿就是現在已經出版的「胡適檔案」裡的〈禪宗史草稿〉。江燦騰的這個誤判，其所反映的就是許多治思想史的人的一個通病。他們以爲作思想史只要看傳主出版的論文與專書就可以了。殊不知傳主思想的起源、變化，與凝固的軌跡，往往是必須從手稿裡去追尋出來的。

胡適在這篇〈禪宗史草稿〉裡是否參考了忽滑谷快天的《禪學思想史》，我們沒有證據。然而，就像我在本傳裡所屢屢指出的，胡適徵而不引的地方所在多有。他在這篇〈禪宗史草稿〉裡唯一徵引的著作，是納立曼(J.K. Nariman)所著的《梵文佛教文學史》(*Literary History of Sanskrit Buddhism*)[130]。

胡適第一次徵引忽滑谷快天的《禪學思想史》，是在他1927年8月21日所寫成的〈菩提達摩考〉。在此之前，胡適在1925年所寫的〈從譯本裡研究佛教的禪法〉裡徵引了伊里特(Charles Eliot)所著的《印度教與佛教的歷史概述》(*Hinduism and Buddhism: An Historical Sketch*)[131]。胡適必須徵引伊里特，因爲他引用了伊里特的梵文英譯。胡適在1928年7月寫的〈禪學古史考〉裡，除了徵引忽滑谷快天、伊里特以外，也徵引了日本佛教學者南條文雄1883年用英文在英國出版的《大明三藏聖教目錄》(Nanjō Bunyū, *A Catalogue of the Chinese Translation of the Buddhist Tripitaka, the Sacred Canon of the Buddhists in China and Japan*)。南條文雄這本書，胡適可能是從法誇爾所著的《印度宗教文獻綱要》裡所得知的。無論如何，由於胡適徵而不引的壞習慣，我們要眞正知道胡適到底參考了什麼作者的什麼觀點，唯一入手之道，就是一一去比對。有關胡適的佛教、禪宗研究方面，我在此就不作這打破沙鍋問到底的工作了。

胡適1926年到巴黎和倫敦去看敦煌的卷子的時候，已經浸淫於禪宗史的研究有八年的歷史了。然而，即使如此，胡適還是看漏了一個極其重要的資料，亦即《壇經》。有趣的是，這份那麼重要的資料，胡適爲什麼在倫敦的時候會對它失之交臂呢？胡適的解釋也是越晚越詳盡的。可能他年輕的時候，太懊惱了，仍然無法心平氣和地來回憶這件事。他的〈海外的中國佛教史料〉的手稿，《胡適遺稿及秘藏書信》以及《胡適全集》的主編把它係爲寫作年代不明。我根據他所用的稿紙的色澤與其他

129 江燦騰，〈薪火相傳：胡適初期禪學史研究的最新動態及其作爲跨世紀現代性宗教學術研究典範的傳承史(1925-2011)再確認〉，抽印本頁12。

130 徵引處參見胡適，〈禪宗史草稿〉，《胡適全集》，9：27。J.K. Nariman, *Literary History of Sanskrit Buddhism* (Bombay: Motilal Banarsidass Publishers PVT. LTD., 1921).

131 徵引處參見胡適，〈從譯本裡研究佛教的禪法〉，《胡適全集》，3：308、311。Charles Eliot, *Hinduism and Buddhism: An Historical Sketch* (London: Routledge & Kegan Paul, 1921).

同時期的手稿來判斷，是1928年的手稿。根據他在這篇〈海外的中國佛教史料〉裡的回憶：

> 我在歐洲核查敦煌卷子，竟不曾見一卷提及《壇經》的。回到日本，遇見高楠順次郎博士，才知道矢吹博士在倫敦發現一卷敦煌寫本的《壇經》。後來在矢吹先生家裡見著影印本，首尾完具，驚為一大發現。後來我託Dr. Lionel Giles〔翟林奈〕為我影印了一本。這是最古的《壇經》本子。[132]

胡適在1930年4月1日所寫的〈《神會和尚遺集》序〉裡仍然語焉不詳：

> 十六年歸國時，路過東京，見著高楠順次郎先生、常盤大定先生、矢吹慶輝先生，始知矢吹慶輝先生從倫敦影得敦煌本壇經，這也是禪宗史最重要的材料。[133]

一直到1958年，在一篇神會和尚遺著的校寫後記的未完手稿裡，胡適才詳盡地說明他當時失之交臂的原因，是因為太匆匆翻看五千張目錄卡而看漏了。我為什麼說這篇未完稿是1958年寫的呢？因為胡適在文章的起頭，說他在1926年發現神會是三十二年前的事。1926加32就是1958。胡適回憶說：

> 倫敦的英國博物院裡藏的斯坦因（Sir Aurel Stein）在1907年從敦煌取來的寫本，有一部目錄卡片，共有五千目。我在9月28日的日記裡說：
> 在博物院翻看敦煌寫本目錄片……兩天已翻了一千多號。其中幾乎全是習見的經典。《法華》、《般若》、《涅槃》、《金剛》、《金光明》為最多。於我有用的史料很少。
> 到10月11日，我翻完了目錄五千片，還是感覺失望。這兒也有一卷《楞伽師資記》，也有一卷《歷代法寶記》，可以用來校勘巴黎的兩卷。但巴黎藏的三個神會殘卷，倫敦都沒有別本。
> 很可能的是我翻看目錄卡片太匆忙了，不免有遺漏。七個月之後，我在日

---

132 胡適，〈海外的中國佛教史料〉，《胡適全集》，9：38、135。
133 胡適，〈《神會和尚遺集》序〉，《胡適全集》，9：211。

本才聽說，日本學者矢吹慶輝先生在我到倫敦之前，曾在英國博物院挑出一些敦煌寫本照了相片回去，其中有《南宗頓教最上大乘摩訶般若波羅蜜經：六祖大師於韶州大梵寺施法壇經》一卷。這一卷最古寫本《壇經》，我當時竟沒有知道。英國博物院專管敦煌寫本的Dr. Lionel Giles〔翟林奈〕也沒有提起這一件最難得的寶貝。我舉這一件事，表示我當年時間太匆忙，可能有很重大的遺漏。[134]

胡適在巴黎發現神會的語錄，這是他一輩子最愛津津樂道的一件大事之一。用他在〈海外讀書雜記〉裡的話來說：「從此世間恢復了兩卷《神會語錄》的古本，這是我此行最得意的事！」[135]用他晚年在校寫神會遺集的〈校寫後記〉裡的話來說：

> 我曾在宗密的《圓覺經大疏抄》的神會略傳裡，第一次讀到《南宗定是非論》的名字……在宗密的心目中，神會和尚真是一位批龍鱗、履虎尾、「殉命忘軀」的大英雄；是一位隻手空拳打倒那「二京法祖，三帝門師」的「北祖」的大革命家。在這一段略傳裡，我們又可以知道，神會推倒「北宗」，建立「南宗」的大事業的一部分，大概記錄在一部《南宗定是非論》裡。然而宗密以後，大家漸漸把那位革命大英雄神會忘記了。他那篇《南宗定是非論》竟完全沒有人知道了。
>
> 現在，在一千一百多年之後，在巴黎國家圖書館的寫本室裡，我居然看見神會和尚的《菩提達摩南宗定是非論》的標題全文，居然得讀這篇「為天下學道者辯其是非，為天下學道者定其宗旨」的挑戰文字、革命文字！[136]

神會語錄的發現是胡適1926年歐洲之行最大的斬獲。八年浸淫沉潛的工夫，終於讓胡適能在巴黎、倫敦讀敦煌卷子的時候施展他的身手。如果他發現神會的語錄，看似得來全不費功夫，那完全不意外，完全是拜他八年來用功之所賜。就在這個浸淫沉潛工夫的基礎之上，神會語錄的發現，造就了胡適禪宗研究的貢獻。有關這個故事，請待下回分曉。

---

134 胡適，〈關於神會和尚的材料校寫後記〉，《胡適全集》，9：694。請注意：《胡適全集》所收錄的這篇文章把起始的「三」字給脫漏了，應該是「三十二年前發現神會的故事」，卻誤成了「十二年前發現神會的故事」。
135 胡適，〈海外讀書雜記〉，《胡適全集》，3：380。
136 胡適，〈關於神會和尚的材料校寫後記〉，《胡適全集》，9：692。

實證史學方法的成型

　　我在《璞玉成璧》裡已經詳細地分析了胡適的哲學思想是實驗主義其表、而實證主義其實。他在康乃爾大學接受了五年的唯心主義哲學的教育，其所造成的反作用是讓他一輩子厭惡唯心哲學，一輩子以打「玄學鬼」作爲他的職志。這種反動，就好像他在留美初期差一點變成基督教徒而後一輩子反基督教的反應如出一轍。他痛恨唯心論，用他1930年2月15日日記裡的話來說：「哲學會聚餐，朱光謹先生讀一篇論文，題爲〈超越的唯心論〉，引用Nelson〔Leonard Nelson, 1882-1927，訥爾生，德國數學、哲學家〕證明Kant〔康德〕的哲學的新方法。這班所謂哲學家眞是昏天黑地！」[137]

　　問題是，「胡適說過就算主義」在研究者心裡已經到了習而不察的地步。大家不但胡云亦云、人云亦云地說他的哲學思想是實驗主義的。胡適甚至不需要告訴人家說他的史學方法是哪一個家法。他只需要說他《紅樓夢》的考證只不過是「赫胥黎、杜威方法的實際運用」，他只需要祭出「方法」這兩個字，就好像魔棒一揮，大家就用「索隱」的方法，去證明他的史學方法果然是杜威的、果然是實驗主義的。套用胡適在〈《紅樓夢》考證〉裡譏詆《紅樓夢》「索隱派」的話來說：他們不去搜求那些可以考定胡適史學方法的材料，卻去收羅許多不相干的零碎史事來附會實驗主義的情節；他們並不曾做胡適史學方法的考證，其實只做了許多實驗主義的附會！

　　我在《璞玉成璧》裡，已經詳細地分析了胡適實證史學的濫觴是在康乃爾大學。更重要的是，我強調胡適在哥倫比亞大學最大的成就，既不在於他成爲杜威的入室弟子，也不在於他把實驗主義納入他取經的行囊裡，而是在於他成功地匯通了中國和西方的考證學。他的《先秦名學史》就是最好的明證。而胡適的這個成就，都完全與哥倫比亞大學或杜威無關。胡適史學方法的奠基，在康乃爾大學。康乃爾大學的布爾教授，是胡適史學方法的啓蒙老師。

　　誠然，胡適的考據癖是其來有自，是遠在他到美國留學以前就已經有的了。胡適在1916年12月26日的一則日記說：「吾治古籍，盲行十年，去國以後，始悟前此不得途徑。辛亥年作〈詩經言字解〉，已倡『以經說經』之說，以爲當廣求同例，觀其會通，然後定其古義。吾自名之曰『歸納的讀書法』。」[138]胡適是1910年留美的。如

---

137 《胡適日記全集》，6：108。
138 《胡適日記全集》，2：447。

果他「去國以後，始悟前此不得途徑」，則他治古籍「盲行十年」的開始是在1900年。這也就是說，是他還不滿九歲，還在家鄉念私塾的時候。換句話說，胡適的考證學先經過了他自己「閉門造車」——「盲行十年」——的階段。接著，在辛亥年作〈詩經言字解〉以後，開始提倡「以經說經」的「歸納的讀書法」。然後，在康乃爾大學布爾教授的實證主義史學方法的教導之下，更上了一層樓，奠定了他到哥倫比亞大學完成他匯通中西考證學的《先秦名學史》的基礎。

在胡適匯通中西考證學的同時，他的實證史學方法也隨之成型。我們之所以能夠很幸運地追溯胡適實證主義史學的成型，完全是因爲他在《中國哲學史大綱》上卷的〈導言〉裡留下了線索。胡適說他寫《先秦名學史》、《中國哲學史》，都是受到杜威思想的指導。我在《璞玉成璧》裡說事實並非如此。胡適糅雜挪用的傾向在在地反映在他在《中國哲學史大綱》上卷〈導言〉裡所列出來的參考書目裡。那些參考書裡，包括了新康德派的溫德爾班(Wilhelm Windelband)所著的《哲學史》(*A History of Philosophy*)，以及實證主義派的法國郎格盧瓦(Charles-Victor Langlois)、塞諾博(Charles Seignobos)所合寫的《史學導論》(*Introduction to Historical Studies*)。在那個參考書目裡唯一缺席的，就是杜威的實驗主義。

要了解胡適的史學方法的形成，郎格盧瓦、塞諾博的《史學導論》是一把鎖鑰。當然，在他往後的歲月裡，胡適的史學方法會日臻成熟，在許多方面，甚至可以說是超越了郎格盧瓦、塞諾博所給他的影響。然而，胡適一輩子在史識、史法上的幾個基本的重要假定，都可以在郎格盧瓦、塞諾博的《史學導論》裡找到雛形[139]。

第一，歷史就是文件學。郎格盧瓦、塞諾博對歷史知識所下的定義是：「文件是歷史知識唯一的來源。」[140]他們又說：「歷史家所賴以工作的是文件。文件是過往人們的思想和行動所留下來的痕跡。」[141]胡適在《中國哲學史大綱》裡說：「史料若不可靠，所作的歷史便無信史的價值。」[142]值得注意的是，胡適在這裡所說的「史料」，指的完全是文字史料。1921年7月底，胡適在南京演講的時候，仍然還沒有掙脫歷史就是文件學的看法。他說章學誠說「六經皆史」，他則要進一步說「一切

---

139 本節內容的大要已經在筆者先前的一篇論文裡發表過。請參見江勇振，〈胡適史學方法論的形成〉，李金強編，《世變中的史學》(桂林：廣西師範大學出版社，2010)，頁43-49。

140 Charles-Victor Langlois and Charles Seignobos, *Introduction to Historical Studies*, tr., G. G. Berry (New York: Henry Holt and Company, 1926), p. 217.

141 Charles-Victor Langlois and Charles Seignobos, *Introduction to Historical Studies*, p. 17.

142 胡適，《中國哲學史大綱》，《胡適全集》，5：206。

古書皆史也。」[143]

　　然而，胡適很快地就超越了郎格盧瓦、塞諾博，認識到文字史料不足以概括一切。他從西方漢學家從音韻學、方言的調查，以及從安陽考古挖掘的發現，了解到文字以外資料的重要性。就像郎格盧瓦、塞諾博的學生布洛克(Marc Bloch)所說的，他的老師太過執著於官書或學者所留下來的文件。布洛克認為更有價值的毋寧是那些既不為述學，也不為明志，卻又可以讓我們「套出」連它們自己都不自知其有的寶藏的資料[144]。胡適的看法也會逐漸如是，雖然仍然以文字為中心。比如說，他在1928年7月31日〈中國書的收集法〉的演講裡，就提倡「雜貨店的收書法」。

　　所謂的「雜貨店的收書法」，胡適說：「明白地說，就是無書不收的收書法。不論甚麼東西，只要是書，就一律都要。」這個「雜貨店的收書法」，名字聽起來很不起眼。然而，究其原則，胡適說，就是用歷史的眼光來收書：

> 從前紹興人章學誠(實齋)說：「六經皆史也。」人家當初，都不相信他，以為是謬論。用現在的眼光來看這句話，其實還幼稚得很。我們可以說：「一切的書籍，都是歷史的材料。」

胡適進一步地引申說：

> 虞洽卿家裡的禮單是歷史，算命單也是歷史。某某人到某某地方去算命，就表示在民國某年某月某日還有人算命，是很好的一種社會歷史和思想史料。《三字經》和《百家姓》，好像沒有用了，其實都是史料。假如我做一部《中國教育史》，《三字經》和《百家姓》，就占一個很重要的地位，必須研究他從什麼時候起的，他的勢力是怎麼樣。又像描紅的小格子，從前賣一個小錢一張，他在什麼時候起的，什麼時候止的，都是教育史上的好材料，因為從前讀書，差不多都寫這種字的……至於八股文乃是最重要的文學史料、教育史料、思想史料、哲學史料。所謂灘簧、唱本、小熱昏，也是文學史料，可以代表一個時代的平民文字。諸位要知道文學中最重要的一部分，乃是大多數人最喜歡唱、喜歡念、喜歡做的東西。還有看相的書，同道

---

143 《胡適日記全集》，3：234。
144 Marc Bloch, *The Historian's Craft*, tr., Peter Putnam (New York: Alfred A. Knopf, 1953), pp. 60-64.

士先生畫的符、念的咒，都是極好的社會史料和宗教史料、思想史料。婚姻禮單，又是經濟史料和社會史料。講到賬簿，可以說是經濟史料。比方你們要研究一個時代的生計，如果有這種東西做參考，才能有所根據，得到正確的答案……我記得我十歲十一歲時記賬，豆腐只是三個小錢一塊。現在拿賬簿一看，總得三個銅板一塊，在這短短的時期中，竟增加到十倍。數十年後，如果沒有這種材料，哪裡還會知道當時經濟的情況。倘使你有關於和尚廟尼姑庵等上吊的材料，你也可收集起來，因為這是社會風俗史的一部。

同樣地，「《金瓶梅》這一部書，大家以為淫書，在禁止之列，其實也是極好的歷史材料。」胡適解釋說：

> 我們的確應該知道王陽明講些什麼學說，而同時《金瓶梅》中的東西亦應當知道的。因為王陽明和《金瓶梅》同是代表15世紀到16世紀一般的情形，在歷史上，有同樣的價值。無論是破銅爛鐵、竹頭木屑、好的壞的，一起都收。要知道歷史是整個的，無論哪一方面缺了，便不成整個。少了《金瓶梅》，知道王陽明，不能說是知道16世紀的歷史；知道《金瓶梅》，去掉王陽明，也不能說是知道16世紀的歷史。因此聖諭廣訓是史料，《品花寶鑑》也是史料，因為他講清朝一種男娼的風氣，兩者缺了一點，就不能算完全。我們還要知道歷史是繼續不斷的變遷的，要懂得他變遷的痕跡，更不能不曉得整個的歷史是怎樣。[145]

「無論是破銅爛鐵、竹頭木屑、好的壞的，一起都收。」這句話當然只是一個比喻，意思就是指不管好壞，只要是文字，就統統都收。這就說明了一個人的信念可以根深柢固的。一直到他過世為止，胡適每談到史料的搜集與保存，他還是不自覺地局限在文字的史料。比如說，他1953年1月6日在臺灣文獻委員會歡迎會上作了〈搜集史料重于修史〉的演講。顧名思義，他講的還是「文獻」的搜集：

> 我的意思是說搜集資料、保藏原料、發表原料這些工作，比整理編志的工作更重要。譬如說，「二二八」事變是一個很不愉快的事。現在距離的時間

---

145 胡適，〈中國書的收集法〉，《胡適全集》，13：92-108。

很短，在臺灣是一件很重要的問題，在這個時候不能不討論這個問題。但討
論時不免有許多主觀的見解。而關於這件事，就有許多材料不能用、不敢
用，或者不便用。在這樣的情形下，與其寫一部志書，在方志中很簡單的將
「二二八」事件敘述幾遍，遠不如不去談它，不去寫書，而注重在保藏史料
這一方面，使真實的材料不致毀滅，而可以發表的就把它發表。[146]

第二，歷史用的證據法則。郎格盧瓦、塞諾博說：「我們在了解了文件作者的意
思以後，我們要問：一、他想說的是什麼？二、他是否相信他自己說的話？三、他所
採的信念可否成立？等我們做到了最後的這一步，我們的文件就具有了等同於客觀科
學的材料的地位。」[147]胡適在〈古史討論的讀後感〉裡說：

　　我們對於「證據」的態度是：一、這種證據是在什麼地方尋出的？二、什
麼時候尋出的？三、什麼人尋出的？四、依地方和時候上看起來，這個人有
做證人的資格嗎？五、這個人雖有證人資格，而他說這句話有作偽(無心
的，或有意的)的可能嗎？[148]

第三，由於歷史用的是證據法則，如果我們能從校勘、訓詁、辨偽、做到求真的
地步，歷史就成為科學了。郎格盧瓦、塞諾博以方法是否理性來論斷一個學科的科學
性，他們說歷史家做研究的習慣「是否理性與適切，對他們的科學工作的成果有直接
的影響」[149]。胡適在〈清代學者的治學方法〉所揭櫫的，就是這個郎格盧瓦、塞諾
博所說的校勘、訓詁、辨偽歷史文件的科學方法：

　　這幾條隨便舉出的例，可以表示漢學家的方法。他們的方法的根本觀念可
以分開來說：
　　一、研究古書，並不是不許有人有獨立的見解，但是每一種新見解，必須
有物觀〔客觀〕的證據。
　　二、漢學家的「證據」完全是「例證」。例證就是舉例為證⋯⋯

146 胡適，〈搜集史料重于修史〉，《胡適全集》，13：628-632。
147 Charles-Victor Langlois and Charles Seignobos, *Introduction to Historical Studies*, p. 67.
148 胡適，〈古史討論的讀後感〉，《胡適全集》，2：110。
149 Charles-Victor Langlois and Charles Seignobos, *Introduction to Historical Studies*, p. 104.

　　三、舉例作證是歸納的方法。舉的例子不多，便是類推(analogy)的證法。舉的例多了，便是正當的歸納法(induction)了。類推與歸納，不過是程度的區別，其實他們的性質是根本相同的。

　　四、漢學家的歸納手續不是完全被動的，是很能用「假設」的。這是他們和朱子大不相同之處。他們所以能舉例作證，正因爲他們觀察了一些個體的例子後，腦中先已有了一種假設的通則，然後用這通則包涵的例來證同類的例。他們實際上是用個體的例來證個體的例，精神上實在是把這些個體的例所代表的通則，演繹出來。故他們的方法是歸納和演繹同時並用的科學方法。[150]

胡適在1958年的〈歷史科學的方法〉演講裡又說：

　　正因爲歷史科學上的證據絕大部分是不能再造出來做實驗的，所以我們做這門學問的人，全靠用最勤勞的工夫去搜求材料，用最謹嚴的方法去批評審查材料……歷史科學的方法不過是人類常識的方法，加上更嚴格的訓練，加上更謹嚴的紀律而已。[151]

　　細心的讀者如果覺得胡適這最後一句話似曾相識：「歷史科學的方法不過是人類常識的方法，加上更嚴格的訓練，加上更謹嚴的紀律而已。」她的感覺是正確的。這句話是赫胥黎在1854年的〈博物學的教育價值〉一文裡，對科學所下的定義，只是，胡適徵而不引成性，不加注明而已。胡適發現赫胥黎這句話的歷史，請參閱我在第二章的分析。

　　第四，研究歷史需要先有繡花針的訓練。文件既然是歷史知識的素材，考據既然是歷史之所以能成爲科學的先決條件，則所有有志於史學工作者都必須經過郎格盧瓦、塞諾博所說的嚴格的「學徒訓練」(technical apprenticeship)，這包括依研究專題所須的輔助學科的訓練，也包括嚴謹的研究態度和方法。

　　胡適1922年2月在校完了他《章實齋年譜》以後，在日記裡形容這本年譜的工作，「給了我一點拿繡花針的訓練。」[152]他在1931年9月給吳晗的信，勸他作明史，

---

150 胡適，〈清代學者的治學方法〉，《胡適全集》，1：373。
151 胡適，〈歷史科學的方法〉，《胡適全集》，13：684。
152 《胡適日記全集》，3：446。

理由是：「晚代歷史，材料較多，初看去似甚難，其實較易整理，因爲處處腳踏實地，但肯勤勞，自然有功；凡立一說進一解，皆容易證實，最可以訓練方法……請你記得：治明史，不是要你做一部《新明史》，只是要你訓練自己作一個能整理明代史料的學者。」[153]一直到胡適的晚年，他仍然愛津津樂道史學方法「訓練」的好處。1943年5月25日，他寫信給王重民，談起他在爲《清代名人傳》(*Eminent Chinese of the Ching Period*)寫〈序〉。他說這本傳選了八百個人，花了「十幾萬美金，八九年的心血，五十個學人的合作，……原意本有大家得訓練的意思，用力最多最久諸人，如房〔兆楹〕君伉儷，其所得訓練之益當亦最大，甚可羨也。」[154]

　　第五，胡適晚年常愛提的四字訣「勤、謹、和、緩」，也可以在郎格盧瓦、塞諾博的書裡找到先聲。郎格盧瓦、塞諾博除了一再提醒史學工作者不能急於解釋、遽下結論以外，還諄諄善誘地說：「俗話說得好，耐心是學者的美德。不要操之過急，要採取以觀望爲上的態度，與其作得不好，不如暫擱一旁。這些箴言容易說，但不容易讓沒有和緩性情的人所遵守……眞正的學者是和緩、靜謹、戒愼的人。」[155]

　　胡適談治學的方法，年輕的時候喜歡說：「大膽的假設，小心的求證。」然而，到了他晚年的時候，他則喜歡強調他「勤、謹、和、緩」的四字訣。這個四字訣是胡適晚年在信中、在演講裡所最常說的話。就以他1943年5月30日給王重民的信爲例：

> 《三朝名臣言行錄》(卷十二，頁三〇五)記劉安世自述初登第時與兩個同年去謁李若穀參政。三人同請教，李曰：「若穀自守官以來，常持四字，曰『勤、謹、和、緩』。」我十年前曾借用此四字來講治學方法。「勤」即是來書說的「眼勤手勤」，此是治學成敗第一關頭。凡能勤的，無論識小識大，都可有所成就。「謹」即是不苟且，一點一筆不放過，一絲一毫不潦草。舉一例、立一證、下一結論，都不苟且，即謹，即是愼。「和」字，我講作心平氣和，即是「武斷」的反面，亦即是「盛氣凌人」的反面。進一步看，即是虛心體察，平心考查一切不中吾意的主張、一切反對我或不利於我的事實和證據。拋棄成見，服從證據，舍己從人，和之至也。劉安世原文說：「其間一後生應聲曰，『勤、謹、和，現聞命矣。緩之一字，某所未聞！』」我說「緩」字在治學方法上十分重要。其意義只是從容研究，莫匆

153　胡適致吳晗，1931年9月12日，《胡適全集》，24：608。
154　胡適致王重民，1943年5月25日，《胡適全集》，24：624。
155　Charles-Victor Langlois and Charles Seignobos, *Introduction to Historical Studies*, pp. 126-127.

遽下結論。凡證據不充分時，姑且涼涼去，姑且「懸而不斷」。英文的
"Suspension of judgment"，即是暫且懸而不斷。此事似容易而實最難。科學
史上最有名的故事是達爾文得了他的生物演變的通則之後，幾十年中繼續搜
求材料，積聚證例，自以為不滿意，不敢發表他的結論。又如治梅毒的藥，
名「六〇六」，是試驗六百零六次的結果；其名「九一四」者，是試驗九百
十四次的結果。此皆是「緩」的精神。凡不肯懸而不斷的人，必是不能真做
到勤、謹、和三個字的。[156]

第六，甚至胡適喜歡說的赫胥黎教他怎樣懷疑，也都可以在郎格盧瓦、塞諾博的
書裡找到種子。他們說：「所有科學的起點是有法度的懷疑(methodical doubt)。所有
還沒經證實的，都必須暫時存疑；只有拿得出理由來證實的說法，才可以被接受。把
這個道理用在分析文件裡的文句，有法度的懷疑就意味著有法度的先不予採信
(*methodical distrust*)。」[157]

第七，歷史科學是「有幾分證據，說幾句話」。歷史既然是科學，就必須價值中
立，與文學以及歷史哲學徹底分家。郎格盧瓦、塞諾博描述了西方史學在向科學邁進
所逐漸揚棄的不良的影響：作褒貶、教化，以及19世紀浪漫主義回歸文學，要讓歷史
敘述栩栩如生的運動。他們說，一直要到19世紀下半葉，「歷史寫作的科學格式方纔
底定成形，其所根據的原則是：史學的目的既不在討好讀者，也不在教化，更不在激
發民氣，而純然是在求知識。」[158]

胡適在《中國哲學史大綱》總論孔子的「正名主義」時說：「《春秋》那部
書……不可當作一部模範的史書看……為什麼呢：因為歷史的宗旨在於『說真話，記
實事』……《春秋》的餘毒就使中國只有主觀的歷史，沒有物觀〔即客觀〕的歷
史。」[159]胡適誠然說過：「史學有兩方面，一方面是科學的，重在史料的搜集與整
理；一方面是藝術的，重在史實的敘述與解釋。」[160]然而，我們必須了解胡適說這
段話的脈絡。他說這段話是在評陳衡哲所著的《西洋史》。他說近年以來，中國史的
研究已有走上了科學方法之路的趨勢。研究西洋史則不然，因為不容易有成。他接著
說：「我們治西洋史，在科學的方面也許不容易有什麼重大的貢獻。但我們以東方人

---

156 胡適致王重民，1943年5月30日，《胡適全集》，24：628-629。
157 Charles-Victor Langlois and Charles Seignobos, *Introduction to Historical Studies*, pp. 156-157.
158 Charles-Victor Langlois and Charles Seignobos, *Introduction to Historical Studies*, pp. 296-303.
159 胡適，〈中國哲學史大綱〉，《胡適全集》，5：281-282。
160 胡適，〈介紹幾部新出的史學書〉，《胡適全集》，13：66。

的眼光來治西洋史，脫離了西洋史家不自覺的成見，減少了宗教上與思想上的傳統觀念的權威，在敘述與解釋的方面我們正多馳騁的餘地。」

換句話說，既然陳衡哲寫西洋史不是從事「科學」的歷史研究，則「可以容我們充分運用歷史的想像力與文學的天才來作創作的貢獻」[161]。其次，這個說法完全不脫郎格盧瓦、塞諾博的窠臼，亦即，把史實的搜集與解釋區分成兩個有邏輯先後順序的獨立思考程序；前者是不加入個人的主見，是科學的，後者雖然是藝術的，但前提是要建立在前者堅實的科學基礎上。郎格盧瓦、塞諾博徵引了蘭克（Leopold von Ranke）「如實陳述」的箴言，強調歷史家的想像，必須「徹底根據文件所提供的眞實細節」[162]。

第八，歷史既然是科學，文字史料又是歷史知識的基石，胡適對於傳說、軼事則有寧信其爲子虛烏有的態度。這一點也是郎格盧瓦、塞諾博在《史學導論》裡所強調的，他們說：「傳說和軼事，追根究柢，只不過是附會在歷史人物身上的傳聞，屬於民俗學，而不在史學的範圍。」[163]胡適對顧頡剛《古史辨》的稱讚，就是這種態度的一個注腳：

> 　　崔述在十八世紀的晚年，用了「考而後信」的一把大斧頭，一劈就削去了幾百萬年的上古史（他的《補上古考信錄》是很可佩服的）。但崔述還留下了不少的古帝王。凡是《經》裡有名的，他都不敢推翻。頡剛現在拿了一把更大的斧頭，膽子更大了，一劈直劈到禹，把與以前的古帝王（連堯帶舜）都送上封神臺上去！連禹和後稷都不免發生問題了。故在中國古史學上，崔述是第一次革命，顧頡剛是第二次革命。[164]

郎格盧瓦、塞諾博所合寫的這本法文英譯的《史學導論》，曾經是一本風行了半個世紀之久的經典教科書。一直到二次世界大戰爲止，這本書仍然爲美國一般大學歷史系所採用。在我個人所成長的台灣，這本書的中譯本，則至少一直到1970年代爲止，仍然是歷史系所採用的「史學方法」的教科書。這除了反映出19世紀末科學思潮，特別是實證主義思潮，曾經叱咤風雲之一斑以外，它還提醒了我們一個非常重要

161 胡適，〈介紹幾部新出的史學書〉，《胡適全集》，13：69。
162 Charles-Victor Langlois and Charles Seignobos, *Introduction to Historical Studies*, p. 212.
163 Charles-Victor Langlois and Charles Seignobos, *Introduction to Historical Studies*, p. 182.
164 胡適，〈介紹幾部新出的史學書〉，《胡適全集》，13：64-65。

的事實，亦即，實證主義思潮的餘緒，仍然流傳在今天的教育體制裡。換句話說，即使到今天，在許多動輒引用後現代主義辭彙與口頭禪的人，他們的思想裡仍然存在著實證主義思潮的沉澱而不自知。

今天的我們同樣容易忽略的，是19世紀末唯心論在和實證主義交鋒的時候，其所反對的，是實證主義對「科學」、「客觀」等等觀念的壟斷；其所要爭取的，是對這些被自然科學據爲己有的觀念的詮釋權。新康德派的溫德爾班，和胡適在康乃爾的新黑格爾派的哲學老師，同樣都是唯心派，但也都義正辭嚴地使用「科學」與「客觀」這些名詞，來描述他們的知識系統。因此，「科學」與「客觀」這些名詞，是當時各派所共有的，雖然其使用的定義可以迥異。換句話說，如果我們用「科學主義」，或「泛科學主義」來指涉胡適的思想，我們就必須先釐清這個19世紀末西歐思想史的脈絡；否則，這種詮釋不但犯了時代錯誤的史學謬誤，而且把問題簡單化，或者說，化約。這種把問題簡單化或化約成一個標籤的結果，用杜威的批評來說：「這些觀念並不是爲解決特定的歷史問題而提出的。它們所提供的是籠統的答案，可是又自命爲具有普遍的意義，能概括所有的個別案例。它們不能幫忙我們從事探討，反而是終止了討論。」[165]

胡適從郎格盧瓦、塞諾博的《史學導論》所學來的史識、史法，是實證主義的，而不是實驗主義的。他對史料的看法就是一個最好的例子。像實證主義者一樣，胡適把史料視爲獨立於研究者認知過程之外的素材，是要用他晚年引傅斯年「上窮碧落下黃泉，動手動腳找東西」的「科學」的方法去如實呈現的。實驗主義的看法則不然，從杜威的角度看來，「所有可知的對象，都不是獨立於認知的過程以外，而都是屬於我們所作的判斷的內容。」[166]杜威又說：「如果觀念、理論是待證的，是可塑的，是必須能曲能伸以便與事實吻合的，我們同時也不能忘記：『事實』並不是僵固的(rigid)，而是可以有彈性(elastic)來跟理論作接應的。」[167]

「事實」不是獨立在認知的過程之外，「事實」必須經過詮釋方才可以變成「事實」的道理，杜威有一個譬喻，非常精闢。我在《璞玉成璧》裡徵引過，在此處還是值得再徵引一次。杜威用鐵礦石來作比方。那些在山上岩石裡的鐵礦石，毫無疑問地，是「粗獷的素材」。但在人類發展出技術把它們提煉成鐵以及後來的鋼以前，它

---

165 John Dewey, "Reconstruction as Affecting Social Philosophy," *Reconstruction in Philosophy*, MW12.188.

166 John Dewey, "The Superstition of Necessity," *The Study of Ethics*, EW4.21.

167 John Dewey, "The Logic of Verification," *Outlines of a Critical Theory of Ethics*, EW3.87.

們的存在對人類並不具有任何意義。在那個時候，鐵礦石跟其他岩石並沒有什麼不同，都只是岩石而已。換句話說，只有在人類發展出煉鐵技術的脈絡之下，鐵礦石才被人類賦予了新的意義[168]。

　　換句話說，實驗主義在認識論上，根本就否認了實證主義把人與外界、主與客對立的二分法。杜威雖然沒有指名道姓地直指蘭克，但是他說「如實陳述」是一個極其天真的說法。他說，如果把它拿來作為一個方法上的規約，提醒史家要避免偏見，要力求客觀、公正，要謹慎、存疑地使用資料，也許還有點價值；否則這個說法一點意義都沒有。原因很簡單，因為歷史研究必然是經過史家的選擇，也必然受到撰寫時代所關切的問題及其文化觀念的影響[169]。同樣地，胡適把史學分成科學和藝術的兩面，前者重於史料的搜集與整理；後者重於史實的敘述與解釋，這也是不符合實驗主義的說法。從杜威的角度來看，史料的搜集與整理跟史實的敘述與解釋，根本是一體的兩面，屬於同一個不可分割的程序。用杜威的話來說：「事件是一個判斷的名詞，而不是一個獨立於判斷以外的存在實體。」[170]

　　總之，胡適的思想裡有的，與其說是19世紀末西方實證主義的「沉澱」，不如就乾脆說是其精神。1944年2月25日，胡適在美國開始作《水經注》考證，立時就頗有斬獲的時候，他很得意地說：「我這四個月的工作全是一種考證方法論實例。」[171]再過四個月以後，在6月3日的信裡，他把自己半年多來的心血成果筆之於書——亦即他為《清代名人傳》所寫的長跋——以後，躊躇滿志的他，說這是「最有趣的歷史研究。我要舉許多實例，每一例分幾個步驟：……困難的發現……解決的方式……評論……」[172]他在這裡所用的語言，是他早年描述杜威思維術裡三個最重要的步驟。然而，其研究法完全是郎格盧瓦、塞諾博的歷史實證主義研究法。實驗主義是胡適的語言，實證主義才是他真正的精神。這就是最好的一個明證。

《紅樓夢》考證

　　胡適的《紅樓夢》考證是20世紀中國《紅樓夢》研究劃時代的里程碑。自從他在

168　John Dewey, "Introduction to Essays in Experimental Logic," *The Middle Works, 1899-1924*, 10.344-346.

169　John Dewey, Logic: The Theory of Inquiry, LW.236.

170　John Dewey, Logic: The Theory of Inquiry, LW.222.

171　胡適致王重民，1944年2月25日，《胡適全集》，25：48。

172　胡適致王重民，1944年6月3日，《胡適全集》，25：94。

1921年發表〈《紅樓夢》考證〉以後，《紅樓夢》是曹雪芹「『將眞事隱去』的自敍傳」，就成爲一個新典範，就像余英時所說的，支配了中國《紅樓夢》研究長達半個世紀的時間，而且餘波至今不息[173]。

胡適的「自敍說」徹底地推翻了當時已有的三派的說法。這三派用胡適在〈《紅樓夢》考證〉裡的話來說，第一派說《紅樓夢》「全爲清世祖與董鄂妃〔注：即秦淮名妓董小宛〕而作，兼及當時的諸名王奇女。」根據這派的說法，賈寶玉即是清世祖，林黛玉即是董妃。第二派說《紅樓夢》是清康熙朝的政治小說。胡適用蔡元培的《石頭記索隱》作代表，說：「書中本事在弔明之亡，揭清之失，而尤於漢族名士仕清者寓痛惜之意。」第三派則說《紅樓夢》記的是康熙是宰相明珠的兒子納蘭性德的故事。胡適譏詆這三派走錯了路：「他們怎樣走錯了道路呢？他們不去搜求那些可以考定《紅樓夢》的著者、時代、版本等等的材料，卻去收羅許多不相干的零碎史事來附會《紅樓夢》裡的情節，他們並不曾做《紅樓夢》的考證，其實只做了許多《紅樓夢》的附會！」[174]

胡適所掀起的《紅樓夢》研究的新典範，顧頡剛說得再生動也不過了。胡適爲什麼能造成「紅學革命」呢？一言以蔽之，就是他的方法：

> 紅學研究了近一百年，沒有什麼成績。適之先生做了〈《紅樓夢》考證〉之後，不過一年，就有這一部系統完備的著作。這並不是從前人特別糊塗，我們特別聰穎，只是研究的方法改過來了……我希望大家看著這舊紅學的打倒，新紅學的成立，從此悟得一個研究學問的方法。知道從前人做學問，所謂方法實不成爲方法，所以根基不堅，爲之百年而不足者，毀之一旦而有餘。現在既有正確的科學方法可以應用了，比了古人眞不知便宜了多少。我們正應當善保這一點便宜，趕緊把舊方法丟了。用新方法去駕馭實際的材料，使得噓氣結成的仙山樓閣換做了磚石砌成的奇偉建築。[175]

就是胡適自己，也一再強調他的《紅樓夢》研究，只是考證方法的示範。他在〈介紹我自己的思想〉裡說：

---

173 余英時，《紅樓夢的兩個世界》(上海：上海社會科學出版社，2002)，頁10。

174 胡適，〈《紅樓夢》考證(改訂稿)〉，《胡適全集》，1：545-556。

175 顧頡剛，〈《紅樓夢辨》〉，俞平伯，《紅樓夢辨》，亞東圖書館1923年版，轉引自宋廣波，《胡適紅學研究資料全編》(北京：北京圖書館出版社，2005)，頁132-133。

　　我覺得我們做紅樓夢的考證，只能在「著者」和「本子」兩個問題上著
手；只能運用我們力所能搜集的材料，參考互證，然後抽出一些比較的最近
情理的結論。這是考證學的方法。我在這篇文章裡，處處想撇開一切先入的
成見，處處存一個求證據的目的，處處尊重證據，讓證據做嚮導，引我到相
當的結論上去。

　　這不過是赫胥黎、杜威的思想方法的實際應用。我的幾十萬字的小說考
證，都只是用一些「深切而著名」的實例來教人怎樣思想。

　　胡適的《紅樓夢》考證當然不是什麼赫胥黎、杜威方法的實際運用。誠然，我們
可以隨著胡適起舞，說他《紅樓夢》的考證是赫胥黎「拿證據來」、杜威「祖孫的方
法」的「實際運用」。然而，考訂「著者」和「版本」，不是高懸「懷疑」和「方
法」的原則可以奏效的。而是只有用傳統中國的考證方法，埋首於故紙堆，老老實實
的爬梳史料，規規矩矩用證據法則，透過假設與求證的過程來完成的。

　　事實上，胡適不只是把他的《紅樓夢》考證當成是考證方法的示範。他甚至把它
拿來當成是科學思想方法的示範：

　　我為什麼要考證紅樓夢？
　　在消極方面，我要教人懷疑王夢阮〔注：說《紅樓夢》是清世祖與董小宛
的故事〕、徐柳泉〔注：說《紅樓夢》是納蘭性德的故事〕一班人的謬說。
　　〔注意：胡適因為尊敬蔡元培而避諱了他〕
　　在積極方面，我要教人一個思想學問的方法。我要教人疑而後信，考而後
信，有充分證據而後信。
　　……
　　少年的朋友們，莫把這些小說考證看作我教你們讀小說的文字。這些都只
是思想學問的方法的一些例子。在這些文字裡，我要讀者學得一點科學精
神，一點科學態度，一點科學方法。科學精神在於尋求事實，尋求真理。科
學態度在於撇開成見，擱起感情，只認得事實，只跟著證據走。科學方法只
是「大膽的假設，小心的求證」十個字。沒有證據，只可懸而不斷；證據不
夠，只可假設，不可武斷；必須等到證實之後，方才奉為定論。[176]

---

176 胡適，〈介紹我自己的思想〉，《胡適全集》，4：670-671。

　　上述這段引文裡最值得讓人推敲的關鍵話是：「少年的朋友們，莫把這些小說考證看作我教你們讀小說的文字。這些都只是思想學問的方法的一些例子。」胡適寫《紅樓夢》的考證，真的是教人家「莫把這些小說考證看作我教你們讀小說的文字」嗎？誠然，胡適說得很清楚，說他寫這些小說的考證，「都只是思想學問的方法的一些例子。」然而，毫無疑問地，胡適寫《紅樓夢》考證，也在示範「少年的朋友們」讀《紅樓夢》的正確方法。套用余英時描述乾、嘉考證學的中心理論：「訓詁明而後義理明」的話來說[177]，胡適是要先「訓詁明」《紅樓夢》的自傳性質，好教人能「義理明」地來閱讀《紅樓夢》。他1959年12月30日在台灣中國廣播公司所作的演講裡說：

　　　　我是曾經在四十年前，研究《紅樓夢》的兩個問題：一個是《紅樓夢》的作者的問題；一個是《紅樓夢》的版本的問題。因為我們欣賞這樣有名的小說，我們應該懂得這作者是誰。《紅樓夢》寫的是很富貴、很繁華的一個家庭。很多人都不相信《紅樓夢》寫的是真的事情。經過我的一點考據，我證明賈寶玉恐怕就是作者自己，帶一點自傳性質的一個小說。恐怕他寫的那個家庭，就是所謂賈家，家庭就是曹雪芹的家。所以我們作了一點研究，才曉得我這話大概不是完全錯的……曹雪芹所寫的極富貴、極繁華的這個賈家；寧國府、榮國府在極盛的時代的富貴繁華並不完全是假的。曹家的家庭實在是經過富貴繁華的家庭。懂得這一層，才曉得他裡面所寫的人物……懂得曹家這個背景，就可以曉得這部小說是個寫實的小說。他寫的人物，他寫王鳳姐，這個王鳳姐一定是真的。他要是沒有這樣的觀察，王鳳姐是個了不得的一個女人，他一定寫不出來王鳳姐。比如他寫薛寶釵，寫林黛玉，他寫的秦可卿，一定是他的的確確是認識的。所以懂得這一點，才曉得他這部小說，是一個「自傳」，至少帶著自傳性質的一個小說。那麼，如果這個小說有文學的價值，單是這一點。[178]

　　胡適這個晚年所作的演講，在在地說明了他對《紅樓夢》的看法一輩子一成不變。自從他在1921年發表他的〈《紅樓夢》考證〉以後，他對《紅樓夢》的看法就定

177 余英時，《紅樓夢的兩個世界》，頁75。
178 胡適，〈談《紅樓夢》作者的背景〉，轉引自宋廣波，《胡適紅學研究資料全編》，頁373-375。

型了，四十年如一日。最重要的是兩個觀點。第一、《紅樓夢》是一個自傳小說，或「至少帶著自傳性質的一個小說」。第二、《紅樓夢》是一本寫實的小說。它的文學價值，就僅只於此。

這兩個重點，胡適在〈《紅樓夢》考證(改訂稿)〉裡已經提出來了。他在該文裡說：「《紅樓夢》是曹雪芹『將眞事隱去』的自敘……《紅樓夢》只是老老實實的描寫這一個『坐吃山空』、『樹倒猢猻散』的自然趨勢。因爲如此，所以《紅樓夢》是一部自然主義的傑作。」[179]

胡適對《紅樓夢》的文學價值的判斷，眞是四十年如一日。他在台灣的中國廣播公司演講《紅樓夢》一年以後，在給蘇雪林的信裡，仍然鄙夷《紅樓夢》的文學價值。他說：

> 我寫了幾萬字考證《紅樓夢》，差不多沒有說一句讚頌《紅樓夢》的文學價值的話。大陸上共產黨清算我，也曾指出我只說了一句「《紅樓夢》只是老老實實的描寫這一個『坐吃山空』，『樹倒猢猻散』的自然趨勢。因爲如此，所以《紅樓夢》是一部自然主義的傑作。」其實這一句話已是過分讚美《紅樓夢》了。[180]

爲什麼胡適從來就鄙夷《紅樓夢》的文學價值呢？宋廣波說原因之一，是因爲「胡適最初考證《紅樓夢》是在1921年。其時，西方的文學理論尚未傳入我國，我國學人也未曾將這些理論學到手，並用之於中國的文學批評。這是胡適『不懂文學爲何物』的根本原因。」[181]宋廣波完全忘卻了胡適不但是一個歸國留學生，而且他在大學的主修之一就是英國文學。胡適不需要等西方文學理論傳入中國，他自己已經到西方取經去了。

事實跟宋廣波所說的正好相反。胡適鄙夷《紅樓夢》的文學價值，就正因爲他一直用他在留美時期所學到的西方戲劇、小說的理論來衡量中國的文學傳統。這個文學理論可以追溯到希臘的亞里斯多德。等西方在「文藝復興」時期重新發現亞里斯多德以後，在文學上就產生了「新古典主義」(neo-classism)。然後，再依附著不同的文學理論一直延續到今天。我在《璞玉成璧》裡指出胡適說梁啓超是一個維多利亞時期

179 胡適，〈《紅樓夢》考證(改訂稿)〉，《胡適全集》，1：577-578。
180 胡適致蘇雪林，1960年11月20日，《胡適全集》，26：518-519。
181 宋廣波，《胡適與紅學》(北京：中國書店，2006)，頁251。

的人物，其實他自己也半斤八兩。胡適在哲學、史學方面所祖述的是實證主義；他的
新詩的靈感來自於維多利亞時期的英詩；他的文學的品味是19世紀末的寫實主義。換
句話說，胡適在思想品味上，是一個典型的維多利亞後期的人物。

我們來看維多利亞後期的思想氛圍如何形塑了胡適的戲劇、小說的理論。胡適的
〈文學進化觀念與戲劇改良〉是在1918年發表的。當時，他才回國一年。他在這篇文
章裡痛斥中國文學的傳統欠缺悲劇的觀念：

> 中國文學最缺乏的是悲劇的觀念。無論是小說，是戲劇，總是一個美滿的
> 團圓。現今戲園裡唱完戲時總有一男一女出來一拜，叫做「團圓」。這便是
> 中國人的「團圓迷信」的絕妙代表。有一兩個例外的文學家，要想打破這種
> 團圓的迷信，如《石頭記》的林黛玉不與賈寶玉團圓，如《桃花扇》的侯朝
> 宗不與李香君團圓。但是這種結束法是中國文人所不許的。於是有《後石頭
> 記》、《紅樓圓夢》等書，把林黛玉從棺材裡掘起來，好同賈寶玉團圓；於
> 是有顧天石的《南桃花扇》，使侯公子與李香君當場團圓！
>
> 又如朱買臣棄婦，本是一樁「覆水難收」的公案。元人作《漁樵記》，後
> 人作《爛柯山》，偏要設法使朱買臣夫婦團圓。又如白居易的《琵琶行》寫
> 的本是「同是天涯淪落人，相逢何必曾相識」兩句，元人作《青衫淚》偏要
> 叫那琵琶娼婦跳過船，跟白司馬同去團圓！又如岳飛被秦檜害死一件事，乃
> 是千古的大悲劇。後人作《說嶽傳》偏要說岳雷掛帥打平金兀朮，封王團
> 圓！
>
> 這種「團圓的迷信」乃是中國人思想薄弱的鐵證。做書的人明知世上的真
> 事都是不如意的居大部分；他明知世上的事不是顛倒是非，便是生離死別。
> 他卻偏要使「天下有情人都成了眷屬」，偏要說善惡分明，報應照彰。他閉
> 著眼睛不肯看天下的悲劇慘劇，不肯老老實實寫天工的顛倒慘酷，他只圖說
> 一個紙上的大快人心。這便是說謊的文學。
>
> 更進一層說：團圓快樂的文字，讀完了，至多不過能使人覺得一種滿意的
> 觀念。決不能叫人有深沉的感動，決不能引人到徹底的覺悟，決不能使人起
> 根本上的思量反省。例如《石頭記》寫林黛玉與賈寶玉一個死了，一個出家
> 做和尚去了。這種不滿意的結果方才可以使人傷心感嘆，使人覺悟家庭專制
> 的罪惡，使人對於人生問題和家族社會問題發生一種反省。若是這一對有情
> 男女竟能成就「木石姻緣」、團圓完聚、事事如意，那麼曹雪芹又何必作這

一部大書呢？這一部書還有什麼「餘味」可說呢？故這種「團圓」的小說戲劇，根本說來，只是腦筋單簡、思力薄弱的文學。不耐人尋思，不能引人反省。

　　西洋的文學自從希臘的厄斯奇勒(Aeschylus)、沙浮克里(Sophocles)、虞里彼底(Euripides)時代，即有極深密的悲劇觀念。悲劇的觀念，第一、即是承認人類最濃摯、最深沉的感情，不在眉開眼笑之時，乃在悲哀不得意無可奈何的時節；第二、即是承認人類親見別人遭遇悲慘可憐的境地時，都能發生一種至誠的同情，都能暫時把個人小我的悲歡哀樂一齊消納在這種至誠高尚的同情之中；第三、即是承認世上的人事，無時無地沒有極悲極慘的傷心境地，不是天地不仁，「造化弄人」(此希臘悲劇中最普通的觀念)，便是社會不良使個人銷磨志氣、墮落人格、陷入罪惡不能自脫(此近世悲劇最普通的觀念)。有這種悲劇的觀念，故能發生各種思力深沉、意味深長、感人最烈、發人猛省的文學。這種觀念乃是醫治我們中國那種說謊作偽思想的淺薄的文學的絕妙聖藥。這便是比較的文學研究的一種大益處。[182]

　　這樣旁徵博引，直指希臘悲劇精神的胡適，怎麼可能像宋廣波所說的：「西方的文學理論尚未傳入我國，我國學人也未曾將這些理論學到手。……是胡適『不懂文學為何物』的根本原因呢！」

　　胡適在此處所說的西洋文學自希臘以來的「極深密的悲劇觀念」裡有三個主要的成分：「至誠的同情」、「造化弄人」，以及「社會不良使個人銷磨志氣、墮落人格、陷入罪惡不能自脫」。後者，胡適在文章裡已經注明了：「此近世悲劇最普通的觀念。」前兩個成分，就脫胎於亞里斯多德。亞里斯多德在他的《詩論》(Poetics)裡分析了悲劇。他說悲劇的意義在於它能引生出人們的悲憫(pity)與戒懼(fear)。悲憫，是因為偉大的悲劇所描述的是英雄式的人物。他們悲劇的下場，不管是因為命運所致，還是因為人性的弱點所造成，都會讓人興起「壯志未酬身先死，常使英雄淚滿襟」的扼腕之嘆。戒懼，則是因為那些悲劇也可能發生在我們自己的身上。更重要的是，亞里斯多德的悲劇理念，還有那釋放、淨化或昇華(catharsis)的力量[183]。這亞里斯多德所說的「淨化」或「昇華」的力量，用胡適在這段引文裡的話來說，就是能讓

---

182 胡適，〈文學進化觀念與戲劇改良〉，《胡適全集》，1：145-147。
183 Aristotle, *Poetics*, ed. and tr., Stephen Halliwell (Cambridge, Mass.: Harvard University Press, 1995), Ch. 6, pp. 47-49.

人「思力深沉、意味深長、感人最烈、發人猛省」。

其實，上面那一長段胡適講悲劇能引生人們「悲憫」、「戒懼」、「昇華」的道理的引文，宋廣波自己在文章裡都徵引了，只是他沒意識到其意義而已。換句話說，胡適對西方文學理論的了解，絕對不是「不懂文學爲何物」。更謬誤的是宋廣波所謂的：「其時，西方的文學理論尚未傳入我國，我國學人也未曾將這些理論學到手」的說法。誰說西方的文學理論當時還沒傳入中國？宋廣波說無獨有偶，在胡適以前和以後，都有同樣推崇悲劇精神的評論。除非宋廣波的意思是指胡適與其前後的悲劇觀是中國固有的，這不就等於是承認了當時西方的文學理論早已經傳入中國了嗎？宋廣波所舉的胡適以後的例子是魯迅。他說魯迅：「也痛批了中國的『瞞』和『騙』的文學：『中國文人，對於人生——至少對社會現象，向來就沒有正視的勇氣』。」宋廣波在此處所指的是魯迅在〈論睜了眼看〉裡所說的話。在胡適之前的例子，宋廣波所舉的是王國維。他說：

> 王國維在〈紅樓夢評論〉指出《紅樓夢》一書與我國人的樂天精神相反，乃「徹頭徹尾之悲劇也」。他根據叔本華將悲劇分成三種的理論，認定《紅樓夢》屬第三種悲劇……因此，《紅樓夢》是「悲劇中之悲劇」。而悲劇所表現者多爲壯美之情，可以感發「恐懼與悲憫」之情緒，使「人之精神於焉洗滌」。[184]

宋廣波是轉引別人對王國維的研究。如果他自己去看王國維所寫的〈紅樓夢評論〉，他就會知道王國維在此處所說的：「而悲劇所表現者多爲壯美之情，可以感發『恐懼與悲憫』之情緒，使『人之精神於焉洗滌』」云云者也，其來源也就是我在前邊所提起的亞里斯多德的《詩論》。王國維在原文裡交代得再清楚也不過了：

> 《紅樓夢》之爲悲劇也如此。昔雅里大德勒〔注：亦即亞里斯多德〕於《詩論》中，謂悲劇者，所以感發人之情緒而高上之。殊如恐懼與悲憫之二者，爲悲劇中固有之物。由此感發，而人之精神於焉洗滌。故其目的，倫理學上之目的也。叔本華置詩歌於美術之頂點，又置悲劇於詩歌之頂點。而於悲劇之中，又特重第三種，以其示人生之眞相，又示解脫之不可已故。故美

---

184 宋廣波，《胡適與紅學》，頁247。

學上最終之目的，與倫理學上最終之目的合。由是《紅樓夢》之美學上之價值，亦與其倫理學上之價值相聯絡也。[185]

宋廣波說王國維、胡適、魯迅：「在推崇悲劇精神方面，三位大師是息息相通的。何以故？三位先哲都是從世界的眼光審視中國的傳統文學也。」事實上，這不是「世界的眼光」，而是「西方的眼光」。更確切地說，這是西方亞里斯多德以降到19世紀的眼光。從今天後現代、後殖民地的眼光看去，說那是「傳統西方的眼光」可也，說是「世界的眼光」則不可也。

然而，即使這個亞里斯多德以降的眼光也已經多樣化了。王國維的悲劇論雖然是源自於亞里斯多德，但已經是經過了叔本華的詮釋。哈佛大學出版社所出版的亞里斯多德的《詩論》的英譯者哈里維爾（Stephen Halliwell）教授，在他的〈導言〉裡強調近代悲劇的理念，特別是在德國的黑格爾、叔本華、尼采以後，受到了形上學與存在主義的影響，傾向於凸顯出「悲劇」裡不可化約的幽暗的一面。哈里維爾說這個傾向是柏拉圖的，而不是亞里斯多德的。柏拉圖擔心悲劇可以造成一種心理作用，會讓人認為真正的幸福是不可得的。亞里斯多德對希臘悲劇的詮釋則較為寬廣，既強調其形式的多面性，也主張其藝術的多樣性[186]。

宋廣波所謂的王國維、胡適、魯迅的「世界的眼光」，即使在當時的中國，也老早就已經不是同一個眼光了。王國維的「世界的眼光」就不同於胡適的「世界的眼光」。就以「昇華」為例。哈里維爾指出「昇華」一詞在亞里斯多德的《詩論》裡只出現過一次。在西方文藝復興重新發現亞里斯多德以後，「昇華」一詞的概念在西方學術界至少有了六種的詮釋。一、品德的砥礪，亦即從悲劇的故事裡學到不應該恣縱的道理；二、剛毅、冷眼面對現實，亦即從悲劇學到人生變化無常的道理；三、中庸之道，亦即以中庸持平之道為人處世；四、釋放，亦即把那蓄積在人們內心裡的過度的感情釋放出來；五、智性的理解，亦即從智性上去了解悲劇發生的緣由；六、內在結構，亦即屬於悲劇結構裡的成分[187]。

我們讀上述王國維的引文，就可以知道他對悲劇的詮釋是強調那來自於叔本華的「不可化約的幽暗的一面」。所以他會說：「以其示人生之真相，又示解脫之不可已

---

185 王國維，〈紅樓夢評論〉，《王國維學術經典》（中教育星電子圖書館，無年月），頁39-40。

186 Stephen Halliwell, "Introduction," *Aristotle's Poetics* (Chapel Hill: The University of North Carolina Press, 1986), p. 12.

187 Stephen Halliwell, *Aristotle's Poetics*, Appendix 5.

故。」同時，他對「昇華」的詮釋近於哈里維爾所列舉出來的第一種詮釋，亦即「新古典主義」所楬櫫的品德的砥礪的效果。所以，王國維說：「故美學上最終之目的，與倫理學上最終之目的合。由是《紅樓夢》之美學上之價值，亦與其倫理學上之價值相聯絡也。」與王國維相較，胡適就像亞里斯多德一樣，比較多元。他說悲劇的力量在於它能讓人「思力深沉、意味深長、感人最烈、發人猛省」。相對的，胡適的悲劇的「昇華」觀，則近於哈里維爾所列舉出來的第二種詮釋，亦即讓人能剛毅、冷眼去面對現實。

在康乃爾大學受了五年的唯心論的哲學教育而對之產生反動的胡適，一輩子都厭惡德國的哲學。唐德剛在開始幫助胡適作口述史的時候，在1958年4月16日給哥倫比亞大學寫了一篇報告。在這篇報告裡，唐德剛說在錄音機還沒啓動以前，胡適放心地即興侃侃而談，作了許多天馬行空的高論。其中一點，就是舉例強調：「德國式的思維方式迥異於中國人的思維方式。」[188]可以想見的，王國維的悲劇觀是受到叔本華的影響，胡適所受的影響則是英美式的。無論如何，由於這個源自於亞里斯多德的悲劇理論的影響，胡適對他不喜歡的高鶚至少是讚了一詞：

但我們平心而論，高鶚補的四十回，雖然比不上前八十回，也確然有不可埋沒的好處。他寫司棋之死，寫鴛鴦之死，寫妙玉的遭劫，寫鳳姐的死，寫襲人的嫁，都是很有精采的小品文字。最可注意的是這些人都寫作悲劇的下場。還有那最重要的「木石前盟」一件公案。高鶚居然忍心害理的教黛玉病死，教寶玉出家，作一個大悲劇的結束，打破中國小說的團圓迷信。這一點悲劇的眼光，不能不令人佩服。我們試看高鶚以後，那許多續《紅樓夢》和《補紅樓夢》的人，哪一人不是想把黛玉晴雯都從棺材裡扶出來，重新配給寶玉？哪一個不是想做一部「團圓」的《紅樓夢》的？我們這樣退一步想，就不能不佩服高鶚的補本了。我們不但佩服，還應該感謝他，因爲他這部悲劇的補本，靠著那個「鼓擔」的神話，居然打倒了後來無數的團圓《紅樓夢》，居然替中國文字保存了一部有悲劇下場的小說！[189]

188 Te-kong Tong, "Report on Introductory Interviews with Dr. Hu Shih," Chinese Oral History Collection, Office Files and Related Papers: Hu Shih, Box 16: Hu Shih—material, Early interviews, appendixes, Hu's notes, West. Lang. biblio Folder, deposited at Rare Book & Manuscript Library, Columbia University Library.
189 胡適，〈《紅樓夢》考證(改訂稿)〉，《胡適全集》，1：586-587。

　　胡適不只在悲劇理論上是承襲了亞里斯多德以降的西方文學傳統，他對戲劇、小說的組織結構論也是亞里斯多德的。1926年胡適到英國去開英國退還庚款的會議，順道在巴黎和倫敦看敦煌的卷子。11月9日，他在「皇家國際事務研究所」(Royal Institute of International Affairs)演講〈中國的文藝復興〉(The Renaissance in China)。有關胡適在英國的言行，特別是這篇在「皇家國際事務研究所」所作的〈中國的文藝復興〉的演講，我在第八章還會詳細地分析討論。此處的重點，在於胡適在這篇演講裡對中國傳統學術——包括——文學欠缺組織結構的批判：

> 中國這個民族一向就沒有組織的能力。就以文學爲例，在兩千五百年的歷史裡，居然沒產生出一部有情節(plot)、有組織、有通盤布局(architectonic structure)的著作。甚至連小說與戲曲都欠缺情節與組織。[190]

　　中國歷史上從來就「沒產生出一部有情節、有組織、有通盤布局的著作。甚至連小說與戲曲都欠缺情節與組織。」這是何等石破天驚的一句話！胡適當然不是說中國傳統的學術與文學完全沒有布局、完全沒有章法。問題在於他所用以衡量的標準。而那個標準就是亞里斯多德以降的文學尺度。亞里斯多德在《詩論》裡討論的主要是悲劇，因爲悲劇是他所分析的三種希臘戲劇形式——「史詩」、「悲劇」、「喜劇」——的巔峰。

　　亞里斯多德說悲劇的要素裡，最重要的就是「情節」(plot)，或者說，故事的結構(structure of events)。他說「情節」是悲劇的靈魂。「情節」必須要有開頭(beginning)、中點(middle)和結局(end)。這「情節」可以是簡單的，也可以是複雜的。但必須要有「統一性」(unity)。這也就是說，必須要有其連續性和完整性。絕對不能像是「章回」(episodic)式的，因爲「章回」式的「情節」之間欠缺可能性(probability)或必然性(necessity)。重點是，這「情節」必須具有一定的規模。亞里斯多德說「大」就是「美」；「秩序」就是「美」。但又不能大而無當，因爲太大了，就會讓人失去了「一體」(unity)和「整體」(wholenesss)的感覺。同時，亞里斯多德雖然認爲「情節」與「行動」第一，「人物」其次。然而，「人物」與「故事」的進展必須具有可能性或必然性，是從「情節」裡自然發展出來的，而不是「非理

190　Hu Shih, "The Renaissance in China,"《胡適全集》，36：179。

性」(irrational)的，或由「神力來解圍」(deus ex machina)的[191]。

理解了亞里斯多德的戲劇論，我們就可以了解胡適爲什麼會鄙夷《紅樓夢》的文學價值了。比如說，他在1960年11月24日給高陽的信裡——黑體字表示的部分——說：

> 老實說來，我這句話〔亦即，「《紅樓夢》是一部自然主義的傑作」〕已過分讚美《紅樓夢》了。**書中主角是赤霞宮神瑛侍者投胎的，是含玉而生的——這樣的見解如何能產生一部平淡無奇的自然主義的小說！**[192]

又如他1961年1月17日給蘇雪林、高陽的信裡——用黑體字標示的部分——說：

> 曹雪芹有種種大不幸。他有天才而沒有受到相當好的文學訓練，是一個大不幸。他的文學朋友都不大高明，是二大不幸。他的貧與病使他不能從容細細改削他的稿本，使他不得不把未完成的稿本鈔去換銀子來買面買藥，是三大不幸。**他的小說結構太大了，**他病中的精力已不夠寫完成了，是四大不幸。這些都值得我們無限悲哀的同情。[193]

我用黑體字在胡適給高陽、蘇雪林這兩封信所標示出來的論點，都可以在亞里斯多德的《詩論》裡找到根據。無怪乎胡適會一竿子打翻船，說：中國歷史上的「小說與戲曲都欠缺情節與組織」。無怪乎胡適會說如果「帝國主義」帶來的是近代西洋文明，則多多益善、無任歡迎。試看他在〈五十年來中國文學〉裡稱讚吳沃堯的《九命奇冤》。胡適說它「可算是中國近代的一部全德的小說」。又說它受到西洋「最大的影響是在布局的嚴謹與統一」。反觀傳統中國，「這一千年的小說裡，差不多都是沒有布局的。」任何一段「割去了，仍可成書；拉長了，可至無窮。這是演義體的結構上的缺乏」。他說：

> 內中比較出色的，如《金瓶梅》，如《紅樓夢》，雖然拿一家的歷史做布局，不致十分散漫，但結構仍舊是很鬆的。今年偷一個潘五兒；明年偷一個

---

191 *Aristotle's Poetics*, pp. 51-57, 79-81.
192 胡適致高陽，1960年11月24日，《胡適全集》，26：523。
193 胡適致蘇雪林、高陽，1961年1月17日，《胡適全集》，26：563-564。

王六兒。這裡開一個菊花詩社；那裡開一個秋海棠詩社。今回老太太做生日；下回薛姑娘做生日……翻來覆去，實在有點討厭。[194]

胡適晚年對《紅樓夢》還有一個奇論，亦即，《紅樓夢》的大不幸，是它沒有在民間流傳幾百年，讓民間的說書人長期的自由改削。更不幸的是，它不曾得到像金聖歎那樣的天才把它「點石成金」。他在1961年1月17日給蘇雪林、高陽的長信裡說：

> 我今天補充一個意思，就是：《紅樓夢》的最大不幸是這部殘稿既沒有經過作者自己的最後修改，又沒有經過長時間的流傳，就被高鶚、程偉元續補成百二十回，就被他們趕忙用活字排印流傳出來了……我們試比勘《水滸傳》的種種不同的本子，就可以明白《水滸傳》在幾百年中，經過了許多戲曲家與無數無名的平話家(說話人)的自由改造，自由改削。又在明朝的一兩百年中經過了好幾位第一流文人——汪道昆(百回本)、李贄(百回本)、楊定見(百二十回本)的仔細修改，最後又得到十七世紀文學怪傑金聖歎的大刪削與細修改，方可得到那部三百年人人愛賞的七十一回本《水滸傳》……《水滸傳》經過了長期的大改造與仔細修改，是《水滸傳》的最大幸運。《紅樓夢》沒有經過長時期的修改，也沒有得到天才文人的仔細修改，是《紅樓夢》的最大不幸。我試舉一個最有名的句子作個例子。百二十回《水滸傳》第六十三回，石秀劫法場被捉，解到梁中書面前，石秀高聲大罵：「你這敗壞國家害百姓的賊！」這一句話，在金聖歎刪改定本裡(第六十二回)，就改成了這樣了：石秀高聲大罵：「你這與奴才做奴才的奴才！」這真是「點鐵成金」的大本領！《紅樓夢》有過這樣大幸運嗎？[195]

這個奇論當然不是完全不可解的。胡適1941年2月15日在美國華盛頓的「文學會」(Literary Society)上作了一個演講：〈中國小說〉(The Chinese Novel)。在這篇演講裡，胡適把傳統中國的小說歸爲兩類：

> 概括來說，中國小說可以分爲兩類：歷史演進發展出來的小說和個人創造

---

194 胡適，〈五十年來中國文學〉，《胡適全集》，2：321-322。
195 胡適致蘇雪林、高陽，1961年1月17日，《胡適全集》，26：563-565。

的小說。

　　許多歷史小說都在好幾個世紀裡，經過無數的無名的說書家的創意、增補、潤飾以後，最後才讓文人大師改寫成爲今天的傑作。《水滸傳》故事的出現是在十二世紀。羅貫中在十四世紀作了改寫。到了明朝，又不知道經過了多少無名作家的增飾。一直要到金聖歎，《水滸傳》才定型。金聖歎說他所批的《水滸傳》是根據七十一回的古本。我們現在知道從來就沒有什麼古本。金聖歎的版本只是當時許多版本中的一個。

　　我們現有的《三國志》是比《水滸傳》更晚以後才刪定的。那描寫唐僧玄奘到印度取經的《西遊記》，則更是經過了九個世紀的演變，才有一位無名的大師——我們現在知道是吳承恩——在十六世紀完全改寫定本的。上述這些以及其他有文學價值的小說，都屬於這一類自然演進而成的小說。

　　……

　　十六世紀以後，中國作家開始創作小說。民間的歷史小說教導了他們說書的藝術以及白話文的使用。這一類的小說主要的目的是消遣。因此，它們通常都是順應時代的潮流，謳歌肉欲的生活、禮讚才子佳人，而以那仕場得意的才子娶得一雙姣美、賢淑的妻妾爲圓滿的結局……

　　然而，在這一類的小說裡，有些並不是成功的消閒的小說。它們通常都不只是說故事，而是用他們認爲最能夠接觸到讀者的管道去傳達他們的旨意。在這一類的小說裡，最值得注意的有四種：一、蒲松齡在十七世紀所寫的《醒世姻緣》；二、吳敬梓在十八世紀所寫的《儒林外史》；三、曹雪芹在十八世紀所寫的《紅樓夢》；四、李汝珍在十九世紀初年所寫的《鏡花緣》。[196]

同樣的話，胡適後來在他的口述自傳裡也說了：

　　中國小說可以歸爲兩大類。第一類可以說是經由長期歷史的演進而產生出來的小說。其每一部小說開始的時候大概都只是一個很簡單的故事。然後，再逐漸地越變越充實、越變越長，以至於發展成相當複雜的故事。舉個例子來說，《水滸傳》很明顯地在十一世紀晚期開始的時候有三十六個好漢。從

196　Hu Shih, "The Chinese Novel,"《胡適全集》，38：162-166。

三十六個好漢，它最後變成了一百零八個。從一個小故事開始，它變成了一
個長篇的章回小說。《水滸傳》這樣的中國小說，就像西方中古的傳奇和歷
史小說，例如《羅賓漢》。第二類的小說則屬於個人的創作，就像我在上節
所提到的十八世紀吳敬梓所寫的諷刺小說《儒林外史》。[197]

　　《紅樓夢》的大不幸，果真是它沒有讓民間的說書人長期的自由改削嗎？果真是
它不曾得到像金聖歎那樣的天才把它「點石成金」嗎？年輕時候的胡適並不完全是這
麼想的。民間說書人長期自由的改削固然有其優點，也有其缺點。比如說，他1931年
12月30日在北大國文系所作的〈中國文學過去與來路〉就說：

> 　　民間文學，一般士大夫(外國所謂之Gentlemen)向來看不起它們。這是因
> 爲：第一缺陷，來路不高明，它們出身微賤，故所產生的東西，士大夫們就
> 視作雕蟲小技。《詩經》是他們所不敢輕視的，因爲是聖人所訂。《楚辭》
> 爲半戀愛、半愛國的熱烈沉痛的感情奔放作品，故站得住。五七言詩爲曹氏
> 所扶植，因他們爲帝王，故亦站得住。詞曲、小說，不免爲小道，皆爲其出
> 身微賤的緣故。第二缺陷，因爲這些是民間細微的故事，如婆婆虐待媳婦
> 囉，丈夫與妻子吵了架囉，……那些題目、材料，都是本地風光，變來變
> 去，都是很簡單的。如五七言詩、詞曲等也是極簡單不複雜的。這是匹夫匹
> 婦、曠男怨女思想的簡單和體裁的幼稚的緣故。來源不高明，這也是一個極
> 大的缺陷。第三缺陷爲傳染。如民間淺薄的、荒唐的、迷信的思想互相傳
> 染。第四缺陷，爲不知不覺之所以作。凡去寫文藝的，是無意地傳染與模
> 仿，並非有意地去描寫。這一點甚關重要。中國二千五百年的歷史，可謂無
> 一人專心致意地來研究文學，可謂無一人專心致意地來創造文學！這種缺陷
> 是不可以道裡計的。[198]

　　這個看法，胡適1932年12月22日在北平的培英女中演講〈中國文學史的一個看
法〉又重複地說了一次：

---

197 "Dr. Hu Shih's Personal Reminiscences," pp. 244-245.
198 胡適，〈中國文學過去與來路〉，《胡適全集》，12：224-225。

　　文學之作品，既皆從民間來，固云幸矣，然實亦幸中之大不幸。因為民間
文學皆創之於無知無識之老百姓。自有許多幼稚、虛幻、神怪、不通之處。
並且這種創作已經在民間盛行了好久，才影響到上層來，每每新創作被埋沒
下去。在西洋文學之創作權，概皆操之於作家之手。而中國則操之於民間無
知之人。所以我說是幸中之不幸。深望知識階級，負起創作文學之任務。[199]

　　換句話說，年輕時候的胡適認為傳統文學，在民間經由說書人長期自由的改削也
有它的問題。這除了因為文學容易受到「民間淺薄的、荒唐的、迷信的思想」污染以
外，最重要的是，這種文學是「為不知不覺之所以作」，是胡適在年輕的時候所最喜
歡詬病的缺乏「有意識」的作品。中國傳統文學的致命傷，不像西方的文學，「皆操
之於作家之手」，是「有意識」的創作。反之，「中國二千五百年的歷史，可謂無一
人專心致意地來研究文學，可謂無一人專心致意地來創造文學！這種缺陷是不可以道
裡計的。」

　　到了胡適晚年，他傾向於強調傳統文學在民間自然演進，然後讓文人大師改削的
好處。不但如此，他而且再度提出了文以載道的思想。比如說，他1941年2月15日在
美國華盛頓的「文學會」上所作演講〈中國小說〉的結論裡說：

　　這是中國小說演進的故事。它來自民間，是由民間發展出來的，因此受到
保守的士人的鄙視。然而，等它風行，而且又具有一定的文學價值(intrinsic
beauty)以後，它就迫使士大夫階級裡的大師去注意它。他們於是拾起這些
流傳在下層階級裡的荷馬式的故事，把它們加以潤飾，甚至完全改寫，於是
就讓他們整個脫胎換骨成為中國小說裡的傑作。這些由民間的故事改寫而成
的傑作，轉過來成為新藝術、新語言、新文學的範本(teachers)。在這些範
本的薰陶之下，第一流的中國作家開始創作，不只是讓人消遣，而且是拿來
作為諷世與改革的利器。[200]

　　「拿來作為諷世與改革的利器！」我在《璞玉成璧》裡指出胡適從年輕時代就有
文以載道的傾向，可以說是終生不改。無怪乎他會在晚年對蘇雪林說：「我向來感

199 胡適，〈中國文學史的一個看法〉，《胡適全集》，12：236。
200 Hu Shih, "The Chinese Novel,"《胡適全集》，38：171-172。

覺，《紅樓夢》比不上《儒林外史》；在文學技巧上，《紅樓夢》比不上《海上花列傳》，也比不上《老殘遊記》。」[201]

《紅樓夢》比不上《老殘遊記》！胡適從留美時期學到了亞里斯多德以降的戲劇理論以後，就定了型，終生不再接受新的意見。美國20世紀所出現的文學理論，例如，「形式主義」(Formalism)、「新批評」(New Criticism)等等，他都完全不再措意。《老殘遊記》優於《紅樓夢》，原因很簡單，就是因爲它比《紅樓夢》在「情節」結構上更合乎胡適在留美時期所學到的亞里斯多德以降的戲劇理論。他說：

> The Law of Three Unities，當譯爲「三一律」。「三一」即是：一、一個地方；二、一個時間；三、一椿事實。我且舉一齣《三娘教子》做一個勉強借用的例。《三娘教子》這齣戲自始至終，只在一個機房裡面，只須布一幕的景，這便是「一個地方」；這齣戲的時間只在放學回來的一段時間，這便是「一個時間」；這齣戲的情節只限於機房教子一段事實，這便是「一椿事實」。這齣戲只挑出這一小段時間，這一個小地方，演出這一小段故事。但是看戲的人因此便知道這一家的歷史，便知道三娘是第三妾。她的丈夫從軍不回，大娘二娘都再嫁了，只剩三娘守節撫孤，這兒子本不是三娘生的……這些情節都在這小學生放學回來的一個極短時間內，從三娘薛寶口中，一一補敍出來，正不用從十幾年前敍起，這便是戲劇的經濟。但是《三娘教子》的情節很簡單，故雖偶合「三一律」，還不算難。西洋的希臘戲劇遵守「三一律」最嚴，近世的「獨幕劇」也嚴守這「三一律」。其餘的「分幕劇」只遵守「一椿事實」的一條，於時間同地方兩條便往往擴充範圍，不能像希臘劇本那種嚴格的限制了(看《新青年》4卷6號以來的易卜生所做的《娜拉》與《國民公敵》兩劇便知)。但西洋的新戲雖不能嚴格的遵守「三一律」，卻極注意劇本的經濟方法。無五折以上的戲，無五幕以上的布景，無不能在臺上演出的情節。[202]

「三一律」在亞里斯多德的《詩論》裡根本就沒有，是「新古典主義」假借亞里斯多德之名而發展出來的。胡適所謂的「西洋的希臘戲劇遵守『三一律』最嚴」也

201　胡適致蘇雪林，1960年11月20日，《胡適全集》，26：519。
202　胡適，〈文學進化觀念與戲劇改良〉，《胡適全集》，1：148-149。

者，根本就是中了「新古典主義者」借亞里斯多德之名來澆自己塊壘的作法而不自知。這也就是爲什麼我一再強調說，胡適留美時期所學到的是亞里斯多德以降的戲劇理論的理由。

　　總之，《紅樓夢》在組織結構上既不合亞里斯多德以降的戲劇理論，又沒有諷世、改革的「文以載道」之音，無怪乎胡適晚年會細數曹雪芹的四大不幸：有天才而沒有受到相當好的文學訓練；文學朋友都不大高明；貧與病使他不能從容細細改削他的稿本；小說結構太大了，他病中的精力已不夠寫完成了。無怪乎胡適但願能出了個金聖歎第二，能把曹雪芹的《紅樓夢》「點鐵成金」！

　　極其諷刺的是，留美時期既激進、又能橫眉冷眼怒斥當時的「東方主義」，回國以後打倒文言文、帶動中國新文化運動的胡適，卻在功成名就以後，逐漸露出他既西方又保守的眞面目。我在《璞玉成璧》裡說胡適一輩子鄙夷、排斥英美現代詩就是一個最好的注腳。我在《璞玉成璧》裡也同時提到了胡適形容梁啓超是被維多利亞時代的思潮震懾著了。我說，如果梁啓超被維多利亞中期的思潮給震懾著了，胡適自己則是被維多利亞後期的思潮給震懾著了，以至於他一輩子服膺亞里斯多德以降的文學理論，終生不易師門。

　　胡適如此全盤地接受亞里斯多德以降、維多利亞時期的小說、戲劇理論，當然會受到後來學者的批判。由於胡適崇高的學術地位，林順夫(Lin Shuen-fu)在批判胡適的時候用詞極爲節制。他說：

> 　　胡適很敏銳地意識到傳統中國小說結構與西方小說結構的差別。然而，他不去指出中國敘述結構的特點，而反把西方的小說作爲規範，作出傳統中國小說欠缺統合架構的結論。儘管他的天才和博學，儘管他對中國現代文學的創造作出了極有價值的理論的貢獻，胡適顯然未能體會出傳統中國小說內在結構的價值。

　　林順夫強調傳統中國的小說自有其結構。傳統中國小說的結構看起來好像不是因果性的，也不是直線性的，那是因爲其成分並不是同時呈現在一個自成一個單元的空間裡的，而是以一幅幅影像爲單元而陸續呈現出來的。胡適所詬病的「章回」式的架構，就正是這種由一幅幅各自獨立、卻又互相呼應連貫的影像所組合在一起的語言的表現。他說我們如果想要了解傳統中國的小說，我們就必須一方面去注意情節的「同時

性」(synchronistic)與「空間性」，也要另一方面去注意其整個作品的「時間性」[203]。

浦安迪(Andrew Plaks)也同樣地強調了傳統中國小說自有其結構的理論。他說：

> 傳統中國的文學評論非常注重章回、情節之間的交織(interweaving)或入筍
> (dovetailing)〔亦即：接榫〕。這個事實可以用來解釋中國小說的「章回」
> 式的特色。這也就是說，雖然這種藝術創作上的衝動，並不求在外部形式上
> 要有一個統整的敘述結構，但一個偉大的作品在其章回之間，自有其內在的
> 聯繫——磚與磚之間的水泥——自有其藝術上的一統性。[204]

傳統中國的小說不是沒有結構，但其結構是迥異於西方的。浦安迪在他的《〈紅樓夢〉的原型與象徵》(*The Archetype and Allegory in* the Dream of the Red Chamber) 裡提出了他的看法。他說傳統中國文學的結構可以歸結到兩個「原型」：一是「相生相濟的二元論」(complementary bipolarity)；二是「多重的週期論」(multiple periodicity)。這所謂的「相生相濟的二元論」指的就是陰與陽、冷與熱、靜與動，等等二元、但不對立、而是相生相濟的概念。「多重的週期論」指的是五行、五方、五色、時令，等等，就像「五行相生，五行相勝」的周而復始、循環相生的概念。

浦安迪說，從這「相生相濟的二元論」與「多重的週期論」的概念來看《紅樓夢》，其結構就呼之欲出了。《紅樓夢》裡「眞」與「假」、「熱鬧」與「無聊」、生與死、歡樂與哀傷的輪替，乃至於相生相濟，固不待言。《紅樓夢》裡的人物，例如黛玉屬木，生日在二月，屬春，居瀟湘館，屬東；寶釵屬金，居西，「薛」、「雪」諧音，「潔白清香」，「冷香」；王熙鳳屬火，居南。寶玉屬土，居中。然而，這些「二元」、「週期」的屬性並不是靜態的，也不是對立的，而是可以相生相濟的。

胡適服膺那來自於西方，要求要有「始」有「終」、從「開始」節節上升、經過「中點」、以至於其邏輯的「結局」的文學理論。相對地，浦安迪則提出了他從「大觀園」的「大觀」所悟出來的一個具有「空間」面向的「大觀」的概念(a spatialized vision of totality)。這也就是說：「人類的經驗的總和，並不是一個直線進展的歷史

---

203 Shuen-fu Lin, "Ritual and Narrative Structure in Ju-lin Wai-shih," Andrew Plaks, ed., *Chinese Narrative: Critical and Theoretical Essays* (Princeton, Princeton University Press, 1977), pp. 248-254.

204 Andrew Plaks, "Towards a Critical Theory of Chinese Narrative," Andrew Plaks, ed., *Chinese Narrative: Critical and Theoretical Essays*, p. 334.

進程，而是一個變化萬千，沒有起點也沒有終點的場域。」這個變化萬千的世界固然是悲中有歡，歡中有悲；合中有離，離中有合。然而，這「紅塵」的定義不見得一定必須被解爲是「空」、是「假」、是「夢」，因爲「假作眞時眞亦假，無爲有處有還無」[205]。

　　胡適用西方、傳統、維多利亞時代的觀點來貶抑《紅樓夢》的文學價值。從今天後現代、後殖民主義的眼光看去誠然是一文不值的。然而，胡適的《紅樓夢》的考證則是劃時代的。用余英時套用孔恩(Thomas Kuhn)的概念來說，是「典範」的建立。有關描寫、分析胡適的《紅樓夢》考證的著作，可以說已經是到了汗牛充棟的地步。如果我在此處再作贅述，只會遭來讀者如嚼隔夜飯之譏。因此，我只要列舉他一些主要的論點。

　　胡適說《紅樓夢》的考證只有兩個正當的研究範圍，一是作者，二是版本：「我們只須根據可靠的版本與可靠的材料，考定這書的著者究竟是誰？著者的事跡家世？著書的時代？這書曾有何種不同的本子？這些本子的來歷如何？這些問題乃是《紅樓夢》考證的正當範圍。」[206]他從自傳說的角度，考證《紅樓夢》是曹雪芹以自家爲背景所寫的一部自傳性質的小說。他在1921年底寫成的〈《紅樓夢》考證〉改訂稿裡提出了有關曹家的背景──從曹雪芹的祖父曹寅開始──有如下四點：

　　　　一、曹寅是八旗的世家，幾代都在江南做官。從曹寅的父親曹璽開始，他家祖孫三代四個人總共做了五十八年的江寧織造。

　　　　二、當康熙帝南巡時，他家曾辦過四次以上的接駕的差。

　　　　三、曹寅會寫字，會做詩詞，有詩詞集行世。他家中藏書極多，精本有三千二百八十七種之多，可見他的家庭富有文學美術的環境。

　　　　四、他生於順治十五年(1658)，死於康熙五十一年(1712)。

　　有關作者，胡適有六點結論：

　　　　一、《紅樓夢》的著者是曹雪芹。

---

205 Andrew Plaks, *The Archetype and Allegory in* the Dream of the Red Chamber (Princeton, Princeton University Press, 1976), pp. 43-83, 178-224.

206 以下有關《紅樓夢》著者與版本的分析，都是根據胡適，〈《紅樓夢》考證(改訂稿)〉，《胡適全集》，1：545-587。

二、曹雪芹是漢軍正白旗人，曹寅的孫子，曹頫的兒子，生於極富貴之家，身經極繁華綺麗的生活，又帶有文學與美術的遺傳與環境。他會做詩，也能畫，與一班八旗名士往來。但他的生活非常貧苦，他因為不得志，故流為一種縱酒放浪的生活。

三、曹寅死於康熙五十一年。曹雪芹大概即生於此時，或稍後。

四、曹家極盛時，曾辦過四次以上的接駕的闊差；但後來家漸衰敗，大概因虧空得罪被抄沒。

五、《紅樓夢》一書是曹雪芹破產傾家之後，在貧困之中做的。做書的年代大概當乾隆初年到乾隆三十年左右，書未完而曹雪芹死了。

六、《紅樓夢》是一部隱去真事的自敘：裡面的甄賈兩寶玉，即是曹雪芹自己的化身；甄賈兩府即是當日曹家的影子。（故賈府在「長安」都中，而甄府始終在江南。）

有關版本的問題，胡適提出了兩個重點：

一、歸納並定出「程本」、「程甲本」、「程乙本」，以及「戚本」的名稱。「程本」是乾隆末年間程偉元的百二十回本；「程甲本」是乾隆五十六年辛亥(1791)的第一次活字排本，是市面上流通的各種版本的主要底本；「程乙本」是乾隆五十七年壬子(1792)程家的排本，是用「程甲本」來校改修正的；「戚本」則是有正書局出版德清戚蓼生為序的石印八十回的《紅樓夢》。胡適說「戚本」是乾隆年間無數展轉傳抄之中幸而保存的一種。

二、根據各種內證和外證，推斷《紅樓夢》的後四十回是高鶚補作的。

胡適的〈《紅樓夢》考證〉有〈初稿〉與〈改訂稿〉兩個版本。〈初稿〉是在1921年3月27日寫成的，發表在亞東圖書館印行的《紅樓夢》裡。胡適在寫完〈初稿〉以後，就即刻繼續搜集資料以作改訂的工作。在這個搜集資料的過程中，胡適得到了顧頡剛、俞平伯的協助。顧頡剛的貢獻尤為顯著。從此一直到10月間，胡適央請顧頡剛幫他搜集有關曹家的資料。他們在書信上交換、討論他們所各自找到的資料。其間的滋味——樂趣與感嘆——是所有作過研究工作的人當能領略一二的。作為學生、晚輩的顧頡剛在日記裡所記下來的對胡適的欽佩、豔羨，與自省之情，更能引人深思與唏噓：

3月21日：與介泉同到適之先生處談話……到適之先生處談話，令我時時慚愧。我爲什麼不能像他的聰明！[207]

4月2日：胡先生送〈紅樓夢考證〉來，看一過，把從前附會之說一掃而清，撥雲霧而見青天，可喜。[208]

5月8日：適之先生書來，告在津館看《棟亭全集》所得，比我所得有條理，使我慚愧之至。[209]

在顧頡剛的協助之下，胡適在11月12日寫成了〈《紅樓夢》考證(改訂稿)〉。胡適對顧頡剛的協助十分感激。在〈《紅樓夢》考證(改訂稿)〉裡也不忘注記顧頡剛的貢獻。比如說：

我的朋友顧頡剛在《江南通志》裡查出江寧織造的職官如下表：……[210]

頡剛又考得「康熙南巡，除第一次到南京駐蹕將軍署外，餘五次均把織造署當行宮。」[211]

我想高鶚既中進士，就有法子考查他的籍貫和中進士的年份了。果然我的朋友顧頡剛先生替我在《進士題名碑》上查出高鶚是鑲黃旗漢軍人，乾隆六十年乙卯(1795)科的進士，殿試第三甲第一名。[212]

總之，胡適在1921年所發表的〈《紅樓夢》考證〉是20世紀中國「新紅學」、新「典範」的開山之作。它除了推翻了「索隱」派的「紅學」以外，也確定了曹雪芹是《紅樓夢》的作者，《紅樓夢》是自傳性質的小說，以及高鶚是後四十回的作者。從此之後，胡適雖然在著者與版本上陸續有新的發現，但他對《紅樓夢》考證的基本工作已經完成。胡適所建立的《紅樓夢》的新典範於焉奠定。

1922年4月19日，胡適意外地得到了他在寫〈《紅樓夢》考證(改訂稿)〉過程中所苦搜不得的敦誠的《四松堂集》。他於是在5月3日又寫成了〈跋《紅樓夢》考證〉。他從《四松堂集》裡的〈挽曹雪芹〉一詩裡演繹出四個有關曹雪芹的死期與身

207 《顧頡剛日記》(台北：聯經出版公司，2007)，1：107。
208 《顧頡剛日記》，1：110。
209 《顧頡剛日記》，1：121。
210 胡適，〈《紅樓夢》考證(改訂稿)〉，《胡適全集》，1：560。
211 胡適，〈《紅樓夢》考證(改訂稿)〉，《胡適全集》，1：561。
212 胡適，〈《紅樓夢》考證(改訂稿)〉，《胡適全集》，1：583-584。

後飄零的「新婦」：

　　一、曹雪芹死在乾隆二十九年甲申(1764)。我在〈考證〉說他死在乾隆三十年左右，只差了一年。

　　二、曹雪芹死時只有「四十年華」。這自然是個整數，不限定整四十歲。但我們可以斷定他的年紀不能在四十五歲以上。假定他死時年四十五歲，他的生時當康熙五十八年(1719)。〈考證〉裡的猜測還不算大錯。

　　三、曹雪芹的兒子先死了，雪芹感傷成病，不久也死了。據此，雪芹死後，似乎沒有後人。

　　四、曹雪芹死後，還有一個。「飄零」的「新婦」。這是薛寶釵呢，還是史湘雲呢？那就不容易猜想了。[213]

　　1927年胡適從美國回到上海以後，又有一個新的斬獲。那就是殘本《脂硯齋重評石頭記》。這個「脂本」——後稱「甲戌本」——只有十六回：第一回至第八回；第十三回至第十六回；第二十五回至第二十八回。但它可能是目前世界上僅存最老的一個抄本。胡適在1948年搭乘蔣介石特派的專機離開北平的時候，倉間只帶了兩樣東西：一樣是他父親遺稿的清抄本，另一樣就是這個《脂硯齋重評石頭記》。有關這個珍本的獲得，胡適在1928年所寫的〈考證紅樓夢的新材料〉一文裡是如此形容的：

　　去年〔1927〕我從海外歸來，便接著一封信，說有一部抄本《脂硯齋重評石頭記》願讓給我。我以為「重評」的《石頭記》大概是沒有價值的，所以當時竟沒有回信。不久，新月書店的廣告出來了，藏書的人把此書送到店裡來，轉交給我看。我看了一遍，深信此本是海內最古的《石頭記》抄本，送出了重價把此書買了。

　　胡適在1961年把《脂硯齋重評石頭記》交給臺灣商務印書館影印所寫的〈跋〉裡說：「那位原藏書的朋友(可惜我把他的姓名地址都丟了)就親自把這部脂硯甲序本送到新開張的新月書店去，託書店轉交給我。」又說：「我當時太疏忽了，沒有記下賣書

人的姓名地址，沒有與他通信，所以我完全不知道這部書在那幾十年裡的歷史。」[214]

胡適可能貴人多忘事。這個原藏書人的名字叫做胡星垣，他給胡適的信是1927年5月22日寫的。這封信現在還藏在「胡適檔案」裡：

> 茲啓者：敝處有舊藏原抄《脂硯齋批紅樓》，惟只存十六回，計四大本。因聞先生最喜《紅樓夢》，爲此函詢，如合尊意，祈示之，當將原書送聞。[215]

無論如何，這本甲戌(1754)本的《脂硯齋重評石頭記》，更進一步地提供證據，讓胡適認爲他的《紅樓夢》是自傳小說的看法是「顛撲不破的了」。他把他新發現的結論寫在〈考證紅樓夢的新材料〉裡：

一、曹雪芹作《紅樓夢》當在乾隆十八、九年之前。

二、胡適先前根據敦誠《四松堂集》裡的〈挽曹雪芹〉一詩，定曹雪芹死於乾隆二十九年甲申(1764)。現改訂爲乾隆二十七年壬午除夕(1763年2月12日)假定他死時四十五，他生年大概在康熙五十六年(1717)。

三、脂硯齋可能是曹雪芹很親的族人。也許是他的嫡堂弟兄或從堂弟兄。

四、〈《紅樓夢》考證(改訂稿)〉裡説曹家四次接駕，得到證實。賈寶玉的父親賈政就是曹頫之説也得到證實。

五、俞平伯説秦可卿跟她公公私通被撞見，因而羞愧自縊而死。現從原有的「秦可卿淫喪天香樓」回目可得證實。原文是曹雪芹從脂硯齋之勸，而刪去的。

六、曹雪芹寫的是北京，而心裡所想的是金陵。金陵是事實的所在，北京只是文學的背景。

七、「脂本」，即「甲戌本」，的文字勝於各本。「脂本」與「戚本」的前二十八回是同出於一個有評的原本。但「脂本」爲直接抄本，「戚本」則是間接傳抄本。[216]

214 胡適，〈跋乾隆甲戌本《脂硯齋重評石頭記》影印本〉，《胡適全集》，12：516、534。
215 胡適紀念館，「胡適檔案」，HS-JDSHSC-1530-001。
216 胡適，〈考證紅樓夢的新材料〉，《胡適全集》，3：399-432。

1933年，胡適在北平得見徐星署所藏的《脂硯齋重評石頭記》——亦即「庚辰本」——全部。胡適把它拿來與他所藏的「甲戌本」對勘。他所得的三個重要結論如下：

　　一、此本是乾隆庚辰(1760)秋寫定本的過錄本。
　　二、到當時爲止，所知的《紅樓夢》的本子有五個，以時間順序排列爲：
　　　1. 過錄甲戌(1754)脂硯齋評本(胡適藏)
　　　2. 過錄庚辰秋(1760)脂硯齋四閱評本(徐星署藏)
　　　3. 有正書局石印戚蓼生序本。
　　　4. 乾隆辛亥(1791)活字本(即「程甲本」)
　　　5. 乾隆壬子(1792)活字本(即「程乙本」)
　　三、脂硯齋，從前胡適懷疑可能是曹雪芹的嫡堂弟兄或從堂弟兄。現在胡適認爲脂硯齋者，就是「那位愛吃胭脂的寶玉，既是曹雪芹自己」。[217]

　　從他1921年的〈《紅樓夢》考證〉到1933年的〈跋乾隆庚辰本《脂硯齋重評石頭記》抄本〉，胡適的《紅樓夢》考證已經達到了巔峰。雖然到了他晚年爲止，胡適仍然還會發表有關《紅樓夢》的文字。然而，他的《紅樓夢》考證工作基本上已經結束。從1921年開始，一直到1950年代批判胡適運動展開，胡適的自傳說取代了所有其他詮釋，成爲《紅樓夢》研究的典範。
　　胡適這個「自傳說」的典範，余英時在1970年代就已經撰文評論，說它已經走到了「山窮水盡」的困境。即使「自傳說」優於所有其他的詮釋，它究竟是考證學，而非文學研究。余英時在形容胡適的「自傳說」已經走到了「山窮水盡」的困境的同時，也強調《紅樓夢》的研究要突破舊有的典範，絕不是去重走「索隱派」的老路。那唯一能使《紅樓夢》的研究突破「山窮水盡」的困境，而走入「柳暗花明又一村」的境界的，就是文學批評與比較文學的研究方法。

---

217 胡適，〈跋乾隆庚辰本《脂硯齋重評石頭記》抄本〉，《胡適全集》，4：420-432。

第七章
信達兼顧，翻譯大不易

胡適是一個嚴謹的學者；他行文嚴謹，翻譯也一樣地嚴謹。一個句子、一篇文章，他可以一再琢磨，甚至一輩子一再重譯。最典型的一個例子，就是他從英國詩人費茲傑羅(Edward Fitzgerald)所轉譯的11世紀波斯詩人歐瑪(Omar Khayyam)的一首波斯四言絕句(rubai；複數為rubaiyat。當時多用音譯翻為：魯拜)。這首波斯四言絕句的英文譯文當然不信實，其所反映的根本就是英國維多利亞的精神與宗教情懷。其英文譯文如下："Ah, Love! could thou and I with Him conspire / To grasp this sorry Scheme of Things entire, / Would not we shatter it to bits —and then / Remold it nearer to Heart's Desire! "胡適以〈希望〉為題，以《嘗試集》裡的版本為例，把它翻譯成：

> 要是天公換了卿和我，
> 該把這糊塗世界一齊都打破，
> 要再磨再煉再調和，
> 好依著你我的安排，把世界重新造過！[1]

這個版本，根據胡適在《嘗試集》裡的注，是根據1919年2月28日的初譯。鄒新明在北大圖書館的胡適藏書裡，發現了徐志摩在1923年送給在名為在西湖「養病」，而其實是與曹誠英過了三個月的「神仙生活」的胡適一本費茲傑羅的《魯拜集》(Rubaiyat)。在那本書中夾有胡適手跡寫成的另外兩個翻譯版本：

版本一：
愛呵！要是天公能讓你和我
抓住了這寒傖了的世界抓住了這糟糕的世界

1　胡適，〈希望〉(譯詩)，《胡適全集》，10：95。

我們可不是要把他一齊都打破我們可不要把他全打破，

再依著我們稱心如意地把他重新改造過麼好依著我們的心願重新造過麼？

版本二：

愛阿！假如造化肯跟著你我謀反，

一把抓住了這整個兒寒傖的世界，

你我還不來使勁趁機會把他完全搗碎，

再來稱我們的心願，改造他一個痛快。

　　鄒新明找出徐志摩在1924年11月7日在《晨報副刊》上所發表的〈莪默的一首詩〉。在這篇小文裡，徐志摩說：「胡適之《嘗試集》裡有莪默詩的第七十三首〔注：胡適在《嘗試集》裡列為第108首，蓋因版本不同所致。〕的譯文，那是他最得意的一首譯詩，也是在他的詩裡最『膾炙人口』的一首。」[2]

圖22　1923年攝於西湖，中立左四是胡適，右二為曹誠英(胡適紀念館授權使用)。

　　年輕的胡適極有可能因為技癢、因為境遇，而一再把玩吟詠、一譯、再譯歐瑪的這首絕句。因此，《嘗試集》裡的一版，和鄒新明在徐志摩贈胡適的《魯拜集》裡所找到的兩個版本，很可能並不是胡適年輕時期所有的嘗試。年輕不再的胡適，在1941、1942年之交，又技癢再譯了一次。他在1942年2月17日給趙元任的信裡的版本是：

2　鄒新明，〈胡適翻譯莪默《魯拜集》一首四行詩的新發現〉，《胡適研究通訊》2009年第3期(2009年8月25日)，頁1-3。

倘使咱(們)倆能和老天爺打成了一氣，

好教咱抓住了這整個兒天和地，

咱可不先要打破了這不成樣的東西，

再從頭改造翻新，好教咱(？)眞個稱心如意！

　　胡適自己爲趙元任比較了他的舊譯與新譯的高下。對於他的舊譯，他說：「譯文雖然有人愛讀——因爲文字通順，音節響亮——但是很不正確。」胡適不但說明了他新譯的優點，還交代了他新譯產生的背景：「前些時，一天晚上睡不著。我把這首詩改翻了，開開電燈，記在一個本子上，才睡了。後來周鯁生看了這新譯本，說是比舊譯好的多了。我把這稿子抄給你看，請你不客氣的修改。請你注意修改兩個方面：一是白話的文法和『習慣』〔注：即慣用語〕(idiom)，一是音節。還有第三方面，就是譯文的正確程度。」[3]

　　胡適給趙元任的這封信特有意味的地方，就在於他要趙元任夫婦及其四位小姐幫他修改的時候，要注意的三方面：文法、音節，和正確性。先說音節——即傳統詩體的要素。就像我在《璞玉成璧》第八章裡所說的，胡適從英詩裡所引進的格式是傳統的，而非現代的，他譯歐瑪的這首詩就是一個別有意味的例子。波斯四言絕句的格式是第一、二、四句押韻，英譯保持這個格式。胡適的初譯版以及1942年寄給趙元任的譯版，是四句全押一韻。他1923年在西湖所隨手信譯的那兩個版本則不然。那第一個版本，就是第一、二、四句押韻。我們必須注意，胡適請趙元任給他修改意見的時候，他已經年過五十，白話文學、白話詩體革命已經功成二十載。然而，胡適仍然斤斤於琢磨著現代白話詩——不管對錯與否——已經揚棄了的「音節」。他這個晚年的譯本，還是回到四句全押一韻。其次，胡適一輩子對自己行文的三大要求：嚴謹、合於文法，和口語化。這也就是爲什麼他仍然拳拳於「白話的文法和『習慣』(idiom)……還有……譯文的正確程度」。

　　胡適終其一生，就是無法不拘泥於白話文學初創時期的白話。那時期的白話，用胡適自己形容的話來說，就是：「纏過腳後來放大了……總還帶著纏腳時代的血腥氣。」[4]我在《璞玉成璧》第八章徵引了胡適引申傅斯年在〈怎樣做白話文〉裡所說的話：「歐化的白話文就是充分吸收西洋語言的細密的結構，使我們的文字能夠傳達

3　胡適致趙元任，1942年2月17日，《胡適全集》，24：579。

4　胡適，〈《嘗試集》四版自序〉，《胡適全集》，2：813。

複雜的思想、曲折的理論。」[5] 如果年過五十的胡適，能夠從他的「解放腳」的白話文裡解放出來；如果年過五十的胡適，能夠身體力行他年輕的時候所提倡的「歐化的白話文」，我想像他應該有辦法把歐瑪這首詩譯得更爲簡潔和奔放。例如：

> 喔我愛！且讓妳與我和上帝心照不宣
> 一把扶起這可憎的人世間
> 把它給砸個粉碎
> 再隨心所欲地把它重建！

　　話又說回來，雖然胡適終其一生，不能從他「解放腳」的白話體裡解放出來，雖然胡適不能身體力行他「歐化的白話文」的理念，其結果可能是塞翁失馬焉知非福呢！胡適文體的清麗、易讀與雋永，也許就正因爲它不是「歐化的白話文」！

　　翻譯誠然不是一件易事。胡適在1928年一封發表在《新月》給梁實秋的公開信裡說：

> 　　翻譯是一件很難的事，誰都不免有錯誤。錯誤之因不止一種。粗心和語言文學的程度不夠是兩個普通的原因。還有一個原因就是主觀的成見……我們同是練習翻譯的人，誰也不敢保沒有錯誤。發現了別人的一個錯誤，正當的態度似是「宜哀矜而勿喜」罷？（太荒謬的譯者也許應該受點誠懇的告誡。）[6]

梁實秋在胡適這封公開信附加的跋引了一句西方諺語：「犯錯乃人情之常，寬恕乃神明之道。」（To err is human, to forgive, divine.）

　　梁實秋所引的：「犯錯乃人情之常，寬恕乃神明之道。」胡適所說的：「宜哀矜而勿喜。」都不是我作本章的本意。胡適的譯筆雖然不高明，但他的嚴肅負責的態度是值得學習的。胡適在1923年有一段談到他譯書的態度：

> 　　我自己作文，一點鐘平均可寫八九百字；譯書每點鐘平均只能寫四百字。

5　胡適，〈《中國新文學大系：建設理論集》導言〉，《胡適全集》，12：289。
6　胡適致梁實秋，1928年12月29日，《胡適全集》，23：622。

自己作文只求對自己負責任，對讀者負責任，就夠了。譯書第一要對原著者
負責任，求不失原意義；第二要對讀者負責任，求他們能懂；第三要對自己
負責任，求不致自欺欺人。這三重擔子好重呵！[7]

胡適在翻譯上負責的態度，使他在真正遇到困難的時候，寧可不譯，而不是草率
從事、交差了事。更令人佩服的是，他可以公開承認他力不從心。比如說，他在給梁
實秋那封公開信裡說：

翻譯曼殊斐兒〔Katherine Mansfield, 今譯凱瑟琳‧曼斯菲爾德〕，更是難
事。她的小說用字造句都有細密的針線，我們粗心的男人很難完全體會。民
國十二年〔1923〕，我和志摩先生發起翻譯曼殊斐兒的小說。我譯的一篇是
《心理》，譯成一半，就擱下了。至今不敢譯下去。[8]

我用這一整章的篇幅來分析胡適的譯筆，自然是跟梁實秋與胡適所說的「寬恕」
與「哀矜」完全無關。所謂的「寬恕」與「哀矜」云云，是論戰的語言，是我在第三
章所分析的扮演文化權威、爭奪文化領導權的時候所使用的語言。我在本章的分析，
毋寧是把胡適的翻譯──他的妙譯與拙譯──都當成「文物」，作為歷史的見證。其
所見證的，是在那白話文學初創，辭彙貧乏、句型原始的時代，即使天才如胡適、英
文程度高超如胡適者，都會有翻譯大不易的擲筆之嘆的時候。

胡適的翻譯哲學

如果翻譯不是胡適之所長，如果胡適在翻譯上時常捉襟見肘，這有其時代的背
景，不完全是胡適個人的因素。畢竟，胡適的時代是白話文學草創的時代。許多在胡
適的時代所根本不可能想像的觀念、辭彙，以及冗長繞口的歐式語法，我們現在已經
見怪不怪、習以為常。試看胡適1922年4月13日的一則日記：

讀〔Osvald〕Sirén's *Essentials in Art*〔塞倫的《藝術的要素》，1920年出

7　胡適，〈譯書〉，《胡適全集》，20：437。
8　胡適致梁實秋，1928年12月29日，《胡適全集》，24：622。

版〕。此君很推崇中國畫，所言亦有獨到處。書中引南齊謝赫的《古畫品錄》的「六法」，第一條「氣韻生動」便不好譯。在美術史上，中文的「氣韻」、「神韻」無法譯西文；西文的tone、rhythm、form也無法譯中文。[9]

　　如果我們今天覺得這些辭彙並不難翻成中文——"tone"譯爲色調、"rhythm"譯爲氣韻、"form"譯爲形式——那並不表示我們比胡適技高一籌，而毋寧是因爲我們不只是西化已深，我們根本就是已經西化入骨，已經西化入骨到了我們信手拈來使用的觀念和辭彙根本就是西方的而不自知的地步。

　　除了胡適所處的時代白話還在草創時期、辭彙貧乏以外，胡適在翻譯上還有兩個難以突破的瓶頸。第一個瓶頸是他所處時代的翻譯的規範。這個翻譯的規範用胡適自己所說的話來說，就是意譯的風氣。胡適在1933年2月28日致劉英士的一封信裡說：「在十二年前，翻譯的風氣與今日大不同，直譯的風氣還未開（《世界叢書》內徐炳昶先生譯的《你往何處去》要算是當日最大膽的譯本）。我們當時注重譯本的可讀性，往往不很嚴格的拘泥於原文的文字。」[10]

　　這種意譯的規範，胡適有兩片手寫的翻譯原則，現在還留存在北京的「胡適檔案」裡。這兩片胡適手稿的日期不容易斷定，但我認爲不是重要的問題，因爲其所表達的是胡適一生所信守的翻譯的哲學。第一片可能是1928年左右寫的。在這一片上，胡適用了一個翻譯的原則來概括：「翻譯的原則，只有一條：細心體會作者的意思，而委屈傳達它。換言之，假使著者是中國人，他要說這句話應該怎樣說法？」胡適接著引申說：

　　　　依此標準，則無所謂「直譯」與「意譯」之區別；亦無「信、達、雅」三種區別。此種區別皆是歷史的遺痕。在初創翻譯之時代，不能兼顧到「達意」與「保來風格」兩種條件，所以譯者往往刪除細碎的枝葉，只留原意的大旨。三十年來，問題漸變。又加標點符號的通行，故我們在今日應該充分保存原文的細膩語句，應該充分顯出原文的文學風格。「信」在今日應有兩義：一、對於原意的忠實傳達；二、對於原文文字上的忠實傳達。「達」在今日也有兩義：一、能傳達意義；二、能顯示原有的文學風格。故「信＝

　9　《胡適日記全集》，3：503。
　10　胡適致劉英士，1933年2月28日，《胡適全集》，24：154。

達」。不能達，雖信何益？讀原書豈不更妙？[11]

　　在另外一片胡適信手寫下來的翻譯規範裡，胡適又訂出了五項「拘謹的意譯，決不可直譯」的原則：「一、直譯可通，則直譯；二、直譯而不可解，則意譯；三、有時意譯而與原文字句形式相去太遠者，則注原文於下；四、譯者於原意範圍之內，有增減之餘地；五、譯者宜時時爲讀者設想。有時不便改動原文，而猶懼讀者不了解時，可加注以解釋之。」[12]這一片札記寫作的時間也是不明，但應該是在1930年代。它充分地顯示出胡適已經不再全然地反對直譯。「直譯可通，則直譯。」這對胡適而言，是一大讓步。

　　胡適實際上一直是一個反對直譯的人。1921年秋天，胡適幫俄國革命以後流亡中國的梵文專家鋼和泰(Alexander von Staël-Holstein)作翻譯。他在9月22日的日記裡記鋼和泰用藏文本來對校菩提流支譯的《大寶積經論》。其中卷二，頁18，有一段文字不解其意：「如調伏龍王復非如龍王，得利或失利柔軟語苦樂防護益失中有染心。」胡適所下的評語是：「此語不可讀，大似今日生吞活剝的直譯家！」[13]因此，我們必須謹慎地對待他在1933年給劉英士的信裡所說的話：「在十二年前，翻譯的風氣與今日大不同，直譯的風氣還未開。」這封信很容易讓人以爲直譯在1930年代已經成爲一個新的風氣，或者，胡適已經接受了直譯的方法。其實不然。胡適在1933年12月23日的一則日記裡說：「與程衡先生一書，論翻譯。我說，古人說翻譯如嚼飯哺人，嫌其失原味。但嬰孩與病人不能下嚥，咀嚼而哺之，雖失原味，還有救餓之功德。今不加咀嚼，而以硬鍋飯哺人，豈不更失翻譯原意了。」[14]

　　胡適因爲反對「以硬鍋飯哺人」，所以即使直譯已經成爲新的風氣，對他而言，直譯一直只是一個「必要之惡」。他1933年6月27日爲他的《短篇小說第二集》所寫的〈譯者自序〉就是一篇最好的夫子自道：

　　　　《短篇小說第一集》銷行之廣，轉載之多，都是我當日不曾夢見的。那十一篇小說，至今還可算是近年翻譯的文學書之中流傳最廣的。這樣長久的歡迎使我格外相信翻譯外國文學的第一個條件是要使它化成明白流暢的本國文

11　胡適，〈翻譯的原則〉，「胡適檔案」，242-002。
12　胡適，〈拘謹的意譯，決不可直譯〉，「胡適檔案」，242-002。
13　《胡適日記全集》，3：320-321。
14　《胡適日記全集》，4：730。

字。其實一切翻譯都應該做到這個基本條件。 但文學書是供人欣賞娛樂
的，教訓與宣傳都是第二義，決沒有叫人讀不懂看不下去的文學書而能收到
教訓與宣傳的功效的。所以文學作品的翻譯更應該努力做到明白流暢的基本
條件。

〔《短篇小說第二集》〕這六篇小說的翻譯，已稍稍受了時代的影響，比
第一集的小說謹嚴多了，有些地方竟是嚴格的直譯。但我相信，雖然我努力
保存原文的眞面目，這幾篇小說還可算是明白曉暢的中國文字。在這一點
上，第二集與第一集可說是一致的。[15]

胡適說：「有些地方竟是嚴格的直譯。」這「竟」字是胡適行文常用的口氣，是
「終於」的意思。重點是胡適所說的：「翻譯外國文學的第一個條件是要使它化成明
白流暢的本國文字。」他在翻譯《短篇小說第二集》的時候，因爲「直譯的風氣」已
開，他自己「已稍稍受了時代的影響」，不得不也「直譯」了。然而，這一直不是胡
適的本意。他的《短篇小說第二集》，收了他所翻譯的奧亨利(O. Henry)的短篇小說
〈戒酒〉(The Rubaiyat of A Scotch Highball)。他這一篇是在1928年8月譯的。他在
〈譯前序〉說得很清楚：「我譯小說，只希望能達意。直譯可達，便用直譯；直譯不
易懂，便婉轉曲折以求達意。有時原文的語句不關重要，而譯了反更費解的，我便刪
去不譯。此篇也刪去了幾句。」[16]

胡適的譯筆，到現在爲止還沒有受到學者足夠的關注。趙文靜在英國寫的博士論
文，《翻譯的文化操控——胡適的改寫與新文化的建構》(*Cultural Manipulation of
Translation Activities: Hu Shi's Rewritings and the Construction of A New Culture*)，是最
近的一本相關著作。這本書的出版相當奇特，是復旦大學出版社出版的，然而是一本
英文著作，只有書名有中文的翻譯，大概開了中國大學出版社出版英文書的先例。趙
文靜說胡適翻譯的策略有三：一、用熟悉或正面的中文名詞取代彆扭或負面的外國名
詞；二、用中國人能理解或意會的名詞或文體來作翻譯；三、用引文或在譯文裡添加
注解。有關胡適的第一個翻譯策略，趙文靜用的最有意味的例子是「羅曼蒂克」。在
易卜生的《娜拉》裡，胡適不用「羅曼蒂克」，而是用「慷慨心」來翻譯"romantic"
這個字。趙文靜說這充分地說明了通曉中英文的胡適高明的地方，因爲他知道羅曼蒂

15　胡適，〈短篇小說第二集：譯者自序〉，《胡適全集》，42：379-380。
16　胡適，〈戒酒〉，《胡適全集》，42：410-411。

克有負面的意思。她說根據1998年版的《漢英字典》的定義，「羅曼蒂克」可以意指「異常、波希米亞、放蕩」（unconventional, bohemian and loose）的生活方式，而且也常被用來特指婚外的戀情。此外，趙文靜說，「羅曼蒂克」，根據《牛津高級英漢字典》的定義，可以意指「脫離現實人生的想法和感覺等等」（having ideas, feelings, etc., remote from experience and real life）。相對的，她說胡適用「慷慨心」則具體多了[17]。

趙文靜對「羅曼蒂克」所作的定義當然是有問題的，因為那是一種選擇性的運用。無論是《漢英字典》或是《牛津高級英漢字典》，對「羅曼蒂克」都有好幾種的定義，有正面也有負面的。她專門選擇負面的定義，目的就在於證明她說胡適用「慷慨心」這個正面的名詞來傳達一個正面行為的論點。歸根究柢，趙文靜之所以會作這樣選擇性的分析，完全是因為她的翻譯研究根本就不是在傳統意義下針對字句分析的翻譯研究。她是從翻譯即改寫(re-write)的論點來論翻譯。她強調翻譯是一種社會現象，是意識型態與文化操控下的產物。在這種意義之下，胡適的翻譯完全是他試圖利用外來文化來改造本土文化的產物。這不但影響了他在翻譯外來作品和理論時所作的修正和過濾，而且胡適的作品——包括他的翻譯——又轉而成為他的「文化資本」，奠定了他的學術權威以及他的言論地位[18]。

諷刺的是，趙文靜在論述了胡適在翻譯的改寫與過濾以後，卻又反過頭來用胡適作為例子，批評翻譯即改寫論的缺點，在於它失之於誇張。她說，翻譯即改寫論，假定所有的翻譯都是徹底的改寫與操控——不管是因為意識型態或者藝術的考量。趙文靜說：「胡適是一個嚴謹的翻譯家，他力求忠於原文，把對原文的更改降到最低。」[19]事實上，趙文靜錯了。胡適翻譯從來就不「力求忠於原文，把對原文的更改降到最低。」恰恰相反，胡適是一個一生秉持著「拘謹的意譯，決不可直譯」的原則的意譯大師。

胡適在翻譯上所面臨的第二個瓶頸就是他對套語過度排斥所造成的反效果。胡適反對套語，跟他在白話文學革命所倡導的「八不主義」是息息相關的。我們記得他在〈文學改良芻議〉裡的「八不主義」的第五「不」就是「務去濫調套語」。他在〈文學改良芻議〉裡，舉例說明了套語的種類：

17　趙文靜，《翻譯的文化操控——胡適的改寫與新文化的建構》（上海：復旦大學出版社，2006），頁315-316。
18　趙文靜，《翻譯的文化操控——胡適的改寫與新文化的建構》，頁1-2、5。
19　趙文靜，《翻譯的文化操控——胡適的改寫與新文化的建構》，頁349。

　　今之學者，胸中記得幾個文學的套語，便稱詩人。其所爲詩文處處是陳言
爛調：「蹉跎」、「身世」、「寥落」、「飄零」、「蟲沙」、「寒窗」、
「斜陽」、「芳草」、「春閨」、「愁魂」、「歸夢」、「鵑啼」、「孤
影」、「雁字」、「玉樓」、「錦字」、「殘更」……之類，累累不絕，最
可憎厭。[20]

　　胡適對套語的憎惡是有他的道理的。所謂套語，就是陳腔濫調。他所謂不用套
語，就是要大家用自己的話、鑄造自己的詞，來描寫自己活生生的經驗，不要偷懶、
去拾撿傳統文學裡現成——已死——的套語。他說：

　　吾所謂務去爛調套語者，別無他法，惟在人人以其耳目所親見親聞所親身
閱歷之事物，一一自己鑄詞以形容描寫之；但求其不失眞，但求能達其狀物
寫意之目的，即是工夫。其用爛調套語者，皆懶惰不肯自己鑄詞狀物者也。

　　傳統文學的套語，在初鑄的時候，當然不是套語，而其實是亮麗、清新襲人的。
套語之所以會變成陳腔濫調，除了因爲過度使用所產生的疲乏效應以外，還有因爲時
尚、品味斗轉星移，以至於失去其形容、表意的效力。胡適在1919年7月13日的日記
裡作了這樣的解釋：

　　凡全稱名詞都是抽象的；凡個體事物都是具體的。故説「女子」，是抽象
的，不能發生具體的影像。若説「紅巾翠袖」，便可引起一種具體的影像。
又如説「少年」，是抽象的；若説「衫青鬢綠」，便可引起一種濃麗明瞭的
影像了。一切語詞的套語(conventions)都是這樣發生的，都是要引起具體
的、明顯逼人的影像(image)。但人的心理有容易養成習慣性的趨向。新鮮
的影像見慣了便不發生效力了。所以「務去陳言」，只是要時時創造能發生
新鮮影像的字句。況且時代變遷，一個時代的話，過了一、二百年便不適用
了。如宋人可用「紅巾翠袖」代少年女子。今世的女子若穿戴著紅巾翠袖，
便成笑話了。[21]

20　胡適，〈文學改良芻議〉，《胡適全集》，1：8。
21　《胡適日記全集》，2：543-544。

　　胡適反對使用套語其實是很有遠見的。使用套語就是偷懶、就是揀現成。他呼籲大家要用自己的話、鑄造自己的詞，來描寫自己活生生的經驗。如果在胡適的時代，偷懶、揀現成，意味著套用傳統文學裡現成，亦即已死的套語，今天的偷懶與揀現成則是套用外來語，特別是日本名詞。

胡適初譯杜威

　　胡適對意譯的執著、對套語的排斥，再加上他早期的翻譯常拘泥於白話文學初創時期的語法、慣用語。這都在在使得他的翻譯，特別是在論理、哲學文章的翻譯上，時常捉襟見肘。從某個角度來說，這很可能是處在白話文初創時期的文化人所共同面對的問題。換句話說，在白話文的辭彙貧乏、歐化的句型結構尚未成為約定俗成以前，翻譯的困難恐怕不是今天的我們所能想像的。這不只是對胡適而言是如此，對所有當時的中國文人可能都是如此。

　　我可以信手拈來一個再簡單、平常也不過的例子，來說明從我們今天的角度來看，其實並不很難的句子，當時卻難倒了胡適及其在北大的濟濟多士。這個例子我在第三章已經舉過，就是1922年胡適為北大預科入學測驗所出的英文試題。其中，有一段英文翻譯，不但胡適自己覺得很難，連跟他閱卷的英文老師一起絞盡腦汁，卻都翻不出一個標準的譯文。他在7月25日的日記裡錄下了這個題目："A man must indeed know many things which are useless to a child. Must a child learn all that the man must know? Teach a child what is useful to him as a child."胡適說：「這裡面沒有一個難字，沒有一點難的語法，然而我們幾個教員都翻不出一種滿意的樣本。第三句更難。我試譯幾遍，終不能充分滿意。最後譯為：『兒童自有於他們有用的東西；教兒童只可把這些東西教給他們。』」[22]

　　胡適費盡了九牛二虎之力所擠出來的譯文確實既彆扭而且贅疣，而且還沒譯全呢！這段話雖然是盧梭在《愛彌爾》（*Émile*）裡所說的話，但其實是胡適從杜威和他的大女兒艾佛琳（Evelyn）合寫的《明日的學校》（*Schools of Tomorrow*）一書裡挑選出來的英譯，只是，他把其中幾個修飾詞給去掉了，再加上一兩個字把文法連貫起來罷了。杜威的原譯是："A man must indeed know many things which seem useless to a child. Must the child learn, can he learn, all that the man must know? Try to teach a child

---

22　《胡適日記全集》，3：684。

what is of use to him as a child, and you will find that it takes all his time."[23]雖然杜威的文章以難讀著稱，胡適所選的這段話其實並不難譯：「大人確實是必須知道許多對孩童來說一點用處都沒有的知識。孩童真需要去學習所有大人都必須知道的東西嗎？要教孩童，就是要教對孩童有用的東西。」

胡適出給北大預科入學測驗的一個不算太複雜的英語句子，居然把胡適自己跟他在北大的同事給考倒了！從我們現在的眼光看回去，這真可以說是不可思議的一件事。然而，我在前文已經說過，這並不表示我們比胡適及其同事聰明，更不表示我們的英文比胡適的好。這所反映的完全是時代背景的不同。胡適的時代，不但白話辭彙貧乏，而且白話的句型結構還只能應付日常的會話。這個句子，真的像胡適所說的：「這裡面沒有一個難字，沒有一點難的語法，然而我們幾個教員都翻不出一種滿意的樣本。」原因無它，這個句子難在它的句型結構。如果我們把這個句子，連它的句型都用直譯的方式譯成中文，即使今天的我們都會覺得拗口、彆扭，更何況是白話文學初創時期的讀者了。

從這個角度來說，從辭彙到句型結構都已經西化入骨的我們，完全是一個世紀以來白話文學運動的受益者。光是從這個例子，我們就不得不佩服胡適的真知灼見：「歐化的白話文就是充分吸收西洋語言的細密的結構，使我們的文字能夠傳達複雜的思想、曲折的理論。」

如果胡適在翻譯北大預科入學測驗的一個英語句子，都會因為其句型結構複雜曲折而「終不能充分滿意」，更遑論要去翻譯那以難懂著稱的杜威了。我在第二章分析胡適詮釋杜威的時候，指出胡適在輸入學理的時候，很快地就放棄譯介的方式，而改用他自己流暢的筆法來改寫。我說那最重要的原因，是因為翻譯不是胡適之所長。現在，我還要再加一句，那就是在白話文學初創，辭彙貧乏、句型結構原始的時代，執著於翻譯等於是自找苦吃。聰明如胡適，知道他與其被翻譯畫地自限，甚至自暴其短，不如乾脆衝破翻譯的網羅，另闢蹊徑，用他自己流暢、雋永的文字完全重新改寫。

我說翻譯不是胡適之所長，這並不表示他的翻譯都是失敗的。比如說，我在第二章批評胡適在1919年所寫的〈實驗主義〉七篇，說那是胡適進入實驗主義門檻前夕的產品。我說他在〈實驗主義〉這七篇的翻譯生澀粗糙。然而，胡適也有他神來之譯的時候。他在〈實驗主義〉裡翻譯詹姆士的「真理論」的一段就是個絕佳的例子：

23　John and Evelyn Dewey, *Schools of Tomorrow* (1915), *Middle Works*, 8.212.

「真理的證實在能有一種滿意擺渡的作用。」怎麼叫做擺渡的作用呢？他
說「如果一個觀念能把我們一部分的經驗引渡到別一部分的經驗，連貫的滿
意，辦理的妥貼，把複雜的變簡單了，把煩難的變容易了，如果這個觀念能
做到這步田地，他便「真」到這步田地，便含有那麼多的真理。[24]

　　胡適翻譯這一段話，相當信實。唯一令人驚訝的漏譯，是最後一句跟杜威的理論
息息相關的關鍵話：一個觀念「真」的程度，就在於它能「工具性地」
(instrumentally)作到這種「擺渡」的作用。詹姆士在原文裡強調說，這就是芝加哥學
派——亦即，杜威在芝加哥的時期——所成功地傳授的「工具」真理論[25]胡適卻跟
這個關鍵字失之交臂，錯失了他可以用來闡釋詹姆士和杜威哲學之間的關係的機會。
胡適為什麼會在此處漏譯了「工具性地」這個後來的他一定會認為是關鍵性的副詞
呢？我推測當時的他認為這個修飾詞是枝葉，譯出來不但繞口，而且減低了它的可讀
性。

　　胡適用「擺渡」或「引渡」來翻譯詹姆士的"ride"、"lead"、"carry"，不但傳神，
而且優雅。但是，翻譯要一直維持在這樣高層次的信達雅，談何容易？等他進一步翻
譯詹姆士引申這個「擺渡」的作用的時候，他就改用了意譯的方式。其結果是：他
「達」的目的即使是作到了，「信」是被妥協掉了，「雅」則更是束之高閣了：

　　這種「擺渡」的作用，又叫做「做媒」的本事。詹姆士常說一個新的觀念
就是一個媒婆，他的用處就在能把本來就有的舊思想和新發現的事實拉攏來
做夫妻，使他們不要吵鬧，使他們和睦過日子。[26]

　　在此處，胡適用「做媒」來翻譯詹姆士的"go-between"(媒介)、"a smoother-over
of transitions"(新舊思想交替的調人)；用「拉攏來做夫妻」來翻譯詹姆士的
"marries"(結合)；用「使他們不要吵鬧，使他們和睦過日子」來翻譯詹姆士的"a
minimum of jolt, a maximum of continuity"(讓它們有最少的震盪、最大的延續性)。胡
適在此處的譯筆，其中有「直譯」也有「意譯」的成分。套用胡適的話來說，可以說

24　胡適，〈實驗主義〉，《胡適全集》，1：293。
25　William James, *Pragmatism: A New Name for Some Old Ways of Thinking* (New York: Longmans, Green and Co., 1949), p. 58.
26　胡適，〈實驗主義〉，《胡適全集》，1：293-294。

是「把直譯與意譯拉攏來做夫妻」的翻譯法。

有趣的是，胡適這個相當「土氣」的把直譯、意譯拉攏來做夫妻的譯法，還有它的「媒婆」效應。1919年9月20日，北大舉行開學典禮。典禮中請杜威發言。杜威的發言由胡適翻譯。其中的一段說：

> 中國有數千年不斷之舊文化，今又輸入歐美之新文化。二者亟待調和，以適應於人之新環境。故世界各國負有使新舊文化調和之責任及機會者，無過於今日之中國、無過於今日之北京大學。此種新舊文化之調合，可謂之新舊文化之結婚。大學的職務爲做媒，使夫妻和睦，學生蕃盛。在中國的大學，其做媒之機會較別處多，故責任亦較別處大。這是世界對於此校的宣戰書，我們能答應麼？做媒的人如能稱職，則將來夫妻和睦，必可產生自由的進步的昌盛的兒子。我能在此盡做小媒人之職務，這是我很欣幸的。更賀諸君有做大媒人之機會。[27]

胡適這種把直譯、意譯拉攏來做夫妻的翻譯法，不但彆扭、難懂，而且容易引起莫須有的爭論。最好的例子，莫過於胡適那句常常被人誤引、詬罵的話：「實在〔注：即本體，"reality"〕是一個很服從的女孩子，他百依百順的由我們替他塗抹起來、裝扮起來。」[28]緊接著這句話，胡適又用括弧表示他是直接翻譯了詹姆士的一句話：「實在〔本體〕好比一塊大理石到了我們手裡，由我們雕成什麼像。」[29]其實，這兩句話，無論胡適加了括弧與否，都是詹姆士說的。前一句是原文是："We conceive a given reality in this way or in that, to suit our purpose, and the reality passively submits to the conception."（我們根據我們的所需去定義本體，本體也任由我們擺布。）[30]後一句的原文是："We receive in short the block of marble, but we carve the statue ourselves."（簡言之，大理石是給的，但雕什麼像，是我們自己決定的。）[31]

胡適特別喜歡用女性——他心中百依百順的代名詞——來形容那可以讓我們形塑的東西。這是胡適的性別觀的反映，但不是此處分析的重點。詹姆士根本就沒有用

27　〈本校紀事：二十日之大會紀事：杜威博士演說大致如後〉，《北京大學日刊》，第443
　　號，1919年9月22日，第三版。
28　胡適，〈實驗主義〉，《胡適全集》，1：298。
29　胡適，〈實驗主義〉，《胡適全集》，1：298。
30　William James, *Pragmatism*, p. 251.
31　William James, *Pragmatism*, p. 247.

「百依百順」的「女孩子」來比喻本體。無獨有偶，胡適在翻譯杜威的經驗論的時候說：「經驗乃是一個有孕的婦人。」[32]這個翻譯，不但以胡適體的直譯、意譯拉攏來做夫妻的譯法標準來看，都算是做過了頭，而且簡直像是一個初學英文的學生，用英漢字典查生字的方式來翻譯的。

　　杜威在文章裡常用"pregnant"這個字。這個字可以有「富有」、「孕育孳生」的意思，必須看上下文來決定的。我們在杜威的原文裡是找不到與胡適這句譯文對應的話的。我推測胡適用「經驗是一個有孕的婦人」，來翻譯杜威說經驗是一個延續的過程，亦即，「生物對環境的適應，在意味深遠的意義下，是需要時間的。」（〔A〕djustment of organism to environment takes time in the pregnant sense.）[33]即使我們退一步——當然是錯誤的——用「生物對環境的適應，像懷孕一樣，是需要時間的」來翻譯這句話，我們也絕對不會像胡適那樣匪夷所思地說：「經驗乃是一個有孕的婦人。」這不只是望文生義而已，而且根本是擅自用擬人化的方法來作類比，但卻是類比錯誤。要知道對杜威來說，生物與環境是互相制約的。在這個制約的過程中，生物與環境都會因為互動的關係而各自持續地產生變化。試想：一個婦人在受孕以後，如何能持續地跟她的環境互動而產生調和變異？還好那是不可能的，否則豈不是要她生出一個怪胎嗎？這絕對是胡適一生翻譯史上最大的敗筆與誤譯。

　　除了「土氣」以外，胡適在〈實驗主義〉裡囫圇吞硬譯的例子比比皆是。他翻譯杜威批評傳統哲學對「經驗」的詮釋，就有好幾個讓人丈二金剛莫著頭腦的例子。其一：「其實經驗只是一個物觀的世界，走進人類的行為遭遇裡面，受了人類的反動發生種種變遷。」所謂經驗「走進人類的行為」云云，簡直是不知所云。杜威這句話是說：「經驗是一個活生生的客觀世界，人類在其中應付、生活著，他們的所作所為也改變了這個世界。」[34]（What experience suggests about itself is a genuinely objective world which enters into the actions and sufferings of men and undergoes modifications through their responses.）[35]

　　其二：「舊式的經驗是專向個體的分子的。一切聯絡的關係都當作從經驗外面侵入的，究竟可靠不可靠還不可知。」[36]這句話同樣地不通。經驗是「專向個體的分子的」！這句譯文到底在說什麼呢？其實杜威說得很明白：「經驗主義的傳統只承認有

32　胡適，〈實驗主義〉，《胡適全集》，1：303。
33　John Dewey, *Creative Intelligence* (New York: Henry Holt and Company, 1917), p. 12.
34　胡適，〈實驗主義〉，《胡適全集》，1：301。
35　John Dewey, *Creative Intelligence*, p. 7.
36　胡適，〈實驗主義〉，《胡適全集》，1：301。

殊相。殊相與殊相之間的關聯與連續性，對他們而言，都屬於經驗的範疇以外，都是眞確性可疑的副產品。」（The empirical tradition is committed to particularism. Connexions and continuities are supposed to be foreign to experience, to be by-products of dubious validity.）[37]

　　第三個例子是刪節、拼湊式的翻譯：「舊派的人把經驗和思想看作絕相反的東西。他們以爲一切推理的作用都是跳出經驗以外的事。」我們在杜威的原文裡，找不到這麼一句聯在一起的話。胡適顯然是把杜威的原文自作刪節，再拼湊起來的。杜威的原文是說：「在傳統的觀念裡，經驗與思想是對立的。推理除了可能是記憶的殘留以外，完全是在經驗的範疇之外。因此，推理不是謬誤的，就是因爲我們鋌而走險，硬是把經驗當成跳板，一躍而進入穩固與大我的世界裡。」（In the traditional notion experience and thought are antithetical terms. Inference, so far as it is other than a revival of what has been given in the past, goes beyond experience; hence it is either invalid, or else a measure of desperation by which, using experience as a springboard, we jump out to a world of stable things and other selves.）[38]

　　第四個例子也是拼湊式、不知所云的翻譯：「經驗不光是知識，經驗乃我對付物、物對付我的法子。」[39]前一句話是翻譯杜威所說的：「經驗主要意指的不是知識。」（〔E〕xperience means primarily not knowledge.）下一句「我對付物、物對付我」彆扭的話，則顯然是跳回去翻譯杜威之前的後半句話：「經驗不外乎是生物與其生存環境裡的各種事物互相牽連、互動的模式。」（〔E〕xperiencing *is* just certain modes of interaction, of correlation, of natural objects among which the organism happens, so to say, to be one.）[40]

　　這些我們今天看來並不太難的語句，爲什麼對胡適會那麼困難呢？我們從上面所引的這幾個例子看來，原因就出在我在本節所指出來的白話文學初創時期的兩大問題：第一，辭彙的貧乏；第二、句型的原始。由於辭彙貧乏，胡適又要求「明白曉暢」，他只好使用雖然「土氣」，但人人都能懂的日常用語來翻譯。於是，他用「做媒」來翻譯詹姆士的"go-between"；用「拉攏來做夫妻」來翻譯詹姆士的"marries"；用「使他們不要吵鬧，使他們和睦過日子」來翻譯詹姆士的"a minimum of jolt, a

37　John Dewey, *Creative Intelligence*, p. 7.
38　John Dewey, *Creative Intelligence*, p. 7.
39　胡適，〈實驗主義〉，《胡適全集》，1：303。
40　John Dewey, *Creative Intelligence*, p. 37.

maximum of continuity"。胡適寧可使用現成的、能呈現出具體意象的日常用語，而不是——像他在〈文學改良芻議〉裡曉諭我們的——去鑄造抽象的新名詞，其結果是畫地自限。不但如此，還導致了他把"pregnant"這個字，翻成「有孕的婦人」這麼一個匪夷所思的誤譯。

白話文學初創時期句型的原始，這是胡適所深自體認到的。這也是爲什麼胡適會把白話文的歐化，當成是白話文學運動的目標之一的道理：「歐化的白話文就是充分吸收西洋語言的細密的結構，使我們的文字能夠傳達複雜的思想、曲折的理論。」西洋文字裡的修飾片語、特別是附屬字句，是翻譯段術的試金石。凡是對翻譯略有所涉獵的人，都可以體會到：如果按照洋文的文法結構直譯，一個句子不但可以出現七八個「的」字，而且一個句子可以長達六七八十個字。今天西化入骨的我們，已經見怪不怪。那所謂的「翻譯語體」已經不限於翻譯的文字，甚至已經儼然成爲中文的「學術語體」了。

在胡適所在的白話文學初創的時代就不同了。胡適反對直譯，他說「『信＝達。』不能達，雖信何益？讀原書豈不更妙？」這句話不通之處，就在於正因爲一般人不能讀原書，才需要借助翻譯。對今天大家所習以爲常的「翻譯語體」，胡適是會給與「青白眼」的。胡適的翻譯哲學是不可能允許「翻譯語體」的出現的。

問題是，在洋文裡，修飾片語接二連三、附屬字句綿延依附的文字所在多有。杜威的文字就是一個典型的例子。胡適堅持：「翻譯的原則，只有一條：細心體會作者的意思，而委屈傳達它。換言之，假使著者是中國人，他要說這句話應該怎樣說法？」作爲一個翻譯的原則，胡適這句話應該不會引起爭議。當然，「委屈傳達它」這幾個字可能會讓一些人聽了皺眉。胡適有所不知，問題眞正的癥結不在於：「假使著者是中國人，他要說這句話應該怎樣說法？」而是在於：「中文裡是否有合適的說法？」胡適在翻譯杜威的時候所面對的困境，就在於他堅持：「假使著者是中國人，他要說這句話應該怎樣說法？」只是，當時原始的白話文的句型結構根本無法提供合適的說法。於是，胡適只好「委屈傳達它」。其結果常常不是拙譯、誤譯，就是四不像。

這樣的批評似乎是過於嚴厲的。胡適不但在才氣上超乎常人，他在翻譯上所花的心思、所作的努力也超乎常人。北大圖書館的胡適英文藏書裡有一本杜威的《創造的智力》（Creative Intelligence）。這本書的扉頁上有胡適的英文簽名，是他1917年2月在紐約買的。除了簽名以外，胡適還在扉頁上寫下了他對這本書的書名幾次反覆思索的結果。他的第一個譯名是：《建設的聰明》。他寫說：「吾譯此書名，思之月餘不能

滿意。昨夜床上得此譯法，恐亦不能佳耳。六年〔1917〕六月三十日，太平洋舟中。」在《建設的聰明》這個譯名之側，還有一個墨跡較深的譯名，顯然是另外一個時間寫的：《試驗的態度》。胡適終究還是用了直譯：「《創造的思想》，八年〔1919〕三月，重用這個直譯法。」試問：有多少人會為一本書的譯名這樣來回地琢磨著！

從〈社會哲學與政治哲學〉到《哲學的改造》

我在第二章裡已經引用到我在北京近史所的「胡適檔案」裡所發現的一批杜威在華演講的殘稿，亦即，杜威在華五大演講裡最重要的一個系列：〈社會哲學與政治哲學〉（Social and Political Philosophy）。我在第二章裡已經說明了杜威這系列〈社會哲學與政治哲學〉的演講共有十六講，現在「胡適檔案」裡還殘存了八篇完整的講稿，即第一、二、三、四、十、十一、十二、十六講，剛好是一半。

這批新發現的杜威在華演講的殘稿具有兩個非凡的意義。第一個意義，我在第二章裡已經說過，它們是目前世界上僅存的杜威的原稿，連位在美國南伊利諾大學（Southern Illinois University)的「杜威研究中心」（Center for Dewey Studies)都沒有。第二、它們提供了一個罕有的個案，讓我們可以從事雙向翻譯的比較分析。這一點需要進一步說明。在這批殘稿發現以前，杜威在華演講的英文原稿已經被認定是遺失了。因此夏威夷大學出版社在1973年出版了一本由中譯翻回英文的杜威在華演講，名為《杜威在華演講，1919-1920》（*John Dewey Lectures in China, 1919-1920*)[41]。現在，我們有了這批杜威在華演講的殘稿，我們不但可以把它們拿來跟胡適當年所作的翻譯比，從而管窺胡適如何從事翻譯工作，以及如何詮釋杜威。我們還可以作一種三重的比對，亦即比對杜威殘稿、胡適所作的第一輪的英翻中、由胡譯再翻回英文的第二輪翻譯——亦即在翻譯學上所謂的「回譯」（back translation）。這種雙向翻譯的比較分析，有它在翻譯學以及文化交流研究上重要的意義。

毫無疑問地，這本從中譯本還原為英文的《杜威在華演講》，其可信度是相當值得懷疑的。試想：杜威在華演講的中譯本至少經過了兩道仲介的過程——第一道是胡適或其他人口譯，第二道是記錄者筆記。一如我在第二章所指出的，這個記錄在出版

41　Robert Clopton and Tsuin-chen Ou, trs. and eds., *John Dewey Lectures in China, 1919-1920* (Honolulu: Hawaii University Press, 1973).

以前，根據胡適在1959年所作的回憶，又跟杜威的原稿核對過一次。

　　這種三重的合作關係，從傳統翻譯學的理論來說，可以說是翻譯上的大忌。從英翻中已經隔了一層，再經過第三者的記錄，其謬以千里的可能性幾乎不可勝計。用胡適自己在講稿發表的〈引言〉裡所說的話來說：「已經一道口譯，又經一道筆述，一定有許多不狠恰當的地方。」[42]而《杜威在華演講》是從這些第三者所作的記錄再翻回英文的。這個問題是連《杜威在華演講》的編譯者自己都承認的。他們指出杜威的原意很可能在這個過程中被扭曲了。最值得注意的是，我在第二章已經指出，杜威在華演講的譯文，還有版本上的不同。就以〈社會哲學與政治哲學〉那一系列的演講來說，《杜威在華演講》的編譯者就指出了北京《晨報》跟《新青年》雜誌上的譯文不同。前者現在收在安徽教育出版社版的《胡適全集》裡，是筆名「毋忘」者——可能是孫伏園——所作的記錄；後者——這系列的前九講——是高一涵所作的記錄。前者比較簡略；後者比較詳細。

　　「毋忘」與高一涵的記錄，《杜威在華演講》的編譯者喜歡高一涵的。高一涵的翻譯，除了比較詳細以外，他們說所有熟悉杜威在該階段的筆調的人，都應該會覺得高一涵的記錄似乎更合乎杜威當時可能會用的口氣。再加上高一涵是一個學者，「毋忘」則身分不明，於是杜威〈社會哲學與政治哲學〉這一系列的演講，他們就採用高一涵的記錄。值得指出的是，雖然《杜威在華演講》的編譯者喜歡高一涵的記錄。高一涵只記錄前九講，最後的七講是孫伏園，也就是「毋忘」所作的記錄。

　　有趣的是，《杜威在華演講》由中譯還原為英文，也是一種三重的合作關係。第一回合，由中譯直譯還原為英文，是由當時在夏威夷大學讀教育的台灣留學生Lu Chung-ming負責的。第二回合，則是把直譯出來的英文潤飾成為口語化的英文，負責這個工作的是羅伯・克洛普頓（Robert Clopton）。第三回合，是把克洛普頓的英譯本跟杜威在華演講的中譯本對照，務求其信實，負責的是當時香港新亞書院的院長吳俊升（Ou Tsuin-chen）。最後的第四回合，則是由克洛普頓參考吳俊升的建議，作最後的潤飾與定稿。

　　有意味的是，《杜威在華演講》的編譯者所作的努力，其實違背了嚴復信達雅三字訣的精神。由於這本編譯者所追求的，是要力求恢復杜威在華演講可能的原貌。這也就是說，要以編譯者對杜威思想的了解，以信實為原則，作詮釋性的翻譯。於是，

42　胡適，〈引言〉，高一涵記，〈杜威博士講演錄：社會哲學與政治哲學〉，《新青年》
　　7卷1號(1919年12月1日)，頁122。

編譯者就面對了一個兩難。如果中譯很可能誤解了杜威的原意，他們是遵從中譯譯回英文呢？還是作修正式的翻譯？為了符合杜威的學說，扭曲原文，恐怕還是必要的舉措呢！比如說，高一涵的記錄明明是說：「單照習慣做事，並用不著學理的解釋。」由於所謂「單照習慣做事」者也，並不符合杜威「沒有疑難便不生問題」的學理，於是《杜威在華演講》把它還原成：「只要我們應付情況的方法能得到合理滿意的結果，我們並不需要學理來為它作辯解。」[43]

　　這本英文版的《杜威在華演講》，當然是超出了本文討論的範圍。然而，值得指出的是，編譯者在由中譯翻回英文時所作的取與否的判斷，不盡然都是正確的。比如說，在〈社會哲學與政治哲學〉第一講裡，根據高一涵的記錄，杜威說：「照這樣看來，思想既是一種可惡的討厭的東西，大家應該跟著制度習俗走就是，如何還有社會哲學和政治哲學發生呢？」[44]由於編譯者認為杜威應該不會說出「思想是一種可惡的討厭的東西」這樣的話，於是，他們略去「可惡的討厭的」這幾個字，把這段話還原成：「然而，雖然一般人寧可去思考問題，但有時候他們無法避免不去作思考。要不是因為如此，我們就會一直遵循祖先所遺留下來的習慣、風俗，和制度，社會政治哲學也就不會產生了。」[45]

　　事實上，根據「胡適檔案」裡所存留下來的殘稿，杜威確實是說了高一涵記錄裡所用的「可惡的討厭的」這個字，只是胡適的翻譯不夠精確，使得英文版的《杜威在華演講》編譯者認為杜威應該不會說那樣的話，而把它給略去了。胡適所譯的：「照這樣看來，思想**既是**一種可惡的討厭的東西，大家**應該**跟著制度習俗走就是，如何還有社會哲學和政治哲學發生呢？」語氣是完全錯了。在〈社會哲學與政治哲學〉的殘稿裡，杜威完全沒有我在此處用黑體字標示出來的「既是」、「應該」的條件關係。杜威是說：「思考當然是困難而且惹人厭(obnoxious)的一件事。跟著本能、習俗，和命令走要容易多了。人們只有在遇到困難，在老辦法失效，非得另想辦法突破困境不可的時候，才會被迫去作思考。所以，人們只有在他們既有的習俗和制度失效以後，才會對那些習俗和制度從事哲學的探討。」[46]

43　Robert Clopton and Tsuin-chen Ou, trs. and eds., *John Dewey Lectures in China, 1919-1920*, p. 46.

44　高一涵記，〈杜威博士講演錄：社會哲學與政治哲學(一)〉，《新青年》7卷1號，頁122-123。

45　Robert Clopton and Tsuin-chen Ou, trs. and eds., *John Dewey Lectures in China, 1919-1920*, p. 46.

46　無作者名[John Dewey], "SPP [Social and Political Philosophy]," Lecture I, 2,「胡適檔案」，E087-001：「作者不可辨識卷宗」。

　　《杜威在華演講》的編譯者沒注意到「惹人厭」是杜威常用的一個字。其作為正面或負面的意涵，完全要看上下文才能決定。杜威在這裡的意思，只不過是要說明人們畏難趨易的本性。他在《思維術》（*How We Think*）裡就有一句類似的話：「深思熟慮總是煩人的（troublesome），因為那就必須要克服人們傾向於接受成見的惰性，就必須要去承受心靈上的擾亂與不安。總之，深思熟慮就意味著展緩判斷以待進一步的研究。懸而不決，是一件痛苦的事情。」[47]

　　「惹人厭」——或者用胡適所譯的「可惡的討厭的」——在杜威用字遣詞的習慣裡，可以完全不是負面的。比如說，他在《哲學的改造》的第六章談到實驗主義的真理論。他說實驗主義強調真理的檢證在於其所能獲得的成果：「徵驗（confirmation）、印證（corroboration）、證實（verification）的所在，就在於其有成績（works）、有結果（consequences）。」杜威說為什麼實驗主義「惹人厭」（obnoxious）呢？原因就是因為這個理論新穎（novelty）。還有，這個真理論的陳述有瑕疵（defects）[48]

　　這個「惹人厭」的例子，是一個值得令人省思的問題。胡適在翻譯的時候，把這個字所在的整個句子的語氣給翻譯錯了。因此，當這句話又從中文譯回英文以後，就被英文版的《杜威在華演講》編譯者認為不妥，而把它給「改寫」了。這個例子在在地說明了無論是翻譯也好，或者是「回譯」也好，都不只是文字上的翻譯，而毋寧是一種文化的詮釋。

　　無論如何，《杜威在華演講》編譯者對恢復杜威演講可能的原貌的努力固然值得敬佩。然而，他們的努力，一言以蔽之，其實等於是徒勞。這原因很簡單：如果胡適的翻譯根本就不信實，他們從杜威在華演講的記錄還原成英文的努力，無論是如何得作到了信達雅的要求，都無補於原始稿已經失真的事實。

　　在杜威在華演講的殘稿發現以前，我們可以說從中譯還原翻回英文的《杜威在華演講》，具有聊備一格的意義，可供參考之用。然而，也正由於其可信度的問題，杜威學者一向就不注重這本從中譯還原成英文的《杜威在華演講》。現在我們很幸運地發現了杜威的〈社會哲學與政治哲學〉的殘稿，我們可以仔細地把它拿來與胡適的翻譯比對。一方面，我們可以借此了解胡適的譯筆，另一方面，更可以用來檢視胡適如何詮釋杜威。

47　John Dewey, *How We Think*, MW6.191.
48　John Dewey, Reconstruction in Philosophy, MW12.170.

我在上文徵引了趙文靜在英國所寫的博士論文：《翻譯的文化操控——胡適的改寫與新文化的建構》。她這篇博士論文的貢獻，在於她指出翻譯研究可以超越傳統意義下針對字句分析的翻譯研究。她引用翻譯即「改寫」的理論，強調翻譯是一種社會現象，是意識型態與文化操控下的產物。趙文靜所徵引的翻譯即改寫的理論，完全適用於分析胡適翻譯杜威〈社會哲學與政治哲學〉。我在第二章裡，已經用了杜威〈社會哲學與政治哲學〉八講的殘稿來對比胡適的翻譯，並從而指出胡適與杜威自由主義的分野。本章分析的重點轉向胡適的「翻譯」。讓我們看看胡適如何翻譯杜威的〈社會哲學與政治哲學〉。

值得指出的是，以胡適意譯至上的翻譯哲學來說，在現存的杜威〈社會哲學與政治哲學〉的八講殘稿裡，第一講是胡適在這個系列的翻譯裡最信實的一講。其他講在信實度上是每下愈況。我在前文已經徵引了胡適在1933年2月28日致劉英士的一封信，說在1920年代初期的時候：「我們當時注重譯本的可讀性，往往不很嚴格的拘泥於原文的文字。」

胡適如何「不很嚴格的拘泥於原文的文字」呢？且看他如何翻譯杜威的〈社會哲學與政治哲學〉的第一講。根據杜威的原稿，第一講的起始非常簡潔，杜威說：

> 人類用語言來解決具體問題、應付眼前的需要在先。然後，在很久以後，才產生文法、修辭，和字典；呼吸、飲食、消化、聽與看，所有這些行為都發生在先，然後才有解剖學和生理學。我們是先為了應付具體的需要和情況而有所行動，然後才去反省我們的所為以及為什麼如此為，然後才嘗試去找出其通則，亦即，其哲學的道理。同樣的，社會上的集體行為也是如此。人們發展出習俗，把傳統傳遞給他們的子孫。他們要經過了好幾個世紀以後，才會試圖去為他們的所作所為找出理由。他們不覺得有解釋的必要。如果有人問為什麼，他們會回答說：他們有如此如此的習俗，是因為他們喜歡，或者是因為他們的祖先教他們的，或者是因為那是他們的神所訂定的。誰要問得太多，就是不敬或不忠，就很可能走到像蘇格拉底被判死的結局。

> (The direct use of language for definite purposes according to the needs of the moment long preceded grammar, rhetoric and the dictionary. Breathing, eating, digesting, seeing and hearing long preceded anatomy and physiology. We first act to meet special needs and particular occasions. Only afterwards do we reflect upon what we do and how and why we do it, and try to frame general principles, a

philosophy of the matter. So with social, collective action. Men built up customs and transmitted traditions to their offspring for centuries before they tried to discover any rationale in what they did. They made no attempts at explanation. If asked what for one they would have said they had such and customs because they liked them, or because their ancestors told them to act or because their gods had established them. To question too closely was to be impious and disloyal, and might result as with Socrates in death.)[49]

這一段話，胡適的翻譯，根據「毋忘」的記錄是說：

> 諸位須知學說發生在後。正如人先會吃飯，然後有生理學、衛生學；先會說話，然後有修辭學、文法學、名學。社會與政治的哲學亦然。人類先有制度、風俗、習慣，然後有社會哲學與政治哲學。
>
> 人類有一種天性，遇需要時，自有一種動作去適應他的需要。例如餓了要吃，倦了要睡，久而久之，便成習慣了；卻從沒有人發生過疑問：吾人為什麼這樣？這樣了便如何？
>
> 不但沒有人發生過疑問，並且不許別人發生疑問。有許多志士往往對於制度、風俗、習慣發生疑問，以致犧牲了性命。歷史上的證據很多，希臘的蘇格拉底便是個最鮮明的證據。只因為他喜歡發生疑問，人家便加他個妖言惑眾、引誘青年的罪名，把他毒死。這便是最初社會不喜歡學理的證據。[50]

同樣的這一段，高一涵的記錄則說：

> 學說發生本是很遲的，是先有制度然後才有學說，不是先有學說然後才有制度。譬如吃飯，先會消化然後才有生理衛生等學說；譬如說話，先有言語然後才有文法學、修辭學、名學。社會哲學和政治哲學也是這樣。人類先有社會的生活；風俗、習慣遺傳下來，然後才有社會哲學和政治哲學發生，所以可斷定思想發生必定在制度習俗成立之後。

49　無作者名[John Dewey], "SPP [Social and Political Philosophy]," Lecture I, 1,「胡適檔案」, E087-001：「作者不可辨識卷宗」。
50　杜威，毋忘筆記，〈社會哲學與政治哲學(一)〉，《胡適全集》，42：3-4。

人類有一種天性，遇到需要的時候，自然會有一種動作，去應付這種需要。如餓了自然會吃飯，疲了自然會睡覺。最初因爲遇到一種特別的事件，發生一種動作，久而久之，養成習慣，自然會照樣做去。也沒有人要問爲什麼有這種制度？爲什麼要這樣做不要那樣做？如果有人問他，他就說大家這樣做，祖宗傳下來是這樣做，單照習慣做事，並用不著學理的解釋。

不但他們不願去問，並且最討厭人家問他。有許多志士對於現行制度習俗發生疑問，被當時大家仇恨，把性命送掉的，歷史上常常看見。最重要的就是希臘的蘇格拉底。因爲他歡喜問這個爲什麼？那個爲什麼？後來人家討厭他，說他妖言惑眾、煽動青年，所以把他毒死。這就是最初社會不歡喜學理的證據。[51]

我們把杜威的講稿拿來跟上述「毋忘」和高一涵所作的記錄作比較，就可以發現杜威的講稿簡潔，胡適的翻譯則多了枝葉和引申。可惜的是，我們永遠不會知道這些枝葉與引申，究竟是杜威即席所加的，還是胡適的。即使我們現在有了杜威的講稿，我們還是不可能知道杜威的講稿跟他實際的演講有多大的距離。換句話說，我們不知道他在演講的時候是否作了引申。從演講的時間來說，杜威應該是有足夠的時間作引申的。他的〈社會哲學與政治哲學〉這一系列的演講，是每星期六下午四點開講。《北京大學日刊》並沒說明演講多久。但是，《北京大學日刊》報導其他杜威的演講都是兩個鐘頭。所以，我們可以假定〈社會哲學與政治哲學〉這一系列的演講也是每次兩個鐘頭。杜威每一講的講稿大概有十二頁左右，每頁的字數大約是目前打字紙的三分之二。如果以三分鐘一頁的緩慢速度來念，大約要用將近四十分鐘的時間。雖然是一講一譯，兩個鐘頭的時間應當是綽綽有餘，可以讓杜威即席引申的。

然而，我有理由相信杜威的講稿相當接近於他實際的演講詞。首先，杜威講課，以慢條斯理、停頓頻繁又良久出名。杜威的學生、後來成爲他哥倫比亞大學同事的厄文·艾德門(Irving Edman)如此形容杜威講課的樣子：「他坐在桌子後頭，手裡捏弄著幾張翻爛了的黃色講稿，若有所思地望著窗外，拖著他那佛蒙特州(Vermont)的鄉音，慢條斯理地講著。」[52]胡適在1921年7月6日杜威離華前幾天的日記也說杜威不擅

51　高一涵記，〈杜威博士講演錄：社會哲學與政治哲學(一)〉，《新青年》7卷1號，頁122。

52　Philip Jackson, *John Dewey and the Lessons of Art* (New Haven: Conn.: Yale University Press, 2000), p. 183.

長演說：「杜威不長於口才。每說話時，字字句句皆似用氣力想出來的。他若有演稿，尚可作有力的演說；若不先寫出，則演說時甚不能動聽。」[53]換句話說，我們有理由相信杜威演講需要的時間比別人長。無怪乎杜威在第二講的講稿裡，還在行間加了一個手寫的夾注說：「上述幾點會在演講時濃縮。」[54]我另外還有一個理由，讓我相信杜威的講稿相當接近於他實際的演講詞。這是因為杜威的講稿並不是大綱，而已經是用完整的句子作論述的論文形式。

　　杜威演講中文記錄裡的引申，究竟是杜威自己的，還是胡適所加的枝葉，這可能是我們永遠無法去廓清的問題。然而，杜威演講的殘稿提供了我們檢視胡適翻譯、詮釋杜威的基礎。我在比對了杜威的原稿跟「毋忘」和高一涵所作的記錄以後，發現胡適翻譯和詮釋杜威，有簡單化以及把杜威的觀點黑白對峙化的傾向。簡單化和黑白對峙化，可能有胡適顧慮到聽講觀眾程度的考量。然而，簡單化和黑白對峙化的結果，適足以抹殺杜威觀點裡綿延細緻的意涵，甚至於有曲解杜威原意的危險。

　　比如說，我在上文所徵引的杜威在〈社會哲學與政治哲學〉起始所說的那一段簡潔的話。杜威說：制度習俗產生在先，然後才會有為這些制度作辯護的學說。那些對制度和習俗提出「為什麼要這樣、為什麼要那樣」的人，杜威在原稿裡並沒有加上正面，或負面的形容詞。然而，在「毋忘」和高一涵的記錄裡，這些好問「為什麼」的人都變成了「志士」。同時，杜威在原稿裡也只是說這些人問的是：「為什麼？」但是，到了胡適的翻譯裡，這並不一定帶有批判意味的「為什麼」卻變成了「疑問」。「疑問」加上「志士」，這些好問「為什麼」的人，就被黑白化變成了反體制的人了。

　　由於在胡適的翻譯之下，「志士」對傳統的制度和習俗產生了「疑問」。於是，它很容易給讀者的印象是：這些制度和習俗不中用了，該被淘汰了。高一涵的記錄說：

　　　　最初的制度習俗，到了不中用的時候，才去研究到底為什麼不中用？既然不中用了，到底有什麼方法補救沒有？[55]

53　胡適，《胡適日記全集》，20：3。

54　無作者名［John Dewey］, "SPP［Social and Political Philosophy］," Lecture II, 4,「胡適檔案」，E087-001：「作者不可辨識卷宗」。

55　高一涵記，〈杜威博士講演錄：社會哲學與政治哲學(一)〉，《新青年》7卷1號，頁123。

高一涵記錄裡的「不中用」，在「毋忘」的記錄裡是「不適」。杜威用的字則是「不令人滿意」(unsatisfactorily)。無論是就嚴格的字義，或者是就言外之意來說，杜威的原意都遠比高一涵的「不中用」或「毋忘」的「不適」要緩和得多了。不但如此，高一涵記錄裡的「補救」說──「毋忘」的記錄裡則沒有這句話──也遠比杜威的原意要嚴重得多了。杜威在講稿裡是說：

> 這些問題〔制度和習俗的運行不令人滿意〕的產生，可以是因為內部的紛擾，也可以是因為與外界的接觸，或者是兩者皆有。無論如何，這些有可能威脅社會變動或解體的問題，促使人們去作比較、研究，以便於他們去汲取、堅守傳統裡真正有用的東西。(The difficulties might be internal strife or external contacts and conflicts or both. But something threatening change or disintegration made men compare and inquire and attempt to select and hold on to the really good.)[56]

杜威這句話：「促使人們去作比較、研究，以便於他們去擷取、堅守傳統裡真正有用的東西。」胡適沒翻譯出來；高一涵的記錄與「毋忘」的記錄裡都沒有。這句關鍵性的話在在地說明了杜威的哲學起源觀。哲學的起源不像胡適說得那麼過頭，是由於社會制度和習俗「不中用」了，而毋寧是由於它們的運行不令人滿意。同時，哲學的起源也不是像胡適所說的，是要去求「補救」的方法，而毋寧是去傳統裡「淘金存萃」。換句話說，杜威的哲學源於守成的論點，到了胡適的手上，卻變成了汰舊換新論。這種「補救」論不是杜威的哲學起源論，而是胡適從新康德派的溫德爾班那裡所儻來、寫在他的《中國哲學史大綱》(上卷)裡的論點。詳細的分析，請參見第六章。

由於胡適把杜威的哲學起源論從守成詮釋成汰舊換新，思想學說──這也就是說，舊有的有害的思想學說──也就跟著變成了具有洪水猛獸的意味了。高一涵的記錄說：

> 思想學理的第一個功用：就是把本來暫時的變成永久的，本來變動的變成凝固的。比方有一件東西，若沒有學理的補助，不久就會消滅了。若是得了

56　無作者名[John Dewey], "SPP [Social and Political Philosophy]," Lecture I, 2,「胡適檔案」，E087-001:「作者不可辨識卷宗」。

學理的補助，把他變做抽象的學說和主義，這件東西便可以固定，便可以永遠存在。但是這種效果是狠危險的。從歷史上看來，如天主教把亞里斯多德的學說拿來做他們的正宗哲學，這就是一個例。為什麼天主教徒要把非天主教的學說拿來做正宗哲學呢？就因為他們知道學理的作用可以把不凝固的東西凝固起來，一旦凝固起來，得了學理的保障，就可以永遠不朽。這個例在中國更是顯而易見的。有許多制度因為有孔子的學說替他們作保障，所以幾千年都不容易改變，可見得學理的功用實在有點可怕。[57]

杜威在第一講裡，確實是說了胡適在這裡所說的「凝固」也者的話。然而，杜威在提出這個觀點的時候，純粹只是在泛指思想學說深入人心以後的潛移默化的影響力。他並沒有像胡適那樣強調思想學說的「可怕」。杜威原稿的意思是這樣說的：

德國哲學是德國環境的產物，而不是什麼純粹理性的展現。然而，當它流傳、深入人心以後，那些原本會隨著時間的流逝而消失的林林總總的觀念，例如〔德國人出了名的〕系統、秩序、效率等概念，就變成是歷久彌堅了。這也就是說，當哲學把那些原本可以是過眼雲煙的想法和制度，傳化入人心以後，它可以把它們落實、穩固，讓瞬間的變成永恆。我想在這個儒家思想流傳了兩千年的國度裡，我沒有必要辭費，來嘮叨地說：即使儒家思想有其具體和實際的緣起，如果不是因為其學說思想的形成，其組織、貫注、凝固，與使其成為永恆的力量，儒家制度裡的許多成分或許早就已經消逝了。

(German philosophy [was] a product of German conditions, not a deliverance of pure reason. But after it had become current and infiltrated into the minds of men, conceptions of system, order, efficiency, confirmed an substantiated causes that might otherwise have passed away in time; it translated over into minds of men what otherwise might have been passing events, it steadied, stabilized, perpetuated transient physical causes. No need perhaps to argue in a country where Confucianism has been a force for two thousand years that even admitting the concrete and practical origin of the system that it organized, solidified,

___

57　高一涵記，〈杜威博士講演錄：社會哲學與政治哲學(一)〉，《新青年》7卷1號，頁125。

focused, and rendered persistent factors that without the intellectual formulation might have proved temporary.)[58]

　　杜威在演講裡當然有可能作了引申，說了天主教把亞里斯多德的學說拿來作護符的話。然而，對杜威來說，那只是哲學合理化的功能在歷史上被宗教挪用的陳跡而已。至於其「可怕」與否，那不會是杜威去痛心疾首的問題。就像杜威所說的，不但哲學思想是環境的產物，而且思想會在社會、人心裡落實與凝固，這是一個事實，不是人力所能去阻止的。同樣地，杜威不會在他在華的演講裡用負面的字眼來描述儒家思想是可以想像的。畢竟，他是一個訪客，他不可能不會知道作客之道的。換句話說，高一涵記錄裡所說的「有孔子學說替他們作保障」、「學理的功用實在有點可怕」云云，只能視為是胡適用杜威來澆他自己的塊壘罷了。

　　值得一提的是，「毋忘」的記錄雖然過於簡略，在儒家思想的凝固作用方面，卻比較近於杜威的講稿。他的記錄是說：「又如東方孔子的學說，一經許多儒家的祖述，便二千年相續到今，也可以想見這種功用的利害了。」[59]我說「毋忘」的記錄較近於杜威的原意，就是因為他沒有像高一涵一樣，在記錄裡添加上例如「可怕」這樣負面的形容詞。

　　高一涵與「毋忘」記錄略有不同，這就引申出了另一個問題，亦即，他們的記錄是不是即席的記錄？我在上文引述了胡適在1959年的回憶：「每次演講結束以後，我們總會把杜威的講稿大要交給記錄，讓他們在出版以前比對過一次。」問題是，我們不知道是否高一涵和「毋忘」的記錄都是這種與杜威的講稿作過比對以後的產物。或許「毋忘」的記錄是即席的，並沒有與杜威的講稿比對。如果事實是如此，則高一涵的記錄比「毋忘」的詳細，就不足為奇了。而英文版的《杜威在華演講》編譯者選擇了高一涵的版本作為翻回英文的定本，就可以事後證明是一個正確的決定了。

　　如果「毋忘」的記錄確實是沒經過與杜威講稿比對的程序，那就可以解釋為什麼「毋忘」的記錄裡，存在著高一涵的記錄裡最終改正過來的一個錯誤的原因了。這個錯誤出現在杜威分析思想學說對社會影響的地方。杜威說，談到思想學說對社會的影響，有兩個極端的派別：一是急進派，另一為保守兩派。 根據「毋忘」的記錄，杜威說：

58　無作者名[John Dewey], "SPP [Social and Political Philosophy]," Lecture I, 5,「胡適檔案」，E087-001：「作者不可辨識卷宗」。
59　杜威，毋忘筆記，〈社會哲學與政治哲學(一)〉，《胡適全集》，42：6。

第一派〔激進派〕的學說不承認現代制度，要求他理想的制度，所以注重個人——個人的自由、個人的良知、個人的本體。第二派〔保守派〕也不是滿意於現代制度，不過以爲現代制度不是完全不好。他本身也自有他的道理，後人沒有照著他做，所以壞了。吾們只要去找出他原來的道理來改正或改良現制度便好了，所以趨向保守。

　　兩派的區別：大概第一派主張拋棄現制度，另創烏托邦，第二派主張求現制度本身的道理；第一派注重個人的反省，第二派注重研究和考察。[60]

　　「毋忘」這兩段簡短的記錄，在高一涵更詳細的記錄裡，有三大段。我在此處，只摘錄出跟「毋忘」相應的那兩段：

　　因爲這派人〔注：「毋忘」記錄裡的「激進派」，高一涵的記錄裡譯爲「根本解決派」〕不承認現代制度，要求理想的制度，所以特別注重個人，注重我的良知。以爲如果個人到了明心見性的地步，就可以做人生的監督，可以組成理想的「烏托邦」。

　　二、保持現制派〔注：即「毋忘」記錄裡的「保守派」〕。這派人的思想也是不滿意於現行的制度，但他們以爲制度原來是有道理的，後人不照著他原來的意思做去，所以才變壞了……。因爲抱這種觀念，所以只要找出制度原來的意思，並不必把所有的制度根本推倒……。

　　以上所說的兩派，第一派總相信自己，注重個人的理想，自己以爲是就是，自己以爲非就非。第二派對於個人不大相信，以爲個人的知識很容易錯誤，只有前言往行是很可靠的。一是不承認現在的制度，只想創造理想的制度，一是承認現在的制度，只想找出他原來的眞意。一靠自己，一靠古人；一注重個人的反省，一注重考察研究。[61]

　　在這幾段譯文裡，「毋忘」的記錄說：「第二派〔保守派〕也不是滿意於現代制度，不過以爲現代制度不是完全不好。他本身也自有他的道理，後人沒有照著他做，所以壞了。」有趣的是，高一涵的記錄幾乎完全雷同：「這派人的思想也是不滿意於

60　杜威，毋忘筆記，〈社會哲學與政治哲學(一)〉，《胡適全集》，42：7。
61　高一涵記，〈杜威博士講演錄：社會哲學與政治哲學(一)〉，《新青年》7卷1號，頁126-127。

現行的制度，但他們以爲制度原來是有道理的，後人不照著他原來的意思做去，所以才變壞了。」兩者在一句關鍵話上，都背離了杜威的原意。杜威並沒有說保守派「不滿意於現行制度。」他說的是：

> 第二派則冷靜、審慎、保守；它的目的在**爲現行制度的精神作辯護**；它要在世事裡找出其最終的模式與標準；它鄙夷改變，特別是驟變，因爲那背離了事物内在的意義與固有的關係會帶來禍害；要改革就是要去恢復、尋回這些歷久彌新的模式。(The second type is sober, prudent, conservative. It aims at **justifying the spirit of existing institutions**. It finds the true patterns and standards within affairs. It looks askance upon change, especially abrupt change, because evil is due to departure from necessary meanings and fixed relationships embedded in things. Reform is restoration, recovery of these true patterns.)[62]

我用黑體字標示的部分，就是「毋忘」和高一涵的記錄同樣不正確的地方。這是胡適在這第一講裡最明顯的錯誤。值得注意的是，在總結兩派異同的時候，「毋忘」的記錄說：「兩派的區別：大概第一派主張拋棄現制度，另創烏托邦，第二派主張求現制度本身的道理。」高一涵的記錄則說：「一是不承認現在的制度，只想創造理想的制度，一是承認現在的制度。」如果高一涵記錄裡這個總結更近於杜威，很可能就是因爲他在出版以前比對過了杜威的講稿。

值得指出的是，「毋忘」在總結兩派異同的記錄其實可能並不是錯的。這也就是說，那看起來似乎是錯誤的記錄其實沒錯，只是胡適翻譯不夠精確。「毋忘」的記錄說保守派「主張求現制度本身的道理」。這所謂「現制度本身的道理」，很可能就是胡適試圖用來翻譯杜威所說的「現行制度的精神」。因此，所謂「主張求現制度本身的道理」也者，就是杜威所說的：「要去恢復、尋回這些歷久彌新的模式。」換句話說，雖然胡適在翻譯杜威簡述兩派的立場的時候，在保守派方面譯錯了，但他在綜述的時候並沒有譯錯，只是譯得不夠精確。

杜威在〈社會哲學與政治哲學〉第一講的總結裡批判了激進與保守兩派。高一涵的記錄說：

62　無作者名[John Dewey], "SPP [Social and Political Philosophy]," Lecture I, 10,「胡適檔案」，E087-001：「作者不可辨識卷宗」。

　　人類有個通弊，不是太過就是不及；不是太偏於激進，就是太偏於保守；不是說什麼都是好的，就是說什麼都是不好。幾千年來的人類大概多吃過這種虧。[63]

「毋忘」的記錄也雷同。他說：

　　因為人類有一種通病，不是過，便是不及。前幾千年的人類都吃了這兩種極端的虧。[64]

　　高一涵跟「毋忘」記錄裡的這段話，杜威的原稿裡沒有。換句話說，這些「過之」、「不及」，與「吃虧」的話，很可能又是胡適借杜威來澆自己塊壘的話。接著，高一涵的記錄說：

　　以上說過的兩派同犯了一個籠統的毛病。一派說現在什麼制度都不好，不怕立刻就要造出一個天堂出來；一派又說現在什麼制度都好，只要照者理想的標準去做就完了。可是因為犯了這個籠統的毛病，把具體的問題都拋在九霄雲外去了。總歸一句話，現在哲學的問題，就是怎樣可使人類的知識智慧可以指揮監督人生的行為？[65]

同樣這句話，「毋忘」的記錄也大若是：

　　上述兩派，同犯一病，便是要「根本解決」。一派極端的什麼都不要，可惜天上不會掉下個烏托邦來，所以他們流於無為。一派極端以為什麼都有理，只要還到本身的道理去，可惜辦不到。這兩派雖各走極端，所犯的病卻一樣。怎麼可以使人類的智慧指揮監督他的動作，應付一時間、一環境的問題，便是現在要講的社會哲學與政治哲學。[66]

63　高一涵記，〈杜威博士講演錄：社會哲學與政治哲學(一)〉，《新青年》7卷1號，頁127。
64　杜威，毋忘筆記，〈社會哲學與政治哲學(一)〉，《胡適全集》，42：7。
65　高一涵記，〈杜威博士講演錄：社會哲學與政治哲學(一)〉，《新青年》7卷1號，頁127。
66　杜威，毋忘筆記，〈社會哲學與政治哲學(一)〉，《胡適全集》，42：8。

這一段話，杜威的講稿是這樣說的：

　　這兩派雖然極端嫉視彼此，卻同樣的犯了「一竿子打翻船」的毛病。這也就是說，對現狀，他們不是要全盤排斥，就是要全盤為之辯護。因此，它們都失去了我們所亟需的實用的力量或效能——去為必要的改變作預估與引領的力量。前者想用頓然、革命性的改變迎來一個理想的世界；後者則抗拒一切的變化。然而，人類所亟需的是去塑造、引領那一定會到來的改變。由於保守派聖化現狀、為其辯護，他們失去了引領改變的引導力；由於激進與理想派把內在的理想與外界的事物和制度作全盤的對立，他們也失去了改變現狀的引導力。其結果是：不是負面、破壞；就是無為、被動，大家都坐等改變會奇蹟式的出現。

　　(Now both of these types of theory in spite of their profound antagonism to each other agree in being wholesale—in taking a general attitude of either condemnation or justification toward things as they are. Both of them then lack the kind of practical power or efficacy most needed—power to project and direct the changes that are required. The first expects some sudden and revolutionary change to bring in an ideal conditions; the second resists all change. But what humanity needs is ability to shape and direct the changes that are bound to occur. The conservative things〔sic., thinking〕lacks leverage for guiding change because it consecrates and justifies things as they essentially are. The radical and idealistic type lacks leverage with things as they are because it opposes the inner ideal to the outer affair and institution in a wholesale way. The net result is either negative and destructive action or else inaction, passivity, waiting for the ideal to be realized by some miracle of change.)[67]

　　胡適說他們早期在作翻譯的時候，「不很嚴格的拘泥於原文的文字。」上述這最後一段的引文的比較在在說明了胡適當時「不很嚴格的拘泥於原文的文字」的程度。高一涵的記錄說：激進與保守兩派「因為犯了這個籠統的毛病，把具體的問題都拋在

67　無作者名[John Dewey], "SPP [Social and Political Philosophy]," Lecture I, 11-12,「胡適檔案」，E087-001：「作者不可辨識卷宗」。

九霄雲外去了。」這句胡適一輩子最喜歡掛在嘴上的「杜威、胡子曰」——「具體的問題」——就「籠統地」取代了杜威極為明確、精準的話：「由於保守派聖化現狀、為其辯護，他們失去了引領改變的引導力；由於激進與理想派把內在的理想與外界的事物和制度作全盤的對立，他們也失去了改變現狀的引導力。」

　　胡適說翻譯的原則是要「不很嚴格的拘泥於原文的文字」。然而，把原文簡單化與黑白對峙化則就不叫做翻譯了。胡適翻譯、詮釋杜威，把杜威的文字簡單化與黑白對峙化。追根究柢，其根本的原因，就是因為胡適只是借杜威來澆他自己的塊壘。我在前文提到趙文靜所援引的翻譯即改寫論。誠然，翻譯不只是文字上的譯介，而毋寧是一種文化上的轉借與挪用。杜威談哲學有他美國社會文化的背景，胡適詮釋杜威，則有他自己在當時中國社會文化裡的脈絡；脈絡不同，所需也異，挪用也就成為必然。

　　然而，即使翻譯確實就是「改寫」，這種「改寫」，是要像老子所說的「治大國若烹小鮮」的態度一樣，是大意不得的。胡適改寫杜威，除了是挪用、借用杜威的觀點來澆自己的塊壘以外，自然也有因為粗心誤譯而把杜威的原意弄得體無完膚的時候。先舉一個不算嚴重的例子，來說明胡適給予自己的「改寫」的自由度，以及他刪除修飾的片語的作法。在第一講裡，杜威用反問句說思想學說對社會是否能產生任何影響呢？胡適的譯文說：「現在再講學說發生以後，對於社會和政治制度上有什麼影響。學說發生既然在社會有病的時候，那麼學說的用處，還是僅僅說明病狀？還是真能治病呢？譬如醫學，只是空說病狀的脈案，還是真能治病的藥方呢？又如蒸汽，只是嗚嗚的放氣？還是能鼓動各種機的動力呢？」[68]

　　杜威原文的意思是說：「然而，問題是思想、學說、哲學真正有影響力嗎？它們對人的所作所為是否有影響？還是只影響了人對他們的所作所為的感覺？哲學是像那能帶動火車頭的蒸汽呢？還是好像從汽笛裡放出來的噪音一樣，只是社會現狀的一種副產品、伴隨物，或是症狀？」(The question may arise, however, as to what difference ideas, theories, philosophies really make. Do they make a difference in what men do or only in what they feel about what they do. Is philosophizing practical like steam as a driving force in the locomotive? Or is it more like the noise of the escaping steam in the whistle, a by-product, an accompaniment, a symptom of what is going on?)[69]

68　高一涵記，〈杜威博士講演錄：社會哲學與政治哲學(一)〉，《新青年》7卷1號，頁123。

69　無作者名[John Dewey], "SPP [Social and Political Philosophy]," Lecture I, 3,「胡適檔

我們可以看出來，胡適把「只是社會現狀的一種副產品、伴隨物，或是症狀？」這幾個修飾「汽笛的噪音」的片語給刪除了。胡適也許覺得這幾個修飾詞可能無關緊要。然而，刪掉了它們的結果，適足以把杜威原文裡非常精確的意思給弄模糊了。誠然，胡適可以說：「又如蒸汽，只是嗚嗚的放氣？還是能鼓動各種機的動力呢？」已經把杜威最重要的意思表達出來了，亦即，蒸汽是否是動力？還是只是噪音？然而，他把杜威非常精確的修飾那「噪音」的片語給刪除掉了的結果，就把那「噪音」——思想、學說、哲學——表達其對社會不滿的意義給腰斬了。

接下去的一段，胡適的譯文就完全離譜了。這一段譯文高一涵的記錄裡沒有，是出現在「毋忘」的記錄裡：「大概思想學說最初發生的時候，都是果而非因。但發生以後，他又變作因了。思想學說很像漏斗一樣，漏了什麼東西到什麼地方，便和什麼東西發生關係。思想學說一經傳布到人，人有模仿、崇拜的心理。在這人是果，傳到那人又變因了。」[70]

這一段話，杜威原文的意思是說：

　　思想和學說在開始的時候是果，後來又變成了非思想勢力的因。思想是——打個比方來說——從人類根深柢固的習慣的縫隙裡產生出來的，而且只有在費盡苦心以後才可能讓抗拒的民眾接受。它就像磷光一樣，忽明忽滅地在那汪洋大海的傳統、習慣，以及變通的制度之上閃爍著。然而，就像我在下一講會說明的，在某種情況之下，它在歷史上、在現在、在未來可以對人類事務有相當大的影響。

　　(Ideas, theories are originally products, causes of non-intellectual forces. Thinking arises so to speak only in the thin cracks of solid habits, and only with great difficulty penetrates the resistant mass. Or it plays fitfully and like a phosphorescent gleam over the surface of vast ocean of traditions, customs and special adaptations to circumstances. But nonetheless it does have, had had, a really practical influence, and under certain conditions, to be dealt with in the next lecture, may have a greater directive influence on affairs.)[71]

(續)————————
　　案」，E087-001：「作者不可辨識卷宗」。
70　杜威，毋忘筆記，〈社會哲學與政治哲學(一)〉，《胡適全集》，42：5-6。
71　無作者名[John Dewey], "SPP [Social and Political Philosophy]," Lecture I, 4-5,「胡適檔案」，E087-001：「作者不可辨識卷宗」。

我們讀杜威的原文，就可以知道杜威的意思是指思想不絕如縷的特質。如果我們把人類的習性、惰性比為風雨，思想就譬如是風雨中飄搖的燭火。所以，杜威說它「像磷光一樣，忽明忽滅地在那汪洋大海的傳統、習慣，以及變通的制度之上閃爍著。」而且說它是「從人類根深柢固的習慣的縫隙裡產生出來的，而且只有在費盡苦心以後才可能讓抗拒的民眾接受。」然而，在某些情況下，這看似微弱的磷光、燭火，可以在人世間造成巨大的影響。反觀胡適在「毋忘」記錄裡的翻譯，那所謂「思想學說很像漏斗一樣，漏了什麼東西到什麼地方，便和什麼東西發生關係」也者，簡直把思想說成了像花蝴蝶一樣，四處去和人結親家、生寶寶。又那所謂「思想學說一經傳布到人，人有模仿、崇拜的心理。在這人是果，傳到那人又變因了」也者，根本就是不知所云。

這個顯著的失敗的譯例顯示出胡適在留美歸國初年的意譯有四個特點。第一、他給自己很高的自由度，可以對原文作大幅度的增刪；第二、他在意譯的過程裡會增添枝葉與引申，以便於幫助讀者的了解；第三、他所刪節的泰半都是修飾詞以及抽象的語句。雖然這能減輕翻譯的困難，其代價是失去了原文綿延細緻的意涵；第四、原文複雜的句型，都被他簡化，用最簡單的中文句型表達。其結果不但是失去了杜威原文所特有的嚴謹的結構，而且甚至是曲解杜威的原意。

我可以再舉幾個比較嚴重的例子，來說明胡適簡化的意譯有造成曲解原意的危險。杜威在第二講裡批判當時的社會科學。他說社會科學看不起哲學，認為哲學不夠科學，可是社會科學自己則誤把一時一地的情況作為歷史的通則。這些，胡適都正確地翻譯了。然而，胡適接著把杜威的原文打散、重組、再意譯。由於胡適用的是意譯的方法，要在杜威的原文裡找到相應的段落，是頗費周章的。然而，也只有如此，我們方才可能知道胡適如何扭曲、誤譯杜威的意思。胡適的譯文說：

歷史是人類創造的，正在天天進行。我們應該拿哲學來幫助解釋現狀，應該拿思想來指導現狀。自然科學全是物觀的〔注：客觀的〕，只能描寫、記載自然現象，卻不能拿理想去指揮他、改變他。至於社會科學不是僅僅描寫記載便能了事，必定要有思想的理解來指導他，所以不能不帶一點玄想。[72]

---

72 高一涵記，〈杜威博士講演錄：社會哲學與政治哲學(二)〉，《新青年》7卷1號，頁129-130。

我在杜威的原文裡找不到胡適所翻譯的這句話:「我們應該拿哲學來幫助解釋現狀,應該拿思想來指導現狀。」事實上,我們不可能在杜威的原文裡找到這句話。我們知道杜威到中國以前在日本作了《哲學的改造》的演講。從這個角度來說,哲學在改造以前,絕對是不可能負起「解釋現狀」、「指導現狀」的任務的。

同樣地,「至於社會科學不是僅僅描寫記載便能了事,必定要有思想的理解來指導他,所以不能不帶一點玄想。」這句話在杜威的原文裡也找不到。杜威原文裡最接近的一段話是說:「『〔社會〕科學』可以說是比哲學要矯揉造作多了。這是因為哲學多多少少擺明了它有想像與玄思的色彩。而〔社會〕科學則號稱它們所處理的是事物的必然性〔注:亦即像自然科學一樣的定律〕。」(The "sciences" may be called more artificial than the philosophies because the latter were more or less frankly imaginative and speculative, telling what should be, while the sciences claimed to give an account of things as they must be.)[73]我們可以看得出來,胡適是完全誤解了杜威的原意。胡適說社會科學帶有一點「玄想」的特質,其實杜威指的是哲學。杜威說社會科學對「玄想」避之如蛇蠍,因為它矯揉,自以為是科學。

胡適接下去翻譯杜威對比純粹科學與應用科學的一段,也同樣是重組後的意譯。他把杜威原文裡的順序顛倒過來,先說純粹科學,再說應用科學。他的意譯不但把杜威的原意刪減到骨瘦如柴的地步,而且完全曲解了杜威的意思。胡適的譯文說:

> 純粹科學是專說明事實的,事實是怎樣,就該怎樣說,一點不能加入人的意志欲望的。應用科學是純粹科學的律例應用到人的意志欲望上去,不但可以加入人的意志欲望,並且要用學理幫助來滿足人的意志欲望,使人的意志欲望不受痛苦,不朝邪路上去。[74]

杜威原文的意思是說:

> 傳統哲學體系的優點在於它們是有理想的。它們不以描述或觀察為滿足。它們試圖要演繹出指導人生、評斷事物,以及規劃未來的原則。達不到那個

73　無作者名[John Dewey], "SPP [Social and Political Philosophy]," Lecture II, 3,「胡適檔案」,E087-001:「作者不可辨識卷宗」。
74　高一涵記,〈杜威博士講演錄:社會哲學與政治哲學(二)〉,《新青年》7卷1號,頁130。

境界，人類就會覺得人生有所欠缺。這是因爲我們並不是旁觀者。我們跟這個世界存在著禍福、利害與共的關係。我們的命運與幸福跟人世間的變化是休戚相關的……在所謂的純粹科學方面，我們的態度是觀察事物，記錄事實。我們是旁觀者。我們自己的希望、恐懼、欲望，和想法如何，跟月球上未來會有什麼變化完全是不相干的。

（The great thing about the classic systems of philosophy is that they thought with a purpose in view. They were not satisfied with mere description or observation. They tried to deduce principle for the directions of life, principles to be used in judging the value of events and in projecting plans and purposes. Nothing less than this can content man in social affairs. For we are not mere outside observers; we are sharers, partners. Our own destiny and fortune is at stake in the course of events…In the so-called pure sciences we take the position of merely looking at things to note what is going on. We are outside of them. Our own hopes, fears, desires, and observations have nothing to do with the future changes of the moon.）[75]

　　我們把胡適的譯文跟杜威的原文對比，就可以發現胡適完全曲解了杜威的意思。「應用科學是純粹科學的律例應用到人的意志欲望上去，不但可以加入人的意志欲望，並且要用學理幫助來滿足人的意志欲望，使人的意志欲望不受痛苦，不朝邪路上去。」這根本就是胡適假借杜威，來澆自己科學至上主義的塊壘！這種泛科學主義，杜威沒有！

　　胡適的譯文完全漏掉了杜威原文裡的精義。杜威解釋爲什麼社會科學跟自然科學不一樣，無法把我們的主觀想望排除在我們的研究之外。這個解釋完全被胡適體的「意譯」給拋出九霄雲外去了。更值得指出的是，杜威雖然對傳統哲學採取批判的態度，他在此處所凸顯出來的，是「傳統哲學」的優點，亦即，傳統哲學體系的優點在於其爲人們提供了理想。它不以描述或觀察爲滿足，而是試圖要演繹出那能指導人生、評斷事物，以及規劃未來的原則。換句話說，哲學與自然科學不同的關鍵，在於哲學與人類是禍福與共的。自然科學大可以擺出一副「旁觀者」的姿態，因爲其所描

75　無作者名[John Dewey], "SPP [Social and Political Philosophy]," Lecture II, 4,「胡適檔案」，E087-001：「作者不可辨識卷宗」。

寫分析的，是物、是外界，例如杜威所舉的月球的例子，不牽涉到人生。哲學則不然。哲學不能採取「旁觀者」的姿態，因為哲學所處理的，是攸關社會、世界、人類的命運與幸福。哲學所提供給我們的是「眼光」、是我們對未來的「憧憬」（vision）。當然，杜威完全不能想像今天日新月異的科學，特別是生命科學，已經發展到可以複製生命的境界。其所引生的倫理、社會、政治問題，已經不是一句「旁觀者」所能道盡。然而，無論如何，杜威所闡釋的哲學的使命，以及哲學與自然科學關鍵性的異同點。所有這些，都沒在胡適的譯文裡反映出來。

第三講裡還有一個粗心的誤譯的例子：「人類因為地方的關係，因為居住相近的緣故，遂發生鄰居的觀念。再大則有同村同城同縣同省的關係，發生同鄉的觀念。這都是以區域作基礎組織成群的。無論是否同黨同教，均因地理上的關係組成一團。好的影響可以橫衝進去，把宗教黨派等界限化除，連合成為一氣，發生很親密的結果。壞的影響就是疆界的觀念太重，因而分成鄉界國界，容易發生猜忌。歷史上許多戰爭都是從疆界問題發生的。」[76]

杜威原文的意思是說：「排他、猜忌、隔絕、敵對之心是禍害之源，大到國際戰爭，小到地域偏見。誰才算是我的鄰居？誰要當那落入賊窟的人的鄰居？那種能不分比鄰、不分親疏去助人的觀念以及同儕心是最慢產生、最難實現的。這種地域結合的原則滲透、影響著所有其他的結合，它不但為社會增添新的衝突和病態，而且激化舊有的問題。」（Exclusiveness, jealousy, isolation, hostility, from national wars to local jealousies. Who is my neighbors? Who was neighbor to the man who fell among thieves? The idea 〔,〕 the need 〔,〕 and capacity to help 〔,〕 to be of use 〔,〕 are bonds of union irrespective of local contiguity and the familiarity that makes possible is one slow to appear and hard to realize. This principle of association cuts across all the others, runs through them all. It adds new sources of social discord and ill, and intensifies all the old ones.）[77]

我們對比杜威的原文，就可以發現胡適的譯文裡有這一句與原文的意思剛好相反：「好的影響可以橫衝進去，把宗教黨派等界限化除，連合成為一氣，發生很親密的結果。」杜威的文章誠然難讀。然而，這句話從上下文來判斷，絕不可能會有「好的影響可以橫衝進去」的意思。這是個粗心誤譯的例子。

76　高一涵記，〈杜威博士講演錄：社會哲學與政治哲學(三)〉，《新青年》7卷2號，頁167。

77　無作者名〔John Dewey〕, "SPP〔Social and Political Philosophy〕," Lecture III, 12,「胡適檔案」，E087-001：「作者不可辨識卷宗」。

　　然而，胡適最大的問題，還是在於他胡適體的「意譯」的局限。換句話說，他所用的「原始」——亦即幼稚、簡單——的白話口語句型結構，完全沒有辦法翻譯杜威原文裡所有的「細密」的句型結構。其結果是他遺漏掉太多杜威關鍵的意旨。就再以杜威第十講裡的一段話爲例，胡適的譯文說：「法律所規定的話，不能讓個人自由選擇。他的特別意義，就是有一種能力，可以幫助法律所說的話，使他有效。用這個根本觀念來看，如事體的合法不合法，即是否在法律之內，是政治的問題；不合法應如何辦理，是司法問題；立法執法，也都是政治問題。」[78]

　　杜威的原文不但嚴謹，而且表達得遠比胡適的譯文清楚多了：

　　　　法律不只具有道德的**權威**。這也就是說，它的權威不只是建立在個人的良知認同之上，而且甚至可以在個人不情願的情況之下，由執法機構來**強制執行**。當我們開始討論下述的問題的時候，我們就是進入政治的討論：一個人可以合法地作什麼？如何作是不合法？什麼機構根據什麼方法可以來判定什麼是合法的、什麼是不合法的？如何在其合法行爲的範圍內保護他？如何在他不法的時候來限制懲罰他？

　　　　（〔T〕he conception that law has an <u>authority</u> which is not simply moralistic, that is, which does not depend merely upon its recognition by the individual conscience but which is <u>enforced</u> even against personal wish by some general agency. Whenever we begin to consider what any particular individual may <u>lawfully</u> do, and what he can do only unlawfully, and what agencies and means prescribe what is lawful and what not, and protect him within his sphere of <u>lawful</u> activities, and limit him, restrain and penalize him in his <u>unlawful</u> activities we are within the sphere of political discussion.）[79]

　　杜威這一段話的意思，是要借著「法律」的執行，來討論「國家」、「政府」所扮演的角色。整個來說，胡適這段譯文的下半段是傳達了這個意思：「如事體的合法不合法，即是否在法律之內，是政治的問題；不合法應如何辦理，是司法問題；立法執法，也都是政治問題。」然而，我們試看胡適這段譯文的上半段：「法律所規定的

78　孫伏園記，〈杜威博士講演錄：社會哲學與政治哲學(十)〉，《新青年》7卷4號，頁1。
79　無作者名［John Dewey］, "SPP［Social and Political Philosophy］," Lecture X, 1,「胡適檔案」，E087-001：「作者不可辨識卷宗」。

話，不能讓個人自由選擇。他的特別意義，就是有一種能力，可以幫助法律所說的話，使他有效。」這眞可以說是一段不知所云的話。這已經不是精確、嚴謹與否的問題，而根本是淪於胡適自己所批判的「生吞活剝」不忍卒讀的境地。我們記得胡適的翻譯哲學的最基本的原則是要讓人讀得懂。我在上文引了胡適1933年12月23日日記裡所說的話：「古人說翻譯如嚼飯哺人，嫌其失原味。但嬰孩與病人不能下嚥，咀嚼而哺之，雖失原味，還有救餓之功德。今不加咀嚼，而以硬鍋飯哺人，豈不更失翻譯原意了。」信然！

　　最後，讓我再用杜威第十二講的一段話作爲例子。胡適的譯文說：「洛克並不是要同人家講考據。他的目的：第一、政府是有目的的，有作用的，不是可以憑空存在的；倘他不能做到契約的條件，人民可以不要他；第二、人民對於政府，應該保留干涉的權利。好的政府可以不用說，壞的可以推翻更換。這兩種是他的學說的精神。就是沒有歷史上的根據，也能依然存在的。洛克的學說，並不是民主的而是君主立憲的：不但主張人民保留政治權利，而主張把政治權利委託政府，但是政府須受限制。政府不守本分時，人民可以革命。他本是王黨，是主張立憲的王黨，所以他的學說如此。」[80]

　　杜威原文的意思是說：

　　　　「洛克所要作的並不是去解釋政府實際的起源。他所要作的是去解釋**合法的**政府的權力或政治權威的來源。他認爲其來源在於用這個權力來頒定法律，使個人的權利更加清楚與明確。同時也在於保障個人，使他們能更確切、恆久地行使他們的權利。政府存在的理由，在於維護這些權利——即使這些權利只是他所推論出來的，而不是在人類政府產生以前就已經存在著的。這個理論所楬櫫的是：所有政府都有維護某些目的的責任。那就是政府存在的理由。這個理論同時也楬櫫的是：公民有權來判定政府是達成還是摧殘了這些目的。它把國家事務的論述帶進了經驗的範疇，把它從君權神授或超人等等虛無縹緲、玄虛的理論裡解放出來，帶進了你我都可用常識的效用論來作鑑定與檢驗的範疇。這絕不是一個革命的理論；它只有在極端的暴政的危機之下才贊成革命。它只是一個抑制專權的理論。它並不認爲在〔革命

80　孫伏園記，〈杜威博士講演錄：社會哲學與政治哲學(十二)〉，《新青年》7卷4號，頁13。

過後〕合法政府形成期間的過渡的政府的主權是在人民手上。洛克是一個君權主義者，不是一個共和主義者。他是一個君主立憲者。

(Locke was not trying to account for the actual origin of governments. He was trying to account for the source of the <u>rightful</u> power of the government or political authority. And he found it in the use of this power to make the rights of individuals clear and explicit by promulgating laws, and to protect individuals in the surer and more constant exercise of their rights. Government exists for the sake of maintaining rights that exist in idea if not in historic time before it. The theory proclaimed the responsibility of all government to certain <u>ends</u> for the sake of which it exists, and the right of the citizens to determine whether the government is serving or destroying those ends. It brought the discussion of state affairs within the region of experience, out of the vague and mysterious air of divine rights and the superman, into the region of judgment and examination by common sense tests of utility. It was in no sense a revolutionary theory except at crises of extreme misgovernment. It was but a check on possible excessive arbitrary action. It did not hold that in the intrim〔interim〕of legitimate government the people were the actual holders of political power and authority. Locke was a monarchist not a republican, but a constitutional monarchist.)[81]

在杜威的〈社會哲學與政治哲學〉講演裡，胡適這一段翻譯算是明白清楚的。然而，明白清楚並不表示精確。我們試看杜威明明是說：「這絕不是一個革命的理論；它只有在極端的暴政的危機之下才贊成革命。」胡適卻把它翻成：「政府不守本分時，人民可以革命。」杜威在句子裡所作的保留與限制，譯文裡完全沒有傳達出來。杜威原文說：「它只是一個抑制專權的理論。它並不認為在〔革命過後〕合法政府形成期間的過渡的政府的主權是在人民手上。」換句話說，即使在革命過後，臨時政府成立的期間，洛克都不認為主權是在民的。可是，胡適卻把它翻成：「不但主張人民保留政治權利，而主張把政治權利委託政府，但是政府須受限制。」

胡適這一段洛克政府論的翻譯，再一次凸顯出胡適體的「意譯」的困境。然而，

---

81 無作者名〔John Dewey〕, "SPP〔Social and Political Philosophy〕," Lecture XII, 3,「胡適檔案」，E087-001:「作者不可辨識卷宗」。

這個困境與其說是胡適個人的，不如說是他那個時代的人所共同面對的。俗話說，「巧婦難爲無米之炊。」胡適以及他同時代的人，處在白話文學初創的時代，欠缺豐富的辭彙與「細密的句型結構」來供給他們作翻譯之所資。他們所扮演的是角色，就是要去創造豐富的辭彙以及發展出細密的句型結構，用胡適當時的話來說，就是要去發展出「歐化的白話文」。

事實上，雖然胡適一直執著要意譯，要「委屈傳達」原文的意思，但連他自己都必須開始「直譯」——不只是要「直譯」原文的修飾詞、抽象語句，而且還要「直譯」原文的句型結構。杜威的《哲學的改造》就是一個最佳的例子。杜威的《哲學的改造》是1920年出版的。出版的時候，杜威人就在中國。可惜的是，《哲學的改造》，胡適只翻譯了第一章，其餘都是唐鉞翻譯的。因此，我們沒有太多的例子來說明胡適體的「意譯」的轉變。

從某個角度來說，如果胡適在《哲學的改造》第一章的翻譯，迥異於他先前胡適體的「意譯」，其所反映的，恐怕也是因爲他有充分的時間來琢磨。他在翻譯杜威的〈社會哲學與政治哲學〉的時候，是每週一講，總共有十六講。他自己平時又要備課、作研究、寫文章。因此，胡適翻譯〈社會哲學與政治哲學〉，每有急就章的意味。他翻譯《哲學的改造》就完全不同了。

胡適第一次在日記裡提起他翻譯這本書是他1921年5月12日的日記：「譯杜威先生的《哲學改造》（Dewey, *Reconstruction in Philosophy*）兩頁。」[82]次日的日記：「上午，譯杜威《哲學改造》兩頁。」[83]6月17日記：「譯《哲學改造》三頁。」[84]到了1923年底，他還沒翻完第一章。他在該年12月24日的日記裡說：「補譯《哲學的改造》。譯書眞不容易。此書頁21有一句云：They〔the philosopies〕have insisted that they were more scientific than the sciences—that, indeed, philosophy was necessary because after all the special sciences fail in attaining final and complete truth.本節中所談的都是論『必然不可易的眞理』，故我隨手譯necessary爲『必然的』。偶復看一遍，始知其誤，此句並不難，而尚有此誤！」[85]

這當然並不表示胡適是用了一年半的時間翻譯《哲學的改造》的第一章。胡適是一個大忙人。他自己教書、演講、作研究、寫文章已經夠忙了。翻譯《哲學的改造》

82　《胡適日記全集》，3：34。
83　《胡適日記全集》，3：34。
84　《胡適日記全集》，3：119。
85　《胡適日記全集》，4：209。

的第一章，只能說是他的餘興。然而，也就因爲胡適有一年半的時間從容地翻譯一章，他《哲學的改造》的翻譯，無論就字句的選用，或者就句型的結構來說，都是他所翻譯的〈社會哲學與政治哲學〉所望塵莫及的。

胡適在《哲學的改造》第一章裡的譯筆，用他在《短篇小說第二集：譯者自序》裡的話來形容：「有些地方竟是嚴格的直譯。」就舉三個成功的直譯的例子來作爲例證。其一是一個長達五十一個字的句子：「我們可以用梭格拉底〔蘇格拉底〕的遭遇和那些『哲人』的惡名來點出那感情化了的舊信仰和那平凡的常識的幾個很可注意的不同之點：」(The fate of Socrates and the ill-fame of the sophists may be used to suggest some of the striking contrasts between traditional emotionalized belief on one hand and prosaic matter of fact knowledge on the other:)[86]我們如果注意這句話結尾的標點符號是冒號，我們就可以知道這句長達五十一個字的話其實才說了一半，還沒結束。這半句話之所以會那麼長的原因，就是因爲它老老實實地把所有的修飾詞都翻譯出來了。胡適在此處所使用的翻譯策略，跟今天從事翻譯工作的人沒有太大的不同。

其次一個直譯的例子是：「如果我說的大旨『哲學的起源在於要想調和兩組不同的心理產物』是不錯的，那麼，我們對於那些正統哲學——就是那些不是消極的，不是偏鋒的哲學系統——就有了開門的鑰匙，可以窺見他們的重要性質了。」(If I am right in my main thesis that the origin of philosophy lay in an attempt to reconcile the two different types of mental product, then the key is in our hands as to the main traits of subsequent philosophy so far as that was not of a negative and heterodox kind.)[87]胡適在這句譯文裡所用的翻譯策略也是今天的譯者所熟悉的。亦即，爲了避免句子長到讓讀者讀得喘不過氣來，於是用破折號把太長的修飾片語隔開。

第三個直譯的例子是前文所引的胡適自己回頭發現的錯誤。亦即他在日記裡說他：「隨手譯necessary爲『必然的』」的一個誤譯。那句話胡適把它譯成：「這些正統哲學都以爲自己比科學還要『更科學的』——都以爲：因爲各種科學始終不能得到最後的完全眞理，所以不能不請教於哲學。」[88]原文因爲在前文已經徵引了，此處就不再重複。這一個句子的翻譯策略與前一個例子相同，是用破折號把太長的修飾片語

86　杜威，胡適、唐鉞譯，《哲學的改造》（台北：文星書店，1965），頁13；John Dewey, "Reconstruction in Philosophy," MW12.87.

87　杜威，胡適、唐鉞譯，《哲學的改造》，頁16；John Dewey, "Reconstruction in Philosophy," MW12.87.

88　杜威，胡適、唐鉞譯，《哲學的改造》，頁20；John Dewey, "Recon-struction in Philosophy," MW12.91.

隔開。但是破折號以後的「都以爲：」其實不但是多餘的，而且破壞了句子的連貫性，是一個敗筆。

胡適在《哲學的改造》第一章裡的翻譯，還有一個違反他不用套語的一個例子。杜威分析蘇格拉底所代表的新哲學被雅典人斥爲激進、異端。胡適的譯文說：「這種哲學想翦除舊信仰中的無用部分；而在一般雅典市民的眼裡，牽動一髮正如牽動全身一樣，所以他們認這種哲學爲激烈思想了。」[89]這「牽動一髮正如牽動全身一樣」雖然是套語，雖然不是那麼精準，倒還可用。其實，這不是唯一一次胡適用套語來翻譯。我在下一節分析他的《短篇小說》第一集的時候，還會舉出其他的例子。如果我們一定要堅持胡適不用套語的原則，我們可以把這句話譯成：「其所要翦除的贅疣與淘汰的東西，對一般雅典的市民來說，是他們的基本信仰裡不可分割的一部分。因此對他們來說是激進的。」(In the sense of pruning away excrescences and eliminating factors which to the average citizen were all one with the basic beliefs, it was radical.)[90]

然而，即使《哲學的改造》第一章的翻譯反映了胡適譯筆的進步，誤譯仍然在所難免。其中，最令人忍俊不禁的例子，莫過於這麼一句：「打獵的人儘管趕打野獸，但捉到之後，他們究竟是好朋友，他們的血肉養活大家的生命。」[91]野獸被獵人獵食了，怎麼能說被吃掉的野獸跟獵人「究竟是好朋友」呢？杜威原文的意思是說：「雖然野獸是被獵殺的對象，由於它們讓人捕殺，它們等於是人類的朋友和夥伴。它們等於是把自己奉獻給它們所屬的區域的人，當他們的食物、供他們溫飽。」(Although they〔animals〕were hunted, yet they permitted themselves after all to be caught, and hence they were friends and allies. The devoted themselves, quite literally, to the sustenance and well-being of the community group to which they belonged.)[92]

這個例子，嚴格說來不應該算是誤譯，而屬於未能琢磨出比較適切、精確的譯文。我認爲其癥結還是在於胡適執著於使用簡單口語化的詞語來表達。因此，在一些比較細緻、婉轉、抽象的所在，他的譯筆就顯得拙劣、詞不達意，甚至失去了其精準性。我再舉三個例子來說明。杜威解釋初民神話的形成，根據胡適的譯文：「但有些經驗常常發生、常常遇著，就不單是個人的經驗，就成一個群的經驗了。這種經驗在故事神話裡仍舊用個人的經驗做底子，漸漸演進，後來竟可以代表全群的感情生活

89　杜威，胡適、唐鉞譯，《哲學的改造》，頁17。
90　John Dewey, "Reconstruction in Philosophy," MW12.90.
91　杜威，胡適、唐鉞譯，《哲學的改造》，頁5。
92　John Dewey, "Reconstruction in Philosophy," MW12.82.

了。」杜威原文的意思是說：「但有些經驗，其發生頻繁與重複的次數已經到了跟全體有關的地步。這些經驗於是就被推廣而成爲社會的經驗。個人零星的冒險經驗就被組合拼湊起來，最後就變成了整個部落集體的情感生活的典型。」(But some experiences are so frequent and recurrent that they concern the group as a whole. They are socially generalized. The piecemeal adventure of the single individual is built out till it becomes representative and typical of the emotional life of the tribe.)[93]

第二個不精準的例子，是杜威批判哲學在歷史上常扮演著爲舊信仰辯護的角色。胡適的譯文說：「同時他們卻又自命思想獨立，以合理自居，所以哲學就顯出不老實的樣子了；這種不誠實固然完全不是哲學的本意，然而正因爲主持哲學的人不自覺，所以更有害了。」杜威原文的意思是說：「同時，因爲他們〔哲學家〕自命他們在思想上完全獨立、又具有理性，其結果是使哲學常帶有不誠實的色彩。正由於哲學家自己完全沒有這個自覺，所以這不誠實的色彩也就越發隱晦有害。」(Since they〔philosophers〕have at the same time professed complete intellectual independence and rationality, the result has been too often to impart to philosophy an element of insincerity, all the more insidious because wholly unconscious on the part of those who sustained philosophy.)[94]

杜威既然批判傳統哲學的保守心態，他當然不會說：「這種不誠實固然完全不是哲學的本意。」我認爲胡適這個誤譯的原因，在於他在當時所通行的白話文裡很難找到適切的詞兒來翻譯"unconscious"。反觀今天，「不自覺」已經不是一個外來語，而早已成爲我們日常的用語。胡適於是不得已用「不是本意」來將就了。殊不知那完全走了意。

第三個例子是胡適淺顯的口語的譯筆。在第一章結尾的時候，杜威談到哲學的改造之道，在於認清哲學必須肩負起解決社會、經濟、政治問題的任務。胡適的譯文說：「從前哲學那樣不知不覺地幹的事，那樣很像偷偷摸摸地幹的事，從今以後何妨公開地，明明白白地幹呢？」這段譯文，土氣加上俗氣，可以說是到了令人忍俊不禁的地步。杜威原文的意思是說：「哲學長久以來就已經不自覺地、不自知、不想要，或者，打個比方說，偷偷摸摸作著的工作，此後就必須大大方方、一本正經地去

93　杜威，胡適、唐鉞譯，《哲學的改造》，頁7；John Dewey, "Reconstruction in Philosophy," MW12.84.
94　杜威，胡適、唐鉞譯，《哲學的改造》，頁18；John Dewey, "Reconstruction in Philosophy," MW12.90.

作。」（〔T〕hat what philosophy has been unconsciously, without knowing or intending it, and, so to speak, under cover, it must henceforth be openly and deliberately.）[95]

　　胡適翻譯杜威，從〈實驗主義〉、〈社會哲學與政治哲學〉，到《哲學的改造》，其間其實只有短短幾年的時間。然而，胡適的譯筆從一開始「委屈傳達」的意譯，轉變到翻譯《哲學的改造》時的「直譯」。從某個角度來說，這是不得已也。翻譯哲學論文畢竟跟翻譯散文或小說不同，胡適領悟到精確性是不可以因爲要達意而輕易「委屈」掉的。下一節所討論的胡適的《短篇小說》第一集的翻譯，等於是把我們帶回到了胡適「意譯」的階段。

《短篇小說》第一集

　　胡適的《短篇小說》第一集是在1919年由亞東圖書館出版的。用胡適在〈譯者自序〉裡的自白來說：這個集裡收集了他「八年來翻譯的短篇小說十種，代表七個小說名家。共計法國的五篇、英國的一篇、俄國的兩篇、瑞典的一篇、義大利的一篇。」這十篇都已經在雜誌上發表過，而且因爲「不是一時譯的，所以有幾篇是用文言譯的，現在也來不及改了。」1920年，胡適趁《短篇小說》第一集再版的時候，又加入了高爾基所寫的〈他的情人〉，所以總共就變成了十一篇[96]。

　　胡適這本《短篇小說》第一集在1919年出版，到了1928年底已經出到了第十一版，印行數量達四萬冊。據說到了1940年，已經出版到第二十一版。這本《短篇小說》裡所選的都德(Alphonse Daudet)的〈最後一課〉(The Last Class; La dernière classe)，胡適原題爲〈割地〉。最先載於1912年的《大共和》，後又載於1915年春季號的《留美學生季報》。這一篇譯文在1920年，被收入洪北平等編，商務印書館印行的中學語文教科書《白話文範》裡，在半年內就出了四版； 1923年爲適應新學制所編的《國語教科書》，在七年中印行高達一百一十二版。1932年，出版這兩種教材的商務印書館毀於日本在上海攻擊的大火。幾個月內，商務就推出了《國語教科書》的「國難後第一版」，在一個月內就連出了五版[97]。胡適這本《短篇小說》，特別是都德的〈最後一課〉，在近代中國流傳與影響的程度，從此可見其一斑。

95　杜威，胡適、唐鉞譯，《哲學的改造》，頁24；John Dewey, "Reconstruction in Philosophy," MW12.94.
96　胡適，〈譯者自序〉，《短篇小說》，《胡適全集》，42：299-300。
97　韓一宇，〈都德《最後一課》漢譯及其社會背景〉，http://www.xinyuwen.com/Article/jiaocan/qxjc/57076.html，2010年10月13日上網。

　　胡適這本《短篇小說》第一集在1920年代就已經飽受批評。最令人詬病的，是胡適的誤譯、大而化之的泛譯，以及任意的刪削。1921年就讀北大英語系三年級的李均邦景仰胡適的程度，已經是到了以批評胡適爲大不敬的地步。然而，他私下在信裡還是詢問胡適在翻譯的時候是否可以任意刪削與竄改。他用的例子是胡適《短篇小說》第一集裡的〈百愁門〉。有關胡適翻譯吉卜林(Rudyard Kipling)所著的〈百愁門〉的譯筆，我將會在下文作進一步的分析。無論如何，李均邦在把胡適的譯文跟原文對比了以後，發現胡適在一開頭就不忠於原文。他疑惑地問胡適：

　　　均按　先生譯文內將原有之"half caste"〔注：雜種〕二字刪去，及將原文之"six weeks"〔按：該故事是主人翁在死前「六個星期」的口述〕改譯爲「六月」，無意中加上四個半月有餘。譯時應不應隨意刪改原文，另是一個問題，姑且不論。均此時所注意者，乃在考證該篇小說原著者之眞原文，及先生譯時所據的原文係何本而已。尚乞　先生賜教爲荷。

　　由於李均邦景仰胡適，他不認爲胡適會任意刪削或者誤譯，他認爲胡適一定是用了另外的譯本，所以他對胡適說：

　　　均對於　先生的譯文平素非常佩服。惟篇中仍多遺漏及參加之處，殊覺詫異，仔細一想，許是　先生譯時根據的原文與均此時看的原文不同。此種微點，本不值煩擾　先生解釋，但均極願知此篇的眞原文，故思維再四，仍祈先生賜暇指教，以釋此惑爲幸。[98]

　　如果景仰胡適的李均邦會疑惑，有心批判胡適的讀者就見獵心喜了。「創造社」所出版的《洪水》半月刊就在1925年11月1日刊出了顧仁鑄所寫的〈胡譯〉。所謂「胡譯」，顧名思義，就是取笑胡適胡亂譯的意思。顧仁鑄以都德的〈最後一課〉爲例，批評胡適的「胡譯」、「跑譯」，與「神譯」。「胡譯」的例子，例如胡適把"on the edge of the wood"〔林邊〕譯成「竹籬」、把"out of breath"〔上氣不接下氣〕譯成「一口氣」、把普魯士占領者嘲諷法國人連自己的語言都不會說的一段引語，變

98　李均邦致胡適，1921年5月20日，「胡適檔案」，1161-001。岑丞丕先生幫我查證李均邦當時確實是大三的學生，特此致謝。

成了老師韓麥爾(Hamel)先生自己的話。

　　所謂「跑譯」者，就是取笑胡適大而化之、任意刪削的譯法。主人翁在跑進教室以前，在廣場上看到了一些人在看布告，心想又不知道是什麼樣的布告。當時，在看布告的鐵匠叫主人翁不要慌忙，說他一眨眼就可以跑到教室了。胡適不但漏譯了鐵匠說的話，而又自作主張地加了一句「我也無心去打聽」。同時，原文明明是說主人翁「上氣不接下氣」跑進教室，而胡適卻把它翻成是「一口氣」跑進教室。顧仁鑄於是挖苦胡適的漏譯與胡譯：「啊！胡先生的筆法才多麼簡練啊！大概他也無心去細譯，一口氣『跑譯』到這裡。」

　　所謂「神譯」者，其實挖苦的，還是胡適大而化之的譯法。主人翁描寫平時開始上課時教室裡的吵雜聲：書桌開關的聲音、學童一齊朗誦課文的聲音、老師用戒尺拍打著書桌的聲音。由於胡適大而化之地選譯、漏譯，然後就以「種種響聲」作為總結，所以顧仁鑄於是挖苦胡適說：「看呀！胡先生的手腕真高明。別人用許多的字句，而他僅用『種種響聲』四字包括盡淨了！這也是『神譯』的一種吧？」

　　顧仁鑄挖苦胡適是用翻譯來主張「刪削主義」。他說：

　　　　翻譯本有意譯、直譯之別。胡先生的譯本當然不屬在直譯之列，而是意譯了。然而無論其為直譯、意譯，最要緊的信條，就是不失原文的意義；所謂意譯，不過是不死死的將一字一句照原文譯出(就是直譯也不能如此)，而僅將其原意用另一種方法全盤的譯出罷了，絕對不是杜撰，也絕對不可刪折的啊！

　　顧仁鑄抨擊胡適刪削主義的譯筆有流毒社會之虞。把胡適的翻譯拿來作為中學教材，更是誤人子弟。他說：「胡先生將《短篇小說》刊行之後，也不知害了多少人，也不知道多少人覺得他們自己的外國文程度太低！聽說現在已經出了七版(？)，並且報紙上大登廣告，將此書作為中學校的教材，未免太不慎重了。」顧仁鑄這篇批評胡適的〈胡譯〉的文章，他挖苦說他是在替胡適作「義務的校對」。他說：「我本不願做這種乏味的校對。以為上面的緣故，甚怕將來流毒太深，所以便草草地作一次義務的校對了。」[99]

　　《短篇小說》第一集在在地暴露了胡適在翻譯上的弱點。以都德的〈最後一課〉

99　顧仁鑄，〈胡譯〉，《洪水》，1925年11月1日，頁95-101。

為例，確實一如顧仁鑄所指出的，胡適的誤譯與漏譯所在多有。他的確是錯把「林邊」譯成「竹籬上」、把「鋸木廠後邊草地上」大而化之地譯成「野外田裡」、把「上氣不接下氣」譯成「一口氣」。就如我在下文所會分析的，胡適的確是把一些關鍵性的鼓舞愛國情操的詞句給漏譯掉了。顧仁鑄批評胡適，說他把韓麥爾先生假借普魯士占領者的口吻，譏諷法國人連自己的語言都不會說的一段引語，變成了老師自己訓誡學生的話。確實如此。胡適的譯文說，韓麥爾先生對學生說：「你們自己想想看，你總算是一個法國人，連法國的語言都不知道。」這句話的英譯是：「這些人有權利對我們說：『你還好意思以法國人自居！你連自己的語言怎麼說、怎麼寫都不會！』」(Now these people have the right to say to us: "What! You pretend to be French, and you do not know how to speak or write your own language.")

　　歷來針對胡適《短篇小說》第一集所作的批判，歸根究柢，是在懷疑胡適到底懂不懂法文，或者他的法文程度如何的問題。換句話說，就是懷疑胡適在《短篇小說》第一集裡的幾篇法文小說，是不是直接從法文翻譯過來的。這是典型的炮火打錯靶。然而，怪來怪去，就該怪胡適，因為是他自己有意誤導。就像我在《璞玉成璧》裡所說的，胡適在康乃爾大三的下學期，也就是1913年春天，修過一學期「法文一」的法文，得80分。因此，他翻譯〈最後一課〉(The Last Lesson; La dernière classe)是在1912年9月29日(原譯名是〈割地〉，登載在《大共和》雜誌)，是在他學法文之前，當然不可能是直接從法文翻譯過來的。胡適所翻譯的都德的第二篇短篇小說〈柏林之圍〉(The Siege of Berlin)，是1914年8月24日譯的。這是他學過一個學期的法文以後一年以後的事。然而，就像我在本節會分析的，胡適的〈柏林之圍〉也是從英譯本轉譯過來的。換句話說，這就是胡適不老實的地方。他在《留學日記》裡記他翻譯都德這兩篇小說的時候，用的都是法文的篇名："La dernière classe"(最後一課)；"Le siége de Berlin"(柏林之圍)[100]。事實上，他這兩篇的翻譯都是從英譯本轉譯過來的。

　　我不但可以確定胡適的〈最後一課〉是從英譯本轉譯過來的，我甚至可以確定他所用的英譯本是威廉・帕頓(William Patten)所編選的《國際短篇佳作：法國篇》(*International Short Stories: French*)。我之所以可以確定胡適的〈最後一課〉是根據這個英譯本，用的是內證，是從幾個細節的英譯尋出來的。就舉三個細節為例。第一個細節，胡適的譯本裡說韓麥爾「先生今天穿了一件很好看的暗綠袍子、硬挺的襯

衫、小小的絲帽。」[101]這跟帕頓的譯本相同："our teacher had on his beautiful green coat, his frilled shirt, and the little black silk cap."[102]同樣這句話，在其他的英譯本裡，包括胡適在1911年1月底所買到的《哈佛叢書》裡的版本泰半都譯爲：「先生穿了一件很好看的藍袍子、百褶衿、黑絲繡花馬褲」（our teacher had on his handsome blue coat, his plaited ruff, and the black silk embroidered breeches）[103]。

第二個細節是當天坐在教室裡跟其他學生一起上課的赫叟(Hauser)的描述。胡適在〈最後一課〉裡說：赫叟「帶了一本初級文法書攤在膝頭上。他那副闊邊眼鏡，也放在書上，兩眼睜睜的望著先生。」這根據的顯然是帕頓的譯本：「赫叟帶了他那本破舊、頁角都翻爛了的文法書。他把書打開，放在膝頭上。他那副特大號的眼鏡就橫架在書上。」(Hauser had brought an old primer, thumbed at the edges, and he held in open on his knees with his great spectacles lying across the pages.)[104]當然，胡適在此處把帕頓的英譯裡形容赫叟那本文法書「破舊」、「頁角都翻爛了」的字句都給刪掉了。這是胡適在翻譯文學作品的模式，我在本節的分析裡還會詳細說明。胡適經常會把原文裡的粉飾句、形容詞，或描寫糾結、矛盾、無以名狀的情緒的字句都給刪掉了。至於赫叟「兩眼睜睜的望著先生」，則是胡適自己加上去的。無論如何，這第二個細節的描寫，其他的譯本，包括《哈佛叢書》，大部分都說赫叟「那副特大號的眼鏡歪斜在上」（with his great spectacles askew）。

第三個細節，是故事裡的「孩子」，即「我」——敘事者，名字叫法蘭子(Franz)，胡適沒譯出他的名字。這個細節是描寫法蘭子被先生點名叫起來背分詞的規則。法蘭子背不出來。胡適的譯文說法蘭子「那時眞羞愧無地，兩手撐住桌子，低了頭不敢抬起來。」這跟帕頓的譯本相同："holding on to my desk, my heart beating, and not daring to look up."[105]其他的譯本則略有不同。《哈佛叢書》的譯本，說法蘭子「站在那兒，抵著我的椅子搖晃著，心情沉重，不敢抬頭。」（stood there swaying

---

101 胡適，〈最後一課〉，《胡適全集》，42：302。

102 Alphonse Daudet, "Th e Last Lesson," William Patten, ed., *International Short Stories: French* (New York: P. F. Collier & Son, 1910), p. 338.

103 Alphonse Daudet, "The Last Class: The Story of A Little Alsatian," Charles Elliot, selected, *The Harvard Classics* (New York: P. F. Collier & Son, 1903), Vol. XIII, p. 440.

104 Alphonse Daudet, "The Last Lesson," William Patten, ed., *International Short Stories: French*, p. 338.

105 Alphonse Daudet, "The Last Lesson," William Patten, ed., *International Short Stories: French*, p. 339.

against my bench, with a full heart, afraid to raise my head)[106]。另外一個譯本則說，法蘭子「站在我的位子前，身體左右地搖擺著，百感交集，不敢抬頭」(remained standing at my seat, swinging from side to side, my heart swelling. I dare not raise my head)[107]。

胡適在修過一學期法文以後，在1914年8月所譯的〈柏林之圍〉也是從英譯本轉譯過來的。而且，他用的譯本也是帕頓的，是帕頓所選編的另一本短篇小說選，即1906年出版的《短篇佳作選》第三冊：《羅曼史和冒險故事》(*Great Short Stories, Vol. 3: Romance & Adventure*)。我之所以能作這樣的斷定，最堅實的證據是胡適的譯文裡，有一段話只有這本這個英譯本有，其他版本都沒有。這段話描寫的是故事裡老祖父，即胡適譯文裡所指的「大佐」。1870年，法國和普魯士的第一仗，德軍大勝。「大佐」在聽到法國戰敗的戰訊以後，立即中風倒地。爲了能讓「大佐」復元，「大佐」的孫女和敘述這個故事的醫生決定對他隱瞞事實。法國一路潰不成軍的事實，被她編造成法國節節戰勝、直搗柏林的故事。有一天，醫生來診病的時候：

> 余入門，未及開言，女每奔入室告余曰：「我軍取梅陽〔Mayence〕矣。」余亦和之曰：「然，余今晨已聞之。」有時女自戶外遙告余。老人則大笑曰：「我軍進取矣，進取矣。七日之內，可抵柏林矣。」[108]

胡適在此處的譯句：「女每奔入室告余」，當然有語病，因爲「我軍取梅陽矣」只可能是一次性的事件，「大佐」的孫女不可能「每奔入室告余：『我軍取梅陽矣。』」我在這裡的重點，是要說明胡適這一段譯文只有帕頓的譯本有：

> 「醫生！」少女一面叫我，一面跑進房間來。她面對著我，擋著我的路，說：「醫生！我軍已打下梅陽了！」我跟著開懷地叫著：「我知道！我今天早上聽到了這個消息！」有時候，她會在門外用高興的聲音對我喊出戰地消息。老人高興地喊著：「前進！前進！不到八天，我們就可以拿下柏林了！」("Doctor," cried the young girl, hurrying into the room and facing me, to

---

106　Alphonse Daudet, "The Last Class: The Story of A Little Alsatian," Charles Elliot, selected, *The Harvard Classics*, Vol. XIII, p. 441.

107　Alphonse Daudet, "The Last Lesson," Marian McIntyre, tr., *Monday Tales by Alphonse Daudet* (Boston: Little, Brown, and Company, 1900), p. 5.

108　胡適，〈柏林之圍〉，《胡適全集》，42：308-309。

bar my progress—"Doctor, we have taken Mayence!" And I cried as gaily, "I know it! I heard it this morning!" Sometime her joyful voice cried the news to me through the closed door. "We are getting on! We are getting on!" laughed the invalid, "In less than eight days we shall enter Berlin!")[109]

同樣這段話，《哈佛叢書》的譯文是：「少女在接我進屋的時候，會傷心欲絕地擠出笑靨對我說：『醫生！我軍已經攻下梅陽了！』那時，我就會聽見那隔著門透出來的歡呼：『前進！前進！再一個星期就可以拿下柏林了！』」("Doctor," we have taken Mayence, the girl would say to me, coming to meet me with a heart-broken smile, and I would hear through the door a joyous voice shouting to me: "They are getting on! They are getting on! In a week we shall be in Berlin!")[110]

胡適譯本裡醫生附和孫女的這句話：「余亦和之曰：『然，余今晨已聞之。』」這句話，沒有任何一個英譯版有，唯獨帕頓的英譯本有。更有趣的是，這句話連都德的法文原作裡都沒有。光是這個事實，就可以說明胡適的〈柏林之圍〉不是根據都德的法文翻譯，而是從帕頓的英譯本翻譯過來的。

我還可以再舉一個細節來作佐證。在「大佐」的孫女編造法軍已經攻下了梅陽的假訊以前，她已經和醫生絞盡腦汁，共同編造了假捷訊，說明法軍長驅直入德國的路線。有趣的是，在編造這些假捷訊的過程中，她的祖父助益最大。這是因為「大佐」從前在拿破崙的麾下侵略過德國多次，他熟悉最好的攻略路線。所以，在他們還沒想出下一步該攻到哪裡的時候，「大佐」總是會適時幫他們解決難題：「汝乃不知我軍所志何在耶？彼等已至此。將向此折而東矣。」[111]胡適的這段譯文是根據帕頓的譯本：「他大呼：『你們看得出來他們下一步要怎麼做嗎？他們現在在這裡。**就在這個位置上**，這就是他們要轉向挺進之處。〔注意：胡適把這個意指「就在這個位置上」、譯者特意用斜體字所表達的"right"，錯譯成「折而東矣」。〕 看！就是我用圖釘訂下去的地方。』」("Can you see what they are doing?" he cried. "They are here! They turn *right here*, where I place this pin!")《哈佛叢書》以及許多其他譯本，都根據都

109 Alphonse Daudet, "The Siege of Berlin," William Patten, ed., *Great Short Stories, Vol. 3: Romance & Adventure* (New York: P.F. Collier & Son, 1909), p. 151.
110 Alphonse Daudet, "The Siege of Berlin," Charles Elliot, selected, *The Harvard Classics*, Vol. XIII, p. 433.
111 胡適，〈柏林之圍〉，《胡適全集》，42：308。

德的法文原文譯成：「這是他們下一步會打的地方。這是他們接下去會作的事。」[112]

　　然而，最值得令人玩味的是，不知道是因爲胡適要故弄玄虛，讓人捉摸不出他究竟是從哪兒翻譯過來的，還是因爲他是希望廣採各翻譯版本之長，胡適翻譯〈柏林之圍〉，雖然是根據帕頓的英譯版，然而，他還參照了不同的譯本。比如說，從我在上一段的引文，我們可以看到他所用的帕頓的這個譯本，「大佐」在病床上其實是歡呼：「不到八天，我們就可以拿下柏林了！」都德的法文原作也是說「八天」。可是，胡適卻採《哈佛叢書》及其他譯本，說「七日之內，可抵柏林矣。」

　　比較重要的細節可以用兩處作爲例子。巴黎圍城開始以後，醫生擔心「大佐」終於會看破眞相。有一天他去探病，不意「大佐」居然意氣飛揚：「既至，老人顏色甚喜，謂余曰：『城已被圍矣！』余大駭，問曰：『大佐已知耶？』女在側，急答曰：『然，此大好消息。柏林城已被圍矣。』」這一段胡適沒用帕頓的譯文，他用的是《哈佛叢書》的譯文：

　　　　我看見老人坐在床上，意氣飛揚。他說：「開始圍城了！」我瞪著他看，整個人都驚呆了：「怎麼，大佐！你知道了？」他孫女把臉轉向我說：「不是嗎？醫生！我們已經開始圍攻柏林了！」（I found the good man seated on his bed, proud and jubilant. "Well," he said, "so the siege has begun!" I gazed at him in blank amazement. "What, colonel! you know?" His granddaughter turned towards me: "Why, yes, doctor, that's the great news. The siege of Berlin has begun.")[113]

同樣這段話，帕頓的譯本是：

　　　　我看見我的老病人坐在床上，意氣飛揚，他對我說：「終於開始圍城了！」我目瞪口呆，兩眼呆望著他〔注：注意，並沒有「問曰：『大佐已知耶？』」這句話〕。他的孫女急忙說著：「對的，醫生，我們剛聽到這個大好的消息，我們已經開始包圍柏林了！」（I found my old fellow sitting up in

---

112　Alphonse Daudet, "The Siege of Berlin," Charles Elliot, selected, *The Harvard Classics*, Vol. XIII, p. 433.

113　Alphonse Daudet, "The Siege of Berlin," Charles Elliot, selected, *The Harvard Classics*, Vol. XIII, pp. 433-434.

bed, jubilant and proud. "Well," said he, "at last the siege is begun!" I was stupefied; I stared at him. His granddaughter cried out: "Yes, Doctor, we have had great news! The siege of Berlin is begun!")[114]

　　另外一個重要的細節，描寫的是醫生和孫女編造「大佐」的兒子，亦即孫女的爸爸，從戰地寫回來的家信。當時，「大佐」的兒子已經被俘。胡適的譯文說：「女必假爲其父軍中來書，……女明知其父遠羈敵國，又不得不強作歡欣之詞。」[115]這一段譯文雖然有所刪節，其所根據的也是《哈佛叢書》裡的譯文："You can imagine the despair of that poor child, without news from her father, knowing that he was a prisoner, in need of everything, perhaps sick, and she obliged to represent him as writing joyful letters."(讀者可以想像這可憐的孩子有多痛苦。她沒有父親的消息，但知道他是一個戰俘，身無一物，而且可能還生著病。然而，她還必須強顏歡笑，替他編造那些興高采烈的信。)[116]必須指出的是，《哈佛叢書》的這段譯文，相當信實於都德的原文。

　　同樣這段話，帕頓的譯文相當不同：「讀者可以想像這可憐的人〔孫女之父〕，不在家人身邊，知道他的家人已經被圍困在巴黎裡，糧盡援絕，說不定還生著病。我們知道他的憂戚煎熬，要下筆編造那些興高采烈的信並不是一件容易的事。」(You may imagine the anguish of the poor man, separated from his family, knowing them to be prisoners in Paris, deprived of everything, possibly sick. Conscious as we were of his sorrow, it was not easy to pretend that he had written merry letters.)[117]

　　胡適的《短篇小說》第一集在在地暴露了翻譯不是胡適之所長的事實。我們如果要指出胡適在翻譯上的弱點，還是要從粗心的錯誤開始。〈柏林之圍〉裡的「大佐」，在故事開始的時候聽到法軍戰敗的消息而中風倒地。胡適明明在下一段翻說：「病者所患爲半邊風痹。」可是，他卻仍然把"apoplexy"(中風)翻成「神經癲狂之症」[118]。巴黎圍城開始以後，糧食匱乏。爲了不引起「大佐」的懷疑，醫生與孫女想盡辦法讓「大佐」一直有得鮮肉及白麵包可吃。故事形容有一天：「老人坐床上談

---

114 Alphonse Daudet, "The Siege of Berlin," William Patten, ed., *Great Short Stories, Vol. 3: Romance & Adventure*, pp. 151-152.

115 胡適，〈柏林之圍〉，《胡適全集》，42：309-310。

116 Alphonse Daudet, "The Siege of Berlin," Charles Elliot, selected, *The Harvard Classics*, Vol. XIII, p. 434.

117 Alphonse Daudet, "The Siege of Berlin," William Patten, ed., *Great Short Stories, Vol. 3: Romance & Adventure*, p. 152.

118 胡適，〈柏林之圍〉，《胡適全集》，42：307。

笑飲食，白巾圍頷下。女坐其側，色如死灰，久不出門故也。」[119]事實上，英譯原文說孫女「色如死灰」，是因爲「營養不良」(pale from privation)，而不是因爲「久不出門」的結果[120]。

　　同樣因爲粗心而誤譯的地方，《短篇小說》第一集裡還有好幾個例子。就舉兩個來說。第一個例子，泰來夏甫(Nikolai Teleshov)的〈決鬥〉(The Duel)裡，老夫人說：只要她兒子跟他溫婉貼心的戀人結婚以後，她就「簡直不用再禱告上帝了」[121]。這個粗心的錯誤太不應該了。老夫人怎麼可能在兒子結婚以後，就「不用再禱告上帝了」！那未免等於是說等好事成了以後，她就要把上帝踢到一邊乘涼去了。正確的翻譯應該是：「我就再也沒有什麼需要向上帝祈求的東西了。」(I shall have nothing more to pray for.)[122]事實上，連胡適自己也意識到他的譯文有問題，所以他才會在那句譯文後加了括弧說：「譯者按：言此外別無所求，故不須再祈禱矣。」第二個例子，出現在高爾基(Maxim Gorky)的〈她的情人〉(Her Lover)裡。女主人翁鐵利沙(Teresa)請男主人翁──「學生」──幫她寫信給她假想的情人。當她被「學生」識破，說她根本就沒有情人的時候，胡適的譯文說：她尷尬得說不出話來，「滿嘴都是口涎。」[123]其實，她並不是「滿嘴都是口涎」，而是「結結巴巴，狀極可笑」(sputtered comically)[124]。

　　誤譯除了因爲粗心以外，還有大而化之、囫圇將就的譯法的結果。在史特林堡(August Strindberg)所寫的〈愛情與麵包〉(Love and Bread)裡，法克(Gustaf Falk)好不容易贏得未來的丈人點頭，讓他跟魯以絲(Louise)結婚。爲了證明他的確能夠勤勞地作外快來增加收入，他去約會的時候，還特別把校對的稿子帶著。胡適的譯文說：「老頭子看他這樣勤苦，也很高興。魯以絲還讓他親了一個嘴。」[125]事實上，不是魯以絲讓法克給親了一個嘴，而是魯以絲親了法克。換句話說，胡適把吻者與被吻者給對調了。原譯文是說：法克的表現「讓這勤勞的年輕小夥子贏得了未婚妻給他的一

119　胡適，〈柏林之圍〉，《胡適全集》，42：310。
120　Alphonse Daudet, "The Siege of Berlin," William Patten, ed., *Great Short Stories, Vol. 3: Romance & Adventure*, pp. 153-154.
121　胡適，〈決鬥〉，《胡適全集》，42：322。
122　Nikolai Teleshov, "The Duel," William Patten, ed., *Short Story Classics (Foreign): Vol. One, Russian* (New York: P. F. Collier & Son, 1907), p. 266.
123　胡適，〈她的情人〉，《胡適全集》，42：373。
124　Maxim Gorky, "Her Lover," *Modern Russian Classics* (Boston: The Four Seas Company, 1919), p. 70.
125　胡適，〈愛情與麵包〉，《胡適全集》，42：352。

個吻」(earned the industrious young man a kiss from the betrothed)[126]。接下去，兩小口子就興匆匆地開始準備著婚禮，也租了一間愛巢。胡適的譯文說：「他們租了一處樓下的房子，共有兩間房，一個廚房，一個套房……起初魯以絲本想租一所三間的樓房。」[127]這段譯文有兩個錯誤。那所謂的「一個套房」，其實不是「套房」，而是「食品儲藏間」(larder)。魯以絲本來所想租的，不是「一所三間的樓房」，而是她希望他們租的公寓有三個房間，而且在頂樓(at the top of landing)[128]。洞房花燭夜的第二天，新郎特別從餐館訂來了午餐。等新娘打點完畢，從臥室裡走了出來，新娘「還覺得有點疲倦，所以新郎搬了一張安樂椅過來給她坐」[129]。事實上，在原文裡，新郎作得比胡適的譯文更要體貼和羅曼蒂克得多了：「他要她坐在安樂椅上，用椅子的輪子把她推到餐桌旁。」[130]

以上這幾個誤譯的例子或許可以說是小錯。然而，下述的幾個例子就不同了。第一個是意譯過頭導致誤譯，或者根本等於改寫的例子。就以莫泊桑(Guy de Maupassant)的〈梅呂哀〉(Minuet)為例。故事的敘事者描寫他在盧森堡公園認識的一個路易十五時代的舞王，他人雖然已經垂老，乾癟瘦小，可是雙眼仍然目光如炯。有一天，敘事者請這個舞者解釋「梅呂哀」〔注：小步舞〕的舞步。胡適的譯文說：「吾友遂為余高談此舞之妙處，滔滔不已。其辭多不易了解。予生平未嘗見此舞，故乞吾友一一為狀其節奏步舞之層次、疾徐。吾問既繁，吾友乃不知所以答之。蓋吾友為此技高手，而予為門外漢，故往往所答非所問，而聽者反更茫然不解也。」[131]

其實這一段話的英譯本相當簡潔，卻被胡適用文言譯得繁瑣已極。這段話的原文裡完全沒有什麼答非所問的問題，那完全是胡適的意譯。英譯文是說：「他一開口就用很誇張的架式作激情的讚頌，弄得我一頭霧水。而我所想知道的就只是舞步、動作，與姿勢而已。結果，反而是他不知所措，不了解為什麼他沒辦法讓我領會。他開始不安、焦急。」(And he began in a pompous manner a dithyrambic eulogy which I could not understand. I wanted to have the steps, the movements, the positions, explained to

126 August Strindberg, "Love and Bread," William Patten, ed., *Short Story Classics (Foreign)*: Vol. Two: Italian and Scandinavian (New York: P.F. Collier & Son, 1907), p. 607.
127 胡適，〈愛情與麵包〉，《胡適全集》，42：352-353。
128 August Strindberg, "Love and Bread," William Patten, ed., *Short Story Classics (Foreign)*: Vol. Two: Italian and Scandinavian, pp. 607-608.
129 胡適，〈愛情與麵包〉，《胡適全集》，42：354。
130 August Strindberg, "Love and Bread," William Patten, ed., *Short Story Classics (Foreign)*: Vol. Two: Italian and Scandinavian, p. 609.
131 胡適，〈梅呂哀〉，《胡適全集》，42：328-329。

me. He became confused, was amazed at his inability to make me understand, became nervous and worried.)[132]

　　同樣是意譯過頭導致誤譯或改寫的例子，在卡德奴勿（Enrico Castelnuovo）的〈一封未寄的信〉（The Lost Letter）這篇小說裡就出現好幾處。這個故事敘述的是主人翁高尼里（Attilio Cernieri）教授一封未寄的信。那是一封高教授在二十年前寫的情書，是向一個當時剛失去父親的一位女子致哀並示愛的一封信。可惜的是，在匆忙中，他把那封情書夾進了一本世界地圖裡而不自知。二十年後，他的僕人潘波（Pomponio）在幫他打點兩箱舊書的時候，那封信從地圖本子裡掉了出來。高教授看到那封信上的名字和字跡，赫然想起往事以後，恍惚中幡然變色，立即把潘波給趕了出去。雖然百般不願意：「潘波咕嚕著嘴走出去，心想這是一封什麼信，怎麼他的主人一見就變臉了？」[133]事實上，這句義大利文的英譯是說：「潘波雅不情願地走了出去。如果能讓他知道那是一封什麼樣子的信，居然會使他的主人震動成那個樣子，要他給什麼，他都會願意。」（He would have given anything to know what sort of a letter that was which had so disturbed his employer.）[134]

　　也許因為他意譯過頭而不自覺，也許因為他粗心，胡適在〈一封未寄的信〉裡，還出了一個以他的英文素養來說，完全不應該有的誤譯。比如說，高教授悵惘地回憶著，那封信如果當初是寄出去了，那位甜美的女子就可能就會成為他的妻子。事實上，他二十年前寫那封信的時候，就已經這樣地想：「他知道這個女子不是一個尋常的女子，是天生給一位學者做配偶的。她不是曾做她父親的書記嗎？她難道不肯做她丈夫的書記嗎？她又懂得兩三國的語言，很可以幫助她丈夫。」[135]胡適這一段話翻譯得相當正確和傳神。唯一的錯誤，就是最後那一句話。那位女子並不是已經「懂得兩三國的語言」了，她其實不懂，那只是高教授的一個如意算盤：「讓她去學兩三國的語言，以便她能成為他的助手。」（To learn two or three languages so that she might help him.）[136]

132　Guy de Maupassant, "Minuet," Albert McMaster, A.B. Henderson, and MME. Quesada et al., tr., *The Works of Guy de Maupassant* (London and New York: Classic Publishing Company, 1911), Vol. IV, p. 5 (separately paginated).

133　胡適，〈一封未寄的信〉，《胡適全集》，42：363。

134　Enrico Castelnuovo, "The Lost Letter," William Patten, ed., *Short Story Classics (Foreign): Vol. Two: Italian and Scandinavian*, p. 335.

135　胡適，〈一封未寄的信〉，《胡適全集》，42：365。

136　Enrico Castelnuovo, "The Lost Letter," William Patten, ed., *Short Story Classics (Foreign): Vol. Two: Italian and Scandinavian*, p. 338.

　　意譯過頭除了等於改寫以外，還可能把原文的意思都給完全扭曲了。胡適的譯文裡形容高教授「避開婦人們，如避開蛇蠍一般」。這是因為好幾年前，有一個貴婦人看重了他，想把她暴牙又近視的次女許給他。「高教授自從那一次受了一點驚駭之後，有如驚弓之鳥，格外小心，見了婦女的社會更不敢親近了。」[137]胡適的譯文使高教授看起來還蠻靦覥可愛的樣子。事實上，卡德奴勿筆下的高教授一點都不可愛。他是冷眼地刻畫著高教授，處處點出他的虛榮、傲慢與自私。胡適所譯的這段話的原文亦是如此：「在得到了經驗給他的教訓以後，他變得更加冷硬，更加不能接受任何說男士應該要有紳士風度的說法。」(So warned by experience, he became gruffer than before, and more than ever inaccessible to any ideas of gallantry.)[138]

　　意譯過頭不但可能把原文的意思扭曲，而且也可能曲解原文的語意與著重點。比如說，在莫泊桑的〈殺父母的兒子〉(A Parricide)裡，主人翁氣他的親生父母因為他是婚姻外的私生子，就把還在襁褓中的他給遺棄了。他在法庭上憤怒地說：「你看大城鎮附近村鄉里那些丟下的私生孩子，最好是凍死、餓死，像垃圾一樣，倒了就完了！」[139]胡適的意譯雖然把意思傳達了，但他把原文的語意與著重點完全扭曲了。英譯本的原文其實非常簡潔了當：「這些被丟到鄉下去的可憐蟲，就像是倒出去的垃圾一樣，其實讓他們死了反而比較是有人道的。」(It is more humane to let them die, these little wretches who are cast away in suburban villages, just as garbage is thrown away.)[140]

　　胡適誤譯，粗心、大而化之，以及意譯過頭只是其中的幾個原因而已。另外一個原因是對異文化、社會的隔閡。胡適在〈百愁門〉裡的幾個誤譯，就是典型的實例。換句話說，胡適在〈百愁門〉裡的誤譯，是因為他不了解英國人在印度殖民時期所用的種族辭彙。吉卜林(Rudyard Kipling)所著的〈百愁門〉講的是一個中國人在印度開的一個鴉片煙館的故事。敘述者是一個歐印雜種，名叫米計達(Gabral Misquitta)。米計達說「百愁門」開張以後有十個老客人，胡適的譯文說：這十個老客人當中，「一人來自馬德拉，與余為同鄉。」[141]其實，這個客人跟米計達不是同鄉，米計達的原

---

137 胡適，〈一封未寄的信〉，《胡適全集》，42：361。

138 Enrico Castelnuovo, "The Lost Letter," William Patten, ed., *Short Story Classics (Foreign): Vol. Two: Italian and Scandinavian*, p. 332.

139 胡適，〈殺父母的兒子〉，《胡適全集》，42：340。

140 Guy de Maupassant, "The Parricide," Alfred de Sumichrast and Aldophe Cohn, tr., *The Complete Works of Guy de Maupassant: Plays and Short Stories* (New York: Brunswick Subscription Company, 1917), p. 324.

141 胡適，〈百愁門〉，《胡適全集》，42：315。

文說的是：這個人是「從馬德拉來的，跟我一樣，也是個歐印雜種」（another Eurasian, like myself, from Madras）[142]。

「百愁門」的老闆老馮死了以後，他的侄兒正林繼業。「百愁門」裡有一個女子，胡適的譯文稱她為一個「半級婦人」，其實是一個讓人不知所云的誤譯。胡適說這個「半級婦人依老馮為生」[143]胡適所謂的「半級」也者，在英國殖民印度時期的語言而言，特指的是父親是歐洲人、母親是印度人的雜種(half-caste)。事實上，在故事開始，米計達就已經說他自己是一個歐印雜種，只是像當時北大學生李均邦所指出的，胡適沒有把它譯出來而已。胡適說這個「半級婦人依老馮為生」，其實也譯得太模稜兩可了。原文是說：「她先前跟老馮姘居。」老馮死了以後，用米計達的話來說：「她就接著跟他的侄兒正林姘居，就像她先前跟馮老頭姘居一樣。」(She lives with him; same as she used to do with the old man.)[144]

由於正林不知選客，「百愁門」客人的流品日下，印度客人趨之若鶩。吉卜林用 "niggers" 來指稱印度人。胡適不知其義，就以他對美國的了解，把這個英國殖民時期特指印度人的字眼翻成「黑人」。胡適的譯文說：「百愁門」「來者漸眾，而品益下，黑人尤眾，正林致不敢納白人。白人獨吾與其一馬德拉人及半級老婦存耳(印度人屬高加索種)。」[145]這段譯文當然是錯了的，不但文義錯了，而且文中種族色彩的意味完全消弭無蹤。胡適又在括弧裡加注，說所謂的印度人屬高加索種、因此是白人云云。這完全是錯上加錯。

在英國的殖民體系之下，英國人、英印雜種，以及印度人之間的種族隔閡是森嚴的。這句話的正確翻譯是：「那侄兒大肆宣傳，說他的店是第一流的……這使得『百愁門』的名聲比從前稍微響亮一些。你可別搞錯，我說比從前名聲響亮，那是指在印度佬當中而言的。白人客人當然是不用提了，他那侄兒甚至連雜種客人都不敢請他們進店，更何況是白人呢！他當然必須留住我們這三個老客人——我、那個老婦人，以及〔馬德拉來的〕另外一個雜種。我們等於已經成了『百愁門』的一部分了。」(That's why the Gate is getting a little bit more known than it used to be. Among the niggers of course. The nephew daren't get a white, or, for matter of that, a mixed skin into the place. He has to keep us three of course—me and the Memsahib and the other Eurasian.

---

142 Rudyard Kipling, "The Gate of A Hundred Sorrows," *Indian Tales* (New York: John W. Lovell Company, 1890), p. 240.

143 胡適，〈百愁門〉，《胡適全集》，42：316。

144 Rudyard Kipling, "The Gate of A Hundred Sorrows," *Indian Tales*, p. 242.

145 胡適，〈百愁門〉，《胡適全集》，42：318。

We are fixtures.）[146]

　　胡適所翻譯的《短篇小說》第一集，就像1920年代就已經批評他的人所指出的，缺點繁多。除了誤譯以外，另外一個被人詬病的缺點，是漏譯之處所在多有。有時，甚至是整段的漏譯。就再以都德的〈最後一課〉為例，都德描寫故事主人翁法蘭子跑進教室裡以後，感受到教室裡靜寂的氣氛，胡適譯了開始的第一句話：「同班的人個個都用心寫字，一點聲息都沒有，但聽得筆尖在紙上颼颼的響。」[147]值得令人玩味的是，胡適所漏譯的，卻是接下去那維妙維肖地凸顯出本故事裡鼓舞愛國主旨的一大段：

　　　　有一段時間，有幾隻金龜子飛了進來；但沒有一個人去管它們，連那些最小的孩子也都沒有。他們全神貫注地摹寫著字母的鉤撇，就好比那些筆畫也變成了他們心愛的法國一樣。屋頂上，幾隻鴿子低聲咕咕地叫著。我一面聽著，一面心裡自問：「他們該不至於也會命令這些鴿子用德語來咕咕地叫吧？」（Once some beetles flew in; but nobody paid any attention to them, not even the littlest ones, who worked right on tracing their fish-hooks, as if that was French, too. On the roof the pigeons cooed very low, and I thought to myself: "Will they make them sing in German, even the pigeons?"）[148]

　　顧仁鑄在1925年《洪水》半月刊那篇〈胡譯〉裡批評得好。他一語中的地指出：「這是一段多麼富有詩意的散文啊！在這寥寥數語中，表示孩童對於祖國的惋惜，表示他天真的腦海中的幻想，實是全篇中不可多得之處；而胡先生偏偏刪掉，未免太可惜了！」[149]

　　在這一段之前，故事裡說到村子裡的幾位老人也來上了這最後的一課。胡適的譯文裡說：「原來後面空椅子上那些人，也是捨不得他的。我想他們心中也在懊悔從前不曾好好學些法文，不曾讀些法文的書。咳，可憐的很！……」[150]其實，英譯文裡並沒有什麼「可憐」、「捨不得」等等的話。那是胡適的意譯。韓麥爾先生這天盛裝

146 Rudyard Kipling, "The Gate of A Hundred Sorrows," *Indian Tales*, p. 243.
147 胡適，〈最後一課〉，《胡適全集》，42：304。
148 Alphonse Daudet, "The Last Lesson," William Patten, ed., *International Short Stories: French*, p. 340.
149 顧仁鑄，〈胡譯〉，《洪水》，1925年11月1日，頁101。
150 胡適，〈最後一課〉，《胡適全集》，42：303。

來上課，跟村裡的這些老人來旁聽，都是因爲他們要紀念這是「最後一課」。同時，就像胡適的譯文所說的，村裡的這些老人也「懊悔從前不曾好好學些法文」。其實，英譯文是說：「懊悔他們從前沒有好好地上學」(had not gone to school more)[151]。

至於胡適譯文所說的「咳，可憐得很！……」這就眞的是像顧仁鑄所說的，是「胡譯」了。不但是胡譯，而且是漏譯掉了原文裡尊師、更漏譯掉了與本故事完全切題的愛國的情操。英譯文是說：「那是他們用來向我們這位忠心耿耿地執了四十年教鞭的老師致敬的方式，也是他們用來向那已經不再是他們的國家致敬的方式。」(It was their way of thanking our master for his forty years of faithful service and of showing their respect for the country that was theirs no more.)[152]

胡適在《短篇小說》第一集裡漏譯得最爲頻繁的，可能是屬於那些他認爲是枝蔓，或無關宏旨的詞句。這種漏譯也許可以算是在翻譯過程中受損最少的一種。比如說，我在前文分析〈最後一課〉的時候，已經指出胡適的譯文說：赫叟「帶了一本初級文法書攤在膝頭上。他那副闊邊眼鏡，也放在書上，兩眼睜睜的望著先生。」他把赫叟那本文法書「破舊」(old)、「頁角都翻爛了」(thumbed at the edges)的字句都給刪掉了。赫叟在故事裡出現的時候，胡適的譯文只說：「那邊是赫叟那老頭子。」其實原文是說：「那戴著一頂三角帽的老赫叟」(old Hauser, with his three-cornered hat)。顯然胡適覺得略掉了三角帽，並不會影響到對赫叟的勾畫。

有時候，胡適的漏譯可以是一整段。比如說，在〈二漁夫〉(Two Friends)裡，莫泊桑描寫故事裡的兩個朋友的釣魚之樂。他描寫他們在春天去釣魚的時候的情景，以及他們之間常會有的對話。這春天的一段，胡適翻譯了。但是，莫泊桑接著又描寫了這兩個釣友在秋天釣魚的情景與對話。這秋天的釣魚之樂，胡適就整段漏譯了。這一整段的漏譯，胡適大可以說是枝蔓、無關宏旨的。從意譯的翻譯哲學來看，這整段的漏譯可能不會受到太大的非議。

胡適在〈愛情與麵包〉裡整段的漏譯就可能比較容易引起非議了。這整段的漏譯是在故事的結尾。這段漏譯可能會引起非議的理由，是因爲它是作者爲愛情與麵包之間的矛盾所作的總結。故事裡的主人翁法克與魯以絲的婚姻以分居收場。這是因爲法克只知享樂，帶著魯以絲看戲、坐馬車遊街、吃大餐。這入不敷出的結果，是老丈人

---

151 Alphonse Daudet, "The Last Lesson," William Patten, ed., *International Short Stories: French*, p. 339.

152 Alphonse Daudet, "The Last Lesson," William Patten, ed., *International Short Stories: French*, p. 339.

趕來，把魯以絲跟小兒子帶回娘家去，留法克一個人在家裡眼睜睜地看著所有的家當被債主搬運一空。接下去就是胡適所漏譯的一長段：

> 　　法克的現實生活於焉開始。他在一家日報館找到了校對的工作，每晚得坐在桌前工作好幾個小時。由於法克並沒有被正式宣告破產，他算是保住了他公務員的職位。只是，他是不可能升等了。他的岳父作了一點讓步，讓他每星期天到家裡來探望他的妻子和兒子。可是，絕不准他單獨與他們在一起。等他要離開到報社去工作的時候，他們只能送他到家門口，看他垂頭喪氣地離開。他可能要用二十年的時間才能還完債。但即使還完了債，那又代表什麼呢？他會有能力撫養他的妻兒嗎？大概不會有。萬一他的岳父在他還完債以前死去，他的妻兒就將會無家可歸。所以，他必須感謝那狠心的老丈人，雖然他殘酷地把他們分開了。

> 　　(Now began real life for Gustaf. He managed to get a position as proofreader on a newspaper which was published in the morning, so that he had to work at his desk for several hours each night. As he had not actually been declared a bankrupt, he was allowed to keep his place in the government service, although he could hope for no more promotion. His father-in-law made the concession of letting him see his wife and child on Sundays, but he was never permitted to be alone with them. When he left, in the evening, to go to the newspaper office, they would accompany him to the gate, and he would depart in utter humiliation of soul. It might take him perhaps twenty years to pay off all his obligations. And then—yes, what then? Could he then support his wife and child? No, probably not. If, in the mean time, his father-in-law should die, they would be left without a home. So he must be thankful even to the hard-hearted old man who had so cruelly separated them.)[153]

　　說完了這一長段以後，作者又加了一段按語。這段按語胡適只譯了後半段：「可惜人生在世不能夠吃不費錢的燒斑鳩和大紅莓，這真是大可恥的事！」[154]由於胡適

---

153 August Strindberg, "Love and Bread," William Patten, ed., *Short Story Classics (Foreign): Vol. Two: Italian and Scandinavian*, p. 616.

154 胡適，〈愛情與麵包〉，《胡適全集》，42：358。

漏譯掉了前半段，譯出來的後半段又沒把作者批判、譏諷的口氣譯出，那辛辣的意味
完全失去了：

> 啊！人生果然是艱辛和殘酷的！野生的動物到處有東西可吃，而在天公所
> 造的萬物裡，就唯獨人類需要操勞與奔波。啊！真是此而可忍，孰不可忍
> 啊！人世間居然沒有免費的斑鳩和大紅草莓〔注：是法克常賒回家的〕可
> 吃。(Ah, yes, human life itself is indeed hard and cruel! The beasts of the field
> find maintenance easily enough, while of all created beings man alone must toil
> and spin. It is a shame, yes, it is a crying shame, that in this life everybody is not
> provided with gratuitous partridges and strawberries.)[155]

從上述這個例子看來，漏譯了所謂枝蔓或無關宏旨的段落，甚至只是漏譯了形容
詞是要付其代價的。有時候，那代價太大了。在〈決鬥〉故事一開始的決鬥場上，胡
適翻譯了兩個人對峙著。但是，他並沒有翻出敵手是一個「高大、紅糟臉、蓄著八字
鬍的人」(tall, red-faced, mustached man)[156]。那等待著敵手開第一槍的年輕軍官，胡
適的譯文則只說：「他臉上雖沒有平常的光彩，卻沒有一毫畏懼之色。」這句話的原
文英譯是：「他那俊美、年輕的臉龐，雖然比平時稍微蒼白些，但洋溢著勇氣，還帶
者一絲鄙夷的笑意。」(His handsome, young face, though a little paler than usual, was
alight with courage, and wore a scornful smile.)[157]他漏譯了「俊美」、「年輕」、「帶
著一絲鄙夷的笑意。」

胡適漏譯了他認為是枝蔓、無關宏旨的詞句或細節。然而，他的作法適足以把作
者對故事中人物的好惡、褒貶、同情或憎惡的寓意給抹殺了。比如說，〈決鬥〉裡有
權開第一槍的那個軍官，在作者的文筆下，是一個「高大、紅糟臉、蓄著八字鬍」，
冷血地要把對方一槍斃命的人；而在三十步之外面對著他的，則是一個「修長、優雅
的年輕人。二十二歲，稚氣未脫。有著一張俊美的臉龐，以及一頭濃密、鬈曲的金
髮」(a tall, graceful young man, twenty-two years of age, almost boyish in appearance,

155 August Strindberg, "Love and Bread," William Patten, ed., *Short Story Classics (Foreign)*: Vol.
　　Two: Italian and Scandinavian, pp. 615-616.
156 Nikolai Teleshov, "The Duel," William Patten, ed., *Short Story Classics (Foreign)*: Vol. One,
　　Russian, p. 263.
157 Nikolai Teleshov, "The Duel," William Patten, ed., *Short Story Classics (Foreign)*: Vol. One,
　　Russian, p. 263.

with a handsome face and thick, fair curls)[158]。

　　這篇小說所描寫的是一個能讓讀者心裡淌血的對比。一方面是那還不知道愛子已經喪命的慈母，對著那被派來報死訊的兒子生前的好友，癡癡、忘我、一件接一件、滔滔不絕地細訴她對她獨子——她在人世間唯一的希望——的愛、對他就要跟他可愛、富有孝心的未婚妻結婚的企盼。另一方面，是那愧疚、扭腕、結舌，狠不了心傳達死訊的好友。作者的用意是在用這個能撕扯人心的對比，來襯托出爲了所謂的名譽(honor)而決鬥致死的荒謬與無謂。

　　「年輕」、「俊美」、「優雅」、「一頭濃密、鬈曲的金髮」、「帶著一絲鄙夷的笑意」的軍官，被那「紅糟臉」的「八字鬍」男一槍斃命，其所代表的，是青春、稚嫩、美麗、希望，被老成、世故與傳統所毀滅、奪走。這些胡適認爲是無關宏旨的形容詞，其實是寓意深遠的形容詞，它們所鮮明烘托出來的，不僅僅是年輕俊美的軍官之死、他那年老無依慈母必然的崩潰，甚至是死亡，而且是他年輕、溫柔、貼心的未婚妻的心碎，以及他們那蜜也似的愛情的毀滅。

　　事實上，胡適的漏譯，不僅只是他認爲枝蔓或無關宏旨的形容詞。胡適顯然特別不喜歡複雜、雙關、微妙、抽象的形容修飾詞。因此，他泰半把它們都給漏譯了。這方面的例子不勝枚舉。比如說，在〈決鬥〉裡，伊凡・古奴本科(Ivan Golubenko)是被公推去傳達死訊的使者。胡適在譯文裡說，死者的母親：「看見伊凡・古奴本科走進來，忙起身迎他。」[159]胡適漏譯了英譯文裡形容伊凡的幾個形容詞：「黯然、惶惑(gloomy and confused)的伊凡。」[160]死者的母親對伊凡說，昨晚她聽見兒子在房間裡來回不斷地走著的腳步聲。胡適的譯文說，「我心中暗想道」，他一定是在想女朋友而睡不著覺。其實，老夫人何只是「暗想」著。英譯文極其傳神而入骨：「我桃色的邪想著」(in my sinful thoughts)[161]。

　　死者的母親一件接一件地娓娓傾訴著他的愛兒的一切，以及他熱戀中的女友的溫柔與孝心。她看到伊凡雙眼濕潤，以爲他是被她的故事感動著。她感動地謝謝伊凡，說他跟她的愛兒不只是朋友，簡直就是跟兄弟一樣。胡適的譯文說：「伊凡心中更難

158　Nikolai Teleshov, "The Duel," William Patten, ed., *Short Story Classics (Foreign): Vol. One, Russian*, p. 263.

159　胡適，〈決鬥〉，《胡適全集》，42：320。

160　Nikolai Teleshov, "The Duel," William Patten, ed., *Short Story Classics (Foreign): Vol. One, Russian*, p. 264.

161　Nikolai Teleshov, "The Duel," William Patten, ed., *Short Story Classics (Foreign): Vol. One, Russian*, p. 265.

過。只好拿住了老夫人冰冷骨硬的手，把嘴去親她。伊凡幾乎要哭出聲來，又不敢開口。」[162]英譯文形容得更爲細膩：「伊凡心裡紊亂到極點，他只能握住她一隻冰冷、骨瘦如柴的手，不停地親著。淚水窒息著他，使他連一句話也說不出來。」(Ivan Golubenko was so disturbed and confused that he could only catch in his own her cold, bony hand and cover it with kisses; tears were suffocating him, and he could not utter a word.)[163]

伊凡想到他這個老夫人口中的「兄弟」，幾個鐘頭前，還在爲決鬥量距離、上子彈，坐視對手的左輪槍對準著自己的「兄弟」。接著，胡適漏譯了關鍵的一段：「所有這些〔量距離、上彈、坐視死亡的來臨〕，都是他自己親手、有心參與的。而他這個所謂的朋友、兄弟，現在卻兀自地坐著，連履行他〔報死訊〕的責任的勇氣都沒有。」(All this he did himself, did consciously; and now this friend and brother silently sat there without having even the courage to fulfill his duty.)[164]胡適的譯文說：「伊凡想到此地，心中好不慚愧，簡直不把自己當作人看待。卻待要開口，又一個字都說不出。」[165]同樣這句話，英譯文所表達出來的心理狀態要洶湧翻騰得多多了：「他惶恐著。這時，他鄙視他自己，可是，他就是連一個字也擠不出來。他的整個人被一種莫名的方寸大亂之感壓得透出不氣。他的心頭作痛，他覺得要窒息了。」(He was afraid; at this moment, he despised himself, but could not prevail upon himself to say even one word. His soul was oppressed by a strange lack of harmony; he felt sick at heart and stifling.)[166]

最後，伊凡再也忍不住了。雖然在決鬥中喪生的「兄弟」的屍體隨時就已經要運到了，但他無論如何就是狠不了心傳達那死訊。他於是低著頭藏著他那煞不住的、像大雨一樣奪目而出的淚水，頭也不回地衝將了出去。那不知愛兒已死的母親覺得他的行徑怪異，心想他一定也是跟她的愛兒一樣，因爲戀愛而失魂落魄著。胡適的譯文說：「老夫人說過了，就把伊凡也忘記了。她老人家仍舊做她的好夢，夢那些天大的

162 胡適，〈決鬥〉，《胡適全集》，42：323。
163 Nikolai Teleshov, "The Duel," William Patten, ed., *Short Story Classics (Foreign): Vol. One, Russian*, p. 268.
164 Nikolai Teleshov, "The Duel," William Patten, ed., *Short Story Classics (Foreign): Vol. One, Russian*, p. 268.
165 胡適，〈決鬥〉，《胡適全集》，42：324。
166 Nikolai Teleshov, "The Duel," William Patten, ed., *Short Story Classics (Foreign): Vol. One, Russian*, pp. 268-269.

快樂。」[167]胡適的譯文太淡了，淡到了把這句可以讓人心肺俱裂的劇終語，化減到成為彷彿是一個失智老人的癡呆入夢圖。

英譯文裡這句劇終語，畫龍點睛地刻畫出了那即將到來的天崩地裂前寧靜的一瞬——那地老天荒的母愛的深遠、無涯與全盤，被那即將到來的無情的事實撕毀得肝腸寸斷前的一瞬：「她很快就把伊凡給忘掉了，而沉湎在那對她而言是不可侵犯的、少一分都不可以的美夢裡。」（And she soon forgot him, absorbed in her dreams of happiness which seemed to her so inviolable and entire.）[168]

漏譯了複雜、雙關、微妙、抽象的形容修飾詞，最嚴重的後果，就是完全扭曲了故事的寓意。胡適在《短篇小說》第一集裡的〈一封未寄的信〉就是一個最典型的例子。在胡適的譯文裡，高教授是一個為了學問事功而犧牲了婚姻和愛情的學者。如果我們只讀胡適的譯文，則卡德奴勿這篇〈一封未寄的信〉就幾乎好像是陳衡哲的〈洛綺思的問題〉的姐妹篇一樣。一個是男學者，另外一個是女學者。但同樣都是為了學問而犧牲了愛情，而到頭來為自己的選擇而噓唏、惆悵著。然而，如果我們去讀卡德奴勿的英譯本，我們會發現卡德奴勿筆下的高教授全然不是洛綺思的男性對等版。他所冷眼刻畫出來的高教授是一個虛榮、傲慢、自私、害怕擔當起責任、自我中心的一個人。不像洛綺思，她是日日活在為自己所作的選擇的噓唏、惆悵之中，高教授則是在二十年前因為塞錯處而搞丟了的信出現以後，才回首前塵，一想再想、剖析再三、稱斤計量以後，才終於在幕落之前喃喃自語〔用胡適的譯文〕：「倘使這封信寄出去了……」[169]這句話，更傳神的翻譯是：「這封信如果當時寄出去了該有多好啊！」（If the letter had only gone!）[170]

〈一封未寄的信〉，更貼切的翻譯應該是〈一封搞丟了的信〉，因為不是未寄，或不寄，而是因為在急忙中塞進地圖裡沒寄出去而不自知。這個把這封求愛的信塞進地圖裡的高教授是一個什麼樣子的人呢？胡適的譯文說，高教授寫了一本把某些字詞追溯到芬蘭語系語根的小書。他漏譯了「書雖然不重，但內涵可是重量級的」（small in weight, but heavy in thought）[171]。胡適在譯文裡說，高教授的名譽「一天大似一

---

167 胡適，〈決鬥〉，《胡適全集》，42：324。

168 Nikolai Teleshov, "The Duel," William Patten, ed., *Short Story Classics (Foreign): Vol. One, Russian*, p. 269.

169 胡適，〈一封未寄的信〉，《胡適全集》，42：369。

170 Enrico Castelnuovo, "The Lost Letter," William Patten, ed., *Short Story Classics (Foreign): Vol. Two: Italian and Scandinavian*, p. 344.

171 Enrico Castelnuovo, "The Lost Letter," William Patten, ed., *Short Story Classics (Foreign): Vol. Two: Italian and Scandinavian*, p. 330.

天，後來他竟爬上了『科學的埃及〔金字〕塔頂上』去，和烏薩拉大學裡那位世界馳名的羅斯丹教授並列了。」胡適在這裡的漏譯有兩處。第一處不重要。那所謂「科學的金字塔頂」那句話，卡德奴勿提醒讀者，是高教授一個熱烈的支持者徒弟所說的。胡適第二處的漏譯是兩整段關鍵性的話。卡德奴勿對高教授那一班虛偽學者的鄙夷，躍然紙上：

> 不管是不是因為金字塔頂有兩個人是太多了，在一開始的時候，高尼里和羅斯丹教授所演出的，是一場雙方都奮力地想要把另外一個人推下金字塔的好戲。後來，他們兩人幡然領悟鬥爭的無益。於是，就化敵對為友誼。
>
> 這兩位學者在他們的科學領域上當然是鬥爭者。然而，與其彼此鬥爭，他們聯合對外。如果有哪個人也能壯起膽子來，沉潛向學，以至於問鼎那金字塔，在那頂上分他那一席之地；如果有人能夠鑽進這兩個在通信的時候，彼此以「敬愛的同行」互稱的人的腦袋裡，他就可以發現他們互相覺得對方的學問其實不過爾爾。羅斯丹根本就不相信什麼芬蘭語根，高尼里則對所謂羅斯丹在印度波斯語系的研究上帶來了革命云云更不以為然。

(But whether because the top of a pyramid is an uncomfortable place for two or not, Cernieri and Lowenstein had at first offered the interesting spectacle of two contestants who are vigorously striving to throw one another off, until, finally convinced of the uselessness of their struggles, they had changed rivalry into friendship.

The two learned men were, of course, two strugglers in the scientific arena, but instead of struggling with each other, they struggled with the world at large. If by chance any mortal could be found rash enough to raise his crest and dare to endeavor to seat himself, too, on the top of the famous pyramid; had it been possible to penetrate the depths of the minds of the two "chers confrères," as they styled themselves in correspondence, it would probably have been discovered that each placed a very moderate estimate upon the virtues of the other. Lowenstein had very little faith in the Finnish roots; and Cemieri believed still less in the revolution brought about by Lowenstein in the study of the Hindu-Persian.)[172]

---

172 Enrico Castelnuovo, "The Lost Letter," William Patten, ed., *Short Story Classics (Foreign): Vol.*

胡適的譯文說，高教授年輕的時候，有好幾次剃鬍子的時候，剃了一邊，「忽然想起別的科學問題」[173]，就忘了剃另外一邊。其實，高教授不是「忽然想起別的科學問題」，英譯文是說：他「心不在焉」(absent-mindedness)。接著，胡適又漏譯了一段關鍵的譏諷高教授的話：

> 「心不在焉」的人，一般說來都是蠻溫和的。但我們的高教授是一個例外。他的嘴巴會笑，只有是跟科學有關的時候。那種笑是一個有學問的人聽到同行，或外在世界闖了禍、出了醜的時候自覺優越或憐憫的笑。(Absent-minded people are generally very good-natured, but our professor was an exception to the rule. Ordinarily his lips were visited but by the scientific smile, made up of the superiority and commiseration with which a learned man hears of the absurdities committed by a brother colleague or the world at large.)[174]

僕人潘波整理舊書，從地圖裡掉出了高教授在二十年前寫的一封信。高教授眼看著信封上自己寫的字。胡適的譯文說：「使他的記憶力回到二十年前；使他腦背後的雲霧裡忽然現出一個長身玉立、溫柔可愛的女子來。為了她，我們這位不動心的教授曾有一次覺得這心把持不住了；為了她，這位終身不娶的學者曾經細細盤算結婚的問題。」[175]胡適的譯文把高教授形容得太有人性了。在英譯文裡，那封信使高教授：「從他淹沒的記憶的雲煙裡，硬是擠出了一個窈窕女子的身影，她那可愛的臉龐上散發出那舉世無雙的甜美。只有她，讓他動過心；只有她，讓他在一天之間、一個鐘頭之間，真正動過娶妻的念頭」(forcing from the mists of oblivion a slender, graceful girl, whose lovely countenance was crowned with an expression of rare sweetness. For her alone had his heart ever quickened. For her sake alone had he once for one day, for an hour, thought seriously of taking a wife)[176]。換句話說，高教授是一個木石心腸的人。他硬是要索盡了枯腸才想得起那個窈窕女子。不但如此，他不但只動過那麼一次心，而且

（續）────────────────
    Two: Italian and Scandinavian, pp. 330-331.
173　胡適，〈一封未寄的信〉，《胡適全集》，42：360。
174　Enrico Castelnuovo, "The Lost Letter," William Patten, ed., *Short Story Classics (Foreign): Vol. Two: Italian and Scandinavian*, pp. 331-332.
175　胡適，〈一封未寄的信〉，《胡適全集》，42：362。
176　Enrico Castelnuovo, "The Lost Letter," William Patten, ed., *Short Story Classics (Foreign): Vol. Two: Italian and Scandinavian*, p. 334.

他並不是像胡適的譯文所說的，「細細盤算結婚的問題」，而只是在一天，甚至只是在一個鐘頭的時間裡，動過娶她為妻的念頭。

在我們繼續理出高教授自私、害怕負起責任的性格以前，我要先指出幾個胡適沒有譯出來的細膩的情節。高教授那封二十年前的情書雖然不溫不熱，可是以高教授來說，已經是夠熱情的了。胡適的翻譯相當成功。他唯一整段漏譯的，是他用「我們先到了幾處地方」這句話，大而化之地取代了高教授跟阿達維耶小姐父女到威尼斯海邊去遊玩的幾個細節。此外，他所漏譯的，就是一些比較細膩的情節。比如說，胡適的譯文說：「那天的天氣非常爽快。太陽的光線被雲遮住，所以妳把陽傘收了。海波微微的打著岸邊，浪花濺到我們走過的沙灘上。」英譯文描寫得則更細膩、更羅曼蒂克：「那天的天氣晴朗宜人。豔陽的熱度因為有雲朵遮掩的關係而減低，妳於是把妳紅色的絲傘收了起來。浪花輕輕地拍打著我倆在沙灘上印著足印的腳。」（The day was deliciously balmy, the sun's rays tempered behind little clouds, so that you closed your red silk umbrella. The wavelets lapped the shore softly at our feet where our footprints marked the sand.）[177]

阿達維耶小姐告訴高教授，說她父親的病情每下愈況。在胡適的譯文裡，高教授對阿達維耶小姐說：「無論什麼時候妳用得著我，我總肯聽妳呼喚。妳伸出手來，抖顫顫的拉住我的手，低低說了一句『多謝』。」[178]其實，阿達維耶小姐根本就不需要伸出手去拉高教授的手，因為她的手根本就已經是握在高教授的手裡了：「我知道我對妳說，妳任何時候需要我，我都會聽妳的使喚。『謝謝你！』妳輕聲地呢喃著，妳的手在我的圈握中顫抖著。」（I know I told you I was at your service whenever you might choose to call upon me. "Thanks," you murmured gently while your hand trembling in mine.）[179]

這麼一個說他願意聽使喚的高教授，等訃聞到的時候，卻猶豫著。胡適的譯文說：「他盡日想著他三月前在威尼斯遇著的那個女朋友，心裡盤算還是單寫一封弔慰的信呢？還是弔慰之外再加上幾句表示愛情的話呢？」[180]胡適的這段譯文除了漏譯以外，也不精準。因為他「盡日想著」的，並不是那個女朋友，而是信該怎麼寫的問

177 Enrico Castelnuovo, "The Lost Letter," William Patten, ed., *Short Story Classics (Foreign): Vol. Two: Italian and Scandinavian*, p. 335.

178 胡適，〈一封未寄的信〉，《胡適全集》，42：364。

179 Enrico Castelnuovo, "The Lost Letter," William Patten, ed., *Short Story Classics (Foreign): Vol. Two: Italian and Scandinavian*, p. 336.

180 胡適，〈一封未寄的信〉，《胡適全集》，42：365。

題。英譯文是說，他在收到訃聞以後，「他腦子裡一直在想著那位三個月前他在威尼斯認識、對他完全信任的年輕女子。他一整天都在心裡跟自己辯論著。究竟是只寫弔慰之意呢？還是另外也寫一些她在他心裡所勾起──而且他認爲她或許也對他有感覺──的情愫呢？」（〔H〕is thoughts had turned persistently to the young girl he had known three months before in Venice, and who had shown such perfect confidence in him. All day he had debated within himself whether he should merely send her his condolences or if he ought to say something more in regard to the sentiments with which she had inspired in him, in which perhaps she shared.)[181]

我們把胡適的譯文跟我在此處從英譯裡翻過來的譯文相比較，就又可以看到另外一個有趣的現象。胡適不喜歡對付複雜、微妙、抽象的形容、修飾詞，常常把它們給漏譯了。這一段講到高教授對年輕女子的感情，英譯說得含蓄，只說是那年輕女子「在他心裡所勾起的情愫」。胡適的譯文，就乾脆把這「情愫」給翻成「愛情」了。換句話說，胡適遇到複雜、微妙、抽象的形容詞語，他不是把它們給漏譯掉了，就是把它們給具體化、赤裸裸地講白了開來。

高教授自然是寫了一封表白了他的情愫的信。然而，當他以爲他已經把那封信寄出了以後，他又開始後悔了。胡適的譯文說：「寄出之後，他還有點後悔。」[182]高教授何止是「有點後悔」，英譯文是說：「過後好幾天，他還錯愕著，怪自己太草率了」(for a number of days he was dumfounded at his own rashnesss)[183]。高教授一方面害怕他會爲了愛而失去獨立。在另一方面，如果阿達維耶小姐拒絕了他，等於是自討沒趣。後悔的他，自私的原形畢露。這一段，胡適又漏譯了：

老天！自己是被什麼給煞到了？一個既不漂亮，嫁妝又一毛錢都沒有的女子，估計至少在兩三年內是嫁不出去的。他大可以等到那個時候，再找機會去見她，好好地打量她，好好地估量娶她的利與弊。

(Dio buono, what madnesss had taken possession of him? It was more than likely that a girl, who was not beautiful and hadn't a penny of dot, would remain single for two or three years at least and then he could have sought opportunities

181 Enrico Castelnuovo, "The Lost Letter," William Patten, ed., *Short Story Classics (Foreign): Vol. Two: Italian and Scandinavian*, p. 337.

182 胡適，〈一封未寄的信〉，《胡適全集》，42：366。

183 Enrico Castelnuovo, "The Lost Letter," William Patten, ed., *Short Story Classics (Foreign): Vol. Two: Italian and Scandinavian*, p. 339.

of seeing her and knowing her better, and of weighing the pros and cons.)[184]

　　高教授的可惡，還不只是因為到了他應該實踐他說他會聽使喚的諾言的時候，他卻縮頭縮腦，嫌那女子不夠漂亮又沒有嫁妝。更可惡的是，他聽說她後來嫁了西西里島一個偏遠地區的巡檢，不到十個月卻又得了瘧疾而死了。他慶幸自己沒娶她。否則一旦結了婚，習慣了婚姻生活，卻又死了妻子，後果不就更加淒慘了嗎！這麼想著以後，高教授就釋然了。胡適的譯文說：「他這麼一轉念，也不悲痛他那死去的女朋友了。」[185]事實上，胡適的譯文把作者的意思完全扭曲了。原文所要凸顯的，是高教授那自私、完全只考慮到自己的性格。然而，在胡適的譯文裡，這個譏諷、批判的意味完全消失了。這句英譯文正確的翻譯是：「換句話說，高教授很快地就找到讓自己能心安理得的理由了。」(In a word, Cernieri had not been slow to comfort himself.)[186]

　　最最可惡的是，阿達維耶小姐都已經死了，高教授想到的還是他自己。他覺得很不公平。阿達維耶小姐的父親死了以後，他確實是寫了信去示愛，只是陰錯陽差，那封信沒寄出去，而是給夾到地圖裡去了而不自知。到頭來，他覺得自己是一個含冤莫辯的人，因為阿達維耶小姐到死都以為他沒有信守他的諾言。胡適的譯文說：「她如今含恨死了，高教授有冤無處訴，有話無處說，有理無處可辯。」[187]這段話是胡適在翻譯方面最為簡潔、最鏗鏘有力的一個好例。然而，這個簡潔、鏗鏘有力的代價太高了。胡適簡潔的意譯把作者精心刻畫凸顯出高教授自怨、自艾、自戀的情結錯綜完全給抹殺掉了。這段英譯文是說：「她在還沒聽到我的辯白、在不知道實情以前就死去了。這真的是『悲劇中的悲劇』啊！到我終老，我都要面對那無法讓時光倒流的事實、飽受那無法補救的失誤的煎熬、承受那無法澄清的誤解。」(And she had died without hearing his vindication, without knowing the truth. It is indeed, "Sorrow's crown of sorrow," to be faded with the irrevocable, to be tormented with wrongs that can not be repaired, with misunderstandings that can not be removed.)[188]

　　高教授左思右想，自怨自艾、自私自戀。手握著他那封二十年前所寫的情書，他

184　Enrico Castelnuovo, "The Lost Letter," William Patten, ed., *Short Story Classics (Foreign): Vol. Two: Italian and Scandinavian*, p. 339.

185　胡適，〈一封未寄的信〉，《胡適全集》，42：368。

186　Enrico Castelnuovo, "The Lost Letter," William Patten, ed., *Short Story Classics (Foreign): Vol. Two: Italian and Scandinavian*, p. 342.

187　胡適，〈一封未寄的信〉，《胡適全集》，42：368。

188　Enrico Castelnuovo, "The Lost Letter," William Patten, ed., *Short Story Classics (Foreign): Vol. Two: Italian and Scandinavian*, p. 342.

突然間領悟到這封信在告訴他，說他虛擲了他一生中唯一可能有的絢麗。胡適的譯文說 ：「高教授手拿這信，心裡又想他一生只有過一點愛情，只有過一段情史，只有過一回詩意——就這一點也不曾開花結果，如今晚了！」[189]翻譯跟寫作一樣，人人都或多或少有那麼一點文章是自己的好的自戀癖。胡適這段意譯的譯文，翻得相當不錯，雖然仍然有漏譯之處。但是，最可議的，是它就是欠了那麼一點英譯文裡那當頭棒喝的意味。英譯文說：「那封攤開著的、一直握在表情沉重的教授手裡的信，不只告訴他說阿達維耶小姐已經死了，而且到死都認為他是一個壞人，而他其實沒有那麼壞。不但如此，這封信在告訴他，說他一生中曾經有過那麼一段詩意、忘情、入戀的一刻，只是那一刻已惘然成空。」(But the letter, which the grave professor continued to hold unfolded before him, told, not only that Maria Lisa was dead, believing him worse than he deserved, but also that in his life there had been a moment of poetry, of abandon, and of love, and that that moment had remained barren.)[190]

然而，高教授還是在掙扎著。他想像著：如果那封信是寄出去了；如果阿達維耶小姐回信說，我相信你，我接受，你來吧！如果事情的發展是那個樣子，他就不會到埃及、敘利亞等地去作長期的考古調查，他說不定就會兒女成群。家累可能就會影響了他在學術上的成就。現在跟羅斯丹一起站在那學術的金字塔上的人，就不會是他而是另外一個人。所以，說不定那封信沒寄出去，還是應該值得慶幸的一件事呢！「但是——但是——」胡適的譯文說：「高教授的心裡總覺得有一種餓讒讒的懷疑，再三排解不開：『犧牲一點光榮去換一點愛情，難道不更好嗎？』」[191]

一向總是把他認為是枝蔓的形容詞漏譯的胡適，可能覺得這「餓讒讒」實在太傳神了，他捨不得不把它譯出來。但是，這「餓讒讒」未免又太直譯了，而且他還是漏譯了「餓讒讒」之前的另外一個形容詞，而且也大而化之的意譯了下半句話。這整句話是說：「他心中那揮之不去、像飢餓一樣如影隨形的問號，硬是不讓他用這種阿Q式的哲學來安撫他的心。」(A persistent, hungry doubt would not allow him to quiet his soul with this philosophical consolation.)[192]他沒有勇氣把這封信撕毀，可是也沒有辦法抵擋那一再地想讀這封信的誘惑。於是，就像胡適的譯文所說的：「以後他差不多沒

189　胡適，〈一封未寄的信〉，《胡適全集》，42：368。
190　Enrico Castelnuovo, "The Lost Letter," William Patten, ed., *Short Story Classics (Foreign): Vol. Two: Italian and Scandinavian*, pp. 342-343.
191　胡適，〈一封未寄的信〉，《胡適全集》，42：369。
192　Enrico Castelnuovo, "The Lost Letter," William Patten, ed., *Short Story Classics (Foreign): Vol. Two: Italian and Scandinavian*, p. 343.

有一天不把這封信拿出來讀了又讀。讀完了，他往往望著那變黃了的信封，望著那不曾鈐印的郵票，低低的自言自語道：『倘使這封信寄出去了……』」[193]——或者，用我的翻譯來說：「這封信如果當時寄出去了該有多好啊！」

我在前邊已經強調過，對翻譯的品評，跟鑑賞創作或文筆一樣，是很主觀的。敝帚自珍是作家的通病。胡適在翻譯上的習慣、好惡與局限，自然有他時代的背景。我們除了必須體認到胡適的時代是白話文學初創的時代以外，還必須提醒自己，不能用在辭彙上比當時豐富了十、百倍的今天去衡量胡適。就像我已經說過的，許多在胡適的時代所根本不可能想像的觀念、辭彙，以及冗長繞口的歐式語法，都因為我們早已西化入骨，而已經見怪不怪、習以為常。不但如此，胡適在文字上的洗練、雋永與清新，即使在今天，還是讓我們望塵莫及的。

然而，翻譯跟寫作究竟是不同的。信達雅之間的緊張與矛盾，不是胡適用中文寫作的時候所必須去面對的問題。他在寫作的時候，即使必須援引杜威、赫胥黎，或其他西洋人的著作，他可以透過摘述與詮釋的方式，用他自己洗練的文字去表達。相對的，翻譯所給他的限制，就讓他捉襟見肘了。胡適所處時代白話辭彙的貧乏、當時意譯的風氣，以及他對使用套語的排斥，在在地影響了胡適翻譯的素質。有趣的是，翻譯的困難，使得胡適自己也常違反他不使用套語的戒律。然而，值得令人省思的是，胡適在《短篇小說》第一集裡雖然連連使用人們日常引用的套語，卻常常反而是相當貼切和傳神的。

比如說，在〈決鬥〉開場年輕軍官中彈那一剎那，胡適用套語說他：「兩手一鬆，兩膝一彎，倒在雪地上。」[194]如果我們不用套語，這段話可以翻成他：「雙手亂揮一通，雙膝一彎，倒了下去。」[195]又比如說，當死者的好友伊凡去向死者母親報死訊的時候，死者的母親把他當成像她自己的兒子一樣，胡適的譯筆說：「伊凡心中天良發現，心想倒不如他自己被人槍死在雪地裡。」[196]原英譯文是說：「在這種母愛的宣洩之下，他心中感到一種無比的自責，他寧願他自己現在是躺在雪地上的那個人。」[197]再舉一個我在前文已經提到過的〈一封未寄的信〉裡的例子，那就是高

193 胡適，〈一封未寄的信〉，《胡適全集》，42：369。
194 胡適，〈決鬥〉，《胡適全集》，42：320。
195 Nikolai Teleshov, "The Duel," William Patten, ed., *Short Story Classics (Foreign): Vol. One, Russian*, p. 264.
196 胡適，〈決鬥〉，《胡適全集》，42：323-324。
197 Nikolai Teleshov, "The Duel," William Patten, ed., *Short Story Classics (Foreign): Vol. One, Russian*, p. 268.

教授自從相親被嚇到以後避婦人如蛇蠍的故事。胡適的譯筆說：「高教授自從那一次受了一點驚駭之後，有如驚弓之鳥，格外小心，見了婦女的社會更不敢親近了。」[198]我的譯文是：「在得到了經驗給他的教訓以後，他變得更加冷硬，更加不能接受任何說男士應該要有紳士風度的說法。」[199]胡適所使用的「兩手一鬆」、「天良發現」，以及「驚弓之鳥」等等字眼固然都是套語，而且用的也都是意譯的方法。然而，誰能說胡適這幾處所使用的套語，不是更加傳神的呢？

更有趣的是，胡適在《短篇小說》第一集裡用文言所翻譯的幾篇，特別是莫泊桑的〈梅呂哀〉，可以說是他在這個集子裡最爲出色的譯作。可能因爲用的是文言，胡適在〈梅呂哀〉裡用的套語可以說是到了不勝枚舉的地步，如：「無可奈何之天」(a whole world of painful thoughts)、「風韻悠然」(pretty)、「半老佳人」(an old lady)、「廢書靜坐」(let my book fall on my knees)、「雀躍」(some little springs)、「磬折」(make a bow)、「眉飛色舞、高談不倦、移時不休也」(never stopped talking)、「生趣眞全絕矣」(as though we could not exist)等等[200]。

上述所舉的這些套語，固然泰半老生常談，而且也完全用的是意譯。然而，其中頗有神來之筆。例如：「催傷心肝」(It rends your heart and upsets your mind)、「花氣隨風襲人」(An odor of flowers floated in the neat paths)、「悲從中來，悽楚萬狀」(my heart filled with extraordinary emotions, my soul touched with an indescribable melancholy)。除了這些套語以外，還有幾處絕妙的神譯。例如，他形容那對年高但風韻猶存的舞者在園中之舞：「如一對傀儡，機捩既開，自然動作，雖歷年久遠，不無生澀。而本來之工夫已深，風儀自在，不可掩也」(like two automaton dolls moved by some old mechanical contrivance, somewhat damaged, but made by a clever workman according to the fashion of his time)；又如敘事者在親睹這對舞者的梅呂哀之舞以後，就離開巴黎。兩年後他回到巴黎，該公園已經不存，他常自問：「其已死耶？抑尚踽踽涼涼，偷生於今世『新式』之街衢間耶？抑尚時於高塚古墓間，松聲月色之下，再作『梅呂哀』之舞耶？」(Are they dead? Are they wandering among modern streets like hopeless exiles? Are they dancing—grotesque specters—a fantastic minuet in the

---

198 胡適，〈一封未寄的信〉，《胡適全集》，42：361。

199 Enrico Castelnuovo, "The Lost Letter," William Patten, ed., *Short Story Classics (Foreign): Vol. Two: Italian and Scandinavian*, p. 332.

200 Guy de Maupassant, "Minuet," Albert McMaster, A.B. Henderson, and MME. Quesada et al., tr., *The Works of Guy de Maupassant* (London and New York: Classic Publishing Company, 1911), Vol. IV, pp. 1-6 (separately paginated).

moonlight, amid the cypresses of a cemetery, along the pathways bordered by graves?）[201]

　　這段胡適用文言所得出來的譯文真乃神來之譯筆也！胡適要大家捨棄已死的文言文。諷刺的是，在他早期的翻譯裡，白話的譯筆常常是拙劣的，而他最成功的譯例卻往往是他用文言所譯出來的片段。

《短篇小說》第二集

　　胡適的《短篇小說》第二集是在1933年出版的。在時間上這不屬於《日正當中，1917-1927》所分析的年限。然而，這第二集的六篇裡，有兩篇是在1923年譯的，一篇在1924年譯的。換句話說，這第二集裡有一半是在他「日正當中」的年代所翻譯的。同時，從譯筆上來看，《短篇小說》第二集是胡適進入「直譯」階段的產品，跟第一集「意譯」的譯筆迥然不同。更重要的是，《短篇小說》第二集，比第一集更清楚地展現了胡適翻譯短篇小說的用意。這個用意就是為中國的新文學尋求「範本」。這個「範本」，用胡適在《短篇小說》第二集所選譯的小說來看，就是描寫下層社會的寫實主義。

　　我在《璞玉成璧》的第八章裡已經徵引了胡適在1919年所寫的〈論譯戲劇──答T.F.C.〉。胡適在這封公開信裡說：「足下試看我們那本〔《新青年》的〕〈易卜生專號〉，便知道我們注意的易卜生並不是藝術家的易卜生，乃是社會改革家的易卜生……在文學的方面，我們譯劇的宗旨在於輸入『範本』。」[202]這個「範本」的概念，胡適在1918年所寫的〈建設的文學革命論：國語的文學──文學的國語〉裡發揮得更為詳細：

> 　　創造新文學的第一步是工具，第二步是方法。方法的大致，我剛才說了。如今且問，怎樣預備方才可得著一些高明的文學方法？我仔細想來，只有一條法子：就是趕緊多多的翻譯西洋的文學名著做我們的模範。我這個主張，有兩層理由：
>
> 　　第一，中國文學的方法實在不完備，不夠做我們的模範。即以體裁而論，

201　Guy de Maupassant, "Minuet," Albert McMaster, A. B. Henderson, and MME. Quesada et al., tr., *The Works of Guy de Maupassant* (London and New York: Classic Publishing Company, 1911), Vol. IV, p. 6 (separately paginated).

202　胡適，〈論譯戲劇──答T.F.C.〉，《胡適全集》，12：31；《舍我其誰：胡適，第一部：璞玉成璧，1891-1917》，頁634。

散文只有短篇，沒有布置周密，論理精嚴，首尾不懈的長篇；韻文只有抒情詩，絕少紀事詩，長篇詩更不曾有過；戲本更在幼稚時代，但略能紀事掉文，全不懂結構；小說好的，只不過三四部。這三四部之中，還有許多疵病；至於最精采之「短篇小說」、「獨幕戲」，更沒有了。若從材料一方面看來，中國文學更沒有做模範的價值。才子佳人、封王掛帥的小說；風花雪月、塗脂抹粉的詩；不能說理、不能言情的「古文」；學這個、學那個的一切文學；這些文字，簡直無一毫材料可說。至於布局一方面，除了幾首實在好的詩之外，幾乎沒有一篇東西當得「布局」兩個字！——所以我說，從文學方法一方面看去，中國的文學實在不夠給我們作模範。

第二，西洋的文學方法，比我們的文學，實在完備得多，高明得多，不可不取例。即以散文而論，我們的古文家至多比得上英國的培根(Bacon)和法國的孟太恩〔蒙田〕(Montaigne)。至於像柏拉圖(Plato)的「主客體」、赫胥黎(Huxley)等的科學文字，包士威爾(Boswell)和莫烈(Morley)等的長篇傳記，彌兒(Mill)、弗林克令(Franklin)、吉朋(Gibbon)等的「自傳」、太恩(Taine)和白克兒(Buckle)等的史論；……都是中國從不曾夢見過的體裁。更以戲劇而論，二千五百年前的希臘戲曲，一切結構的工夫，描寫的工夫，高出元曲何止十倍。近代的莎士比亞(Shakespeare)和莫逆爾(Molière)更不用說了，最近六十年來，歐洲的散文戲本，千變萬化，遠勝古代，體裁也更發達了。最重要的，如「問題戲」，專研究社會的種種重要問題；「寄託戲」(Symbolic Drama)，專以美術的手段作的「意在言外」的戲本；「心理戲」，專描寫種種複雜的心境，作極精密的解剖；「諷刺戲」，用嬉笑怒罵的文章，達憤世救世的苦心。——我寫到這裡，忽然想起今天梅蘭芳正在唱新編的《天女散花》，上海的人還正在等著看新排的《多爾袞》呢！我也不往下數了。——更以小說而論，那材料之精確、體裁之完備、命意之高超、描寫之工切、心理解剖之細密、社會問題討論之透徹、……真是美不勝收。至於近百年新創的「短篇小說」，真如芥子裡面藏著大千世界；真如百煉的精金，曲折委婉，無所不可；真可說是開千古未有的創局，掘百世不竭的寶藏——以上所說，大旨只在約略表示西洋文學方法的完備。因為西洋文學真有許多可給我們做模範的好處，所以我說：我們如果真要研究文學的方法，不可不趕緊翻譯西洋的文學名著，做我們的模範。

現在中國所譯的西洋文學書，大概都不得其法，所以收效甚少。我且擬幾

條翻譯西洋文學名著的辦法如下：

一、只譯名家著作，不譯第二流以下的著作。我以爲國內眞懂得西洋文學的學者應該開一會議，公共選定若干種不可不譯的第一流文學名著，約數如一百種長篇小說、五百篇短篇小說、三百種戲劇、五十家散文，爲第一部《西洋文學叢書》，期五年譯完，再選第二部。譯成之稿，由這幾位學者審查，並一一爲作長序及著者略傳，然後付印；其第二流以下，如哈葛得之流，一概不選。詩歌一類，不易翻譯，只可從緩。

二、全用白話韻文之戲曲，也都譯爲白話散文。用古文譯書，必失原文的好處。如林琴南的「其女珠，其母下之」，早成笑柄，且不必論。前天看見一部偵探小說《圓室案》中，寫一位偵探「勃然大怒，拂袖而起」。不知道這位偵探穿的是不是劍橋大學的廣袖制服！——這樣譯書，不如不譯。又如林琴南把莎士比亞的戲曲，譯成了記敘體的古文！這眞是莎士比亞的大罪人，罪在《圓室案》譯者之上。[203]

胡適的文學批評理論完全是西方的，完全是他在美國留學的時候所學來的。從這個角度來說，他的〈建設的文學革命論：國語的文學——文學的國語〉，最具諷刺意義的地方，在於它不只要用西洋的文學理論來革中國文學的命，它而且要用西洋的文學理論來建設中國的「國語」文學。胡適說得很清楚，無論是從方法、體裁、材料、布局來看，中國根本沒有範本可用。中國的文學要革命，別無他途，就是去向西方取經。不只西方的散文具有「中國從不曾夢見過的體裁」，「二千五百年前的希臘戲曲，一切結構的工夫，描寫的工夫，高出元曲何止十倍！」莎士比亞已經更上一層樓。而近代的「問題戲」、「寄託戲」、「心理戲」、「諷刺戲」，更是「千變萬化，遠勝古代」。小說亦是如此，「那材料之精確、體裁之完備、命意之高超、描寫之工切、心理解剖之細密、社會問題討論之透徹、……眞是美不勝收。」至於那「近百年新創」的短篇小說，胡適更是頂禮膜拜：「眞如芥子裡面藏著大千世界；眞如百煉的精金，曲折委婉，無所不可；眞可說是開千古未有的創局，掘百世不竭的寶藏。」

無怪乎胡適呼籲中國「眞懂得西洋文學的學者」應該開會討論編輯一套《西洋文

---

203 胡適，〈建設的文學革命論：國語的文學——文學的國語〉，《胡適全集》，1：66-68。

學叢書》，以每五年爲一期，每一期翻譯一百種長篇小說、五百篇短篇小說、三百種
戲劇、五十家散文。「詩歌一類，不易翻譯，只可從緩。」而且，「只譯名家著作，
不譯第二流以下的著作。」第一期的第一部譯完以後，再選定第二期的一百種長篇小
說、五百篇短篇小說、三百種戲劇、五十家散文。胡適沒說這一套《西洋文學叢書》
的翻譯計畫要延續多久。然而即使「只譯名家著作，不譯第二流以下的著作。」那西
方文學，儼然擁有那「掘百世不竭的寶藏」一般。

　　胡適對西洋近代戲劇的鍾愛，特別是以易卜生所代表的「問題劇」，我在《璞玉
成璧》裡已經分析過了。小說則是一個別有意味的問題。我們記得胡適在《四十自
述》裡，描寫他小時候如癡如醉地偷讀白話小說的情景。然而，留學歸來以後的胡
適，眼光完全不同了。中國的傳統小說與戲劇，完全被他鄙夷，譏詆爲「全不懂結
構」、「幾乎沒有一篇東西當得『布局』兩個字！」原因無它，留學取經回來的胡適
果然不同了。他用的是他在留美的時候所學到的小說與戲劇的理論來看傳統中國的小
說和戲劇。有關這點，請看我在本部第六章分析胡適對《紅樓夢》文學價值的批判。

　　言歸正傳，讓我們回過來看短篇小說，胡適眼中那「眞如芥子裡面藏著大千世
界；眞如百煉的精金」的西洋「短篇小說」，其實並不都是他所喜愛的。他其實是有
選擇的。他只獨鍾寫實主義的短篇小說。他在1921年6月3日的日記裡說：「戲劇所以
進步，最大的原因是由於19世紀中歐洲文學受了寫實主義的洗禮。到了今日，雖有神
秘的象徵戲如梅特林(Maeterlinck)的名劇，也不能不帶寫實主義的色彩，也不能不用
寫實主義做底子。現在的妄人以爲寫實主義已成過去，以爲今日的新文學應談『新浪
漫主義』了！這種懶人眞不可救藥！」[204]

　　胡適在這則日記裡所罵的「不可救藥」的「懶人」就是茅盾。他在該年7月22日
的日記裡說：「我昨日讀《小說月報》第七期的論創作諸文，頗有點意見，故與振鐸
與雁冰談此事。我勸他們要愼重，不可濫收。創作不是空泛的濫作，須有經驗作底
子。我又勸雁冰不可濫唱什麼『新浪漫主義』。現代西洋的新浪漫主義的文學所以能
立腳，全靠經過一番寫實主義的洗禮。有寫實主義作手段，故不致墮落到空虛的壞
處。如梅特林克(Maeterlinck)，如辛兀(Synge)，都是極能運用寫實主義方法的人。
不過他們的意境高，故能免去自然主義的病境。」[205]

　　這個以「寫實主義」作爲現代西洋文學的極致的看法，是胡適在留美的時期已經

204 《胡適日記全集》，3：77。
205 《胡適日記全集》，3：222-223。

形成的。這個以西洋寫實主義的短篇小說作為範本的主張，也在在地反映在胡適在《短篇小說》第一集所選的小說裡。《短篇小說》第二集則更上了一層樓。胡適在《短篇小說》第二集裡所選的小說，描寫的泰半都是下層社會的小人物。從譯筆的角度來看，這第二集最值得注意的地方，是胡適最早譯的三篇反而是最用「直譯」的方法譯的。

《短篇小說》第二集裡最早譯的一篇是英國莫理孫(Arthur Morrison)所寫的〈樓梯上〉(On the Stairs)。這一篇是胡適在1923年3月10日譯成的。胡適在〈譯前記〉裡說：莫理孫的「小說長於描寫貧民的生活，常採倫敦東頭(East End)貧民區域中的生活狀況作材料，當時稱為一種新的寫實主義。」[206]〈樓梯上〉是倫敦東頭貧民生活群像的一個側寫。背景是一棟像大雜院一樣住有八家人家的樓房。莫理孫借著兩個老婦人的對話，來描寫他們雖然沒錢，遇到喪葬時卻又不得不鋪張的文化。

〈樓梯上〉雖然用的是直譯，明白曉暢，完全沒有佶屈聱牙的問題。胡適譯得極為信實，需要斟酌的地方只有幾處。克狄太太的兒子病重，已經到了臨終的階段。樓上守寡的孟代太太好事，走下來偷聽。克狄太太碰巧走出來，兩個人就站在門外對話。克狄太太說她兒子是死定了，因為：「三個鬼昨晚在床頭作響。」[207]孟代太太說起她丈夫過世時，她把那喪事辦得多麼的體面。克狄太太說她也想為她兒子的喪事辦得體面。只是，錢不夠，有些細節可能辦不到。談話中，病人在屋裡作出響聲，胡適說：「這時候房裡邊發生一種沒氣力的響聲，像是病人用一條手杖敲著地板。」[208]事實上，原文不是「像是」，而根本就是：「屋裡傳來病人用棍子微弱地敲打著地板的聲音。」(Within, the sick man feebly beat the floor with a stick.)[209]

這時，醫生的助手來出診。他在匆匆看過病人以後，跟克狄太太走到門外。胡適的譯文說，助手對克狄太太說：「他快要落下去了！」[210]這句話就真的是太「直譯」了，完全是照英文的字句直譯。胡適可以把它翻作：「他惡化得真快！」(He's sinking fast.)[211]助手說醫生囑咐要給病人喝點紅酒刺激他的生命力。就像胡適的譯文說的：「多挨過一天，也許會轉機呢。」克狄太太表示她沒錢。助手是牧師的兒子，

206　胡適，〈樓梯上〉，《胡適全集》，42：440。
207　胡適，〈樓梯上〉，《胡適全集》，42：441。
208　胡適，〈樓梯上〉，《胡適全集》，42：443。
209　Arthur Morrison, "On the Stairs," *Tales of Mean Streets* (New York: The Modern Library Publishers, 1921), p. 158.
210　胡適，〈樓梯上〉，《胡適全集》，42：443。
211　Arthur Morrison, "On the Stairs," *Tales of Mean Streets*, pp. 158-159.

又是新手。前一個晚上剛好玩牌贏了一點錢，想作點善事贖罪，於是給了克狄太太五個先令。胡適的譯文說：「況且他是新來沒有閱歷的人，想不到他會自己投去上當。」[212]比較精確的翻譯應當是：「由於沒有經驗，他並不知道他是花自己的錢、心甘情願地選了一個磨人心的職業。」（〔B〕eing inexperienced, he did not foresee the career of persecution whereon he was entering at his own expense and of his own motion.)[213]其實，醫生昨天也給了克狄太太五先令要她買紅酒給她兒子喝。這件事，克狄太太跟老是在樓梯間偷聽的孟代太太都知道，只有助手不知道。結果，克狄太太並沒拿那五先令去買紅酒給她兒子喝，而是把這先後拿到的五先令統統都收下來作為辦一個體面的喪事的基金。病人當晚就死了。克狄太太把那多得的兩個五先令拿來作為辦一個比較體面的後事之用，果然是未雨綢繆。

圖23　胡適，1923年攝於西湖(胡適紀念館授權使用)。

《短篇小說》第二集裡胡適譯的第二篇是契訶夫的〈洛斯奇爾的提琴〉(Rothschild's Fiddle)。這是胡適在煙霞洞「養病」——跟曹誠英過「神仙生活」——的時候所譯的。胡適在〈譯前記〉裡說：「此篇為契訶夫(一譯柴霍甫)短篇中最可愛

---

212 胡適，〈樓梯上〉，《胡適全集》，42：444。
213 Arthur Morrison, "On the Stairs," *Tales of Mean Streets*, pp. 159-160.

的一篇。幾年來，我曾讀過十幾遍，越讀越覺得它可愛。近來山中養病，歐文書籍都不曾帶來，只有一冊莫泊桑和一冊契訶夫，都是英譯本。梅雨不止，愁悶煞人。每日早起試譯此篇，不但解悶，還要試驗我已能耐輕巧的工作呢。」[214]這一句「都是英譯本」，如果不是作樣子的，就是多餘的。因為胡適不懂俄文，當然只能看英譯本。至於莫泊桑，胡適譯法文小說，從來都是從英譯本翻過來的。

〈洛斯奇爾的提琴〉的主人翁是耶可，一個棺材匠兼業餘小提琴手。他棺材生意不好，因為他住在一個人人老而不死的小鎮上。耶可的妻子馬華，在他暴烈的脾氣下，跟他共同生活了數十年。耶可拉得一手好琴，所以常被一個專為喜事奏樂的猶太人樂班拉去拉小提琴。可是他卻又討厭猶太人，特別是討厭樂班裡吹長笛的洛斯奇爾。耶可罵過他，有幾次要打他，有一次還嚇得洛斯奇爾在逃跑的時候被狗咬。脾氣暴烈的耶可在妻子馬華得了傷寒症〔注：當時常譯為腸窒伏斯〕垂死的時候，才兀然領悟到他從來沒善待過跟他生活了五十二年的老妻；從來沒憐惜過她，也從來沒愛撫過她──「愛撫」（caressed）在英譯文中出現過兩次，兩次胡適都是譯成：「和她玩笑過」[215]。馬華死後，耶可自己也傳染到傷寒症而垂死。他在臨終前，把他的小提琴遺贈給洛斯奇爾。洛斯奇爾後來改拉小提琴，他最為人所喜愛的一首哀傷的曲子，就是耶可在死前一天坐在門檻上所拉的曲子。

胡適在煙霞洞果然能作「輕巧的工作」！他這篇〈洛斯奇爾的提琴〉是他用直譯的手法所得的一篇佳譯。耶可從暴烈的脾氣到領悟人生的轉變過程，他把其間的人物、對話、獨白，全都維妙維肖地翻譯過來。誰說直譯非美？〈洛斯奇爾的提琴〉就是最好的反證。

胡適在《短篇小說》第二集所譯的第三篇也是契訶夫寫的，篇名叫〈苦惱〉（Misery），是胡適從煙霞洞回到北京的時候譯成的，時間在1923年12月13日。主人翁郁那是一個趕雪車的馬夫。天下著大雪，他在街燈下等客人叫車的時候，整個人像疊成兩摺一樣，彎坐在座位上，全身雪白，活像一隻鬼一樣，胡適翻成：「像鬧鬼一樣。」[216]他兒子剛死。他滿腔哀怨希望能找人傾訴，可是就沒有一個客人願意聽他訴說。一個晚上才拉了兩趟車。第二趟上來了三個人──兩個高個兒，一個「矮而駝背的」。三個人擠在坐兩個人的車上，駝背的就只得站在郁那後面。他們不但不聽他的故事，還嫌他囉嗦、太慢，要那駝背的在郁那的脖子上給打了一拳。最後，他乾脆

214　胡適，〈洛斯奇爾的提琴〉，《胡適全集》，42：419。
215　胡適，〈洛斯奇爾的提琴〉，《胡適全集》，42：423、426。
216　胡適，〈苦惱〉，《胡適全集》，42：432。

回到車場。但是，所有車夫都在打呼。一個車夫猛然從睡夢中坐起來喝水。郁那才張口說他兒子死的事情，那車夫已經又沉睡下去了。最後，郁那只有走到馬房裡去看他的馬吃草。「那小雌馬嚼著草，聽他訴說，牠嘴裡的熱氣呼到郁那的手上。郁那忍不住了，就把他的悲哀全告訴它了。」[217]

〈苦惱〉同樣的是「直譯」的產品。而且同樣的是一篇佳譯。胡適翻得信實，而且生動。如果我們要吹毛求疵，胡適通篇唯一一個無關緊要的誤譯，是那三個客人擠在郁那的馬車上的一個字。坐著的兩個高個兒，其中一個開口說：「我們頭疼。」其實不是「我們」，而是他自己。原英譯文是說：「我頭疼」(My head aches)[218]。

值得令人玩味的是，胡適在他《短篇小說》第二集最後譯的三篇反而比較有一些讓人可以苛求的地方。當然，這主要的原因，是因為這最後譯的三篇，在文字上也比較複雜。因此，我們又回到了本章前文所討論的兩個主要的問題。亦即，胡適在翻譯上的兩個弱點：一、複雜的句型；二、抽象、微妙的感情和思緒。

胡適這最後譯的三篇，最早的是奧亨利(O. Henry)的〈戒酒〉(The Rubaiyat of A Scotch Highball)，是他在1928年8月21日譯成的。〈戒酒〉的主人翁是白璧德跟他的妻子吉絲。他倆是在鄉下認得的。由於他們都喜愛波斯詩人歐瑪的情詩，他倆一見鍾情。結婚以後，他們搬到紐約去住。白璧德自從有了一點多餘的錢以後，就愛上了酒。每天回家以前，他都會先在酒吧喝個一兩杯，然後再醉醺醺地回家跟吉絲吃晚餐。吉絲也跟著喝起酒、抽起煙來。每天晚上除了飲酒作樂以外，吉絲還學會了彈五弦琴(banjo)。他們也上餐館，過的就像是波希米亞人的生活。有一天，白璧德走進酒吧的時候，聽到他的酒友笑他昨晚喝到「漲得像隻清燉貓頭鷹」[219]。於是，他立時下定決心戒酒。回到家以後，吉絲原先不能接受白璧德突然的改變。她晚餐後還自酌起來。白璧德覺得氣氛難過得不對。於是，他站起身來，走到吉絲背後，像他們從前戀愛的時候一樣，把他的雙手從吉絲的頸項間穿過去，握住吉絲的雙手，臉頰貼臉頰，開始朗誦起歐瑪的情詩：

　　來！
　　斟滿了這一杯！

---

217 胡適，〈苦惱〉，《胡適全集》，42：439。
218 胡適，〈苦惱〉，《胡適全集》，42：435；Anton Chekhov, "Misery," *The Schoolmistress and Other Stories* (New York : Macmillan, 1921), p. 60.
219 胡適，〈戒酒〉，《胡適全集》，42：411。

讓春天的火焰燒了你冬天的懺悔！
青春有限，飛去不飛回——
痛飲莫遲挨！

就在白璧德走到桌邊，拿起酒杯，倒進威士忌酒的時候，吉絲跳了起來，一揮手，把白璧德手中的酒瓶跟酒杯都橫掃到地板上去跌得碎片滿地。她雙手緊圈著白璧德的頸項，問他記不記得歐瑪把世界重新造過那一首。白璧德開始吟起：

要是天公換了卿和我，
該把這寒傖世界……

吉絲說：「讓我接下去唱完罷」：

該把這寒傖世界一齊都打破，
再團再煉再調和，
好依著你我的安排，
把世界重新造過！[220]

胡適在〈譯前序〉說：「我譯小說，只希望能達意。直譯可達，便用直譯；直譯不易懂，便婉轉曲折以求達意。有時原文的語句不關重要，而譯了反更費解的，我便刪去不譯。此篇也刪去了幾句。」[221]誠然，第一段就被胡適給刪掉了：「本篇的立場，是站在禁酒說教與《酒保手冊》之間。站在後者的立場，是希望通篇講的都是酒，而且多多益善；站在前者的立場，則希望永遠沒有一個人會舉起酒杯來。」(This document is intended to strike somewhere between a temperance lecture and the "Bartender's Guide." Relative to the latter, drink shall swell the theme and be set forth in abundance. Agreeably to the former, not an elbow shall be crooked.)[222]
這段話真的「不關重要，而譯了反更費解」。因為那只有了解美國20世紀初年禁

---

220 胡適，〈戒酒〉，《胡適全集》，42：417-418。
221 胡適，〈戒酒〉，《胡適全集》，42：410-411。
222 O. Henry, "The Rubaiyat of A Scotch Highball," *The Trimmed Lamp and Other Stories of the Four Million* (New York: Doubleday, Page & Company, 1907), p. 32.

酒運動的人才能領會。同樣的，胡適譯文的第一段，也就是原文的第二段，胡適也只譯了第一句話：「巴伯・白璧德戒了酒了。」[223]接下去就完全刪掉了，原因相同。換句話說，譯了出來，反而會讓不懂美國文化背景的讀者抓不住頭腦：「巴伯・白璧德『不沾』了。如果你去查波希米亞人大詞典，你就會知道那意思就是說他『止酒』了，或者說他『上了水車』了。白璧德之所以會突然拒絕『魔鬼酒』——這是佩戴白絲帶者〔注：即禁酒會會員〕對威士忌酒的誤稱(參見《酒保手冊》)——這就值得改革家跟酒吧老闆都好好去思量了。」(Bob Babbit was "off the stuff." Which means—as you will discover by referring to the unabridged dictionary of Bohemia—that he had "cut out the booze;" that he was "on the water wagon." The reason for Bob's sudden attitude of hostility toward the "demon rum"—as the white ribboners miscall whiskey (see the "Bartender's Guid"), should be of interest to reformers and saloon-keepers.)[224]

　　胡適在本篇其他地方也刪了幾處，但都不影響情節的發展。整個說來，〈戒酒〉是一篇佳譯。試看這一段上乘的譯文：「原來他已成了一個醉鬼，他自己還不知道。平日他只以爲不過是偶爾高興；到今日才知道是實實在在的貪杯爛醉。什麼高談闊論，原來是酒醉糊塗；什麼詼諧風趣，原來是酒鬼裝腔作戲。」(He was a drunkard, and had not known it. What he had fondly imagined was a pleasant exhilaration had been maudlin intoxication. His fancied wit had been drivel; his gay humors nothing but the noisy vagaries of a sot.)[225]

　　如果我們要吹毛求疵，當然還是可以找到錯處。比如說，胡適說白璧德到了紐約以後找到了工作，「在一個律師事務所裡裝墨水壺，十五塊金錢一星期。」[226]這「裝墨水壺」(filling inkstands)，未免太「直譯」了！意思就是在律師事務所作文員的工作罷了。另外，他說吉絲在「牆角放著不大正派的碗櫥」[227]。其實，這"rakish-looking"，應該翻成「新潮」，亦即，「牆角放著一個新潮的碗櫥。」畢竟白璧德跟吉絲是過著波希米亞式的生活呀！

　　〈米格兒〉(Miggles)是胡適在1928年2月11日譯成的，是美國小說家哈特(Bret

223 胡適，〈戒酒〉，《胡適全集》，42：411。
224 O. Henry, "The Rubaiyat of A Scotch Highball," *The Trimmed Lamp and Other Stories of the Four Million*, p. 32.
225 胡適，〈戒酒〉，《胡適全集》，42：411；O. Henry, "The Rubaiyat of A Scotch Highball," *The Trimmed Lamp and Other Stories of the Four Million*, p. 33.
226 胡適，〈戒酒〉，《胡適全集》，42：413。
227 胡適，〈戒酒〉，《胡適全集》，42：413。

Harte)所寫的。這篇小說描寫八個人，連同馬車夫在內，在一個大雨沖斷了橋梁之夜的奇遇。他們在橋斷前進無路的時候，聽人說可以去「米格兒」那兒借宿。問題是，他們進去那間房子以後，只看到一個身心都殘障到不能言語的人，吉梅(Jim)。「米格兒」戲劇性的出現以後，大家為她的美麗與大方而傾倒了。整個晚上，大家都被「米格兒」迷倒了，唯一的例外，是旅客裡的兩位女性。就寢時候，「米格兒」把兩位女客帶進臥室。男客就在客廳打地鋪，跟癱坐在椅子上的吉梅做伴。後來，「米格兒」出來坐在吉梅旁邊，跟男客們講起她的身世。大家方才知道她原來是六年前在鎮上開了一家酒吧的老闆娘，而居然沒有一個人認出她來。她說吉梅把他一生的積蓄都花在她身上了。結果，吉梅生了一個怪病。整個人癱了下來，醫生說他會返回嬰兒的狀況。「米格兒」於是把吉梅帶到這個地方，一直照顧到今天。男客中有一個是個法官，他問米格兒，說她既然那麼忠心地照顧吉梅，為什麼不乾脆就跟他結婚呢？米格兒回答說：

> 吉梅病到這樣子，我若乘他不能回絕我的時候同他結了婚，我覺得總有點對不住他。還有呢，我現在這樣服侍他，是我高興這樣做的；要是我們做了夫妻，就像我不得不這樣做了。

第二天早上，早餐就在桌子上，可就是不見「米格兒」的蹤影。等大家才依依不捨地上路的時候，馬車夫突然韁繩一拉，把馬車給緊急地停下來了。原來，「米格兒」就站在路邊一個高地上。她雙眼晶瑩、秀髮飛揚、手中揮著一條白絲絹、唇齒間綻出「再見」的字眼。男客們都脫帽揮別。馬夫突然發瘋似地鞭笞著馬前進。大家一路無言。一直到了下個驛站，大家下了馬車，走進酒吧，大夥兒圍坐在吧台前。

法官恭恭敬敬地脫下他的白帽子，開口說道：

> 「諸位先生，你們的杯子裡都有酒嗎？」
> 都有了。
> 「那麼，大家一齊，我們祝米格兒的康健，上帝降福與她！」
> 也許上帝早已降福與她了。誰知道呢？[228]

---

228 胡適，〈米格兒〉，《胡適全集》，42：395。

〈米格兒〉也是一篇佳譯。不但信實，而且譯文也非常口語。篇中有許多絕佳的譯句。比如說，馬車夫余八到了「米格兒」家，見大門鎖者，叫門又沒人應，於是破門而入。法官教訓他不該如此。他回話挖苦說：「法官先生，您老人家最好還是請回到車廂裡坐下，等人家來正式介紹您罷？我可要撞進去了。」（〔H〕adn't you better go back and sit in the coach till yer introduced? I'm going in.)[229]余八問癱坐在椅子上的吉梅，問他是不是「米格兒」。吉梅不回答，用他那像貓頭鷹的眼神瞪著余八。氣急敗壞的余八抓住吉梅的肩頭用力一搖。哪知道：「我們只見余八一放手，那人分明癟下去了，身子縮小了一半，剩了一堆臃腫的衣服。我們都嚇了一跳。」(To our great dismay, as Bill removed his hand, the venerable stranger apparently collapsed—sinking into half his size and an indistinguishable heap of clothing.)[230]這句話裡的"great dismay"只譯成「嚇了一跳」，固然可以再斟酌，「大吃一驚」恐怕更近原意；"the venerable stranger"(那肅穆體面的怪人)沒譯固可訾議。但胡適這句話譯得生動，應該沒人會有異議。

「米格兒」出現那一幕的譯筆也可以讓人擊節：

> 原來這是米格兒——這個晶瑩妙目，響亮喉嚨的少年女人。她的藍粗布的濕衣服遮不住她身上的曲線美。從她頭頂上漆皮男雨帽罩著的栗色頭髮，到她腳下男式粗靴遮著的腳和踝骨，樣樣都是優美的風標——這是米格兒。
> (And this was Miggles! this bright-eyed, full-throated young woman, whose wet gown of coarse blue stuff could not hide the beauty of the feminine curves to which it clung; from the chestnut crown of whose head, topped by a man's oilskin sou'wester, to the little feet and ankles, hidden somewhere in the recesses of her boy's brogans, all was grace—this was Miggles,...)[231]

米格兒走去吉梅身邊看望他那一段也是佳譯：「米格兒走過去，深深地看著那病人的臉。那病人的寧靜的眼睛也望著她。眼裡忽然露出一種我們不曾見過的神氣，就

---

229 胡適，〈米格兒〉，《胡適全集》，42：385；Bret Harte, "Miggles," *Stories and Poems* (London: Oxford University Press, 1915), p. 87.

230 胡適，〈米格兒〉，《胡適全集》，42：385；Bret Harte, "Miggles," *Stories and Poems*, p. 88.

231 胡適，〈米格兒〉，《胡適全集》，42：387；Bret Harte, "Miggles," *Stories and Poems*, p. 89.

像生命和知識都掙扎著要回到那皺紋的臉上似的。」(Miggles, crossing the room, looked keenly in the face of the invalid. The solemn eyes looked back at hers with an expression we had never seen before. Life and intelligence seemed to struggle back into the rugged face.)[232]

當然，要挑毛病是很容易的一件事。比如說，故事開始的時候，馬車停了下來，眾人可以依稀地聽到外邊有人在說「橋沖掉了」、「兩丈深的水」、「走不過了」的話。胡適說：「一會兒，話聽不清了，忽又聽見路上的人大聲說：『試試米格兒家罷。』」其實並不是話聽不清了。原文是說：「沉寂了片刻以後，路上傳來了一個神秘兮兮的喊聲，是一句臨別的忠告：『試試米格兒那兒。』」(Then came a lull, and a mysterious voice from the road shouted the parting adjuration: "Try Miggles's.")[233]

馬車到了米格兒家門口的時候，門深鎖著。余八叫門不應，請大家一齊大聲喊「米格兒」。坐在馬車頂上的一個愛爾蘭人，也幫著用他的愛爾蘭口音叫著：「梅該兒！」惹得眾人大笑。沒想到從米格兒家那邊也傳來了「米格兒」、「梅該兒」，甚至眾人大笑的回響，把大家都給驚呆了。當時，沒有人知道那是屋裡的一隻喜鵲在學舌。在胡適的譯筆下，法官先生於是開始「文謅謅地說：『我的好人，米格兒先生，請你想想，這樣淋漓的大雨裡，還有女太太們，你若閉門不納，豈非太沒有地主之誼了？真的，先生呵，……』牆那邊一陣子『米格兒』『米格兒』打斷了法官先生的演說。」其實原文不是說喜鵲的「米格兒」聲打斷了法官先生的演說，而是它的一連串的「米格兒」、「米格兒」，以及它接著的模仿大家的笑聲把法官的聲音給淹沒了(But a succession of "Miggles," ending in a burst of laughter, drowned his voice.)[234]。

有一句誤譯是特別值得令人玩味的。「米格兒」帶兩位女士進去臥室睡以後，留在客廳的男士們就開始議論紛紛地討論、推測「米格兒」跟吉梅的關係。胡適的譯文說：「我們男人向來是不喜探聽或議論人家私事的。然而我不能不承認，這一回，米格兒一走出去，剛關上門，我們立刻擠攏在一堆，有低聲談論的，有暗笑的，有冷笑的，大家紛紛猜度這位漂亮的女主人和她的怪同伴究竟是怎麼一回事。」

這段譯文特別令人玩味的原因，是因為哈特行文就特別讓人知道他的意思剛好相

232 胡適，〈米格兒〉，《胡適全集》，42：387；Bret Harte, "Miggles," *Stories and Poems*, p. 89.
233 胡適，〈米格兒〉，《胡適全集》，42：383；Bret Harte, "Miggles," *Stories and Poems*, p. 85.
234 胡適，〈米格兒〉，《胡適全集》，42：384；Bret Harte, "Miggles," *Stories and Poems*, p. 87.

反，男人一樣喜歡說長道短的。可是胡適則因為他自己性別上的成見，而沒把哈特嘲諷男性的意思給譯出來。哈特說：「我們這個性別的人——看官！我指的當然就是人類裡較強的一半——一向不被認為有好打聽、愛說閒話的毛病。然而，我不得不承認米格兒才關上門，我們就全擠在一起，咕唧、鄙夷、訕笑著、交換著我們對我們漂亮的女主人跟她的怪伴侶之間的關係的疑心、猜度，以及千百種假設。」(Our sex—by which, my dear sir, I allude of course to the stronger portion of humanity—has been generally relieved from the imputation of curiosity, or a fondness for gossip. Yet I am constrained to say that hardly had the door closed on Miggles than we crowded together, whispering, snickering, smiling, and exchanging suspicions, surmises, and a thousand speculations in regard to our pretty hostess and her singular companion.)[235]

胡適在《短篇小說》第二集最後譯的一篇是哈特的〈撲克坦趕出的人〉(The Outcasts of Poker Flat)，是1930年2月3日譯成的。胡適寫了一篇很長的〈譯前序〉：

> 我上次譯了哈特的小說〈米格兒〉，蘇雪林女士在《生活》週刊上曾作文介紹，說我們應該多翻譯這一類健全的，鼓舞人生向上的文學作品。蘇女士這個意思我完全贊同。所以我這回譯這一篇我生平最愛讀的小說。
>
> 此篇寫一個賭鬼和兩個娼妓的死。他們在絕大危險之中，明知死在眼前。只為了愛護兩個少年男女，不願意在兩個小孩子面前做一點叫他們看不起的事，所以都各自努力做人，努力向上。十天的生死關頭，居然使他們三個墮落的人都脫胎換骨，從容慷慨而死。三個人之中，一個下流的女人，竟自己絕食七天而死，留下七天的糧食來給那十五歲的小姑娘活命。
>
> 他們都是不信宗教的人，然而他們的死法都能使讀者感嘆起敬。顯克微支的名著《你往何處去》(Quo Vadis?)裡那位不信基督教的羅馬名士偉東對一個基督徒說：「我們也自有我們的死法。」後來他的從容就死，也確然不愧是希臘、羅馬文化的代表者。我們看這一個浪人兩個娼妓的死法，不可不想想這一點。[236]

〈撲克坦趕出的人〉的故事，胡適在〈譯前序〉裡已經交代了相當多了。被逐出

---

235 胡適，〈米格兒〉，《胡適全集》，42：390-391；Bret Harte, "Miggles," *Stories and Poems*, p. 92.
236 胡適，〈撲克坦趕出的人〉，《胡適全集》，42：396-397。

的賭徒是沃克斯(Oakhurst)。兩個娼妓，一個年輕，綽號叫「公爵夫人」(The Duchess)；另一個綽號叫「薛登媽媽」(Mother Shipton)。另外還有一個醉鬼「比利大叔」他們因為「品行」不好，被逐出撲克坦。他們如果兼程趕路的話，是可以在一天之內趕到沙洲屯去的。結果，幾個人心情不好，在中途就停下來了。沃克斯勸說大家趕路無效，也只好順從大家了。他們在歇腳的山上，碰見了湯姆(Tom)跟平兒(Piney)，正要私奔到撲克坦去。一夥人於是就在山上過夜。誰知禍不單行，當夜就開始下起大雪來。「比利大叔」又趁著大家睡著的時候，帶著所有牲口偷跑了。連番的大雪把大夥兒給困住了。到了第十天，「薛登媽媽」因為偷偷絕食把食物讓給平兒而把自己餓死以後，沃克斯要湯姆到撲克坦求援。等救援隊到的時候，所有人都已經死了。平兒跟「公爵夫人」抱在一起：「兩個死女人的臉上都是靜穆的容顏，誰也認不出哪一個是曾經墮落的娼婦。」沃克斯則躺在峽邊一株大松樹下。松樹上用一支刀子釘著一張梅花兩點的撲克牌，上面寫著：

> 在這樹下
> 睡著的是
> 約翰沃克斯，
> 他在1850年11月23日
> 遇著了一陣倒楣的運氣，
> 到了1850年12月7日，
> 他把賬結了。

冰僵在雪底下，一支手槍在身邊，一顆子彈在心臟裡，仍舊像生前的鎮靜，這裡睡的是撲克坦的逐客之中最強的，同時又是最弱的一個[237]。

　　胡適在〈撲克坦趕出的人〉的譯筆上乘。比如說，故事一開始的時候，沃克斯一早走上街頭，就覺得氣氛不對。胡適的譯文說：「他就感覺一夜的工夫這村上的人心大變了。」（〔H〕e was conscious of a change in its moral atmosphere since the preceding night.）[238]他接下去所翻的一段，同樣地一流：「忽然村上起了一種道德的反動，平時蠻野慣了的，這回忽然大發道學狂，也就蠻野的屬害。」（It was

---

237　胡適，〈撲克坦趕出的人〉，《胡適全集》，42：409。
238　胡適，〈撲克坦趕出的人〉，《胡適全集》，42：397；Bret Harte, "The Outcasts of Poker Flat," *Stories and Poems* (London: Oxford University Press, 1915), p. 66.

experiencing a spasm of virtuous reaction, quite as lawless and ungovernable as any of the acts that had provoked it.)[239]胡適翻譯哈特形容沃克斯的一段也非常傳神：「沃克斯先生不喝酒。賭博需要冷靜的頭腦，敏捷的心思，所以貪杯是最忌的。並且他說：『我哪喝得起？』」（Mr. Oakhusrt did not drink. It interfered with a profession which required coolness, impassiveness, and presence of mind, and, in his own language, he "couldn't afford it.")[240]

很奇怪的是，〈撲克坦趕出的人〉是胡適在《短篇小說》第二集裡最後譯的，可是也是他在譯筆上可議之處最多的一篇。比如說，在小說開始的時候，哈特提到撲克坦驅逐人是男女有別的。胡適的譯文說：「不幸有兩個是婦人。為尊重女性起見，我得聲明她們只是因為做的營業不正當，所以這回也在被驅逐之數。」哈特的原文沒有「尊重女性」的話。而且，胡適的譯筆說：「她們只是因為做的營業不正當。」完全沒譯出哈特的「史筆」。哈特刻意地點出所謂的「營業不正當」也者，完全是因為她們的性別關係使然。男人的職業根本就不會跟他們的性別扯上關係，而被冠以「職業不正當」的罪名。哈特原文的意思是說：「我很遺憾地說這幾個人當中有幾位是女性。然而，因為性別的關係，她們所謂的品行不端完全是跟她們所從事的職業有關。而撲克坦作了這麼一個判決，用的就是這個很容易確定的罪惡的標準。」（I regret to say that some of these were ladies. It is but due to the sex, however, to state their impropriety was professional, and it was only in such easily established standards of evil that Poker Flat ventured to sit in judgment.)[241]

另外一個誤譯完全是粗心的結果。胡適在譯出被驅逐的名單的時候說：「此外還有兩個少年女人，一個綽號叫做『公爵夫人』，一個綽號叫做『薛登媽媽』。」原文說的是「兩個」女人，其中一個是年輕的：「在被驅逐這一群裡有一個年輕的女人，大家都叫她『公爵夫人』，另外一個女人有一個名號叫『薛登媽媽』。」（[T]he expatriated party consisted of a young woman familiarly known as "The Duchess"; another, who had won the title of "Mother Shipton".)[242]「薛登媽媽」，顧名思義，不會是胡適

239 胡適，〈撲克坦趕出的人〉，《胡適全集》，42：398；Bret Harte, "The Outcasts of Poker Flat," p. 66.
240 胡適，〈撲克坦趕出的人〉，《胡適全集》，42：400；Bret Harte, "The Outcasts of Poker Flat," p. 68.
241 胡適，〈撲克坦趕出的人〉，《胡適全集》，42：398；Bret Harte, "The Outcasts of Poker Flat," p. 66.
242 胡適，〈撲克坦趕出的人〉，《胡適全集》，42：398；Bret Harte, "The Outcasts of Poker Flat," p. 67.

譯筆下的「少年女人」。

胡適既然說「公爵夫人」是一個「少年女人」，可是他居然在譯文裡說：「公爵夫人用她那半老的風騷勉強鼓起她那微受摧殘的風標〔注：帽子上的羽毛〕。」「公爵夫人」既然是一個「少年女人」，她怎麼會有「半老的風騷」呢？原文是說：「年輕的女人用她那已然洩了氣、褪了色的騷勁兒梳理著她帽子上零亂了的羽毛。」(The young woman readjusted her somewhat draggled plumes with a feeble, faded coquetry.)[243]

大夥兒在被大雪困住了以後，心情壞極了。只有跟平兒一起私奔而跟大家巧遇的湯姆依然不減其興。胡適說：「湯姆從他的行裝裡捧出他的手風琴來。手風琴頗不容易拉，平兒勉強榨出幾隻調子來，湯姆拍著兩片牛骨響板，和著她的琴調。」其實，不是手風琴不容易彈，而是平兒彈得不好：「雖然平兒不太會彈奏這個樂器，她還是在湯姆兩片牛骨響板的伴奏之下，勉強從琴鍵上彈出了一些差強人意的旋律。」(〔A〕n accordion... 〔was〕 produced somewhat ostentatiously by Tom Simson from his pack. Notwithstanding some difficulties attending the manipulation of this instrument, Piney Woods managed to pluck several reluctant melodies from its keys, to an accompaniment by the Innocent on a pair of bone castinets.)[244]

「薛登媽媽」是這群被大雪困住的人裡第一個餓死的人。在故事裡，「薛登媽媽」是這群被放逐者裡最強健的一個。可是，不知爲什麼卻會變得奄奄一息。胡適的譯文說明了原委：「到了第十天的半夜，薛登媽媽叫沃克斯到她身邊來。她掙扎著說：『我去了。不要告訴他們。不要喚醒孩子們。我的頭底下有一包東西，抽出來打開。』沃克斯先生打開包裹，原來是薛登媽媽一禮拜的糧食，絲毫沒有動。她手指者平兒說：『留下給那孩子吃。』沃克斯先生說：『原來你是自己餓死的！』那婦人說：『這就是人們叫做餓死。』她仍舊睡下，面轉向壁，靜穆地死了。」

「薛登媽媽」絕食，而把她所分配到的口糧讓給平兒。這是這個故事裡最感人的一個情節。可是，胡適譯「薛登媽媽」臨終前所說的：「這就是人們叫做餓死。」完全糟蹋了這句話。原文是說：「到了第十天的半夜，薛登媽媽叫沃克斯到她身邊。她氣若游絲地說：『我要走了！但不要聲揚。不要叫醒孩子們。把我頭下那包東西拿出

243 胡適，〈撲克坦趕出的人〉，《胡適全集》，42：399；Bret Harte, "The Outcasts of Poker Flat," p. 68.
244 胡適，〈撲克坦趕出的人〉，《胡適全集》，42：404；Bret Harte, "The Outcasts of Poker Flat," p. 72.

來，把它打開。』沃克斯照做了。那包東西是『薛登媽媽』上星期的口糧，絲毫都沒動過。她手指著沉睡的平兒說：『把這給她。』賭徒說：『原來你要餓死你自己！』『那是他們的說法〔注：我可不那麼想〕。』她不屑地說著，躺了下去。她把臉轉向牆，就這麼靜靜地過去了。」(At the midnight on the tenth day she called Oakhurst to her side. "I'm going," she said, in a voice of querulous weakness, "but don't say anything about it. Don't waken the kids. Take the bundle from under my head and open it." Mr. Oakhurst did so. It contained Mother Sipton's rations for the last week, untouched. "Give'em to the child," she said, pointing to the sleeping Piney. "You've starved yourself," said the gambler. "That's what they call it," said the woman, querulous, as she lay down again, and, turning her face to the wall, passed quietly away.)[245]

　　胡適的「短篇小說」第二集，無論是從翻譯的品質或者譯筆的圓熟來看，都是他的第一集所難以望其項背的。然而，從銷路與影響來看，兩者的地位卻剛好相反。我在前文已經用銷售數字來描述了胡適的《短篇小說》第一集風行的程度。胡適《短篇小說》第一集在翻譯上存在著許多問題，可是卻廣為讀者所喜愛，而且風行良久，特別是〈最後一課〉。第二集雖然屬於翻譯上的上乘之作，卻不能引起讀者的共鳴。我們如果比較胡適《短篇小說》的第一跟第二集，我們就可以發現兩者都是「文以載道」的產物。我在《璞玉成璧》裡，已經分析了胡適年輕時候在上海所形成的狹隘的民族主義以及「文以載道」的文學理念。我同時強調說，雖然胡適在留美時期揚棄了他的狹隘的民族主義。然而，他「文以載道」的理念雖然不再是那麼狹隘，卻是他從來沒擺脫掉的。

　　我在上文已經強調過了，胡適提倡翻譯西洋近代文學名著，其目的是要輸入「範本」。這「範本」的意思，不只是體例，而且還包括思想的內容。而在這方面，胡適似乎是年紀越大越悲觀。五四時代，他要輸入西洋文學，以作為改造中國新文學的體例與內容的「範本」。可是，到了他在1930年代回顧新文學運動的成績的時候，他居然作出了中國當時還不配侈言革新「內容」的結論。我在《璞玉成璧》裡已經徵引了胡適在1935年所寫的〈《中國新文學大系・建設理論集》導言〉裡的一段話：

　　　我們開始也曾顧到文學的內容革新的討論。但當那個時期，我們還沒有法

---

245 胡適，〈撲克坦趕出的人〉，《胡適全集》，42：407；Bret Harte, "The Outcasts of Poker Flat," p. 75.

子談到新文學應該有怎樣的內容。世界的新文藝都還沒有踏進中國的大門裡。社會上所有的西洋文學作品不過是林紓翻譯的一些十九世紀前的作品，其中最高的思想不過是迭更司的幾部社會小說；至於代表十九世紀後期的革新思想的作品都是國內人士所不曾夢見。所以在那個貧乏的時期，我們實在不配談文學內容的革新，因為文學內容是不能懸空談的，懸空談了也決不會發生有力的影響。[246]

胡適在1935年作出了那麼的悲觀的結論。可是，在那五年之前，他的看法還沒那麼悲觀。我在前文徵引了他在1930年2月3日譯成〈撲克坦趕出的人〉時寫的〈譯前序〉：「我上次譯了哈特的小說〈米格兒〉，蘇雪林女士在《生活》週刊上曾作文介紹，說我們應該多翻譯這一類健全的，鼓舞人生向上的文學作品。蘇女士這個意思我完全贊同。」

即使胡適到了他在1935年寫〈《中國新文學大系・建設理論集》導言〉的時候，說「我們實在不配談文學內容的革新，因為文學內容是不能懸空談的。」在文學體例方面，他始終認為寫實主義是文學藝術最高的境界，是中國的作家所應該引為範本的。胡適的《短篇小說》，無論是第一集還是第二集，他所翻譯的都是寫實主義的作品。

然而，為什麼胡適的《短篇小說》第一集能引起讀者的共鳴，第二集卻不然呢？第一集所收的都德的〈最後一課〉就提供了一個最好的答案。亦即，民族主義。〈最後一課〉的背景是普法戰爭以後，法國被迫割讓亞爾薩斯、洛林兩省的故事。這不但是當時的中國人所能體會的，而且是能夠激起他們的愛國心的。〈最後一課〉是胡適在1912年9月29日譯成的。根據我在《璞玉成璧》裡的分析，這是胡適揮別他在上海求學時期所形成的狹隘的民族主義，而轉變成為一個以愛國為基礎的世界公民的前夕。在留美中期，胡適再一變而成為一個超越國界的世界公民；然後，從世界公民，他再變成一個絕對的不爭主義者；最後，他又再變成一個國際仲裁主義者。因此，諷刺的是，在胡適已經揮別了民族主義以後，他在民族主義時期的譯作，卻反而是他一生最為成功、最為風行的。

胡適的《短篇小說》第二集完全沒有像都德的〈最後一課〉那樣能椎人心、使人

思奮起的故事。胡適在《短篇小說》第一集的〈譯者自序〉裡說：「我是極想提倡短篇小說的一人。可惜我不能創作，只能介紹幾篇名著給後來的新文人作參考的資料。」[247]他在1918年所寫的〈建設的文學革命論：國語的文學——文學的國語〉說，將來的中國文學家必須推廣材料的範圍：「即如今日的貧民社會，如工廠之男女工人、人力車夫、內地農家、各處大負販及小店鋪，一切痛苦情形，都不曾在文學上占一位置。並且今日新舊文明相接觸，一切家庭慘變，婚姻苦痛，女子之位置，教育之不適宜，……種種問題，都可供文學的材料。」[248]

　　從這個角度來說，《短篇小說》第二集是胡適透過翻譯，來提供如何描寫貧民社會生活的「範本」。只是，同樣是描寫下層社會，作者、譯者，跟讀者之間卻不一定有共同的語言以及理解的基礎。換句話說，文化與社會的隔閡，無法讓讀者體會異文化的下層社會的生活。舉個例子來說，老舍的《駱駝祥子》可以膾炙人口，因為中國的讀者能夠直覺地體會出祥子的際遇以及他所生活的社會文化背景。反之，《短篇小說》第二集裡所描寫的故事，並不是翻成中文就能讓中文的讀者體會，並引起他們的共鳴的。

　　同樣的，一般美國讀者完全不能體會為什麼中國人總愛說魯迅是近代中國最偉大的作家。他們看不出魯迅的短篇小說有什麼驚人的震撼力。這原因無它，文化的隔閡使然。因為美國的讀者沒有中國人在近代所身受的弱國、弱種、被欺凌，然後反躬自省來反傳統的歷史經驗，他們因此完全無法感同身受地去與魯迅小說裡的人物產生共鳴。有趣的是，胡適的《短篇小說》第二集提供了一個反向的例證。〈洛斯奇爾的提琴〉、〈撲克坦趕出的人〉描寫得何嘗不是細膩已極？故事何嘗不是感人極深？然而，中國讀者是否能夠產生共鳴，則端賴他們是否能有體會的能力。而這體會的能力就是對小說所描寫的社會文化脈絡的理解。

　　胡適不只是在美國生活過的人，他而且是一個讀書不倦、留心觀察美國社會的人。胡適說〈撲克坦趕出的人〉是「我生平最愛讀的小說」。他把它翻成中文與讀者共用，並希望它能作為中國作家的「範本」。然而，不是所有的中國讀者跟作者都跟胡適一樣有生活在美國的經驗，以及閱讀美國小說的習慣。於是，胡適「生平最愛讀的小說」，翻出來卻不得見賞。

　　除了文化的隔閡以外，短篇小說有其局限。它不像長篇小說，可以高潮迭起，引

---

247 胡適譯《短篇小說》第一集〈譯者自序〉，載該書卷首，上海亞東圖書館1919年10月出版。
248 胡適，〈建設的文學革命論：國語的文學——文學的國語〉，《胡適全集》，1：63。

人入勝，以至於讓人讀不釋手。胡適對短篇小說情有獨鍾，認為短篇小說是文學進化的最高境界，至少是到他那個時代為止的最高境界。他1918年3月在北京大學的國學門裡講〈論短篇小說〉：

> 最近世界文學的趨勢，都是由長趨短，由繁多趨簡要——「簡」與「略」不同，故這句話與上文說「由略而詳」的進步，並無衝突。詩的一方面，所重的在於「寫情短詩」，Lyrical poerty（或譯「抒情詩」）。像Homer〔荷馬〕，Milton〔彌爾頓〕，Dante〔但丁〕那些幾十萬字的長篇，幾乎沒有人做了，就有人做（十九世紀尚多此種），也很少人讀了。戲劇一方面，莎士比亞的戲，有時竟長到五齣二十幕，此所指乃Hamlet〔哈姆雷特〕也。後來變到五齣五幕又漸漸變成三齣三幕，如今最注重的是「獨幕戲」了。小說一方面，自十九世紀中段以來，最通行的是「短篇小說」。
>
> 長篇小說如Tolstoy〔托爾斯泰〕的《戰爭與平和》，竟是絕無而僅有的了。所以我們簡直可以說，「寫情短詩」，「獨幕戲」，「短篇小說」三項，代表世界文學最近的趨向。這種趨向的原因，不止一種：一、世界的生活競爭一天忙似一天，時間越寶貴了，文學也不能不講究「經濟」。若不經濟，只配給那些吃了飯沒事做的老爺太太們看，不配給那些在社會上做事的人看了。二、文學自身的進步，與文學的「經濟」有密切關係。斯賓塞說，論文章的方法，千言萬語，只是「經濟」一件事。文學越進步，自然越講求「經濟」的方法。有此兩種原因，所以世界的文學都趨向這三種「最經濟的」體裁。今日中國的文學，最不講「經濟」。那些古文家和那《聊齋濫調》的小說家，只會記「某時到某地遇某人，作某事」的死賬，毫不懂狀物寫情是全靠瑣屑節目的。那些長篇小說家又只會做那無窮無極《九尾龜》一類的小說，連體裁布局都不知道，不要說文學的經濟了。若要救這兩種大錯，不可不提倡那最經濟的體裁——不可不提倡真正的「短篇小說」。[249]

胡適這個：「『寫情短詩』，『獨幕戲』，『短篇小說』三項，代表世界文學最近的趨向」的謬論，連他的好友任鴻雋都不能苟同。任鴻雋在1918年9月5日給胡適的一封信裡直言：「又因欲稱頌短篇小說長處，因言凡今世文學出品皆有趨短之勢，因

---

249 胡適，〈論短篇小說〉，《胡適全集》，1：135-136。

以單幕劇爲戲本上乘，雋皆不敢謂然。雋以爲單幕劇如短詩，大家爲之，偶有佳者，然不可謂爲詩之獨至。若所傳之事曲折離奇，非得三四幕斷無能形容盡致者。所言皆無關宏要，但欲足下執筆時略爲全題留些餘地，勿太趨於極端耳（趨於極端與radical〔激進〕不同）。」[250]

胡適這個「文學進化論」注定是錯誤的。文學的高下跟其「經濟」與否是風馬牛不相及的兩回事。胡適這個「進化」等於「經濟」的謬論，他還會拿來發揮在語言文字的進化上。請參見第八章裡的分析。無論如何，短篇小說有它的局限，透過翻譯，更容易暴露其局限。胡適固然在《短篇小說》第二集裡選譯了一些上乘的寫實小說。然而，除了文化的隔閡以外，作爲短篇小說，它們在體裁上就沒有空間去演繹出引人入勝的情節。《短篇小說》第二集既然無法引起中國讀者的共鳴，又缺乏引人入勝的情節，無怪乎它風行的程度與第一集相比，是望塵莫及。

---

250 任鴻雋致胡適，1918年9月5日，《胡適來往書信選》，上冊，頁17。

第八章
帝國主義，東西方文化

　　胡適一生當中被人誤解的地方不勝枚舉。這誤解的原因自然因個案而異。但主要的原因之一，就是因為誤解的人沒有去追尋胡適思想發展、變化的軌跡。他們抓住胡適一時一地所說的話，就把它當成是胡適對某個問題的定論。那就彷彿像瞎子摸象，摸到什麼就說那是象的模樣一般。要能不窺一斑而誤以為全豹，就必須去釐清胡適思想的來龍去脈。

　　胡適對帝國主義的態度，就是一個典型的例子。1920年代初期的胡適認為帝國主義就像是病菌一樣，只能侵害氣弱體虛的人。用孟子的話來說，就是「人必自侮，然後人侮之；家必自毀，而後人毀之；國必自伐，而後人伐之。」胡適這個論調最淋漓盡致地發揮在他〈國際的中國〉一文裡。基本上，胡適一生反對中國人怪罪「帝國主義」的基調，在這篇文章裡已經形成了。然而，胡適的「帝國主義論」的演化軌跡裡有一個斷層。這個斷層就在他寫完〈國際的中國〉以後。我們要了解胡適這個「帝國主義論」的斷層，就必須先認識到這是一篇斷章取義挪用別人的文章。然後，再去了解這個斷層產生的緣由。

　　胡適的「帝國主義論」有斷層的存在，其原因有二。第一，胡適在寫〈國際的中國〉的同時，也正是他對中國的前景最有信心的時候。胡適既然對中國深具信心，當然就不免存在了「誰怕帝國主義」的自大的心理。這時候的胡適認為中國可以後來居上。這個中國可以後來居上的信心，是建立在他認為他所領導的「文藝復興」已經成功的假定之上。中國「文藝復興」的成功，意味著傳統中國理性主義與西方近代的科學思想接枝成功。中國人在理性主義的基礎上，可以超越那仍然被宗教的淫威籠罩的英國與歐洲，跟美國並駕齊驅成為世界新文化的領航者。就在這種中國後來可以居上的心理之下，胡適把「白話」與「文言」的優劣提升到了世界語言優劣的層次。當時的胡適不但認為「白話」優於「文言」，而且認為它是世界上最為邏輯、理性，與民主的語言。

　　胡適的「帝國主義論」有斷層存在的第二個原因是五卅慘案以及國民黨在國共合

作之下所進行的北伐。五卅慘案前後，是胡適逐漸右傾激進的開始。當時胡適右傾激進，卻被羅志田與邵建錯解爲胡適患了左傾急驚風的毛病。這就是典型的不去了解胡適思想發展的軌跡的後果。胡適愛美國，一生從來都沒有變節過。他在1926、1927年西行漫遊期間對蘇聯所作的所有的正面的評價，跟意識型態一點關係都沒有。胡適從留美時期就反對階級鬥爭與唯物論。從胡適留美時代開始，階級鬥爭與唯物論一直就是讓他聞之不快的理論。

　　蘇聯讓當時的胡適佩服的地方，是它試圖用有理想、有組織、有計畫的方式去追趕美國用資本主義的組織方式所達到的生產力。然而，蘇聯永遠不會是胡適的選項。胡適愛美國，因爲美國自由、民主。但更重要的，是美國的生產力。美國的生產力是胡適在漫遊以前就已經擊節稱賞的。等他漫遊以後，他所親眼目睹的美國的汽車文明，更是讓他頂禮膜拜到要回中國宣揚汽車文明的福音的地步。胡適斬釘截鐵地宣告美國不會有革命，而且不需要有革命。這是因爲他說美國已經用生產力以及社會立法的方式，把革命的可能性從根斷絕了。

　　胡適在爲蘇聯努力提高生產力而動容、在頂禮膜拜美國的汽車文明的同時，也是他一生中最右傾、最法西斯蒂的時候。從五卅慘案到北伐開始，是胡適一生當中呼喊「中國受列強欺負」、「廢除不平等條約」、「取消領事裁判權」最多，也最激烈的時候。在這以前沒有，在這以後再也不會有。胡適不但在中國呼喊，他甚至在英國、美國充當國民黨的義務宣傳員。他承認蘇聯的顧問在國民黨政府所扮演的角色，但堅決否認國民黨左傾。他稱讚國民黨從蘇聯顧問那兒學到了組織的方法。他說在歷史上，這是中國人第一次學會用政黨來組織政府和軍隊。黨成爲軍隊和政府的大腦與靈魂，黨與軍隊成爲一體。胡適說這是他爲中國額手稱慶的一件劃時代的大事。

　　值得令人回味的是，即使在胡適最右傾、最法西斯蒂的時候，他仍然拒絕使用「帝國主義」這個名詞。胡適認爲凡事歸罪給「帝國主義」是「赤化」的行爲。他是絕對反對「赤化」的人。胡適拒絕使用「帝國主義」這個名詞，就是他「反赤化」的體現。胡適反赤化，所以他在英國、美國演講的時候，堅決否認廣州政府或北伐軍是紅色的。他開玩笑地說，它連粉紅色都算不上。胡適並不是不知道國民黨聯俄容共的事實。但是，從他自己一廂情願所演繹出來的理論來看，國民黨聯俄只是學習蘇聯的組織方法，而不是它的階級鬥爭與反帝國主義的意識型態。在北伐軍拿下漢口與南京以後，胡適呼籲北伐軍一定不能排外，一定要對列強示好，以便取得列強的好感於信心。等他聽到了蔣介石在上海鏟共、屠殺共產黨的消息的時候，胡適終於鬆了一口氣，他說國民黨終於找回了它自己了。

胡適是一個複雜的人。就在他呼籲取消領事裁判權、廢除不平等條約的同時，他也開始「浪子回頭」，要中國人老老實實地承認自己萬事不如人，要徹底地覺悟向西方學習。為了要把胡適的「浪子回頭」放在當時的時代氛圍——特別是認為他們比中國人還了解中國的傳教士所代表的時代氛圍——裡，我特別以英國謝福芸女爵(Lady Dorothea Hosie)在她的書中所刻畫出來的中國的眾生相來作為脈絡，以襯托出胡適「浪子回頭」的時代意義。

胡適在1920年代有他錯綜複雜、狂起狂落的心理。然而，那最有意味的一面，是他去西方向西方人傳西洋近代文明的福音。胡適認為中國處處不如人、樣樣必須向西方學習。但與此同時，他又覺得當時的西方人莫名其妙地對自己的文明失去了信心。對胡適而言，那東方精神、西方物質的說法，不僅是中國人或東方人自欺欺人的謬論。西方在第一次世界大戰以後，有不少人也墮入了這種迷霧裡，而病急亂投醫地尋求各種宗教精神上的慰藉與解脫。胡適漫遊到英國與美國的時候，就扮演起了傳教士的角色，呼籲西方人要能迷途知返，要能認識到他們自己的文明裡科學、理性與博愛的成分，努力奮起，跟胡適以及其他真正能認識與珍視西方近代文明的精髓的東方人一起，同心協力，把西方文明推向其邏輯的結果，以謀全人類最大多數的最大幸福。

「哪有帝國主義！」

胡適對帝國主義的態度一直廣為眾人所誤解。他對帝國主義的態度並不是一成不變的。最有意味的是，在1920年代中國的革命高潮期間，也就正是胡適對帝國主義的態度左右擺動最為戲劇性的階段。有關胡適對帝國主義的態度，有一個非常生動的故事，是跟胡適過從密切的汪原放所說的。汪原放回憶1925年上海的五卅慘案發生以後，胡適對陳獨秀以及亞東圖書館的老闆汪孟鄒駁斥沒有帝國主義的對話：

> 一天下午，仲翁〔陳獨秀〕來了，和適之兄大談。我和我大哥也在聽。談著，談著，仲翁道：「適之，你連帝國主義都不承認嗎？」適之兄生氣了，說：「仲甫，哪有帝國主義！哪有帝國主義！」拿起「司的克」〔注：英文"stick"的音譯，亦即紳士用的手杖〕來，在地板上連連的篤了幾下，說：「仲甫，你坐罷，我要出去有事哩。」一面只管下樓出去了。仲翁坐了一會，一句話也沒說，臉上有幾分氣惱。後來說：「我再來。」也去了。
> 第二天，我的大叔知道了，對著適之兄說：「適之，你怎麼連帝國主義也

不承認呢？不對吧？」適之兄放下臉來，一把扯著我的大叔的袖子，連連的扯了幾下，說：「孟鄒，什麼是帝國主義？什麼是帝國主義？」又穿上馬褂只管出去了。[1]

　　這個故事非常眞實，只是時間不對。「五卅」過後，是胡適一生中唯一開始慷慨激昂反對帝國主義的一段時間。然而，如果我們把這個故事放在1922年10月1日發表〈國際的中國〉的胡適，卻是絕對眞實的。我在第三章分析胡適與中國共產黨第一次交鋒的時候，提到了〈國際的中國〉一文，是他反駁〈中國共產黨第二次全國代表大會宣言〉所揭櫫的半殖民地論。
　　胡適在〈國際的中國〉一文裡說：

> 　　我們要知道：外國投資者的希望中國和平與統一，實在不下於中國人民的希望和平統一……
> 　　況且投資者的心理，大多數是希望投資所在之國享有安寧與統一的。歐戰以前，美國鐵路的股票大多數在英國資本家的手裡。這種投資，雙方面全受利益；英國也不用顧慮投資的危險，美國也決不愁英國「資本帝國主義」的侵略。這樣的國際投資是不會發生國際問題的，因爲這種投資就和國內的投資一樣。國際投資所以發生問題，正因爲投資所在之國不和平、無治安，不能保障投資者的利益與安全，故近人說，墨西哥、中國、波斯、近東諸國，可叫做「外交上的孤注，國際上的亂源」。[2]

　　好個不負責任的「近人說」！這句「外交上的孤注，國際上的亂源」，花了我三天加起來八個小時的時間，才找出這個「近人」是誰，以及他說這句話的出處。胡適不老實的地方，不只在他沒注明出處，不只在他這句加了徵引符號的話原文裡根本沒有，而是他自己拼湊起來的。這用今天在美國大學必須向校方舉報學生抄襲的話來說，是「拼湊抄襲」(mosaic plagiarism)。胡適最嚴重，也最不老實的地方，還不在於他拼湊抄襲，而是在於他根本斷章取義這個「近人」的意思。
　　胡適這個所謂的「近人」也者，就是當時美國炙手可熱的自由派專欄作家李普曼

1　汪原放，《回憶亞東圖書館》，頁94-95。
2　胡適，〈國際的中國〉，《胡適全集》，2：491、493。

（Walter Lippmann）。胡適引用的這句話是出自李普曼在1915年出版的《外交折衝的俎上肉》（*The Stakes of Diplomacy*）[3]。胡適說：「墨西哥、中國、波斯、近東諸國，可叫做『外交上的孤注，國際上的亂源』。」這句話卻是一語道破了李普曼在這本書裡的主旨。我們不能不佩服胡適讀書能看似不費吹灰之力就抓住要點的本領。

李普曼這本書的主旨，他用扉頁上的一句話就點出了。這句話是美國19世紀最有名的戰略家，海軍少將馬漢（A.T. Mahan）所說的：

> 眼前會導致歐洲國家兵戎相見的誘因與觸因，是那些政治上落後、主權傾危，卻擁有豐富尚未開發的資源的地區。

然而，胡適「外交上的孤注，國際上的亂源」這句話，即使是抓住了該書的主旨，卻扭曲了李普曼的原意。李普曼在通書裡，從來就沒出現過像胡適說得這麼西方至上，彷彿第三世界是自己放了火、害得西方不得不去救火的論調。李普曼說的最接近的話是：「世界上積弱之區，就是衝突產生之區。」為什麼會造成衝突呢？李普曼說得很清楚：「哪一個國家應當干預落後的國家呢？用什麼樣的干預方式呢？保護國的形式該如何？——這就是現代外交赤裸的眞面目（the bone and sinew）。」[4]李普曼又說：「這個世界存在著無政府的狀態，就是因為弱國落後。」例如：亞洲、非洲、巴爾幹、中南美洲的一些國家。理由很簡單，因為這些資源豐富的地區：「積弱招致掠奪，無能與貪污招致帝國主義的擴張，其利益大到讓大家願意為之爭到你死我活的地步。」[5]

換句話說，當時的墨西哥、中國、波斯、近東諸國本身，並不是像胡適所說的，是「國際上的亂源」。它們之所以會成為「亂源」，是因為「現代外交赤裸的眞面目」，亦即，是因為西方帝國主義覬覦這些「積弱」、「無能與貪污」的國家的豐富資源，於是為之「爭到你死我活的地步」的結果。

「外交上的孤注」，自然是胡適所翻譯的李普曼的書名。然而，這句話讓不擅長翻譯的胡適這樣翻，等於是不知所云。"stakes" 一般字典的翻譯是「籌碼」或「賭注」。胡適用「孤注」，靈感可能是來自「孤注一擲」。然而，這個英文字，也有「利益攸關」的意思。因此，我在此按照上下文的意思，把它翻成「外交折衝的俎上

3　Walter Lippmann, *The Stakes of Diplomacy* (New York: Henry Holt and Company, 1915).

4　Walter Lippmann, *The Stakes of Diplomacy*, pp. 106-107.

5　Walter Lippmann, *The Stakes of Diplomacy*, pp. 106-127.

肉」。李普曼說任何國家都可能成爲別國的俎上肉。在弱肉強食的國際情勢之下，連強國都不可免，更何況是小國和弱國呢！李普曼舉的例子就是第一次世界大戰初起，德國侵略比利時的例子。然而，比利時的例子不是普遍的現象。一個國家會成爲帝國主義外交折衝上的俎上肉，問題不在國家的大小，也不在種族，而完全是在於那個國家是否具有現代國家的組織。李普曼說：

> 日本是小國，是黃種人。然而，日本國內發生什麼事並不會成爲國際的問題。中國是大國，是黃種人。但是，它將會是未來世界最嚴重的問題。北歐諸國不強，它們可能會被侵略，但它們不會是外交干預的對象。它們不是外交折衝的俎上肉，因爲它們具有現代的政治組織。[6]

　　胡適最不老實的地方，不只在他徵而不引，而更在於他完全曲解了李普曼的論述。親美的胡適最受不了人家說美國不好。〈中國共產黨第二次全國代表大會宣言〉批判美國利用軍閥作爲傀儡的分析，他認爲是天方夜譚。他說：「我們稍知道美國的歷史和國情的，可以斷定美國決不會有這種奇怪的政策。」他也爲美國在1920年加入英、法、日合組的四國銀行團緩頰，說：「中國共產黨儘管說新銀行團是一個『四國吸血同盟』。然而，我們試回想民國七、八〔1918、1919〕年的日本獨借的驚人大款，再看看新銀行團成立以後這幾年的消極的效果，就可以明白美國資產階級對中國的未必全懷惡意了。」

　　胡適亟亟於替美國辯護，李普曼則直言不諱美國外交與經濟掛鉤的帝國主義，特別是美國加入四國銀行團的外交利益上的盤算：

> 現代帝國主義的進行方式如下：銀行集團進入一個弱國，建立了在「該國的利益」，從而引生了民族主義的情懷。弱國的貪污與無能「危及」了該國的利益，這就激起了民族主義，接著就是出兵把它給拿了下來。一個國家在世界上的威望，是建立在其「利益」的大小，以及「保護」這些利益的民族主義的強度。我聽說華盛頓的國務院邀請美國的銀行團進入中國，目的是爲了確保美國在外交上有「插腳的餘地」(foothold)。一個政府如果對干預與否躊躇猶豫太久，就像美國對墨西哥的作法，就會使它在世界其他地方的外

6　Walter Lippmann, *The Stakes of Diplomacy*, pp. 166-167.

交權勢跌價。[7]

　　胡適不只厚愛美國政府，他也厚愛美國的銀行團與投資者。他說：「投資者的心理，大多數是希望投資所在之國享有安寧與統一。」「安寧」，或許，因為投資者需要安全的投資環境。「統一」，則是胡適自己的一廂情願。李普曼不然，他甚至用挪揄的口氣替帝國主義的進行曲譜出了一個公式：

> 　　傳教士、探險家、冒險家、勘察家回國，告訴大家某地多麼富饒。這些故事傳到有貨品可賣的商人、有錢可投資的資本家、有教可傳的教會。為了要獲取那個市場、享有它的物資，公司就成立了。公司的董事與政府的殖民官員聯繫，得到官方支持的承諾。這些公司組成的消息傳到了國外的交易銀行中心。他們也跟著組成了公司，輸出資本與貨品。
>
> 　　開港的國家出問題了。那問題可能是因為當地人對進口貨品課重稅；可能是因為外國商人在經營上觸犯了當地的迷信；可能是因為暴動發生，暴民殺了一個傲慢的傳教士；也可能是因為外商在競爭當中離間了當地人。母國的報紙大肆渲染地報導當地無政府的狀態以及「國人」岌岌可危的樣子。與此同時，殖民公司開始跟當地政府接洽，想取得一些特權——也許是專賣權，也許是採礦權，也許是港口使用權或河流航行權等等。當地無政府的狀態提供了干預的理由和藉口。總是會有那麼些人，他們或者是看了太多吉卜林（Rudyard Kipling）〔注：頌揚英國帝國主義的作家〕的作品，或者在報社上班的時候抽了太多的香煙，於是他們相信「天降重任於本國」（manifest destiny）、相信白人的使命（the white man's burden）。其他國家的人也有他們「天降重任於本國」的想法，也有他們野心勃勃的銀行家，於是他們也出兵干預，要求還他們一個公道。最後，在劍拔弩張、在大放厥詞的民族主義言論播送完了以後，歐洲列強開會討論解決的方法。[8]

　　胡適把殖民投資者形容成希望中國能和平與統一的人。李普曼則認為這些海外投資者貪得無厭，已經到了可以為了自肥，不管他人死活的地步：

7　Walter Lippmann, *The Stakes of Diplomacy*, pp. 105-106.
8　Walter Lippmann, *The Stakes of Diplomacy*, pp. 105-106.

　　法國的農人可能因爲政府因爲要治理非洲的殖民帝國而變得較窮。然而，一些法國的銀行家或商人一定變得比較富有。如果那些資本家可以取得專賣權，整個世界可能因而受害，可是他們自己可以得利。自由貿易也許可以讓老百姓變得富裕，可是關稅、退稅、專賣權造就了許多百萬富翁。控制政府的不是老百姓，而是某些資產階級；殖民政府很可能也是殖民資本家所控制的。那些資本家一點都不會患了「大幻覺」(Great Illusion)的毛病〔注：胡適留美時期所景仰的和平主義者安吉爾所寫一書的書名。安吉爾抨擊殖民擴張會帶來繁榮的想法，他稱之爲「大幻覺」〕。他們很清楚知道讓自己享有特權，是比讓別人享有特權要對自己有利多多了。[9]

　　胡適最不老實的地方，是他爲帝國主義緩頰，可以到把李普曼書中的論點斷章取義認的地步。胡適說：

　　優勢的投資國家要想這些弱國與亂國有和平與治安，只有兩條路子：一是征服統治他們；一是讓本國人民早日做到和平與統一的國家。十年以前，列強對中國自然是想走第一條路的，所以有勢力範圍的劃分，瓜分地圖的擬議。但日俄戰爭以後，因日本的勝利而遠東局面一變；辛亥革命以後，因民族的自覺而遠東局面再變；歐戰期内，因日本的獨霸而遠東局面幾乎大變；歐戰結局以後，又因中國民族的自覺而遠東局面又經一次大變。

　　老實說，現在中國已沒有很大的國際侵略的危險了。巴黎的一鬧，華盛頓的再鬧，無論怎樣無結果，已夠使全世界的人知道中國是一個自覺的國家了。稍明白事理的政治家，大概都曉得那第一條路——征服統治中國——是做不到的了。現在無論是哪一國——日本、美國，或英國——都不能不讓中國人民來解決本國的政治問題。[10]

　　原來胡適居然是個阿Q。「巴黎的一鬧」，指的是因爲五四運動中國拒簽凡爾賽和約；「華盛頓的再鬧」，指的是1921年到1922年的「華盛頓會議」。他的結論：「無論怎樣無結果，已夠使全世界的人知道中國是一個自覺的國家了。」胡適的阿

9　Walter Lippmann, *The Stakes of Diplomacy*, pp. 118-119.
10　胡適，〈國際的中國〉，《胡適全集》，2：493-494。

Q，莫此爲甚。那胡適所謂的「巴黎的一鬧」、「華盛頓的再鬧」也者，我們俯拾美國有關美國與東亞關係史的專書，都一致說中國是這兩次會議最大的輸家[11]。難不成胡適眞的相信阿Q式的「精神勝利」！除了阿Q以外，胡適還大膽地當了預言家。他說：「現在無論是哪一國——日本、美國，或英國——都不能不讓中國人民來解決本國的政治問題。」這個預言，毋庸贅言，是徹底的囈語。

胡適說：「優勢的投資國家要想這些弱國與亂國有和平與治安，只有兩條路子：一是征服統治他們；一是讓本國人民早日做到和平與統一的國家。」其實，李普曼說的是三條路子。而且，其中沒有一條是胡適說的：「讓本國人民早日做到和平與統一的國家。」更重要的是，這三條路子都不是李普曼所主張的。李普曼說：

> 如何去把擾攘之國（disorganized state）〔注：胡適翻成「亂國」〕組織起來？這是外交上的課題。有幾個一般性的政策可循。一個是征服統治。這個政策已經越來越聲名狼藉了。這一方面是因爲文明國家的民眾有反帝國主義的傾向。然而，主要的原因，是因爲列強不願意讓一個強國掠取太多。另外一個方法是用保護國的方式來控制財政與警察權。這就是我們〔注：美國〕現在在海地的作法。這個作法的優點是有無形控制之實，而無暴虐傲慢的軍事占領之相。一個國家有時候可以經由改革財政的方法而走上軌道，而不需要因爲干預其人民的生活造成摩擦。還有另外一個方法，那就是派遣專家——就像我們派專家去波斯——讓他們去爲那個國家的改革服務。這個方法也有它的缺點，亦即，如果這些專家沒有一個強國作後盾，他們很容易成爲傾軋與權謀的祭品。[12]

李普曼這本《外交折衝的俎上肉》是1915年出版的，時間是第一次世界大戰初起的時候。當時，許多有心之士絞盡腦汁，思索爲什麼人類會墮落到互相集體屠殺的地步。李普曼認爲問題就出在世界有資源豐富的落後地區，它們是列強角逐的俎上肉。這就是國際爭端的來源。它們並不是胡適所說的國際的「亂源」。李普曼書中所抨擊的「亂源」，是在海外殖民地的投資者。當他們的「投資」、「經營」在海外遇到阻

11　Warren Cohen, *America's Response to China: A History of Sino-American Relations* (New York: Columbia University Press, 2010), pp. 86-88, 94-98; Walter LaFeber, *The Clash: U.S.-Japanese Relations through History* (New Yor: W.W. Norton & Company, 1997), pp. 120-127, 132-143.

12　Walter Lippmann, *The Stakes of Diplomacy*, p. 168.

力、反抗以後，他們就在母國煽動民族的情緒。接下去的故事就不言而喻了：侵略、
占領，或者引來其他列強的爭奪。世界因此就不太平了。

李普曼寫這本書的目的，就在於要列強掙脫這種為了角逐外交折衝的俎上肉，因
而導致戰爭的惡性循環。他說唯一可行的作法就是國際共管。這個國際共管，不像是
海牙的國際法庭，也不是像今天的聯合國，而是就地組織的國際共管：「國際共管必
須是地區性的國際政府，有立法權，有任用罷黜行政官員之權。」這種就地組織的國
際共管政府的好處，就在於投資者再也沒有機會動輒操縱母國的政府、煽動民意，用
船堅炮利的方法去海外奪取投資經商的特權。李普曼說：

> 如果這種政策能成功，我們就可以把你爭我奪的帝國主義的所有藉口跟促
> 因都給排除了。如果〔弱國〕出了亂子，再也不需要哪一個國家出手干預。
> 因為當地就有一個大家所公認的政府，可以向它求助，可以向它申訴。沒有
> 一個列強需要宣布說從今以後，它不再為其國民在海外撐腰，因為那種需要
> 已經不存在了，已經被〔國際共管〕的有效管理方式給剷除了。[13]

胡適說外國投資者要「讓本國人民早日做到和平與統一的國家」。他不但太一廂
情願，而且根本就是鴕鳥一隻。李普曼抨擊帝國主義，並不是因為他厚愛這些落後國
家，而是因為他不希望帝國主義為了這些俎上肉而自相殘殺，從而危害世界和平。他
說，「只要一塊疆域能治理得井然有序，只要商業可以正常運行，那塊疆域就不會再
是外交折衝的俎上肉。」[14]他的建議是用國際共管的方式來管理這些俎上肉。換句話
說，即使是自由派的李普曼，他所獻的策不是要讓中國「早日做到和平與統一的國
家」，而是要讓它永遠變成一個國際託管區(請注意我用黑體標明的字)：

> 重點是：我們必須要在地球上所有可能造成世界危機的地區組成**永久性的**
> **國際託管**。這些託管的數目不須明定。可以確定需要的地方有摩洛哥、剛
> 果、巴爾幹半島、滿洲也許也是一區。還有可能的地區是康士坦丁堡，以及
> 加勒比海的某些國家。世界上的任何地區，只要它的資源多到讓人垂涎、疆
> 域不靖、競爭激烈，就必須設立這樣的國際託管。[15]

13　Walter Lippmann, *The Stakes of Diplomacy*, pp. 118-119.
14　Water Lippmann, *The Stakes of Diplomacy*, p. 191.
15　Water Lippmann, *The Stakes of Diplomacy*, p. 135.

邵建讀了胡適的〈國際的中國〉，擊節稱賞。他讚嘆地說：「今天讀胡適的〈國際的中國〉，簡直就是一篇『開放的中國』。它比1980年代的改革開放幾乎提前了一個甲子。」[16]邵建有所不知，他不知道他是被胡適誑了。如果胡適老老實實地把李普曼的論述翻成中文，邵建就會知道那「國際的中國」誠然是「開放的中國」。只是，那種「開放的中國」是「永久性的國際共管的中國」。

胡適不但要自己當鴕鳥，他還要別人也跟他一起當鴕鳥。他勸大家放心，不要再動輒詛咒帝國主義：

> 所以我們現在盡可以不必去做那怕國際侵略的噩夢。最要緊的是同心協力的把自己的國家弄上政治的軌道上去。國家的政治上了軌道，工商業可以自由發展了，投資者的正當利益有了保障，國家的投資便不發生問題了，資本帝國主義者也就不能不在軌道上進行了。[17]

在〈國際的中國〉的最後，胡適還是不忘踹陳獨秀一腳。他引陳獨秀在《嚮導》上的文章抨擊「北京東交民巷公使團簡直是中國之太上政府」那句話。他揶揄陳獨秀說：

> 政治紛亂的時候，全國陷入無政府的時候，或者政權在武人奸人的手裡的時候，人民只覺得租界與東交民巷是福地，外幣是金不換的貨幣，總稅務司〔管控中國海關的英國總管〕是神人，海關郵政權在外人手裡是中國的幸事！[18]

在一國無道的時候，「人民只覺得租界與東交民巷是福地，外幣是金不換的貨幣。」這是完全可以理解的想法與作法。畢竟，這是人在無道的社會裡自保、自存的自衛方式。然而，即使是生活在一個無道的社會裡，如果他對自己、對自己的社會還有點羞恥心，這應該是一個令人扼腕的怪現象。只有患了自虐，和虐待狂的人才會把它拿出來寫在全國性的刊物上，把它當成「幸事」，要讀者跟他一起普天同慶。

為什麼胡適會像患了自虐與虐待狂——自虐狂，指他作為中國人的自虐；虐待

16　邵建，《瞧，這人：日記、書信、年譜中的胡適(1891-1927)》，頁304。
17　胡適，〈國際的中國〉，《胡適全集》，2：494。
18　胡適，〈國際的中國〉，《胡適全集》，2：495。

狂，指他用這種文字來虐待其他中國人———一樣寫〈國際的中國〉呢？胡適爲什麼會斷章取義地摘取李普曼的《外交折衝的俎上肉》呢？如果有人要爲胡適辯護，他可以說胡適所徵引的只是李普曼的名詞，立論則是他自己的。換句話說，就是後現代、後殖民主義理論裡所說的挪用。事實上，胡適這篇文章是介於挪用與斷章取義之間的四不像。

　　胡適這篇文章的篇名：〈國際的中國〉，是呼應他「外交上的孤注，國際上的亂源」的主旨。而「外交上的孤注，國際上的亂源」，又是他用「拼湊抄襲」的方式取自於李普曼的。問題是，這種「拼湊抄襲」完全顛倒了李普曼的主旨。李普曼說落後地區會成爲「國際上的亂源」，是因爲它們的資源是西方資本家覬覦的對象。西方資本家操作民族主義、慫恿民氣、促使其政府採行船堅炮利的政策。其結果就是把這些落後地區變成了帝國主義國家「外交上的俎上肉」。換句話說，李普曼的立論基礎是：帝國主義的野心是國際的亂源根本原因。《外交折衝的俎上肉》談的不是理想主義，而完全是從現實政治(realpolitik)的事實入手。李普曼從帝國主義存在的事實爲基礎，提出釜底抽薪之法，用國際共管的方式，來治理落後地區，從根本上杜絕了帝國主義以落後地區爲俎上肉的機會。這種以現實政治爲基礎的釜底抽薪之計，完全是西方中心觀。由於這種共管的設計是永久性的，它不但完全沒有設想到這些落後人民的自主性與自主權，而且也完全沒有設想到如何從國際共管過渡到自治與獨立。當然，《外交折衝的俎上肉》是1915年出版的。要求它不代表西方中心觀、西方至上觀，未免等於強要洋人穿長袍了，亦即，犯了歷史家最忌的時代謬誤。

　　胡適挪用李普曼的「國際上的亂源」的觀念。然而，李普曼的「國際上的亂源」是帝國主義。到了胡適筆下，那作爲帝國主義的「俎上肉」的中國，卻搖身一變地成爲了「國際上的亂源」。胡適能夠如此顛倒李普曼的立論，而卻神不知鬼不覺，原因無它，因爲他把李普曼的另一句關鍵話———「外交折衝的俎上肉」———翻成了讓大家不知所云的「外交上的孤注」，讓讀者完全不知道李普曼所說的，是應該如何來解決中國等落後國家任人宰割、以至於導致帝國主義國家自己內訌的問題。李普曼要國際共管中國，胡適卻把它阿Q式地詮釋成：「外國投資者的希望中國和平與統一，實在不下於中國人民的希望和平統一。」又：「現在無論是哪一國———日本、美國，或英國———都不能不讓中國人民來解決本國的政治問題。」

　　胡適爲什麼會如此斷章取義地挪用李普曼的《外交折衝的俎上肉》呢？胡適爲什麼會用如此自虐與虐待狂的語言來寫〈國際的中國〉呢？因爲他要用最戲劇性、最震撼性的觀念和話語去反駁陳獨秀以及中國共產黨。他不是在求眞理，他是在論戰。我

在本部第三章裡已經一再地強調，論戰的目的不是在讓真理越辯越明，而是要打倒對方，爭取或鞏固自己的文化霸權。胡適非常清楚，他的文化霸權已經相當鞏固。唯一可以向他的文化霸權挑戰的，不是傳統的守舊派，也不是與西方保守思潮匯流的保守主義，而是馬克思主義。所以，即使馬克思主義者並沒有指名向他挑戰，他必須主動出擊。聰明高段的他，知道要打就必須打在節骨眼上。所以，他雙管齊下，用〈聯省自治與軍閥割據——答陳獨秀〉左攻中國社會是半封建性質的論述，用〈國際的中國〉右擊中國是半殖民地的論述。

在結束這一節的分析以前，我要借題發揮一個小發現。我在本傳第一部《璞玉成璧》裡已經舉例說明胡適是一個極端聰穎，能舉一反三、不但挪用轉借、而且糅雜調和的高手。他糅雜挪用杜威與唯心論哲學來寫他的《先秦名學史》和《中國哲學史大綱》（上卷），他挪用轉借傳統維多利亞的英詩音調格式來作為他白話新詩寫作的靈感，就是兩個最好的明證。胡適挪用轉借不只局限於理論，還包括語言。我們都知道他有一句膾炙人口的名言：「被孔丘、朱熹牽著鼻子走，固然不算高明；被馬克思、列寧、史達林牽著鼻子走，也算不得好漢。」這句所謂「被牽著鼻子走」很可能就是胡適從英文裡儻來的一句外來語。其出處，是莎士比亞的《奧塞羅》：「穆爾人自由開放……可以像驢子一樣讓我輕鬆地**牽著鼻子走**（led by the nose as asses are）。」莎士比亞的這個劇本，我在《璞玉成璧》裡指出胡適在1913年的夏天選「英文K：莎士比亞悲劇」的時候就讀過了[19]。

如果胡適不記得了，他至少在杜威的〈哲學亟需復蘇〉裡又可以第二次讀到這個用語。杜威鼓勵美國人要發展出那能解決美國的特殊問題的美國哲學。他說我們不要盲從教科書，而要用智力來解決問題。他說：「我們依賴成規當權威，就注定要失敗。這是因為我們所面對的情況是日新月異的。依賴成規就等於是讓我們自己被某種階級的利益**牽著鼻子走**（guiding us by the nose）。」[20]

李普曼這本《外交折衝的俎上肉》又出現了「牽著鼻子走」的用語。李普曼說，等這些落後地區在國際託管以後被治理的井然有序，不再成為外交折衝的俎上肉以後，西方國家就可以不需要再為它們爭得你死我活，西方國家的老百姓也就不會動輒被民族情緒煽動起來「為社稷而動干戈」——「不被牽著鼻子走」。這是國際和平、外交民主化的開始：

19　《舍我其誰：胡適，第一部：璞玉成璧，1891-1917》，頁252。

20　John Dewey, "The Need for a Recovery of Philosophy," *The Collected Works of John Dewey, 1882-1953*, MW10.48.

　　人們會發現有些外國人可能比自己的同胞還更是他們的同類。政治就不會到了國界就畫了界限，國與國之間的交往，也不會再用從前那幾個老愛用臭臉相對的皇帝的老法子。老百姓也就比較不會**被人牽著鼻子走**(led by the nose)。外交會越來越變成是群體與群體之間的交易與談判，而不再是「國家意志」(national wills)一觸即發的對峙。外交事務民主化最具體的影響，是讓外交事務不再是「外事」(foreign)。這是因爲民主會把〔不同國家裡的〕各階級及其利益正確地拉攏在一起。[21]

　　〈國際的中國〉楬櫫了胡適一輩子反「反帝國主義」的基調。他1930年在〈我們走那條路〉一文裡所說的幾句名言，都可以在〈國際的中國〉裡找到基礎：例如，他的「五鬼亂華論」──「貧窮」、「疾病」、「愚昧」、「貪污」、「擾亂」；例如，他所說的「帝國主義不能侵害那五鬼不入之國。帝國主義爲什麼不能侵害美國和日本？爲什麼偏愛光顧我們的國家？豈不是因爲我們受了這五大惡魔的毀壞，遂沒有抵抗的能力了嗎？故即爲抵抗帝國主義起見，也應該先剷除這五大敵人。」[22]

　　其實，胡適說：「帝國主義不能侵害那五鬼不入之國──美國和日本」，等於是不打自招地承認了這個世界上確實是有「帝國主義」這種東西的存在。他至少等於是承認了「帝國主義」專門愛找「五鬼」纏身的國家。無論如何，他在〈我們走那條路〉裡所謂的：「即爲抵抗帝國主義起見，也應該先剷除這五大敵人。」這個論調在〈國際的中國〉裡已經成形了，亦即，人必自侮而後人侮之。

　　有意味的是，即使愛美國、親西方如胡適者，也有他對帝國主義「此而可忍，孰不可忍」的時候。不是不會，只是時候不到。我在下文會提到的1925年的五卅慘案，就是胡適「此而可忍，孰不可忍」的稻草壓垮駱駝的一刻。更值得令人回味的是，胡適這隻看起來似乎已經被「稻草」壓垮的徽駱駝，居然能就地一滾、一躍而起。從那以後，他痛定思痛，叱責那「打倒帝國主義」的口號爲「廢話」、爲「赤化」，要大家老老實實地徹底承認自己的「老祖宗造孽太深」，造了「三害」──鴉片、小腳和八股──先天已經不良，然後又被那「五鬼」纏繞[23]。他以傳統「女孩在家裏小腳，男孩在學堂念死書」、是一種「十分野蠻的教育」爲例，大聲疾呼說：

21　Water Lippmann, *The Stakes of Diplomacy*, p. 195.
22　胡適，〈我們走那條路〉，《胡適全集》，4：458。
23　胡適，〈慘痛的回憶與反省〉，《胡適全集》，4：492、493。

我們深深感謝帝國主義者，把我們從這種黑暗的迷夢裡驚醒起來。我們焚香頂禮感謝基督教的傳教士帶來了一點點的西方新文明和新人道主義，叫我們知道我們這樣待小孩子是殘忍的，不人道的，野蠻的。[24]

中國後來可居上

值得令人回味的是，在胡適寫〈國際的中國〉，要中國人「不必去做那怕國際侵略的噩夢」、「同心協力的把自己的國家弄上政治的軌道上去」的時候，也正是胡適一生中對中國的信心最強的階段。這個時候的胡適，認為中國在當時世界上所有的國家當中，最有資格加入美國的行列，成為世界新文化的復興基地。他在1922年7月3日的日記說：

> 夢麟談歐洲情形，極為悲觀。這一次大戰，真是歐洲文明的自殺。法國已不可救了。拉丁民族的國家——義大利、西班牙、葡萄牙——將來在世界上只有下山的前途，沒有上山的希望。德國精神還好。將來歐洲必有俄德英聯成一片的時候。歐洲將永永為日爾曼斯拉夫民族的世界。但世界的文化已在亞美兩洲尋得了新逃難地。正如中國北方陷入野蠻人手裡時，尚有南方為逃難地。將來歐洲再墮落時，文化還有美亞澳三洲可以逃避，我們也不必十分悲觀。[25]

「世界的文化已在亞美兩洲尋得了新逃難地！」胡適當時為什麼對中國這麼具有信心呢？他1924年1月4日寫給韋蓮司的信提供了一個非常寶貴的線索：

> 我完全同意妳所說的：「能讓我們生趣盎然的，不是任何可以作為典型的文明，而是人類能夠日新月異發展的可能性。」我的希望是：沒有宗教包袱之累的中國知識分子，能夠比歐美人士更加一致、更加勇敢地，把科學的宇宙觀與人生觀帶到其邏輯的終點。我們在這兒重新過著赫胥黎以及克利福德(W.K. Clifford, 1845-1879)從前所過的日子。「給我證據，我才會相信。」

24　胡適，〈慈幼的問題〉，《胡適全集》，3：839、840。
25　《胡適日記全集》，3：653。

這是我和我的朋友重新揭起的戰鬥口號。[26]

「沒有宗教包袱之累的中國知識分子，能夠比歐美人士更加一致、更加勇敢地，把科學的宇宙觀與人生觀帶到其邏輯的終點。」胡適所指的，就是「科學與人生觀論戰」。而這個所謂的「科學的宇宙觀與人生觀的邏輯的終點」，就是吳稚暉用貶語正用的方式，形容為「漆黑一團」的宇宙觀和「純物質的純機械的人生觀」。胡適對他自己以及他的同道充滿自信與樂觀。他覺得他在中國所打的戰爭，就是「赫胥黎以及克利福德」19世紀在英國所打的戰爭的延續。不同的是，因為他們沒有宗教的包袱，他與他的同道可以比「赫胥黎以及克利福德」打得更為徹底、更為得理不饒人。他在〈《科學與人生觀》序〉裡說得再清楚也不過了：

關於存疑主義的積極精神，在君自己也曾有明白的聲明（〈答張君勱〉，頁21-23）。「拿證據來！」一句話確然是有積極精神的。但赫胥黎等在當〔年〕用這種武器時，究竟還只是消極的防禦居多。在十九世紀的英國，在那宗教的權威不曾打破的時代，明明是無神論者也不得不掛一個「存疑」的招牌。但在今日的中國，在宗教信仰向來比較自由的中國，我們如果深信現有的科學證據只能叫我們否認上帝的存在和靈魂的不滅，那麼，我們正不妨老實自居為「無神論者」。這樣的自稱並不算是武斷；因為我們的信仰是根據於證據的：等到有神論的證據充足時，我們再改信有神論，也還不遲……我們信仰科學的人，正不妨做一番大規模的假設。只要我們的假設處處建築在已知的事實之上，只要我們認我們的建築不過是一種最滿意的假設，可以跟著新證據修正的——我們帶著這種科學的態度，不妨衝進那不可知的區域裡，正如姜子牙展開了杏黃旗，也不妨衝進十絕陣裡去試試。[27]

儘管「存疑主義」是胡適一生中最為響亮的招牌口號之一，在1920年代，他其實是嫌它太過溫溫吞吞了。「存疑主義」對胡適而言，是赫胥黎在19世紀「宗教的權威不曾打破」的英國所用的擋箭牌。他暗指赫胥黎明明是一個無神論者，卻不得不以存疑主義者自居。胡適認為在「宗教信仰向來比較自由的中國」，「正不妨老實自居為

26　Hu shih to Clifford Williams, January 4, 1924,《胡適全集》，40：225。
27　胡適，〈《科學與人生觀》序〉，《胡適全集》，3：839、840。

『無神論者』」。他呼籲大家把「無神論」作爲一個待證的假設，「衝進那不可知的區域裡，正如姜子牙展開了杏黃旗，也不妨衝進十絕陣裡去試試。」

胡適所要作的，就是高舉他那無神論的「杏黃旗」，衝將進基督教所布設的「十絕陣」裡去。他1921、1922年的日記俯拾皆是他批判基督教的言論。1921年5月18日：

> 上午，司徒爾先生(Dr. Stuart)〔司徒雷登〕與劉廷芳牧師與霍進德先生(H.T. Hodgkin)來談。霍君是一個「匱克」(Quaker)，他的宗教信心很強，他以爲一個人若不信上帝，若不信一個公道的天意，決不能有改良社會的熱心與毅力。我說，我不信上帝，並且絕對否認他這句通則。大賢如John Stuart Mill〔穆勒〕，T.H. Huxley〔赫胥黎〕，Charles Darwin〔達爾文〕，都不信上帝，但誰敢說他們沒有熱心與毅力嗎？[28]

胡適妄解赫胥黎、達爾文的宗教信仰。這一點我已經在第二章裡已經分析過了。胡適的重點，在於把基督教與西方近代文化分家。從胡適的角度來看，「宗教」與「近代」的科學、理性文化是不相容的。胡適把宗教視爲古代、原始、幼稚、非理性心靈的陳跡。1922年6月24日的日記：

> 晚間到柯樂文〔Grover Clark〕家吃飯，談宗教問題；席上多愛談論的人，如Houghton〔侯屯〕，Embree〔恩布瑞〕，Clark〔克拉克〕〔注：柯樂文當時是胡適在北大英文系的同事；後三者爲協和醫院教授〕，談此事各有所主張。外面大雨，街道皆被水滿了，我們更高談。最後我爲他們作一結束：一、不必向歷史裡去求事例來替宗教辯護，也不必向歷史裡去求事例來反對宗教。因爲沒有一個大宗教在歷史上不曾立過大功、犯過大罪的。二、現在人多把「基督教」與「近代文化」混作一件事：這是不合的。即如協和醫校，分析起來，百分之九十九是近代文化，百分之一是基督教。何必混作一件事？混作一事，所以反對的人要向歷史裡去尋教會摧殘科學的事例來罵基督教了。三、宗教是一件個人的事，誰也不能干涉誰的宗教。容忍的態度

28　《胡適日記全集》，3：45。

最好。[29]

　　胡適在這裡說：「宗教是一件個人的事，誰也不能干涉誰的宗教。容忍的態度最好。」這是因為他當晚是跟洋人談話，還客氣一點。胡適有他不容忍的一面，對宗教就是一個典型的例子，而且是越老越不能容忍。有意味的是，胡適這個不容忍的一面，是他身旁的人都知曉的。1961年9月19日，胡適到台大醫院去檢查身體。過後，他要去看住院的梅貽琦。大家都勸他不要上去。他們對他說：

　　　　「梅太太同一屋子的女人在祈禱、在唱歌。現在只求上天保佑了。」先生
　　　　四點半回來，很沉痛的大聲說：「這是愚蠢！我本來很想看看梅先生，他也
　　　　渴望能夠見見我。他還沒有死，一屋子愚蠢的女人在唱著歌祈禱，希望升天
　　　　堂——這些愚蠢的女人！」[30]

　　把「愚蠢的女人」跟宗教迷信並列，這又是胡適性別觀的體現。胡適鄙夷基督教，認為它已經淪為教條、迷信的淵藪。1926年8月28日，他當時在巴黎的「國家圖書館」(Bibliothèque nationale)看敦煌的卷子。他在當天的日記裡附了兩則英文剪報，然後，加了一句按語：「此二則見於同日同一報上，可以窺見英美之半開化的情形。」這兩則剪報究竟說的是什麼呢？會惹得胡適作出「可以窺見英美之半開化」這樣驚人的結論。第一則：

　　　　倫敦，週四——伽山(Chesham)的「聯合自由教會」(United Free Church)
　　　　的瓦特·懷恩(Rev. Walter Wynn)牧師，潛心研究金字塔的秘密凡四十年。
　　　　他說位在吉薩(Gizah)的「大金字塔」所具有的預言的意義，已經充分地由
　　　　最近的國際大事所證明了。懷恩先生宣布：8月22日將是一系列會改變世界
　　　　命運的事件發生的開始。他說希臘革命就意味著那預言已經部分實現了。據
　　　　說，懷恩先生作過幾個預言，後來都被重要的國際事件所證實了。那些重要
　　　　的國際事件，就是〔《聖經》裡所說的〕「世界末日善惡的對決場」(Great
　　　　Armageddon)、「大災難」(Great Tribulation)——「大金字塔」指出會在

29　《胡適日記全集》，3：646-647。
30　胡頌平，《胡適之先生晚年談話錄》，頁232-233。

1928年發生——來臨的序幕。

世界大亂

懷恩牧師說：「徵象顯示：從1919年12月12日開始到1928年5月29日，世界的亂象會節節上升。雖然這些日期只是用來作爲參考用的，但是事實證明了它們幾乎連時辰都說對了。就以我上次所預言的日期1926年7月20日爲例。當天所發生的大事如下：德辛斯基(Derjinsky〔Dzerzhinsky〕)——那斬決了一百二十五萬人的『布爾什維克的黑色教宗』(Black Pope of Bolshevism)——死於當日；法郎大貶值；『安卡拉條約』(Treaty of Angora)在刺刀的威脅之下簽訂；巴德溫(Baldwin)先生〔英國首相〕拒絕了教會領袖所提出的取消煤礦工人罷工的條件；英國賣軍火給土耳其簽約；張伯倫(Sir Austen Chamberlain)爵士承認德國在擴充軍備；天主教在墨西哥的那塊肉『被撕咬掉了』〔注：指1926年1月墨西哥天主教徒的叛變〕。『大金字塔』窖心所顯示的日期被證明了嗎？我認爲是。因爲在7月20日當天，英國、法國、德國、土耳其、俄國、墨西哥都大亂。〔注：懷恩牧師大而化之，他所舉的這些例子，除了德辛斯基的死期以外，都不是在1926年7月20日發生的。〕」

第二則：

紐約，週四——紐約的牧師異口同聲地抨擊克里希那穆提(Jiddu Krishnamurti)。他是一個三十歲的印度教士。昨天他跟貝桑夫人(Mrs. Besant)所搭乘的「君威」號(Majestic)郵輪抵達紐約。成千的「神靈教派」(Theosophists)信徒頂禮膜拜他爲新的「救世主」。

倫敦「非英國國教派」(Nonconformist)的邁爾牧師(Rev. F.B. Meyer)，現正在長島的石溪(Stony Brook)參加一個聖經的會議。他說克里希那穆提是貝桑夫人催眠術的受害者。紐約布魯克林區的卡森博士(Dr. John F. Carson)揶揄他是巴納姆(Barnum)第二〔注：巴納姆是馬戲團主〕。長老公會(Presbyterian Board)的秘書威里博士(Dr. David G. Wylie)則指責其做作的姿態是褻瀆神聖。

克里希那穆提現正下榻於華道夫—阿斯多里亞大酒店(Hotel Waldorf-Astoria)的套房裡，一概謝絕所有好奇膜拜者的訪問。他的每一個房間都堆

滿了膜拜者送去的鮮花。他在修身養性，貝桑夫人則到處演説，説她的「卵翼」(protégé)將會成爲一個神明啓迪的世界導師。[31]

相對於「半開化」的英美，中國則不但有理性主義的傳統，而且又已經受到近代西方科學思想的洗禮，而益發理性。胡適在1927年7月號的《論壇》(*The Forum*)發表的一篇短文〈中國與基督教〉(China and Christianity)説得最爲趾高氣揚：

> 我們不要忘了中國哲學在兩千五百年以前，從老子開始就已經給了我們一個自然主義的宇宙觀；孔子更是一個不可知主義者。每當中國在迷信或狂熱的宗教籠罩之下的時候，這個理性主義、人文主義的傳統，總會扮演解放的角色。這種中國本有的文化背景，現在已經在近代科學的方法和結論的支持下復蘇，而成爲中國知識分子抵抗任何宗教體系刀槍不入的甲胄。這些宗教體系，不管爲它們辯護的人説得再好聽，都經不起理性和科學的檢證。
>
> 即使在所謂的基督教世界，基督教本身已經是到了背水一戰的田地了。對我們這些生來就不信教的人來説，在我們這個以達爾文與巴斯德爲先知的時代裡，畢立‧桑德(Billy Sunday)和艾美‧麥克佛森(Aimee McPherson)〔注：兩位都是布道家〕居然會是大家推崇、贊助的對象！這眞是匪夷所思了。艾莫‧甘脆(Elmer Gantry)和莎倫‧法克納(Sharon Falconer)〔注：美國諾貝爾文學獎得主辛克萊‧劉易斯(Sinclair Lewis)諷刺小説裡的男女主角〕所代表的宗教，總有一天會讓有識之士以作爲基督徒爲恥。等到那一天來到的時候，他們就會了解少年中國抗拒基督教不是沒有道理的。這個宗教在它從前的黃金時代裡大打宗教戰爭、迫害科學，到了二十世紀第一次世界大戰的時候，還在光天化日之下爲交戰國祈求勝利，而且到現在還在基督教世界的某些角落裡迫害科學。[32]

美國「半開化」的一面，誠然是胡適在〈中國與基督教〉這篇文章裡所抨擊的對象。然而，愛美國的胡適仍然覺得美國是世界上最有理性、最有希望的所在。歐洲才

31　《胡適日記全集》，4：361-363。
32　Hu Shih, "China Changes Its Religion," 《胡適全集》，36：285-286。請注意：《胡適全集》所收的這篇文章有許多錯字。最好使用該書引文出處的版本，或最原始版本："China and Christianity," *The Forum*, LXXVIII (July, 1927), p. 2.

眞正是他抨擊的對象。他在1926年11月29日在英國伯明罕(Birmingham)時候的日記說：

> 我早起得一個感想，寫在這裡：
> 我感謝我的好運氣。第一、不曾進過教會學校；第二、我先到美國而不曾到英國與歐洲。如果不是這兩件好運氣，我的思想決不能有現在這樣徹底。[33]

中國傳統裡是否具有移植、接枝近代西方科學的沃壤？一如我在《璞玉成璧》裡所指出的，這是胡適在他的博士論文《先秦名學史》的〈導言〉裡所提出來的問題。然而，老子的自然主義的宇宙觀，以及孔子的理性主義與人文主義，這些觀點，在《先秦名學史》或是在《中國古代哲學史》裡都沒出現。這原因很簡單，在《先秦名學史》裡，他的目的是在先秦非儒家的諸子的名學思想裡找到移植、接枝西方近代科學的沃壤。換句話說，胡適的老子的自然主義的宇宙觀，以及孔子的理性主義與人文主義云云，都是他回國以後才漸次發展出來的結論。

中國可以後來居上、可以跟美國一起成爲世界新文化復興的基地之論，毫無疑問地，也是胡適回國以後的新論。只是，這個「新論」，注定只是胡適一生中曇花一現的異想天開而已。

胡適說白話文是「活文學」，文言文是「死文學」。這個說法是大家都耳熟能詳的。然而，1920年代初期的胡適還有另外一個大家都不知道的「宏論」，亦即，白話文是世界上最進步的語言，同時白話文也是世界上最民主的語言。

胡適的這個宏論是他1921年4月下旬在北京一些外國人所組織的「文友會」裡所發表的一篇演講，題目是：〈中文文法的演進〉(The Evolution of the Chinese Grammar)。他在4月29日的日記裡說明了這篇講稿的來龍去脈：「整理上週在『文友會』讀的演稿"The Evolution of the Chinese Grammar"〔中文文法的演進〕。因爲英文《導報》〔注：*The Peking Leader*〕的主筆柯樂文君(Grover Clark)要此稿付印。」[34]

胡適在這篇英文講稿裡說，他這篇講稿主要是根據他《中國語言發展史》裡〈語法變遷〉的一章，亦即，〈國語的進化〉，原先發表在《新青年》7卷3、4號，後來成爲〈國語文法概論〉的第二篇，收在《胡適文存》第一集裡[35]。

33　《胡適日記全集》，4：566。
34　《胡適日記全集》，3：8；「胡適檔案」把此稿係爲1926年，誤。
35　胡適，〈國語文法概論〉，《胡適全集》，1：421-473。

　　胡適說白話文是世界上最進步的語言。他的理由非常簡單，就是白話文已經去蕪存菁，把所有多餘累贅的文法變化都給淘汰了。他以代名詞爲例，製表說明了文言裡的代名詞也有詞性的變化：

表8.1　文言文代名詞的詞性變化

	主格	所有格	受格
第一人稱	吾	吾	我
第二人稱	汝	爾	汝
第三人稱	彼	其	之

　　胡適說從表8.1的分析看來，文言文的代名詞詞性變化的繁瑣程度簡直可以跟英文等量齊觀。由於這些規則繁瑣，遵循困難，人們逐漸不按照其規則來作文。以至於到了西元前第3世紀的時候，這些代名詞的用法已經混淆了。這就是胡適1916年6月在哥倫比亞大學所寫的〈爾汝篇〉裡的論點。胡適說小老百姓才不管那些歷史的包袱，他們在日常運用的白話文裡，把所有這些繁瑣的規則都給淘汰掉了。一如表8.2所顯示的，白話文裡的代名詞用法既簡單又有規律。

表8.2　白話文代名詞用法規則

	單數主、受格	單數所有格	複數主、受格	複數所有格
第一人稱	我	我的	我們	我們的
第二人稱	你	你的	你們	你們的
第三人稱	他	他的	他們	他們的

　　這個文法由繁趨簡的演進，胡適說是經過了幾個世紀自然的演進方才成功的。而其所以能成功的原因，完全是因爲白話文法由繁趨簡的演進很幸運地沒有受到文人雅士的阻撓。他說正由於文人學者懂文言，他們對文字改革採取保守甚至反動的態度。語言的保守性，胡適說可以是到了固若金湯的地步。特別是如果它已經具有了浩瀚的文學作品，再加上它有科舉制度作爲它的後盾。白話文幸運的所在，是因爲它完全被文人學者所漠視，因而得以自由的進化，任憑那「民族的常識」去產生其結晶[36]。

36　Hu Shih, "The Evolution of the Chinese Grammar," 《胡適全集》，36：143-144。

　　白話文法由繁趨簡，胡適又舉出了其他幾個例子。比如說，疑問句在文言裡有好幾個繁瑣的文法格式。小老百姓的常識告訴他們，只要用兩個代名詞就可以表達疑問句了：「誰？」跟「什麼？」更妙的是，不管是用在主格、所有格，或者是受格都是同樣的字。在疑問句裡，唯一需要把「主詞—動詞—受詞」的次序顛倒的是在使用「何以」、「所以」的情況之下。胡適最後的一個例子是白話文基本的句型結構，亦即，「主詞—動詞—受詞」的次序。他說只有在三種情況之下，才會把受詞放在句首：一、述詞必須是一個及物動詞；二、句子裡必須有一個否定的介系詞；三、受詞必須是一個代名詞[37]。

　　由於〈中文文法的演進〉是說給「文友會」的外國人聽的，胡適舉的例子要比他在〈國語的進化〉所舉的要少得許多，解釋也簡單許多。比如說，他在〈國語的進化〉裡詳細地討論了「了」、「的」，與「得」的用法。這些分析在〈中文文法的演進〉那篇英文演講裡完全沒有。有趣的是，胡適在〈中文文法的演進〉裡所分析的「把」的用法，則是他在〈國語的進化〉裡所沒有的。他在1922年的〈再論中學的國文教學〉一文裡是提到了「把」的句型，但沒作任何分析，只稱它是「國語文法的特別處」[38]。

　　胡適為什麼在〈中文文法的演進〉裡特別提出「把」的句型呢？他是要用「把」的句型來證明白話文的進步。胡適在〈國語的進化〉裡用白話文由繁趨簡的趨勢來證明白話是「進化」，而文言是「退化」。然而，在〈中文文法的演進〉裡，胡適更上了一層樓。他對「文友會」的聽眾說，由繁趨簡大家可能會認為是一種「向下齊頭平等」(leveling)的作法。而「向下齊頭平等」對每一個國家裡的知識階級來說，都帶有負面的意思，因為那會使語言失去精緻奧妙之美，而流於平淡無味。然而，胡適說即使人家會譏詆他，說他錯把糞土當黃金，他還是毋寧認為這種向下齊頭平等的發展代表著語言自然演化的進步。胡適於是作出了他語驚四座的結論——英文的進化不幸中挫：

　　　　我必須坦承我認為所有這種在文法上向下齊頭平等的作法都是語言發展的進步。其所意味的，是一種自然的邏輯，一種民族的常識的邏輯。他們雖然拙於言詞，但他們內在的論理能力是莫然可抑、無可辯駁的。就以英文口語

37　Hu Shih, "The Evolution of the Chinese Grammar,"《胡適全集》，36：144-146。
38　胡適，〈再論中學的國文教學〉，《胡適全集》，2：789。

裡的"I ain't"〔我不〕、"you ain't"〔你不〕、"he ain't"〔他不〕爲例〔注：不合文法規則，被鄙爲是沒受過教育的人的用詞〕。如果所有英文裡的動詞，都能像這個口語把"be"動詞用這同樣的形式來表達，那該有多好啊？如果"it"跟"you"可以不管主格、所有格、受格都維持原形，我們究竟有什麼理由一定要有"I"跟"me"、"he"跟"him"、"they"跟"them"、"we"跟"us"、"she"跟"her"的分別呢？

唯一的答案當然是這些不規則變化是歷史的陳跡，已經被書本和教育套牢而很難改變。換句話說，並不是因爲這些下意識所提出來的改革是不必要的，而是因爲英文的自然發展在其初期就已經被阻斷了。因此，不管文法上的改進是多麼的合理，都被認爲是革命的、是驚世駭俗的(illegitimate)。[39]

相對的，白話文就幸運得多了。雖然白話文在過去的七八個世紀裡已經廣泛地被採用來寫詩歌、平話，和小說，但由於它被鄙視爲是引水賣漿者流的娛樂，反而得以自由地發展，自由地採納那些根據常識的邏輯所需要的文法上的變化。其結果是：

常識的力量在白話文的歷史演進史上所扮演的角色是史無前例的。世界上沒有任何一種語言，在文法上所做的摧枯拉朽的工作，能與白話文媲美。那些毫無用處的文法形式只不過是因爲語言過早定型，常識的力量被倏然中止而不能發揮，以至於遺留下來的蠻荒歷史的陳跡。[40]

那「向下齊頭平等」的功效並不只是消極地去摧枯拉朽。就因爲語言得以自然發展，它自然地產生了相當革命性的突破。「把」的句型，就是一個最好的例子。胡適說「把」的句型最絕妙的貢獻，是它容許我們把及物動詞放到句尾，使字句活潑生動、字義維妙維肖。胡適的例句是他一輩子最喜歡徵引的：「我恨不得把這一班貪官污吏殺的乾乾淨淨！」[41]

白話文另外一個革命性的突破是「離合動詞」(separable verbs)的運用。這「離合動詞」的例子，胡適用的例子是「了」的句型。胡適所舉的例子有二：「我來了三年多了。」以及「他殺了三個人了。」胡適說第一個「了」是過去分詞，第二個

39　Hu Shih, "The Evolution of the Chinese Grammar,"《胡適全集》，36：147-148。
40　Hu Shih, "The Evolution of the Chinese Grammar,"《胡適全集》，36：149。
41　Hu Shih, "The Evolution of the Chinese Grammar,"《胡適全集》，36：149-151。

「了」則是完成式的符號[42]。我們可以很清楚地看出這是胡適強以英文的文法來詮釋中文。這個「了」的句型，胡適在〈國語文法概論〉作了更詳細的詮釋。他套用的還是英文的文法詮釋。只是他在〈國語文法概論〉不是用「離合動詞」的名詞詮釋，而是用假設語氣(subjunctive mood)——胡適翻成「虛擬的口氣」——來詮釋「了」的句型[43]。

胡適所謂的「離合動詞」，其靈感不消說是來自於德文。胡適用的例子是「舉」、「拿」等等動詞，加上「起來」、「進去」、「出來」等等動詞詞尾的句型。他說使用這種「離合動詞」的優點，是在於使「語言更加靈活、更加能表意，因為這些詞尾不但指出了動作的方向，而且也提供了一個簡單便利的組詞方式」[44]。

從消極地把沒用的文法規則摧枯拉朽地廓清，到積極地創造新的句型，胡適說中國人的常識的力量把文言文脫胎換骨，使它變成了一個又新、又更邏輯、更合理的語言。胡適這篇演講的結論是白話文與白話文所代表的常識的力量的禮讚：

> 我這篇急就章的論文所要表達的只是一個淺見。那就是說，白話文是幾個世紀集體努力改革文法的結晶。這個下意識的徹底的改革，有幸能經歷了好幾個世紀而沒有受到阻撓。而〔小老百姓在從事這個改革所運用的〕常識，也沒有濫用其因為文人學者的鄙視而偷得的自由。他們所完成的向下齊頭平等的工作，比世界上任何其他的語言都要更合乎邏輯、更徹底。常識，如果能有自由發展的機會，其結果一定會遠勝於任何出於善意的保守知識階級所能作得到的。這是我從語言學與文法學的角度來論證支持民主制度。[45]

胡適詮釋白話文法所舉的幾個例子，完全是牽強附會地套用了西洋文法來強解中文的文法，而且也徹底地暴露了他根本不知語言學為何物的事實。他先用「離合動詞」、再用「假設語氣」來詮釋「了」的句型，這自然不會是今天教中文文法的教師所能苟同的。他用德文裡的「離合動詞」的形式來詮釋「舉起來」、「拿出去」等等句型結構，也不會是今天的中文教師所能接受的。

然而，我們必須體會到胡適的貢獻是在開山。不但如此，胡適是一個從留美時期

42　Hu Shih, "The Evolution of the Chinese Grammar," 《胡適全集》，36：152。
43　胡適，〈國語文法概論〉，《胡適全集》，1：421-473。
44　Hu Shih, "The Evolution of the Chinese Grammar," 《胡適全集》，36：153-154。
45　Hu Shih, "The Evolution of the Chinese Grammar," 《胡適全集》，36：154-155。

就已經潛心研究文法的一個人。早在1915年，他就已經痛心疾首地說：「自古以來，中國人從不講究文法，不知文法乃教授文字語言之捷徑。」[46]回國以後，胡適仍然潛心研究中文的文法，他用開課、演講、撰文發表的方式，來研究並推廣文法的講求。他1920年在南京高等師範學院暑期學校教授了兩門課：「中國古代哲學史」和「白話文法」[47]。他1922年在天津的南開大學又教了兩門短期的暑期課：「國語文學史」和「國語文法」[48]。一直到他晚年爲止，胡適對中文文法的興趣不減。他在1940年代還時常跟當時在教美軍中文的楊聯陞討論文法的問題。

　　我在此處所要強調的重點是，胡適當時對白話文的禮讚，不只是因爲「文言文是死的」、「白話文是活的」。1920年代初期是胡適一生當中對中國最有信心的階段。我們必須要了解他這整個思想脈絡，才能體會出他爲什麼會說白話文是世界上最合乎邏輯、最理性、最民主的語言。那時的胡適要大家不要害怕帝國主義，強調國與國之間的貿易與交流，基本上是一種平等互惠、各取所需的交易。在另一方面，他認爲傳統中國的理性主義在近代西方科學精神的洗禮之下，已經爲中國的知識分子提供了一個萬夫莫敵的思想利器。這「誰怕帝國主義！」跟「萬夫莫敵」的兩個面相是相輔相成的。有了信心，當然就不怕帝國主義了。

美國最好——俄國從來就不是選項

　　胡適一生鍾情於美國，可以說是到了地老天荒的地步。胡適的一生，在思想上有過幾次重大的轉折。唯獨對美國，他是有始有終。胡適愛美國，這是大家都知道的。然而，胡適卻很冤枉地被誤認爲曾經對美國有過貳心的時候。這個誤會的起因，是因爲胡適1926年到歐洲去的時候，經由西伯利亞、莫斯科到歐洲。經過莫斯科的時候，胡適說了一些稱讚蘇俄的話。這些話引起了邵建跟羅志田對胡適的誤解。胡適當時確實是說了一些稱讚蘇聯的話。然而，胡適所稱讚的，與其說是蘇俄，不如說是蘇俄所代表的國家建設與計畫。研究者自己不了解胡適思想的來龍去脈，正是犯了俗話所說的「只知其一、不知其二」的錯誤而不自知。

　　歷來學者對胡適思想的誤解，他一生的每個階段都有，這個階段也不例外。有趣

46　《胡適日記全集》，2：207-208。
47　〈專件：南京高等師範學校暑期學校一覽〉，《北京大學日刊》，第629號，1920年6月9日，第四版。
48　《胡適日記全集》，3：693。

的是，中國改革開放以後，又多增加了兩層產生誤解的因素，一是翻案平反的熱切，二是對過往政治思想牢籠的反動。邵建的《胡適與魯迅：20世紀兩個知識分子》是第二層因素最好的一個例子。邵建說胡適在莫斯科才三天的時間，就被歐美一些似是而非的「左翼名牌」牽著鼻子走，強詞奪理地稱讚蘇俄，爲其廢除私有財產作辯護，完全弄不清楚「古典自由主義的底蘊」是建立在它對「私有財產的恪守」。邵建認爲私有財產的恪守這一點是自由主義與社會主義「不可逾越的邊線」。他完全不知道他鄙之爲「左翼名牌」的羅素與米瑞安(Charles Merriam)，從來就不是左翼的。總之，邵建批判這個階段的胡適，說因爲胡適「對古典自由主義缺乏基本把握」、「越界旅行」就變成了「半蘇俄式的社會主義者」、「人往何處去，思想就跟到哪」，所幸的是，他繼續西行，到了美國，讓他的「美國緣」把他「再度洗禮」，讓他「從『半蘇俄』重返英美自由主義」[49]。

如果邵建認爲胡適只是因爲對「古典自由主義」認識不足，乍然被蘇聯實驗假象的邪風掃到，患了「狄克推多」症候群，羅志田則反其道而行，把胡適的自由主義放在19世紀後半葉以後英美自由主義蛻變的脈絡下來討論。他說：「明白了英美自由主義從經典到現代的發展，特別是其在轉型期與社會主義的思想關連，我們對自由主義者胡適的嚮往社會主義，就較易理解了。」[50]

然而，儘管如此，羅志田也跟邵建一樣，把胡適的這個階段歸爲他的激進的階段。更有趣的是，兩者都認爲胡適的這個激進期只是一個急驚風，對邵建來說，那醫好胡適的急驚風的郎中就是美國。他說，胡適一到了美國，「蘇俄三天的『向左轉』又右轉了回來。」對羅志田來說，答案就顯得迂迴甚至矛盾。這原因可能是因爲羅志田這本書是一個再版修訂本，雖然再版本的第十、十一章是就原書第九章「完全打破重寫」的，但舊版的痕跡仍然俱在，有些甚至與新版的論旨不甚吻合。胡適的這個激進期究竟有多久？胡適對蘇聯的正面評價一直要從1920年代中期延續到1941年。在這二十年間，胡適從學者、政論家在野的身分、入仕成爲駐美大使，無論是從志業、政治思想，或自視自持方面，可以說是他一生生涯變化之最，這個所謂的胡適的激進期眞有那麼長嗎？究竟在什麼時候結束？是漸進的嗎？還是突然的？如果不是到1941年，那是什麼時候呢？結束的原因又何在呢？羅志田完全沒有分析這些複雜的問題。

羅志田在第十章的起始，徵引了胡適1933年12月22日的日記，作爲胡適「夫子自

49　邵建，《胡適與魯迅：20世紀兩個知識分子》(北京：光明日報出版社，2008)(網路簡介版)，http://data.book.hexun.com/book-2327.shtml，2009年3月12日上網。
50　羅志田，《再造文明的嘗試：胡適傳1891-1929》(北京：中華書局，2006)，頁252。

道」的證據。胡適在這天的日記裡，把中國近代思想史分爲兩期：一、維多利亞思想時代，從梁任公到《新青年》，多是側重個人的解放；二、集團主義時代，1923年以後，無論爲民族主義運動，或共產革命運動，皆屬於這個反個人主義的傾向[51]。問題是，胡適在這裡所指的是中國思想界的大方向，並不包括他自己在內，因爲不管是民族主義運動也好，或是共產革命運動也好，都不會是胡適願意與之爲伍的對象。然而，羅志田卻不加思索地把它拿來作爲證據，說：「五四運動後學生輩中多數人顯然是向著集團主義在走，胡適有意無意間也在不斷跟進……此後胡適的思想在這一路向上走得越來越疾，開始了長達二十多年對新俄和社會主義的嚮往。」胡適激進的方向、期間似乎相當明確。然而，舊版裡的論旨卻又在第十章的結論裡殘留下來：他說胡適在這個階段裡，是「傾向徘徊於現代自由主義與社會主義之間」，是胡適在「理論層面向集團主義趨近的一次嘗試」[52]。

「徘徊」、「趨近」這兩個模糊的詞語，就在在說明了羅志田答案迂迴的所在。他沒有回答爲什麼胡適對蘇聯正面的評價持續到1941年，也沒有確切地回答胡適的激進期究竟在什麼時候結束。在第一版裡，羅志田還比較明確，他說：「在中國思想界由個人主義階段向集體主義階段轉移的過程中，胡適也正在向同樣的方向轉，而且轉的幅度可說相當大。」只是胡適這次腳步太慢了，等他「謀定而後動」以後，這「往激進方向去的領導空間」已經被比他更年輕的「急進派」捷足先登了。羅志田說，這是「胡適在往集團主義方向走時的困境。如果胡適所說的從個人主義向集團主義的轉變也是一種典範轉移的話，空間既已有人占據，則胡適所能做的只是認同於既存的集團主義勢力。」只可惜這個「既存的集團主義勢力」，亦即國民黨，對胡適並不領情，「根本不屑也不會認同於這個半路殺出來的什麼新文化運動」。胡適落得只能作「諍友」講人權，甚至落到幾乎要被國民黨法辦的地步。九一八以後，國難深重，胡適從講「人權」退到講「民權」，然後又被收編，受命出使美國[53]。

在再版本裡，羅志田基本上保留了這個論旨，說「1926年至1927年時的胡適思想已相當激進。」[54]羅志田從前說胡適從個人向集團主義轉變的「典範轉移」這一個誇張的說詞雖然刪去了，而且他也增添了不少胡適與國民黨合離的故事。但論旨不變，只是在「諍友」之外，又加上了他變成了「諍臣」的經過。國難的深化，爲了維持國

51　《胡適日記全集》，6：730；羅志田，《再造文明的嘗試》，頁238、271、273。
52　羅志田，《再造文明的嘗試》，頁271、273。
53　羅志田，《再造文明之夢──胡適傳》(成都：四川人民出版社，1995)，頁358-359。
54　羅志田，《再造文明的嘗試》，頁278。

家的面子、爲了維持二戰後所謂「中國來之不易的『國際威望』，胡適不得不取一種『寧願不自由，也就自由了』的態度，終其生維持他對國民黨政府的認同」[55]。要檢驗這樣的分析是本傳第三部的工作。但本節的討論可以說明羅志田說胡適激進、向集團主義趨近的說法不但過於簡單，而且是錯誤的。

事實上，胡適對美國從來就沒變節過。他對蘇聯的態度，也始終是用美國那一把尺來衡量的。胡適在1921年6月14日的日記裡說得最爲透徹：

> 與夢麟同訪克蘭〔注：Charles Crane，美國駐華〕公使。克蘭說，他最佩服杜威先生，杜威是一個眞急進派(a true radical)。他深信進步是一步一步得來的，而不主張平地推翻一切。這是眞正的美國主義。美國與俄國的區別在此：美國人但向上努力，而下面自然提高。即以生活狀況而論，如亨利‧福得〔福特〕(Henry Ford)即是一例。福得(美國第一大汽車廠主人)的工人，得最大的工資，做最短的工，享受最好的待遇。而福得不但無所損失，且爲美國今日得利最大之人──他現在每日的收入比洛克菲老〔洛克斐勒〕(煤油大王)還要多些。俄國今日列寧與杜洛司基的生活，遠不如福得廠內的一個工人的安適。而十年二十年之內，美國大多數的工人都可得到與福得工人同樣的生活。這個比較，不是很可使人覺悟嗎？[56]

胡適在這則日記裡所說的美國的特色：「美國人但向上努力，而下面自然提高。」用今天美國新保守主義的話來說，就是「肥水滿溢效應」(trickle down theory)。意思是說，等富人田裡的肥水滿到多出來的程度，那多餘的自然就會溢到窮人的田裡去了。所以，胡適才會說，福特是當時美國的第一大富，他的工人的待遇也是美國最高的。如果眾人皆曰善的胡適的自由主義，跟今天美國的新保守主義的「肥水滿溢效應」可以沆瀣一氣，則胡適的「自由主義」的眞正──保守──顏色如何，也就不言可喻了。

然而，此處的重點，是在於胡適比較美國與蘇聯的那段話：「俄國今日列寧與杜洛司基的生活，遠不如福得廠內的一個工人的安適。而十年二十年之內，美國大多數的工人都可得到與福得工人同樣的生活。這個比較，不是很可使人覺悟嗎？」

55　羅志田，《再造文明的嘗試》，頁309。
56　《胡適日記全集》，3：111-112。

換句話說，胡適從來就沒有像邵建所說的「向左轉」過。他還沒到蘇聯以前，就一直在崇奉著美國，他根本就不需要再上一次美國去二度受洗以後，才再「向右轉」。

有趣的是，雖然羅志田在另外一篇論文裡注意到了胡適的這則日記，他的理解卻是完全錯誤的。他說：

> 有意思的是，胡適在1921年6月14日的日記中記載，美國駐華公使克蘭
> (Charles R. Crane)說：「他最佩服杜威先生，杜威是一個眞急進派(a true
> radical)，他深信進步是一步一步得來的，而不主張平地推翻一切。這是眞
> 正的美國主義。」《胡適的日記》，中華書局1985年版，上冊，頁94。如果
> 這一印本的標點不錯，似乎克蘭認爲不取「平地推翻一切」而實行「一步一
> 步」的改革才是"true radical"，則胡適主張「征服他，約束他，支配他」反
> 不是「眞急進派」？[57]

羅志田覺得很訝異，爲什麼那「不取『平地推翻一切』、而實行『一步一步』改革」的杜威，卻變成了「一個眞急進派」？難不成那要「利用環境，征服他，約束他，支配他」的胡適「反不是『眞急進派』？」

這就是研究胡適思想只就字面、不去追究他思想的來龍去脈的後果。胡適在1914年11月2日給韋蓮司的第一封信裡，就對「激進」(radical)這個英文字作了一個究本溯源的界定工作：

> 我是一個激進主義者，或者至少是心嚮往之。我所謂的「激進主義者」的
> 意思，是指一個**探本溯源**的人；這是「激進」的字根的本意。[58]

一個「激進主義者」是一個「探本溯源」的人。在這個意義下，那「深信進步是一步一步得來的，而不主張平地推翻一切」的杜威，當然是一個胡適——也是克蘭——定義下的名副其實的「眞急進派」，或者，用胡適在那則日記裡的話來說，「眞正的美國主義」。

---

57 羅志田，〈杜威對胡適的影響〉，《四川師範大學學報(社會科學版)》第29卷第6期（2002年11月），頁122，注13。

58 Hu Shih to Clifford Williams, November 2, 1914,《胡適全集》，40：5。

胡適1926年到歐洲去，是7月17日從北京啓程的。7月20日，胡適到了哈爾濱。他在當天的日記裡如此形容哈爾濱：

> 哈爾濱分「道裡」、「道外」兩處。道裡爲特別區，爲俄人所經營之商阜，規模絕弘大，可容兩百萬人。「道外」爲濱江縣，商務亦繁盛，但規模狹小多了。道裡有汽車、馬車，但沒有人力車。此俄人當日遺風，至今仍之。道外有人力車，此東方精神文明之活表現也！[59]

我們記得留美時期的胡適最喜歡說的一句話是：「必也一致乎！」他在哈爾濱看到俄國人所經營的「道裡」沒有人力車，而中國人自己管理的「道外」有人力車，他諷刺地說：「此東方精神文明之活表現也！」胡適後來在〈我們對於西洋近代文明的態度〉的姐妹篇，亦即，他用英文寫的〈東西方文明的比較〉（The Civilizations of the East and the West)裡說得更爲激烈：「一個能容忍用『人力車苦力』來拉車這種慘無人道的奴隸制度的文化，還有什麼精神文明可言？」[60]

諷刺的是，我們記得胡適在1920年代在北京的「行」，最早用的是一個包車夫，後來則買了一輛私家自用的黃包車。也許就是「必也一致乎」的原則一直在鞭笞著他的良心，再加上版稅收入豐厚的他負擔得起，他於是在1933年買了一輛福特轎車來代步。

無論如何，胡適所搭的火車在7月22日晚出了中國的國境。次日，他在橫貫西伯利亞的火車上讀完美國羅斯福總統任內的財政部長摩根索的父親的自傳。他在當天的日記裡說：

> 看完Morganthau〔注：老摩根索〕的自傳。此君幼年自德國來美國，中經多少困難。後來在地皮與金融界占大勝利，成爲巨富。既富之後，發憤欲爲社會服務，做了不少公益事業。Wilson〔威爾遜〕之兩次被選爲總統，他很有功。此種人最足代表美國文明。當他竭力發財時，並非貪利，只是把發財看做一種有興趣的遊戲競爭。物質上的滿足並不減損他的理想主義，反添加了他爲善的能力。[61]

59　《胡適日記全集》，4：327。
60　Hu Shih, "The Civilizations of the East and the West," 《胡適全集》，36：329。
61　《胡適日記全集》，4：329。

「物質上的滿足並不減損他的理想主義，反添加了他爲善的能力。」如果這則日記的這最後一句讀起來似曾相識的話，那是因爲他在出國以前寫的〈我們對於西洋近代文明的態度〉裡，就已經說過了類似的話。他說近代西洋文明自有他的新宗教：「這新宗教的第二特色是他的人化。智識的發達不但抬高了人的能力，並且擴大了他的眼界，使他胸襟擴大、想像力高遠、同情心濃摰。同時，物質享受的增加，使人有餘力可以顧到別人的需要與痛苦。擴大了的同情心加上擴大了的能力，遂產生了一個空前的社會化的新道德。」[62]

胡適所謂的「西洋近代文明」的體現，就在他所說的「新宗教」與「新道德」：

> 近世文明不從宗教下手，而結果自成一個新宗教；不從道德入門，而結果自成一派新道德。十五、十六世紀的歐洲國家簡直都是幾個海盜的國家……然而這班海盜和海盜帶來的商人開闢了無數新地，開拓了人的眼界，抬高了人的想像力，同時又增加了歐洲的富力。工業革命接著起來，生產的方法根本改變了，生產的能力更發達了。二三百年間，物質上的享受逐漸增加，人類的同情心也逐漸擴大。這種擴大的同情心便是新宗教新道德的基礎。自己要爭自由，同時便想到別人的自由，所以不但自由須以不侵犯他人的自由爲界限，並且還進一步要要求絕大多數人的自由。自己要享受幸福，同時便想到人的幸福，所以樂利主義(Utilitarianism)的哲學家便提出「最大多數的最大幸福」的標準來做人類社會的目的。[63]

我在第二章分析胡適說「杜威教我怎樣思想」的時候，說明了胡適把樂利主義的「最大多數的最大幸福」的觀點，用「偷關漏稅」的方法混入了他所詮釋的杜威的哲學裡。然而，作爲胡適政治哲學的基礎，這個樂利主義的「最大多數的最大幸福」的觀點，就是胡適用來闡明西洋近代文明特色的基準。我們明白了這一點，就可以正確地了解他1926年8月3日日記的眞諦：

> 今日回想前日〔在莫斯科時〕與〔蔡〕和森的談話，及自己的觀察，頗有作政黨組織的意思。我想，我應該出來作政治活動，以改革內政爲主旨。可

62　胡適，〈我們對於西洋近代文明的態度〉，《胡適全集》，3：7。
63　胡適，〈我們對於西洋近代文明的態度〉，《胡適全集》，3：9-10。

組一政黨，名爲「自由黨」。充分的承認社會主義的主張，但不以階級鬥爭
爲手段。共產黨謂自由主義爲資本主義之政治哲學，這是錯的。歷史上的傾
向是漸漸擴充的。先有貴族階級的爭自由，次有資產階級的爭自由，今則爲
無產階級的爭自由。略如下圖。

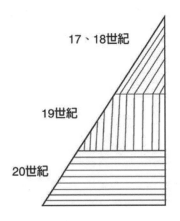

不以歷史的「必然論」爲哲學，而以「進化論」爲哲學。資本主義之流
弊，可以人力的制裁管理之。黨綱應包括下列各事：一、有計畫的政治。
二、文官考試法的實行。三、用有限制的外國投資來充分發展中國的交通與
實業。四、社會主義的社會政策。[64]

這是一則關鍵的日記。胡適說他想要組一個政黨，叫做「自由黨」。這個「自由
黨」的政治哲學綱領，就充分地證明了胡適從來就不曾「向左轉」過：

一、充分的承認社會主義的主張，但不以階級鬥爭爲手段。
二、共產黨謂自由主義爲資本主義之政治哲學，這是錯的。
三、歷史上的傾向是漸漸擴充的。先有貴族階級——十七、八世紀——的爭
自由，次有資產階級——十九世紀——的爭自由，今——二十世紀——則爲
無產階級的爭自由。

胡適反對階級鬥爭、反對自由主義是資本主義的哲學的說法。這根本就徹底地摧

毀了邵建和羅志田說胡適犯了左傾急驚風的毛病的說法。

　　更值得令人玩味的，是胡適在這「自由黨」第三個政治哲學綱領裡所用的幾個關鍵字。他說：「先有貴族階級的爭自由」、次有「資產階級的爭自由」。然而，注意他最後說到無產階級的時候是說：「今則**為**無產階級的爭自由。」這個「爲」字究竟是應該當作"be"動詞的「是」來解釋，還是應該當作「及物動詞」的「替」來解釋，其意義是迥然不同的。胡適是一個用字遣詞謹嚴，而且講求對仗的人。如果是前者，他大可以說：「先有貴族階級的爭自由、次有資產階級的爭自由、今則『有』無產階級的爭自由。」可是，胡適偏偏在這關鍵之處換了一個字，說「今則爲無產階級的爭自由。」

　　這一字之差，非同小可。如果是前者，則自由的範圍是漸次擴充的。最先是貴族階級起來爭自由，後來是資產階級起來爭自由，現在則是無產階級起來爭自由。但如果是後者，則貴族階級與資產階級都是自己起來爭自由的，而無產階級的自由則是要由在上位的人去「爲」他們爭來的。如果後者才是胡適眞正的意思，我們如果忽略了這個關鍵字，就會對胡適的政治哲學失之毫釐謬以千里。

　　我有理由相信後者是胡適眞正的意思。換句話說，胡適是要去「爲」(四聲)無產階級爭自由，而不是要無產階級自己起來爭自由。證據就在〈我們對於西洋近代文明的態度〉，以及〈東西方文明的比較〉那兩篇文章裡。在〈我們對於西洋近代文明的態度〉裡，胡適說：

　　　　十九世紀以來，個人主義的趨勢的流弊漸漸暴白於世了，資本主義之下的苦痛也漸漸明瞭了。遠識的人知道自由競爭的經濟制度不能達到眞正「自由，平等，博愛」的目的。向資本家手裡要求公道的待遇，等於「與虎謀皮」。救濟的方法只有兩條大路：一是國家利用其權力，實行裁制資本家，保障被壓迫的階級；一是被壓迫的階級團結起來，直接抵抗資本階級的壓迫與掠奪。於是各種社會主義的理論與運動不斷地發生。

　　　　西洋近代文明本建築在個人求幸福的基礎之上，所以向來承認「財產」爲神聖的人權之一。但十九世紀中葉以後，這個觀念根本動搖了；有的人竟說「財產是賊贓」，有的人竟說「財產是掠奪」。現在私有財產制雖然還存在，然而國家可以徵收極重的所得稅和遺產稅，財產久已不許完全私有了。勞動是向來受賤視的；但資本集中的制度使勞工有大組織的可能，社會主義的宣傳與階級的自覺又使勞工覺悟團結的必要，於是幾十年之中有組織的勞

動階級遂成了社會上最有勢力的分子。

　　十年以來，工黨領袖可以執掌世界強國的政權，同盟總罷工可以屈服最有
勢力的政府，俄國的勞農階級竟做了全國的專政階級。這個社會主義的大運
動現在還正在進行的時期。但他的成績已很可觀了。各國的「社會立法」
(social legislation)的發達、工廠的視察、工廠衛生的改良、兒童工作與婦女
工作的救濟、紅利分配制度的推行、縮短工作時間的實行、工人的保險、合
作制之推行、最低工資(minimum wage)的運動、失業的救濟、級進制的
(progressive)所得稅與遺產稅的實行，……這都是這個大運動已經做到的成
績。這也不僅僅是紙上的文章，這也都已成了近代文明的重要部分。[65]

　　這段話裡關鍵的部分是：「救濟的方法只有兩條大路：一是國家利用其權力，實
行裁制資本家，保障被壓迫的階級；一是被壓迫的階級團結起來，直接抵抗資本階級
的壓迫與掠奪。」他接著說：「十年以來，工黨領袖可以執掌世界強國的政權，同盟
總罷工可以屈服最有勢力的政府，俄國的勞農階級竟做了全國的專政階級。」不管是
英國的工黨也好，還是俄國的勞農政府，胡適的重點在於國家機器的掌握。因為掌握
了國家機器以後，就掌握了「社會立法」的樞紐了。換句話說，就是由國家的力量來
「為」無產階級爭自由，不管是由工黨執政的方式，還是由列寧式的革命菁英領導無
產階級的方式。

　　胡適在他用英文寫的〈東西方文明的比較〉裡的意思更加清楚(請注意黑體字標
明的關鍵話)：

　　　社會主義的理想，只是在補足早期比較個人主義的民主主義，從歷史看
　　來，是屬於整個偉大的民主運動的一部分。到了十九世紀中葉，在高度組
　　織、集中的經濟體制之下，自由放任的政策已經不能有效地達到平等與自由的
　　目標。從前有人反對義務教育，因為它侵犯個人的自由；反對勞資法及工廠法
　　的人，說那是階級立法。我們現在所需要的，是一種能處理當代經濟生活需
　　要的新的社會及政治哲學。社會主義運動，如果剔除了它**那容易讓人偏離主
　　題(distracting)的經濟史觀與階級鬥爭**，只不過是意味著**用社會集體，或政
　　府的力量，以求取最大多數的最大幸福**。

65　胡適，〈我們對於西洋近代文明的態度〉，《胡適全集》，3：10-11。

在實踐上，這個社會主義的運動有兩個大方向。一是組織勞工的方式來作為保護勞工利益的有效辦法。勞資談判與罷工就是最主要的武器。一是**所有現代的政府，為了避免階級鬥爭所造成的浪費，都積極地用先發制人(forestall)的方式，接納了許多社會主義的想法**，例如：遺產稅、累進稅、工人的意外險、退休保險、限制工作時間、制定最低工資等等。

不管走的是哪一條路，許多從前被認為是驚世駭俗的社會主義思想，現在已經都變成了每一個現代國家的立法與政策的一部分。我們可能還相信財產的神聖，但所得稅與遺產稅已經成為大多數政府最重要的財源。我們可能仍然譴責階級鬥爭，但勞工組織已經成為事實，罷工也幾乎在各地都是合法的了。英國是資本主義的老祖宗，現在是工黨主政，下一屆恐怕也是。美國是個人自由的鐵衛，但美國政府全國禁酒。這個世界已經不知不覺地走向社會主義了。

這個民主的宗教，不只保障個人的自由，不只限制個人的自由以尊重別人的自由，而且要努力地使每一個男女都能得到自由。它除了用科學與機器大大地增進個人的快樂與舒適之外，**還用組織與立法的方式把幸福的生活推廣給予社會上最大多數的人**——這就是西方文明最偉大的遺產。[66]

這幾句關鍵的話淋漓透徹地說明了胡適的政治哲學的幾個重要的面向。第一、胡適從理論上就反對馬克思主義的基本信念：經濟史觀與階級鬥爭的理論。第二、他認為階級鬥爭是一種社會的浪費。第三、社會立法是用先發制人的方式，把可能會發生階級鬥爭的問題都給防微杜漸地解決了。第四、社會立法的目的，就是要「為」社會上最大多數的人——無產階級——爭自由、謀福利。

胡適反對社會主義、馬克思主義，特別是階級鬥爭的理論，是十年如一日。他所謂的用先發制人、防微杜漸的方式解決社會問題，以防階級鬥爭發生的作法，是他在留美時期就已經奠定的了。我在《璞玉成璧》裡，就已經分析了胡適這個思想的緣起。我指出胡適在1913年5月的時候，就已經聽了他所崇敬的康乃爾大學首任校長白校長(Andrew White)的演講：〈演化與革命的對比：從政治上來觀察〉(Evolution vs. Revolution in Politics)。白校長這篇演說的主旨在對比革命與演化，他稱前者為「災難帶動的發展模式」(development by catastrophe)；後者為「有秩序的發展模式」

66　Hu Shih, "The Civilizations of the East and the West,"《胡適全集》，36：345-346。

（orderly development）。他的結論是：演化是最能夠用來杜絕革命於未萌的基礎。

除了白校長以外，康乃爾大學閃族語言教授須密（N. Schmidt）先生也憂心革命的破壞，而主張用開明立法的方式消弭革命於未萌之前。須密教授在1913年10月的演講裡，呼籲已經享有特權或權益的人要開明、要有遠見，主動立法讓社會上的其他人也得以分享他們自己已經享有的特權或權益。須密教授說，依他個人的看法，這是消弭革命於未萌最好、最有效的方法[67]。

如果胡適從來就沒有向左激進過，為什麼羅志田跟邵建會誤以為他在1926年經由俄國赴歐的時候曾經「向左轉」過呢？那是因為他們對當時胡適所說的話不求甚解，以及他們對胡適思想的來龍去脈不加深究的原因。其實，胡適自己在日記裡，提供了一個可以讓人把握他這個思想軌跡的線索，那就是他在1930年3月5日的日記。他當晚在一個朋友家裡吃飯，席中有一個法國人Alfred Fabre-Luce〔愛爾佛瑞・法波─魯司（1899-1983）〕，是一個有名的新聞記者和作家，胡適說他「著書不少，思想也很透闢」，說他「到過俄國，著書稱述俄國的好處，不容於守舊者。」又說Fabre-Luce對胡適說：「法國人今日思想似乎不能脫離蘇俄與美國兩個極端理想，總不能逃『蘇俄呢？還是美國呢？』一個問題。中國人恐怕也有點如此吧？」

胡適回答說：「恐怕將來的人會明白這兩種理想原來是一條路，蘇俄走的正是美國的路。」[68]羅志田雖然徵引了胡適日記裡的最後這句話，甚至把他拿來當作一節的標題：「蘇俄走的是美國路」。然而，由於他沒有看出胡適這個線索的意義，他把它錯誤地解讀為胡適二十多年對新俄的一場夢。

羅志田引了羅素在《中國的問題》（The Problem of China）裡的一句話：「蘇聯的布爾什維克的根本目標就在於要『使俄國美國化』。」羅志田以羅素這句話作為前提，然後接著引申說：胡適在從前「想必是不同意的，因為他本認為『真正的美國主義』並不主張平地推翻一切，而是堅信『進步是一步一步得來的』。但在思想轉變之後，再加上芝加哥大學那位教授的推理，則社會主義專政的將來總還會到民治；正是基於專制可經教育變民主這一判斷，胡適在1930年斷言：蘇俄與美國『這兩種理想原來是一條路，蘇俄走的正是美國的路。』」[69]

這就是典型的讀書不求甚解的例子。羅素確實是說了「使俄國美國化」的句子，然而，羅素所說的「美國化」究竟是什麼意思呢？羅志田卻沒有去追問。事實上，羅

67　《舍我其誰：胡適，第一部：璞玉成璧，1891-1917》，頁560-562。
68　《胡適日記全集》，6：128。
69　羅志田，《再造文明的嘗試》，頁268。

素在這裡所說的「美國化」有其很狹義的意涵。他指的是美國人對工業文明，特別是對效率有類似宗教一樣的信仰。這段話就在羅素說蘇聯試圖「美國化」之前所說的，是一個關鍵的脈絡。羅志田徵引了羅素的結論，但沒徵引他的前提。羅素這整段話是這樣說的：

> 我們西方文明是建立在某些假定之上的。這些假定，從心理學家的眼光來看，就是要把過剩的精力給合理化。我們的工業主義、軍國主義；我們對進步的熱愛、我們的傳教熱、我們的帝國主義、我們對駕馭與組織的狂熱，所有這些都是根源於這種躍躍欲試的精力旺盛的蠢動。這種為效率而效率，完全不顧其後果的信仰，在歐洲在第一次世界大戰以後已經氣焰稍弱。歐洲國家如果比較懶散一點的話，第一次世界大戰就根本是不會發生的。這個信仰在今天的美國幾乎還是被所有的人所接受的；在日本亦然，布爾什維克也一樣，他們根本的目標在於把俄國美國化。[70]

由於羅志田沒有從上下文的脈絡來追問羅素這段話的意思，他就想當然耳地把羅素所說的「蘇聯的『美國化』」解釋成是民主化。從這個前提出發，如果「社會主義專政可經教育變民主」，他很自然地就得出了蘇俄是「曲線在走美國路」的結論[71]。可是，他完全誤會了羅素的意思。羅素所說的俄國的「美國化」完全是意味著蘇聯要師法美國，來駕馭其社會的物質基礎的意思。

其實羅志田徵引不全的何只是羅素，他連胡適1930年3月5日那則日記也沒徵引完全。羅志田徵引胡適說：「恐怕將來的人會明白這兩種理想原來是一條路，蘇俄走的正是美國的路。」但是，胡適接下去畫龍點睛的一段話他卻漏掉了。「蘇俄走的正是美國的路。」這句話是胡適對法波—魯司說的。法波—魯司贊同。我們且看羅志田所漏掉的、特別是我用黑體字所標示出來的關鍵話：

> 他說，極是。蘇俄今日只是崇拜美國。我在蘇俄時，他們處處宣傳Henry Ford〔亨利‧福特〕的傳記。又到一個城市，他們自誇可以比芝加哥！**他們崇拜機械文明與科學文明，最像美國。**

70　Bertrand Russell, *The Problem of China* (New York: Century, 1922), pp. 16-17.
71　羅志田，《再造文明的嘗試》，頁272。

他說，俄國最大的成績時在短時期中居然改變了一國的趨向，的確成了一
個新民族。拿1914年的俄國人同1930年的俄國人相比，才可以量度革命的成
績。

這樣子才算是真革命。[72]

胡適之所以在1926年的時候爲蘇聯的實驗而動容，根本就不是什麼蘇聯是「曲線
在走美國路」。當胡適說：「蘇俄走的正是美國的路」，他這條美國路其實就是「叫
電氣給他趕車，乙太給他送信」的機械文明[73]。胡適對蘇聯實驗的觀感表達得最淋漓
盡致的，是他1926年10月5日從倫敦給徐志摩那封「寫得我手痠眼倦」的長長的回
信[74]。他說：蘇俄的政治家「在這幾年的經驗裡，已經知道生產(production and
productivity)的問題是一個組織的問題。資本主義的組織發達到了很高的程度，所以
有極偉大的生產力。社會主義的組織沒有完備，所以趕不上資本主義的國家的生產
力。」蘇聯雖然現在還沒趕上，雖然「我們也許笑他癡心妄想；但這又是一個事實的
問題，我們不能單靠我們的成見就武斷社會主義制度之下不能有偉大的生產力。」

相對於「偉大的生產力」這個目的來說，政治制度、意識型態只不過是方法而
已，就像胡適說的：「方法多著咧！」針對著徐志摩的詰問：「難道就沒有比較平
和，比較犧牲小些的路徑不成？」胡適回答得很清楚：「認眞說來，我是主張『那比
較平和比較犧牲小些』的方法的。我以爲簡單說來，近世的歷史指出兩個不同的方
法：一是蘇俄今日的方法，由無產階級專政，不容有產階級的存在。一是避免『階級
鬥爭』的方法，採用三百年來『社會化』(socializing)的傾向，逐漸擴充享受自由享
受幸福的社會。這方法，我想叫他作『新自由主義』(New Liberalism)或『自由的社
會主義』(Liberal Socialism)。」

在所有研究胡適歐遊期間政治思想的學者裡，王遠義的分析是最正確的。他說：
胡適是讚揚了蘇聯「在『社會主義制度之下』，以『政治機關』爲『工具』，發展
『偉大的生產力』。」然而，這並不意味著胡適「一度左傾，重視蘇聯模式。」他正
確地指出「胡適從未放棄個人（自由）主義的核心價值。」可惜的是，王遠義分析得
不夠徹底。其結果是他自己也犯了跟邵建、羅志田一樣的錯誤而不自知，他誤以爲

72　《胡適日記全集》，6：128。
73　引文見胡適，〈《科學與人生觀》序〉，《胡適全集》，2：214。
74　以下三段的討論，除非另有徵引，是根據胡適，〈歐遊道中寄書〉，《胡適全集》，3：
　　54-60。

「胡適長時期相信資本主義未來將進化到社會主義。」[75]

　　事實上，胡適說得很清楚，自由主義從來就不是資本主義所獨有的。同時，社會主義的運動只是民主運動的一部分。他認為他當時所處的世界的潮流是自由主義和社會主義的匯流。用他對徐志摩的話來說，「自由主義的傾向是漸次擴充的。十七八世紀，只是貴族爭得自由。20世紀應該是全民族爭得自由的時期。」這也就是說，資本主義社會正可以因為自由主義漸次擴充的特性，而借助社會主義來救其流弊，從而用防範未然的方式，化解階級矛盾，防革命於未萌。換句話說，胡適並不是「長期相信資本主義未來將進化到社會主義」，而毋寧是要資本主義用社會立法的方式把社會主義收編為己用，以創造為最大多數人求得最大幸福的社會。

　　同樣值得注意的是，胡適的民主現實主義在這封信裡也表露無遺。胡適說當今世界最大的成見是：「私有財產廢止之後，人類努力進步的動機就沒有了。」他回答說：「無論在共產制或私產制之下，有天才的人總是要努力向上走的……至於大多數的『凡民』（王船山〔王夫之(1619-1692)〕愛用這個名詞），他們的不向上、不努力、不長進，真是『富貴不能淫，威武不能屈』的！私產共產，於他們有何分別？」

　　好個菁英政治主義，真是與杜威對「民治」是「民享」的必經之路的堅持不可同日而語。然而，雖然胡適說「共產制或私產制」，不影響「有天才的人」或大多數的「凡民」，作為一個民主現實主義者，即使他信奉菁英政治，民主還是不可妥協的。就像他對徐志摩說的：「我是不信『狄克推多』〔獨裁(dictatorship)〕制的……這種制度之下沒有我們獨立思想的人的生活餘地。」他這句話很容易讓人誤解，以為他反對獨裁專制，只是為「我們獨立思想的人」著想，「凡人」則不在其列。其實，為了國家民族的前途，胡適是願意考慮犧牲的。他在日記裡轉述了羅素說的一段話：「奇怪的很，他〔羅素〕說蘇俄的dictatorship〔獨裁〕辦法是最適用於俄國和中國的。他說，這樣的農業國家之中，若採用民治，必鬧得稀糟，遠不如dictatorship的法子。我說，那我們愛自由的人卻有點受不了了。他說，那只好要我們自己犧牲一點了。此言也有道理，未可全認為不忠恕。」[76]

　　羅志田只引了胡適說：「此言也有道理」，而略掉了胡適接著所說的：「未可全認為不忠恕。」[77]事實上，胡適對羅素這段話的按語，充分地表明了他雖然不能完全

75　王遠義，〈惑在哪裡──新解胡適與李大釗「問題與主義」的論辯及其歷史意義〉，《台大歷史學報》，第50期（2012年12月），頁171、184-185、196。
76　《胡適日記全集》，4：513。
77　羅志田，《再造文明的嘗試》，頁268。

苟同，但也承認羅素要「我們愛自由的人」在這種過渡的階段作暫時的犧牲，並不完全違背孔子要人「盡己」、「推己」的教誨。在這裡，我們必須強調「暫時」這兩個字，因為對胡適來說，最終的目的還必須是民主。就像他轉述芝加哥大學政治學教授米瑞安（Charles Merriam, 1874-1954）在觀察了蘇聯的政治以後所說的話：「向來作dictator的，總想愚民以自固其權力。此間一切設施，尤其是教育的設施，都注意在實地造成一輩新國民——所謂"socialistic generation"〔社會主義的一代〕；此一輩新國民造成之日，即是可以終止之時。此論甚公允。」[78]

胡適對張慰慈等人呼籲說：我們「至少應該承認蘇俄有作這種政治試驗的權利。我們應該承認這種試驗正與我們試作白話詩，或美國試驗委員會制與經理制的城市政府有同樣的正當。這是最低限度的實驗主義的態度。」[79]我們「至少應該承認蘇俄有作這種政治試驗的權利。」這句話其實又是胡適從杜威那兒儻來的。杜威在〈社會的絕對主義〉（Social Absolutism）裡說：「如果我們相信民主，我們就必須相信那一大群稱之為俄國人的人類，有權利去作他們的實驗，用他們自己的方式去走自己的路（to learn their own lessons）。」[80]杜威這篇文章發表在1921年2月9日的《新共和》雜誌上。《新共和》這個雜誌是胡適在美國留學的時候就愛讀的雜誌。他回國以後還繼續從美國訂閱了這個雜誌。胡適說：「杜威教我怎樣思想。」信然！

胡適之所以會堅持我們「至少應該承認蘇俄有作這種政治試驗的權利」，他之所以會強調20世紀的潮流是自由主義和社會主義的匯流，完全不是因為像羅志田所說的代表了他的激進期。胡適也從來就沒有像邵建所說的，變成一個「半蘇俄式的社會主義者」。就像我在本部第二章分析胡適與杜威自由主義的分野時所提出的，他們師徒對古典自由主義缺失的批判、對自由主義的「擴充」與「再生」是英雄所見略同，儘管他們的補救之道各異。

即使邵建所還給「另一半」個胡適的自由主義，也是不正確的。邵建說：胡適「雖然反對階級鬥爭，但對專政，卻顯出一定的猶疑和曖昧。」事實上，胡適在他給徐志摩的信上說得很清楚：「我以為今日真正赤化有兩種：一是迷信『狄克推多』制，一是把中國的一切罪狀歸咎於外國人。這是道地的赤化了的。」前者指的是獨裁專政。但胡適說，在當時的中國，那只會變成「只有順逆，沒有是非」，畫虎不成反類犬的豬仔〔胡適自注：不只是指被曹錕收買的議員〕專政；後者指的是反帝國主義。

78　《胡適日記全集》，4：333。
79　胡適，〈歐遊道中寄書〉，《胡適全集》，3：52。
80　John Dewey, "Social Absolutism," *The Collected Works of John Dewey, 1882-1953*, MW13.316.

胡適要反其道而行：「第一，不妄想天生狄克推多來救國，不夢想捷徑而決心走遠路，打百年計畫；第二，『躬自厚而薄責於人』——這是『反赤化』。」

胡適這句話：「不夢想捷徑而決心走遠路，打百年計畫」，就清清楚楚地告訴了我們爲什麼他會爲蘇聯的實驗而動容的原因。他說：「我是一個實驗主義者，對於蘇俄之大規模的政治試驗，不能不表示佩服。凡試驗與淺嘗不同。試驗必須有一個假定的計畫(理想)做方針，還要想出種種方法來使這個計畫可以見於實施。在世界政治史上，從不曾有過這樣大規模的『烏托邦』計畫居然有實地試驗的機會。求之中國史上，只有王莽與王安石做過兩次的『社會主義的國家』的試驗；王莽那一次尤可佩服。他們的失敗應該更使我們了解蘇俄的試驗的價值。」[81]

不但是有計畫、有理想的王莽、王安石該佩服，而且胡適那求有計畫、有理想之治的亟切之心，驅使他去說「我們應當學德國；至少應該學日本。至少我們要想法子養成一點整齊嚴肅的氣象。」他甚至說：「我們應當學Mussolini〔莫索里尼〕的『危險地過日子』——至少至少，也應該學他實行延長工作的時間。」

當時希特勒雖然已經出道，但威瑪共和國仍然能掌控德國政局，希特勒還因爲慕尼黑的暴動而在1924年被判下獄八個月。相對的，莫索里尼的法西斯黨在當時已經控制了義大利。胡適在此處所謂的應當學習莫索里尼「危險地過日子」。這句話義大利文是："Vivere Pericolosamente!"〔*Live dangerously*!〕莫索里尼說這句話的靈感是來自於尼采，他誇稱是這是他的人生哲學。

心平氣和以後的胡適會懂得反省，他知道畫虎不成反類犬的古訓。他在1926年9月18日在巴黎的日記說：「晚上與孟眞論政治，他說希望中國能有一個有能力的dictator who will impose some order and civilization on us〔能立竿見影地建立出秩序與文明的獨裁者〕。我說，此與唐明宗每夜焚香告天，願天早生聖人以安中國，有何區別？況Dictator如Mussolini之流，勢不能不靠流氓與暴民作事，亦正非吾輩所能堪。」他接著說：「德國可學，美國可學，他們的基礎皆靠知識與學問。此途雖迂緩，然實唯一之大路也。」[82]換句話說，民主的基本原則，是胡適所不能妥協的。然而，更重要的是，美國的作法是「靠知識與學問」。「此途雖迂緩」，但它是建國的唯一坦途。這對美國是如此，對中國而言，更是能醫治它長期的沉痾的蓄艾。

值得注意的是，不像邵建把英國和美國不加分別地拿來作爲自由主義的等同象徵

81　胡適，〈歐遊道中寄書〉，《胡適全集》，3：51。
82　《胡適日記全集》，4：446-447。

和表率，胡適是把當時的英國作爲一個負面的教材，把它拿來與有計畫、有理想的美國與蘇聯作相對比：「英國不足學；英國一切敷衍，苟且過日子，從沒有一件先見的計畫；名爲evolutionary〔漸次〕，實則得過且過，直到雨臨頭時方才做補漏的工夫。」他說：「這種敷衍的政治，我最反對。我們不幹政治則已；要幹政治，必須要有計畫，依計畫作去。這是方法，其餘皆枝葉耳。」爲此，他還編了一句格言：「計畫不嫌切近，理想不嫌高遠。」[83]

總之，1926年歐遊途經蘇聯的胡適既不左傾激進，也沒有變成「半蘇俄式的社會主義者」，他所一再呼籲要有計畫、理想、知識與學問的政治，就是他從1920年代初期開始提倡的好政府主義，他所一再楬櫫的「自由主義和社會主義的匯流」的宣言，就是他樂利主義「最大多數的最大幸福」的公式的實踐。用胡適在啓程經由蘇聯到歐洲之前就已經寫下來了的話來說，這自由主義和社會主義匯流所創造出來的近代西方精神文明，其精髓就在體認到「貧富的不平等，痛苦的待遇，都是制度的不良的結果」。這是個「爭自由、爭平等、爭公道」的西洋近代文明；它所「爭的不僅僅是個人的私利」，而是「人類絕大多數人的福利」[84]。

胡適本來就醉心於美國。對美國，他從來就沒有變節過。最讓他倒胃口的，是他覺得應該英美一家親的英國人批判美國。他1926年11月14日在倫敦的日記說：「到Dr. Delisle Burns〔波恩司〕家吃飯。飯後J.A. Hobson〔注：霍布森，經典名著《帝國主義》的作者〕來談。Burns與Hobson都不贊成美國。我告訴他們，你們若眞承認西洋近代文明，不能不贊成美國的文明。美國在文明上很有大貢獻。文學方面有Poe〔愛倫坡〕與Whitman〔惠特曼〕，美術方面有Whislter〔惠斯勒〕，哲學方面Pragmatism〔實驗主義〕尤重要。」[85]

對胡適來說，美國是近代西洋文明的巔峰代表、是那爲「絕大多數」的美國人爭取到了「自由」、「平等」、「公道」以及「福利」的近代西洋文明的表率。他人都還沒到美國，就已經再一度地爲美國而傾倒了。他再度地爲美國而傾倒最好的寫照，就是他所稱頌的「摩托車文明」，用今天的話來說，就是「汽車文明」。胡適還在倫敦的時候，就已經在他1926年8月18日的日記裡貼了一則有關美國汽車的剪報。這一則剪報的題目是：〈汽車的統計數字〉（A Car Census），發表在該年8月17日的《倫

83　胡適，〈歐遊道中寄書〉，《胡適全集》，3：50。
84　胡適，〈我們對於西洋近代文明的態度〉，《胡適全集》，3：12。
85　《胡適日記全集》，4：545。

敦晚報》(*Evening Standard*)上[86]。用胡適自己在〈漫遊的感想〉裡的摘譯：

> 去年8月17日的《倫敦晚報》(*Evening Standard*)有下列的統計：
> 全世界的摩托車〔汽車〕24,590,000輛。
> 全世界人口平均每71人有一輛摩托車。
> 加拿大與紐西蘭每12人有車一輛。
> 澳洲每20人有車一輛。

等他到了紐約以後，他又剪貼了一則，亦即他黏貼在1927年1月15日的日記裡的〈美國的汽車〉(Motor Vehicles in the United States)[87]。再用胡適自己在〈漫遊的感想〉裡的摘譯：

> 今年1月16日紐約的《國民週報》〔注：我在本傳裡譯爲《國家雜誌》〕
> (*The Nation*)有下列的統計：
> 全世界的摩托車27,500,000輛。
> 美國的摩托車22,330,000輛。
> 美國摩托車數占全世界81%。
> 美國人口平均每5人有車1輛。
> 去年(1926)美國造的摩托車凡450萬輛，出口50萬輛。

美國的汽車文明對胡適的震撼是莫名的。胡適是在1927年5月20日回到上海的。6月7日，他在上海爲「美國大學同學會」(American University Club)作了一個午餐會(tiffin)上的演講。他演講的題目就是他後來用中文發表時候所用的題目：〈漫遊的感想〉(Impressions of My Recent Trip Abroad)。這篇英文演講的報導，胡適把它剪貼在他6月8日的日記裡。這篇報導，開宗明義，就點出了胡適演講的主旨：「筆桿與口舌改變不了人生，改變人生的是機器。」

胡適的第一個感想就是他後來用中文寫出來的〈漫遊的感想〉裡的第一則：「東西文化的界限」。哈爾濱的俄租界雖然已經收歸中國管理，但俄風猶存，不見人力車

86　《胡適日記全集》，4：344-345。
87　《胡適日記全集》，4：615-617。

的蹤影。胡適說：

> 從這一點，我發現了東方與西方的界限、人力車文明與汽車文明的界限。
> 人力車所代表的是人力，而汽車所代表的是機器的力量。那所謂的具有精神
> 文明的東方，其實是非常物質的，因為它把人當牛馬用來拉車。相對的，那
> 所謂的非常物質的西方，才真正具有精神文明，因為它不把人當牛馬，而是
> 用機器。

胡適漫遊的第二個感想是日本：

> 日本的人力車已經要漸次絕跡了。在大城市裡雖然還有人力車在跑，但那
> 費用貴極了，坐計程車還反而便宜多了。人力車在日本會終於絕跡的理由跟
> 宗教無關，也不是因為「防止虐待動物協會」的努力，而完全是因為物質的
> 進步。

從胡適在哈爾濱以及日本的觀察，胡適說中國人必須奮起改革，「必須要接受西
方物質文明裡的新哲學與精神文明。那是唯一能追趕上世界的方法。」胡適用人力車
與汽車的對比來闡述他的感想：

> 我們不是一個現代的國家。人家從紐約到巴黎，用飛的，花不到兩天的時
> 間。而去年我們一個從甘肅到北京開會的代表卻花了104天的時間。汽車文
> 明改變了人生與人們的習慣。那是我們用口舌、用筆都改不了的。在北方，
> 你就是對著一群人不停地按喇叭，那些人也不會懂得要讓路的。但是，你如
> 果把那些人丟到上海的南京路，讓他們穿過馬路，從先施公司走到永安公
> 司，他們就會立地成佛地被現代化了。一個國家只要有四分之一或五分之一
> 的人口有車，那個國家的人就會像如魚得水一樣地生活在現代社會裡了。[88]

胡適1927年回國以後，四處傳他的美國的「汽車文明」的福音，立志要把美國的

---

88 "Hu Shi Relates His Impressions of Trip Abroad Before Large Audience,"《胡適日記全集》，
　4：642-644；又，「胡適檔案」，HS-DY01-1927-0608。

汽車文明引進中國。一開始的時候，是他最瘋狂、最像是被「神靈附身」、「聖靈充滿」的時候。所以他才會說出那番匪夷所思的話：「把北方人丟到上海的南京路，讓他們穿過馬路，從先施公司走到永安公司，他們就會立地成佛地被現代化了。」以及「一個國家只要有四分之一或五分之一的人口有車，那個國家的人就會像如魚得水一樣地生活在現代社會裡了。」這是一個異想天開的現代化理論。在一個人力車是最奢侈的交通工具的中國，去侈言「一個國家只要有四分之一或五分之一的人口有車，那個國家的人就會像如魚得水一樣地生活在現代社會裡了。」無異於癡人說夢。

胡適當時瘋著他的「汽車文明」論。他的好朋友、哥倫比亞大學的校友索克思（George Sokolsky）為他在1927年6月號的《遠東評論》（The Far Eastern Review）上作了一篇專訪，名稱就叫做〈胡適博士的汽車文明〉（Dr. Hu Shih's Motor Car Civilization）[89]：

胡適被公認為是中國文學革命之父。他把白話文變成文學的媒介，把文學帶給越來越多的中國人。我們可以爭論的是，這對中國的貢獻，是不是要遠比那些二流政客的小腦袋絞盡腦汁所擠出來的所有教條與口號還要大得多。他的革命帶給中國的是無限的生機，而政客所帶來的全是破壞。他所作的建言是這個黑暗時代裡閃爍的希望之光。

然而，現在胡適覺得中國太多的思想家都只是在徒騖空言：什麼文學、詩、哲學啊！什麼東西方思想的關係啊！言而不行是廢話。他到美國、歐洲、日本去作了訪問以後，找到了那能喚醒人民的精神的偉大的物質文明。不是那希世奇才莫札特，更不是那更稀有的達文西，而是那一般大眾、老百姓、「張三」〔原文用的是巴畢德（Babbitts），是辛克萊·劉易斯（Sinclair Lewis）1922年所寫的一本小說的主人翁的名字〕他們的所思、所讀、所知，以及他們的所享、所見的社會，那不是一個世紀以前的帝王、哲人、人中英傑所能想像得到的。林白（Lindbergh）從紐約到巴黎只花了32個小時，而中國人從甘肅到北京要走104天；張伯倫（Chamberlain）在幾天之內就打破了林白的記錄，而中國人還在人力車裡搖晃著。他親眼看見美國的泥水匠飛馳著福特的汽車文明去上工，而中國的教授還在讓那些汗流浹背牛馬般的同胞拖著走。當那人力車夫的眼睛盯著路面、脖子彎著朝下的時候，他的腦袋已經

89　"Dr. Hu Shih's Motor Car Civilization," The Far Eastern Review, June, 1927, pp. 242-243.

不是人的腦袋，而是與他爭食的動物沒有兩樣。呸！說什麼精神文明！幾百萬人像奴隸一樣地過活，連有錢人成天都必須為溫飽而操勞，這個社會不會有什麼精神文明的！

索克思在這篇專訪裡，特別用〈工程的哲學〉為副標題，來闡述胡適漫遊歸來所帶給中國的福音：

> 所以，胡博士把「工程的哲學」帶回了國。讓大家去開汽車，他們就不會再成天冥想著什麼子曰長、子曰短的。他們就會去解決責任的問題，把中國政治紊亂的問題一了百了。他們就會少吃油膩的食物來證明他們有錢，因為洛克斐勒家族的人不需要吃得圓滾滾的來證明他們是大富。在那樣的文明裡，一個人的價值在於他的生產能力，而不在於他穿的長袍的尺寸。讓男人在大工廠裡忙著，他們就沒有時間去虐待他們的小妾，或者在精神上去禁錮他們的兒子、媳婦。在西方，物質的文明給與了人們太多的自由，而在亞洲所謂的精神文明裡，我們所能看到的則只有奴役、短視、浪費、人力的揮霍，以及紊亂。

胡適的這個「工程的哲學」在當時就已經受到人家的訕笑。可是，索克思認為胡適可以不在乎這些根本不懂得西方深層文明的人。他說：

> 這是中國當代聖人的想法！中國的小報挪揄這位孔子第二的想法。可是，他為什麼要當孔子第二呢！他當胡適比孔子還偉大得多了！因為他的方法會使中國強大起來。他要中國人用現代的方式來工作，要他們用起重機、轉臂起重機、築鐵道、建輪船。他要他們用蒸汽、電力去製造他們的日常用品。他要他們自由到懂得在工作八個小時以後該如何使用他們的一天。他要中國的農民變成駕駛耕耘機、使用化學肥料的農家。人人健康、有好的收成，能用繁忙的鐵路與貨輪，把他們的收成載運到大城市裡去。家家都有電力啟動的穀倉，還有銀行可去，以免受到高利貸商人的欺凌。

等到胡適自己後來用中文寫出來他的〈漫遊的感想〉的時候，他的「汽車文明」、「工程的哲學」已經稍微降了溫，用字遣詞也就懂得分寸，不再那麼語驚四座

了。他在1930年把〈漫遊的感想〉編入《胡適文存》第三集的時候寫了一個〈後記〉：「〈漫遊的感想〉本不止這六條。我預備寫四、五十條，作成一本遊記。但我當時正在趕寫《白話文學史》，忙不過來，便把遊記擱下來了。現在我把這六條保存在這裡，因為遊記專書大概是寫不成的了。」即使如此，他對「汽車文明」的頌讚，〈漫遊的感想〉道盡了一切[90]：

> 美國的路上，無論是大城裡或鄉間，都是不斷的汽車。《紐約時報》上曾說一個故事：有一個北方人駕著摩托車走過Miami〔邁阿密〕的一條大道，他開的速度是每點鐘三十五英里。後面一個駕著兩輪摩托車的警察趕上來問他為什麼擋住大路。他說：「我開的已是三十五里了。」警察喝道：「開六十里！」

美國汽車的數量占全世界的81%，美國人平均每5個人有一輛汽車。這兩個統計數字本身就已經是讓胡適咋舌的了。然而，最讓他佩服到頂禮膜拜的，是這汽車普及到勞工階級的程度：

> 今年3月裡我到費城(Philadelphia)演講，一個朋友請我到鄉間Haverford〔哈沃佛〕去住一天。我和他同車往鄉間去，到了一處，只見那邊停著一二百輛摩托車。我說：「這裡開汽車賽會嗎？」他用手指道：「那邊不在造房子嗎？這些都是木匠、泥水匠坐來做工的汽車。」
> 這真是一個摩托車的國家！木匠、泥水匠坐了汽車去做工，大學教員自己開著汽車去上課，鄉間兒童上學都有公共汽車接送，農家出的雞蛋、牛乳每天都自己用汽車送上火車或直接送進城……
> 摩托車的文明的好處真是一言難盡。汽車公司近年通行「分月付款」的法子，使普通人家都可以購買汽車。據最近統計，去年一年之中美國人買的汽車有三分之二是分月付錢的。這種人家向來是不肯出遠門的。如今有了汽車，旅行便利了，所以每日工作完畢之後，回家帶了家中妻兒，自己開著汽車，到郊外去遊玩；每星期日，可以全家到遠地旅行遊覽，例如舊金山的「金門公園」，遠在海濱，可以縱觀太平洋上的水光島色；每到星期日，四

90　胡適，〈漫遊的感想〉，《胡適全集》，3：34-48。

方男女來遊的真是人山人海！這都是摩托車的恩賜。這種遠遊的便利可以增進健康，開拓眼界，增加知識——這都是我們在轎子文明與人力車文明底下想像不到的幸福。

這個「工程的文明」不是索克思捏造出來的。胡適在〈漫遊的感想〉裡就大大地鼓吹了這個汽車文明的好處：

> 最大的功效還在人的官能的訓練。人的四肢五官都是要訓練的；不練就不靈巧了，久不練就遲鈍麻木了。中國鄉間的老百姓，看見汽車來了，往往手足失措，不知道怎樣回避；你盡著鳴鳴地壓著號筒，他們只聽不見；連街上的狗與雞也只是懶洋洋地踱來擺去，不知避開。但是你若把這班老百姓請到上海來，請他們從先施公司走到永安公司去，他們便不能不用耳目手足了。走過大馬路的人，真如《封神傳》上黃天化說的「需要眼觀四處，耳聽八方」。你若眼不明，耳不聽，手足不靈動，必難免危險。這便是摩托車文明的訓練。

汽車文明所能訓練的不只是鄉間的老百姓，連大學教授都可以受惠於這個汽車文明：

> 美國的汽車大概都是各人自己駕駛的。往往一家中，父母子女都會開車。人工貴了，只有頂富的人家可以雇人開車。這種開車的訓練真是「勝讀十年書！」你開著汽車，兩手各有職務，兩腳也各有職務。眼要觀四處，耳要聽八方。還要手足眼耳一時並用，同力合作。你不但要會開車，還要會修車；隨你是什麼大學教授、詩人詩哲，到了半路車壞的時候，也不能不捲起袖管，替機器醫病。什麼書呆子、書蹺頭、傻瓜，若受了這種訓練，都不會四體不勤、五官不靈了。你們不常聽見人說大學教授「心不在焉」的笑話嗎？我這回新到美國，有些大學教授如孟祿博士等請我坐他們自己開的車，我總覺得有點悚悚危懼，怕他們開到半路上忽然想起什麼哲學問題或天文學問題來，那才危險呢！但是我經過幾回之後，才覺得這些大學教授已受了摩托車文明的洗禮，把從前的「心不在焉」的呆氣都趕跑了。坐在輪子前便一心在輪子上。手足也靈活了，耳目也聰明了！猗歟休哉！摩托車的教育！

　　也許胡適就是要身體力行他的「汽車文明」的福音，他自己在1933年所買的汽車，不但是福特廠牌的，他用的購買方式也是三分之二的美國人所用的「分期付款」的方式。唯一可惜——恐怕也是時代的使然——的是，他用了一個司機，並沒有身體力行讓自己也得以像他的「汽車文明」的福音裡所宣揚的 「兩手各有職務，兩腳也各有職務。眼要觀四處，耳要聽八方。還要手足眼耳一時並用，同力合作」的「勝讀十年書」的訓練。

　　汽車文明之所以偉大，在於它邁向了胡適心目中的近代西方文明的理想——那「最大多數的最大幸福」的功利主義的理想。如果汽車文明是「最大多數的最大幸福」的體現，則作為汽車文明的鼻祖及其典範的美國，已經從根就把革命的秧苗給拔除了。我在上文徵引了胡適1921年6月14日的日記。他在那則日記裡引述了美國駐華公使克蘭稱讚杜威的話。克蘭公使說杜威是一個真急進派，因為他深信進步是一步一步得來的，而不主張平地推翻一切。「這是真正的美國主義。美國與俄國的區別在此。」不管這句話是胡適的按語，還是他引述克蘭公使的話，這可以用來作為胡適在從俄國漫遊到歐洲、美國以前老早就已經得到的定論。「汽車文明」、「工程的哲學」可能是胡適在漫遊之中所領悟到的新名詞。然而，胡適早在他漫遊以前就已經認定「美國主義」的偉大，在於它跟俄國不一樣，「不主張平地推翻一切」，而是要「一步一步」的進步。胡適漫遊回國以後，更是斬釘截鐵地斷言美國絕對不會產生革命：

　　　　有些自命「先知」的人常常說：「美國的物質發展終有到頭的一天；到了物質文明破產的時候，社會革命便起來了。」

　　　　我可以武斷地說：美國是不會有社會革命的，因為美國天天在社會革命之中。這種革命是漸進的，天天有進步，故天天是革命。如所得稅的實行，不過是十四年的事。然而現在所得稅已成了國家稅收的一大宗。巨富的家私有納稅百分之五十以上的。這種「社會化」的現象隨地都可以看見。從前馬克思派的經濟學者說資本愈集中則財產所有權也愈集中，必做到資本全歸極少數人之手的地步。但美國近年的變化卻是資本集中而所有權分散在民眾。一個公司可以有一萬萬元的資本，而股票可由雇員與工人購買，故一萬萬元的資本就不妨有一萬人的股東。近年移民進口的限制加嚴，賤工絕跡，故國內工資天天增漲；工人收入既豐，多有積蓄，往往購買股票，逐漸成為小資本家。不但白人如此，黑人的生活也逐漸抬高。紐約城的哈倫區〔注：現譯哈

林區〕，向為白人居住的。十年之中，土地房屋全被發財的黑人買去了，遂成了一片五十萬人的黑人區域。人人都可以做有產階級，故階級戰爭的煽動不發生效力。

我且說一件故事。

我在紐約時，有一次被邀去參加一個「兩週討論會」（Fortnightly Forum）。這一次討論的題目是「我們這個時代應該叫做什麼時代？」18世紀是「理智時代」，19世紀是「民治」時代，這個時期應該叫什麼？究竟是好是壞？

依這個討論會規矩，這一次請了六位客人作辯論員：一個是俄國克倫斯基革命政府的交通總長；一個是印度人；一個是我；一個是有名的「效率工程師」（Efficiency Engineer）是一位老女士；一個是紐約有名的牧師Holmes〔赫姆司〕；一個是工會代表。

有些人的話是可以預料的。那位印度人一定痛罵這個物質文明時代；那位〔前〕俄國交通總長一定痛罵布爾什維克；那位牧師一定是很悲觀的；我一定是很樂觀的；那位女效率專家一定鼓吹她的效率主義。一言表過不提。

單說那位勞工代表Frahne(?)〔法內？〕先生。他站起來演說了。他穿著晚餐禮服，挺著雪白的硬襯衫，頭髮蒼白了。他站起來，一手向裡面衣袋裡抽出一卷打字的演說稿，一手向外面袋裡摸出眼鏡盒，取出眼鏡戴上。他高聲演說了。

他一開口便使我詫異。他說：我們這個時代可以說是人類有歷史以來最好的最偉大的時代，最可驚嘆的時代。

這是他的主文。以下他一條一條地舉例來證明這個主旨。他先說科學和進步，尤其注重醫學的發明；次說工業的進步；次說美術的新貢獻，特別注重近年的新音樂與新建築。最後他敘述社會的進步，列舉資本制裁的成績、勞工待遇的改善、教育的普及、幸福的增加。他在十二分鐘之內描寫世界人類各方面的大進步，證明這個時代是人類有史以來最好的時代。

我聽了他的演說，忍不住對自己說道：這才是真正的社會革命。社會革命的目的就是要做到向來被壓迫的社會分子能站在大庭廣眾之中歌頌他的時代為人類有史以來最好的時代。

如此歌頌美國是「人類有史以來最好的」社會的胡適，是不可能變節的。胡適對

美國的愛是始終如一、至死不渝的。邵建惋嘆胡適「人往何處去，思想就跟到哪」，羅志田說胡適有「長達二十多年對新俄和社會主義的嚮往。」他們都低估了胡適對美國主義的忠貞。

民族主義的抬頭

　　邵建與羅志田對這個階段的胡適的了解，至少有半點是對的。他們說對了的半點，就是胡適在1926、1927年曾經有過激進的時候。只是，他們所錯的另一半，卻是錯到完全誤解了胡適的立場。胡適當時的激進不是左傾的激進，而是右傾的激進。

　　胡適在1920年代右傾的激進是漸進的，而且也是有跡可循的。胡適一直到1922年10月1日發表〈國際的中國〉的時候，仍然堅決地否認帝國主義對中國有任何的威脅。值得令人玩味的是，胡適對帝國主義的態度一向是為其緩頰，甚至為其辯護。然而，對於基督教，他的「不容忍」的態度卻常常溢於言表。

　　胡適在1922年3月16日為北京基督教青年會的《生命》月刊作了一篇短文〈基督教與中國〉。胡適說，每一個宗教都包括三個成分：道德學說、神學結構，與迷信的行為。在基督教裡，迷信是兩千年前無知的人們的創造物，這樣的無知的創造物應該拋棄。基督教的神學結構，則多半是中世紀那些僧侶與學究們的不切實際的推測，這種推測同樣也應該拋棄。而作為社會革命者和先知的耶穌的道德學說，以至於假定理智可以完全控制人類行為卻會一直有用。胡適在這篇短文裡的結論仍然是十分溫和的：

> 　　中國知識階級對於基督教，我認為應該有兩種態度。第一是容忍(toleration)；第二是了解(understanding)。承認人人有信仰的自由，又承認基督徒在相當範圍內有傳教的自由：這是容忍。研究基督教的經典和歷史、知道他在歷史上造的福和作的孽、知道他的哪一部分是精采、哪一部分是糟粕，這是了解。[91]

胡適說要容忍，但要求自己去作到，則還是另一回事。他在1922年4月7日的日記

91　胡適，〈基督教與中國〉，《生命》1922年第3期。轉引自〈試結合具體作家、作品談談基督教文化如何影響到中國現代作家與文學創作？〉http://202.194.40.31:8080/ec2006/C237/showItem.asp?itemId=163&id=13&fid=1，2012年3月29日上網。

裡忿忿然說：「有些基督教徒真可惡！今天的Edwards〔愛德華，青年會幹事〕來
說，下星期二穆德〔Moody，美國名傳教士〕在青年會演說，他們要請我去做主席。
我起初以天津的演說來推託。後來一想，我還是老實告訴他們罷。因此我寫了一封信
給Edwards，譯文如下：

> 　　要我主持星期二的會是不對的。我相信你了解我對制度化的基督教的看
> 法。兩年前，在臥佛寺的會議上，我就當著許多基督教友的面前公開宣稱我
> 是一個無神論者，從來就不相信基督教的上帝和靈魂不死的觀念。我從前就
> 反對傳教，現在還是如此。基於這個原因，我寫這封信請你准許我不當星期
> 二的主席。我了解作為一個好的基督徒，你對坦率的重視要超過客套。我的
> 坦率相信是能得到你的容忍和諒解。[92]

　　胡適因為反對基督教、反對把基督教和近代西方文化牽扯在一起，他當然也就反
對當時在中國的教會教育體制。他在1921年9月21日的日記說：

> 　　孟和邀了Roxby〔洛克司比〕與Butterfield〔巴特費爾德〕（皆英美考察教
> 育團中人）到東興樓吃飯，我也在座。他們這一次是專為調查在華的「教會
> 教育」來的。他們問我們的意見。在座諸人如莊士敦先生、任光、擘黃都是
> 不贊成教會教育的，故討論甚激烈。我的主張是：
> 　　一、教會的傳教運動中之最有用的部分並不是基督教，乃是近世文明，如
> 醫學、學校、貧民窟居留，等等。我們所希望的，乃是像羅克斐氏〔洛克斐
> 勒〕駐華醫社〔注：即協和醫院〕的一種運動，專把近世教育的最高貢獻給
> 我們，不要含傳教性質。
> 　　二、但我們也承認傳教運動的放棄在今日是做不到的。故退一步設想，希
> 望你們能把現在這種散漫的、平凡的運動改作一種有組織的、集中的、盡善
> 盡美的教育運動。羅氏駐華醫社的長處就在此。若今後猶繼續派出無數中下
> 的庸才，送出散漫薄弱的捐款，設幾個半舊不新的小學堂——這種運動不如
> 沒有。[93]

---

92 《胡適日記全集》，3：498-499。
93 《胡適日記全集》，3：318-319。

一直到1922年5月23日，胡適的立場還是極爲溫和，只要求點滴的改革：

> 六時半，到柴思(Lewis Chase)家吃飯。飯後到燕京大學向他們的教職員
> 談話，討論〈教會教育在中國教育制度上的位置〉……最後，我希望教會內
> 部自行改良以應時勢的需求，略如：
> 一、禁止小學校中之宗教教育。
> 二、廢止一切學校中之強迫的宗教儀節。
> 三、與其教授神學，不如鼓勵宗教史與比較宗教。
> 四、傳教的熱心，不當爲用人之標準，當以才能學問爲標準。
> 這些話頗引起討論。至十時半始散。[94]

三年以後，1925年，在五卅慘案以前，胡適又再次到了燕京大學，在燕大的教職
員聚餐會上談話。這篇演講後來以〈今日教會教育的難關〉(The Present Crisis in
Christian Education)爲名，在中國基督教教育學會在1925年7月號的《教育評論》
(*Educational Review*)裡發表。這篇英文演講的中文版，後來又收到《胡適文存》第
三集裡。三年之間，胡適對教會教育的批判，在細節上基本上並沒有太大的改變。比
如說，他對教會教育內部改革的建議，跟三年前比較，基本上是大同小異[95]：

> 一、不強迫做禮拜，二、不把宗教教育列在課程表裡，三、不勸誘兒童及
> 其父兄信教，四、不用學校做宣傳教義的機關，五、用人以學問爲標準，不
> 限於教徒，六、教徒子弟與非教徒子弟受同等待遇，七、思想自由、言論自
> 由、信仰自由。

胡適這篇〈今日教會教育的難關〉，是他對教會教育的總批判。他開宗明義，說
傳教事業所面臨的挑戰已經跟二十五年前大不相同了。他說：「在我這個旁觀者看
來，今日的傳教事業有三個新難關，不容易打過去。」第一個難關是新起的民族主義
的反動(a new nationalistic reaction)；第二個難關是新起的理性主義(rationalism)的趨
勢；第三個難關是基督教傳教事業內部的弱點。

---

94 《胡適日記全集》，3：584。
95 以下有關〈今日教會教育的難關〉的分析，請參見胡適，〈今日教會教育的難關〉，
　　《胡適全集》，3：827-835。

我們就把胡適所說的這三個難關倒過來分析。基督教傳教事業內部的弱點，我們已經在前邊的分析裡看過幾次了。胡適對教會教育的批判，我們也已經見到他幾次大同小異的建言了，此處可以不必再贅述。基督教所面臨的理性主義的挑戰，我也已經在本章「中國後來可居上」裡分析過了。一言以蔽之，胡適所謂的理性主義的挑戰，就是：「西洋近代科學思想輸入中國以後，中國固有的自然主義的哲學逐漸回來，此二者的結合就產生了今日自然主義的運動。」這種自然主義，或者再用胡適自己接下去的話來說：「新的理性主義的根本態度是懷疑。它要人疑而後信。它的武器是『拿證據來！』」他挪揄基督教徒說：「傳教的事業二十五年前打義和團和紅燈教的難關過來了。現在到了這『理性關』前，還是偷關而過呢？還是指名搦戰〔即：挑戰〕呢？」

胡適這篇〈今日教會教育的難關〉最值得注意的地方，是他所分析的基督教所面臨的第一個難關。到了1925年，胡適對基督教以及教會教育的批判，已經受到了當日政治思想日益激進化的影響了。對於第一個難關，新起的民族主義的反動，胡適說：

> 這幾十年來，中國受西洋人的欺侮總算很夠了。好幾次的反抗，都歸失敗。最後一次的反抗是庚子年的拳匪運動。自從那回以後，中國人知道這種盲目的、無知識的反動是無用的了。所以二十世紀頭上的十多年可算是中國人對外不反抗的時期。外國人處處占優勝，處處占便宜；中國人怕「干涉」、怕「瓜分」，只好含羞忍辱，敢怒而不敢反抗。但是這十幾年來，可不同了。辛亥的革命與民國的成立鼓起了中國人的勇氣，喚醒了民族的自覺心。干涉與瓜分的噩夢漸漸遠了。到了歐戰發生，歐洲殘破，真正「戳破了西洋鏡」。

胡適接著說，歐洲戰後，俄國的革命、德國、奧國的衰敗，給中國人帶來了民族主義的大反動。這個民族主義的反動，體現在收回租界，以及廢除不平等條約等等的運動上。胡適說這種民族主義的反動是「很自然的，很正當的」。他說，雖然有極端的傾向，這種運動所提出來的「排外的綱領」其實並不是很激烈的：

> 一、取消協定關稅，發展中國的工商業。
> 二、收回領事裁判權，由中國人懲罰外人在中國販軍火、嗎啡、鴉片、殺人、強姦等暴行。

　　三、收回教育權。

　　四、禁止外人在中國傳教。

　　五、廢除外人在華一切特權、租界；撤退外人在華軍艦及軍隊。

　　他們為什麼不許外人在中國傳教辦學呢？因為他們相信凡帝國主義文化侵略的唯一方法是布宗教、開學校。「宗教一方面是帝國主義昏迷殖民地民眾之一種催眠術，另一方面又是帝國主義侵略殖民地之探險隊、先鋒軍」(《嚮導》81期)他們引偉士麥保護天主教傳教事業，及德國因教案搶得青島及膠州灣的事作一種引證。

　　為什麼這個「排外的綱領」不甚激烈呢？胡適解釋說：

　　　這種反動是不可輕視的。他們的理由就是八十年來列強欺負中國人的歷史。他們的證據就是外國人在中國取得的種種特權和租界。這些不公道一日不除，這些不平等的情形一日不去，那麼，這些反動的喊聲一日不能消滅。拳匪之事可以用武力撲滅，因為那種迷信的、野蠻的舉動本身就站不住腳。但是現在的民族主義的反抗運動，根據在一個大民族不平的心理，有可以公開的目標、有可以動人的理論——這是強權不能壓倒、武力不能剷除的。

　　胡適這幾段話裡有兩點是關鍵，必須特別指出來。第一，連他到了他一生最為激進的一刻，胡適還是拒絕使用「帝國主義」這個名詞。在這篇文章裡，「帝國主義」這個名詞出現了三次，都是他徵引陳獨秀在《嚮導》81期裡所用的名詞。胡適拒絕使用「帝國主義」這個名詞，他鄙夷那是馬克思主義者自己不爭氣、怪罪於他人的藉口。他如果使用了「帝國主義」這個名詞，就表示他自己也被「赤化」了。他拒絕使用這個名詞，就是在彰顯他「反赤化」的決心。就像他從倫敦寫給徐志摩的信上所說的：「把中國的一切罪狀歸咎於外國人。這是道地的赤化了。」

　　換句話說，雖然胡適到五卅慘案前後變得激進，他對帝國主義的立場仍然是一致的。這也就是說，胡適認為把中國的問題歸咎於帝國主義是逃避責任。然而，這並不表示胡適要中國人「躬自厚而薄責於人」的態度沒有軟化。他願意說出「八十年來列強欺負中國人」，他願意說出外國人的治外法權、租界是「不公道」、「不平等」的情形，在在說明了他在激進之下所作的讓步。只是，他硬是因為「反赤化」而拒絕使用「帝國主義」這個名詞。

　　胡適這篇文章的第二個關鍵點是民族主義。從胡適否認有帝國主義這個角度來看，胡適願意用正面的角度來看待當時中國的民族主義，這已經是一大讓步。然而，如果我們從胡適自己思想發展的軌跡來看，胡適這時的思想，與他在留美時期絕對不抵抗主義、世界主義的巔峰相比較，其右傾的程度已經到了不可以道理計的地步。我在《璞玉成璧》裡，已經分析了胡適在留美後期，其政治上的保守思想已經萌芽。到了1920年代，胡適的政治保守主義已經枝葉茂蔓了。

　　我在上文已經提到了胡適在1927年7月號的《論壇》（*The Forum*）發表的一篇短文〈中國與基督教〉（China and Christianity）。胡適在這篇文章裡讚頌中國的民族主義如何在歷史上迫害、滅絕了景教與佛教。現在，這民族主義又要施展其絕技來對付那外來的基督教：

　　　　當下確實是充斥著廉價的言論，用非常狹隘的民族主義攻擊，說基督教的
　　　　傳教士是帝國主義侵略的爪牙。然而，我們必須體認到民族主義——一個
　　　　有相當光榮的歷史的國家的自我意識——在歷史上曾經滅絕了景教、瑣羅亞
　　　　斯德教，以及摩尼教。這個民族主義在歷史上四次迫害了佛教，而且在佛教
　　　　徹底地征服了中國一千年以後，把佛教也滅絕了。現在，這同樣的民族意識
　　　　正在抗拒這外來的基督教。[96]

　　我們暫且不去討論胡適這個中國的民族主義把佛教滅絕了的奇論。重點是，曾幾何時，這個把民族主義視爲過往歷史的毒瘤、人類未來、世界和平的公敵的胡適，現在卻歌頌起它在中國歷史上迫害、滅絕宗教的豐功偉業。

　　胡適的右傾自然不是一夕之間造成的，而且五卅慘案也不是促因。我們在日記裡已經可以看到端倪。他1922年3月14日的日記附了一張《民國日報》的剪報，是「建時」所寫的〈香港海員最後的勝利〉。胡適在剪報上寫了按語：「這是今年的第一件大事，故選錄《民國日報》3月14日的〈覺悟〉〔版〕中一文於此。」[97]這香港海員最後的勝利，指的是1922年初香港海員因要求增加工資而舉行的罷工。這個罷工的過程中發生了英國軍警開槍阻攔罷工的海員離開香港回廣州的「沙田慘案」，當場打死三人，傷八人。香港當局在3月5日同意罷工海員的要求，增加工資、恢復工會。長達

96　Hu Shih, "China and Christianity," The Forum, LXXVIII.1 (July, 1927), p. 2.
97　《胡適日記全集》，3：464。

五十二天的罷工終於結束[98]。

胡適之所以會稱香港海員罷工為「這是今年的第一件大事」，重點在於「建時」在胡適所剪貼的分析香港海員勝利的原因。「建時」說香港海員罷工勝利的原因有三：

> 一、因為有工會的組織。香港廣州，隨便哪一種工人，都有工會。這回海員罷工，像募捐集會等事，全由工會出面去辦，這實在是成功的一大原因。
>
> 二、因為有正當的指導。這回海員方面，廣州輿論界和新政府時時加以正當的指導，這是此間人所公認的。本月六日，廣州罷工工團在廣西會館開會，陳省長演說……他底演說很長，都是勉勵工人的話。同世間的不法政府賣國官僚不知世界趨勢的，真有天淵之別！
>
> 三、因為有外界的幫助。海員在廣州時候，每天開銷要四千餘元，五十多天，共用去二十餘萬元。這款子多從資本家方面捐助而來。他們知道世界趨勢，竟能見義勇為，確是難得！幫助最大的，就是本港的幾個工會。他們因為船東的麻木不仁，港政府的一味高壓，激起公憤，繼續罷工。這種為人犧牲的熱誠更可欽佩！[99]

非常值得玩味的是，「建時」這篇報導是胡適剪下來黏貼在稿紙上的，不是完整的。現在聯經版的《胡適日記全集》補全了這份剪報的全文，兩相對比，讓我們能知道胡適所去掉的是什麼，並且去推測他為什麼會去掉。胡適很清楚《民國日報》是國民黨的機關報。因此，他知道它有特定的政治與意識型態的立場。胡適刪掉的一共有三段。第一段是孫中山給國會非常會議的咨文，要求取消把罷工視為非法得以懲處徒刑與罰金的條文。胡適刪掉的第二段是陳炯明有關「沙田慘案」的告示[100]。胡適會刪掉這兩段並不意外，因為它們無關他的大旨。

胡適所刪掉的第三段就別有意味了。他所刪掉的，是「建時」在報導最後的一段高呼勞工團結起來打倒資本家的口號：

---

98 Chan Lau Kit-Ching, *China, Britain, and Hong Kong, 1895-1945* (Hong Kong: The Chinese University Press, 1990), pp. 169-176.

99 《胡適日記全集》，3：469、471。

100 《胡適日記全集》，3：467-9。

神聖的勞工！你們只要團結起來，做有實力的準備，資本家總有屈服的一日，你們總得最後的勝利。

胡適會刪掉「建時」最後那一段口號也是可理解的。從胡適的角度看來，「建時」那段話不但是無意義的口號，而且完全違背了胡適的政治社會哲學。對反對階級鬥爭的胡適而言，勞工並不特別神聖，資本家也沒有被「屈服」的必要。事實上，從胡適「最大多數的最大幸福」的政治社會哲學的角度看來，勞工的「幸福」，根本就是資本家的「愛心」所賜給他們的。我在上文已經徵引了他在〈東西方文明的比較〉一文裡的話。他把西方近代文明裡的民主比擬成宗教：「這個民主的宗教，不只保障個人的自由，不只限制個人的自由以尊重別人的自由，而且要努力地使每一個男女都能得到自由。它除了用科學與機器大大地增進個人的快樂與舒適之外，還用組織與立法的方式把幸福的生活推廣給予社會上最大多數的人——這就是西方文明最偉大的遺產。」

胡適剔除了「建時」在這篇文章裡在意識型態上不合乎他胃口的段落。他黏貼在他日記裡的，就是他首肯的部分。而這個部分是「建時」分析香港海員罷工勝利的原因——組織、領導與外援——就在在地決定了胡適在五卅運動中的作為，以及他在1926、1927年間對國民黨的擁護與支持。

胡適對政治的態度歷來就被大家所誤解，胡適在五卅慘案的表現也不例外。我在本章起始提到了汪原放回憶1925年上海的五卅慘案發生以後，胡適對陳獨秀以及亞東圖書館的老闆汪孟鄒駁斥沒有帝國主義的對話。我說胡適會反唇相稽，說哪有帝國主義是可信的，只是不是在那個時候。然而，胡適也不是像邵建所想像的，在五卅運動中盡是自由、理性，盡是韋伯式的「責任的倫理」[101]。

五卅時候的胡適，既沒像汪原放所描述那樣的冷血，也沒有像邵建所想像的那樣冷靜。就像我們每一個人一樣，胡適扮演著多重的角色。他既是中國人、北大的教授、北大教授的同事、也是全國知識人矚目的領袖、與馬克思主義者別苗頭的自由派的導師、他同時也是在華洋人心目中的自由派的領袖與進步人士。此外，他還是一個崇拜以美國為表率的西方近代文明的人。換句話說，我們不能從胡適在五卅慘案以後在某一個場合所說的話，來代表他對五卅慘案的立場。而必須是從他在那當下的場合

---

101 邵建，〈回望：五卅運動中的胡適〉，http://www.yuehaifeng.com.cn/YHF2007/yhf2007-06-10.htm，2012年3月30日上網。

的角色來理解他所說的話。他扮演什麼角色就說什麼話。

　　五卅慘案發生以後，北大的教職員成立了「北大教職員滬案後援會」。作為北大的教授，胡適在這個後援會裡扮演著一個積極而且重要的角色。1925年6月11日，「北大教職員滬案後援會」在幹事會上議決請「陳源、張歆海、顏任光、胡適、陶孟和專作文章寄送英美」[102]。6月14日，胡適在「北大教職員滬案後援會」委員全體大會上作了兩個報告，並且提了一個動議。報告一：「胡適先生報告籌款經過，託人接洽捐款簿尚未收回。」報告二：

　　　　胡適先生報告梁啓超、羅文幹、顧維鈞諸人主張組織國際會審機關之意
　　見。議決由本會向政府及國民發表宣言，反對單獨法律問題的解決。主張完
　　全政治問題的交涉。又議決請周鯁生、朱希祖、王世杰、燕樹棠、王星拱五
　　位起草作此宣言。

　　胡適在6月14日所作的動議，其靈感可能就是來自於「建時」〈香港海員最後的勝利〉一文裡所提到到的「外援」：「胡適先生提議本會應派專員赴滬，幫助工商學界組織救濟工人事項。議決由本會委派一人或二人。其人選及經費交總務與經濟兩股決定辦法。」[103]

　　6月15日，胡適又與其他44位北京國立大學的教授聯名，寫公開信給北京各大學校長，要求他們提議把教育部欠薪裡撥十分之一，作為救助上海失業工人的經費：

　　　　逕啓者：此次滬上工學界被英日人慘殺，國人莫不髮指。弱國對外，武力
　　既難以敵人，所恃者敦在經濟絕交，冀足制敵人死命……同人等謹向列位校
　　長先生提議「請國立各校從政府應允撥給之積欠經費一百五十萬內，提捐十
　　萬，為救助滬案失業工人之用。」……列位校長先生各為本校之正式領袖，
　　有處分學校財政之全權。以此款不及十分之一捐助同胞，教育界同人自無不
　　表同情。似無須再徵求任何一方教職員之意見，致誤迫切之時機也。[104]

<hr>

102 〈公告：十四年六月十一北大教職員滬案後援會幹事報告〉，《北京大學日刊》，第1718號，1925年6月12日，第二版。
103 〈公告：北大教職員滬案後援會委員全體大會記錄〉，《北京大學日刊》，第1720號，1925年6月15日，第一版。
104 〈專載：國立各校教職員致各校長函〉，《北京大學日刊》，第1721號，1925年6月16日，第一版。

「北大教職員滬案後援會」總務與文書兩股在6月20日的聯席會議裡作出十七項決議。其中，有三項與胡適有關。其一、「英文主稿事由張歆海、胡適、王星拱、李四光、顏任光、溫源寧、王世杰、陳源八位擔任。」其二、「翻譯由陳源、潘家洵、周鯁生、胡適、燕樹棠五位擔任。」其三、「議決請胡適、譚熙鴻兩位勸說銀行總會扣留政費百萬元速救滬上工商界。」[105]根據《北京大學日刊》的公告，胡適與其他四位文書股的翻譯專員每天都需要辦公，上午從九時到十二時，下午從二時至六時[106]。江冬秀愛國不落人後，也捐了五元給「北京各界援助上海事業同胞募捐總會」[107]。

北京大學教授在五卅慘案發生以後，在6月3日聯名寫了一封公開信給外交總長。信中建議外交部採行兩種手段：

> 一方面請關係國公使退出國境；一方面由中國政府立派中國得力軍警，馳赴租界，保護中國人民之生命。此種手段，不獨為正誼人道所要求，抑且與國際法及現行中外條約毫無違反。[108]

次日，北大教授又聯名寫了一封公開信給段祺瑞，重複了他們對外交總長派兵馳赴租界的建議。同時，他們又要求段祺瑞命令外交主管：

> 宜依照國際法手段要求召回英日公使。此種手段只是對於各該公使一種不信任之表示，並非戰爭行為，亦尚非斷絕國交。何況就英日人行為而論，吾國即與斷絕國交，在理亦極屬正當行為。[109]

可惜由於《北京大學日刊》略去了參與連署的教授名單，我們不知道胡適是否連

---

105 〈專載：北大教職員滬案後援會：總務文書兩股聯席會議議決事項〉，《北京大學日刊》，第1721號，1926年6月22日，第一版。

106 〈專載：北大教職員滬案後援會：文書股專員分類辦事表〉，《北京大學日刊》，第1728號，1926年6月24日，第一版。

107 〈公告：北京各界援助上海事業同胞募捐總會收款報告(四)〉，《北京大學日刊》，第1742號，1926年7月11日，第四版。

108 〈特載：北京大學教授致外交總長公函〉，《北京大學日刊》，第1712號，1926年6月5日，第一版。

109 〈特載：北京大學教授致段執政函〉，《北京大學日刊》，第1712號，1926年6月5日，第一版。

署了這兩封公開信。當然，胡適可以不同意這兩封信的主旨，但仍然因爲道義的支持而參加連署。然而，不管胡適是否連署了這兩封公開信，我們可以確定他並不完全同意這兩封公開信的主張。6月18日，胡適在「中國少年衛國團」所主辦的演講會裡說了他〈對於滬漢事件的感想〉。胡適在該演講裡提出了三個要點：一、要有調查的事實；二、要有負責任的態度；三、要認清楚步驟。調查事實的重要性是毋庸贅言的。因爲一如胡適在演講裡所說的：「法律問題也好，政治問題也好，都要交涉才行。而交涉則非有事實爲依據不可。可靠之事實則非詳細精密的調查不可。」

　　胡適所謂的要有負責任的態度，就是指所有主張都必須是深思熟慮以後才提出的。

> 　　譬如主張宣戰，就要把宣戰的效果想出來是怎樣、有如何的影響。不要只是口裡說一陣宣戰就完事。誰去打戰？怎樣戰法？陸軍怎樣？海軍怎樣？軍械怎樣？軍費怎樣？既是主張宣戰，總得要籌劃一下才算負責任罷。
> 　　……
> 　　又如主張派兵到租界去。看起來調兵是很可能的。但是中國的兵到租界或租界的四圍如像漢口所作的事，是不是與我想派兵去維持治安的意見一致呢？蕭耀南的兵隨便殺人，隨便禁止。漢口還算統一一點。而上海有奉直的關係，孫傳芳、張宗昌、鄭謙，各有其用意。於此割據狀況之下，調兵是如何呢？如果都像馮玉祥的兵隊或者還可以。你們不看見中國的軍隊爲煙土的事，就自己打戰嗎？

最重要的，是採行的步驟：

> 　　何謂步驟？就是我們作事要有一定的手續。關於這一次如此重大的事件，我以爲應該分成兩步去辦。第一步就是上海慘死事件及連帶的漢口等處事件之解決。第二步就是八十年來一切不平等條約的根本解決。一爲暫時的問題，一爲永久的問題；一爲局部的問題，一爲全體的問題……
> 　　在第一步裡面我們可以分做兩層去辦：一層就是我們解決上海事件所提出的條件，至少要包括懲凶、賠償、道歉、收回會審公廨、保障此次罷工人、制止越界築路、取消印刷附律等項等律、保障言論集會出版的自由、工部局投票權等。因爲這些都是上海親受其苦痛的人提出來的，我們非尊重之，替

他們爭得不可。漢口等地的連帶事件，也應照樣的進行。如果這點都辦不到，我們當然繼續的罷工以及經濟的抵制。一層就是我們在解決上一層的時候，要附一個覺書〔注：意見書〕，要求於最短時期內開一個根本修改一切不平等條約的會議，以剷除一切衝突的禍根。這事很多人以為不可能，在我看來卻是很有可能的性質，而時機還算成熟了。為什麼呢？那些條約或是利用他們的武力，或是利用我們的愚癡。其不公平而應該修正，理至明顯。而且條約也總含有一點時代性，過了這麼多年，還可適用而不修改嗎？就以今日六國使團的通牒而論，說我們有排外的運動，他們發生最大的恐怖。我試問這恐怖那裡來的，完全由於他們基於不平等的條約、享有特殊的權利而來。所以我們提出修改也是極正當的。其他美國也有人主張修改條約。而俄國自然是贊成的了。所以我說這並不是不可能，因為在理論上事實上都有修改條約的必要。

第二步就是根據第一步的要求，開修改條約的會議。我們應當用全力為此事奮鬥。我們應當有國際公法學者的組織，研究不平等條約為修改條約的預備。我們應當設立對外宣傳機關，以表示我們的決心與理由，而得各國人士之了解與同情。我們工商學各界應當有嚴密的組織，以為外交的後援。這樣一來，不患不成的。[110]

胡適這篇〈對於滬漢事件的感想〉的演講，充分地說明了胡適與他北大的同事的看法相同，認為五卅慘案不只是一個法律的事件，而且是一個政治的事件。因此，其解決的方法必須是兩者俱進。北京大學教職員在6月15日發表了一封公開信，譴責梁啟超想把滬案縮小成為一個法律事件的提議。他們強調：「滬案不單是一個法律問題。滬案根本上是一個政治問題。我們要根本的打破英人在中國的特權地位。」[111] 事實上，在眾人皆熱血沸騰的時候，大家都誤解了梁啟超的意思，包括胡適和任鴻雋在內。他在1925年6月28日給胡適的信裡說：

滬案我很贊成你的「作戰步驟」。大約這個事情，能夠得到這樣一個結果，已經是大幸了。梁任公的國際審查會主張，實際上恐怕要朝這條路走——

---

110 胡適，〈對于滬漢事件的感想〉，《胡適全集》，21：343-347。
111 〈專載：北京大學教職員同人關於滬案性質的辨正〉，《北京大學日刊》，第1722號，1926年6月17日，第一至二版。

　　現在義、法、美三國調停，即是這個性質——不過以中國人發表此論，不免太disinterested〔超然〕一點，他的挨罵是不能避免的。《現代評論》似乎也不敢發什麼議論，不如最近的《語絲》尚有幾句針砭民眾的話——我指的是平伯的文章。[112]

俞平伯在《語絲》裡的文章是〈雪恥與禦侮〉。他說：

　　宣戰是必敗，三尺童子知其必然。而大家猶囂囂然唱和不休，以為唱這種高調好聽罷？兵凶戰危有什麼好聽！想借此嚇退鬼子兵嗎？只怕未必！總而言之，統而言之，宣戰是必須平日有準備；臨時起鬨，是以國家為孤注了。真的志士絕不當鬧這種孩子氣，彷彿豎起小拳拳，喊道：「嚇！」宣戰本來是廢話，於是歸到經濟絕交。這經濟絕交似是大讓步了，然也談何容易。上次對日經濟絕交，效能曾有多少？二十一條仍然存在，雖然添了「五七」紀念日。[113]

　　可惜我們不知道胡適對滬案的「作戰步驟」。很有可能就是他在〈對於滬漢事件的感想〉裡的兩個步驟：一、懲凶、賠償、道歉、收回會審公廨等法律問題；二、修改條約的政治問題。如果是如此的話，胡適的「作戰步驟」與梁啓超的其實是相同的。
　　梁啓超的「作戰步驟」又如何呢？北大的教職員誤解了梁啓超，迫得梁啓超不得不在《晨報》上反駁：「我敢說，諸君對於我的觀點完全看錯了，也許是沒有看見我前後的文字，斷章取義，亂下批評」，「我有『對歐美友邦之宣言』一篇全文五分之四說的都是政治問題。」[114]梁啓超說得完全正確，他在1925年用英文發表的〈中國對「上海事件」的論據〉(China's Case in the "Shanghai Affair")裡，分析的重點確實是政治的問題。他先在文章的起始描述了五卅慘案民眾在毫無武裝的情況之下遭受射

---

112 任鴻雋致胡適，1925年6月28日，《胡適來往書信選》，上冊，頁340。

113 轉引自馬少華，〈原則性思維與技術性思維〉，http://webcache.googleusercontent.com/search?q=cache:ZHkNpTzyP3gJ:bbs.pku6.edu.cn/bbs/bbsanc.php%3Fpath%3D/groups/GROUP_3/History/DAC3BF989/D62B59DAC/M.995204736.A&hl=en&gl=us&strip=1，2012年3月31日上網。

114 梁啓超，〈答北京大學教職員〉，北京《晨報》第33冊，頁646，1925年6月19日。轉引自曾金蓮，〈《現代評論》與五卅運動〉，《中山大學歷史系第一屆「中國近現代史」本科生學術研討會論文集》，頁17，2012年3月31日上網。

殺，以及傷亡的數字，接著就描述了上海租界工部局的歷史、會審制度的發展，以及華人繳稅卻無代表權的事實。然後，梁啓超就強調單單就法律來解決滬案不是治本之道。他說：

> 爲了避免同樣的事件在未來發生，爲了把華人與外國人的交往關係建立在一個比較安穩和令人滿意的基礎上，我們就必須要去尋求一個根本的解決。這個根本的解決是什麼呢？那就是去根本地修改中外的條約——那將近一百年以前在〔中國在〕戰敗的情況下、在東印度公司那傳統的弱肉強食的政策之下所締結的條約。正由於中國的情況已經改變許多、文明開化的情況要遠勝於二十年前，修約的必要就變得更爲迫切。今天中國的教育階層對政治的基本原則——無代表權就不納稅、法國革命所楬櫫的人權等等——的重視不下於西方人。

梁啓超接著訴諸西方國家自身的利益。他說西方國家爲了利用中國廉價的勞工與原料，把西方工業文明的弊病引進了中國，造成了勞資的對立。他說：

> 在其他國家，資本家與勞工都是同一國的人。在中國，資本家通常是外國人，勞工則是中國人。因此這種勞資糾紛就益形危險，因爲它很容易就演變成爲國際的糾紛，而且它一旦發生就常常很難收拾，因爲沒有雙方共同認可的法律可以來作調解。
>
> 因此，梁啓超的結論是：「修改條約攸關大家共同的利益，這對全世界的國家是如此，對中國也是如此。其結果會有助於東西方之間的了解與合作。」[115]

我們雖然不知道任鴻雋所說的胡適的「作戰步驟」爲何，但非常幸運地是，胡適在他的檔案裡留下了他與羅文幹在1925年6月21日聯名致外交總長沈瑞麟的底稿。這封信非常重要，值得全部徵引：

---

115 Liang Chi-chao, "China's Case in the 'Shanghai Affair'," Reprint from June Issue, 1925, *The Chinese Students' Monthly*.

此次上海慘殺事件，雖起於上海一隅，而其遠因實在於八十餘年來外人在中國之特殊地位所造成之怨憤。此當久在洞鑑之中，無待贅陳。今政府所派委員及使團所派委員既已停止談判，先後北上，此事必將在北京開始交涉。觀昨日使團之正式宣言，可知有關係之各國似皆希望上海事件迅速解決。宣言中並曾提及，中國政府如表示願意，各關係國代表亦願要求其政府許可其討論公共租界之組織及審判制度。此事今後之責任將全在大部。

□□等深知先生虛懷納善，故敢貢其一得之愚供大部之參考。

□□等以為此次交涉宜分清步驟，以解決滬案為第一步，以修改條約、根本免除將來之衝突為第二步。然於第一步交涉之初，即宜為第二步預留地步。即宜同時向有條約關係各國政府鄭重指出禍根之所在與夫後患之方興未已，因以要求各國定期召集修改八十年來一切條約之國際會議。今日之民意非此不能滿足，而將來之隱患尤非此不足以消除。不然，則一波未平，狂瀾又起。不獨大部與國人將永疲於奔命，而國內之工商學界亦將永無安寧之日矣。

第一步之交涉似可分三層：第一為急待解決之事項，如解除非常戒備、懲凶、賠償、道歉等項；第二為較難解決之事項，如公共租界之組織及會審公廨之廢除等項；第三為根本解決之預備，即上文所言修改條約會議之要求。今使團已表示願意討論租界組織及審判制度矣；我國若不乘此時機要求條約之修改，則此事將以租界之改組及會審公堂之收回為最後條件，而八十年之禍根依然存在，此國人所必不承認，當亦大部所不取也。

修改條約之會議最好能與關稅會議同時舉行。俄德之贊助自不成問題；美國亦已有贊助之可能。所賴有長才遠識之外交家積極運用，庶收全功耳。

臨書草草，不盡所欲言，伏乞恕其愚忠，賜以省察，幸甚幸甚。[116]

毫無疑問地，羅文幹、胡適為沈瑞麟所作的獻策，基本上不出胡適在〈對於滬漢事件的感想〉的演說裡的主旨。如果我們再把其主旨跟梁啓超所寫的〈中國對「上海事件」的論據〉相比照，我們就會發現他們的「作戰步驟」是完全相同的。所以，胡適在〈對於滬漢事件的感想〉裡其實還是誤解了梁啓超：「梁任公先生的意見與北京大學教授的意見所爭的就是法律問題與政治問題。」事實上，執中國輿論界牛耳多年

---

116 羅文幹、胡適致沈瑞麟，1925年6月21日，《胡適來往書信選》，上冊，頁338-339。

的梁啓超，不可能不會不知道輿論界與民氣的走向。羅文幹與胡適在信中說：「要求各國定期召集修改八十年來一切條約之國際會議。今日之民意非此不能滿足，而將來之隱患尤非此不足以消除。」

這是當時中國輿論界的共同的訴求。羅文幹、胡適如此，北京大學的教職員如此，梁啓超亦復如此。他們之間如果有什麼不同，只是在於要爭多少、能爭到多少的問題。法律問題的解決是最低要求，政治問題的解決則等於是中了彩。就像羅文幹、胡適在信中就已經承認了的，交涉的第一步是懲凶、賠償、道歉；第二步就已經較難：公共租界的組織和會審制度的廢除；第三步的難度更是不言可喻：廢除不平等條約。這點，大家都心知肚明。不同的只是願意承認與否。誠如任鴻雋在給胡適的信裡所說的：「大約這個事情，能夠得到這樣一個結果，已經是大幸了。」

其實，胡適也好，北大的教職員也好，大家都很了解要跟列強談廢除不平等條約等於是與虎謀皮。因此，他們想用「攻心爲上」的策略，去打動英美國民的同情心、同理心，與公道心。1925年6月18日，北京大學教授打了一封電報：〈致英國國民與國會請願書〉（Appeal to the British People and Parliament）。我在此處就引用《北京大學日刊》的譯文：

中英邦交素睦。不幸上海漢口，屢演慘劇。二國交誼，有破裂之虞。同人等心實惜之。現今形勢緊張，一髮千鈞。如能於最短時期之內，本正誼人道，得一迅速公平之解決，實同人等之望也。因羅列事實，公之於諸君之前，幸鑑察焉。

……

夫不予充分之警告，槍擊赤手空拳之群眾，有意致其死命，種種不當，凡稍有人心者，莫不同聲共識。然則懲罰開槍及下令之人，從優賠償死傷者之家屬，及履行國際法對於此等事件規定之條件，實爲刻不容緩之事。然吾人尚有不能已於言者。如此次爭端之解決，僅如上述則必殘缺不全，因所解決者只此次慘殺之近果而未嘗及其遠因。根本之原因何在，夫人而知也之，如租界也、領事裁判權也、外人所享受之種種特權也。此種侵犯中國主權之不平等條約一日不去，中國一日不安。因外人受特權之保護乃可爲所欲爲，而中國人之自由、生命、財產乃永永無安之望矣。是以吾人以爲如欲免此種事實再現於日後，惟有廢止及修改種種不平等之條約。此種條約在昔已產生種種無謂之爭執，使二國邦交時有阻障。

　　中國人未嘗排英。事實極爲明顯。因事變中英國方面並無一人之死傷。但
事實有更明顯於此者，則在華英國當局因上述繼續不斷的虐殺曾盡量地激起
中國人之排英感情是也。目下中國全國群情激昂，中英兩國間之友誼因而頻
於若存若亡的危險狀態。吾人爲貴國人民與吾人自身之正義計，不得不以此
間事實之眞相奉告。吾人相信英國人民必能校正是非及補償過失，爰敢向貴
國國民作上述之宣言。[117]

　　北大教授除了致電英國國民及國會以外，還致電美國眾議院議員波拉(William
Borah)。北大的教授會選擇致電波拉是很可理解的。波拉當時是美國「外交委員會」
的主席。更重要的是，在五卅慘案發生以後，美國在華公民致電給波拉，要求美國採
取鐵腕政策。波拉在6月18日回電拒絕。他說美國在中國既然沒有帝國主義的企圖，
就完全沒有必要去蹚那帝國主義國家的渾水[118]。他建議美國在可行的範圍內，盡早
撤銷美國在華的領事裁判權。漢口的「美國商會」反對取消領事裁判權，波拉反擊
說：「美國在華商會是帝國主義集團的一部分。」[119]北大教授致電波拉的內容，我
再徵引《北京大學日刊》的譯文如下：

　　　先生常爲正義人道出力，同人等素所欽仰。此次英人在上海漢口九江鎮江
　　各處中國領土上慘殺平和的華人，侵犯正義自由，莫此爲甚。今我中國舉全
　　國之力以爭正義自由，而先生際此時會對於中國之爭自由公然表同情而與少
　　年中國表示一致，不僅證示先生對中國的義氣，而且足證示華盛頓林肯的邦
　　土，仍爲近世民主國家的表率。我們北京大學教授同人對於先生之援助敬表
　　感謝。
　　　先生證定中國國民的願望，與有些締約國(英日似爲其首領)阻害中國解放
　　自己的企圖之鐵血政策之衝突，爲中國現在不幸的情狀之原因，極爲中肯。
　　所以今日解決中華爭端，如果僅從法律方面著眼，而不顧及其中牽涉的政治

<hr>

117 〈專載：北大教授致英國國民及議會電之譯文〉，《北京大學日刊》，第1727號，1926年
　　6月23日，第一至二版；英文原電，〈專載：北大教授致英國國民及議院公電〉，《北京
　　大學日刊》，第1724號，1926年6月19日，第二版，第1725號，1926年6月20日，第二
　　版。

118 "Borah Sees No Reason for Us to Join Mix-Up," *Cape Girardeau Southeast Missourian*, June 18,
　　1925, p. 6.

119 Shizhang Hu, Stanley K. Hornbeck and the Open Door Policy, 1919-1937 (Westport, CT.,
　　1995), p. 71.

問題，此其解決，不僅不完全不充分，而且徒滋誤會。以其將令人注意在現今紛擾之結果而不注意其原因。此原因如任其存在，將於中國國民之生命財產自由永爲危害。

現今紛擾之原因在於領事裁判權及其他外人特權之存在。此等事情不論其起初之發生情勢如何，實大傷我國民自負心而久與我國民精神不相容。所以對於過去數星期的事變之最滿足的解決，在完全廢止領事裁判權及租界，而完全改正中國與列強間之不平等條約。

此次上海及其他地方許多青年爲爭自由獨立而殺身。我們覺得如不努力完成他們開始的事業，實無以對這些殉難的青年。我們爲他們所留之紀念，即在解放上海漢口鎮江九江等地方及其他租界。

中國國民決志以消極的堅決的方法爲正義人道戰。我們決計抵抗帝國主義的列強及外國資本家加於我國民之強暴行爲。我們不是排外，而僅是排帝國主義。我們不是赤化，但是被逼。我們甚願由先生將事實的眞相傳達於貴國人民。我們願凡愛自由之美人決不爲那些袒護英日帝國主義的新聞通信社之謠言所蒙蔽。[120]

胡適當時是「北大教職員滬案後援會」翻譯組的專員，專門負責對英美的文稿。然而，我們不知道胡適是否參與了這兩個電報的撰寫與翻譯的工作。我推測這兩個電報，不管是英文或中文翻譯都不似胡適的手筆。給波拉衆議員的電文，尤其不夠練達。〈致英國國民與國會請願書〉裡有一句譯文說：「如此次爭端之解決，僅如上述則必殘缺不全，因所解決者只此次慘殺之近果而未嘗及其遠因。」此處所謂的「則必殘缺不全」，根本文意不通。可惜這一句話的英文原文印刷不清楚，無法比對。然而，所謂「則必殘缺不全」的原文依稀可辨，是"woud be partial and inadequate"，正確的翻譯應爲：「則只是局部與不周全的作法」，更傳神的翻譯可以是：「則只是頭痛醫頭、腳痛醫腳的作法。」

致波拉衆議員的電文裡的「解放」與「帝國主義」，都不是胡適會使用的字眼。「我們決計抵抗帝國主義的列強及外國資本家加於我國民之強暴行爲。」這句話更不可能出自胡適的譯筆，因爲英文裡就沒有「外國資本家」的字眼。原文是說："They

---

120 〈專載：本校教授致波拉氏電譯文〉，《北京大學日刊》，第1729號，1926年6月26日，第一版；英文原電，〈專載：本校教授致美國下議院議員波拉氏電〉，《北京大學日刊》，第1728號，1926年6月24日，第一至二版。

are determined to fight against the violence and cruelty of the〔注：衍字〕imposed upon them by the Imperialistic Powers."（他們下定決心要抵抗帝國主義列強的殘暴。）由於《北京大學日刊》連排中文都錯字連連，何況英文！此句的衍字可能是排版的錯誤。然而，在短短一篇電文裡，「我們」、「他們」混用；前句才說「中國人民」，後句卻說「他們」，彷彿北大教授不是「中國人」一般。簡直像是初進大學的美國學生的文筆。

雖然我在第七章分析了翻譯不是胡適之所長，這篇致波拉的電文完全不到胡適的水準。「先生際此時會對於中國之爭自由**公然表同情**而與少年中國表示一致。」胡適不會把「公然」這個具有負面意思的字眼用在正面意義的論述裡。同樣地，「先生證定中國國民的願望，與有些締約國(英日似為其首領)阻害中國解放自己的**企圖**之鐵血政策之衝突，為中國現在不幸的情狀之原因，極為中肯。」把中國人民解放自己的「努力」翻譯成那具有負面意義的「企圖」，這也絕對不會出自胡適的手筆。

這段話裡還有一個不該有的錯誤：「我們不是赤化，但是被逼。」這句話彷彿是承認「我們」確實是被逼而「赤化」的意思。原文是說："They are not Bolshevized but simply terrorized."（他們不是「赤化」，而完全是被淫威所踐踏。）細心的讀者會發現這幾段原文又把「我們」、「他們」混用了。前句明明開始說「我國人民」，卻又接著說「他們自己」。再接下去的一句又說「他們」，彷彿北大教授自外於中國人一般。細心的讀者會發現翻譯者也發現了這個問題，因此全部一致地改成了「我們」。

如果我們不知道胡適是否參與了北大教授〈致英國國民與國會請願書〉，以及致美國眾議員波拉電撰稿與翻譯的工作，我們確知他是與羅文幹、丁文江、顏任光連署發表了一篇〈中國的論據〉（China's Case），由「旅英華人各界代表聯合會」（The Union of Chinese Associations)在英國出版並分送英國各界。今天我們可以在「胡適檔案」裡看到這篇文章的草稿，題目為：〈致英國民眾請願書；並敬答張伯倫先生〉（An Appeal to the British Public; A Reply to Mr. Austen Chamberlain)。從字跡上來判斷，不是胡適起草的。所以如果不是丁文江，就是羅文幹起草的。這篇文字就真的是有大家風範，不但用字遣詞精審得宜，而且雄辯滔滔、鏗鏘有聲[121]。

顧名思義，〈中國的論據〉，或者說，〈致英國民眾請願書；並敬答張伯倫先

---

121 Lo Wen Kan, V.K. Ting, Hu Shih, K.L. Yen, "China's Case," published by The Union of Chinese Associations (in Great Britain), 無日期［1925年6月］，共7頁。

生〉是反駁英國外相張伯倫對五卅慘案的聲明。1925年6月18日，張伯倫在英國國會的演說裡聲稱：

> 根據我目前所有的報告，一直是到了巡捕房岌岌可危，而巡捕房裡又有武器囤積的情況之下，巡捕才下令開槍的。如果事實確實是如此的話，我可以說下令開槍是避免了流血，而不是造成流血的原因。[122]

胡適等人在〈中國的論據〉引了張伯倫這段證詞，但略掉了最後一句：「我可以說下令開槍是避免了流血，而不是造成流血的原因。」他們反駁張伯倫，說事實是：巡捕開槍的時候，離學生只有六英尺；警告用的是英文；從警告到開槍只有十秒鐘的時間；總共打了四十多發子彈，歷時幾分鐘。換句話說：「手無寸鐵的群眾，警告的語言他們大多數都聽不懂，就這麼被近距離地掃射。」胡適等人要求英國的民眾用常識、用公正的心來推想，自問巡捕的反應是否過當了。

張伯倫承認說問題的癥結在於中國人對現狀不滿。然而，張伯倫沒有意識到問題的癥結在於領事裁判權。接著，胡適等人就以上海租界的工部局為例，從其組織、會審公廨、立法、中國人納稅而沒代表權、巡捕的黑暗等等事實，作出了以下的結論：「上海的公共租界已經變成了一個寡頭統治、以工部局總辦(secretary)統管、為外國人的利益服務的獨立國家。」他們說：

> 由於上海的中國人對這個積怨已經忍無可忍，他們都同仇敵愾地支持著學生。除了上述有關本事件的細節以外，中國人在中國的土地上被那八十年來為眾人所憤恨的外國的巡捕打死，這本身就已經足以掀起全國民眾的憤慨。

胡適等人又接著說：

> 上海的外國人的態度是更令人玩味的了。他們享有特權已經太久了，因此他們忘了他們的特權並不是建立在堅固的基礎之上。他們已經習慣於看到中國人被巡捕和他們腳踢手打而不會帶來任何後果。因此，中國人膽敢起來作

---

122 "Mr. Chamberlain's Statement," June 18, 1925, http://hansard.millbanksystems.com/commons/1925/jun/18/mr-chambeelains-statement，2012年4月1日上網。

一點反抗，讓他們又訝異又震怒。他們的良知又使他們驚慌，害怕他們人身財產的安全。於是他們就在租界裡採取暴力的措施，諸如持續開槍殺人、盲目地逮捕、進入民家搜索、粗暴地對待接近巡捕封鎖線的民眾，以及海軍陸戰隊架上機關槍。這些舉措，比開槍掃射，更激起了全國民眾的憤怒，而導致了在漢口、九江發生的事件。張伯倫先生跟北京的公使團犯了一個同樣的錯誤。他們要求中國政府先壓制民眾的運動，渾然忘卻了這運動完全是由上述這些舉措所促成的結果，而不是其起因。

最後，胡適等人提到了「赤化」的問題。他們堅決地否認中國人起來是受到布爾什維克的影響。他們說那完全是敵人惡意的宣傳。要中國人不要布爾什維克化，最有效力的預防針就是廢除不平等條約：

　　最後，我們需要說幾句話來讓英國的民眾了解布爾什維克在中國的實際情形。用眾人所嫌惡的名詞來標籤某一種運動，是一個轉移視聽的老伎倆。布爾什維克的宣傳在中國當然有，就像英國也有一樣。然而，中國人布爾什維克的程度，跟英國人沒有什麼不同。我們必須先要把名詞界定好。如果布爾什維克的意思，是指那激昂地反對有八十年歷史的令人憎惡的條約、是那張伯倫先生所指出的普遍的不滿，那我們必須坦白地承認中國人確實是布爾什維克。然而，如果布爾什維克指的是蘇聯所實行的共產主義，則我們必須嚴正地否認這個指控。
　　說目前的問題是布爾什維克的宣傳的結果，就好像說學生去巡捕房是要去搶軍械一樣的荒謬。我們籲請英國的民眾不帶偏見地來看待事實。在上海罷工罷市的人不只限於學生和工人。整個商業階層參加這個運動已經有三個星期的時間了。租界裡所有的店鋪與銀行都以關門來抗議暴行。據估計，一天的損失在三十萬英鎊以上。**有誰會相信那精打細算(shrewd)、腳踏實地(hardheaded)的大丈夫男子漢(men)，會去聽命於布爾什維克的學生和工廠的苦力？**
　　我們當然不否認罷工的工人裡可能有布爾什維克的同情分子，但我們不能因為如此就把整個運動都描黑為布爾什維克。更何況反對布爾什維克的人自己必須要有擔當，要能去摧毀布爾什維克的宣傳。他們〔注：布爾什維克〕說我們不可能從資本主義和帝國主義的國家得到公道和平等的待遇。要駁斥

這種指控最有力的作法，就是還給我們那拖欠已久的公道和公平待遇。上海工部局是布爾什維克最好的朋友。上海的巡捕從五卅以來的行徑，就是他們替布爾什維克在遠東所作的最佳的宣傳。

胡適、羅文幹、丁文江、顏任光連署發表的這篇〈中國的論據〉，羅家倫說是他在英國印行分發的。他說五卅慘案以後，他一開始苦無可資運用的宣傳資料：

國內來的文電，都是充滿了感情發洩的詞句，而缺少對於事件真相平情的敘述和法理的判斷，所以極少可用的材料。此時恰巧有一個三千多字的英文長電轉到我手裡。這電報是由胡適、羅文幹、丁文江，和顏任光四位先生署名的。以很爽明鋒利的英文，敘說該案的內容，暴露英方軍警的罪行，如老吏斷獄，不但深刻，而且說得令人心服。每字每句不是深懂英國人心理的作者，是一定寫不出來的。於是我集款把它先印了五千份，加一題目爲〈中國的理由〉〔注：〈中國的論據〉〕(China's Case)分送英國朝野。我由友人代約親訪工黨後臺最有實力的英國職工聯合總會(Trade Union Congress)秘書長席屈林(Citrine)和他詳談，並將此電原件給他看，結果爭取到他的同情。他並且要我添印若干份，由他分發給他工聯中的小單位。因此工黨議員加入爲中國說話的更多，在英國國會裡發生了更大的影響。事後我才知道，這篇文章是在君起草的，他眞是懂得英國人心理的人。[123]

這篇文章是否眞是丁文江起草的，在有進一步的資料出現以前只能存疑，因爲羅文幹也是留英的歸國留學生。重點是，無論是五卅慘案時期的北大教授，還是一向冷靜的胡適，甚至是幾十年後回憶此事的羅家倫，對向列強動之以情、曉之以義，以及廢除不平等條約的可能性都太過一廂情願了。就以胡適來說，他在〈對於滬漢事件的感想〉的演說裡說：「那些條約或是利用他們的武力，或是利用我們的愚癡。其不公平而應該修正，理至明顯。而且條約也總含有一點時代性，過了這麼多年，還可適用而不修改嗎？」胡適甚至一廂情願地相信美國會贊助。事實上，雖然美國國務卿凱洛格(Frank Kellogg)在1925年6月30日告訴中國駐美公使說美國願意恢復中國關稅的自

123 羅家倫，〈現代學人丁在君先生的一角〉，胡適，《丁文江這個人》(台北：傳記文學出版社，1967)，頁195-196。

主權以及放棄在華的領事裁判權，但事實並非如此。關稅自主，中國一直要到1928年才獲得。上海租界一直要到日本偷襲珍珠港以後，才被占領了上海的日本廢除。中國海關則在二戰期間一直都在英國人的管理之下。至於胡適所耿耿於懷的治外法權，則一直要到1943年美國才宣布放棄。

更重要的是，胡適壓根兒從來就沒「左傾」過，即使在他一生最激進的時候。他的激進是右傾。這篇〈中國的論據〉提供了另外一個最好的明證。試看我用黑體字表明出來的那句話：「有誰會相信那精打細算、腳踏實地的大丈夫男子漢，會去聽命於布爾什維克的學生和工廠的苦力？」我用「大丈夫男子漢」來翻譯他們所用的"men"這個字，目的就是要凸顯出他們的男性觀。他們用"men"與懵懂的「學生」與猥瑣的「苦力」相對比。換句話說，真正的男子漢是不會去作布爾什維克的。

胡適扮演著中國人、「北大教職員滬案後援會」的角色的時候，他要向列強討回那失去了八十年的尊嚴與公道。可是，等他轉過身來面對學生的時候，他說的話就完全不一樣了。而且這個不一樣也有一個演化的歷程，不是一成不變的。6月初，胡適在參與「北大教職員滬案後援會」文書股的英文文稿的撰寫與翻譯的同時，就一面布置，要學生不要因為五卅而罷課。燕京大學的學生王復初在1925年6月8日給胡適的信就說明了一切：

> 昨天早晨博晨光〔注：Lucius Porter〕先生在燕京大學說：對滬案你已與他想出法子來，先叫北京的學生上課，然後慢慢的叫中國的政府與英、日二國交涉，並謂你已開始運動北大的學生在大會中通過。設若先生果是這樣的主張，對我們學業方面可謂周到，然對國家方面我們不能不疑。現在我們政府是無能為，所賴的只是民氣。設若北京與全國的學生皆照先生的話上課，商工各界也置之不管，將來滬案結果是否要受其影響？現在青島日人殺華人已是不少，我們的政府為什麼不與日本政府交涉，像滬案那樣的盡力呢？是因為學生與各界沒有什麼舉動的原故。設若北京及全國的學生及各界皆照先生的話，恐怕滬案也要變成青島的案那樣無人過問了。[124]

憂心學生又要因為五卅慘案而罷課的不只是胡適。任鴻雋在6月9日給胡適的信裡也說：

---

124 王復初致胡適，1925年6月8日晚，《胡適來往書信選》，上冊，頁335-336。

　　說到上海的事，眞眞是大不幸。現在中國的事已經夠麻煩了，還要添上這種意外的亂子。我以為這個事，需要劃清界限，認定步驟，方有辦法，尤其不可將鬧事的範圍擴大。學生們的長期罷課，與無關係工廠的罷工，犧牲而無目的，是值不得的。認眞說來，越要救國，越要讀書，越要作工。但是南京、上海一帶的罷課罷工，似乎都是一往直前的衝動。而且他的發動都在一般學生手裡，沒人可以control〔控制〕。北京隔得遠一點，頭腦應該冷靜些。不曉得你可以同大學的一般人出來提倡一點較為深遠的根本的辦法嗎？[125]

　　胡適6月18日在「中國少年衛國團」演講〈對於滬漢事件的感想〉的時候，事件才剛發生，民氣激昂。胡適而且很清楚邀請他演講的主辦單位是「中國少年衛國團」。因此，他除了口氣非常平和、得體以外，而且提出了具體的建議。8月31日，胡適南下到了天津。他當晚在天津寫成的〈愛國運動與求學〉一文，仍然是肯定學生的愛國運動：

　　　　我們觀察這七年來的「學潮」，不能不算民國八年的五四事件與今年的五卅事件為最有價值。這兩次都不是有什麼作用，事前預備好了然後發動的；這兩次都只是一般青年學生的愛國血誠，遇著國家的大恥辱，自然爆發；純然是爛漫的天眞，不顧利害地幹將去，這種「無所為而為」的表示是眞實的、可敬的。許多學生都是不願意犧牲求學的時間的；只因為臨時發生的問題太大了，刺激太強烈了，愛國的感情一時迸發，所以什麼都顧不得：功課也不顧了，秩序也不顧了，辛苦也不顧了。所以北大學生總投票表決不罷課之後，不到二十天，也就不能不罷課了。二十日前不罷課的表決可以表示學生不願意犧牲功課的誠意；二十日後毫無勉強地罷課參加救國運動，可以證明此次學生運動的犧牲的精神。這並非前後矛盾：有了前回的不願犧牲，方才更顯出後來的犧牲之難能而可貴。豈但北大一校如此？國中無數學校都有這樣的情形。

　　胡適在肯定了學生愛國的熱誠以後，苦口婆心地提醒學生光有熱誠是不夠的。救國是百年的事業：

125　任鴻雋致胡適，1925年6月9日，《胡適來往書信選》，上冊，頁337。

帝國主義不是赤手空拳打得倒的：「英日強盜」也不是幾千萬人的喊聲咒
得死的。救國是一件頂大的事業：排隊遊街，高喊著「打倒英日強盜」，算
不得救國事業；甚至於砍下手指寫血書，甚至於蹈海投江，殺身殉國，都算
不得救國的事業。救國的事業需要有各色各樣的人才；真正的救國的預備在
於把自己造成一個有用的人才。[126]

　　胡適接著打鐵趁熱，引用了他當時最喜歡用的易卜生的一句話，說真正的個人主
義在於把你自己這塊材料鑄造成個東西。他又引了費希特的《告德意志民族》。他說
費希特對德國人說：德意志民族是不會亡國的；這個民族有一種天賦的使命，就是要
在世間建立一個精神的文明──德意志的文明。我在第四章已經分析這是胡適的「浮
士德與魔鬼式的交易」。胡適找到了如何連結讀書與救國的竅門。然而，他所賠進去
的是易卜生的特立獨行。他把易卜生特立獨行的個人主義作為祭品，把它廉價地變賣
成為「正是到國家主義的唯一大路」。我徵引了費希特的《告德意志民族》裡所描繪
出來的一個軍國主義的「理想國」：國民教育普及以後，國家連常備軍都不需要了，
因為每一個公民都變成了急公忘私、萬夫莫敵的軍國民。我感嘆地說：曾幾何時，那
要大家不要跟著世界「陸沉」、「墮落」，要懂得「救出自己」的胡適，卻要大家模
仿國家主義的費希特，只知有國、一無個性地去充當國家萬夫莫敵的馬前卒！
　　然而，才不到一個月，胡適的口氣就完全不同了。他9月26日晚抵達武昌。他在
武昌大學的演講，就引來了從美國留學回來在武昌大學任職的李翊東的質問：

　　你說：「五卅滬案，鬧得全國紛擾，你們(指敝校學生)應該走的一條路，
就是閉門讀書，不管閒事。滬案打死的是少數人，你們(指敝校學生)反省一
下，看看直奉戰爭，打死十幾萬人。你們對於奉直不說話，為什麼對於滬案
要說話呢？況且英人沒有用機關炮打，用的步槍，這是的確的。」我當時聽
了就很以為奇怪，想起來質問。然你是敝校請來，又是初到，應該盡個賓主
之禮，所以我勉強忍下去了。[127]

　　10月11日，胡適才剛到上海，就應徽社之請，在中西女塾演講，當時在上海大學

---

126 胡適，〈愛國運動與求學〉，《胡適全集》，3：820、822。
127 李翊東致胡適，1925年9月29日，《胡適來往書信選》，上冊，頁348。

就讀的俞鼎傳與一位徽州的同學同去聽講。他很驚訝地聽胡適說：

> 西洋底文化，處處現出精神來，所以西洋底文化，乃是精神的。這種精
> 神，就是因爲西洋人背後有一個「人生的不知足」的觀念；中國底文化，處
> 處現不出一點精神來，這眞是物質的，這就是因爲中國人太「知足」了。
> ……
> 中國底「太知足」的爛民族，現在絕對的歡迎西洋文化侵略。[128]

深諳演講之術的胡適，懂得演講的要領在於抓住聽眾的心理，攻心爲上。因此，在五卅慘案發生的初始，他用的是因勢利導的方法。一方面稱讚學生愛國的熱誠，一方面引導他們走向建設性的爲己爲國的教育。然而，胡適同時以青年的導師自視。他在引導他們的同時，也必須教導他們。作爲一個青年的導師，他不能永遠只是因勢利導，他有必須下猛藥的時候。用胡適自己在〈學術救國〉裡的話來說：

> 去年八月的時候，我發表了一篇文章，說到救國與讀書的〔注：即〈愛國
> 運動與求學〉〕，當時就有很多人攻擊我。但是社會送給名譽與我們，我們
> 就應該本著我們的良心、知識、道德去說話。社會送給我們的領袖的資格，
> 是要我們在生死關頭上，出來說話作事，並不是送名譽與我們，便於吃飯拿
> 錢的。我說的話也許是不入耳之言，但你們要知道不入耳之言亦是難得的
> 呀！[129]

說「不入耳之言」就是下猛藥。演講要成功，攻心爲上。胡適反其道而行，用「語不驚人死不休」的方法。他語驚四座的話，諸如：「滬案只打死少數人」、「用的不是機關槍、只是步槍」、「中國是『爛民族』，絕對歡迎西洋文化侵略」等等，就像是禪宗棒喝的方式，把學生打醒。這種棒喝的方式是否有效，自然是另外一個問題。胡適在日趨激化的青年學生心目中的地位日降，毫無疑問地，這是原因之一。

128 俞鼎傳致胡適，1925年10月13日，《胡適來往書信選》，上冊，頁351。
129 胡適，〈學術救國〉，《胡適全集》，20：141。

革命有理

就在胡適勉勵學生要冷靜、把自己鑄造成器的時候，他自己卻急劇右傾。胡適的〈愛國運動與求學〉遭到許多人的攻擊。其實，那些攻擊胡適的人有所不知。〈愛國運動與求學〉是胡適思想右傾激進的一個重要文獻。他們都沒讀懂胡適的演講。他們只看到胡適要他們閉門讀書，要他們先把自己鑄造成器，就以爲胡適還是1918年寫〈易卜生主義〉時候的胡適。他們不知道胡適在〈易卜生主義〉裡的「救出自己」主義已經變質而成爲手段。沒錯！胡適仍然說：「易卜生說得好：眞正的個人主義在於把你自己這塊材料鑄造成個東西。他又說：有時候我覺得這個世界就好像大海上翻了船，最要緊的是救出我自己。」但是，他們都忽略了胡適接著說的那段話：

> 在這個高唱國家主義的時期，我們要很誠懇的指出：易卜生說的「眞正的個人主義」正是到國家主義的唯一大路。救國須從救出你自己下手！

把易卜生的「眞正的個人主義」說成是「到國家主義的唯一大路」！眞是此而可忍，孰不可忍！胡適在1921年10月12日提到他跟辜鴻銘等人的飯局。辜鴻銘在飯局裡說：「俗話有『監生拜孔子，孔子嚇一跳。』我替他續兩句：『孔〔教〕會拜孔子，孔子要上吊！』」把辜鴻銘跟胡適的戲語拿來套用在胡適濫用易卜生的「眞正的個人主義」，那眞可謂是：「胡適拜易卜生，易卜生嚇一跳、氣得要上吊！」

我在上節提到了胡適在1922年3月14日的日記裡黏貼附了《民國日報》上「建時」所寫的〈香港海員最後的勝利〉的剪報。胡適在剪報上寫了按語：「這是今年的第一件大事。」我說胡適之所以會青睞這篇文章的原因，是因爲「建時」分析香港海員罷工勝利的原因：組織、領導與外援。這組織與領導，就是胡適右傾的理由。胡適1926年漫遊到蘇聯的時候爲蘇聯的實驗而動容，是因爲蘇聯在這個實驗裡所彰顯出來的組織、領導、理想與計畫，他對北伐時期的國民黨的期許，也完全是同樣的理由。當時胡適所寄予希望的是國民黨，對共產黨他從來就沒有同情過。邵建與羅志田說他患了「左傾急驚風」，完全是摸錯了脈、斷錯了症。

胡適對北伐期間的國民黨的了解，基本上是根據葛內特(Lewis Gannett, 1891-1966)和索克思(George Sokolsky, 1893-1962)。前者是他在美國留學時期就認得的朋友，是他在和平不爭運動裡的戰友；後者是俄國猶太作家、新聞記者，當時住在上

海。有關這一點，我們可以引胡適1926年10月14日在倫敦的一則日記：「會見武昌Bishop Roots〔吳德施主教〕的兒子John McCook Roots〔吳約翰〕。他今年夏天到廣州去參觀一次，見著鮑羅廷、蔣介石、宋子文諸人。他的觀察與Gannett〔葛內特〕及Sokolsky〔索克思〕大致相同。」[130]

胡適、索克思、葛內特是三個有意味的典型。他們三位都是哥倫比亞大學畢業的。三位在學生時代都是積極參與和平主義反戰運動的健將。胡適還在康乃爾大學的時候就已經認得了葛內特了。索克思可能是他到了哥倫比亞大學以後才認得的。根據索克思的回憶，他跟胡適大概是在1916年前後認識的[131]，當時胡適已經轉學到了哥大。總之，三位都是我在《璞玉成璧》裡所提到的「剷除軍國主義大學聯盟」的會員。索克思在1917年到了蘇聯。俄國七月革命以後，索克思對布爾什維克大為感冒。於是，他在1918年3月從蘇聯到了中國。胡適在日記裡第一次提到索克思是1921年7月17日。當時胡適到上海去幫商務印書館作評鑑的工作。他去訪索克思未遇。8月28日，胡適到索克思家裡作客：「到索克思(Sokolsky)寓所，與他和他的未婚妻彭金鳳女士同飯。索克思為美國籍的俄羅斯猶太人，很有才幹，對中國很熱心。他頗責備中國的知識階級，其實不錯。」[132]彭金鳳(Rosalind Phang)是牙買加出生的華僑，有英國音樂學院的學位，是一位鋼琴家。索克思是猶太人，又娶了中國女子為妻，在上海洋人的社交圈自然受到了排斥。總之，這三位在哥大時代的和平反戰分子，後來在政治立場上分道揚鑣。葛內特的政治立場一直是偏左、胡適中間偏右、索克思則變成一個右傾的反動分子。在葛內特和索克思之間，胡適選擇了索克思。

索克思的例子是最令人值得玩味的。他剛到中國的時候還沒完全揮別激進主義，來往的是五四運動的學生以及國民黨。他先是國民黨在上海的英文機關報《上海公報》的主編之一，後來的頭銜變成國民黨宣傳部(Bureau of Public Information)的經理。在一開始的時候，英國的情報部門視索克思為布爾什維克的特工，美國駐華領事視他為顛覆分子。可是，在1920年開始，美國駐華領事館開始重視他所發表的有關中國政局的分析。很快地，索克思就變成了一個投機、只要關係不管政治立場的文化宣傳販子。在1919年到1922年底，索克思的老闆包括：黎元洪、桂系的岑春煊手下的溫宗堯、江蘇的軍閥李純、北洋政府，而他當時還是國民黨宣傳部的經理[133]。換句話

---

130 《胡適日記全集》，4：511。
131 George Sokolsky, "These Days: Hu Shih," 華盛頓地區1942年9月間的日報剪報一則，報名與確切日期不詳，「胡適檔外文書」，E509-001。
132 《胡適日記全集》，3：296。
133 以下四段有關索克思的分析，除非另有注明，是根據 Warren Cohen, The Chinese

說，索克思信奉的是「文化掮客無祖國」主義，他是有奶便是娘的典型。胡適顯然知道索克思不分政治派系到處賣他的宣傳文字的投機行徑。他在8月31日跟索克思去上海有名的禮查飯店(Astor House)小坐、看跳舞。他在當天的日記裡說：「索克思野心最大，大膽無比。此人將來必有所成，否則必死於敵人暗殺。」[134]

就在1920年代初期，索克思逐漸開始批判孫中山。他仍然支持國民黨，但支持的是國民黨的右派。與此同時，索克思越來越不能忍受廢除不平等條約的運動。他逐漸與反對中國民族主義運動的報刊雜誌開展合作的關係。最明顯的例子就是《遠東評論》(*The Far Eastern Review*)。我們記得索克思所撰寫的〈胡適博士的汽車文明〉就是在這個月刊上發表的。《遠東評論》是一個親日的月刊，到了1930年代等於是日本軍部的傳聲筒。他的發行人喬治‧瑞(George Rea)甚至在1935年成爲滿洲國駐華盛頓的非正式代表。索克思在1924年以後，成爲喬治‧瑞在《遠東評論》的副手。

索克思在1924年的一篇文章裡恥笑那些要廢除不平等條約、領事裁判權的人。他說：「外國人帶給中國的是最好的東西：他帶來了產銷的方法，教導中國的工商界如何快速、有效地、便宜地製造東西；他帶來了讓中國人強身健腦的醫生和教師；他帶來了讓中國將來可以成爲世界上強盛國家的方法。」他奉勸那些呼喊廢除不平等條約的人好好去從事建設中國的工作，而不是浪費時間去寫那些無聊的文章。

如果我們覺得索克思對亟亟要廢除不平等條約的中國人的批判，好像是似曾相識，那是因爲那神似胡適所說的：「中國是『爛民族』，絕對歡迎西洋文化侵略。」胡適跟索克思是惺惺相惜，他們英雄所見略同。

索克思在1931年回到美國，變成一個徹底的反動分子。他完全棄絕了他年輕時代的激進主義。他發表文章宣揚資本主義，攻擊羅斯福的「新政」，反對社會保險、勞工運動。索克思不但成爲美國資本家的代言人，他在1950年代甚至成爲美國參議員麥卡錫(Joseph McCarthy)迫害肅清美國自由主義者的文化打手。專門研究中美關係的孔華潤(Warren Cohen)說，索克思的墓誌銘必須這樣寫：他是麥卡錫主義一個主要的

(續)───────────────

Connection: Roger S. Greene, Thomas W. Lamont, George E. Sokolsky and American-East Asian Relations（New York: Columbia University Press, 1978); Paul French, Through the Looking Glass: China's Foreign Journalists from Opium Wars to Mao（Hong Kong: Hong Kong University Press, 2009); and Bryna Goodman, "Semi-Colonialism, Transnational Networks and News Flows in Early Republican Shanghai," The China Review, 4.1（2004), http://cup.cuhk.edu.hk/ojs/index.php/ChinaReview/article/viewArticle/92/203，2012年4月3日上網。

134《胡適日記全集》，3：301。

促成者——他所扮演的角色可能更甚於麥卡錫本人[135]。

　　葛內特只去中國一次。他去了廣州，也訪問過蔣介石。我們雖然不確知葛內特是什麼時候去中國的，但我們知道他在中國待了三個月。我們從胡適1926年8月23日的日記，知道他2月初的時候在上海跟葛內特見過面。根據他在當天日記所黏貼的葛內特在3月5日從北京寫給他的信，他們在一起好幾天。葛內特說：「那幾個下午和晚上跟你在一起的記憶猶新。」因此，我們可以推斷葛內特最早是在1925年12月到中國的。胡適在8月23日的日記裡說：

> 他二月初在上海見著我，談得很多。有一天晚上我要叫他看看中國情形，帶他去楊蘭春、桂姐兩妓家。他是我的舊友。別後於三月五日從北京寄我信，勸告，怕我把有用的精力浪費在無用的嬉戲裡。這種朋友很不易得。他的原信使我很感動。但當時我在旅行南北的時候，不曾好好地騰出工夫來寫長信答他。昨晚才寫信答他，告訴他我近來的決心：「要嚴肅地做個人，認真地做番事業。」他的原信也附在此冊裡，以記吾過，並記吾悔。[136]

　　葛內特所寫的文章先後在《國家》雜誌刊登，後來又添加了幾篇在其他地方發表的文章，結成集以《少年中國》（*Young China*）為名出版。葛內特在這本文集裡批判了帝國主義，認為必須廢除不平等條約。他承認蘇俄，特別是鮑羅廷，在廣州的影響力。但是，他同時強調廣州所代表的不是布爾什維克，而是民族主義。他說他所知道的共產黨人，以他的看法，都是不折不扣的民族主義者，談起打倒外國資本主義，他們可以疾言厲色，然而說到階級鬥爭，他們就不甚了了。他說蘇聯對中國革命最大的貢獻在於政黨組織。廣州政府是國民黨所統治的。孫中山的國民黨，在蘇聯的引領之下，已經重振起來了。他希望蘇聯的這種一黨獨裁，可以為中國提供一種方法，能幫忙中國在將來走出個人獨裁的統治方式。他說西方國家動輒以「布爾什維克」來給廣州政府貼標籤，是一種抹黑的手段。為什麼中國人歡迎蘇聯，而反對西方帝國主義？答案很簡單。只要英國的工廠和對待工人的方法不變，這給予中國的勞工階級意識，要比蘇聯用一百年的工夫去宣傳都還要有用；只要帝國主義動輒派兵艦，對中國耀武揚威，蘇聯就越發會受到中國的歡迎。他呼籲美國政府不要被「布爾什維克驚恐症」

135 Warren Cohen, *The Chinese Connection*, p. 272.
136 《胡適日記全集》，4：351。

亂了方寸，而應該與蘇聯站在同一個陣線，放棄不平等條約[137]。

胡適對國民黨的觀察和期許，可以說完全是根據葛內特。他在1926年10月8日接受倫敦《每日新聞》（*The Daily News*）訪問的時候，就開宗明義地說：「在今天的中國，赤色的真義是民族主義，而不是俄國主義。」胡適說：

> 今天中國所一致要求的是民族主義自決的權利。中國的三個政黨——國民黨，或者說，孫博士的國民黨、共產黨，和由留法學生所領導的國家主義黨——在兩個問題上都有一致的看法：第一、打倒軍閥；第二、打倒外國侵略。
>
> 外國人都沒有從正確的角度來看中國的問題。歐洲人似乎忘掉了他們自己才打了一場大戰〔注：即第一次世界大戰〕。他們必須要去了解中國人的心理。他們必須主動提出修改條約的建議。這一舉就能把當前的動亂消弭於無形。[138]

11月2日晚，他寫了一篇英文的文章：〈中國現狀〉（The Chinese Situation Today）。可惜這篇文章目前還沒找到，但他在11月4日的一個晚宴上，做了半個多鐘頭的演說。他在日記上說：「大意與前〔天〕晚作的文相同。」他在日記裡寫下來的大綱翻成中文是：

> 一、此間新聞所報導的「赤色」與「反赤」與事實不符。吳佩孚與孫傳芳出師之名是「反奉」〔注：亦即不是「反赤」〕；
>
> 二、根據明眼觀察家的報導，南方政府是當今中國最好、最有效率的政府；
>
> 三、有理想、又常勝，南軍必勝；
>
> 四、奉系必敗、孫傳芳必敗；
>
> 五、南方所揭櫫的理念，是民心之所嚮，不是赤色的；
>
> 六、俄國的影響給了列強一個教訓：歐洲列強是否也有一個同樣引人、同樣具體的政策，可以贏得少年中國的心？

---

137 Lewis Gannett, *Young China* (New York: The Nation, 1927).
138 《胡適日記全集》，4：499-500。

七、抱怨俄國的宣傳是無濟於事的。留著那早就該廢棄的條約和租界，就正給那種宣傳提供了具體的事實證據。[139]

　　胡適在英國為國民黨作辯護。他所亟亟要撇清的，是國民黨與布爾什維克的關係。不只如此，他還亟亟於建議英國要審慎應付情勢，不要讓共產黨有機可乘。他1926年8月21日的日記就是一個最好的例子。他在當天的日記裡提到了英國強硬派的想法。當時廣州從1925年6月開始對香港所發動的長達十六個月的省港大罷工已經將近尾聲。6月23日發生了沙基慘案，英軍由沙面方向掃射射示威者，造成了52人死亡，117人受傷。英國方面為了解決省港大罷工，嘗試了談判、收買，以及武力或政變的方式推翻廣州政府各種不同的方法。胡適在1926年8月抵達倫敦的時候，正是廣州政府的右派占上風，對英方表明其有意取消省港大罷工的時候。省港大罷工在該年10月10日結束[140]。總之，胡適在8月21日的日記裡說，英國強硬派有一個想法，認為「廣州政府亦不以〔罷工〕糾察隊所行為然，故主張派兵去廣州，把糾察隊捉了，送往香港關起，廣州政府只有感激，未必反對。此大錯也。此次廣州政府既正式要求賠償，可見其實在站在罷工者的背後，為之主持。一旦誤採強硬政策，廣州政府必與英國決裂，事體越鬧大了，正中他們(共產黨)之計。將來排英風潮必更擴張而不可收拾。」

　　胡適主張採取「仲裁」的方法。他說：

　　我主張採用「仲裁」之法，邀第三國加入調解，最好用美國公正學者。此舉有數利：一、可以使沙面一案的事實呈現於世；二、可以免兩敵對方面談判的緊張空氣；三、將來顯現的事實可以得人信仰；四、可以使雙方都不敢提出blackmailing〔敲詐〕的要求。[141]

　　北伐軍討伐軍閥勢如破竹，1926年8月底，北伐軍在拿下平江以後，又擊敗了堅守汀泗橋、賀勝橋的吳佩孚。到了8月31日，北伐軍已經集結武昌城下了。振奮的胡適在9月3日的日記說：「這幾天報載吳佩孚大敗受傷。武昌已入南軍之手〔注：誤，武昌10月10日才易手〕。我去國時曾談吳佩孚三個月倒。現在看來不消三個月

139《胡適日記全集》，4：539-540。
140 Chan Lau Kit-Ching, China, Britain, and Hong Kong, 1895-1945, pp. 176-220.
141《胡適日記全集》，4：349-350。

了。」[142]胡適覺得中國的政局已然到了黑白兩判的地步。他1926年11月25日從英國的利物浦給丁文江的信說：「今日之事只有三條路：一是猛烈的向前；二是反動的局面；三是學術思想上的大路(緩進)。我們即不能加入急進派，也決不可自己拉入反動的政治裡去。」[143]

　　胡適11月9日在「皇家國際事務研究所」(Royal Institute of International Affairs)演講〈中國的文藝復興〉(The Renaissance in China)。胡適在這篇演講裡，把中國近代的改革運動分為三期。第一期是器械期，即自強運動。第二期是政治改革期。這政治改革期是一個失敗的四幕劇：第一幕是戊戌變法；第二幕是戊戌變法以後的反動到庚子拳亂；第三幕是清末立憲；第四幕是辛亥革命。接著，就是中國近代改革的第三期，亦即，文藝復興期，從文學革命、五四運動、到國民黨的介入。胡適這篇演講的重點是文藝復興期。其中，與本節的論述最相關的，是他對國民黨介入的分析。他說五四運動開始的時候是沒有組織的，純粹是一個學生自動自發的愛國運動。胡適說學生干政其實一點都不奇怪。他說：

　　　　在外國，可能會覺得學生一直介入政治是一件奇怪的事。可是如果你仔細想想，就會發現那實在是人類歷史上的常態。那幾乎是一個普世的公律：任何時候，只要社會不正常，只要社會上沒有正常的管道去表達大眾的希望與思想，只要老一代的人不能滿足人民的要求，那干預政治的責任總是落在年輕一代知識分子——學生——的肩膀上。中國的學生在西元第二、第十、第十七世紀積極地參與了政治。任何時候政治不清明，就會有學生運動。在歐洲歷史上亦是如此。在中古時代，這種運動是常有的。1848年是歐洲四處發生革命的一年，學生在每一個國家幾乎都掀起了革命。

　　由於五四運動是一個學生自動自發的運動，它完全沒有組織。然而，中國的政黨在五四運動裡發現了學生的力量。在1920、1921年間，政黨開始在它們的機關報裡發表學生的文章，甚至雇用他們當編輯與記者。1924年是一個關鍵年：

　　　　1924年，國民黨——它可能是中國唯一配被稱為政黨的組織——正式吸收

142 《胡適日記全集》，4：376。
143 《胡適日記全集》，4：561。

學生爲黨員。從那時候開始，政黨組織活躍於全國的大專院校裡。你只要看到一個學校，你就可以看到政黨的組織。

國民黨吸收學生爲黨員、其黨組織活躍於校園裡。這對胡適來說，是中國歷史上一件可歌可泣的劃時代的大事。它把向來一無條理、漫無組織的中國轉變成爲一個有著高度組織的社會。黨的組織和紀律貫穿一切，黨是政軍的靈魂和大腦，胡適說這讓人肅然起敬。胡適一生中最右傾、最法西斯蒂的一段文字於焉誕生：

第一個階段的學生運動毫無組織。第二個階段是政治的組織。到了第三個階段，學生已經不再是一個鬆散的組織，而是在蘇聯與第三國際的影響之下，成爲一個具有高度組織的團體。中國這個民族一向就沒有組織的能力。就以文學爲例，在兩千五百年的歷史裡，居然沒產生出一部有情節(plot)、有組織、有通盤布局(architectonic structure)的著作。甚至連小說與戲曲都欠缺情節與組織。

早期沒有組織的學生運動一下子就煙消雲散了。任何能讓人熱血沸騰的危機都可以舉生學生運動。但是，只要那問題過去了，學生運動也就瓦解了。

然而，這個新的階段的學生運動就不同了。新的國民黨已經發展出一個高度的組織，一個新的軍隊，新的紀律。軍隊是黨的一個部分，黨是軍隊的領袖、老師、靈魂，和大腦。這整個軍隊的組織和黨是一體的，至少是相連的。黨在軍隊裡的每一個單位裡都有代表，同時，整個黨的紀律是軍隊式的。這眞是了不得，非常重要。

日本在文明開化的初期一大部分的靈感取自德國。中國人還沒從任何西方國家學到眞正重要的東西。可是，我們終於開始學習如何組織起來了。我們不知道其結果會如何。但至少從過去這幾個月的發展來看，我們可以看出這運動已經成形了。有組織的北伐軍一再地打敗了那些沒有組織的老軍隊。

胡適最後的結論是承認自己從前不談政治是錯的：

中國的文藝復興運動現在已經擺回到政治的那一端了，這也許是不可避免的。政治上的混亂已然無可忍受，連外國和少年中國都已經覺得不能再坐視。我們從前不談政治也許是錯的。也許新的政治運動的時機並不像我們從

前所想的還沒成熟。眼前的局勢顯示這個新的政治革命在國民黨的領導之下，將會及早成功。辛亥革命以後任其恣縱的舊勢力已經逐漸自我消耗殆盡，它對這有組織、有朝氣的政治理想優勢的新力量，已經不再能構成阻力。作為一個公正無私、無黨無派的自由主義者，我敬祝他們成功，無任歡迎。[144]

　　從五卅慘案以後一直到他啓程赴英以前，胡適還一直苦口婆心地勸誡青年學生要向費希特、歌德、巴斯德學習，要閉門讀書，不要跟著世界一起「陸沉」、「墮落」，要懂得「救出自己」，先把「自己這塊材料鑄造成個東西」。現在，在「革命有理」的大前提之下，胡適搖身一變，歌頌起國民黨在校園裡吸收組織學生的作法，更進而禮讚國民黨作為軍隊的領袖、老師、靈魂，和大腦，認為這是中國歷史上一個可歌可泣的新里程碑。這是胡適一生中從不爲人所知的一個法西斯蒂期。

　　組織、紀律與政治的理想就是胡適當時對國民黨的期許。他在倫敦急切地閱讀報章，細心思索。1926年10月14日，胡適在倫敦見到了武昌Bishop Roots〔吳德施〕的兒子John McCook Roots〔吳約翰〕的時候，他急切地問：「蔣介石如何？他說，他只見了他六分鐘，但他問過Borodin〔鮑羅廷〕，他說蔣君是一個好的revolutionary〔革命者〕。我說，好revolutionary〔革命者〕，我是承認的；可算得政治家嗎？Roots〔吳約翰〕不能答。此又是一個難題。廣州的領袖人才，我略知其大概。只有介石與Borodin〔鮑羅廷〕我沒有見過。伍梯雲我雖未見，卻曾聽鈞任〔羅文幹〕說過。介石之能在軍事上建功，是無疑的。但他有眼光識力做政治上的大事業嗎？此事我很關心。我深盼他能有政治上的手腕與見解。」[145]

　　胡適對國民黨必勝的信心，使他在1926年秋天的時候預測國民黨可以在五個月之內統一中國。1927年3月22日，白崇禧的部隊進入上海。「基督教在華差會」(The Friends' Foreign Mission Association)的秘書哈里·施考克(Harry Silcock)當天致信給人已經到了美國的胡適。他說：「你那出了名的不消五個月的預測似乎是應驗了。我想上海的陷落，等於是意味了張作霖、張宗昌的敗亡。」[146]

　　胡適不僅在英國自告奮勇地爲國民黨充任義務的宣傳員。他甚至夢想國民黨會派他出任駐英公使。當時在英國念書的葉元龍，說他每天在上完課以後總要去胡適住的

144　Hu Shih, "The Renaissance in China,"《胡適全集》，36：156-181。
145《胡適日記全集》，4：511。
146　Harry Silcock to Hu Shih, March 22, 1927,「胡適外文檔案」，E343-001。

旅館看他，而且還常常陪他去吃中國飯。其實他記錯了，根據胡適的日記，他們常去吃的是日本菜。葉元龍回憶說：

> 他快要離開英國到美國講學的時候，某一次深深地嘆了一口氣對我說：現在北洋軍閥真是腐敗極了。現在能合我們宣傳資料只有國民黨。倘使國民政府能用我做英國公使，我也許可以小試其技吧！[147]

胡適雖然在當時沒受到國民黨的賞識和拔擢，但他對國民黨的宣傳仍然不遺餘力。他在1926年11月30日的日記裡說：「今日報紙上忽喧傳漢口大排外，本星期六將有總罷工，各國居民紛然預備大難之將至。此事突來的可怪。今天細細研究報紙，尋不出一個所以然來。」[148]12月1日：「*Evening News*〔《晚報》〕派人來問我對於此次漢口排外事件的意見。我答應發表一文。細細研究報紙，略有端倪。」[149]12月2日：「昨晚回家時已十一點。動手作論時局的文章，到今早兩點才睡。八點半起來，早飯後打字，抄完昨晚所作時文。*Evening News*〔《晚報》〕的代表來取。」[150]

胡適完全沒想到他花了一個下午的工夫研究、加上開夜車所寫出來的文章，居然當天就被退稿。他在12月3日的日記裡附了退稿的說明信：

> 謝謝你今天跟我們的都蘭（Mortimer Durand）先生見了面，並那麼好意地接受了我們的邀稿。我很抱歉，我們所想要的是公正無私分析中國情況的文章。結果，你所好意為我們所寫的，對我們來說是有點令人失望的。附上的貴稿請查收（因為都蘭先生說如果稿子不用的話要立即退還給你）此致我們的謝絕。[151]

胡適在被退稿以後，很生氣地寫了一封信去《晚報》抗議，指斥它不公正、黷武、慫恿船堅炮利的政策。這封信我們不知道他寄出去與否。現在在「胡適檔案」裡還留有底稿。這封底稿沒抬頭、也沒具名，從內文可以判斷是12月4日寫的：

---

147 葉元龍，〈我所知道的胡適之先生〉，《安徽人胡適之》，轉引自「胡適檔案」，335-005。
148 《胡適日記全集》，4：567。
149 《胡適日記全集》，4：567。
150 《胡適日記全集》，4：568。
151 Arthur Olley to Hu Shih, December 2, 1926,《胡適日記全集》，4：570-571。

> 謝謝你12月2日〔注：原文如此，應該是12月3日〕退稿所附的信。我能告訴你我對你的態度相當懊惱嗎？都蘭先生來找我的時候，我告訴他因爲我到各地去演講的關係，已經十天沒看報紙了。我必須要好好的研究一番才能發表我的看法。我花了整個下午的時間去讀報告，並且跟兩位在中國住了很久的英國朋友討論。我是在非常仔細地研究了情況以後，才得出結論說：漢口的問題「可能是〔英〕租界當局對勞工與民族主義運動所採行的高壓政策的結果。」事件是從中國管轄的城區開始發生的。在一開始的時候純粹是勞工的運動，而不主要是反英。對此事件的激動反應完全是過度神經過敏的結果，事情沒那麼嚴重。
>
> 我開夜車寫這篇文章到凌晨兩點。我以爲一個偉大的國家的輿論界主要的喉舌，一定會有足夠的胸襟，發表一個到這個國家來促進中英友誼與了解的學者深思熟慮的看法。我一點都沒懷疑到你所要的並不是深思熟慮的分析，而是要順應你們黷武、能夠慫恿船堅炮利(jingoistic)政策的文章。我能告訴你說事件的發展證明了我的看法大致是正確的嗎？我可以告訴你我要強烈地譴責貴報今晚(星期六)的社論就是要用來「提供布爾什維克宣傳是事實的明證」嗎？[152]

這不是胡適唯一一次爲了外國報紙醜詆中國而動肝火。1927年3月2日至5日，《紐約時報》連續四天刊載了費德列克・穆爾(Frederick Moore)四篇有關中國的特稿。當時北伐軍已經進逼上海。穆爾的特稿形容上海的租界固若金湯。雖然只有五千名英軍、一千名法軍。必要的時候，加上美軍跟日軍，可以達到一萬的數目。他說在華的外國武官說只要一萬名外國軍隊，要征服中國就已經綽綽有餘了。中國雖然號稱有一百五十萬的軍隊，但完全沒有訓練，其實就是土匪而已。

穆爾說由於傳教士不切實際地談平等、學生尚空談不求進步，而他們的聲浪最大。因此，排外的運動，從歐洲、美國看來好像是怪可怕的。其實，在租界的歐美人士都知道不是那麼一回事。他們嘲笑中國人怕死，嘴巴喊自決、平等、排外，外國軍隊一到，就噤若寒蟬了。再加上孫傳芳派出了劊子手在街頭巡邏，隨時可以把革命分子當街斬首。他說觀光客只要從租界走到華界，就可以在街頭看見魚網裡裝滿了斬下來的人頭。中國人已經習慣了，他們可以連眼都不眨地在這些人頭旁邊作買賣。他譏

---

152 [Hu Shih] to [Arthur Olley], no date [December 4, 1926],「胡適外文檔案」，E056-144。

笑說，由於過去一個月來，上海已經有上百個人頭在街頭展示了，所以鮑羅廷的徒子徒孫現在在上海了無蹤跡。

　　他輕蔑地說，歐美留學生稱中國為民國，其實連中國自己都不知道那是他們的新國號。他說一般中國人也不稱自己為中國人。他是甘肅人、直隸人，或者是湖南人。北京對一般支那人來說是遠在天邊。他說那一生貢獻給中國的傳教士的觀點是不切實際的，他們夢想一兩個運動就可以把中國現代化。他說一個全國加起來只有八千英里長的鐵路、五千輛汽車、大學的水準甚至比不上美國的中學的國家，怎麼可能成為一個民國呢？帝制其實要更適合中國：

　　　　這是一個貧窮遍地的國家，讓人看了都心酸。四億的人口遍布在比美國還要大的疆域裡。約翰霍布金斯大學的校長古德諾（Goodnow）博士1912年擔任中國政府的顧問的時候，給袁世凱一個報告，說帝制是唯一解決中國的方法。中國的情況從袁世凱以後是每下愈況。[153]

　　胡適連看了穆爾這四篇用輕佻的語氣侮蔑中國的話。他真是覺得此可忍孰不可忍。他於是在1927年3月5日，打了一封電報給《紐約時報》的主筆尼克拉司‧羅斯福（Nicholas Roosevelt），向他提出抗議。這封電報的底稿現藏「胡適檔案」裡：

　　　　我現在正從哈佛到綺色佳的路上，我覺得非給你打這個電報不可。費德列克‧穆爾的幾篇通訊，讓我憤慨已極。在目前這樣一個危機時刻，這種反動、特別是輕佻的態度，除了造成反感以外，什麼好處都沒有。一個到現在仍然相信帝制適合中國、同時又譏詆一個偉大的國民運動的人，完全沒有資格代表像《紐約時報》這樣的大報。[154]

　　胡適從英國所搭乘的郵輪在1927年1月10日抵達美國。由於必須等待辦理入關的手續，當天就留在船上。第二天11日七點船進紐約港，十點才到碼頭。他一到，就馬上被接送到「華美協進會」（China Institute in America）。接著就又趕到紐約有名的

153　以上三段的敘述，是根據穆爾發表在《紐約時報》的四篇特稿："Forces at Shanghai Believed Adequate to Save Foreigners," March 2, 1927; "American Marines to March Saturday through Shanghai," March 3, 1927; "Americans March through Shanghai," March 4, 1927; "Marines Recapture Launch at Shanghai," March 5, 1927.

154　Hu Shih to Nicholas Roosevelt, March 5, 1927,「胡適檔案」，E108-014。

「亞士都飯店」(Astor House)參加「華美協進會」爲他舉辦的餐會。同席演講的還有孟祿(Paul Monroe)以及羅素院長(Dean Russell)〔注：可能是詹姆士‧羅素(James Russell)，當時哥倫比亞大學教師學院的院長〕。胡適在當天餐會上所發表的演講題目是：〈美國征服了中國〉(The American Conquest of China)。《胡適全集》把這篇演講繫爲1月21日，是錯的。1月21日是「華美協進會」把稿子寄給胡適校訂的日子。可惜這篇英文演講稿是「華美協進會」請人作的記錄。作記錄的人一定是個中國人，文法不通、詞義不明，甚至錯誤矛盾之處所在多有。然而，這是我們僅有的一份記錄，毫無選擇。同時，這篇演講非常重要，非全篇徵引不可。從胡適的發言記錄看來，〈美國征服了中國〉是他即席想出來的題目。他說：

> 郭博士打電報給我，要我講中美關係。對一個午餐後的演講來說，這是個大題目。但是孟祿博士的演講給了我一個靈感。因此，我要把郭博士的建議和孟祿博士給我的靈感結合在一起，談一談中美的關係，大體上是引申孟祿博士精采的看法。
>
> 我認爲孟祿博士說得很對。今天在中國眞正的鬥爭，是東歐理想與西歐理想的鬥爭。這個意義目前還不明顯，還大體上只影響到政治的層面。然而，隨著時間的進展，更根本的層面就會浮現。所以我們必須未雨綢繆。

中國當時的問題是東歐理想與西歐理想之間的鬥爭。這是委婉話，說白了，就是布爾什維克主義與美國主義之間的鬥爭。胡適所希冀的是「美國主義」的勝利。所以，他呼籲美國務必要努力征服中國：

> 我們要問的第一個問題是：爲什麼少年中國那麼容易地受到俄國的影響呢？那並不是因爲俄國帶來什麼明確的提案、宣傳，或者計畫〔注：記錄有誤，胡適的意思剛好相反，見下文〕。在另一方面，就像孟祿博士所指出的，我們〔注：美國〕的態度就很不一樣了。美國的理想是什麼呢？比如說，美國或歐洲的長處在哪裡呢？這兩者之間相當不同。一方是明確地提出來了；另一方則很模糊。這就很清楚了，有統一的看法就能專注，就能被了解。
>
> 一般的老百姓對技術上的問題不會有興趣。他們很容易被口號所煽動。所以就必須要有組織來研究問題。如果我們能把中國文化與美國文化連結在一

起那就好辦了。

　　孟祿博士已經提出了他的看法。我們必須去研究這些看法，研究其異同，以便讓我們能夠提出明確的意見和教育。宣傳也作得不好。俄國的影響主要是因爲它能提出明確的綱領和口號〔注：可見前邊記錄有誤〕。歐洲和美國的文明則沒有。

美國應該怎樣作才能征服中國呢？很簡單，學印度：

　　我對這個問題有興趣，因爲我是一個業餘的歷史家〔注：這時的胡適仍然認爲他是一個哲學家〕。我的興趣在文化史。中國歷史上有一個很好的例子，那就是印度征服中國。印度並沒有派一兵一卒到中國，可是中國被印度宰制了兩千年。中國的聖賢要花了兩千年的時間才慢慢地從印度的宰制與征服之下解脫出來。這是一個值得借鏡的例子，就是如何不費一兵一卒來征服另外一個國家。

　　這個印度不費一兵一卒而征服中國的例子的來源，我在《璞玉成璧》裡已經分析過了。胡適在1906年4月13日《澄衷中學日記》的日記裡記他們「集益會」開會：「汪立賢君演說南昌教案事，言佛教入中國千年無教案，景教一入則教案紛起，病民禍國云云。」好爲人師的胡適在大家演講結束以後登臺作總結。他用汪立賢說佛教傳入中國千年而無教案，反之，基督教一入則教案紛起的說法加以引申。胡適上臺，就把佛教、基督教的對比，演繹成「愛國之論」，同時又把佛教的和平與基督教的滋生事端，歸結爲前者沒有國家的武力作爲後盾，後者則動輒施以船堅炮利的顏色[155]。到了1927年他在紐約「亞士都飯店」作演講的時候，這個印度不費一兵一卒就征服中國的例子，就變成他建議美國人借鑑的美談。胡適說美國征服中國將會是一件好事：

　　我們要鼓勵的，就是這種友好的關係，這種西方用友好的方式來征服中國。請不要擔心如果西方征服了中國，中國固有的優點就會消失了。那些優點會永遠存在，不管事情如何發展。不管宰制文化的影響有多大，那些個別的差異永遠會存在的。重點是你們務必要竭盡所能的去完成這個文化征服的

155《舍我其誰：胡適，第一部：璞玉成璧，1891-1917》，頁130-131。

大業。

接著，胡適就指出美國如何可以征服中國的捷徑：

我可以舉幾個例子來說明征服中國的可能性。中國到西洋、盎格魯撒克遜英語國家來取經已經有相當長的一段時間了。然而，儘管這麼長一段時間的交往、儘管英語在中國很風行，中國跟西方——特別是盎格魯撒克遜人——之間的文化交流，一直到美國第一次退還庚款以前還是非常有限的。

儘管有些論者說美國第一次退還的庚款根本就不是美國所該有的。但說那個作什麼呢？重點是那退還的時機絕佳，它完全地抓住了中國人的心。那七、八年之後正是中國最需要的時候。而且，那是具體的友好的象徵。

大家想想看這退還庚款所帶來的好處。這十八年來美國每年吸引了成千的中國學生。庚款所支持的學生不多，每年最多一百，一般是在五十到七十之間。但是，他們吸引了朋友、親戚、老師，還有他們自己的學生。所以，我們可以說這十八年來的教育宣傳，已經爲美國立下了一個用公正無私的方法來作爲征服中國的基礎。

美國〔注：演講記錄作俄國，誤〕有三個人，他們所任教的學校〔注：哥倫比亞大學〕培養了中國最傑出的老師。孟祿博士在美國退還庚款上所作的努力最大，在建立中國教育的體制，以及中美文化交流也作了最有幫助的貢獻。另外一個人是杜威。他的哲學是當今在中國最有影響力的哲學，他是第三個征服者——可以說是最偉大的美國征服者〔注：原文漏掉了第二個征服者，不知道胡適指的是哥倫比亞大學的哪一位教授〕。這三位征服中國的成就要遠超過蘇聯的金援與英國兵艦的總和。他們已經征服了中國，同時還要更繼續締造了美國征服中國的基礎。

讓我再舉一兩個例子。郭博士提起我在中國文藝復興裡所作的工作。其實，這不過是用思想去研究問題。我們提倡文字和禮俗的革命，並不是徵引西方聖賢之言，而是根據歷史和需要去研究我們自己的問題。我們必須用歷史研究的方法，去指出白話文在歷史上已經產生了大量的禮俗〔注：文義不解〕，以及許多詩歌、戲曲的傑作。這在在證明了白話文可用，只是被挑剔、被惰性所鄙視。那是歷史上已經被使用的語言。現在，我們自覺地使用它。

　　在另一方面，我們要指出從前所欠缺的，就是沒有有意自覺的實驗。我們要證明不只我們的祖先已經在使用白話文，而且我們現代人要用這種新的自覺的實驗的態度來為這個歷史的演化作出進一步的貢獻。我稱我的第一部詩集為《實驗集》。就是這種實驗的態度說服了大家。我們現在已經把這個從前被鄙視的語言提升到了國語的崇高地位。我們現代人可以用這種新的有自覺的實驗的態度去為歷史演化作進一步的貢獻。

　　這就是有些人所鄙視的美國哲學〔在中國〕的應用。這就是那影響了千百萬〔中國〕人的征服。如果我能為孟祿博士的建議作注腳，就讓我這麼說吧：我以我個人以及許多〔跟我類似的〕人作為見證，來證明用這種方式來建立〔中美〕文化的關係，要遠比用船堅炮利或外交的方式來得更加有效、更加永恆〔掌聲〕。[156]

圖24　1927年2月26日，胡適簽名贈華美協進社照片（胡適紀念館授權使用）。

　　胡適在「亞士都飯店」這篇演講最重要的地方，在於它徹底地粉碎了邵建、羅志田說胡適曾經患了「左傾急驚風」的錯誤的說法。它是胡適親美、崇美最徹底的見證。胡適要用西風來壓倒東風，要用西洋現代的文明的典型的美國來征服中國。從這個意義來說，胡適這篇演講最最驚人的地方，在於它似乎為1950年代的胡適思想批判

156　Hu Shih, "Address at the China Institute in America,"《胡適全集》，36：200-205。

運動留下了絕佳的「反動」證據。諷刺的是，這麼一篇絕佳的「反動」的證據，卻因爲它是用英文寫的，而有遺珠之幸，不曾被拿來作爲胡適「夫子自道」的反動證據而把他鬥臭到雲霄。

胡適呼籲美國要用比俄國布爾什維克主義更能吸引中國的方式來征服中國。在這種主張立場之下，胡適自然是堅決否認北伐期間的國民黨政府是排外、反美的。「胡適檔案」裡有一份沒有出處與日期的剪報，內容溫和，但標題、副標題，與擇要都非常聳人聽聞。我推測胡適在接受訪問以後或者是後悔自己說話說得太過，或者是接受記者的建議準備修改，但已經來不及了。這篇剪報的標題是：〈說中國是反動派的勁敵〉("Calls China Foe of Reaction")，副標題是：〈胡適博士說在美國已「與尼尼微、推羅同爲歷史的灰燼」的時候，中國仍然會傲然長存〉("Dr. Hu Shih Adds Nation Will Live When America Is 'One With Nineveh and Tyre.'")。尼尼微與推羅是地中海東岸被摧毀的古城。這句「與尼尼微、推羅同爲歷史的灰燼」是吉卜林(Rudyard Kipling)的一個詩句。這份剪報的出處可以確定是1927年2月2日紐約的《太陽報》(*The Sun*)。證據有二。第一個證據是「胡適檔案」裡的一封信。這封信是《太陽報》的編輯羅柏特・曼席爾(Robert Mountsier)在1927年2月2日寫給胡適的：

> 隨信附上今天《太陽報》有關臺端文章的剪報數份。內文是我寫的，但遺憾的是，我沒能把主標題和副標題照我的意思更改。臺端惠與訪問的時間，特此致謝。[157]

第二個能證明這份「胡適檔案」裡的剪報是來自於紐約的《太陽報》的證據，是胡適自己留在「胡適檔案」裡的另一份剪報。這另一份剪報雖然也沒有報名和日期，幸虧有內證與外證來證明它一定是綺色佳的報紙，很可能是《綺色佳新聞報》(*Ithaca Journal*)或是《綺色佳日報》(*Ithaca Daily News*)。外證是胡適在剪報上用鋼筆所寫的日期：Feb. 28?, 1927〔1927年2月28日？〕。內證是這份剪報稱胡適爲即將回綺色佳演講的康乃爾校友。這份剪報的標題同樣聳人聽聞：〈當美國早已成爲歷史的陳跡以後，中國還會盛世永在——年輕的領袖、康乃爾的校友如是說〉("China Will Thrive When America Is Civilization of the Past, Says Young Leader, Alumnus of

---

157　Robert Mountsier to Hu Shih, February 2, 1927,「胡適外文檔案」，E305-005。

Cornell")。這篇報導所徵引摘述的，就是胡適接受紐約的《太陽報》的專訪[158]。

這篇胡適接受紐約《太陽報》的專訪，一開頭就會讓所有認定胡適永遠溫和、永遠是有一份證據說一分話、永遠不妄下定論的人，覺得胡適一定又是被冤枉或是被栽贓了。然而，我在《璞玉成璧》裡就說過，胡適有他「衝」的一面。這可能又是胡適「衝」而失言的一次。不同的是，這次是形諸美國的報端：

> 胡適說，我們美國正高速地走向毀滅，而中國則像目前的亂象所顯示的，會因為懂得自我調適，而得以傲然長存。

在引述了胡適這句語驚四座的話以後，該篇專訪就記載了胡適對革命與北伐軍的辯護。首先，那不是一個排外、反美的運動：

> 作為一個超然的自由主義者，我預測這個運動終會成功，把中國統一在國民黨所組織的政府之下。
>
> 這不是一個排外、反美的運動。但是，它有一個我認為是很自然而且合理的要求。那就是所有外國人在過去八十年中所享有的特權必須要廢除，所有今後想要在中國居住、貿易的外國人，都必須和中國人一樣服從中國的法律。
>
> 雖然這個民族主義的運動是要廢除不平等條約，但它還有其建設性的一面。那就是要成立一個一統的國民黨政府，一掃目前軍閥的亂政與內戰。
>
> 由於這個運動目前正處於破壞的階段，外國人擔心的結果，就把它視為一個排外的運動。這個運動不是一個排外運動的事實，連貴國自己的報紙都已經指出了。那已經放棄了條約特權的德國、奧國，與俄國人完全沒有受到任何干擾。前幾天，貴國的報紙還報導了一則新聞，說德國在內陸的傳教站還得到南方國民黨政府的資助，讓他們得以繼續傳教的工作。
>
> 中國的國民革命是一個打倒反動的激進運動(radicalism)。反動的勢力是軍閥，他們是十五年前中央政府崩潰以後的副產品。在這期間，有許多抗拒這些反動的勢力起來。但它們都無法凝聚成為一個有效的反制力量。在這些

---

158 "China Will Thrive When American Is Civilization of the Past, Says Young Leader, Alumnus of Cornell,"「胡適紀念館」，HS-NK05-330-013.

政治上混亂的歲月裡，中國人民就是無法把自己組織成爲一個有效的力量來制裁這些勢力。一直要到國民黨的新領導在南方組成了一個由核心的軍隊所支持的政府以後，情況才有改觀。

接著，胡適就重複他在英國所說過的話，說國民黨是一個有嚴密的軍紀的軍隊、有政治理想的政府：

> 這個軍隊在一開始的時候是一個學生軍。現在已經成爲中國革命一個重要的支柱——接受黨的政治理想的砥礪與感召。在過去的七個月裡，這個軍隊已經打到了中國中部，基本上已經是控制了中國的南半部。
> 政治的進展伴隨著軍事的勝利。最明顯的證據是廣東的政府，其財政組織已經完全現代化，貪污已經基本上絕跡。
> 胡博士認爲中國與列強之間不可能會產生嚴重的衝突。列強已經意識到情勢的嚴重性，而且也承認中國的要求的正當性。這點可以從美國國務卿凱洛格(Frank Kellogg)和英國外相張伯倫(Austen Chamberlain)的聲明裡看出。胡博士說到目前爲止，英國的立場似乎比美國還要前進，但他要展緩判斷，等待進一步的發展。

胡適當然不能否認中國有俄國顧問的事實。但他堅決否認中國的革命是布爾什維克革命：

> 問到布爾什維克與日本的影響，胡博士回答說：我們很難說其結果會如何。南方政府是雇用了俄國顧問，沒有把他們罷黜，這是事實。就像任何其他政府一樣，中國國民黨有權利雇用外國顧問。我認爲俄國的影響是有用、有效的，特別是在組織方面。中國國民黨的黨組織和軍事組織用的都是俄國的方法。
> 我問胡博士：這些俄國顧問不都是布爾什維克嗎？他回答說：他們都是布爾什維克。但中國國民黨不是布爾什維克。它明確地表白它既不是共產主義，也不是布爾什維克。去年10月10日，南方政府頒布了33個政策。其中，

　　沒有任何一個可以被視為是共產主義的，連社會主義都不是。[159]

　　紐約《太陽報》的專訪，即使標題聳人聽聞，卻相當信實地報導了胡適在1926到1927年間對國民黨一廂情願的幻想。胡適在1927年3月間去了綺色佳兩次，一次在上旬，另一次在下旬。根據《康乃爾太陽報》（*The Cornell Daily Sun*）的報導，他一共作了五次的演講。此外，胡適還在3月14日的《康乃爾太陽報》上發表了一篇專文，名為〈廣州政府的政治哲學根據的是英國的政治制度，1914級的胡適如是說〉（"Cantonese Political Philosophy Based on British Forms of Government, According to Hu Shih '14"）。在這篇文章裡，胡適重複了他在紐約《太陽報》專訪裡的說法，稱讚了蘇聯對中國的幫助。然而，胡適強調國民黨向蘇聯學習的只是組織。在政治制度方面，國民黨所崇尚的是英美的制度：

　　　　在政治方面，國民黨喜歡的，是盎格魯撒克遜的政治哲學，而不是像某些以訛傳訛的報導所說的蘇聯的公社。沒有人會否認蘇聯顧問作了許多重要的貢獻，而且廣州政府也都把它們付諸實行了。但那些貢獻是相當健康的。蘇聯顧問的貢獻主要在提供具有高度效率的軍事組織。因此，一個強大的國家政黨終於〔在中國〕誕生了；一支強大的革命軍接著崛起了。這支軍隊在開始的時候只是學生軍，但現在已經打下了中國的半壁江山。他們紀律嚴整，行為良好，廣為人民所愛戴。[160]

　　換句話說，胡適從來就沒有左傾過。他所禮讚的不是蘇聯的社會政治制度，而是蘇聯的黨政組織技術。套用晚清所流行的「體」與「用」之說，胡適相信英美的政治制度是國民黨想要從西方移植到中國生根的「體」，蘇聯的政黨組織技術則是「用」。國民黨師法蘇聯在政黨組織上之長技——「用」——目的是在中國實行英美式的民主政治——「體」。

　　胡適所要師法的是英美，蘇聯從來就不是一個選項，胡適一次又一次，說得再清楚也不過了。1927年2月16日晚，胡適在美國「外交事務協會」（Council on Foreign Relations）演講〈中國的文藝復興〉（The Renaissance in China）。這是他應美國「外交

---

[159] "Calls China Foe of Reaction," *The Sun*, nd. February 2, 1927.
[160] Hu Shih '14, "Cantonese Political Philosophy Based on British Forms of Government, According to Hu Shih '14," *The Cornell Daily Sun*, March 14, 1927, p. 5.

事務協會」之請，重複他1926年11月9日在英國「皇家國際事務研究所」(Royal Institute of International Affairs)所作的演講。我們不知道一般聽眾對這個演講的反應如何。然而，我們知道胡適在留學時代就已經固定閱讀的《外觀報》(*The Outlook*)的主編恩尼思特・亞柏特(Ernest Abbott)喜歡。亞柏特在2月17日給胡適的信中稱讚了胡適的講演(請特別注意我用黑體字標明出來的字句)：

> 你昨晚在「外交事務協會」晚宴上所描述的「中國的文藝復興」，我真希望這個國家的每一個人都能聽到。美國人被表象、那些傾軋的勢力，以及中國看起來的亂象弄得昏頭轉向，他們很自然地就完全失去了去了解的興趣了。然而，如果他們能知道在混亂的表象之下，中國所發生了的思想、道德上的革命、新的表達方式〔注：白話文〕，以及所有這些影響了他們與世界上其他地方的人的交往，我認為美國人不但會深深地對中國產生興趣，而且會對中國的現況產生極大的同情心。
>
> 你很清楚美國人的理想主義。所有對自由的奮鬥，他們一旦理解，就會很快地去回應與支持。我一點都不擔心美國人會失去他們的理想主義。但我擔心現在出現了一個他們理應立即去回應支持的情況，可是他們卻對之懵懂。我認為你昨晚所分析的事實，美國人會很有興趣知道。然而，更重要的是，我認為他們必須了解：真正的衝突不在中國，而是在別處——亦即，**你非常有力地指出來的俄國與美國、布爾什維克主義(法西斯蒂主義亦同)與盎格魯撒克遜民主主義之間的衝突**。你非常清楚地指出：自由、不蹚渾水的(unentangled)**美國**，如果能了解並釋放出善意，也許**能夠把**現正處於文藝復興最關鍵時刻的**中國，從我們憎惡到極點的俄國理想的懷抱裡贏回來**，回到我們〔注：美國人〕所信奉而且——不管是多麼跟蹌地——遵循的理想。[161]

當時的胡適一點都不左傾、一點都不喜歡俄國，連作為聽眾的亞柏特都聽出來了。我們還能繼續誤解胡適嗎？

儘管胡適樂觀，北伐陣營在意識型態上的分化已經逐漸明朗化。1927年3月23日，北伐軍進入南京。北伐軍劫掠英國、美國、日本領事館。六個外國人被殺，包括金陵大學的副校長威廉斯(John Williams)。美國、英國派遣了軍艦，用炮擊的方式掩

---

161 Ernest Abbott to Hu Shih, February 17, 1927,「胡適外文檔案」，E119-001。

護了五十名英美人士，讓他們成功地撤退到長江上的兵艦上。心急如焚的胡適在1927年4月1日寫信給葛內特：

> 在綺色佳五天、丹佛兩天以後，我就要上西岸去了……我在芝加哥換車的時候，打了一個電報，請索克思轉給陳友仁跟宋子文：「排外的暴行破壞了〔外人〕先前對我們的好感。政治的能力重於攻城掠地(conquests)。」
>
> 我對南京發生的事情仍然百思不解。威廉斯(Williams)之死絕對不是排外的預謀。你看到了鮑威爾〔注：John Powell，上海《密勒氏評論報》發行人〕發送、發表在芝加哥報紙上的包文(Bowen)博士〔注：Arthur Bowen，金陵大學校長〕的證詞了嗎？早先有關他〔威廉斯〕死亡的報導純粹就是謊言——雖然是具有基督教感化意義的玩意兒。包文博士說他們(包括威廉斯)當時正走著，看見了一個在搶劫的兵。威廉斯用中文教訓他，他轉身對威廉斯開槍。
>
> 但接著發生的事情，就完全不是我的想像力所能理解的了。報紙上發表的許多報導，那些新聞記者都該被關到精神病院裡去。很顯然地，有些人希望把那兒的問題無限地渲染。[162]

然而，即使樂觀如胡適，他也已經開始體會到事情並不如他所想像的那樣單純。北伐陣營裡的意識型態的分化，顯然也已經飄洋過海蔓延到了美國的華人社區。胡適在美國華人社區演講的時候，顯然遭遇到了具有左派意識的華人的挑戰。他給韋蓮司及其母親的信，提供了一些蛛絲馬跡的線索。他4月10日給韋蓮司寫了一封信，這時已經到了他離美的前夕。之前，他在舊金山、波特蘭的華人社區作了十六次的演講。在這封長信裡，胡適雖然完全沒說這些演講如何，但他意味深長地說：

> 在國難當頭，你覺得有責任作獨立的思考，說出群眾與暴民不想聽的話。這時，你發現群眾反對你，給你扣上各種帽子。那時，你就再度必須依靠自己的引領、支持，與鼓勵。我在國外的時候，我覺得我必須為國民黨的理念作辯護，澄清扭曲和誤會。但是，我知道回國以後，我一定會對這個政治運

---

162 Hu Shih to Lewis Gannett, April 1, 1927, Lewis Gannett Papers, 1900-1965 (bulk), MS Am 1888 (586), Houghton Library, Harvard University.

動採取一個比較批判的態度。我回去以後還有一個大仗要打呢！我一定還需
要面對各種對我的扭曲，甚至還會引起眾怒。

我在〔俄勒岡州的〕波特蘭的時候，郭秉文給了我一個電報：「本日收
電：郭與胡適，暫緩歸國。」簽這個電報的人是張元濟，是出我的書的上海
商務印書館館長。但我是要回去的。我的船後天開。我會在日本停留，先仔
細地研究中國的情況以後，再決定行止。[163]

第二天，4月11日，當時胡適已經上了船，他給韋蓮司母親的信上說：「當郭秉
文教授給我電報，說他不跟我同行，也勸我等到局勢平和以後才回國的時候，我有一
個很強烈的衝動，想要取消此行，再回去找我在東岸的朋友。然而，我按捺下了那個
想望，決定啟程。」[164]5月17日，胡適從東京給韋蓮司信：

在日本勾留了二十三天以後，我將在今晚坐船回上海。我在上海的朋友都
打電報、寫信，要我現在不要回中國。我是試著盡量留在日本，但這種等待
我受不了。我變得焦灼，有時還失眠，所以我決定回上海，親眼觀察。如果
事實粉碎了我樂觀的想法，我就會回到京都，待在那兒工作。不過，我不認
為我上海的朋友是對的。他們都太過於考慮到我個人的安危，他們只是要我
不要去捲入政治的漩渦。他們也許因為對當局一些枝節、當下的舉措不以為
然，而不能放眼去看大局。我回國以後，會寫信告訴妳我的所聞所見。

四月的政變〔上海剿共的白色恐怖〕是對的方向，國民黨是醒過來了，可
是代價可能會太大！這可能會大大地延誤革命的進程：可能意味著運動的中
挫。然而，代價再高都是值得的！我的許多老朋友都站在代表了溫和派和自
由派南京政府一邊。[165]

就在胡適明確地表明他支持國民黨、贊成屠殺共產黨、反對革命、反對排外的時
候，索克思與葛內特也在信上來往辯論他們對中國革命的看法，以及外人所應採的態
度。索克思在1927年2月11日給葛內特的信說：

163 Hu Shih to Clifford Williams, April 10, 1927,《胡適全集》，40：259-260。
164 Hu Shih to Harriet Williams, April 11, 1927,《胡適全集》，40：261-262。
165 Hu Shih to Clifford Williams, May 17, 1927,《胡適全集》，40：266-267。

你當然會説我的態度是受到了我所來往的死硬派的英國人，以及經濟決定論的影響。你會説因爲我受雇於英國報紙，所以我只看見英國的立場。這完全是瞎説。沒有任何一個在中國的外國人會説我是反中國的。最近*China Times*〔注：《時事新報》〕上有一篇談到外文報章的文章，那個作者不喜歡我，但他説我並不反中國。

我對你的文章的批評是，你讓你反英的偏見影響了你對中國的看法。因此，你不該錯的地方卻錯了。那些事實都在那裡，如果你去找的話，一定是找得到的。如果你能從中國的福祉的角度來看中國現在所用的方法，你就會得出跟我相同的結論。那就是説，國民黨是唯一一個有建設性的綱領的政黨。如果這個政黨能有機會去實行其綱領，它一定能夠統一中國，並爲中國提供一個現代、有效率的政府。現時阻礙國民黨成功的最大的障礙，就是它黨内的鮑羅廷那一幫以及共產黨——他們不是在爲中國人民的福祉而奮鬥，而是胡亂而且無限期地利用中國和中國人民來從事那由第三國際所組織的、以英國作爲主要攻擊目標的國際共產運動。我們可以同情中國人想要建立一個統一、現代、具有平等地位的政府。但是，任何中國的政黨跟具有這麼一個陰謀的俄國人合作，只能説是盲動躁進。[166]

葛内特完全不能同意索克思的看法。他在1927年3月30日的回信裡説：

我非常喜歡你寫漢口的文章——比你在信上説的要好得多了！我認爲你比幾乎任何一個在中國的外國人都更了解中國。然而，連你都不能對那上海氛圍所釋放出來的心理毒藥具有免疫力⋯⋯

我知道在千里之外的我要你作超人，説起來容易作起來難。這眞是一個悲劇！沒有一個美國的新聞記者能嚴肅、同情地去分析中國的民族主義運動。你是可以作得到的。你的一些新聞稿已經往那個方向前進了。可是，你所寫的大部分的文章都像其他人寫的，都是從上海外國人那種群眾心理的角度寫的，而不是像站在奧林帕斯山巔上的歷史家在冷眼觀察一個偉大的歷史運動。你可以説我是一個布爾什維克，可是從紐約看去，那確實是一個偉大的

166 George Sokolsky to Lewis Gannett, February 11, 1927, Lewis Gannett Papers, 1900-1965 （bulk）, MS Am 1888 （586）, Houghton Library, Harvard University.

歷史運動。[167]

　　胡適的看法完全跟索克思一樣，他們可以說是惺惺相惜。1927年5月17日，就在胡適寫信給韋蓮司說國民黨在上海政變屠共作得很對的當天，他也寫了一封信給葛內特，再次表明了他屠共有理的說法。大家都愛說溫和的胡適，其實他也有很少人知道的「以殺止殺」、「以暴治暴」的一面：

　　　中國的政變發生的時候，我還在海上。看來國民黨已經開始找到自己了。但情況仍然不穩。我在上海的所有朋友都打電報或寫信叫我不要回去。所以我在東京和京都停留了23天的時間。但是，我的一顆心都在南方政府身上，所以我不顧所有的勸告，在兩個鐘頭以後就要搭船回上海。我會從中國寫信告訴你中國的實際情況。我的地址是上海廣東路84-85號，亞東圖書館轉。
　　　附：我仍然很樂觀。我認爲我在上海的朋友都沒有從正確的角度來看事情。[168]

　　胡適回國的時候，同船的恰好是後來終老在中國的斯特朗(Anna Louise Strong, 1885-1970)。斯特朗有一段描述，正可以拿來與胡適對韋蓮司和葛內特所說的話作佐證與補充。雖然她沒指名，我們可以知道她指的是胡適：

　　　我在船上遇到了一個中國現代化的提倡者。他以提倡白話文來代替文言文、使一般老百姓能接受知識聞名。但在政治上，他不是一個革命者。他是一個典型的中國知識分子，害怕中國農工階級所提出的「鹵莽」的要求。他相信謠言，説共產黨在鼓動湖南的農民，説農民「要殺任何有大學學位的人」。他説他的朋友都勸他不要回國，要他繼續安全地留在外國演講中國的民族主義。
　　　他説：「我不能了解的是，我大部分的朋友都站在即將勝利的南京政府方面。可是他們卻又疑惑叢生，對未來不表樂觀。全國到處紛亂著。有些省份

167　Lewis Gannett to George Sokolsky, March 30, 1927, Lewis Gannett Papers, 1900-1965 (bulk), MS Am 1888 (586), Houghton Library, Harvard University.
168　Hu Shih to Lewis Gannett, August 22, 1926, Lewis Gannett Papers, 1900-1965 (bulk), MS Am 1888 (586), Houghton Library, Harvard University.

據說偏向南京，有些則偏向武漢。而且在這些省份裡，一派和另一派在爭鬥著。」他只在日本停留了十天〔注：誤，是23天〕，而來拜訪他、跟他談中國問題的日本人的名片疊起來足足有五公分高。他相信：「日本人同情國民黨，因此強迫日本政府採取不干涉的政策。」

這位美國化了的教授對中國的信心是建立在南京政府的三個元老身上：無政府主義的哲學家〔注：指蔡元培、吳稚暉、張靜江〕，他認為他們是讓民眾有信心的「道德重心」。此外，加上蔣介石的軍事的能力、宋子文——他認為他馬上會加入南京政府——的財政能力。這五個人合起來，可以構成一個讓中國人能信服的「重心」（centre of gravity）。

對於如何滿足飢餓的農民，以及壓榨過度的工人的要求，他則不置一詞；那不是他所了解或進出的世界。但他一再強調那三位元老是「已過六十」的年高德劭的學者，在中國知識分子心目中具有威望。雖然在文學的領域裡，他是革命之父，他整個人所要的不是革命，而是他可以棲身的穩固、牢靠、體面的東西。他說，除非「重心」可以在南京形成，中國將會至少亂個十年。[169]

斯特朗固然具有左傾的意識型態，她所描述的胡適以及胡適贊成蔣介石屠共的立場是正確的。胡適自己在1954年所寫的〈追念吳稚暉先生〉一文裡也作了類似的回憶。他說他在東京帝國大旅社碰到了剛從上海來日本的美國哈佛大學教授赫貞（Manly Hudson）。赫貞教授可能是胡適留美的時候就認得的，因為他也是當時胡適活躍其間的「剷除軍國主義大學聯盟」的會員。赫貞教授認為蔣介石的清黨是一大反動。胡適問他理由何在。赫貞轉述在寧漢分裂以前還出任武漢財政部長的宋子文的話說：「國民革命的主旨是以黨治軍，就是以文人制裁武人。現在都完了！文人制裁武人的局面全被推翻了。」胡適不以為然。他說：「蔣介石將軍清黨反共的舉動能得著一班元老的支持，你們外國朋友也許不認得吳敬恆(吳稚暉)、蔡元培(子民)是什麼人。但我知道這幾個人，很佩服他們的見識與人格。這個新政府能得到這一班元老的支持，是站得住的。」[170]

169 Anna Louise Strong, *China's Millions: Revolution in Central China, 1927* (Peking: New World Press, 1965), pp. 13-14.
170 胡適，〈追念吳稚暉先生〉，《自由中國》10卷1期(1954年1月1日)，轉引自胡頌平編，《胡適之先生年譜長編初稿》，第二冊，頁677。

胡適支持國民黨屠共。在這個節骨眼上，他跟葛內特分道揚鑣。四月的白色恐怖，胡適說代價再高都值得，葛內特的看法則相反。他說蔣介石：

> 跟他前所效忠的文治政府決裂，要成立一個聽他指揮的政府，就像那聽張作霖指揮的北京政府一樣。工會曾經是他文治的盟友，而他轉過來對付他們的殘酷，不是他任何的政敵所能望其項背的。上海有兩百個工會領袖被殺，他們的組織被鎮壓；同樣的手段，也由他的同夥在廣州、南京施展。這所意味的，不只是「粉碎共產主義」。用這樣的行徑來宣稱自己是孫中山民主民族主義的繼承人，是多麼的不堪啊。[171]

胡適對國民黨注定是要失望的。要看他回到中國以後對國民黨的批判，請看本傳下一部分曉。無論如何，葛內特在6月3日收到胡適從日本寄給他的信以後，立刻就回了信：

> 你(5月17日)從日本的來信今天收到。我一直想寫一封長信給你——我希望我很快就會寫。然而，上個月我大半因為生病躺在床上，現在又有一大堆的工作。
>
> 我希望你不要太一面倒向「溫和派」，要保持獨立。同時你不要被那盎格魯撒克遜人的傲慢給嚇倒了，他們總是以對待外國人的好壞作為一切的基準。我想要保持寬廣的視野來看事情，在中國恐怕要比在此地難得多了，在上海則根本是不可能的。
>
> 這是革命。我們自由派的人特別容易有那種伯克(Burke)〔注：英國哲學家，反對法國革命〕和華茲華斯(Wordsworth)〔注：英國詩人，原先支持法國革命，革命激化以後，轉而反對〕都有的盲點。所有革命都是可怕、血腥、暴力的；他們不是紳士、書生所領導的；它們就像是密西西比河的巨流，拒絕順著人工築好的堤岸流。近看，它們是人人可誅的。遠看，則是人類艱辛奮鬥過程——戰爭、革命，以及人類所留下來的一筆爛帳——裡不可避免，而且整體來說健康的一部分。「波士頓茶葉事件」(Boston Tea Party)〔1773年12月16日，美國獨立革命分子把英國貨輪上的茶葉丟進波士頓海

171　Lewis Gannett, *Young China* (New York: The Nation, 1927), p. 55.

港〕是一件非法、暴力、搶劫、破壞資產的行為。然而，它是今天所有愛國的美國人都歌頌的一件事。法國革命對當時的人來說，就像我們這個世代的人看待俄國革命一樣。你們中國的革命，即使所有在南京、漢口所發生的事都是真的，其實算是相當平和的。

有時候歷史必須是要跳躍式的，就像那緩慢的物競天擇的演化過程驟然間因為突變而加速一樣。我認為中國就正在這突變的關口上。雖然從細節上來看，漢口的群眾可能是錯的，然而他們在心理上是正確的。中國自己不去拿，列強是不會給的。你已經看清了美國慈祥地站邊看（inertly benevolent）的模樣。我們的國務院不會積極地作惡（雖然它可能會被駐外的使館官員嚇倒）。跟其他列強相比，美國的政策似乎還算好的。然而，我們不會有什麼積極的政策的。除非你們逼我們，什麼都不會發生的。中國的「體面人士」——可親的將軍、外交官員、你所認得的好人，甚至蔣介石、威廉斯（C.C. Williams）〔注：不知是否指當時美軍太平洋艦隊司令 C.S. Williams〕——都不會逼我們〔注：美國〕的。「溫和派」只會去潑那必須肩負這運動前進的群眾冷水。漢口火速地組織工會和農民協會是正確的，雖然他們跟學生一樣，在一開始的時候太躁進了。沒有這種群眾的民間組織，國民黨的運動只不過會是製造更多的內戰而已。從我所在的安全距離看過去，所有過激的行為、南京的謀殺都只不過像是針扎皮膚一樣——跟亞洲的覺醒相比，這算什麼呢！如果我人在那兒，我可能感覺不同。可是我是安全、平靜地（philosophically）身在此處。

所以，我希望你不要太深不可拔地加入那幫人。就像你所說的，保持清高、獨立，但同情，你會是一個力量；如果你捲入了黨派的漩渦裡，你將只是平添了一個祭品而已。

我們的戰艦在那裡，一定已經成為上海、天津人下意識裡的一部分。但那只是表象，一點都不重要。跟那百萬的中國人新發現的自我意識以及國家尊嚴心相比，那算什麼呢！在這整個過程完成以前，外國人必須要受苦——雖然這對那些正派、和善的個人來說是殘酷不公道的。沒作過壞事的人必須要代人為過往的錯誤受過。但我們不是生活在一個甜蜜正義的世界。我們太過於去計較個人的痛苦與他人的錯誤，並不會使這個世界變成甜蜜正義。

結果，這封信還是變成了一封長信。我希望你不會覺得我太大放厥詞了。我希望你會大致同意我的看法。我希望不久以後連索克思都會停止彈他目前

那上海的老調。[172]

葛內特對胡適一直沒放棄。他在7月13日又寫了一封信給胡適：

> 我希望你不要試圖談政治！第一、我不認為那是你之所長。第二、我懷疑在中國革命火焰的周邊能作出什麼有價值的政治思考呢。你幾乎不可能不讓你的想法不跟眼前的人物與問題糾結在一起。再說，1927年發生的事情，到了1937年，就無關緊要了。事件還在醞釀之中，我們連在母親的子宮裡的胎兒是男是女都還不知道如何去辨識，我們連接著會發生什麼都還不知道，我們能妄想用我們的意志去衡量甚至去導引歷史的進程嗎？也許這是一種政治虛無主義——被動——的想法。但是，我有一個很強烈的感覺，亦即，許多「好心人」的好意，其實正是在阻礙、扭曲一個偉大的解放力量的發展。[173]

胡適在對國民黨灰心失望以後，一度非常消沉，完全不跟他國外的朋友寫信。但這是本傳下一部的故事。1928年，因為徐志摩要到美國去，胡適在6月14日寫了一封信給葛內特，介紹徐志摩給他：

> 我對你、對所有我在美國、歐洲的朋友不可原諒的沉默了那麼久，我每一想到就覺得很羞恥。原因是我如果要告訴你中國的事情，就非得寫一本書不可。而我又沒時間寫一本書，於是就一直保持沉默到今天。
> 現在我就用我的詩人朋友徐志摩來權充為一本書送到你那兒去。他會告訴你我所有的一切，以及所有一切你所想知道的事情——但你必須保證你會好好的招待他，同時不要用你的布爾什維克思想把他嚇跑了。[174]

胡適雖然已經對國民黨失望，反對布爾什維克，他則始終如一。徐志摩反布爾什維克，跟胡適如出一轍。所以，他幽葛內特一默，要他不要用他的布爾什維克思想把

---

172 Lewis Gannett to Hu Shih, June 3, [1927], Lewis Gannett Papers, 1900-1965 (bulk), MS Am 1888 (586), Houghton Library, Harvard University.

173 Lewis Gannett to Hu Shih, July 13, 1927, Lewis Gannett Papers, 1900-1965 (bulk), MS Am 1888 (586), Houghton Library, Harvard University.

174 Hu Shih to Lewis Gannett, June 14, 1928, Lewis Gannett Papers, 1900-1965 (bulk), MS Am 1888 (586), Houghton Library, Harvard University.

徐志摩給嚇跑了。細心的讀者一定已經注意到了，即使在胡適最右傾激進、爲國民黨辯護不遺餘力的時候，他從來都沒用過帝國主義這個名詞。胡適「反赤化」從來就沒鬆懈過。

「浪子回頭」

如果我們從胡適終其一生愛美國至死不渝的角度來看，胡適是沒有「浪子回頭」的經驗的。然而，如果我們從胡適在1926、1927年之間右傾激進，楬櫫革命有理、呼籲廢除不平等條約，然後，在他1927年回國以後矢口不談革命、不呼籲廢除不平等條約的角度來看，胡適確實是「浪子回頭」了。值得令人玩味的是，這也是謝福芸女爵（Lady Dorothea Hosie, 1885-1959）對胡適的觀察。

謝福芸女爵是在中國浙江省寧波出生、在溫州長大的。她的父親蘇慧廉（William Edward Soothill, 1861-1935）是英國衛理公會（Methodist）的傳教士，1920年擔任牛津大學的中文教授。他在1882年到中國浙江省的溫州傳教。在溫州，他建教堂、設學校和醫院、制定了溫州話的羅馬拼音系統，並用溫州話翻譯了《新約聖經》[175]。三年後，1885年，謝福芸出生。大概就在這個時候，謝福芸的父母認得了她後來的先生謝立山爵士（Sir Alexander Hosie, 1853-1925）。謝立山是英國駐華的外交官。他在1876年被任命爲「駐中國的學生翻譯」。他在中國的領事生涯，可以用闖蕩東西南北來形容，包括蕪湖、重慶、黃埔、溫州、曲阜、廈門、牛廠、淡水、九江、梧州、馬尾的羅心塔（Pagoda Island）以及四川總領事。他在1905年升任爲英國駐華大使館經濟參事。他在溫州的時間是從1888年到1891年[176]。可能就是他在溫州任職的時期認識了蘇慧廉夫婦，以及當時還在牙牙學語的謝福芸。謝立山是一個勘察家。他在領事任內，到處勘察，寫了好幾本他到四川、貴州、雲南、西藏、滿洲勘察的書。謝立山在1912年退休。1913年，他六十歲的時候跟謝福芸結婚，謝福芸是他的第二任夫人，小他三十二歲。1925年謝立山過世，謝福芸那時才四十歲。

謝福芸的《一個中國女士及其同代諸人的肖像》（*Portrait of A Chinese Lady and Certain of Her Contemporaries*），描寫的是1920年代革命思潮方興未艾的中國。1926年，蘇慧廉作爲英國退還庚款委員會調查團的秘書到了中國。謝福芸跟她母親都一起

---

175 *Who's Who in the Far East（June）1906-7*（Hong Kong: China Mail, n.d.）, pp. 295-296.
176 Who's Who in the Far East（June）1906-7, p. 146.

回到了中國。作爲一個傳教士的女兒，她本人又是一個虔誠的教徒，她這本書的宗教色彩是極其濃郁的。這本書的布局極具匠心。「宋太太」和「孔勵誠」(Encourager of Sincerity)是貫穿全書的主角。「宋太太」的父親早年留學巴黎，「宋」先生留學美國，「宋太太」自己也在美國住過。「孔勵誠」是翁之憙，是清末名臣翁同龢的第三代的侄兒。穿插其間的大、小人物無數。有像沙丁魚一樣擠在長江渡輪三等艙裡的窮人、民工；有黃包車夫；有痲瘋病人；有示威反對帝國主義的學生；還有初嘗反帝宣傳的僕役。外國人當中，有英國庚款調查團團長衛靈頓公爵(Lord Willingdon)；傳教士；國民黨北伐時被打死的金陵大學副校長。中國人當中的名人，有她用化名所描寫的王景春(Spring Landscape)、胡適(Professor of Logic)，以及丁文江(Dr. Ling, River of Learning)。這三人是英國退還庚款委員會裡的三個中國委員。

　　謝福芸這本書是一個重要的文獻。它所描寫的是五卅運動以後革命氣氛高漲的中國。葛內特在他對索克思的批判裡，提到了「上海氛圍」(Shanghai atmosphere)以及「上海心態」(Shanghai Mind)。他所特指的，是上海租界的洋人的眾生相，包括殖民官員、商人等等。這批久享特權的人不願意改變是可想而知的。謝福芸所代表的是相對地比較溫和的傳教士的心態。更值得注意的是，謝福芸所代表的不但是傳教士，而且是漢學家庭的背景。然而，在這個溫和的表象之下，是那具有文化、宗教優越感的居高臨下(condescending)的心態。謝福芸這本書的重要性，不只在於它反映了五卅運動以後那比較「溫和」的傳教士的心態，它而且可以讓我們把謝福芸「溫和」、「愛護」中國的觀點作爲反射鏡，來照亮愛美、親美的胡適後來高唱他那「五鬼亂華」論的背景。

　　謝福芸的《一個中國女士及其同代諸人的肖像》以第一人稱的口吻，把她在中國的所見所聞說給「宋太太」聽。在謝福芸的筆下，中國的貧窮、落後、混亂，與疾病固然是她悲憫的對象。然而，在謝福芸的論述裡，它們所扮演的是襯托(foil)的角色，是用來襯托出西方與中國鮮明的對比。在一方面，是西方人大國泱然的氣度、悲天憫人之心、君子之風，以及男性的氣概；在另一方面，則是中國的貧窮、疾病、散亂，以及中國人「唯女子與小人」一般的淺陋、自私與無知。從這個角度看來，中國的問題的癥結所在，謝福芸和胡適的看法是一致的。就像胡適在之前的〈國際的中國〉以及漫遊回來以後所一再強調的，中國的問題不是帝國主義，而是「五鬼亂華」。

　　更有意味的是，謝福芸的《一個中國女士及其同代諸人的肖像》是一個寓言，亦即，一個既忘卻了自己的傳統、又不識西方深邃文化的民族，一個爲了要掙脫不平等

條約、飢不擇食、飲布爾什維克的鴆止渴、渾然不知誰才是他們真正的朋友的寓言。在這個寓言裡，胡適是一個終於知道回頭的浪子。

謝福芸的《一個中國女士及其同代諸人的肖像》不但是一個寓言，她書中的故事而且屬於天方夜譚的範疇。如果我戲用章回小說體來簡述，這天方夜譚第一回的回目可以是：「英國佬騎機車讓路苦力，怒叱交警不知恤弱憐貧。」這個英國佬是謝福芸在長江渡輪上所遇到的一個年輕英國商人。謝福芸對「宋太太」說，她一定很清楚中國警察對苦力是頤指氣使、官架十足的。這位年輕英國商人最不能忍受的，就是中國警察為了讓他的機車先行，硬是把一整排汗流浹背、搖搖晃晃、扛著上百斤的麵粉袋的苦力給擋了下來。他義憤填膺地說：「我拒絕接受這種為了我而草芥苦力的作法！我踩煞車所費的吹灰之力，遠遜於他們讓我先行所必須承受的重荷。我總是揮手讓他們先過，再狠狠地教訓那警察。」

跟這年輕英國商人恤弱憐貧的悲憫之心成鮮明對比的，是「宋太太」自古以來就是如此的心態。她聽了謝福芸的這個故事以後，說許多西方人確實是能如此體恤地對待著中國的苦力。但是，她接著又說：「請不要太怪罪警察。他們所遵循的，是我們舊官僚世界的傳統。有權有錢的人，總是在勞力者和苦力之上。」[177]

至於西方人是否總是能體恤苦力，那可能就要看個案了。羅素根據他在中國和日本旅遊的經驗，作了下述的觀察：「在日本，歐洲人不會用打的方法要人力車夫跑快一點兒，私家車司機也不會下車掌摑擋路的行人。在北京，我就看過一個美國人的司機這樣做。歐洲人跟美國人並不喜歡日本人，但他們對日本人的尊重，我很少看到他們用在中國人身上。原因很簡單，因為日本有強大的陸海軍。」[178]

這天方夜譚的第一回，是用西方人悲憫之心來襯托出來中國上層階級的獨善其身，欠缺人飢己飢、人溺己溺的同情心。英國人懂得體恤苦力，不准交警要苦力讓路。反之，先生留美、自己也住過美國的「宋太太」，認為警察頤指氣使苦力是自古以來皆然的傳統，不足以大驚小怪。遺憾的是，上行下效，「宋太太」如此，她鄉下人出身的「阿姨」也如此。第二回的回目可以是：「大副笑諒三等艙乘客不懂現代設備，『阿姨』捏鼻嫌鄉巴佬又髒又臭。」在長江的渡輪上，謝福芸請這家外國輪船公司的大副陪她下去三等艙走走，因為她害怕如果自己下去，會讓三等艙的乘客覺得她是去觀光他們的窮相。「喔！水龍頭的水又開著讓水流著。」大副和藹地說著，若無

177 Dorothea Hosie, Portrait of A Chinese Lady and Certain of Her Contemporaries, pp. 30-31.
178 Bertrand Russell, "A Communication: How Washington Could Help China," *The New Republic* (January 4, 1922), p. 154.

其事地順手把洗手間的水龍頭關上。他同情地對她解釋說，三等艙的乘客沒用過自來水，不能怪他們不了解船上供水是滴滴皆辛苦。

謝福芸說三等艙的乘客大部分都很安靜。她說除了在醫院以外，她從來沒看過那麼多人腿上長著爛瘡。偶爾，會有一個老婦對謝福芸點頭，那掉光了牙齒的嘴笑開著，那張臉是皺紋的組圖。謝福芸會停下來問她吃過飯了沒。有時候，有些婦女會湊得很近，審視謝福芸的臉、握她的手、摸她衣服的質料。有一個媽媽，滿頭的頭髮打著結。謝福芸同情地說她沒時間和精力梳洗。她一手拍著她肩上的孩子，一手握著謝福芸的手、感受她的膚質。「喔！看！多白啊！多嫩啊！」她舉著謝福芸的手讓周遭的人看著。謝福芸感傷地自語著，那是因為她有肥皂可用，有熱水可洗，還有小棉巾可揩乾。而對這些窮人而言，這些都是奢侈品。

謝福芸從三等艙走上頭等艙的時候，差一點就跟「宋太太」的「阿姨」〔注：原文是Amah，20世紀初洋人對女華傭的稱呼〕跟她帶的雲雲與矗矗姐弟撞個滿懷。「宋太太」的「阿姨」原來也是鄉下人。「宋太太」說她現在可時髦了。謝福芸說「阿姨」的頭髮梳得光亮、牙齒潔白、雙手光潔，那是多少塊肥皂、多少熱水的功績。她惻隱地想著才五分鐘前，在她現在站著的甲板十四英尺之下，握著、觸碰著她自己的手的那些沾滿了泥垢、皺巴巴、像鳥爪的手。

> 「『阿姨』！三等艙裡的鄉下人可真多啊！我不知道他們要上哪兒去？要去作什麼？」
> 「喔！那些人！滿山滿海！多得就像是海裡數不完的魚一樣。天知道像他們這樣的人已經夠多了，為什麼還生個不停！」
> 「他們是好人，老實。」
> 「哼！滿身是瘡和蟲虱！天知道他們擠在這船上作什麼？像他們這樣的人，有哪兒可去啊？」
> 「也許他們往上江去有事。就像我們，我們是在旅遊。」
> 謝福芸說，「阿姨」走到梯旁，優雅地湊出她的鼻子，往下小吸一口氣：
> 「臭！真臭！他們怎也不洗一洗，讓自己體面一點兒？雲雲！矗矗！我們走到另一頭去！當心別給那臭氣給弄出病來了！」[179]

---

179 Dorothea Hosie, Portrait of A Chinese Lady and Certain of Her Contemporaries, pp. 55-63.

　　中國人不只是獨善其身、欠缺同情心。他們即使有心行善，卻完全沒有章法，渾然不懂得如何去逐步地解決貧窮、疾病的問題。謝福芸說「宋太太」談起老百姓的髒與窮的時候雙眼噙著淚水。她說她跟她先生就只兩個人，他們捐錢賑濟，教導傭人衛生習慣。但這只是杯水車薪，無濟於事。謝福芸說她告訴「宋太太」這種悲觀的態度不對。沒想到「宋太太」卻突然慷慨激昂地說：「我但願我們鄉下的婦女能夠不再裹她們腳。我覺得好像需要用炸彈才能強迫她們改變舊習。」

　　謝福芸沒說她是如何開導「宋太太」，告訴她用強迫的方法的愚妄。她大而化之說她爲「宋太太」作了比較和權衡：是用炸彈的方法呢？還是用思想改造的方法？是找捷徑呢？還是像造高速公路一樣、循序而進。謝福芸寫她在長江渡輪上的感想：「江上的微風吹散了人群身上的體臭以及病菌。我人是站在江輪上，可是我知道就在當下，在所有傳教士所辦的醫院裡，就有人不會獨善其身地躲到頭等艙去，就有人會用他們的腦、他們的心，以及他們的手去醫病、去防範疾病。『濟世愛民』(Sursum corda)。」[180] 兩相對比，高下立分：「宋太太」用炸彈來炸醒鄉下婦女的比喻，以及西方傳教士悲憫、我不下地獄誰下地獄、與眾生同苦的心懷。

　　而那有悲憫之心的何止是西方的傳教士！連大英帝國的殖民總督亦若是。第三回的回目：「衛靈頓公爵搭江輪不慍推擠，下黃包車不嫌汗水按車夫肩頭讚好。」衛靈頓公爵(Lord Willingdon)曾任加拿大、印度總督。1926年，衛靈頓公爵率領英國庚款委員會到中國，謝福芸的父親是該委員會的秘書。胡適是這個英國庚款委員會的中國委員。他1926年到英國去，就是去開這個庚款委員會的會。謝福芸才下了她認識了「宋太太」的長江渡輪。兩天以後，她在南京巧遇衛靈頓公爵一起等渡輪。她說英國庚款委員會的其他委員都搭乘火車到下一個城市去了，只有衛靈頓公爵自己跟他的貼身侍衛，沒有翻譯、沒有陪同，在岸邊等著船。

　　謝福芸說她親身經歷過。她知道在中國上下輪船，大家爭先恐後，是一件多恐怖的事情。有一次，她要下船的時候，船上一個東地中海來的船員自告奮勇幫她帶路。結果，他在用喊用叫的方法無效以後，就拿出拐杖，開始用打人的方法開出一條路來。然而打也沒用，因爲他身後馬上就洶湧來跟進的人。謝福芸說她大叫，叫他不要打人。可是他聽不見，繼續用拐杖打人開路。等這個船員回頭發現謝福芸沒跟著他，才停下來等。他對謝福芸說，這樣走，大概需要一個鐘頭的時間才下得了船。謝福芸

180 Dorothea Hosie, Portrait of A Chinese Lady and Certain of Her Contemporaries, pp. 57-59, 69-70, 73-75.

說她不在乎。船員對她說不可以,因爲這些人身上滿是瘡、癬跟沙眼,她會被傳染到。謝福芸說:「我等下可以去洗個澡,但這些人不可能。你自己先走,別管我,我求求你。」謝福芸說這個有騎士之風的船員,只好陪她,不用打人的方法,慢慢地終於走下了船。謝福芸說中國人對用打人的方法開路並不震驚,因爲多少世代以來,這就是有錢有勢的人的作法[181]。

圖25　左起:胡適、安德森(Adelaide Anderson)夫人、王景春、衛靈頓公爵(Lord Willingdon)、丁文江、蘇慧廉(William Edward Soothill)(胡適紀念館授權使用)。

　　謝福芸說她遠遠看見衛靈頓爵士的時候,他就站在一群髒兮兮、互相推擠著,但快樂的「小孩子」中間。「小孩子」是典型的白人描寫有色人種的用詞——跟白人相比,有色人種在體質、心智上就像是「小孩子」一樣。在那些「小孩子」的襯托之下,他白皙的膚色、六英尺多的身軀,使他看起來就像一株白楊樹矗立在隨風搖曳的黑麥田裡。等船到的時候,謝福芸告訴衛靈頓公爵,說會需要一點時間和耐性。公爵莞爾地說沒問題。於是,在謝福芸的「借光!」聲的帶路之下,他們迂緩地前進。謝福芸描寫說:

　　當中國窮人等於是把他們身上的窮人味貼身呼吸到他身上的時候,這位當年伊頓〔注:英國貴族中學〕(Eton Eleven)板球隊的隊長,如果他愛乾淨的

181 Dorothea Hosie, Portrait of A Chinese Lady and Certain of Her Contemporaries, pp. 85-90.

天性使他一跟人碰到就立即閃躲，那應該是可以原諒的。然而，那是一種神奇的心理因素，那些馳騁於「公爵板球場」(Pavilion at Lord's)的君子，通常就是最雅不願用打人的方式在負重、窮人群裡開路的人。我相信一個運動員，一定是最不願見到另外一個運動員在人生的競技場上被不必要、也不正當的方法阻擋。在人群中慢慢前進的衛靈頓公爵，他臉上所表現出來的，就是關懷而無他。悲憫之心用血紅的針刺著他的心。我們走到甲板上呼吸到新鮮空氣的時候，他吸了一口氣。「可憐的人。我們一定要想辦法改善他們的生活，如果我們作得到的話。」這是他所說的話。

謝福芸說，她下一次再見到衛靈頓公爵的時候是在杭州。他們去參觀絲廠。如果能不坐人力車，她說英國代表團的人是絕對不願意坐的。然而，謝福芸說，他們別無選擇。而且，如果有其他的選擇，那就表示那些車夫當天就沒錢可賺、沒飯可吃。總之，等他們到了絲廠，謝福芸說衛靈頓公爵下車的時候凝視著他的車夫足足有一分鐘之久：

　　那車夫赤裸的胸膛上下起伏著，氣喘如牛，汗流浹背，但他的眼神和嘴角是帶著完成了壯舉的微笑。「好個結實的小夥子！」衛靈頓公爵終於出聲。他雖然是來自於一個完全不同的種族，但他看得出來車夫跟他一樣，都是願意接受砥礪的人。他把一隻指頭抵在車夫全是汗水的肩膀上，把車夫掉過頭來，以便好好地端詳他的臉。他一個字一個字地對那車夫說：「你該得到這個世界上所能給你的最好的東西。」車夫神采飛揚。他雖然一個字都聽不懂，但他看得懂那神色、聽得懂那聲調。[182]

在謝福芸的筆下，英國人上從殖民地總督、謝福芸、下到住在上海的商人，都能體恤，並親和苦力和鄉巴佬。反之，中國人就視之如草芥了。第四回：「鄉巴佬逛永安百貨遭歧視，謝福芸挺身庇蔭。」謝福芸說她在春暖的一天，跟她母親到上海的永安百貨公司去。她們遇到了一對鄉巴佬：先生頭髮花白，頭顱後還拖著一條稀疏寒傖、久已未經髮匠整治過的辮子。他上身穿著粗厚的多衣，下身是典型的農民的布袋型的長褲，一口的牙齒不是斷了，就是沒了。他的旱煙斗就插在腰帶上，那裝著打火

182 Dorothea Hosie, Portrait of A Chinese Lady and Certain of Her Contemporaries, pp. 86-90.

石的皮袋斜在一邊。那太太呢！矮短的身材，就守本分地走在先生後頭。她也還穿著多衣。藏青色的棉襖，臃腫地裹著她的上身一直到她的長褲，腰間束著一條藏青色的工作裙。她那兩隻手滿是皺紋，而且布滿了作粗活所留下來的裂縫。但最令那新上海人覺得丟臉的，是她那一對小腳。

謝福芸說這一對鄉巴佬走進永安的時候，所有櫃檯的工作人員都倒吸了一口冷氣，不知所措。謝福芸母女進了電梯，鄉巴佬夫婦也跟進。

「您好！我們也要上去。這一定就是我兒子告訴我的那個那自升房吧！」
電梯服務生把電梯門關上。

「我們的兒子說我們可以免費地來這兒看些新奇的東西！他說一分錢都不需要花。所以我們來了！」謝福芸伸出手握住了鄉巴佬太太的手，兩人就開始鑑賞彼此的手起來。謝福芸說鄉巴佬太太握住她的手，就好比是抓住怒海裡的錨一樣。她說鄉巴佬太太知道，在精神上，她和謝福芸母女的距離要遠比她和百貨公司裡那些衣裝亮麗的中國人要近得多了。

「很好看，新中國很好看。」
「我們該上哪一層呢？您說呢？」
「就跟我們到頂層去吧！然後再一層一層的逛下去，反正──」
「對！反正不花一分錢！」

到了永安的頂層，謝福芸母女開始看她們要的東西，鄉巴佬夫婦也各自分開地逛著。鄉巴佬逛著、逛著，高潮就出現了。謝福芸說舊中國社會讓西方人百思不解的地方，就是那非吐痰不可的衝動。就在鄉巴佬眼看著就要往地毯上吐痰的時候，一個工作人員飛快地帶著一個痰盂，衝將過去，沉著臉低聲叱著：「不准在地毯上吐痰！」這下子弄得鄉巴佬尷尬萬分，不知所措。

「來！來看我們買什麼東西！」謝福芸母女喊他們過來，並且叫服務人員搬兩把椅子給他們兩位坐。謝福芸說，等工作人員發現她們母女不但不輕蔑這兩個「高貴的鄉巴佬」，而且禮敬他們以後，工作人員也開始對他們和善起來了。鄉巴佬夫婦看著謝福芸母女選貨品。過了一陣子，他們不耐煩了，就又開始自己去閒逛起來了。謝福芸說，她學中國人的方法，用鼻子往上一挺的方式，指著他們臃腫的背影，微笑著對

年輕的工作人員意有所指地說：

「鄉下人！好人！」

　　等謝福芸母女買好東西，搭電梯到底層。電梯一開，眞巧，就碰到了「宋太太」帶著雲雲在等電梯。她們寒暄了一陣，約好「宋太太」第二天來喝下午茶。就在「宋太太」跟雲雲進電梯的時候，那對鄉巴佬夫婦也正走到樓梯的轉角處正對著謝福芸母女。謝福芸說：「我們一面走向百貨公司的大門，一面揮著手道別；這兩對階級高下不同的中國人也分別對我們揮著手——他們彼此互不認識，而且各自活在不同的世界裡。」[183]

　　「宋太太」跟鄉巴佬夫婦之間的鴻溝，說白了，就是階級的鴻溝。這階級的鴻溝，跟種族之間的鴻溝，可以有著盤根錯節的關係；可以相生相濟，也可以相沖相克。且看我從謝福芸書裡所選出來的第五回：「中國人與狗不得入內？怎忍見苦力糟蹋人家的清淨地。」謝福芸說：

　　　　想當年英國領事館向公眾提議在臭氣沖天的黃浦江畔闢建成公園的時候，中國人一點興趣都沒有。畢竟，公園是西洋人的玩意兒。對這種惹人厭的洋人才會措意的事，兩江總督是敬謝不敏的。他們愛怎麼作，是他們的事，反正那塊地方是撥給他們去胡亂非爲的。即使過了好多年，要想讓租界裡的中國人去關心市政，簡直比登天還難。中國人對政府的態度是，除了交糧納稅以外，越不管越好。

　　然而，時代變了。上海人現在抱怨說外灘公園曾經在大門掛有「中國人與狗不得入內」的牌子。謝福芸說這雖然只是一個傳說，但人人相信。最不可理喻的是半吊子、不中不西的學生。謝福芸說她後來坐西伯利亞鐵路的火車回國的時候，就碰到了一個香港大學畢業的「陸先生」。「陸先生」說他就見過那個牌子。謝福芸質問他，問他是什麼時候去上海的。「陸先生」說是4月。謝福芸說她4月的時候也在上海。有兩個星期，她每天都去外灘公園。她說她仔細地看了所有的牌子和告示，努力地要去找那個所謂的「中國人與狗不得入內」的牌子，但就是沒找到。她說那場爭辯一點用處都沒有，她只希望「陸先生」有一天能捫心自問，問他自己他究竟是親眼見到那個

---

183 Dorothea Hosie, Portrait of A Chinese Lady and Certain of Her Contemporaries, pp. 170-175.

牌子，還是道聽塗說的。

謝福芸說她在天津的時候，有一天跟「勵誠」在街上走。走到了天津公園。由於豔陽高照，她很想進去花園裡坐下來休息一下。

> 「勵誠！如果你跟我進去，你想他們會趕你出來嗎？」
> 「我不知道。照理說，管理員會趕我。但他也許不會，因爲我穿著緞子做的袍子。如果妳想進去，我們可以試試看。」

謝福芸說，他們進去的時候，沒人攔他們。她說她看到幾個帶著外國孩子的「阿姨」，有的手裡打著毛線，有的則在聊天。謝福芸於是下了一個結論：「所以那聲明公園是專爲外國人使用的具有歧視性的告示，其動機其實不在於種族，〔而是階級〕。」她問勵誠：

> 「他們不讓你進公園，或參加俱樂部，那會讓你滿腔憤慨嗎？」
> 勵誠笑了。「一點都不會。第一，我該作的事情太多了，哪有閒情逛公園。而且，我喜歡散步，勝過於坐在板凳上。其次，我體認到中國人實在太多了。如果進來個幾千人，那還有什麼地方可以留給你們外國人呢！而這公園還是你們建的呢！還有，我們中國人難道不了解那些沒受過教育的階級的毛病？那些從來就沒過過好日子、連一塊手帕都沒有的苦力，對於他們的舉止我們還能期待什麼呢？」

謝福芸說，她跟勵誠接著談到了讓其他亞洲人——像日本人、印度人——進公園，卻因爲中國人太多，而不讓他們進去，好像又太不公平了。他們於是想到收費的方法。但最後覺得那不是一個好主意。最後，勵誠說：

> 其實窮人才真的需要有公園。其他人大可以蓋他們自己的公園。我真的感到很慚愧。原先是種族歧視所造成的隔離，現在墮落到成爲有錢人跟沒錢人的隔離，而我們卻坐視著不去改善！

謝福芸說她跟勵誠的這段談話，使她想起了王景春告訴她的一個他親身經歷的故事。王景春是中國鐵路的督辦。有一次，他坐著有自己的包廂的火車，到了長江，他

下了車，想投宿一家一對歐洲夫婦所經營的旅店，結果卻被拒住。他對謝福芸解釋說，那家旅店的主人一點惡意都沒有。他們很客氣地告訴王景春他們只是擔心其他外國客人會不高興。王景春說他被拒住的原因很簡單，因為他那天沒穿西裝。有趣的是，王景春的秘書，穿得一身剪裁不合宜、看起來像睡衣的西裝，卻得以入住。王景春說他後來就睡在自己的包廂裡。他說雖然沒有人喜歡吃閉門羹，但不住旅店，反而是替他省了錢。對那件事，他一點都不在意。他對謝福芸說：「想想外國人早先來中國的時候，到處碰壁、到處受到限制。這可以算是他們以其人之道來還治其人的一點回報吧！」[184]

外灘公園不讓中國人入內，真的是如謝福芸和勵誠所說的，是階級而非種族的問題嗎？答案顯然既是因時而異，而且既是階級，也是種族。更進一步來說，如果階級跟種族相牴觸的時候，還是以種族為準則的。一直到1928年6月以前，上海的外灘公園，即現在的黃浦公園，確實是不准中國人入內的[185]。這個規定的執行，在開始的時候，是有寬鬆的餘地和變化，並不是一成不變的。比如說，外灘公園從1868年開放以後，雖然規定中國人不得入內，但只要「穿著體面」，或者是上海工部局的職員，例如警察，或者是由西方人帶著的華傭，都得以入園。換句話說，在早期的時候，中國人上層階級可以用其「階級」的優勢來彌補其「種族」的劣勢，來取得入園的資格。

然而，1881年，由於西方人抱怨公園裡的中國人太多了，於是嚴格禁止中國人入內。在租界華人領袖的抗議之下，工部局改採頒發一週通行證的方法。然而，爭議不斷，因為西方人抱怨通行證有濫發之虞。我們從1894年工部局「公共遊樂場」規則，就可以看出對中國人的禁令已經開始嚴格執行了。該規則第四條：「中國人不得入內，除非是各俱樂部的僕傭，或者是俱樂部的會員。」換句話說，在1894年以後，中國人的「種族」就變成了他的標記，即使他的「階級」再高，在洋人跟前也是無濟於事。

然而，中國人不得入內，跟狗不得入內，有什麼相干呢？從中國人對「狗」字的用法，以及對「狗」的意象的聯想，把「中國人」跟「狗」並列，作為不得入內的禁止對象，這就真是此可忍孰不可忍了！謝福芸說得不錯，這「中國人與狗不得入內」的牌子，可能就是一種「現代天方夜譚」（urban legend）：大家言之鑿鑿，卻沒有人

---

184 Dorothea Hosie, Portrait of A Chinese Lady and Certain of Her Contemporaries, pp. 322-325.

185 以下討論中國人不得入園的規定，是根據Robert A. Bickers and Jeffrey N. Wasserstrom "Shanghai's 'Dogs and Chinese Not Admitted' Sign: Legend, History and Contemporary Symbol," *The China Quarterly* No. 142 (Jun., 1995), pp. 444-466.

真正見過。根據1903年「公園管理條例」第一條：「狗與自行車不得入內。」第五條：「中國人不得入內，除非是入園外國人的僕傭。」1913年的「修正條例」第一條：「這些公園是專為外國人使用。」第二條：「狗與自行車不得入內。」1917年的條例，第一條：「這些公園是留給外國人使用的。」第四條：「狗與自行車不得入內。」

我們比較1903年跟1913年以後的條例，就可以看出在字句使用上的變化。從1903年明言「中國人不得入內」，到1913年以後，改稱為「專為外國人使用」，顯然有不去刺激中國人的民族自尊心的考量。然而，「狗」不得入內，跟「中國人不得入內」的條例又是那麼靠近。這很自然地會讓中國人覺得「中國人」跟「狗」是被並列的。這很可能就是「中國人與狗不得入內」這個「現代天方夜譚」誕生的原因。當然，即使「中國人與狗不得入內」只是一個「現代天方夜譚」，這並不表示歧視並不存在。即使外灘公園從來沒有樹立過「中國人與狗不得入內」的牌子，「中國人不得入內」確實是一個不爭的事實。因此，即使我們可以證明「中國人與狗不得入內」只是一個「現代天方夜譚」，這並不因此就抹殺了西洋人在中國的租界裡是歧視中國人的歷史事實。一直要到1928年6月為止，由於中國的民族主義高昂，中國國民黨已經定都南京，而且英國也已經交還漢口、九江、鎮江等租界地，外灘公園終於不再拒絕中國人入園，而以收費的方式，作為取決入園的標準。

謝福芸在書中所刻意經營出來的西方人的悲憫、體恤、親和，以至於與苦力、鄉巴佬牽手一心的圖像，一方面是用來襯托出中國傳統的迷信、無知，與缺失；但更重要的，是在另一方面，用來襯托五卅運動以後受到共產主義影響的激進青年的無知、躁進、淺薄與粗暴。傳統官僚士紳的階級意識，使他們不但對下層階級頤指氣使，而且不能像西方的基督徒一樣，能身體力行人飢己飢的精神。「宋太太」願意作賑濟，能夠為窮苦大眾的窮困、疾病、迷信，與無知滴幾滴清淚，但就是永遠沒辦法像謝福芸一樣能從頭等艙走下去，跟三等艙的苦力和鄉巴佬牽手話家常，更不用說像傳教士一樣，走進救濟醫院為貧民、苦力蘇解他們的病痛。

「宋太太」不但不了解現代中國社會，不能走入社會去從根本解決社會問題，她而且對中國的傳統所知有限。她對傳統佛教的教義完全無知固不待言，而且完全不知道佛教已經退化成迷信，以及一種出世的避世哲學，渾然比不上基督教那種積極的救世濟人的精神。謝福芸所擺出來的姿態是她不但比許多中國人了解中國，她而且比他們更了解中國的傳統，包括佛教。她為「宋太太」講解她父親蘇慧廉所翻譯的蓮花經裡的故事，解釋大乘、小乘的教義。謝福芸說「宋太太」聽著她的解釋，驚訝得眼睛

睜得恁大的。在整本書裡，「宋太太」一直要求謝福芸：「告訴我！告訴我更多有關我的同胞的故事！」

現代中國人不但不了解自己的傳統，他們更對西方無知。由於他們無知，他們不知道他們還有多長的路要走。中國人的問題在於他們不像西方人一樣，長期受到文明溫火慢燉的薰陶。用謝福芸的話來說，「那就好比說，還沒有接觸到牛頓，就直接面對愛因斯坦；還沒聽說過盧梭，就接受列寧；還沒讀過笛卡兒，就看馬克思一樣。」[186] 這種半吊子的西化，這種沒有受到真正文明的溫火慢燉的薰陶就盲動激進，這就是現代中國最大的隱憂。

謝福芸在南京的時候，帶了一個美國人露茜去看科舉時代的考場。她們到的時候，正好碰到了一群學生在準備一個愛國演講的活動。有幾個學生正在黑板上寫字，有幾個則正要把寫滿了標語的紙張攤開。看到了謝福芸和露茜，他們猶豫起來。謝福芸說有一個學生甚至把標語轉了個方向，不讓她們看到標語寫了什麼。啊！無知、躁進、淺薄、可是卻沒膽量！謝福芸說，她當時必須馬上作決定，是轉身離開？還是冒險前進？她說在那一刻，她發現人群當中有一群鄉下女子，還有三兩個南京窮女子。她信心大振，說沒有一個窮苦女子，不管是鄉下人還是城裡人，會坐視女子被男人欺負。於是，她走過去說：「請問！女士們！妳們知道考場怎麼去嗎？」謝福芸說這群窮苦人家女子受寵若驚，馬上帶頭開路。示威的學生乖乖地讓出了一條路讓她們通過。等她們參觀完考場以後，謝福芸教露茜用雙目低垂、肅穆的方式走出學生所讓出來的一條路。上馬車以前，謝福芸向一個一直陪伴著她們的女學生雙手作揖，然後轉身上車。這時，她聽到路旁一個白鬍髯髯的老人稱讚說：「這些洋人有禮。」謝福芸意有所指地作了一個注腳：「對中國人來說，禮是所有正確的人際關係的根本，是中國文明的基調。」[187]

謝福芸「禮失而求諸野」的注腳是她寫作策略高明的所在。她完全不需要去指控激進的中國學生無知、躁進、淺薄與粗暴。那個結論是她很技巧地讓讀者自己去推演出來的，她不著痕跡地描繪自己的知書達禮，就是她用來襯托出中國學生無知、躁進、淺薄與粗暴的照妖鏡。有趣的是，如果謝福芸批判激進學生採取的是含蓄的寫作策略，她描寫那激進的毒素的來源則一反其趣，不但開門見山，而且不掩其厭惡之色：「上海的初春，空氣中盡是席捲的塵土。我一早醒來的時候，常常看到的，就是

186　Dorothea Hosie, Portrait of A Chinese Lady and Certain of Her Contemporaries, p. 163.

187　Dorothea Hosie, Portrait of A Chinese Lady and Certain of Her Contemporaries, pp. 129-134.

蘇聯領事館向我旅館臥房窗口吹來的那股濃黑的晨炊。那讓我更加不可理喻地憎惡著共產主義。」[188]

到了上海的時候，謝福芸說她母親感冒了，需要冰鎮。到廚房去取冰塊是每間客房的「僕歐」（Boy）——服務員——的工作。不幸的是，她們的「僕歐」

　　自己吃得飽飽的，蹲坐在僕歐房裡，跟他有同樣看法的同鄉談政治。我叫他去取冰，他用著厭煩無神的眼光瞪著我。這件小事，他用了兩個鐘頭才辦好。有一次我問他有什麼重要的事情，讓他們在那兒蹲著談了那麼久。他尖酸地笑著說：

　　「談有什麼用！」他反譏地說：「那就是我們所說的！可是我們還是談著！我們中國人被壓迫。可是我們用什麼去抵抗呢？中國只能等死。外國人對我們可以予取予求。我們沒有力！中國沒有力！」

　　他說的時候嘴角向下，他是一個歇斯底里的孩子。這時候，我們客房的苦力從門後走來。把客房打理整潔是「僕歐」的工作，苦力只負責拖地。這個苦力明理好心，作了「僕歐」該作的事，還派給我一塊布，幫忙他拍打灰塵。我們之間存在著一種盡在不言中的同儕心。我為母親擔心，他很感動。他給了我無比的幫助；我母親病中，那英國護士和我多靠了他的幫忙。有一次，他偏著頭指著「僕歐」，嘟著嘴低聲地對我說：「那個『僕歐』！沒用的東西！」他接著說：「他們都一樣，這些『僕歐』跟廚房裡的廚子這些日子來都一樣糟！我但願我能找到一個好的去處，能找到好廚子，不像這些張嘴閉嘴說自己愛國的人！愛國！愛國！呸！就是給我什麼，我也絕不願意作一個愛國者！」這是因為他十五歲的兒子被拉夫充軍去為統一中國而打仗。

　　他自己會去跟廚子討些冰塊，這其實是「僕歐」該作的事。後來，他要不到了，就用洋涇濱英語對我說：「小姐！妳自己到廚房去取冰吧！那些傢伙很壞，他們對我說髒話，拿著菜刀跟擀麵棍追我。我說：外國太太病得很重。他們說：不管！外國太太都死了最好！他們讓我等很久。」

　　我於是自己下去。他們跟我虛與委蛇。一直到我說那是要給我「年老」的母親用的，才終於喚醒了他們傳統之心，用孝道征服了他們。

　　「沒有力！」「僕歐」哀號著。那個早上——前個晚上我在「宋太太」家

188 Dorothea Hosie, Portrait of A Chinese Lady and Certain of Her Contemporaries, p. 163.

吃晚飯──從蘇聯領事館吹向我客房的黑煙比往日黑又濃。苦力走出我房間。他走過他的上司〔「僕歐」〕身邊的時候，恭順地雙目下垂。等他走到門邊的時候，他對著我把眼珠往上一翻，非常滑稽，用以表明他的不屑。[189]

　　蘇聯領事館吹向謝福芸客房那股黑煙──陰暗、邪惡──不言而喻地說明了一切。現代中國敵友不分，不知誰才是眞正的朋友，讓謝福芸傷心。她說：「中國深深地刺傷了我們，他對深愛他的我們別過臉去，而選擇那只會把他推向更多的苦痛、餵他吃大麻、讓他喪心病狂而額手稱慶的夥伴。這件事縈繞著我們的心。那昔日歡愉的友情彷彿好像被一片烏雲所遮住了，而那烏雲不是那另一個夥伴〔注：指蘇聯〕所願意去吹散的。」[190]

　　謝福芸在這本書裡刻畫眾生相，她手筆的細膩，以及她字裡行間所透露出來的寓意是一流的。她說得極其含蓄和隱約。我們幾乎可以想像有多少讀者會掩卷嘆息，讚嘆她對中國的同情、了解、與呵護。在感動之餘，有多少讀者會意識到她匠心獨運所營造出來的「東方主義」(Orientalism)的寓意？在謝福芸的筆下，那半西化、半吊子的留學生、學生、「僕歐」都是假中國人；反之，「鄉下人」、苦力才是眞正的中國人。留學生、學生、「僕歐」的問題，是因爲他們半吊子，既是假中國人，也是假洋鬼子。他們不知感激、得寸進尺、沐猴而冠，這完全是因爲他們「還沒有接觸到牛頓，就直接面對愛因斯坦；還沒聽說過盧梭，就接受列寧；還沒讀過笛卡兒，就看馬克思。」謝福芸寧可要「鄉下人」和苦力，因爲他們知道自己的身分、懂得感激、不妄自僭越。「東方主義者」所要的，是那「永恆不變」、不回嘴、不半吊子假充「假洋鬼子」的「東方」。因爲只有「東方」、「永恆不變」，才可能讓他們永遠當那居高臨下、永垂不朽的「西方」。

　　謝福芸自然認爲中國應該現代化。然而這個現代化應該是在愛他、希望他好的西方的提攜之下進行的。她覺得五卅運動以後的中國人變得非常神經過敏，主要是因爲他們有自卑錯綜。她舉了一個例子。有一個中國最大的公司的董事長寫信稱讚她說，她對中國人沒有西方人常有的優越錯綜。謝福芸說她非常驚異他會這樣說西方人，因爲他德高望重，又是基督徒。她把這句話轉告給這位董事長的英國同事聽了以後，他也非常震驚。他說他一向對這位董事長非常尊重，完全想不到他對西方人的態度居然

189 Dorothea Hosie, Portrait of A Chinese Lady and Certain of Her Contemporaries, pp. 163-165.
190 Dorothea Hosie, Portrait of A Chinese Lady and Certain of Her Contemporaries, p. 126.

如此。他悻悻然地說：「我要怎麼作他才會滿意呢？」謝福芸說她把這封信擱置了很久一段時間，一直到她心理平衡以後，她才回信說：「東方人指控西方人有優越錯綜，聖保羅說得好，那就是驕傲；然而，他也說自卑錯綜是嫉妒的心理。這兩種罪愆都可以毒殺、摧毀靈魂。」[191]

要治療中國人自卑錯綜的方法，謝福芸說她的父親、漢學家蘇慧廉告訴她說：「我越來越覺得東方要西方給他們的，是那種被寵的感覺(affection)。他們就等著被討好(wooed)。他們要我們去討好他們。」謝福芸說他父親說得很對。「不幸的是，雖然大多數的人都願意去向他們示好，只是沒有多少人有那種閒暇。很快地，蘇聯就乘隙來投其所好了。」[192]

然而，真正有見識的中國人即使有點神經過敏，他是不會有自卑錯綜的。謝福芸筆下的勵誠就是一個最好的例子。謝福芸說有一次他們在談話的時候，勵誠就問她說她會不會因為歐美的文明來自希臘羅馬和猶太宗教而感到可恥。謝福芸說她不但不會覺得可恥，而且覺得很驕傲。勵誠於是就同理衍申：

> 我找不出任何理由，為什麼東方人不應該因為他們向西方學習而感到欣慰而驕傲。對我而言，這顯示出我們有虛心學習的精神。那不就是一個國家復興的首要條件嗎？那些以向西方學習科學和文化為可恥的人，其實只是小家子氣(small souls)。那不是真愛國，而只是驕矜自滿(conceit)。

謝福芸說她於是問勵誠東西方之間的誤解究竟癥結何在？

> 「那也許就出在於你們對我們遲緩的進步感到不耐煩，」他深思熟慮地說。
> 我對他說：「每當我想到你們在我這短短的一輩子裡所得到的進步，我不禁敬佩莫名。不過，你說得很對。挑缺點容易，數成就難。」
> 他搖著頭對我說：「也許你們責罵我們太過嚴厲了。對眼前的苦痛和亂局，我們有什麼辦法呢？一個農民在軍閥用槍抵著頭逼迫他種罌粟的時候，他能抵抗嗎？如果你們有時候也能告訴我們，說你們也有問題、也有缺點，

191　Dorothea Hosie, Portrait of A Chinese Lady and Certain of Her Contemporaries, pp. 330-331.
192　Dorothea Hosie, Portrait of A Chinese Lady and Certain of Her Contemporaries, pp. 270-271.

能跟我們同病相憐，而不是在可憐我們，則你們在責罵我們的時候，我們會覺得舒服一點，因爲我們知道你們的動機是爲我們好。」[193]

謝福芸讓勵誠說的話，以及她在《一個中國女士及其同代諸人的肖像》這本書裡所說的許多話，雖然像是天方夜譚，其實很多都是胡適會說的話，亦即，胡適的「反赤化」論。他要中國人反求諸己。明明是自己「五鬼亂華」，卻要怪罪給帝國主義。那就是中國人「躬自厚而薄責於人」的劣根性。事實上，謝福芸的寓言，就是胡適在「浪子回頭」以後，用他那最帶感情、卻又最犀利的文筆來鞭笞他的讀者的文字。從這個角度來說，胡適「浪子回頭」的故事，就是謝福芸的寓言的體現。這個寓言，一言以蔽之，就是說中國人要不以向西方學習科學和文化爲可恥、要體認到西方人的動機其實是爲中國人好。

謝福芸在《一個中國女士及其同代諸人的肖像》裡描寫了她與胡適在1926年漫遊以前的一段對話：

　　我說：「要是赤色的革命分子席捲了中國〔注：指的是聯俄容共時的北伐軍〕？你可能會是他們刀下的亡魂。」
　　「那就讓它發生吧！」他說：「如果國家會因而進步，我可以死而無憾。」他認爲那所謂俄國的「紅色恐怖」是被過度渲染的。但這是在紅色恐怖吞噬了他自己國家的南方以前的事。對能冷眼看待事實的西方人來說，〔胡適〕的這些說法，必須在接受事實的考驗以後才算數。

胡適甘願做紅色恐怖之下的亡魂，謝福芸說那是「打腫臉子充胖子」的行徑。她說，她問「宋太太」：

　　「妳弟弟小的時候，妳讓他自己走夜路，他是不是會一面走一面吹著口哨。妳我都很清楚，他心理實在是害怕得很，對不對？」
　　她點頭說：「當然。那就是我們這些現代思想家的樣子。他們就像走著夜路的小孩子一樣，用吹著口哨來壯膽。」

193　Dorothea Hosie, Portrait of A Chinese Lady and Certain of Her Contemporaries, pp. 331-332.

然而，胡適最後終於還是覺醒了。謝福芸說：

> 他是一個有騎士精神(gallant)的人。等極端分子握得了大權，等他發現他
> 們的想法推至其邏輯的結論的後果以後，他——我們這個弱不禁風、工作過
> 頭的唯物主義哲學家——當面謝絕他們。他告訴他們，即使他們把他殺死，
> 他也不會加入他們的陣營。因爲如此，此時，他不太受年輕一代的歡迎。[194]

「浪子回頭金不換」。謝福芸在把胡適當成走夜路害怕、吹口哨壯膽的「小弟
弟」以後，她解釋胡適已經「浪子回頭」了：

> 我這個哲學家的故事本來到這裡就結束了。但是，在接下去的兩年之間，
> 他的國家分崩離析。他原本是帶著多麼大的希冀來迎接那運動開始時候的興
> 奮啊！任何一個好的端倪，都可以讓他欣喜若狂。然而，作爲一個勇敢的思
> 想家與問難者，當他必須跟他的朋友、仰慕者、同事分道揚鑣的時候，我們
> 可以想像他的心有多麼的痛苦。
> 最近，他晴空霹靂地爲他所深愛的國家作懺悔。當一個中國人捨棄了那保
> 護他的尊嚴、自尊、面子的甲冑的時候，他是會用那絕對葡匐謙卑的態度去
> 把它甩掉的。當他體認到對西方人而言，說實話是好事的時候，雖然他所犯
> 的只是小節，他痛恨自己、痛聲地說：「我說了謊話。」

胡適在「浪子回頭」以後所說的話，謝福芸擊節稱賞。她稱讚胡適有說實話的道
德勇氣。

> 教授在最近拋開了他所有的尊嚴，用英文在一本書裡寫了一些話。寫那些
> 話一定讓他心裡淌血。那些話也一定讓他的同胞驚愕萬狀。這並不是說他們
> 覺得他說的話不對，而是家醜不可外揚。

胡適說了些什麼「家醜不可外揚」的實話呢？謝福芸徵引的，就是胡適爲美國使
館的商務參贊安諾德(Julean Arnold)的《中國問題裡的幾個根本問題》(*Some Bigger*

---

194 Dorothea Hosie, Portrait of A Chinese Lady and Certain of Her Contemporaries, p. 223.

Issues in China's Problems)所寫的〈序言〉。那些話跟胡適在〈請大家來照照鏡子〉裡所說的話大同小異。只是，有些地方說得更爲直接、更爲不堪。所以，連胡適自己在〈請大家來照照鏡子〉裡都略過不提了。胡適在這篇英文〈序言〉裡說[195]：

> 我們今天所急需的，是一種深切的覺悟，一種幾乎像是宗教的懺悔一樣的覺悟，承認我們中國人百事落後，世界上的每一個文明國家都比我們進步得多多。我們必須承認我們窮到極點，我們的人民所遭受的苦痛，任何文明的人看了會驚駭莫名是理所當然的。

胡適說：「我們大部分的家庭都是罪惡、不公、壓迫、凌虐、自殺的淵藪。」外國人看到這句話，會覺得胡適未免把中國說得太不堪了。然而，謝福芸說從她所了解的中國看來，胡適說得並不算誇張。她說胡適繼續指控他的國民：

> 所有這些，我們都只能怪自己。我們裹了我們的婦女幾千年的腳、抽了幾個世紀的鴉片，以至於斵傷了我們族群的體質、敗壞了我們的品德……我們現在所承受的苦，就是我們的祖宗和我們自己造的孽的結果。
>
> 他總結說：我們不要再用那種自欺欺人的什麼帝國主義的列強阻礙我們的進步的空話來欺騙自己了……我們要去看看日本近代的歷史，要用羞愧、懺悔之心，徹底地埋葬我們的自大以及自欺欺人的習性。在我們徹底的、全心全意地懺悔了以後，讓我們下定決心，嚴肅地、虔誠地跟人學習。

胡適在結尾有一段話讚美吸收外來文化的好處，謝福芸沒徵引。那段話幾乎就是謝福芸透過勵誠的口中所說的話——現代西洋文明受惠於希臘、羅馬與猶太教——的翻版：

> 我們要知道一個國家肯向別人學習並不可恥。相反地，只有決決大國才懂得向人學習。希臘就是向古代，以及它同時代的文明學習。中國在它輝煌的時代，就是利用它與之來往的所有族類與文明的所得來建立它偉大的文明。

---

195 以下所徵引的胡適所寫的〈序〉，參見Hu Shih, "Foreword," *Some Bigger Issues In China's Problems,* by Julean Arnold (Shanghai: The Commercial Press, 1929).

舉個例子來説，現在的中國樂團幾乎每一樣樂器都是外來的。琵琶、喇叭、胡琴等等，就是我們的祖先甚至不恥下問向胡人學習的明證。在一千年之間，中國人能夠有那樣的胸襟把一個外國當成「西方極樂世界」，把佛教當成它的國教。

謝福芸總結她描寫胡適的那一章。她説：

　　寫上述那一段話的中國教授是一個勇敢的人。一個能用像清教徒式的聖火來膜拜上帝的方式，來膜拜眞理的思想家，即使迷了路也不會走得太岔的。同時，他也一定不會欠缺能夠幫他的世代解惑的看法的。他們聽他的話是會受益的。如果有一個神要求人能犧牲與服務，那就是眞理之神。而追根究柢，那其實就是同一個給我們公正的報酬的上帝。

　　「宋太太」跟我從此再也不會慈藹地笑那個走夜路吹口哨壯膽的年輕人。他是一個「施洗約翰」，雖然他不是裹者獸皮在荒野裡行進。他的口號是赫胥黎式的懺悔；他的福音是達爾文的演化論。

　　在那些試煉與時日裡，他已經作了權衡與思考。他已經得到了結論：赫胥黎與達爾文比馬克思或列寧更偉大、更永恆——這是他從靈魂深處所作的莫大的抉擇。[196]

向西洋人傳西洋近代文明的福音

　　1920年代的胡適是一個充滿著矛盾、大起大落的胡適。在一方面，像他在〈國際的中國〉裡所説的，帝國主義者也希望中國安寧與統一，中國人大可以不用再去做那怕國際侵略的噩夢了。在另一方面，在北伐開始以後，他曾經一度右傾激進到法西斯蒂的程度，禮讚國民黨以黨統領政軍的嚴密組織。那時的他，相信革命有理、呼籲列強要廢除在中國的不平等條約。與此同時，胡適相信在思想上，中國可以後來居上。這是因爲相對於歐洲、美國仍然不能脱離基督教的陰霾，中國則不但有理性主義的傳統，而且又已經受到近代西方科學思想的洗禮，而益發理性。因此，胡適在1926年到歐洲去的時候，他是像一個傳教士一樣，要到歐洲去向西洋人傳西洋近代文明的福

196　Dorothea Hosie, Portrait of A Chinese Lady and Certain of Her Contemporaries, pp. 225-228.

音。

圖26　1926年謝福芸女爵（Lady Dorothea Hosie）幫胡適攝像，取自於謝福芸著，
Portrait of A Chinese Lady and Certain of Her Contemporaries，頁220與221間照
片。

　　胡適在〈《科學與人生觀》序〉裡說得很清楚，在19世紀的英國，在那宗教的權
威不曾打破的時代，明明是無神論者也不得不掛一個「存疑」的招牌。胡適自己，則
要跟吳稚暉以及所有信仰科學的中國的理性主義者，「帶著這種科學的態度，不妨衝
進那不可知的區域裡，正如姜子牙展開了杏黃旗，也不妨衝進十絕陣裡去試試。」
1926年7月1日，就在他啓程漫遊的兩個星期以前，他對「求眞學社」演講說：

　　　　現在我快到歐洲去了。此時我所得的經驗，當然要比從前「初出茅蘆」時
　　要多，而向之只能景仰不可攀的大人物，此時也有機會和他們接觸。所以我
　　將來到歐洲時，也許我的做學問的欲望勃興，從事學業的工作也未可知。因
　　爲我看西洋人作哲學史太偏於哲學的（philosophical）了，往往是把那些不切
　　緊要的問題談得太多，而驚天動地改變社會的思想家，在他們的哲學史上反

沒有位置。例如，一部哲學史翻開一看，康德(Immanuel Kant)和黑格爾
(Hegel)的東西，已占了差不多一半。而達爾文、馬克思、赫胥黎和托爾斯
泰，反沒有他們的位置，不是太冤枉了嗎？照我的意見，作哲學史當以其人
的思想影響於社會的大小爲主體，而把那些討論空洞的判斷(judgment)、命
題(proposition)……等不關緊要、引不起人家的興趣的問題，極力刪去。我
將來打算用英文作一本《西方的思想史》(*A History of Western Thought*)，就
本著這種意思做去。[197]

　　胡適這一段話有三點值得注意的地方。第一、胡適自己很清楚，他這次到歐洲
去，已經不再是一個無名小卒，而是中英雙方政府所遴選出來的代表。「向之只能景
仰不可攀的大人物，此時也有機會和他們接觸。」這句話固然不免有躊躇滿志的味
道。然而，胡適作爲中國新文化領袖的身分，已經是得到國際的公認。
　　第二、胡適說「西洋人作哲學史太偏於哲學的了。」他要替達爾文、馬克思、赫
胥黎和托爾斯泰在哲學史上討個位置、爲他們伸冤。這個想法我在本部第二章已經分
析過了。他這個靈感是來自杜威，但屬於一種妄解式的挪用。一方面，這是因爲杜威
在〈哲學亟需復蘇〉裡，呼籲哲學不應該再關起門纏訟「哲學家的問題」，而應該去
處理「人的問題」。另一方面，是因爲胡適妄解杜威，說杜威：「把歐洲近世哲學從
休謨和康德以來的哲學根本問題一齊抹殺，一齊認爲沒有討論價值。一切理性派與經
驗派的爭論，一切唯心論和唯物論的爭論，一切從康德以來的知識論，在杜威的眼
裡，都是不成問題的爭論，都可『以不了了之』。」這並不是胡適第一次說他要替達
爾文、赫胥黎等人伸冤。早在1922年他寫〈五十年來之世界哲學〉的時候，他就已經
付諸實行了。他在該年8月10日的日記說：「今此文他們兩人占三千多字，也可算是
爲他們伸冤了。」[198]
　　第三、胡適現在不只是要替那些「驚天動地改變社會的思想家」，在哲學史上給
個位置，或伸個冤。他現在要更上一層樓，要用英文爲西方人寫一本《西方文明
史》。這就意味著說，胡適要到西方去傳教，去向西方人傳西洋近代文明的福音。有
關這點，胡適在1929年12月15日的日記表明地再清楚也不過了。當天，他跟來訪的馬
丁(Charles Martin)教授喝茶。他說：

---

197 胡適，〈給「求眞學社」同學的臨別贈言〉，《胡適全集》，20：139。
198 《胡適日記全集》，3：705-706。

今天我們談歷史。我說，歐洲「再生時代」〔注：即文藝復興時代〕的歷史，當重新寫過。今之西洋史家去此時代已遠，實不能充分了解這時代的意義。我們東方人今日正經過這時代，故能充分了解這一段歷史的意義過於西洋學者。[199]

胡適這本《西方文明史》的內容為何呢？他在1926年9月23日的日記裡，為我們列出了它的子目：

晚上忽然想起一部書可做。擬做近十篇文章，雜論西洋近代的文明，書名即叫做《西方文明史》，其子目約略如下：
一、引論(即用我的〈西洋近代文明〉〔注：如果不是指〈我們對於西洋文明的態度〉，就是指〈東西方文明的比較〉(The Civilizations of the East and the West)〕一篇)
二、科學與宗教的戰爭
三、科學的精神與方法(Pasteur)〔巴斯德〕
四、科學的世界(神奇的成績)
五、爭自由的小史
六、自由主義(Mill & Morley)〔穆勒與墨理〕
七、女子的解放
八、社會主義
九、蘇維埃俄國的大試驗
十、社會化的世界
此書的動機固然很早。這幾年來，我常常想著這個文化問題。但今晚忽想到此題，卻因為另有一種刺激。我在廁上看Evening Standard〔《平準晚報》〕，見有一篇文字論"Is Crime a Disease?"〔犯罪是病嗎？〕，我沒讀其內容，卻想起西洋近代法律觀念的變遷也是近代文明的一個特色。回到房裡，便想作文分論西洋社會政治的各方面。想的結果，卻又把原來的計畫變更了。以後也許仍回到這「平面的」敘法。我的歷史癖太重，真不易改。如

此題本可以「平敘」的，想來想去，仍免不了歷史的敘法。[200]

　　毋庸贅言地，從這子目看來，胡適這本《西方文明史》就是西方近代文明的禮
讚──那從貴族階級、資產階級、到無產階級，漸次擴充的「最大多數的最大幸福」
的西方近代文明的禮讚。

　　胡適爲什麼需要「用英文作一本西方的思想史」來給西洋人看呢？這不只是因爲
他說：因爲今天西洋歷史家離開西洋文藝復興時代已遠，不能充分了解那個時代的意
義。更重要的是，他認爲西洋人在第一次世界大戰的空前大禍震撼之餘，像迷途的羔
羊一樣，向那根本就不值一文錢的東方文明找依託慰藉，渾然忘卻了他們自己的文明
更博大、更精深。胡適在1926年10月9日的日記裡的記載是一個典型：

　　七點到Hotel Cecil〔賽叟飯店〕赴中國學生會年宴，到者有二百多人。此
間學生程度頗平均，故頗有整齊氣象。此次年宴，面子很好。我演說了約二
十分鐘。此爲我去國後第一次作公開演說。晚上散席後，有Oxford〔牛津大
學〕工程學教授Prof. Jenkin〔簡肯教授〕同我談，他以爲我們中國的文化很
高，何故要革去他？又有錫蘭學生會會長來，也說東方文明很高，並言佛教
不排斥智識。又有印度學生會會長也說：「自然，你可以如此說，但我們印
度學生若如此讚嘆西洋文明，明天英國報紙便要利用此話，做爲我們承認英
國統治的證據了。」

　　我聽此話甚有感動，原來他們說的話不是良心話！

　　回到寓所，接得Professor Dewey〔杜威教授〕的信，内中提起兩位印度學
者："who spoke (at the Congress of Philosophy) interestingly of course, but as
if, to some degree, they were called upon to defend and recommend a certain
peculiar 'Oriental' point of view of deeper wisdom." (他們在「哲學年會」上的
演講確實很有意思。可是，他們就有彷彿讓人覺得他們必須爲某種特別的
「東方」的深邃的智慧作辯護與宣揚的意味。)他又說："I am likely at fault
myself, but the Indians of position whom I have met always give me the
impression of an element of pose." (那也許是我自己的問題，但我所遇到的有
地位的印度人常常都有那麼一點擺姿態的模樣。)此語與今夜的經驗正相印

---

200 《胡適日記全集》，4：474。

證。[201]

杜威在這封1926年9月30日寫的信告訴胡適他新近的興趣：

> 我去年夏天興趣的方向，用誇張的話來說，是比較政治學。我在墨西哥市的國立大學的暑期班作了兩個月的演講。我當然並沒有真正地研究政治。然而，由於我兩年前到過土耳其，我很自然地注意到這兩個國家加上中國，都具有一些共性。這共性是相當驚人的，因為這三個國家的傳統與文化迥異。這些共性是：革命、民族主義、害怕外國侵略意義下的排外主義，以及極端的現代性與極端的保守（ultramedievalism）雜然並存。如果我年輕四十歲，而且又能有地利之便的話，我一定會想往那個方向走去，因為我相信研究這三個國家的變遷可以比任何我所能想到的，都更能幫助我們對過往歷史的了解。[202]

杜威這封1926年9月30日寫的、附在胡適日記裡的信，現在是全世界的孤本，連美國的「杜威研究中心」都沒有。胡適在收到這封信以後的兩天以後就回了信。胡適這封信非常重要，關鍵的部分必須全部徵引。杜威說有地位的印度人常有那麼一點擺姿態的模樣。胡適說：

> 用古代寓言〔注：《伊索寓言》〕裡所描寫的話來說，那就是「酸葡萄」的心理，用我們今天的話來說，是「自卑錯綜」。這種心理說明了您在中國、墨西哥、土耳其所看到的現象。嚴格來說，那不是思想上不誠實，那只是自我催眠。有些人，像泰戈爾，可能真的相信您所描述的那種「特別的東方的深邃的智慧」。

在這封信裡，胡適承認他自己原來也有這種「酸葡萄」的心理、「自卑錯綜」，以及「東方主義」。但他現在已經完全超越了。有關胡適早年的「酸葡萄」的心理、「自卑錯綜」，以及「東方主義」，讀者可以參考我在《璞玉成璧》裡描寫胡適留美

---

201 《胡適日記全集》，4：501-502。
202 John Dewey to Hu Shih, September 30, 1926,《胡適日記全集》，4：502-505。

以前在上海的那一段時期以及他留美以後的蛻變。總之，胡適說：

> 我自己也花了相當長的一段時間，才徹底地揮別了這個「東方主義」
> (Orientalism)〔注：胡適的「東方主義」自然是不同於今天的用法〕的階
> 段。在我這一次離開中國以前我作了一個演講。這篇演講後來在日本和中國
> 同時發表了。在那篇文章裡〔注：即〈我們對於西洋近代文明的態度〉〕，
> 我就堅決地否認東方的文明有任何精神性。我質問說：「那把女性的腳裏了
> 一千年、稱其為美的文明的精神性在什麼地方？」在同一篇文章裡，我為西
> 洋近代文明作了一個評估。我說它「在為人類解決他們在物質方面的需要以
> 外，還同時能滿足人類心靈上的需要。」我把科學的精神性，以及那人性
> 化、社會化了的人生觀所具有的高度的精神性稱為一個新宗教。
>
> 在那一篇文章裡，我為「物質文明」與「精神文明」下了一個新的定義。
> 我說：「那讓自己被物質環境所限，不能用心智去克服或超越的文明，才是
> 真正的物質文明。在另一方面，那能充分地運用心智去征服、改善、變化環
> 境以使人類得以享受並進步的文明，才是真正的理想、精神的文明。」

胡適在這封信的最後一段，對杜威承認說，他已經比西方人還更要西方了：

> 我並不是沒看見近代西方文明也有不好的成分，也有跟我的定義不相符合
> 的地方。然而，這些跟我的定義不相符之處，我認為主要是因為西方世界對
> 自己的文明沒有一個有意識的批判的哲學。現代〔西方〕世界的問題，在於
> 它對自己的文明不夠了解。其結果是，它一方面不懂得去控制那些與它的文
> 明不協調的部分。另一方面，在它悲觀的時候，它就想從過去或從東方去尋
> 找精神上的安慰與寄託。我親愛的教授，您可以看得出來，我已經比西方人
> 還要西方人了。[203]

杜威對胡適的回答一向都是客氣、稱讚、點到為止的。我在本傳的下一部還會有
機會分析這個杜威回覆胡適的模式。然而，這次胡適對杜威所傳的西洋近代文明的福

---

203 Hu Shih to John Dewey, 1926.10.11 (04023), The Correspondence of John Dewey, 1871-1952. Electronic Edition, Volume 2: 1919-1939.

音，杜威倒是對胡適澆了幾滴冷水。他在1926年11月6日的回信裡說：

> 很高興收到你10月11日的信。我相信你的態度一定會產生很大的影響。天知道西方是夠物質的了。我覺得我們有許多地方可以跟中國人學習，特別是從我們一般所鄙視的小事情裡尋得滿足與快樂。而且，我們也可以向日本人學習他們對美的鑑賞。印度人通常所宣傳的精神性，對我而言，大體上是虛幻主義(unrealism)，再摻雜相當強烈的驕矜自滿(conceit)。我看過一些中國人，對自己的傳統與文化具有相當自滿的優越感。但對我來說，那是屬於一種對自己的制度和傳統的依戀。英國人也有相當類似的傾向。我覺得那是值得尊敬的。但是，印度人的態度則似乎要更加具有自我意識、更加老練(sophisticated)。[204]

我在上文已經提到胡適1926年11月9日在「皇家國際事務研究所」演講〈中國的文藝復興〉。在演講結束以後有討論。可惜，這個演講的記錄並不是胡適發言的速記，而是摘述。然而，其中有一段關鍵的話，就是胡適要幫助西方人來了解並珍視他們自己的文化的優點：

> 他〔胡適〕指出中國對西方文明的幫助，可能就在於指出一個方向，讓西方文明能表達得更加清楚、更能意識到它的理想(purpose)。中國超然卻又具有共感(sympathetic)的眼光，可以幫助歐美掌握住它們發展的方向，回避那些跟自己的文明的理想不符的想法。[205]

胡適在11月16日啓程赴北愛爾蘭的貝爾法斯特(Belfast)。這是他巡迴演講的開始。英文裡的巡迴演講(lecture circuit)的意思，指一個名人可以用一兩篇演講走天下。胡適其實是巡迴演講的老祖宗。他後來在美國當大使的時候，就變成了巡迴演講的大師。11月17日，他到了貝爾法斯特的當晚，就在皇后大學(Queen's University)演講〈中國和西方文化〉(China and Western Civilization)。11月18日，胡適到了都柏林。當天下午四點，他就在都柏林大學演講〈中國的第一個文藝復興〉(The First

204　John Dewey to Hu Shih, November 6, 1926,「胡適外文檔案」，E176-001。
205　Hu Shih, "The Renaissance in China,"《胡適全集》，36：190。

Chinese Renaissance)。當晚，胡適就搭夜船渡海，第二天回到倫敦。

接著，胡適就在11月21日到牛津大學去。23日下午，胡適演講〈中國的文藝復興〉(The Chinese Renaissance)。24日中午，胡適離開牛津前往利物浦(Liverpool)。25日下午，胡適在利物浦大學演講〈中國的文藝復興〉。26日，胡適從利物浦到了曼徹斯特(Manchester)。當晚胡適在曼徹斯特的維多利亞大學(Victoria University)演講，題目是：〈中國在岔口上〉(China at the Parting of the Ways)。我們從報紙上的報導可以看得出來，胡適這幾個演講，雖然在題目上是五花八門，其實在內容上是大同小異，都會談到「逼上梁山」、白話文運動的成功、東方文明物質、西方文明精神的論點。這就是大師「巡迴演講」的精義，一兩篇講稿走天下。

言歸正傳，回到胡適在傳福音的重點。他在利物浦大學的〈中國的文藝復興〉演講裡，說中國人比西方人還能體會到西洋文明是精神的。他說：

> 我們深信西方近代的科學與民主文明裡含蘊著許多你們自己都沒意識到的精神性。科學就絕對不是物質的；發現大自然的秘密可以給人帶來多大的喜悅啊！近代〔西洋〕文明裡的民主——自由、平等、最大多數的最大幸福——這些都不是物質的。它們都是人類崇高的精神理想。

接著，胡適就引申了他在〈我們對於西洋近代文明的態度〉裡所說的話：

> 十八世紀歐洲的新宗教信條是自由、平等、博愛。十九世紀中葉以後到二十世紀的新宗教信條恐怕就是社會主義。我們也許不喜歡社會主義，但它是人類所發明的社會制度裡最高的理想。當我們看到這些理想實現的時候，我們完全有理由可以說近代文明確實有它精神上的潛力。我們也可以說如果我們還沒成功的話，那不是物質文明的過錯，而是因為我們還沒把那些精神的潛力推展至其邏輯的結果。

最後，就是胡適對西洋人傳西洋近代文明的福音：

> 如果東方對這個未來世界的新文明能有什麼貢獻的話，那不在於回到東方的精神性，而是在於幫助西方去實現那些〔西方文明〕裡的精神性。我們要一起通力合作來把那些潛力實現。由於西方人已經對物質文明產生厭惡之

心，他們渴求精神上的食糧(messages)。這可以解釋爲什麼現在會出現那麼多原始教義的(fundamentalist)復興布道會、印度教熱，以及其他許多神智主義(theosophism)、靈修論(spiritualism)等等。我們現代中國人的結論是：西洋文明的自救之道不在回歸過去，它的救贖之道在於實現它精神的潛力。[206]

在我描述胡適在曼徹斯特的維多利亞大學所講的〈中國在岔口上〉以前，我要先說一個值得令人回味的插曲。11月27日，著名的《曼徹斯特監護報》(Manchester Guardian)有篇專文報導。胡適把這一篇剪報黏貼在他的日記裡。但是，他把前半段給裁掉了。胡適把它裁掉了的原因不難猜，因爲那篇專稿的總題名叫：〈一個支那人看西方〉(A Chinaman Looks at the West)。這種輕蔑中國人的稱呼，胡適當然不願意讓它跟他的日記一起留在青史裡永垂不朽。前半段是訪問稿，主要是描述胡適到英國去所開的庚款的會議。後半段所報導的，就是胡適的演講。

胡適在〈中國在岔口上〉這篇演講的內容跟他11月9日在「皇家國際事務研究所」所講的〈中國的文藝復興〉大致相同。報導中，特別提到了胡適所說的那政治改革上那失敗的四幕劇：自強運動、戊戌變法、清末立憲、辛亥革命。

接著，胡適就又重複了他的東方文明物質、西方文明精神的論點：

1920年以後，中國有許多關於東西文化的討論。其中的一個結論是：東方文明被高估了，而那被貶抑爲物質的西方文明則被低估了。我們體認到東方文明不但不能給與人安適，它也無法滿足人類應有的心靈上的需要。比如說，求知是人類最正當的需求之一，可是東方文明的態度是：「吾生也有涯，知也無涯，以有涯隨無涯，殆矣。」殊不知我們雖然無法探求那無涯的知識，但看看牛頓、巴斯德、愛迪生！他們就像小學生一樣，高高興興地把今天的數學作業作完，然後再興致勃勃地等待著明天的新功課。

中國人已經開始質疑那稱小腳爲美、那製造出殘酷的人力車奴隸的文明的精神性。他們把「人力車文明」，拿來跟那解放了數百萬人，讓他們免於終日辛勞卻只能作到餬口的「汽車文明」作比較。這些新的思想家稱民主的理

---

206 Hu Shih, "The Chinese Renaissance," *Report of Lecture delivered by Dr. Hu Shih at Liverpool University on November 25th, 1926*, Reprinted by Permission from *The Liverpool Post*; "Chinese View of the West," The Liverpool Post, November 26, 1926,《胡適日記全集(手稿本)》，第五冊(台北：遠流出版公司，1990)，1926年11月25日日記附件。

想為精神的。他們了解這些理想不是空談。從十八世紀以來，它們已經用了
革命性的方式，把那些理想體現在社會制度上。他們注意到了西方社會已經
從極端的個人主義、從放任主義，走向了有意識的控制方式，以求得社會上
最大多數的最大幸福。他們看到了社會立法、人性化的力量在補救工業制
度。中國的思想家的結論是：這個新的文明一點都不物質，它有許多精神的
潛力。

接下去又是胡適要傳給西方人的福音：

　　胡博士提到了西方人因為對第一次世界大戰及其後果的失望，想要從東方
找到救贖。於是，就產生了諸多原始教義主義、有密教(esoteric)色彩的哲
學和靈修論等等。他認為所有這些都是急病亂投醫。他認為西方文明的救贖
之道不在過去，而是在把西方文明的理想推展到其邏輯的結果。他們必須要
休戰、祛除掉工業制度裡的殘酷的成分、努力去實現他們文明裡的理想。如
果東方可以對這個未來世界的文明作出什麼貢獻的話，那絕對不在於向西方
提供一些為自己辯護的精神價值，而是跟西方合作，以便於實現西方文明裡
的精神潛力來為人類共同的福祉服務。[207]

　　胡適確實是像他自己對杜威所承認的：「我已經比西方人還要西方人了。」他在
回到中國以後，把他的〈東西方文明的比較〉寄給納桑尼爾・裴斐(Nathaniel Peffer)
看。裴斐是一個新聞記者兼遠東政治評論家，在中國住了二十五年，後來在哥倫比亞
大學任教。裴斐說他認為東西方文明物質、精神的爭論其實是一種理想化的標籤。同
時也是一種選擇性取樣的結果，亦即，各自選取對自己的理論有利的例子：

　　你用中國的人力車夫，來對比美國開福特汽車去上工的工人；你的論敵則
用在賓州工業地獄裡汗流浹背的鋼鐵廠裡的工人，來對比西子湖畔鮮花怒放
的樹下吟詩弄月的士人。

---

207 "A Chinaman Looks at the West," *The Manchester Guardian*, November 27, 1926,「胡適檔
　　案」，HS-JDSHSE-0510-113。

裴斐說他認為胡適的主旨是：那被物質條件所限，無力去改變環境的文明是物質的。他說如果這是胡適的意思的話，則紐約就是一個最典型的例子。他說世界上沒有一個文明像紐約一樣，讓它的居民完全無助地成為其環境的奴隸。他說很多有思想的美國人從來就沒有想過東方，或者對東方一點概念都沒有，但他們已經開始覺得美國是有問題了。

裴斐說他必須強調他完全不同意胡適在文章裡所說的一句話：「人類已經成為能掌握自己命運的主人。」有趣的是，胡適已經不再是一個「初出茅廬」的無名小卒，而已經是一個能跟從前「只能景仰不可攀的大人物」——王公爵士、大哲名家——同起同坐的人。連杜威對他說話都客氣萬分，裴斐的意見算什麼呢！所以，胡適這句「人類已經成為能掌握自己命運的主人」，仍然出現在〈東西方文明的比較〉裡[208]。這篇文章收入畢爾德所主編的《人類何所從：近代文明的鳥瞰》（*Whither Mankind: A Panorama of Modern Civilization*），1928年出版。

裴斐說中國當然有很多問題。他自己在剛集結成書的一些文章裡，就認為機械化對人類有貢獻。他說透過應用科學，人類有可能把自己從單調的勞力工作裡解放出來，而去從事有創造性、有趣的工作和享受。然而：

> 我們沒有證據說這就是機械化最成功的國家的未來。假設我們不會先被機器時代毀滅性的武器所毀滅，假設我們有辦法重組我們的社會、改變我們的一些基本的觀念，應用科學的潛力也許能夠實現。然而，我認為作任何假定都還太早，更遑論是要把目前的結果作為證據去改變另外一個文明〔注：中國〕。當然，這並不意味著說我會去歌頌那所謂的〔中國的〕精神文明。

最值得令人玩味的是裴斐信中的最後一句話：

> 附帶說一句。你這篇文章鏗鏘有力——口氣近似美國人（somewhat American）。希望這樣說不會讓你不高興。[209]

諷刺的是，就在胡適一生痛恨「東方精神文明」論的最高峰，就在他最肆無忌憚

---

208 Hu Shih, "The Civilizations of the East and the West,"《胡適全集》，36：333。
209 Nathaniel Peffer to Hu Shih, Monday, [1927/1928?]，「胡適外文檔案」，E315-006。

地嘲諷「東方精神文明」的代表的時候，他不自覺、不小心地露出了他「東方主義」以及歧視黑人的馬腳。胡適在〈漫遊的感想〉裡，有一則「東方人的『精神生活』」。他用一個埃及苦行僧表演活埋幾小時不死的故事，來譏諷「東方文明」已經墮落到螻蟻、爬蟲的層次。他說：「其實即使這班東方道人眞能活埋三個小時以至三天，完全停止呼吸，這又算不得什麼精神生活？這裡面哪有什麼『精神的分子』？泥裡的蚯蚓，以至於一切多天蟄伏的爬蟲，不是都能這樣嗎？」[210]

胡適用一個埃及苦行僧活埋的表演來代表「東方精神文明」，這就眞證明了裴斐說他選擇性取樣的批評。裴斐所想的是人力車夫的例子，他恐怕萬萬也意想不到一個埃及苦行僧(Fakir)哈密(Hamid Bey)，在美國紐澤西州表演活埋的故事，胡適會把它用來一竿子打翻所有的「東方文明」。

我在《璞玉成璧》裡，提到胡適留美最激進、最進步、最具有批判力的時候，能夠指斥爲袁世凱宣傳帝制的古德諾的「東方主義」[211]。曾幾何時，胡適自己也落入了「東方主義」的窠臼而不自知。他可以把埃及、印度與中國，這三個位在北非、南亞、東亞，相距幾千里的文明，一竿子地劃爲「東方」，而全部「爬蟲化」。胡適不只自己變成了一個不折不扣的「東方主義者」，他個人的倒退何止以千里計。

胡適不只變成了一個「東方主義者」，他而且變成了一個不經意流露出歧視黑人的人。我在《璞玉成璧》裡，分析了胡適在留美時期細心經營他種族不分軒輊，義憤填膺地爲被歧視的猶太人、黑人仗義執言的形象[212]。他描寫那個埃及苦行僧活埋表演的故事，是翻譯《紐約時報》1927年1月21日的一則故事：〈苦行僧活埋數小時，打破胡帝尼的記錄〉(Fakir Buried Hours, Beats Houdini Time)。胡適可能翻得太快，又有先入爲主的觀念，有幾處誤譯的地方。比如說，胡適說：「到1點1分的時候，哈密道人忽然倒在地上，不省人事了。」原文是說：「到了一點十分的時候，哈密道人『哎』的一聲就全身僵直了。」(Then at 1:10 o'clock the Bey made a gasping sound and stiffened out in the cataleptic state.)胡適說哈密道人活埋的時候，觀眾進去主辦這個活動的人的家裡吃三明治喝咖啡，「大家談著『人生無涯』一類的問題，靜候那活埋道人的復活。」其實，那是胡適自己想到他所痛恨的莊子的話。「大家」不是在談「人生無涯」，而是在談「人生無常」(Life is an indefinite thing)。

---

210 以下有關胡適〈漫遊的感想：東方人的「精神生活」〉，見《胡適全集》，3：43-45；
　　《紐約時報》的報導，見"Fakir Buried Hours, Beats Houdini Time," *The New York Times*,
　　January 21, 1927, p. 36.
211《舍我其誰：胡適，第一部：璞玉成璧，1891-1917》，頁372-374。
212《舍我其誰：胡適，第一部：璞玉成璧，1891-1917》，頁532-543。

　　然而，胡適在翻譯《紐約時報》這則新聞裡，最致命的，不是誤譯，而是他的種族歧視。胡適說：「到了下午四點，三個愛爾蘭的工人動手把墳掘開，三個黑種工人站在旁邊陪著──也許是給那三個白人同伴鎮壓邪鬼罷。」原文是：「將近四點的時候，三個愛爾蘭的掘墓工人開始把苦行僧挖出來。三個黑人掘墓工人在一旁待命。」（Near 4 o'clock, however, the three Irish gravediggers began to uncover the fakir. The three negro gravediggers stood by ready to "spell" their companions.）

　　毫無疑問地，原文裡的 "spell" 是一個雙關語。它的意思是「換工」、「輪替」的意思。但有意加上了括弧，當然是有「念符畫咒」幫忙保護同伴的意思。從這個角度來說，胡適「鎮壓邪鬼」的翻譯自然可以算是在跨文化上翻譯的神來之筆。然而，如果那神來的譯筆卻助長了跨文化上的偏見與歧視，則那神來的譯筆就反而變成一種跨文化了解的障礙。在當時美國社會的種族歧視的氛圍裡，愛爾蘭人也是被歧視的人。但他們在美國社會的種族等級裡，當然還是遠在黑人之上。然而，對作為中國人、黃種人的胡適而言，愛爾蘭人即使是掘墓工人，橫豎還是白人。而那三個「黑種工人」居然就像是中國民俗裡擺在門前鎮邪用的「猛獸」、「怪獸」一樣，「是給那三個白人同伴鎮壓邪鬼」用的！這是把黑人「野獸」、「猛獸」化。

幕間小結

「吾輩已返，爾等且拭目以待！」
(You shall know the difference now that we are back again!)

胡適第一次在日記裡提到這句話是在1917年3月8日，就在他學成歸國前四個月：

"You shall know the difference now that we are back again!"——*Iliad*, xviii,
l.125.〔《伊利亞特》第十八卷第125行〕
　　英國前世紀之「牛津運動」(The Oxford Movement)(宗教改良之運動)未
起時，其未來之領袖牛曼〔紐曼〕(Newman)、福魯德(Froude)、客白爾
(Keble)諸人久以改良宗教相期許。三人寫其所作宗教的詩歌成一集。牛曼
取荷馬詩中語題其上，即上所記語也。
　　其意若曰：「如今我們已回來，你們請看分曉罷！」〔「吾輩已返，爾等
且拭目以待！」〕(語見Ollard, *Oxford Movement*)
　　其氣象可想。此亦可作吾輩留學生之先鋒旗也。[1]

　　這則日記有兩點值得注意：第一，「吾輩已返，爾等且拭目以待！」這句話既然
「可作吾輩留學生之先鋒旗也」，則它基本上是胡適拿來跟歸國留學生共勉的座右
銘。第二，胡適在這個座右銘注明了兩個出處，在這個座右銘第一次出現的時候，他
說是出自《伊利亞特》第十八卷第125行(*Iliad*, xviii, l.125)。然而，在他把這個座右
銘翻譯成中文的時候，他說：「語見Ollard, *Oxford Movement*〔歐拉所著《牛津運
動》〕。」
　　引而不注，是胡適終其一生常有的一個壞習慣。然而，在此處，他不注則已，一

1　《胡適日記全集》，2：486。

注就有兩個出處。原來，這兩個出處，根本就是同一個。所謂「《伊利亞特》第十八卷第125行」也者，其出處其實也是歐拉所著《牛津運動》。這本歐拉所著的《牛津運動》，全名叫《牛津運動簡史》(*A Short History of the Oxford Movement*)，是1915年出版的[2]。歐拉在徵引紐曼這句話的時候，就作了一個注腳說明：「紐曼用的是不拘於原文的譯法。」接著他就附了希臘原文，他說如果直譯，意思是：「讓他們知道我已刻意休戰太久了。」[3] 換句話說，是紐曼挪用了荷馬，賦他的舊詞以新意。

　　胡適在後來引用紐曼這句話來當座右銘的時候，常會說這個「牛津運動」的目的是他所不能苟同的。用歐拉的話來說：「這個運動的起源是一種狂熱，亦即，要用把『英國國教』的眞與美完全呈現出來的方法去侍奉上帝。」[4] 儘管胡適一輩子討厭宗教，他不以人廢言。他去了紐曼引言的宗教理念，而取其精神。換句話說，胡適的作法，是引用紐曼在發動其宗教運動時所說的豪語，來澆他「作吾輩留學生之先鋒旗」的塊壘。這種作法，就是典型的後現代主義定義之下的「挪用」。

　　胡適在他回國以後的最初幾年最喜歡引用紐曼挪用荷馬的那句座右銘。值得注意的是，雖然他說紐曼那句話應該作爲「吾輩留學生之先鋒旗」，然而，他用這個座右銘來共勉的並不一定是歸國留學生。他與之共勉的對象包括中國的在學學生與畢業生。當然，他們當中，有許多已經準備留學，可以說是準留學生。在這一點上，最好的例子，就是他1919年3月22日，在「少年中國學會」籌備會上所作的〈少年中國之精神〉的演講。「少年中國學會」從1918年6月30日開始籌備，1919年7月1日正式成立。雖然「少年中國學會」的發起人當時大都不是歸國留學生，然而，好幾位重要的成員，如王光祈、曾琦、李璜等人後來都留學法國。

　　胡適這篇〈少年中國之精神〉的演講分爲三個部分。第一個部分是：「少年中國的邏輯」。他要少年中國注重科學方法：一、要注重事實；二、要注重假設；三、要注重證實。第二個部分是：「少年中國的人生觀」。這積極的人生觀包括下述幾個要素：一、須有批評的精神；二、須有冒險進取的精神；三、需要有社會協進的觀念。第三個部分是：「少年中國的精神」。這就是胡適徵引紐曼那句座右銘的地方：

　　　　少年中國的精神並不是別的，就是上文所說的邏輯和人生觀。我且說一件

2　　S.L. Ollard, *A Short History of the Oxford Movement* (Oxford: A.R. Mowbray & Co. Ltd., 1915).

3　　S.L. Ollard, A Short History of the Oxford Movement, p. 39.

4　　S.L. Ollard, A Short History of the Oxford Movement, p. 79.

故事做我這番談話的結論：諸君讀過英國史的，一定知道英國前世紀〔19世紀〕有一種宗教革新的運動，歷史上稱爲「牛津運動」（Oxford movement）。

這種運動的幾個領袖如客白爾（Keble）、紐曼（Newman）、福魯德（Froude）諸人，痛恨英國國教的腐敗，想大大的改革一番。這個運動未起事之先，這幾位領袖做了一些宗教性的詩歌，寫在一個冊子上。紐曼摘了一句荷馬的詩題在冊子上，那句詩是："You shall see the difference now that we are back again!"翻譯出來即是「如今我們回來了，你們看便不同了！」〔「吾輩已返，爾等且拭目以待！」〕

少年的中國，中國的少年，我們也該時時刻刻記著這句話：「如今我們回來了，你們看便不同了！」

這便是少年中國的精神。[5]

1921年4月30日，胡適在日記裡記錄了他去天津的演講，以及他引用紐曼的座右銘：

〔晚〕七時，赴旅津全國校友聯合會的成立大會宴。我此次是爲此事來的。此會由青年會中人發起，意在維持各校畢業生執業後的道德，並想提倡社會服務的精神，但略帶宗教色彩……

我的演說──〈個人與他的環境〉──大意如下：

一、個人是環境的產兒。環境的勢力誠然很大，個人的努力往往石沉大海，似無可爲力。

二、但個人確也有改造環境的可能。例如洪楊亂時的曾國藩一流人。

三、個人應尊重自己良心上的判斷，不可苟且附和社會。今日我一個人的主張，明日或可變成三個人的主張；不久或可變成少數黨的主張；不久或可變成多數黨的主張。

四、引紐曼（Cardinal Newman）的格言"You shall see the difference now that we are back again!"〔「吾輩已返，爾等且拭目以待！」〕作結。社會的改造不是一天早上大家睡醒來時世界忽然改良了。須自個人「不苟同」做起。須

5　胡適，〈少年中國之精神〉，《胡適全集》，21：163-169。

是先有一人或少數人的「不同」，然後可望大多數人的漸漸「不同」。[6]

　　1926年7月1日，胡適再過兩個多星期，就要啓程經西伯利亞到英國去開英國退還庚款的會議，同時順道去巴黎、倫敦看敦煌的卷子。當天，他在北京「求眞學社」演講。這篇〈給「求眞學社」同學的臨別贈言〉非常值得令人回味。胡適回顧了他留學歸國以後幾年之間改革心切的心路歷程。同時，又徵引了紐曼那句座右銘：

　　　　今天承「求眞學社」諸同學的盛意歡送，我非常地感謝。但是談到我個人以往的努力情況，我卻覺得非常慚愧。我從前留學美國，當時忽想學農業，忽想學文學，終於轉到哲學的路上去。可見得當時我對於自家所學的志願，已經是很漂浮無定的。

　　　　到了回國以後，以少年氣盛，對於國家的衰況，社會的腐敗，很不滿意，故竭力想對於這種行將傾頹的社會國家，作一番大改造的功夫。可是在這種積重難返的社會國家裡，想把這兩千年來所聚累的污濁一掃而空，把這已經麻木不仁了好久的社會打個嗎啡針，使它起死回生，眞不容易。也許是我個人的學問不夠，經驗不足。努力了這許多年，轉眼去看看社會，還是一無所動。而且看看這兩年來的情形，政治愈演愈糊塗，思想愈進愈頹敗。此外如人民的生計，社會的風俗習慣，都沒有一件不是每下愈況，眞是有江河日下之勢。

　　　　曾記得有一個故事，這裡很可以引來談談。就是以前牛津(Oxford)大學裡，有一種宗教運動"Oxford Movement"〔牛津運動〕。Newman〔紐曼〕、Keble〔客白爾〕等結合了一班同志，組織了一個類似你們現在所組織的「求眞學社」的團體。他們把每回討論的東西和他們寫的宗教詩，都集到一本小冊子裡去。在這小冊子的頭一頁，Newman〔紐曼〕引了荷馬(Homer)的詩，做他們的格言(motto)。這詩譯成英文爲：

　　　　"You shall see the difference now that we are back again."

　　　　我現在用白話可以把它直譯如下：「現在我們回來了，你們請看，便不同了！」〔「吾輩已返，爾等且拭目以待！」〕

　　　　他們這種運動，據我們看來，雖不大對勁。但是他所引的這句詩，卻很可

以做我們的一個針砭。我常說牛曼〔紐曼〕（Newman）所引荷馬的這句詩，
應該刻在歐美同學會的門匾上，作爲一種自警的格言。現在我們都已回來
了，然而社會的腐敗機輪，依然照舊地輪轉著。[7]

胡適在7月17日下午啓程，送行的人，除了家人以外，達四十人之多[8]。18日，
到奉天。19日：「早七時到長春。有中日人士多人在車站迎接。住大和旅館。十時
半，往自強學校演說並參觀。」[9]根據胡適給他的美國朋友葛內特的信，他在長春作
了演講。同時，在這個演講裡，他又再度引了紐曼那句座右銘：

> 在長春，南滿鐵路東邊的終點站，我在離開中國的前夕給中國學生作了一
> 個演講。我告訴他們我新有的樂觀主義。我告訴他們九年來我眼看著中國的
> 政治每下愈況，可是我一點都不悲觀。我們所種下的種子絕不會白費的。那
> 秧苗仍然稚嫩，還不會讓人注意。可是，它們正茁壯著。總有一天，它們會
> 帶來豐收的。我告訴他們我的座右銘：「吾輩已返，爾等且拭目以待！」那
> 是荷馬的話，紐曼把它寫在他跟他的朋友發動「牛津運動」之前所寫的一本
> 詩集裡。[10]

胡適在19日夜裡九點半上車，20日早七點到哈爾濱。在哈爾濱過了一夜以後，胡
適在21日夜裡九點半上車。22日八點半到滿洲里。辦理了出境手續以後，胡適所搭乘
的火車在11點離開中國的國境。

在胡適所搭乘的火車橫渡西伯利亞的時候，胡適把他隨身帶著的荷馬的 《奧德
賽》、《伊利亞特》拿出來讀。他在7月27日的日記說：「連日讀Homer's *Odyssey*
〔荷馬的《奧德賽》〕，用Andrew Lange〔安德魯‧朗格〕的散文譯本。此書十五年
前想讀，終不得讀。」[11]7月28日，胡適的火車過了烏拉山，進入了歐洲境內。他在
當天的日記記：「讀完*The Odyssey*〔《奧德賽》〕。此書出於多人之手，時代亦不
一致，故作品有高有低。其最後十二篇寫*Odyssey*〔奧德賽〕之歸 ，淋漓盡致，當是

7　胡適，〈給「求眞學社」同學的臨別贈言〉，《胡適全集》，20：135-136。

8　《胡適日記全集》，4：325。

9　《胡適日記全集》，4：326。

10　Hu Shih to Lewis Gannett, August 22, 1926, Lewis Gannett Papers, 1900-1965（bulk）, MS Am
1888（586）, Houghton Library, Harvard University.

11　《胡適日記全集》，4：330。

高手之作。」[12]

　　胡適1926年帶在旅途上閱讀的《奧德賽》今天還在。現在在北京大學圖書館所藏的胡適藏書裡，有一本《哈佛叢書》版的荷馬的《奧德賽》。我在《璞玉成璧》裡提起了胡適1911年1月30日的《留學日記》。當天是農曆新年，又是胡適留美第一學期的期末考試。當天他考了生物。當天還有一件值得記載的事，跟這本荷馬的《奧德賽》有關：

　　　今日《五尺叢書》送來，極滿意。《五尺叢書》(*Five Foot Shelf*)又名《哈佛叢書》(*Harvard Classics*)，是哈佛大學校長伊里鶚(Eliot)主編之叢書〔1909年出版〕，收集古今名著，印成五十巨冊，長約五英尺，故有「五尺」之名。[13]

　　這套《哈佛叢書》，胡適買的可能是普及版，當時的價格是美金50元，相當於今天的1,200美元。我在《璞玉成璧》裡說胡適買得下這一套叢書當送給自己當禮物，這可以想見當時庚款生生活的優渥。無論如何，當年胡適隨身帶到歐洲去的，就是這一套《哈佛叢書》裡的《奧德賽》。胡適在這本書的扉頁簽了他留學時代名字的英文拼音："Suh Hu"。在該書的最後一頁寫著：「1926年7月28日，赴英途中讀完。」這是胡適從留美時期就養成的習慣，在最後一頁記下他何時讀完一書，或者是第幾次讀完。

　　胡適在西伯利亞的火車上讀完了《奧德賽》。到了英國以後，他又在百忙當中——開庚款的會議、在巴黎看敦煌的卷子，然後又回到倫敦看敦煌的卷子——繼續讀荷馬的《伊利亞特》。他在10月6日的日記裡說：

　　　我常引Newman〔紐曼〕引Homer〔荷馬〕的一句詩："You shall see the difference now that we are back again." 〔「吾輩已返，爾等且拭目以待！」〕我今天把Andrew Lange〔安德魯·朗格〕等譯的*Iliad*〔《伊利亞特》〕翻遍了，終尋不出此句出在何處。（夏間翻*Odyssey*〔《奧德賽》〕，也尋不著。）我疑心在18卷Achilles〔阿喀琉斯〕回來加入戰場的一段裡。今夜讀完

12　《胡適日記全集》，4：331。
13　《胡適日記全集》，1：115；《舍我其誰：胡適，第一部：璞玉成璧，1891-1917》，頁179、209。

此書，還尋不著。只有Achilles〔阿喀琉斯〕説的：“Yea, let them know that I am come〔sic〕back, though I tarried long from the war.”〔讓他們知道我回來了，雖然我休戰已久〕[14]意義最近。今夜讀*Iliad*〔《伊利亞特》〕，至三點鐘始睡。[15]

胡適在留美的時候讀到紐曼那句座右銘，出處是在歐拉所著的《牛津運動簡史》。轉眼間，那已經是十一、二年前的事了。胡適顯然忘了歐拉在注釋裡說明了：「紐曼用的是不拘於原文的譯法。」如果直譯，歐拉說它的意思是：「讓他們知道我已刻意休戰太久了。」這句話就正是胡適1926年在安德魯・朗格的譯本裡所找到的話。如果胡適還記得歐拉那本書的話，就可以省了他許多的力氣了。

胡適為什麼在赴歐途中隨身帶著荷馬的兩本史詩，而且全書翻遍了呢？原來，他急著要找出紐曼那句座右銘的出處。他出國前已經在北京、長春兩次徵引過那個座右銘。但那是用中文說的，原句如何，可以將就一下。到了英國，他要用英文演講，就必須講究了。在英國的什麼地方演講呢？而且為什麼要引用紐曼那句座右銘呢？且看他1926年10月9日的日記：

七點到Hotel Cecil〔賽叟飯店〕赴中國學生會年宴，到者有二百多人。此間學生程度頗平均，故頗有整齊氣象。此次年宴，面子很好。我演說了約二十分鐘。此為我去國後第一次作公開演說。[16]

胡適10月9日晚上對「大不列顛中國學生總聯盟」（Central Union of Chinese Students in Great Britain）年宴的演講非常重要。這篇演講雖然當年《字林西報》曾經發表過，《青年友》也曾經在1927年轉載過原來發表在《明燈》上的中譯版，但翻譯得不夠精確和完整，而且現在已經不容易看到[17]。很幸運地，「胡適檔案」裡留存了這篇演講的底稿。現在，就全文翻譯如下：

在這個莊嚴的場合，辛亥革命第十五週年的前夕，我們的思緒很自然地就

14　Andrew Lange, et al. tr., *The Iliad of Homer* (London: MacMillan and Co., 1922), p. 370.
15　《胡適日記全集》，4：496-497。
16　《胡適日記全集》，4：501。
17　〈胡適博士在英倫最近的演講〉，《青年友》，1927年7卷1期，頁11-14。

集中到了最近十五年的歷史。我們目睹著眼前的亂象，兩個問題不可避免地就會浮現腦際：辛亥革命是不是失敗了？如果答案是肯定的，失敗的原因何在呢？

我們要慶祝這個歷史性的紀念日，最好的方法莫過於冷眼面對這兩個問題。

毫無疑問地，辛亥革命在所有建設性的層面都是失敗的。我們推翻了滿清，可是我們未能建立一個真正的民國；我們清除掉了那陳腐的寄生的權貴，可是我們未能培養出現代的領袖來取代他們；我們打倒了舊的政治秩序，可是我們未能建立一個新的政治秩序；而且我們也未能控制住辛亥革命所釋放出來的惡勢力(evil forces)。總之，辛亥革命已經過了十五年了，我們未能把中國建立成一個符合它的潛力的現代國家。

這失敗的原因何在呢？眾說紛紜。在一方面，沒有耐心的外國評論者遽下結論，說中國這個種族根本出了問題，中國這個國家太老、太退化了，因此無法從事政治再生的工作。在另一方面，中國的民族主義者則把罪過都推到帝國主義列強的身上，說它們是中國問題的主要來源。

我今天所要作的，不是去駁斥這兩個我都不同意的觀點。如果你們不介意的話，我將提出我個人對這個難題的答案。我的答案很簡單：辛亥革命失敗了，因為它根本就不是一個真正的革命。一個朝代滅亡了，表面上政體改變了，僅此而已。人們的觀念和想法沒有任何根本的改變，而那才是必須革命的所在。

作為一個有著光輝歷史的大國，我們太驕矜自滿了，因此我們無法了解現代世界及其文明。我們從來就沒有真心誠意地要現代化。因此，我們從來就沒有認真地去培養我們的青年去肩負起這個大業。我們現在已經落後日本五十年了，因為在心甘情願地接受現代文明這一點上，我們已經落後日本五十年了。

舉例來說，中國在半個世紀以前開始派遣留學生的時候，派的是非常年輕的孩子，因為它所想要的不過是讓他們學會番語以充當大官的翻譯。等到後來開始派遣青年人的時候，他們所學的都是技術性的教育，亦即，要他們成為土木或機械工程師、礦冶、電力師、化學或物理技師。很少人學法律。幾乎沒有人學習哲學或文學。甚至到了1910年，辛亥革命的前一年，當我跟七十名庚款生留美的時候，大家都強力地建議我作一個鐵路或礦冶的工程師。

因此，甚至到了辛亥革命的前夕，我們仍然不知道西方世界除了技術知識以外，還有什麼東西可以教給我們；我們仍然不知道我們必須把我們的青年男女培養成具有新思想、新文明的未來領袖。

辛亥革命突然發生了。全世界都期待著我們把中國變成一個現代的民主國家。我們根本就是措手不及。辛亥革命以後的中國，沒有領袖，可是多的是無所不用其極的機會主義者。那只配當操兵官(drill master)的庸才，飛上了枝頭當起督軍起來；那只受過文書和科級管理訓練(clerical and departmental work)的人，受命出掌國政。辛亥革命之所以不成功，民國之所以流於空名，這還有什麼奇怪的地方嗎？

這就是中國的悲劇。辛亥革命失敗了，我再度強調，就是因為它根本就不是法國大革命意義下的革命。那所謂的革命，就只是改了朝換了代。

目前中國所需要的就是這樣一個新的革命。我們必須要有一個徹底革命過的人生觀。我們必須重新體認現代文明的精神價值及其潛力。我們必須要重新領略到要把人類的精力從苟延殘喘的痛苦掙扎中解放出來，以從事比較具有崇高價值的工作。那唯一能奏效之道就是物質的進步。我們必須要有一個新的政府的概念，亦即，政府不是個人權力的工具，而是為謀最大多數的最大幸福的工具。我們必須真正體認到科學是獲得真理的唯一法門，是能讓人的心靈與精神解放的唯一力量。我們必須要把我們的觀念與信念理性化。我們必須要把我們的制度人性化、社會化。最重要的是，我們必須擺脫我們夜郎自大的心理(provincialism and self-conceit)。我們必須真心地、認真地對現狀不滿。我們必須對我們所要創造的新秩序有信心。我們必須要有一個新的哲學、新的文學來宣導這個新的信念。

沒有這種根本的改革，辛亥革命就將永遠是失敗的。而且，永遠就不會有真正的新中國出現。同學們！我們的責任是去為這個新的革命而奉獻、去把它實現。上一個世代的人已經失敗了，新的領袖還沒有出現。難道我們要效法一千年前的唐明宗每夜焚香告天，願天早生聖人以安中國嗎？還是讓我們自己奮起，承擔起領袖的責任？

上個世紀〔注：十九世紀〕末葉，這個國家〔注：英國〕出現了一個叫做「牛津運動」的宗教運動。這個運動的領袖，紐曼、客白爾、福魯德，受到了宗教的感召，寫下了許多祈禱的詩篇。其中好幾篇後來都收入《聖詩》(Hymn Book)裡。這些詩篇都由這些作者抄到一本冊子裡。在扉頁上，紐曼

從荷馬的史詩裡選了一句，不拘於原文的翻譯如下：

「吾輩已返，爾等且拭目以待！」

同學們！我可以用這句荷馬的話來舉杯祝禱「大不列顛中國學生總聯盟」嗎？讓我祝各位回到中國的時候，能夠整裝待發地向中國與全世界宣布：

「吾輩已返，爾等且拭目以待！」

現在，我要邀請所有的來賓跟我一起舉杯祝禱「大不列顛中國學生總聯盟」，恭祝它興盛進步！恭祝我們今天的男女主人在不久的將來能成為新革命的領袖，完成把中國建設成為一個「不同凡響」的偉大的現代國家的大業！[18]

胡適1926年10月9日在「大不列顛中國學生總聯盟」所作的這個演講是一篇力作，文字鏗鏘之中，糅入了能讓人為之起舞的感情。所有他在這次歐遊之前、之中所思所想的精華，都在他這個二十分鐘的演講裡像畫龍點睛一樣地表達出來了。舉凡他的科學的人生觀、近代西洋文明的禮讚、東方物質西方精神論，以及「吾輩已返，爾等且拭目以待！」的舍我其誰的氣概，都淋漓盡致地展現在這篇演講裡。

胡適是一個好學敏求，又聰明得能吸收別人想法以融會貫通的人。他批判清季派遣容閎所率領的小留學生的目的只是在讓他們「學會番語以充當大官的翻譯」。這個論點，就是他當年八月間聽巴黎中國總領事趙頌南所告訴他的「廣方言館」歷史的引申[19]。他譏詆「唐明宗每夜焚香告天，願天早生聖人以安中國」的靈感，是我在第八章所分析的他9月18日跟傅斯年在巴黎一晚談政治的總結。

胡適對辛亥革命的解釋不是一成不變的。我在《璞玉成璧》裡分析了胡適留美時候對辛亥革命的詮釋。胡適留美時候的辛亥革命論迥異於他1926年在英國的這篇演講。當時的他在跟袁世凱的美國顧問古德諾以及美國偏袒袁世凱的輿論界打筆戰，所以他強調辛亥革命是成功的。他說中國在辛亥以前幾十年之間在思想上產生了巨大的變化，簡直可以說是一個思想的革命。沒有這個思想上的革命作基礎，辛亥革命是不可能發生的。因此，胡適當時說辛亥革命與其說是一個政治的革命，不如說是一個思想的革命[20]。

18　Hu Shih, "Speech to the 'Central Union of Chinese Students in Great Britain'," 「胡適外文檔案」，E088-001。

19　《胡適日記全集》，4：355、374。

20　《舍我其誰：胡適，第一部：璞玉成璧，1891-1917》，頁362-380。

　　胡適在1926年則反是。辛亥革命之所以失敗，他說就正是因爲它沒有思想的革命作爲基礎。這是胡適一生當中對辛亥革命評價最低的一刻。這並不是一時興起之論。他在10月9日對「大不列顛中國學生總聯盟」的演講裡這麼說。一個月以後，11月9日，他在「皇家國際事務研究所」（Royal Institute of International Affairs）演講〈中國的文藝復興〉（The Renaissance in China），他亦復如是說。我在第八章已經分析了胡適的這篇演講。胡適把中國近代政治的改革描述爲一個失敗的四幕劇：第一幕是戊戌變法；第二幕是戊戌變法以後的反動到庚子拳亂；第三幕是清末立憲；第四幕是辛亥革命。他對辛亥革命的評價還是全面的否定：

> 民國失敗了。可是這不是因爲現代中國失敗了——現代中國根本就還沒到來呢！——而是因爲所有的改變都是表面的，幾乎完全都沒有觸及到根本的政治改革。我們沒有現代的領袖、我們從來就不曾徹底地承認我們的缺點、我們從來就沒認識到〔西方〕新文明在精神上的潛力。所有當時的改革都只是必要之惡，而且從來就不是由受過現代訓練的人所主導的。如果我們去審視這五十年來扮演了重要角色的人物，他們沒有一個受過一丁點兒現代的教育，他們沒有一個有資格治理一個現代的國家。用憲政的方式來治理現代的國家，需要現代的教育。[21]

　　胡適一輩子對辛亥革命的解釋不是十年如一日的。周質平的錯誤就在於他不能捕捉住胡適一生思想的變化。他說：

> 胡適早在1912年就已認定：自由民主是世界政治發展的潮流，而辛亥革命是順應這個潮流的。1934年胡適發表〈雙十節的感想〉，對所謂民主潮流作了進一步的說明：「帝制推翻之後，中國變成一個民主共和，這也是歷史造成的局勢……所以辛亥革命不能不建立一種共和政體，乃是歷史必然的趨勢。」

　　周質平不知道胡適在1926年對辛亥革命有過全面否定的評價，他也不知道「胡適檔案」裡存有胡適那篇對「大不列顛中國學生總聯盟」的演講稿。所以，他會誤以爲

21　Hu Shih, "The Renaissance in China,"《胡適全集》，36：163。

胡適對辛亥革命的評價是節節高升，越老越正面。他分析胡適出任中國駐美大使時期的言論，很訝異胡適爲什麼對辛亥革命作出了溢美的評價：

> 現在我們回看胡適70年前的這段話，不得不說他嚴重錯估了中國二次大戰之後政局的發展。一方面低估了共產黨的力量，另一方面則高估了辛亥革命所帶來的民主憲政的格局。雖然辛亥革命順應了世界民主的潮流，但並沒有爲中國帶來眞正的民主。[22]

　　周質平對胡適的誤解以及他自己產生的「訝異」，就是他欠缺歷史的眼光的結果。要了解胡適對辛亥革命的評價，就必須要能掌握住胡適一生對辛亥革命評價的變化的軌跡。每一個人說話的時候都有他說話時的立場。胡適留美的時候，爲辛亥革命辯護，當然有年輕稚嫩的他對「世界第一大共和國已呱呱墮地矣」的「雀躍鼓舞，何能自已耶」之情[23]。然而，我們更不能忽略他當時跟洋人打筆戰、「爲宗國諱」的立場。等胡適在1926年批判辛亥革命完全失敗的時候，他是在捍衛他的科學的人生觀以及宣揚他的近代西洋文明的福音。等胡適在1930年代在政治上愈發保守、愈與國民黨合作，或至少是保持一個支持與呼應的關係的時候，他講話就要有所選擇了。等到胡適出任中國駐美大使以後，他已經是在朝爲官，言不由己也。臧否時人，研究歷史人物，不能注意說話人的立場、不能按圖索驥地去追尋他的思想變化的軌跡，殆矣！

　　胡適在英國的時候，對國民黨充滿了信心與期待。雖然他到了美國以後，開始體會出情勢的複雜以及意識型態的詭譎與分歧。然而，他還是帶著一顆企盼的心啓程歸國。抵達日本以後，他得知蔣介石在上海鏟共與屠共的消息，他頷首稱慶地說國民黨找到自己了，中國有希望了。然而，等到他回到中國一段時間以後，政治的現實讓他徹底的失望。他於是開始沉默。然後，在沉默了一段時間以後，就是他一生當中一個最戲劇性的「寧鳴而死，不默而生」的階段。

　　局勢的變化，使得胡適當年所喜歡徵引的紐曼的座右銘失去了自勉勉人的意義。即使留學生已經多到如過江之鯽的地步，他們的歸來，完全沒有造成任何可以讓人拭目以待的影響。更諷刺的是，從1920年代開始，中國的輿論界，不分左派或右派，已經開始把西化教育以及留學教育作爲批判撻伐的對象。蘇聯到中國的顧問鮑羅廷

22　周質平，〈胡適論辛亥革命與孫中山〉，《現代中文學刊》，2011年6號(2011年12月)，頁14-17。

23　胡適致胡紹庭，無日期，《胡適全集》，23：38。

(Michael Borodin)說得最爲辛辣,他說:「任何一個中國的土匪,只要他能搖身一變成爲一個軍閥,就可以不費吹灰之力,招買到夠多的歸國留學生來爲他組織一個政府。」[24]

值得令人玩味的是,胡適在1927年回國以後,還是有克制不了自己徵引這個座右銘來與歸國留學生共勉的衝動。目前,我所能找到的還有兩次。一次是在1928年4月1日。他在當天的日記裡說:「到清華同學會吃飯,飯後有唐悅良和我的演說……我演說的題目是"You shall see the difference now that we are back again."〔「吾輩已返,爾等且拭目以待!」〕」。[25]

再一次是他在1935年7月28日寫成的〈平綏路旅行小記〉。他在這篇遊記裡的一段裡說:

> 我常愛對留學回來的朋友講一個故事。19世紀中,英國有一個宗教運動,叫做「牛津運動」(Oxford Movement),其中有一個領袖就是後來投入天主教,成爲主教的牛曼〔紐曼〕(Cardinal Newman)。牛曼和他的同志們做了不少宗教詩歌,寫在一本小冊子上。在冊子的前面,牛曼題了一句荷馬的詩,他自己譯成英文:"You shall see the difference now that we are back again."」我曾譯成中文,就是:「現在我們回來了,你們請看,要換個樣子了。」〔「吾輩已返,爾等且拭目以待!」〕我常說,個個留學生都應該把這句話刻在心上,做個口號。可惜許多留學回來的朋友都沒有這種氣魄敢接受這句口號。這一回我們看了我們的一位少年同學(沈局長今年只有三十一歲〔注:平綏路局長沈立孫(昌),康乃爾歸國留學生〕)在最短時期中把一條腐敗的鐵路變換成一條最有成績的鐵路,可見一二人的心力真可使山河變色,牛曼的格言是不難做到的。[26]

1927年是胡適一生一個轉捩點。在政治上,這個轉捩點是最戲劇性的。這既是胡適一生最右傾激進、最法西斯蒂的曇花一現,也是胡適從右傾激進撤退的開始。這個撤退有它極爲戲劇的一面,但這是後話,且待我在下一部分析。就在胡適從右傾激進

---

24 Kwei Chen, "Thoughts of the Editor," *The Chinese Students' Monthly*, XXIII.1 (November, 1927), p.62.

25 《胡適日記全集》,5:23。

26 胡適,〈平綏路旅行小記〉,《胡適全集》,22:327-328。

開始撤退的同時，胡適也開始再度在學術上作沉潛的工作。

　　然而，胡適是一個對政治有興趣的人。用他自己在《口述自傳》裡的話來說：「我一直對政治保持著一種超然的興趣(disinterested interest)。這是我所喜歡的說法，是我認爲知識分子對社會應有的責任。」[27]所謂「超然」也者，不但反映了實證主義思想的遺緒，而且也是一個「合理化」的伎倆。我在本部裡已經幾次詳細說明了胡適一向就有「忍不住」、容易被政治、被輿論界「激出來」談政治的傾向和興趣。因此，沉潛才不過一年，胡適就又「忍不住」了。從這個意義上來說，這個1927年的轉捩點所開啓並奠定的，是胡適人生的兩個基調：爲學論政。

27　Hu Shih, "The Reminiscences of Dr. Hu Shih," p. 42.